上海市志

开发区分志

1978—2010

上海市地方志编纂委员会　编

上　

上海古籍出版社

1982年10月，中国第一批中美合资制药企业之一的上海施贵宝制药有限公司在闵行地区设立，1985年10月正式投产

1984年10月19日，上海闵行联合发展有限公司和上海虹桥联合发展有限公司举行合资经营合同签字仪式

1985年11月8日，在闵行经济技术开发区举行首家中外合资经营企业——上海环球玩具有限公司开幕典礼

1986 年 10 月 6 日，在闵行经济技术开发区举行中国首家外商独资企业——美国格雷斯中国有限公司开业典礼

1988 年 2 月 11 日，闵行经济技术开发区"一站式"服务管理中心大楼正式启用

1988 年 2 月 11 日，闵行经济技术开发区管理中心举行开张仪式

1989 年 7 月 20 日，闵行经济技术开发区闵联保税仓库

1991年12月4日，国务院特区办在闵行经济技术开发区举行全国"沿海开放城市经济技术开发区工作座谈会"

1996年6月12日，在闵行经济技术开发区举行英国卜内门聚氨酯（中国）有限公司闵行工厂开幕典礼

2000年，闵行经济技术开发区内的上海神明电机有限公司总经理秦范雄获得"中国绿卡第一人""上海荣誉市民"称号（前排左一）

2002 年 9 月 28 日，闵行经济
技术开发区外商投资服务中心
举行揭牌仪式

2004 年 7 月 30 日，闵行经济
技术开发区生态公园举行开园
仪式

2004 年，上海闵行联合发展有
限公司办公楼

1985 年 6 月 20 日，上海闵行联合发展有限公司、上海虹桥联合发展有限公司举行成立大会

1987 年 4 月 14 日，各国驻沪领馆官员组队访问虹桥经济技术开发区

1988 年 8 月 8 日，在外滩 33 号举行虹桥经济技术开发区第 26 号首块土地使用有偿出让签约仪式

1991 年 1 月 26 日，在虹桥经济技术开发区举行"上海国际展览中心"合作协议书签字仪式

1991 年 3 月 28 日，位于虹桥经济技术开发区的中国第一家中外合资五星级大酒店——扬子江大酒店

1992年3月5日，虹桥经济技术开发区举行上海国际展览中心开馆典礼暨中国首届华交会开幕仪式

1995年8月，位于虹桥经济技术开发区的中国首块批租土地上建造的双塔建筑——太阳广场

1996年9月，上海虹桥经济技术开发区联合发展有限公司援建的井冈山市下七小学"希望工程教学楼"举行落成典礼

1998 年 12 月，上海虹桥经济技术
开发区联合发展有限公司总部办公
地——新虹桥中心大厦

1999 年 10 月，虹桥夜色被市
旅游委评为 "上海十大新景
观" "上海十大新夜景"

2003 年，在上海虹桥经济技术
开发区举行世贸商城"跨国采
购中心跨国采购洽谈会（中国
上海）"暨"上海跨国采购中心"
开幕式

1986 年 9 月 26 日，上海市漕河泾微电子工业区举行开工典礼

1989 年 1 月 20 日，上海新兴技术开发区联合发展有限公司举行开业典礼

1989 年 4 月 30 日，上海新兴
技术开发区联合发展有限公司
与美国明尼苏达矿业及机器制
造公司（3M）中国有限公司举
行场地租赁合同签字仪式

1990 年 3 月 28 日，漕河泾新
兴技术开发区举行 B10 号地块
土地使用权有偿出让签约仪式

1993 年 11 月，位于漕河泾新
兴技术开发区的上海核工程研
究设计院

2004 年 2 月 20 日，漕河泾出口加工区管委会和漕河泾浦江分公司举行揭牌仪式

2005 年 7 月 28 日，漕河泾新兴技术开发区科技绿洲项目举行开工仪式

2006 年 8 月 31 日，漕河泾新兴技术开发区总部大楼

2006 年，上海漕河泾出口加工区

2007 年 4 月 11 日，漕河泾新兴技术开发区与松江区合作的"松江高科技园一期"工程举行开工典礼

2008 年 11 月 17 日，漕河泾开发区创新创业园在漕河泾浦江高科技园区建成开园

2009 年 6 月 8 日，在漕河泾浦江高科技园区举行英国斯派莎克工程（中国）有限公司开工仪式

1992 年 9 月，位于上海金桥出口加工区的上海信谊药业有限公司

1995 年，位于上海金桥出口加工区的中德合资联合汽车电子有限公司

1999 年，位于上海金桥出口加工区的碧云别墅

2000 年 4 月，位于上海金桥出口加工区的德国拜耳上海聚合物技术中心

2002 年 7 月，上海金桥出口加工区（南区）

2007 年 1 月，位于上海金桥出口加工区的上海诺基亚贝尔软件有限公司

2007 年 12 月,位于上海金桥出口加工区的摩托罗拉上海创新中心

2008 年 7 月,上海金桥出口加工区鸟瞰

2009 年 11 月,位于上海金桥出口加工区的中国电信全国视讯运营中心

2009 年 12 月，位于上海金桥出口加工区的大唐上海产业园

2009 年 12 月，位于上海金桥出口加工区的美国通用汽车国际运营总部和通用汽车中国总部

2010 年 11 月，上海金桥出口加工区国家生态工业示范园区通过环保部、商务部、科技部联合验收，成为上海国家级开发区中首家创建成功的国家生态工业示范园区

1993 年，张江高科技园区龙东大道正式通车

1994 年 1 月 7 日，在张江高科技园区举行上海罗氏制药有限公司合同签字仪式

1999 年，位于张江高科技园区的国家上海新药安全评价研究中心

1999 年，实施"聚焦张江"战略前的张江高科技园区

1999 年，位于张江高科技园区的国家新药筛选中心

2000 年 3 月 18 日，在张江高科技园区举行上海浦东软件园开园庆典

2001年1月,位于张江高科技园区的市政府一号工程——上海信息港7项主体工程之一的上海超级计算机中心

2002年,位于张江高科技园区的上海中医药大学及附属曙光医院

2003年11月,位于张江高科技园区的张江集电港(一期)

2009 年 6 月，在张江高科技园区举行张江生物医药产业海关便捷通关扩大试点仪式

2010 年 1 月，位于张江高科技园区内的国家重大科学工程——上海光源（SSRE）

1990年，从外滩远望陆家嘴

1990年，浦东大道141号（小白楼），原市政府浦东开发办旧址

1993年1月1日，上海市浦东新区管理委员会正式挂牌

1993年，在陆家嘴金融贸易区举行"陆家嘴中心地区深化规划研讨会"

1995 年 6 月，进驻陆家嘴金融贸易区的第一家银行——中国人民银行上海市分行

1994 年 12 月 26 日，世纪大道竣工通车

1999 年 8 月，位于浦东滨江大道的上海国家会议中心

2005 年 7 月，陆家嘴中心绿地

2007 年，位于陆家嘴金融贸易区的上海新国际博览中心

2009 年 5 月 15 日，在陆家嘴金融贸易区举行中国金融信息大厦奠基仪式

1992 年 3 月 9 日，上海外高桥保税区举行封关运转典礼

1992 年 12 月，位于上海外高桥保税区的第一家外商投资生产企业——中日合资上海 JVC 电器有限公司

1993 年 4 月，上海外高桥保税区第三联合发展有限公司

2004 年，上海外高桥保税物流园区

2004 年，上海外高桥保税区管委会

2005 年，上海外高桥保税区地标——"海鸥门"

2005 年 11 月，洋山保税港区（陆域）

2006 年 3 月 30 日，在上海外高桥保税区、功能区域举行企业大会，表彰经济贡献"百强"企业

2007 年 4 月，位于上海外高桥保税区的中国国际商品中心

2009年8月12日，在上海外高桥保税区举行上海外高桥国际贸易示范区揭牌仪式

2010年7月，上海浦东机场综合保税区

2010年12月24日，在洋山保税港区正式启动上海期货交易所期货保税交割业务

1995 年，佘山国家旅游度假区

2000 年 8 月，佘山人工湖工程——"月湖"

2004 年 9 月，位于佘山国家森林公园小昆山的"二陆草堂"

2008 年 8 月，全国 20 个"生态文化教育示范基地"之一的佘山国家森林公园

2009 年 1 月 1 日，在佘山国家旅游度假区举行"第三届上海佘山元旦登高活动启动仪式"

2009 年 9 月 12 日，在佘山国家旅游度假区举行上海欢乐谷开园仪式

2002 年，上海化学工业园区综合楼

2008 年，上海化学工业区管理中心

2004 年，上海化学工业区公共
管廊

2004 年 10 月 10 日，在上海化
学工业区举行上海孚宝化工码
头启用仪式

2004年11月1日，在上海化学工业区举行德固赛特种化学（上海）有限公司奠基仪式

2004年，上海化学工业区航拍

2005年6月，上海化学工业区发展有限公司与新加坡胜科公用事业私人有限公司合资建设的热电联供项目

2005 年 6 月 1 日，在上海化学工业区举行巴斯夫聚异氰酸酯装置动土庆典

2005 年 6 月，位于上海化学工业区的国家重点工程赛科公司90 万吨乙烯工程

2006 年 9 月，位于上海化学工业区的德国拜耳一体化基地

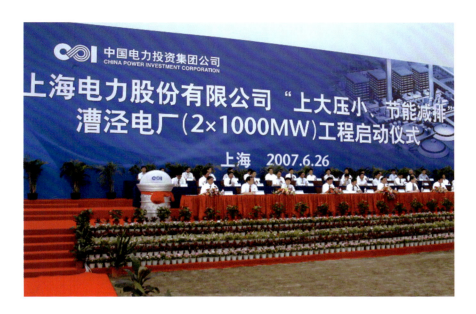

2007 年 6 月 26 日，在上海化学工业区举行上海电力股份有限公司漕泾电厂工程启动仪式

2002 年，位于上海化学工业区的天原化工厂

2008 年 7 月 2 日，在上海化学工业区举行赢创甲基丙烯酸脂一体化生产基地封顶仪式

1996 年 8 月，位于星火工业园区的台湾远东集团投资的远纺工业（上海）有限公司

2002 年，位于星火工业园区的上海罗氏维生素有限公司

2007 年 5 月，星火工业园区管理委员会

1995 年 1 月，位于浦东康桥工业园区的中英合资耀华皮尔金顿玻璃深加工项目

1996 年 1 月，位于浦东康桥工业园区的法国施耐德配电电器有限公司

2002 年 1 月 8 日，在浦东康桥工业园区举行中科大研究生院上海分院落户仪式

2002 年 5 月，位于浦东康桥工业园区的中钞油墨有限公司

2002 年 12 月，中国电信集团公司在浦东康桥工业园区投资建设的中国电信信息园

2006 年 6 月，位于浦东康桥工业园区的台湾华硕电脑（一期）项目

2007 年，浦东康桥工业园区管委会大楼

2009 年 6 月 18 日，康桥工业园区与沙特基础工业公司（SABIC）举行中国研发中心项目签约仪式

1995 年 8 月，位于莘庄工业园区的日本大金空调（上海）有限公司

1999 年 1 月，在莘庄工业园区举行阿尔斯通机电（上海）有限公司开业典礼

2000 年，在莘庄工业园区举行法国罗地亚（上海）工程塑料有限公司（现索尔维）开业典礼

2000年7月，位于莘庄工业园区的莘庄国家科技企业孵化器

2002年9月，位于莘庄工业园区的德国赢创德固赛（上海）有限公司

2006年6月，位于莘庄工业园区的上海闵行国际物流中心有限公司

2007 年 3 月，莘庄工业园区配套建设的外来务工人员公共租赁房——鑫泽阳光公寓

2007 年 5 月，莘庄工业园区管委会

2010 年 6 月，上海电气电站在莘庄工业园区生产的世界首台 AP1000 核电安注箱

1995 年 7 月 1 日，在嘉定工业园区举行上海制动系统有限公司开业庆典

2007 年，上海嘉定出口加工区

2007 年，上海嘉定工业区管理委员会大楼

2007 年，位于上海国际汽车城的大众汽车生产线

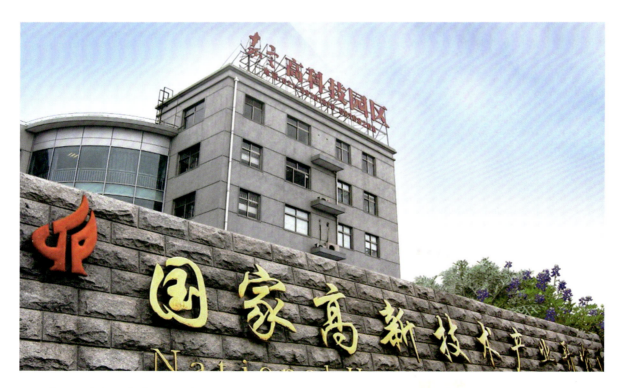

2007 年，上海张江高科技园区嘉定分区

2009年1月3日，在嘉定工业园区举行中科院上海光机所高功率激光元件研究与生产中心开工奠基仪式

2010年10月，位于嘉定工业园区的中广国际广告创意产业基地

2004年8月，位于上海青浦工业园区的日本高田（上海）汽配制造有限公司

2005年5月，位于上海青浦工业园区的德国海德堡印刷设备（上海）有限公司

2006年7月，位于上海青浦工业园区的美国英威达特种纤维（上海）有限公司

2007 年，位于上海青浦工业园
区的日本日立电梯（上海）有
限公司

2008 年 9 月 28 日，上海青浦
工业园区发展（集团）有限公
司大楼

2010 年 4 月，位于上海青浦工
业园区的日本尤妮佳集团全球
最大规模旗舰生产基地

2008 年 12 月，上海松江工业园区管委会大楼

2000 年 4 月，松江出口加工区 A 区

2003 年 3 月，松江出口加工区 B 区

2007 年，位于松江出口加工区的台资企业达丰（上海）电脑公司

2000 年 9 月 8 日，在上海市工业综合开发区举行揭牌暨项目签约仪式

2001 年 1 月 18 日，在上海市工业综合开发区举行日本先锋高科技（上海）有限公司签约仪式

2005 年 4 月 22 日，在上海市工业综合开发区举行德国马勒技术投资（中国）有限公司开工奠基仪式

2009年2月3日，在上海市工业综合开发区举行法国皇誉宠物食品（上海）有限公司——皇家中国工厂开幕仪式

2010年，上海闵行出口加工区

2010年，上海市工业综合开发区办公大楼

2010 年，位于上海金山工业园区的美资企业上海百特医疗用品有限公司

2009 年，位于上海金山工业园区的上海沃迪自动化装备股份有限公司

2010 年，上海金山工业园区管委会大楼

2010 年 10 月 11 日，在金山工业园区举行"上海金山国家绿色创意印刷示范园区"揭牌仪式

2003 年 8 月 21 日，在上海宝山工业园区举行管委会成 2005 年 5 月，上海宝山工业园区管委会大楼
立挂牌仪式

2005 年 5 月 10 日，在上海宝山工业园区举行上海海隆石油装备有限公司工程开工典礼

2008 年 12 月 18 日，在上海宝山工业园区举行华润雪花啤酒（上海）有限公司开工奠基仪式

2004年，上海宝山城市工业园区管委会大楼

2004年，位于上海宝山城市工业园区的飞和实业有限公司

2004年，位于上海宝山城市工业园区的上海申和热磁电子有限公司

2004年，上海宝山城市工业园区集装箱码头

2008 年，上海市北生产性服务业集聚区

2010 年，位于上海市北高新（南通）科技城的市北科创中心

2010 年 8 月 17 日，在市北高新技术服务业园区举行"云海计划"发布暨上海市云计算产业基地揭牌仪式

2001年6月8日，闵行区政府、上海交通大学与紫江集团举行三方共建上海紫竹科学园区签字仪式

2004年6月，上海紫竹信息数码港建成

2005年，位于上海紫竹科学园区的上海交通大学与华东师范大学

2006 年 2 月 28 日，在上海紫竹科学园区举行美国英特尔紫竹科技楼启用典礼

2006 年 5 月 15 日，位于上海紫竹科学园区的上海紫竹大学生／教师创业中心正式对外开放

2007 年 6 月 8 日，在上海紫竹科学园区举行欧姆龙上海研究开发协创中心落成庆典暨欧姆龙传感控制研究开发（上海）有限公司开业仪式

2008 年 10 月 23 日，在上海紫竹科学园区举行美国博格华纳中国技术中心（CTC）奠基仪式

2009 年 3 月 6 日，在上海紫竹科学园区举行可口可乐全球创新与技术中心暨中国总部园区开业仪式

2010 年 3 月 31 日，在上海紫竹科学园区举行美国微软公司开幕庆典

2010 年 12 月 22 日，在上海紫竹科学园区举行中国（上海）网络视听产业基地揭牌仪式

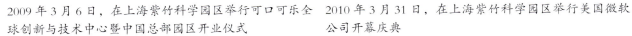

2007 年 11 月，上海南汇工业园区管委会大楼

2010 年，位于上海南汇工业园区的新加坡安特金属成形（上海）有限公司

2010 年，位于上海南汇工业园区的上海艾郎风电科技发展有限公司

1996 年，上海崇明工业区园区

2004 年，上海崇明工业园区的上海汇良锻造有限公司

2010 年，上海崇明工业区园区办公大楼

2002 年 12 月，在临港产业区
实施吹泥造城项目

2003 年 11 月，上海临港新城
管委会正式挂牌

2006 年 3 月 29 日，在上海临
港新城举行投资环境说明会

2006 年 9 月 21 日，在上海临港新城举行芬兰卡尔玛工业（上海）有限公司开业典礼

2006 年 12 月 16 日，首届上海临港新城环湖健康跑在滴水湖举行

2008 年 10 月 21 日，首辆上汽荣威在临港产业区下线

2009 年 8 月 18 日，在临港奉贤园区举行三一集团项目签约仪式

2010 年 7 月 1 日，由上海电气风电设备有限公司独立研制的 3.6 兆瓦大型海上风机，在上海临港产业区成功下线

2008 年 5 月 29 日，市长韩正为上海市长兴岛开发建设管理委员会、上海市长兴岛开发建设管理委员会办公室、上海长兴岛开发建设有限公司揭牌

2008 年，位于长兴岛海洋装备产业基地的上海振华重工（集团）股份有限公司

2010 年 1 月 21 日，在长兴岛海洋装备产业基地举行上海横沙一级渔港开工仪式

2009 年 2 月，位于长兴岛海洋装备产业基地的中海工业（上海长兴）有限公司

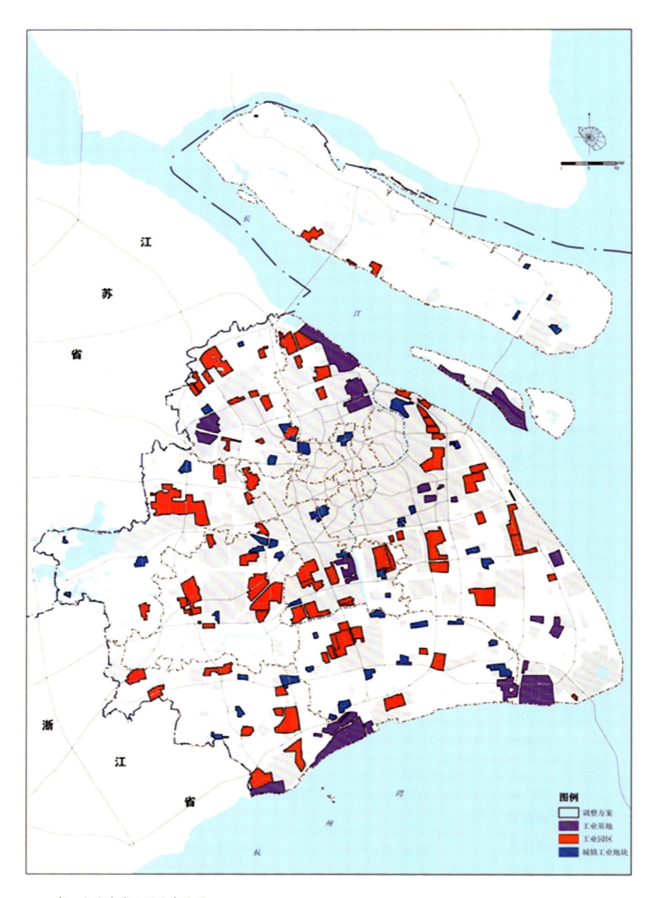

2010年，上海市产业区块布局图

上海市地方志编纂委员会

上海市地方志编纂委员会

（2007.8—2020.6）

《上海市志·开发区分志（1978—2010）》编纂委员会

主　　任　　陆晓春　吴金城
副 主 任　　马列坚　陈荣标　傅新华　戎之勤　张建明　吕　鸣　阮　力　张　英
　　　　　　刘　平　汪　羽　史文军
执 行 主 编　马列坚　吕　鸣　阮　力
执行副主编　刘益平　李旭晨　肖　健　林　晶

《上海市志·开发区分志（1978—2010）》编纂人员名单

主　　任　　刘家平
执 行 主 任　赵　海　刘　宏　陆　基　袁　涛　徐而进　袁国华　桂恩亮　张　淳
　　　　　　冯晓明　沈　雯　王龙华
副 主 任　　杜玉虎　亓书理（常务）　　王烈强
总　　纂　　亓书理
副 总 纂　　王烈强
成　　员　　（按姓氏笔画为序）
　　　　　　王姗姗　王耀鑫　卢瑞轩　阮海燕　孙　犁　苏　静　吴逸翔　何建云
　　　　　　何惟蔚　陈　彬　周慧琴　宓　密　赵　岚　姚向东　葛海菁　樊　勤

主要撰稿人员　（按姓氏笔画为序）
　　　　　　丁维兵　王武航　王姗姗　王　艳　王　辉　王烈强　王惠宏　王耀鑫
　　　　　　亓书理　卢瑞轩　阮海燕　严锡泉　李志英　杨　丹　何惟蔚　沈大钧
　　　　　　张胜利　周本清　周慧琴　宓　密　胡树德　倪　红　曹　杰　曾　刚
　　　　　　谢丽琼　樊　勤　潘建龙

提供资料人员　（按姓氏笔画为序）
　　　　　　丁广宁　丁庆革　马　伟　马志钢　王飞川　王丰龙　王文国　王　永
　　　　　　王　雅　王新明　王慧祺　方　敏　方汝佳　左爱东　石　雷　叶　琴
　　　　　　史敏杰　申永志　吕　莉　朱伟兵　朱伟珍　朱宇佳　朱德才　华蒨萍
　　　　　　庄　晶　庄丽华　刘　敏　刘文杰　刘欢欢　江静彪　汤连其　孙莉军

李庆红　李德海　严　萍　杜春燕　杨　辉　杨轶宏　杨盈盈　吴凡音
何　姬　沈　伟　沈小俊　沈国辉　沈剑峰　宋双双　宋东林　张　隽
张　英　张陆萍　张金伟　张居月　张锦榴　陆忆君　陆怡薇　陆晓燕
陆益军　陈　震　陈　蓉　陈建忠　陈斐然　陈源双　陈子君　陈有达
陈建苏　罗　民　周　岚　周　灿　周　好　周　晨　周潇粤　周明官
周佩芬　周德官　宓泽锋　赵　强　赵洪明　胡君英　胡建斌　胡美荣
侯　敏　侯文澜　俞龙兴　姜文浩　姚　辉　秦晏嘉　夏　裔　夏文涛
顾　瑞　顾彩红　倪洪伟　徐　玮　徐　峰　徐志英　徐跃峰　高　翔
高晗杰　唐宝昌　陶丽洁　郭俊先　黄　萱　黄卫忠　黄业章　黄惠忠
梅　峰　曹　勤　盛卫红　康文军　葛霞芳　傅金哲　谢松松　蔡丹丹
蔡爱琴　谭　莉　樊　晶　潘嘉英

《上海市志·开发区分志（1978—2010）》咨询专家名单

（按姓氏笔画为序）

丁飞龙　于　成　马　静　韦　平　叶浩军　付春红　白　柠　冯晓明
朱罗江　乔仲欣　伍继宏　任善根　刘卫星　刘亚斐　刘　芸　刘咏梅
刘　涛　刘新宇　祁兆明　李　力　李　白　李　翔　杨　晔　肖文高
吴正扬　吴　磊　余亮茹　沈庭忠　沈　豪　张永华　张华芳　张晓莺
张　浩　张锡平　张嘉婧　陆栋生　陆　琪　陈冬梅　陈　军　陈青洲
陈　波　陈跃华　陈斐斐　邵红霞　林　刚　林　航　周正曙　周永超
周国雄　周　强　郑文才　郑凯捷　胡炎生　姜国宽　娄志强　夏　光
夏　雨　原清海　徐子瑛　徐　明　徐静娴　高成方　高　林　陶　杰
黄　瓯　黄润清　盛　骏　童　羚　鲍炳新　雷曙光　詹运洲

《上海市志·开发区分志（1978–2010）》评议专家名单

组　长　　蒋以任

成　员　　（以姓名笔画为序）

王永鉴　石　磊　任善根　杨小明　张耀伦　沈开艳　夏　雨　顾嘉禾
董绍诚　蒋应时

《上海市志·开发区分志（1978–2010）》审定专家名单

组　长　　蒋以任

成　员　　（以姓名笔画为序）

王永鉴　吕瑞锋　任善根　杨小明　杨仁雷　沈开艳　董绍诚　蒋应时

《上海市志·开发区分志（1978–2010）》验收单位和人员名单

验收单位　　上海市地方志办公室

验收人员　　洪民荣　黄晓明　黄文雷　唐长国

业务编辑　　杨军益

序

改革开放以来,上海开发区应运而生,以开放的胸怀、开拓的精神,砥砺前行,蓬勃发展,引领上海工业实现了大变化、大跨越和大发展。作为这段历史的"回音壁",《上海市志·开发区分志(1978—2010)》全面记录了 1978—2010 年间上海开发区顺应时代变迁、筚路蓝缕的发展历程,集中展示了上海开发区改革开放试验田、大有作为践行者的形象风采。

乘势而上,率先探索。旧中国,上海工业惨淡经营,"一穷二白",不成体系;新中国成立后的前 30 年,依靠"自力更生、奋发图强",上海工业屡创辉煌,形成了比较完备的现代化工业体系框架,为工业向园区集聚发展奠定了坚实的基础。随着改革开放的春风吹绿浦江大地,1986 年 8 月 29 日,上海打响了开发区建设的第一枪——闵行、虹桥两个经济技术开发区同时成立,有计划、有步骤地探索工业发展向园区集中,有担当、有作为地努力践行改革开放新举措。20 世纪 80 年代中期,闵行经济技术开发区、虹桥经济技术开发区、漕河泾新兴技术开发区被国务院列入全国首批 14 个国家级经济技术开发区行列,上海成为全国开发区建设的领跑者。

抓住机遇,蓬勃发展。在党中央、国务院的领导下,在上海市委、市政府的推进下,20 世纪 90 年代,上海紧紧抓住开发开放浦东这一重大历史机遇,工业开发区发展驶入快车道,从园区单体开发提升为区域性系统开发。20 世纪末,上海开发区重点建设松江、嘉定—安亭和临港等重点新城,努力建设与现代化国际大都市相适应的社会主义新郊区。同时,大幅提升工业集中、产业集聚、土地集约水平,在上海郊区基本形成了"1+3+9"工业区以及"东、南、西、北"四大产业基地的新格局。

持续革新,争优前行。进入 21 世纪后,随着国家对开发区整体发展战略的调整,以及上海提出建设"四个中心"、增强城市综合竞争力、调整优化经济结构等发展方略,上海开发区鼎力革新,加快产业结构调整和产业布局优化,提升开发区发展聚力与能级。到 2010 年,形成了工业园区、经济技术开发区、高新技术开发区、海关特殊监管区域、金融贸易区、旅游度假区等六类开发区,其中国家级 15 个、市级 26 个。并结合"两规合一"和土地利用总体规划修编,逐步形成规划工业用地布局。同时充分发挥两级政府、三级管理的体制优势,各区县集中资源支持开发区发展,支持开发区提质创优,使开发区成为助推上海实施城市发展战略、助力上海经济快速发展的加速器。

改革开放,成就辉煌。30 多年来,上海开发区建设坚持以改革开放为主线,确保全市开发区在上海城市发展中不断发挥率先开放、高效开发、支撑引领的重要作用。重点开发区始终保持两位数高速增长态势,全市主导产业依托开发区实现高度集聚发展,大量中外合资、合作和外商独资企业、民营企业纷纷落户。1990—2000 年,上海开发区工业总产值约占全市工业总产值 40% 以上;出口交货值约占全市一半以上,六大产业基地建设取得突破性进展;到 2010 年,上海开发区工业总产值占全市比重已达到 73%,主导产业在开发区工业总产值占比达到 86.5%,第三产业规模占比超过 40%。开发区已然成为全市经济增长的重要引擎与支撑。这也为此后开发区以更高水平开发开放奠定了坚实基础。

"长风破浪会有时,直挂云帆济沧海"。愿上海开发区不断温故知新,承前启后,继往开来,上海开发区的明天更美好、更辉煌!

《上海市志·开发区分志(1978—2010)》编纂委员会

2020 年 5 月

凡　例

一、本志坚持以马克思主义为指导,遵循辩证唯物主义和历史唯物主义原理,实事求是记述上海市自然、政治、经济、文化和社会的历史与现状。

二、本志为上海市首轮社会主义新方志中《上海通志》《上海市级专志丛刊》之续,续义不续例,体例方面创新调整,并对首轮志书补缺正误。采用小篇平列体,分别编纂,陆续出版,汇为全志。

三、本志记述地域范围,以2010年底上海市行政区划为准。由上海市辐射至外地及国外、境外事物,兼及记述。

四、本志记述内容的时限,上起1978年,下迄2010年,以反映上海市改革开放全貌。首轮《上海市级专志丛刊》所缺或记述内容不够丰富的分志、分卷,上溯至事物发端。人民代表大会分志、政治协商会议分志、政府分志等,为保持同一届次内容记述的完整性,下延至2010年后的首个换届年份。

五、本志按自然、政治、经济、文化和社会为序设置分志、分卷,事以类从,类为一志,并兼顾当代社会分工的原则。全志除总述外,设置经济综述分志、工业综述卷、商贸综述卷、金融综述卷、口岸综述卷等,加强全志整体性。各分志、分卷采用篇章节体,卷首设概述、大事记,以专记、附录、索引殿后。

六、本志体述、记、志、传、图、表、录诸体各随其宜,力求内容与形式统一。

七、本志人物传遵循"生不立传"原则,入传人物排列先后以卒年为序。在世人物依例不立传,以人物简介、人物表(人物录)载之。

八、本志采用规范的语体文、记述体,行文按《〈上海市志〉行文规范》,力求严谨、朴实、简洁、流畅,以第三人称记述。

九、本志纪年,凡1949年5月27日上海市解放以前的用历史纪年,一般标示朝代、年号、年份,括注公元纪年;1949年5月27日上海市解放后,一律采用公元纪年。

十、本志所记述的地名、机构名称、职称及币种、计量单位,一般按当时称谓。

十一、本志所用统计资料,原则上根据统计部门公布的材料;未列入统计部门统计的,根据部门统计的材料。

十二、本志资料来源于国家档案馆、上海市及有关省市档案馆、部门档案馆(室),以及历史文献、口碑资料、社会调查、部门提供的材料等,均经考证核实,一般不注明出处。

编 纂 说 明

一、本分志力求全面、客观、系统记述 1978—2010 年上海市开发区建设的历史与现状。

二、本分志内容包括上海市行政区划内的国家级、市级和区级工业开发区，以及海关监管区、金融贸易区、旅游度假区等各类经济开发区。

三、本分志框架结构分为述（概述、序言、无题导言）、记（大事记）、志（正文）、传（人物传略）、简介（人物简介）、表（人物表）、专记、附录。共设 10 篇、48 章、201 节，计 168 万字。

四、本分志涉及的全市规模以上工业企业，2010 年及以前规模标准为年主营业务收入 500 万元。所涉机构与单位的名称，首次出现时用全称，再次出现时用规范简称。

五、本分志统计表，均注明出处。部分数据，由于统计口径不一，数值可能略有差异。表中使用的符号"—"或空格表示该项统计指标数据不详或无该项数据。

六、本分志资料来源于上海市档案馆、上海市相关委办、各开发区档案室，以及各类年鉴、开发区刊物、相关书刊、内部资料、历史文献、报刊资料、口碑资料、部门及个人提供的材料等，均经考证核实后入志，一般不注明出处。本分志编纂的资料长编，入志材料均有出处，以便检索考证。

目　　录

5

CONTENTS

概　述

上海自 19 世纪开埠以后,就以其独特的地理优势迅速成为中国近代工业的发祥地。至 20 世纪中叶,上海已发展成为全国最大的工商业城市和经济中心。无论是工业、交通运输业,还是内外贸易、金融业,上海在全国都占据举足轻重的地位。

1926 年,上海在城市集中建设区边缘,明确划分了沪西、沪东、沪南三个工业基地,这是上海产业布局的最早雏形。更多的小企业则混杂在居民区内,形成了工厂与居民区犬牙交错的工业布局。1949 年中华人民共和国成立后,上海工业更是走过了几十年的辉煌历程。近代上海工业兴起于黄浦江、苏州河交汇处,随着内河运输的发展,外商与华商企业纷纷在黄浦江、苏州河沿岸开设工厂。1951 年 10 月,上海市市政建设委员会编制了《上海市发展方向图(草案)》,"方向图"对上海的定位是全国轻工业的中心。同时针对上海多为规模小、资金有限的化工、五金类工业企业,规划要求临市区边缘设厂;为改善城市安全,对易燃、易爆、危险品生产企业,规划要求从市区搬迁;对原有工业较为集中的沪东工业区(以纺织、印染、机械工业为主)、沪西工业区(以纺织、印染、面粉工业为主)、沪南工业区(以造船工业为主)三个工业区在 10 年~15 年内进行布局调整,扩充兴建北新泾工业区,主要安置化工和部分危险品生产企业;新建位于闸北区(今静安区)的彭浦工业区,重点发展五金机器工业。此外,规划了虹江、长桥、吴淞、浦东四个工业区。这一时期结合工业结构调整和升级,上海工业布局开始战略性调整,在郊区开辟建设了一批新工业区。1956 年 9 月,上海市人民委员会(以下简称"市人委")按照"充分利用,合理发展"上海工业的方针,组织编制了《上海近期(1956~1967 年)城市规划草图》(以下简称《草图》)。是年 10 月,上海市副市长曹荻秋主持市长办公会议,对《草图》予以审议,确定了结合工业企业的迁建、新建,降低市区人口密度的总体思路;把桃浦、漕河泾、吴淞、彭浦规划为工业区;卫星城的建设先集中力量开发闵行。1958 年,江苏 10 个县划归上海管辖。1959 年 6 月,市人委邀请建筑工程部规划工作组组织编制了新的上海城市总体规划。是年 11 月,《上海市总体规划草图》《关于上海城市总体规划的初步意见提纲》形成,提出了上海工业布局调整的基本思路:"逐步改革旧市区,严格控制近郊工业区的规模,有计划地建设卫星城镇";对市区工厂采取保留、过渡、迁并三种办法,按相对集中、三级(工业区、工业街坊、工业地段)的要求,调整工业用地布局;依据大分散小集中、利用原有基础、每个卫星城以某个专业为主的原则,规划建设嘉定、松江、川沙等 17 个卫星城,其中近期建设闵行、吴泾、安亭、松江、嘉定、北洋桥等 6 个卫星城。同时,把近郊工业区调整为 9 个:钢铁工业区为吴淞蕰藻浜及周家渡,化工工业区为桃浦和高桥,机电工业区为彭浦,精密仪器工业区为漕河泾,建材工业区为长桥,修造船工业区为东沟,综合工业区为北新泾等。1972 年和 1978 年分别增设了金山卫和吴淞两个卫星城,明确了上海重化工业布局。至改革开放前,上海市先后设立了 7 个卫星城,在上海市沿江、沿河逐步形成了 71 个工业企业成片地区,通称为 71 个工业街坊,占地面积 1 603.97 万平方米。上海工业布局和城市形态的调整和演变,充分体现了以经济为中心的特大型城市上海,不断优化工业布局与城市发展的规划,也展现了上海开发区发展的历史轨迹。

一

随着工业化和城市化发展，上海对产业布局和区域功能进行调整，逐步形成了外环以内的中心城区以发展服务业为主，外环以外的郊区以发展工业和农业为主的格局。同时伴随着改革开放逐步深入，通过政策性引导，加强产业布局导向，逐步推进工业向园区集中，形成了工业集中、产业集聚和土地集约的开发区发展格局。上海开发区经历了三个历史发展阶段：

1. 第一个阶段是20世纪80年代。1984年初，按照邓小平的倡议，在兴办经济特区取得成功经验的基础上，决定进一步开发14个沿海城市，并在这些城市逐步兴办经济技术开发区。这是党中央、国务院关于进一步扩大对外开放的重要战略决策。同时，上海在近郊相继建立了漕河泾、彭浦、高桥、桃浦、周家渡、北新泾、长桥、五角场等8个工业区，在远郊先后建立了闵行、金山卫、吴淞、吴泾、松江、嘉定和安亭等7个工业新城。是年，川沙县六团乡制订乡镇建设规划，在交通便利的乡集镇南开辟10.2公顷土地，成为上海市郊首个工业小区。

"七五"期间（1986—1990年），上海对原有工业区和卫星城进行充实和调整，并结合城市功能形态变化，对桃浦、吴淞、吴泾等老工业基地进行升级改造和产业结构调整。1986年10月13日，国务院批复同意《上海市城市总体规划》，上海城市结构由中心城—卫星城—郊县小城镇组成，形成以中心城为主体、市郊城镇相对独立、中心城与市郊城镇有机结合的群体组合城市。1987年，在上海市农村工作会议上，上海市人民政府（以下简称"市政府"）提出："市郊根据《上海市城市总体规划》，结合制订县城综合发展规划和实施城镇、村镇规划，以乡为单位或几个乡联合，建设相对集中的工业加工区。"

2. 第二个阶段是20世纪90年代。至1990年，上海在乡、村两级建立了280个工业小区，形成了市区、边缘工业区、卫星城、乡镇工业四个层次的工业布局。上海工业布局调整进入重要时期，围绕"四个中心"和国际大都市建设，形成了CBD地区和"城三郊二"的布局架构，即上海中心城区（外环线以内约600平方公里）以第三产业为主，郊区（外环线以外5 700平方公里）以第二产业为主。上海经济的高速发展，使制造业发展空间逐步拓展至以开发区为主的6 340平方公里范围的郊区，不仅提高了上海的综合服务能力，也带动了长三角经济的发展。

1990年，国务院特区办公室在上海、天津南北两片区召开经济技术开发区工作会议。会议根据开发区发展实践，提出了"抓管理、讲技术、上水平、求效益"的工作方针，同时要求在形成一定建设规模的基础上，努力提高开发区的经济效益。

1991年2月10日，邓小平在视察漕河泾经济技术开发区时，就中国改革开放的重大问题，提出了有利于社会主义发展的重要思想，即姓"资"还是姓"社"的判断标准。由此，中国的改革开放进入了重要历史时期，也为开发区大发展创造了历史性机遇。是年12月4—7日，国务院特区办公室在闵行经济技术开发区召开全国经济技术开发区工作会议，在总结开发区创建八年来的成就和经验的基础上，提出了坚持"以工业为主，以吸引外资为主，以拓展出口为主，致力于发展高新技术产业"的"三为主、一致力"方针，充分反映了国家兴办经济技术开发区的战略思路。

1992年起，上海为适应吸收外资和疏散内环线内国有工业企业生产点，重点推进建设9个市级工业区，建设45个县级工业区。至20世纪90年代末，上海工业抓住开发开放浦东的重大历史机遇，围绕市政府提出的加快建设国际经济、金融、贸易、航运中心的国际大都市战略目标，上海郊区基本形成了"1＋3＋9"工业园区以及"东、南、西、北"四大产业基地的工业新格局，"东、南、西、北"分别是微电子、石油化工和精细化工、汽车、精品钢材等产业基地。先后开辟了闵行、吴淞、五角场、高桥、桃浦、漕河泾、长桥、吴泾、安亭、嘉定、松江、金山卫、彭浦、北新泾、周家渡等 15 个工业区,形成了市区、边缘工业区、卫星城、乡镇工业 4 个层次的工业布局,工业布局进一步得到优化调整。"九五"期间(1996—2000 年),上海市经济委员会(以下简称"市经委")牵头,会同上海市城市规划管理局(以下简称"市规划局")、城市规划设计院对 71 个工业用地成片地区进行了梳理,撤销了地段好、环境影响严重、经济效益差的工业街坊 38 个,占地面积 457.55 万平方米。

3. 进入世纪之交,中共中央提出落实科学发展观的战略部署,对开发区发展提出了更高的要求。由此,开发区步入科学发展的第三个阶段。至 2000 年,上海形成了"1+3+9"开发区空间布局,其中"1"是指浦东新区,涉及工业的主要园区有外高桥、金桥、张江、星火等工业区;"3"是指闵行经济技术开发区、漕河泾新兴技术开发区、上海化学工业区;"9"是指崇明工业园区、宝山城市工业园区、嘉定工业区、青浦工业区、松江工业区、莘庄工业区、金山嘴工业区、康桥工业区和上海市工业综合开发区(原奉浦工业区),规划总面积 40 997.96 公顷。2001 年,中国加入世界贸易组织(WTO),对国家级开发区产生了极大影响,不仅对开发区发展提供了国际机遇,也为大规模引进外资、发展外贸提供了制度保障,更有利于改善和提高引进外资的结构和水平,减少了开发区对政策的依赖。

2001 年 5 月 11 日,国务院批复《上海市城市总体规划(1999—2020)》(以下简称《总规》),同意上海城市建设的目标为国际、金融、贸易、航运中心之一的国际大都市;围绕发展现代化制造业,形成"东西南北"四大产业基地。由此,上海工业体系从适应性调整向战略性调整转变,大力构建新的产业体系,逐步推进工业布局的优化和结构调整,把工业发展空间从 600 平方公里向 6 000 平方公里的市域范围拓展。同时,按照中国共产党上海市委员会(以下简称"中共上海市委")、市政府提出的"郊区新一轮发展要有新气象,规划要高起点,产业布局要高层次,推进发展要高速度;要继续推进郊区'三个集中',推动郊区经济社会协调发展"等重要精神,以及按照"存量调整优化,增量集中提升,产业集聚升级,区域协调发展"的工作思路,上海大力推进"工业向园区集中,构筑以产业基地为龙头、市级以上工业区为支撑、重点区级工业区为配套、中心城区都市型工业园区为补充"的工业布局框架,大幅提升工业集中、产业集聚、土地集约水平。

另外,《总规》还明确:加快推进重大产业基地、国家级和市级工业园区建设,集中力量建设微电子产业基地、国际汽车城、上海化工区、精品钢铁产业基地、临港新城产业基地和上海船舶产业基地;继续推进"1+3+9"国家级、市级工业园区建设,进一步改善投资环境,提高服务水平,加强产业集聚,形成具有国际竞争力的产业链和产业集群;围绕新城、中心镇等建设,加强城镇和产业的综合配套与协调发展。提高郊区城镇的产业支撑和就业水平;加大乡镇村工业区、工业点的整合力度,推进工业向园区集中、组团式布局,提高工业布局的集约度和规模效益。

2002 年,上海工业按照"市区体现繁荣与繁华,郊区体现实力与水平"的要求,提出了以"盘活存量,用好增量,优化布局,增强辐射"为原则,进一步优化产业布局,工业园区的发展紧紧依托四大产业基地建设,围绕上海产业结构调整和产业升级的目标,形成了较为明确的产业定位,9 个市级开发区也充分体现了各区"一业特强、多业发展"的要求,形成了各具特色的产业结构。

2003 年,全市工业仓储规划用地面积约 860 平方公里,各类工业园区共 161 个,规划用地总面积为 899.33 平方公里,其中:国家级开发区 5 个,规划用地面积为 82.2 平方公里,占工业区规划面积 9.1%;市级工业开发区 14 个,规划用地面积 466.32 平方公里,占工业区规划面积 51.9%;区级及区以下工业区 136 个,规划用地面积 155 平方公里,占工业区规划面积 17.2%;老工业基地规划用地面积46.2平方公里,占工业区规划面积5.2%。以工业开发区为主要载体的微电子产业基地、上海国际汽车城、上海化学工业区、精品钢材基地、装备产业基地和船舶制造基地等六大产业基地规划建设用地面积290平方公里(其中位于开发区内约210平方公里,开发区外约80平方公里)。中心城区主要集团公司共有企业2 084家,2 208个生产点,占地面积68平方公里,其中吴泾、吴淞、桃浦、彭浦等6个老工业区用地46.2平方公里,黄浦江沿岸涉及300余家企业,苏州河流域涉及240余家企业。至2003年,以工业园区为主要载体的制造业空间,已逐步扩展至全市6 000平方公里范围,并以较快的速度从中心城区延移至郊区。

为切实保护土地资源,维护土地利用总体规划和城市规划的严肃性,规范土地市场秩序,防止楼市动荡造成风险,就清理各类园区用地,加强土地供应调控有关问题,2003年2月18日,国土资源部下发《关于清理各类园区用地加强土地供应调控的紧急通知》,对全国各类开发区进行清理整顿。按照国家统一部署,上海开发区经清理和归并整合后,由原177个工业区减少至80个开发区。同时开展了在土地利用总体规划和城市总体规划确定的建设用地范围外,清理整顿各类开发区(园区)和城市新区(小区)的工作。对清理后拟保留的开发区,必须依据土地利用总体规划和城市总体规划,以及布局集中、用地集约和产业集聚的原则进行严格审核。

2004年,在开发区成立20周年之际,国务院在全国开发区工作会议上提出了在新时期发展开发区的"三为主、二致力、一促进"指导方针及"四个转变"的指导思想。2004年11月17日,市政府印发《关于切实推进"三个集中"加快上海郊区发展的规划纲要》,明确提出了郊区实现"城乡一体化、农村城市化、农业现代化、农民市民化"的总目标和切实推进"人口向城镇集中、产业向园区集中、土地向规模经营集中"(以下简称"三个集中")的总战略,切实推进郊区"三个集中",立足市域6 340平方公里,加快中心城和郊区的联动发展,优化市域人口、城镇、产业布局,按照人口集中、产业集聚和土地集约的要求,积极发展优势产业,稳定均势产业,淘汰劣势产业。按照优先发展现代服务业和先进制造业的要求,坚持二、三产业共同推动经济增长。依托郊区新城和功能性、基础性设施项目建设,大力发展生产性服务业和生活性服务业。依托国家级、市级开发区和重大产业基地,大力发展先进制造业和高新技术产业。注重产业集聚,加快形成产业链和产业集群,在更大区域范围内整合资源要素。全面落实中共上海市委、市政府先后提出的"'九五'变化看市区,'十五'变化看郊区""中心城区体现繁荣繁华,郊区体现实力水平"等指导思路和方针。

2005年8月22日,国家发展和改革委员会(以下简称"国家发展改革委")、国土资源部、建设部下发《清理整顿开发区的审核原则和标准》,提出按照不同经济带的经济发展水平、行政区划、生产力布局、可供土地资源等因素,综合考虑审定设立开发区以及开发区的数量、类型和规模等。同时,也提出申请保留的开发区应符合"布局集中、用地集约、产业集聚"的要求。对产业特色鲜明、综合配套能力强的现代制造业聚集区,以及单位土地面积投资强度大、资源消耗低、环境保护好、产出效益高、形成一定规模和产业特色的开发区,优先保留的审核原则。

2007年3月27日,国家发展改革委发布《中国开发区审核公告目录》(2006年版),核减了全国开发区数量,压缩了规划面积,突出了产业特色,优化了布局。经审核,上海开发区最终保留41个,其中国家级开发区15个(包括2005年批准的嘉定出口加工区),市级开发区26个。

2009年,上海市规划和国土资源管理局(以下简称"市规土局")结合"两规合一"和土地利用总体规划修编,以"保障发展、保护资源、优化空间"为目标,以"严控总量、用好增量、盘活存量、提高质量"为重点,以"工业园区为主体、工业基地为亮点、城镇工业地块为补充"为特点,组织开展全市工业用地布局比对和规划认定工作,同步开展全市工业区的规划布局工作,不断优化未来工业用地布局,确定了全市工业园区、产业基地、城镇工业地块所组成的规划工业区块 104 个,面积约 790 平方公里。规划工业区块以外的现状建成和已批未建的工业用地,约 393 平方公里,规划逐步转为其他用地。其中,约 195 平方公里规划为转型的工业用地,约 198 平方公里规划逐步拆除或复垦为农用地。

"十五"期间(2001—2005 年),上海开发区坚持"工业集中、产业集聚、土地集约"的发展方针,加快中心城和郊区的联动发展,推进郊区人口、城镇、产业协调发展,以六大产业基地为龙头,市级和市级以上工业区为支撑,区级重点工业区和配套产业街区为补充,调整归并区级工业区和区级以下零星工业点。同时,全市工业区布局调整按照"工业向园区集中,以及存量调整优化,增量集中提升,产业集聚升级,区域协调发展"的发展思路,重点发展六大世界级产业基地,聚焦提升市级以上工业区,适度发展重点配套区,调整优化中心城区工业,整合分散工业点,逐步形成了以产业基地为龙头、市级以上工业区为支撑、区级工业区为配套的产业布局框架,以先进制造业为主导、以骨干企业为核心的产业集群和产业集聚区逐步显现。

"十一五"期间(2006—2010 年),上海按照"两个长期坚持""两个优先"的产业发展战略,继续推进工业向园区集中,提高开发区建设发展水平,进一步壮大六大产业基地、重点发展市级以上工业区、继续优化区级工业区、发展提升郊区都市型工业园和产业配套区、调整改造老工业区,重点推进大产业、大基地、大项目建设,推进先进制造业产业集群建设,不断完善开发区综合功能,提升产业能级、优化产业结构,促进开发区从规模扩张向能级提升转变,从单一功能向多功能综合性开发区转变。

二

20 世纪 80 年代以后,上海开发区立足科学规划和合理调整,力求城市总体规划、土地利用总体规划和产业发展规划相衔接,不断提高开发区土地集约节约利用水平,合理优化开发区空间布局。同时按照"集中布局、整体规划、分期实施、有序开发"的原则,科学修编或完善开发区土地利用规划、控制性详细规划及产业功能分区、道路等基础设施、生产生活配套设施、绿化、环境保护、信息化建设等专项规划,不断完善基础设施配套,增强配套服务功能,努力做到水、电、路、通讯、信息网络、排污及污染物集中治理等设施的同步或超前建设及良好运行。此外,建立生产资料、商贸物流、仓储等相配套的设施,同时建设一批职工生活、娱乐、教育、商务等配套服务设施项目,加快改善开发区投资环境,并按照城市功能区建设的要求,开发建设了居住区、商贸区、物流区,不断加快完善城市功能。

"九五"期间(1996—2000 年),全市"1+3+9"工业区的投资环境基本完备。至 2000 年,基础设施投资达 105 亿元,开发面积累计达 109.95 平方公里,其中国家级开发区开发土地面积 33.08 平方公里,占规划开发面积的 46.5%,市级工业区开发土地面积 76.87 平方公里,占规划开发面积的41.2%。各工业区的平均污水处理能力、供水能力、供热能力、供燃气能力分别达 10 万吨/日、15 万吨/日、1 000 吨/小时、80 万立方米/日,为进区企业资源综合利用、污染综合治理提供了完备的设施。随着全市"三环十射"交通网络的建成,各工业区的海、陆、空交通更加便捷,"1+3+9"工业区的区位优势日益显现。

"十五"期间(2001—2005 年),按照国家统一部署,全市开发区清理和归并整合后,保留的 80 个开发区,规划面积调整至 626.5 平方公里,累计开发面积 406.9 平方公里,开发率达 65%。

2005年,全市开发区完成基础设施投资125亿元,占开发区固定资产投资的比重为16%,累计基础设施投入达1325亿元,平均每平方公里投入3亿元以上。其中,上海化学工业区完成36.8亿元,嘉定工业区完成16.2亿元,外高桥保税区完成16.2亿元,漕河泾完成7.7亿元。全市开发区累计基础设施投资649.61亿元,土地基础设施平均投资强度为1.61亿元/平方公里。其中,国家级开发区为2.78亿元/平方公里,市级开发区为1.7亿元/平方公里,区级工业区为0.97亿元/平方公里。全市开发区已建成道路总长度3473公里,形成892万立方米/日的供燃气能力、300万吨/日的供水能力和105万吨/日的污水处理能力,工业区各类基础设施配套能力不断提升。

"十一五"期间(2006—2010年),全市104个产业区块累计基础设施投资达1202.22亿元,土地前期开发投资金额1004.33亿元,土地开发投资强度为4亿元/平方公里。其中,国家级开发区的土地开发投资强度为7.53亿元/平方公里;市级开发区与产业基地的土地开发投资强度较为接近,分别为3.94亿元/平方公里和3.26亿元/平方公里;城镇产业区块的土地开发投资强度为1.7亿元/平方公里。供电能力达780万千瓦时,供水能力达534万吨/天,电话装机容量达230万门,供燃气能力达1058万平方米/天,供蒸汽能力达1482吨/小时,污水处理能力达249万吨/天,纳管排放量达228万吨/天,形成了较为完备的基础设施配套能力。

土地开发投资强度直接反映了园区基础设施配套水平。至2010年,全市104个区块已建成土地面积为462.24平方公里,土地建成率达90.4%,其中已建成工业用地面积324.96平方公里。累计基础设施投资金额1202.22亿元,土地前期开发投资金额1019.02亿元,土地开发投资强度为4亿元/平方公里。其中,国家级开发区土地开发投资强度最高,达7.53亿元/平方公里;市级开发区与产业基地的土地开发投资强度分别为3.94亿元/平方公里和3.26亿元/平方公里;城镇产业区块的土地开发投资强度为1.7亿元/平方公里。总的来说,国家级开发区的硬件设施环境最优,市级开发区、产业基地、城镇产业区块依次递减。

三

郊区是新世纪上海城市发展的重心,开发区更是支撑区域经济发展的重要承载区。

"九五"期间(1996—2000年),按照中共上海市委、市政府的统一部署,在市场竞争前提下,上海推进工业集团与"1+3+9"工业区双向选择和联动发展,形成了"工业区以主导产业定位、工业大集团以生产基地定位"的发展共识,实施战略联盟和长期合作。第一批共有24对工业集团与工业区签订长期合作协议,并推动了一大批项目落户于签订长期合作协议的工业区内。同时,推动了第二批长期合作双向选择工作,有近40对工业集团(范围扩大至中央在沪工业集团)与工业区形成建立长期合作关系的意向。推进战略联盟有利于统筹制定发展规划,为建设工业新高地打下了良好的基础,推动招商引资协同发展。至1999年,全市开发区共有独立核算工业企业1113家,占全市的5.5%;完成工业总产值939.4亿元,工业增加值227.9亿元,利税99.8亿元,主要经济指标增长率均在20%以上,均占全市工业比重的14%以上;工业销售收入占全市的比重由1995年的8.1%增加至1999年的17.0%;出口交货值占全市的比重由1995年的9.6%增加至1999年的27.5%。工业区集聚效应逐步呈现。

"十五"期间(2001—2005年),中共上海市委、市政府提出了"郊区地位举足轻重,作用日益凸显,将成为上海经济发展的'主战场''发动机',成为体现上海实力和水平的重要区域"的要求。郊区的国内生产总值占全市的1/3,工业总产值占全市的1/2,财政收入占全市的1/6。上海经济继续保持快速稳定健康增长,很大程度上取决于郊区经济增长,郊区的经济增长,更大程度取决于郊区各类开发区经济稳步发展。在中共上海市委、市政府的领导下,全市开发区按照"三个集中"的战略部署,加快推进"工业向园区集中"。同时紧紧依托六大产业基地、开发区和重大产业项目建设,开发区保持了良好的发展态势,经济规模不断扩大,产业能级持续提升。2001年,"1+3+9"开发区实现工业总产值3 210.67亿元,占全市工业总量的43%;实现利润146.43亿元,占全市工业总量的33%;实现税收111.86亿元,占全市工业总量的29%。增长幅度都明显高于全市工业增长的平均水平。2002年,各类工业区完成工业总产值、工业增加值、完成出口交货值、利润、资产总额等各主要经济指标在全市均占30%以上,已成为全市经济的重要引擎。2005年,全市开发区实现工业总产值7 444亿元,其中,国家级开发区达3 240亿元,占44%;市级工业区达3 225亿元,占43%;区级979亿元,占13%。市级以上开发区中高新技术产业占工业总产值的比重为55.1%,比全市水平高26.5个百分点,出口率达53%。全市开发区实现第三产业营业收入4 697亿元。2005年,全市工业区内企业实现工业利润314亿元,约占全市的33%;工业区内工业企业上缴税金241亿元,约占全市的40%,全市开发区第三产业实现利润188亿元,上缴税金355亿元。

　　"十一五"期间(2006—2010年),全市开发区全面贯彻科学发展观,大力转变经济发展方式,大力推进产业集群建设,加快产业结构调整,全市工业区保持平稳较快增长。2009年,全市工业区(104个产业区块)实现工业总产值18 027亿元,占全市工业总产值总额的72.4%。其中,市级以上工业区工业总产值从"十五"期末(2005年)的6 465亿元提高至12 845亿元(2009年),年均增长率达18.7%。市级以上开发区规模以上工业企业实现利润总额702亿元,占全市工业利润总额的50.0%,上缴税收总额667亿元,占全市工业税收的60%。工业向开发区的集中度从"十五"期末(2005年)的38.3%提高至51.6%。主导产业集聚度从83%提高至87%。全市工业区形成了电子信息、汽车、石化及精细化工、精品钢材、成套设备、生物医药等六大支柱产业集群。2009年,六大支柱产业在市级以上工业区的产值占全市市级以上工业区总产值的比重达87.4%,比"十五"期末(2005年)提高1%,成为全市先进制造业的核心集聚区。同时,工业区大力推进产业结构调整升级,市级以上工业区高新技术产业产值从"十五"期末(2005年)的3 372亿元提高至5 020亿元,占全市市级以上工业区工业总量的41.2%;企业总部、信息传输计算机服务业、软件业、物流业和设计研发等生产性服务业在园区内发展迅速。2009年,全市工业区第三产业实现营业收入9 180亿元,"十一五"期间,年均增长18.3%,上海市开发区成为推动区域经济增长的动力引擎。

　　2010年,全市开发区完成工业总产值22 628.83亿元,占全市工业总产值73%,增速比全市工业生产增速高2个多百分点。全市市级以上开发区完成工业总产值16 295.23亿元,产业基地完成工业总产值5 075.23亿元,产业区块和城镇工业地块实现工业总产值1 258.37亿元。全市开发区工业企业实现主营收入23 703.05亿元。市级以上开发区实现主营收入17 116.42亿元,其中国家级开发区工业企业主营业收入6 039.92亿元,产业基地实现主营收入5 499.48亿元,产业区块和城镇工业地块实现主营收入1 087.16亿元。全市开发区工业企业实现利润1 677.26亿元。其中市级以上开发区实现利润1 174.83亿元,产业基地实现利润435.56亿元,产业区块和城镇工业地块实现利润66.87亿元。是年,工业向园区集中度为72.9%,其中向公告开发区工业集中度为52.5%。产业结构不断优化。全市开发区第三产业主营业务收入达1.33万亿元,二、三产业之比为57.5:42.5,第三产业比重提高近1个百分点。全市开发区上缴税金2 242.30亿元,其中公告开发区上缴税收1 817.44亿元。全市工业总产值千亿元以上的开发区(产业基地)有7个,即松江工业园区、金桥出口加工区、漕河泾新兴技术开发区、宝钢基地、嘉定工业区、国际汽车城、康桥工业区。全市开发区成为上海市产业经济发展的主要载体,成为推动区域经济增长的动力引擎。

2010年,全市开发区重点产业领域中,通信设备、计算机及其他电子设备制造业的规模以上企业,实现主营业务收入工业总产值5 860.82亿元,产销率为98.4%;交通运输设备制造业的规模以上企业完成工业总产值4 650.82亿元,产销率为99.1%。2010年,全市开发区主营业务收入增长最快的是电力、热力的生产和供应业,增长127.9%;其次是废弃资源和废旧材料回收加工业,增长67.14%;第三位是化学原料及化学制品制造业,增长45.4%,实现主营业务收入1 776.37亿元。

四

上海是一个资源约束十分突出的特大型城市。根据国务院和中共上海市委、市政府关于大力发展循环经济、建设节约型社会的要求,上海按照工业用地控制总量、用好增量、盘活存量、提高质量的原则,建立节约集约用地的体制机制和政策体系,形成有利于节约集约用地的市场环境和长效机制,进一步优化工业用地结构,提高土地集约利用率和单位面积产出水平,提升市级以上开发区经济规模和集聚效应,加快形成本市工业集中、产业集聚、土地集约的发展格局,进一步提高土地利用质量,以土地利用方式转变促进经济转型升级。

上海开发区新增土地供地方式,经历了三个阶段:1. 1986年至1990年,是成片开发阶段。1987年4月,国务院第一次印发了"土地使用权可以有偿转让"的政策。9月,国家土地管理局在土地有偿使用制度改革试点座谈会上,提出土地既然是生产资料,就应该是商品,虽然所有权不能自由买卖,但使用权可以转让,有转让、有市场,就要有价格,并在上海、深圳、广州、天津开发区进行试点。上海虹桥经济技术开发区的26号地块,是全国实行土地批租的首块土地,打响了全国第一炮。2. 从1990年开始,按照上海市土地管理局(以下简称"市土地管理局")、市经委的要求,进入"以项目核土地"的开发阶段。1998年开始改革供地方式,实行用地计划前置管理,在项目计划立项前增设用地计划指标审批,同时将存量土地的经营性项目用地纳入指令性计划。土地开发作为指令性指标,逐年下达,年均规模约为3 000公顷,是"八五"期间(1991—1995年)年平均的2倍~5倍。3. 从2007年开始的第三阶段,采取"工业用地招拍挂"的开发方式,供应完全市场化,进一步强化"批项目、核土地"审核工作。同时积极实施"腾笼换鸟"、清理闲置土地,推行"零土地"招商。

"九五"期间(1996—2000年),按照市政府《关于进行盘活工商企业国有房地产试点的实施意见》,推进部分大集团工业企业实施土地"空转"与房屋授权管理。同时,市经委研究制定了《关于上海市工业系统盘活企业国有房地产试点的实施意见》,具体规定土地"空转"的主体、土地"空转"步骤、财务处理以及税收等问题,由市经委、上海市房地局(以下简称"市房地局")、上海市财政局(以下简称"市财政局")和上海市国资办联合下发文件,确保第一批土地"空转"的启动,在此基础上推进工业增量项目向"1+3+9"工业区集中工作。"九五"期间(1996—2000年),上海化学工业区、漕河泾新兴技术开发区和上海市工业综合开发区也相继进行了工业区土地"空转"。通过工业区土地"空转",上海化学工业区新增国家资本9.46亿元,漕河泾新兴技术开发区新增国家资本约1.04亿元,上海工业综合开发区新增国家资本约1.32亿元。与此同时,市经委会同相关委办局,制定《上海市级工业区暂行管理办法》,引导开发区在工业区管理体制、规划调整、统计及税收就地征收等方面,加强规范化建设管理,做好推进工业向园区集中的管理和服务,增强全市开发区招商引资的优势。

上海老工业区始建于20世纪50年代,曾为上海经济发展作出历史贡献,但环境污染历史欠账较为严重。市政府于 20 世纪 80 年代开始,全面推进老工业区的环境综合整治,和田、新华路、桃浦等老工业区相继摘去环境重污染地区的帽子,吴淞、吴泾老工业区环境综合整治取得阶段性成果。2000 年,市经委、上海市质量技术监督局(以下简称"市质监局")、上海市环境保护局(以下简称"市环保局")联合发布《关于开展创建 ISO 9000 和 ISO 14000 质量与环境"双优"工业园活动实施意见》,全市开发区积极开展安全质量和环境质量管理体系认证活动。

"十五"期间(2001—2005 年),按照市政府提出的"整合郊区市级以下各类工业区,依托规划确定的新市镇,合理布局区级工业区。区级工业区主要利用零星工业点归并调整出的存量土地,作为发展空间"的要求,全市开发区在土地节约集约利用方面进行了积极探索和实践,围绕增量和存量两大方面,从政策引导、产业评估、淘汰劣势企业、提高厂房利用率等渠道促进工业节约集约用地。同时,加强政策引导,建立节约集约用地理念。

2002 年 10 月 21 日,市政府印发《上海试点园区改善投资环境的实施意见》,为促进工业向郊区工业园区集中,按照试点先行、循序渐进、逐步推开的原则,以嘉定、松江、青浦的三个市级工业区为试点,率先实施完善投资环境的措施,通过试点,进一步改进用地制度,降低用地成本。重点对试点园区分片规划的开发用地,实施批次供地;由试点园区委会按照园区开发建设规划逐次落实项目,并报市有关部门备案。同时根据开发建设需要,增加试点园区年度建设用地指标,实行计划单列。同时,相应增加其所在区用地指标。对按年度耕地占补平衡确有困难的,经批准允许在三年内延时平衡。"十五"期间,重点对试点园区的用地,按现行标准的 50％计算耕地开垦费、耕地占用税、土地出让契税和市提取的土地出让金。园区内道路等公共设施建设用地,按现行标准的零成本计算。

2002 年,市经委发布《吴淞、桃浦、吴泾工业区环保综合整治工作取得新进展情况》。2002 年,吴淞工业区环境综合整治的重点任务是集中供热、关闭小燃煤锅炉,提高吴淞地区空气质量。完成了吴淞工业区 A、B 网的可行性研究报告,完成了 10 台以上锅炉的拆除并网工作。同时稳妥推进桃浦工业区环境综合整治,制订桃浦地区有关污染企业进一步调整、治理的实施方案。在充分调研并结合市环保局批复的《吴泾地区华谊集团企业环境影响评价》的基础上,组织编制吴泾工业区综合整治的三年行动计划(2003—2005 年)。

2004 年,市经委、上海市房屋土地资源管理局(以下简称"市房地资源局")等部门共同制定并出台了一系列工业用地的指导政策和控制标准,先后印发《上海工业产业导向及布局指南》《上海产业用地指南》《上海产业能效指南》《上海市工业项目供地导则》《关于加强本市土地集约利用,试行产业用地评估工作的指导意见》《关于加强本市工业节约集约用地的指导意见》等一系列指导性文件,为各区县及开发区结合区域实际确定产业发展导向,落实工业用地"批项目、核土地"要求,提供了量化标准和政策依据。

至 2005 年,全市开发区累计已开发土地面积 404 平方公里,土地开发率达 73％,其中国家级开发区占 68％,市级开发区占 62％。其中,公告开发区已开发土地面积为 368.71 平方公里,土地开发率达 69.3％;国家级开发区土地开发率达 76.8％,市级开发区土地开发率达 67.8％。全市开发区已建成投产企业占地面积 150 平方公里,建成投产率为 65％。2005 年,不断完善"批项目、核土地"操作机制,加强产业用地评估,保证增量土地有效利用。建立和完善市、区(县)两级的工业项目部门会审机制,通过实施产业用地评估,加强对项目的筛选,提高工业节约集约用地水平。2005年,全市开发区单位面积产出率提高至 49 亿元/平方公里,单位土地税收产出 4.46 亿元/平方公里。全市开发区平均建筑容积率为 0.45,其中,国家级开发区为 0.71,市级开发区为 0.44,重点配套区为 0.34。至 2005 年,全市开发区累计吸引投资 7 498 亿元,累计出让面积 232 平方公里,土地投资强度为32.34亿元/平方公里。其中,国家级开发区为84.84亿元/平方公里,市级开发区为28.13亿元/平方公里,区级工业区为17.76亿元/平方公里。同时,工业区加大盘活存量土地资源力度,开展淘汰劣势企业、土地置换、厂房加层、改扩建以及闲置厂房租赁回购等工作。2005年,浦东、松江、金山、南汇、奉贤、闵行、崇明、普陀等11个区县,共淘汰调整1 020家劣势企业,腾出土地近666.67公顷。这些被淘汰企业平均建筑容积率为0.35,平均每平方公里土地产出水平仅为约5亿元。2005年,全市共有293家企业通过厂房加层改建,总建筑面积从原来的257.5万平方米提高至改造后的445.4万平方米,新增建筑面积187.9万平方米,平均建筑容积率从0.38提高至0.66,大幅提高了土地综合利用率。积极开展淘汰劣势企业,实施"腾笼换鸟",引进具有技术优势、市场优势、品牌优势的公司,实现工业区二次开发,优化产业结构。至2005年,全市共淘汰劣势企业1 270多家,腾出和二次开发土地面积933.33公顷。鼓励厂房改扩建和加大闲置厂房利用水平,盘活存量资源。各区积极鼓励和帮助企业进行厂房加层改造,鼓励企业通过对外招租、转让及由工业区回购的方式盘活闲置厂房,提高存量土地的利用强度。2005年,全市共有28家开发区全面开展了ISO 9000质量管理体系和ISO 14000环境管理体系"双优"认证,通过质量与环境两个管理体系认证的有16家园区。

"十一五"期间(2006—2010年),工业区加大推进土地节约集约利用力度。2010年,市级以上开发区平均单位土地产值达62.96亿/平方公里,比2005年增长13.5%;单位土地税收产出3.71亿元/平方公里,投资强度从"十五"期末(2005年)的约32亿元/平方公里提高至35亿元/平方公里;开发区土地开发投资强度为4.24亿元/平方公里,形成了较为完备的基础设施配套能力。土地开发税收产出3.71亿元/平方公里,投入产出基本持平。

至2006年,按照第一次开发区清理整顿时保留的80个开发区(除星火开发区),累计建设管网1 480公里,平均管网密度达2.9公里/平方公里。其中市区、浦东新区、松江各工业区的管网建设均基本完善。80个保留开发区入驻企业共6 363家,其中纳管企业3 627家,企业排水总量为55.8万立方米/日(不包括市级重点监管企业),其中纳管污水量43.3万立方米/日,污水纳管处理率为78%,开发区管网服务面积达406.2公里,新增污水厂5座,企业纳管数量达3 627家,新增纳管企业污水量约15万吨/日,新增纳管生活污水4万吨/日。节能减排取得成效,市级以上工业区万元产值能耗从2006年的约0.12吨标准煤下降至2009年的约0.10吨标准煤,平均下降5.5%。

2006年7月,市政府印发《关于贯彻〈国务院关于加强土地调控有关问题的通知〉的通知》,指出严格按照国土资源部发布的《工业项目建设用地控制标准(试行)》及《上海市工业项目供地导则(试行)》的规定,实行"批项目、核土地"制度,从严控制供地,优化土地资源配置,指出上海市各类新建工业项目用地,必须通过招标、拍卖、挂牌方式出让。

为贯彻落实《国务院关于加强土地调控有关问题的通知》,2007年4月,国土资源部、国家监察部下发《关于落实工业用地招标拍卖挂牌出让制度有关问题的通知》,指出按照国务院加强土地调控的相关提出的要求,工业用地必须采取招标拍卖挂牌方式出让。是月,上海全面启动推进工业用地招标拍卖挂牌出让工作。是年,设立上海市土地使用权出让招标拍卖办公室(以下简称"市招标拍卖办公室"),负责指导、协调和监督全市土地使用权招标、拍卖的实施。市招标拍卖办公室由市计划、建设、规划、土地、财政、住宅、监察等部门派员组成。区(县)政府在区(县)土地管理部门设立区(县)招标拍卖办公室,负责编制自身行政区域内土地招标、拍卖计划,确定招标、拍卖地块,组织、协调土地招标、拍卖的有关事项等。同时提出了工业用地要坚持"两个优先",即优先保证市级以上工业区、六大产业基地等重点区域、重点投资领域和市重大项目;优先供应规划工业区的项目用地,严格限制工业区外的供地。明确了工业项目招标拍卖挂牌出让程序:发布工业用地出让公告、项目预申请、预批复、实施招拍挂活动、办理计划、规划等手续;自签订出让合同起,整个工业用地招、拍、挂出让程序约需 40 个工作日。2007 年 5 月、12 月,先后三批,共批准 63 家工业用地前期开发机构,探索建立重点工业项目的绿色通道,同时进一步规范土地使用权招、拍、挂出让的项目准入条件和竞买人资格,加快开发区前期开发建设和产业项目落地。至 2007 年 7 月,上海先后公开挂牌三批工业地块,共 120 幅,合计面积 371 公顷,其中第一批公告的 34 幅地块,平均成交金额为 64.4 万元/亩。至 2007 年底,公告了 11 批 313 幅工业地块,约 1 105.5 公顷,成交了 207 幅,约 693 公顷地块,约为挂牌量的 63%,招拍挂工作总体较为顺利。全市第一批工业用地招、拍、挂共 13 个项目,这些项目主要集中在汽车零部件、装备制造、新能源、民用航天、电子工业等重点产业领域,总供地面积约 82 公顷,总投资约 29 亿元,投资强度约 3 450 万元/公顷。全市开发区严格土地供应管理措施得到进一步落实,自实行工业用地招标、拍卖、挂牌出让以后,在招商引资过程中,加强项目准入关,严格项目准入门槛,引导鼓励入驻企业加大技术改造投资强度。同时进一步明确规划用地的土地使用、投资强度和产值产出(税收)水平等标准,认真执行建设项目投资强度和容积率的"双控"标准,土地产出水平得到进一步提高。

至 2009 年,全市开发区加大推进土地节约集约利用力度,市级以上开发区平均土地产出水平达 57.9 亿元/平方公里,比 2005 年增长 18.4%,其中国家级开发区平均土地产出水平达 114.8 亿元/平方公里,最高的漕河泾开发区平均工业用地产出水平达 293.1 亿元/平方公里;投资强度从"十五"期末(2005 年)的约 32 亿元/平方公里提高至 35 亿元/平方公里;开发区单位土地开发投资强度达 4.24 亿元/平方公里,形成了较为完备的基础设施配套能力。土地开发税收产出 3.71 亿元/平方公里,投入产出基本持平。节能减排方面,市级以上工业区万元产值能耗从 2006 年的约 0.12 吨标准煤下降至 2009 年的约 0.10 吨标准煤,平均下降 5.5%。

至 2010 年,全市 104 个区块已开发土地面积达 553.98 平方公里,土地开发率为 66.4%。公告开发区已开发土地面积达 368.71 平方公里,土地开发率为 69.3%。其中,国家级开发区土地开发率为 76.8%,市级开发区土地开发率为 67.8%;产业基地已开发土地 113.21 平方公里,土地开发率为 62.5%;城镇产业区块已开发土地 72.05 平方公里,土地开发率为 59.2%。

至 2010 年,104 个区块工业总产值达 22 628.83 亿元,单位土地产值达 56.46 亿元/平方公里。其中,公告开发区实现工业产值 16 295.23 亿元,单位土地产值达 62.96 亿元/平方公里,单位土地产出水平创出新高;国家级开发区实现工业产值达 5 036.96 亿元,单位土地产值最高,为 115.29 亿元/平方公里,是市级开发区的两倍多;市级开发区实现工业产值 11 258.28 亿元,单位土地产值 52.34 亿元/平方公里;产业基地实现工业产值 5 075.23 亿元,单位土地产值与市级开发区相当,为 55.11 亿元/平方公里;城镇工业地块实现工业产值 1 258.37 亿元,单位土地产值最低,为 25.2 亿元/平方公里;2010 年,全市 104 个区块上缴税收总额 1 924.3 亿元,单位土地税收产出为 3.45 亿元/平方公里。其中,国家级开发区单位土地税收产出最高,为 17.22 亿元/平方公里,是上海市开发区税收贡献的主要力量。

2003 年 12 月 31 日,国家环保总局下发《关于国家生态工业示范园区申报、命名和管理规定(试行)》等文件,提出为促进中国生态工业和循环经济的发展,在国家批准的各类园区的基础上,鼓励创建生态工业示范园区。2010 年 8 月,莘庄工业区创建国家生态工业示范园区通过国家批准,成为上海首家国家级生态园区;2010 年 11 月,金桥出口加工区通过国家验收;2010 年,通过国家批准创建的有张江高新技术产业开发区、上海化学工业区、漕河泾新兴技术开发区、闵行经济技术开发区。

五

开发区是上海产业发展的主要载体和平台,承载着推进上海产业转型升级的历史使命。全市开发区按照"两个长期坚持""两个优先"的产业发展战略,在推进工业向园区集中的同时,切实转变经济增长方式,进一步优化产业结构和产业布局,提升产业能级,按照"存量调整优化,增量集中提升,产业集聚升级,区域协调发展"的发展思路,全面落实科教兴市战略的主战场,推动经济增长的发动机,发展国际先进制造的承载地。1999年5月,吴仪在上海召开的国家级开发区外资工作会上指出,国家级经济技术开发区吸引外资工作在思想认识上要实现"两个转变":一是从依靠政策优势向依靠综合环境优势转变,二是从注重规模效益向注重质量效益转变。在工作着力点上也要实现两个转变:一是由土地经营向资本经营和技术经营转变,二是由经济开发向经济和技术并重转变。2004年,在开发区成立20周年之际,全国开发区工作会议在北京召开,会上回顾了开发区发展的成功经验,提出了新发展时期的指导思想、目标和定位,会议指出,开发区在新的发展阶段要努力实现"四个转变":一是从单纯发展制造业为主向发展现代制造业和承接国际服务外包并举转变,二是从注重规模效益向注重质量效益转变,三是从偏重引进向注重创新转变,四是从依靠政策优势向依靠体制优势和综合投资环境优势转变,进一步促进开发区向多功能综合性产业区发展。

"九五"期间(1996—2000年),上海开发区发展呈现出明显的辐射效应,推进产业带动项目发展,一些大型工业项目特别是世界跨国公司进驻工业区,以支柱产品和支柱企业为中心,形成产业群,不仅成为工业区所在区县经济发展、产业升级换代的骨干力量,而且为众多中小企业产业结构调整、寻求新的发展带来难得的机遇。美国惠普公司一落户浦东新区,就带来10多家中小型配套企业的集群集聚,形成了大项目带动中小企业共同发展的格局。推进项目带动区域发展,一些优秀项目集聚"1+3+9"工业区,在带动高新技术产业发展的同时,也对周边地区的经济发展起到了联动和辐射作用。中美合资上海通用汽车有限公司在浦东竣工投产不到一年,金桥地区迅速形成了一个以上海通用为依托的汽车配套城;工业区的劳动力需求年年递增,特别是90%以上的独资、合资企业征用附近乡镇从农业生产中分离出来的具有一定素质的劳动力,很大程度上解决了当地就业问题。同时,一部分从业人员包括原属市区的居民就地定居,几乎每个工业区周边的房地产都蓬勃发展,形成新的居民小区,一定程度上拉动了本地经济发展,如嘉定工业区周边的房地产连续几年旺销。"1+3+9"工业区累计引进工业项目2 928个,累计投资金额1 509亿元。其中,外资项目1 527项,占工业引资项目的52.2%,累计吸引合同外资约120亿美元,约占"1+3+9"工业区吸引投资的64%。9个市级工业区落户的工业项目为1 981项,投资金额544.34亿元。其中,外资项目890个,投资金额50.5亿美元;外省市项目98个,投资金额17.99亿元,落户全市项目1 490个,投资金额107.2亿元。外资项目中,1 000万美元以上项目155个,世界500强企业项目66个;内资项目中,1亿元以上项目6个,使上海郊区工业技术水平、经济实力有了飞跃、快速的发展。

"十五"期间(2001—2005年),上海积极推进"工业向园区集中"战略,不断提升工业集中、产业集聚、土地集约水平,开发区结合自身发展优势和产业功能定位,加大招商引资力度,积极探索招商新模式、新理念,形成了产业链招商、专业招商和品牌工业区招商等多种模式。2005年,市级以上开发区六大重点发展产生的集聚度达78.1%,比全市水平高15个百分点。各开发区主导产业集聚度有明显提高,闵行经济技术开发区形成机电、医药医疗、食品饮料三大产业集群,占开发区总产值的84%;漕河泾新兴技术开发区形成电子信息、新材料、生物医药、航空航天等产业集群,占开发区总产值的94％；金桥出口加工区形成电子信息、汽车及零部件、现代家电、新材料、食品、医药等产业集群,占开发区总产值的90％;松江工业区形成以计算机制造为主的电子信息产业集群,占开发区总产值的88％。

2005年,受宏观调控和严格土地供给政策的影响,全市开发区引进合同外资65亿美元,其中国家级开发区引进合同外资28亿美元,市级开发区达24亿美元,配套区达13亿美元,全市开发区实际利用外资达50亿美元。2005年,全市开发区吸引内资注册资本169亿元;其中国家级开发区达46亿元,市级开发区达59亿元,配套区达64亿元。一批主导产业大项目和知名企业落户开发区,进一步提升了主导产业的集聚度和地位。2005年,全市开发区累计引进项目协议投资总额7 498亿元。其中,引进外资项目投资总额712亿美元,落户内资企业协议投资金额1 731亿元。外商投资企业约占开发区招商引资总额的77％,其中国家级开发区外商投资企业约占招商引资总额的89％,市级开发区占79％,重点配套区占50％。

2005年,全市开发区完成固定资产投资777亿元,占全市工业固定资产投资的72％。其中,国家级开发区完成固定资产投资224亿元,市级开发区完成固定资产投资425亿元,区级工业区完成固定资产投资143亿元。具体来说,上海化工区完成固定资产投资192.4亿元,张江高科技园区完成固定资产投资94.6亿元,松江工业园区完成固定资产投资57.5亿元,康桥工业园区完成固定资产投资48.6亿元,金桥出口加工区完成固定资产投资45.2亿元。

"十一五"期间(2006—2010年),全市开发区形成了以电子信息、汽车、石化及精细化工、精品钢材、成套设备、生物医药等为重点的六大支柱产业集群。至2010年,上海开发区六大重点行业总产值达18 522.6亿元,占全部开发区总产值的86.6％,较"十五"期末(2005年)提高8.5个百分点。

2008年10月,市经委、上海市发展和改革委员会(以下简称"市发展改革委")、市规划局等联合颁发《关于推进本市生产性服务业功能区建设的指导意见》,重点聚焦商务、物流、科技研发、设计创意等生产性服务业,并引导生产性服务业向集聚化、专业化方向发展。至2010年10月,上海市经济和信息化委员会(以下简称"市经济信息化委")会同市发展改革委、市规土局、市环保局、上海市城市规划设计研究院等相关部门,批准认定了23个生产性服务业功能区。

2010年,全市公告开发区主导产业集聚度为86.5％,其中,主导产业集聚度提升较大的开发区有上海外高桥保税区和金桥出口加工区,分别提升1.1％和0.8％。市级开发区主导产业集聚度达82.7％。其中,主导产业集聚度提升较大的开发区有朱泾工业园区,提升9.4％;上海西郊经济开发区,提升8.4％;上海莘庄工业区,提升6.5％;上海紫竹工业园区,提升6％;上海市北工业园区,提升5.3％。2010年,全市市级以上开发区主要行业取得了较快发展,十大主要产业总产值达13 501.77亿元,占全市开发区总量的63.1％。其中增长最快的是化学原料及化学制品制造业,增长53.9％;第二位是塑料制品业,增长48.6％;第三位是金属制品业,增长40.7％;通信设备计算机及其他电子设备制造业与医药制造业增长较慢,分别增长24.9％和17％。在六大支柱产业中,其中产值超过3 000亿元的是电子信息和汽车制造产业,超过1 000亿元的是通用设备制造业。

2010年,上海高新技术产业开发区保持了持续快速增长态势,产业规模不断壮大,产业能级进一步提高。在高新技术产业领域(工业)中,主要集聚了电子与信息、生物医药、光机电一体化、新材料、新能源、高效节能、航空航天环境保护核应用等行业,主要集中在电子与信息和光机电一体化两大领域,明显较高,2010年,完成总产值1 754.38亿元,占高新技术产业产值57.6％。其次,新能源、高效节能汽车、航天航空,2010年高新技术产业开发区完成工业总产值1 088.59亿元,占高新技术产业产值33.9％。其中,生物医药工业总产值147.05亿元、新材料工业总产值150.31亿元,分别占高新技术产业产值4.6%、4.8%。上海高新技术产业开发区销售收入利润率10.8%,高于全市工业企业销售收入利润率3.8个百分点。最高的是新能源、高效节能汽车、航天航空等行业,销售收入利润率19%;其次是生物医药行业,销售收入利润率14.3%。

2010年,上海高新技术开发区积极推进生产性服务业发展,生产性服务业营业收入2 575.1亿元,其中信息服务业收入720.6亿元,研发收入193.83亿元,总部经济收入339.8亿元。2010年,张江高科技园区生产性服务营业收入870.11亿元,形成了以软件信息服务为电子设计和研发为主体的服务业。其中,信息服务业收入435.71亿元,主要是软件与信息服务、互联网服务、金融服务等。金桥大力引进生产性服务业,从投资总额来看生产性服务占项目投资的73%,2010年生产性服务业营业收入367.98亿元。漕河泾新兴技术开发区正成为跨国公司转移高科技,高附加值,还有加工制造研发中心和服务外包基地,2010年生产性服务业收入785.41亿元。其中,信息服务业收入129.85亿元,研发收入86.88亿元,总部经济收入48亿元。

为全面贯彻落实科学发展观,围绕国家战略,加速推进中国特色新型工业化进程,加快转变经济发展方式,促进信息化与工业化融合,2009年7月工业和信息化部下发《关于开展创建"国家新型工业化产业示范基地"工作的通知》《创建国家新型工业化产业示范基地管理办法(试行)》。2010年1月,市经济信息化委向工业和信息化部申报的以装备制造、石油化工、航空产业、船舶与海洋工程装备为主导的上海临港装备产业区、上海化学工业区、上海民用航空产业基地和上海长兴岛船舶与海洋工程装备产业基地,作为全国第一批"国家转型工业化产业示范基地"正式获准。2010年12月24日,市经济信息化委向工业和信息化部申报的以生物医药、电子信息和汽车产业为主导的张江高科技园区、漕河泾新兴技术开发区和嘉定汽车产业园区作为全国第二批"国家新型工业化产业示范基地"正式获批。这些示范基地,为引导产业集聚发展、集群发展发挥了引领作用。

六

上海开发区经过多年的发展,积极探索,不断完善,率先在管理体制、运行机制、产业发展模式以及政策、环境等方面大胆创新和探索,并按照社会主义市场经济体制的要求,极大地提高了开发区管理运营效率,释放了经济发展潜能,在管理体制机制方面走出了一条勇于创新的途径,有力地推动了经济和社会的协调发展。在管理机制体制上,基本形成了三种较为稳定的类型,即政府主导型、企业主导型与政企合一型。这三种类型的管理体制在全市开发区的成长发展中,都各自发挥了重要作用。

第一种是政府主导型管理体制,即"准政府的管委会管理体制"。其特征是开发区是一个与其他行政区相对隔离、经济和行政管理相对独立的特殊区域。其组织结构是由上海市政府或开发区所在地的区政府授权组建专门的派出机构——开发区管理委员会,由开发区管委会代表市、区政府对开发区进行统筹规划、开发建设、运营管理、招商引资,为开发区入驻企业提供服务,市、区、镇各职能部门对开发区下设的对口部门或对口业务进行业务管理和政策引导,全面实现经济健康稳定发展。

政府派出机构的管理模式,由市政府职能部门直属管理,并享有市级经济管理职能和部分行政管理职能,开发区仅为经济区不为行政区。市政府直属管理的开发区有:闵行经济技术开发区、虹桥经济技术开发区、上海化学工业区、临港综合经济开发区、上海市长兴岛开发建设管理委员会等。

由市政府委托浦东新区政府管理的有:综合保税区(洋山保税港区、浦东机场保税港区、外高桥保税区)、张江高科技园区、金桥出口加工区、陆家嘴金融贸易区、孙桥农业园区。

第二种是企业主导型管理体制,即开发区管理机构本身是营利性的企业单位,以企业作为开发区的发展者与管理者,政府不再设立派出机构——管理委员会,而是通过开发区开发建设总公司作为具有法人地位的经济实体,来组织区内的经济活动。同时,在执行国家和地方政策性文件的基础上,又通过地方人大立法,规范开发区健康发展,有利于按照现代企业制度开展经营活动,不负责社会行政事务。开发区与政府实行政企分开,有利于明确各自职能,各司其职,把经济资源和行政资源有效整合,降低开发区管理成本,提高运营效率,进一步提高开发区综合效益。

1984 年 11 月 16 日,市政府批复同意成立正式成立漕河泾微电子工业区开发公司。1990 年 4 月 8 日,上海市第九届人民代表大会常务委员会第 17 次会议审议通过《上海市漕河泾新兴技术开发区暂行条例》,5 月 1 日正式实施。这是全国第一部以立法形式明确高新技术产业开发区主要任务的地方性法规,也是一部以管理体制、开发基金、优惠政策、人才管理及环境保护等为重要内容的高新技术产业开发区地方性法律,采取的"人大立法、政府管理、公司运作"管理体制,为开发区建设机制的法制化、规范化,奠定了基础。

1984 年 5 月 5 日,上海市副市长阮崇武批示:"以企业形式开发新区,政府不能包办,不能单独成立管委会。"1988 年 11 月,上海市人大常委会通过《上海市经济技术开发区条例》(以下简称《条例》),闵行联合发展有限公司按照《条例》规定的职能,实施对开发区内的基础建设、土地经营、外商投资、企业公用设施等的协调和服务,以公司化运营机制负责闵行开发区的开发和经营管理,提高服务企业的高效性。2000 年 6 月 19 日,经上海市建设管理委员会批准,正式成立上海闵行经济技术开发区管理办公室(以下简称"管理办公室"),行使政府授权的管理职能和协调企业服务。管理办公室直属上海市建设管理委员会(以下简称"市建委")领导,业务上受上海市外国投资工作委员会(以下简称"市外资委")和上海市对外经济贸易委员会(以下简称"市外经贸委")指导。

1985 年 2 月 14 日,上海闵行联合发展有限公司和上海虹桥联合发展有限公司正式成立,这两家公司均由上海市闵行虹桥开发公司、港澳中银集团和中国银行上海分行三方合资组成,并按照《上海市经济技术开发区条例》统一负责闵行开发区和虹桥开发区的开发建设和经营管理,业务上兼受市外资委和市外经贸委指导。

2002 年 3 月,上海紫竹高新区(集团)有限公司正式成立,采取政府、民营企业和大学共建的全新组织管理架构,形成了在政府主导下,以民间资本为主体的市场化运作模式。

第三种是政企合一型管理体制,即由政府和企业相互结合与联合管理。开发区管委会作为地方政府的派出机构,并行使政府管理职能,不直接运用行政权力干预企业的经营活动,而把重点放在协调和监督方面,开发区的总公司和专业公司作为独立的经济法人,实现企业内部的自我管理,从而使政府的行政权和企业的经营权相互分离。

由所在区县政府直属管理的有 16 个市级园区,分别是:星火工业区、浦东康桥工业园区、莘庄工业园区、嘉定工业园区、青浦工业园区、松江工业园区、工业综合开发区、金山工业园区、宝山工业园区、宝山城市工业园区、市北高新技术服务业园区、紫竹科学园区、奉贤现代农业园区、南汇工业园区、崇明工业园区和富盛工业园区。

七

开发区是改革开放的新生产物,以对外开放和市场经济为特点,上海开发区承担着改革试验田的历史使命,其要旨就是利用开发的"窗口",引入市场经济的新理念、新模式、新机制、新经验,进行市场体制和机制的试验,促进区域经济的发展。上海开发区经过多年发展,坚持科学发展观,勇于承担起了这份重任,并在"试验田"里探索出一系列做法和经验。

城市空间不断拓展。开发区经历了漫长的实践过程,逐步认清了工业化和城市化互动发展的规律,早期部分开发区由于受外部条件和经济基础限制,功能相对较为单一,主要形态是加工型的工业园区。经过几十年的开发建设,开发区进一步完善了城市各类服务功能配套,推动了单纯的工业园区逐步向综合性新城转变,更加宜居宜业。同时,开发区积极推进生产性服务业发展,进一步提升开发区核心竞争力,在推进城市化建设进程中,对城市空间拓展,从园区到城区的转型起到了关键作用。

转变经济发展方式。开发区坚定不移走新型工业化和集约化发展道路,从发展工业为主转向现代制造业、高新技术产业和现代服务业协调发展转变,产业结构得到不断优化,促进了产业经济结构和产业单一形态向多功能综合性产业区发展,逐步实现了"四个转变",即从注重外源型经济向外源型经济与内源型经济相协调转变;从偏重技术引进向注重消化吸收、科技创新,促进招商引资与自主创新相结合转变;从注重无序规模扩张向注重提高经济质量转变;从注重有限资源摒弃向注重节约集约利用转变。

提高自主创新能力。开发区以创新发展作为立生之本,围绕价值链打造产业链、围绕产业链部署创新链、围绕创新链配置资源链,不断完善"创业苗圃+孵化器+加速器"创业孵化载体,积极引进跨国公司研发中心和创新中心,建立开发区内企业与跨国公司技术战略联盟,进一步提高原始创新、集成创新和消化吸收能力,企业创新活力得到更好激活,企业自主创新主体作用得到进一步发挥。同时开发区积极构建"人才金字塔",围绕开发区产业发展导向,制定吸引人才的优惠政策,加速集聚海内外人才,全面吸收各层次、各领域的人才,不仅着眼于吸引能占领世界相关制高点的领军人才,而且着力吸引和培养在园区科技创新中成为重要中坚力量的技能骨干。

深化体制机制改革。开发区积极完善适应市场经济发展的公共服务政策体系,同时承担改革"试验田"的重要功能。在管理体制上,力求建立"小政府、大社会",与国际规则接轨,与企业需求适应。尤其在服务企业管理模式上,探索设立了"一站式"投资服务中心(大厅)。在经济体制上,力图在传统经济体制中,走出一条率先向社会主义市场经济体制转变的发展之路。在政策体制上,不断完善和提高公共政策导向和体系,形成较为完整的创新投融资体制,促进了产业资本与金融资本的有效结合,探索出一系列以金融为纽带的合作开发模式。在营造良好投资环境上,支持开发建设与经营管理实体经济企业化运作,引入高效精干的经营管理团队,建立"公司制"的开发区管理体制模式,建立起与社会主义市场经济相适应、与经济全球化发展相衔接的体制环境。

提高外向开发水平。开发区着力打造开放型经济新平台,大力推进外向型经济发展,创新利用外资方式,不断优化外资利用结构,发挥利用外资在自主创新、产业升级、推动区域协调发展的重要作用,搭建投资贸易便利化创新平台,积极推动"走出去、引进来"发展战略,促进两位生产要素、资本要素跨境、跨区域有效流动和优化配置。

创新土地管理模式。建立科学、合理的土地使用权管理制度,实行"一个口子进水,一个水池蓄水,一个龙头放水"的严格土地管理制度,达到盘活存量土地资产,优化土地资源配置,科学合理利用土地,促进土地节约集约利用,增加政府土地收益的目的。在符合土地利用总体规划和城市规划要求的前提下,按照"整体规划、统一储备、布局集中、用地集约、产业集聚"的原则,有计划、有步骤地开展实施工业用地储备。土地行政主管部门委托土地储备机构对拟收购储备的土地进行权属核查。开发区范围内的土地在公开市场上进行招标拍卖,竞标成功者成立项目开发公司,并严格按照政府制定的各类规划要求,对开发区进行一级开发。

坚持生态经济协调。开发区日益注重经济结构和生态环境的协调发展,倡导绿色发展,注重工业发展过程中的资源节约型和环境友好型,在基础设施规划、建设、管理全过程中推行高起点的环境保护标准,切实保证开发建设的长远利益,尤其在基础设施规划编制过程中,积极开展园区环境影响评价,全方位坚持功能分区、项目分类、产业引导、雨污分流、清洁能源、源头控制、绿化栽植、例行监测等生态保护和一体化管理理念。积极推进开发区 ISO 9000 安全管理体系和 ISO 14000 环境管理体系"双优"建设,以及国家和上海生态园区创建。

构建完善政策体系。开发区整个发展过程正处于中国由传统的计划经济向市场经济新体制的过渡时期,这一时期从国家到地方出台了一系列以市场经济为取向的政策措施,指导支持开发区发展,确保开发区尽快适应计划经济转向市场经济的发展态势。从政策引导上,给予了开发区必要的经济管理和招商运营的自主权,从根本上改变高度集中的政策体系,进一步提高行政效率,提供优质服务。从降低企业成本上,制定了吸引内外资投资企业的一系列优惠政策,减轻企业投资风险,确保企业有利可图,不断增强开发区招商引资的吸引力。从开发区先行先试改革开放上,允许开发区按照市场经济、国际惯例率先实行改革,如土地批租、投资融资、产业发展、财政税收、人才招聘、行政体制等。这些政策的落地,为开发区加快发展起到了积极的作用,激活了开发区的积极性和创造性。

上海开发区从诞生到发展,克服了种种瓶颈制约,勇于探索、成功实践,已成为实施国家和上海发展战略的重要载体,成为推进工业化、城镇化的核心支撑,在我国改革开放和社会主义现代化建设中发挥了举足轻重的示范、引领和带动作用。尤其在经济发展的历史进程中,紧紧抓住新机遇、积极迎接新挑战,不断丰富开发区的内涵和外延,参与国际经济合作和竞争,不断增强自主创新能力,致力发展高新技术产业,不断完善市场经济新体制,深化行政体制机制改革,推进建设资源节约型、环境友好型开发区。开发区历史,是一部解放思想的奋斗史,是一部坚持改革开放的创业史,是一部践行科学发展观的探索史。

大 事 记

1981 年

11 月　在中央召开的沿海地区发展对外经济贸易座谈会上，上海市政府领导提出在闵行兴办以出口加工为主的开发区，在虹桥兴办以对外商贸为主的开发区的设想。这是第一次把兴办开发区提到对外开放的重要议事日程上。

1982 年

9 月 11 日　上海市人民政府（以下简称"市政府"）决定，在闵行卫星城的昆阳地区建立一个出口工业品生产基地——闵行新工业区，在虹桥地区开发建设一个对外活动中心。

10 月 14 日　中美上海施贵宝制药有限公司在闵行地区成立，是中国改革开放以后成立的第一家中美合资制药企业。1985 年 10 月正式投产，1988 年进驻闵行开发区。1988 年 6 月、1989 年 9 月公司分别获加拿大政府保健局（Canadian Health Protection Branch）、美国食品药品监督管理局（FDA）批准，成为中国第一家获准西药制剂产品出口北美的制药企业。

11 月 8 日　市政府正式批准上海市计划委员会（以下简称"市计委"）、市建委、上海市城市规划管理局（以下简称"市规划局"）报送的《关于延安西路中山西路地区规划（含领馆区）》方案后，先后有 8 个国家（日本于 1985 年 3 月、美国于 1991 年 10 月、澳大利亚于 1994 年 9 月、韩国于 1997 年 4月、新加坡于 1998 年 10 月、巴基斯坦于 2000 年 11 月、泰国于 2006 年 2 月、印度于 2006 年 11 月）分别在虹桥经济技术开发区的万山路一带借地建造了独立馆舍。荷兰、古巴、以色列、罗马尼亚、丹麦、瑞士、阿根廷、捷克、乌克兰、智利、哈萨克斯坦等 11 个国家在虹桥经济技术开发区楼宇内设馆。

1983 年

6 月 2 日　市政府批准成立上海市闵行虹桥开发公司，直属市政府领导，委托市建委代管。由上海市闵行虹桥开发公司统一负责闵行、虹桥两个地区的开发建设。

1984 年

5 月 29 日　市政府发文将上海市闵行虹桥开发公司一分为二，分别为上海市闵行开发公司和上海市虹桥开发公司，分别负责闵行、虹桥两个地区的开发建设。12 月 31 日，对外经济贸易部正式颁发上海闵行联合发展有限公司（以下简称"闵联公司"）和上海虹桥联合发展有限公司两家合资公司的批准证书。1985 年 2 月 14 日，国家工商行政管理总局（以下简称"工商总局"）核发营业执照，上述两家公司正式成立。

6月 市政府上报中央的《上海市经济发展战略汇报提纲》中首次提出开发浦东问题。1985年2月,国务院对《上海经济发展战略汇报》作批复,要求上海市创造条件开发浦东,筹划新区的建设。

9月3日 市计委向市政府提出《关于筹建星火农场轻纺工业区的报告》。10月16日,市政府批复同意上述报告。

11月16日 经市政府正式批准,成立上海市漕河泾微电子工业区开发公司。

1985 年

1月17日 市政府同意上海市经济委员会(以下简称"市经委")、上海市科学技术委员会(以下简称"市科委")《关于漕河泾微电子工业区开发规划和有关政策的几点意见》,明确了漕河泾经济技术开发区以发展微电子工业为主导,真正成为领航上海的工业重镇之一。同时以此为突破口,引进先进技术,不断拓展战略性新兴产业和技术应用,全面体现上海产业经济发展的战略目标。

7月1日 闵行经济技术开发区内第一家中外合资经营企业——上海环球玩具有限公司建成投产,当年创汇38.4万美元。

1986 年

3月26日 虹桥经济技术开发区首个工程项目——领馆及办公综合大楼(新虹桥大厦)举行开工典礼,标志虹桥开发进入实质性启动阶段。

6月20日 上海最早的豪华五星级饭店——中日合资上海太平洋大饭店在虹桥经济技术开发区举行开工典礼。1990年9月1日,饭店开业。

6月7日 沪港合资上海扬子江大酒店在虹桥经济技术开发区举行开工典礼。酒店成为上海重要外事和商务活动中心及接待各国政府首脑的场所。

8月29日 经国务院批准,设立闵行经济技术开发区、虹桥经济技术开发区。闵行经济技术开发区、虹桥经济技术开发区被国务院列为全国第一批14个国家经济技术开发区。

9月26日 上海市漕河泾微电子工业区在漕河泾新兴技术开发区漕宝路509号工业地块举行了开工典礼暨奠基仪式,奠基石由上海市市长江泽民题词。

10月6日 中国第一家外商独资企业——美国格雷斯(中国)有限公司签约闵行经济技术开发区。

同年 中国科学院(以下简称"中科院")上海生物工程研究中心在漕河泾新兴技术开发区破土动工,这是中国第一个国家级生物技术中试研究基地。

1987 年

1月 日资企业上海三菱电梯有限公司在闵行经济技术开发区成立。

3月23日 市政府发布《上海市闵行、虹桥经济技术开发区外商投资优惠规定》,明确对投资外商在享受国家和上海市规定的有关优惠待遇外,在免征或减征税金、降低收费标准、确保和优先放贷资金等方面得到更多实惠。

3月27日 上海国际贸易中心大厦在虹桥经济技术开发区开工。1991年1月,大厦正式开业。

4月　国务院第一次印发"土地使用权可以有偿转让"政策。同年9月提出：土地既然是生产资料，即可为商品，土地使用权可以转让，需明确土地价格，并在上海等地开发区进行试点。

8月30日　中国人民保险公司闵行经济技术开发区办事处成立。

10月30日　中国银行上海分行闵行经济技术开发区办事处、建设银行上海分行闵行经济技术开发区办事处、上海外贸运输公司闵行经济技术开发区办事处、上海市税务局外税分局闵行经济技术开发区办事处成立。

11月　日资企业上海富士施乐有限公司在闵行经济技术开发区设立，主要生产数码激光打印机、复印机及零部件。

12月24日　虹桥经济技术开发区沪港合资上海锦明公寓动工兴建。

1988年

2月5日　生产"创可贴"的美资企业上海强生有限公司在闵行经济技术开发区正式开业，为园区首家医药医疗企业。至1995年，美国强生公司先后在闵行经济技术开发区建立上海强生有限公司、强生（中国）有限公司、强生（中国）医疗器材有限公司、上海强生制药有限公司、强生视力健商贸（上海）有限公司等5家企业。

3月　市政府决定，虹桥经济技术开发区26号地块作为首块土地批租试点，以招标方式出让使用权。8月8日，虹桥经济技术开发区26号地块有偿出让的国际招投标项目正式签约。日本华侨孙仲利以2805万美元的价格，获得该地块1.29公顷50年的土地使用权。这是中华人民共和国历史上第一次对国有土地使用权实行批租，也是上海乃至全国土地使用制度改革试点取得成功的重要标志。

5月　市政府召开开发浦东新区国际研讨会，市委书记江泽民、市长朱镕基、市政府经济顾问汪道涵等140位专家学者共商开发浦东。自此，关于浦东开发的前期研究进程加速。

6月7日　经国务院批准，设立漕河泾新兴技术开发区。漕河泾新兴技术开发区被国务院列为全国第一批14个国家经济技术开发区。7月，漕河泾新兴技术开发区引进了第一个外资项目——中荷合资上海先进半导体制造有限公司。

10月　上海莱士血液制品股份有限公司在闵行经济技术开发区设立。

11月10日　上海市第九届人民代表大会常务委员会第四次会议通过《上海市经济技术开发区条例》。这是上海市第一次对开发区进行立法，明确开发区定位是"以吸收外资为主，重点发展新兴技术和新兴产业，以高新技术企业为主，生产先进出口产品"。该《条例》自1989年1月1日起施行。

11月24日　上海市漕河泾新兴技术开发区发展总公司与中国建设投资（香港）有限公司、香港侨通发展有限公司、中国银行上海信托咨询公司举行了四方合资的上海新兴技术开发区联合发展有限公司合同签字仪式。1989年1月10日，市政府、上海市对外经济贸易委员会（以下简称"市外经贸委"，今上海市商业委员会），批准上海新兴技术开发区联合发展有限公司为中外合资经营企业。

1989年

1月31日　注册资本584万美元的港资企业上海瑞侃电缆附件有限公司在漕河泾新兴技术开

发区成立。

2月18日　上海举行虹桥开发区第28-3C地块出让合同签字仪式。这是虹桥经济技术开发区出让的第二块土地。香港普豪投资有限公司取得该地块50年的土地使用权。

3月　由上海市和美国百事集团共同投资兴建的上海百事可乐饮料有限公司在闵行经济技术开发区设立。

3月23日　上海经济技术开发区海关在闵行经济技术开发区召开成立大会。

4月30日　美国明尼苏达矿业及机器制造公司(3M)中国有限公司进入漕河泾新兴技术开发区建设生产基地,并于1994年设立创新技术中心。2006年,该中心投资4 000万美元扩建为中国研发中心。同年,3M中国有限公司宣布在浦江高科技园建立亚太首个医用器械生产基地。

9月26日　漕河泾经济技术开发区总公司举行开发区管理大楼落成典礼仪式,大楼"铜牌"由中共中央总书记江泽民亲笔题词——"上海漕河泾新兴技术开发区"。

12月20日　航空航天工业部615所机载电子中心基建工程在漕河泾新兴技术开发区开工。

同年　上海开始筹办上海证券交易所(以下简称"上交所"),并列入浦东开发开放的总体方案。1990年11月26日,上交所获批成立。1990年12月19日,陆家嘴金融区开业交易。2002年10月8日,在荷兰阿姆斯特丹举行的国际交易所联合会(WFE)第42届年会上,投票通过了上交所的入会申请。上交所成为国际交易所联合会会员。

同年　漕河泾新兴技术开发区利用农舍成立以推进高校成果转化为主的科技一村。1991年,成立科技二村,形成以"农舍文化"为标志的第一代孵化器,孵化面积达5 500平方米。

1990 年

2月26日　市政府正式向中共中央、国务院提出《关于开发浦东的请示报告》。4月18日,中共中央政治局常委、国务院总理李鹏在上海代表中共中央、国务院宣布正式批准开发开放上海浦东新区,在浦东实行经济技术开发区和某些经济特区的政策。1992年10月,中共第十四次全国代表大会报告明确提出上海实施"一个龙头,三个中心"(以上海浦东开发开放为龙头,进一步开放长江沿岸城市,尽快把上海建设成为国际经济、金融、贸易中心之一,带动长江三角洲和整个长江流域地区经济的飞跃)的战略目标,上海城市定位更加明确。

3月28日　漕河泾新兴技术开发区进行上海首块工业用地有偿出让,香港齐来贸易有限公司获得开发区B7—B10地块50年使用权,土地出让面积为4.27万平方米。

4月6日　法国液化空气上海有限公司与漕河泾新兴技术开发区总公司签订场地使用合同,成为上海市第一家法国独资的工业企业。

4月8日　上海市第九届人民代表大会常务委员会第十七次会议审议通过《上海市漕河泾新兴技术开发区暂行条例》。这是全国第一部以立法形式明确高新技术产业开发区主要任务、管理体制、开发基金、优惠政策、人才管理及环境保护等内容的高新技术产业开发区地方法律。5月1日,条例正式实施。6月,经国务院正式批准,设立上海外高桥保税区。这是全国第一个规模最大、启动最早的国家级海关特殊监管区域,是中国东大陆第一个综合性、多功能、具有自由贸易区性质的对外开放区域,是中国经济政策开发度最大的区域之一,享有"货物可在保税区与境外之间自由出入,免征关税和进出口环节税,免验许可证,免于常规的海关监管手续,国家禁止进出口和特殊规定的货物除外"等特殊政策。

8月5日　上海安徽裕安实业总公司签订位于陆家嘴竹园商贸区的土地批租合同,用于建造裕安大厦,成为国家部委办、外省市支持浦东开发的第一座省部级楼宇。裕安大厦1991年6月24日动工,1995年6月26日竣工。

8月24日　浦东第一家分行级金融机构——中国农业银行上海市浦东分行在浦建路与浦东南路口的由由饭店挂牌开业。同年,中国人民建设银行上海市浦东分行、中国工商银行上海市浦东分行在陆家嘴金融贸易区成立开业。

9月10日　市政府宣布成立上海市陆家嘴金融贸易区开发公司、上海市金桥出口加工区开发公司、外高桥保税区开发公司,分别负责浦东三个重点开发区——陆家嘴金融贸易区、金桥出口加工区、外高桥保税区的开发建设,标志浦东开发进入实质性启动阶段。同年9月11日,上海市外高桥保税区开发公司、上海市金桥出口加工区开发公司和上海市陆家嘴金融贸易区开发公司正式挂牌对外办公。

9月　经国务院正式批准,设立上海陆家嘴金融贸易区,成为同年开发开放浦东后,在上海浦东设立的中国唯一以"金融贸易"命名的开发区。

9月　经国务院正式批准,设立上海金桥出口加工区,成为全国第一个以"出口加工区"命名的海关特殊监管区域。11月19日,国务院特区办在闵行经济技术开发区召开沿海开放城市经济技术开发区南片会议。

11月　市科委颁布《上海市漕河泾新兴技术开发区新兴技术企业认定办法》《上海市漕河泾新兴技术开发区新兴技术企业认定审批管理程序》。

1991 年

1月28日—2月　邓小平在上海视察时就浦东开发发表谈话,指出"抓紧浦东开发,不要动摇,一直到建成"。

3月6日　漕河泾新兴技术开发区经国务院批准成为高新技术产业开发区,成为全国唯一以高新技术产业支撑、拥有国家经济技术开发区和国家高新技术开发区双重功能的开发区。

5月7日　浦东新区首期首次预征土地签约仪式在张桥乡举行(张桥乡签约2.78平方公里)。同月9日,签约范围涉及6个乡、14个村,6.79平方公里土地,用于金桥出口加工区、陆家嘴金融贸易区、外高桥保税区的开发建设。

5月25日　上海市外国投资工作委员会(以下简称"市外资委")批复同意虹联公司与美国克罗公司合作建造上海世界贸易商城项目。这是虹桥经济技术开发区建筑规模最大的展览展示及办公综合项目,总建筑面积达28万平方米。6月7日,世贸商城项目正式立项。1999年10月21日,亚洲第一商品交易市场——上海世贸商城落成开业。

5月27日　由华东计算机研究所与世界500强美国惠普公司共同投资的全国最大的计算机合资企业——华普信息技术有限公司在虹桥经济技术开发区开业。

6月5日　陆家嘴开发公司与浦东开发办、市规划局联合召开陆家嘴中心区规划设计国际竞赛会议,陆家嘴金融贸易区中心区规划方案国际招标正式启动。1993年12月28日,市政府正式批复《上海陆家嘴中心区规划设计方案》。

6月8日　中国人民银行上海市分行与上海市陆家嘴金融贸易区开发公司草签土地协议,成为陆家嘴金融中心区第一块土地批租转让项目。

6月22日　外高桥保税区最早的一份土地批租合同正式签署,土地面积为400公顷,租金2.4亿元。

8月2日　"91上海商品交易会"在虹桥经济技术开发区举行。交易会中心展厅设在上海国际贸易中心。来自全国29个省、市、自治区的1万多名客商云集虹桥经济技术开发区进行洽谈交易,10天共达成10亿元成交金额。

8月14日　日本兴业银行上海分行在虹桥经济技术开发区上海国际贸易中心开业。

8月28日　自启动首期4平方公里区域的建设工程至2007年4月,外高桥保税区先后7次通过海关总署等多个部门组织的封关验收。外高桥保税区规划面积为10平方公里,封关运行区域累计达8.9平方公里,成为全国保税区中封关运行面积最大的。1992年3月9日,外高桥保税区首期0.453平方公里隔离设施通过海关总署验收,准予投入正式运营。1993年4月17日,进行第二次封关验收,封关面积扩大至2平方公里。1994年12月19日,进行第三次封关验收,封关面积扩大至5.5平方公里。1997年6月18日和2001年4月18日,高桥保税区先后进行第四次和第五次封关验收,封关面积扩大至7.5平方公里。2003年5月29日,进行第六次封关验收,封关面积为1平方公里。2007年4月16日,进行第七次封关验收暨对0.4平方公里保税区微电子产业园区的封关验收。

9月20日　市外经贸委和市外资委陆续进入虹桥经济技术开发区办公,以充分发挥该开发区以外贸为特征的功能。

9月22日　大陆海峡两岸经贸协会和台湾海峡两岸商务协调会主办的海峡两岸经济洽谈会开幕式在虹桥经济技术开发区举行,海峡两岸工商界800多人参加开幕式。

11月7日　浦东开发后第一块商业用地出让,面积为8 116平方米。由美国99集团、上海申大公司和虹桥房屋开发经营公司联合以每平方米900美元的价格获得使用权。之后,在此建成83层世界广场。

11月7日　全国交电交易会在虹桥经济技术开发区举行。全国29个省、市、自治区的5 000多名客商云集虹桥经济技术开发区,对发展开发区展览展销业务,发挥外贸中心功能起到了推动作用。

11月28日　中科院上海生物工程研究中心通过国家验收,与漕河泾新兴技术开发区内中科院远东生物公司、上海工业微生物研究所一起,形成上海生物工程中试生产基地。

12月27日　国家"八五"重点工程——上海外高桥电厂一期工程动工兴建。1997年11月10日建成投产。二期和三期工程分别于2004年7月、2008年7月建成投产。

1992 年

1月6日　上海市测试技术研究所微型核反应堆中子活化分析实验室在漕河泾新兴技术开发区建成。该实验室是继秦山核电站并网发电后,中国在核技术应用方面取得的又一重要成果。

1月8日　浦东第一家大型通信产品企业——上海贝尔电话设备制造公司浦东新厂奠基典礼在金桥出口加工区第12号地块举行。1995年10月,新厂建成投产。

1月15—18日　中共中央总书记江泽民在上海考察时指出:"把上海建设好,搞好浦东开发,将对全国的发展起重要的作用。党中央、国务院非常关心、支持上海的工作和浦东新区的开发。"

1月16日　浦东新区首家合资企业——金桥出口加工区内的日商企业爱丽丝制衣有限公司开业。12月30日,公司竣工试生产,实现"当年立项,当年建设,当年投产"。这也是金桥出口加工区第一家建成生产的工业企业。

2月10日　邓小平视察漕河泾新兴技术开发区内的上海贝岭微电子制造有限公司。在视察该企业的净化车间时,他风趣地问:"这台设备是姓'社'还是姓'资'?"他说:"对外开放就是要引进国外先进的技术、设备、资金,为我所用,这台设备现在姓'社',不是姓'资'。"

2月12日　邓小平视察闵行经济技术开发区,谈到闵行经济技术开发区经国家批准6年后,基础设施投资回收了2.8倍,感慨地发表了"这还不是社会主义?成十成百的事实来说明了,是'姓'社'还是姓'资',有利于'社',而不是有利于'资',利于'社'不利于'资'要拿这个来衡量,要大家努力"的重要讲话。

2月28日　外高桥保税区联合发展有限公司成立。公司是外高桥保税区内经国家计划委员会批准建立的第一家中外合资企业,主要负责外高桥保税区第一期4平方公里土地的开发经营。

2月29日　深圳市宝安企业(集团)股份有限公司出资3亿元,在陆家嘴金融贸易区竹园商贸区的地块建造大楼。2001年大楼建成启用,名为宝安大厦。

3月5日　上海国际展览中心在虹桥经济技术开发区建成,并举办首届华东出口商品交易会。上海国际展览中心是全国首个中外合资展览场馆、全国首个获ISO 9001质量认证的展览场馆、全国首个输出管理并获成功的展览场馆。

3月10日　市政府召开新闻发布会,市长黄菊宣布外高桥保税区管理委员会正式成立。6月2日,外高桥保税区管理委员会正式挂牌对外办公。同日,外高桥保税区首期0.453平方公里隔离区正式运营。

3月31日　《浦东新区总体规划》编制完成。11月26日,经上海市第九届人民代表大会常务委员会第三十八次会议审议通过。

4月16日　位于陆家嘴金融贸易区的中泰合资项目——富都世界举行签约仪式。富都世界占地40万平方米,总投资20亿美元。

4月30日　虹桥经济技术开发区与上海友谊商店签署共同投资、合作经营上海虹桥友谊商城协议书。11月10日,上海虹桥友谊商城项目破土动工,该项目是虹桥经济技术开发区第一个商业项目。

5月15日　第四届国际模具技术和设备展览会在虹桥经济技术开发区内的上海国际贸易中心举行。这是该中心建成后举行的首个大型国际展览会,参加展出的有法国、德国、意大利、日本、西班牙、瑞士、英国、美国和中国的260多家厂商和公司,参展展品价值达1 400多万美元。

5月19日　上海市建设管理委员会发文正式批准陆家嘴开发公司改制为股份公司。1993年6月28日,上海陆家嘴金融贸易区开发股份有限公司所发行的A股在上海证券交易所上市交易。1994年11月22日,该公司所发行的B股在上海证券交易所上市交易。

5月28日　上海金属交易所在陆家嘴金融贸易区开业。

5月28日　上海王桥联合投资开发公司成立,负责上海王桥工业区的统一开发建设和管理。2000年,王桥工业区并入金桥出口加工区,成为金桥出口加工区南区的一部分。

6月30日　上海金马房地产有限公司获得虹桥经济技术开发区25号地块70年的土地使用权。

6月　由中国上海电视一厂、日本夏普株式会社、日本三菱商事株式会社共同投资3 810万美元的上海夏普电器有限公司成立,成为入驻金桥出口加工区的第一家大型家电合资企业。10月进区开工建设,1993年12月竣工投产。

7月4日　香港国耀投资有限公司获得虹桥经济技术开发区第28—3A号地块70年土地使用权。

7月9日　上海市农场管理局批准同意"上海市星火轻纺工业区开发公司"更名为"上海市星火工业区开发公司",并扩大经营范围。

7月20日　经国家科学技术委员会(以下简称"国家科委")批准,同意设立张江高科技园区。同时决定上海高新技术产业开发区由浦西的漕河泾新兴技术开发区和浦东的张江高科技园区两部分组成。

7月26日　日资企业上海伊藤忠商事有限公司经国家批准在外高桥保税区注册,这是全国第一家在中国境内保税区从事进出口贸易的外商独资公司。

7月28日　经国家科委正式批准,负责张江高科技园区建设的上海市张江高科技园区开发公司成立。

9月25日　全国第一家外资保险公司——美国友邦保险公司上海公司经中国人民银行总行批准,注册陆家嘴金融贸易区,由此开创了中外资保险公司迁入陆家嘴金融贸易区或注册成立新公司的先河。

9月　日本胜利公司(JVC)下属上海JVC电器有限公司成立,这是外高桥保税区内第一家加工企业。12月21日,公司建成投产。

10月11日　经国务院正式批准,设立上海市浦东新区。1993年1月1日,浦东新区管理委员会挂牌成立,原浦东开发办建制撤销。

11月2日　市政府和法国政府公共工程部联合举办的上海陆家嘴金融贸易区中心地区规划及城市设计咨询会在上海国际展览中心举行。

11月12日　国家科委向上海市授予"国家高新技术产业开发区"铜牌,开发区含上海漕河泾新兴技术开发区和浦东张江高科技产业园区。

11月28日　由山东省投资建设的齐鲁大厦在陆家嘴金融贸易区竹园商贸区动工,总投资2.7亿元,1996年10月竣工。

12月22日　台商在大陆最大的投资项目——汤臣金融大厦和汤臣国贸大厦在陆家嘴金融贸易区开工。

12月28日　陆家嘴金融贸易区第一幢银行大楼——中国人民银行上海市分行办公楼"银都大厦"奠基暨开工。1993年12月8日,银都大厦结构封顶,这是陆家嘴金融贸易区内首幢动工、首幢结构封顶的金融大楼。

12月28日　投资4.5亿元、跨行业组建的中国生产规模最大的传真机公司——上海传真机公司在浦东金桥出口加工区开业。

1993年

1月27日　上海证券大厦在陆家嘴金融贸易区举行奠基仪式。8月8日,上海证券大厦开工。

3月26日　上海金桥出口加工区开发股份有限公司所发行的股票(600639)在上海证券交易所上市交易。

4月7日　市政府决定成立上海市高新技术产业开发区管理委员会,负责审议、协调上海市高新技术产业开发区发展规划、方针、政策以及重大问题。

4月17日 上海市外高桥保税区开发(控股)公司、上海市外高桥保税区新发展有限公司与上海市外高桥保税区第三联合发展有限公司同时成立。

5月12日 浦东第1000家三资企业——上海金桥藤田联合发展有限公司在金桥出口加工区成立。

5月 上海外高桥保税区开发公司批准发起设立外高桥保税区开发股份有限公司,并以原固有资产折股2.4亿元,以法人资产折股3000万元,向社会个人公开发行A股1000万元。6月,作为国内第一家在境外公开募集人民币特种股票(B)的上市公司,在香港成功募集折合人民币8500万元面值的B股。

7月9日 外高桥保税区国际劳务服务中心、国际人才交流服务中心举办首届"国际人才交流服务周",推出"不限国籍、不限学历、不限地域户口、不限住处"的措施,针对有关基础设施、第三产业及高科技人才优先引进。

8月10日 浦东新区第一幢大型综合涉外办公楼、建于陆家嘴金融贸易区内的众城大厦封顶。1994年9月28日,众城大厦举行落成典礼,大厦高100米,总建筑面积3.6万平方米,从奠基至完工用时28个月。

9月8日 上海浦东星火开发区联合发展有限公司成立。公司由浦东新区国有资产管理公司、金桥出口加工区开发公司和上海市农场管理局共同投资组成。

10月29日 位于漕河泾新兴技术开发区的上海市工业微生物研究实验基地竣工。

11月16日 德资企业上海西门子移动通信有限公司在金桥出口加工区开工,1994年建成。投产后年产30万台数字式移动电话和500个无线基站。

11月25日 上海浦东新区星火联合发展总公司正式成立,并与浦东新区接轨,享受浦东新区的有关优惠政策。2006年10月12日,市发展改革委发文批复,正式同意将星火开发区由浦东新区管理的区政职能全部移交奉贤区管理。

11月29日 上海保税生产资料交易市场在外高桥保税区成立,经营面积3.5万平方米,是当时国内规模最大的保税生产资料交易市场。

11月29日 注册资本达3亿元的上海核工程研究设计院在漕河泾新兴技术开发区成立。该院是中国第一座自主设计建造的秦山核电站设计单位之一。

11月 国内第一家专业生产轴承的企业——上海钢球厂落户康桥工业区。

12月22日 中日合资上海小糸车灯有限公司在嘉定工业区开工奠基。公司由上海汽车工业总公司与日本小糸制作所和日本丰田通商株式会社共同出资建立。

12月29日 上海嘉定民营技术密集区在嘉定工业区成立,项目占地3.33公顷,首期开发用地1.33公顷。由市科委和嘉定区人民政府(以下简称"嘉定区政府")共同出资,成立上海嘉定民营技术密集区发展总公司。上海嘉定民营技术密集区是国务院批准的上海高新技术开发区"一区六园"之一。1994年1月,更名为上海嘉定高科技园区。1998年4月,嘉定高科技园区被科学技术部正式批准为上海高新技术产业开发区组成部分,成为国家级高新技术园区。

12月 市政府正式批复,原则同意《上海陆家嘴中心区设计方案》。

12月 中日合资上海外红伊势达国际物流有限公司在外高桥保税区注册成立,这是保税区内第一家中外合资物流企业。

同年 闵行经济技术开发区单位土地产出水平在全国国家级开发区中名列第一。

1994 年

2 月 28 日　漕河泾新兴技术开发区与松江县人民政府签订土地成片开发合同,第一次在开发区以外的地块上进行开发。1997 年 1 月 22 日,新桥工业园正式运行,并成为漕河泾新兴技术开发区发展高新技术产业的又一基地。

3 月 10 日　崇明县人民政府决定建立崇明外商投资开发区。1995 年 5 月 23 日,该开发区更名为崇明经济技术开发区。1996 年 2 月,经市政府正式批准,上海市崇明工业园区被列为市级工业区。2006 年 3 月,经国家发展和改革委员会(以下简称"国家发展改革委")审核通过,更名为上海崇明工业园区。

4 月 28 日　中共中央总书记江泽民在视察金桥出口加工区时强调指出:"党中央、国务院关于开发开放浦东的决策坚定不移,政策坚持不变。"这一讲话把上海浦东改革开放和开发建设推向新阶段。

5 月 10 日　中国第一座超高层大厦——金茂大厦在陆家嘴金融贸易区正式开工,并于 1998 年 8 月 28 日竣工,1999 年 3 月 28 日开业迎客。大厦高 88 层,集智能化、信息化和现代化于一体。

6 月 18 日　全国第一所民办大学——杉达大学在金桥出口加工区揭牌。同年,全国第一个中外合作办学项目——中欧国际工商学院落户金桥。

6 月　上海雀巢有限公司在松江工业区正式成立,这是瑞士雀巢有限公司在上海设立的第一家工厂。

6 月　上海市第一家有自有基地的孵化器——上海新兴技术创业公司在漕河泾新兴技术开发区成立。该公司是经市政府批准,由开发区总公司全额投资的国有企业,注册资金达 1 000 万元。

7 月 14 日　上海公布 1993 年度中国外商投资企业协会评定"双优"企业名单,闵联公司从 1989 年起连续 5 年获此荣誉。

7 月 18 日　由上海维赛特网络系统公司建设的浦东卫星地球站在金桥出口加工区建成运行。

7 月 22 日　国内第一幢证券公司总部大厦——上海万国金融大厦在陆家嘴金融贸易区破土动工。

7 月　虹桥友谊商城通过验收,并被评为上海市建筑工程"白玉兰"奖。

8 月 18 日　中日合资水仙能率有限公司在金桥出口加工区建成投产,计划年产 40 万台洗衣机。

8 月 25 日　国际银团为陆家嘴金融贸易区开发公司和外高桥保税区新发展公司分别筹集 5 000 万美元、4 500 万美元的贷款签字仪式举行,是为浦东国家级开发区首次利用在沪外资银行贷款。

9 月 1 日　上海虹桥联合发展有限公司更名为上海虹桥经济技术开发区联合发展有限公司。

9 月 7 日　"金桥出口加工区社会事业发展规划"评审会举行。金桥出口加工区规划建设大型国际化生活园区(今碧云国际社区)。2009 年,碧云国际社区被商务部授予"全国社区商业示范社区"称号。

9 月 26 日　上海海关与外高桥保税区联合发展有限公司、上海外高桥港务公司,上海 JVC 电器有限公司、震旦集团公司等四家企业举行运用 EDI 管理系统协议签字仪式,率先实现海关与企业的计算机联网。

9月　经国家计委正式批准,设立上海浦东孙桥现代农业开发区。这是全国第一个综合性的现代农业开发区。

10月5日　由日本松下电器企业集团公司和上海扬子江有限公司合资组建的上海松下微波炉有限公司、上海松下电子应用机器有限公司在张江高科技园区奠基开工。1995年11月2日建成投产。

10月　由中资机构参股的、按照现代企业制度和国际标准组建的中国第一家股份制商业保险公司——天安保险股份有限公司在陆家嘴金融贸易区成立。

11月4日　上海浦东首次举行土地出租招标,新加坡仁恒公司获得陆家嘴金融贸易区张杨路一地块70年使用权。

11月9日　由德国百灵公司投资的百灵电器(上海)有限公司在闵行经济技术开发区正式投产。

11月13日　上海汽车工业(集团)总公司(占股49%)和德国采埃孚转向系统股份有限公司(占股51%)共同投资组建的中外合资企业——上海采埃孚转向机有限公司在嘉定工业区成立,总投资1.22亿美元,注册资本6 952万美元。公司从1996年起开始批量生产,是国内规模最大、市场占有率最高、综合能力最强的转向系统专业生产基地。

11月16日　由东风汽车集团公司和浦东新区横沔镇工业公司合资建办的上海神汇汽车转向器公司在康桥工业区开工建设,项目总投资9 000万元。

11月18日　总投资1 800万美元的澳大利亚布罗肯希尔建筑钢品(上海)有限公司(后更名为来实建筑钢品有限公司)项目,在康桥工业区举行奠基仪式。

12月8日　由上海传真机公司、日本理光株式会社、香港冠军传真机投资有限公司共同投资4 400万美元的上海理光传真机有限公司在金桥出口加工区开工。

12月9日　瑞士豪夫迈—罗氏有限公司与上海三维制药公司合资建立的上海罗氏制药有限公司在张江高科技园区动工兴建。项目总投资4 500万美元。1996年10月9日建成投产。

12月17日　由外高桥保税区第三联合发展有限公司投资建造的国际商品展示交易中心正式落成启用。

12月20日　宝钢产业发展有限公司进驻外高桥保税区,该公司是宝钢集团所属八大公司之一,总投资额5亿元。

12月29日　由中国工商银行上海市分行投资1.5亿元,占地面积6 557平方米,建筑面积1万余平方米的工行计算机中心在外高桥保税区奠基。1996年11月1日建成运行。

12月　上海凯士比泵有限公司入驻闵行经济技术开发区。公司由上海电气(集团)总公司和德国凯士比公司(KSB)合资建立,是中国境内产品范围最广、技术水平最高的泵制造公司。

同年　位于嘉定工业区的日本富士通将军(上海)有限公司成为上海地区首批海关AA类企业。

同年　由中科院创办、经国务院批准设立的上海市高新技术产业开发区——上海中科高科技工业园在嘉定工业开发区建立。是经科学技术部、对外贸易经济合作(以下简称"外经贸部")和外交部批准认定的国家高新技术产品出口基地和向国际开放的中国亚太经合组织科技工业园区(APEC园区)。

同年　中美合资延锋伟世通汽车饰件系统有限公司入驻漕河泾新兴技术开发区,投资2.23亿美元。2005年,延锋伟世通中国技术中心在开发区落成。

1995 年

1月3日 外经贸部下发《关于同意上海漕河泾新兴技术开发区发展总公司经营进出口业务的批复》。

1月12日 中英合资耀华皮尔金顿玻璃深加工项目在康桥工业区签约,项目总投资4480万美元。

1月29日 经农业部批准,康桥工业区被列为全国首批50个"乡镇企业示范区"。

2月16日 由上海电器股份有限公司与美国通用汽车公司零部件集团合资建办的德科国际蓄电池公司项目与康桥工业区签约,项目占地5万平方米,总投资7000万美元。

2月28日 美国惠尔普公司与上海水仙电器股份有限公司签约,双方共同投资7500万美元,在金桥出口加工区联手开发具有世界级水平的洗衣机和其他家用电器。

3月11日 总投资达26.68亿元的中德合资的汽车发动机控制系统生产基地——联合汽车电子有限公司落户金桥出口加工区。

3月17日 由中国纺织总会、中国华源实业有限公司联合上海市有关方面组建的中国纺织保税贸易中心在外高桥保税区正式开始运作。

4月6日 上海浦东国际机场筹建处在金桥出口加工区挂牌成立。6月21日,上海浦东国际机场建设指挥部、上海浦东国际机场公司成立。

4月11日 以日本森海外株式会社为核心,联合日本三井物产、日本藤田、日本大林组、日本近电共5家公司共同出资建设的森茂大厦(后更名为恒生银行大厦)在陆家嘴金融贸易区动工。1998年4月竣工。

4月18日 经海关总署等八部委验收合格,上海浦东海关和外高桥保税区海关同时开关。

5月4日 由上海新安乳品公司、丹麦宝隆洋行、丹麦工业发展基金共同投资2.36亿元的英特儿营养乳品公司(后更名为多美滋婴幼儿食品有限公司)在金桥出口加工区建成投产。

5月17日 中共中央总书记江泽民在中国共产党上海市委员会(以下简称"中共上海市委")书记黄菊、市长徐匡迪的陪同下,考察外高桥保税区、金桥出口加工区、陆家嘴金融贸易区,登上东方明珠广播电视塔。

5月18日 中共中央总书记江泽民在中共中央书记处书记温家宝、中共中央办公厅主任曾庆红、经贸委主任王忠禹等的陪同下,到漕河泾新兴技术开发区内企业新芝电子公司视察,参观了电视显像管荫罩生产流水线。

6月13日 经国务院正式批准,设立上海佘山国家旅游度假区。这是全国12个国家旅游度假区中最后批准设立、也是面积最大、直辖市中唯一的国家旅游度假区。

6月28日 中国人民银行上海市分行迁入陆家嘴金融贸易区。1998年11月,撤销中国人民银行上海市分行,成立中国人民银行上海分行,管辖范围由上海扩大至浙江、福建,成为中国第一个管辖范围超越原一个省、自治区、直辖市的大区性分行。

7月1日 嘉定工业区第一家正式投产的企业——上海制动系统有限公司开业。公司是上海汽车工业(集团)总公司(SAIC)与德国大陆股份公司(Continental AG)的合资企业,总投资1.3亿美元。

8月8日 在中国首块批租土地——虹桥经济技术开发区第26号地块上建造的双塔建筑太阳

广场竣工开业。

9月19日　中国与瑞士合资的上海温德营养食品有限公司新厂房建成开业。

9月25日　张江高科技园区第一个进区项目、总投资2737.7万美元的美国联信增压器(上海)有限公司建成投产,生产"GARRET"涡轮增压器。

10月1日　上海海关决定,为方便企业办理通关手续,凡外高桥港区的有关海关业务,均由外高桥保税区海关代为办理。

10月3日　由上海市邮电管理局和陆家嘴金融贸易区合资建设的上海"信息港"工厂重点项目——上海信息港枢纽工程在陆家嘴金融贸易区中心区启动。它是上海信息汇集、处理、存贮、交换、传送的枢纽。

10月11日　中英合资企业上海联合利华有限公司举行开业典礼。2000年2月28日,联合利华中国研究发展中心在闵行经济技术开发区成立。

11月12日　中国与瑞士合资的罗氏三维(上海)维生素有限公司和罗氏泰山(上海)维生素制品有限公司在星火开发区建设维生素A和维生素E生产基地,总投资4700万美元,占地0.77公顷。

11月16日　由德国西门子公司和上海广电股份有限公司合资组建的上海西门子通信终端公司,第一条年产200万部以上数字式智能电话流水线在金桥出口加工区建成投产。

12月20日　美国科勒公司与星火开发区签约,独资建设上海科勒有限公司,总投资4500万美元,占地1.01公顷,年产10万套卫生洁具。

12月20日　中国第一家中外(中日)合资商业零售企业——第一八佰伴有限公司在陆家嘴金融贸易区开业。试营业当天,100多万顾客光顾,载入吉尼斯纪录。

12月29日　美国英特尔公司在外高桥保税区投资2.3亿美元,建设计算机芯片生产基地。

12月　荷兰帝斯曼集团独资企业帝斯曼维生素(上海)有限公司在星火开发区成立,总投资8060万美元。

12月　在原有热力公司的基础上,金桥开发公司与美国美亚电力有限公司、上海市燃料总公司三方合作组建上海美亚金桥能源有限公司,探索"集中供热"的新路,加工区不仅达到一般开发区"七通一平"的标准,而且增加了"集中供热""卫星通讯"(VSAT),达到"九通一平"的一流开发区的先进水平。

同年　从事预制轻钢结构建筑系统设计、制造的美国巴特勒公司在松江工业区投资2998万美元,建立中国国内第一家工厂。

同年　虹桥经济技术开发区被评为"上海十大新景观",2000年被评为"上海十大夜景"。

同年　虹桥经济技术开发区成为上海新兴的国际金融基地。除国内各专业银行和保险公司的分支机构外,交通银行总行、德国德累斯顿银行上海分行、日本兴业银行上海分行、泰国正大财务公司及美国安达信驻沪机构都陆续在开发区内开办。

同年　美资企业上海百特医疗用品有限公司在金山嘴工业区(后更名为金山工业区)成立,是最早进入中国医疗市场的多元化经营的跨国医疗用品公司。1999年产品投放中国市场。

同年　世界一流氟类化学品制造企业日本大金工业株式会社入驻莘庄工业区。

1996 年

1月3日　法国施耐德配电电器有限公司落户康桥工业区。

1月17日　位于陆家嘴金融贸易区的上海证券大厦千吨钢天桥在百米高空整体安装成功,创造了中国大型钢结构整体提升新纪录。

1月26日　位于陆家嘴金融贸易区亚洲规模最大的综合性商城——新上海商业城主体工程完工。

1月30日　上海交通大学研究生院张江分部在张江高科技园区成立。

2月27日　由上海东风汽车专用件有限公司与日本佐贺铁工所、日本神钢商事（株）合资的上海特强紧固件有限公司在星火开发区正式签约组建,总投资2500万美元,占地0.6公顷。

2月　国家计委批准建设上海浦东软件园项目。浦东软件园是国家软件产业基地和国家软件出口基地。2000年7月20日和2003年11月24日,浦东软件园被分别授予"国家软件产业基地""国家软件出口基地"称号,成为全国四大"国家级双基地"之一。

3月20日　中国航空工业总公司总投资2500万美元,中日合资的上海三国长航机械电子有限公司在王桥工业区举行奠基典礼。

3月29日　国内液压行业投资规模最大的上海液压气动总公司浦东液压基地在金桥出口加工区建成投产。

3月　上海青浦工业园区保税仓库成立。

3月　意大利企业投资的上海索菲玛汽车滤清器有限公司落户青浦工业园区。

4月1日　美国惠普公司投资浦东新区的首家高技术企业——中国惠普上海金桥计算机公司开业。

4月22日　上海张江高科技园区开发股份有限公司所发行的股票（600895）在上海证券交易所上市。

4月26日　惠普计算机产品（上海）有限公司正式投产。

4月28日　中日合资上海日立电器有限公司承建的国家"八五"规划重点项目——年产140万台空调压缩机的空调压缩机公司在金桥出口加工区建成投产。

4月29日　虹联公司与长宁区政府为开发建设"大虹桥"地区,合资成立新虹桥企业有限公司,6月18日公司正式挂牌。

5月11日　由中联汽车电子有限公司和德国博世公司共同投资组建、总投资26.68亿元的上海市重大工程——联合汽车电子有限公司在金桥举行开工仪式,1997年11月6日建成投产。

6月6日　法资企业上海施耐德低压终端电器有限公司在闵行经济技术开发区正式开业投产。

6月27日　外高桥保税区与美国德尔福汽车系统（中国）公司正式签订土地使用权转让合同。

6月　漕河泾新兴技术开发区与市人事局共建的上海留学人员漕河泾创业园区成立。它是上海第一批留学人员创业园区,拥有3.7万平方米创业基地,被中组部认定为"国家海外高层次人才创新创业基地"。

7月18日　中国船舶工业总公司直接参与浦东开发的大型投资项目——中国船舶大厦在陆家嘴金融贸易区竣工。

8月2日　科技部、卫生部、中科院、食品药品监督管理局和市政府在人民大会堂签署合作协议,决定在张江高科技园区合作建立国家上海生物医学科技产业基地。

8月12日　市政府批准设立上海化学工业区。1999年1月3日,市政府批准上海化学工业区列为市级工业区。2006年3月,经国家发展改革委审核通过,更名为上海化学工业园区。

8月14日　台湾远东集团投资的远纺工业（上海）有限公司落户星火开发区,总投资逾2亿美元建设聚酯切片生产项目。1997年6月3日,远纺工业(上海)有限公司年产12.42万吨的聚酯化纤工程动工建设。

8月22日 总投资4.35亿元的黄浦江行人观光隧道工程在陆家嘴金融贸易区启动。这是国内首条过江行人隧道,于1999年4月10日全线贯通,2001年1月1日正式开放。

8月27日 第一家进驻浦东陆家嘴金融贸易区的外资银行总部——泰国泰华银行开业。

9月6日 化学工业部进军浦东要素市场的第一个项目——中达广场在陆家嘴金融贸易区竹园商贸区落成。

9月16日 由瑞典萨帕集团独资建立的萨帕铝型材(上海)有限公司在嘉定工业区北区成立。这是国内同行业中唯一能够生产5层复合铝材料的企业。

9月28日 外高桥三联发展有限公司与美商侨泰兴业公司签订通用厂房租赁合同。美商侨泰兴业有限公司是上海肯德基、麦当劳等连锁餐厅的厨房设备供应商。

10月3日 浙江省与浦东合作开发项目——之江大厦在金桥出口加工区内落成。

10月8日 金桥出口加工区标志性建筑——新金桥大厦落成。大厦总投资6.6亿元,高212米。

10月24日 全国第一家中外合资外贸公司——兰生大宇贸易公司在陆家嘴金融贸易区成立。

10月29日 日本理光公司签约外高桥保税区。

10月30日 漕河泾新兴技术开发区投入6 000万元,创立上海漕河泾开发区科技创业中心,孵化面积为1.7万平方米。1997年,创业中心经国家科委和联合国UPDN联合认定为国内首批国际企业孵化器单位。1998年,开发区投资1 000万元设立科技创业资金,加大对中小型科技企业的扶持力度。同年,创业中心被国家科委认定为"国家级高新技术创业服务中心"。

11月6日 美资企业上海强生制药有限公司举行投产开业典礼。

11月27日 总投资12亿美元的上海华虹微电子有限公司超大规模集成电路项目("909"工程)在金桥出口加工区奠基,是继宝钢、金山工程之后,国家在上海建设的第三个重大项目,计划建设一条采用0.5微米技术,制造直径为20厘米的硅片的大规模集成电路芯片生产线。1997年7月,由上海华虹微电子有限公司、日本电器株式会社(NEC)和日本日电(中国)有限公司共同投资的合资企业——上海华虹NEC电子有限公司成立,总投资12亿美元,主要任务是实施"909工程",从事大规模集成电路的设计、开发、制造和销售。1999年2月23日,公司建成中国第一条代表世界主流技术的现代化半导体生产线,并投入试生产。

11月 上海复旦张江生物医药股份有限公司成立,2002年8月在香港创业板成功上市。

12月12日 美国国际商业机器公司(IBM)独资成立的国际商业机器工程技术(上海)有限公司,与外高桥保税区新发展公司签订5 100平方米厂房租赁合同。

12月14日 日本索尼公司、上海广电股份有限公司、上海真空股份有限公司共同投资4.1亿美元的大屏幕彩色电视机生产基地——上海索广映像有限公司落户王桥工业区(金桥出口加工区南区前身)。至1997年8月13日,彩显、彩管和彩电一期工程三条生产线全面投产。

12月19日 上海市第十届人民代表大会常务委员会第三十二次会议通过了《上海外高桥保税区条例》。1997年7月4日,浦东新区管委会印发了《上海外高桥保税区条例》。该条例创下了市人大常委会立法史上的诸多"第一":第一部上海地方性的经济法规,第一部为浦东开发开放制定的创制性法规,第一部在市人大常委会上一次审议并全票通过的法规,第一部为了使法规符合国际惯例而进行出国调研和考察后制定的法规,第一部在国内同期公布英文版本的地方性法规。

12月30日 经中国人民银行批准,美国花旗银行、香港汇丰银行、日本东京三菱银行、日本兴业银行四家银行的上海分行首批迁址浦东陆家嘴金融贸易区,并获准经营人民币业务。

12月30日 上海粮油商品交易所举行浦东陆家嘴金融贸易区新址落成暨东迁仪式,成为上海市首家东迁的期货交易所。

同年 德国德律风根分立元器件公司入驻市北工业新区。德律风根(Telefunken)1930年成立于柏林,是德国西门子公司和美国通用电气公司的合资公司。

同年 迪赛诺公司在张江高科技园区成立,是拥有自主品牌的全球仿制药供应商,1998年建立研发中心,致力于抗艾滋病药物、抗癌药物和甾体激素类原料药的开发。

同年 上海北连食品有限公司在星火开发区成立,公司生产的卡拉胶产量占全国总量45%,是世界卡拉胶的主要供应商。

1997 年

1月19日 由国家邮电部和各省(直辖市、自治区)邮电部门共同投资5.34亿元建造的国家级通信产品交易中心——中国通信贸易大厦(通贸大厦)在陆家嘴金融贸易区竹园商贸区落成。

1月20日 中日合资上海夏普电器有限公司追加投资1.17亿美元兴建的10万平方米"上海夏普城"结构封顶。1998年6月12日,"上海夏普城"在金桥出口加工区全面启动。

2月17日 美国花旗银行上海分行迁址陆家嘴金融贸易区船舶大厦,成为央行允许外资银行在浦东经营人民币业务试点政策颁布后迁入浦东的第一家外资银行。

2月28日 上海市房地产交易中心在浦东陆家嘴房地大厦挂牌开业,与上海市房地产登记中心(上海市房地产登记处)、上海市房地产交易管理所合署办公,成为浦东开发开放中重要的要素市场之一。

3月5日 宝山区人民政府(以下简称"宝山区政府")批准建办宝山城市工业园区私营企业加工区。

5月8日 市政府命名上海天文台佘山工作站为"上海市科普教育基地"。

5月9日 世界十大保险集团之一的瑞士丰泰保险(亚洲)有限公司上海公司落户陆家嘴金融贸易区。

5月 世界500强企业美国陶氏化学公司和美国康宁公司投资的道康宁(上海)有限公司在松江开发区开业,总投资达1亿美元,注册资本4 800万美元。

6月12日 中美合资上海通用汽车有限公司和泛亚汽车技术中心有限公司在金桥出口加工区举行成立大会暨奠基仪式。

6月20日 闵行经济技术开发区德资企业贺德克液压技术(上海)有限公司开业。

6月26日 占地面积10万平方米的陆家嘴中心绿地竣工。

6月28日 中国第一家以民营企业投资入股为主的全国性股份制商业银行——中国民生银行上海分行入驻陆家嘴金融贸易区齐鲁大厦并开业。

6月 由日本麒麟啤酒株式会社和上海鲲鹏投资发展有限公司共同投资组建的麒麟鲲鹏(中国)生物药业有限公司在张江高新区成立,是中国国内技术最先进、规模最大的高科技生物制药公司之一。

6月 位于东佘山西侧山麓的上海佘山百鸟苑建成开放。

9月1日　浦东联合信托投资有限公司在外高桥保税区成立。

9月8日　宝钢集团国际贸易总公司迁入陆家嘴金融贸易区竹园商贸区内。

9月　韩国企业投资的好丽友(上海)有限公司落户青浦工业园区。

10月18日　中共中央总书记江泽民到浦东新区视察,亲笔为陆家嘴题词:"努力把陆家嘴建设成为面向国际的现代化金融贸易区。"

11月7日　中共中央政治局常委、书记处书记胡锦涛在中共上海市委书记黄菊的陪同下视察陆家嘴金融贸易区。

11月18日　闵行经济技术开发区美国埃梯梯汽车电器系统公司一期工程竣工。

12月2日　香港恒生银行上海分行在陆家嘴金融贸易区开业。

12月10日　上海市陆家嘴金融贸易区开发公司变更为上海陆家嘴(集团)有限公司,企业性质由全民所有制变更为国有独资的有限公司。

12月19日　中国上海人才市场迁入陆家嘴金融贸易区新上海商业城乐凯大厦。

12月26日　闵联公司直属企业首家转制企业——闵联汽车维修有限公司挂牌成立。

12月　嘉定工业区成立嘉定高科技园区创业中心,建立上海出国留学人员嘉定创业园区,总投资1000万元,是第一批被国家人事部、科技部、教育部确立的国家级留学人员创业园。

12月　中美合资上海延锋江森汽车座椅有限公司落户康桥工业区。

同年　台湾宏达国际电子股份有限公司和台湾威盛电子股份公司在康桥工业区共同投资创建威宏电子(上海)有限公司、威上电子(上海)有限公司。宏达国际电子股份有限公司是全球最大智能型手机、掌上电脑研发和设计制造厂商,研发出世界第一台以Windows CE为基础的掌上型计算机。威盛电子股份有限公司为全球IC设计与个人电脑平台解决方案领导厂商,是全球芯片组前两大供货商之一,全球前五大、亚洲第一大的芯片设计公司。

1998 年

2月27日　外高桥保税区开发股份有限公司和大同国际运输有限公司签订6.6万平方米土地转让合同,投资1.8亿元在外高桥保税区兴建国际大型物流中心。

2月28日　全国煤炭系统总投资近7亿元,最大的非煤炭项目和最大的三产投资项目——中国煤炭大厦和浦东假日酒店同时在陆家嘴金融贸易区落成开业。

3月25日　上海市莘庄工业区入选"第二批全国乡镇企业示范区"。

3月28日　美国可口可乐公司中国最大装瓶厂——上海申美饮料食品有限公司新厂在金桥出口加工区落成。工厂占地6.7万平方米,总投资5000万美元。

3月　美资企业上海罗门哈斯化工有限公司落户青浦工业园区。

3月　上海格尔信息技术有限公司在市北工业新区成立,是为中国IC卡安全领域最为专业及最有影响的厂商,拥有商用密码产品销售资质及多项软件产品认证资质。

4月20日　深圳发展银行上海分行在陆家嘴金融贸易区浦东南路开业。

6月22日　市政府、市农业委员会同意宝山城市工业园区设立上海宝山城市工业园区经济技术开发小区,发展私营经济,加速发展多种所有制经济。

8月10日　在北京召开的全国火炬计划十周年经验交流会上,漕河泾新兴技术开发区被科技部授予"全国火炬先进高新技术产业开发区管理奖"。

10月26日　投资2 000万美元的美国靳羽西-科蒂化妆品(上海)有限公司在金桥出口加工区竣工。

10月29日　国家人类基因组南方研究中心在张江高科技园区挂牌运行。该中心是在张江高科技园区落户的首个国家级研究中心,也是全国第一个基因组中心。

12月17日　通用汽车项目首辆新世纪轿车下线。2002年12月26日,上海通用汽车有限公司第一款为中国打造的新车——别克"君威"面世。

12月28日　国内最大的软件投资项目——上海浦东中软融鑫软件开发公司在金桥出口加工区现代科技园区成立。

同年　宝山城市工业园区第一家外资(日资)企业——上海申和热磁电子有限公司入驻。

同年　漕河泾科技创业中心被国家科委认定为"国家级高新技术创业服务中心",被市科委认定为"上海市高新技术成果转化孵化基地""上海市高新技术企业"。

同年　第九城市计算机技术咨询(上海)有限公司在张江高科技园区创立,是国内最大的网络游戏开发商和运营商之一。2004年12月,第九城市在纳斯达克正式挂牌上市。

同年　金桥出口加工区中日合资上海夏普电器有限公司成为上海市首批同时通过ISO 9001和ISO 14001两大管理体系认证的企业之一。2005年12月,上海夏普电器有限公司首批通过上海市50家清洁生产试点企业验收;2009年10月,获得"上海市清洁生产示范企业"称号。

同年　张江高科技园区企业上海华虹(集团)有限公司开发了国内首块具有自主知识产权的非接触式IC卡芯片,成功应用于上海公交一卡通项目,并成为国家第二代居民身份证专用芯片模块生产供应商,2010年上海世博会电子门票芯片唯一供应商。

1999 年

1月18日　位于陆家嘴金融贸易区竹园商贸区的紫金山大酒店开业。紫金山大酒店设于江苏大厦内。江苏大厦由江苏省参与浦东开发所建造。1993年6月动工,1998年6月竣工。

3月12日　新加坡大华银行上海分行在陆家嘴金融贸易区上海证券大厦开业。

4月1日　美国朗讯公司与上海市邮政局在浦东陆家嘴金融贸易区合作建立全国第一家中美合资电信企业,向用户提供先进增值业务。

4月16日　根据现代企业制度改革的要求和《公司法》有关规定,上海闵行虹桥开发公司改制为上海闵虹集团有限公司。

4月20日　由温州天正集团投资的天正机电(集团)有限公司项目签约康桥工业区。该项目征地10公顷,总投资1亿元,生产成套电器设备。

5月4日　上海期货交易所(以下简称"期交所")试运行,上市交易品种有铜、铝、天然橡胶三个标准合约。2008年底,期交所批准首个境外交割品牌注册。

5月21日　市外资委、市计委、市经委联合发出《关于委托上海市漕河泾、闵行经济技术开发区发展总公司对外商投资项目审核审批和明确管理责任的通知》。同意上述开发区项目审批办公室负责在区内投资额3 000万美元以下的鼓励类允许类工业项目的审核审批和管理工作。

6月30日　上海天原(集团)有限公司迁建上海化学工业区(今上海化学工业经济技术开发区)工程正式开工,并于2000年12月28日投产。这是上海化学工业区第一个开工建设的化工项目。

6月　由法国安盛集团和中国五矿集团合资组建的金盛人寿保险有限公司,在陆家嘴金融贸易区正式成立。是中国第一家中法合资的保险公司,也是中国保险监督管理委员会成立后批准的首家寿险公司。

7月1日 中国船舶工业集团公司在陆家嘴金融贸易区船舶大厦组建成立。

7月21日 日本阿尔卑斯物流公司在外商高桥保税区投资建立现代化仓储物流基地。

7月 中国证券监督管理委员会上海证券监管办公室(以下简称"上海证管办")作为中国证券监督管理委员会(以下简称"证监会")派出机构正式挂牌。2000年9月,证监会决定成立中国证监会上海稽查局。2004年3月,上海证管办更名为中国证券监督管理委员会上海监管局。

8月10日 上海建桥学院在康桥工业区举行签约仪式。建桥学院占地20公顷,投资1.5亿元,每年计划招生1000人。2000年10月12日,上海建桥学院举行开学典礼。

8月26日 上海市市长徐匡迪在北京召开的全国技术创新大会上宣布:上海集中力量将张江高科技园区建成申城技术创新的示范基地,成为名副其实的国家生物医药产业和国家软件产业的创业基地。

8月 中共上海市委、市政府提出"聚焦张江"的战略决策,明确园区以集成电路、软件、生物医药为主导产业,集中体现创新创业的主体功能。

9月20日 美国通用电气公司投资2990万美元在外高桥保税区设立美国通用电气塑料(上海)有限公司。

9月27日 "1999《财富》全球论坛"在陆家嘴中心区国际会议中心开幕。

9月 世界500强企业德国西格里碳素集团在奉浦工业区(后更名为工业综合开发区)创办上海西格里碳素有限公司,项目投资总额1.05亿美元。2001年10月20日竣工投产。

10月28日 加拿大医疗器械集团、美国斯科茨曼、日本押谷、德国卡普奈克等14家企业与嘉定工业区签订总额1.36亿美元的投资协议。

11月23日 上海紫江(集团)有限公司、上海莘庄投资经营有限公司和上海奇诺计算机通讯系统有限公司等单位在莘庄工业区内组建上海紫江科技园区。

11月 盛大网络成立,入驻张江高科技园区。2004年5月,盛大在美国纳斯达克股票市场上市。

12月10日 上海外高桥(集团)有限公司成立。

12月21日 闵联公司与上海外国语大学、上海申谊集团联合办学成立上海外国语大学国际教育合作学院意向书签约。

12月27日 中国与新加坡合资的上海海洋水族馆在陆家嘴金融贸易区动工兴建。2002年2月7日,建成对外开放。

12月28日 上海化学工业区领导小组办公室正式成立,由市计委、市经委、上海市建设管理委员会、上海石油化工股份有限公司、上海华谊(集团)有限公司等派员组成。

12月30日 中国均瑶集团有限公司落户康桥工业区。

同年 高新技术成果转化服务中心与市北工业新区签订合作协议。

同年 国家上海新药安全评价研究中心和国家新药筛选中心落户张江高科技园区,2001年通过科技部验收并开始运行。

同年 美国赛科斯企业有限公司在华的独资企业——赛科斯信息技术(上海)有限公司在市北工业区新成立。赛科斯公司是全球领先的客户关系管理解决方案和外包服务五大提供商之一,在上海和广州两地管理着超过1000座席的大型外包呼叫中心,服务于众多著名跨国企业和全球500

强企业。

同年　一期总投资 2.2 亿元的美亚金桥能源有限公司建成 3 座热源厂,供热能力每小时 196 吨。成功为通用汽车、华虹 NEC、日立、夏普等 50 余家企业生产、生活用热提供能源。2009 年,该公司发展为有 3 个热源厂、35 公里供热管网、总供热能力每小时 305 吨的现代化能源供应公司,实现金桥出口加工区企业 100% 集中供热。

2000 年

1 月　莘庄工业区引进上海太阳能科技有限公司,公司主要从事地面太阳电池及光伏发电系统相关产品的研制、开发、生产、销售、施工和服务。

2 月 13 日　由上海创业投资有限公司、浦东新区科技产业化发展基金和张江高科技园区开发公司共同设立总额 1.5 亿元的张江科技创业投资基金建立。

3 月 9 日　上海师范大学、法国法中文化交流中心与闵行经济技术开发区签约成立上海师范大学欧洲学院。

3 月 23 日　上海市高新技术成果转化服务中心闵行经济技术开发区分中心、上海技术产权交易所闵行经济技术开发区交易信息部揭牌。

3 月 27 日　投资 3 000 万美元的美资企业上海国际纸业公司在金桥出口加工区开工。

4 月 11 日　德国拜耳集团在金桥出口加工区建立拜耳上海聚合物技术中心。

4 月 25 日　经中国保险监督管理委员会批准,中国保险监督管理委员会上海办公室(以下简称“上海保监办”)在陆家嘴金融贸易区成立。2004 年 2 月 6 日,上海保监办更名为中国保险监督管理委员会上海监管局。

4 月 27 日　经国务院正式批准,同意设立松江出口加工区 A 区。首期于 2001 年 1 月 18 日完成建设,正式封关运作,封关区域 1.98 平方公里。2003 年 3 月 14 日,经国务院正式批准,设立松江出口加工区 B 区。同年 11 月 23 日,松江出口加工区 B 区一期 1.33 平方公里完成建设,封关运作。

4 月　上海蓝光科技有限公司入驻张江高科技园区,是国内首家从事氮化镓基 LED 外延片、芯片研发和产业化生产的企业。2003 年 1 月,公司完成氮化镓基紫外光 LED 的研制与开发。2005 年 10 月,成为国内首家量产 ITO 高亮度 LED 蓝光芯片企业。

5 月 1 日　张江高科技园区成立上海第一家专业技术孵化机构——国家互联网创业中心。

5 月 8 日　中国建设银行上海市分行入驻陆家嘴集团贸易区世界金融大厦。

5 月 15 日　中共中央总书记江泽民考察张江高科技园区、世纪公园等处。

5 月 28 日　市政府一号工程——上海信息港七项主体工程之一的上海超级计算机中心在张江高科技园区开工,2001 年 1 月 4 日竣工启用。

6 月 2 日　电脑业龙头企业东芝电脑(上海)有限公司在金桥出口加工区开业。

6 月 5 日　世界 500 强企业日本三菱重工株式会社在外高桥保税区三联发展园区设立新公司,从事大型机械、发电设备等产品的销售、服务、零部件分拨等业务。

6 月 8 日　经青浦区人民政府(以下简称“青浦区政府”)批准,青浦工业园区高新技术转化基地举行奠基仪式。

6 月 12 日　外高桥保税区正式实行“保税货物空运直通式”,为直通的空运货物设立了专门仓储、专业货代、专门运输、专用账册、专人管理,实现了通关提货提速。

6月19日　上海闵行经济技术开发区管理办公室经上海市城乡建设和交通委员会批准成立。

7月　三九基因生化股份有限公司在张江高科技园区建立三九基因工程生产基地,加快一类新药 TNF 等科技成果的转化进程。

8月18日　由中国人寿保险公司和澳大利亚联邦银行集团共同出资组建的中保康联人寿保险有限公司在陆家嘴金融贸易区开业。

8月22日　漕河泾新兴技术开发区与宝山区政府签约合作,在宝山城市工业园区成立漕河泾新兴技术开发区宝山基地。

8月24日　中芯国际落户张江高科技园区,一期项目投资 14.76 亿美元。2001 年 11 月 22 日,中芯国际第一条 8 英寸生产线正式投产,创造中国芯片项目从建厂到生产的最短纪录。2002 年 7 月,中芯国际二厂、三厂 8 英寸晶圆生产线投产,三厂成为中国大陆首家提供铜制程服务的芯片代工厂。中芯国际成为中国大陆第一家能提供 0.18 微米逻辑制程技术与服务的芯片代工厂。

8月28日　总投资 2 亿美元、中国银行支持浦东开发开放的最大投资项目——中银大厦在陆家嘴金融贸易区落成。

8月30日　漕河泾新兴技术开发区与闵行区人民政府签约,联合开发以发展信息技术、生物医药与新材料产业为主的漕河泾开发区闵行高科技园。

8月　科技部、外交部发文确认,由漕河泾新兴技术开发区等组成的上海高新技术产业开发区(一区六园)为第二批中国亚太经合组织科技工业园区。

9月7日　中外合资企业上海米其林双钱回力轮胎股份有限公司在闵行经济技术开发区设立。

9月13日　中国十大高科技企业排行榜排定,位于金桥出口加工区的上海贝尔有限公司以 1999 年度 63 亿元的销售业绩,位列第九。

9月24日　国家新药筛选中心和国家(上海)新药安全评价研究中心落户张江高科技园区。2001 年中心通过科技部验收并开始运行。

9月　上海松江出口加工区引进全球最大的笔记本代工商、世界 500 强企业台湾广达集团的全资子公司——达丰(上海)电脑有限公司。

10月17日　外高桥保税区与美国英特尔信息技术合作与开发项目签约。

10月27日　经国务院正式批准,中国第一家钻石交易所——上海钻石交易所在陆家嘴金茂大厦设立。

10月28日　荷兰飞利浦光磁电子项目落户外高桥保税区。

11月18日　总投资 16.3 亿美元、占地 24 万平方米的上海宏力半导体制造有限公司在张江高科技园区动工建设。项目于 2003 年 9 月 23 日建成开业,并自主开发出 0.15 微米的逻辑与存储器集成电路制造技术。

11月13日　中共中央政治局常委、国家副主席胡锦涛在中共上海市委书记黄菊、市长徐匡迪陪同下,参观了陆家嘴钻石交易大厅、一门式服务,并为当场交易成功签名鉴证。

11月24日　日本阿尔卑斯物流公司在外高桥保税区开业,成为上海第一家从事第三方物流的企业。

11月25日　美国派克汉尼汾液压系统(上海)有限公司在金桥出口加工区建成投产。

12月　世界 500 强企业日本先锋株式会社在工业综合开发区投资创办先锋高科技(上海)有限公司,项目投资总额 8 500 万美元。

12月4日　外高桥保税区海关实行"保税区仓储货物进区确认制"。

12月8日　外高桥保税区"H986"查验系统试运行获得成功。

同年　漕河泾新兴技术开发区被科技部批准为高新技术出口基地,出口产品主要涉及大规模集成电路、光通信设备、计算机软件和电子元器件等。

同年　漕河泾新兴技术开发区成为"APEC国际科技工业园区"。

同年　上海瑞士中心在莘庄工业区内奠基,属非盈利机构,由工业区和瑞士政府、瑞士55家中小企业共同投资兴建。中心占地约9 000平方米,主楼面积约5 000平方米。

同年　上海新汇时代光盘技术有限公司在张江高科技园区成立,公司产品"新一代红光高清数字视盘及系统(NVD)"打破了由国外控制DVD技术的局面。

同年　张江高科技园区成立中药创新中心,既是国家生物医药基地重点建设的国家级专业孵化器之一,也是国家国际科技合作基地和上海市研究生联合培养基地。

2001 年

1月8日　美国著名分析仪器生产商安捷伦公司与中国上海精密科学仪器有限公司在外高桥保税区举行合资成立新企业签约仪式。

1月16日　外高桥保税区区域ISO 14001环境管理体系正式运行。

1月18日　全球最大的独立半导体晶片封装测试公司——美国安靠技术(AMKOR Technology)落户外高桥保税区。

2月19日　外高桥保税区电子政务平台开通。2003年1月29日,外高桥保税区电子政务平台推出行政审批事项在线受理专栏。用户只要输入企业注册号,即可直接在网上进行产品出口企业确认、先进技术企业确认、外高桥建筑工程施工许可、企业外来人员用工申请等事项。

2月20日　外高桥保税区电子商务平台正式开通。9月26日,外高桥保税区内4 000余家中外贸易和加工企业全部纳入"电子商务网"。

2月23日　中美合资恒康天安人寿保险公司在陆家嘴金融贸易区开业。

2月　青浦区与中国华源集团达成资产重组协议,青浦工业园区全盘接收国家级高新技术开发区——中国纺织科技城。

3月　上海化学工业区在总体发展规划中,率先提出"五个一体化"开发建设理念,即"产品项目一体化、公用辅助一体化、物流传输一体化、环境保护一体化和管理服务一体化",构建了上海化学工业区发展循环经济的体系框架,为创建国家生态工业园区奠定了基础。

3月　漕河泾新兴技术开发区和英国宇航集团(BAE System)、英国阿灵顿公司(Arlington Securities plc)合资建设的"科技绿洲"项目,开创了与高科技跨国公司合资建设高科技园区的先例。2005年7月28日,"科技绿洲"内首个项目——飞利浦创新科技园(照明电子)开工。

3月　由日本保力马科技株式会社投资的保力马科技(上海)有限公司签约入驻上海市莘庄工业区。

4月12日　市北工业新区和上海移动通信有限责任公司举行购房协议签约仪式。

4月20日　由科技部、市科委、浦东新区和张江高科技园区共同组建的国家中药现代化(上海)创新中心进驻张江高科技园区技术创新区。

4月　漕河泾新兴技术开发区孵化企业新涛公司被美国艾迪悌科技有限公司(IDT)以8 500万美元购并,该案例被评为"2001年中国十大并购事件"。

4月　世界最大的物流企业之一的日本通运株式会社全额投资企业——上海亿科软件技术有限公司在市北工业新区成立，是从事软件开发出口的高科技企业。

6月6日　2001年亚太经合组织（APEC）贸易部长会议在陆家嘴金融贸易区上海国际会议中心举行。

7月5日　市政府出台《上海市促进张江高科技园区发展的若干规定》。

7月6日　国家信息安全成果产业化（东部）基地在张江高科技园区动工建设。

7月8日　地处陆家嘴金融贸易区中心地段的上海造船厂规划迁往崇明，在崇明建造新工厂，至2005年全部迁出。

7月17日　上海经济技术开发区海关与上海闵行联合发展有限公司签约，建立联络协调机制。

8月1日　外高桥保税区列为上海市行政审批制度改革的试点单位，启动实施行政审批改革。

8月　经中国环境科学院环境管理认证中心审核，外高桥保税区取得ISO 14000环境管理体系的认证证书，成为全国第一个通过该认证的保税区。

9月12日　GE东芝有机硅外高桥保税区工厂建成开业。

9月28日　上海国际汽车城在安亭举行开工仪式。由上海嘉安投资发展有限公司、上海虹桥经济技术开发区联合发展有限公司及上海国际集团有限公司共同投资成立的上海国际汽车城新安亭联合发展有限公司，负责上海国际汽车城新安亭11平方公里的开发建设和经营管理。

9月　经国务院正式批准，在金桥出口加工区（南区）设立海关特殊监管区，规划占地3平方公里。2002年6月20日，金桥出口加工区（南区）通过海关总署等八部委联合验收，实行封关运作。

10月21日　亚太经合组织（APEC）第九次领导人非正式会议在上海科技馆举行，20个国家和地区领导人参加会议。中共中央总书记江泽民主持会议并发表"加强合作，共同迎接新世纪的挑战"的讲话。会议通过了《领导人宣言》。

10月23日　金桥出口加工区的上海贝尔有限公司正式改制为外商投资股份有限公司，并更名为上海贝尔阿尔卡特有限公司。法国阿尔卡特公司（Alcatel）是第一家进入中国电信产业领域的世界跨国公司。

10月27日　金桥出口加工区职业介绍所开设外国人、中国台港澳人员、定居国外人员在沪就业申请受理点。

10月28日　为规范张江高科技园区内外商投资企业的审批、登记，市外资委、上海市工商行政管理局出台《上海市张江高科技园区外商投资企业审批登记实施办法》。

11月2日　总投资3 000万美元的日本诺日士（上海）电子设备制造有限公司在嘉定工业区投产。

11月4日　世界500强企业日本松下电工株式会社在工业综合开发区创办上海松下电工电子材料有限公司。项目投资总额2 450万美元，2002年12月5日竣工投产。

11月5日　外高桥保税区新发展园区"高科技产业国际物流策略联盟签约仪式"举行。

11月6日　美国强生（中国）医疗仪器有限公司学术交流中心在闵行经济技术开发区建立。

11月　振华长兴基地成立，是振华重工（集团）股份有限公司最大的出口产品生产基地。振华重工（集团）股份有限公司成立于1992年，是中国最大的港口机械制造商。

11月　位于漕河泾新兴技术开发区的中国航天科技集团第801所"空间推进系统姿控发动机高空模拟试车台考台试车"尖端科技项目通过专家评审。该项目是国内唯一的一座76公里高空模拟试车台。2003年，该所获"上海市质量金奖企业"称号。

12月12日　漕河泾新兴技术开发区企业上海新进半导体制造有限公司开始生产国内芯片制造业第一批 6 英寸 Bipolar 产品。

同年　863 上海光电子技术研究开发中心·上海博为光电科技有限公司在张江高科技园区成立，是国家高技术发展计划（863 计划）光电子主题上海成果产业化基地的重要组成部分，以 PON（无源光网络）产品为研发重点。

同年　漕河泾新兴技术开发区引进、建立国家软件基地——漕河泾软件中心和光电子研发中心。

同年　市科委批准同意成立上海青浦工业园区高科技成果转化基地，这是继张江高科技园区后又一家专门以高新技术产业为特色的产业基地。

同年　莘庄工业区通过 ISO 14001 环境管理体系认证。2002 年 11 月 19 日，莘庄工业区 ISO 9001 质量管理体系通过上海 SAC 和美国 RAB 的国际认证，成为上海市 9 家市级工业区中首家"质量与环境双优工业区"。2003 年，莘庄工业区通过 OHSAS 18001 职业健康安全管理体系认证，成为上海第一家通过三认证的工业区。

同年　全球最大的电子示波生产商美国泰克公司投资 3 000 万美元，在金桥出口加工区成立泰克科技（中国）有限公司。2003 年 3 月 22 日，公司开业。

2002 年

1月8日　中国科技大学研究生院上海分院签约落户康桥工业区。2004 年 7 月 30 日，中国科学技术大学上海研究院揭牌暨高等数理研究中心开典仪式在研究院内举行。

2月1日　外高桥保税区和松江出口加工区正式实施 EDI 无纸报关。

2月6日　上海第一家中外合作的自来水公司——上海星火中法供水有限公司在星火开发区揭牌开业。

2月7日　国家人事部和市政府共同建设的"中国上海博士后公寓"项目在张江高科技园区奠基，建筑面积 1 万平方米。2003 年 7 月 27 日，交付使用。

2月　国务院正式批准上海化学工业区（今上海化学工业经济技术开发区）烧碱及聚氯乙烯项目。项目是上海 90 万吨/年乙烯工程的子项目之一，是化工区重要的上下游关联项目，也是上海市区老化工企业搬迁的主要配套项目。

3月15日　上海磁悬浮列车示范线下部结构工程竣工，作为世界首条磁悬浮列车商运线全线贯通。

3月18日　美国沃尔沃（VOLVO）建设设备（中国）有限公司落户金桥出口加工区。

3月25日　上海金桥出口加工区海关监管区管理委员会成立。2002 年 6 月 18 日，更名为上海金桥出口加工区（南区）管理委员会，该管委会接受浦东新区人民政府（以下简称"浦东新区政府"）领导。

3月26日　中国蓝星（集团）总公司在上海投资建设的最大项目——上海蓝星聚甲醛有限公司签约星火开发区。2008 年 3 月，建成投产。

3月27日　张江高科技园区和复旦大学就合作建设"复旦大学（张江）国家软件示范学院""复旦大学（张江）微电子研究院"举行签约仪式（两院统称复旦大学张江校区），规划面积 30 万平方米。2003 年 5 月 27 日，复旦大学张江校区奠基。2005 年 5 月 27 日落成。

5月11日　由泰国正大集团投资4.5亿美元、总建筑面积达24万平方米的中国最大的购物中心——正大广场在陆家嘴金融贸易区动工。2002年4月18日竣工,同年10月18日开业。

5月13日　剑腾液晶显示(上海)有限公司在张江高科技园区集成电路产业园成立,是中国大陆第一家生产薄膜晶体管液晶显示器(TFT‐LED)关键零组件CF彩色滤光片的企业,也是国内唯一一家五代彩色滤光片量产企业。2007年8月,公司"第五代TFT‐LCD彩色滤光片一期生产线"投产,是中国大陆第一条彩色滤光片生产线。

5月15日　上海惠普有限公司中国软件研发中心在金桥出口加工区揭牌。

5月22日　美国微软与上海市政府共同创办,微软在华投资的第一家合资公司——上海微创软件有限公司入驻紫竹科学园区。

5月25日　中钞油墨有限公司的油墨生产项目签约落户康桥工业区。该项目占地66 811平方米,总投资1.2亿元,主要生产印刷人民币的各种油墨。

6月6日　由世界500强企业日本东芝机械株式会社全额投资的东芝机械(上海)有限公司入驻莘庄工业园区。

6月17日　首家落户上海台商工业园(青浦)、投资1亿美元的台资企业——宏茂微电子(上海)有限公司举行新厂奠基仪式。

6月20日　总投资超过4亿元的中国船舶重工集团公司第711研究所签约落户莘庄工业区。

6月25日　位于陆家嘴金融贸易区的浦东新区土地资产交易中心成立,标志着上海市第一家土地有形市场开始运转。

7月1日　德国西门子移动通信亚太总部入驻陆家嘴金融贸易区。

7月20日　总投资达1亿元的上海航天技术研究院811研究所"太阳能电池项目"签约落户莘庄工业区。

7月25日　莘庄工业区与上海广电集团就TFT(SVA&NEC)项目达成合作意向。2004年,中国第一台具有自主知识产权的液晶显示器在莘庄工业区上线;2005年11月8日,全国第一个平板显示产业基地——上海平板显示产业基地在工业区挂牌成立。2007年5月31日,经信息产业部认定,上海平板显示产业基地升格为国家级平板显示产业基地——国家(上海)平板显示器件产业园。这是全国第五家,也是上海市第一家国家信息产业园。同年8月27日,国家(上海)平板显示器件产业园在莘庄工业区揭牌。

9月18日　上海制造的第一列城市轨道交通车辆在闵行经济技术开发区的中法合资上海阿尔斯通交通设备有限公司下线,标志着上海轨道交通制造业的崛起。

9月28日　闵行经济技术开发区外商投资服务中心举行揭牌暨签约仪式。

9月30日　闵行经济技术开发区企业上海神明电机有限公司总经理秦范雄被授予"上海荣誉市民"称号。

9月　上海市工业开发区协会经上海市民政局正式批准成立,2004年3月更名为上海市开发区协会。协会接受市经委的业务指导和上海市民政局的监督管理。

10月10日　"文汇新民联合报业集团青浦印刷基地"项目签约仪式在青浦举行。文新集团计划用五年时间分三期在青浦工业园区建成报业印刷基地。2006年12月28日,文新青浦现代印刷中心正式落成。

10月18日　中国太平洋保险(集团)公司总部从北京迁入上海浦东,成为第一个在陆家嘴金融贸易区落户的保险集团总部。

10月　漕河泾科技创业中心与上海志诚合资成立上海威迅教育科技有限公司,该公司被中国软件行业协会授权为上海地区唯一一家高级软件人才培训基地。

11月1日　交通银行总部从北京迁入陆家嘴金融贸易区,成为首家将总部迁入浦东的中国商业银行。

11月22日　闵行经济技术开发区13家企业参展上海第四届国际工业博览会,闵联公司获优秀组织奖和布展奖,阿尔斯通交通设备有限公司获参展产品金奖。

11月29日　德国德固赛化学(上海)有限公司在莘庄工业区开业。

11月　香港胜忆科技股份有限公司投资建办的纮炜集成电路(上海)有限公司落户嘉定工业区,注册资本2980万美元,首期投资3.5亿美元,从事8英寸集成电路晶圆加工。

12月10日　国内最大的电信企业——中国电信集团公司落户康桥工业区,建设信息产业集聚区——中国电信信息园区,通信和信息网络研发中心同步成立。2007年4月6日,国家计算机网络与信息安全管理中心上海分中心奠基仪式在中国电信信息园区举行。同年,中国电信学院正式成立。

12月24日　中国首家跨地区律师联盟——金茂联盟在陆家嘴金融贸易区成立。

12月26日　由张江高科技园区开发公司改制而成、注册资本10亿元的上海张江(集团)有限公司挂牌成立。

12月　嘉定高科技园区被授予"全国十佳民营科技园区"称号。

同年　奥地利技术及系统技术公司(AT&S)在中国设立的独资企业——奥特斯大型项目入驻莘庄工业区,项目累计总投资超过8亿美元,是至2010年奥地利在华最大的投资项目。

同年　英国阿斯利康在张江高科技园区设立东亚临床研究中心。2007年3月,阿斯利康在张江园区建立新的研发基地——中国创新中心。

同年　漕河泾新兴技术开发区企业华东电脑股份公司成功开发具有自主知识产权的EC"光辉"1000磁盘陈列海量存储系统,被国家计委列入高新技术产业化项目。

同年　漕河泾新兴技术开发区企业上海华虹集成电路有限责任公司研制成功中国第一款具有中国自主知识产权的带RSA协处理器的IC卡芯片"SHC1204"。

同年　上海恩梯恩精密机电有限公司在松江工业区成立,总投资额25 878万美元,注册资金9 930万美元。母公司是日本恩梯恩公司(NTN株式会社)。

同年　上海思博露生态能源科技有限公司在张江高科技园区成立,是园区第一家太阳能企业,攻克了平板式氮化硅薄膜PECVD沉积系统技术,改变了该领域被国外企业垄断的状况。

同年　上海中医药大学及附属曙光医院进驻张江高科技园区,推进了张江高科技园区生物医药产业产学研和临床研究。

同年　市政府批准漕河泾新兴技术开发区在闵行区浦江镇扩区建设高科技园区,定名为漕河泾开发区浦江高科技园。浦江高科技园由出口加工、高科技园区及综合配套区组成。2004年7月7日,经国务院批准,商务部、国土资源部、建设部联合发文,正式批准漕河泾新兴技术开发区在浦江镇扩地建设浦江高科技园,重点发展信息技术产业。同年12月31日,上海漕河泾开发区高科技园发展有限公司浦江分公司成立,名称核准为上海漕河泾开发区经济技术发展有限公司。

2003 年

1月9日　上海浦东发展银行上海地区总部迁至位于陆家嘴金融贸易区内的浦发大厦内。同日,浦发银行发行东方国际消费卡。

1月17日　上海亨斯迈聚氨酯有限公司(HPS)由美国亨斯迈集团和上海氯碱化工股份有限公司共同投资在上海化学工业区成立,投资总额达1.8亿美元。公司于2006年6月投产,主要生产和经营各种等级的聚合MDI、纯MDI及其衍生物、TDI/MDI混合物产品。

1月17日　上海联恒异氰酸酯有限公司正式签约上海化学工业区,占地面积为87 046平方米,主要产品是粗MDI(二苯基甲烷二异氰酸酯)。公司与上海化学工业区内上海巴斯夫聚氨酯有限公司和上海亨斯迈聚氨酯有限公司组成上海联合异氰酸酯项目,项目总投资10亿美元,为上海化学工业区最大的投资项目之一。

1月29日　由德国巴斯夫公司投资、当年全球规模最大的聚四氢呋喃项目在上海化学工业区El地块内开工建设,项目总投资3亿多美元,2005年建成投产。

1月　由台湾远东集团投资的亚东石化(上海)有限公司在星火开发区成立,注册资金1亿美元,总投资额达3.65亿美元。

2月5日　夏普家电研发中心在金桥出口加工区开业,这是日本夏普集团在中国设立的第一个研发中心。

2月19日　太古升达废料处理有限公司与上海化学工业区正式签约,启动总投资5亿元化工区焚化项目。是为上海市第一座能综合处理化工废料地专业焚化炉。

2月23日　上海航天技术研究院与莘庄工业区签约,将上海航天局、研发中心及所属相关研究机构迁至工业区。项目总投资1.5亿元。2004年6月16日,上海航天技术研究院第805研究所举行对接机构试验楼竣工典礼。

2月24日　瑞士劳力士集团在外高桥保税区注册成立贸易公司。

2月24日　上海西门子医疗器械有限公司新厂在金桥出口加工区落户,是为西门子在德国本土之外唯一的CT机生产和开发基地,面积逾8 000平方米,可年产500台CT机。

3月3日　由上海外高桥保税区港务公司、香港和记港口浦东有限公司、中远太平洋中国投资有限公司和上实基建控股有限公司共同投资组建,注册资本19亿元的上海浦东国际集装箱码头有限公司开业运营。公司经营外高桥港区一期码头,是为浦东第一个全集装箱码头。

3月10日　经国务院批准,设立上海青浦出口加工区、漕河泾出口加工区和闵行出口加工区,属于海关特殊监管区域。其中,青浦出口加工区位于青浦工业园区内,规划面积3平方公里,首期开发1.6平方公里;漕河泾出口加工区位于闵行区浦江镇的漕河泾新兴技术开发区浦江高科技园内,规划面积2.4平方公里,首期开发1.6平方公里;闵行出口加工区紧邻奉贤工业综合开发,规划面积3平方公里,首期开发2平方公里。11月23日,闵行出口加工区、漕河泾出口加工区和青浦出口加工区一期通过由海关总署、国家发展改革委、财政部、商务部、国家税务总局、工商总局、国家质量监督检验检疫总局(以下简称"质检总局")和外汇管理局等国家八部委组成的联合验收小组的验收,正式封关运行。

3月19日　世界500强企业美国艾默生公司扩建项目奠基典礼在金桥出口加工区举行。

3月26日　占地29万平方米的上海市银行卡产业园区在张江高科技园区开园,银行卡产业园区的核心机构——中国银联信息处理中心同时建设。

3月30日　上海市重大工程建设项目——生物芯片上海国家工程研究中心在张江高科技园区动工。项目总投资2.9亿元,占地4万平方米。

3月　上海化学工业区被中国—欧盟环境管理合作计划列为生态工业园区。

4月2日　质检总局正式发文,批准成立上海浦东出入境检验检疫局金桥出口加工区(南区)办事处。这是第一家经质检总局正式批准的出口加工区办事处。

4月11日　由德国拜耳(上海)涂料系统公司投资的涂料一期项目正式投产,项目总投资2 979万美元,年产11 500吨聚异氰酸酯,产值约4.4亿元,成为上海化学工业区内第一个投产的外商独资化工主体项目。

4月15日　中国船舶重工集团公司第701研究所与莘庄工业区签约,将研究所上海分部迁至工业区内,总投资为3 000万元。2004年5月16日,中国船舶重工集团公司七二六研究所新所区开工。

4月23日　由市北工业新区和上海电气企业发展有限公司共同组建的上海电气工业园区管理有限公司签约成立。

4月29日　商务部、海关总署同意在外高桥保税区率先进行企业进出口经营权试点。

4月　国家重点软件企业上海上大鼎正软件有限公司在市北工业新区成立,2005年通过美国SEI的CMM L3以及CMMI L3评估,2005年至2010年度连续获得"国家规划布局内重点软件企业"称号。

5月20日　上海青浦出口加工区开发有限公司成立。6月,青浦出口加工区实行扩区发展。在原3平方公里规划面积的基础上,向东南扩大至13平方公里的非海关特殊监管区。

5月23日　由日本酸素株式会社投资的上海大阳日酸气体有限公司落户莘庄工业区,项目投资总额2 800万美元,注册资本1 250万美元。

5月24日　中共上海市委决定建立中共上海临港综合经济开发区管理委员会党组。同月,经市政府正式批准,成立上海临港综合经济开发区管理委员会,为市政府派出机构。上海市副市长杨雄兼任上海临港综合经济开发区管理委员会主任,任命张惠民为上海临港综合经济开发区管理委员会常务副主任。6月,市政府成立上海临港综合经济开发区建设领导小组,上海市市长韩正担任组长,副市长周禹鹏、杨雄、唐登杰任副组长。10月23日,上海临港综合经济开发区开发公司更名为上海临港经济发展(集团)有限公司。

5月27日　复旦大学张江校区奠基,同时举行了复旦大学微电子研究院揭牌仪式、复旦大学与美国安捷伦科技有限公司签约仪式。

6月4日　中国移动通信公司上海分公司斥资7 497万元,在金桥出口加工区购入总面积2万多平方米的通用厂房,用于上海移动网络的局房建设。

6月14日　总投资800万美元的世界著名跨国公司——美国罗克韦尔自动化公司入驻金桥出口加工区(南区)。

6月15日　市政府正式批准,青浦区政府组建上海青浦工业园区管理委员会、上海青浦工业园区发展(集团)有限公司、上海青浦工业园区发展(集团)有限公司董事会和上海青浦工业园区发展(集团)有限公司监事会。

6月19日　项目总投资8.6亿元的上海曦龙生物医药工程有限公司的APA—BCCs细胞工程生产基地在张江高科技园区动工。

6月20日　注册资本6 500万元的上海航天电子有限公司在嘉定高科技园区揭牌。

6月27日　上海电机技术高等专科学校在闵行经济技术开发区校区揭牌。

6月28日　日资企业上海理光数码设备有限公司在金桥出口加工区建成投产。项目占地1.1万平方米,总投资2 000万美元。

7月2日 中国第一套完全自主研发的二维码技术"龙贝码"在张江高科技园区的国家信息安全成果产业化(东部)基地诞生,标志中国在二维条形码领域拥有核心技术和自主知识产权。

7月3日 由日本大金工业株式会社和大金(中国)投资有限公司共同投资设立的大金中央空调(上海)有限公司落户莘庄工业区,项目投资总额1275万美元。

7月29日 美国鹰革·沃特华公司(Eagle Ottawa)在莘庄工业区投资设立鹰革·沃特华皮革(上海)有限公司,投资总额1900万美元,注册资本780万美元。公司是鹰革·沃特华亚太区总部所在。

7月 克莱门特捷联制冷设备(上海)有限公司在星火开发区成立,是意大利最大的中央空调生产厂家克莱门特公司在中国的独资企业。

8月8日 落户金桥的由通用汽车金融服务公司和上海汽车集团财务公司合资组建的上汽通用汽车金融公司获中国银行业监督管理委员会(以下简称"银监会")批准开业。这是银监会批准开业的国内第一家汽车金融公司。

8月12日 在上海市统计局(以下简称"市统计局")和上海现代统计产业发展中心联合发布的2002年上海工业企业500强排行榜中,金桥出口加工区有38家企业榜上有名,其中上海通用汽车有限公司、德资企业上海西门子移动通信有限公司和中法合资上海贝尔阿尔卡特股份有限公司分别位列第五、第八和第十位。

8月16日 上海出入境检验检疫局对外高桥保税区空运货物开始实施24小时全天候检验检疫,保税区进出口通关再度提速。

8月 莘庄工业区获由市经委、上海市质量技术监督局、上海市环境保护局颁发的"上海市质量与环境双优工业园区"奖牌,成为上海第一个获得此项荣誉的市级工业园区。

9月17日 上海紫竹科学园区发展有限公司与闵行资产投资经营公司投资7000万元,共同成立上海紫竹创业投资有限公司。2009年11月,上海紫竹创业投资有限公司被认定为"上海市科技企业孵化器"。

9月19日 上海市张江高科技园区博士后科研站与中芯、宏力、威宇、奇码分站揭牌暨博士后招生签约仪式举行。这是国家人事部批准的上海市第一个设立在高科技园区内、服务于科技企业的博士后工作站。至2010年,张江高科技园区共有18个博士后科研工作站及分站。

9月24日 漕河泾新兴技术开发区被国家环境保护总局授予"ISO 14000国家示范区"。

9月28日 中共浦东新区区委、浦东新区政府印发《关于建立陆家嘴等四个功能区域党工委、管委会的通知》。10月,分别组建成立了以开发区为主体,包含有街道、镇在内的陆家嘴功能区域、外高桥功能区域、金桥功能区域和张江功能区域。统筹协调以四大开发园区为核心的陆家嘴、张江、金桥、外高桥四大功能区域经济与社会发展。

9月30日 上汽集团与德国大众合资的上海大众发动机公司在嘉定工业区北区举行奠基仪式,双方共投资3亿欧元,是国内第一家具有国际先进水平的汽车发动机厂。

10月6日 上海中医药大学在张江高科技园区蔡伦路1200号新校址开学,首批1562名新生入学。

10月8日 纳米技术及应用国家工程研究中心入驻紫竹科学园区。

10月15日 中国首次载人航空飞船发射成功。漕河泾新兴技术开发区内上海航天动力机械研究所等单位承担了"神舟五号"飞船推进系统、电源系统、测控信息系统等重要系统的研制工作。

10月23日 美国通用电气(GE)公司全球第三个研发中心在张江高科技园区开业。

10月27日　由上海广电投资管理有限公司与日本电气株式会社合资设立的上海广电 NEC 液晶显示器有限公司经商务部批准正式落户莘庄工业区,项目投资总额 1 146 亿日元,注册资本 500 亿日元。

11月3日　由张江集成电路产业区开发有限公司投资,以集成电路产业为核心的张江集电港一期工程全面竣工。

11月4日　投资 1.24 亿元的杜邦中国研发中心在张江高科技园区奠基,是美国杜邦公司在美国本土以外的第三大公司级综合性研发中心。

11月7日　德资企业上海西门子开关有限公司新厂房在闵行经济技术开发区奠基。

11月14日　投资 1.33 亿元的斯凯孚(上海)轴承有限公司在金桥出口加工区开业。

11月23日　上海闵行出口加工区、漕河泾出口加工区和青浦出口加工区一期通过由海关总署、国家发展改革委、财政部、商务部、国家税务总局、工商总局、质检总局和外汇管理局等国家八部委组成的联合验收小组的验收,正式封关运行。

11月25日　延伸至闵行经济技术开发区的莘闵轨道交通上海五号线试运营开通。

11月25日　中兴通讯张江研发中心在张江高科技园区建成启用。

11月　中电投电力工程有限公司成立,总部位于漕河泾新兴技术开发区科技绿洲。公司是中国电力投资集团公司的工程建设管理专业化公司和全资子公司。

12月2日　北京大学浦东微电子研究院、清华上海微电子中心、复旦大学国家微分析中心签约落户张江高科技园区。

12月8日　国务院正式批准,外高桥保税区与外高桥港区联动试点,在外高桥港区划出 1.03 平方公里土地进行封闭围网,作为外高桥保税区的物流园区。它是国内首个实施"区港联动"试点的保税物流园区。保税物流园区与港区之间开辟海运直通式,海关对进出园区的货物实行"一次申报、一次查验、一次放行"制度。2004 年 4 月 15 日,外高桥保税物流园区通过海关总署、财政部、国土资源部、商务部和国家税务总局等组成的联合验收小组验收。

12月17日　浦东第 10 000 家外商投资企业——德尔福(中国)会计研发中心落户外高桥保税区。2004 年 7 月 19 日奠基建设。

12月18日　经市环科认证机构审核,闵行经济技术开发区整体通过 ISO 14001 环境管理体系认证。

12月24日　上海市浦东新区发展计划局下发《关于张江高科技园区实施行政审批和政府服务"零收费"的意见》。从 2004 年 1 月 1 日起在张江高科技园区实行行政审批和政府服务"零收费"的试点,成为全国范围内第一个规范实行上述两个门类"零收费"政策的地区。

12月28日　市政府正式批准并下发《上海临港新城管理办法》,明确上海临港产业区纳入临港新城。

12月　世界 500 强企业美国多福集团全资子公司依玛士集团在工业综合开发区创办依玛士(上海)标码技术有限公司,项目投资总额 500 万美元,2004 年 9 月 16 日竣工投产。

同年　虹联公司与嘉定区政府开始探索合作在国际汽车城建立虹桥开发区汽车产业园区。2004 年 11 月 15 日,虹桥经济技术开发区发文《关于上海虹桥经济技术开发区在嘉定"扩区发展"的请示》,向上海市建设管理委员会正式提出"扩区发展"申请。2005 年 7 月,虹桥经济技术开发区扩区申请由市政府报送至国务院。2006 年 3 月 17 日和 4 月 11 日,建设部、国土资源部分别回函商务部,正式批准虹桥经济技术开发区扩区,在嘉定安亭上海国际汽车城建虹桥开发区汽车产业园区。

产业定位为汽车零部件制造、汽车清洁能源及清洁能源汽车的研发和制造,创建国家级汽车零部件出口基地,配套发展现代物流等汽车服务业。

同年　上海视金石影视有限公司成立。该公司是张江高科技园区动漫龙头企业之一,拥有国际顶级的 MOCAP 技术设备——VICON MX40。

同年　台湾鸿海集团的全资子公司——国基电子(上海)有限公司落户松江工业区,为高频宽带网络通信产品研发设计、生产的主要基地。

2004 年

1 月 29 日　世界 500 强企业日本东丽纤维研究所(中国)有限公司签约落户紫竹科学园区。

1 月　罗氏研发中心在张江高科技园区落户,是罗氏在瑞士、德国、美国、日本之外的第五大全球性研发中心。2010 年 1 月 13 日,罗氏制药亚太运营中心也在此落户。

1 月　日立海立汽车部件(上海)有限公司于青浦工业园区奠基,项目总投资 6 000 万美元。

2 月 13 日　海关总署审批同意在上海市闵行区设立全国第一个跨国公司地区总部保税物流中心——上海先锋(中国)保税物流中心,率先进行自用型保税物流中心(A 型)的试点工作。3 月,莘庄工业区成立上海闵行国际物流中心有限公司,筹建国际保税物流中心。2006 年 6 月 12 日,莘庄工业区物流保税中心通过上海海关验收,上海闵行国际物流公共型保税仓库获批准并挂牌开展报关业务。

2 月 23 日　上海思源电气股份有限公司电容器、电抗器项目在莘庄工业区开工。

3 月 16 日　日资企业上海大阳日酸气体有限公司在莘庄工业区开业,项目总投资额 2 800 万美元,注册资本 1 250 万美元。

4 月 8 日　美国英特尔研发项目正式落户外高桥保税区新发展 IT 产业园区。

4 月 13 日　由日本好侍食品与日本味之素、日本三菱商事共同出资建立的上海好侍食品有限公司在嘉定工业区开工,总投资 2 500 万美元,占地 3.1 万平方米。

4 月 27 日　中国第一颗具有自主知识产权的 GSM/GPRS(2G/2.5G)基带处理芯片/软件及系统解决方案在张江高科技园区问世。

4 月 28 日　中华商务联合印刷(香港)有限公司与青浦工业园区签订投资协议。2008 年 7 月 11 日,总投资 3 500 万美元的中华商务联合印刷有限公司上海基地举行开业典礼。

4 月　张江高科技园区移动通信应用领域的龙头设计企业——展讯通信成功研发出世界首颗基于 TD - SCDMA 核心芯片的第三代移动通信国际标准的 SoC 级 TD - SCDMA(LCR)和 GSM/GPRS 双模多频核心芯片,并掌握了 3G 手机核心技术。"中国芯"的诞生创造出中国手机芯片拥有自主知识产权和中国手机芯片中国制造的两个第一。

6 月 21 日　世界 500 强中德合资西德科东昌汽车座椅技术有限公司入驻宝山城市工业园区,总投资 1.5 亿元。

6 月　全球领先的塑料、橡胶和液态硅应用的高端注射成型机械的生产商——奥地利恩格尔机械(上海)有限公司入驻莘庄工业区,项目总投资 4 500 万美元,用地 0.35 公顷。

6 月　张江高科技园区企业——方泰电子的全球首颗集 MIDI、ADPCM、MP3 和环绕立体声多种功能于一体的芯片 ft1960F 流片成功。

7 月 4 日　注册资本 1 亿元、投资总额 1.5 亿元的上海华宝孔雀香精香料有限公司在嘉定工业区举行开业典礼。

7月5日　上海化学工业区与中国石化股份有限公司上海石油化工研究院举行签约仪式,以这一国家级研发机构为建设主体的基本有机原料技术开发工程化产业化基地正式落户上海化学工业区。

7月22日　北京华实海隆石油机械设备有限公司与新加坡 ACE 公司合作,在上海宝山工业园区建立一个石油行业重型设备核心机组的加工制造、相关产品的技术等设备制造产品的研发、生产基地。投资 3.5 亿元,占地 19 万平方米,产品远销海内外。

7月26—29日　中共中央总书记胡锦涛在上海视察期间,专程前往浦东外高桥造船有限公司、闵行开发区的阿尔斯通交通设备有限公司进行考察。

8月5日　日本电气股份有限公司(NEC)投资 30 亿日元在青浦工业区成立 NEC 光电(上海)有限公司。主要生产液晶模块用光源冷阴极荧光管(CCFL)。

8月16日　华东理工大学国家技术转移中心研发基地首期项目在上海化学工业区签约。

8月19日　享有"中国光学第一企业"美誉的凤凰光学股份有限公司在嘉定工业区北区开工,注册资本 1.25 亿元,占地面积 13.33 公顷,建筑面积 10 万平方米。

8月　日本高田株式会社独资企业——高田(上海)汽配制造有限公司在青浦工业园区竣工落成,注册资金 2 200 万美元,总投资 6 000 万美元。

9月9日　上海化学工业区与德国德固赛公司在德国杜塞尔多夫举行签约仪式,标志着精细化工集团投资建设的多用户大型生产基地正式落户上海化学工业区。

9月14日　美特尔项目正式签约落户青浦出口加工区。美特尔集团是新加坡上市公司,2003年名列新加坡 50 家杰出企业第三位。

9月21日　为科学了解各行业用地规模,引导工业区合理利用土地资源,进一步提高土地的利用效率,市经委、市规划局、市统计局等相关部门印发《上海产业用地指南(2004 版)》。《指南》从土地利用、土地产出、土地效益三方面,设置了建筑容积率、建筑密度、投资强度、土地产出率和行政办公及生活服务设施用地所占比例等五项指标,同时为全市工业区招商引资和项目用地审核提供了用地量化依据。

9月24日　为规范出口加工区的管理,促进上海市加工贸易和对外出口的发展,市政府出台《上海市出口加工区管理办法》。

9月27日　位于陆家嘴金融贸易区的美国花旗集团大厦竣工启用。大厦高 180 米、42 层,占地面积 1.2 万平方米,建筑总面积 12 万平方米。

9月　世界 500 强企业瑞典奥托立夫公司在工业综合开发区投资创办奥托立夫(上海)气体发生器有限公司和奥托立夫(中国)电子有限公司,投资总额共 2 000 万美元。

10月15日　法国圣戈班韩格拉斯世固锐特玻璃(上海)公司在闵行经济技术开发区开业。

11月4日　中美合资上海西恩迪蓄电池有限公司落户星火开发区,投资 1.96 亿元。公司主要生产 LIBERTY(原 DYNASTY)MPS 和 UPS 两大系列产品,是美国西恩迪技术有限公司(C&D)该两大系列产品的全球唯一生产基地。

11月9日　由上海广电电子股份公司和日本住友微电子合资成立的上海广电住金微电子有限公司在青浦工业园区开业。首期投资 2 700 万美元,建立具有较高水准的 PDP 与 TFT－LCD 驱动 PCB 模块的开发、设计和生产的生产线。

11月17日　上海临港经济发展(集团)有限公司和芬兰卡尔玛公司正式签约的第一个外资项

目落户临港。

11 月 18 日　位于张江高科技园区的世界 500 强企业美国霍尼韦尔亚太地区指标及研发中心建成启用。

11 月　莘庄工业区上海欣科医药有限公司被市外资委和市外经贸委评定为"上海市外商投资先进技术企业"。

11 月　台湾神达集团在大陆的研发总部——环达电脑(上海)有限公司在市北工业新区成立,是 INTEL、微软、戴尔等著名企业的合作伙伴。

12 月 8 日　美国合晶科技正式签约落户青浦出口加工区。项目总投资 5 000 万美元,一期批租土地 4.67 万平方米。主要生产 4 英寸~8 英寸晶圆片(单晶硅片)。

12 月 21 日　虹联公司举行创建 ISO 14001 环境管理体系颁证授牌仪式。

12 月 26 日　上海航天局在莘庄工业区新区电子区的科研楼开工。

12 月 29 日　注册资本 3 亿元的国核工程有限公司在漕河泾新兴技术开发区成立,经营范围为核电工程。

12 月 31 日　闵行经济技术开发区 50 家企业完成天然气转换。

12 月　总部设在张江高科技园区的鼎芯半导体(上海)有限公司成功开发出拥有完全自主知识产权的"中国射频第一芯",用于 PHS/PAS(小灵通)手机终端的射频集成电路收发器(RFIC transceiver)和功率放大器 PA 芯片组。该公司是中国首批射频集成电路设计创新企业之一,承担了多项国家级高科技研发项目,包括国家"863"计划项目和科技部创新项目等。该公司成功研发世界上第一颗 CMOS TD - SCDMA 射频收发芯片,成为国际固态电子学大会(ISSCC)54 年历史上第一次发布的中国芯。

同年　上海市文化科技创意产业基地和文化部文化产业示范基地先后在张江高科技园区挂牌。

同年　法国佛吉亚集团将上海代表处迁入漕河泾新兴技术开发区。2005 年,佛吉亚在漕河泾新兴技术开发区设立中国区管理总部和研发中心。

同年　中国最大的氯碱化工企业——上海氯碱化工有限公司投资的上海天坛助剂有限公司入驻星火开发区。

同年　美国天合集团在漕河泾新兴技术开发区设立亚太技术中心。2005 年,该集团亚太区及中国区行政中心迁入从漕河泾新兴技术开发区。该集团是汽车安全系统的全球十大供应商之一。

同年　日本王子制纸、日本电气股份有限公司(NEC)、日本三菱重工等六家世界 500 强企业在青浦工业区投资落户。

2005 年

1 月 7 日　芬兰卡尔玛集团在沪独资企业卡哥特科工业(中国)有限公司在临港产业区设厂。2006 年,公司投产。

1 月　美国卡特彼勒物流(上海)有限公司在临港产业区成立。

1 月　上海化学工业区荣获"中国石油和化工园区特殊贡献奖"。

1 月　上海市信息化委员会授予漕河泾科技创业中心"上海市软件人才培训漕河泾开发区软件园基地"。

1月　世界500强企业德国采埃孚集团在工业综合开发区投资创办上海采埃孚伦福德底盘技术有限公司，投资总额2 000万美元。

2月28日　由全球最大的活性乳酸菌饮品制造商——日本养乐多株式会社（Yakult）在中国市场上的第一家全额投资子公司上海益力多乳品有限公司，在嘉定工业区南区开工。投资总额为7 950万美元，产品"养乐多"供应上海及周边城市。

2月　上海市生物医药外包服务基地和上海浦东生物医药研发外包服务中心在张江高科技园区挂牌成立。2008年7月，张江生物医药服务外包专业园区正式揭牌成立，标志着张江高科技园区在国内率先成为达到美国GLP标准的外包服务机构。2009年6月，张江高科技园区生物医药研发外包（CRO）企业便捷通关试点正式启动。

3月11日　上海汉虹精密机械有限公司在宝山城市工业园成立。

3月18日　全球最大的空调和冷冻设备供应商——美国开利公司在金桥出口加工区建立全球研发中心。

3月28日上午　亚洲最大油脂加工、油脂化工生产基地——嘉里粮油项目在外高桥保税区正式开工。

4月12日　世界500强企业日本神户制钢公司投资1 250万美元、占地2.6万平方米的神钢压缩机（上海）有限公司在嘉定工业区竣工开业。

4月18日　上海半导体装备产业基地、上海半导体装备产业发展中心在金桥出口加工区南区揭牌。

4月23日　上海中医药大学附属曙光医院在张江高科技园区建成开业。医院占地10.66公顷，床位720张，总投资6亿元。

4月28日　日本王子制袋株式会社在青浦工业园区成立王子包装（上海）有限公司。

5月14日　德国科德宝集团与青浦工业园区签约，投资特种润滑剂的研发生产基地，总投资2 500万美元。

5月26日　为解决园区落户企业外来务工人员居住问题，莘庄工业区启动鑫泽阳光公寓项目。

5月28日　占地24.6万平方米、年产16万辆整车的通用金桥南厂（王港）投产，生产别克凯越，凯迪拉克等车型也在此共线生产。

5月　德国海德堡印刷设备（上海）有限公司落户青浦工业园区。首期投资1 200万欧元，注册资金800万欧元。

6月3日　经国务院正式批准，设立上海嘉定出口加工区，园区总面积5.96平方公里。2008年4月1日，正式封关运营。

6月22日　国务院正式批准设立洋山保税港区。这是全国第一个"区港一体"（港口、保税区、出口加工区和保税物流园区功能合一）的保税港区，首期规划面积8.14平方公里。11月1日，中共上海市委、市政府批复同意建立上海洋山保税港区管理委员会。

6月　格科微电子（上海）有限公司在中芯国际成功量产国内首颗采用0.18微米工艺的30万像素CMOS图像传感器，应用于手机、PDA、电脑摄像头、玩具等消费类电子领域。

7月9日　上海船用曲轴有限公司开工，公司总投资6.9亿元，建筑面积26 163平方米。这是国内第一家生产大型船用曲轴的企业，填补了国内的空白。

7月9日　上海电气临港重型装备制造基础一期工程开工典礼举行。项目一期包括电气集团的重型装备制造基地和大型船用曲轴项目，投资32亿元。

7月28日　中国船舶工业集团公司临港船用柴油机生产基地在临港重装备产业区开工建设。这是全国规模最大、配套最完善的船用柴油机基地。

9月15日　埃科姆企业管理咨询(上海)有限公司开业庆典在上海化学工业区举行,标志着香港国际化学品制造商协会正式在化工区内设立分支机构。

9月29日　地处张江高科技产业东区,占地面积110公顷,计划总投资12亿元的上海张江现代医疗器械园开园,主要发展现代医疗器械和光电子产业。

9月29日　为加快构建资源节约型、环境友好型工业区建设,市经委、市发展改革委、上海市环境保护局共同印发《上海工业区循环经济建设指南》。这部《指南》也是全国首个为工业区推进循环经济建设的地方指导性标准。

9月　世界500强企业德国拜耳(中国)有限公司落户莘庄工业区。

10月12日　上海市文化科技创意产业基地和上海戏剧学院创意学院在张江高科技园区揭牌成立。

10月18日　法国阿尔斯通机电(上海)有限公司在莘庄工业区开业。

10月18日　浦东新区第一个镇级开业园区——金桥现代服务业开业园区建成启用。这是新区探索主管局推动、街镇呼应、社会化管理的多元化建设开业园区新模式建成的第一家开业园区。

10月　法国斯伦贝榭集团(Schlumberger)与青浦出口加工区签订投资协议,注册资本500万美元,总投资1000万美元,专业从事油田勘探设备的制造与生产。

10月　上海化学工业区被国家发展改革委、环境保护部等六部委列为国家第一批循环经济试点单位。

11月16日　国务院正式批复上海市政府,同意上海港口岸洋山深水港区对外(外国船舶)开放。11月25日,洋山深水港区建设工程一期码头正式开始接受欧洲航线出口集装箱进场业务。

11月16日　位于陆家嘴金融贸易区、拥有世界最高观光楼层(地上472米)的中国内地第一高楼——上海环球金融中心全面开工。2008年8月30日,对外开放并接待观光游客。

11月29日　洋山保税港区(陆域)由海关监管的首期5.06平方公里围网工程,通过了国务院十部委的正式验收,封关运营。12月10日,经国务院批准,洋山保税港区在洋山深水港开港的同时正式启用,是实行海关封闭监管的特殊功能区域,是全国第一个保税港区,也是实行港口和保税区、出口加工区、保税物流园区功能合一运作模式的创新区。

11月　上海化学工业区被评为"上海市先进制造业十大品牌"。

12月8日　由浦东新区政府、张江(集团)公司、上海电影艺术学院共同投资1400万元组建的国内首家动漫研发公共服务平台——上海动漫研发公共服务平台(ASP)在张江高科技园区开业。2007年12月,ASP获得德国MENTAL IMAGES公司颁发的MENTAIL RAY中国技术支持中心的授权证书,标志着ASP正式成为MENTAL IMAGES公司在中国最核心的伙伴。

12月19日　招商银行上海大厦奠基仪式在陆家嘴金融贸易区举行。大厦高208米,总建筑面积约9.8万平方米。2013年竣工。

12月23日　总投资6.12亿元、长9.8公里的张江有轨电车(一期)工程在张江高科技园区动工。2009年,建成通车。

同年　ABB高压电机有限公司成立,是全球500强企业瑞士艾波比集团公司(ABB)在华独资企业,ABB在中国生产高压电机、风力发电机和大型同步电机的主要基地。公司两个工厂分别位于上海闵行经济开发区闵行园区和临港园区。

同年　安集微电子(上海)有限公司落户张江高科技园区,是当年国内规模最大的专业从事高功能集成电路材料公司之一。

同年　漕河泾新兴技术开发区与上海大学、澳大利亚皇家理工大学等合作成立上海市创新创业培训中心,这是全国第一家专业从事创新创业人才培训的机构。

同年　金桥出口加工区被列为上海市循环经济试点园区。

同年　日本明治株式会社投资建设的明治制果食品工业(上海)有限公司落户松江工业区,是为日本明治在中国投资的最大的食品生产基地。

同年　市经委、市发展改革委、市外资委、上海市房屋土地资源管理局、市规划局按照开发区的建筑容积率、投资强度和土地产出水平等指标,对全市国家级、市级开发区集约用地水平进行评估,闵行经济技术开发区集约用地综合水平排名第二。

同年　张江高科技园区引进全球最大的网络游戏研发企业——美国艺电公司(EA)。

同年　中船江南长兴造船基地启动建设,是为国内规模最大、设施最先进、生产品种最广泛的现代化造船基地。

同年　漕河泾创业投资公司投资的分众传媒在美国纳斯达克市场挂牌交易,成为上海第一家在纳斯达克上市的孵化企业。

2006 年

1月16日　美国500强企业希悦尔集团公司与青浦工业园区签约建立制造基地,总投资约1亿美元。

2月　经国务院批准,商务部、国土资源部和建设部联合发文,正式批准国家级闵行经济技术开发区扩区临港新城,扩区面积13.3平方公里。

3月1日　洋山深水港区临时客运中心(小洋山车客渡码头)开始运营。

3月14日　经国务院正式批准,上海高新技术产业开发区更名为上海张江高新技术产业开发区,规划面积由原来的22.1平方公里扩大为42.1平方公里。其中,张江核心园规划面积25平方公里。

3月16日　由美国伯乐集团(PARLEX)投资的伯乐电路项目与青浦工业园区正式签约,总投资1000万元。

3月28日　德国独资上海倍加福自动化有限公司在市北工业园区正式开业。

3月底　中德合资上海西门子低压断路器有限公司于青浦工业区奠基。公司总投资2.4亿元,专业生产制造低压断路器。

4月　跨国材料巨头法国圣戈班集团出资2亿元,在闵行经济技术开发区投资兴建在华首家研发中心,该中心是该集团全球前五大研发中心之一。

5月8日　上海洋山保税港区管理委员会更名为洋山保税港区管理委员会。

5月16日　中远集运武汉——洋山直达快航在武汉阳逻港集装箱码头举行首航仪式,成为长江中上游第一条真正意义上的江海直达航线。

5月31日　上海电气临港重装备基地的上海第一机床核电堆内构件及驱动机构项目开工,总投资3.65亿元,建筑面积42 204平方米。上海第一机床厂是国内堆内构件和控制棒驱动机构的唯一生产厂。

5月　全球500强企业美国泰科国际集团旗下的泰科亚洲投资有限公司首次在中国投资设立的医疗器械生产制造基地,落户漕河泾开发区浦江高科技园。

5月　总投资6 000万元的台资企业乔山健身器材(上海)有限公司在嘉定工业区出口加工区开工建设,成为第一家入驻嘉定出口加工区的企业。

6月6日　位于金桥出口加工区的日本欧姆龙(上海)有限公司竣工,这是欧姆龙集团的工业自动化领域全球核心基地,占地面积5.3万平方米。

6月12日　中共中央总书记胡锦涛在中共上海市委、市政府领导陪同下视察洋山深水港和东海大桥。

6月19日　中共上海市委书记习近平和市委副书记、市长韩正,市委常委徐麟,常务副市长冯国勤等到闵行开发区法国阿尔斯通交通设备有限公司视察调研。

6月21日　台湾华硕电脑在全球最大的生产基地在康桥工业区竣工投产。公司主要研发与制造笔记本电脑、手机等电子信息产品,是全球五大笔记本电脑生产企业之一。

6月29日　上海瓦锡兰齐耀柴油机有限公司在临港举行开业典礼。注册资金1 175万欧元,是中国船舶重工集团公司第七一一研究所与芬兰瓦锡兰(WÄRTSILÄ)技术有限公司合资企业。

7月18日　由俄罗斯百强企业之一——古比雪夫氮封闭式股份有限公司投资设立的古比雪夫氮(上海)工程塑料有限公司在青浦工业园区开工。公司注册资金900万美元,是当时第一家在上海地区进行投资的俄罗斯企业。

7月25日　美国综合纤维和聚合物生产商英威达特种纤维(上海)有限公司与青浦工业园区签约,投资6 200万美元兴建一座大型生产基地,主要生产尼龙66纱线,为汽车安全气囊厂提供原材料。

7月　虹联公司物业分公司经理唐建平获得美国环保局eeBuildings项目"2005年杰出成就奖"。

7月　美国强生(中国)有限公司在闵行经济技术开发区成立的消费品研发创新中心举行奠基仪式,这是强生首次在亚太地区设立大规模的研发中心,从事各类消费者护理产品的研发工作。同年,建成了强生视光学研发中心。

8月5日　上海天马微电子有限公司TFT-LCD工厂奠基仪式在张江高科技园区东区举行,建设国内第一条4.5代TFT-LCD生产线。2008年3月31日,国内首条具有完全自主知识产权的4.5代生产线建成投产,标志着公司自主掌握了TFT-LCD设计与制造等关键技术。2009年,公司手机屏市场占有率位列全球第七。

8月18日　上海石油交易所在陆家嘴金融贸易区成立。2010年12月17日,推出液化天然气(LNG)和液化石油气(LPG)现货竞买交易,成为中国第一家天然气市场化的电子交易平台。

9月1—7日　浦东新区政府主办首届陆家嘴金融文化周,以"和谐、创新、生活"为主题,体现金融创造和谐、金融推动创新、金融融入生活的理念,是陆家嘴金融文化建设的一项重大活动。

9月5日　世界排名前100强的日本龙尼吉可株式会社入驻虹桥开发区新虹桥中心大厦。

9月8日　中国金融期货交易所在陆家嘴金融贸易区挂牌成立,成为中国内地首家金融衍生品交易所。2010年4月19日,中国金融期货交易所股指期货启动仪式在东郊宾馆举行。

9月30日　名列世界500强的美国富兰克林电气有限公司入驻虹桥经济技术开发区新虹桥中心大厦。

9月30日　上海世纪出版股份有限公司青浦流转中心在青浦工业园区举行开工奠基仪式。项目总投资3亿元,建筑面积8.1万平方米。12月28日,正式落成。

10月16日　巴斯夫电子化学品在青浦工业区的新工厂投产。新工厂投资400万欧元(约4 000万元人民币),生产集成电路及平面显示器产业专用的高纯度化学品。

10月23日　市政府第123次常务会议通过《洋山保税港区管理办法》,翌日下发。

10月26日　经市政府批准,外高桥保税区内的日本松下、美国惠普、日本日立、日本索尼、日本伊藤忠、瑞士ABB、日本东芝等12家知名跨国公司被认定为首批营运中心企业。

11月6日　尚德太阳能电力有限公司上海太阳电池制造基地在漕河泾浦江高科技园奠基。

11月16日　上海海关支持浦东综合配套改革试点九项措施发布会举行。会上,上海海关与张江签订《建立新型合作伙伴关系合作意向书》。上海海关得到海关总署批准,可以在金桥出口加工区拓展保税物流业务试点。

11月29日　美国强生视光学苑在闵行经济技术开发区正式开业。

11月　漕河泾新兴技术开发区被商务部批准为首批中国服务外包基地上海示范区。

11月　瑞士诺华(中国)生物医药研发中心在张江高科技园区成立,为诺华公司在中国建立的第一家新药研发机构,重点研究开发治疗癌症的药物。

12月1日　虹联公司物业分公司管理的东方国际大厦被评为"上海办公楼物业管理示范基地"。

12月8日　世界500强法国斯伦贝谢公司投资的斯伦贝谢油田设备(上海)有限公司在青浦出口加工区开业。2009年12月23日,公司增资1.2亿美元。

12月10日　市政府在洋山深水港举行上海港集装箱吞吐量突破2 000万标准箱暨洋山深水港区二期工程竣工启用庆典活动。随着港区一、二期码头的合并运作,洋山深水港区码头岸线由1 600米延伸至3 000米,堆场面积从87万平方米拓展至140万平方米,集装箱年吞吐能力达550万标准箱。

12月20日　中欧能源新技术(上海)发展合作中心有限公司(SEETC)签约漕河泾开发区浦江高科技园。SEETC作为中德两国政府共同支持的、在中国的首个大型综合性的节能技术研发试验基地,是最新的能源技术系统及能源设施的试验实体。

12月28日　作为上海文化产业重点工程的文新青浦现代印刷中心在青浦工业园区落成。该中心由文汇新民联合报业集团和上海印刷集团共同兴建,投资总额为3亿元。整个中心占地面积超过12万平方米,建筑面积9.5万平方米。其中,印刷厂房面积达5.4万平方米,用于上海印刷集团与国际战略投资者合作组建印刷精品基地。

同年　法国法雷奥集团(Vaieo Group)系统中国技术中心入驻漕河泾新兴技术开发区创新大楼。

同年　首轮投资870万美元的汽车电子产品设计制造商——台湾光宝汽车电子有限公司入驻漕河泾新兴技术开发区,成立带研发功能的地区总部。

同年　以漕河泾新兴技术开发区的615研究所作为主要参研单位之一完成的"歼10飞机工程"项目,获"2006年度科技进步特等奖"。该工程是继中国载人航天工程之后,第二个获得国家科技进步奖特等奖的重大科研项目。

同年　松江出口加工区被国务院批准为全国七个保税物流试点出口加工区之一。

是年起　上海电气大力推进核电一期工程建设,在临港建设集约化核电设备制造基地,形成了国内最为完整的压水堆核电站主设备制造能力。

2007 年

1月19日　国家环保总局正式批准莘庄工业区创建国家生态工业示范园区。这是全国、上海市级工业区首家创建单位。2010年8月26日,莘庄工业区完成国家生态工业示范园区验收,通过环境保护部、科技部、商务部联合批准命名。

1月20日　市北工业园区投资经营有限公司与中铁集团合作成立上海中铁市北发展公司,联手推进园区5号地铁的开发建设。

3月26日　市政府第137次常务会议通过《上海市人民政府关于修改〈上海市促进张江高科技园区发展的若干规定〉的决定》,决定成立张江高科技园区管委会,扩大园区自身的审批、认定权利。

4月1日　金桥出口加工区获商务部部分专项审批权限下放,成为上海市第一个获商务部部分专项审批权限下放的开发区。

4月11日　漕河泾新兴技术开发区与松江区再度合作的占地55.8公顷松江高科技园开工。2009年12月19日,漕河泾新兴技术开发区与松江区合作打造占地约128.13公顷的漕河泾松江生产性服务业功能区揭牌。同年4月28日,漕河泾新兴技术开发区与松江区联合建立的上海松江国际光仪电产业园区开园。2010年9月27日,漕河泾新兴技术开发区与松江区人民政府签署《关于进一步推动"区区合作、品牌联动"示范基地工作备忘录》,推动漕河泾新兴技术开发区松江高科技园区"三区联动"示范基地建设。

4月18日　中国国际贸易促进委员会和浦东新区政府联合在外高桥保税区推出首个合资项目——中国国际商品中心。商品中心建筑面积约12万平方米,是中国当年唯一的集保税展示、交易和贸易服务于一体的国家级贸易平台。

4月29日　中共上海市委宣传部与浦东新区政府签署《关于共同推进外高桥保税区文化服务贸易平台建设备忘录》。平台建成后,将服务于上海市文化建设,服务于各省市文化机构、企业。

5月29日　集产品展示和客户培训功能为一体的德国西门子输配电上海中心在闵行开发正式启用,中心累计投资达10亿元,成为西门子全球最新、最大型的综合客户中心。

5月　日本日立电梯(上海)有限公司在青浦工业园区举行开工奠基仪式。公司注册资金4 000万美元,达产能力为年产1万台,年产值约20亿元。

5月　世界500强日本住友化学集团的投资企业——日本住友化学分析技术(上海)有限公司在市北工业园区注册。

6月20日　海关总署授权委托上海海关,对洋山保税港区(陆域)二期0.94平方公里区域隔离围网及监管设施进行封关验收。至此,洋山保税港区(陆域)6平方公里全部纳入海关监管。

6月20日　武汉九江港与上海洋山港成功实现无缝对接,从而使九江港成为直航洋山港的出口欧美出海港。

7月10日　中日合资中船三井柴油机临港产业区制造基地正式启动。2008年7月24日,成功交付的8K98MC柴油机为中国首台、世界最大缸径的柴油机,填补了国内空白,使中国可以制造MAN全系列低速柴油机。同年,中船三井公司产量突破100万马力,公司具备了生产世界最大缸径柴油机的能力。2009年3月16日提交的6S90MC-C也为国内首制机,填补了国内空白。

7月19日　日本物流企业在上海最大的物流基地——上海近铁物流公司新仓库在外高桥保税区投入运营。

7月　英国葛兰素史克宣布在张江高科技园区设立中国研发中心,主要从事研究用于治疗神经系统退行性病变的药物。

9月4日　闵行经济技术开发区企业上海苏尔寿机械制造有限公司总经理蔡仁虎与德国上海西门子开关有限公司总经理麦世凡荣获2007年度上海市"白玉兰纪念奖"。

9月6日　中共上海市委书记习近平在市领导冯国勤、丁薛祥等领导的陪同下,视察漕河泾开发区,参观了"今日漕河泾"展示厅,以及中国航空无线电电子研究所的国家重点实验室。

9月13日　上汽集团总公司旗下的上海幸福摩托车配件经销公司正式签约落户临港,成为首家专业操作上海汽车自主品牌"荣威"发动机零部件配送的企业。

9月17日　中共上海市委书记习近平前往上海化学工业区调研。

9月17日　中共上海市委组织部、上海市委党校在洋山保税港区举行研究型教学基地签约揭牌仪式,洋山保税港区的研究型教学基地是全市首批16个教学基地之一。

9月19日　贝克真空科技(上海)有限公司在青浦工业区开业,是德国贝克兄弟控股公司在德国以外的第一家生产型企业。

9月20日　嘉定工业区和中国广告协会共同成立中广(国际)广告文化创意产业园,园区面积0.48公顷,注册资金6 000万元。

9月22日　中国自主研发的首列A型地铁列车在闵行经济技术开发区法资公司上海阿尔斯通交通设备有限公司下线。

9月28日　法国圣戈班研发中心(上海)有限公司新研发大楼在闵行经济技术开发区举行揭幕仪式。

9月　美国药典(USP)中华区总部落户张江高科技园区,这是美国药典在全球的第四个地区总部。

9月　盛美半导体设备(上海)有限公司落户张江高科技园区。这是国内唯一一家专注于集成电路制造产业中湿相设备的研发和生产公司,致力于电镀铜设备、抛铜设备、单晶圆清洗设备的研发及生产。

10月1日　中共中央总书记胡锦涛在中共上海市委书记习近平陪同下,前往漕河泾开发区中国航空无线电电子研究所,亲切看望慰问节日期间加班的科研工作人员。

10月18日　美国科勒公司(Kohler)的区域总部型企业——科勒(中国)投资有限公司入驻市北工业园区。

10月28日　美国通用汽车公司与浦东新区政府签署协议,投资2.5亿美元在金桥建造通用汽车中国园区,把通用亚太总部、中国总部以及其他本地运营机构的办公地点整合在一起。2009年12月19日,通用汽车国际运营总部和通用汽车中国总部正式运营。

10月　上海化学工业园区通过园区ISO 14001体系认证。

11月17日　上海电气集团投资的特高压输变电设备制造基地在临港产业区开工建设,占地19万平方米,总投资7亿元。该项目集成国内外先进的设计制造技术,配置国内领先的工艺装备、研发,制造特高压、超高压交流/直流输配电设备。

11月21日　瑞士艾波比集团公司(ABB)在康桥工业区设立ABB区域总部、全球机器人事业部及机器人生产线。2008年起,连续跻身"中国工业电气100强企业"之列。

11月26日　"嫦娥一号"首张月图正式公布。坐落在漕河泾新兴技术开发区的上海空间推进研究所为"嫦娥一号"提供的490牛顿变轨发动机,为此次探月工程的圆满成功作出重大贡献。

11月　上海振中机械制造有限公司在临港产业区成立。投资企业浙江振中工程机械有限公司是全国唯一一家生产振动锤打桩机出口日本等发达国家的企业。

12月2日　上海达安医学检测中心在张江生物医药基地开业。检测项目有1 000余项,包括药物临床试验、临床检验和病理研究等。

12月13日　国家发展改革委、国家环保总局、科技部、财政部、商务部联合发文,正式批准上海莘庄工业区园区为第二批国家循环经济试点单位。

12月18日　全国第一个金融审判庭——上海金融仲裁院落户浦东陆家嘴金融贸易区。

12月18日　上海电气集团风电设备临港制造基地一期暨上海电气风电临港试验风场于临港产业区开工建设,同时举行2兆瓦风力发电机组下线仪式。

12月23日　总投资6.12亿元、长9.8公里的张江有轨电车(一期)工程在张江高科技园区动工。2009年建成通车。

12月27日　闵联公司土地集约利用课题荣获"第十四届国家级企业管理现代化创新成果一等奖"。

12月27日　由上海市科学技术协会、上海科技成果转化促进会和上海市漕河泾新兴技术开发区总公司合作共建的知识产权(上海)集散中心成立。同年,开发区建立起集展示、交流、推介、评估、招标、融资、代理、培训、交易等"九位一体"的成果转化专业服务平台——知识产品(上海)集散中心。

12月31日　洋山保税港区2007年全年完成600.8万集装箱吞吐量。年吞吐量首次突破600万标准箱。

同年　中国广告产业总部基地落户嘉定工业区,30多家著名广告企业注册落户。

同年　美国福尼克斯成像技术(上海)有限公司在张江高科技园区投产。

同年　共有44家中外知名企业入驻洋山保税港区,开通35条欧洲和南美航线,与世界前20位的航运企业有业务往来。

同年　嘉定高科技园区被认定为上海张江高科技园区嘉定分区。

同年　芬兰科尼起重机集团投资的科尼港机临港生产基地成立。

同年　全球第二大有机硅产品生产商——美国迈图高新材料集团的大中华区总部及研发中心落户张江高科技园区。

同年　上海核工程研究设计院投资兴建核电研发设计中心项目。2008年3月,国核电站运行服务技术有限公司和国核自仪系统工程有限公司成立暨揭牌仪式在漕河泾新兴技术开发区举行。

同年　上海外高桥造船海洋工程有限公司在临港重装备产业区成立。2008年4月28日,正式开工建设。2010年4月28日,投入试生产。

同年　张江高科技园区企业中微半导体设备(上海)有限公司成功研制出国内第一台12英寸65纳米化学沉积薄膜(CVD)设备和等离子体刻蚀设备,并投入中芯国际(上海)12英寸生产线安装调试。

2008 年

1月3日　洋山港的盛东公司以每小时123.16个自然箱的桥吊单机作业效率刷新世界纪录。2009年4月3日,该公司以每小时128.24个自然箱的桥吊单机作业效率,再次刷新世界纪录。

1月28日　外高桥集团公司与启东市政府签订战略合作协议,共同投资组建外高桥集团(启东)产业园。这是浦东新区首个跨江开发长三角联动合作项目。

1月　康桥生产性服务业集聚区被市经委挂牌认定为全市八家生产性服务业集聚区之一。

2月27日　日本三菱电机上海机电电梯有限公司(MESE)在莘庄工业区开业。

3月11日　"东方德州"号轮命名仪式在洋山深水港举行。该轮是东方海外集装箱班轮。

3月18日　总占地面积约1万平方米的宝马上海培训中心在嘉定工业区奠基。这是德国宝马在中国大陆建立的第二个培训中心。2009年5月11日,宝马上海培训中心举行开业典礼。

3月　上海太阳能电池研究与发展中心在张江高科技园区成立。

4月8日　美国杜邦高性能涂料(上海)有限公司产能达年产2万吨涂料的生产厂在嘉定工业区投产。

4月14日　市政府第六次常务会议提出建立市长兴岛开发建设管理机构。4月30日,中共上海市委、市政府批复市编委,同意建立上海市长兴岛开发建设管理委员会及其办公室(以下简称"长兴岛开发办")。5月29日,市长兴岛管委会及市长兴岛开发办、长兴岛开发公司揭牌成立。

4月　YBC(中国青年创业国际计划)紫竹办公室成立。2009年10月,"YBC-上海紫竹创业专项基金"总规模达1700万元,成立闵行区科技创业企业联合会进行管理。2010年,YBC紫竹创业者俱乐部正式成立。

5月6日　全国首个"公铁联运"平台——北上海物流商务园区建设全面启动。市北工业园区开始打造上海"公铁联运"物流基地。

5月7日　IBM全球服务执行中心上海新办公楼在外高桥保税区开幕。

5月8日　洋山保税港区首家外商投资企业——美国施洁医疗技术(上海)有限公司正式开业。该公司是提供灭菌处理方法的全球知名供应商。

5月9—10日　首届陆家嘴论坛举办。该论坛经国务院批准,由市政府、中国人民银行、中国银行业监督管理委员会、中国证券监督管理委员会、中国保险监督管理委员会主办。

5月　百度在线网络技术(北京)有限公司上海软件技术分公司入驻嘉定工业区。

5月　上海化学工业园区被命名为首个"上海市节水型工业园区"。

6月3日　闵行经济技术开发区作为第一批环境信息公开单位,首次向社会发布《国家级上海闵行经济技术开发区2008环境公报》。

6月5日　莘庄工业区与颛桥镇签订《联动发展协议书》,共同引进德国西马克梅尔工程中国项目,总投资5千万美元。

6月17日　洋山港自2005年11月30日试靠第一艘集装箱船"彩虹石"轮,在两年半时间里,累计引航船舶突破1万艘次。

6月25日　"张江高科技园区企业易贷通"合作平台开通。张江集团公司、交通银行上海分行、上海市住房置业担保有限公司在张江高科技园区举行签约仪式,共建上海"张江高科技园区企业易贷通"合作平台,以帮助园区内广大科技型小企业解决融资难题。

6月　由新加坡SCT联合集团投资设立的国内首个环境健康工程研发基地——上海SCT环境健康工程研发基地在青浦工业园区揭牌落成,基地投资8500万元。

7月11日　德国保时捷中国总部大楼正式签约入驻陆家嘴软件园。9月24日,开业运营。

7月11日　德国曼胡默尔滤清器(上海)有限公司落户嘉定工业区。曼牌滤清器是全球著名的滤清器品牌之一。

7月16日　全国首个国家级数字出版基地在张江高科技园区揭牌。

7月27日　上海电气临港重装备基地生产的首个核电站主设备——秦山核电站二期扩建工程3号机组60万千瓦蒸汽发生器正式下线。

8月29日　上海复华高新技术园区科技创新基地在嘉定工业区开工。园区是经科技部批准的国家级高新技术园区,是国务院批准的上海张江高新技术产业开发区"一区八园"的组成部分。

9月3日　美国亨斯迈亚太区技术研发中心在闵行经济技术开发区正式落成,中心作为美国亨斯迈集团全球第三个研发中心,为亚太地区客户提供创新技术和服务。

9月8日　闵行经济技术开发区参展第十二届中国国际投资贸易洽谈会。

9月16日　投资总额为2.5亿美元的通用汽车中国园区暨前瞻技术科研中心在金桥出口加工区内动工。园区占地12万平方米,是集运营办公、业务整合、前瞻技术研发等多功能于一体的通用汽车在华发展新基地。

9月19日　临港基地诞生了第一台上海生产的自主品牌整车——荣威550轿车。至2010年,完全自主知识产权的上汽荣威550、名爵6、名爵3及KV4/KV6系列发动机实现量产。

9月　市政府通过并发布《上海市长兴岛开发建设管理办法》,决定支持建设长兴海洋装备产业基地。同年,根据国家海洋装备产业发展战略和上海市重点产业发展规划布局,中海工业(上海长兴)有限公司、上海振华重工(集团)股份有限公司、中国船舶工业(集团)公司等大型中央企业先后入驻长兴岛,并陆续建立生产基地。

9月　韩国独资企业上海农心食品有限公司正式入驻金山工业区。这是韩国农心在海外的首家工厂。

10月20日　新华通讯社金融信息平台上海总部在陆家嘴金融贸易区挂牌成立。

10月31日,为营造承接国际离岸服务外包的良好环境,着力推动上海市专业服务外包又好又快地发展,建设好"中国服务外包示范基地城市",上海市商务委员会出台《上海市服务外包专业园区认定和管理暂行办法》。

11月12日　明确市长兴岛开发办为横沙国家一级渔港建设责任主体。2010年,渔港开工。

11月13日　意大利菲亚特动力科技上海研发中心在嘉定工业区竣工。中心位于嘉定工业区北区,是菲亚特动力科技在亚洲的第一个研发中心,总投资2 200万欧元,建筑面积1.7万平方米。

11月21日　世界500强企业法国阿海珐集团公司的"阿海珐输配电集团中国技术中心"项目签约漕河泾开发区浦江高科技园,将成为集团在亚洲的研发和技术支持总部,并为阿海珐输配电集团的全球业务提供一系列的共享服务。

11月26日　上海化工品交易市场在上海化学工业区物流产业园内顺利落成,其电子交易平台同时启用。

11月27日　浦东第一家小额贷款公司——上海张江小额贷款股份有限公司在张江大厦内开业,首批9家企业与张江小额贷款公司签订贷款协议,当日放贷980万元。

11月17日　定位于专业孵化器的创新创业园(以下简称"双创园")在浦江高科技园建成开园。双创园设有新能源产业孵化器、留学生创业园和国际企业孵化器,专门为新能源等企业提供创新创业服务。2009年5月,双创园通过市级孵化器评审认定,成为上海市新能源环保专业孵化器,也是上海市第一家定位于新能源环保的专业孵化器。

11月　上海化学工业园区获得"上海市品牌园区"称号。

12月5日　上海张江高新技术产业开发区领导小组办公室、市科委参照科技部《国家高新技术产业开发区评价指标体系》，认定市北工业园区为上海市级高新技术产业开发区。

12月12日　产业转移促进中心（商务部上海基地）在漕河泾新兴技术开发区揭牌并启动。

12月15日　沪台两岸海上直接通航首航仪式在洋山深水港举行。沪台实现海上直航，上海至台湾的航程比原来缩短三分之一。

12月16日　上海化学工业区企业、国内单线能力最大的中日合资企业——上海中石化三井化工有限公司年产12万吨双酚A项目开车成功。

12月28日　上海外高桥造船有限公司为新加坡海洋油船有限公司建造的31.8万吨"华山"号油轮命名交船。"华山"号长333米，是世界上第一艘全面满足国际船级社协会（IACS）最新《共同结构规范》的载重吨最大、款式最新的绿色环保型超级油轮。

同年　虹联公司被国家统计局与中国行业企业信息发布中心评为"2007—2008年度中国房地产企业500强"。

同年　漕河泾开发区浦江高科技园引入世界500强企业法国阿海珐（Areva）。

同年　嘉定工业区被评为首批"上海品牌园区"。园区包括"一区六园"：上海嘉定高科技园区（国家级张江高科技园区嘉定分区）、国家级出口加工区、国家级留学人员嘉定创业园、复华高新技术园、中科高科技工业园和上海大学科技园。

同年　纳斯达克上市公司澳大利亚晶澳太阳能公司入驻市北工业园区。

同年　日立电梯研发中心、美国英威达研发中心、日本大昭和研发中心、日本高田汽车碰撞试验室等4个研发机构落户青浦出口加工区。

同年　市政府相关部门依托上海市开发区协会、上海市商标协会等行业中介组织，联手推进上海产业园区品牌建设工作。21家园区被评为"上海品牌园区"，15家园区荣获"上海品牌建设优秀园区"称号，为上海产业园区的发展起到引领和示范作用。

同年　总投资8480万美元、制造矿山机械的世界500强企业瑞典山特维克公司落户嘉定工业区。

2009 年

1月3日　中科院上海光机所高功率激光元件研究与生产中心、上海新傲科技有限公司北区产业园项目同时在嘉定工业区产业创新中心奠基开工。

1月5日　上海集成电路科技馆在张江高科技园区建成开业。

1月9日　荷兰皇家帝斯曼集团投资的帝斯曼中国园区在张江高科技园区落成。

1月10日　中国燃气集团LPG亚洲地区总部在金桥出口加工区启用。

1月21日　德国西门子风力发电叶片（上海）有限公司在临港产业区成立，该公司是西门子集团在中国成立的第一家风机叶片制造厂，项目总投资额为4900万欧元，占地面积17.7万平方米，投产初期将主要生产2.3兆瓦及3.6兆瓦的海上风机叶片。2010年11月30日，公司落成。

1月　华润雪花啤酒（上海）有限公司落户宝山工业区，投资总额超过9000万美元，年生产能力40万千升，是上海地区规模最大、设备最先进的啤酒生产企业。

1月　位于漕河泾开发区浦江高科技园、注册资本3400万欧元的法国阿尔斯通电网中国技术中心成立，占地面积5.45公顷，是阿尔斯通电网集团在中国设立的唯一一家研发中心。

2月10日　洋山深水港区石油储运一期工程油品保税仓库通过海关验收。2月18日，首批从俄罗斯进口的油品入库。

2月27日　市政府批准《上海市长兴岛岛域总体规划（2008—2020年）》，强调贯彻落实科学发展观，围绕产业发展、基础设施、城镇建设、社会配套和生态保护"五位一体"基本任务，努力建成世界先进的海洋装备岛、上海的生态水源岛和独具特色的景观旅游岛。

3月4日　上海漕河泾新兴技术开发区发展总公司的文字及图案商标被认定为"上海市著名商标"。

3月5日　由漕河泾新兴技术开发区和徐汇区政府作共同出资5000万元搭建"漕河泾新兴技术开发区科技型中小企业融资平台"。平台首创科技型中小企业无抵押、无担保信用贷款的金融创新模式。

3月20日　位于长兴岛的东海风电场首只风机吊装作业顺利完成，拉开了整个东海大桥风电项目34只风机吊装作业的序幕。每只风机机翼直径约93米，整机重量为450吨。

3月25日　国务院常务会议原则通过《关于推进加快发展现代服务业和先进制造业、建设国际金融中心和国际航运中心的意见》。这是引领上海"两个中心"建设、深入推进洋山深水港建设发展的又一重要文件。

4月22日　漕河泾新兴技术开发区与徐汇区政府共同打造的大学生创业创新园开园，建筑面积约8000平方米，由漕河泾科技创业中心进行管理。2010年，漕河泾开发区的大学生创业创新园获得科技部"大学生科技创业见习基地"称号，同时成为中国青年创业国际计划（YBC）上海办公室服务点。

4月　美国雅培公司宣布在华首个研发中心落户张江高科技园区，致力于癌症、免疫以及抗病毒领域的药物研发。

5月26日　陆家嘴人才金港开港。开港后，和国内外28所高校、9家国际认证机构建立共建合作关系，并与纽约、伦敦、香港、新加坡等其他国际金融中心建立联络通道。

5月4日　中外运普菲斯冷链物流有限公司在临港产业区设立，是临港物流园区内唯一一家专业从事第三方冷链物流的合资公司。中外运普菲斯冷库设计库容4万吨，采用基于美国第三代冷库技术的单体层架式结构。

6月2日　"2009上海日全食观测活动周"新闻发布会在佘山月湖雕塑公园召开。

6月9日　市北工业园区被上海市经济和信息化委员会（以下简称"市经济信息化委"）认定为首批19家重点生产性服务功能区之一。

6月15日　上海文化产权交易所在外高桥保税区上海国际文化贸易中心挂牌成立。

6月18日　沙特基础工业公司（SABIC）的中国研发中心项目落户康桥工业区。项目总投资5500万美元，注册资本4300万美元，占地4.2公顷。沙特基础工业公司位于世界500强之列，是中东地区最大、盈利最多的非石油公司，也是世界第五大石化产品制造商。

6月18日　随着首批14辆捷豹汽车在物流服务中心一楼大厅对外展出，洋山保税港区正式开展进口汽车展示。

6月25日　全国首个金融呼叫中心集聚地——上海市北呼叫中心服务港在市北工业园区成立。

6月25日　外高桥保税区功能区域融资平台正式成立。

6月26日　总投资1.8亿元、占地4公顷的浦东固体废物处置工程在金桥出口加工区南区竣工。

6月　华宝国际控股有限公司总部从深圳迁至嘉定工业区。华宝国际经营规模在全球香精香料行业排名前十,是亚洲市值领先的香精香料上市企业。

7月3日　经国务院正式批准,设立上海浦东机场综合保税区。

7月6日　中国商用飞机有限责任公司设计研发中心在张江高科技园区南区奠基,规划占地面积80公顷,建筑面积约60万平方米。

7月8日　国内首家LED照明产业孵化器落户张江高科技园区创新园。

7月19日　通用汽车中国前瞻技术科研中心在浦东金桥通用汽车中国园区开工建设。该中心占地6.5万平方米,建筑面积约3.2万平方米,由通用汽车中国科学研究院、车辆工程实验室、先进动力总成工程实验室以及前瞻设计中心4个研究机构共同组成。

7月27日　由中国移动、中国联通、清华紫光、中讯邮电等77家国内知名电子通信、软件、信息服务企业加盟的全国第一个IT、电子通信产业联盟,在市北工业园区成立。

7月27日　由上海市软件评测中心和市北工业园区联合组建的首个工业软件测试受理中心——上海市软件评测中心市北受理中心宣告成立。

7月　上海中科深江电动车辆有限公司在嘉定工业区成立。公司是中科院关于电动车研发成果的产业化实施载体,在有效整合科学院的科研成果和资源的基础上,具体着手纯电动汽车的研发、制造等产业化推广工作。8月8日,中科院电动汽车研发中心成立,揭牌仪式在嘉定工业区举行。

7月　英国最大的零售公司、世界三大零售商之一、世界500强企业——特易购企业管理(上海)有限公司入驻市北工业园区。

8月8日　位于佘山国家旅游度假区的上海欢乐谷(一期项目)建成。

8月10日　经市发展改革委批复,上海市北工业园区更名为上海市市北高新技术服务业园区(以下简称"市北高新园区")。同时,园区开发建设主体上海市北工业园区(集团)有限公司亦同步更名为上海市北高新(集团)有限公司。9月28日,市北高新园区揭牌,标志着市北工业园区成为沪上首个国家高新技术产业基地。

8月12日　上海市商务委员会正式批准设立的上海外高桥国际贸易示范区举行揭牌仪式。

8月18日　三一集团签约落户临港产业区奉贤园区。三一重工自主研制的200吨级、履带式、全液压SY2000挖掘机填补了国内工程机械行业的空白,最大起吊能力为1 180吨的SCC118000履带式起重机是亚洲第一。12月18日,三一集团临港产业基地项目开工。

8月21日　上海生产性服务业功能区、上海市高新技术(新能源)产业基地、上海光伏产业园、国家生物医药产业基地先后落户漕河泾开发区浦江高科技园。

8月25日　中科院上海高等研究院在张江高科技园区揭牌成立。2010年12月26日,该院入驻中科院上海浦东科技园。

8月　外高桥保税区企业盛东公司自主创新的两个项目"用于检修岸边集装箱起重机拖令轨道的登高作业平台""用于轮胎吊装置的直梯软护笼",在第18届全国发明展览会上分别获得银奖和铜奖。

9月16日　洋山深水港三期B段工程通过国家竣工验收。至此,经过长达6年半建设,总投资356.6亿元的洋山港北港区主体工程全部建成投产。洋山港建成集装箱专用泊位16个,岸线全长5.6公里,设计年吞吐能力为930万标准箱。

9月28日　上海贝尔全球信息技术服务中心在金桥出口加工区启用。

9月29日　闵行经济技术开发区企业上海苏尔寿工程机械制造有限公司总经理兼苏尔寿亚太区总裁蔡仁虎荣获上海市"白玉兰荣誉奖"。同时,园区企业 ABB 高压电机有限公司总经理理查德·约翰尼斯·苏兰荣获上海市"白玉兰纪念奖"。

9月30日　闵行经济技术开发区分别被国家发展改革委和商务部、科技部授予"上海国家生物产业基地""国家科技兴贸创新基地(生物医药)"称号。

9月底　"迎世博新沪上八景"公布,佘山国家旅游度假区成为"新沪上八景"之一。

9月　紫竹科学园区被商务部和科技部授予"国家科技兴贸创新基地(生物医药)",被国家发展改革委授予"上海国家生物产业基地"。

10月11日　洋山深水港迎来第一艘大型液化气(LNG)专用运输船"北极精神"号。该轮总吨位达 6.6 万多吨,抵港后预计完成 2.2 万多吨液化天然气的卸货作业。

10月20日　上海轨道交通信号工程技术研究中心开业典礼暨揭牌仪式在市北高新园区举行。

10月20日　上海三一重机股份有限公司在临港产业区成立,注册资本为 8 亿元,具备世界最先进的建设机械生产线,是全球最大的流水线挖掘机生产制造基地。

10月22日　坐落在浦江高科技园的漕河泾科技创业中心企业加速器揭牌,成为上海首个加速器。

10月30日　闵行经济技术开发区日资企业上海三菱电梯有限公司董事长范秉勋荣获上海首届"市长质量奖"奖状和证书。

10月　全球领先医药杂志 Scrip 宣布张江高科技园区入驻企业和记黄埔医药入围第五届 Scrip Awards 新兴市场最佳公司奖项,成为中国唯一入围该奖的新药研发公司。

10月　紫竹科学园区被中共中央组织部认定为"海外高层次人才创新创业基地"。

11月2日　中国电信全国视讯运营中心在金桥出口加工区挂牌成立。

11月4日　上海市北高新(集团)有限公司通过重大资产置换实现园区经营资产上市,打造资本市场运作平台。

11月4日　中共上海市委下发《关于组建上海综合保税区管理委员会的批复》,批准组建上海综合保税区管理委员会(以下简称"综保区管委会")。综保区管委会是市政府的派出机构,委托浦东新区管理。综保区管委会对外高桥保税区(含外高桥物流园区)、洋山保税港区、浦东机场综合保税区实施统一管理。

11月9日　嘉定工业区与江苏省盐城市建湖县开发区合作开发的嘉定工业区建湖科技工业园揭牌。一期总投资 10 亿元,占地 72 公顷,引进投资项目 22 个。

11月18日　市政府正式宣布成立综保区管委会,落实国务院赋予洋山保税港区探索建设国际航运发展综合试验区的重要使命,实行洋山保税港区、外高桥保税区及浦东机场综合保税区以及洋山港、外高桥港、浦东机场空港"三港三区"联动发展,统一管理。

12月8日　金桥出口加工区开发股份有限公司与大唐电信科技产业控股有限公司签署产业园区项目合作意向书,大唐上海产业园落户金桥出口加工区。

12月8日　京东商城与嘉定工业区正式签署投资协议,在当地建设京东商城华东大区总部,以及"亚洲一号"仓储中心。

12月17日　漕河泾新兴技术开发区与浙江省海宁市政府、海宁经济开发区签订全面合作协议,启动建设占地 15 平方公里的漕河泾开发区海宁分区。

12月19日　通用汽车国际运营总部和通用汽车中国总部在金桥出口加工区通用园区正式

运营。

12 月 22 日　国际医疗器械展示交易中心和工程机械进出口交易中心在外高桥保税区成立。

同年　张江高科技园区桑迪亚医药技术(上海)有限责任公司入围"2009 中国 100 强成长型服务外包企业"。

同年　按照"两规合一"的总体要求,对产业区块经过梳理后,全市形成了由产业基地、开发区、城镇工业地块等 104 个工业区块组成的产业布局框架,构成了上海未来产业发展的重要空间载体。

同年　国际著名葡萄酒品牌企业——意大利法诗图集团总部,从意大利迁移至青浦工业园区。

同年　国内首家新能源产业孵化器——张江高科技园区新能源孵化器成立。

同年　虹联公司被商务部授予"国家级经济技术开发区统计工作先进单位"。

同年　嘉定工业区企业上海顶味食品有限公司和上海中洲特种合金材料有限公司的"顶味"牌和"盾"牌被认定为"上海市著名商标"。

同年　金桥获评"上海市节水型工业示范园区"。2010 年 11 月,上海金桥出口加工区国家生态工业示范园区通过国家环境保护部、商务部、科技部联合验收,成为上海国家级开发区中首家创建成功的国家生态工业示范园区。

同年　青浦工业园区筹划建设淀山湖生产性服务业功能区。2010 年 6 月,上海淀山湖总部基地获得上海市总部经济促进中心认证,被授予"上海企业总部试点基地"称号。

同年　全球型专用化学品公司英国庄信万丰旗下庄信万丰(上海)化工有限公司落户松江工业区。公司产品覆盖轿车用尾气净化催化剂、轻型汽车及柴油车尾气净化催化剂。

同年　全球最大的消费品市场产品质量检测机构——法国欧陆分析注册在市北高新园区,在食品、药品、环境、消费品等诸多产品领域提供专业的分析检测认证和技术支持服务。

同年　张江高科技园区企业微创医疗器械(上海)有限公司获得 SFDA 批准正式上市的 3 个自主创新产品中,Firemagic TM 心脏射频消融导管彻底打破了当时国内电生理产品进口垄断局面;Hercules 分叉型覆膜支架及输送系统使微创医疗成为世界上首家同时拥有一体式和分体式腹主动脉支架系统的公司。

同年　张江高科技园区企业格科微电子(上海)有限公司获得工业和信息化部颁发的 2009 年"中国芯最佳市场表现奖"。格科微电子在多媒体处理器设计和算法上,拥有完全自主知识产权,并拥有世界领先水平、最佳性价比的制造工艺。

同年　漕河泾新兴技术开发区与江苏盐城经济开发区合作共建的漕河泾开发区盐城分区启动签约,园区规划面积 9.32 平方公里。

同年　张江高科技园区企业上海睿智化学研究有限公司通过实验动物 AAALAC 认证,实验动物福利与伦理水平达国际水平,是全球实验动物商业繁殖和市场供应的领导者 Charles River 在中国设立的第一家独资企业,成为推动新药从发现到批准的全球顶级企业。2008 年、2009 年获得"德勤高科技、高成长中国 50 强""德勤高科技、高成长亚太 500 强"。

2010 年

1 月 6 日　中国银行业监督管理委员会批复浦东新区、中国银行和百联集团,同意在陆家嘴金融贸易区筹建中银消费金融有限公司。这是国内首批获准筹建的三家消费金融公司之一。

1 月 7 日　首台型号为 CFM56 - 5B 的航空发动机,在上海普惠飞机发动机维修有限公司成功下线。中美合资上海普惠飞机发动机维修有限公司落户在青浦出口加工区,由中国东方航空公司与美国普惠公司合资建立,是华东地区唯一一家飞机发动机维修服务中心,也是国内少数几家掌握航空引擎深度维修业务的企业之一。4月14日,东航再度投资10亿元在青浦出口加工区设立技术研发应用中心。

1月12日　陆家嘴功能区域管委会被撤销,成立陆家嘴金融贸易区管委会,主要发挥经济发展、规划建设、产业促进、环境优化等职能。

1月13日　瑞士罗氏制药亚太运营中心落户张江高科技园区。

1月14—17日　中共中央总书记胡锦涛在沪期间,考察了上海飞机制造有限公司、展讯通信(上海)有限公司、上海电气临港重装备制造基地、外高桥保税物流园区等企业和上海世博会园浦东展区。

1月19日　位于张江高科技园区内的国家重大科学工程——上海光源(SSRE)通过了由国家发展改革委、科技部、国家档案局、国家自然科学基金委员会、市政府、中科院等部门和相关领域专家39人组成的国家验收委员会的验收。

1月19日　长兴岛被工业和信息化部授予国家新型工业化产业示范基地(船舶与海洋工程装备)。

1月　万国数据上海外高桥数据中心动工建设。中心是国内第一家同时通过ISO 20000 IT服务管理体系、ISO 27001信息安全管理体系、ISO 9001质量管理体系、BS 25999业务持续管理体系认证的IT服务提供商,同时也是国内第一家获得灾难恢复类信息安全服务资质认证的企业。

2月9日　中共上海市委、市政府同意上海临港新城管理委员会更名为上海临港产业区管理委员会,为市政府派出机构,主要负责临港新城产业区和洋山深水港后方配套区的行政管理、协调服务等工作。

2月21日　国家广播电影电视总局为加快推进全国网络视听产业发展,正式批准上海市文化广播局与紫竹科学园区共同建设中国(上海)网络视听产业基地,该基地成为国内首个国家级网络视听产业基地。12月22日,该基地揭牌。

2月24日　上海轨道交通设备有限公司闵行基地转向架项目在闵行经济技术开发区奠基。

2月　重庆长安汽车股份有限公司签约漕河泾开发区浦江高科技园,设立上海长安汽车工程研究院,从事汽车及零部件的开发。

3月15日　市经济信息化委正式批准市北高新园区建设上海基础软件产业基地。园区通过集聚国家基础软件业龙头企业,推动国产基础软件行业的振兴与发展。

3月18日　美国哈佛大学在海外最大的研究中心——哈佛上海中心在陆家嘴金融贸易区投入运营。

3月18日　洋山保税港区进口汽车展揭牌仪式在洋山国贸大厦举行。

3月25日　全球著名的法国阿尔卡特—朗讯公司正式落户洋山保税港区。

3月30日　沪上首个绿色产业联盟亮相市北高新园区。

4月1日　由海关总署领导率队的国务院联合验收小组对浦东机场综合保税区(一期)实施验收。浦东机场综合保税区一期1.6平方公里范围封关运作。7月28日,上海近铁国际货运有限公司完成海关登记注册和检验检疫备案等手续,保税货物顺利通关,正式进入园区开展业务,预示着浦东机场综合保税区启动试运行。

4月14日　市政府举行专场新闻发布会,公布浦东开发开放新一轮发展布局和思路——"7＋

1"浦东发展战略蓝图。"7+1"是指上海综合保税区、上海临港产业区、陆家嘴金融贸易区、张江高科技园区、金桥出口加工区、临港主城区、国际旅游度假区 7 个板块加上上海世博园区浦东部分板块。

4 月 16 日　漕河泾新兴技术开发区和中国电信股份有限公司上海分公司签署《数字园区信息化项目合作协议》,开启漕河泾开发区新一轮信息化建设的序幕。

4 月 19 日　陆家嘴集团公司所属上海易兑外币兑换有限公司获得由中国人民银行上海总部、外汇管理局共同颁发的"特许货币兑换"许可。

4 月 20 日　闵行经济技术开发区被上海市水务局、市经济信息化委命名为"上海市节水型工业园区"。

4 月 26 日　位于佘山国家旅游度假区的上海辰山植物园开园。

4 月　日本尤妮佳集团在全球设立的最大规模旗舰生产基地在青浦工业园区开业,总投资 2.3 亿美元。

5 月 18 日　上海汽车变速器有限公司新生产基地在嘉定工业区开工奠基。

5 月 28 日　为加强上海浦东机场综合保税区的管理,保障浦东机场综保区的建设和发展,市政府出台《上海浦东机场综合保税区管理办法》。

5 月　青浦出口加工区企业——上海普惠飞机发动机维修有限公司,获得美国绿色建筑委员会颁发的"能源与环境设计先锋"(LEED)白金认证。该公司是中国首个、美国以外地区第 21 个获得认证的公司。

6 月 23 日　和芯星通落户浦江高科技园。

6 月 25 日　占地 8 万多平方米、建筑面积约 10 万平方米的上海期货交易所张江中心在张江高科技园区金融信息服务产业基地(银行卡园)启用。

7 月 1 日　由上海电气风电设备有限公司独立研制、风轮直径 116 米的海上风机"巨无霸"——3.6 兆瓦大型海上风机,在上海临港重装备产业区成功下线。这是中国自主研发的技术最先进、容量最大的风力发电机组。海上风电机组的研发成功,标志着中国掌握了大容量风电机组设计核心技术,填补了国内海上风机独立研制的空白。

7 月 14 日　日本天田株式会社(AMADA)与青浦工业园区签订投资协议。天田青浦项目总投资 3 000 万美元,主要生产数控折弯机、数控剪板机、数控激光切割机等成套机械设备。

7 月 16 日　德国永恒力集团在亚洲地区唯一的生产工厂——德国永恒力叉车股份公司落户青浦工业园区,总投资 5 160 万美元,主要生产各类托盘搬运车、托盘堆垛车等。

7 月 16 日　上海航运金融研究所和航运信息技术研究所在陆家嘴金融贸易区揭牌成立。航运金融研究所由建设银行上海分行、远东租赁、广发期货、中银国际证券和上海国际航运研究中心共同发起成立。

7 月 29 日　春秋航空公司以租赁方式报关进口的 A-320 民航客机抵达浦东机场,成为全国首个单机融资租赁项目,标志真正意义上的单机单船融资租赁业务在浦东机场综合保税区成功运作。这是全国第一架以租赁方式报关进口的民航客机,也是真正意义上符合国际惯例的融资租赁 SPV 业务。

7 月　中共青浦区委、青浦区政府为加快工业园区建设,决定将青浦工业园区与所属的张江高新区青浦园、青浦出口加工区分设,形成工业园区"一园三区"。

8 月 2 日　浙江吉利控股集团完成对美国福特汽车公司旗下沃尔沃轿车公司的全部股权收购。

8月19日，沃尔沃国产基地在嘉定工业区设立，占地 8 公顷。

8月13日　美国硅谷华源科技协会与上海莘闵高新技术暨回国留学生科技创业园区就莘庄工业区合作项目协议签约。

8月17日　上海市云计算产业基地正式揭牌落户市北高新园区。中国电信上海分公司与市北高新园区签署战略合作协议，合作包括打造中国首个国际通信运营商集聚区等。该基地是中国首个真正意义上的云计算数据中心，同时也是中国第一个客户定制的互联网数据中心、中国绿色节能数据中心的最新节能指标记录、中国最高密度的数据中心等。

8月24日　上海市北高新（集团）有限公司与南通市港闸区政府签约，启动开发建设南通科技城，进行"品牌＋管理＋产业链"的"整发展链"输出。

8月26日　上海化学工业园区通过"国家生态工业示范园区"评审。

8月29日　国内首台自主设计和制造的第二代改进型核电百万千瓦级蒸汽发生器在上海电气临港核电产业基地制造成功。

8月30日　由上海市新闻出版局和金山区人民政府共同打造的全国首家绿色创意印刷示范园区——上海金山国家绿色创意印刷示范园，被原国家新闻出版总署批准，规划面积245公顷。10月11日正式揭牌。

8月　国家外汇管理局正式批准上海综保区开展人民币国际贸易结算中心外汇管理试点。10月 8日，综保区国际贸易中心试点正式启动。

9月1日　市商务委下发《市商务委关于上海综合保税区内外商投资企业审批和管理事宜的函》，委托上海综合保税区管理委员会统一行使外高桥保税区（含外高桥保税物流园区）、洋山保税港区、浦东机场综合保税区范围内七大类外商投资企业的审批和管理职权。同日，综管委正式使用外资网上审批系统，并以"上海综合保税区管理委员会"取代"上海外高桥保税区管理委员会""洋山保税港区管理委员会"名义出具批文。

9月14日　法国柏瑞斯集团上海研发中心落户星火开发区。

9月28日　上海首个出口地铁列车项目——伊朗德黑兰地铁列车在闵行经济技术开发区法国上海阿尔斯通交通设备公司下线，上海轨道交通装备首次进入海外市场。

10月29日　经上海市知识产权局批准，市北高新园区被认定为第三批上海市知识产权试点园区。

10月　"漕河泾开发区杯"上海市第十四届运动会举行，成为首家由园区冠名的市级运动会。

10月　吉富新能源项目在上海市商务委员会举办的世博招商外资项目中签约。项目一期总投资 7 000 万美元，主要从事新能源关键设备和电池模组的研发、设计和生产。

10月　上海联影医疗科技有限公司在嘉定工业区筹建，投资总额 30 亿元。公司是自主研发、生产全线高端医疗设备，并提供医疗信息化、智能化解决方案的高新技术企业。

11月1日　微软（中国）与市北高新园区正式签署《战略合作备忘录》。国内首个"云计算应用孵化中心"入驻市北高新园区。

11月1日　上海数据港投资有限公司在市北高新园区成功推出国内首个商用的绿色集装箱式云计算中心"云积木"（CloudBlock）。

11月4日　环境保护部、科技部和商务部等单位同意闵行经济技术开发区建设国家生态工业示范园区。

11月13日　金桥出口加工区通过环境保护部、商务部、科技部联合组织的技术考核和现场验收,成为上海国家级开发区中首家国家生态工业示范园区。

12月24日　期货保税交割业务启动仪式在上海期货交易所举行,位于洋山保税港区的两家指定期货保税交割仓库同时正式揭牌。洋山保税港区成为全国首个开展期货保税交割业务的试点区。

12月30日　中国中铁上海地区总部、中铁上海工程局有限公司在市北高新园区正式揭牌。

12月　上海市莘庄工业区入选上海市开发区首批企业服务优秀园区。

12月　加拿大思高方达信息技术(上海)有限公司在市北高新园区注册,是世界级、业内排名第一的独立基金服务商思高方达集团公司(CITCO)在中国设立的第一家子公司。

同年　根据工业和信息化部下发的《关于开展创建"国家新型工业化产业示范基地"工作的通知》精神,上海市开展2010年"国家新型工业化产业示范基地"争创活动。临港装备产业基地、上海航空产业基地、上海化学工业园区、长兴岛船舶与海洋工程装备产业基地、张江生物医药产业基地、嘉定汽车产业基地、漕河泾电子信息产业基地、金桥出口加工区电子信息、民用航空(军民结合)基地等9家产业基地获批。

同年　嘉定工业区规划嘉定电子商务产业园,园区规划面积约20公顷。

同年　嘉定工业区引进上海卡耐新能源有限公司、联影科技、上海我友网络科技有限公司、凡客诚品等一批现代服务业及战略性新兴产业相关企业。

同年　康桥工业园区被划入张江高科技园区,享受原本属于张江的各类优惠政策覆盖。

同年　在市经济信息化委与市开发区协会联合主办的"2010年上海开发区企业服务优秀园区与服务明星"评选活动中,紫竹科学园区荣获上海市开发区"企业服务优秀园区"称号。

同年　法国派丽集团(PAREX)下属PAREX集团(上海)全球研发中心在上海成立,致力于重组和发展PAREX集团的防水和外墙外保温技术。派丽德高(上海)建材有限公司,是全球著名的干砂浆领导公司——法国PAREX集团在中国设立的全资企业。

同年　上海沃迪自动化装备股份有限公司在金山工业区建设研发、生产,占地面积约0.54公顷,是国内唯一一家具有独立自主知识产权的国产码垛机器人产业化厂家。

第一篇

总体布局与经济规模

自上海开埠后,上海工业布局和城市形态演变的历史轨迹主要经历了三个发展阶段:第一阶段为1843年开埠至上海解放时期。上海工业兴起于黄浦江苏州河交汇处,随着内河运输的发展,外商与华商企业纷纷在黄浦江、苏州河沿岸开设工厂。1926年,上海在城市集中建设区边缘明确划分沪西、沪东、沪南3个工业基地,这是上海产业布局的最早雏形。更多的小企业则混杂在居民区内,形成了工厂与居民区犬牙交错的工业布局。第二阶段为上海解放至20世纪80年代。1951年10月,上海市政建设委员会于编制《上海市发展方向图(草案)》,将上海定位为全国轻工业的中心。由于上海的工业企业多为规模小、资金有限的化工、五金类,要求靠近市区边缘设厂,又考虑到易燃、易爆企业的搬迁需要,上海市提出对沪西、沪东、沪南3个工业区在10年~15年内加以整理。扩充位于普陀区西南部的北新泾工业区,用于化工和部分危险品工业的安置;新建位于闸北区(今静安区)的彭浦工业区,专供五金机器工业建设;此外,规划了虹江、长桥、吴淞、浦东4个工业区。这一时期结合工业结构升级,上海工业布局开始战略性调整,在郊区开辟建设了一批新工业区。至20世纪80年代,国务院于1984年5月印发《沿海部分城市座谈会纪要》,明确进一步开放天津、上海、大连等14个沿海港口城市,兴办经济技术开发区。上海在近郊相继建立漕河泾、彭浦、高桥、桃浦、周家渡、北新泾、长桥、五角场等8个工业区,在远郊先后建立闵行、金山卫、吴淞、吴泾、松江、嘉定和安亭等7个工业新城。1986年8月,国务院批准同意设立闵行经济技术开发区和虹桥经济技术开发区,上海首批国家级开发区成立。1988年6月,经国务院批准设立漕河泾新兴技术开发区,闵行经济技术开发区、虹桥经济技术开发区、漕河泾新兴技术开发区被国务院列入全国第一批14个国家经济技术开发区。第三阶段为20世纪80年代至90年代末,上海工业布局调整进入重要阶段,基本形成中心城区(外环线以内约600平方公里)主要以第三产业为主,郊区(外环线以外约5700平方公里)主要以第二产业为主的“城三郊二”布局架构。至20世纪90年代,上海抓住浦东开发开放的机遇,上海郊区基本形成“1+3+9”工业区及“东、南、西、北”四大产业基地的工业新格局。至1999年,上海“1+3+9”工业区完成工业总产值、销售收入、利税等经济指标占全市工业的比重均约14%以上。

2003年10月,中共第十六届中央委员会第三次全体会议通过的《中共中央关于完善社会主义市场经济体制若干问题的决定》明确“统筹城乡发展、统筹区域发展、统筹经济社会发展、统筹人与自然和谐发展、统筹国内发展和对外开放的要求”,上海产业布局提出市中心城区继续推进后工业化,改造老工业基地,着力发展现代服务业和都市型工业。通过合理优化调整工业布局,逐步形成了国家级、市级等不同类型的开发区,同时也形成了六大产业基地。

2003—2004年,按照国家统一部署,对全国各类开发区进行清理整顿和归并整合。经过第一次清理整顿,上海开发区由原177个工业区减少至80个开发区,规划总面积为626.5平方公里。2005—2006年,开展第二次全国开发区清理整顿和审核。2007年3月27日,国家发展和改革委员会(以下简称“国家发展改革委”)颁布《中国开发区审核公告目录》(2006年版),核减全国开发区数量,压缩规划面积,突出产业特色,优化布局。经审核,上海保留了41个开发区62个区块,规划面积约656平方公里,其中国家级开发区15个(包括2005年批准的嘉定出口加工区)。

　　通过 2004—2006 年国家先后两次对全国开发区进行清理整顿,上海开发区从数量上,共保留 41 个开发区 62 个区块,其中佘山国家旅游度假区、陆家嘴金融贸易区和虹桥经济技术开发区为非工业类的开发区,其余 38 个为工业类开发区。从类型上,按设立审核的级别,上海开发区拥有国家级开发区 15 个、市级(省级)开发区 26 个。其中,国家级开发区分别是:闵行经济技术开发、虹桥经济技术开发区、漕河泾新兴技术开发区、外高桥保税区、洋山保税港区、金桥出口加工区、金桥出口加工区南区、漕河泾出口加工区、张江高新技术产业开发区、松江出口加工区、闵行出口加工区、青浦出口加工区、嘉定出口加工区、佘山国家旅游度假区、陆家嘴金融贸易区。从功能和产业类型上,又分为经济技术开发区、高新产业开发区、出口加工区、保税区、金融贸易区、旅游度假区以及工业园区等,其中出口加工区、保税区(港)、保税物流中心等为海关特殊监管区域。

　　2009 年,上海市规划和国土资源管理局(以下简称"市规土局")结合城市总体规划和土地利用规划"两规合一",以及土地利用总体规划修编,以"保障发展、保护资源、优化空间"为目标,同步推进全市工业区规划布局工作,并组织开展上海市工业用地布局比对和规划认定工作。2010 年,作为专项规划之一的《上海工业用地布局规划》正式发布,确定上海以工业园区(块)、产业基地、城镇工业地块所组成的规划工业区块 104 个,面积约 790 平方公里,规划工业区块以外的现状建成和已批未建的工业用地,共约 393 平方公里,规划逐步转为其他用地。其中,约 195 平方公里规划为转型的工业用地,约 198 平方公里规划逐步拆除或复垦为农用地。104 产业区块规划线作为产业区块控制线管理,指导控制性详细规划的编制和土地供应,新增工业项目必须落在规划产业区块内,不允许在产业区块以外新增工业项目。至 2010 年,上海市 104 个产业区块完成工业总产值 22 628.83 亿元,比"十五"期末(2005 年)增长 204%,占上海工业的 72.9%。

　　上海市开发区日益成为支撑上海经济发展的重要增长极,各类经济指标全面攀升:"1+3+9"工业区经济规模始终占上海市经济规模的 1/2 以上,工业增加值、产品销售率、利润总额等主要经济指标始终保持平稳增长态势。六大产业基地建设取得突破性进展。上海微电子"一带两区"的产业格局形成,基地成为全球微电子产业发展最为迅速的地区之一;汽车产业基地发展势头良好,国际汽车城进入全面开发建设重要阶段;化工工业区主体项目建设取得实质性进展;钢铁产业基地初具规模,精品钢材基地加快布局结构调整,以特钢、不锈钢、普钢三大制造中心进入重要建设时期,以打造国际一流现代装备业为目标和成为世界最大造船基地的临港新城装备制造产业基地和船舶制造产业基地建设不断提速。

第一章　总体布局

　　进入 20 世纪 60 年代,上海基本形成了中心城区工业点和工业街坊、近郊工业区、卫星城三个圈层的工业布局。至改革开放前,上海市先后设立了 7 个卫星城。1987 年,上海市人民政府(以下简称"市政府")在上海市农村工作会议上提出,根据《上海市城市总体规划》,上海城市结构由中心城—卫星城—郊县小城镇组成,市郊形成以中心城为主体,市郊城镇相对独立、中心城与市郊城镇有机联系的群体组合城市。

　　自 1990 年开始,上海围绕市政府提出的加快国际经济、金融、贸易、航运中心的国际大都市战略目标,以及"市区体现繁荣繁华,郊区主要体现实力水平"的总体要求,加大了工业结构调整力度,实施了产业结构、产品结构、技术结构、企业组织结构、所有制结构以及布局结构的综合性调整。特别是针对市中心城区工业过度集中的状况,对工业布局结构实施了大规模的战略性调整,内环线以内重点发展与城市功能和生态环境相协调的都市型工业,内、外环线之间重点发展高科技产业及相关配套产业,外环线以外重点建设现代工业园区,有计划、有步骤地将工业增量向工业园区集中,基本形成了"四大产业基地""1+3+9"开发区为重要载体的现代工业布局结构,并初步形成了"以产业基地为龙头、市级以上工业区为支撑、区级工业区为配套"的产业布局框架,开发区已成为支撑上海经济发展的重要增长极。

　　2003 年 7 月,国务院办公厅下发《关于暂停审批各类开发区的紧急通知》。国务院有关部门根据清理整顿开发区的有关法规和政策性文件,对全国各类开发区进行清理整顿和设立审核。按照"布局集中、用地集约、产业集聚"的总体要求,对符合条件和标准的开发区予以公告并确定了四至范围。上海市全面贯彻落实与积极配合国家部委开展开发区清理整顿工作,初步形成了"布局集中、用地集约、产业集聚"的格局。2003—2004 年,上海原 177 个工业区减少至 80 个,规划总面积为626.5 平方公里。

　　2005 年 8 月 12 日,国家发展改革委、国土资源部、建设部颁布《清理整顿开发区的审核原则和标准》,对于城市远郊区、县及县级市已建开发区,具有一定规模和产业特色的,原则上保留一个开发区,未建的一般不再新建。2007 年 3 月 27 日,国家发展改革委颁布《公告目录》。公告核减了全国开发区数量,压缩了规划面积,突出了产业特色,优化了布局。经审核,上海开发区最终保留 41 个,其中国家级开发区 15 个(包括 2005 年批准的嘉定出口加工区),市级开发区 26 个。经过设立审核,再核减面积约 50.82 平方公里,最终核减约 42.9%。上海 41 个开发区 62 个区块,规划面积约 656 平方公里。

　　2009 年,市规土局结合"两规合一"和土地利用总体规划修编,以"保障发展、保护资源、优化空间"为目标,以"严控总量、用好增量、盘活存量、提高质量"为重点,上海市共规划工业区块 104 个,面积约 790 平方公里,规划工业区块新增用地面积 227 平方公里,以利于为工业可持续发展预留较大的空间。

　　"十一五"期间(2006—2010 年),上海产业布局提出调整目标,根据上海城市总体规划,上海工业用地从 2004 年约 722 平方公里调整至约 1 100 平方公里。按照科学发展观的要求,上海工业布局重心从中心城区向市郊战略转移,在全市 6 340 平方公里的市域范围内考虑工业的整体布局。发展重点是:以产业基地和工业区为主要载体,大力推进工业向园区集中,按照存量调整优化,增量集中提升,产业集聚升级,区域协调发展的发展思路,重点发展六大世界级产业基地,聚焦提升市级以上工业区,适度发展重点配套区,调整优化中心城区工业,整合分散工业点,构筑以产业基地为龙头、市级以上工业区为支撑、重点区级工业区为配套和中心城区都市型工业为补充,产业集聚度和能级不断提升的工业总体布局框架。

第一节　布　局　规　划

中华人民共和国成立前,上海因长期被英、法等租界分割,缺少统一的城市规划,工业布局混乱,很多市区土地使用功能不合理,一些规模较大的工业企业分布在市区黄浦江、苏州河沿岸,大量的中小企业则与居民住宅区犬牙交错。解放初期,市政府对工业布局结合城市改造和建设开始进行重新规划,逐步调整。1951年,市政府组织编制《上海城市发展方向图》,对工业布局提出:"原沪东、沪西、沪南工业区规模不宜扩大,另辟北新泾、虬江、长桥、吴淞、浦东5个易爆易燃危险品工业区以及彭浦五金机械工业区。"1953年在《上海市总图规划示意图》中又提出"把沿污染苏州河的有污染的工业区布局调整至桃浦地区"。

1956年9月,上海市人民委员会(以下简称"市人委")按照"充分利用,合理发展"上海工业的方针,组织编制《上海近期(1956—1967年)城市规划草图》(以下简称《草图》)。10月,上海市副市长曹荻秋主持市长办公会议,对《草图》予以审议,确定结合工业企业的迁建、新建,降低市区人口密度;把桃浦、漕河泾、吴淞、彭浦规划为工业区;卫星城的建设先集中力量发展闵行。1958年,江苏10个县划归上海管辖。1959年6月,市人委邀请建筑工程部规划工作组帮助编制新的上海城市总体规划。11月,《上海市总体规划草图》《关于上海城市总体规划的初步意见提纲》形成,提出上海工业布局调整的基本思路是,逐步改革旧市区,严格控制近郊工业区的规模,有计划地建设卫星城镇;对市区工厂采取保留、过渡、迁并三种办法,按相对集中、三级(工业区、工业街坊、工业地段)处理的要求,调整工业用地布局;依据大分散小集中、利用原有基础、每个卫星城以某个专业为主的原则,规划建设嘉定、松江、川沙等17个卫星城,其中近期建设闵行、吴泾、安亭、松江、嘉定、北洋桥等6个卫星城。同时,把近郊工业区调整为9个:钢铁工业区为吴淞蕴藻浜及周家渡,化工工业区为桃浦和高桥,机电工业区为彭浦,精密仪器工业区为漕河泾,建材工业区为长桥,修造船工业区为东沟,综合工业区为北新泾等。

"二五"时期及以后(1958—1978年),上海基本形成市中心—近郊—卫星城三个工业圈层。1958年,闵行卫星城开始建设,之后又陆续确定吴泾、安亭、松江城、嘉定城4个点建设卫星城。进入20世纪60年代,上海基本形成了中心城区工业点和工业街坊、近郊工业区、卫星城三个圈层的工业布局。20世纪70年代,为加快上海重化工业发展,分别于1971年和1978年增设金山卫和吴淞2个卫星城。至改革开放前,上海市先后设立7个卫星城。

表1-1-1　1956—1981年上海建设8个工业区一览表

名　　称	简　　　　介
桃浦工业区	位于市区西北边缘。1956年开始建设,以化学工业为主。主要企业有桃浦化工厂、上海染料化工八厂、上海第二制药厂和上海第六制药厂、英雄金笔厂等。
长桥工业区	位于市区西南面。1956年开始建设,以耐火材料、洗涤剂、人造板和玻璃制品行业为主。主要工业企业有泰山耐火材料厂、上海合成洗涤剂厂等。

（续表）

名　　称	简　　介
漕河泾工业区	位于市区西南边缘,原规划面积 1.7 平方公里。1957 年 4 月,市规划为仪表电讯工业区。1984 年 11 月,市政府批准建立漕河泾微电子工业区。1988 年 2 月,扩大为新兴技术开发区,规划面积 5.98 平方公里。1988 年 6 月,批准为国家级开发区。1991 年 3 月,被国务院确认为首批 27 个国家高新技术产业开发区之一,重点发展高新技术产业,形成微电子、计算机、现代通信、光机电一体化及新材料等五大高新技术产业。
周家渡工业区	位于黄浦江东岸、市区的东南边缘。1957 年开始建设,以冶金和建筑材料工业为主。主要企业有上海第三钢铁厂和耀华玻璃厂等。
彭浦工业区	位于市区北面。1958 年开始建设,以机械制造业为主。主要企业有彭浦机器厂、四方锅炉厂、上海鼓风机厂、上海重型汽车厂、华通开关厂、上海造纸机械总厂等。
高桥工业区	位于黄浦江东岸、市区的东北边缘。1981 年 11 月开始建设,以石油化学工业为主。主要企业有高桥石油化工公司所属的炼油厂、化工厂、热电厂等。
五角场工业区	位于市区东北面。工业门类较多。主要企业有上海拖拉机厂、上海内燃机厂、上海医用仪表厂等。
北新泾工业区	位于市区西南面。主要是综合性工业,有化工、建材、轻工等行业。主要工业企业有天原化工厂、上海天厨味精厂等。

资料来源:《上海市志·工业分志工业综述卷》(1978—2010)

表 1 - 1 - 2　1958—1978 年上海建设的 7 个卫星城一览表

名　　称	简　　介
闵　行	位于上海市西南郊的黄浦江上游北岸、闵行区西部,离市中心人民广场 31 公里,占地 3.5 平方公里。1958 年开始建设第一个卫星城。1983 年创建工业区,是以制造大型电站设备和重型机器设备为主的"机电城",城内主要是制造大型电站设备和重型机器、机床设备的工厂,包括上海汽轮机厂、上海电机厂、上海锅炉厂、上海重型机器厂、重型机床厂等。
吴　泾	位于市区和闵行之间的黄浦江畔,离市中心 25 公里,占地 4 平方公里。1958 年开始建设工业区,以化学工业为主。首批兴建的有上海焦化厂、吴泾化工厂、上海电化厂、吴泾热电厂、上海碳素厂、上海白水泥厂、合成橡胶研究所。20 世纪 60 年代形成一定的规模,形成以化学工业为主的卫星城。
松江城	位于上海西南郊的黄浦江上游,离市中心 40 公里。原是千年古城。1959 年开始辟建,新城面积 7 平方多公里。经过 20 世纪 60 年代的建设,新建和扩建新江机器厂、上海有色金属研究所、上海仪表机床厂、上海照相机总厂、消防器材厂等。是以仪表、轻工为主的卫星城。
嘉定城	位于上海西北郊,离市中心 33 公里。原为文化古城。1959 年开始辟建,占地 7 平方公里。形成以上海科技大学、上海激光研究所、上海原子核研究所等研究机构为主的"科学城"。工业有电子、仪表、轻纺等行业。是以科研为主的卫星城。
安　亭	位于上海西郊的沪宁铁路南侧,离市中心 33 公里。1959 年初开始建设,20 世纪 60 年代陆续建成上海汽车发动机厂、上海汽车厂、上海阀门厂及一批生产仪器仪表的工厂,逐步形成以汽车工业为主的卫星城。1984 年建设中德合资上海大众汽车有限公司。
金山卫	位于南郊杭州湾北岸、上海西南郊。1970 年,国务院决定在上海发展石油化学工业。1971 年,上海市改革委决定在离市中心 72 公里的杭州湾北岸的金山卫地区围海造地,建设上海石油化工总厂(后为上海石油化工股份有限公司),并按照生产与生活配套的原则,建设成占地 12 平方公里的上海第六个卫星城——以石油化工为主的金山卫卫星城。

（续表）

名　　称	简　　介
吴　淞	位于北郊长江、黄浦江的汇合处。原有上海第一和第五钢铁厂、上海钢铁研究所等为主体形成的"钢铁城"，辅以有色金属加工业。1976 年 10 月，国务院决定引进技术，在上海建设宝山钢铁总厂（后为上海宝钢集团公司，简称"宝钢"）。宝钢位于上海北翼、距市中心 26 公里的宝山区旧月浦机场一带，占地面积 13.75 平方公里（后扩展为 18.98 平方公里），1978 年末开工建设。随着宝钢的建成，上海形成以钢铁工业为主的第七个卫星城——宝山。

资料来源：《上海市志·工业分志工业综述卷》（1978—2010）

1984 年，浦东川沙县六团乡制订乡镇建设规划，在交通便利的乡集镇南开辟占地 10.2 公顷的上海市郊首个工业小区。1986 年 8 月，经国务院批准，闵行开发区、虹桥开发区被列为全国第一批国家级经济技术开发区，成为上海首批成立的国家级开发区。10 月 13 日，国务院批复同意的《上海市城市总体规划》提出，上海城市结构由中心城—卫星城—郊县小城镇组成，形成"以中心城为主体，市郊城镇相对独立、中心城与市郊城镇有机联系"的群体组合城市。在规划中确定工业区的有 18 个地区，分别为：彭浦、北新泾、长桥、漕河泾、周家渡、高桥、桃浦、吴泾、周浦、莘庄、川沙、北蔡、金山卫、漕泾、闵行、吴淞、安亭、星火农场。

1987 年，市政府在上海市农村工作会议上提出，市郊根据《上海市城市总体规划》，结合制订县城综合发展规划和实施城镇、村镇规划，以乡为单位或几个乡联合，建设相对集中的工业加工区；城市工业对市郊的扩散和布局"要从原来的'自由恋爱'转变为纳入上海市国民经济计划发展的轨道"；要按照城乡一体化的要求，合理布局，搞好农村规划，防止污染扩散。上海市逐步形成郊县乡村集体工业发展从原来的零打碎敲、见缝插针、分散经营的零乱布局，逐渐向统一规划、相对集中的方向发展，形成乡、村两级具有一定规模的 280 多个工业小区。"七五"期间（1986—1990 年），市政府对原有工业区和卫星城进行充实和调整，结合城市功能形态变化，对桃浦、吴淞、吴泾等老工业区（基地）进行升级改造和产业结构调整。

至 1990 年，上海市建立 280 个乡、村两级工业小区，区内有乡、村两级工业企业 1 774 家。乡级工业小区基本有两种：一是专门新辟出一块土地，新建的工业小区，有 56 个；二是以原有企业为基础，重新规划形成的工业小区，有 96 个。一般选择在乡内工业企业集中的地区，或以若干骨干企业为中心扩展形成。工业小区的特点主要包括：一是基本是一乡一点，少数工业起步早、基础好的乡建有 2 个或 2 个以上的工业小区。建有工业小区的 123 个乡中，建有 2 个或 2 个以上小区的乡有 15 个。二是乡办和村办工业小区数量基本持平。乡办工业小区有 152 个，村办工业小区有 128 个。三是大多建在集镇附近，利用原有的投资环境和基础设施，建设与城镇建设规划相结合。四是交通运输便捷，依路傍水，与交通干线相接。先后开辟闵行、吴淞、五角场、高桥、桃浦、漕河泾、长桥、吴泾、安亭、嘉定、松江、金山卫、彭浦、北新泾、周家渡等 15 个工业区，形成包括市区、边缘工业区、卫星城、乡镇工业 4 个层次的工业布局。

1990 年 4 月 18 日，国务院总理李鹏在上海大众汽车有限公司成立五周年庆祝大会上宣布加快浦东开发开放。浦东新区吸取过去上海"摊大饼"的城市发展教训，以城市的功能划分区域，把金融、贸易等放在黄浦江边的陆家嘴地区，与昔日的金融街外滩一江之隔，将港口吞吐和物流仓库放在黄浦江入海口的外高桥地区，把中国唯一以"出口加工"为主的开发区放在金桥，把高科技放在浦东中部的张江地区。同时，提出"东西联动"，不建经济技术开发区，只建功能开发区。"八五""九五"期间（1991—2000 年），上海开发区形成了产业基地、市级以上工业开发区、区（镇）级工业开发区、中心城区分散工业点及老工业区（基地）4个层次的产业发展布局。其中，"六大产业基地"是指以工业开发区为主要载体的微电子产业基地、汽车制造产业基地、石油化工及精细化工制造基地、精品钢材基地、装备产业基地和船舶制造产业基地，规划用地290.6平方公里，占上海市规划用地的26.4%（其中位于开发区内的约210.2平方公里，开发区外的约80.4平方公里）。至20世纪90年代，上海工业抓住开发开放浦东的重大历史机遇，围绕市政府提出的加快建设国际经济、金融、贸易、航运中心的国际大都市战略目标，以及"市区主要体现繁荣繁华，郊区主要体现实力水平"的总体要求，基本形成"1＋3＋9"工业区发展格局。16个市级以上工业开发区包括：国家级工业开发区，规划用地82.2平方公里，占上海市规划工业用地的7.5%；市级工业开发区466平方公里，占上海市规划用地的42.4%。136个区（镇）级工业开发区，实际用地约155平方公里。中心城区分散工业点及老工业区（基地），占地面积约68平方公里。其中吴泾、吴淞、桃浦、彭浦等6个老工业区用地46.2平方公里；市内20家主要工业集团在中心城区占地约40平方公里，生产点约1 800个，建筑面积近30平方公里，其中黄浦江沿岸涉及300余家企业，苏州河流域涉及240余家企业。

1997年，上海市有工业区211个。其中，国家级工业区8个，市级工业区27个。市级工业区主要以宝钢、金山、吴淞、吴泾、桃浦等老工业区（基地）为主。随着改革开放建立起来的市级工业区，主要有松江、康桥、莘庄、嘉定等工业区，共10个；区（县）和乡镇级工业区176个。1997年底，中国共产党上海市委员会（以下简称"中共上海市委"）、市政府提出"三个集中"（即农民居住向城镇集中、工厂向工业园区集中、土地向规模经营集中）的重大部署，提出上海要逐步形成以现代化工业为主体的功能区域。1996—2000年，上海化学工业区、漕泾化学工业区和上海市工业综合开发区相继进行工业区土地"空转"。

至2003年，以工业园区为主要载体的制造业空间，逐步扩展至全市6 340平方公里范围，并以较快的速度从中心城区延移至郊区。据统计，全市工业仓储规划用地约860平方公里，有各类工业园区161个，规划用地总面积为899.33平方公里，其中：国家级5个，规划用地面积为82.2平方公里，占工业区总规划面积9.1%；市级工业开发区14个，规划用地面积466.32平方公里，占工业区总规划面积51.9%；区及区以下工业区136个，规划面积155平方公里，占工业区总规划面积17.2%；老工业基地规划面积46.2平方公里，占工业区总规划面积5.2%。以工业开发区为主要载体的微电子产业基地、汽车制造产业基地、石油化工及精细化工制造基地、精品钢材基地、装备产业基地和船舶制造产业基地等六大产业基地规划建设用地290平方公里（其中位于开发区内约210平方公里，开发区外80平方公里）。中心城区主要集团公司共有企业总数2 084家，2 208个生产点，占地面积68平方公里，其中吴泾、吴淞、桃浦、彭浦等6个老工业区用地46.2平方公里。

"十五"期间（2001—2005年），上海市工业区布局提出"以产业基地和工业区为主要载体，大力推进工业向园区集中，按照存量调整优化、增量集中提升、产业集聚升级、区域协调发展"的发展思路，重点发展六大世界级产业基地，聚焦提升市级以上工业区，适度发展重点配套区，调整优化中心城区工业，整合分散工业点，逐步形成"以产业基地为龙头、市级以上工业区为支撑、区级工业区为配套"的产业布局框架。

2001年5月11日，国务院批复同意《上海市城市总体规划（1999—2020）》。中共上海市委、市政府提出"市区体现繁荣、繁华，郊区体现实力、水平"的战略部署。

2003—2004年，由国土资源部牵头开展开发区清理整顿工作，上海市原有的177个工业区减少至80个开发区，重点对擅自设立开发区、盲目扩大开发区范围、占而不用的耕地进行治理整顿，进一步维护土地市场秩序。

2005—2006年，由国家发展改革委牵头负责审核和清理整顿开发区。2005年8月，国家发展改革委公布《清理整顿开发区的审核原则和标准》，确定审核标准。2007年3月27日，国家发展改革委颁布《中国开发区审核公告目录（2006年版）》。经审核，上海开发区最终保留41个开发区62个区块，其中国家级开发区15个（包括2005年批准的嘉定出口加工区），市级开发区26个。

2009年，结合产业区块梳理和"两规合一"，上海市在41个国家公告开发区的基础上规划确定104个产业区块，包含公告开发区（国家级、市级开发区）、产业基地及城镇工业地块，规划面积764平方公里，建成工业用地面积357平方公里，104个产业区块构成上海"十二五"时期产业发展的重要空间载体。

"十一五"期间（2006—2010年），上海市继续以产业基地和工业区为主要载体，大力推进工业向园区集中，按照"存量调整优化，增量集中提升，产业集聚升级，区域协调发展"的思路，重点发展六大产业基地，聚焦提升市级以上工业区，适度发展重点配套区，调整优化中心城区工业，整合分散工业点，构筑以产业基地为龙头、市级以上工业区为支撑、重点区级工业区为配套，产业集聚度和能级不断提升的工业布局体系。长兴岛海洋工程装备产业基地和民用航空产业基地两大战略产业基地规划落地，临港重装备产业基地规划得以优化，为产业基地的发展奠定扎实基础，初步形成"布局集中、用地集约、产业集聚"的发展格局。

一、"1+3+9"工业区及非工业开发区

【"1+3+9"工业区】

1986年8月，闵行经济技术开发区、虹桥经济技术开发区被列为全国第一批（14个）国家级经济技术开发区，成为上海首批成立的国家开发区。至20世纪90年代，上海抓住浦东开发开放的机遇，加快形成"1+3+9"工业区发展格局，即："1"指浦东新区，涉及工业的主要园区有外高桥保税区、金桥出口加工区、张江高科技园区、星火工业园区；"3"是指闵行经济技术开发区、漕河泾新兴技术开发区、上海化学工业区；"9"是指崇明工业园区、宝山城市工业园区、嘉定工业园区、青浦工业园区、松江工业园区、莘庄工业园区、金山工业园区（原金山嘴工业区）、浦东康桥工业园区和上海市工业综合开发区（原奉浦工业区），规划面积为40997.96公顷。

上海外高桥保税区　2006年1月23日，国土资源部关于《第三批落实四至范围的开发区公告》，批准了外高桥保税区，规划面积为1103公顷。其中，物流一期：东至外高桥港区三期，南至外环线，西至油管路，北至三海码头；B区：东至威斯路，南至港电路，西至杨高北路，北至杨高北路；C区和D区：东至高川河（高桥港），南至航津路，西至杨高北路，北至港九路；F区：东至富特东二路，南至洲海路，西至杨高北路，北至航津路；G区：东至富特东二路，南至五洲大道，西至杨高北路，北至洲海路；微电子园：东至高桥港，南至赵家沟、东靖路，西至金京路，北至五洲大道。以自由贸易、出口加工、物流仓储及保税商品展示交易为主要功能。

金桥出口加工区　2005年11月17日，国土资源部关于《第一批落实四至范围的开发区公告》，批准了金桥出口加工区，规划面积为2738公顷。北区：东至外环绿带，南至云间路，西至罗山路、杨高路，北至巨峰路；南区：东至上川路、浦东运河，南至川杨河，西至华东路、唐陆路，北至唐龙路、龙东大道。重点发展电子信息、光机电、精密机械、精细化工等产业。

张江高科技园区　2005年11月17日，国土资源部关于《第一批落实四至范围的开发区公告》，批准了张江高科技园区，规划面积为2500公顷，东至规划浦东铁路，南至华夏路，西至罗山路，北至

龙东大道。重点发展集成电路、软件、生物医药、文化科技创意等产业。

上海星火工业园区 2006年9月6日,国土资源部关于《第十二批落实四至范围的开发区公告》,批准了星火工业园区,规划面积为720公顷,东至农工商大道(引淡河),南至国防公路、随塘河,西至金汇港,北至彭公塘。重点发展精细化工、化纤、建材等产业。

漕河泾新兴技术开发区 2005年12月23日,国土资源部关于《第二批落实四至范围的开发区公告》,批准了漕河泾新兴技术开发区,规划面积为1570公顷。区块1:东至桂林路(含路东的上海通信设备厂),南至漕宝路(含路南的生物工程中试验基地),西至新泾港(至高门泾)—虹梅路,北至高门泾—虹梅路—蒲汇路;区块2:东至万芳路,南至沈庄塘,西至浦星公路,北至中心河。重点发展信息技术、新材料、生物医药等产业。

闵行经济技术开发区 2005年12月23日,国土资源部关于《第二批落实四至范围的开发区公告》,批准了闵行经济技术开发区,规划面积为347公顷,东至沙港,南至黄浦江—文井路—江川路—昆阳路—东川路,西至碧溪路,北至剑川路—昆阳路—天星路—古永路。重点发展机电、医药、食品饮料等产业。

上海化学工业区 2006年9月6日,国土资源部关于《第十二批落实四至范围的开发区公告》,批准了上海化学工业区,规划面积为2940公顷,东至奉贤南竹港、杭州湾围海东侧堤,南至杭州湾围垦海堤,西至杭州湾西侧堤(龙泉港出海闸),北至沪杭公路。重点发展精细化工和石油化工等产业。

上海崇明工业园区 2006年9月6日,国土资源部关于《第十二批落实四至范围的开发区公告》,批准了上海崇明工业园区,规划面积为997公顷,东至西门路、中津桥路、育麟桥路、港东公路,南至中街山路、北门路、人民路、施翘路,西至岱山路,北至陈海公路(中线)。重点发展机械、电子、服装等产业。

宝山城市工业园区 2006年11月15日,国土资源部关于《十四批落实四至范围的开发区公告》,批准了宝山城市工业园区,规划面积为2534.80公顷。宝山城市园南区块:东至外环线绿化带西边界,南至宝山区界,西至陈太路绿化带南边界,北至陈太路绿化带南边界;宝山城市园北区块:东至北蕰川路,南至石太路,西至沪太路,北至新川沙路。重点发展新材料,电子、半导体材料、机电、光盘、汽车配件等产业。

上海嘉定工业园区 2006年11月15日,国土资源部关于《十四批落实四至范围的开发区公告》,批准了上海嘉定工业园区,规划面积为5754.50公顷。嘉定试点园北区块:东至娄陆公路,南至规划沪崇苏西线公路,西至嘉浏高速公路、盐铁塘,北至张江门泾、平滨公路、唐竹公路;嘉定试点园南区块1:东至浏翔公路,南至马陆塘,西至沪嘉浏高速公路,北至嘉戬公路;嘉定试点园南区块2:东至沪宜公路,南至宝安公路,西至胜辛路、嘉金高速公路,北至沪宜公路;嘉定区外冈园:东至盐铁河,南至规划纬三路,西至吴铁河,北至娄塘河。重点发展汽车零部件、精密机械、电子等产业。

上海青浦工业园区 2006年11月15日,国土资源部关于《十四批落实四至范围的开发区公告》,批准了上海青浦工业园区,规划面积为5327公顷。区块1:东至漕盈路,南至金桥路,西至青赵公路,北至苏虹高速公路以南约300米;区块2:东至通波塘,南至崧泽大道,西至漕盈路,北至苏虹高速公路以南约300米;区块3:东至漕盈路,南至崧泽大道,西至青赵公路,北至金桥路;区块4:东至漕盈路,南至盈港路,西至青赵公路,北至崧泽大道;区块5:东至通波塘,南至盈港路、沪青平公路,西至漕盈路,北至崧泽大道。重点发展精密机械、电子信息、印刷等产业。

上海松江工业园区 2006年11月15日,国土资源部关于《十四批落实四至范围的开发区公告》，批准：(1)松江工业区，规划面积为5 777公顷。松江试点园西区块1：东至油墩港以西结构绿地，南至沪杭高速公路，西至同三国道，北至花辰路；松江试点园西区块2：东至同三国道，南至沪杭高速公路，西至斜塘港以东生态保护区，北至面丈港；松江试点园西区块3：东至同三国道，南至沪杭铁路，西至斜塘港以东生态保护区，北至沪杭高速公路。(2)松江试点园东区块1：东至北泖泾，南至沪杭高速公路，西至张泾河，北至卖新公路；松江试点园东区块2：东至嘉金高速公路，南至沪杭铁路，西至洞泾港，北至沪杭高速公路；松江试点园东区块3：东至车亭公路，南至闵塔公路，西至洞泾港，北至沪杭铁路；松江试点园东区块4：东至茜浦泾西侧500米绿化带，南至北松公路，西至车亭公路，北至沪杭铁路；松江试点园东区块5：东至车亭公路，南至闵塔公路，西至嘉金高速公路，北至嘉金高速公路。(3)松江区石湖荡园：东至长石路，南至唐明路，西至油墩港，北至塔闵公路；练塘绿色园：东至蒸夏路以东约260米，南至老松蒸公路，西至新朱枫公路，北至泖甸路以北约220米(注：在公布的四至范围内，有3个扣除区块，面积共计441.26公顷)。重点发展电子、机械、新材料等产业。

上海莘庄工业园区　2006年11月15日，国土资源部关于《十四批落实四至范围的开发区公告》，批准了上海莘庄工业园区，规划面积为1 640.66公顷。莘庄园南区块：东至横沥港、郊区环路、邱泾港，南至横沙河、六磊塘，西至沙港，北至银都路；莘庄园北区块：东至七莘路，南至淀浦河，西至南新铁路，北至顾戴路；向阳园东至莲花南路，南至放鹤路，西至莘奉金高速公路，北至六磊塘。重点发展通信设备、机械、化工等产业。

上海金山工业园区　2006年11月15日，国土资源部关于《十四批落实四至范围的开发区公告》，批准了上海金山工业园区，规划面积为2 581公顷。金山园区块：1：东至亭卫公路，南至朱行镇界，西至亭林镇亭南村，北至亭枫高速公路；金山园区块2：东至亭卫公路，南至廊漕公路，西至朱行镇长楼港，北至朱吕公路；金山园区块3：东至嘉金高速公路，南至廊漕公路，西至亭卫公路，北至朱吕公路；金山园区块4：东至亭卫公路，南至红旗港，西至松卫公路，北至莘奉金A4高速公路；金山园区块5：东至铁路金山支线，南至金山大道延伸段，西至亭卫公路，北至莘奉金A4高速公路；金山第二园区块1：东至新卫公路卫六段，南至金山大道，西至浙江省界，北至莘奉金A4高速公路延伸段；金山第二园区块2：东至新卫公路卫六段，南至黄姑塘，西至浙江省界，北至金山大道；张堰园：东至张泾河，南至金张支线，西至胜利河，北至高家宅。重点发展精细化工、计算机及其他电子设备、机械等产业。

上海浦东康桥工业园区　2006年9月6日，国土资源部关于《第十二批落实四至范围的开发区公告》，批准了浦东康桥工业园区，规划面积为2 688公顷，东至浦东新区界河、申江路、罗南大道、沪南公路，南至环南一大道、秀沿路、秀浦路南、周祝公路，西至闵行区界河，北至浦东新区界河。重点发展电子信息、汽车零部件、医疗器械等产业。

上海市工业综合开发区　2006年11月15日，国土资源部关于《十四批落实四至范围的开发区公告》，批准了上海市工业综合开发区，规划面积为1 580公顷，东至莘奉金A4高速公路，南至航南公路，西至环城西路、竹港，北至大叶公路。重点发展通信设备制造、机械装备、输配电设备等产业。

【非工业开发区】
虹桥经济技术开发区　1982年9月，国土资源部关于《第二批落实四至范围的开发区公告》，批准了虹桥经济技术开发区，规划面积为0.65平方公里，东至中山西路，西至古北路，北至仙霞路，南至虹桥路。重点发展信息咨询、商业服务、会展服务、外贸等产业。

陆家嘴金融贸易区 1990年9月,经国务院正式批准设立陆家嘴金融贸易区,是国内唯一以金融贸易命名的国家级开发区,也是上海中央商务区的重要组成部分。规划面积28平方公里,东至浦东南路,南至东昌路,为西、北至黄浦江。重点发展金融、商务、服务、文化旅游等产业。

上海佘山国家旅游度假区 1995年6月13日,国务院正式批准设立上海佘山国家旅游度假区,成为全国12个国家旅游度假区之一。规划面积64.08平方公里,东至嘉松南路,南至旗天公路,西至上海绕城高速,北至泗陈公路及松江区界。重点发展休闲旅游业和现代服务业等产业。

二、六大产业基地

是指以工业开发区为主要载体的微电子产业基地、汽车制造产业基地、石油化工及精细化工制造基地、精品钢材基地、装备产业基地和船舶制造基地等六大产业基地,规划建设用地29 060公顷(其中位于开发区内约21 020公顷、开发区外8 040公顷)。

【微电子产业基地】

微电子产业基地总规划面积约2 800公顷,形成优化"一区两带"的产业布局,以张江高科技园区为重点、以金桥出口加工区和外高桥保税区为延伸的浦东微电子产业带;扩展区包括漕河泾新兴技术开发区、松江科技园区和出口加工、青浦工业园区、康桥工业区、紫竹科学园区等。以研发与设计为主,带动封装测试、微电子研发、设备制造、原材料和其他配套产业的发展;建成具备研发、设计、生产、封装、测试、软件等完整的产业链。

【汽车制造产业基地】

汽车制造产业基地以上海国际汽车城为重点,总规划面积约2 000公顷,建成以安亭上海国际汽车城、浦东金桥出口加工区和临港产业区三大汽车制造和汽车零部件产业基地格局。加强汽车产业自主开发能力、打造自主品牌汽车产品,提高汽车产业核心竞争力和国际经营能力;加速汽车服务贸易和研发设计两端延伸拓展,完善汽车产业链和软环境建设,逐步形成约300万辆的整车生产能力,形成集汽车整车与零部件生产、研发、汽车展示博览、赛车等为一体的汽车产业基地。

【精细化工和石油化工产业基地】

石油化工及精细化工制造基地总规划面积约8 000公顷,以上海化学工业区依托,联动发展金山石化、星火工业区、金山第二工业区,改善吴泾工业区,调整高桥石化。以国家大企业和著名跨国公司为建设主体,以大型乙烯工程为核心,发展石油化工、天然气化工和精细化工系列产品,提高产业集聚水平,延伸产业链,大力发展精细化工。

【精品钢材制造基地】

精品钢材制造基地总规划面积约6 000公顷,以宝钢集团为依托,加快钢铁产业向宝山地区集中,以吴淞、罗泾、宝山工业区等区域为主体,构建北部钢铁精品基地。发挥宝钢集团优势,重点发展汽车用钢、造船用钢、电工钢、石油管、不锈钢、高等级建筑用钢等钢铁精品,及其钢铁延伸加工业;形成碳钢板管、不锈钢和特钢精品制造等三大专业化生产中心,以及位于宝山罗泾的钢铁及延伸加工基地。

【装备产业基地】

装备产业基地以临港综合经济开发区及闵行等为主体,总规划面积约 8 000 公顷,重点发展装备制造业中的高技术产业,培育和发展煤液化制油、重型燃气轮机、1 000 兆瓦级大型超超临界火电机组等新兴装备工业,以及电站和输配电设备、轨道交通、微电子装备、精密加工装备、重点专用装备、能源类装备、新型环保装备、智能化测量和自动控制设备八大装备类产品为主的临港新城装备产业基地。形成集先进制造、成套总装、专业配套、研发创新、延伸服务、职业教育、出口加工和现代物流于一体的综合性高技术装备基地。

【船舶制造产业基地】

船舶制造产业基地以长兴岛、崇明、外高桥等为主体,总规划面积约 1 700 公顷。以长兴岛海洋装备产业基地为依托,利用长兴岛建设 8 公里造船岸线,形成以长兴岛、外高桥为主体,外高桥和崇明为配套的船舶制造业构架,进一步提升产业能级,建设成国内最大、国际有影响力的船舶制造基地。

三、老工业区

"九五"期间(1996—2000 年),上海市根据国家产业政策与上海城市发展总体规划要求,遵循产业优化、布局合理、经济发展、生态和谐的方针,按照提升和提高城市综合竞争力和创新能力的目标,进一步推进吴泾工业区、桃浦工业区、吴淞工业区、长风工业区、彭浦机电工业区等老工业区的形态布局优化、产业结构升级,实现综合经济效益和社会环境效益的协调发展,积极稳妥地进行老工业区的调整改造和提升。

【吴淞工业区】

工业区总占地面积 2 380 公顷,各类企业有 180 多家,以冶金、化工、建材为主。配合宝山地区规划和北部精品钢材基地建设,按照"有所为、有所不为"产业结构调整方针,关停一批严重污染环境、技术水平落后、产品缺乏市场竞争力的企业,淘汰一批落后工艺装备,以新材料为主导,推进传统产业升级,优化产业结构,逐步建成以优质钢材、铜材、新型建材和精细化工为主体的新材料产业基地。

【吴泾工业区】

工业区总面积 1 194 公顷,工业企业有 40 余家。根据城市总体规划和上海化工产业总体发展战略的要求,调整完善吴泾工业区的产业结构、能源结构和用地布局结构,加强环境保护和环境建设,改善区域环境质量,建设成为以化学工业和电力工业为主的市级工业区,区内化学工业向深加工、精细化工等下游产业发展,逐步发展成为以天然气、煤的全气化清洁工艺为主要原料的清洁能源和新材料化工基地。

【桃浦工业区】

工业区占地面积 310 公顷,工业企业有 50 多家。按照总体规划要求,关停一批污染严重的企业,淘汰一批化学合成和中间体生产工艺;盘活存量,优化增量,重点发展包装印刷、模具加工、汽车零部件配套企业为主体，具有高科技含量、高附加值、低污染的都市型产业集聚区。

【长风工业区】

工业区占地面积 284 公顷，工业企业有 40 多家，是毗邻中心城区边缘的老工业区之一。主要集中轻工、华谊（化工）、上汽、电气等国有的大集团的 11 个行业，聚集 50 多家工业企业。

【彭浦机电工业区】

工业区占地面积约为 175 公顷，先后有上海冶金通用机械厂、上海华通开关厂等 12 家机电工业大型骨干企业及一批中小型工厂迁入。

第二节 开发区设立

一、国家级开发区

国家级开发区主要有经济技术开发区、海关特殊监管区域、国家高新产业区以及金融贸易区、农业园区和旅游度假区。至 2010 年，在上海批准设立的经济技术开发区有闵行经济技术开发区、虹桥经济技术开发区、漕河泾新兴技术开发区；海关特殊监管区域有上海外高桥保税区、金桥出口加工区、上海松江出口加工区、洋山保税港区、上海漕河泾出口加工区、上海青浦出口加工区、上海闵行出口加工区、上海浦东机场综合保税区、上海嘉定出口加工区、上海综合保税区；国家高新产业区有张江高科技园区、漕河泾高新技术产业开发区；此外，金融贸易区、农业园区和旅游度假区有上海陆家嘴金融贸易区、浦东孙桥现代农业开发区、佘山国家旅游度假区。

【闵行经济技术开发区】

1982 年 9 月，经市政府正式批准，成立闵行地区开发公司、虹桥地区开发公司和上海市开发公司管理处 3 家开发机构。1983 年 6 月 2 日，市政府发文把 3 家开发机构统一改建为上海市闵行虹桥开发公司。1984 年 5 月 29 日，经市政府同意，上海市闵行虹桥开发公司一分为二，分别为上海市闵行开发公司和上海市虹桥开发公司。12 月 31 日，经对外经济贸易部（以下简称"外经贸部"）同意，成立上海闵行联合发展有限公司。1986 年 8 月 29 日，经国务院正式批准，设立闵行经济技术开发区。2000 年 6 月 19 日，经上海市建设管理委员会（以下简称"市建委"）同意，成立上海闵行经济技术开发区管理办公室。

【虹桥经济技术开发区】

1984 年 12 月 31 日，经外经贸部同意，成立上海虹桥联合发展有限公司。1986 年 8 月 29 日，经国务院正式批准，设立虹桥经济技术开发区。1999 年，虹桥经济技术开发区与长宁区人民政府合作成立虹桥开发区区政管理办公室。2000 年，虹桥开发区管理办公室成立，市建委主管开发区的领导兼任管理办公室主任，开发公司领导兼任管理办公室副主任。2006 年 3 月 17 日和 4 月 11 日，建设部、国土资源部分别回函商务部，同意虹桥经济技术开发区扩区，在嘉定安亭上海国际汽车城建设虹桥开发区汽车产业园区。

【漕河泾新兴技术开发区】

1984年11月16日,经市政府同意,正式成立漕河泾微电子工业区开发公司。1986年1月,经市政府批复上海市经济委员会(以下简称"市经委"),同意设立漕河泾微电子工业区。10月15日,经市政府同意,在漕河泾微电子工业区开发公司的基础上,成立上海市工业区开发总公司(对外暂保留漕河泾微电子工业区开发公司的名义)。1988年4月8日,经上海市对外经济贸易委员会(以下简称"市外经贸委",今上海市商业委员会)同意,成立上海市漕河泾联合发展有限公司。6月7日,经国务院正式批准,设立漕河泾新兴技术开发区。7月,经市政府同意,漕河泾微电子工业区开发公司更名为漕河泾新兴技术开发区发展总公司。

【上海外高桥保税区】

1990年6月,经国务院正式批准,设立上海外高桥保税区。9月11日,经市政府批准,成立上海外高桥保税区开发公司。1992年2月28日,上海外高桥保税区联合发展有限公司成立。3月9日,海关总署对外高桥保税区0.45平方公里的封关区域进行首次封关验收。4月21日,经中共上海市委、市政府同意,成立外高桥保税区管理委员会。5月,经市政府同意,上海外高桥保税区开发公司改制为上海外高桥保税区开发股份有限公司。6月2日,外高桥保税区管理委员会正式挂牌对外办公。1993年4月17日,上海市外高桥保税区新发展有限公司、上海市外高桥保税区第三联合发展有限公司和上海外高桥保税区开发(控股)公司分别成立。是日,外高桥保税区第二次封关验收,面积扩大至2平方公里。1994年12月19日,保税区第三次封关验收,通过验收面积3.5平方公里,保税区封关面积扩大至5.5平方公里。1997年6月18日,海关总署对外高桥保税区进行第四次封关验收,验收面积为0.9平方公里。1999年6月21日,经市政府同意,成立上海外高桥(集团)有限公司,并于12月10日正式挂牌。2001年4月18日和2003年5月29日,海关总署先后对外高桥保税区进行第五和第六次封关验收,封关面积共计2.1平方公里。2007年4月16日,进行第七次封关验收,保税区微电子产业园区验收面积为0.4平方公里。通过七次封关验收,外高桥保税区10平方公里的规划面积有8.9平方公里建成运行。

【金桥出口加工区】

1990年6月2日,经国务院正式批准,同意设立金桥出口加工区。9月10日,市政府正式宣布成立上海金桥出口加工区开发公司并于11日正式挂牌。1991年1月12日,经市政府浦东开发办同意,成立上海市金桥出口加工区联合投资开发公司。11月,经市政府同意,成立上海金桥出口加工区联合发展有限公司。1992年5月19日,经市建委同意,金桥出口加工区开发公司改制为金桥出口加工区开发股份公司。1995年12月12日,金桥出口加工区开发公司改建为上海金桥(集团)有限公司。2001年9月,经海关总署正式批准,同意设立上海金桥出口加工区(南区)。9月4日,经国务院同意,金桥出口加工区(南区)实行海关封闭管理。2002年6月18日,成立上海金桥出口加工区(南区)管理委员会。6月20日,金桥南区封关区一期通过海关总署、国家计划委员会(以下简称"国家计委")、国家经济贸易委员会(以下简称"国家经贸委")、财政部、对外贸易经济合作部、国家税务总局、国家工商行政管理总局、国家外汇管理局等八部委局验收,7月1日实施封关运作。12月19日,成立上海金桥出口加工区管理委员会,与上海金桥出口加工区(南区)管理委员会合署办公。

【上海松江出口加工区】

2000年4月27日,经国务院正式批准,设立上海松江出口加工区。7月5日,经松江区人民政府同意,成立上海松江出口加工区管理委员会。2001年1月18日,松江出口加工区A区首期完成建设进入封关运作。2002年1月,松江出口加工区设立出口加工区办公室。8月,A区二期完成建设进入封关运作。2003年3月14日,经海关总署正式批准,设立上海松江出口加工区B区。11月23日,松江出口加工区B区一期完成建设进入封关运作。

【洋山保税港区】

2002年10月15日,成立上海同盛物流园区投资开发有限公司。2005年6月22日,经国务院正式批准,设立洋山保税港区。11月1日,经中共上海市委、市政府正式批复,同意成立上海洋山保税港区管理委员会。12月10日,经国务院正式批准,同意洋山保税港区在洋山深水港开港的同时正式启用,是实行海关封闭监管的特殊功能区域,是中国第一个保税港区,也是实行港口和保税区、出口加工区、保税物流园区功能合一运作模式的创新区。2007年12月,海关总署通过洋山保税港区的封关验收,正式纳入封闭管理。

【上海漕河泾出口加工区】

2003年3月10日,经国务院正式批准,增设上海漕河泾出口加工区。11月23日,国家八部委局对漕河泾出口加工区的联合验收通过。2004年3月1日,漕河泾出口加工区正式封关运行。

【上海青浦出口加工区】

2003年3月10日,经国务院正式批准,增设上海青浦出口加工区。5月,经青浦区人民政府(以下简称"青浦区政府")正式批准,成立上海青浦出口加工区开发有限公司。11月,经青浦区政府同意,成立青浦出口加工区管理委员会。11月23日,国家八部委组成的联合验收小组对青浦出口加工区一期海关监管隔离设施的验收通过,并正式封关运行。

【上海闵行出口加工区】

2003年3月10日,经国务院正式批准,增设上海闵行出口加工区。4月10日,成立上海奉贤闵行出口加工区领导小组。8月22日,成立上海闵行出口加工区开发有限公司及上海闵行出口加工区投资有限公司。11月23日,国家八部委局对闵行出口加工区的联合验收通过并正式封关运行。2004年11月8日,上海奉贤闵行出口加工区领导小组更名为上海闵行出口加工区领导小组,上海奉贤闵行出口加工区管理委员会更名为上海闵行出口加工区管理委员会。

【上海浦东机场综合保税区】

2004年6月29日,成立上海浦东现代产业开发有限公司。2009年7月3日,经国务院正式批准,设立上海浦东机场综合保税区。2010年4月2日,由国家发展改革委、财政部、海关总署等十部委对浦东机场综合保税区一期进行封关验收。9月28日,启动二期基础设施建设。

【上海嘉定出口加工区】

2005年6月3日,经国务院正式批准,增设上海嘉定出口加工区。12月,经嘉定区人民政府同意,成立嘉定出口加工区管理委员会。2006年2月,成立上海嘉定出口加工区发展有限公司。2007年9月5日,国务院九部委局对上海嘉定出口加工区的联合验收通过并封关运作。

【上海综合保税区】

2009年4月14日,国务院《关于推进上海加快发展现代服务业和先进制造业建设国际金融中心和国际航运中心的意见》提出,推进上海加快建设国际航运中心,探索建立国际航运发展综合试验区。11月4日,中共上海市委、市政府正式批准,决定组建上海综合保税区管理委员会。11月18日,正式成立上海综合保税区管理委员会。2010年,上海综合保税区联合发展公司组建,并于2011年12月23日在洋山保税港区正式成立。

【张江高科技园区】

1991年3月,经国务院正式批准,上海高新技术产业开发区列为国家级高新区。1992年7月,经国家科学技术委员会(以下简称"国家科委")正式批准,同意设立张江高科技园区(属张江国家自主创新示范区的核心园)。7月28日,成立张江高科技园区开发公司。2000年1月7日,市政府颁布《上海市促进张江高科技园区发展的若干规定》,成立张江高科技园区领导小组,领导小组下设办公室。2002年12月26日,张江高科技园区开发公司更名为上海张江(集团)有限公司。

【漕河泾高新技术产业开发区】

1991年3月6日,经国务院正式批准,漕河泾新兴技术开发区列为国家高新技术产业开发区(时为上海唯一具有双重功能的开发区)。2000年,经科学技术部正式批准,漕河泾新兴技术开发区列为高新技术出口基地。

【上海陆家嘴金融贸易区】

1990年9月,经国务院正式批准,设立上海陆家嘴金融贸易区。9月10日,市政府正式宣布成立上海市陆家嘴金融贸易区开发公司,并于9月11日正式挂牌。1991年10月28日,成立上海陆家嘴金融贸易区联合发展有限公司。1992年8月30日,上海市陆家嘴金融贸易区开发股份有限公司成立,负责成片开发陆家嘴区域内1.51平方公里土地。1997年2月,陆家嘴金融贸易区城市管理委员会办公室正式成立。7月,上海市陆家嘴金融贸易区开发股份有限公司更名为陆家嘴(集团)有限公司。2004年10月,成立陆家嘴功能区域管理委员会。2010年末,陆家嘴功能区域管理委员会职能调整,更名为陆家嘴金融贸易区管理委员会(筹)。

【浦东孙桥现代农业开发区】

1994年8月31日,上海孙桥现代农业联合发展有限公司正式注册成立。9月,经国家计委正式批准,设立上海浦东孙桥现代农业开发区。9月6日,浦东现代农业开发有限公司正式成立。2006年,上海张江(集团)有限公司正式管理孙桥现代农业联合发展有限公司。

【佘山国家旅游度假区】

1995年6月13日,经国务院正式批准,设立上海佘山国家旅游度假区,为全国12个国家旅游度假区之一。11月,市政府成立佘山国家旅游度假区管委会,下设管委会办公室。1996年9月,成立上海佘山国家旅游度假区联合发展总公司。

二、市级工业区

【上海星火工业园区】

1984年10月,经市政府正式批准,筹建星火农场轻纺工业区。1985年6月7日,经上海市计划委员会(以下简称"市计委")同意,上海市农场管理局(以下简称"市农场局")开始筹建星火轻纺工业开发公司。1992年5月,成立上海市星火工业区管理委员会,11月更名为上海市星火开发区管理委员会。7月9日,经市农场局批准,星火轻纺工业开发公司更名为上海市星火工业区开发公司。11月,又更名为星火开发区开发总公司。1993年11月,成立上海浦东星火开发区联合发展有限公司。

【上海嘉定工业园区】

1991年3月,嘉定县十届人大二次会议决定,设立嘉定经济开发区。1992年6月26日,成立嘉定工业开发区管理委员会。8月,嘉定工业开发区开发总公司正式成立。9月11日,公司正式挂牌。1993年,嘉定工业开发区更名为嘉定工业区,嘉定工业开发区开发总公司更名为嘉定工业区开发总公司。1994年8月,嘉定工业区开发总公司改制为嘉定工业区开发(集团)总公司。9月8日,经市政府正式批准,嘉定工业区列为市级工业区。

【上海浦东康桥工业园区】

1992年5月,经南汇县人民政府(以下简称"南汇县政府")正式批准,设立南汇康桥工业区。5月8日,经中共南汇县委、南汇县政府同意,建立南汇县康桥工业区管理委员会。6月18日,成立上海康桥实业总公司。1994年7月28日,上海康桥实业总公司改制为上海浦东康桥(集团)公司。8月4日,经市政府正式批准,南汇康桥工业区列为市级工业区,并更名为上海浦东康桥工业区,南汇县康桥工业区管理委员会更名为上海浦东康桥工业区管理委员会。1998年6月29日,上海浦东康桥(集团)公司变更为上海浦东康桥(集团)有限公司。

【上海松江工业园区】

1992年5月,经松江县人民政府(以下简称"松江县政府")正式批准,设立松江经济技术开发区。5月22日,松江县政府决定,成立上海市松江经济技术开发区管理委员会。6月1日,松江县政府决定,成立上海松江经济技术开发区建设总公司,7月13日进行工商注册登记。1994年5月13日,经市政府正式批准,松江经济技术开发区列为市级园区,并更名为上海市松江工业区。是日,上海市松江经济技术开发区管理委员会更名为上海市松江工业区管理委员会。

【上海市市北高新技术服务业园区】

1992年,经中共闸北区委、闸北区人民政府(以下简称"闸北区政府")正式批准,走马塘工业小区扩展为市北工业新区。8月,经市计委正式批准,设立上海市市北工业新区。是月,经闸北区政府正式批准,成立上海市市北工业新区管理委员会和上海市市北工业新区发展公司。1996年9月,经市政府正式批准,市北工业新区列为市级工业区。2009年7月,经上海市发展和改革委员会(以下简称"市发展改革委")正式批准,设立市北高新技术服务业园区。

【上海南汇工业园区】

1994年7月,经南汇县政府决定,设立上海浦东南沙工业园区。8月19日,上海浦东南沙工业园区管理委员会正式挂牌办公。8月28日,成立上海南汇工业园区投资发展有限公司。11月3日,上海浦东南沙工业园区更名为上海南汇工业园区,上海浦东南沙工业园区管理委员会也相应更名为上海南汇工业园区管理委员会。1995年3月23日,南汇县政府决定设立上海南汇工业园区领导小组。2006年3月,经市政府正式批准,上海南汇工业园区列为市级工业开发区。2009年5月,浦东新区和南汇区两区合并,上海南汇工业园区管委会撤销。

【上海市工业综合开发区】

1994年5月21日,经奉贤县人民政府(以下简称"奉贤县政府")同意,成立奉贤县奉浦开发区管理委员会和奉浦经济发展实业总公司。1995年8月5日,经市政府正式批准,上海市奉浦工业区列为市级工业区。是日,奉贤县奉浦开发区管理委员会更名为市奉浦工业区管理委员会。2000年2月,市政府有关部门同意由奉贤县政府与上海工业投资集团公司联合投资开发奉浦工业区,组建成立工业综合开发区有限公司。4月5日,经市政府正式批准,上海市奉浦工业区更名为上海市工业综合开发区。8月,市奉浦工业区管理委员会更名为工业综合开发区管理委员会。

【宝山城市工业区】

1994年9月2日,经宝山区人民政府(以下简称"宝山区政府")正式批准,成立宝山城市工业区管理委员会。1995年11月13日,经市政府正式批准,宝山城市工业园区列为市级工业区。1998年9月,宝山城市工业园区开发有限公司成立。

【上海金山工业园区】

1992年,市政府批准开发金山嘴工业区。1994年12月31日,经市政府正式批准,金山嘴工业区列为市级工业区。2003年9月13日,经金山区人民政府(以下简称"金山区政府")同意,成立金山工业区管委会。10月24日,金山区政府同意成立新金山发展公司。2005年,金山嘴工业区更名为上海金山工业园区。

【上海青浦工业园区】

1995年8月,成立青浦西部工业园区管理委会员。11月25日,经市政府正式批准,青浦西部工业园区列为市级工业区,并更名为上海青浦工业园区。1996年9月,成立上海青浦西部工业园区开发总公司。2003年6月,经青浦区政府决定,组建上海青浦工业园区管理委员会、上海青浦工业园区发展(集团)有限公司、上海青浦工业园区社区管理委员会。

【上海莘庄工业园区】

1995年8月5日,经市政府正式批准,上海莘庄工业区列为市级工业区。8月17日,经闵行区人民政府(以下简称"闵行区政府")同意,成立上海市莘庄工业区经济技术发展总公司。1997年2月3日,经闵行区政府同意,成立上海市莘庄工业区管理委员会。

【上海崇明工业园区】

1994年3月,经崇明县人民政府正式批准,设立崇明外商投资开发区管理委员会。6月,建立隶属于外商投资开发区管理委员会的崇明县对外经济发展总公司。1996年2月1日,经市政府正式批准,同意上海崇明工业园区列为市级工业区。

【上海化学工业区】

1996年8月13日,经市政府正式批准,成立上海化学工业区开发领导小组。8月15日,经市政府正式批准,设立上海化学工业区。8月30日,成立上海化学工业区发展有限公司。1999年1月3日,经市政府正式批准,上海化学工业区列为市级工业区。12月28日,经市政府同意,成立上海化学工业区领导小组办公室。2001年8月22日,经中共上海市委、市政府同意,成立上海化学工业区管理委员会。

【上海紫竹科学园区】

2001年9月11日,经市政府正式批准,设立上海紫竹科学园区。2002年3月11日,上海紫竹科学园区发展有限公司正式注册成立。2003年12月22日,成立上海紫竹科学园区管理委员会。2006年3月,经国家发展改革委审核通过,上海紫竹科学园区更名为上海紫竹高新技术产业园区。

【上海宝山工业园区】

2003年8月21日,经宝山区政府同意,上海宝山城市工业园区(北区)管理委员会更名为上海宝山工业园区管理委员会。是月,组建宝山工业园区投资管理有限公司。2006年8月9日,经市政府正式批准,设立上海宝山工业园区。

三、重点产业基地

【上海临港产业区】

2002年4月,成立上海海港新城投资开发有限公司。2003年5月,经市政府同意,成立上海临港综合经济开发区管理委员会。9月,成立上海临港经济发展(集团)有限公司。10月,上海临港综合经济开发区管理委员会更名为上海临港新城管理委员会。12月,市政府通过并公布《上海临港新城管理办法》,明确上海临港产业区列入临港新城(主城区、产业区和洋山深水港后方配套区等)组成部分。2004年1月,成立上海闵联临港联合发展有限公司。2月,成立上海临港新城投资建设有限公司。2007年11月,成立上海临港海洋高新技术产业发展有限公司。2010年1月8日,经浦东新区人民政府决定,成立"区级区管"的上海市浦东临港新城管理委员会(筹)。2月9日,经中共上海市委、市政府同意,上海临港新城管理委员会更名为上海临港产业区管理委员会。

【上海长兴岛海洋装备产业基地】

2008年4月30日,经市政府同意,成立上海市长兴岛开发建设管理委员会及管委会办公室。5月23日,上海长兴岛开发建设有限公司注册成立。9月,市政府通过并颁布《上海市长兴岛开发建设管理办法》,决定支持建设长兴岛海洋装备产业基地。

【上海国家民用航天产业基地】

2007 年 7 月 20 日,国家发展改革委正式批准上海国家民用航天产业基地。11 月,市政府批准同意支持建设民用航天产业基地核心区,核心区位于上海市闵行区,由航天科技研发中心、航天科技产业基地、航天科普基地三大功能区组成。

四、功能性园区

1994 年 4 月,经国家科委正式批准,设立中国纺织国际科技产业城,并列入上海市高新技术产业开发区。6 月,经市政府决定,在漕河泾新兴技术开发区内建立上海生物技术工业园区。7 月,上海市发展新兴技术和新型工业办公室决定,在上海浦东金桥出口加工区建立上海生物技术工业园区。

1996 年 2 月,经国家计委正式批准,同意建设上海浦东软件园项目。2000 年 7 月 20 日,上海浦东软件园(部门)被授予国家软件产业基地。2003 年 11 月 24 日,被授予国家软件出口基地。1996 年 8 月 2 日,经国家科委、卫生部、上海市政府、国家医药管理局决定,在张江高科技园区建立国家上海生物医学科技产业基地。

2001 年 11 月,经市政府正式批准,同意设立上海未来岛高新技术产业园区。2004 年 1 月,中国电信信息园区在康桥工业区设立。2005 年 9 月 21 日,浦东新区国有资产管理办公室正式批复,同意投资设立张江东区高科技联合发展有限公司,成立上海张江现代医疗器械园。

2007 年 5 月 31 日,经工业和信息化部正式批准,同意莘庄工业区设立国家电子信息产业园——国家(上海)平板显示器件产业园。2008 年 10 月,经上海市经济和信息化委员会(以下简称"市经济信息化委")正式批准,同意在漕河泾新兴技术开发区松江科技园建设上海松江国际光仪电产业园区。2010 年 3 月 15 日,经市经济信息化委正式批准,同意在市北高新技术服务业园区建设上海基础软件产业基地。

第三节　开发区清理整顿

一、第一次开发区清理整顿(2003—2004 年)

2003 年 2 月 18 日,国土资源部下发的《关于清理各类园区用地加强土地供应调控的紧急通知》指出:"改革开放以来,依照国务院规定批准兴办的开发区在改善投资环境、引进外资、促进产业结构调整和发展经济等方面起到积极的辐射、示范和带动作用。但近一个时期以来,一些地方和部门擅自批准设立名目繁多的各类开发区包括园区、度假区,随意圈占大量耕地和违法出让、转让土地,越权出台优惠政策,导致开发区过多过滥,明显超出实际需要,严重损害农民利益和国家利益,对此,必须进行全面清理整顿。为切实保护土地资源,维护土地利用总体规划和城市规划的严肃性,规范土地市场秩序,防止楼市动荡造成风险,现就清理各类园区用地,加强土地供应调控,国土资源部要求清理违规设立的各类园区,严禁违法下放土地审批权,严禁任何单位和个人使用农民集体土地进行商品房开发,严格控制土地供应总量,特别是住宅和写字楼用地的供应量,优化土地供应布局和结构,防止楼市动荡带来风险。要求各级国土资源管理部门加强土地的统一规划、统一征用转用、统一开发、统一供应的管理,健全土地交易管理的各项制度。"

7月18日,国务院办公厅下发《关于暂停审批各类开发区的紧急通知》。国务院有关部门根据清理整顿开发区的有关法规和政策性文件,对全国各类开发区进行清理整顿和设立审核。按照"布局集中、用地集约、产业集聚"的总体要求,对符合条件和标准的开发区予以公告并确定四至范围。通过清理整顿和设立审核,核减了全国开发区数量,压缩了规划面积,突出了产业特色,优化了布局。各类开发区在项目准入、单位土地面积投资强度、容积率及生态环境保护等方面的标准明显提高,清理整顿和设立审核工作取得初步成效,为开发区下一步规范发展营造了良好环境。经国务院同意,国家发展改革委、国土资源部、建设部公布《中国开发区审核公告目录》(2006年版)。

7月30日,国务院办公厅下发《关于清理整顿各类开发区加强建设用地管理的通知》。9月2日,建设部下发《关于进一步加强与规范各类开发区规划建设管理的通知》。11月3日,国务院下发的《关于加大工作力度进一步治理整顿土地市场秩序的紧急通知》提出了"依据国家有关法律法规、土地利用总体规划、城镇体系规划和城市总体规划,加快对各类开发区的清理进度。坚决纠正违规擅自设立开发区、盲目扩大开发区规模的现象。该撤销的要坚决予以撤销,该核减面积的要坚决予以核减,该缩小范围的要坚决予以缩小,该扣回用地指标的要坚决予以扣回。对违规下放的土地管理权、规划管理权,要坚决收回。对开发区占而不用的耕地,要限期恢复农业用途"等一系列关于清理整顿开发区的要求。

2004年10月21日,国务院下发的《关于深化改革严格土地管理的决定》指出:"自2003年以来,各地区、各部门认真贯彻中共中央、国务院部署,全面清理各类开发区,切实落实暂停审批农用地转用的决定,土地市场治理整顿取得积极进展,有力地促进了宏观调控政策的落实。但是,土地市场治理整顿的成效还是初步的、阶段性的,盲目投资、低水平重复建设,圈占土地、乱占滥用耕地等问题尚未根本解决。因此,必须正确处理保障经济社会发展与保护土地资源的关系,严格控制建设用地增量,努力盘活土地存量,强化节约利用土地,深化改革,健全法制,统筹兼顾,标本兼治,进一步完善符合中国国情的最严格的土地管理制度。"同时强调提出:"要加强土地利用总体规划、城市总体规划、村庄和集镇规划实施管理,严格土地利用总体规划、城市总体规划、村庄和集镇规划修改的管理。在土地利用总体规划和城市总体规划确定的建设用地范围外,不得设立各类开发区(园区)和城市新区(小区)。对清理后拟保留的开发区,必须依据土地利用总体规划和城市总体规划,按照布局集中、用地集约和产业集聚的原则严格审核。严格土地利用总体规划的修改,凡涉及改变土地利用方向、规模、重大布局等原则性修改,必须报原批准机关批准。城市总体规划、村庄和集镇规划也不得擅自修改。"

自2004年10月起,上海开发区清理整顿工作由国土资源部牵头负责的规划审核阶段转为由国家发展改革委牵头负责的设立审核阶段。上海市全面贯彻落实与积极配合国家部委开展开发区清理整顿工作,设立开发区审核工作小组,由市政府副秘书长李良园担任组长,成员由市发展改革委、市房地资源局、上海市城市规划管理局、上海市环境保护局(以下简称"市环保局")、市经委、市外经贸委等部门组成。同时,围绕中共上海市委、市政府提出的加快推进"三个集中"的总体要求,全面开展上海开发区清理整顿工作,减少了开发区的数量,完善了土地市场秩序,提高了开发区的总体质量,初步形成"布局集中、用地集约、产业集聚"的格局。

2004年11月17日,国土资源部颁布《第一批通过规划审核的开发区》。国土资源部会同国家发展改革委、建设部、商务部按照土地利用总体规划和城市总体规划,对各省(自治区、直辖市)经过清理整顿后上报保留的开发区的资料和图件进行审核。北京经济技术开发区等52个国家级经济技术开发区符合清理整顿的要求,通过审核,可以恢复正常的建设用地供应,批准规划总面积为71 135.52公顷。上海市通过审核的有4家国家级经济技术开发区,分别是闵行经济技术开发区(批准机关:国务院;批准时间:1986年1月;批准规划面积:308.00公顷);虹桥经济技术开发区(批准机关:国务院;批准时间:1986年8月;批准规划面积:65.20公顷);金桥出口加工区(批准机关:国务院;批准时间:2001年9月;批准规划面积:2 738.00公顷);漕河泾新兴技术开发区(批准机关:国务院;批准时间:1988年6月;批准规划面积:1 330.00公顷)。

2003—2004年,上海原177个工业区减少至80个,规划总面积为626.5平方公里。其中,农业园区3个,分别是孙桥现代农业开发区、南汇现代农业园区、奉贤现代农业园区,总面积共计4.49平方公里;旅游区2个,分别是奉贤海湾旅游区、佘山国家旅游度假区,总面积共计9.68平方公里;金融贸易区1个,陆家嘴金融贸易区,面积31.78平方公里;经济技术区1个,虹桥经济技术开发区,面积0.65平方公里;工业区73个,总面积共计579.9平方公里。

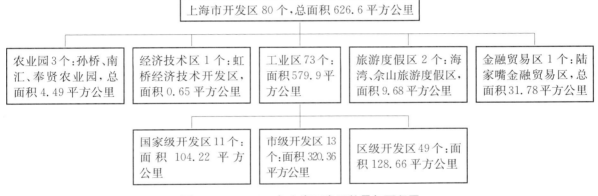

图1-1-1 2004年上海开发区数量与面积图

资料来源:上海市开发区协会档案室:XH-Z·T-2004-001

表1-1-3 2004年上海市保留的80个开发区名单一览表

区(县)	序 号	开 发 区 名 称
一、国家级开发区(13个)		
闵 行	1	上海闵行经济技术开发区
闵 行	2	上海漕河泾出口加工区
长 宁	3	上海市虹桥经济技术开发区
奉 贤	4	上海闵行出口加工区
松 江	5	上海佘山国家旅游度假区
松 江	6	上海松江出口加工区
浦 东	7	上海陆家嘴金融贸易区
浦 东	8	上海高新技术产业开发区(一区六园)
		上海张江高科技园区
		上海中国纺织国际科技产业城
		嘉定民营科技密集区

(续表一)

区(县)	序 号	开 发 区 名 称
浦 东	8	金桥现代科技园
		上海大学科技园区
		上海市漕河泾新兴技术开发区
浦 东	9	上海外高桥保税区
浦 东	10	上海金桥出口加工区
浦 东	11	上海金桥出口加工区(南区)
浦 东	12	上海青浦出口加工区
浦 东	13	上海市漕河泾新兴技术开发区
		上海漕河泾开发区浦江科技园
二、市级开发区(17个)		
闵 行	1	上海市莘庄工业区
闵 行	2	上海紫竹科学园区
嘉 定	3	嘉定试点园区
嘉 定	4	上海国际汽车城零部件配套工业园区
金 山	5	上海金山嘴工业区
宝 山	6	上海宝山城市工业园区
		上海宝山城市工业园区二期规划区(北区)
宝 山	7	吴淞工业园区
南 汇	8	上海浦东康桥工业区
奉 贤	9	上海市工业综合开发区
奉 贤	10	上海化学工业区
松 江	11	上海市松江区试点园区
崇 明	12	上海市崇明工业园区
浦 东	13	上海市星火开发区
浦 东	14	上海市浦东新区孙桥现代农业开发区
青 浦	15	上海青浦工业园区
闸 北	16	市北工业新区
普 陀	17	上海未来岛科技苑
三、各区(县)的区级开发区(50个)		
闵 行	1	上海闵东工业区
闵 行	2	上海向阳工业园区
闵 行	3	上海闵北工业区

（续表二）

区（县）	序　号	开　发　区　名　称
闵　行	4	上海东方私营经济城
嘉　定	5	南翔工业园区
嘉　定	6	徐行镇工业园区
嘉　定	7	嘉定区外冈镇工业园区
嘉　定	8	黄渡工业园区、上海国际汽车城动迁基地
嘉　定	9	江桥工业园区
金　山	10	金山第二工业区
金　山	11	枫泾工业区
金　山	12	兴塔工业区
金　山	13	张堰镇工业区
金　山	14	朱泾镇工业区
金　山	15	廊下工业区
金　山	16	亭林工业区
宝　山	17	宝山罗店工业区
宝　山	18	上海杨行工业园区
宝　山	19	宝山月浦工业开发区
宝　山	20	宝山顾村工业区
南　汇	21	上海南汇工业园区
南　汇	22	上海祝桥空港工业区
南　汇	23	上海老港化学工业区
南　汇	24	上海航头大麦湾工业区
南　汇	25	上海新场工业区
南　汇	26	上海市南汇现代农业园区
长　宁	27	上海市虹桥临空经济园区
奉　贤	28	上海化学工业区奉贤分区
奉　贤	29	上海海港综合经济开发区
奉　贤	30	奉贤现代农业园区
奉　贤	31	奉城镇工业小区
奉　贤	32	青村镇工业小区
奉　贤	33	奉贤海湾旅游区
松　江	34	上海市松江工业区佘山分区
松　江	35	上海泗泾镇高新技术开发区

(续表三)

区(县)	序 号	开 发 区 名 称
松 江	36	上海松江高科技园区
松 江	37	松江洞泾镇工业分区二期
松 江	38	松江工业区石湖荡分区
崇 明	39	上海富盛经济小区
浦 东	40	合庆镇工业小区
浦 东	41	机场镇临空产业园区
浦 东	42	川沙镇工业小区
青 浦	43	上海西郊经济技术开发区
青 浦	44	上海朱家角工业园区
青 浦	45	上海华新工业园区(华民开发区)
青 浦	46	上海市青浦区工业园区练塘配套区
青 浦	47	白鹤绿色工业园区
普 陀	48	上海市新杨工业园区
普 陀	49	上海普陀私营经济区
普 陀	50	新长风工业区

资料来源:上海市开发区协会档案室:XH-Z·B-2004-001

二、第二次开发区清理整顿(2005—2006 年)

2005 年 8 月 12 日,国家发展改革委、国土资源部、建设部颁布的《清理整顿开发区的审核原则和标准》提到,在 2004 年 10 月,国土资源部向国务院建议,在国土资源部会同建设部等部门继续按照土地利用总体规划和城市总体规划审核的基础上,由国家发展改革委牵头,对开发区的设立进行总体审核。

为进一步做好清理整顿各类开发区的审核工作,在通过土地利用总体规划和城市总体规划审核的基础上,国家发展改革委会同国土资源部和建设部经过广泛征求国务院有关部门和各省(区、市)意见,拟订《清理整顿开发区的审核原则和标准》(以下简称《标准》),并报国务院正式批准。2005 年 8 月,国家发展改革委颁布《标准》,确定审核标准:"(一)对设立 5 年(1999 年底以前批准设立)以上、入区企业少、开发面积不足但已批准规划面积 20％的开发区应予以撤销。(二)对严重污染环境、破坏生态的开发区应予以撤销。(三)下列园、区不再冠以带有开发区含义的称谓,不纳入开发区管理:一是各类新建高教园区、大学园区等;二是省级及以下物流园区;三是省级及以下旅游度假区;四是建设新城为主的各类园区;五是没有改变农业用地性质的农业园区。(四)申请保留的开发区中的房地产开发部分(开发区配套设施除外)应划归开发区所在地政府管理,相应核减开发区面积。(五)开发区的'区中园',不作为独立园区保留(经国务院批准的除外),不单独计算面积。(六)对地处一市、县且相邻的开发区应予以合并,但不得借机搞'一区多址'。对城市远郊区、县及县级市已建开发区具有一定规模和产业特色的,原则上保留一个开发区。未有的一般不再新建。"

经国务院同意,国家发展改革委、国土资源部、建设部对通过国家审核公告的开发区整理成《中国开发区审核公告目录》(2006年版,以下简称《公告目录》)。2007年3月27日,国家发展改革委颁布《公告目录》。《公告目录》核减了全国开发区数量,压缩了规划面积,突出了产业特色,优化了布局,并要求各地认真贯彻落实科学发展观和国务院有关政策文件,已审核公告的开发区要科学指定规划,突出产业特色,把开发区办成发展现代制造业的集中区、吸引外资的集聚区、体制改革的先导区和循环经济的示范区。经审核,上海开发区最终保留41个,其中国家级开发区15个(包括2005年批准的嘉定出口加工区),市级开发区26个。经过设立审核,再核减面积约50.82平方公里,最终核减约42.9%。上海41个开发区62个区块,规划面积约656平方公里。其中,分布在郊区和浦东新区的共有36个开发区,规划面积646平方公里;分布在中心城区(不包括浦东)的共有5个开发区,规划面积约10.15平方公里。98%的开发区规划用地分布在9个郊区县和浦东新区(最终面积以国土资源部公告为准)。

按国家设立审核的标准,上海开发区类型主要分为:国家级、市级(省级)开发区。从开发区功能性和产业类别主要分为:经济技术开发区(4个)、高新产业开发区(1个)、海关监管区(包括出口加工区、保税区、保税港区,共8个)、金融贸易区(1个)、旅游度假区(1个)、农业园区(1个)、工业园区(26个)等。

表1-1-4　2006年上海审核保留的41个开发区62个区块名单一览表

开 发 区 名 称	原名称(清理整顿前)	批准机关	批准时间	核准面积(公顷)
一、经济技术开发区(国家级,4个)				
闵行经济技术开发区	闵行经济技术开发区	国务院	1986.08	308
虹桥经济技术开发区	虹桥经济技术开发区	国务院	1986.08	65.2
漕河泾新兴技术开发区	漕河泾新兴技术开发区	国务院	1988.06	1 330
金桥出口加工区	金桥出口加工区	国务院	2001.09	2 738
二、海关特殊监管区域(国家级,8个)				
上海外高桥保税区	上海外高桥保税区	国务院	1990.06	1 103
上海漕河泾出口加工区	上海漕河泾出口加工区	国务院	1992.08	300
上海松江出口加工区及B区	上海松江出口加工区及B区	国务院	2000.04 2002.12	596
上海金桥出口加工区(南区)	上海金桥出口加工区(南区)	国务院	2001.09	280
上海青浦出口加工区	上海青浦出口加工区	国务院	2003.03	300
上海闵行出口加工区	上海闵行出口加工区	国务院	2003.03	300
上海嘉定出口加工区	上海嘉定出口加工区	国务院	2005.06	300
洋山保税港区	洋山保税港区	国务院	2005.07	814
三、高新产业区(国家级,1个)				
上海高新技术产业开发区	上海高新技术产业开发区	国务院	1991.03	4 211.7

（续表一）

开 发 区 名 称	原名称(清理整顿前)	批准机关	批准时间	核准面积（公顷）
四、金融贸易区(国家级,1个)				
上海陆家嘴金融贸易区	上海陆家嘴金融贸易区	国务院	1990.06	3 178
五、旅游度假区(国家级,1个)				
上海佘山国家旅游度假区	上海佘山国家旅游度假区	国务院	1995.06	6 408
六、工业园区(市级,26个)				
上海市北工业园区	上海市市北工业新区	市政府	1996.09	129.7
上海未来岛高新技术产业园区	上海未来岛物流科技园区	市政府	2001.11	97.04
上海新杨工业园区	上海新杨工业园区	市政府	2006.03	92.36
上海宝山工业园区	宝山城市工业园区	市政府	2006.08	2 908.79
	罗店工业小区			
	嘉定区徐行工业园区			
上海月杨工业园区	月浦工业小区	市政府	2006.08	855
	宝山杨行工业经济发展区			
	顾村工业园区			
上海崇明工业园区	上海市崇明工业园区	市政府	1996.02	997
上海富盛工业园区	上海富盛经济开发区	市政府	2006.08	40
上海浦东合庆工业园区	合庆镇工业小区	市政府	2006.03	451.56
上海浦东空港工业园区	机场镇临空产业园区	市政府	2006.08	800.65
	川沙镇工业小区			
	上海祝桥空港工业区			
	老港化工工业区			
上海星火工业园区	上海星火开发区	市政府	1984.01	720
上海嘉定工业园区	嘉定试点园区	市政府	2006.08	5 954.5
	嘉定区外冈工业园区			
上海嘉定汽车产业园区	嘉定区南翔高科技园区	市政府	2006.08	2 263.52
	嘉定黄渡工业园区			
	上海国际汽车城零部件配套工业园区			
上海莘庄工业园区	上海市莘庄工业区	市政府	2006.08	1 640.66
	上海向阳工业园区			
上海紫竹高新技术产业园区	上海紫竹科学园区	市政府	2001.09	868.18
上海青浦工业园区	青浦试点园区	市政府	2003.04	5 327

（续表二）

开发区名称	原名称（清理整顿前）	批准机关	批准时间	核准面积（公顷）
上海西郊工业园区	华新绿色工业园区	市政府	2006.08	1 672.75
	徐泾绿色工业园区			
	上海闵北工业区			
上海松江工业园区	松江试点园区	市政府	2006.08	5 777
	松江工业区石湖荡分区			
	练塘绿色工业园区			
上海松江经济开发区	上海泗泾高新技术开发区	市政府	2006.08	408.2
	上海松江高科技园			
	松江工业区洞泾分区			
上海浦东康桥工业园区	南汇康桥工业区	市政府	1994.08	2 688
上海南汇工业园区	南汇工业园区	市政府	2006.03	820
上海奉贤经济开发区	上海市工业综合开发区	市政府	2006.08	1 822.82
	奉贤现代农业园区			
上海奉城工业园区	奉城镇工业小区	市政府	2006.03	161.83
上海金山工业园区	上海市金山工业区	市政府	2006.08	2 581
	金山第二工业区			
	张堰工业区			
上海枫泾工业园区	枫泾镇工业园区	市政府	2006.08	920
	兴塔工业园区			
上海朱泾工业园区	朱泾镇工业园区	市政府	2006.08	247.33
上海化学工业园区	上海化学工业区	市政府	1999.01	2 940

资料来源：上海市开发区协会档案室：XH－Z·B－2006－001

三、"两规合一"

为深化完善工业用地布局，加快经济发展方式转变和产业结构优化升级的保障，促进土地节约集约利用，2009年，市规土局结合"两规合一"（城市总体规划和土地利用规划合一）和土地利用总体规划修编，会同市发展改革委、市经济信息化委、市环保局等相关部门，以"保障发展、保护资源、优化空间"为目标，以"严控总量、用好增量、盘活存量、提高质量"为重点，以"工业园区为主体、工业基地为亮点、城镇工业地块为补充"为特点，组织开展上海工业用地布局比对和规划认定工作，同步开展上海工业区的规划布局工作。2010年，制定并颁布《上海市工业用地布局规划》，进一步优化未来工业用地布局，并确定"两规合一"工作的基本原则：一是尊重历史，实事求是，兼顾上海工业用地的发展历史，以原177个工业区和重要工业基地布局为基础，逐一进行规划认定；二是因地制宜,分类指导,充分反映各区县工业化发展阶段和现状工业用地分布情况,统筹安排新增工业区块,积极推动远郊大型工业区建设,分类指导,有效整合,促进布局相对集中;三是突出重点,差别处理,细化各工业区块的产业定位和发展要求,采用转型、补办和认定等差别化方式,区别情况,分类处理;四是政策聚焦,强调落地,积极探索优化规划工业用地布局的相关配套政策,完善管理体制,健全实施机制,确保规划落地。在用地总量上,上海市共规划工业区块104个,面积约790平方公里,约占上海市规划城市建设用地总规模的26.5%,规划工业区块新增用地面积227平方公里,接近规划城市建设用地增量的1/3,104个规划工业区块,规划面积760平方公里,以利于为工业可持续发展预留较大的空间。规划工业区块以外的现状建成和已批未建的工业用地,共约393平方公里,规划逐步转为其他用地。其中,约195平方公里规划为转型的工业用地,约198平方公里规划逐步拆除或复垦为农用地。同时,考虑到规划实施未必同步,规划工业区块外的部分工业用地在相当长的

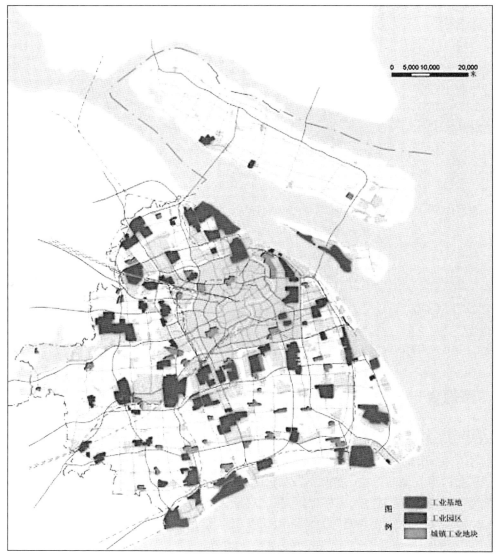

图1-1-2 2009年上海市工业区规划布局图

资料来源:上海市经济和信息化委员会《上海市工业区发展"十二五"规划》资料汇编

一段时间内仍继续存在。

　　上海市规划工业区块分为三种类型：工业基地、工业园区（块）、城镇工业地块。规划工业基地包括未申报公告开发区的城市老工业区、公告开发区发布后国家新批准的重大工业目用地以及属于公告开发区、市政府从上海市支柱产业发展战略着眼，进行提升的战略性公告开发区。上海市规划工业基地共16个，用地面积约213平方公里。规划工业园区（块）指在公告的开发区范围内的各工业区块（实际64个区块）中扣除三部分：一是扣除张江高科技园区、金桥出口加工区、外高桥保税区、紫竹科学园区内高科技研发用地，二是扣除已经计入工业基地的公告开发区，三是扣除部分已规划转为城市建设用地或生态用地的公告开发区等。上海市规划工业园区（块）共49个，用地面积约455平方公里。规划城镇工业地块是指工业基地和公告开发区以外、实际存在的城市建设用地中较大规模的城镇工业地块。主要包括两种类型：一是中心城区一定时期内继续保留的传统老工业区和工业街坊，二是部分郊区城镇中现状拥有一定规模且未来有适当发展改造余地、从空间布局看为促进城镇均衡布局、解决非农就近就业起到一定作用的城镇工业地块。上海市规划城镇工业地块共39个，用地面积约122平方公里。

表 1‐1‐5　2009 年上海市 104 个规划工业区块基本情况表

名　　称	能级分类	规划土地情况（公顷）	
		区块面积	现状工业
合计		**78 931**	**37 657**
宝山钢铁基地	基　地	3 022.8	1 935.0
吴淞工业基地	基　地	1 985.4	1 089.4
宝山城市工业园区（南区）	园　区	399.1	266.3
顾村工业园区	园　区	295.4	231.0
月杨工业区	园　区	632.0	384.0
罗店工业小区	园　区	233.7	128.5
宝山城市工业园区（北区）	园　区	1 586.1	576.2
宝山区小计		**8 154.4**	**4 610.3**
长兴岛船舶制造基地东块（中海、中船）	基　地	1 641.7	910.8
长兴岛船舶制造基地西块（振华）	基　地	540.1	236.2
长兴岛船舶制造配套基地	基　地	817.6	362.5
崇明工业园区	园　区	580.1	232.2
富盛经济开发区	园　区	412.8	168.5
向化城镇工业地块	地　块	198.0	18.9
智慧岛数据产业园	地　块	265.8	9.1
崇明区小计		**4 456.1**	**1 938.1**
上海化学工业区奉贤分区（基地）	基　地	1 920.0	992.5
临港物流园区奉贤分区（基地）	基　地	791.5	254.4
上海闵行出口加工区	园　区	281.5	155.5

(续表一)

名　　称	能级分类	规划土地情况(公顷)	
		区块面积	现状工业
上海市工业综合开发区	园　区	1 841.0	1 068.9
奉贤现代农业园区	园　区	479.5	180.5
奉城镇工业小区	园　区	791.8	318.8
上海市星火开发区	园　区	759.1	417.9
邬桥城镇工业地块	地　块	81.4	42.8
庄行城镇工业地块	地　块	118.1	85.5
临港城镇工业地块	地　块	479.8	166.8
金汇城镇工业地块	地　块	300.9	200.8
杨王城镇工业地块	地　块	272.1	160.3
泰顺城镇工业地块	地　块	298.3	184.3
头桥城镇工业地块	地　块	203.3	80.5
四团城镇工业地块	地　块	149.2	47.4
海港综合开发区城镇工业地块	地　块	607.9	270.0
青港城镇工业地块	地　块	314.7	167.3
奉贤区小计		**9 690.2**	**4 794.3**
安亭汽车产业基地	基　地	575.2	265.8
汽车城配套工业园区(基地)	基　地	1 005.9	630.9
嘉定工业园区(北区)	园　区	2 563.9	1 050.9
嘉定试点园区(南区)	园　区	764.8	446.7
黄渡工业园区	园　区	262.8	107.6
南翔工业园区	园　区	95.6	49.6
徐行工业园区	园　区	226.9	101.3
外冈城镇工业地块	地　块	222.0	62.9
南翔城镇工业地块	地　块	237.7	150.6
江桥城镇工业地块	地　块	229.7	119.6
华亭城镇工业地块	地　块	81.1	35.1
嘉定区小计		**6 265.5**	**3 021.1**
金山石化—石化基地	基　地	1 015.6	759.6
上海化学工业区—石化基地	基　地	2 078.1	745.8
上海金山工业区	园　区	2 005.1	813.3
上海金山工业区南区	园　区	868.6	467.1

（续表二）

名　　称	能级分类	规划土地情况（公顷）	
		区块面积	现状工业
枫泾镇工业园区	园　区	697.2	350.8
兴塔工业区	园　区	524.9	316.8
朱泾镇工业园区	园　区	682.2	323.8
金山张堰工业区	园　区	329.9	160.4
金山第二工业区	园　区	1 069.8	517.8
松隐城镇工业地块	地　块	155.0	84.0
亭林城镇工业地块	地　块	528.0	228.8
干巷城镇工业地块	地　块	193.2	114.8
廊下城镇工业地块	地　块	192.2	95.5
金山区小计		**10 339.8**	**4 978.5**
吴泾工业基地	基　地	982.2	628.7
闵行经济技术开发区	园　区	1 424.5	885.3
上海市莘庄工业区	园　区	1 498.5	823.5
漕河泾开发区浦江园区	园　区	1 057.9	464.5
闵北工业区	园　区	701.8	335.6
向阳工业区	园　区	584.4	253.8
航天科技产业园	园　区	419.7	51.9
浦江镇城镇工业地块	地　块	311.7	204.1
马桥城镇工业地块	地　块	173.8	79.8
欣梅城镇工业地块	地　块	185.8	87.6
紫竹经济技术开发区	园　区	370.3	140.5
闵行区小计		**7 710.7**	**3 955.2**
张江高科技园区（微电子基地）	基　地	701.8	413.1
飞机总装基地	基　地	513.9	184.6
临港重装备产业基地	基　地	3 480.6	972.9
临港主产业基地	基　地	802.2	170.1
金桥出口加工区（环内）	园　区	1 221.8	646.9
外高桥保税区	园　区	1 464.4	549.3
金桥出口加工区（环外）	园　区	964.8	251.9
合庆经济发展园区	园　区	379.1	238.5
机场镇临空产业园区	园　区	824.1	261.6

（续表三）

名 称	能级分类	规划土地情况（公顷）	
		区块面积	现状工业
川沙经济园区	园 区	308.4	150.6
康桥工业园区	园 区	2 349.0	736.7
南汇工业园区	园 区	1 266.0	618.5
祝桥空港工业园区	园 区	833.0	255.1
老港化工工业园区	园 区	168.4	96.3
临港保税工业园区	园 区	64.9	8.4
高桥老工业基地城镇工业地块	地 块	696.3	351.4
曹路城镇工业地块	地 块	158.1	74.7
北蔡城镇工业地块	地 块	311.2	121.0
宣桥城镇工业地块	地 块	297.4	164.1
六灶城镇工业地块	地 块	227.5	129.2
浦东新区小计		**17 032.8**	**6 395.0**
青浦工业区	园 区	4 077.0	2 120.7
徐泾工业区	园 区	246.5	175.7
华新工业园区	园 区	646.6	354.7
练塘工业区	园 区	385.8	203.9
商榻城镇工业地块	地 块	66.1	47.7
金泽城镇工业地块	地 块	86.0	33.9
朱家角城镇工业地块	地 块	342.0	185.6
白鹤城镇工业地块	地 块	354.9	176.8
青浦区小计		**6 204.9**	**3 299.2**
松江工业区东区	园 区	3 359.8	2 071.2
松江工业区西区	园 区	1 802.4	630.0
九亭高科技工业园区	园 区	287.2	186.8
洞泾工业园	园 区	566.7	314.1
石湖荡工业区	园 区	206.0	131.1
永丰城镇工业地块	地 块	142.0	94.2
九亭城镇工业地块	地 块	203.6	141.8
泗泾城镇工业地块	地 块	504.0	194.8
漕河泾开发区松江园区	地 块	179.5	63.0
佘北工业区	园 区	256.5	147.7
松江区小计		**7 507.7**	**3 974.6**

（续表四）

名　　称	能级分类	规划土地情况（公顷）	
		区块面积	现状工业
桃浦工业区	地　块	548.3	245.0
彭浦工业区	地　块	422.6	218.8
漕河泾开发区	地　块	598.0	226.7
中心城小计		**1 568.9**	**690.5**

资料来源：上海市开发区协会档案室：XH－Z·B－2009－001

表1－1－6　2009年上海各区县规划工业区块情况表

序　号	区　县	调　整　前		调　整　后	
		数量（个）	区块面积	数量（个）	区块面积
1	宝　山	7	77.9	7	81.5
2	崇　明	6	36.5	7	44.6
3	奉　贤	17	85.2	17	96.9
4	嘉　定	11	67	11	62.7
5	金　山	13	90.3	13	103.4
6	闵　行	10	72.5	11	77.1
7	浦　东	20	185.3	20	170.3
8	青　浦	8	58.3	8	62.0
9	松　江	9	74.7	10	75.1
10	中心城	3	12.9	3	15.7
总　计		**104**	**760.6**	**107**	**789.3**

资料来源：上海市开发区协会档案室：XH－Z·B－2009－002

第二章 经济规模

　　1998 年,9 个市级工业区的开发建设,使上海郊区的社会、经济发生了深刻的变化。郊区的农村城市化进程加快,经济发展加速,经济运行质量提高,郊区已经成为上海经济的新增长点。1998 年 1—6 月,9 个市级工业区完成工业产值 106 亿元,非工业项目销售收入 21 亿元,实现利税 6.49 亿元,占郊区工业份额的 1/10。

　　"九五"期间(2001—2005 年),上海市"1＋3＋9"工业区的工业总产值、增加值、利税等经济指标增长率均在 20％以上。

　　2009 年,全市工业区(104 个产业区块)实现工业总产值 18 027 亿元,承载了上海 72.4％的工业总产值。其中,市级以上工业区工业总产值从"十五"期末(2005 年)的 6 465 亿元提高至 12 845 亿元。2009 年,市级以上工业区规模以上工业企业实现利润总额 702 亿元,占全市工业利润总额的 50.0％,上缴税收总额 667 亿元,占全市工业税收的 60％。工业向开发区的集中度从"十五"期末(2005 年)的 38.3％提高至 51.6％,主导产业集聚度从 83％提高至 87％。工业区已成为上海产业经济发展的主要载体,是推动区域经济增长的动力引擎。

　　至 2010 年,上海市 104 产业区块完成工业总产值 22 628.83 亿元,比"十五"期末增长 204％,占上海工业的 72.9％。工业企业实现主营业务收入 23 703.06 亿元,比"十五"期末增长 214％,占上海工业的 73.9％;工业企业实现利润 1 677.26 亿元。上缴税金 2 242.44 亿元;第三产业实现营业收入 13 324.71 亿元,占上海开发区二、三产业营业总收入的 42.5％。

第一节 经济总量

　　"九五"期间(1996—2000 年),上海市"1＋3＋9"工业区的工业总产值、增加值、利税等经济指标增长率均在 20％以上。其中,上海 9 个市级工业区累计完成工业总产值 1 455 亿元,年均增长率达 43.6％。

　　1996 年,上海 9 个市级工业区完成工业总产值 118 亿元。1997 年,9 个市级工业区完成工业总产值 230 亿元。1998 年,上海 9 个市级工业开发区完成工业总产值 280 亿元。1999 年,上海"1＋3＋9"工业区完成工业总产值、销售收入、利税等经济指标占上海市工业的比重均在 14％以上,工业区集聚效应逐步呈现,9 个市级工业区完成工业总产值 325 亿元。2000 年,9 个市级工业区投产企业完成工业总产值 502 亿元,占郊区工业总产值的 16％。

　　"十五"期间(2001—2005 年),上海开发区保持较高的经济增长速度,累计完成工业总产值 23 640.41 亿元,年均增长率达 23.4％;工业企业累计实现利润 1 292.38 亿元。2001 年、2002 年,上海开发区发展态势良好,主要经济指标增长幅度均高于上海市增长平均水平。2003—2005 年,上海开发区实现工业销售收入 18 336.79 亿元,累计上缴税金 1 346.51 亿元。

　　2001 年,上海开发区完成工业总产值 3 210.67 亿元,占上海工业的 43％;工业企业实现利润 146.43 亿元,占上海工业利润总额的 33％;工业企业上缴税金 111.86 亿元,占上海工业上缴税金总额的 29％。

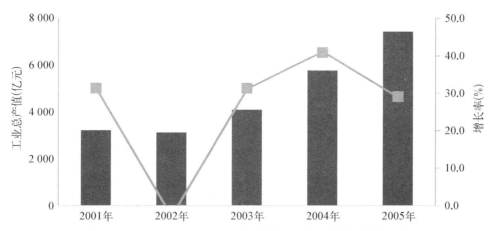

图 1 - 2 - 1　2001—2005 年上海开发区工业总产值及增长率图

2002 年，上海开发区工业总产值、工业增加值、出口交货值等主要指标均占上海总量的 1/3 以上。上海开发区完成工业总产值 3 118.30 亿元，占上海工业的 38.4%；工业企业实现利润 184.32 亿元，占上海工业利润总额的 33.4%。市内园区中，金桥出口加工区工业总产值超过 500 亿元。松江出口加工区异军突起，建区两年来投产的工业企业 7 家，全年完成工业总产值 84.10 亿元。

2003 年，上海开发区在"两个坚持""两个优先"的产业发展方针指引下，按照"工业向园区集中"的布局导向，加快实施"三个集中"发展战略，克服"非典"等不利因素和电力等能源瓶颈制约，进一步优化产业布局、提升产业能级，基本形成以六大产业基地为龙头、5 个国家级工业区和 13 个市级工业区为支撑、重点区级工业区为配套的合理布局，进一步发挥了产业集聚效应，经济规模快速增长，工业总产值、出口交货值、利润总额等各项主要经济指标均达历史最高水平，工业集中度和投资集聚度明显上升。上海开发区（国家级、市级开发区及重点配套区）完成工业总产值 4 092.41 亿元，占上海工业的 36.3%；实现工业销售收入 4 372.36 亿元，占上海工业销售收入总额的 38.6%；工业企业实现利润 252.71 亿元，占上海工业利润总额的 31.4%。上海开发区上缴税金 143.49 亿元。市内园区中，金桥出口加工区、宝钢及吴淞工业区、松江工业区（含出口加工区）工业总产值超过 500 亿元。

2004 年，上海加快实施工业布局战略性调整，产业发展重点自市中心区 600 平方公里向上海6 000 平方公里战略转移，基本形成以六大产业基地为龙头、公告开发区（国家级、市级开发区）为支撑、区级工业区为配套、郊区都市型工业园为补充的发展新格局，产业基地和开发区建设发展努力克服能源、土地和环境等制约因素的影响，继续保持两位数的高位增长。上海开发区（国家级、市级开发区及重点配套区）完成工业总产值 5 774.85 亿元，占上海工业的 41.2%；实现工业销售收入6 409.45 亿元，工业企业实现利润 394.63 亿元，上缴税金 531.44 亿元。市内园区中，金桥出口加工区工业总产值超过 1 000 亿元，松江工业区（含出口加工区）工业总产值超过 500 亿元。

2005 年，在国家采取宏观调控措施、开发区及土地市场清理整顿工作深化的背景下，上海开发区按照中共上海市委、市政府关于推进"三个集中"的要求，进一步优化产业结构，转变经济增长方式，在加快工业区建设、创新机制体制、提升工业区产业能级等方面取得较好的成效，促进了工业区的持续协调发展，工业区正在成为践行新型工业化道路的示范区，成为推进先进制造业和现代服务业发展的重要动力和载体。上海开发区（国家级、市级开发区及重点配套区）完成工业总产值7 444.18 亿元，占上海工业的 44.1%；实现工业销售收入 7 554.98 亿元，工业企业实现利润 314.26

亿元,占上海工业利润总额的 33%。上海开发区上缴税金 671.58 亿元,其中工业企业上缴税金 240.44 亿元;第三产业实现营业收入 4 696.85 亿元,利润 187.89 亿元。市内园区中,松江工业区和金桥出口加工区工业总产值超过 1 000 亿元;漕河泾新兴技术开发区和外高桥保税区工业总产值超过 500 亿元;莘庄工业区、闵行经济技术开发区、张江高科技园区、青浦工业园区、嘉定工业区、康桥工业区等 6 个工业区的工业总产值均超过 200 亿元。上海化学工业区、松江工业区、工业园区的工业总产值增幅居前。

"十一五"期间(2006—2010 年),上海开发区主要经济指标全面增长,累计完成工业总产值 74 791.39 亿元,年均增长率达 24.9%;工业企业累计实现工业销售收入(今主营业务收入)77 012.05 亿元,工业企业累计实现利润 4 307.61 亿元,上海开发区累计上缴税金 6 740.82 亿元。

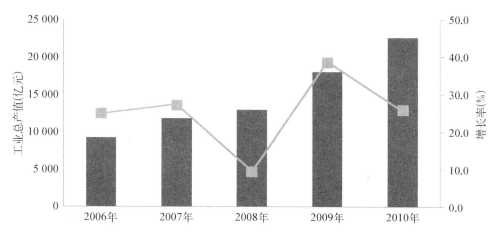

图 1-2-2　2006—2010 年上海开发区工业总产值情况及年增长率图

2006 年,上海开发区按照中央对上海加快推进"四个率先"和建设"四个中心"的要求,积极贯彻落实国家宏观调控政策,坚持"两个优先"产业发展方针,努力转变经济增长方式,克服土地等资源瓶颈,经济规模进一步扩大,经济运行质量提高。上海 41 个公告开发区(国家级、市级开发区)和部分工业集中区完成工业总产值 9 299.61 亿元,占上海工业的 47.4%;实现工业销售收入 9 628.33 亿元,工业企业实现利润 426.43 亿元,占上海工业利润总额的 39%。上海开发区上缴税金 825.30 亿元,其中工业企业上缴税金 333.66 亿元;第三产业实现营业收入 5 946.32 亿元,占上海开发区二、三产业营业总收入的 38.2%;实现利润 285.12 亿元。上海开发区的单体规模有较大提升,松江工业区、金桥出口加工区和漕河泾新兴技术开发区工业总产值超过 1 000 亿元;外高桥保税区工业总产值超过 500 亿元;莘庄工业区、嘉定工业园区、闵行经济技术开发区、上海嘉定汽车产业园区、上海化学工业区、青浦工业园区、张江高科技园区、康桥工业园区等 8 个开发区工业总产值超过 200 亿元。

2007 年,上海开发区加快实施"工业向园区集中",不断调整产业结构、优化产业布局、提升产业能级,促进二、三产业融合发展,形成以六大产业基地为龙头,国家级开发区为先导,市级开发区为支撑,特色产业园区、生产性服务业功能区、郊区都市型工业园等为配套的开发格局,逐步成为上海集聚发展先进制造业、高新技术产业和现代服务业的重要载体。上海 41 个公告开发区(国家级、市级开发区)和部分工业集中区完成工业总产值 11 853.16 亿元,占上海工业的 51.3%;工业企业实现主营业务收入 12 195.92 亿元,占上海工业企业主营业务收入的 59.5%;工业企业实现利润

613.67亿元,占上海工业利润总额的50.4%。上海开发区上缴税金1 059.38亿元,其中工业企业上缴税金459.07亿元;第三产业实现营业收入7 299.94亿元,占上海开发区二、三产业营业总收入的37.7%;实现利润369.13亿元,其中生产性服务业营业收入6 160亿元。其中,松江工业区、金桥出口加工区、漕河泾新兴技术开发区3个开发区工业总产值均超过1 000亿元;外高桥保税区、莘庄工业区、康桥工业区、嘉定工业区4个开发区工业总产值均超过500亿元;上海化学工业区、闵行经济技术开发区、张江高科技园区、青浦工业园区等8个开发区总产值均超过200亿元。工业总产值增速较快的开发区有上海化学工业区、松江工业区、康桥工业园区、国际汽车城零部件园、张江高科技园区等。

2008年,面对国际金融危机不断扩散和蔓延,世界经济增长明显放缓,国内外经济环境中不稳定因素增加等诸多不利影响,上海开发区坚决贯彻落实国家"保增长、扩内需、调结构"的重大决策部署,积极应对国际金融危机的严重冲击和自身发展转型的严峻挑战,总体上保持平稳较快发展。2008年,上海41个公告开发区(国家级、市级开发区)和部分工业集中区完成工业总产值12 983.03亿元,占上海工业总量的50.6%;工业企业实现主营业务收入13 376.98亿元,占上海工业企业主营业务收入总额的52.8%;工业企业实现利润578.07亿元,占上海工业利润总额的60.9%。上海开发区上缴税金1 216.70亿元,其中工业企业上缴税金507.79亿元;第三产业实现营业收入8 388.01亿元,利润473.47亿元;其中,生产性服务业营业收入7 500.96亿元,占三产比重为91.0%。市有16个开发区工业总产值超过200亿元。其中,松江工业区、金桥出口加工区、漕河泾开发区3个开发区工业总产值均超过1 000亿元,外高桥保税区、莘庄工业区、康桥工业区、青浦工业园区、嘉定工业区、化学工业区6个开发区工业总产值均超过500亿元,闵行经济技术开发区、张江高科技园区、嘉定汽车配套产业园区、奉贤经济开发区、金山工业园区、宝山工业园区、西郊工业园区7个开发区工业总产值均超过200亿元。

2009年,上海开发区按照"四个确保"要求,结合产业区块梳理和"两规合一"工作,积极应对国际金融危机的不利影响,加大招商引资力度,积极服务和扶持企业发展,推进高新技术产业化和产业结构调整,确保经济稳定持续健康发展,初步形成由重点产业基地、41个公告开发区(国家级、市级开发区)、产业区(块)、城镇工业地块等104个产业区块组成的布局框架。上海开发区完成工业总产值18 026.76亿元,占上海工业的72.4%;工业企业实现主营业务收入18 107.76亿元,工业企业实现利润1 012.18亿元,占上海工业利润总额的72.0%;上缴税金1 397.00亿元;第三产业实现营业收入9 416.76亿元。上海市104个产业区块工业经济呈现增长态势,其中工业总产值增速较快的有国际汽车城、嘉定工业区、青浦工业园区、漕河泾新兴技术开发区、长兴船舶基地、张江高科技园区。松江工业区、金桥出口加工区、漕河泾开发区3个开发区工业总产值均超过1 000亿元;康桥工业区、外高桥保税区、嘉定工业区、莘庄工业区、青浦工业区5个开发区工业总产值均超过500亿元;化学工业区、闵行开发区、张江高科技园区、嘉定汽车产业园、奉贤经济开发区、宝山工业区、金山工业区、西郊经济园区8个开发区工业总产值均超过200亿元。

2010年,上海开发区全面贯彻落实科学发展观,以加快转变经济发展方式为主线,加快推进产业结构调整和高新技术产业化,积极培育发展战略性新兴产业,产业能级不断提升,产业结构和布局不断优化,质量效益不断提高,产业发展迈上新台阶,成为上海产业经济发展的主要载体和推动区域经济增长的动力引擎。至"十一五"期末(2010年),上海市104个产业区块完成工业总产值22 628.83亿元,比"十五"期末(2005年)增长204%,占上海工业的72.9%;工业企业实现主营业务收入23 703.06亿元,比"十五"期末增长214%,占上海工业的73.9%;工业企业实现利润1 677.26

亿元,比"十五"期末增长434%,占上海工业的76.4%。上海104个产业区块上缴税金2 242.44亿元,比"十五"期末增长234%,其中工业企业上缴税金1 212.17亿元。上海104个产业区块第三产业实现营业收入13 324.71亿元,比"十五"期末增长184%,占上海开发区二、三产业营业总收入的42.5%;第三产业实现利润658.81亿元,比"十五"期末增长251%。其中,生产性服务业营业收入达12 451.20亿元,占第三产业营业收入的93.4%。松江工业区、金桥开发区、漕河泾开发区、宝钢基地、嘉定工业区、国际汽车城、康桥工业区等7个开发区(产业基地)的工业总产值超过1 000亿元。其中松江工业区工业总产值超过3 000亿元。

表1-2-1　2003—2010年上海开发区工业总产值情况表　　　　　　单位:亿元

年　份	全市开发区	市级以上开发区	国家级开发区	市级开发区
2003 年	4 092.41	3 436.71	2 031.10	1 405.61
2004 年	5 774.85	4 810.64	2 830.59	1 980.05
2005 年	7 444.18	6 465.63	3 240.28	3 225.35
2006 年	9 299.61	9 097.61	3 659.25	5 438.36
2007 年	11 853.16	11 630.53	3 954.90	7 675.63
2008 年	12 983.02	12 646.96	4 203.63	8 443.33
2009 年	18 026.76	12 845.28	4 318.77	8 526.51
2010 年	22 628.84	16 295.23	5 036.96	11 258.28

资料来源:上海市经济委员会、上海市经济和信息化委员会、上海市统计局、上海市开发区协会《上海市开发区统计手册》

表1-2-2　2003—2010年上海开发区工业销售收入情况表　　　　　　单位:亿元

年　份	全市开发区	市级以上开发区	国家级开发区	市级开发区
2003 年	4 372.36	3 737.11	2 354.49	1 382.62
2004 年	6 409.45	5 441.14	3 437.82	2 003.32
2005 年	7 554.98	6 606.1	3 443.79	3 162.31
2006 年	9 628.33	9 437.18	3 946.84	5 490.34
2007 年	12 195.92	11 986.24	4 349.81	7 636.43
2008 年	13 376.98	13 098.29	4 735.31	8 362.98
2009 年	18 107.76	13 370.12	5 049.72	8 320.40
2010 年	23 703.06	17 116.42	6 039.92	11 076.50

说明:自2007年起工业销售收入数据为工业企业主营业务收入数据
资料来源:上海市经济委员会、上海市经济和信息化委员会、上海市统计局、上海市开发区协会《上海市开发区统计手册》

表1-2-3　2003—2010年上海开发区工业企业利润情况表　　　　　　单位:亿元

年　份	全市开发区	市级以上开发区	国家级开发区	市级开发区
2003 年	252.71	220.14	163.77	56.37
2004 年	394.66	337.75	250.82	86.93

（续表）

年　份	全市开发区	市级以上开发区	国家级开发区	市级开发区
2005 年	314.26	262.96	193.62	69.34
2006 年	426.43	414.72	229.70	185.02
2007 年	613.67	600.47	267.21	333.26
2008 年	578.07	562.15	231.17	330.98
2009 年	1 012.18	702.18	333.54	368.64
2010 年	1 677.26	1 174.83	540.44	634.39

资料来源：上海市经济委员会、上海市经济和信息化委员会、上海市统计局、上海市开发区协会《上海市开发区统计手册》

表 1－2－4　2003—2010 年上海开发区上缴税金总额情况表　　　单位：亿元

年　份	全市开发区	市级以上开发区	国家级开发区	市级开发区
2003 年	143.49	115.52	92.22	23.3
2004 年	531.44	487.37	413.99	73.38
2005 年	671.58	602.67	488.92	113.75
2006 年	825.30	808.20	558.93	249.27
2007 年	1 059.38	1 037.17	684.16	353.01
2008 年	1 216.70	1 191.40	772.05	419.35
2009 年	1 397.00	1 396.99	916.23	480.77
2010 年	2 242.44	1 817.34	1 207.6	609.74

资料来源：上海市经济委员会、上海市经济和信息化委员会、上海市统计局、上海市开发区协会《上海市开发区统计手册》

表 1－2－5　2004—2010 年上海开发区工业企业上缴税金情况表　　　单位：亿元

年　份	全市开发区	市级以上开发区	国家级开发区	市级开发区
2004 年	—	107.79	85.46	22.33
2005 年	240.44	198.85	150.51	48.34
2006 年	333.66	326.59	172.79	153.80
2007 年	459.07	447.59	243.75	203.84
2008 年	507.79	494.93	221.84	273.09
2009 年	—	666.99	304.85	362.14
2010 年	1 212.17	820.06	433.01	387.05

资料来源：上海市经济委员会、上海市经济和信息化委员会、上海市统计局、上海市开发区协会《上海市开发区统计手册》

表 1－2－6　2005—2010 年上海开发区第三产业营业收入情况表　　　单位：亿元

年　份	全市开发区	市级以上开发区	国家级开发区	市级开发区
2005 年	4 696.85	4 329.26	3 847.63	481.63
2006 年	5 946.32	5 890.37	4 856.65	1 033.72

(续表)

年　份	全市开发区	市级以上开发区	国家级开发区	市级开发区
2007 年	7 299.94	7 171.07	6 202.24	968.83
2008 年	8 388.01	8 297.32	7 061.14	1 236.18
2009 年	9 416.76	9 180.16	7 416.51	1 763.65
2010 年	13 324.71	12 642.67	10 315.81	2 326.86

资料来源:上海市经济委员会、上海市经济和信息化委员会、上海市统计局、上海市开发区协会《上海市开发区统计手册》

表 1 - 2 - 7　　2005—2010 年上海开发区第三产业利润情况表　　　　单位:亿元

年　份	全市开发区	市级以上开发区	国家级开发区	市级开发区
2005 年	187.89	173.89	151.15	22.74
2006 年	285.12	281.93	243.25	38.68
2007 年	369.13	358.85	298.59	60.26
2008 年	473.46	463.44	364.7	98.74
2009 年	——	506.51	386.83	119.68
2010 年	658.81	653.98	503.19	150.79

资料来源:上海市经济委员会、上海市经济和信息化委员会、上海市统计局、上海市开发区协会《上海市开发区统计手册》

第二节　企业与从业人员

一、企业规模

至 2002 年,上海开发区入驻工业企业 4 172 家。其中,大型企业 341 家,占上海大型企业总数的 41.8%;中型企业 369 家,占上海中型企业总数的 36.1%。

至 2003 年,上海市级以上开发区企业数达 1 936 家。其中,国家级开发区企业 629 家,市级开发区企业 1 307 家。市级开发区企业数远超国家级开发区企业数,是国家级开发区企业数的 2 倍多。外商及港澳台三资企业看好开发区这块热土和各项优惠政策,纷纷投资建厂,使外商及港澳台企业所占比重达 60% 以上。轻重工业企业比例为 39.4∶60.6。在企业规模上则是小企业居多,占全部企业数量的 85% 以上。

至 2004 年,上海市级以上开发区规模以上工业企业数达 1 678 家。其中,国家级开发区企业 588 家,市级开发区企业 1 090 家。集体企业、股份合作制企业、股份制企业和其他企业数比 2003 年明显回落。轻重工业企业比例为 37.8∶62.2,小企业占全部企业的 81.9%。

至 2005 年,上海市级以上开发区规模以上工业企业数达 2 592 家。其中,国家级开发区企业 868 家,市级开发区企业 1 724 家。股份制企业、外商及港澳台三资企业发展迅速。轻重工业企业比例为 35.0∶65.0,重工业企业数三年内上升 5 个百分点。随着企业数的较快上升,大中小型企业数虽同步增长,但仍是小企业居多,企业规模相对较小。

至 2006 年,上海市级以上开发区规模以上工业企业数达 3 648 家。其中,国家级开发区企业数

799 家,市级开发区企业 2 849 家。国有企业、集体企业同步增加,股份制企业、外商及港澳台三资企业发展势头不减。轻重工业企业比例为 36∶64。在企业规模上,中小企业仍占主导地位。

至 2007 年,上海市级以上开发区规模以上工业企业数达 4 651 家。其中,国家级开发区企业 823 家,市级开发区企业 3 828 家。市级开发区企业数增幅继续加大,是国家级开发区企业数的 4.7 倍。股份制企业、外商及港澳台三资企业发展迅猛。轻重工业企业比例为 36.25∶63.75。在企业规模上,小企业占企业总数 80% 以上的份额。

至 2008 年,上海市级以上开发区规模以上工业企业数达 4 884 家。其中,国家级开发区企业 874 家,市级开发区企业 4 010 家。股份制企业、外商及港澳台三资企业继续保持快速增长势头。轻重工业企业比例保持平稳为 36∶64。在企业规模上,小企业占比仍占 83.8%。

至 2009 年,上海开发区规模以上工业企业数达 5 662 家。市级以上开发区企业合计 5 640 家,其中,国家级开发区企业 887 家,市级开发区企业 4 753 家。此外,产业基地企业 22 家。集体企业和股份合作制企业家数呈下降趋势,股份制企业、外商及港澳台三资企业家数继续呈上升趋势。轻重工业企业比例继续保持平稳为 34.8∶65.2。在企业规模上,小企业占比继续上升,高达 85.3%。

至 2010 年,上海开发区规模以上工业企业数达 7 331 家。市级以上开发区企业合计 5 766 家。其中,国家级开发区企业 837 家,市级开发区企业 4 929 家。此外,产业基地企业 300 家,产业区块企业 1 230 家,其他 35 家。市内开发区规模以上企业总量增量最为明显的是产业基地和产业区块,成为拉高企业总量的主力军。国有、集体和股份合作制企业家数回升,股份制企业、外商及港澳台三资企业家数增长势头不减。轻重工业企业比例变化不大,为 35.3∶64.7。在企业规模上仍以中小企业居多,中小企业数量是大型企业的 87 倍。

表 1-2-8　2003—2010 年上海市级以上开发区规模以上工业企业单位数情况表　单位:家

年　份	市级以上开发区	国家级开发区	市级开发区
2003 年	1 936	629	1 307
2004 年	1 678	588	1 090
2005 年	2 592	868	1 724
2006 年	3 648	799	2 849
2007 年	4 651	823	3 828
2008 年	4 884	874	4 010
2009 年	5 640	887	4 753
2010 年	5 766	837	4 929

资料来源:上海市经济委员会、上海市经济和信息化委员会、上海市统计局、上海市开发区协会《上海市开发区统计手册》

二、从业人员

至 2003 年,上海市级以上开发区和重点配套工业区工业企业从业人员达 70 万人。其中,市级国家级开发区从业人员 18.95 万人,市级开发区从业人员 23.14 万人,重点配套区从业人员 27.40 万人。平均每平方公里土地创造 6 350 个就业岗位。市级开发区从业人数比国家级开发区从业人数多 4 万余人。国有、集体和股份合作企业从业人员均未超过 1 万人,外商及港澳台三资企业从业人数则占全市公告开发区总人数的 80％以上。轻重工业从业人数比例为 38.7∶61.3。在规模上，大、中、小型企业从业人数所占比例分别为 17.9％、46.6％、35.5％。

至 2004 年，上海市级以上开发区和重点配套工业区工业企业从业人员达 101.80 万人。其中，国家级开发区工业企业从业人员 35.03 万人，市级开发区工业企业从业人员 37.93 万人，重点配套区工业企业从业人员 28.84 万人。上海市级以上开发区规模以上工业企业从业人员达 45.96 万人。国家级开发区和市级开发区从业人数差距拉近，由 2003 年的 4 万余人缩小至不足 1 万人。国有、集体、股份合作和其他企业从业人数增减幅度均不大，而股份制企业和外商及港澳台三资企业从业人数继续保持增长势头，三资企业从业人员增势明显。轻重工业从业人数比例为 38.1∶61.9。在规模上，大、中、小型企业从业人数所占比例分别为 15.7％、45.8％、38.5％，中小企业从业人数有所上升。

至 2005 年，上海市级以上开发区和重点配套工业区工业企业从业人员达 98.23 万人。其中，国家级开发区工业企业从业人员 26.58 万人，市级开发区工业企业从业人员 38.47 万人，重点配套地区工业企业从业人员 31.40 万人。上海市级以上开发区规模以上工业企业从业人员达 55.05 万人。国有企业从业人员上升至万人以上。股份制企业、外商及港澳台三资企业从业人数增长继续加快，股份制企业一年内增加人数达 3 万余人，三资企业增加的从业人员达 16 万人以上。轻重工业从业人数比例为 34∶66，轻工业从业人数下降，重工业从业人数上升。在规模上，大、中、小型企业从业人数所占比例分别为 22.3％、40.7％、37.0％，大型企业从业人数上升较为明显。

至 2006 年，上海公告开发区(国家级、市级开发区)和部分工业集中区工业企业从业人员达 147.37 万人。其中，国家级开发区工业企业从业人员 52.12 万人，市级开发区工业企业从业人员 89.73 万人，其他工业集中区工业企业从业人员 5.52 万人。上海市级以上开发区规模以上工业企业从业人员达 91.14 万人。市级开发区从业人数是国家级开发区从业人数的 2.3 倍。国有、集体、股份合作、其他企业从业人员均有较大幅度增长。股份制企业、外商及港澳台三资企业从业人员增速迅猛，股份制企业人数比 2005 年增加 8 万余人，三资企业从业人员增加近 18 万人。轻重工业从业人数比例为 34.1∶65.9。在规模上，大、中、小型企业从业人数所占比例分别为 20.8％、42.3％、36.9％，中型企业从业人数仍居首位。

至 2007 年，上海公告开发区(国家级、市级开发区)和部分工业集中区工业企业从业人员达 166.88 万人。其中，国家级开发区工业企业从业人员 58.22 万人，市级开发区工业企业从业人员 98.30 万人，其他工业集中区工业企业从业人员 22.22 万人。上海市级以上开发区规模以上工业企业从业人员达 118.34 万人。集体和其他企业从业人数上升较为明显均突破万人。股份制企业、外商及港澳台三资企业从业人员继续保持增长态势，三资企业增加从业人员达 20 万人。轻重工业从业人数比例为 32.7∶67.3。在规模上，大、中、小型企业从业人数所占比例分别为 22.9％、42.5％、34.6％。

至 2008 年，上海公告开发区(国家级、市级开发区)和部分工业集中区工业企业从业人员达 182.46 万人。其中，国家级开发区工业企业从业人员 59.47 万人，市级开发区工业企业从业人员 112.93 万人，其他工业集中区工业企业从业人员 10.06 万人。上海市级以上开发区规模以上工业企业从业人员达 119.83 万人。国有、集体企业从业人数小幅回落。股份合作和其他企业从业人数有所上升。股份制企业、外商及港澳台三资企业从业人数增幅趋缓。轻重工业从业人数比例为 32.3∶67.7。在规模上，大、中、小型企业从业人数所占比例分别为 23.3％、40.8％、35.9％。

至 2009 年，上海开发区工业企业从业人员达 173.09 万人。其中，国家级开发区工业企业从业人员 63.87 万人，市级开发区工业企业从业人员 109.22 万人。上海市级以上开发区规模以上工业企业从业人员达 123.57 万人。国有企业、股份制企业和其他企业从业人数上升,股份制企业增加 4.3 万人,其他企业增加 1 万余人。集体、股份合作、外商及港澳台三资企业从业人员均有不同程度下降。轻重工业从业人数比例为 32∶68。在规模上,大、中、小型企业从业人数所占比例分别为 22.1%、40.5%、37.4%。

至 2010 年,上海开发区全部从业人员达 233.19 万人。其中,国家级开发区工业企业从业人员 63.87 万人,市级开发区工业企业从业人员 109.22 万人。上海市级以上开发区规模以上工业企业从业人员达 138.10 万人。按经济类型分,各种经济类型企业从业人数均有增长,集体和其他企业从业人员上升较为明显,均突破万人,尤以股份制企业、外商及港澳台三资企业从业人数增势迅猛,股份制企业一年内增加从业人员数突破 20 万人,三资企业一年内增加从业人员数突破近 24 万人。轻重工业从业人数比例为 31.1∶68.9。在规模上,大、中、小型企业从业人数所占比例分别为 25.1%、39.3%、35.6%,大型企业从业人数增加较快。

表 1-2-9　2003—2010 年上海市级以上开发区规模以上工业企业从业人员情况表　单位:万人

年　份	市级以上开发区	国家级开发区	市级开发区
2003 年	42.09	18.95	23.14
2004 年	45.96	22.55	23.40
2005 年	55.05	16.58	38.47
2006 年	91.14	27.63	63.50
2007 年	118.34	31.63	86.71
2008 年	119.83	40.55	79.28
2009 年	123.57	30.86	92.71
2010 年	138.10	31.54	106.56

资料来源:上海市经济委员会、上海市经济和信息化委员会、上海市统计局、上海市开发区协会《上海市开发区统计手册》

第三节　开发区综合评价

2010 年 9 月,为促进上海市开发区加快转变经济发展方式,推进产业转型升级,提升园区核心竞争力和可持续发展能力,在产业发展、资源利用、创新发展、投资环境等方面进一步强化政策支持和引导,市经济信息化委制定《上海市开发区综合评价办法(试行)》,首次组织开展上海开发区综合评价工作。开发区综合评价以导向性、科学性、综合性为工作原则,通过分别设置指标权重、评分标杆,计算综合评价指数、分项指数,对上海 56 个国家级、市级或其他开发区进行开发区综合评价排名。对开发区进行综合评价是客观评估市内开发区发展状况的重要手段,也是引导市内开发区加快转变经济发展方式的重要措施。

一、开发区综合发展指数

开发区综合发展指数综合评价指标体系由产业发展、资源利用、创新发展、投资环境 4 个分项指数、11 个专项指数以及 68 个单项评价指标构成,主要反映开发区综合发展状况,总分 1 000 分。

表 1-2-10　2010年上海市开发区综合发展指数排名情况一览表

排名序号	园区名称	指数评分
1	漕河泾新兴技术开发区	881.79
2	上海张江高科技园区	836.00
3	金桥出口加工区	830.43
4	上海浦东康桥工业区	712.16
5	上海紫竹高新技术产业园区	707.89
6	临港产业区	704.00
7	嘉定工业区	697.54
8	上海闵行经济技术开发区	627.80
9	莘庄工业区	607.23
10	外高桥保税区	590.57
11	上海国际汽车城零部件配套工业园区	563.81
12	上海市工业综合开发区	553.70
13	上海青浦工业园区	534.04
14	上海化学工业区	517.20
15	松江工业区	515.94
16	上海市北高新技术服务业园区	507.79
17	上海国际医学园区	506.36
18	上海枫泾工业区	498.56
19	宝山工业园区	486.63
20	上海浦东合庆工业园区	476.70
21	松江工业区新桥分区	465.81
22	练塘工业园区	463.69
23	上海浦东川沙经济园区	462.61
24	祝桥空港工业园区	449.81
25	奉贤现代农业园区	447.25
26	上海未来岛高新技术产业园区	444.09
27	金山工业园区	428.04
28	宝山城市工业园区	417.25
29	华新工业园区	402.52
30	上海星火工业园区	381.83
31	顾村工业园区	381.79

（续表）

排 名 序 号	园 区 名 称	指 数 评 分
32	上海宝山工业园区嘉定徐行工业开发区	375.70
33	上海南汇工业园区	371.64
34	徐泾工业园区	371.55
35	罗店工业小区	371.14
36	向阳工业园区	357.23
37	上海朱泾工业园区	347.12
38	闵东工业区	341.35
39	长兴海洋装备基地配套园区	339.07
40	金山第二工业区	326.77
41	青浦区白鹤镇工业园区	322.80
42	月浦工业园区	314.81
43	石湖荡工业园区	284.95
44	上海富盛经济开发区	284.51
45	宝山工业园区	284.11
46	上海崇明工业园区	275.91
47	黄渡工业园区	275.18
48	老港化工工业园区	240.69
49	上海奉城工业园区	227.34
50	商榻工业园区	216.09
51	闵北工业园区	202.80
52	上海松江经济开发区洞泾工业园	176.58
53	泗泾高科技开发区	162.53
54	九亭高科技工业园区	140.00
55	上海新杨工业园区	139.27
56	张堰工业园区	126.55

资料来源：《上海市经济和信息化委员会关于印发2010年上海市开发区综合评价报告通知》,2010年12月30日

二、开发区综合评价分项指数

【开发区产业发展指数】
开发区产业发展指数分为经济规模、发展速度、发展质量3个分项指数,共计24个单项指标,主要反映开发区产业发展规模、速度、质量效益状况,总分1000分。

表 1 - 2 - 11　2010 年上海市开发区产业发展指数排名情况一览表

排 名 序 号	园 区 名 称	指 数 评 分
1	金桥出口加工区	828.22
2	上海张江高科技园区	817.89
3	漕河泾新兴技术开发区	791.28
4	临港产业区	779.54
5	上海浦东康桥工业区	773.66
6	嘉定工业区	704.49
7	上海青浦工业园区	629.77
8	外高桥保税区	602.91
9	松江工业区	559.41
10	上海闵行经济技术开发区	556.43
11	莘庄工业区	550.26
12	上海国际汽车城零部件配套工业园区	548.22
13	上海化学工业区	543.90
14	上海国际医学园区	543.67
15	上海紫竹高新技术产业园区	543.22
16	练塘工业园区	531.59
17	上海市工业综合开发区	521.15
18	上海浦东合庆工业园区	490.48
19	上海浦东川沙经济园区	487.98
20	松江工业区新桥分区	486.89
21	上海奉城工业园区	467.88
22	祝桥空港工业园区	466.58
23	宝山工业园区	447.14
24	宝山城市工业园区	439.28
25	奉贤现代农业园区	436.03
26	华新工业园区	426.01
27	上海市北高新技术服务业园区	422.12
28	上海枫泾工业区	421.43
29	上海星火工业园区	421.37
30	长兴海洋装备基地配套园区	413.54
31	徐泾工业园区	400.62
32	向阳工业园区	398.20

排 名 序 号	园 区 名 称	指 数 评 分
33	黄渡工业园区	396.41
34	上海富盛经济开发区	391.95
35	罗店工业小区	390.22
36	上海未来岛高新技术产业园区	366.72
37	闵东工业区	352.70
38	上海南汇工业园区	352.30
39	金山工业园区	349.41
40	上海朱泾工业园区	339.98
41	金山第二工业区	305.33
42	商榻工业园区	291.45
43	月浦工业园区	286.26
44	青浦区白鹤镇工业园区	279.95
45	泗泾高科技开发区	279.35
46	老港化工工业园区	274.94
47	顾村工业园区	272.89
48	上海宝山工业园区嘉定徐行工业开发区	257.37
49	宝山工业园区	251.99
50	上海崇明工业园区	247.32
51	闵北工业园区	245.70
52	九亭高科技工业园区	220.14
53	上海新杨工业园区	194.92
54	张堰工业园区	189.15
55	石湖荡工业园区	175.48
56	上海松江经济开发区洞泾工业园	157.15

资料来源：《上海市经济和信息化委员会关于印发2010年上海市开发区综合评价报告通知》,2010年12月30日

【开发区资源利用指数】

开发区产业发展指数分为土地集约、节能减排、环境保护3个分项指数,共计16个单项指标,主要反映开发区土地集约利用、节能节水、环境保护等资源利用状况,总分1 000分。

表 1－2－12　2010 年上海市开发区资源利用指数排名情况一览表

排 名 序 号	园 区 名 称	指 数 评 分
1	漕河泾新兴技术开发区	944.73
2	上海张江高科技园区	854.40

排 名 序 号	园 区 名 称	指 数 评 分
3	金桥出口加工区	848.15
4	临港产业区	814.22
5	上海浦东康桥工业区	813.03
6	外高桥保税区	806.77
7	上海紫竹高新技术产业园区	775.43
8	上海闵行经济技术开发区	769.32
9	嘉定工业区	733.55
10	莘庄工业区	721.52
11	松江工业区	674.84
12	上海未来岛高新技术产业园区	646.40
13	练塘工业园区	644.46
14	上海市工业综合开发区	639.15
15	上海国际汽车城零部件配套工业园区	626.39
16	奉贤现代农业园区	612.28
17	宝山工业园区	581.95
18	上海化学工业区	578.00
19	祝桥空港工业园区	563.69
20	上海青浦工业园区	562.08
21	金山工业园区	558.74
22	向阳工业园区	557.79
23	上海宝山工业园区嘉定徐行工业开发区	556.96
24	顾村工业园区	556.93
25	上海市北高新技术服务业园区	555.32
26	上海浦东川沙经济园区	536.93
27	上海枫泾工业区	536.72
28	松江工业区新桥分区	532.29
29	上海崇明工业园区	518.97
30	石湖荡工业园区	514.52
31	上海南汇工业园区	513.32
32	上海国际医学园区	509.98
33	上海朱泾工业园区	505.03
34	闵东工业区	502.73

（续表二）

排 名 序 号	园 区 名 称	指 数 评 分
35	华新工业园区	494.41
36	宝山城市工业园区	486.05
37	青浦区白鹤镇工业园区	471.38
38	老港化工工业园区	469.64
39	上海富盛经济开发区	462.23
40	罗店工业小区	455.12
41	长兴海洋装备基地配套园区	451.68
42	上海浦东合庆工业园区	444.22
43	金山第二工业区	395.05
44	黄渡工业园区	388.07
45	徐泾工业园区	385.15
46	上海星火工业园区	352.27
47	月浦工业园区	334.14
48	闵北工业园区	322.41
49	宝山工业园区	319.79
50	商榻工业园区	311.37
51	泗泾高科技开发区	199.31
52	九亭高科技工业园区	180.94
53	张堰工业园区	172.58
54	上海新杨工业园区	166.60
55	上海松江经济开发区洞泾工业园	161.76
56	上海奉城工业园区	149.11

资料来源：《上海市经济和信息化委员会关于印发 2010 年上海市开发区综合评价报告通知》，2010 年 12 月 30 日

【开发区创新发展指数】

开发区创新发展指数分为战略性新兴产业和高新技术产业化、科技创新、创新平台 3 个分项指数，共计 15 个单项指标，主要反映开发区培育战略性新兴产业、推进高新技术产业化发展、创新人才、配套平台建设等创新发展状况，总分 1 000 分。

表 1 - 2 - 13　2010 年上海市开发区创新发展指数排名情况一览表

排 名 序 号	园 区 名 称	指 数 评 分
1	漕河泾新兴技术开发区	903.43
2	上海张江高科技园区	884.22

排名序号	园区名称	指数评分
3	上海紫竹高新技术产业园区	852.93
4	金桥出口加工区	816.21
5	嘉定工业区	659.59
6	上海浦东康桥工业区	641.71
7	上海枫泾工业区	635.14
8	莘庄工业区	604.12
9	上海浦东合庆工业园区	599.02
10	上海国际医学园区	594.19
11	上海闵行经济技术开发区	574.06
12	上海国际汽车城零部件配套工业园区	541.08
13	宝山工业园区	530.21
14	上海市工业综合开发区	527.70
15	上海市北高新技术服务业园区	516.81
16	临港产业区	508.75
17	上海浦东川沙经济园区	492.97
18	上海青浦工业园区	468.14
19	金山工业园区	450.57
20	上海未来岛高新技术产业园区	445.04
21	松江工业区新桥分区	437.63
22	奉贤现代农业园区	434.81
23	上海星火工业园区	433.61
24	顾村工业园区	422.54
25	徐泾工业园区	414.42
26	祝桥空港工业园区	410.96
27	上海宝山工业园区嘉定徐行工业开发区	409.84
28	华新工业园区	401.88
29	宝山城市工业园区	400.71
30	月浦工业园区	391.72
31	青浦区白鹤镇工业园区	368.84
32	罗店工业小区	361.90
33	练塘工业园区	358.79
34	上海朱泾工业园区	342.25

（续表二）

排 名 序 号	园 区 名 称	指 数 评 分
35	金山第二工业区	329.07
36	松江工业区	304.87
37	宝山工业园区	293.88
38	上海南汇工业园区	290.67
39	石湖荡工业园区	277.08
40	上海化学工业区	242.39
41	外高桥保税区	237.42
42	上海松江经济开发区洞泾工业园	211.69
43	长兴海洋装备基地配套园区	195.65
44	上海崇明工业园区	170.60
45	闵东工业区	147.84
46	向阳工业园区	145.20
47	商榻工业园区	136.30
48	闵北工业园区	100.20
49	黄渡工业园区	89.04
50	上海新杨工业园区	40.40
51	老港化工工业园区	24.72
52	上海富盛经济开发区	21.58
53	上海奉城工业园区	14.00
54	九亭高科技工业园区	14.00
55	泗泾高科技开发区	14.00
56	张堰工业园区	14.00

资料来源：《上海市经济和信息化委员会关于印发 2010 年上海市开发区综合评价报告通知》(2010 年 12 月 30 日)

【开发区投资环境指数】

开发区投资环境指数分为产业发展环境、管理服务环境 2 个分项指数，共计 13 个单项指标，主要反映开发区产业发展环境、公共管理、公共服务质量和效率等投资环境状况，总分 1 000 分。

表 1 - 2 - 14　2010 年上海市开发区投资环境指数排名情况一览表

排 名 序 号	园 区 名 称	指 数 评 分
1	漕河泾新兴技术开发区	952.00
2	金桥出口加工区	829.72
3	上海化学工业区	811.60

（续表一）

排 名 序 号	园 区 名 称	指 数 评 分
4	外高桥保税区	790.00
5	上海张江高科技园区	767.20
6	上海紫竹高新技术产业园区	737.80
7	嘉定工业区	684.57
8	临港产业区	669.48
9	上海闵行经济技术开发区	648.00
10	上海市北高新技术服务业园区	613.44
11	莘庄工业区	554.88
12	上海国际汽车城零部件配套工业园区	533.76
13	上海市工业综合开发区	530.54
14	上海浦东康桥工业区	517.93
15	松江工业区	501.46
16	上海枫泾工业区	387.31
17	上海青浦工业园区	373.76
18	闵东工业区	368.40
19	金山工业园区	356.11
20	松江工业区新桥分区	352.80
21	宝山工业园区	347.29
22	上海南汇工业园区	315.60
23	上海浦东合庆工业园区	294.84
24	上海宝山工业园区嘉定徐行工业开发区	292.80
25	上海未来岛高新技术产业园区	285.84
26	祝桥空港工业园区	285.62
27	宝山工业园区	283.30
28	向阳工业园区	280.76
29	宝山城市公园园区	278.75
30	顾村工业园区	276.05
31	上海国际医学园区	266.88
32	金山第二工业区	259.16
33	上海星火公园园区	252.56
34	上海浦东川沙经济园区	228.92
35	月浦工业园区	221.04

排 名 序 号	园 区 名 称	指 数 评 分
36	奉贤现代农业园区	219.12
37	长兴海洋装备基地配套园区	216.65
38	徐泾工业园区	209.63
39	罗店工业小区	202.08
40	华新工业园区	195.60
41	上海松江经济开发区洞泾工业园	188.11
42	练塘工业园区	178.80
43	上海富盛经济开发区	175.86
44	石湖荡工业园区	170.91
45	上海奉城工业园区	152.00
46	老港化工工业园区	139.11
47	上海新杨工业园区	128.64
48	黄渡工业园区	114.38
49	上海崇明工业园区	113.04
50	上海朱泾工业园区	108.72
51	青浦区白鹤镇工业园区	98.40
52	九亭高科技工业园区	94.78
53	张堰工业园区	91.36
54	泗泾高科技开发区	76.22
55	闵北工业园区	74.33
56	商榻工业园区	14.40

资料来源：《上海市经济和信息化委员会关于印发 2010 年上海市开发区综合评价报告通知》(2010 年 12 月 30 日)

第二篇
体制机制与管理服务

上海开发区全面推进体制机制创新，以可复制、可推广作为基本要求，在推动开发区整体优化、提高管理效率、创新运营管理，形成了具有不同特点的体制和模式。在管理体制方面形成了三种基本类型：第一种是准政府的管委会体制，管委会作为政府的派出机构，其主要职能是经济开发规划和管理，为入区企业提供服务，并拥有一定的行政审批权，其机构和人员编制比行政区管理体制更为精简，市级以上开发区在建设初期基本采取这种模式。第二种是开发区与行政区管理合一的管理体制，开发区和行政区的管理职能合一，或者是两块牌子一套班子，内设机构基本保持行政区管理机构的编制和职能。第三种是以企业为主体的开发体制，在这种模式中，开发主体不是一级行政组织或政府派出机构，而是由开发公司来规划、投资开发和管理一个开发区，开发公司不仅要开发工业用地，还要进行大量的公共基础设施投资，但不能像大部分行政管理机构那样直接从税收收入中获得必要的投资补偿，公共基础设施成本靠工业和商业用地开发收入来补偿。

上海开发区的开发运营模式主要有两种类型：一种是政企分离的开发模式。开发区管委会只负责行政审批、管理和制定政策，而开发经营由独立的开发公司承担。如金桥出口加工区实行完全的政企分开，开发区管委会作为管理主体，不直接从事开发区的开发经营。开发区管委会将获准开发的土地转让给开发公司，开发公司开发后进行招商转让或出租。这种体制的机构精干、权责明确，在进行大规模成片开发方面有比较明显的优势。另一种是政企合一的开发模式。这一体制的特点是开发区管委会具有管理者与开发商的双重功能，管委会与开发公司两块牌子一套班子或交叉兼职，如嘉定、青浦、松江工业园区。由于这种模式办事效率较高，管理者的能动作用较大，不少开发区在建设初期采取这种开发模式。

第一章 体制机制

自20世纪80年代,经济技术开发区、高新技术开发区等一批国家级开发区和市级工业园区的相继批准设立,上海国家级开发区率先推进了管理体制改革,探索了"管委会"的管理模式,提出并成功实践了"小政府,大社会"的管理理念,率先形成了市场经济条件下的新型政企关系,构建了集中精简、灵活高效、亲商务实的管理体制和运行机制,创立了有中国特色的特殊经济功能区管理体制。国家级开发区在依法行政、土地开发与管理、外向型经济管理、投融资体制、人才管理机制等领域进行了全方位的改革探索,逐步成为和形成改革开放的"试验田"和区域经济开发的典型模式,极大地提高了管理效率,释放了经济发展潜能,管理体制机制方面走出了一条勇于创新的新途径,有力地推动了经济和社会的协调发展。

开发区的行政管理体制,主要实行"两级政府三级管理"的管理机制,即为上海市人民政府(以下简称"市政府")直属管理、区县政府直属管理、镇政府直属管理。对经济技术开发区的管理,初期是由国务院特区办公室负责指导和归口管理经济技术开发区的工作。1999年9月30日后,改由对外贸易和经济合作部对国家经济技术开发区进行指导和归口管理。2003年3月,国务院机构改革后,改由商务部归口管理。对国家高新技术开发区的管理,根据国务院授权,国家科学技术委员会(以下简称"国家科委")归口管理和协调指导全国高新技术开发区,所在省、市政府是当地开发区的领导机关。海关总署对综合保税区和出口加工区实施海关业务监管。

2002年9月27日,经上海市民政局批准,上海市工业开发区协会作为开发区行业服务社会团体组织正式成立。

第一节 行 政 管 理

一、市政府直属管理

1982年9月,经市政府批准,筹建闵行地区开发公司和虹桥地区开发公司,负责新工业区开发建设工作。1983年6月2日,经市政府批准,对虹桥地区开发公司、闵行地区开发公司和上海市开发公司管理处三家开发机构统一改建为上海市闵行虹桥开发公司,直属市政府领导,委托上海市建设管理委员会(以下简称"市建委")代管。1984年5月29日,经市政府批准,对上海市闵行虹桥开发公司一分为二,为上海闵行联合发展有限公司和上海虹桥联合发展有限公司。

1984年11月6日,市政府正式批准成立上海市漕河泾微电子工业区开发公司。1988年6月7日,国务院正式批准成立上海漕河泾新兴技术开发。7月,经市政府同意,上海市漕河泾微电子工业区开发公司更名为上海市漕河泾新兴技术开发区发展总公司,在行政上隶属上海市经济委员会(以下简称"市经委")直属领导,业务上受上海市外国投资工作委员会(以下简称"市外资委")和上海市对外经济贸易委员会(以下简称"市外经贸委",今上海市商业委员会)指导管理。

1999年12月28日,上海化学工业区领导小组办公室成立,由上海市计划委员会(以下简称"市计委")、市经委、市建委、上海石油化工股份有限公司、上海华谊(集团)有限公司等派员组成,挂靠市经委。2001 年 8 月 22 日,经市政府正式批准,成立上海化学工业区管理委员会,作为市政府派出机构,具体负责管理化工区有关行政事务。同时,建立中共上海化学工业区管理委员会党组,党的关系归口原中国共产党上海市工业工作委员会。

2000 年 6 月 19 日,经市建委批准,上海闵行经济技术开发区管理办公室正式成立,并委托市建委直属领导,统一负责闵行和虹桥两个开发区的投资建设和成片开发,行使政府授权的管理职能和协调企业服务,业务上受市外资委和市外经贸委指导管理。

2003 年 5 月,经市政府正式批准,成立上海临港综合经济开发区管理委员会,作为为市政府派出机构。6 月,市政府成立上海临港综合经济开发区建设领导小组,市长韩正担任组长,副市长周禹鹏、杨雄、唐登杰任副组长。10 月,中国共产党上海市委员会(以下简称“中共上海市委”)、市政府同意将上海临港综合经济开发区建设领导小组更名为上海临港新城建设领导小组;上海临港综合经济开发区管理委员会更名为上海临港新城管理委员会;上海临港综合经济开发区开发公司更名为上海临港经济发展(集团)有限公司。11 月 30 日,上海临港新城管理委员会和上海临港经济发展(集团)有限公司正式挂牌成立。

二、区县政府直属管理

由市政府委托浦东新区人民政府(以下简称“浦东新区政府”)管理的有:综合保税区、洋山保税港区、浦东机场保税港区、外高桥保税区、张江高科技园区、金桥出口加工区、陆家嘴金融贸易区、孙桥农业园区。

由所在区县政府直属管理的有 16 个市级园区,分别是:星火工业区、浦东康桥工业园区、莘庄工业园区、嘉定工业园区、青浦工业园区、松江工业园区、工业综合开发区、金山工业园区、宝山工业园区、宝山城市工业园区、市北高新技术服务业园区、紫竹科学园区、奉贤现代农业园区、南汇工业园区、崇明工业园区、富盛工业园区。

三、乡镇街道直属管理

由所在镇直属管理的园区有 30 个,分别是:罗店工业园区、徐行工业园区、杨行工业园区、月浦工业园区、顾村工业园区、川沙经济园区、机场经济园区、祝桥空港工业园区、老港化工工业区、外冈工业园区、南翔工业园区、黄渡工业园区、国际汽车城零部件配套园区、向阳工业园区、华新工业区、徐泾工业区、闵北工业区、松江工业区石湖荡分区、练塘工业园、泗泾高科技园区、九亭高科技园区、松江工业区洞泾分区、金山第二工业区、张堰工业区、朱泾工业区、枫泾工业园区、新杨工业区、浦东合庆工业园区、奉城工业区、未来岛高科技产业园区等。

第二节　运营管理模式

开发区开发运营管理,主要实行四种模式:第一种是政府授权成立管委会,并作为政府派出机构负责制订开发区前期开发建设规划,行使政府职能;第二种是以公司制运作方式,承担开发区开发建设,自主运营管理;第三种是“政企合一”管理,实行开发区管委会和开发公司管理职能合一的模式;第四种是开发区联动发展管理模式。

一、政府派出机构管理

管委会作为政府派出机构,主要职能是经济开发区规划和管理,为企业提供服务,同时拥有一定的行政审批权,其机构和人员编制比行政区管理体制要精简得多。这种管理体制主要适用于人口较少的、相对独立的新开区,大部分开发区在建设初期采取这种模式。

【金桥出口加工区管委会】

1990年4月18日,中共中央和国务院决策开发开放浦东。1991年1月12日,市政府浦东开发办批准上海市金桥出口加工区开发公司与中国工商银行上海市信托投资公司、中国建设银行上海市信托投资公司、中国农业银行上海市信托投资公司、交通银行浦东分行合资组建上海市金桥出口加工区联合开发公司,注册资本4.7亿元。4月13日,上海市金桥出口加工区联合开发公司更名上海市金桥联合投资开发公司。11月,上海市金桥联合投资开发公司和中银集团投资有限公司、招商局集团(香港)有限公司,组建中外合资的上海金桥出口加工区联合发展有限公司,投资总额3亿美元。1992年5月19日,上海市金桥出口加工区开发公司组建上海市金桥出口加工区开发股份有限公司,注册资本4.88亿元,其中发行A股3.45亿元,B股折合人民币1.43亿元。

2002年3月25日,上海金桥出口加工区海关监管区管理委员会成立。6月18日,上海金桥出口加工区海关监管区管理委员会更名为上海金桥出口加工区(南区)管理委员会,管委会接受浦东新区政府领导,负责制订发展规划和计划;负责投资项目、土地使用和建设工程管理;负责开发建设,为企业提供必要的指导和服务;配合海关实施监管;协调和配合有关行政管理部门对企业的管理;负责有关行政事务的日常管理和监督;市政府授予的职能有:行政事务管理及服务,行政事务的归口管理,除涉及国家安全、公共安全事项外,全市各有关行政管理部门涉及对出口加工区的管理事项,应当征求管委会的意见;需要进入出口加工区进行指导、检查和监管的,由管委会统一协调安排。通关服务,包括海关根据国家有关出口加工区的规定实施监管,并采取特殊的便捷通关措施,加快通关速度,为企业提供高效服务。劳动人事管理,管委会接受浦东新区劳动保障管理部门的委托,负责出口加工区内外来人员的就业管理工作。政务公开,管委会按照政务公开的要求,对涉及审批事项的依据、内容、条件、程序、时限等有关内容,事先予以公布。管委会对出口加工区内企业依法享有的权益和承担的法定义务事先予以告知。

【外高桥保税区管委会】

1990年9月,市政府批准成立外高桥保税区开发公司,负责区内成片开发和综合经营管理。1992年2月,开发公司与中国银行上海信托咨询公司、中国建设投资(香港)有限公司和招商局集团(香港)有限公司,合资成立上海外高桥保税区联合发展有限公司,总投资2亿美元,注册资本8 000万美元,其中开发公司出资4 400万美元,占55%。4月21日,成立上海市外高桥保税区管理委员会,作为市政府的派出机构,统一管理、集中处理保税区内的行政事务。管委会实行委员会制,海关、商检、公安、外汇和财政税务等部门负责人成为保税区管委会的委员,统一协调和处理有关问题。

1993年1月1日,浦东新区管委会成立。4月,浦东新区管委会建立外高桥保税区开发(控股)公司,受政府委托,负责对保税区内土地等国有资产实行控股管理。外高桥保税区联合发展有限公司暨开发股份有限公司,负责第一期 4 平方公里的开发建设;外高桥保税区港务公司负责外高桥新港区的建设经营。

外高桥港区与保税区实行一体化管理,由港口管理机构负责港口管理。受管委会委托的保税区开发公司,承担保税区内的市政建设和管理。保税区可以依法设立报关、检验、劳务、公证、律师等机构,为保税区企业、机构提供服务。

【张江高科技园区管理委员会】

为积极响应中共中央、国务院提出的坚定不移实施浦东开发开放战略,中共上海市委、市政府决定提前启动建设张江园区。1992 年 7 月 28 日,张江高科技园区(以下简称“张江园区”)正式启动建设。1992 年 7 月至 1999 年末,张江园区开发建设实行政府授权,开发建设由 1992 年 7 月成立的张江高科技园区开发公司(以下简称“张江公司”)全面负责。

1999 年 8 月,中共上海市委、市政府提出实施“聚焦张江”战略。2000 年 1 月,市政府发布《上海市促进张江高科技园区发展的若干规定》(以下简称“张江 19 条”)明确:上海市设立张江高科技园区领导小组。张江园区领导小组,组长由上海市主要领导担任,是张江园区开发、建设的领导机构,负责张江园区的规划编制、政策制定和组织协调工作。领导小组下设张江园区办公室,主要职责有:受上海市和新区有关行政管理部门、机构的委托或者授权,负责园区内规划、投资项目、基本建设项目审批;负责园区内高新技术企业、软件企业、集成电路企业、高新技术成果转化项目的认定;协调其他行政管理部门对园区内企业的日常行政管理、年检和落实优惠政策;为园区内企业提供各种必要的服务。张江公司开发初期所承担的行政职能转移至张江园区办公室。

2006 年 7 月 4 日,市政府办公厅下发通知,张江高科技园区领导小组更名为上海张江高科技产业开发区领导小组,并调整领导小组成员。2007 年 3 月 26 日,市政府第 137 次常务会议通过《上海市人民政府关于修改〈上海市促进张江高科技园区发展的若干规定〉的决定》。3 月 29 日,市政府出台《上海市促进张江高科技园区发展的若干规定》,明确设立张江高科技园区管理委员会(以下简称“张江管委会”),作为市政府及浦东新区政府的派出机构。张江管委会根据市和浦东新区有关行政管理部门、机构的委托或者授权,负责园区内投资项目、基本建设项目的审批;负责园区内高新技术企业、软件企业、集成电路企业、高新技术成果转化项目的认定;协调其他行政管理部门对园区内企业的日常行政管理、年检和落实优惠政策;为园区内企业提供各种必要的服务。5 月 1 日,张江园区办公室更名为张江高科技园区管理委员会。

【上海市长兴岛开发建设管理委员会】

2008 年 9 月,市政府第 19 次常务会议通过《上海市长兴岛开发建设管理办法》(以下简称《长兴岛管理办法》),确定长兴岛建设成为世界先进的海洋装备岛、上海的生态水源岛和独具特色的景观旅游岛的总体目标。市政府决定设立上海市长兴岛开发建设管理委员会(以下简称“长兴岛管委会”)及管委会办公室(以下简称“长兴岛开发办”),明确《长兴岛管理办法》作为长兴岛开发、建设和发展的法律、法规和国家政策的依据。长兴岛管委会负责统筹研究长兴岛开发建设重要事项和重大问题,协调组织有关部门和单位实施长兴岛开发建设。长兴岛开发办承担管委会的日常工作,并依据该办法的规定行使下列职责:组织实施长兴岛开发建设的发展战略、发展规划和计划;拟订长兴岛内土地利用总体规划和土地储备计划、方案接受有关行政管理部门的委托,负责长兴岛内投资和开发建设等项目的审批;统筹协调长兴岛开发建设资金的使用管理;协调有关行政管理部门对长兴岛开发建设的行政管理工作。崇明县人民政府(以下简称"崇明县政府")协助长兴岛开发办做好长兴岛开发建设的相关工作,并负责长兴岛内的公共事务管理。市政府有关部门按照各自职责,配合做好长兴岛开发建设的相关工作。上海市建立促进长兴岛开发建设的工作机制是:重要情况沟通协商机制,由长兴岛开发办牵头,崇明县政府、市政府有关部门及相关企业和单位共同参加,定期对长兴岛开发建设过程中的重要情况进行沟通与协商,明确需要解决的问题和各方的责任;重要审批催办督办机制,崇明县政府和市政府有关部门办理开发建设的重要行政审批事项,由开发办负责催办督办;重大事项通报机制,对于影响长兴岛开发建设的重大事项,开发办可以在相应的范围内进行通报。

【上海综合保税区管理委员会】

2009 年 11 月 18 日,上海综合保税区管理委员会(以下简称"综保区管委会")揭牌成立,市长韩正为综保区管委会揭牌,副市长杨雄任主任,副市长周波、浦东新区区长姜樑等任副主任,综保区管委会作为市政府的派出机构,委托浦东新区管理。综保区管委会成员单位由市政府有关部门、浦东新区政府、综合保税区开发主体,以及海关、出入境检验检疫等中央在沪监管机构组成。综保区管委会依照《上海外高桥保税区条例》《洋山保税港区管理办法》以及《上海浦东机场综合保税区管理办法》(以下简称《机场综保区管理办法》),负责统一管理外高桥港、洋山港、浦东机场航空港及外高桥保税区、洋山保税港区、浦东机场综合保税区"三港三区"范围内的行政事务,在相应区域内开展日常管理及协调工作。

2010 年 5 月 28 日,为加强上海浦东机场综合保税区(以下简称"机场综保区")的管理,保障其建设和发展,根据法律、法规和《国务院关于同意设立上海浦东机场综合保税区的批复》以及国家有关政策,市政府第 76 次常委会审议通过的《机场综保区管理办法》,自 2010 年 7 月 1 日起施行。该管理办法明确浦东机场综合保税区管委会履行下列职责:一是参与编制机场综保区规划,制定机场综保区的产业导向、财政扶持等政策,并协调浦东新区政府、市有关行政管理部门推进落实;二是组织实施机场综保区开发建设,指导相关单位实施土地前期开发和基础设施建设;三是按照规定接受有关行政管理部门的委托,负责机场综保区内行政审批工作,为企业提供指导和服务;四是支持协助海关和检验检疫等监管部门在机场综保区内推行通关便利措施、创新监管模式;五是指导机场综保区功能开发,促进投资环境和公共服务的完善,吸引投资,推动现代服务业发展;六是协调市和浦东新区有关行政管理部门加强机场综保区内的公共事务管理。机场综保区管委会负责管理的行政事务涉及浦东国际机场地区的,应当听取上海机场(集团)有限公司的意见。上海市和浦东新区有关行政管理部门按照各自职责,配合做好机场综保区的相关工作。洋山保税港区、外高桥保税区(含外高桥保税物流园区)及机场综保区分别设有海关、检验检疫、外汇管理等国家监管部门,以及上海市工商、税务、公安、口岸、海事等管理部门的派驻机构。这些职能管理部门与机构分别依法履行职责任务,成为综保区管委会实施区域管理的重要组织依托。

上海综合保税区包含外高桥保税区、机场综保区、洋山保税港区以及洋山港、外高桥港、浦东机场空港等"三港三区",总面积达 20 多平方公里,"三区"实现政策、资源、产业和功能的联动互补,发挥更大的集聚效应,凸显"三区"作为海关特殊监管区域的整体优势,使其成为上海推进"两个中心"(即国际航运中心和国际金融中心)建设的重要平台和抓手。外高桥港区与保税区实行一体化管理,由港口管理机构负责港口管理。受综保区管委会委托的保税区开发公司,承担保税区内的市政建设和管理,为保税区企业、机构提供服务。保税区依法设立报关、检验、劳务、公证、律师等机构,为保税区企业、机构提供服务。2010年9月1日，上海市商务委员会下发的《关于上海综合报税区内外资投资企业审批和管理事宜的函》明确，委托综保区管委会统一行使外高桥保税区（含外高桥保税物流园区）、洋山保税港区、机场综保区范围七大类外商投资企业的审批和管理权限。

【上海化学工业区管理委员会】

2002年1月18日，市政府颁布《上海市化学工业区管理办法》（以下简称《化工区管理办法》）。该管理办法规定，设立上海化学工业区管理委员会（以下简称"化工区管委会"）。化工区管委会是市政府的派出机构。该管委会依据《化工区管理办法》和有关行政管理部门委托，行使下列职权：负责制订和修改上海化学工业区发展规划、计划和产业政策；负责投资项目、土地使用的审批和建设工程管理；协调海关、检验检疫、中国人民银行（以下简称"人民银行"）上海分行、外事等行政管理部门对区内企业的日常行政管理；为区内企业提供必要的指导和服务；完成市政府交办的其他事项。

化工区管委会负责区内有关行政事务的归口管理，除涉及国家安全、公共安全等事项外，上海市各有关行政管理部门涉及对区内的行政管理事项，应当征求管委会的意见。化工区管委会会同市工商局、上海市环境保护局（以下简称"市环保局"）、市质量技监局、市国家税务局、市地方税务局、市劳动保障局、市人事局、市公安局等行政管理部门，在区内设立相应机构，提供"一门式"服务，并行使相关的行政管理职责。在开发模式上，上海化学工业区实行完全的政企分开，化工区管委会作为管理主体，不直接从事开发区的开发经营，上海化学工业区发展有限公司负责开发经营。获准开发的土地转让给开发公司，开发公司开发后进行招商转让或出租。这种体制机构精干、权责明确，在进行大规模成片开发方面有比较明显的优势。

【上海临港产业区管委会】

2003年12月28日，市政府颁布《上海临港新城管理办法》以规范临港新城的管理，促进临港新城的建设和发展。根据该办法，临港新城由主城区、产业区和洋山深水港后方配套区等组成，临港新城管理委员会为市政府的派出机构。

2010年6月1日，市政府颁布《上海市临港产业区管理办法》，规定上海市设立上海临港产业区管理委员会。管委会作为市政府的派出机构，负责临港产业区有关行政事务的归口管理，并行使以下职责：制订、修改、实施临港产业区发展规划、计划、产业政策和行政管理的具体规定；接受有关行政管理部门的委托，负责临港产业区内投资和开发建设等项目的审批；负责临港产业区内基础设施和建设工程的行政管理；负责临港产业区内高新技术企业的认定初审以及软件企业、高新技术成果转化项目的认定；协调上海海关、上海出入境检验检疫局、人民银行上海分行、国家外汇管理局上海市分局等行政管理部门对临港产业区内企业的日常行政管理；为临港产业区内企业提供指导和服务；完成市政府交办的其他事项。浦东新区政府、奉贤区人民政府（以下简称"奉贤区政府"）负责临港产业区所辖区域的财政、税务、工商、公安、文化、教育、卫生、绿化市容、民政、司法行政、人力资源社会保障、人口和计划生育以及农村、社区等公共事务的协调和管理。

【佘山国家旅游度假区管理委员会】

1995年11月，市政府正式批准成立佘山国家旅游度假区管理委员会，下设日常办事机构——上海佘山国家旅游度假区管理委员会办公室。1996年9月27日，松江县人民政府（以下简称"松江县政府")成立上海佘山国家旅游度假区联合发展总公司,会同度假区管委会办公室承担佘山度假区的项目开发、招商引资,以及部分政府投融资、土地批租等职能。2000年1月,中共松江区委、松江区人民政府(以下简称"松江区政府")决定成立上海佘山国家旅游度假区松江管理委员会,作为松江区政府派出机构,行使佘山度假区管理职能。是年,佘山度假区核心区12.95平方公里(含山地面积2.07平方公里)行政单列。此后,佘山度假区规划的编制、调整和实施,旅游环境的改造,旅游项目的建设,辖区内因项目建设所涉及的民生事务的处置等有序推进。2003年6月27日,松江区旅游事业管理委员会与上海佘山国家旅游度假区松江管委会合署办公。

【洋山保税港区管理委员会】

2006年10月24日,市政府颁布的《洋山保税港区管理办法》规定,洋山保税港区管理委员会由上海市组建,海关和检验检疫等部门、市政府相关部门、南汇区人民政府和浙江省舟山市政府参加,在洋山港区建设省市联合协调领导小组指导下,统一负责保税港区的日常事务管理。管委会可以依法接受上海市和浙江省有关行政管理部门的委托,在保税港区内履行相关行政管理职责,并负责协调和配合口岸、海关、检验检疫、港口、海事、边检、工商、税收、金融、公安、环保、海洋等有关管理部门在保税港区的行政管理工作。

二、公司制运营管理

开发区管理机构属营利性的企业单位,以企业作为开发区的发展者与管理者,政府不再设立派出机构——管理委员会,而是通过开发区开发建设总公司作为具有法人地位的经济实体,并通过人大立法的形式,由实体开发公司组织区内的经济活动,同时承担部分政府职能是以企业承担规划建设、投资开发、管理服务,公共基础设施成本靠工业和商业用地开发收入获得补偿。

【漕河泾新兴技术开发区】

1984年11月6日,市政府批复同意成立上海市漕河泾微电子工业区开发公司,该公司是实行独立核算、自主经营、自负盈亏的经济实体,隶属市经委领导。1990年4月8日,上海市第九届人民代表大会常务委员会第17次会议审议通过《上海市漕河泾新兴技术开发区暂行条例》,5月1日正式实施。这是全国第一部以立法形式明确高新技术产业开发区主要任务的地方性法规,也是一部以管理体制、开发基金、优惠政策、人才管理及环境保护等为重要内容的高新技术产业开发区地方性法规。采取的"人大立法、政府管理、公司运作"管理体制,为开发区建设机制的法制化、规范化奠定基础。在发展过程中,创造若干个"第一":第一个微电子工业园区、第一批国家级经济技术开发区、第一批国家级高新技术产业开发区、第一批由地方人大立法制定开发区管理条例的区域、最早对APEC成员国开放的高新技术产业园区、第一批被命名的国际企业孵化器、国际科学园区协会(IASP)中最早的中国会员(A类会员)、国际投资与不动产业界大会(MIPIM)第一个中国开发区会员、海关总署第一本正版电子通关账册的诞生地。

【虹桥经济技术开发区】

1984年12月,上海虹桥经济技术开发区联合发展有限公司成立(以下简称"虹联公司")。1988年,上海市人民代表大会常务委员会(以下简称"市人大常委会")通过《上海市经济技术开发区条例》，条例明确了分工原则：市外资委是开发区的管理机构，有关区政管理原则上由所在长宁区负责。虹桥开发区与长宁区政府合作成立虹桥开发区区政管理办公室，对区容区貌、绿化、环卫、道路等进行统一管理。虹联公司以公司化开发运营管理方式，通过国家无偿划拨土地、给予税收返还等优惠政策扶持，以土地开发为主要手段，利用外资，进行滚动式开发建设。整个区域的开发、建设、经营、管理的职能全部由上海虹桥经济技术开发区联合发展有限公司承担，不设立一级政府组织机构或管委会的管理机制，在国家级开发区中具有特殊性。1989年，开发区率先建立"一站服务"机构，请海关、商检、税务、银行、邮政、保险及上水、煤气、供电、电话电讯等公用事业单位进驻开发区办公，为外商投资者提供现场服务，为开发区的建设起步，打下公司化、市场化、规范化的基础。

【闵行经济技术开发区】

1984年5月5日，上海市副市长阮崇武批示："以企业形式开发新区，政府不能包办，不能单独成立管委会。"1985年2月14日，经国家工商行政管理总局批准登记注册，成立上海闵行联合发展有限公司（以下简称"闵联公司"）。闵联公司由上海市闵行虹桥开发公司、港澳中银集团成员行和中国银行上海分行合资组成。其中港澳中银集团五家成员行包括：中国银行香港分行、金城银行香港分行、浙江兴业银行香港分行、新华银行香港分行和广东省银行香港分行。

1988年2月11日，园区成立上海闵行经济技术开发区管理中心，海关、商检等单位入驻，根据自身职责，依法为开发区企业提供各项专业服务。11月，市人大常委会通过《上海市经济技术开发区条例》，闵联公司按照规定的职能，实施对开发区内的基础建设、土地经营、外商投资、企业公用设施等的协调和服务，以公司化运营机制负责闵行开发区的开发和经营管理，提高了开发区管理的权威性，进一步增强了开发区协调、服务企业的高效性。

【上海紫竹科学园区】

2002年3月11日，上海紫竹科学园区发展有限公司注册成立，负责承担包括实业投资、创业投资、产业孵化及投资服务、土地开发、房地产开发、经营、销售、商务咨询、企业管理咨询、国内贸易、物业管理等。该公司采取政府、民营企业和大学共建的全新组织管理架构，形成在政府主导下，以民间资本为主体的市场化运作模式。在该公司股权结构中，上海紫江（集团）有限公司股权比例为50.3%，上海联和投资有限公司股权比例为20%，上海紫江企业集团股份有限公司股权比例为4.8%，上海交大产业投资管理（集团）有限公司股权比例为2.5%，上海市闵行资产投资经营有限公司股权比例为10%，上海吴泾经济发展有限公司股权比例为10%，上海交通大学教育发展基金会股权比例为2.5%。

【陆家嘴金融贸易区】

1990年9月10日，市政府批准成立陆家嘴金融贸易区开发公司（以下简称"陆家嘴开发公司"），注册资金1亿元，统一负责区域的成片开发和协调管理，以经济实体的形式开发重点小区。陆家嘴开发公司取得土地开发权后，按市场方式取得启动开发资金，同时利用外资和社会资金参与土地开发和基础设施建设。1991年10月，陆家嘴开发公司与中国人民保险公司、中国人民保险公司上海市分公司、香港泽鸿发展有限公司和上海实业公司组建中外合资陆家嘴金融贸易区联合发展有限公司，注册资金9 800万美元，成片开发区内69.56公顷土地。

三、"政企合一"管理

行政区政府和开发机构管理职能合一,组织形式上是两块牌子一套班子。开发区管委会作为地方政府的派出机构行使政府管理职能,不直接运用行政权力干预企业经营活动,而把重点放在协调和监督方面,开发区的实体开发公司和专业公司作为独立的经济法人,实现企业内部的自我管理,从而使政府的行政权和企业的经营权相互分离。由所在区县政府直属管理的有 16 个市级园区,分别是:星火工业区、浦东康桥工业园区、莘庄工业园区、嘉定工业园区、青浦工业园区、松江工业园区、工业综合开发区、金山工业园区、宝山工业园区、宝山城市工业园区、市北高新技术服务业园区、紫竹科学园区、奉贤现代农业园区、南汇工业园区、崇明工业园区、富盛工业园区。

【青浦工业园区】

1995 年 11 月 25 日,市政府批准同意青浦西部工业园区列为市级工业区,并定名为上海青浦工业园区。2000 年 11 月,根据建立现代企业制度的目标,健全法人治理结构,青浦工业园区管理委员会报请青浦区人民政府(以下简称"青浦区政府")同意,由青浦工业园区、上海浦西房地产开发中心出资,组建上海青浦工业园区发展(集团)有限公司,主要承担工业区开发、动拆迁、基础设施建设和招商活动。

2003 年 3 月 10 日,根据国务院办公厅《关于增设出口加工区的复函》,设立上海青浦出口加工区。5 月,由青浦工业园区发展(集团)有限公司与上海西部市政工程有限公司出资,共同成立上海青浦出口加工区开发有限公司。6 月,成立上海青浦出口加工区建设工程指挥部。是月,根据市政府《关于青浦试点园区范围规划方案的批复》文件精神,青浦区政府决定组建上海青浦工业园区管理委员会,任命青浦区政府副区长杨劲松为上海青浦工业园区管理委员会主任、上海青浦工业园区发展(集团)有限公司董事长,任命于海平为上海青浦工业园区发展(集团)有限公司总经理,实行两块牌子、一套班子的管理模式。

2004 年 11 月 12 日,经青浦区政府决定,建立上海青浦工业园区领导小组,调整上海青浦工业园区管理委员会、上海青浦工业园区发展(集团)有限公司董事会成员,撤销上海青浦工业园区社区管理委员会。杨劲松任上海青浦工业园区领导小组组长。于海平任上海青浦工业园区领导小组副组长,并兼任上海青浦工业园区管理委员会主任、上海青浦工业园区发展(集团)有限公司董事长(法人代表)。

2010 年 7 月,中共青浦区委、青浦区政府批示,为进一步深化区国资企业改革,加快青浦工业园区发展(集团)公司的发展,同意青浦工业园区发展(集团)公司采取存续分设方式,分设为上海张江高新技术产业开发区青浦园区有限公司,继续保留上海青浦工业园区发展(集团)有限公司和上海青浦出口加工区开发有限公司。

【松江工业区】

1992 年 6 月 1 日,松江县政府决定,成立上海松江经济技术开发建设总公司(以下简称"松江经开总公司"),是松江区(县)政府直属企业。1994 年 5 月 13 日,市政府批准同意成立上海市松江工业区,为上海市郊首家市级工业区。同时成立上海市松江工业区管理委员会,在区内行使统一的行政管理权。2000 年 4 月 27 日,国务院批准设立上海松江出口加工区。7 月 5 日,成立松江出口加工区管理委员会，与上海市松江工业区管理委员会共同实行两块牌子、一套班子的管理模式。2003年8月，经松江区政府研究决定，成立松江工业区西部新区（科技园区），原松江科技园区同三国道以东部分划归松江工业区管委会管辖。2004年，松江经开总公司改为工业区直属企业，正、副职领导由松江区政府直接任免，为政企合一的管理机构。松江经开总公司承担松江工业区、松江出口加工区引资、融资、开发、建设等职能，以实业投资及管理为经营业务，并承担一定的社会职能。松江经开总公司是上海市松江工业区管理委员会所属全额出资的国有独资企业，自主经营、自负盈亏，主要实施松江工业区的基础建设、技术咨询及服务工作。

【嘉定工业区】

1991年3月，嘉定县十届人大二次会议决定，建立嘉定经济开发区。1992年6月26日，嘉定工业开发区管理委员会成立（以下简称"嘉定管委会"），县长王忠明、副县长陈龙法分别担任正副主任。8月，嘉定工业开发区开发总公司成立（以下简称"嘉定开发公司"），与管委会合署办公，实行两块牌子一套班子。嘉定管委会主要职责：编制和实施发展规划、开展基础设施建设、管理居民生产生活，并为招商引资提供服务。嘉定开发公司为具有法人资格的经营实体，实行自主经营、独立核算、自负盈亏、依法纳税。9月11日，嘉定开发公司正式挂牌，并由嘉定县财政局、建设局、邮电局和自来水公司、煤气公司、城市建设综合开发总公司、房产经营公司等股东单位组成董事会，嘉定县副县长陈龙法兼任董事长，汤文华任总经理，注册资本3 000万元。10月30日，嘉定区人民政府（以下简称"嘉定区政府"）在嘉定工业开发区召开新闻发布会宣布嘉定工业开发区开发总公司正式成立。1993年，嘉定工业开发区更名为嘉定工业区，嘉定工业开发区开发总公司更名为嘉定工业区开发总公司，开发总公司下设7个部门。是年，开发总公司组建叶城房产公司、叶城物业公司2个子公司。

四、开发区联动发展管理

【上海张江高新技术产业开发区管理委员会】

1993年，为加强上海高新技术产业开发区的管理，市政府成立上海市高新技术产业开发区管理委员会，负责协调上海高新区的发展规划、方针、政策和重大问题，管理委员会主任由副市长担任，常务副主任为上海市科学技术委员会（以下简称"市科委"）副主任，同时，由市计委、市经委、市外资委、浦东新区管委会副主任担任副主任，管委会下设办公室，作为市科委的内设机构。

"九五""十五""十一五"期间（1996—2010年），上海高新技术产业开发区积极探索，深化管理体制改革，优化资源配置和利用效率。1999年8月，中共上海市委、市政府针对高新技术产业开发区过于分散、资源分散的现状，在推进高新技术产业化进程中难以形成合力等问题，提出"聚焦张江"战略，整合资源，积聚力量，发挥优势，集成突破，加速发展。

2006年，为凸显张江品牌，实现"聚焦张江"战略，市政府报经国务院批准，上海高新技术产业开发区更名为上海张江高新技术产业开发区。同时，上海市张江高科技园区领导小组更名为上海张江高新技术产业开发区领导小组，组长由市长担任，副组长由分管副市长和中共浦东新区区委、浦东新区政府区长担任。领导小组下设办公室，办公室主任由分管副市长担任，第一副主任由浦东新区政府区长担任，常务副主任和副主任由中共浦东新区区委、浦东新区政府和市有关职能部门领导等担任。

2010年，中共上海市委、市政府下发的《关于组建上海市张江高新技术产业开发区管理委员会的批复》明确,上海市张江高新技术产业开发区管理委员会为市政府派出机构,主要负责对张江高新区进行规划、管理与服务,推进落实建设国家自主创新示范区工作。6月,为促进上海张江高新技术产业开发区的快速发展,进一步整合科技创新资源、统一政策、优化体制机制,中共上海市委、市政府调整设置上海张江高新技术产业开发区领导小组及办公室,批准设立上海市张江高新技术产业开发区管理委员会作为上海张江高新技术产业开发区领导小组及办公室的常设办事机构,依托市科委对"一区多园"整体规划、政策指导和工作协调,"张江"品牌覆盖范围进一步扩大。

【浦东新区张江功能区域管理委员会】

2004年10月,中共上海市浦东新区张江功能区域工作委员会和上海市浦东新区张江功能区域管理委员会成立,管理范围包括张江高科技园区、孙桥现代农业开发区、张江镇、唐镇和合庆镇。张江园区办公室职能平移至张江功能区域管理管理委员会。

1992年7月20日,经国家科委正式批准,设立上海高新技术产业开发区,形成由浦西的漕河泾新兴技术开发区和浦东的张江高科技园区"一区两园"。1993年,经市政府正式批准,成立上海市高新技术产业开发区管理委员会。1995年,中共上海市委、市政府提出高新技术产业开发实施"一区多园"模式。是年,上海高新技术产业开发区包括4个园区,即漕河泾新兴技术开发区、张江高科技园区、上海大学科技园区和中国纺织国际科技产业城,形成"一区四园"格局。1998年,国家科委正式明确上海高新技术产业开发区由"一区六园"组成,即:漕河泾新兴技术开发区、张江高科技园区、上海大学科技园区(含2个辐射区:上海北上大工业科技园和上海莘莘学子创业园)、中国纺织国际产业城、金桥现代科技园和嘉定民营科技密集区。

2006年3月14日,经国务院正式批准,上海市高新技术产业开发区更名为上海张江高新技术

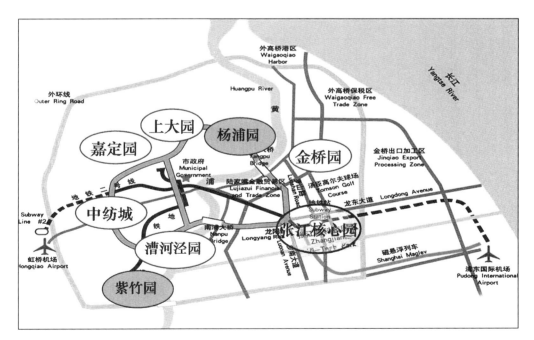

图 2-1-1　2006 年上海张江高新技术产业开发区示意图

资料来源:上海市经济和信息化委员会、上海市发展和改革委员会、上海市统计局、上海市开发区协会2010年《上海产业和信息化发展报告——开发区》

产业开发区,张江高科技园区成为上海高新技术产业开发区的核心园。经国家批准上海张江高新技术产业开发区规划"一区六园"面积,由原来的 22.1 平方公里扩大为 42.1 平方公里,其中张江核心园规划面积为 25 平方公里。其中,紫竹园区于 2003 年经市政府批准为市级高新技术产业开发区。上海张江高新技术产业开发区得到持续快速的发展,初步形成门类齐全、技术密集、布局合理和具有一定规模的高新技术产业,成为上海市科技与经济发展的重要增长点。

2007 年 3 月,市政府第 137 次常务会议通过《上海市人民政府关于修改〈上海市促进张江高科技园区发展的若干规定〉的决定》,成立张江高科技园区管委会,扩大园区自身的审批、认定权利,为园区的发展排除制度障碍,同时张江高科技园区办公室停止其职能。

【上海国际汽车城】

2009 年 7 月,市政府批准嘉定撤销安亭镇、黄渡镇建制,设立新的安亭镇,其行政区域为原安亭镇、黄渡镇的行政范围,面积 8 928 公顷。上海国际汽车城核心区由 1 200 公顷扩大至约 2 500 公顷,为加快推进城市化进程、促进"产城融合",提出"聚焦一个核心,延伸两翼"的总体发展思路,"一个核心"是指嘉定新城主城区,"延伸两翼"是指在南翔地区加快发展大型居住社区,把安亭地区建设成为产城融合区。在管理体制上,新的安亭镇领导班子负责实施区域内党政管理的各项工作,新组建的上海国际汽车城管理委员会的职能重在嘉定汽车城规划和建设的布局及调控、产业发展政策的研究和实施,新成立的上海国际汽车城集团有限公司,承担汽车城核心区的具体开发运作职能。

【上海化工产业基地】

2009 年 12 月,市政府提出加快调整产业结构、推进化工产业集聚、提升化工产业竞争力、打造世界级化工产业基地的重大举措,上海化学工业区金山分区、奉贤分区正式纳入上海化学工业区一体化管理。实施一体化管理后,整个区域形成"一个管理主体"+"三个开发主体"的开发机制。上海化学工业区(以下简称"上海化工区")三区一体化管理是建设以上海化学工业区为主的杭州湾北岸世界级化工产业基地的重要步骤,体现了市政府做大做强化工产业的决心。实施步骤为:第一阶段,上海化工区管辖面积为 36.1 平方公里,其中,上海化学工业区面积为 29.4 平方公里,金山分区面积为 2.9 平方公里,奉贤分区面积为 3.8 平方公里。第二阶段,面积达 41.6 平方公里。至 2020 年,上海化工区与毗邻的上海石化连成一片,形成杭州湾北岸 60 平方公里化工产业带,每年达到 3 500 万吨炼油和 350 万吨乙烯生产能力,成为亚洲最大的乙烯生产基地、世界最大聚碳酸酯和异氰酸酯生产基地,上海化工区跻身世界一流石化基地的行列。实施三区联动更有利于优势互补、资源共享。从产业链延伸的角度出发,进一步明确各自的发展重点,形成产业互补、错位发展的格局。三区一体化管理后,上海化学工业区重点发展石油化工、精细化工、高分子新材料等产业;上海化学工业区金山分区重点发展化工物流、化工检维修和化工品交易等产业;上海化学工业区奉贤分区重点发展精细化工、化工机械装备、高分子材料等产业。

【浦东新区"7＋1"开发区联动发展】

2010 年 4 月,浦东新区借南汇区并入浦东的区划调整机遇,生产力布局和开发区管理体制实行重大调整,在全区范围优化生产力布局,建立起"7＋1"的管理体制,"7"为上海综合保税区(包括外高桥保税区、洋山保税港区和机场综保区)、临港产业区、陆家嘴金融贸易区、张江高科技园区、金桥出口加工区、临港主城区、国际旅游度假区(即以迪士尼主题乐园项目为核心,包括三甲港海滨旅游度假区和临港滨海旅游度假区等）。"1"以后世博地区为板块,在大浦东格局下实现资源整合共享、要素优化配置的需要,突出功能导向,突出产业结构调整,突出核心功能区的建设。在产业能级上,发展现代服务业、先进制造业,推进产业升级。在发展动力上,推动科技驱动、创新驱动,率先转变发展方式。在功能上,更加突出区域核心竞争力,产业关联度大、区域位置接近的开发区域归并到相应的管委会,大力发挥国家级开发区的引领作用,加快南汇区和浦东新区工业区的产业融合和要素融合。

第三节　业务归口管理

一、高新技术产业开发区管理

在国家层面,根据国务院授权,国家科委归口管理和协调指导全国国家高新技术产业开发区,其主要职责:一是依据国家法律、法规和有关科技政策、产业政策,会同有关部门制定和组织实施开发区全国性的总体发展战略、建设规划及专项计划,并对实施情况进行监督和检查;二是指导开发区的综合配套改革;三是对经省、自治区、直辖市、计划单列市人民政府批准成立的高新技术产业开发区、高新技术产业开发带进行协调指导;四是组织开展国内外科技经济合作与交流;五是受理和承办新建开发区的申报、审批工作,审定区域范围和面积。国家科委火炬计划办公室(中心)负责归口管理日常业务工作。

在地方政府层面,国家高新技术产业开发区所在省、市人民政府是当地开发区的领导机关,其主要职责:一是把握开发区的办区方向,落实国家关于开发区的有关政策,制定促进开发区迅速、健康发展的地方性扶植政策;二是制定开发区发展战略和规划,推动开发区综合改革,对开发区重大事项进行决策;三是建立有利于发展的开发区管理体制和动员各有关部门,支持开发区的建设。

上海作为直辖市,由上海市政府职能部门,即市科委对当地国家高新技术产业开发区进行以下管理:一是对开发区发展方向、规划、计划和政策法规等实施情况进行监督、检查和指导;二是参与开发区的决策和领导;三是审查、认定高新技术企业并定期进行复核;四是协助开发区引进人才和项目;五是办理新建国家高新技术产业开发区的申报工作。

国家高新技术产业开发区根据各地具体情况,按照精简、统一、高效的原则建立适合于社会主义市场经济和高新技术产业发展的管理体制和运行机制。开发区管理委员会作为开发区日常管理机构,可以行使省、自治区、直辖市、计划单列市人民政府所授予的省市级规划、土地、工商、税务、财政、劳动人事、项目审批、外事审批等经济管理权限和行政管理权限,对开发区实行统一管理。

国家高新技术产业开发区管理委员会的主要职责:一是贯彻落实国家和地方有关开发区的政策、法规;二是健全开发区管理体制,优化运行机制;三是拟定、实施开发区的高新技术产业发展规划和建设发展规划,并纳入当地总体规划;四是推进开发区的综合配套改革,建立适应社会主义市场经济和高新技术产业发展要求的现代企业制度、劳动人事制度、分配制度、社会保障制度、风险投资机制等;五是招商引资,吸引人才,办好创业服务中心、大学科学园区、科技一条街等;六是建立完善的统计、信息系统和高新技术产业发展所需要的支撑服务体系。

二、经济技术开发区管理

在国家层面,国务院对经济技术开发区的管理,初期是由国务院特区办公室负责指导和归口管理经济技术开发区的工作。1999年9月30日后,改由对外贸易和经济合作部对国家经济技术开发区进行指导和归口管理。2003年3月,国务院机构改革后,改由商务部归口管理。

在地方政府层面,市政府或开发区所在地的区政府授权组建专门的派出机构,即开发区管理委员会,由开发区管委会代表市、区政府对开发区进行经济开发规划和全面管理,为入区企业提供服务,市、区政府各职能部门对开发区下设的对口部门或对口业务进行业务管理和指导。市政府主管外国投资工作的职能部门,即市外经贸委作为开发区的管理机构,对开发区行使以下职权:一是组织制订和修改开发区发展规划,经市政府批准后组织实施;二是制订和发布开发区的具体管理规定;三是按照规定的权限,审批开发区内的投资项目;四是检查、督促、协调开发区各项基础设施的建设和水、电、气、通信等公用设施的供应;五是检查、监督、协调市有关部门和其他单位设在开发区的分支机构的工作;六是协调解决开发区内各项目在建设和经营过程中的问题;七是市政府授予的其他职权。

开发区内原由市或区政府各主管部门分管的基础设施、土地房产、环境保护和公安、交通、消防、文化、教育、卫生、绿化、计划生育等工作,仍由各主管部门负责管理。开发区公司按照市政府批准的发展规划,负责开发区内的基础设施建设、土地房产经营,协助投资者兴办企业,并帮助联系水、电、气、通信等公用设施的供应工作。

三、海关特殊监管区管理

海管特殊监管区主要包括综合保税区和出口加工区。海关总署对综合保税区和出口加工区实施海关业务监管。

1. 综合保税区

综保区管委会作为地方政府的派出机构,统一管理保税区的行政事务,实行独立核算的财政收支管理。管委会主任由市政府任命。管委会行使以下职责:一是负责法律、法规和本条例在保税区的实施,制定和发布保税区的具体管理规定;二是制订保税区的发展规划和产业政策,经地方政府批准后组织实施;三是负责保税区的计划、规划、国有资产、投资、对外经济贸易、财政、地方税务、统计、工商行政、公安、劳动人事、外事、运输、基础设施、土地房产、环境保护、环境卫生、公用事业等方面的管理工作;四是协调保税区内海关、国家税务、金融、商品检验等部门的工作;五是市政府授予的其他职权。保税区海关对保税区实施特殊的监管方式:对保税区与境外之间进出的货物、物品以及保税区内流转的货物实行备案、稽核制度;对保税区与国内非保税区(以下简称"非保税区")之间进出的货物、运输工具、物品实施常规的监督管理。

2. 出口加工区

2004年9月24日,市政府颁布的《上海市出口加工区管理办法》规定,市内各加工区设立管理委员会(以下简称"管委会")。管委会接受加工区所在地的区(县)政府的领导,并依照办法以及有关行政管理部门的委托,在加工区内行使下列职责:一是制订发展规划和计划;二是负责投资项目、土地使用和建设工程管理;三是负责开发建设,为企业提供必要的指导和服务;四是配合海关、检验检疫等有关行政管理部门对通关活动实施监管;五是协调和配合有关行政管理部门对企业的管理;六是承担市和区(县)政府委托的其他职责。管委会接受市投资项目主管部门的委托,按照规定的权限,实施加工区内的投资项目核准和备案,结果报市投资项目主管部门备案。管委会接受市商务部门的委托,按照规定的权限,实施加工区内的外商投资企业设立审批,结果报市对外经济贸易部门备案。

四、开发区综合协调管理

市经委根据上海国民经济和社会发展总体规划及产业发展的导向和政策,2003 年,为进一步转变政府职能,提高政府行政管理效率,在政府机构改革中组建的新的市经委,增设职能处室——工业区管理处,主要职责是:拟定并组织实施上海市产业园区中长期发展规划,参与拟订相关支持政策并组织实施;负责上海市产业园区建设发展的综合协调,指导和推进上海市产业园区产业规划的制订和实施,统筹推进园区产业集群发展和各类产业基地建设,协调产业园区开发运营机构相关工作;会同有关部门制定上海开发区建设管理规范、循环经济指南、产业用地指南和能效指南等;负责指导和协调推进工业布局合理调整,土地集约节约利用,老工业区产业转型升级,以及指导推进环境综合整治,生态园区建设,工业向园区集中等;承担编制上海开发区发展评估报告,负责上海市开发区统计分析(季报、快报、年报),开发区土地集约利用评价等,编印开发区发展报告,以及负责协调和推进全市开发区建设发展和日常管理。

第四节　行业服务机构

2002 年 9 月 27 日,经上海市民政局批准,正式成立上海市工业开发区协会(以下简称"工业开发区协会")。上海市常务副市长蒋以任向工业开发区协会成立大会致贺信,指出:"在工业开发区发展过程中产生了一些新的问题,一是资源分散,特别是工业区土地资源分散,工业项目不集中的问题比较突出,布局结构出现了新的不合理现象;二是多头管理,难以形成合力,缺乏统一的指导和协调;三是无序竞争,一些工业开发区单纯靠土地价格来争项目,造成了区县之间、工业区之间的无序竞争和资源浪费。"并提出:"通过开发区协会的形式,建立一套与市场机制相适应的政府指导、行业协调和中介服务这三者有机结合的新体系,探索一条用社会化协商机制推进工业区健康发展的新路子,加快政府管理职能的转变。希望市政府各部门要积极支持协会的工作,发挥好协会的作用。同时,要使协会真正成为政府的助手和开发区的参谋,关键在于要运作好,服务好。希望协会成立后要注意发挥好以下几方面的作用:一是发挥好对工业区的社会服务功能;二是发挥好工业区行业自律的功能;三是发挥好工业区利益代表的功能;四是发挥好为工业区中介协调的功能。这些功能都发挥出来了,协会对政府的助手作用,对工业区的服务作用就到位了,协会也就办成功了。"

工业开发区协会由上海 69 家工业开发区和 14 家主要从事工业开发区规划设计、工业房地产开发、信息咨询、环境建设、招商引资、中介服务和投资融资等活动的单位自愿发起成立,是一个专业性社会团体和地方性非营利社会组织,业务主管单位为市经委。会员单位主要包括:上海张江高科技园区、上海漕河泾新兴技术开发、上海金桥出口加工区、上海陆家嘴金融贸易区、上海虹桥经济技术开发、上海闵行经济技术开发区、中国(上海)自由贸易试验区等一批国家级开发区,以及市、区级开发区。协会下设"一室四部三中心",即办公室、会员服务部、发展研究部、统计工作部、宣传部、发展研究中心、招商促进中心和企业评价服务中心。

2003 年 5 月,经市经委正式批准,工业开发区协会成立上海工业开发区招商服务中心(以下简称"招商中心"),并提出"在运作中坚持市场机制运作模式,充分利用社会资源;充分调动各工业开发区积极性,形成上海市工业开发区招商引资的整体合力;立足服务社会,发挥工业开发区与投资者以及政府之间的桥梁作用"的要求。是年,工业开发区协会借助工博会期间观众流、信息流、客商流和资金流等的天时地利,举办 2003 年首届中国工业房地产展示交易会暨长三角开发区论坛,对如何推进工业开发区的发展进行探讨交流。2004 年 7 月,招商中心成立。成立后,招商中心与主要发达国家和地区的经济和贸易管理部门、商会、使领馆及知名服务中介建立联系,在 12 个国家和地区建立商务代表处;与奉贤、南汇、宝山等区的开发区进行合作。至 2010 年,招商中心累计完成 38 平方公里土地和 40 多万平方米厂房的招商工作。2004 年 3 月,经上海市民政局批准,更名为上海市开发区协会(以下简称"开发区协会"),会员单位发展至 165 家单位。

开发区协会自成立以后,一是配合政府制定一系列发展规划和相关政策,配合政府部门定期编制《上海市开发区统计年报》及月度经济运行分析,对上海开发区进行综合排名和分项指数排名,发布 2010 年上海市开发区综合评价报告;二是组织撰写《上海市开发区发展报告》,编辑反映上海开发区发展动态刊物,如《上海开发区杂志》《开发区简报》;三是完成政府委托的各项课题和上海开发区土地集约节约利用评价、产业用地调查等工作和建立"上海开发区信息管理服务平台""上海开发区"网站,定期撰写调研专报;四是开展上海品牌园区、上海品牌建设优秀园区推选活动,以及产业园区(企业)商标注册和知识产权培育;五是承接开发区各类研究课题;六是开展开发区 ISO 9000 质量管理、ISO 14000 环境管理及 OHSAS 18000 安全管理等体系认证业务咨询,在政府与工业开发区之间发挥了纽带桥梁作用。

2010 年 9 月 10 日,上海市开发区企业评价服务中心揭牌成立。中心的工作重点:一是强化园区企业服务工作,促进园区进一步提升服务能级和水平,不断改善开发区投资软环境;二是推进打造"生态环保园区"工作全面展开,促进园区经济增长方式的根本性转变,保障园区经济、社会、环境的全面、协调和可持续发展。是年,为进一步强化园区企业服务工作,不断改善开发区投资软环境,由开发区协会牵头在上海开发区开展企业服务优秀园区、企业服务明星的评选活动。经过严格评选、现场答辩和专家评审,共推选出首批 21 家企业服务优秀园区和 34 位服务明星。12 月 17 日,举行企业服务优秀园区暨服务明星的授牌仪式,同时对优秀园区和服务明星的名单进行媒体公布,将其经验、事迹整理出书,进行宣传推广。

第二章 管理服务

上海开发区的发展对促进体制机制改革,改善投资环境,引导产业集聚,发展开放性经济发挥了不可替代的作用,结合开发区发展的特点和实际,通过人大立法,提供开发区在开发建设中的法律依据,形成了具有自身特征的地方性法规。

1987年8月14日,上海市第八届人民代表大会常务委员会第三十次会议通过《上海市发展新兴技术和新兴工业暂行条例》,成为规范和指导上海市高新技术产业发展的法则。1988年11月10日,上海市第九届人民代表大会常务委员会第四次会议通过《上海市经济技术开发区条例》,是上海市第一次对开发区进行立法。1990年4月8日,上海市第九届人民代表大会常务委员会第十七次会议通过《上海市漕河泾新兴技术开发区暂行条例》,明确了漕河泾新兴技术开发区重点发展高技术、新技术及高技术、新技术产业。1996年12月19日,上海市第十届人民代表大会常务委员会第三十二次会议通过《上海外高桥保税区条例》,明确了实行特殊管理的经济贸易区域。

"十五"期间(2001—2005年),为了进一步建立、健全开发区建设管理体系,提升开发区建设开发水平,市政府各职能部门相继出台了开发区建设、产业导向和布局、集约节约利用土地、循环经济建设等一系指导性文件。2007年,市政府明确了由开发区作为工业用地前期开发主体,且按照上海市土地储备办法,在特定区域内实施土地基础性建设的前期开发主体须经市政府批准。

为发挥国家级品牌开发区溢出效应,既缓解国家级开发区土地紧缺情况,又带动发展水平较低的开发区共同发展。自1994年,漕河泾经济技术开发区、张江科技园区、上海化学工业区等开发区与松江区、金山区、奉贤区合作,积极推进"区区合作、品牌联动",探索一体化管理模式,加快提高全市开发区整体发展水平。

第一节 法规制定

上海市开发区管理涉及的地方性法规,主要包括经市人大常委会通过的有关开发区条例及市政府颁发的开发区管理办法(规定)。

一、管理条例

1987年8月14日,上海市第八届人民代表大会常务委员会第三十次会议通过《上海市发展新兴技术和新兴工业暂行条例》(以下简称《新兴条例》),成为规范和指导上海市高新技术产业发展的法则。《新兴条例》自1987年10月1日起施行。《新兴条例》对上海市发展新兴技术和新兴工业的组织领导和计划、优惠和扶持、联合和推广应用、人才培养和技术引进、检查、考核和奖惩等作出明确规定。

《新兴条例》主要明确可建立发展新兴技术和新兴工业领导机构(以下简称"领导机构"),负责领导、协调和推进发展新兴技术和新兴工业工作。领导机构由市长主持,市计委、市经委、市科委、市外经贸委等有关方面的负责人和若干专家为组成人员。领导机构下设新兴技术和新兴工业办公室(以下简称"新兴办公室"),由市计委、市经委、市科委、市外经贸委等部门主管新兴技术和新兴工业的人员和若干专职工作人员组成,日常工作由市计委负责。并明确了新兴办公室的主要职能:拟订新兴技术和新兴工业发展规划,制定基础研究、应用研究、开发研究、生产技术研究和工业化生产的配套衔接项目计划;协调开展新兴技术、新兴工业方面的工作;统筹新兴技术、新兴工业的资金安排、融资创业基金,组织开展新技术、新产品推广应用试点;编制和制定发展新兴技术和新兴工业的中长期规划和计划,制定科研、技术开发、中间试验、应用推广、基本建设、技术改造和技术引进项目年度计划,协调落实项目的实施。

同时,进一步明确了凡列入项目计划表的项目和承担相应任务的单位,可享受该《暂行条例》规定的上海市发展新兴技术和新兴工业的各项优惠政策。上海市设立新兴技术和新兴工业的创业基金(以下简称"创业基金"),由上海市财政局按照上海市当年地方财政分成收入的一定比例每年拨给。创业基金主要用于扶持新兴技术向新兴工业的转化和新兴工业的建立,有重点地扶持关键的新兴技术科研项目;扶持新兴技术、新兴工业产品推广应用的重点项目,特别是应用新兴技术、新兴工业产品改造传统工业的试点项目;资助培训新兴技术、新兴工业人才和聘请外国专家的费用。为支持高新技术产业项目,制定了详细的优惠政策,如凡自身经济效益好的项目,在形成生产力后三年以内归还所借基金和利息;凡自身经济效益一般的项目,在形成生产力后五年以内归还所借基金和利息;凡自身经济效益差、社会效益好的项目,可以申请三年左右的还款宽限期和免息。还款确有困难的,经审定可申请减免还款;对于非主观原因,达不到投资预期技术经济目标的,经检查确认,可以申请减免还款;发展新兴技术、新兴工业的关键科研项目,经审核其技术转让费确难以归还所借基金,可以申请免息和减免还款。此外,专门设立了发展新兴技术和新兴工业专项贷款,主要安排用于新兴技术由科研开发向新兴工业转化的工业性中间试验;新兴工业按经济规模要求进行的建设;以新兴技术及其产品改造传统工业。获得专项贷款的企业,其承担的项目主要是社会效益高、企业自身利润低的、依靠项目本身利润还款确有困难的、列入计划的项目贷款还款确有困难的,凡列入计划承担发展上海市新兴技术和新兴工业项目的企业(单位),可享受以下减免税待遇,主要是在国家下达的上海市减免调节税总额度内优先给予减免:在产品中间试验生产期间,免收产品税(增值税)和所得税;在产品批量生产后二年内免收产品税,减半征收所得税;批量生产二年后如纳税仍有困难的,可申请减免产品税(增值税)和所得税。企业由于享受减免税优惠增加的收益,应用于新兴技术和新兴工业的生产发展、产品开发和推广应用等。对应用新兴技术或从事新兴技术产品生产的企业,其固定资产折旧年限,经财政部门批准可作适当调整。

1988年11月10日,上海市第九届人民代表大会常务委员会第四次会议通过《上海市经济技术开发区条例》(以下简称《开发区条例》),是上海市第一次对开发区进行立法,明确开发区定位是"以吸收外资发展新兴技术和新兴产业,举办先进技术企业和产品出口企业为主"。《开发区条例》自1989年1月1日起施行。《开发区条例》对开发区的组织管理、投资与经营、优惠待遇等作出明确规定:开发区内的外商投资企业,除享受国家和上海市规定的有关优惠待遇外,还可以享受条例规定的优惠待遇。经批准在开发区内设立的国内企业,除减免税优惠必须由国家批准外,可以享受条例规定的优惠待遇。开发区内的生产性外商投资企业,在1995年底前免征地方所得税。外商投资企业在开发区内自建的房屋或者购置的新建房屋,自建成或购置的月份起,免征房产税五年。开发区内的外商投资企业,按规定纳税有困难的,经企业申请、税务部门批准,可减征或免征工商统一税。开发区内的外商投资企业在生产和流通过程中需要借贷的短期周转资金,经开户银行或者其他金融机构审核同意后,应确保贷放;其他信贷资金,优先贷放。外商在开发区内可以按照统一规划,投资开发场地,从事基础设施项目的开发和房产经营。从事开发区基础设施建设的外商投资企业,可享受开发区内生产性企业的优惠待遇。开发区内可以建立保税仓库,为开发区内外的企业提供服务。经国家主管部门批准,还可以建立转口型保税仓库和保税加工区。

1990 年 4 月 8 日,上海市第九届人民代表大会常务委员会第十七次会议通过《上海市漕河泾新兴技术开发区暂行条例》(以下简称《漕河泾条例》),提出加快上海市漕河泾新兴技术开发区的建设,发展高技术、新技术及高技术、新技术产业。《漕河泾条例》自 1990 年 5 月 1 日起施行。《漕河泾条例》首次通过地方立法形式明确漕河泾新型技术开发区管理体制、开发区内的企业事业单位、环境保护、开发区资金、优惠和扶持、人才管理等事项。

《漕河泾条例》明确了开发区是新兴技术的研究、开发、中试、生产、经营、培训的综合性基地,其主要任务是引进国外及国内新兴技术和资金,兴办新兴技术企业;推广应用国内及国外新兴技术成果转化为工业化产品,创造新兴技术企业不断研究、开发、更新技术和产品运用的条件,在技术进步的基础上扩大再生产;跟踪国际新兴技术发展进程,培训中、高级专门人才。

《漕河泾条例》进一步明确了市政府各部门职责和职能,强调了应本着高效、负责的原则,在开发区内行使各自职权。市政府主管外国投资工作的部门是开发区的管理机构,其职权按《上海市经济技术开发区条例》第六条的规定行使。市科委对开发区行使下列职权:会同市计委制定开发区新兴技术发展规划;组织确定并定期发布新兴技术及其产品目录;组织制订新兴技术企业具体认定办法和组织新兴技术企业和新兴技术新产品的认定、考核工作;扶持区内新兴技术研究和新兴技术企业发展。市经委会同市计委对开发区行使下列职权:根据开发区新兴技术发展规划,组织制定新兴技术产业发展规划;组织调整开发区内现有工业企业产品结构和编制新兴技术产品发展计划;确定开发区年度固定资产投资规模。上海市城市规划建筑管理局对开发区行使下列职权:组织编制、审查开发区建设详细规划,报市政府批准后,监督规划的实施;核发建设用地规划许可证;审核建设项目建筑设计方案;核发建设工程规划许可证件。开发区建设详细规划批准后,按照规划安排的建设项目,不再办理选址审批手续。上海市财政局、上海市税务局对开发区行使下列职权:根据市科委的新兴技术企业和新兴技术产品批准书,核准其享受税收优惠待遇;对区内企业和个人进行税收管理和财务监督;监督开发基金的使用。市环保局对开发区行使下列职权:组织、协调、监督、检查开发区的环境保护工作;审查进区项目的环境影响报告书(表)及其防治方案,监督检查治理设施;确定开发区及其环境保护带的环境质量标准和污染物排放标准。上海海关、上海进出口商品检验局及其他有关部门应当在开发区内设立工作机构。徐汇区人民政府(以下简称"徐汇区政府")负责开发区内的公安、消防、文化、教育、卫生、环境卫生、计划生育、绿化、商业网点管理和工商行政管理等区政工作。徐汇区政府应在开发区设置街道办事处,并可根据需要设立有关机构的派出机构。

1996 年 12 月 19 日,上海市第十届人民代表大会常务委员会第三十二次会议通过《上海外高桥保税区条例》(以下简称《外高桥条例》)。12 月 20 日,《外高桥条例》公布,并于 1997 年 1 月 1 日起施行。经国务院批准设立的上海外高桥保税区,位于上海市浦东新区的外高桥地区,是设有隔离设施的实行特殊管理的经济贸易区域,主要发展进出口贸易、转口贸易、加工贸易、货物储存、货物运输、商品展示、商品交易以及金融等业务。货物可在保税区与境外之间自由出入,免征关税和进口环节税,免验许可证件,免于常规的海关监管手续。

2001 年 6 月 25 日,结合上海实际情况,市政府第 100 次常务会议通过《上海市促进张江高科技园区发展的若干规定》(以下简称"张江 19 条")。"张江 19 条"规定:重点支持高新技术产业发展,建立张江高科技园区发展专项基金等财力保障机制,推出鼓励企业设立研发中心、人才引进和激励等政策。

自 2002 年起,市政府先后颁布《上海市鼓励外国跨国公司设立地区总部的暂行规定》《上海市关于鼓励外商投资设立研究开发机构的若干意见》《关于上海加速发展现代服务业的若干政策意见》《关于加快推进上海高新技术产业化的实施意见》。上海市人事局分批颁布《上海市重点领域人才开发目录》《上海市中长期人才发展规划纲要(2010—2020)》。

2004 年 6 月 24 日,市政府颁布《关于修改〈上海市促进张江高科技园区发展的若干规定〉的决定》。2007 年 3 月 29 日,市政府颁布令,决定对《上海市促进张江高科技园区发展的若干规定》进行修改:1. 第二条条标修改为"管理机构",条文修改为:上海市设立张江高科技园区管理委员会(以下简称"张江管委会"),作为市政府及浦东新区政府的派出机构。张江管委会根据市和浦东新区有关行政管理部门、机构的委托或者授权,负责园区内投资项目、基本建设项目的审批;负责园区内高新技术企业、软件企业、集成电路企业、高新技术成果转化项目的认定;协调其他行政管理部门对园区内企业的日常行政管理、年检和落实优惠政策;为园区内企业提供各种必要的服务。2. 条文中的"园区办公室",均修改为"管委会"。决定自 2007 年 5 月 1 日起施行。《上海市促进张江高科技园区发展的若干规定》根据决定作相应修改后,重新公布。

二、管理办法

2002 年 1 月 18 日,市政府颁布《上海市化学工业区管理办法》(以下简称《化工区管理办法》),根据 2004 年 6 月 24 日市政府令修正。《化工区管理办法》自 2002 年 2 月 1 日起正式施行。《办法》适用于市政府批准设立的上海化学工业区(以下简称"上海化工区")。《化工区管理办法》规定,上海化工区的规划区域为上海市南面、杭州湾北岸的金山区漕泾镇与奉贤区柘林镇之间,规划总面积为 29.4 平方公里。按照上海市经济发展战略与城市总体规划的要求,上海化工区应当建成以石油化工和精细化工为主的专业开发区。鼓励国内外投资者按照国家重点鼓励的产业、产品和技术目录以及外商投资产业有关指导目录的规定,在上海化工区投资各类化工项目;鼓励投资建设基础设施和公用配套项目。上海化工区内投资者的投资、财产、收益和其他合法权益,受国家法律的保护。

2004 年 7 月 19 日,市政府第 44 次常务会议通过《上海市出口加工区管理办法》(以下简称《出口加工区办法》),11 月 1 日正式施行。该管理办法所指出口加工区,是指经国务院批准在上海设立,海关实行封闭管理的专门从事出口加工业务的特定经济区域(以下简称"出口加工区")。各出口加工区设立管理委员会(以下简称"管委会")。管委会接受出口加工区所在地的区(县)政府的领导,并依照办法以及有关行政管理部门的委托,在出口加工区内行使下列职责:一是制订发展规划和计划;二是负责投资项目、土地使用和建设工程管理;三是负责开发建设,为企业提供必要的指导和服务;四是配合海关、检验检疫等有关行政管理部门对通关活动实施监管;五是协调和配合有关行政管理部门对企业的管理;六是承担市和区(县)政府委托的其他职责。

表 2-2-1　上海开发区管理与开发机构情况一览表

序号	名　　称	管 理 机 构	开 发 机 构	法规依据
1	外高桥保税区	外高桥保税区管理委员会	上海外高桥保税区联合发展公司	《上海外高桥保税区条例》
			上海外高桥物流中心有限公司	

（续表一）

序号	名　　称	管 理 机 构	开 发 机 构	法规依据
1	外高桥保税区	外高桥保税区管理委员会	上海市外高桥保税区三联发展有限公司	《上海外高桥保税区条例》
			上海市外高桥保税区新发展公司	
			上海外高桥保税区开发股份有限公司	
2	洋山保税港区	洋山保税港区管理委员会	上海临港保税港经济发展有限公司	《洋山保税港区管理办法》
			上海同盛物流园区投资开发有限公司	
3	金桥出口加工区	上海金桥功能区管理委员会	上海金桥出口加工区开发股份有限公司	
			上海金桥(集团)有限公司	
			上海金桥出口加工区联合发展有限公司	
4	金桥出口加工区南区		上海金桥出口加工区南区开发建设有限公司	
5	漕河泾新兴技术开发区	上海市漕河泾新兴技术开发区发展总公司	上海市漕河泾新兴技术开发区发展总公司	《上海市漕河泾新兴技术开发区暂行条例》
			上海市新兴技术开发区联合发展有限公司	
			上海漕河泾开发区高科技园发展有限公司	
6	漕河泾出口加工区		上海漕河泾开发区经济技术发展有限公司	
7	上海张江高新技术产业开发区	上海张江功能区管理委员会	上海张江(集团)有限公司	
			上海复华高新技术园区发展有限公司	
			上海嘉定民营技术密集区发展总公司	
8	闵行经济技术开发区	上海闵行联合发展有限公司	上海闵行联合发展有限公司	《上海市经济技术开发区条例》
9	松江出口加工区	松江出口加工区管理委员会	上海松江出口加工区海欣建设开发有限公司	《出口加工区管理办法》
10	闵行出口加工区	闵行出口加工区管理委员会	上海闵行出口加工区开发有限公司	

（续表二）

序号	名　　称	管 理 机 构	开 发 机 构	法规依据
11	青浦出口加工区	青浦出口加工区管理委员会	上海青浦出口加工区开发有限公司	《出口加工区管理办法》
12	嘉定出口加工区	嘉定出口加工区管理委员会	上海嘉定出口加工区发展有限公司	
13	佘山国家旅游度假区	上海佘山国家旅游度假区松江管理委员会	上海佘山国家旅游度假区联合发展总公司	
14	虹桥经济技术开发区	上海虹桥经济技术开发区联合发展有限公司	上海虹桥经济技术开发区联合发展有限公司	
15	陆家嘴金融贸易区	上海陆家嘴功能区管委会	上海陆家嘴(集团)有限公司	
			上海陆家嘴金融贸易区开发股份有限公司	
			上海陆家嘴金融贸易区联合发展有限公司	
16	上海宝山工业园区	上海宝山城市工业园区管理委员会	上海宝山城市工业园区开发有限公司	
		上海宝山工业园区管理委员会	上海宝山工业园投资管理有限公司	
			上海罗店资产经营投资有限公司	
			上海徐行工业发展有限公司	
17	上海月杨工业园区		上海杨行企业发展有限公司	
			上海月浦工业园区发展有限公司	
			上海市宝山区顾村工业公司	
18	上海富盛经济开发区	上海富盛经济开发区管理委员会	上海富盛经济开发区开发有限公司	
19	上海浦东空港工业园区		上海浦东川沙经济园区有限公司	
			上海临港实业发展有限公司	
			上海南汇区老港化工工业区经济发展有限公司	
20	上海嘉定工业园区	上海嘉定工业区管理委员会	上海嘉定工业区开发(集团)有限公司	
			上海外冈土地投资开发有限公司	

（续表三）

序号	名　　称	管 理 机 构	开 发 机 构	法规依据
21	上海汽车配套产业园区		上海嘉翔工业开发有限公司	
			上海黄渡资产经营有限公司	
			上海国际汽车城零部件配套工业园区有限公司	
22	上海莘庄工业园区	上海莘庄工业区管理委员会	莘庄工业区经济技术发展有限公司	
			上海颛桥工业发展有限公司	
23	上海青浦工业园区	上海青浦工业园区管理委员会	上海青浦工业园区发展（集团）有限公司	
24	上海西郊工业园区		上海华新工业园区经济发展有限公司	
			上海西郊经济技术开发总公司	
			上海闵北工业投资发展有限公司	
25	上海松江工业园区	上海松江工业区管理委员会	上海松江经济技术开发总公司	
			上海大港投资开发有限公司	
			上海松江科技投资开发有限公司	
			上海松江工业区东部开发建设有限公司	
			上海车墩工业开发有限公司	
			上海新桥工业公司	
			上海石湖荡经济发展有限公司	
			上海新练塘经济发展有限公司	
26	上海松江经济开发区		上海市松江泗泾镇经济技术发展有限公司	
			上海九亭高科技发展有限公司	
			上海洞泾工业发展有限公司	
27	上海奉贤经济开发区	上海市工业综合开发区管理委员会	上海市工业综合开发区有限公司	
		上海奉贤现代农业园区管理委员会	上海奉贤农业发展有限公司	
28	上海金山工业园区	上海金山工业区管理委员会	上海新金山工业投资发展有限公司	
			上海金山工业区企业发展有限公司	

(续表四)

序号	名　称	管理机构	开发机构	法规依据
28	上海金山工业园区		上海张堰工业园区发展有限公司	
29	上海枫泾工业园区		上海枫泾经济发展有限公司	
30	上海朱泾工业园区		上海金珠企业发展有限公司	
31	上海市北工业园区	上海市北工业园区管理委员会	上海市市北工业新区投资经营有限公司	
32	上海崇明工业园区	上海崇明工业园区管理委员会	上海崇明工业园区开发有限公司	
33	上海星火工业园区	上海星火开发区管理委员会	上海浦东星火开发区联合发展有限公司	
34	上海紫竹高新技术产业园区		上海紫竹科学园区发展有限公司	
35	上海浦东康桥工业园区	上海浦东康桥工业区管理委员会	上海浦东康桥(集团)有限公司	
36	上海化学工业园区	上海化学工业区管理委员会	上海化学工业区发展有限公司	《上海市化学工业区管理办法》
37	上海新杨工业园区	上海市新杨工业园区管理委员会	上海新杨工业园区经济发展(集团)有限公司	
38	上海浦东合庆工业园区		上海张江东区高科技联合发展有限公司	
			上海浦东合庆工业发展公司	
39	上海南汇工业园区	上海南汇工业园区管理委员会	上海南汇工业园区投资发展有限公司	
40	上海奉城工业园区		上海奉城经济园区有限公司	
41	上海未来岛高新技术产业园区		上海未来岛投资置业有限公司	
42	临港新城装备产业基地	临港新城管理委员会	上海临港经济发展(集团)有限公司	
	国际汽车城核心区	上海国际汽车城领导小组	上海国际汽车城产业发展有限公司	
	上海长兴海洋装备产业基地	上海长兴海洋装备产业基地管理委员会	上海长兴海洋装备产业基地开发有限公司	
	浦东空港物流园区		上海临港投资开发公司上海浦东现代产业开发有限公司	
	西北综合物流园区		上海江桥现代物流发展有限公司	
	上海化学工业区物流产业园		上海化学工业区物流产业园发展有限公司	

资料来源：上海市开发区协会档案室：XH－Z·B－2006－002

第二节　产业引导与开发管理

“九五”期间（1996—2000年），上海开发区紧密结合城市功能转化，积极融入城市总体发展战略，以上海老工业基地调整改造的根本出发点，抓住城市总体规划调整和大规模基础设施建设的契机，实现生产力布局调整，优化工业经济结构，提高工业集中度，有效实施“退二进三”（退第二产业，进第三产业）、“退二进二”（退第二劣势产业，调整优化第二产业），不断优化产业布局。借助浦东开发开放和上海城市外向度相对较高等优势，积极实施“东西联动”战略，不断提升工业对外开放水平和质量。同时加快形成支柱产业、基础产业、新兴产业和都市型产业体系。上海老工业基地的调整改造，按照城市发展总体规划实施“有进有退”方针，采取产业置换和传统工艺技术改造调整方式，退出重污染、高能耗的行业和企业，积极推进高科技含量、高附加值、高就业、低污染的“三高一低”产业发展，促进了城市经济的全面发展，促进了工业基地的调整改造，促进了城市功能的配套转变，为上海城市繁荣繁华提供了重要支撑，为“十五”发展奠定了坚实基础，也积累了一些基本经验。

1998年，上海初步实现了工业集团对系统内房地资产的集中控制和统一管理。1999年，建立了工业集团与“1＋3＋9”工业区战略联盟和长期合作。2000年，推进市区联手、优势互补，共同推进工业布局调整，加快提高工业区企业集聚效应，加强工业区投资环境建设，引导工业的增量项目向“1＋3＋9”工业区集中，有利于工业产业链布局，有利于工业区特色产业的形成和集聚效益的发挥，有利于政府集中管理与宏观调控。

进入21世纪，中共上海市委、市政府提出“中心城区体现繁荣繁华，郊区体现实力水平”的城市发展战略，上海城市建设的空间范围由600平方公里扩展至6 000平方公里。为加快上海市工业化和国际大都市建设进程，推进“三个集中”战略部署实施，进一步优化郊区产业布局，带动就业和人口向城镇集中，推动郊区城市化建设，上海加大工业结构调整力度，特别是针对市中心城区工业过度集中的状况，对工业布局结构实施大规模的战略性调整，内环线以内重点发展与城市功能和生态环境相协调的都市型工业，内、外环线之间重点发展高科技产业及相关配套产业，外环线以外重点建设现代工业园区，有计划、有步骤地将工业增量向工业园区集中，基本形成“四大产业基地”和市级以上工业区为重要载体的现代工业布局结构，形成工业化与城市化协调发展的城市布局结构体系。

“十五”期间（2001—2005年），为进一步建立、健全开发区建设管理体系，提升开发区建设开发水平，市经委、上海市发展和改革委员会（以下简称“市发展改革委”）、上海市城市规划管理局（以下简称“市规划局”）、上海市房屋土地资源管理局（以下简称“市房地资源局”）、上海市统计局（以下简称“市统计局”）、市环保局等部门相继出台《工业开发区建设规范》《关于规范郊区都市型工业园建设的指导意见》《关于加强上海市土地集约利用、试行上海市产业用地评估指导意见》《上海产业用地指南》《上海产业能效指南》《上海工业区循环经济建设指南》《上海工业项目用地导则》等指导性文件和导向性目录，同时建立上海市工业区综合评价体系和年报制度，使开发区建设和管理有章可循，进一步推动各类开发区逐步走上规范有序、快速健康的发展道路。

2002年7月，市经委颁布《上海工业产业导向和布局指南》，引导各区县以“盘活存量，用好增量，优化布局，增强辐射”为原则，进一步完善“三环分布”的工业总体格局，即以市中心为轴心，内环线、外环线为布局界线，内环线以内以都市型工业为主，内外环线之间以都市型工业、高科技工业及配套产业为主，外环线以外以装备类工业和基础原材料工业为主，重点推进产业向“1＋3＋9”工业区集聚。大力发展区县特色产品和支持"一城九镇"建设产业配套,形成各具特色的工业区发展新格局。

2003年10月,市经委对2002年颁布的《上海工业产业导向和布局指南》作了修改并重新颁布,根据上海建设"四个中心"的发展战略目标和走新型工业化道路的要求,工业布局导向方面主要增加了老工业基地和区县特色产品条目。国家高度重视老工业基地的改造建设,突出了中心城区结构调整和老工业基地的改造建设。同时,市政府对各区县产业错位竞争要求更加明确,进一步强化功能区开发,增强上海工业的辐射力和服务能力。总体布局上对工业按"三环"分布提出原则性的要求,并对重要产业基地和市级以上工业开发区的产业定位和功能开发作了说明。增加临港综合经济开发区,规划建设成为上海装备产业的主要基地。

2004年5月,为适应工业能耗水平的实际变化,更好地指导工业节能降耗工作,引导上海市各区县加强社会各界对提高能效的认识,加深对环境保护与行业能效关系的理解,加深对环境保护与行业能效关系的理解,市经委会同市统计局颁布的《上海产业能效指南(2004版)》提出,主要针对工业产业类型,按工业行业与产品划分进行分类和指标计算,细分为33个大类和167个中类,每一类按单位产值能耗从大到小依次排列,每个行业后附加水消耗的总量和单位产值水耗形成指南体系。指导和引导各级政府及开发区在吸引投资和引进项目过程中,提供选择产业的客观能耗评价标准,也为判断高能耗劣势企业提供量化参考依据,企业也可以通过对照同行业总体水平,了解企业在同行中的能效位置,积极采用新工艺和新技术,提高企业的能效水平,不断提高主要耗能产品的能源利用率和提高单位能源消耗所创造的经济效益,也即提高能源的投入产出效益(能效),切实转变经济增长方式。2006年,《上海产业能效指南(2006版)》发布。新版能效指南延续了旧版的基本框架,并作了必要的改进和完善;根据市统计局2005年各行业能效统计资料,对原指南作了相应的更新;同时,充实了部分行业的内容和数据,以更加全面地反映现有行业能源以及水资源的消耗状况。

2004年8月,为引导各区县土地集约使用,提高土地利用效率,发挥政府在产业规划,产业导向和产业政策方面的作用,市经委会同市统计局、市房地资源局、市规划局等相关部门,对上海市33个大类行业和162个中类行业的1万多家规模以上工业企业的用地面积、土地利用状况、土地产出与效益等进行了调研和统计,并参照发达国家相同产业的用地水平,编印《上海产业用地指南》,有助于提高产业项目单位土地投入产出效益,开发区招商引资提供依据,企业采取新技术新工艺。

2005年10月,为进一步提高上海工业用地节约集约利用水平,推进节约型城市建设,优化土地资源配置,市经委、市发展改革委、市外资委、市房地资源局、市规划局下发《上海市工业项目供地导则(试行)》,明确产业导向需符合国家产业政策导向及《上海工业产业导向及布局指南》《上海市外商投资重点产业目录》等;项目规划选址必须符合上海市城市规划和土地利用总体规划;项目环境评价必须符合环境评价要求。对固定资产投资规模1000万元以下的项目不供地,鼓励进入标准厂房生产;项目投资强度原则上不低于《上海产业用地指南》行业推荐值"1"。项目建筑容积率原则上不低于所在行业推荐值1。除特殊行业、特殊工艺的项目外,郊区新建厂房容积率0.8以上,建筑密度不低于35%,并通过编制控制性详细规划来合理确定。

2006年,按照国务院关于建设节约型社会和中共上海市委、市政府关于建设节约型城市的要求,上海作为一个资源约束十分突出的特大型城市,应以节约利用土地资源和提高土地综合利用效率为核心,切实转变工业经济增长方式,大力发展循环经济,加快推进上海工业和工业区发展。按照中共上海市委、市政府关于"批项目、核土地"的总体要求,上海工业用地根据用好总量、用活增量、优化存量、提高质量的原则，建立节约集约用地的体制机制和政策体系，形成有利于节约集约用地的市场环境和长效机制，加快形成上海市工业集中、产业集聚、土地集约、功能集成的发展格局，确保工业经济持续快速健康发展。3月，市经委、市房地资源局等对各区县和工业区节约集约利用土地的做法作了汇总，编制出《上海工业节约集约用地十八法》，旨在更好地指导上海市工业节约集约利用土地工作，进一步增强上海市工业节约集约用地的意识，相互借鉴、共同提高，进一步提升上海工业区的开发效率和发展水平。

2006年10月，市经委会同市统计局、市房地资源局、市规划局等相关部门，延续《上海产业用地指南》(2004版)内容框架，作了相应改进和完善，印发《上海产业用地指南》(2006版)。一是增加物流仓储行业相关用地指标；二是利用统计分析和专家经验制定行业控制值和推荐值，行业控制值作为项目准入的强制性标准；三是采用固定资产投资代替资产总额，来计算投资强度。

2007年7月，市经委颁布《上海工业产业导向和布局指南》，引导上海各区县以加快六大产业基地建设为基础，进一步加强市级以上工业开发区产业导向，不断完善高附加值的产业链，逐步形成若干有影响力的产业集群。同时，结合黄浦江两岸综合开发、老工业基地改造和工业向工业园区集中，加快重点行业、重点区域淘汰和调整高耗能、高污染的劣势行业，积极发展循环经济，推进产业升级。中心城区进一步推进都市型工业园区建设，积极引导和培育创意产业发展，促进新兴产业发展。

2008年8月23日，为切实管好用好有限的土地资源，形成耕地资源得到切实保护、各类用地得到切实保障、土地资源效益得到切实发挥的节约集约用地新格局，推动产业结构优化升级，市政府办公厅转发市房地资源局《关于促进土地节约集约利用加快经济发展方式转变若干意见》，提出要按照"工业向园区集中，优先保证市级以上工业园区、六大产业基地等重点区域、重点投资领域和市重大项目供地"的原则，对经过发展改革、产业、规划、房地、环保等部门共同认定的公告工业园区外的重要工业项目，在符合土地利用总体规划、城市规划、产业规划等前提下，支持项目用地，加快办理"招、拍、挂"出让。在符合规划、不改变用途和其他土地使用条件的情况下，对工业用地提高容积率的，经规划部门同意后，由原出让人与受让人直接签订补充合同，不再增收土地价款，鼓励工业项目用地节约集约利用。鼓励"腾笼换鸟"，支持原用地者利用存量国有建设用地兴办信息服务、研发设计、创意产业等现代服务业。支持上海市及区县推进的先进制造业等产业项目的用地需求，市重大产业项目的新增建设用地计划，由市统筹安排；区县重点产业项目的新增建设用地计划，在下达区县的计划中优先安排。加大存量土地盘活力度，进一步将新增建设用地指标与消化盘活存量土地相挂钩，促进产业结构调整。

第三节　前期开发主体管理

工业用地进行前期开发是净地招拍挂出让的必要条件。根据国家和上海市相关文件精神，工业用地应以净地方式进行招拍挂出让，要求工业用地出让前必须完成征地、补偿、动拆迁、七通一平等前期开发工作，客观上需要有一个主体来进行前期开发。

开发区相关开发机构是工业用地前期开发的实际主体。经过多年的发展，开发区在工业用地前期开发、招商引资、推进产业发展等方面发挥了积极的促进作用，也积累了丰富的工业用地前期开发经验，是实施工业用地前期开发的实际主体。

2006年4月，为贯彻落实国家《关于加强土地调控有关问题的通知》《上海市人民政府贯彻〈国务院关于加强土地调控有关问题通知〉的通知》等文件精神,同时为有利于工业用地前期开发责、权、利的统一,有利于更好地推进工业用地招拍挂出让,市经委、市房地资源局、市发展改革委按照市政府常务会议精神,对工业用地前期开发主体资格认定工作进行多次研究,在确定相应认定办法和操作原则后,启动开发主体资格认定工作。

2007年,市政府常务会议明确由开发区作为工业用地前期开发主体,开发区相关开发机构作为前期开发主体须经市政府批准。按照上海市土地储备办法,在特定区域内实施土地基础性建设的前期开发主体须经市政府批准。是年5月31日,市政府下发的《关于嘉定工业区开发(集团)有限公司等52家开发机构为第一批工业工地前期开发主体的批复》,要求52家前期开发主体的开发区域为国家公告开发区的范围,或经市政府批准的开发范围,并需符合土地利用总体规划和城市总体规划。要按照土地储备年度计划,负责开发区域内项目用地的前期开发。前期开发完成后的地块,按照国家和上海市工业用地招拍挂相关规定实施出让。同时要求进一步加强规范管理,提高前期开发水平。

表2-2-2 2007年上海市政府批复的第一批工业用地前期开发主体一览表

区 县 名 称	开 发 主 体
嘉定区	上海嘉定工业区开发(集团)有限公司
	上海嘉定工业区开发(集团)有限公司
	上海马陆实业发展有限公司
	上海嘉翔工业开发有限公司
	上海国际汽车城零部件配套工业园区有限公司
	上海徐行工业发展有限公司
青浦区	上海青浦工业园区发展(集团)有限公司
	上海华新工业园区经济发展有限公司
	上海西郊经济技术开发总公司
	上海新练塘经济发展有限公司
松江区	上海松江经济技术开发总公司
	上海车墩工业开发有限公司
	上海九亭高科技发展有限公司
	上海洞泾工业发展有限公司
奉贤区	上海市工业综合开发区有限公司
	上海奉贤农业发展有限公司
	上海奉城工业园区开发有限公司
	上海浦东星火开发区联合发展有限公司
金山区	上海新金山工业投资发展有限公司
	上海金山第二工业区投资有限公司
	上海枫泾工业投资发展有限公司
	上海金珠企业发展有限公司

（续表）

区 县 名 称	开 发 主 体
闵行区	上海市莘庄工业区经济技术发展有限公司
	上海向阳工业园建设发展有限公司
	上海闵北工业投资发展有限公司
	上海浦江工业园区投资发展有限公司
南汇区	上海浦东康桥（集团）有限公司
	上海国际医学园区有限公司
	上海南汇工业园区投资发展有限公司
	上海临港投资开发公司
	上海南汇区老港化工工业区经济发展有限公司
宝山区	上海宝山工业园投资管理有限公司
	上海宝山城市工业园区开发有限公司
	上海杨行企业发展有限公司
	上海月浦工业园区发展有限公司
崇明县	上海崇明工业园区开发有限公司
	上海富盛经济开发区开发有限公司
浦东新区	上海外高桥（集团）有限公司
	上海金桥（集团）有限公司
	上海张江（集团）有限公司
	上海张江东区高科技联合发展有限公司
	上海浦东川沙经济园区有限公司
普陀区	上海新杨工业园区经济发展（集团）有限公司
	上海未来岛投资置业有限公司
闸北区	上海市北工业新区投资经营有限公司
上海化学工业区	上海化学工业区发展有限公司
洋山保税港区	上海临港保税港经济发展有限公司
	上海同盛物流园区投资开发有限公司
闵行经济技术开发区	上海闵行联合发展有限公司
	上海闵联临港联合发展有限公司
	上海临港经济发展（集团）有限公司
漕河泾新兴技术开发区	上海漕河泾新兴技术开发区发展总公司
	上海漕河泾开发区经济技术发展有限公司

资料来源：上海市开发区协会档案室：XH－Z·B－2007－001

2007 年 7 月,市政府颁布的《工业用地前期开发主体资格认定的操作原则(草案)》提出,对符合认定条件的集体企业,可赋予前期开发主体资格,设置 3 年～5 年过渡期;对注册资本不足 5 000 万元的集体开发机构,建议增资后给予认定;每个开发区赋予前期开发主体资格的企业不超过 2 个。对经国家或市政府批准的产业基地和物流园区,若开发区域和开发机构较明确的,可参照开发区开发主体资格认定条件和操作原则,按管理权限由区县政府和相关管委会提出方案,经市认定工作小组审核后报市政府批准。

2007 年 7 月,市政府下发《关于开展工业用地前期开发主体资格认定的通知》,指导各相关区县和开发区管委会开展工业用地前期开发主体资格认定工作。通知根据市政府常务会议及《上海市工业项目土地使用权出让招标拍卖挂牌试行办法》相关规定,决定开展工业用地前期开发主体资格认定工作,以加快推进工业用地"净地"招拍挂出让。为加快推进认定工作,加强组织领导,组成市经委、市房地资源局、市发展改革委等相关部门组成的认定工作小组,首先对各相关区县和开发区管委会的认定方案进行审核,并制定工业用地前期开发主体资格的认定办法,明确前期开发主体的认定条件为:一是开发机构应为国有企业,考虑到开发区发展的历史沿革和实际,对个别暂时无法调整、集体性质的工业区开发机构,允许在一定时期内作为前期开发主体;二是开发机构注册资本在 5 000 万元以上;三是开发机构或其控股母公司必须具有 3 年以上的开发区开发建设相关经验;四是国家和上海市土地储备相关法律法规规定的其他条件。

2007 年 12 月 8 日,市政府下发的《关于同意上海临港经济发展(集团)有限公司等 6 家开发机构为第二批工业用地前期开发主体的批复》提出工业工地前期开发主体的管理和规范,指出要按照《关于嘉定工业区开发(集团)有限公司等 52 家开发机构为第一批工业工地前期开发主体的批复》执行。

表 2 - 2 - 3　2007 年上海市政府批复的第二批工业用地前期开发主体一览表

园　区　名　称	开　发　主　体
临港新城装备产业基地	上海临港经济发展(集团)有限公司
	上海临港国际物流发展有限公司
国际汽车城核心区	上海国际汽车城发展有限公司
浦东空港物流园区(浦东部分)	上海浦东现代产业开发有限公司
浦东空港物流园区(南汇部分)	上海临港投资开发公司
紫竹高新技术产业园区	上海紫竹科学园区发展有限公司

资料来源:上海市开发区协会档案室:XH - Z·B - 2007 - 002

2008 年 1 月 10 日,市政府下发的《关于同意上海江桥现代物流发展有限公司等 3 家开发机构为第三批工业用地前期开发主体的批复》指出,3 家工业用地前期开发主体的开发区域为经国家或市政府批准的产业基地和物流园区(基地),并要求须符合上海土地利用总体规划和城市总体规划。工业用地前期开发主体的管理和规范,同样按照市政府批复第一批工业工地前期开发主体提出的要求执行。

表 2-2-4　2008 年上海市政府批复的第三批工业用地前期开发主体一览表

园　区　名　称	开　发　主　体
上海西北综合物流园区（江桥基地）	上海江桥现代物流发展有限公司
上海化学工业区物流产业园	上海化学工业区物流产业园发展有限公司
上海外高桥物流园区二期	上海外高桥（集团）有限公司

资料来源：上海市开发区协会档案室：XH-Z·B-2008-001

2009 年 4 月 27 日，市政府下发《关于同意上海长兴海洋装备产业基地有限公司为工业用地前期开发主体》《关于同意上海张堰工业园区为工业用地前期开发主体》等对两个园区的批复。批复明确上海长兴海洋装备产业基地有限公司开发区域为经市政府批准的《长兴岛岛域总体规划》确定的长兴岛配套产业基地以及上海市长兴岛开发建设管理委员会办公室依据规划指定的其他工业用地，并须符合上海土地利用总体规划和城市总体规划，前述区域范围内的用地，由上海长兴海洋装备产业基地有限公司进行工业用地前期开发和基础设施建设。对这两家开发主体工业用地前期开发主体的管理和规范，同样按照市政府批复第一批工业工地前期开发主体提出的要求执行。

表 2-2-5　2009 年市政府批复的第四批工业工地前期开发主体一览表

基地及园区名称	开　发　主　体
长兴岛配套产业基地	上海长兴海洋装备产业基地有限公司
金山区	上海张堰工业园区发展有限公司

资料来源：上海市开发区协会档案室：XH-Z·B-2009-003

2007—2009 年，市政府分四批共批复 63 家工业用地前期开发主体。上海 41 个开发区共有 63 个工业用地前期开发主体（其中佘山旅游度假区、陆家嘴金融贸易区和虹桥开发区等由于无工业用地，不在统计范围内），其中 12 个国家级开发区共有 22 家开发机构，注册总资本近 100 亿元，平均注册资本 4.32 亿元。

第四节　园区品牌建设

一、"区区合作、品牌联动"

随着上海市开发区产业能级和土地利用效率不断提高，开发区发展水平得到不断提升。至 2010 年，上海开发区平均单位土地产值达 62.6 亿元/平方公里，其中品牌开发区单位土地产值达 100 亿元/平方公里以上，部分区块（区级）工业区产出水平仅 20 亿元/平方公里～30 亿元/平方公里，发展水平呈现明显差异，已有资源条件未能得到充分发挥，资源配置不尽合理，区级以下工业区资源放空，品牌开发区资源有限，发展受到一定程度限制。

为发挥国家级品牌开发区溢出效应，既缓解国家级开发区土地紧缺情况，又带动发展水平较低的开发区共同发展，1994 年，漕河泾新兴技术开发区与外高桥保税区合作，开发建设漕河泾开发区外高桥亿威园区。是年，漕河泾新兴技术开发区与松江县政府合作，在松江新桥共建开发占地 11.2 公顷的漕河泾开发区新经济园，重点吸引和发展民营高科技企业。是年年底，漕河泾开发区总公司与闵行县举行联合开发虹梅路西区签字仪式,合作开发约 189 公顷土地。

1999 年 8 月,中共上海市委、市政府正式提出实施"聚焦张江"战略。2006 年,国务院正式批准上海高新技术产业开发区更名为上海张江高新技术产业开发区,范围包括张江高科技园区、漕河泾新兴技术开发区、金桥现代科技园、上海大学科技园、中国纺织国际科技产业城和嘉定民营科技密集区(以下简称"一区六园"),组成的"一区六园"统一作为上海高新技术开发区打出"张江"品牌。规划面积由原来的 22.13 平方公里扩大为 42.11 平方公里,形成"北有中关村,南有张江园"的新格局。市政府明确要求"一区六园"提高入驻企业的技术含量,一批门类齐全、技术密集、层次合理并具有一定规模的高新技术产业群由此形成,成为上海经济发展的新增长点。

2003 年,漕河泾新兴技术开发区与闵行区浦江镇人民政府合作,利用漕河泾品牌资源,开发建设漕河泾开发区浦江高科技园,土地开发面积 107 公顷。2004 年,闵行区政府与漕河泾开发区总公司签署《关于建设上海漕河泾开发区浦江高科技园的全面合作协议》,在征地、动迁、劳动力安置、市政配套、财税等方面相互支持与合作。2006 年,闵行区政府与漕河泾开发区、上海创业投资有限公司联手,在浦江高科技园内开发建设以新能源和环保为特色的专业孵化器——创新创业园。2005 年,漕河泾开发区新经济园进军临港产业区,开始建设临港装备产业配套园,至年末,临港项目先后完成临水、临电、规划许可证报批等前期准备。

2006 年,张江高科技园区与合庆工业区合作,开发建设张江高科技园区(东区),借深天马公司落地契机,成立以张江集团为核心的张江功能区管委会,合庆镇纳入功能区范围,进行区镇联动和资源整合,土地开发面积达 303.55 公顷。

2006 年,漕河泾开发区与松江区政府合作,开发建设占地 55.8 公顷的松江高科技园。2008 年 10 月,松江新桥镇、九亭镇与漕河泾开发区联合建立上海松江国际光仪电产业园区。是年,漕河泾开发区与松江区政府在松江高科技园的基础上,打造占地约 128.13 公顷的漕河泾松江生产性服务业功能区。2009 年 4 月,与松江区政府签署《关于开展"区区合作、品牌联动"战略协议》。

2008 年,上海化学工业区与金山区人民政府、奉贤区政府合作,分别开发建设化工区金山分区和化工区奉贤分区。2008 年 5 月 15 日,上海化学工业区开发领导小组第九次会议明确金山区、奉贤区两个 3 平方公里范围,纳入上海化工区配套区,并实行上海化工区一体化管理。

2009 年,漕河泾新兴技术开发区与康桥工业区合作,开发建设漕河泾科技绿洲康桥产业园,土地开发面积达 970 公顷。

2010 年 1 月,根据浦东新区"7+1"生产力布局,南汇工业园区纳入国家级经济技术开发区——金桥出口加工区板块,成为浦东发展先进制造业组团的重要组成部分。

二、跨地区合作发展

2008 年 1 月,上海外高桥集团(启东)产业园在启东滨海高新产业区奠基,这是上海外高桥(集团)有限公司成立 30 年来第一次走出上海建园区。9 月,占地约 5 平方公里的上海外高桥集团(启东)产业园正式开工建设,注册资本 3.2 亿元。经过 3 年多的开发建设,一期 13.33 公顷建成 4 万多平方米的标准厂房,二期 106.67 多公顷土地的基础设施建设全面展开。

2008 年 4 月,上海南汇工业园区与江苏盐城响水工业园区签订合作共建协议。2009 年 4 月,江苏省人民政府批准,共建上海南汇工业园区响水工业园,成立响水县南汇工业园投资开发有限公司,注册资金 5 000 万元,园区规划面积 6 平方公里,首期启动 1 平方公里,主要发展新材料、先进装备制造、机械电子、纺织服装等产业。

2009年3月，上海漕河泾新兴技术开发区盐城工业园签订友好合作和共建园区协议。2010年7月，上海漕河泾新兴技术开发区盐城分区管理办公室成立，分区规划面积10.5平方公里，包含新能源汽车产业园、光电产业园两个园区，重点发展新能源汽车及汽车零部件产业、新光源和新能源装备制造业、生产性服务业和区域总部经济。

2009年9月，上海嘉定工业区与建湖科技工业园区签订共建园区协议。10月，注册成立上海嘉定工业区建湖科技工业园有限公司。11月，上海嘉定工业区建湖科技工业园正式挂牌。2010年3月22日，江苏省人民政府同意，上海嘉定工业园区建湖工业园为共建园区，规划面积4.16平方公里。

2009年9月1日，浙江省政府批复同意设立上海漕河泾新兴技术开发区海宁分区。该分区坐落于海宁经济开发区北区块，四至范围为：东至08省道，西至海宁、桐乡交界处，北至盐湖公路、规划建设中的杭平申线，南至长山河。总规划面积15平方公里，其中农用地11.73平方公里（耕地面积8.81平方公里），建设用地2平方公里，河道面积0.9平方公里，道路0.37平方公里；其中短期开发区域面积5平方公里。12月17日，浙江省海宁市人民政府与上海漕河泾新兴技术开发区签署《上海漕河泾新兴技术开发区海宁分区全面合作协议》，标志着漕河泾开发区海宁分区正式启动。这也是沪浙首个国家级开发区合作项目，为国家级开发区"走出去"开创先河。

2010年4月12日，上海市莘庄工业区与盐城市高新区签署共建上海闵行（盐都）工业园合作仪式，共同出资成立上海闵行（盐都）工业园投资开发公司，注册资本5 000万元。首期开发594公顷，重点发展通讯电子等主导产业，打造成华东地区最大的通讯装备制造生产基地。8月24日，市北高新技术服务业园区（以下简称"市北高新区"）与江苏省南通市港闸区人民政府签约，正式启动开发建设南通科技城，同时南通科技城项目成为市北高新区主动拓展物理空间、延展合作范围和服务平台，保证园区后续发展潜力的重要战略部署之一。以市北高新区产业优势和开发经验，以总部经济、服务外包、研发设计、数据中心等生产性服务业为产业定位，与市北高新区同步推动前沿产业在科技城集聚，推进"品牌＋管理＋产业链"的全产业链输出。8月12日，在南通成立上海市北高新集团（南通）有限公司，注册资本5亿元。

2011年9月，上海嘉定汽车产业园区与江苏亭湖经济开发区合作建设盐沪共建园区，注册资本5 000万元，规划面积10平方公里，4平方公里为核心区域，其中3平方公里为产业发展区，1平方公里为配套服务区。重点发展太阳能光伏、新型电子元器件、LED应用等产业领域，打造"东部光谷"品牌。形成"一园、两片、多组团"空间布局："一园"是指光电产业园，"两片"是指产业发展片区、配套服务片区，"多组团"是指工业生产组团、研发配套组团、商办服务组团、居住生活组团。

三、"品牌园区"建设

2008年5月18日，在市经委、市工商管理局指导和支持下，由上海市开发区协会和上海市商标协会作为主办单位正式启动"上海品牌园区"推选活动。活动旨在展示和宣传"上海品牌园区"，积极发挥"上海品牌园区"的引领效应，促进开发区产业链和产业集群建设，促进开发区资源节约型和环境友好型建设，促进开发区自主创新、自主品牌和技术创新建设，促进开发区营造投资软环境、不断提高服务质量和完善配套功能建设，促进开发区精神文明和文化建设，全面提高开发区建设发展水平，扩大开发区的国际和国内社会影响力，实现上海开发区又好又快发展。同时，为上海市和中国"著名商标""驰名商标""上海名牌""中国名牌"等荣誉称号做好推荐工作,并开展好为上海市开发区(园区)和开发区(园区)内的企业商标注册的宣传和服务工作。"上海市品牌园区"推选制定《上海品牌园区评审指标和评审标准》,主要有综合效益和运行质量、资源利用和节能降耗、环境改善和生态保护、功能配套和服务质量、品牌战略和科技创新及精神文明和文化建设等六方面指标体系。

2009年2月,经过"公告动员、申报推荐、预审初审、媒体公示、审核批准"等阶段,推选产生首批"上海品牌园区""上海品牌建设优秀园区"。2008年度上海品牌园区为:上海金桥出口加工区、上海漕河泾新兴技术开发区和上海漕河泾出口加工区、上海张江高科技园区、上海外高桥保税区、上海化学工业区、上海闵行经济技术开发区、上海孙桥现代农业园区、上海嘉定工业区、上海莘庄工业区。2008年度上海品牌建设优秀园区为:上海青浦工业区、上海浦东康桥工业区、上海枫泾工业区、上海未来岛高新技术产业园区、上海浦东合庆工业区。2010年,开发区协会修改和编制《上海品牌园区评审指标和评审标准》(2010版)。

四、长三角园区共建联盟

为贯彻落实《国务院关于进一步推进长江三角洲地区改革开放和经济社会发展的指导意见》的战略部署,2010年3月26日,在长三角城市经济协调会第十次市长联席会议上确定"长三角园区共建合作专题",市政府发展研究中心、上海市经济和信息化委员会、上海市合作交流办公室共同牵头,开展长三角园区合作专题的各项工作,深化推进园区之间在开发建设、招商引资、品牌联动、投资合作、项目对接;发起成立"长三角园区共建联盟",旨在推进长三角园区共建合作,促进长三角产业梯度转移和产业布局的优化,加快长三角地区经济发展方式的转变,推动长三角地区一体化发展,并首批确定盟员(发起单位)40家:上海市12家、合肥市3家、马鞍山市2家、无锡市1家、宁波市1家、苏州市1家、扬州市2家、杭州市2家、绍兴市1家、南京市1家、南通市3家、泰州市2家、常州市1家、湖州市1家、嘉兴市2家、盐城市1家、镇江市1家、淮安市1家、衢州市2家。

"十一五"期间(2006—2010年),加快推进开发区"区区合作、联动发展",积极实施品牌开发区"走出去"战略,不断探索开发区发展新模式和新途径,成为上海有序推进开发区产业结构调整的新趋势,和开发区转型发展的工作重点。

第三篇
土地开发与利用

20 世纪 80 年代后,上海市各开发区陆续启动建设。土地开发与利用是开发区建设的基础性工作,政策性强,涉及规划、资金、动迁安置、合理利用土地等方方面面。上海作为特大型城市,寸土寸金,土地的有效利用始终是全市和各开发区的重要任务。随着改革和发展的不断深入,国家和上海市人民政府(以下简称"市政府")颁布了一系列政策法规,引领和规范着上海开发区的土地开发利用工作。

1987 年后,国家、本市陆续出台土地使用权有偿出让的系列政策,为盘活开发区的土地资源、解决开发资金,发挥政府、社会和市场三方面的积极作用,开启了新的途径。1987 年 4 月,国务院第一次出台"关于土地使用权可以有偿转让"的相关政策,提出土地既然是生产资料,就应该是商品,使用权可以转让。上海虹桥经济技术开发区的 26 号地块,是全国实行土地批租的首块土地,打响了全国第一炮。

1999 年 7 月,国务院下发《关于〈上海市土地利用总体规划〉的批复》,原则同意修订后的《上海市土地利用总体规划(1997—2010 年)》,并指出:"上海作为我国东部沿海经济发达、人口众多的特大城市,土地资源特别是耕地资源紧缺的问题比较突出。必须始终坚持'十分珍惜、合理利用土地和切实保护耕地'这一基本国策,正确处理经济发展和耕地保护的关系,实行'土地资源开发与节约并举,把节约放在首位'的方针。采取有力措施,严格限制农用地转为建设用地,控制建设用地总量。"

自 2001 年起,中共中央、国务院进一步加强对土地有偿使用的管理。2002 年 5 月 9 日,国土资源部颁布《招标拍卖挂牌出让国有土地使用权规定》,进一步严格土地有偿使用的要求,确定了招拍挂的出让原则和操作程序。之后,全市开发区实施土地招拍挂出让国有土地的形式,停止以往实施的土地"空转"供地方式。

2003 年开始,由国土资源部牵头开展开发区清理整顿工作,重点对擅自设立开发区、盲目扩大开发区范围、占而不用的耕地进行治理整顿,以进一步维护土地市场秩序。国务院有关文件要求上海市要突出内涵挖潜、集约利用,以增加有效耕地、提高土地质量为目标;大力推进农田向规模经营集中、农村居民点向中心村和小城镇集中、工业向园区集中。

2003 年,市政府颁布《上海市工业开发区建设地方标准》,明确工业开发区的产业导向、规划布局与土地利用;基础实施建设的要求、环境建设的要求、商务环境配套的要求、政府服务功能的提供等。上海市房屋土地资源管理局(以下简称"市房地资源局")制定《上海市土地资源"十五"规划和2015 年长远规划》,明确要求:对列入上海市至 2005 年国民经济和社会发展的市、区、县各项建设项目,严格按要求定点、定性、定量安排使用土地,工业项目尽可能在"1+3+9"的国家和市级工业区范围内布局。经过清理整顿,上海市原有的 177 个工业区减少至 80 个开发区。

2005 年,国家发展和改革委员会(以下简称"国家发展改革委")公布《清理整顿开发区的审核原则和标准》,并于 2007 年 3 月 27 日颁布《中国开发区审核公告目录》(2006 年版)。经审核,上海开发区最终保留了 41 个开发区 62 个区块。

国家和本市的一系列政策,为上海开发区的土地开发利用与管理提供了法制保障,保证了开发区的顺利发展。2003 年,全市开发区累计建成面积 110.35 平方公里,吸纳投资总额达 5 680.97 亿元,其中引进外资项目投资额 535.87 亿美元,落户内资企业协议投资额 1 249.33 亿元;土地投资强度为 33.08 亿元/平方公里。至 2010 年,全市开发区 104 个区块已供应土地面积 511.24 平方公里,吸纳投资总额 14 577.16 亿元;土地投资强度为 28.51 亿元/平方公里,公告开发区(国家级、市级开发区)土地投资强度为 40.43 亿元/平方公里。全市开发区的单位土地产值从 2003 年的 37.09 亿元/平方公里,提升至 2010 年的 56.46 亿元/平方公里。上海开发区近六成的土地完成了基础性开发,增量开发的空间日益缩小,"加大二次开发区力度""提升存量用地水平"成为开发区集约用地的工作重点。

第一章　土　地　开　发

1987—2001年,市政府陆续出台了土地有偿转让、国有土地租赁等政策。1999年,市政府下发《上海市实施〈中华人民共和国土地管理法〉若干意见》,要求坚决贯彻"十分珍惜、合理利用土地和切实保护耕地"的基本国策;加强土地利用总体规划和土地利用年度计划管理。

2003年,国土资源部印发《全国土地开发整理规划》,要求土地开发、整理和复垦活动都必须符合土地利用总体规划和土地开发整理规划,要加强土地开发整理规划实施的监督检查工作,大力推进农田向规模经营集中、农村居民点向中心村和小城镇集中、工业向园区集中。是年,市政府颁布《上海市工业开发区建设地方标准》,明了了工业开发区的产业导向、规划布局与土地利用;基础实施建设的要求、环境建设的要求、商务环境配套的要求、政府服务功能的提供等。2004年,市政府职能部门颁布和实施《上海产业用地指南》,为政府调整产业结构与布局、制定产业发展规划和政策提供基础数据。

2006年,市政府下发《上海市工业项目土地使用权招标拍卖挂牌出让试行办法》,上海各开发区全面推行工业用地招拍挂出让。8月,市政府下发文件要求严格按照国土资源部颁布的《工业项目建设用地控制标准(试行)》《上海市工业项目供地导则(试行)》规定,实行"批项目、核土地"制度,从严控制供地,优化土地资源配置。12月,市政府依据国土资源部文件精神,结合上海实际情况,出台《上海市工业用地出让最低标准》。

第一节　土地开发利用政策

一、土地规划管理

1984—1995年,按照"法规和规划先行"思路,上海市城市规划管理局(以下简称"市规划局")对上海各开发区以及浦东新区的开发,实行"按规划批项目,按项目批土地",以及土地有偿转让、改变土地使用性质需补地价等一系列法规管理;上海市建设管理委员会(以下简称"市建委")实行建筑市场合力管理制和工地法规管理制,上海市环境保护局(以下简称"市环保局")实行规划、法规管理制;市政府及相关部门一系列的法律法规保障开发区的建设和运行。

1999年4月22日,市政府下发的《上海市实施〈中华人民共和国土地管理法〉若干意见》指出,坚决贯彻"十分珍惜、合理利用土地和切实保护耕地"的基本国策;需要加强土地利用总体规划和土地利用年度计划管理。建设项目需要使用土地的,应当申请使用城市建设用地范围和村庄、集镇建设用地范围的土地。建设占用土地,涉及农用地转为建设用地的,应当符合土地利用总体规划和土地利用年度计划中确定的农用地转用指标;城市和村庄、集镇规划区内的建设占用土地,涉及农用地转用的,还应当符合市城市规划。城市建设用地范围涉及农用地转为建设用地的,由国务院批准的相关程序;村庄、集镇建设用地范围涉及农用地转为建设用地的,由市政府批准的相关程序。强调搞好国有建设用地的审批和国有土地有偿使用,以及明确集体所有土地征用程序和确定征地补偿标准。此外,要求加强土地监督检查,严肃查处土地违法案件。

　　1999年7月，国务院下发《关于〈上海市土地利用总体规划〉的批复》，原则同意修订后的《上海市土地利用总体规划（1997—2010年）》，并指出：“作为我国东部沿海经济发达、人口众多的特大城市，土地资源特别是耕地资源紧缺的问题比较突出。必须始终坚持十分珍惜、合理利用土地和切实保护耕地这一基本国策，正确处理经济发展和耕地保护的关系，实行土地资源开发与节约并举，把节约放在首位的方针。采取有力措施，严格限制农用地转为建设用地，控制建设用地总量。”按照《上海市土地利用总体规划（1997—2010年）》的要求，进一步加强对各区域土地利用的分类指导和调控。市中心区，要积极调整用地结构和布局，进一步挖掘存量建设用地潜力；城郊结合部，要严格控制建设用地外延扩展，切实保护耕地，加强蔬菜和其他副食品生产用地的保护和建设；各郊县，要积极引导和实施农民居住点向集镇集中和工业用地向工业园区集中。

　　自2001年起，中共中央、国务院进一步加强对土地有偿使用的管理。4月，国务院下发《关于加强国有土地资产管理的通知》，要求严格实行国有土地有偿使用制度，除法律规定可以采用划拨方式提供用地外，其他建设需要使用国有土地的，必须依法实行有偿使用。5月，国土资源部颁布《企业改制土地资产处置审批意见（试行）》《土地估价报告备案办法（试行）》，明确企业改制土地资产处置操作规范和审批条件。

　　2002年4月23日，国土资源部颁布的《土地开发整理规划管理若干意见》指出，规划编制的指导思想是贯彻“十分珍惜、合理利用土地和切实保护耕地”的基本国策，坚持“在保护中开发，在开发中保护”的总原则；规划编制的主要任务是对土地开发整理活动进行统筹规划，确定土地开发整理的目标和方向，提出重点区域、工程和项目等，拟定实施规划的保障措施，保障规划目标的实现。中国共产党上海市委员会（以下简称“中共上海市委”）、市政府依据国土资源部颁布的《土地开发整理规划管理若干意见》，提出在领导编制开发区发展规划时，重点培育和发挥研发创新、孵化创业、转化辐射、机制创新四大主题功能。如张江高科技园区进一步修正结构规划，以提升园区功能，推动二次创新。5月9日，国土资源部再次颁布《招标拍卖挂牌出让国有土地使用权规定》，进一步严格土地有偿使用的要求，确定招拍挂的出让原则和操作程序。《招标拍卖挂牌出让国有土地使用权规定》颁布之后，上海市停止以往实施的土地“空转”供地方式。

　　2003年3月7日，国土资源部下发《关于印发〈全国土地开发整理规划〉》，要求土地开发、整理和复垦活动都必须符合土地利用总体规划和土地开发整理规划，要加强土地开发整理规划实施的监督检查工作。东南沿海区域土地开发整理方向：包括上海市等，要突出内涵挖潜、集约利用，以增加有效耕地、提高土地质量为目标。结合基本农田建设、小城镇建设和农业结构调整，大力推进农田向规模经营集中、农村居民点向中心村和小城镇集中、工业向园区集中。

　　2003年，市政府颁布《上海市工业开发区建设地方标准》，标准涉及的主要内容是：工业开发区的产业导向、规划布局与土地利用；基础实施建设的要求、环境建设的要求、商务环境配套的要求、政府服务功能的提供等。市房地资源局制定《上海市土地资源“十五”规划和2015年长远规划》，并明确：对列入上海市至2005年国民经济和社会发展的市、区、县各项建设项目，包括支柱产业项目、住宅建设项目、商业用地项目和科教文卫等占地的建设项目，严格按要求定点、定性、定量安排使用土地，工业项目尽可能在“1＋3＋9”的国家和市级工业区范围内布局。“十五”期间，结合产业结构调整，继续按规划，调整内环线内80多平方公里内的污染工业点用地的迁建，重点做好中心城的工业用地置换，用于开发城市休闲绿地、市政设施以及居住、商业用地。浦东新区以建设外向型、多功能、现代化的新城区为目标；城郊宝山区、闵行区、嘉定区三区作为中心城经济扩散、辐射和人口疏解地区，主要为上海市重要的工业基地、商贸、物贸中心和上海市粮、蔬、副生产基地提供用地保障;杭州湾北区的金山区、奉贤县和南汇县作为浦东新区开发和市区工业转移的重要基地,为制造业、滨海工业区和洋山深水港提供用地储备;松江区、青浦区重要的经济发展带,土地利用体现大农业、大工业、大旅游功能,安排 10 平方公里土地用于佘山、淀山湖风景旅游用地。

2004 年,上海市经济委员会(以下简称"市经委")、市房地资源局、市规划局、上海市统计局(以下简称"市统计局")首次颁布和实施《上海产业用地指南》(2004 版),为政府调整产业结构与布局、制定产业发展规划和政策提供基础数据。各级政府与各开发区可根据《上海产业用地指南》中各类行业用地指标,评估本区域产业发展水平,发展和引进优势产业,淘汰劣势企业,推进结构调整,提升产业能级;结合区域内存量土地资源情况,制定切实可行的产业用地计划,实现资源优化配置;编制和审批开发区总体规划,并依据规划审定建设项目的规划用地指标。《上海产业用地指南》成为审核项目用地规模及跟踪后评估提供用地规模的基本参数,也为制定工业用地公开出让的标书和评标提供重要依据。其为市政府制定产业政策和区县招商引资提供产业用地的导向和用地水平的基本参数;与《上海产业能效指南》《上海工业用地供地导则(试行)》等政策文件共同构成上海工业供地评估制度,促进了工业项目进一步提高用地效率和水平。市政府依据指南中的行业用地指标数值,设定待出让地块的容积率、固定资产投资强度、预计土地产出率等指标的最低准入值,保证土地节约集约利用。此后,市有关部门每两年发布新版的产业用地指南,不断地改进和完善内容。10 月 29 日,国土资源部颁布了修订后的《建设项目用地预审管理办法》,并指出,建设项目用地应遵循符合土地利用总体规划、保护耕地特别是基本农田,合理和集约利用土地、在符合国家供地政策的原则下,实行分级预审。

2005 年 7 月 15 日,市经委、上海市发展和改革委员会(以下简称"市发展改革委")、上海市外国投资工作委员会、市房地资源局、市规划局联合下发《关于第一批工业用地项目联合会审意见》,主要内容是:按照市土地管理领导小组对全年工业用地的意见,上述市相关部门根据《上海产业用地指南》《上海先进制造业技术指南》《上海市外商投资重点产业目录》等制定统一的评估标准,在区县政府初审的基础上,对各区县和开发区上报的工业项目的投资强度、用地导向、能效水平、产出效益、品牌、开工时间等相关情况进行联合会审,原则确定第一批供地的工业项目名单。9 月 6 日,市五大委局进一步制定完善《上海市工业项目供地导则(试行)》,要求进一步把好项目准入关,完善产业用地评估和联合会审制度,提高上海工业用地节约集约利用水平。

2006 年 11 月 7 日,财政部、国土资源部、中国人民银行联合下发《关于调整新增建设用地土地有偿使用费政策等问题的通知》,调整新增建设用地土地有偿使用费征收等级和征收标准。新批准新增建设用地的土地有偿使用费征收标准在原有基础上提高一倍。

2007 年 3 月 2 日,市经委第四次主任办公会议提出,做好工业用地实行招拍挂工作。一是按照科学发展观的要求,坚决贯彻落实国家 31 号文件精神,严格执行国家实施招拍挂公开出让程序的政策。二是要严格执行土地节约集约的规定,推进存量土地的盘活利用工作,继续通过调整产业结构、"腾笼换鸟"、淘汰劣势企业等手段,提高全市工业用地效率和集约化利用程度。三是按照"两个优先"的产业发展方针积极争取产业用地,做好产业发展和重大项目落地工作。四是在市政府常务会议明确相关要求后,配合相关部门做好区县相关工作用地前期开发主体资格认证工作,争取每个区县明确一个开发主体,使相关工作平稳、有序地推进。

2008 年 6 月 26 日,市经委与市房地资源管理局商定,为支持全市重点开发区加快推进"净地""招拍挂"出让,加快开发区前期开发进度和开发区投资环境建设,双方协商,拟在部分重点开发区开展工业用地周转指标使用试点,确定开展工业用地周转指标使用试点的思路:按照 2008 年全市土地利用计划,由市房地资源管理局将周转指标直接下达到部分重点开发区,专项用于重点开发区内办理工业用地前期滚动开发的农转用征收手续。开发区前期开发机构实施前期开发达到"净地"要求,并根据工业项目落实情况按照国家相关规定实施土地出让。各区(县)房地资源管理局根据区(县)用地计划,落实新增建设用地计划指标,办理农用地转用和征收手续并实施前期开发,补充已出让地块面积,确保各开发区年底时"净地"及正在实施前期开发的地块面积不低于周转指标的数量。同时,根据各区(县)土地利用计划和相关开发区剩余可开发空间情况,确定全市工业用地周转指标总量为 4 平方公里,并分解下达到各试点开发区。2009 年度由市房地资源局、市经委根据各开发区周转指标的使用情况、开发区剩余可开发空间及下达给各区(县)土地利用计划情况进行适当调整。各重点开发区应根据园区周转指标总量安排及拟落地项目情况,落实项目具体地块四至范围及土地面积,申请办理相关用地手续,并实施前期开发,实现"净地"要求。

　　2009 年,上海率先在开发区建设上实施"两规合一"(即城市总体规划与土地利用总体规划合一)的做法。通过"两规合一"和开发区区块的梳理整顿,上海开发区得到优化调整。上海市规划确定了 104 个产业区块作为上海"十二五"产业发展的重要空间载体,包含公告开发区、产业基地及城镇产业区块等三部分,规划总面积 834.69 平方公里("两规合一"规划面积约 760 平方公里),其中产业基地规划面积约 181 平方公里,占 104 个区块规划面积的 22%;公告 41 个开发区规划面积 532 平方公里("两规合一"规划面积 466.4 平方公里),占 104 个区块规划面积的 63%,区块和城镇工业地块约 121 平方公里("两规合一"规划面积 113.11 平方公里)。规划工业区块以外的现状建成和已批未建的工业用地,共约 393 平方公里,规划逐步转为其他用地。其中,约 195 平方公里规划转为城镇商业和生活用地,约 198 平方公里规划逐步拆除或复垦为农用地。同时,考虑到规划实施未必同

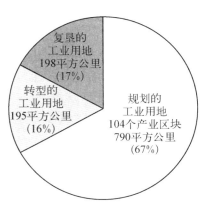

图 3-1-1　2009 年上海 104 个产业区块及工业区块规划以外的工业用地情况图

步,规划工业区块外的部分工业用地在相当长的一段时间内仍继续存在,上海工业区最大规模可能约为 1 100 平方公里。

　　2009 年 5 月,市政府报请审批《上海市土地利用总体规划(2006—2020 年)》。2010 年 7 月 3 日,国务院原则同意并强调:"上海市是我国直辖市之一,全国重要的经济中心,也是长江三角洲地区区域发展的核心,土地利用率高,人均耕地少,耕地后备资源不足,人地矛盾日益突出。要以科学发展观为指导,坚持经济、社会、人口、环境和资源相协调的可持续发展战略,落实最严格的耕地保护制度和最严格的节约用地制度,统筹土地利用,强化规划的整体控制作用。加强对耕地特别是基本农田的保护,进一步加强对区域土地利用的统筹和管控。中心城区,要着力调整优化土地利用结构和布局,开展传统工业集中地区综合整治,加大存量土地的二次开发和综合利用,增加城市公共绿地,积极拓展土地利用新空间;中心城区周边地区,要统筹安排新增建设用地,以节约集约用地为重点,推动临海城镇发展,加快国际航运中心建设,建设沿海防护林带;嘉青松地区,要促进基本农田集中连片,建设黄浦江上游农业区,保障城镇用地合理需求,以土地供给引导工业用地集中布局。"

　　2010 年 1 月 11 日,市政府办公厅转发上海市农业委员会(以下简称"市农委")、上海市规划国

土资源局(以下简称"市规划国土资源局")《关于本市实行城乡建设用地增减挂钩政策推进农民宅基地置换试点工作的若干意见》。1月27日,市政府办公厅转发市规划国土资源局、市农委《关于开展农村集体建设用地流转试点工作若干意见》,明确:"凡符合土地利用总体规划和城乡规划、依法取得的农村集体建设用地使用权,原则上均可流转。明确农村集体建设用地用途。依法取得的农村集体建设用地,可以用于工业、商业、旅游业、服务业等经营性项目。禁止使用农村集体建设用地进行商品住宅开发建设。国家和市基础设施、公共管理和服务设施等公益性项目建设需要使用农村集体建设用地的,依法征收为国有后使用。经集体经济组织成员大会或者2/3以上的成员代表同意,符合规划的农村集体建设用地使用权,可以通过租赁、出让等方式进行流转;各类用地的使用期限最高不超过同类国有土地有偿使用最高年限;政府参照农村集体建设用地基准地价建立最低限价制度。土地使用者依法有偿取得的农村集体建设用地使用权可以通过转让、转租等形式进行流转。依法取得的农村集体建设用地使用权,可以抵押。"

20世纪80年代后,上海开发区建设始终坚持规划先行的原则。市、区两级规划部门依据全市发展规划的框架下,在调查研究的基础上,结合当地的实际情况,编制各个开发区的规划。规划明确了开发区的功能定位、选址和四至范围、基础建设项目、主要发展产业,以及发展目标等内容,成为开发区发展的纲领性文件。上海各个开发区以及浦东新区的开发,市规划局实行"按规划批项目,按项目批土地",以及土地有偿转让、改变土地使用性质需补地价等一系列法规管理;市建委实行建筑市场合力管理制和工地法规管理制,市环保局实行规划、法规管理制;市政府及相关部门一系列的法律法规保障开发区的建设和运行。

二、土地使用权出让

1987年11月29日,市政府颁布《上海市土地使用权有偿转让办法》。1988年,陆续推出《上海市土地使用权有偿转让房地产登记实施细则》等六个配套实施细则。

1996年10月30日,市政府颁布《上海市土地使用权出让办法》,并于1997年1月1日起实施。1999年5月,市政府颁布《上海市国有土地租赁暂行办法》,明确国有土地租赁的范围、条件和程序;租赁可以采取协议、招标、拍卖等方式;租赁合同的内容包括租赁当事人、租赁地块的坐落及四至范围和面积、租赁地块的规划用地性质和规划技术参数、租赁年限、租金金额及支付期限和支付方式、租赁当事人的权利和义务、租赁地块上原有的建筑物、构筑物和其他附着物的处置方式及其费用、租赁地块市政配套设施建设的责任和费用、租赁地块的交付期限、项目建设的开工和完成期限、以及租赁合同终止时地上建筑物、构筑物和其他附着物的处置方式等。此外,规定经过租赁当事人双方约定,租赁年限不超过下列最高年限:工业用地为50年;教育、科技、文化、卫生、体育用地为50年;商业、旅游、娱乐用地为40年;其他用地为50年。租赁土地的租金应当符合市场价格水平,且不得低于上海市外商投资企业土地使用费标准。承租人应当按照规定,向房地产登记机构办理租赁土地使用权登记手续,明确租赁当事人的权利和义务,特别明确租赁地块上房地产转让的条件、租赁地块上房地产转让的限制约束条件、租赁土地使用权的分割限制条款、租赁土地使用权的合作、联营的条件、租赁地块上房地产的抵押条款、租赁地块上房地产的出租条款,以及承租人死亡或者变更、终止的处理,及其法律责任等内容。该办法自1999年9月1日起施行。

2001年5月14日,市政府第93次常务会议通过《上海市人民政府关于修改〈上海市土地使用权出让办法〉的决定》并于2001年7月1日起施行。对《上海市土地使用权出让办法》修改的主要内容有：除按照《中华人民共和国土地管理法》规定可以以划拨方式取得土地使用权的情形外，各类建设项目均应当以有偿使用方式取得土地使用权。其中，商品房项目应当按照该办法的规定，以出让方式取得土地使用权，其他项目可以以出让或者租赁等方式取得土地使用权。以划拨方式取得土地使用权的，转让房地产时，按照前款规定应当以出让方式取得土地使用权的，由房地产转让的受让人与出让人签订出让合同，并在按规定支付土地使用权出让金后，取得土地使用权。用于商业、旅游、娱乐、金融、服务业、商品房等项目的土地使用权出让，应当通过招标、拍卖方式进行，但经市政府批准以协议方式出让土地使用权的特殊情形除外。修改土地使用权出让办法还涉及出让地块建设项目的相关批准手续、土地使用权通过招标方式出让的主要程序等内容。

2002年10月21日，上海市人民政府办公厅（以下简称"市政府办公厅"）印发《上海试点园区改善投资环境的实施意见》，在第二条"改进用地制度，降低用地成本"中明确：要改善用地管理办法，对试点园区分片规划的开发用地，实施批次供地，由试点园区委会按照园区开发建设规划逐次落实项目，并报市有关部门备案；要增加用地指标，根据开发建设需要，增加试点园区年度建设用地指标，实行计划单列，相应增加其所在区用地指标，对按年度耕地占补平衡确有困难的，经批准允许在3年内延时平衡；要降低土地税费成本，"十五"期间对试点园区的用地，按现行标准的50%计算耕地开垦费、耕地占用税、土地出让契税和市提取的土地出让金，园区内道路等公共设施建设用地，按现行标准的零成本计算。

2003年3月12日，市政府办公厅下发《关于同意关于鼓励本市村民宅基地让出给农村集体经济组织实施细则（试行）》。为促进郊区村民向城镇集中，合理利用土地，鼓励近镇村民将宅基地让出给农村集体经济组织，经市政府研究，同意上海市计划委员会（以下简称"市计委"）、上海市农业农村委员会、市房地资源局制订的《关于鼓励本市村民宅基地让出给农村集体经济组织的实施细则（试行）》。

2006年3月19日，市政府召开常务会议，原则通过《上海市工业项目土地使用权招标拍卖挂牌出让试行办法》，明确上海市全面推行工业用地招拍挂出让，同时拟由市政府批准相应开发机构作为工业用地前期开发主体。4月19日，国土资源部、国家工商行政管理总局在《国有土地使用权出让合同》示范文本的基础上，组织制订《国有土地使用权出让合同补充协议》示范文本（试行），并于7月1日开始试行。8月，市政府下发《关于贯彻〈国务院关于加强土地调控有关问题通知〉》，指出要严格按照国土资源部颁布的《工业项目建设用地控制标准（试行）》和《上海市工业项目供地导则（试行）》的规定实行"批项目、核土地"制度，从严控制供地，优化土地资源配置。同时明确组织机构及工作职责，设在市房地资源局的上海市土地使用权出让招标拍卖办公室更名为上海市土地使用权出让招标拍卖挂牌办公室，市发展改革委、市建设交通委、市经委、上海市对外经济贸易委员会（今上海市商业委员会）、市房地资源局、市规划局、上海市财政局（以下简称"市财政局"）、市环保局等部门派员组成。提出上海市各类新建工业项目用地，必须通过招标、拍卖、挂牌方式出让，但国家另有规定以及经市政府批准的搬迁工业用地等情形除外。工业用地年度计划纳入上海市土地利用年度计划统一管理，由市房地资源局、市经委、市发展改革委共同编制。工业用地年度计划经综合平衡，报市土地管理领导小组批准后，分解下达市投资管理部门与各区县人民政府，市投资管理部门根据下达的计划指标，统筹安排国家及上海市重点产业项目用地，编制市级年度工业用地出让计划；区县人民政府根据下达的计划指标，结合工业用地的实际需求，编制区县级年度工业用地出让计划。12月23日，市政府依据国土资源部颁布实施的《全国工业用地出让最低价标准》，结合上海实际情况，制定出台《上海市工业用地出让最低标准》。

表 3-1-1   2006 年市政府出台的上海市工业用地出让最低价标准一览表

区域	中心城区	浦东	闵行	宝山	嘉定	松江	南汇	金山	青浦	奉贤	崇明
等级	1	2	6	6	6	7	7	7	8	8	9
有偿使用费标准(元/平方米)	140	120	56	56	56	48	48	48	42	42	34
出让最低价(元/平方米)	840	720	336	336	336	288	288	288	25	252	204

资料来源:上海市开发区协会档案室:XH-Z·B-2006-003

　　2007 年 4 月底,上海市向社会公告第一批工业用地使用权挂牌出让信息,工业用地招拍挂进入正式操作阶段。为指导各区县更好地推进上海市工业用地招拍挂出让工作,结合第一批工业用地挂牌出让的实践经验,编印了《工业用地招拍挂工作手册》,供各区县、开发区和企业参考。7 月,市经委、市房地资源局、市发展改革委共同制订《关于开展工业用地前期开发主体资格认定的通知》,指导各相关区县和开发区管委会开展工业用地前期开发主体资格认定工作。

　　2008 年,市政府第 26 次常务会议通过《关于修改〈上海市土地使用权出让办法〉的决定》,并于2009 年 1 月 1 日起施行。《上海市土地使用权出让办法》作相应修改和调整后,重新公布的主要内容为:出让土地使用权的范围、方式和程序,包括土地使用权出让的规划要求;应当实行土地使用权出让的范围(除按照《中华人民共和国土地管理法》规定可以以划拨方式取得土地使用权的情形外),各类建设项目均应当以有偿使用方式取得土地使用权;土地使用权出让的最高年限(最高年限按不同的用途确定:居住用地为 70 年,工业用地为 50 年,教育、科技、文化、卫生、体育用地为 50年,商业、旅游、娱乐用地为 40 年,综合或其他用地为 50 年);土地使用权出让的方式,可以采取招标、拍卖、协议,以及国家和市政府规定的其他方式。

三、征地拆迁补偿

　　2002 年 4 月 10 日,市政府颁布《上海市征用集体所有土地拆迁房屋补偿安置若干规定》,规定自颁布之日起实施。规定明确:征地拆迁房屋补偿安置是征地补偿安置工作的组成部分。征地拆迁房屋的补偿安置标准,应当纳入征地补偿安置方案进行公告。征地拆迁房屋的补偿安置费用应当纳入征地补偿安置费用管理。征地补偿安置方案经区(县)人民政府批准后,由建设单位负责拆迁房屋的补偿安置。拆迁房屋补偿安置的具体工作,由建设单位委托取得市房地资源局颁发的房屋拆迁资格证书的单位实施。征地拆迁房屋,应当按规定对征地范围内的房屋所有人(以下简称"被拆迁人")给予补偿安置;被拆迁人应当在搬迁期限内完成搬迁。被拆迁人以合法有效的房地产权证、农村宅基地使用证或者建房批准文件计户,拆迁补偿安置按户进行。被拆除房屋的用途和建筑面积,以房地产权证、农村宅基地使用证或者建房批准文件的记载为准。征用土地公告时,被拆迁人已取得建房批准文件且新房已建造完毕的,对新房予以补偿,对应当拆除而未拆除的旧房不予补偿。征用土地公告时,被拆迁人已取得建房批准文件但新房尚未建造完毕的,被拆迁人应当立即停止建房,具体补偿金额可以由拆迁当事人协商议定。拆除未超过批准期限的临时建筑,可以给予适当补偿。违章建筑、超过批准期限的临时建筑,以及征用土地公告后擅自进行房屋及其附属物新建、改建、扩建的部分,均不予补偿。征地拆迁居住房屋,被征地的村或者村民小组建制撤销的,被拆迁人可以选择货币补偿,也可以选择与货币补偿金额同等价值的产权房屋调换。征地拆迁居住房屋,被征地的村或者村民小组建制不撤销的,应当按规定对未转为城镇户籍的被拆迁人予以补偿安置。

被拆迁人申请宅基地新建房屋的审批程序,按照国家和上海市农村住房建设的有关规定执行。拆迁居住房屋,还应当补偿被拆迁人搬家补助费、设备迁移费、过渡期内的临时安置补助费,并自过渡期逾期之日起增加临时安置补助费。拆迁非居住房屋实行货币补偿。拆除农村集体经济组织以土地使用权入股、联营等形式与其他单位、个人共同举办的企业所有的非居住房屋,被拆迁人的货币补偿金额=被拆除房屋的建安重置价+相应的土地使用权取得费用。拆除非居住房屋,还应当补偿被拆迁人下列费用:按国家和市规定的货物运输价格、设备安装价格计算的设备搬迁和安装费用;无法恢复使用的设备按重置价结合成新结算的费用;因拆迁造成停产、停业的适当补偿。

四、征地就业保障

2003年10月18日,为落实被征用农民集体所有土地上的农业人员的社会保障,促进其就业,根据《上海市实施〈中华人民共和国土地管理法〉办法》,市政府下发《上海市被征用农民集体所有土地农业人员就业和社会保障管理办法》,明确:市劳动和社会保障局是市被征地人员就业和保障工作的行政主管部门。区县政府应做好辖区内被征地人员的就业和保障管理工作。按照落实社会保障与土地处置、户籍转性整体联动的原则,凡土地被征用或者需将农业户籍转非农户籍的,都应当首先落实离开土地的农业人员的社会保障,再办理土地处置、户籍转性的手续。按照落实保障,市场就业的原则,征用地单位承担的征用地费用应当首先用于被征地人员的安置补助费。安置补助费应当首先用于落实社会保障。被征地人员实行市场就业。

五、土地储备

2004年6月9日,市政府颁布经市政府第41次常务会议通过的《上海市土地储备办法》,并于8月1日起施行。《办法》明确了土地储备的管理部门、储备机构、储备范围、分工、储备计划等内容。《办法》指出:土地储备机构应当在土地储备计划范围内确定地块实施储备,并可以向投资主管部门办理储备地块的前期开发立项手续。储备地块的前期开发立项批准后,土地储备机构可以向规划、土地管理部门申领建设用地规划许可证和建设用地批准文件。其中,储备地块涉及农用地转用或者征用农村集体所有土地的,由土地管理部门按法定程序办理农用地转用和征地手续后,发给建设用地批准文件。土地储备涉及房屋拆迁、征用农村集体所有土地的,应当按照国家和上海市的有关规定,办理房屋拆迁许可、征地补偿安置方案审批等相关手续,并按照规定的标准、方式和程序实施补偿安置。储备地块的出让工作,由市或者区(县)土地管理部门会同投资、规划等管理部门和土地储备机构,按照市土地使用权出让招标拍卖的有关规定和土地利用年度计划组织实施。储备地块出让所得的价款中,属于土地使用权出让金的部分,由受让人支付给土地管理部门;属于土地前期开发费用的部分,由受让人支付给土地储备机构,并在扣除土地储备的成本开支和管理费后,纳入土地储备专项资金。

2004年10月25日,市政府颁布《上海市土地储备办法实施细则》,明确:市土地管理工作领导小组下设办公室(设在市房地资源局),负责市土地储备计划、土地储备的日常管理和重大问题的协调;由市房地资源局会同市发展改革委等有关部门编制上海市土地储备三年计划,作为编制土地储备年度计划的依据;全市新增经营性建设用地的供应,原则上应当从储备土地中选择,并优先列入土地利用年度计划,还明确落实土地储备办法的其他有关事项。

第二节 土地开发进程与规模

一、土地开发进程

20世纪80年代初,改革开放刚刚启动,全国各地的基础设施投入面临资金短缺的严峻考验,上海城市基础设施建设亦面临资金短缺的巨大难题。党中央、国务院把盘活土地资源摆上议事日程,要求上海率先开展土地使用权转让制度改革的试点工作,但面临最大的难题是当时的土地管理机制。按照当时的法律规定,国家建设用地是无偿划拨的,开展土地批租在当时的中国无先例可循,而且缺乏法律依据,无论是《宪法》还是地方法规,都不允许进行土地买卖和批租。因此,破解机制上的难题成为上海试点首先要研究解决的问题。为此,上海首先在土地使用制度改革上采取行动。

1982年9月,市政府决定建立闵行新工业区和虹桥新区,并批准闵行新工业区开发规划,试点兴办中外合资、合作和独资企业。12月2日,副市长忻元锡召开专题会议,讨论建设闵行新工业区的相关问题,重点商定闵行新工业区的总体发展规划。会议明确,闵行新工业区内建设的主要项目,中外合资(合作)的主体是独立经营(自负盈亏)的国营企业;成立以陈去非为主的三人领导小组和闵行开发公司。明确第一期前期开发,在市建委(受市政府委托)领导下,根据市建设规划局提出的基础设施建设等具体开发要求,由市建委审批,并组织有关部门和单位组织实施;第二期建设开发,在市投资信托公司协助下,组织国外和中国港澳厂商进行合作谈判,投资建厂。前后两期开发工作均由闵行开发公司全程负责。

1983年4月,闵行新工业区和虹桥新区开始征地动迁。6月2日,闵行虹桥开发公司成立后,着手闵行和虹桥的征地动迁工作。闵行新工业区分批征地239.50公顷,拆迁居民房屋546户。7月,开始"七通一平"基础设施建设。

1984年4月16日,市规划局向市政府上报《虹桥新区规划》,包括《虹桥新区规划调整说明》《基地布局说明》《虹桥新区详细规划(基地布局)》等规划方案,根据《上海市城市总体规划》关于中心城"多心敞开"的发展格局,把虹桥新区规划建设成以对外贸易、旅游为特征的公共活动中心。5月5日,市政府批复原则同意《虹桥新区规划》,由市规划局会同有关部门组织实施。8月,市经委、市建委及市规划局按照上海市城市总体规划中确定的创建15个规划工业区的框架,提出第一步在漕河泾、桃浦和周家渡三个地区先行开展工业区总体设计工作。同时,市政府、上海市人民代表大会常务委员会批准位于上海南翼、杭州湾北岸筹建上海星火开发区以制造加工业为主的外向型工业开发区,规划面积16.8平方公里。

自1986年开始,中共上海市委、市政府按照中共中央的要求开展调研工作。是年2月,漕河泾微电子工业区开始先期开发规划面积1.7平方公里中0.57平方公里的一期项目。4月8日,漕河泾微电子工业区成立征地动迁办公室,开始动拆迁工作。5月30日,市政府向国务院报告,闵行开发区确定为闵行经济技术开发区,享受国家规定的各项优惠待遇。6月11日,中共上海市委常务委员会听取房屋、土地方面的工作汇报。7月,中共上海市委研究室牵头成立5个课题组,专门研究筹措建设资金的政策问题。与此同时,上海理论学术界也开展了热烈讨论。8月29日,闵行、虹桥两个园区成为国务院批准设立的首批 14 个国家级经济技术开发区之一。闵行、虹桥两个经济技术开发区区域内的通水、通电、通信等"七通一平"基础设施全面展开。虹桥经济技术开发区占地 65.2 公顷，是国内面积最小的一个开发区，以国际贸易商品展览展销场所、高层办公楼、公寓和旅游宾馆为主。9 月，市政府组织由规划、土地、计委等部门组成的房地产考察团赴香港考察，聘请香港专家对土地批租的具体实施进行系统的研究。赴香港考察团回到上海后，立即着手起草土地管理制度改革的相关办法。10 月，市政府颁布《上海市中外合资经营企业土地使用管理办法》，对外商投资企业收取土地使用费。规定中外合资经营企业使用国有土地必须缴纳土地使用费，收费标准按土地的用途和位置分为 5 类 10 级，每年每平方米最高缴纳 100 元，最低为 0.50 元。这是上海第一次对外资企业有偿使用土地作出明确规定。

1986—1987 年，上海星火工业区的总体规划、近期规划、工业区环境保护总体评价均由上海市规划委员会（以下简称"市规划委"）审查批准。自此，上海星火工业区进入外部投资环境建设阶段。

1987 年 1 月，市政府决定，要在上海试点面向国际的土地使用权有偿转让。4 月，国务院第一次提出"土地使用权可以有偿转让"的政策，并要求国家土地管理局、国务院特区办、国务院法制局共同研究方案。7 月，中共中央批示，原则同意在上海、天津、广州、深圳等城市试行土地使用权有偿转让。9 月，国家土地管理局召开土地有偿使用制度改革试点座谈会。会上，参会城市领导交流了在土地使用权改革探索上的做法和经验。会议认为，土地既然是生产资料，就应该是商品，虽然所有权不能自由买卖。但使用权可以有偿转让，有转让、有市场，就要有价格。10 月，中国共产党第十三次全国代表大会报告中明确指出："社会主义的市场体系，不仅包括消费品和生产资料等商品市场，而且应当包括资金、劳务、技术、信息和房地产等生产要素市场。"

1987 年 11 月 29 日，经市长江泽民亲自审定后，市政府批准颁布《上海市土地使用权有偿转让办法》及其配套的 6 个"实施细则"。《办法》明确，由市土地管理局与受让人签订出让合同，出让的最高年限居住用地 70 年，商业、旅馆、娱乐用地 40 年，工业、科技、文体、卫生、综合或其他用地 50 年；出让合同规定的使用期满，该地块的土地使用权及该地块上的建筑物和其他附着物即由市土地管理局同时无偿收回。这为实现国有土地所有权和使用权的分离迈出一大步，是供地方式一次重大的突破。

1988 年 2 月，中共中央向全国人大提出《中国共产党中央委员会关于修改宪法个别条款的建议》，其中对土地使用制度提出的修改意见是："任何组织或者个人不得侵占、买卖或以其他形式非法转让土地。土地使用权可以依照法律的规定转让。"4 月 12 日，第七届全国人大第一次会议根据中共中央的建议通过《中华人民共和国宪法修正案》，在《宪法》第十条第四款加上"土地的使用权可以依照法律的规定转让"，为中国实行土地使用权有偿出让确立了宪法的依据。根据《宪法修正案》，《中华人民共和国土地管理法》做了重大修改："国有土地和集体所有的土地的使用权可以依法转让""国家依法实行国有土地有偿使用制度。国有土地有偿使用的具体办法，由国务院另行规定"。自此，上海土地使用权有偿转让探索"合法化"，中国土地管理制度掀开新的一页。

1988 年 4 月，市政府、上海市人民代表大会规划的上海星火工业区前期筹备工作基本就绪，市政基础设施投资预算 3.8 亿元，进入全面规划实施阶段。上海星火工业区位于杭州湾畔星火农场引淡河以西，占地面积 7.1 平方公里，这是以外向型经济和工业技术改造为主的现代化工业卫星城。第一期开发 4.1 平方公里，总投资 12 亿元，建设以出口创汇为主的 12 个项目。

1988 年，市政府经过认真研究挑选，确定首例以招标方式出让使用权的是虹桥经济技术开发区的 26 号地块。作为土地批租的试点，该地块占地 1.29 万平方米，用地性质为建造旅馆、办公楼、公寓。由于当年上海还没有完备的土地市场,境外投资者对上海的地价亦不甚明了,为消除市场的担忧,市政府委托香港专业评估机构,以中外合资经营的联谊大厦、瑞金大厦的租金作为依据,评估出上市批租的虹桥经济技术开发区26号地块的地价,并作为该专业机构的市场调查报告刊登在香港报纸上,供境外投资者借鉴参考,让投标者吃了一颗"定心丸"。市政府还提出,这是上海第一次开展土地批租,第一块提供的土地必须是"熟地"(即基础设施全部建成的地块)。虹桥开发区26号地块需满足地面拆迁全部完成,基础设施能保证接通,达到"七通一平"的要求,使拍得此地块者,即可马上开发建设,很快获得土地效益。26号地块批租在香港测量师梁振英的指导下,通过国际招标,制作了规范的中英文国际标书。在上海市土地管理局和香港上海实业公司设立的2个投标箱,共收到6份投标书,投标者分别来自美国、日本、中国香港和上海。6月30日,投标截止日后,投入香港标箱内的标书由专人护送,立即空运到上海,与上海标箱内的标书一起开标。7月2日,上海第一块土地使用权有偿转让国际招标在中山东一路33号——当年市土地管理局所在地举行,在公证处监督下开标、评标。7月8日,上海市土地使用制度改革领导小组副组长、市政府副秘书长夏克强宣布,日本孙氏企业有限公司按投标当日国家外汇管理局公布的汇率,以美元支付相当于1.04亿元的出让金,获得虹桥经济技术开发区第26号A、B地块共计1.29公顷50年土地使用权,每平方米土地出让金2170美元。上海第一块土地使用权有偿转让给国际投资者,就此拉开了上海利用土地引进外资、改善投资环境的序幕。土地批租试点改变了土地使用制度,变无偿为有偿、变无限期为有限期,也成为上海20世纪90年代起城区建设"一年一个样,三年大变样"的历史开端,在全国乃至全世界引起震动。8月8日,双方按照约定的日期正式签约。至此,上海完成首块土地的批租。至10月,闵行开发区已有40余家企业,使用工业用地50%。11月16日,市规划院受上海闵行联合发展有限公司委托编制闵行开发区发展用地规划,在开发区周围规划3块共1.53平方公里的发展用地。

1990年3月28日,漕河泾新兴技术开发区内B7至B10地块工业用地由香港齐来贸易投资有限公司受让。地块面积4272平方米,使用期限50年,出让金1088万美元,每平方米土地出让金2547美元。此后,协议方式成为主要的土地出让形式。4月30日,市政府召开第一次浦东开发新闻发布会,市长朱镕基出席发布会并宣布实行十条优惠政策,继续采取土地使用权成片有偿转让的办法筹集开发资金。

1991年5月3日,市长黄菊主持召开专题会议提出:"应利用浦东新区正在大规模地建设市政基础设施的2年~3年时间,适当扩大形成一定开发规模的浦西的3个开发区,其中闵行经济技术开发区应集中精力开发二期工程。"6月22日,市政府以内部转账的方式,向浦东新区的陆家嘴金融贸易区、金桥出口加工区、外高桥保税区3家开发公司成片出让5.51平方公里的土地使用权。其中,陆家嘴金融贸易区1.51平方公里,金桥出口加工区、外高桥保税区各2平方公里。浦东新区各重点开发区开发都采取成片受让—开发—转让—再受让的方式,获得土地使用权。8月,虹桥新区面积调整至3.5平方公里。

1991年12月4日,中国港商独资经营的上海齐来工业发展有限公司,以该公司有偿受让的上海第一块工业用地的土地使用权作为抵押,接受中国银行上海分行提供的500万美元贷款,并以此获得资金,在漕河泾新兴技术开发区建设上海齐来工业城。这是上海市首次用土地使用权作为贷款抵押。12月5日,借贷双方——齐来工业发展有限公司与中国银行上海分行达成协议。对于齐来公司以后建成的8幢工业通用厂房,中国银行上海分行继续提供购房贷款。这批工业通用厂房,可为漕河泾地区新容纳约60家中小企业。这样,在上海的房地产企业可以通过一笔资金,解决土地受让批租和建设房产两方面需求,不仅为配合上海市土地使用制度改革创造了新的融资形式,也改善了上海的投资环境。

1992年7月,松江工业区正式启动,规划面积20.56平方公里,土地开发面积10平方公里。10月30日,继金桥出口加工区、外高桥保税区、陆家嘴金融贸易区之后的浦东第四个重点开发区——张江高科技园区破土开建,首期启动地块2平方公里和一期住宅基地30万平方米内的2条道路动工。张江高科技园区位于浦东新区南部,总规划面积17平方公里,具有优良的空气、水资源、地质、地貌条件。整个园区的总体规划完成,园区分为综合服务、科技产业、教育培训和生活住宅四大部分。张江高科技园区开发公司采用"先借后征"的办法,提前开工主要道路,开工的住宅中有动迁房源和中、高档商品房。是年,张江高科技园区有7条道路投入施工,总长9公里,计划建造9万平方米的标准厂房。

1993年,闵行、虹桥、漕河泾3个开发区集中开发建设,服务设施配套,发展速度较快。闵行开发区二期新扩大的1.07平方公里,采用滚动式边开发、边引进项目的办法,加速了开发区建设周期。虹桥开发区抓紧上海世界贸易商城项目的洽谈,该项目占地4.4公顷,建成后可为国内企业提供常设的外贸窗口。漕河泾开发区提前两年启动虹桥路西规划区2平方公里的开发区,区内竣工的8.3万平方米标准厂房全部售空,正在施工的50万平方米标准厂房也计划出售。至1993年,张江高科技园区可提供2平方公里的项目建设用地。

1993年,市政府提出以市北工业新区为中心的发展规划,作为闸北区人民政府(以下简称"闸北区政府")重点建设项目,规划建设高新科技工业园区。市北工业新区企业以中山环路为界,约1/2企业分布在人口密度较高、棚户集聚的路南地区,路北地区有一定数量可供发展的腹地。特别是市政府在明确以市北工业新区开发建设为龙头,重点发展电子通信、家用电器和机械产业,主要项目是采用国外高新技术、有出口潜力或替代进口设备的各种新产品,建设高新技术工业园区的实施规划后,市北工业新区抓紧推进创建,组织实施"南厂北移",以加快区属工业结构的调整步伐。

1994年,上海市的郊县(区)组建国家级、市级工业开发区进入总体规划。市政府决定先在南汇、松江、青浦圈定三个工业区。之后,市政府又先后批准康桥、嘉定、莘庄、奉浦、宝山、金山嘴、崇明等市级工业园区。

1994年6月,上海工业投资(集团)公司与金山县政府就合作开发漕泾、建设浦东临江工业区问题达成协议。浦东临江工业区包括漕泾在内,自奉贤星火工业区一直向两边延伸至上海石化总厂。该公司规划以漕泾作为突破口,先期开发。漕泾位于上海南部金山县境内东南部,占地40平方公里,拥有8公里海岸线,有良好的可供围垦的滩涂生成条件,距市中心60公里,东有沪杭公路沿海岸线过境,南可直通石化总厂,西有沪杭铁路金山卫支线、亭卫公路穿越过境。在浦东建设的大规划中,有4条公路、1条铁路可通达漕泾。是月,1个集装箱码头计划兴建,1个通往宁波的车客渡码头开工,为漕泾工业区的开发创造了条件。

1994年7月,漕河泾高新技术开发区与松江工业区达成协议,在位于松江工业区中的新桥小区合资开发经营200公顷土地。一期开发100公顷土地,其中以征地方式开发33.33公顷住宅用地;以受让土地使用权方式开发66.67工业用地。这两个工业区的"联姻",是实现资金、项目优势以及土地、劳力优势的最佳配置,是优化工业区之间资源配置的有益尝试,大大加快了松江工业区的开发速度。

1994年9月,在全国迈出第一步的上海浦东新区孙桥现代农业开发区以及负责开发经营的浦东现代农业开发有限公司成立。孙桥现代农业开发区是继陆家嘴金融贸易区、外高桥保税区、金桥出口加工区、张江高科技园区四大开发区之后,浦东又一个新的功能开发区。孙桥现代农业开发区位于浦东新区的孙桥乡境内,规划总面积 4 平方公里,开发区 20 公顷高档设施的蔬菜园艺基地和万头猪场基础建设动工和筹建。

1994 年,康桥工业区总体规划得到市、县政府的批准,把工业区 26 平方公里划分为工业、商贸、科贸等 8 个功能园区,同时对基础设施和公用事业进行全面、合理的布局。工业区投入 2.5 亿元抓基础设施建设,区内路、水、电、通讯四大工程全面展开。是年,区内引进工业项目 75 个,其中外资项目 12 个;有 42 个开工建设。

1995 年,按照《上海城市总体规划》以及把上海建成"一个龙头、三个中心"的要求,市政府提出新三年(1996—1998 年)工业布局结构规划的具体调整目标是:"由市区疏解转移的工业企业,重点是迁至郊区进行集中布局,形成有特色的行业性工业园区;疏解转移的重点方向是市级工业开发区,县(区)工业区及乡镇工业小区。工业开发区要依托城镇,建成集生产、生活、管理和服务为一体的多功能现代化的工业园区。同时,要抓紧做好开发漕泾开发区的工作,以逐步形成一个依托上海石化总厂和港区的以化工为主的工业基地,接纳重大的化工建设项目,为市区化工企业调整提供场地。"

1995 年 6 月 12 日,市规划委正式批准《浦东上海漕泾工业区(漕泾—柘林)控制性详细规划》。上海天原化工厂根据上海市城市总体规划和市规划委的批示精神,与金山县漕泾镇政府签订使用 150 万平方米沿海滩涂地的内部转账协议。1996 年 9 月 28 日,上海化学工业区围海造地工程项目开工,历时 19 个月,于 1998 年 4 月底完工。

1998 年 8 月 6 日,市政府批复明确:漕泾化工区(后更名为上海化学工业区)开发建设中的三个具体问题,其中之一是加快实施土地"空转"。在 20 平方公里区域内,第一期围海造地的 10 平方公里先行土地"空转"。10 月 14 日,市政府批复原则批准上海化学工业发展有限公司建设上海化学工业区一期工程划拨适用范围国有土地 9.77 平方公里(系国有滩涂)。具体用地范围待建设用地单位提供详细资料,按项目并经勘测定节后另发调整文件,实际用地面积按项目以调整文件为准。10 月 21 日,上海化学工业区开发领导小组办公室呈报给市经委的报告提出,上海化学工业区形成 9.77 平方公里可供开发使用的土地。市规划局批复核发上海化学工业区一期工程建设用地规划许可证;市政府原则批准上海化学工业区发展有限公司建设上海化学工业区一期工程划拨使用国有土地。至此,上海化学工业区围海造地形成的 9.77 平方公里土地使用权属被明确,法定手续齐全,实施土地"空转"条件基本具备。上海化学工业区发展有限公司由于受资本条件的限制,尚不能独立承担化学工业区基础设施建设的资金融通和建设负债的责任,实施土地"空转"以后,能基本解决这个问题,从而保证化学工业区开发建设得以顺利进行。

至 1998 年,上海 9 个市级工业区规划面积为 157.6 平方公里,进入建设开发的为 46 平方公里,批租土地 231 幅,计 8.5 平方公里。引进各类项目近 2 800 个,其中工业项目近 1 200 个,总投资近 500 亿元。此外,还有县(区)级工业区 30 个,乡级工业区 166 个。

1999 年 3 月 29 日,市房地资源局会同市计委、市经委、市财政局及上海市国有资产管理办公室召开会议,协调土地空转有关事宜,并上报市政府:上海化学工业区使用的土地,应全部纳入土地使用权出让范围(首期约为 9.77 平方公里,土地出让面积以实测为准),出让金中市政府应得部分,作为市政府对化学工业区发展有限公司的投资,由市房地资源局会同市财政局共同操作。土地实地勘测定界工作着手进行,争取近期内完成。土地使用权出让价格拟每平方米为 100 元。12 月 28 日,由上海石化、高桥石化参与重组的上海化学工业区发展有限公司正式揭牌成立,标志着中央企业与地方企业联合开发上海化学工业区正式启动。是年,9 个市级工业区按照规划已建成土地面积达 32.14 平方公里,正在开发建设的达 46.8 平方公里;批租的土地 327 幅,计 12.45 平方公里。

进入 21 世纪,市政府作出建设临港产业区的重大战略决策。临港产业区位于东海之滨、上海东南长江口与杭州湾交汇处,紧邻浦东机场和洋山深水港,规划面积 200 平方公里。2004 年,临港装备产业基地正式启动建设。临港地区规划面积 315 平方公里,是上海重点发展的六大功能区域之一。临港产业区首期开发分为三块,分别是重大装备产业区、物流园区和高科技产业区,通过两港高速公路连为一体。首期开发 57 平方公里,其中装备产业区 36 平方公里。2000 年 2 月,上海工业投资(集团)公司与奉贤经济发展实业公司在原奉浦市级工业区的基础上通过资产重组,成立上海工业综合开发有限公司。上海工业综合开发区总体规划 20.8 平方公里,首期开发 10 平方公里,前期投入 6 亿元,建成高等级的"七通一平"的基础设施。9 月 8 日,经市政府批准的市级经济开发区——上海市工业综合开发区正式揭牌。在揭牌仪式上,市政府与上海市工业综合开发区签订第一批土地"空转"协议。同时,市工业综合开发区与农业银行上海市分行奉贤支行、中国银行上海市分行奉贤支行银行签订授信各 2 亿元的银企合作协议;与上海医药(集团)总公司现代中药生产基地签订意向协议;与漕河泾开发区签订合作意向协议等 8 个项目,总投资约 1.3 亿美元。

2001 年,中共中央、国务院进一步加强对土地有偿使用的管理,国家先后下发加强国有土地资产管理的系列文件。至 2001 年,上海 9 个市级工业开发区规划内已建成土地面积 50 多平方公里,正在开发投资 30 平方公里;批租土地 1 175 幅,合计 24.13 平方公里。其中,"1+3+9"工业区规划用地面积分别为:金桥出口加工区 19 平方公里,张江高科技园区 23 平方公里,外高桥保税区 10 平方公里,星火开发区 10 平方公里,漕河泾新兴技术开发区 5.98 平方公里,闵行经济技术开发区 3.5 平方公里,上海化学工业区 23 平方公里,青浦工业园区 14.03 平方公里,松江工业园区 20.56 平方公里,嘉定工业园区 20.10 平方公里,上海工业综合开发区 18.80 平方公里,莘庄工业区 13.66 平方公里,康桥工业园区 26.88 平方公里,宝山城市工业园区 4.35 平方公里,崇明工业园区 9.97 平方公里,金山嘴工业园区 22.80 平方公里。

至 2002 年,上海各类工业开发区规划用地面积共计 605 平方公里。其中,国家级开发区规划用地面积为 64 平方公里,占总量的 11%;市级开发区规划用地面积为 237 平方公里,占 39%;区县和镇级开发区规划用地面积为 304 平方公里,占 50%。

2003 年 2 月 18 日,国土资源部下发《关于清理各类园区用地加强土地供应调控的紧急通知》,全国范围开始清理违规设立的各类园区,不断加强土地供应调控。是年,按照"工业向园区集中"的布局导向,上海工业区的开发和建设驶入快车道,基本形成以六大产业基地为龙头、5 个国家级和 13 个市级工业区为支撑、重点区级工业区为配套的合理布局。

2003 年,上海各类开发区加大基础设施投入,投入资金总量为 108.4 亿元,平均每平方公里投入 1.52 亿元。至 2003 年,上海各类开发区完成土地开发面积 341.52 平方公里;基础设施投资额达 407.32 亿元,基础设施投资强度为 1.19 亿元/平方公里。上海工业区道路总长达 1 983 公里,供水能力达 440 万吨/日,供电能力达 687 千伏安,供燃气能力达 363 万立方米/日,供蒸汽能力达 21 829 吨/小时,污水处理能力达 220 万吨/日。

2004 年,上海加快实施工业布局战略性调整,产业发展重点从市中心区 600 平方公里向上海 6 000 平方公里战略转移。产业基地和开发区建设发展努力克服能源、土地和环境等制约因素的影响,继续保持两位数的高位增长,呈现出良好发展势头。根据国家宏观调控政策的要求,至 2004 年上海开发区数量从原来的 177 个调整核减至 80 个;开发区面积从 1 008.2 平方公里核减至 626.5 平方公里,产业布局更加集中。

2004 年,上海开发区土地前期开发投入 106 亿元,基础设施投入 104 亿元,平均每平方公里投入 3.5 亿元以上。至 2004 年,上海开发区基础设施投资额达 520.17 亿元,基础设施投资强度为 1.34 亿元/平方公里;土地开发投资额达 969.81 亿元,土地开发投资强度为 2.49 亿元/平方公里。上海工业区道路总长达 2 097 公里,供水能力 1 071.6 万吨/日,供电能力 1 933.7 千伏安,供燃气能力 2 671 万立方米/日,供蒸汽能力 2.72 万吨/小时,污水处理能力 275.2 万吨/日,开发区投资环境不断改善,综合竞争能力不断提高。

2005 年,在国家采取宏观调控措施以及开发区清理整顿的大背景下,上海开发区重点推进"三个集中"工作,做好"招拍挂"方式出让土地使用权的细化工作。经开发区清理整顿后,有 80 个工业区,规划面积 626.5 平方公里。80 个开发区中,除 3 个现代农业园区、2 个旅游度假区、陆家嘴金融贸易区和虹桥经济技术开发区外,有 73 个以工业为主的开发区,规划面积约 550 平方公里。2005 年 3 月,上海化学工业区(以下简称"上海化工区")全面启动基础设施建设。8 月,中船长兴岛造船基地正式动土,位于市区的江南造船厂的迁移工程启动。是年,上海工业区完成基础设施投资 125 亿元,占工业区固定资产投资的比重为 16%。其中,上海化工区完成 36.8 亿元,嘉定工业区完成 16.2 亿元,外高桥保税区完成 16.2 亿元,漕河泾高新开发区完成 7.7 亿元。

至 2005 年,上海工业区已开发土地面积 404.42 平方公里,土地开发率达 73.1%;基础设施投资额达 649.61 亿元,基础设施投资强度为 1.61 亿元/平方公里。开发区建成 1 273 公里道路,形成 892 万立方米/日的供燃气能力、300 万吨/日的供水能力和 105 万吨/日的污水处理能力,工业区各类基础设施配套能力不断提升。

市统计局的统计资料显示:1988—2005 年,上海供应土地 15 442 幅,共 515 平方公里,获得约 9 000 亿元的土地出让金,此金额接近这一时期上海固定资产投资总额的 1/3、上海地方财政收入的 90%。

2006 年 12 月 11 日,市政府下发《关于贯彻〈国务院关于加强土地调控有关问题通知〉》,明确上海市各类新建工业项目用地,必须通过"招拍挂"方式出让。12 月 23 日,市政府依据国土资源部颁布的《全国工业用地出让最低价标准》,结合上海实际情况,制定出台《上海市工业用地出让最低标准》。

2007 年 1 月,市政府决定上海工业用地开发改变以往的土地一级开发模式,开始采用土地储备—招拍挂—出让的土地新开发模式。3 月 2 日,市经委主任王坚主持召开主任办公会议。会议要求:"今后无论是制造业还是现代服务业的产业规划,不能与基本农田保护规划相冲撞。要严格执行土地节约集约的规定,推进存量土地的盘活利用工作,继续通过调整产业结构、'腾笼换鸟'、淘汰劣势企业等手段,提高上海工业用地效率和集约化利用程度。按照'两个优先'的产业发展方针积极争取产业用地。"4 月底,市政府向社会公告第一批工业用地使用"招拍挂"出让信息。

2007 年上半年,康桥工业区被市政府批准为第一批 53 家有土地储备资格的工业园区开发类公司。工业区土地开发模式调整为:自有资金＋银行融资→完成征地、安置、拆迁、市政配套→设置出让地块产业类型、项目建议、规划条件、环保要求等出让条件→公开挂牌竞标→土地出让→出让金的财政结算＋企业税金形成的财力结算→土地收支平衡→滚动开发。在持续受到土地等宏观调控政策影响下,2007 年 1—6 月,上海开发区工业用地供应面积 216 公顷,平均地价 376.65 万元/公顷;上海开发区工业用地"招拍挂"交易,招拍挂出让面积为 156 公顷,中标价 5 亿元,平均地价 319.95 万元/公顷;工业厂房施工面积 1 096 万平方米,主要是漕河泾增长 43.8%,宝山增长 79%,松江增长 30%。

至 2007 年,上海发布推出 19 批国有土地使用权"招拍挂"出让公告,当年成交 15 批。其中,上海开发区出让面积 274 公顷,总标价 10.13 亿元,平均地价 370 万元/公顷,地价最低的金山工业区 288 万元/公顷,地价最高的莘庄工业区 750.45 万元/公顷,挂牌项目主要是电子信息、光电子、平板显示、机械设备、交通运输、工业厂房、仓储等。

2008 年,市政府及有关部门强化和细化有关土地管理的政策,先后下发《上海市土地交易市场管理办法》《上海市经委关于本市工业用地招拍挂办法修改建议的意见》《上海市人民政府贯彻〈国务院关于加强土地调控有关问题通知〉的通知》等文件,并修改《上海市土地使用权出让办法》。

2008 年 6 月 2 日,市房地资源局、市经委下发《关于开展工业用地周转指标使用试点工作的通知》。按照 2008 年上海市土地利用计划,追加下达相关区的部分工业用地周转指标,专项用于重点开发区内办理工业用地前期滚动开发的农转用征收手续。开发区前期开发机构实施前期开发达到"净地"要求,并根据项目落实情况按照国家相关规定实施土地出让。根据各开发区土地利用计划和相关开发区剩余可开发空间情况,确定上海工业用地周转指标总量 400 公顷,并分解下达到各试点开发区。

2008 年,上海发布推出 64 批国有土地使用权"招拍挂"出让公告,当年成交 45 批。其中,上海开发区出让面积 501.17 公顷,总标价 21.92 亿元,平均地价 437.36 万元/公顷,最高 837.75 万元/公顷。挂牌项目主要是专用设备制造业、通用设备制造业、电气机械及器材制造业、化学原料及化学制品制造业、医药制造业等。是年,上海开发区土地批租面积达 8.54 平方公里,其中批租工业用地面积 8.26 平方公里,主要集中在金山、南汇、青浦、南翔、马陆、嘉定、宝山等园区。

至 2008 年,上海开发区已批租面积 276.81 平方公里,批租率为 67.5%,土地开发利用率为 77.8%,建成率为 73.8%。其中,国家级开发区开发率为 83.7%,批租率为 77.2%,建成率为 78.0%;市级开发区开发率为 76.7%,批租率为 65.6%,建成率为 72.8%。至 2008 年 6 月,长兴岛建成 4 座船坞,上海船舶制造基地以长兴岛为主体,由长兴岛、外高桥、沪东中华和崇明等 4 个造船基地组成。

2009 年,上海市结合产业区块梳理和"两规合一"工作,加大产业空间布局和工业用地调整力度,初步形成由重点产业基地、国家级和市级开发区、产业区(块)、城镇工业地块等 104 个产业区块组成的产业布局框架。上海发布推出 110 批国有土地使用权"招拍挂"出让公告。当年交易 107 批,其中,上海开发区出让面积 410.85 公顷,总标价 17.67 亿元,平均地价 430.07 万元/公顷。挂牌项目主要是专用设备制造业、通用设备制造业、电气机械及器材制造业、化学原料及化学制品制造业、生物医药制造业等。如浦东新区曹路镇工业小区 9—3 地块(汽车零配件制造),总面积 0.49 公顷,总价 1 588 万元,平均地价 3 240.82 万元/公顷;临江物流园区奉贤分区地块(起重运输设备制造),总面积 51.04 公顷,总价 1.29 亿元,平均地价 252.74 万元/公顷;长兴产业基地船舶配套设施工程(船舶配套设施制造),总面积 39.83 公顷,总价 8 728 万元,平均地价 219.13 万元/公顷;浦江镇工—71 号工业地块(工业厂房),总面积 15.82 公顷,总价 1.61 亿元,平均地价 1 017.70 万元/公顷。

2009 年,上海开发区通过区镇联动、跨区联动、品牌连锁等多种模式,积极推进品牌开发区整合工业用地资源,提高土地利用效率。至 2009 年,除本部区域外,在上海地区全资或参资开发并正式冠以漕河泾开发区名义的有 5 个分区域,分别是漕河泾开发区浦江高科技园、漕河泾开发区松江高科技园、漕河泾新经济园临港产业园、科技绿洲康桥产业园、外高桥亿威园区;在长三角地区建立的有漕河泾开发区海宁分区和漕河泾开发区盐城分区。其他如外高桥、张江、金桥、市北等开发区也在积极开展品牌输出和战略联动,在推进区域协调发展的同时促进自身产业结构优化升级。

2010 年,上海工业地产市场保持较为平稳的走势。据不完全统计,全年开发区土地"招拍挂"

320.8公顷。上海开发区六成多的土地完成基础性开发,增量开发的空间日益缩小,加大二次开发区力度、提升存量用地水平成为开发区日后集约用地的工作重点。

二、土地开发规模

1984—1988年,上海的闵行、虹桥、漕河泾开发区相继进入规划和基础设施建设阶段。相对于其他省、市的工业开发区,上海首批筹建的3个开发区占地面积偏小,土地利用空间相对狭窄。如虹桥经济技术开发区规划面积仅0.65平方公里,是典型的"袖珍园区";闵行经济技术开发区规划面积也只有3.5平方公里;漕河泾新兴技术开发区规划面积为5.98平方公里。

1984年4月,闵行工业区的供水、雨水、污水、煤气、电力、电讯、道路和场地平整工程基本结束,进驻开发区的第一家企业——沪港合资的环球玩具有限公司开始建设。

至1985年,虹桥新区基础设施建设中,24米宽的娄山关路、兴义路、遵义南路全部环通,建成上下水、煤气、电讯等地下管线22公里。日处理能力7.5万吨的天山污水处理厂、天山路电话分局和伊犁路35千伏变电站等虹桥新区市政配套设施投入使用,虹古路35千伏变电站和水城路110千伏变电站、芙蓉江路雨水泵站、古北路1万门程控电话分局等配套设施动工建设。

1986年5月,闵行工业区按规划建成110千伏变电站1座,华宁电话支局部分设施投入运转,竣工标准厂房、仓库、综合办公大楼、职工商品住宅等6.35万平方米,签约进区的合资企业有4家。

1988年11月,漕河泾高科技园区第一期市政公用工程完工。铺设各种口径管线46.4公里;改建或新辟道路7条,长5.6公里;建成桥梁3座和泵站2座,达到水、煤气、电等的"七通一平"。长达1公里的绿化带基本形成。面积达7 000平方米的管理服务楼,可提供快餐厅、商场、洗衣房等服务实施的小区生活服务中心等正建设中。

1992年,市政府对星火工业开发区投入资金3.8亿元从事基础设施的建设,达到"七通一平"要求的开发熟地达7.1平方公里。总投资15亿元的工业项目正在施工。年吞吐量60万吨的专用码头交付使用;贯通工业区的全长10公里的3条主要城市道路建成通车;24对国际国内直拨程控电话及300门总机开通使用;2 000门程控交换电话工程进入前期施工准备。总面积60万平方米的"明城新村"生活小区有4.7万平方米开始施工。25万平方米标准厂房破土动工。

至1994年,漕河泾开发区已开发土地3.7平方公里,建筑面积55万平方米。区内有各类企业、研究所450余家,员工总数达6万人。有150家外资企业在区内落户,其中有许多跨国公司,如美国电话电报公司(AT&T)、美国3M公司、美国泰科电子公司(AMP)、美国通用电气公司(GE)、美国杜邦公司(DUPONT)等,投资总额达9亿美元。

1995年,闵行开发区用地3.5平方公里,建成道路22公里,桥梁5座,变电站2座,配电站5座,埋设各类管线136公里,绿化面积38万平方米,竣工建筑面积81.4万平方米,在建的建筑面积近12万平方米。是年,虹桥开发区动迁23家企事业单位、700多户居民。建成并开业的项目15个(16幢楼),建筑面积61万平方米,其中写字楼建筑面积10万平方米,宾馆客房3 000间、建筑面积24万平方米;商住楼建筑面积24.6万平方米,设有1 160套居室,展览厅面积2.3万平方米;生活娱乐设施3万平方米。世界贸易商城等在建项目45万平方米,中外商办机构达416家。一个以外贸中心为特征的经济技术开发区初步形成。虹桥新区建成路幅30米主干道及路幅16米支路22公里及桥梁7座;雨水及污水泵站5座;110千伏总变电站1座,35千伏变电站1座,10千伏配电站5座;煤气调压站6座,埋设各种地下管线145公里;绿化面积30万平方米。

至1995年,陆家嘴金融贸易区完成开发土地面积3.08平方公里,转让面积0.64平方公里;金桥出口加工区完成开发土地面积7平方公里,转让5.56平方公里;外高桥保税区完成开发土地面积5.5平方公里,转让5.22平方公里;张江高科技园区完成开发土地面积2.5平方公里,转让2.08平方公里;王桥工业区完成开发土地面积2.4平方公里,转让1.04平方公里。

1997年,金桥出口加工区启动开发地块的市政基础设施建设全面铺开。10千伏高压供电线路架设完毕并投入运行;直径600毫米的供水总管铺设4.5公里,各次干道下直径300毫米的水管埋设,并为区内供水;2 000门程控电话已于1991年10月25日正式开通;上川路下的燃气管道及各支路下的高压供气钢管埋设完毕;启动开发地块的6条道路开工5条,总长超过3公里,道路下的雨污水管和道路同步埋设与铺筑,有2条道路可以通车。雨水泵站和污水泵站年底竣工,其中容量为22立方米/秒的雨水泵站在上海属于较大规模。地面建设开工近10万平方米,为建设、生产、生活服务提供配套。其中,通用厂房5万平方米年底竣工3万平方米;保税仓库及通用仓库1万余平方米年底竣工;金杨新村动迁用房开工建设4万平方米,年底竣工4万平方米;1997年5月,物资贸易中心大楼开工建设。金桥出口加工区建区之初就系统编制《加工区开发与规划的战略》,其中加工区的基础设施规划在"七通一平"的基础上又提出"集中供热""卫星通讯"的要求,在全国开发区中率先规划并实施"九通一平"。至1999年,上海9个市级工业区累计建成土地面积达32.14平方公里,正在开发建设的土地面积达46.8平方公里;批租土地327幅,合计12.45平方公里。

2003年7月30日,国务院下发《关于清理整顿各类开发区加强建设用地管理的通知》。上海市在对工业区用地进行全面清理整顿的基础上,实行有效的总量控制和利用空间的有序拓展。对运行质量高、发展后劲足的国家级和市级工业区,在规划和用地上给予积极支持,实行差别化政策扶优扶强。是年,经国务院批准,上海成立青浦、漕河泾和闵行等3个国家级出口加工区,总规划面积为8.4平方公里,使上海出口加工区由2个增加至5个,为进一步扩大上海外贸出口、吸引国际产业转移提供发展空间。扩区后的嘉定、青浦、松江3个试点园区加快基础设施建设步伐,为大产业、大项目的集聚和发展创造了良好的投资环境。对部分区级以下不符合经济、社会、环境协调发展的配套工业小区,进行必要的总量控制和归并整合。上海工业区的开发和建设驶入快车道,基本形成以六大产业基地为龙头、5个国家级和13个市级工业区为支撑、重点区级工业区为配套的布局。

至2003年,上海各类开发区规划面积为752.14平方公里,完成开发土地面积达341.52平方公里,土地开发率达45.4%;供应土地面积为164.01平方公里,土地供应率达48.3%;建成投产土地面积110.35平方公里,土地建成投产率达66.9%。其中,国家级开发区已开发土地面积52.98平方公里,市级工业区已开发土地面积132.07平方公里,区(县)级配套工业区已开发土地面积156.47平方公里。

至2004年,上海各类开发区规划面积为651.98平方公里,完成开发土地面积达389.26平方公里,土地开发率达59.7%;供应土地面积为170.24平方公里,土地供应率达43.7%;建成投产土地面积128.82平方公里,土地建成投产率达75.7%。其中国家级开发区,包括金桥出口加工区、张江高科技园区、外高桥保税区、漕河泾新兴技术开发区和闵行经济技术开发区等,规划面积73.78平方公里,已开发土地面积55.13平方公里,土地开发率达74.7%。13个市级开发区,即上海化学工业区、星火工业区、紫竹科学园区以及分布在9个区县的市级工业区,规划面积357.7平方公里,完成土地开发面积188.53平方公里,土地开发率达52.7%。

至2005年,上海工业区规划面积为533.24平方公里,已开发土地面积404.42平方公里,土地开发率达73.1%。其中,国家级开发区规划面积为80.16平方公里,已开发土地面积54.73平方公里,土地开发率达68.3%;市级开发区规划面积为345.04平方公里,已开发土地面积216.95平方公里,土地开发率达62.9%;重点配套区规划面积为128.04平方公里,已开发土地面积132.74平方公里,土地开发率达103.7%。是年,上海工业区已供应土地面积为231.65平方公里,土地供应率达57.3%。其中,国家级工业区已供应土地面积32.35平方公里,土地供应率达59.1%;市级工业区已供应土地面积116.46平方公里,土地供应率达53.7%;重点配套区已供应土地面积82.84平方公里,土地供应率达62.4%。是年,上海工业区建成投产土地面积150.58平方公里,土地建成投产率为65.0%。其中,国家级工业区建成投产土地面积28.06平方公里,土地建成投产率达86.7%,入驻企业较成熟;市级工业区建成投产土地面积68.52平方公里,土地建成投产率为58.8%,有很多项目还在建设过程中。其中,土地建成投产率超过85%的工业区有29家,土地建成投产率低于50%的工业区有18家。

表 3-1-2　2003—2005 年上海开发区土地开发情况表

年　份	已开发土地面积(平方公里)				土地开发率(%)			
	全市开发区	国家级开发区	市级开发区	重点配套区	全市开发区	国家级开发区	市级开发区	重点配套区
至 2003 年	341.52	52.98	132.07	156.47	45.41	80.89	37.7	45.97
至 2004 年	389.26	55.13	188.53	145.6	59.7	74.72	52.7	66.04
至 2005 年	404.42	54.73	216.95	132.74	73.1	68.28	62.88	103.67

说明:2005 年数据,松江出口加工区、青浦出口加工区、闵行出口加工区、嘉定出口加工区等作市级工业区的园中园合并统计
资料来源:上海市经济委员会、上海市统计局、上海市开发区协会 2004—2006 年《上海市开发区统计手册》

表 3-1-3　2003—2005 年上海开发区土地供应情况表

年　份	已供应土地面积(平方公里)				土地供应率(%)			
	全市开发区	国家级开发区	市级开发区	重点配套区	全市开发区	国家级开发区	市级开发区	重点配套区
至 2003 年	164.01	28.75	72.76	62.5	48.32	54.27	55.09	39.94
至 2004 年	170.24	29.47	84.24	56.53	43.73	53.46	44.68	38.83
至 2005 年	231.65	32.35	116.46	82.84	57.28	59.11	53.68	62.41

说明:2005 年数据,松江出口加工区、青浦出口加工区、闵行出口加工区、嘉定出口加工区等作市级工业区的园中园合并统计
资料来源:上海市经济委员会、上海市统计局、上海市开发区协会 2004—2006 年《上海市开发区统计手册》

表 3-1-4　2003—2005 年上海开发区土地建成投产情况表

年　份	已建成投产土地面积(平方公里)				土地建成投产率(%)			
	全市开发区	国家级开发区	市级开发区	重点配套区	全市开发区	国家级开发区	市级开发区	重点配套区
至 2003 年	110.35	26.32	31.95	52.08	66.87	91.55	43.91	83.33
至 2004 年	128.82	27.8	56.02	45.00	75.67	94.33	66.5	79.60
至 2005 年	150.58	28.06	68.52	54.00	65	86.74	58.84	65.19

说明:2005 年数据,松江出口加工区、青浦出口加工区、闵行出口加工区、嘉定出口加工区等作市级工业区的园中园合并统计
资料来源:上海市经济委员会、上海市统计局、上海市开发区协会 2004—2006 年《上海市开发区统计手册》

表 3 - 1 - 5　2003—2005 年上海开发区累计基础设施投资金额与基础设施投资强度表

年　份	累计基础设施投资金额（亿元）				基础设施投资强度（亿元/平方公里）			
	全市 开发区	国家级 开发区	市级 开发区	重点 配套区	全市 开发区	国家级 开发区	市级 开发区	重点 配套区
至 2003 年	407.32	101.06	181.79	124.47	1.19	1.91	1.38	0.80
至 2004 年	520.17	121.82	285.35	113	1.34	2.21	1.51	0.78
至 2005 年	649.61	152.32	368.39	128.9	1.61	2.78	1.7	0.97

资料来源：上海市经济委员会、上海市统计局、上海市开发区协会 2004—2006 年《上海市开发区统计手册》

2006 年,受国家宏观调控和严格土地管理影响,上海市开发区的土地开发进度放慢,土地前期开发和基础设施投资大幅下降。是年,上海开发区完成开发土地面积 12.34 平方公里,供应土地面积 21.67 平方公里,建成投产土地面积 17.98 平方公里。

至 2006 年,上海开发区规划面积为 569.88 平方公里,已开发土地面积 438.06 平方公里,土地开发率达 76.9%;已供应土地面积为 260.92 平方公里,土地供应率达 59.6%;已建成投产土地面积 174.34 平方公里,土地建成投产率达 66.8%。上海开发区土地前期开发投资额达 654.06 亿元,基础设施投资额达 722.93 亿元,单位土地开发投入强度达 2.90 亿元/平方公里。其中,国家级为 5.38 亿元/平方公里,市级为 2.54 亿元/平方公里。

2007 年,上海开发区开发进度继续减缓,土地供应面积和建成面积下降,上海 38 个开发区开发土地面积为 8.31 平方公里。新开发土地主要集中在外高桥物流园区、宝山工业园区、化工区等。是年,上海开发区供应土地面积 7.89 平方公里,其中供应工业用地面积 7.91 平方公里,占 91.5%。国家级开发区供应土地很少,市级开发区主要集中在金山、松江、青浦、宝山、临港、南汇等开发区。上海开发区建成投产土地面积 12.57 平方公里,其中建成工业用地面积 12.43 平方公里,占 98.9%。建成投产土地面积比较大的开发区有：化工区、华新、青浦、宝山等开发区。是年,上海开发区土地前期开发投入 80 亿元,主要用于土地征用及拆迁补偿费支出。全年市内开发区基础设施投入 60 亿元,主要用于"七通一平"及网络和天然气。随着开发区面积不断扩大,城市功能形成,公共投资需求越来越大,承担社会公共产品大市政建设和工业性建设项目越来越多。

至 2007 年,上海开发区规划面积为 569.23 平方公里,已开发土地面积 446.94 平方公里,土地开发率为 78.5%;已供应土地面积为 293.98 平方公里,土地供应率达 65.8%;已建成投产土地面积 203.99 平方公里,土地建成投产率达 69.4%。由于上海市各开发区开发启动时间、区位条件和政策等因素的不同,工业用地规模和利用情况有所不同。其中,国家级开发区土地开发率为 78.4%,土地供应率为 75.5%,土地建成投产率为 74.1%,除漕河泾开发区浦江扩区部分启动较晚开发率较低外,其余均开发完毕;市级开发区土地开发率为 75.5%,土地供应率为 63.0%,土地建成投产率为 71.7%,供应率较低的原因主要是受土地指标不足的影响。上海 38 个开发区建设用地（含绿地、道路等）建成面积 280.94 平方公里。其中,国家级开发区建设用地建成面积 48.10 平方公里,市级开发区建设用地建成面积 232.84 平方公里。工业用地建成面积 162.2 平方公里,占总建设用地建成面积比重为 57.7%,占上海工业用地面积比重 18%。其中,国家级开发区工业用地建成面积 20.01 平方公里,占总建成面积比重 41.6%,比重相对较低的原因主要是由于金桥、张江等建设多功能综合性开发区和二、三产业融合发展;市级开发区工业用地建成面积 142.20 平方公里,占总建成面积比重 61.1%,比重相对较高,除康桥、南汇工业综合开发区有部分商住用地,其余开发区均以工业仓储用地为主。这些数据体现了上海市开发区用地以工业用地为主,同时也反映开发区工业用地在上海工业用地中所占比重较低。在建设用地建成面积中,绿地面积46.72平方公里,占建设用地建成面积的比重16.6％,体现上海市开发区较重视生态园区建设;道路建成面积43.75平方公里,占建设用地建成面积比重15.6％,上海市开发区道路建成长度达1 700公里,区内交通投资环境日益完善。

至2007年,上海开发区土地开发总投入1 539.27亿元,其中,土地前期开发投资746.70亿元,占48.5％;基础设施投资792.57亿元,占51.5％。土地开发投入强度达3.25亿元/平方公里。其中,国家级开发区土地开发投入强度较高,达6.17亿元/平方公里;市级开发区为2.72亿元/平方公里。

2008年,上海38个工业开发区完成开发土地面积为8.56平方公里,主要集中在张江高科技园区、宝山工业区、化工区等。供应土地面积为8.54平方公里,其中供应工业用地面积8.26平方公里,主要集中在金山、南汇、青浦、南翔、马陆、嘉定、宝山等园区。建成投产土地面积12.29平方公里,其中建成工业用地面积9.41平方公里,建成土地面积较大的有:张江、嘉定、青浦等园区。是年,上海开发区土地前期开发投入60.24亿元,主要用于土地征用及拆迁补偿费;基础设施投入53.12亿元,主要用于道路、桥梁、供水、供电、供气、排污、通信、环卫、绿化、网络和天然气等建设。随着开发区面积不断扩大,城市功能形成,公共投资需求越来越大,承担社会公共产品大市政建设和工业性建设项目越来越多。

至2008年,上海开发区规划面积为560.11平方公里,已开发土地面积达452.24平方公里,土地开发区为80.7％;已供应土地面积达302.83平方公里,土地供应率为67.0％;已建成投产土地面积达220.42平方公里,土地建成投产率为72.8％。上海38个开发区累计建设用地建成面积306.44平方公里(含绿地、道路、市政设施等)。其中,国家级开发区建设用地建成面积54.20平方公里,市级开发区建设用地累计建成面积252.24平方公里。工业用地建成面积167.93平方公里,工业用地占总建设用地的比重为54.8％。其中,国家级开发区工业用地建成面积25.65平方公里,工业用地建成面积占总建设用地的比重为47.3％;市级开发区工业用地建成面积142.28平方公里,工业用地建成面积占总建成面积比重为56.4％。市级开发区除康桥、南汇、工业综合开发区有部分商住用地,其余开发区均以工业仓储用地为主。上海开发区建设用地建成面积中,绿地面积56.91平方公里,占建设用地比重为18.6％,比较重视生态园区建设。道路建成面积45.35平方公里,占建设用地比重为14.8％,上海开发区道路建成长度达1 994公里,开发区内投资环境日益完善。

至2008年,上海开发区土地开发总投入1 620.09亿元。其中,土地前期开发投资804.34亿元,占49.7％;土地基础设施投资815.75亿元,占50.4％。土地开发投入强度达3.34亿元/平方公里。其中,国家级开发区为6.02亿元/平方公里,市级开发区为2.94亿元/平方公里。

至2009年,上海公告开发区(国家级、市级开发区)规划面积为527.47平方公里,已开发土地面积达359.75平方公里,土地开发区为71.8％;已供应土地面积达316.92平方公里,土地供应率为88.1％;已建成投产土地面积达278.16平方公里,土地建成率为87.8％。上海38个工业开发区建设用地(含绿地、道路等)建成面积278.16平方公里。其中,国家级开发区建设用地建成面积53.08平方公里,市级开发区建设用地已建成面积225.08平方公里,集体建设用地面积47.97平方公里。工业用地建成面积167.64平方公里,工业用地建成面积占总建设用地建成面积的比重为60.3％。其中,国家级开发区工业用地建成面积27.06平方公里,工业用地建成面积占总建成面积的比重为 51.0%,比重相对较低的主要原因是金桥、张江等开发区建设多功能综合性开发区和二、三产业融合发展;市级开发区建设用地已建成面积 225.08 平方公里,其中,工业用地建成面积 140.58 平方公里,工业用地建成面积占总建成面积比重 62.5%,比重相对较高,除康桥、南汇、工业综合开发区有部分商住用地,其余开发区均以工业仓储用地为主;农村集体工业用地面积 21.43 平方公里。在建设用地建成面积中,绿地面积 26.23 平方公里,占建设用地建成面积的比重 9.4%,体现上海市开发区较重视生态园区建设。道路建成面积 46.76 平方公里,占建设用地建成面积比重 16.8%,上海市开发区道路建成长度达 1 994 公里,区内交通投资环境日益完善。

至 2009 年,上海 38 个市级以上开发区土地开发总投入 1 599.54 亿元。其中,土地前期开发投资 781.86 亿元,占 48.9%;土地基础设施投资 817.68 亿元,占 51.1%。土地开发投入强度达 4.24 亿元/平方公里。其中,国家级开发区为 7.85 亿元/平方公里,市级开发区为 3.52 亿元/平方公里。

至 2010 年,上海开发区 104 个区块规划面积为 834.69 平方公里,已开发土地面积达 553.98 平方公里,土地开发率为 66.4%。上海公告开发区(国家级、市级开发区)开发土地面积达 368.71 平方公里,土地开发率为 69.3%。其中,国家级开发区土地开发率达 76.8%,市级开发区土地开发率达 67.8%,产业基地土地开发率达 62.5%,城镇产业区块土地开发率达 59.2%。上海开发区近六成的土地完成基础性开发,增量开发的空间日益缩小,加大二次开发区力度、提升存量用地水平成为开发区日后集约用地的工作重点。

至 2010 年,上海开发区已供应土地面积达 511.24 平方公里,土地供应率达 92.3%。公告开发区供应土地面积为 329.87 平方公里,土地供应率达 89.5%。其中,国家级开发区土地供应率达 95.2%,市级开发区土地供应率达 88.1%,产业基地土地供应率达 98.6%,城镇产业区块土地供应率达 96.8%。上海开发区土地供应量基本能够得到保证,土地供应节奏与土地开发进度能够较好吻合。

至 2010 年,上海开发区已建成投产土地面积达 462.24 平方公里,土地建成率为 90.4%。公告开发区土地建成率达 87.3%。其中,国家级开发区土地建成率达 91.1%,市级开发区土地建成率达 86.3%;产业基地土地建成率达 97.3%,城镇产业区块土地建成率达 94.3%。

至 2010 年,上海开发区土地开发总投入为 2 221.24 亿元。其中,土地基础设施投资金额 1 202.22 亿元,占 54.1%;土地前期开发投资金额 1 019.02 亿元,占 45.9%。上海开发区土地开发投入强度达 3.98 亿元/平方公里。其中,国家级开发区的土地开发投入强度达 7.53 亿元/平方公里;市级开发区与产业基地的土地开发投入强度较为接近,分别为 3.94 亿元/平方公里和 3.26 亿元/平方公里;城镇产业区块的土地开发投入强度为 1.89 亿元/平方公里。

表 3-1-6　2010 年上海开发区土地开发建设情况表

指　　标	规划面积(平方公里)	已开发土地面积(平方公里)	土地开发率(%)	已供应土地面积(平方公里)	土地供应率(%)	已建成土地面积(平方公里)	土地建成率(%)
全市合计	834.69	553.98	66.37	511.24	92.29	462.24	90.42
公告开发区	532.00	368.71	69.31	329.87	89.47	287.90	87.28
国家级开发区	91.32	70.12	76.78	66.76	95.22	60.81	91.08
市级开发区	440.68	298.60	67.76	263.11	88.12	227.09	86.31

(续表)

指　标	规划面积 (平方公里)	已开发 土地面积 (平方公里)	土地 开发率(%)	已供应 土地面积 (平方公里)	土地 供应率(%)	已建成 土地面积 (平方公里)	土地 建成率(%)
产业基地	181.06	113.21	62.53	111.60	98.58	108.53	97.25
城镇工业地块	121.64	72.05	59.23	69.76	96.83	65.82	94.34

资料来源:上海市经济和信息化委员会、上海市统计局、上海市开发区协会 2011 年《上海市开发区统计手册》

表 3-1-7　至 2010 年上海开发区前期开发及基础设施投资情况表

指　标	已征用土地面积 (平方公里)	基础设施投资 金额(亿元)	土地前期开发投资 金额(亿元)	土地开发投入强度 (亿元/平方公里)
全市合计	558.39	1 202.22	1 019.02	3.98
公告开发区	369.35	853.47	852.52	4.62
国家级开发区	70.12	249.87	278.21	7.53
市级开发区	299.23	606.60	574.31	3.94
产业基地	114.73	285.69	88.75	3.26
城镇工业地块	74.32	63.05	77.75	1.89

资料来源:上海市经济和信息化委员会、上海市统计局、上海市开发区协会 2011 年《上海市开发区统计手册》

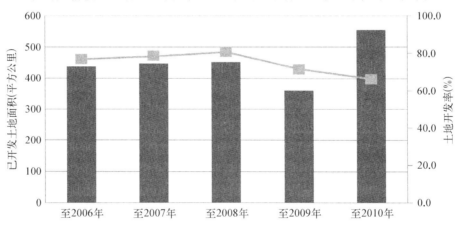

图 3-1-2　2006—2010 年上海开发区已开发土地面积和土地开发率图

表 3-1-8　2006—2010 年上海开发区土地开发情况表

年　份	已开发土地面积(平方公里)			土地开发率(%)		
	全市开发区	国家级开发区	市级开发区	全市开发区	国家级开发区	市级开发区
至 2006 年	438.06	61.50	338.21	76.87	75.15	74.33
至 2007 年	446.94	63.61	343.4	78.52	78.35	75.47
至 2008 年	452.24	67.92	342.31	80.74	83.66	76.7
至 2009 年	359.75	61.05	298.7	71.78	75.95	70.98
至 2010 年	553.98	70.12	298.60	66.37	76.78	67.76

资料来源:上海市经济委员会、上海市经济和信息化委员会、上海市统计局、上海市开发区协会 2007—2011 年《上海市开发区统计手册》

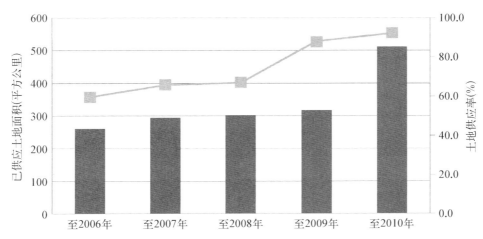

图 3-1-3 2006—2010 年上海开发区已供应土地面积和土地供应率图

表 3-1-9 2006—2010 年上海开发区土地供应情况表

年 份	已供应土地面积(平方公里)			土地供应率(%)		
	全市开发区	国家级开发区	市级开发区	全市开发区	国家级开发区	市级开发区
至 2006 年	260.92	35.88	205.52	59.56	58.34	60.77
至 2007 年	293.98	48.00	216.18	65.78	75.46	62.95
至 2008 年	302.83	52.40	224.41	66.96	77.15	65.56
至 2009 年	316.92	58.91	258.01	88.09	96.49	86.38
至 2010 年	511.24	66.76	263.11	92.29	95.22	88.12

资料来源：上海市经济委员会、上海市经济和信息化委员会、上海市统计局、上海市开发区协会 2007—2011 年《上海市开发区统计手册》

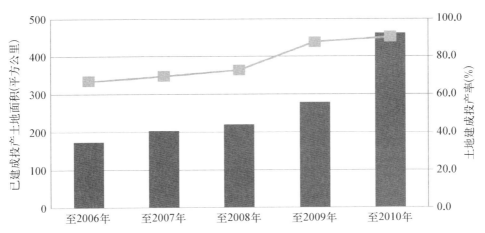

图 3-1-4 2006—2010 年上海开发区已建成投产土地面积和土地建成投产率图

表 3‐1‐10 2006—2010 年上海开发区土地建成投产情况表

年　份	已建成投产土地面积(平方公里)			土地建成投产率(%)		
	全市开发区	国家级开发区	市级开发区	全市开发区	国家级开发区	市级开发区
至 2006 年	174.34	30.56	133.52	66.8	85.2	65.0
至 2007 年	203.99	35.56	154.91	69.4	74.0	71.7
至 2008 年	220.42	40.88	163.31	72.8	78.0	72.8
至 2009 年	278.16	53.08	225.08	87.8	90.1	87.2
至 2010 年	462.24	60.81	227.09	90.4	91.1	86.3

　　资料来源:上海市经济委员会、上海市经济和信息化委员会、上海市统计局、上海市开发区协会 2007—2011 年《上海市开发区统计手册》

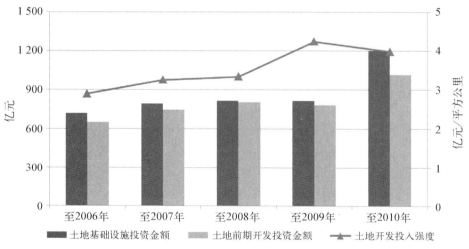

图 3‐1‐5 2006—2010 年上海开发区土地基础设施投资金额、
土地前期开发投资金额与土地开发投入强度图

表 3‐1‐11 2006—2010 年上海开发区土地开发投入情况表　　　　　　　　　　　　　单位:亿元

年　份	土地基础设施投资金额			土地前期开发投资金额		
	全市开发区	国家级开发区	市级开发区	全市开发区	国家级开发区	市级开发区
至 2006 年	722.93	178.48	506.05	654.06	182.25	434.14
至 2007 年	792.57	210.13	537.54	746.7	213.48	484.9
至 2008 年	815.75	201.08	569.93	804.34	241.84	512.7
至 2009 年	817.68	233.39	584.29	781.86	260.36	521.51
至 2010 年	1 202.22	249.87	606.60	1 019.02	278.21	574.31

　　资料来源:上海市经济委员会、上海市经济和信息化委员会、上海市统计局、上海市开发区协会 2007—2011 年《上海市开发区统计手册》

表 3－1－12　2006—2010 年上海开发区土地开发投入强度情况表　单位：亿元/平方公里

年　　份	全市开发区	国家级开发区	市级开发区
至 2006 年	2.9	5.38	2.54
至 2007 年	3.25	6.17	2.72
至 2008 年	3.34	6.02	2.94
至 2009 年	4.24	7.85	3.52
至 2010 年	3.98	7.53	3.94

资料来源：上海市经济委员会、上海市经济和信息化委员会、上海市统计局、上海市开发区协会 2007—2011 年《上海市开发区统计手册》

第三节　项　目　供　地

在计划经济体制下，上海市国有土地的使用长期实行无偿、无限期的行政划拨制度。改革开放后，上海土地使用制度改革在坚持土地公有制的基础上，采用出让土地使用权、内部转账、"空转"、租赁、"招标、拍卖、挂牌"等形式，改变土地供给方式，变土地无偿使用为有偿使用，变无限期使用为有限期使用，变无流动使用为流动使用，使土地的价值得以充分体现。

上海开发区新增土地供地方式经历了三个阶段：1986—1990 年，是成片开发阶段；1990—2006 年，进入"以项目核土地"的开发阶段；自 1990 年开始，市土地局、市经委要求"以项目核土地"。1998 年开始改革供地方式，实行用地计划前置管理，在项目计划立项前增设用地计划指标审批，同时利用存量土地的经营性项目用地纳入指令性计划。土地开发作为指令性指标，逐年下达，年均规模约为 3 000 公顷，是"八五"期间（1991—1995 年）年平均的 2 倍～5 倍。自 2007 年开始的第三阶段，采取"工业用地招拍挂"的开发方式，供应完全市场化。

为贯彻落实《国务院关于加强土地调控有关问题的通知》，2007 年 4 月，国土资源部、国家监察部下发《关于落实工业用地招标拍卖挂牌出让制度有关问题的通知》，指出工业用地必须采取招标拍卖挂牌方式出让。是月，上海全面启动推进工业用地招标拍卖挂牌出让工作。

2007 年，上海设立土地使用权出让招标拍卖办公室（以下简称"市招标拍卖办公室"），负责指导、协调和监督上海市土地使用权招标、拍卖的实施。市招标拍卖办公室由市计划、建设、规划、土地、财政、住宅、监察等部门派员组成。区（县）政府在区（县）土地管理部门设立区（县）招标拍卖办公室，负责编制自身行政区域内土地招标、拍卖计划，确定招标、拍卖地块，组织、协调土地招标、拍卖的有关事项等。同时提出工业用地要坚持"两个优先"，优先保证市级以上工业区、六大产业基地等重点区域、重点投资领域和市重大项目；优先供应规划工业区的项目用地，严格限制工业区外的供地。明确工业项目招标拍卖挂牌出让程序：（1）发布工业用地出让公告；（2）项目预申请、预批复；（3）实施招拍挂活动；（4）办理计划、规划等手续；（5）签订出让合同。整个工业用地招拍挂出让程序约需 40 个工作日。

至 2007 年 7 月，上海先后公开挂牌三批工业地块，共 120 幅，合计面积 371 公顷。第一批公告的 34 幅地块，平均成交金额 966 万元/公顷。至 2007 年公告 11 批 313 幅工业地块，约 1 105.5 公顷；成交 207 幅，约 693 公顷，约为挂牌量的 63%，招拍挂工作总体较为顺利。同时，为配合招标拍卖挂牌出让工作，市政府于 2007 年 5 月和 12 月，先后批准 58 家工业用地前期开发机构，探索建立重点工业项目的绿色通道,同时进一步规范土地使用权招拍挂出让的项目准入条件和竞买人资格,加快开发区前期开发建设和产业项目落地。

上海第一批工业用地招拍挂共有 13 个项目:上海汇众汽车制造有限公司的轿车底盘厂生产基地投资项目,上海起重运输机械厂有限公司的核电成套起重运输设备技改项目,上海输配电股份有限公司的电器生产制造基地二期,上海电气风电设备有限公司的风电设备项目,平田机工自动化设备(上海)有限公司的机工自动化设备,上海一航科技产业股份有限公司的民用航天产品设计研发、培训基地,上海汉卫管道工程技术有限公司的多层 PEX 铝塑管,中变上海实业有限公司的输变电及控制设备制造项目,上海天普汽车零部件有限公司的汽车零部件制造项目,奥托立夫(上海)汽车安全系统开发有限公司的汽车零部件制造项目,合锦宏光电科技(上海)有限公司的电子产品制造项目,上海市工业区企业发展有限公司的太阳能电池组件产品制造,上海维尔泰克机械有限公司的现代工业厂房项目。这些项目主要集中在汽车零部件、装备制造、新能源、民用航天、电子工业等重点产业领域,总供地面积约 82 公顷,总投资约 29 亿元,投资强度约 3 450 万元/公顷。

2008 年,上海市工业地产市场保持较为平稳的走势,共推出 64 批国有土地使用权招、拍、挂出让公告,当年成交 45 批。其中,上海开发区出让面积 501.17 公顷,总标价 21.92 亿元,平均地价 437.36 万元/公顷,最低 325.8 万元/公顷,最高 837.75 万元/公顷。挂牌项目主要是专用设备制造业、通用设备制造业、电气机械及器材制造业、通用设备制造业、电气机械及器材制造业、化学原料及化学制品制造业、医药制造业等。

表 3-1-13　2008 年上海市开发区工业用地招、拍、挂交易结果一览表

名　　称	出让面积 (公顷)	成交价格 (万元)	平均地价 (万元/公顷)	挂牌项目产业
浦东空港工业区	3.23	2 705	837.75	专用设备制造业
月杨工业区	13.75	7 846	570.75	通用设备制造业
西郊经济开发区	7.68	4 101	534	电气机械及器材制造业
南汇工业区	18.13	9 116	502.65	医药制造业
松江工业区	69.04	33 350	483	专用设备制造业、通用设备制造业
宝山开发区	28.79	13 461	467.55	黑色金属冶炼及压延加工业、金属制品业
嘉定汽车产业园	65.20	29 439	451.5	交通运输设备制造业
奉贤经济开发区	39.83	17 510	439.65	农副食品加工业、医药制造业
青浦工业区	52.15	17 923	425.25	造纸及纸制品业
嘉定工业区	128.25	53 675	418.5	电气机械及器材制造业、专用设备制造业
化学工业区	1.73	622	358.95	仓储业
金山工业区	74.20	26 452	356.55	化学原料及化学制品制造业
枫泾开发区	9.18	2 991	325.8	专用设备制造业、纺织业
小　　计	501.17	219 191	437.4	

资料来源:上海市开发区协会档案室:XH-Z·B-2008-002

2009 年，上海市工业地产市场保持较为平稳的走势，工业土地价格略微上涨。2009 年上海共推出 110 批国有土地使用权招、拍、挂出让公告，当年交易 107 批。其中，上海市开发区出让面积 410.85 公顷，总标价 17.67 亿元，地价指数 98（基期为 2008 年），平均地价 430.07 万元/公顷。工业物业平均月租金为 37.2 元/平方米。其中，厂房月租金为 28.7 元/平方米，仓库月租金为 28.9 元/平方米，研发类物业月租金为 73.8 元/平方米，商务园区月租金为 93 元/平方米。挂牌项目主要是专用设备制造业、通用设备制造业、电气机械及器材制造业、化学原料及化学制品制造业、医药制造业等。通过工业用地招拍挂，一是保证了工业用地公开、公平、公正出让，减少了暗箱操作；二是以市场手段有效抑制多占乱占地土地现象，使土地资源向产业层次高、科技含量高、经济效益好的项目配置；三是有效发挥土地价格杠杆调节作用。

至 2010 年，上海 104 个区块已供应土地面积为 511.24 平方公里，土地供应率达 92.3%。其中，公告开发区（国家级、市级开发区）供应土地面积为 329.87 平方公里，土地供应率达 89.5%，国家级开发区已供应土地面积为 66.76 平方公里，土地供应率达 95.2%；市级开发区已供应土地面积为 263.11 平方公里，土地供应率达 88.1%；产业基地已供应土地面积为 111.60 平方公里，土地供应率达 98.6%；城镇产业区块已供应土地面积为 69.76 平方公里，土地供应率达 96.8%。上海开发区土地供应量基本能够得到保证，土地供应节奏与土地开发进度能够较好吻合。

第四节　生态环境建设

上海老工业区始建于 20 世纪 50 年代，曾为上海经济发展作出历史贡献，但环境污染历史欠账较为严重。市政府于 20 世纪 80 年代开始，全面推进老工业区的环境综合整治，和田、新华路、桃浦等老工业区环境重污染地区帽子相继摘帽，吴淞、吴泾老工业区环境综合整治取得阶段性成果。2000 年，积极开展开发区创"双优"活动。2002 年，全市开发区开展国家生态工业示范区建设，同时推进开发区污水纳管建设。

一、重污染地区环境综合整治

上海市的环境综合整治是从治理老工业区污染源开始的，从污染严重群众反映强烈的区域着手，由点到面，逐步开展。综合整治包含关停并转污染企业（生产线）、受污染居民的搬迁，雨污分流及构筑污水纳管系统，拔除小锅炉、建造区域集中供热系统，道路河流改造和绿化建设等各项工作。

【和田地区环境综合整治】

自 1985 年开始，位于苏州河以北的闸北区和田工业区环境综合整治历经 10 年，整治范围达 0.58 平方公里。该地区解放初期由市区部分弄堂小厂陆续迁入而逐步形成，区内拥有 50 多家企业，100 多个生产点。1985 年，市规划局、市经委、闸北区政府等单位牵头，会同有关部门共同编制和田工业小区环境综合整治规划。为改变该地区环境严重的现状，共投入资金超过 7 亿元。完成就地污染治理项目 223 个，投资 1.1 亿元，安置动迁 2 367 户居民，疏散（搬迁）工厂 7 家，就地治理工厂 22 家。建成中山北路干管泵站，地区严重积水得到彻底解决；原来 101 个生产点调整合并为 64 个；新增绿化面积 3.3 万平方米。整治措施的实施，降低废气污染负荷 81%，降低废水污染负荷 82%，二氧化硫和烟尘污染负荷分别下降 84% 和 94%，圆满完成市政府提出的整治任务。1995 年

"六·五"世界环境日,市长徐匡迪宣布其摘除重污染地区的帽子。

【新华路地区环境整治】

新华路地区是中华人民共和国成立以后逐步形成的上海西郊工业区,地处上海西南,长宁区东南部,与徐汇区接壤,东沿江苏路、兴国路,南临淮海西路,西至凯旋路,北接延安西路。该地区聚集了冶金、机电、化工等先行业,110个生产点与居民犬牙交错。自1980年开始,新华路地区环境综合整治历经14年,投资4.5亿元,整治范围2.2平方公里,完成迁厂、就地治理和关、停、并、转等措施,各类治理项目达407个。污染排放量大幅下降,废气排放量从1985年的453亿立方米削减至1993年131亿立方米,削减70%以上;降尘量从1985年24.6吨/月·平方公里降至1993年11.9吨/月·平方公里,减少50%以上;废水中污染物,1993年比1985年减少90%以上;固定源噪声经治理后,达到安静小区目标和市政府提出的整治要求。1994年"六·五"世界环境日,中共上海市委书记黄菊宣布新华路地区摘除污染地区的帽子。

【桃浦地区环境综合整治】

自1987年开始,桃浦工业区环境综合整治历经10年,整治范围为3.1平方公里。该地区形成了以化工原料、合成药、塑料、橡胶、染料、化纤、香料产品为主的工业结构,并成为初具规模的化工工业区。在第一轮环保三年行动计划中,桃浦工业区所有工厂实施清浊分流和污水预处理;拆除20台燃煤锅炉,全面实施集中供热;上海嘉华精细化工有限公司、上海第六制药厂、上海三维制药有限公司等企业排放恶臭气体的生产线全部停产。

在第二轮环保三年行动计划中,桃浦工业区以治理大气污染为重点,以区域环境质量达到功能区标准为目标,完成40多项环境综合治理和产业、产品结构调整项目,主要有上海第六制药厂、月季化纤有限公司、嘉华精细化工有限公司、大众药业有限公司等4家企业停产;对敦煌化工厂、阿波罗复合肥料有限公司、思达可家具有限公司、快通彩印有限公司、经纬化工有限公司、天光化工厂的搪瓷釉工艺等6家企业的污染生产线组织搬迁治理;对振华造漆厂、牡丹油墨化工有限公司、先灵葆雅制药有限公司等8家企业就地实施产品结构调整,并对工艺废气进行治理。此外,上海市水务局对污泥堆场进行改造,将原来臭气熏天的污泥堆场改造成绿莹莹的园林绿地,美化了地区环境。

20世纪90年代以后,相继有15家工厂从市区迁入桃浦工业区。1997年,桃浦地区在产品、产业结构上进行新的调整,关、停、并、转34家工厂,工业区内拥有市属企业39家,区属企业11家。共投资7.26亿元,主要用于市政公用设施,及治理各类污染、市容环境等重点项目。这些项目完成后,地区环境质量指标全面达标。1997年12月19日,由市政府宣布摘除污染地区的帽子。

【吴淞工业区环境综合整治】

吴淞工业区位于宝山区区域内,沿长江路、逸仙路、同济路、泰和路一线,占地21平方公里,始建于20世纪50年代,是以冶金、化工、有色金属行业为主的大型工业基地。

"八五"期间(1991—1995年),吴淞工业区共投入治理资金14.8亿元,完成治理项目132项。其中,治理烟(粉)尘60项,废气治理项目39个,完成削减烟(粉)尘排放量达2.3万吨。主要治理项目有:上海第一钢铁厂130平方米烧结机停产,年削减烟尘量近4 200吨;申佳铁合金有限公司建成铬锰矿粉压球烧结新工艺和土烧结停产,201号~205号中电炉停产,根除5条"小黄龙",年削减烟尘量517吨;上海第五钢铁厂的一炼钢5号电炉除尘和2台10吨电炉除尘改造工程,年削减烟尘150吨；二炼钢2台30吨电炉除尘和2台10吨电炉除尘改造工程，年削减烟尘2 700吨。这些项目完成后，相当程度上改善了吴淞地区的大气环境质量。

1995年，市经委组织上海冶金、化工等有关控股(集团)公司、上海市工业经济联合会对吴淞地区的工业污染源进行全面调查，制定《吴淞工业区环境综合整理产业结构调整规划》，并按照市政府提出的"以宝钢为依托，集聚优化冶金工业，结合就地资源综合利用，调整发展新型材料、合理优化冶金化学工业布局，逐步调整淘汰落后化工工业"的要求，编制"九五"(1996—2000年)吴淞工业区环境治理计划。1998年，市政府成立吴淞工业区环境综合整治领导小组，确定分阶段治理目标和工作计划。1999年6月，市政府组织市规划局、市环保局和市经委编制《吴淞工业区环境综合整治规划》。2000年，市政府批复实施《吴淞工业区环境综合整治规划》《吴淞工业区环境综合整治实施计划纲要》《吴淞工业区环境综合整治配套政策的实施意见》。是年8月9日，中共上海市委、市政府确定设立30亿元整治基金，用于对吴淞工业区环境综合整治。

至2005年，工业区及周边地区平均降尘量从整治前的每月22吨/平方公里降至13.5吨/平方公里；二氧化硫日平均值由整治前的0.084毫克/立方米降至0.068毫克/立方米；工业废水排放量削减44％；绿地率从整治前的2.8％上升至2005年的21％；经整治的河道水质明显改观，黑臭消除。2006年2月7日，市政府召开吴淞工业区环境综合整治总结大会，市长韩正发来贺信，副市长杨雄在会上讲话。

至2010年，吴淞工业区基本实现用地布局合理、市政基础设施完善、产业结构和生产工艺优化、生态环境明显改善的目标，万元产值综合能耗比整治前下降58.1％，万元产值主要污染物烟粉尘、二氧化硫和废水排放比整治前分别下降93.1％、88.2％和87.5％，环境综合整治取得明显成效。

【吴泾工业区环境综合整治】

吴泾工业区始建于1958年，位于闵行区东南部，东滨黄浦江，西至龙吴路附近，南起上海市第七粮食仓库，北至关港(河)，占地11.5平方公里。经近30年的发展，在吴泾工业区建成了上海氯碱总厂、上海焦化总厂、吴泾化工总厂等大型化工企业，生产焦炭、煤气、硫酸、合成氨、尿素、烧碱、石英和石墨制品等产品。

1985年，上海市开始实施《黄浦江上游水源保护条例》，上游地区企业开展水源保护和污染源治理工作。上海吴泾化工厂是上游地区氨氮排放大户，经过1986年至1988年三年治理，先后完成硫酸二甲酯稀氨水、铜洗稀氨水、十八胺含油脂稀氨水等治理项目，使一部分氨氮得到综合利用、一部分氨氮得到净化处理，排放量从1985年的12 600公斤/日，下降至1988年的6 700公斤/日，砷、氟、悬浮物、油等污染物的排放量都达到削减60％的治理任务。1986—1989年，市政府对上海焦化总厂、吴泾化工总厂、上海氯碱总厂、上海染料化工厂投资1 915万元，共完成24个废水治理项目。

1989年7月26日，市政府在上海吴泾化工厂召开黄浦江上游水源保护现场会。市长朱镕基在会上指出，要像保护自己的母亲一样，保护好黄浦江上游水源，并要求占黄浦江上游污染总量86％的12家工业企业污染大户，限期至1990年底完成22个治理项目，达到市政府提出的削减污染排放量60％的治理目标；累计完成治理投资1.1亿元，建成各类治理设施80套。12家污染大户的76个排放考核指标有72个指标达到削减60％的治理目标，化学耗氧量污染物削减79％，氨氮污染物削减79％，悬浮污染物下降88％，其他污染物也全部达到削减量指标。

1991年，黄浦江上游水源保护区的上海焦化总厂、上海中药制药三厂、上海耐火材料厂等5家企业,投资 1 900 余万元,通过科研攻关、引进治理技术等手段,达到治理目标。化学耗氧量排放从治理前的 7 090 公斤/日减至 728 公斤/日,削减 90%;氨氮从 1 400 公斤/日减至 121 公斤/日,削减 92%。其中,3 家企业 8 个污染因子的排放浓度达到排放标准。

1995 年 8 月至 1999 年 12 月,又建成通水吴闵北排工程纳管。在 1999—2000 年开展的"一控双达标"工作和 2000—2002 年的"第一轮环境保护三年行动计划"中,吴泾工业区开展污染企业治理。

2002 年,吴泾工业区启动环境综合整治工作,新组成由市、区有关部门和上海华谊(集团)公司共同参加的吴泾地区环境综合整治联席会议,定期讨论吴泾工业区环境综合整治等工作,并结合市环保局批复的《吴泾地区华谊集团企业环境影响评价》,组织编制吴泾工业区综合整治三年行动计划。

至 2002 年,市经委发布《吴淞、桃浦、吴泾工业区环保综合整治工作取得新进展情况》,主要包括:一是继续深化吴淞工业区环境综合整治。全年的重点任务是集中供热、关闭小燃煤锅炉,提高吴淞地区空气质量。完成吴淞工业区 A、B 网的可行性研究报告,至年底完成 10 台以上锅炉的拆除并网工作。二是稳妥推进桃浦工业区环境综合整治。按照常务副市长蒋以任关于年内要彻底解决桃浦地区恶臭气体问题的要求,市经委组织有关集团公司,制订桃浦地区有关污染企业进一步调整、治理的实施方案。其中,染化八厂色度废水改造项目采用的"催化氧化-混凝沉淀+兼氧酸化-MSBR 好氧生化法"方案经专家论证后,进行废水处理装置改造工程。经纬化工公司主体生产基地搬迁的项目经建议立项,实施了搬迁。嘉华精细化工公司、第六制药厂、三维制药公司等关停产生恶臭气体的生产线或产品生产。和黄药业公司、牡丹油墨公司等完成清浊分流工程。月季化纤有限公司对停产分流开展基础性工作。按照环境综合整治三年行动计划要求,桃浦地区剩余的 7 家企业 14 台 10 吨以下锅炉全部拆除,桃浦地区热线管网实施集中供热。三是全面启动吴泾工业区环境综合整治,成立市区有关部门和华谊集团共同组成的吴泾地区环境综合整治联席会议,讨论吴泾工业区环境综合整治有关工作,在充分调研并结合市环保局批复的《吴泾地区华谊集团企业环境影响评价》的基础上,组织编制吴泾工业区综合整治的三年行动计划(2003—2005 年)要求。

2003 年,吴泾工业区启动焦化公司的拦焦除尘等重点污染整治项目 20 个,至年底完成 7 项。

2004 年,按照市政府的要求,市环保局全面启动吴泾工业区环境综合专项规划编制工作,编制完成《吴泾工业区环境整治规划》并上报市政府。规划通过两个"环境保护三年行动计划",使环境空气质量达到国家环境空气质量二级标准,企业废水全面清浊分流,接管排放,建成工业区与居民区隔离带,区内绿化覆盖率达 25%。为进一步加强对吴泾工业区环境综合整治工作的综合协调,市政府批准同意建立上海市推进吴泾工业区环境综合整治联席会议,由副市长杨雄作为第一召集人,市经委、市发展改革委、市建委、市环保局、市财政局、市规划局、市房地资源局、上海市绿化局、闵行区人民政府、上海华谊(集团)公司、上海电力股份有限公司等部门为成员单位,并下设办公室,主要负责整治工作的综合协调、检查督促、跟踪评估、信息反馈等。是年,开始实施部分污染治理项目,上海焦化有限公司完成焦炉加煤除尘项目,对 5 号、6 号干熄焦改造工程进行环境评估和初步设计。上海氯碱化工股份有限公司完成过氯乙烯废气回收、糊状树脂包装粉尘治理、10 吨/小时新型燃料锅炉 2 台替换项目,4 台盐酸炉开始进行改造。上海氯碱化工股份有限公司电化厂完成清浊分流工程。

2005 年 1 月 28 日,上海市推进吴泾工业区环境综合整治工作联席会议办公室挂牌成立(以下简称"吴泾整治办")。是年,吴泾整治办会同市发展改革委、市规划局、市环保局编制《吴泾工业区环境综合整治实施计划纲要》,明确环境综合整治目标,吴泾工业区以建设清洁能源基地和新材料化工生产与研发基地为目标定位,积极调整生产布局和产业结构,全面改造和提升传统化学工业,大力推进清洁生产,提高资源综合利用率,逐步建立产业循环发展模式。是年,完成上海焦化有限公司1号焦炉关闭、焦炉回炉煤气改造、酸性气体回收、拦焦除尘改造治理等项目。

2006年1月20日,市政府批复原则同意市规划局会同市经委、市环保局编制的《吴泾工业区环境综合整治实施规划》。是年,上海焦化有限公司、上海川崎食品公司二分厂完成废水达标纳管排放;上海氯碱化工股份有限公司、吴泾热电厂、吴泾第二发电厂等6家企业实现雨污水分流;上海白水泥有限公司、宝隆白水泥公司、上海碳素厂、新誉化工厂、上海碳能厂停产;上海联成化学工业公司实施搬迁;上海焦化有限公司关停1号焦炉、U-GAS气化炉,完成2台35吨/小时锅炉脱硫;上海京华化工厂关停立德粉、碳酸锌生产装置;上海氯碱化工股份公司关停热氯化52%氯化石蜡装置;上海吴泾化工有限公司关停硫酸二甲酯、十八胺以及氯磺酸生产线;上海威德纺织品有限公司完成3台蒸汽煤锅炉、燃重油锅炉清洁能源替代;上海吴泾第二发电公司和吴泾热电厂脱硫改造项目立项报批,上海摩根碳制品有限公司、福祥陶瓷有限公司、上海卡博特化工有限公司等企业实施整治项目;堆场码头关闭12家,规范整治19家。

2007年,完成上海焦化有限公司钛白粉厂结构调整、上海焦化有限公司UGI炉黑烟治理、2台35吨/小时燃煤锅炉脱硫及在线监测;上海吴泾化工有限公司完成全厂水循环利用工程,氨、甲醛等污染物预警及应急系统建设,合成氨和硫酸生产线的调整。上述项目的实施,每年削减排放工业废水257.05万吨、废气30 042万立方米、二氧化碳30万吨、二氧化硫48吨、化学耗氧量2吨、固体废弃物3.8吨,每年减少能源消耗约26.55万吨标准煤。至2007年,吴泾工业区环境质量基本满足相应功能区要求,环境空气中主要污染物达国家环境空气质量二级标准,基本消除工业废水排放对地表水的影响。

2008年,完成15项环境综合治理项目,包括上海焦化有限公司5号、6号焦炉干熄焦改造工程、酸性气体处理项目;上海氯碱化工股份有限公司氯化氢废气治理、过氯乙烯废水、过氯乙烯废气达标治理项目和糊状树脂包装粉尘处理项目;上海吴泾化工有限公司造气含氰废水处理项目;上海吴泾第二发电有限责任公司冷却水噪声治理及上海白水泥污染生产线关停等。污水收集管网和集中供热系统建设全面开展,确定区内15条道路205家企业纳管的设计方案并开工建设。2009年,完成上海焦化有限公司的2号、3号焦炉及煤焦油生产线关停工作。

2010年,环境空气中的二氧化硫浓度下降43.1%,挥发性有机物总浓度下降42.2%;地表水水质得到改善,其中的挥发性有机物总浓度下降81.0%。吴泾工业区环境质量全面改善,环境空气质量全面达到国环境空气质量二级标准,全面消除工业区企业特征因子对地表水的污染。

2005—2010年,吴泾工业区在开展产业结构调整和环境综合整治中,累计使用专项资金19.37亿元,共完成污染源治理项目92个,关停一批污染排放严重的企业及生产线(如上海碳素厂、焦化厂1号~4号焦炉等);完成48家码头堆场改造;建立3个大气质量和挥发性有机物在线监测站;整治工作范围内共动迁居民2 443户;完成龙吴路等14条道路约12.5公里干管和支管,可纳管污水2.5万吨/日;区内电力企业完成以新带老机组建设以及烟气脱硫净化装置建设;完成吴冲泾、永新河等4条河道及一批村宅河道整治;完成曲江路、放鹤路等3条道路整治。

二、国家生态工业示范园区建设

2003年12月31日,国家环保总局颁布《关于印发〈国家生态工业示范园区申报、命名和管理规定(试行)〉等文件的通知》。这些文件提出,为促进全国生态工业和循环经济的发展,在国家批准的各类园区或大企业集团基础上,鼓励创建生态工业示范园区是一件很有意义的工作。为推动这项工作,实现社会、经济和环境的可持续发展,同时下发四个相关文件:第一个文件是《关于国家生态工业示范园区申报、命名和管理规定(试行)》,明确示范园区一般分为以下两种类型:一种是具有行业特点的生态工业园区;另一种是具有区域特点的生态工业园区,即对现有经济技术开发区或高新技术开发区改造的生态工业园区,以及新规划建设的生态工业园区。建设何种园区取决于地方优势、行业优势、产业特点及资源条件。第二个文件是《生态工业示范园区规划指南(试行)》,明确示范园区主要有以下两种类型:分别是具有行业特点的生态工业园区和具有区域特点的国家生态工业示范园区。第三个文件是《循环经济示范区申报、命名和管理规定(试行)》。第四个文件是《循环经济示范区规划指南(试行)》。

表 3-1-14　至 2010 年上海市国家生态工业区创建情况表

序号	园区名称	创建规划市级评审日期	申报创建日期	创建规划国家评审日期	批准创建日期	市级验收日期	国家验收日期	国家批准日期
1	莘庄工业区				2007年1月	2009年9月	2010年4月	2010年8月
2	金桥经济技术开发区		2008年5月	2008年8月	2010年7月	2010年11月		
3	张江高新技术产业开发区		2009年5月	2010年4月				
4	上海化学工业区	2009年4月	2009年12月	2010年8月				
5	漕河泾新兴技术开发区	2009年7月	2009年10月	2010年3月	2010年9月			
6	闵行经济技术开发区	2009年10月	2009年11月	2010年5月	2010年11月			

资料来源:上海市开发区协会档案室:XH-Z·B-2010-001

【金桥出口加工区】

2000年2月,上海金桥(集团)有限公司投资组建专业从事环保技术研发和废弃物再生利用的高新技术企业——上海新金桥环保有限公司,作为上海市循环经济试点单位及浦东新区推进循环经济的重要支撑平台。4月,按照循环经济和资源再利用理念,金桥开发区开发公司成立一家专门收集处置区内工业废弃物的企业——新金桥工业废弃物公司。

2005年11月,金桥出口加工区成立生态园区创建领导小组,下设专职办公室,具体负责金桥生态园区创建推进工作。

2006年,金桥(集团)公司、新金桥环保公司与上海大学编制《金桥功能区域循环经济及电子废弃物资源化示范工程研究》《循环经济现状调查研究报告》《金桥功能区域循环经济示范工程前期研究》。是年6月,正式成立上海第一个生态俱乐部,先后有12家500强企业参加通过生态俱乐部平台,加强企业间废物资源化网络及综合利用的交流合作,实现资源信息共享,探索生态工业园物流交换模式,降低企业生产成本,提高产品质量,减少企业的环境影响。8月,金桥出口加工区正式启动创建国家生态工业示范园区工作,委托上海大学和上海环境科学研究院编制《金桥出口加工区生态工业示范园区建设规划》(以下简称《建设规划》),2007年3月完成初稿。2007年4月,由市环保局组织专家对《建设规划》进行市级评审,并予通过。5月,由国家环境保护总局、商务部、科学技术部(以下简称"科技部")组织专家对《建设规划》进行国家评审。2008年5月,《建设规划》通过国家评审。8月,国家环境保护总局、商务部、科技部联合发文,同意上海金桥出口加工区创建国家生态工业示范园区。

2008年3月,由上海金桥(集团)有限公司全资投资组建的上海金桥再生资源市场经营管理有限公司正式成立(以下简称"再生资源公司"),这是全国首个资源公共服务平台。

2009年12月,生态信息平台和环境监测平台正式投入试运行,实现生态信息平台信息展示、网上办事、实时环境监测、绿色企业宣传示范和产业生态化管理等功能。环境监测平台具有空气质量监测和发布功能,有助于园区政府、企业、居民随时掌握园区空气环境质量,为建设生态工业示范园区提供有力的保障。

2010年11月,上海金桥出口加工区国家生态工业示范园区通过环境保护部、商务部、科技部联合组织的技术考核和现场验收,金桥出口加工区成为上海国家级开发区中首家国家生态工业示范园区。

金桥出口加工区创建国家级生态工业园区的主要特色:一是高起点进行生态工业园建设的规划,产业集群的资源能源消耗、污染物排放等指标均达到国内领先水平。依据《综合类生态工业园区标准》(HJ/T 274 - 2006),增加10项指导性指标,即第三产业对园区GDP的贡献、单位土地面积工业总产值、单位土地面积GDP产出、二氧化硫等主要污染物排放总量减少率(相对于2006年)、危险废物产生企业强制性实施清洁生产审计的比例、其他规模以上企业实施清洁生产审计的比例、通过ISO 14000体系认证的规模以上生产性企业比例、园区间接循环冷却水重复利用率、园区VOC排放总量减少率、园区环境投入的增长率等。二是推进产业集群向生态集群发展。根据金桥开发区电子信息、汽车、现代家电与生物医药四大高新技术产业特征,注重推进高科技产业集群向生态集群发展。以应对ROHS法令,推进有毒有害物质源头减量,构建以华虹NEC、上海京瓷、上海贝尔阿尔卡特为核心的电子信息及整机配套生态产业链。以废水、废弃物园内收集园外循环为重点,不断延伸环保产业服务链。三是营造园区生态文化,形成环境管理和环境保护的公众参与氛围,深入社区和学校,通过大手牵小手、小手牵大手的互动、互促,引导公众开展生活垃圾源头减量。四是推进静脉产业稳步发展,以环保公司、再生资源公司等为重点,着力打造废弃物产生—处置—再生的静脉产业链,推进电子废弃物资源化处置,倡导废弃物再生利用的环保理念,形成区域联动的静脉产业和虚拟意义上的生态工业园。以回收电子废弃物为业务切入点,以物联网技术为支撑,采用电子商务的新型经营模式,形成电子废弃物回收体系,首创"电子废弃物网上管理系统""电子废弃物网上回收系统"。

【莘庄工业区】

2003年,莘庄工业区成立国家生态工业示范领导小组,全面开展创建国家生态示范园区工作。

2004年,工业区编制《上海市莘庄工业区国家生态工业示范园区建设规划》,确定建设10个工业区生态亮点:集中供热、污水外排、绿化建设、太阳能利用、清洁能源使用、节能工程和生态办公楼、循环经济和绿色采购、清洁生产和全过程管理、绿色小区创建、ISO 14001认证。

　　2005 年 11 月 24 日,莘庄工业区生态工业示范园区规划通过专家评审会。是年,市环保局向国家环保局提出上海莘庄工业区创建国家生态工业示范园区的申请。

　　2006 年 5 月 17 日,莘庄工业区管理委员会制定《莘庄工业区 2006—2008 年环境保护与生态建设三年行动计划》,提出 2006—2008 年创建生态工业园区的总体目标、重点任务、主要措施和保障措施。5 月 25 日,莘庄工业区成立市容环境综合建设和管理工作领导小组。11 月,莘庄工业区《上海市莘庄工业区国家生态工业示范园区建设规划》在北京通过专家的评审。

　　2007 年 1 月 19 日,国家环保总局批准莘庄工业区创建国家生态工业示范园区。这是全国省(市)级工业区首家,也是上海市第一家创建单位。

　　2008 年 1 月 23 日,莘庄工业区管理委员会向国家发展改革委提交《上海市莘庄工业区国家循环经济试点实施方案》。2 月 22 日,莘庄工业区召开创建国家生态示范园区暨国家循环经济试点工作会议,提出 49 个示范工程和优先项目。3 月 24 日,莘庄工业区管理委员会成立莘庄工业区国家循环经济示范试点暨国家生态工业示范区创建工作领导小组。

　　2009 年 9 月 14 日,莘庄工业区创建国家生态工业示范园区通过上海市验收。

　　2010 年 4 月 25 日,国家生态工业示范园区建设协调领导小组办公室对莘庄工业区进行国家生态示范园区建设工作考核验收。4 月 26 日,莘庄工业区园区通过由中国工程院、国家环保总局、中国环境学院、中国人民大学等单位联合组成的专家验收团验收,成为全国第七家、上海首家通过验收的国家生态工业示范园区。8 月 26 日,莘庄工业区成为通过验收、批准命名的国家生态工业示范园区。

【张江高科技园区】

　　《张江高科技园区"十一五"规划》提出:要把张江打造成为生产、生态、生活和谐的现代化科技新城,充分利用保护好城市周围的自然环境,保留区域内河流水网并加以合理利用,加强环境保护和生态建设,使之与区域内的产业系统和城市系统构成统一的生态系统,提倡经济价值的生态化、再生化、环保化,实现生态环境、生存环境、生活环境、生产环境的动态平衡。

　　2007 年,张江高科技园区正式启动"国家生态工业示范园区"创建工作,提出以生态文明引领国家生态工业示范园区创建行动,以产业创新、产品创新、机制创新、服务创新为动力,以"低碳产业、低碳生产、低碳产品、低碳生活"为目标,致力于建设成为高科技产业生态改造样板区、低碳新兴产业示范区、科技创新引领区。

　　2009 年 5 月,国家生态工业示范园区建设协调领导小组办公室在北京召开会议,《张江高科技园区国家生态工业示范园区创建规划》(以下简称《创建规划》)通过专家组论证。《创建规划》中明确提出建设低碳新兴产业示范区的目标。由此,张江高科技园区成为国内第一个把低碳经济落实到规划的高科技园区。《创建规划》全面推进园区环境保护、循环经济、清洁生产和生态建设等各项任务,注重提高园区资源循环利用率、降低园区环境风险、确保园区生态安全等重点。《创建规划》的通过,标志着张江高科技园区率先探索低碳经济、低碳新兴产业创新的建设之路。

　　2010 年 4 月,经环境保护部、科技部、商务部正式批准,同意张江高科技园区创建国家生态工业示范园区。

【上海化学工业区】

　　2001 年 3 月,上海化学工业区在总体发展规划中(以下简称"上海化工区"),率先提出"五个一体化"开发建设理念,即"产品项目一体化、公用辅助一体化、物流传输一体化、环境保护一体化和管理服务一体化",构建了上海化工区发展循环经济的体系框架,为创建国家生态工业园区奠定了基础。

2002年2月22日,国家环境保护总局批复同意《上海化工区区域开发环境影响报告书》,上海化工区成为全国最早开展区域环评的园区之一。

2003年3月,上海化工区被中国—欧盟环境管理合作计划列为试点生态工业园区。

2005—2007年,上海化工区积极创建生态工业园区,万元产值能耗从1.62吨标煤下降至1.01吨,在国内同行业中领先。

2006年,上海化工区在推进"五个一体化"建设中取得如下成效:一是产品项目一体化。上海化工区既有开发区的特点,又有化工专业基地的特征。根据化工产品链的特点,通过招商引资,将符合上、中、下游产品链关系的企业有机地联结起来,从而有效提高了资源和能源的利用效率。在这条循环产业链上,"上一环节的产品、副产品和废物正是下一环节的原料","上一环节的废气正是下一环节的热源"。摒弃了传统的氯碱与石油化工分离的模式,将氯碱装置与石油化工装置有效组合,上海天原烧碱及聚氯乙烯装置出来的氯气先提供给巴斯夫公司生产MDI/TDI;同时,将副产品氯化氢回收送回聚氯乙烯装置,经氧氯化反应再产出相同数量的聚氯乙烯。这样,在一体化生产链中,"一份氯,打了两份工"。此外,璐彩特公司利用赛科丙烯腈装置的副产物(氢氰酸)生产MMA,其废酸回收装置同时回供赛科生产所需的高浓度硫酸,不仅使废物得到充分利用,又减少了环境污染。二是公用辅助一体化。通过产业整合,以与国外著名公用工程企业全面合资的形式,集中建设热电联供、工业气体、污水处理厂、废物焚烧炉、天然气管网等公用工程,建成公用工程岛,改变了传统的由各企业自建分散的、小规模的配套设施,实现生产配套、废物处理等设施的资源共享。赛科90万吨乙烯项目,由于采用化工区一体化的公用工程,项目总投资控制在200亿元以内,比国内同等规模的其他乙烯项目减少投资约30%～50%。三是物流传输一体化。针对化工物流复杂性、高危性和批量大的特殊要求,在建设铁路、公路、海运等传统运输设施的基础上,根据项目产品链关系布局,集中建成公共管廊、公用液体码头和公共储罐区。上海化工区一期12公里长的公共管廊铺设完成,其以低投资成本、高资源利用率和快速的传输速度,确保气体、液体物料在区内外经济且安全地输送。四是环境保护一体化。通过采用以天然气为主的清洁能源,深化生产过程中的清洁工艺,最大限度地降低化工对周围环境的影响。已建成或开工建设的逾700亿元的项目投资中,环保投资达91.6亿元,占总项目投资的12.3%;公共绿化面积117.4万平方米,绿化覆盖率达25%。此外,化工区内各化工装置的尾气排放执行国际现行标准中最严格的排放标准,其中,重金属排放含量比中国现行标准指数低10%,二氧化硫排放含量低25%,粉尘排放含量低约16%。同时,建立化工区环境空气质量监测站,实现对区内环境空气质量的实时监控。五是管理服务一体化。上海化工区设立公安、海关、海事、工商、税务、检验检疫等行政管理部门为企业提供一门式的服务。集公共安全、消防、医疗急救、化学事故、防汛防台、市政抢险、环境保护七大功能于一体的化工区应急响应中心正式运行。这是中国政府与欧盟委员会的官方合作项目——中国—欧盟环境管理合作计划的重要组成部分,它的启用为化工区的开发建设构筑起全方位、全天候的保障网络,并通过应急预案编制和实战演练,为区内企业"安全、健康、有序"地生产运营创造良好环境。

2006年11月9日,国家环境保护总局办公厅发文要求,针对上海市南部杭州湾沿岸基本形成化工石化产业带的情况,上海市需尽快组织开展杭州湾沿岸化工石化集中区区域环境影响评价,严格工业项目环境准入制度、对区域内居住、学校、旅游等环境敏感功能区域的建设提出限制性措施。

12月15日,市政府召开会议,研究杭州湾沿岸化工石化集中区区域环境影响评价问题。

2009年2月25日,市政府召开推进环保模范城市创建暨第四轮环保三年行动计划启动大会,上海化工区有4个项目分别列入循环经济和清洁生产专项、政策和机制专项等两个专项:一是按照建设国家循环经济试点城市的要求,加强引导推广和政策支持,推进上海化学工业区循环经济试点项目,探索不同层次和领域发展循环经济、率先转变经济发展方式的有效模式;二是按照循环经济理念、工业生态学原理和清洁生产要求,推进生态工业示范园区创建工作;三是以绿色设计、工艺改造、物料循环、污染治理等多种手段,推进区内企业开展清洁生产;四是联合市发展改革委、上海市经济和信息化委员会(以下简称"市经济信息化委")、市环保局、市财政局、上海市规划和国土资源管理局、金山区人民政府和奉贤区人民政府制定杭州湾沿岸化工石化集中区区域污染整治配套政策。是年,上海化工区《国家生态工业示范园区创建规划》《技术报告》通过专家评审。12月,上海化工区国家生态工业示范区创建规划通过国家评审。

2010年8月26日,经环境保护部、商务部、科技部批准,同意上海化工区创建国家生态工业示范园区,上海化工区成为全国首家获批的化工专业类工业园区,对全国同类工业区生态化建设起到重要示范作用。

【漕河泾新兴技术开发区】

2004年,漕河泾开发区正式启动创建国家生态工业园前期工作。4月20日,正式成立"循环经济、生态工业园区"组织机构。7月22日,召开发展循环经济、创建生态工业园区研讨会,编制完成创建"循环经济、生态工业园区"计划。9月16日,举行首次创建循环经济和生态工业园区基础理论培训。

2005年,漕河泾开发区积极推进生态工业园区建设,完成调研与培训工作,以及国家生态工业示范园区创建规划,在开发区门户网站设立资源交换平台,以促进企业间工业废物的交流与再利用,从而达到减少污染、提高资源利用率、节约资金的目的。

2007年,漕河泾开发区实施并完成"2006—2007年环保两年行动计划"的任务。落实创建循环经济和生态工业园区的各项任务,完成循环经济和生态工业园区建设的工作目标,编制循环经济和生态工业园区建设宣传手册。

2009年,举行漕河泾开发区国家生态产业示范园区创建启动仪式,委托上海大学编制完成《上海漕河泾新兴技术开发区生态工业园区建设规划》。7月,《规划》通过市级专家评审。10月,由市环保局正式向环境保护部申报创建国家生态工业示范园区。

2010年3月30日,规划通过由环境保护部、科技部、商务部三部委组织的专家评审。9月,正式成立国家生态工业示范园区推进委员会,委员会主要负责制定园区环境管理方针、生态工业园区建设发展的重大事项的决策、协调解决园区在生态工业园区建设过程中遇到的重大问题等。9月20日,经环境保护部、商务部、科技部正式批准,漕河泾新兴技术开发区创建国家生态工业园区。10月,漕河泾开发区全面启动创建国家生态工业示范园区工作,以"高端产业,低碳发展"为创建理念,以"产业高端,资源高效,生态安全,机制创新"为创建目标,力争通过五年左右时间,把开发区建成国际一流的多功能综合性的科技工业生态园区。

【闵行经济技术开发区】

2002年,闵行开发区在改善投资硬环境方面,注重生态建设、投资环境和区域开发同步并重的发展理念,积极营造适合投资者工作、创业的良好氛围,坚持以优化高品质投资环境作为参与市场竞争的关键,通过建设生态公园等措施,把开发区建设成为符合可持续发展要求的生态工业园区。

2003年12月,上海闵行联合发展有限公司等17家开发区内企业以"保护环境是我们共同的责任"为宗旨,发起签署了规范环境行为、强化环境职责的"共同环境行动宣言",为实施区域环境保护和环境长效管理搭建宣传平台。

2005年,闵行开发区正式启动国家生态工业园的创建工作。

2007年,闵行开发区围绕"循环经济、节能减排"工作的主题,以环境共建为重点领域,开展一系列创建生态环境培训与交流活动。召开建设节约型工业园区工作会议,布置开发区企业开展节水、节能、降耗、减排工作,以及环境调查和统计。

2008年5月,闵行开发区参加国家环境保护总局、商务部、科技部联合在天津经济技术开发区召开的推进国家生态工业示范园区建设工作会议,会后着手开展创建生态工业园的基础准备工作。

2009年5月,根据国家三部委的要求及实施上海市环保三年行动计划,闵行开发区在原有环境管理体系建设的基础上,在市、区环保局的指导和支持下,由市商委、市经济信息化委、市发展改革委等有关部门联合成立创建国家生态工业示范园区领导小组、办公室及专家组。8月,在完成对园区内重点企业调研的基础上,完成创建生态工业园区的建设规划和技术报告初稿,并请有关专家进行评审,提出闵行开发区建成为"低碳制造引领、土地集约样板、总量控制最佳实践、企业履行环境责任示范"的生态工业园区建设精品的建设目标。10月,市环保局组织专家召开会议并通过闵行开发区生态工业园区建设规划上海市级评审。11月,向三部委提交创建生态工业示范园区的申请报告。12月,完成反映闵行开发区及落户企业绿色生态、低碳工业建设情况的DVD宣传片,有效推动了开发区环境宣传工作。是月底,根据环境保护部《关于在国家生态工业示范园区中加强发展低碳经济的通知》的精神和具体要求,进一步完善闵行开发区创建生态工业园区规划中低碳经济的工作目标和工作重点,并增加个性化指标,上报环境保护部。

2010年,闵行开发区根据建设生态工业园区的启动项目和规划设定的目标指标,落实了以下任务:2年内20家企业完成清洁生产审核,2010年新增10家企业,共有19家重点企业向社会公众发布环境公报。5月18日,国家生态工业示范园区建设协调领导小组办公室在北京召开专题会议,经过环境保护部、科技部和商务部等联合组成的专家组认真评审、论证,闵行开发区创建国家生态工业园区的建设规划获得一致通过,开发区在环境保护、低碳发展、绿色生产、节能减排、机制创新等方面由企业自下而上所做的工作得到与会领导的高度评价,"低碳制造引领、土地集约样板、总量控制最佳实践、企业环境责任示范"成为开发区的标志。在一致通过闵行开发区创建国家生态工业示范园区的建设规划的前提下,开发区被誉为是国家级经济技术开发区最好的样板,三部委希望闵行开发区起到示范区中的示范作用。11月,闵行开发区获批准创建国家生态工业园区。此后,闵行开发区以建设规划为指导,以产业集聚为基础,推进园区产业的低碳化建设,完成产业精细和生态化改造;以能源和水资源利用效率提高为切入点,支撑低碳制造和节水型园区建设,全面提高园区资源集约化利用水平;以园区"共同环境行动宣言"为平台,形成具有自身特色的生态工业园区建设推进机制,努力实现园区与环境和谐发展,创建低碳制造的示范园区。

三、"双优"工业园区创建

为进一步提高上海开发区建设管理水平,促进产业发展与生态环境相和谐,投资环境建设与管理体系建设相同步,2000年,市经委、市质量技术监督局、市环保局联合发出《创建ISO 9000和ISO 14000质量与环境"双优"工业园活动实施意见》,全市开发区积极开展安全质量和环境质量管理体系认证活动。至2005年5月,共有28家开发区全面开展ISO 9000和ISO 14000管理体系认证,通过质量与环境两个管理体系认证的有16家园区。2005年6月1日,市经委、市质量技术监督局、市环保局、上海市开发区协会对通过ISO 9000质量管理体系和ISO 14000环境管理体系双认证园区进行公告。

【国家级开发区】

2001年11月,漕河泾新兴技术开发区通过ISO 9000质量管理体系认证。2002年10月,漕河泾新兴技术开发区通过ISO 14000环境管理体系认证。2003年8月,漕河泾新兴技术开发区通过ISO 14000环境管理体系国家示范区验收。

【市级工业区】

2001年11月,莘庄工业区通过ISO 14000环境管理体系认证。2002年11月,通过ISO 9000质量管理体系认证。2003年7月,青浦工业园区通过ISO 9000质量管理体系认证及ISO 14000环境管理体系认证。11月,崇明工业园区通过ISO 9000质量管理体系认证;12月,通过ISO 14000环境管理体系认证。12月,嘉定工业区通过ISO 9000质量管理体系认证及ISO 14000环境管理体系认证。2004年4月,紫竹科技园区通过ISO 9000质量管理体系认证及ISO 14000环境管理体系认证。10月,松江工业区通过ISO 9000质量管理体系认证及ISO 14000环境管理体系认证。12月,工业综合开发区通过ISO 9000质量管理体系认证及ISO 14000环境管理体系认证。2005年3月,康桥工业区通过ISO 9000质量管理体系认证及ISO 14000环境管理体系认证。

【重点配套区】

2002年7月,虹桥临空经济园区通过ISO 14000环境管理体系认证;2003年12月,通过ISO 9000质量管理体系认证。2002年8月,市北工业新区通过ISO 9000质量管理体系认证;2003年12月,通过ISO 14000环境管理体系认证。2003年7月,青浦中纺科技城通过ISO 9000质量管理体系认证及ISO 14000环境管理体系认证。2004年1月,青浦练塘工业园区通过ISO 9000质量管理体系认证及ISO 14000环境管理体系认证。2004年8月,南汇工业园区通过ISO 9000质量管理体系认证;2005年3月,通过ISO 14000环境管理体系认证。2004年4月,奉城经济园区通过ISO 9000质量管理体系认证;10月,通过ISO 14000环境管理体系认证。2004年11月,松江工业区佘山分区通过ISO 9000质量管理体系认证及ISO 14000环境管理体系认证。至2008年,已通过"双优"认证的开发区共有28家。

表3-1-15 至2008年上海市已通过"双优"认证的开发区一览表

序 号	名 称	序 号	名 称
1	外高桥保税区	4	闵行经济技术开发区
2	金桥出口加工区	5	嘉定试点园区
3	漕河泾新兴技术开发区	6	青浦工业园区

序 号	名 称	序 号	名 称
7	松江试点园区	18	练塘绿色工业园区
8	工业综合开发区	19	松江开发区佘山分区
9	康桥工业园区	20	青浦中纺科技城
10	莘庄工业园区	21	奉城经济园区
11	南汇工业园区	22	市北工业新区
12	紫竹高新技术产业园区	23	川沙镇工业园
13	上海化学工业区	24	金山第二开发区
14	张江高科技园区	25	化工区奉贤分区
15	金山工业园区	26	大麦湾开发区
16	枫泾工业园区	27	浦东合庆工业园区
17	崇明工业园区	28	月浦工业园

资料来源：上海市经济和信息化委员会、上海市发展和改革委员会、上海市统计局、上海市开发区协会 2009 年《上海开发区发展报告》

四、工业区污水纳管

至 2006 年，上海共有 80 个保留工业区（按照第一次开发区清理整顿时统计口径），分布在上海的 14 个区县，总面积为 798.8 平方公里，其中累计开发土地面积 375.1 平方公里。工业区污水收集处理设施主要由污水处理厂、工业区外部污水干管（泵站）、园区内部污水收集管网等组成。在加快推进工业向园区集中过程中，市区相关部门积极推动工业区加快污水收集管网、污水干管、污水处理厂等基础设施建设，推进企业污水纳管。

按照第一次开发区清理整顿时的 80 个工业区（除星火开发区）统计口径，均明确：除廊下工业区、白鹤工业区和富盛工业区末端污水处理厂 2006 年开工建设外，其余工业区的末端污水处理厂均建成或正在建设。80 个保留工业区累计建管网 1 480 公里，平均管网密度达 2.9 公里/平方公里。其中，市区、浦东新区、松江各工业区的管网建设均基本完善。市内 80 个工业区入驻企业共 6 363 家，其中纳管企业 3 627 家，企业排水总量为 55.8 万立方米/日（不包括市级重点监管企业），其中纳管污水量 43.3 万立方米/日，污水纳管处理率为 78％。工业区管网服务面积由 2004 年的 285.8 公里增加至 406.2 公里，新增污水厂 5 座，企业纳管数量由 2004 年的 1 228 家上升至 3 627 家，新增纳管企业污水量约 15 万吨/日，新增纳管生活污水 4 万吨/日。

表 3-1-16　2010 年上海市 104 产业区块污水处理设施全部配套建设情况表

开 发 区 名 称	区 块 名 称	污水基础设施配套
上海综合保税区	外高桥保税区	是
	洋山保税港区	是
	上海浦东机场综合保税区	是

（续表一）

开 发 区 名 称	区 块 名 称	污水基础设施配套
金桥出口加工区		是
张江高科技园区		是
漕河泾新兴技术开发区	漕河泾新兴技术开发区	是
	漕河泾浦江高科技园	是
闵行经济技术开发区		是
陆家嘴金融贸易区		是
上海紫竹高新技术产业园区		是
市级工业区合计		是
上海市市北高新技术服务业园区		是
上海未来岛高新技术产业园区		是
上海新杨工业园区		是
上海宝山工业园区	宝山工业园区	是
	宝山城市工业园区	是
	罗店工业园区	是
	徐行工业园区	是
上海月杨工业园区	顾村工业园区	是
	宝山杨行工业园区	是
	月浦工业园区	是
上海崇明工业园区		是
上海富盛经济开发区		是
上海浦东合庆工业园区		是
上海浦东空港工业园区	川沙经济园区	是
	老港化工工业园区	是
	祝桥空港工业园区	是
	浦东新区机场经济园区	是
上海嘉定工业园区	嘉定工业园区	是
	外冈工业园区	是
	嘉定工业园区马陆园区	是
上海嘉定汽车产业园区	南翔工业园区	是
	黄渡工业园区	是
	国际汽车城零部件配套园区	是
上海莘庄工业园区	莘庄工业园区	是
	向阳工业园区	是

（续表二）

开 发 区 名 称	区 块 名 称	污水基础设施配套
上海青浦工业园区	青浦工业园区	是
	张江青浦园区	是
	青浦出口加工区	是
上海西郊经济开发区	徐泾工业园区	是
	华新工业园区	是
	闵北工业园区	是
上海松江工业园区	石湖荡工业园区	是
	松江出口加工区	是
上海松江工业园区	松江工业园区	是
	松江工业园区车墩分区	是
	松江国际中小企业城	是
	松江工业园区新桥分区	是
	松江科技园区	是
	中山街道	是
	练塘工业园区	是
上海松江经济开发区	洞泾工业园	是
	九亭高科技工业园区	是
	泗泾高科技开发区	是
上海浦东康桥工业园区		是
上海南汇工业园区		是
上海星火工业园区		是
上海奉贤经济开发区	工业综合开发区	是
	奉贤现代农业园区	是
上海奉城工业园区		是
上海金山工业园区	金山工业园区—山阳园	是
	金山工业园区	是
	金山工业园区—漕泾园	是
	金山第二工业园区	是
	张堰工业园区	是
上海枫泾工业园区		是
上海朱泾工业园区		是
上海化学工业园区		是

（续表三）

开 发 区 名 称	区 块 名 称	污水基础设施配套
产业基地合计		是
临港产业区		是
金山石化基地		是
宝山钢铁基地	石洞口经济小区	是
宝山钢铁基地	宝山钢铁基地	是
高桥石化基地		是
长兴海洋工程及船舶制造基地	长兴海洋装备基地配套园区	是
长兴海洋工程及船舶制造基地	长兴海洋工程及船舶制造基地	是
飞机总装基地		是
安亭汽车产业基地		是
吴泾工业基地		是
吴淞工业基地	上海吴淞国际物流园区	是
吴淞工业基地	吴淞工业基地	是
闵行装备基地		是
产业区块合计		是
化学工业区奉贤分区		是
青港经济园区		是
临港物流园区奉贤分区		是
海港综合经济开发区		是
金汇工业园		是
临海工业区		是
上海四团镇经济园区		是
杨王工业园		是
庄行工业区		是
邬桥经济园区		是
浦南机电园		是
华亭工业园区		是
南翔城镇工业地块		是
新能源汽车及关键零部件产业基地		是
金宝工业区		是
干巷工业区		是
廊下工业区		是
亭林工业区		是

（续表四）

开发区名称	区块名称	污水基础设施配套
化学工业区金山分区		是
马桥产业园区		是
闵东工业区		是
欣梅工业园区		是
航天科技产业园		是
北蔡工业园区		是
曹路镇工业区		是
大麦湾工业区		是
鹿园工业区		是
新场工业区		是
三灶工业园区		是
高桥老工业基地		是
上海国际医学园区		是
白鹤工业园区		是
金泽工业园区		是
商榻工业园区		是
朱家角工业园区		是
永丰城镇工业地块		是
泗泾镇工业区		是
漕河泾开发区松江园区		是
久富工业区		是
罗泾港配套产业园		是
宝山经济发展区		是
崇明现代农业园区农产品加工区		是
彭浦工业园区		是
桃浦生产性服务业功能区		是
长征工业园区		是

资料来源：上海市开发区协会档案室：XH－Z·B－2010－002

第二章 土地利用

上海市土地总面积仅 6 340 平方公里,上海开发区土地资源稀缺。20 世纪 80 年代,上海首批筹建的 3 个工业开发区,占地面积偏小。自 1996 年开始,市区大工业向郊县工业开发区实施大手笔的转移,进一步拓展了土地利用空间,上海先后在郊县(区)建立了 9 个市级工业开发区。2004 年,根据国家宏观调控政策的要求,中共上海市委、市政府对开发区发展利用空间作了重大调整。市政府颁布《关于切实推行"三个集中"加快上海郊区发展的规划纲要》,明确提出"人口向城镇集中,产业向园区集中,土地向规模经营集中"的总战略。2005 年,上海开发区在上一轮清理整顿后核减为 80 个开发区,规划面积 626.5 平方公里,分为国家级、市级和区级三类。2008 年,国务院下发的《关于促进节约集约用地的通知》提出,切实保护耕地,大力促进节约、集约用地,走出一条建设占地少、利用效率高的符合中国国情的土地利用新路子。上海各开发区加强项目准入评估,提高进入门槛,招商引资质量逐步提高,进而加大了落地工业项目的投资强度。各开发区集约用地,实施存量土地的二次开发,"腾笼换鸟",淘汰劣势企业,不断提高开发区的土地利用率和土地的产出水平。

至 2009 年,上海 38 个工业开发区土地利用空间总规划可供应面积 501.16 平方公里,累计供应土地面积 316.92 平方公里;规划工业用地 318.47 平方公里,累计供应工业用地 203.56 平方公里。

至 2010 年,上海开发区 104 个区块已供应土地面积 511.24 平方公里,吸纳投资总额达 14 577.16 亿元;土地投资强度达 28.51 亿元/平方公里。公告开发区(国家级、市级开发区)土地投资强度达 40.43 亿元/平方公里。其中,国家级开发区土地投资强度达 75.46 亿元/平方公里,市级开发区为 31.54 亿元/平方公里,产业基地为 5.07 亿元/平方公里,城镇产业区块为 9.67 亿元/平方公里。

第一节 用 地 空 间

"六五""七五"期间(1981—1990 年),上海总体设计筹建 15 个工业区,相继建成以化工为主的桃浦工业区、以机械制造为主的彭浦工业区、以石化为主的高桥工业区、以汽车为主的安亭工业区、以电站设备与机电为主的闵行工业区、以冶金与建材为主的周家渡工业区、以高新技术为主的漕河泾工业区等。基于土地资源紧缺、老工业基地产业结构与产业分布不尽合理、工业基础薄弱和设施落后等因素,20 世纪 80 年代初,中共上海市委、市政府提出筹建和设立工业开发区的布局必须坚持"产业定位清晰、园区选址准确、规划布局科学和充分利用土地发展空间"的总体思路和要求。

20 世纪 80 年代,相对于其他省、市的工业开发区,上海首批筹建的 3 个工业开发区占地面积偏小,土地利用空间相对狭窄。如虹桥经济技术开发区规划面积仅 0.65 平方公里,是典型的"袖珍园区";闵行经济技术开发区规划面积也只有 3.5 平方公里;漕河泾新兴技术开发区规划面积为 5.98 平方公里。自 1992 年开始,闵行经济技术开发区、虹桥经济技术开发区、漕河泾新兴技术开发区出现第二次外商投资热潮,批准进入上述 3 个开发区的外商投资企业共 201 家,合同总投资额为 19.33 亿美元。1993 年,闵行、虹桥、漕河泾 3 个开发区基本完成一期开发,都先后不同程度地进入二期开发阶段,缺乏新的土地利用空间。为此,市政府批准闵行经济技术开发区二期开发新扩大面积 1.07 平方公里。虹桥经济技术开发区抓紧上海世界贸易商城项目的洽谈,该项目占地 4.4 公顷,目标是建设成为国内企业提供常设的外贸窗口。漕河泾新兴技术开发区提前两年启动虹桥路以西规划的2平方公里的开发区,区内竣工的8.3万平方米标准厂房全部售空,正在施工的50万平方米标准厂房预计销售看好。

自1996年开始,市区大工业向郊县工业开发区实施大手笔的转移,为郊县工业开发区相对集中和土地利用空间合理布局提供了有利的契机。随着新一轮工业布局的调整,对市级工业开发区的集中开发和建设,突破了行政区域的限制,进一步拓展了土地利用空间,上海先后在郊县(区)建立了9个市级工业开发区。

至2002年,上海各类工业开发区规划用地面积共计605平方公里。其中,国家级开发区64平方公里,占总量的11%;市级开发区237平方公里,占总量的39%;区县和镇级开发区304平方公里,占总量的50%。从土地实际使用率来看,上海工业开发区实际用地313平方公里,使用率为51.7%。其中,国家级工业区实际用地45平方公里,使用率为70.3%,为三个层次中最高;市级工业区实际用地111平方公里,使用率为46.8%;区及区以下工业区实际用地155平方公里,使用率为51%。

2004年,根据国家宏观调控政策的要求,中共上海市委、市政府经过科学谋划和综合平衡,对开发区发展利用空间作了重大调整。11月17日,市政府颁布《关于切实推行"三个集中"加快上海郊区发展的规划纲要》,明确提出"人口向城镇集中,产业向园区集中,土地向规模经营集中"的总战略。经过全面清理调整和整合,上海开发区数量从原来的177个调整核减至80个,减少幅度达55%;开发区面积从最初规划1 008.2平方公里核减至626.5平方公里,减少幅度达38%。在80个开发区中,除去3个现代农业园区、2个旅游度假区、陆家嘴金融贸易区和虹桥经济技术开发区,尚有73个以工业为主的开发区,规划面积为553平方公里。其中,分布在郊区的共66个,规划面积540平方公里,占98%;分布在中心城区(不包括浦东)的共7个,规划面积约13平方公里。与此同时,按照设立审核的级别分为国家级、市级和区级三类。属于国家级的有经济技术开发区、高新技术开发区、出口加工区、保税区,其中出口加工区、保税区(港)、保税物流中心等为海关特殊监管区域,规划面积104.22平方公里;市级工业园区13个,规划面积320.36平方公里;区级49个,规划面积128.66平方公里。

2005年,上海开发区继续按照"产业向园区集中"的要求,进一步调整整合工业开发区的土地利用空间,促进工业区持续协调健康发展。至2005年,上海工业区可出让工业用地约365平方公里,已供应土地232平方公里,出让率达63%。工业区剩余可利用的工业用地约133平方公里,其中市级工业区尚可利用工业用地面积103平方公里,占总量的77%。上海各工业区土地开发情况各不相同,可用工业用地的分布不均衡,基本没有剩余工业土地的工业区共计25个,在审核保留范围内基本完成批租,没有新的发展空间,主要靠扩区或盘活存量土地、腾笼换鸟解决新项目落地。闵行经济技术开发区在临港扩区13.33平方公里,新批准洋山保税港区8.14平方公里,虹桥开发区也争取在嘉定外冈扩区9.5平方公里,为上海开发区发展拓展新的空间。

至2007年,市内开发区土地利用空间仍然面临总量有限、分布不均的局面。38个开发区规划可供应用地面积407.79平方公里,已供应土地面积264.18平方公里,尚可供应土地143.61平方公里。规划可供应工业用地333.26平方公里,已供应工业用地227.59平方公里,尚可供应工业用地105.67平方公里。国家级开发区可供应的工业用地仅剩6.27平方公里,市级开发区剩余99.40平方公里。其中,张江、金桥、闵行(本部)、漕河泾(本部)、星火、莘庄、华新、徐泾、石湖荡、练塘、泗泾、马陆、奉城、合庆、罗店、月浦、顾村、机场、祝桥、国际汽车城、九亭、市北、新杨、富盛等24个开发区,基本上没有剩余可供应工业用地;尚有朱泾、金山(第二)、枫泾、南汇、宝山城市、川沙、黄渡等7

个开发区,剩余约20%的可供应工业用地;还有漕河泾(浦江)、向阳、金山、嘉定、康桥、崇明、宝山工业区等开发区,剩余50%以上的可供应工业用地。

表3-2-1　至2007年上海开发区增量土地资源潜力情况表　　　　单位：平方公里

类　型	规划可供应用地面积	已供应用地面积	尚可供应面积	规划可供应用地面积	已供应工业用地面积	尚可供应工业面积
合　计	407.79	264.18	143.61	333.26	227.59	105.67
国家级	60.75	48.00	12.75	41.92	35.65	6.27
市　级	347.04	216.18	130.86	291.34	191.94	99.40

资料来源：上海市经济委员会、上海市发展和改革委员会、上海市统计局、上海市开发区协会2008年《上海开发区发展报告》

至2008年,上海38个以工业为主的开发区规划可供应用地面积410.25平方公里,已供应面积276.81平方公里,尚可供应土地133.44平方公里。规划可供应工业用地334.12平方公里,已供应工业用地233.84平方公里,尚可供应工业用地100.28平方公里。上海市各开发区的可用工业用地分布十分不均,经过合理调控,国家级开发区可供应的工业用地仅剩10.41平方公里,市级开发区还剩余89.87平方公里。

表3-2-2　至2008年上海市工业开发区土地利用空间资源一览表　　　　单位：平方公里

类　别	规划可供应用地面积	已供应用地面积	尚可供应面积	规划可供应用地面积	已供应工业用地面积	尚可供应工业面积
合　计	410.25	276.81	133.44	334.12	233.84	100.28
国家级	62.37	52.40	9.97	45.39	34.98	10.41
市　级	347.88	224.41	123.47	288.73	198.86	89.87

资料来源：上海市经济和信息化委员会、上海市发展和改革委员会、上海市统计局、上海市开发区协会2009年《上海开发区发展报告》

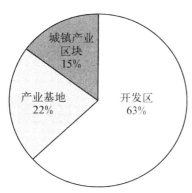

图3-2-1　2010年上海市工业区规划土地利用空间结构图

资料来源：上海市经济和信息化委员会、上海市发展和改革委员会、上海市统计局、上海市开发区协会2011年《上海产业和信息化发展报告——开发区》

2009年,上海市围绕"保增长、调结构、促发展"的工作方针,进一步完善工业用地全过程管理,激活闲置、低效土地,调整优化土地利用空间和布局,适时修订完善《上海工业产业导向及布局指南》《上海产业用地指南》《上海产业能效指南》等配套文件。至2009年,上海38个工业开发区土地利用空间总规划可供应面积501.16平方公里,累计供应土地面积316.92平方公里,规划工业用地318.47平方公里,累计供应工业用地203.56平方公里;尚可供应用地184.24平方公里,其中尚可供应工业用地114.91平方公里。国家级开发区可供应的工业用地仅剩9.67平方公里,市级开发区剩余105.24平方公里。其中,张江、金桥、闵行(本部)、漕河泾(本部)、星火、莘庄、华新、徐泾、石湖荡、练塘、泗泾、罗店、月浦、顾村、祝桥、国际汽车城、九亭、市北、新杨、富盛、金山第二、枫泾、张堰、黄渡、徐行等开发区,基本上没有剩余可供应工业用地;只有漕河泾(浦江)、金山、嘉定、马陆、闵北、松江、崇明、宝山、青浦等开发区,还有50%以上的剩余可用工业用地。

2010年,上海104个产业区块的工业用地利用空间及规划总面积834.69平方公里("两规合一"规划面积760.57平方公里),规划工业用地面积约为570平方公里,其中公告开发区356平方公里,产业基地134平方公里,城镇工业地块80平方公里。至2010年,上海104个产业区块累计供应工业用地面积387平方公里。尚可供应工业用地183平方公里。其中,公告开发区尚可供应工业用地141平方公里,产业基地尚可供应工业用地33平方公里,城镇工业地块尚可供应工业用地9平方公里。

表 3-2-3 至 2010 年上海开发区尚可利用土地空间一览表　　　　单位:平方公里

类　　型	规划工业用地面积	累计供应工业用地面积	尚可供应土地面积
全市产业区块合计	570	387	183
一、公告开发区	356	215	141
1. 国家级	44	33	11
2. 市级	312	182	130
二、产业基地	134	101	33
三、城镇产业区块	80	71	9

资料来源:上海市经济和信息化委员会、上海市发展和改革委员会、上海市统计局、上海市开发区协会2011年《上海产业和信息化发展报告——开发区》

第二节　集　约　用　地

一、集约用地相关政策

1998年2月11日,为支持国有企业改革,进一步推行土地有偿使用制度,明晰土地产权关系,加强土地资产管理,国家土地管理局颁布《国有企业改革中划拨土地使用权管理暂行规定》,并于3月1日起施行。《规定》要求:国有企业使用的划拨土地使用权,应当依法逐步实行有偿使用制度。对国有企业改革中涉及的划拨土地使用权,根据企业改革的不同形式和具体情况,可分别采取国有土地使用权出让、国有土地租赁、国家以土地使用权作价出资(入股)和保留划拨用地方式予以处置。

2007年9月8日,国土资源部下发的《关于加大闲置土地处置力度的通知》指出,各地积极贯彻落实国家加强土地调控的一系列政策措施,取得明显成效。但是,在一些地方、部分行业特别是房地产开发领域土地闲置问题突出,处置不力,直接影响了土地调控的效果。《通知》提出,各地要严格按照《土地管理法》《城市房地产管理法》《闲置土地处置办法》以及国务院办公厅转发建设部等部门关于《调整住房供应结构稳定住房价格意见》等有关闲置土地处置的规定,加快处置利用闲置土地。土地闲置费原则上按出让或划拨土地价款的20%征收;依法可以无偿收回的,坚决无偿收回。对于违法审批而造成土地闲置的,要在2007年前完成清退。能够恢复耕种的要恢复耕种,不能恢复耕种的纳入政府土地储备,优先安排开发利用。实行建设用地使用权"净地"出让,出让前,应处理好土地的产权、补偿安置等经济法律关系,完成必要的通水、通电、通路、土地平整等前期开发,防止土地闲置浪费。合理确定建设用地使用权出让的宗地规模,缩短开发周期。未按建设用地使用权出让合同约定缴清全部土地价款的，不得发放土地使用证书，也不得按土地价款缴纳比例分期发放土地使用证书。

2008年4月23日，国务院下发的《关于促进节约集约用地的通知》指出："我国人多地少，耕地资源稀缺，当前又正处于工业化、城镇化快速发展时期，建设用地供需矛盾十分突出。切实保护耕地，大力促进节约集约用地，走出一条建设占地少、利用效率高的符合我国国情的土地利用新路子，是关系民族生存根基和国家长远利益的大计，是全面贯彻落实科学发展观的具体要求，是我国必须长期坚持的一条根本方针。"《通知》提出："按照节约集约用地原则，审查调整各类相关规划和用地标准；强化土地利用总体规划的整体控制作用；切实加强重大基础设施和基础产业的科学规划；从严控制城市用地规模；严格土地使用标准。要按照节约集约用地的要求，尽快出台新修订的人均用地、用地结构等城市规划控制标准，合理确定各项建设建筑密度、容积率、绿地率，严格按国家标准进行各项市政基础设施和生态绿化建设。要健全各类建设用地标准体系，抓紧编制公共设施和公益事业建设用地标准。要按照节约集约用地的原则，在满足功能和安全要求的前提下，重新审改现有各类工程项目建设用地标准。"

二、郊区都市工业园建设

2002年11月8日，中国共产党第十六次全国代表大会期间提出，加快城镇化进程、统筹城乡发展是全面建设小康社会的一项重要任务。2004年5月24日，中国共产党上海市第八次代表大会期间提出，要加快上海郊区城市化进程。2005年2月，中共上海市委、市政府召开的上海市郊区工作会议进一步明确郊区实现"城乡一体化、农村城市化、农业现代化、农民市民化"的总目标和切实推进"人口向城镇集中、产业向园区集中、土地向规模经营集中"（以下简称"三个集中"）的总战略，切实推进郊区"三个集中"，立足市域6340平方公里，加快中心城和郊区的联动发展，优化市域人口、城镇、产业布局，按照人口集中、产业集聚和土地集约的要求，提高人口、产业、资源、环境和基础设施各类要素的聚集度，逐步消除城乡二元结构，全面提高郊区生产力和人民生活水平。并提出郊区产业发展要提升能级、优化布局，积极发展优势产业，稳定均势产业，淘汰劣势产业。按照优先发展现代服务业和先进制造业的要求，坚持二、三产业共同推动经济增长。依托郊区新城和功能性、基础性设施项目建设，大力发展生产性服务业和生活性服务业。依托国家级、市级开发区和重大产业基地，大力发展先进制造业和高新技术产业。注重产业集聚，加快形成产业链和产业集群。积极发展现代化都市型农业。

为贯彻落实中共上海市委、市政府关于推进"三个集中"的发展战略，进一步优化上海郊区产业布局，推进郊区人口、城镇、产业协调发展，在上海形成以产业基地为龙头、市级以上工业区为支撑、区级重点工业区为配套、郊区都市型工业园（产业街区）为补充的产业布局构架，2004年10月，市经委、市规划局、市房地资源局等部门按照"重点突破、加强导向、有序推进"的要求，颁布《关于规范本市郊区都市型工业园规划建设的指导意见（试行）》（以下简称《指导意见》）。《指导意见》提出，按照上海建设"四个中心"的城市发展定位和"两个优先"的产业发展战略，制订与上海市城市总体规划、上海市土地利用总体规划和上海市郊区规划纲要相适应的产业布局规划，根据上海城镇体系中中心城、新城、新市镇和居民新村（社区）四个层次架构，推进郊区都市型工业园的规划和建设，形成产业和居住相互配套的产业街区，加大产业用地结构调整和存量优化，增加郊区镇村和农民的长期收益来源，加快形成上海市郊区产业集聚、土地集约、工业集中的格局。《指导意见》还提出四项"基本原则"：一是整体规划，合理布局。依据上海市城市总体规划和土地利用总体规划，充分依托郊区的城、镇、村三级城镇体系，加快郊区都市型工业园建设，进一步完善郊区城市功能，推进郊区城镇、产业、人口协调发展，加快形成与郊区城市功能和城镇布局相匹配的郊区产业发展新格局。二是农民入股，租赁为主。郊区都市型工业园是镇、村集体经济组织运作的集体资产，通过以农民集体资产或以土地为合作条件入股等模式集中建设标准厂房，将农民的土地转化为促进产业发展的厂房资产，吸引中小企业入驻，促进和扩大郊区居民就业，用长效机制保障农民和镇村获取稳定的土地和厂房租赁收益，推进农民就业非农化、郊区农民市民化，使郊区居民真正实现"安居乐业"。三是优化存量，集约用地。优化土地资源，盘活存量用地，提高土地利用效率，调整和优化上海市郊区工业园区、规划城镇建设区等现有工业用地，在合理安排建设用地总量的条件下，集中建设标准型厂房，吸引目前没有条件和能力进入工业区的中小企业进驻都市型工业园。四是产业导向，提升能级。根据上海工业产业导向目录，郊区都市型工业园重点发展无污染、广就业的都市工业（一类工业），即以服装服饰业、包装印刷广告业、工艺旅游纪念品业和生产性服务业等为主的产业，建设与城镇人口、生态环境相协调的都市型工业园。

2004年10月至2006年8月，按照统一规划、合理布局、租赁为主、农民收益的建设要求，市经委、市规划局、市房地资源局共同批准上海19个郊区都市型工业园试点建设项目：顾村都市型工业园、南翔郊区都市型工业园、腾北郊区都市型工业园、华新郊区都市型工业园、勤劳郊区都市型工业园、周浦都市型工业园、欣梅郊区都市型工业园、鹿园都市型工业园、三灶都市型工业园、佘山都市型工业园、新练塘郊区都市型工业园、新浜都市型工业园、叶榭都市型工业园、泖港都市型工业园、新农郊区都市型工业园、奉城都市型工业园、枫泾郊区都市型工业园、吕巷郊区都市型工业园、金山卫郊区都市型工业园。

2005年3月16日，市经委在嘉定区南翔镇召开推进工业向园区集中暨郊区都市型工业园建设现场会。上海市副市长胡延照出席会议。会上，市经委领导就推进郊区都市型工业园建设及淘汰劣势产业工作作动员和部署，提出在深化推进郊区都市型工业试点建设过程中，要加强对产业定位、选址布局、土地利用、投资运作以及受益保障等方面的研究和把关。在推进淘汰劣势产业，整合零星工业点工作中，强调市区联动，盘活存量，加大淘汰劣势企业的力度，形成集约使用土地的长效机制。副市长胡延照指出：土地资源已是制约上海发展的瓶颈，推进"三个集中"、坚持集约用地是上海经济持续、稳定、健康发展的关键。要求各工业区要贯彻科教兴市战略，把握好机遇，抓好招商引资工作，主动承接国际产业转移，全面提升园区质量。推进工业向园区集中、郊区都市型工业园建设要与土地向规模经营集中、人口向城镇集中相结合，与产业能级提升相结合，与城镇布局相结合，与保障农民利益相结合。

19个郊区都市型工业园示范建设项目主要分布在闵行、松江、金山、奉贤、青浦、嘉定、宝山等地区，按照合理布局、优化存量、集约用地的要求，进一步促进郊区人口、城镇、产业协调发展。总规划占地面积517.7公顷（现状用地均为建设用地），每个工业园规划面积基本控制在20公顷～30公顷，规划建筑面积4.49平方公里，平均容积率在0.86左右。这些项目建成达产后，可实现工业总产值253亿元，利润11.6亿元，税收10亿元，租金收入5.3亿元。

上海郊区都市型工业园建设的主要特点：一是形成农民集体资产入股的投资模式。积极探索以村级集体经济组织为主体的建园模式，采取多种农民自愿加入的形式，形成农民集体资产入股的不动产。投资模式主要有三类：第一类是通过镇政府财力资金，帮助工业园开发建设融资贷款，并给予财政贴息补贴；第二类是采取股份合作方式，成立以镇、村集体资产或农民入股的股份合作制公司或农民持股会，成立以村委会为投资主体入股的集体经济组织；第三类是通过被征地农民土地作价、土地使用权和征地补偿费等入股的投资模式。从实际投资情况看，总投资为 53.3 亿元。其中，由农民集体资产入股的 24.1 亿元，占总投资 45.2%，入股村约 150 个；区财政支持 0.4 亿元，占总投资 0.8%；入驻企业和自筹贷款 28.8 亿元，占总投资的 54%，基本实现以村级经济为主体投资模式。二是建立农民自主经营的开发模式。不断探索以镇、村集体经济组织自主经营、以租代收的开发管理模式，坚持"五个统一"经营管理模式，即统一规划、统一建设、统一经营、统一招商、统一管理。土地和标准型厂房以租赁使用为主，集中建设适合都市型产业发展的标准型厂房，建成的厂房转换为促进产业发展的有效资产，并以租赁收益为主，作为解决农民养老保险、小城镇保险、土地征用补偿等。三是向社会和当地失地农民提供就业岗位。从实际就业情况看，郊区都市型工业园可向社会和当地失地农民解决和提供 6.7 万个就业岗位。其中，为当地失地农民提供就业岗位 3.3 万个就业岗位，向社会提供 3.4 万个就业岗位，进一步推进农民就业非农化，使郊区居民真正实现"安居乐业"。四是郊区产业能级得到进一步提升。根据上海工业产业导向目录，郊区都市型工业园重点发展无污染、广就业的都市工业（一类工业）。这些工业园主要吸引和入驻一批以仪器仪表、电子信息、家用电器、服装服饰业、包装印刷广告业、工艺旅游纪念品业为主的都市产业，以研发、设计为主的生产性服务业等中小企业，基本实现产业发展与城镇人口、生态环境相协调。从这些工业园村级经济可支配收入情况看，约有 20% 的村级经济组织缺乏稳定的收入来源，有 50% 的村级经济组织有相对较稳定的收入来源。

推进都市型工业园建设的主要做法：第一，确定规范建设郊区市型工业园指导文件。为有序推进郊区都市型工业园规范建设，市经委、市规划局、市房地资源局联合下发《关于规范上海郊区都市型工业园规划建设的指导意见》，提出建设具体要求：在土地利用上，在合理安排建设用地总量的条件下，集中和分期建设标准型厂房，充分利用现有存量用地，进一步盘活存量工业土地，调整和优化郊区工业园区，不断提高土地利用效率。工业园用地面积一般控制在 20 公顷～30 公顷，容积率原则上不低于 1。在产业定位上，主要吸引环保型、广就业、配套性的中小企业和都市型工业。在规划选址上，符合城市总体规划和土地利用总体规划，选择原有存量集中工业点，充分发挥原有市政基础配套设施和公共服务设施作用。在投资运作上，以镇、村集体资产或农民入股成立股份合作制公司，通过土地作价、土地使用权和征地补偿费等形式投入，形成农民集体资产入股的不动产，自主进行都市型工业园开发、建设和经营。在运作方式上，农村土地转化为促进产业发展的有效资产，土地和标准型厂房以租赁使用为主，获取出租等各类收益，用于解决农民养老保险、小城镇保险和土地使用补偿等。第二，形成市区联手、共同推进的工作机制。鉴于郊区都市型工业园建设是一项试点工作，需形成市区联手、形成合力、政策引导、稳步实施的推进机制，市级层面主要负责制定政策、设置标准、统筹协调、联合推进，区县层面主要负责落实措施、具体实施，结合各区县实际情况，制定实施稳步推进的工作计划。第三，加快郊区村级集体经济发展。郊区都市型工业园建设坚持体现"两个注重"：一是注重对村级集体经济的扶持，厂房租赁收益基本归各村所有，总收入的约 50% 基本用于农民困难补助，包括养老、医疗和福利等；二是注重让更多的薄弱村参与入股和建设，加快扶持区镇薄弱村经济发展。第四，切实保障农民长期稳定利益。妥善安置因开发建设失去土地的农民，在招商引资中，注重吸纳当地和周边地区失地农民到企业就业，通过培训增强就业能力，有的就地安排在工业园从事环境保洁、绿化建设和安保管理等岗位，如金山区枫泾都市型工业园，提供 2 500 个农民就业岗位。郊区都市工业园的布局，主要分布在上海的 8 个郊区。

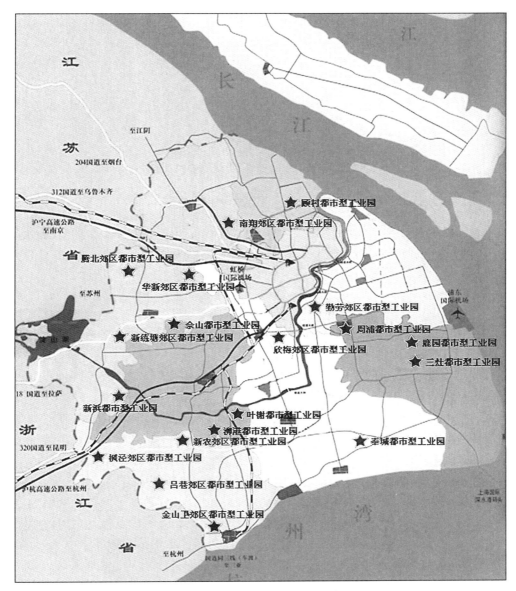

图 3－2－2　上海郊区都市工业园布局图

三、郊区零星工业点整治

2004 年下半年至 2005 年底,为贯彻中共上海市委、市政府提出的"三个集中"战略部署,加快落实"发展优势产业、稳定均势产业、淘汰劣势产业"产业方针,小型和零星工业点的整合、归并和调整,结合郊区城镇建设和区划调整,上海市对原来过于分散、凌乱的工业区进行整合,形成数量相对较少、规模较大、产业集聚度较高的工业区,推进资源向市级以上开发区集中,推动土地节约集约利用。同时,限制发展不符合产业导向的工业点。严格限制区级以下调整归并的工业区再进新项目,禁止零星分散工业点的扩产和进新项目,加快淘汰劣势企业。同时,市经委在浦东新区、松江、嘉定、青浦、金山、南汇、奉贤、闵行、宝山、普陀等区县,开展淘汰劣势产业、整合零星工业点试点工作,并按照"政府引导、市场运作、市区联手、依法推进"的原则,在各区县在土地收紧的情况下全面推进。至2004年,共淘汰250家劣势企业;至2005年6月,共淘汰462家企业;至2005年10月,共淘汰820多家劣势企业,腾出土地面积559.8公顷,有效推进了转变经济增长方式。淘汰劣势企业、盘活存量土地工作,取得了初步成效。

淘汰的行业主要是塑料制品加工企业88家,约占19%;小化工类企业60家,约占13%;小五金、小冶炼类企业51家,约占11%;纺织印染企业42家,约占9%;其他落后生产工艺和产品的企业约占48%。这些企业平均土地产出水平仅为5亿元/平方公里~8亿元/平方公里,平均税收仅0.38亿元/平方公里,仅为上海平均水平的1/5;平均建筑容积率仅为0.37,远低于上海工业企业平均容积率;土地投资强度为6.4亿元/平方公里,仅为上海平均水平的1/6;年销售收入大于500万元的仅80多家。

淘汰劣势企业工作出现的主要特点:一是在布局调整上,结合中心城市功能转换,推进重点地区产业布局调整。如配合老工业基地改造、苏州河整治、市政工程规划建设、中心城区都市型工业园区建设等。二是在推进主体上,从原来以市有关部门为主,转变为发挥"两级政府、三级管理"作用,依靠区县淘汰劣势企业,形成"市区联手、条块结合"推进机制。市里以"政策导向、面上推进"为主,制定相关标准,设置导向资金,区里以"落实措施、具体实施"为主。三是在淘汰对象上,从过去以国有企业、大集团为主转向以集体民营企业为主,重点对污染严重、技术落后、布局不合理的行业实施禁止生产、限制引进、控制用地等措施,推进小化肥、电石、小水泥、小铁合金等行业的调整退出。四是在调整措施上,从行政手段为主转变为以经济、行政和法律多管齐下,更加注重法律和市场相结合手段推进。五是在淘汰方式上,从单一关停调整为主转向提升能级、转产、搬迁改造和向外省市梯度转移等多种调整方式结合。其中,规模以下的企业主要以就地关闭、停产为主;规模以上企业则通过产品结整升级后,采取搬迁、转移或转产方式为主。结合重点行业调整,推进产业和产品结构优化,结合工业向园区集中,推进零星工业点整合和郊区劣势企业调整。

淘汰劣势企业工作的经验和做法:一是设置规范标准,加强政策引导。各区县在推进中以国家和上海有关法律法规和产业政策为指导,根据各自实际情况,分别制定调整产业结构,淘汰劣势企业的指导意见。如青浦区制定《调整产业结构,淘汰劣势企业的若干意见》,金山区制定《工业项目向园区集中的有关规定》,宝山区制定《加快实施工业向园区集中战略的若干意见》等政策意见,对淘汰劣势企业、进一步盘活工业用地存量工作起到积极的引导作用。二是加大执法力度,形成推进机制。各区县根据市经委的相关标准和要求,采取"依法行政、执法从严、多管齐下"方式,由区经委牵头,联合区计委、区工商管理局、区规划局、区环保局、区房地局、区技术监督局等7个相关部门组成联合工作小组,统一行动,联合执法。对劣势企业严格进行执法检查,共同确认淘汰企业名单和范围,用法律手段关停和调整劣势企业。三是市场运作和行政推动并举,推动企业梯度转移。充分利用经济手段,采用市场化的运作办法,为企业梯度转移创造条件,通过"腾笼换鸟"等积极方式,推进产业置换和转移,稳妥处理和盘活存量资产、职工安置及银行债务处置等问题。同时腾出土地,按照产业升级要求,进行"招商"引资发展自我;对不适合在上海生产的,但仍具有生命力的部分产品,利用外省市现有资源条件转移调整,进行"送商"引资服务全国。针对淘汰的劣势企业,各区县主要采取三种调整方式:第一是停产歇业,被调整的企业以关闭的形式淘汰较多,共505家企业,占62%;第二是转产转移(搬迁),按照工业向园区集中的要求,搬迁转移至工业区的企业有200多家,占24%;第三是产品架构调整和生产工艺改造,此类企业有116家,占14%。四是盘活存量利用土地主要采取三种方式:第一是继续保留工业用地性质,采取新建、改建、扩建等不同方式,进行工业房产开发,提高土地容积率和土地利用水平,此类土地面积约为 352.67 公顷,占 63%;第二是因市政动迁、房地产开发征用转性为六类用地性质,此类土地面积约为 190.33 公顷,占 34%;第三是复垦为农用地,为增强占补平衡能力,小部分腾出的土地复垦为农用地,土地面积为 16.8 公顷,占 3%。

2008 年 11 月 13 日,市政府印发经市经济信息化委、市发展改革委、市规划国土资源局、市环保局共同研究决定下发的《2008 年关于梳理核销开发区开发情况的函告》。是年,上海工业开发区经过"复垦一批、认定一批、限制一批、转型一批"的要求,共淘汰能耗高、污染重、环境与社会效益差的劣势企业 1 000 多家,腾出土地 66.67 公顷,用于引进优势企业。

四、郊区产业配套区示范点建设

开发区的协调发展是上海实现"两个率先"发展目标的重要内容。随着外来务工人员增多,开发区成为上海市促进协调发展、构建和谐社会的重要区域。推进上海开发区和谐发展,提高开发区发展水平,是上海进一步抓住历史机遇,拓展城市发展空间,合理人口布局,实现上海经济、社会、生态和谐协调发展的重要抓手。为营造完善开发区产业配套环境,至 2005 年 6 月,青浦工业区、嘉定区马陆镇、松江区新桥镇、奉贤区金汇镇等先后为外来务工人员建设 7 个配套设施齐全的职工公寓,莘庄工业区也开始建设职工公寓。这些为开发区配套建设的居住区,建筑面积可达 41 万多平方米,可容纳约 4 万名外来务工人员的生活居住,实际居住达 2.8 万人。根据构建和谐社会的要求,为外来务工人员提供良好的工作和生活条件,规划建设一批产业配套居住示范区,让为上海经济发展、为开发区建设作出贡献的民工兄弟真正感受到上海这一大家庭的温馨、温暖、安心、放心、称心,同时对解决外来务工人员的安居问题、维护社会稳定、集约土地都起了积极作用。

表 3-2-4 上海部分园区外来务工人员居住社区情况表

辖区	公寓名称	地 址	土地性质	占地面积	建筑面积			居住人数(个)	服务配套设施
					面积	可居住面积	已居住面积		
青浦	职工家园	新科路 225 弄	商业用地	32 050	50 950	44 500	24 300	6 286	餐厅、超市、娱乐室、集中浴室
松江	新桥外来人口服务中心	庙三路	工业用地	59 536	63 703	23 000	23 000	3 000	餐厅、超市、娱乐室、浴室、子弟小学
松江	达丰电脑	松江工业区(南乐路 168 号)	工业用地	162 674	190 000	185 800	185 800	30 000	餐厅、超市、娱乐室、浴室、阅览室、卫生所、球场等
松江	比亚迪公司	松江工业区内	工业用地	147 100	162 000	137 200	137 200	10 000	餐厅、超市、娱乐室、浴室、阅览室、卫生所、球场等
闵行	阳光公寓	莘庄工业区内	工业用地	54 948	81 747	70 459	在建	30 000	餐厅、超市、娱乐室、浴室、阅览室、卫生所、球场、银行等

（续表）

| 辖区 | 公寓名称 | 地 址 | 土地性质 | 占地面积 | 建筑面积 | | | 居住人数（个） | 服务配套设施 |
					面积	可居住面积	已居住面积		
普陀	桃苑新上海人服务中心	临桃浦工业区（真南路2368弄）	工业用地	19 000	12 000	9 800	9 800	1 500	餐厅、超市、娱乐室、浴室、卫生所
合　计				475 308	560 400	470 759	380 100	80 786	

资料来源：上海市开发区协会档案室：XH-Z·B-2010-003

第三节　投资强度

2003年，上海工业区在有序拓展发展空间的基础上，加强土地的集约化使用，通过加大资金投入强度，提高招商引资质量，加快项目建设进度。至2003年，上海工业区已供应土地面积达171.74平方公里；吸纳投资总额5 680.97亿元，其中引进外资项目投资额达535.87亿美元，落户内资企业协议投资额达1 249.33亿元；土地投资强度为33.08亿元/平方公里。

至2004年，开发区投资强度明显提高。上海工业区已供应土地面积达199.53平方公里；吸纳投资总额6 730.66亿元，其中引进外资项目投资额达628亿美元，落户内资企业协议投资额达1 537.1亿元；土地投资强度为33.73亿元/平方公里。

2005年，按照"批项目、核土地"的要求以及《工业项目供地导则》标准，工业区在招商引资中加强对项目的评估和筛选。同时，市区两级政府建立供地联合会审机制，把好项目准入关。至2005年，上海开发区已供应土地面积达231.65平方公里；吸纳投资总额7 491.70亿元，其中引进外资项目投资额达711.27亿美元，落户内资企业协议投资额达1 730.41亿元；土地投资强度为32.34亿元/平方公里。

表3-2-5　2003—2005年上海开发区已供应土地面积表　　单位：平方公里

年　份	全市开发区	国家级开发区	市级开发区	重点配套区
至2003年	171.74	30.93	85.42	55.41
至2004年	199.53	31.84	100.22	67.47
至2005年	231.65	32.35	116.46	82.84

资料来源：上海市经济委员会、上海市统计局、上海市开发区协会2004—2006年《上海市开发区统计手册》

表3-2-6　2003—2005年上海开发区吸纳投资情况表

| 年　份 | 引进外资项目投资总额（亿美元） | | | | 落户内资企业协议投资总额（亿元） | | | |
	全市开发区	国家级开发区	市级开发区	重点配套区	全市开发区	国家级开发区	市级开发区	重点配套区
至2003年	535.87	257.58	217.63	60.66	1 249.33	196.48	487.25	565.6
至2004年	628	278.03	279.06	70.91	1 537.1	264.28	630.45	642.37
至2005年	711.27	301.73	317.86	91.68	1 730.41	300.69	701.09	728.63

说明：美元兑人民币汇率，2003年：1美元=8.27人民币；2004年：1美元=8.27人民币；2005年：1美元=8.1人民币
资料来源：上海市经济委员会、上海市统计局、上海市开发区协会2004—2006年《上海市开发区统计手册》

表 3 - 2 - 7　2003—2005 年上海开发区土地投资强度一览表　　单位：亿元/平方公里

年　份	全市开发区	国家级开发区	市级开发区	重点配套区
至 2003 年	33.08	75.22	26.77	19.26
至 2004 年	33.73	80.51	29.32	18.21
至 2005 年	32.34	84.84	28.13	17.76

资料来源：上海市经济委员会、上海市统计局、上海市开发区协会 2004—2006 年《上海市开发区统计手册》

　　2006 年，上海开发区土地投资水平总体比 2005 年有所提高，开发区之间存在不平衡。至 2006 年，上海开发区已供应土地面积 260.92 平方公里；吸纳投资总额 10 440.54 亿元，其中引进外资项目投资额达 1 027.08 亿美元，落户内资企业协议投资额达 2 326.61 亿元；土地投资强度为 39.62 亿元/平方公里，其中国家级开发区土地投资强度为 127.61 亿元/平方公里；市级开发区为 27.01 亿元/平方公里。开发区投资强度的不断提高，一是由于加强产业评估，提高项目准入门槛，招商引资质量提高，落地工业项目投资强度平均约 4 200 万元/公顷，入驻项目平均容积率 0.80；二是无招商、原地增资的比重增大；三是大力引进和发展资源节约型生产性服务业；四是实施"腾笼换鸟"，淘汰劣势企业 640 多家，同时鼓励进行工业厂房改造和加层。

　　至 2007 年，上海开发区已供应土地面积 293.98 平方公里，吸纳投资总额达 11 589.38 亿元，土地投资强度为 39.42 亿元/平方公里。其中，国家级开发区土地投资强度达 91.70 亿元/平方公里，是市级开发区的 3 倍。一是招商引资质量提高，落地工业项目投资强度在 3 000 万元/公顷以上，入驻项目平均容积率 0.80；二是无地招商、原地增资的比重增大，如外高桥、金桥均占 70% 以上；三是大力发展资源节约型生产性服务业；四是开展土地二次开发，实施"腾笼换鸟"，淘汰劣势企业，鼓励进行工业厂房改造和加层。

　　至 2008 年，上海开发区已供应土地面积 302.83 平方公里；吸纳投资总额达 12 768.10 亿元；土地投资强度为 40.94 亿元/平方公里，其中，国家级开发区土地投资强度达 89.45 亿元/平方公里，市级开发区为 32.25 亿元/平方公里。由于加强项目准入评估，提高进入门槛，招商引资质量提高，落地工业项目投资强度在 3 000 万元/公顷以上。

　　至 2009 年，上海公告开发区（国家级、市级开发区）已供应土地面积 316.92 平方公里；吸纳投资总额达 12 068.41 亿元；土地投资强度为 38.08 亿元/平方公里，其中，国家级开发区土地投资强度达 77.90 亿元/平方公里，市级开发区为 28.99 亿元/平方公里，国家级开发区投入项目以实体型为主，引进项目质量较好，投入资金较大。

　　至 2010 年，上海开发区 104 个区块已供应土地面积 511.24 平方公里，吸纳投资总额达 14 577.16 亿元；土地投资强度为 28.51 亿元/平方公里。公告开发区（国家级、市级开发区）土地投资强度为 40.43 亿元/平方公里，其中，国家级开发区土地投资强度达 75.46 亿元/平方公里，市级开发区为 31.54 亿元/平方公里，产业基地为 5.07 亿元/平方公里，城镇产业区块为 9.67 亿元/平方公里。

表 3 - 2 - 8　至 2010 年上海开发区投资强度情况表

指　标	已供应土地面积（平方公里）	引进外资项目投资总额（亿美元）	落户内资企业协议投资总额（亿元）	土地投资强度（亿元/平方公里）
全市合计	511.24	1 433.73	4 870.81	28.51
公告开发区	329.87	1 384.70	3 962.02	40.43

（续表）

指　标	已供应土地面积 （平方公里）	引进外资项目 投资总额（亿美元）	落户内资企业协议 投资总额(亿元)	土地投资强度 （亿元/平方公里）
国家级开发区	66.76	636.17	731.12	75.46
市级开发区	263.11	748.53	3 230.90	31.54
产业基地	111.60	16.14	456.81	5.07
城镇工业地块	69.76	32.89	451.98	9.67

说明：美元兑人民币汇率：1美元=6.77人民币

资料来源：上海市经济和信息化委员会、上海市统计局、上海市开发区协会2011年《上海市开发区统计手册》

表3-2-9　2006—2010年上海开发区已供应土地面积表　　　　单位：平方公里

年　份	全市开发区	国家级开发区	市级开发区
至2006年	260.92	35.88	205.52
至2007年	293.98	48	216.18
至2008年	302.83	52.4	224.41
至2009年	316.92	58.91	258.01
至2010年	511.24	66.76	263.11

资料来源：上海市经济委员会、上海市经济和信息化委员会、上海市统计局、上海市开发区协会2007—2011年《上海市开发区统计手册》

表3-2-10　2006—2010年上海开发区吸纳投资情况表

年　份	引进外资项目投资总额(亿美元)			落户内资企业协议投资总额(亿元)		
	全市开发区	国家级开发区	市级开发区	全市开发区	国家级开发区	市级开发区
至2006年	1 027.08	527.16	489.65	2 326.61	466.88	1 732.38
至2007年	1 105.84	520.09	571.34	2 963.83	500.79	2 169.79
至2008年	1 229.74	556.41	652.24	3 176.13	514.27	2 346.35
至2009年	1 294.81	593.65	701.16	3 224.86	534.67	2 690.19
至2010年	1 433.73	636.17	748.53	4 870.81	731.12	3 230.90

说明：美元兑人民币汇率，2006年：1美元=7.9人民币；2007年：1美元=7.8人民币；2008年：1美元=7.8人民币；2009年：1美元=6.83人民币；2010年：1美元=6.77人民币

资料来源：上海市经济委员会、上海市经济和信息化委员会、上海市统计局、上海市开发区协会2007—2011年《上海市开发区统计手册》

表3-2-11　2006—2010年上海开发区土地投资强度表　　　　单位：亿元/平方公里

年　份	全市开发区	国家级开发区	市级开发区
至2006年	39.62	127.61	27.01
至2007年	39.42	91.70	29.86
至2008年	40.94	89.45	32.25

（续表）

年　　份	全市开发区	国家级开发区	市级开发区
至 2009 年	38.08	77.90	28.99
至 2010 年	28.51	75.46	31.54

资料来源：上海市经济委员会、上海市经济和信息化委员会、上海市统计局、上海市开发区协会 2007—2011 年《上海市开发区统计手册》

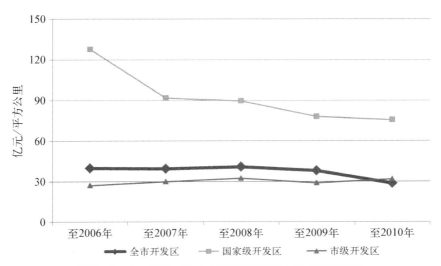

图 3 - 2 - 3　2006—2010 年上海开发区土地投资强度图

第四节　产　出　水　平

20 世纪 80 年代，上海开发区开始创建。通过基础设施建设、招商引资和投资建厂和产品输出等 10 多年的发展，土地的产出水平，可以比较有效地反映出各开发区的产业集聚程度、引进产业附加值的高低，以及开发区的土地利用率和投资回报率。

2003 年，上海工业区工业总产值达 4 092.42 亿元，累计建成投产土地面积为 110.35 平方公里，平均单位土地产值为 37.09 亿元/平方公里。

2004 年，上海工业区工业总产值达 5 774.85 亿元，累计建成投产土地面积为 128.82 平方公里，平均单位土地产值为 44.83 亿元/平方公里。

2005 年 10 月，市经委、市发展改革委、市房地资源局等部门颁布《加强本市工业节约集约用地的指导意见》《关于进一步提高工业土地集约用地的若干意见》《关于加快本市产业结构调整，盘活存量资源的若干意见》一系列政策，完善相应的用地指标体系，增加物流仓储行业相关指标；指导开发区对土地集约利用水平进行综合评价，加大盘活存量用地的力度；鼓励依法回购土地和"腾笼换鸟"，引导和促进产业水平高、能耗低、污染少的优势产业项目尽早开工建设，充分挖掘有限土地的利用潜力。

2005 年，上海工业区单位土地产值达 49.44 亿元/平方公里；单位土地税收为 4.46 亿元/平方公里。工业区平均建筑容积率为 0.45，其中国家级开发区为 0.71，市级开发区为 0.44，重点配套区为 0.34。其中，浦东、松江、金山、南汇、奉贤、闵行、崇明、普陀等 11 个区县共淘汰调整 1 020 家劣势企业,共腾出土地600多公顷。这些被淘汰企业平均建筑容积率为0.35,平均每平方公里土地产出水平仅为约5亿元。通过淘汰这些能耗大、污染重、环境与社会效益差的企业,有效盘活存量土地资源,提高土地利用率。

表 3-2-12　2003—2005 年上海开发区工业总产值表　　　　　单位:亿元

年　份	全市开发区	国家级开发区	市级开发区	重点配套区
2003 年	4 092.42	2 031.10	1 405.62	655.70
2004 年	5 774.85	2 830.59	1 980.05	964.21
2005 年	7 444.00	3 240.00	3 225.00	979.00

资料来源:上海市经济委员会、上海市统计局、上海市开发区协会 2004—2006 年《上海市开发区统计手册》

表 3-2-13　2003—2005 年上海开发区累计建成投产土地面积情况表　　　　　单位:平方公里

年　份	全市开发区	国家级开发区	市级开发区	重点配套区
至 2003 年	110.35	26.32	31.95	52.08
至 2004 年	128.82	27.80	56.02	45.00
至 2005 年	150.57	28.06	68.51	54.03

资料来源:上海市经济委员会、上海市统计局、上海市开发区协会 2004—2006 年《上海市开发区统计手册》

表 3-2-14　2003—2005 年上海开发区单位土地产值情况表　　　　　单位:亿元/平方公里

年　份	全市开发区	国家级开发区	市级开发区	重点配套区
2003 年	37.09	77.17	43.99	12.59
2004 年	44.83	101.82	35.35	21.43
2005 年	49.44	115.48	47.07	18.12

资料来源:上海市经济委员会、上海市统计局、上海市开发区协会 2004—2006 年《上海市开发区统计手册》

2006 年,市经委会同市房地资源局、市规划局、市统计局等部门联合编制《上海产业用地指南(2006 版)》。经过两轮清理整顿,上海 41 个开发区 62 个区块,规划面积 558 平方公里。累计开发建成工业用地 174.34 平方公里,占上海时有工业用地面积的 21%,其中,国家级开发区 30.59 平方公里,市级开发区 133.52 平方公里。是年,上海开发区实现工业总产值 9 300 亿元。其中,国家级开发区 3 659.25 亿元,市级开发区 5 438.36 亿元。上海市开发区单位土地产值达 53.34 亿元/平方公里。其中,国家级开发区为 119.62 亿元/平方公里,市级开发区为 40.73 亿元/平方公里。其中,单位土地产值超过 50 亿元/平方公里的有上海化学工业区、松江工业区、康桥工业区、莘庄开发区;单位土地产值低于 30 亿元/平方公里的有朱泾工业区、崇明工业区、南汇工业区等 5 家;一些零星工业点、撤销或核减工业区单位土地产值只有约 10 亿元/平方公里。是年,上海开发区单位土地税收为 1.73 亿元/平方公里。其中,国家级开发区为 8.32 亿元/平方公里,市级开发区为 0.67 亿元/平方公里。

2007 年,上海工业开发区单位土地产值为 58.11 亿元/平方公里。其中,国家级开发区为 111.20 亿元/平方公里,市级开发区为 49.55 亿元/平方公里。是年,上海开发区单位土地税收为 2.23 亿元/平方公里。其中,国家级开发区为 9.96 亿元/平方公里,市级开发区为 0.94 亿元/平方公里。

2008年,上海工业开发区实现工业总产值12 983.03亿元,累计建成土地面积220.42平方公里。上海开发区单位土地产值达58.90亿元/平方公里。其中,国家级开发区为111.82亿元/平方公里,市级开发区为51.71亿元/平方公里。是年,上海开发区单位土地税收达2.51亿元/平方公里。其中,国家级开发区为10.49亿元/平方公里,市级开发区为1.14亿元/平方公里。

2009年,上海公告开发区共41个,规划总面积为656平方公里。其中38个以工业为主的开发区(国家级、市级开发区)规划面积约560.11平方公里,全年完成工业总产值12 845.28亿元;单位土地产值为57.87亿元/平方公里,其中,国家级开发区为114.80亿元/平方公里,市级开发区为46.24亿元/平方公里。是年,上海工业开发区单位土地税收达3.71亿元/平方公里。其中,国家级开发区为14.57亿元/平方公里,市级开发区为1.53亿元/平方公里。单位土地产值超过50亿元/平方公里的工业开发区有15个。

表3-2-15 2009年单位土地产值超过50亿元/平方公里的工业开发区一览表

开 发 区	单位土地产值 (亿元/平方公里)	开 发 区	单位土地产值 (亿元/平方公里)
上海漕河泾新兴技术开发区	293.13	华新绿色工业园区	78.33
上海金桥出口加工区	178.22	国际汽车城零部件配套园区	74.67
上海闵行经济技术开发区	139.84	上海莘庄工业园区	68.10
上海浦东康桥工业园区	123.64	上海化学工业园区	65.02
上海张江高科技园区	97.00	上海川沙工业园区	59.86
上海松江工业园区	96.86	上海奉城工业园区	56.66
上海外高桥保税区	94.00	上海工业综合开发区	52.44
上海紫竹高新技术产业园区	92.56		

资料来源:上海市经济和信息化委员会、上海市发展和改革委员会2010年《上海市开发区发展报告》

2010年,上海开发区104个区块工业总产值达22 628.83亿元,平均单位土地产值达56.46亿元/平方公里。公告开发区实现工业总产值16 295.23亿元,平均单位土地产值达62.96亿元/平方公里,土地产出水平创出新高;其中,国家级开发区单位土地产值最高,达115.29亿元/平方公里,是市级开发区的两倍多;市级开发区单位土地产值为52.34亿元/平方公里;产业基地单位土地产值与市级开发区相当,为55.11亿元/平方公里;城镇工业地块单位土地产值最低,为25.20亿元/平方公里。总体来看,上海开发区土地产出水平差距仍然较大。国家级开发区品牌优势突出,基本进入成熟发展时期,项目质量较好,产出水平较高;市级开发区和产业基地大多处于开发发展阶段,产出水平有待提高;部分城镇产业区块主要依靠乡镇企业,缺乏龙头企业,难以形成产业集聚集群,产出水平较低,产业调整任务艰巨。

2010年,上海开发区上缴税收2 242.44亿元,公告开发区(国家级、市级开发区)为1 817.44亿元,其中国家级开发区为1 207.60亿元,市级开发区609.74亿元,产业基地为353.52亿元,城镇工业地块为71.58亿元。上海开发区单位土地税收为4.02亿元/平方公里,公告开发区为4.92亿元/平方公里,其中,国家级开发区为17.22亿元/平方公里,市级开发区为2.04亿元/平方公里,产业基地为3.08亿元/平方公里,城镇工业地块为0.96亿元/平方公里。

表 3 - 2 - 16 2010 年上海市工业开发区土地产出水平情况表

指 标	累计建成产业 用地面积 (平方公里)	工业总产值 (亿元)	单位土地产值 (亿元/ 平方公里)	累计征用 土地面积 (平方公里)	上交税收 总额(亿元)	单位土地税收 (亿元/ 平方公里)
全市合计	400.82	22 628.83	56.46	558.39	2 242.44	4.02
公告开发区	258.80	16 295.23	62.96	369.35	1 817.34	4.92
国家级开发区	43.69	5 036.96	115.29	70.12	1 207.60	17.22
市级开发区	215.11	11 258.28	52.34	299.23	609.74	2.04
产业基地	92.09	5 075.23	55.11	114.73	353.52	3.08
城镇工业地块	49.93	1 258.37	25.20	74.32	71.58	0.96

资料来源：上海市经济和信息化委员会、上海市统计局、上海市开发区协会 2011 年《上海市开发区统计手册》

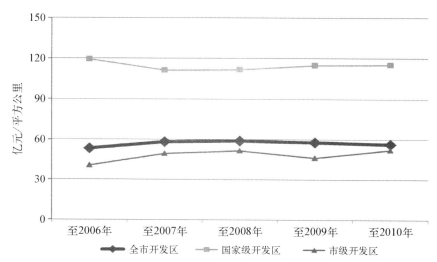

图 3 - 2 - 4 2006—2010 年上海开发区单位土地产值图

表 3 - 2 - 17 2006—2010 年上海开发区单位土地产值情况表

年 份	累计建成土地面积 (平方公里)			工业总产值(亿元)			单位土地产值 (亿元/平方公里)		
	全市 开发区	国家级 开发区	市级 开发区	全市 开发区	国家级 开发区	市级 开发区	全市 开发区	国家级 开发区	市级 开发区
2006 年	174.34	30.59	133.52	9 300.00	3 659.25	5 438.36	53.34	119.62	40.73
2007 年	203.99	35.56	154.91	11 853.17	3 954.9	7 675.63	58.11	111.2	49.55
2008 年	220.42	40.88	163.31	12 983.03	4 203.63	8 444.33	58.9	111.82	51.71
2009 年	221.98	37.62	184.38	12 845.28	4 318.77	8 526.51	57.87	114.8	46.24
2010 年	400.82	43.69	215.11	22 628.83	5 036.96	11 258.28	56.46	115.29	52.34

资料来源：上海市经济委员会、上海市经济和信息化委员会、上海市统计局、上海市开发区协会 2007—2011 年《上海市开发区统计手册》

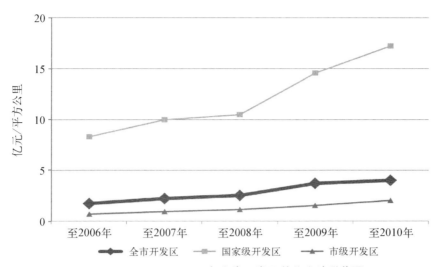

图 3‑2‑5　2006—2010 年上海开发区单位土地税收图

表 3‑2‑18　2006—2010 年上海开发区单位土地税收情况表

年　份	累计征用土地面积 （平方公里）			上缴税收总额 （亿元）			单位土地税收 （亿元/平方公里）		
	全市 开发区	国家级 开发区	市级 开发区	全市 开发区	国家级 开发区	市级 开发区	全市 开发区	国家级 开发区	市级 开发区
2006 年	476.32	67.16	370.82	825.26	558.93	249.27	1.73	8.32	0.67
2007 年	474.29	68.71	376.22	1 059.38	684.16	353.01	2.23	9.96	0.94
2008 年	485.21	73.63	368.75	1 216.7	772.05	419.35	2.51	10.49	1.14
2009 年	376.92	62.89	314.03	1 396.99	916.23	480.77	3.71	14.57	1.53
2010 年	558.39	70.12	299.23	2 242.44	1 207.60	609.74	4.02	17.22	2.04

　　资料来源：上海市经济委员会、上海市经济和信息化委员会、上海市统计局、上海市开发区协会 2007—2011 年《上海市开发区统计手册》

第四篇

招商引资与
产业发展

招商引资是开发区建设的首要任务,引进企业的规模、产品技术水平和品牌层级,直接决定了开发区的品牌影响力。上海市开发区从起步阶段的招商引资,逐步发展到根据园区定位和产业发展需要"招商选资"的阶段;从单纯引进制造业,到引进制造业和生产性服务业并重;从引进单个企业,到引进产业链企业集团;从引进加工制造企业,到引进管理(设计)总部。招商引资的成果,决定了开发区的产业形态和能级。

上海市开发区在招商引资过程中,落实国家战略、积极推动国家战略性新兴产业发展,抓住世界高新技术飞速发展的机遇,加大新能源、新能源汽车、先进重大装备、民用航空、智能电网、物联网等领域招商引资力度。引进一批技术含量高、产出效益好的优质项目,提高投入产出率。鼓励符合国家和上海产业发展方向的外资企业、体现国际先进制造水平的中央企业、具有良好未来增长前景的民营企业等优势企业以及区域总部、研发中心、销售总部落户。

20世纪80年代后,上海开发区的发展不可避免地受到国际金融危机影响与全国各开发区的竞争,上海市从市政府领导到开发区领导,高度重视招商引资工作,完善招商机制、强化招商服务,创新招商模式,采取走出去、请进来,举办各种形式的招商活动,投入大量资金和精力完善吸引投资的"硬件""软件",上海市开发区招商引资取得了丰硕的成果。

1990年,国务院特区办在上海、天津分南北两片区召开经济技术开发区座谈会,提出了"抓管理、讲技术、上水平、求效益"的工作方针,并要求开发区对经济效益的考核,不仅要看引进外资项目,投资总额、出口创汇等数量指标,更要看投入产出率、人均产值和单位面积产出等。同时提出:要努力拓展国际市场,提高开发区出口创汇能力,通过出口进一步追踪国际市场,引入国际生产技术标准,提高产品质量,增强参与国际竞争和交换能力,精心营造完善投资环境。1991年12月,国务院特区办在上海闵行经济技术开发区召开的经济技术开发区座谈会上提出了坚持工业为主、以吸引外资为主、以拓展出口为主,致力于发展高新技术产业的"三为主、一致力"方针,充分反映了国家开发区的战略意图,体现了在招商引资过程中,既要出口加工、吸引外资,积极创汇,又要发展高新技术产业,提高核心竞争力。2004年,在开发区成立20周年之际召开了全国开发区工作会议,会上提出了新时期发展的指导思想,要努力实现"四个转变",即从单纯发展制造业为主向发展现代制造业和承接国际服务外包并举转变;从注重规模经济向注重质量效益转变;从偏重引进向注重创新转变;从依靠政策优势向体制优势和综合投资环境转变。概括为"三为主、二致力、一促进",即以提高吸引外资外资质量为主,以发展现代制造业为主,以优化出口结构为主;致力于发展高新技术产业,致力于发展高附加值服务业;促进开发区向多功能综合性产业区发展。较1990年提出的"三为主、一致力"方针,进一步完善了内涵,增加了致力发展高附加值服务业,加快顺应当前建设创新型国家的发展战略要求,顺应国际服务业发展的需求,且适应国家经济结构和产业结构调整。

2006—2010年,上海开发区吸引外资项目20 030个,吸引内资项目44 092个;引进外资合同金额678.14亿美元,到位资金465.29亿美元;吸引内资企业协议投资金额4 870.81亿元,注册资金2 515.96亿元。上海开发区的招商引资成果,为推进上海全市的工业企业的转型升级、增强上海制造的整体实力,加快上海城市发展以及提升上海乃至国家的改革开放形象,起到了重要作用。

2010年,首批经工业和信息化部批准的国家新型工业化产业示范基地有4个,即临港装备产业区、上海化学工业区、民用航空配套产业基地、长兴岛船舶与海洋工程装备产业基地等。是年,又获批的有张江高科技园区、漕河泾新兴技术开发区、嘉定汽车产业园区等3个。这些示范基地为引导产业集聚发展、集群发展发挥了引领作用。

至2010年,上海开发区产业发展总体呈现行业涵盖面较广、主要行业集中度较高的局面,主导产业集聚度不断提高,产业集群效应显著,成为上海先进制造业发展的重要载体。上海开发区电子信息产品、汽车、石油化工及精细化工、精品钢材、成套设备、生物医药等六大重点行业工业总产值达18 522.56亿元,占上海开发区比重达86.6%。上海公告开发区的平均主导产业集聚度为86.5%。

上海开发区以推进开发区产业转型升级为抓手,有效实现转变经济发展方式,积极发挥开发区在上海市高新技术产业化的载体和平台作用。围绕新能源、民用航空制造业、先进重大装备、生物医药、电子信息制造业、新能源汽车、海洋工程装备、新材料、软件和信息服务业等九大产业领域集聚发展,积极打造产业链,针对产业的关键性和共性技术,搭建公共技术平台,促进主导产业和特色产业发展,重点推进张江、紫竹、漕河泾、莘庄、汽车城等园区的公共技术平台建设。建设有利于高新技术产业化的配套服务环境。园区积极搭建公共服务平台,引进发展物流、检测、信息服务、知识产权等生产性服务业,建设孵化器和创业中心;同时,完善园区投融资环境,构建人才培养和引进体系,制定税收激励、财政支持政策,促进开发区内企业开展高新技术产业化。加大开发区产业集聚集群建设,加快推进特色产业集群建设在上海市开发区内推进建设一批产业发展潜力大、产业集聚效应强、产业整体竞争力高的产业集群。推进开发区形成特色产业和主导产业链;加强对产业集群建设的跟踪和分析,会同市、区政府各部门形成合力,政策支持,共同推进产业集群尽快形成规模效应。

上海开发区坚持推进科技研发创新,加快走创新驱动、高端提升的工业化发展道路,充分发挥开发区科技资源丰富的优势,积极推动产业链衔接和产学研合作,加快构建以市场为导向、企业为主体、产学研用结合的技术创新体系。上海开发区建立了不同产业领域的工业企业技术开发机构,其中国家级企业技术中心和分中心逐年增多;规模以上工业企业研发投入逐年增加,进一步促进了产业链各环节的协同发展,推动技术中心与社会各类创新资源结合,以产学研结合方式建成各种形式的联合研发机构。

第一章 招 商 引 资

20 世纪 80 年代以后,上海各开发区加大招商引资和"筑巢引凤"的力度,积极改善投资环境和招商服务水平,实现从传统招商引资转向招商选资,同时围绕主导产业实施产业链招商,搭建优势互补、政策聚焦、产业配套的招商平台,推进了产业集群的发展。同时结合自身发展优势和产业功能定位,积极探索招商新模式、新理念,形成产业链招商、专业化招商和品牌开发区招商等多种管理和运营模式。

第一节 招商引资政策

1979 年 7 月,国务院颁布《中华人民共和国中外合资经营企业法》及制定的一系列招商引资政策法规指出,外国投资合资合作合营者可以依法按照省级人民政府批准的协议、合同和章程,一方面获得中国政府在征地、税收等优惠政策;另一方面获得合营企业投资应分得的利润和其他合法权益,外国合营者还可以用技术、实物、工业产权等形式进行投资。

1983 年 2 月,国务院批准上海市人民政府(以下简称"市政府")呈报的《关于上海发展对外经济贸易工作几个问题的请示》提出,上海在筹措国外资金方面,除采取合资经营、合作经营、合作生产、补偿贸易、租赁贸易等形式,并充分利用中国银行外汇贷款和国外各种优惠贷款以外,还要在财政部的统一安排下,积极利用世界银行贷款。所利用的国外资金,除国家的专项款以外,都由上海自借自还。同时,为有利于吸引外资,需要在企业登记、计划管理、税收政策、土地使用费、劳动工资以及出入境手续等方面,给以适当的优惠和方便。为此,市政府根据《中外合资经营企业法》拟订上海的实施办法,对合作经营、租赁贸易、开发投资的优惠办法作了具体制订,呈报国务院批准后试行。

1983 年 3 月,国务院批复国家经济委员会、市政府《关于引进技术改造中小企业在上海进行扩权试点的报告》,原则同意上海在"六五"计划后 3 年安排吸引 500 多个外资和技术引进项目,并在用汇、项目审批以及有关涉外活动,如技术考察、谈判成交等方面拥有更多的自主权。

1983 年,市政府依据 9 月 20 日国务院颁布的《中外合资经营企业法实施条例》规定,在设立制造业合资企业方面作出有限放松,允许进入的行业主要有:机械制造业、仪器仪表工业、海上石油开采设备制造业、电子工业、计算机工业、通信设备制造业、轻工业、纺织工业、医药和医疗器械工业、包装工业等。

1985 年 3 月,国务院批复同意市政府《关于上海进一步开放初步方案的请示》,要求上海招商引资加快引进先进技术的步伐。批复明确,凡在上海市进一步对外开放范围内的技术引进项目和吸引外资建设生产性项目,均可按照国家对沿海 14 个城市和沿海经济开发区的有关政策,享受优惠待遇,有利开发区招商引资。

1986 年 10 月 11 日,为改善投资环境,更好地吸收外商投资,引进先进技术,提高产品质量,扩大出口外汇,发展国民经济,国务院颁布的《国务院关于鼓励外商投资的规定》对外商投资企业给予特别优惠:一是产品主要用于出口,年度外汇总收入额减除年度生产经营外汇支出额和外国投资者汇出分得利润所需外汇额以后,外汇有结余的生产型企业;二是外国投资者提供先进技术,从事新产品开发,实现产品升级代换,以增加出口创汇或者替代进口的生产型企业。

1987年3月23日,市政府颁布《上海市闵行、虹桥经济技术开发区外商投资优惠规定》,指出闵行、虹桥开发区内的外商投资企业,除享受国家和上海市规定的有关优惠待遇外,还可以在税收、服务等方面有更多的优惠,明确对投资外商予以五方面政策优惠:一是在开发优惠方面,外商在开发区内可按照统一规划投资开发场地,经营基础设施项目开发和房产。经营基础设施建设的投资企业,可享受开发区内生产性企业的优惠待遇。二是在经营优惠方面,开发区内可建保税仓库,为开发区外的企业提供服务。经国家主管部门批准,还可建转口型保税仓库。三是在税收优惠方面,开发区内生产性外商投资企业在1995年底之前免征地方所得税。自建和购置的新房屋,免征房产税五年。纳税有困难的,经申请由税务机关批准,可免征工商统一税。生产所需水、电、煤、运输条件和通信设施等,按当地国营企业收费标准计收费用,所分得利润可汇出境外,免征汇出额的所得税。四是在信贷优惠方面,开发区内的外商投资企业,在生产和流通过程中需要借贷的短期周转资金,经开户银行或其他金融机构审核后,确保投放。其他必需的信贷资金,优先贷款。五是在用人自主权方面,外商投资企业可根据生产经营的需要,自行确定其机构和人员编制。这些优惠政策的实施大大增强了开发区的对外吸引力,有力地促进了闵行和虹桥开发区的招商引资工作。

1988年6月,市政府把500万美元以下的非限制性外商投资项目下放给区、县、局审批后。各区、县、局同步设置外经处,负责招商引资工作。

1990年,中国共产党上海市委员会(以下简称"中共上海市委")、市政府明确提出,要全力抓好市政府批准的《关于浦东新区外商投资企业的审批、管理意见》的落实工作。一是做好上报国家审批的大项目的催批工作;由上海市外国投资工作委员会(以下简称"市外资委")牵头,会同浦东新区管委会、上海市计划委员会(以下简称"市计委")落实。二是进一步简化浦东新区进口自用物资税收先征后退额度管理的审批环节;由市计委牵头,会同浦东新区管委会、市外资委、上海市经济委员会(以下简称"市经委")、上海海关,尽快提出操作方案报市政府。此外,做好配合浦东新区外商投资项目的审批事宜,筹划开展招商引资活动。

1992年3月,为加快上海外向型经济的发展,充分发挥各区、县、局的积极性,市政府批转市外资委《关于进一步下放外商投资项目审批和管理权限的意见》,明确总投资额在500万美元以下的中外合资(包括鼓励类项目、允许类项目和限制类项目)的项目建议书、可行性研究报告和合同、章程均由区、县、局负责审批。总投资额在500万美元以下的外商独资项目,由所在地的区、县负责审批;500万美元以下的限制性外商投资项目审批权下放给区、县、局。10月13日,嘉定区人民政府(以下简称"嘉定区政府")批转《嘉定工业开发区若干优惠、奖励政策的试行意见》,明确鼓励中外客商到嘉定工业开发区投资办企业或开发经营成片土地,鼓励社会各界积极为开发区建设作贡献。

1993年4月,市外资委下发的《关于进一步下放外商投资项目审批和管理权限的通知》明确,1 000万美元以下的外商投资项目审批权下放给区、县、局。

1994年5月17日,嘉定区政府下发《关于嘉定工业开发区若干优惠政策》,决定在国家政策许可的范围内实行12项优惠政策,主要包括税收、土地开发利用、外资项目审批、引荐项目奖励等。

1995年3月27日,市外资委下发的《关于市级工业区内外商投资项目审批的通知》明确,经市政府批准的市级工业区内外商投资项目,总投资在1 000万美元以上,3 000万美元以下,由市外资委委托区、县政府和有审批权的局审批,并需符合相关条件。6月20日,国家计划委员会、国家经济贸易委员会、对外经济贸易部首次联合颁布《外商投资产业指导目录》《指导外商投资方向暂行规定》,是中国在规范外商投资、引导进出口贸易方面操作性最强的法规。是年,市外资委制定《上海投资指南》,为各个开发区招商引资工作明确产业方向。

1996年8月23日,上海市第十届人大常委会第二十九次会议通过的《上海市外商投资企业审批条例》规定,应当由国务院有关部门审批的项目,由市外资委会同市计委或市经济委员会初审后上报。总投资额在500万美元以下的外商投资企业(包括由市外资委审批的企业),凡履约和经营情况良好,需要增资(增资后总额不超过500万美元)、扩大经营范围,以及需要修改合同、章程等,均由区、县、局负责审批。

自1998年1月1日起,国务院规定对符合《外商投资产业指导目录》鼓励类和限制类,并转让技术的外商投资项目,在投资总额内进口的自用设备,除《外商投资项目不予免税的进口目录》所列商品外,免征进口关税和进口环节增值税。4月,中共中央、国务院颁布《关于进一步扩大对外开放,提高利用外资水平的若干意见》,提出积极、合理、有效地利用外资的指导方针。据此,为进一步推进上海市的招商引资工作,增强市级开发区的投资强度,中共上海市委、市政府从体制、机制、法制上制定一系列举措,着重解决企业的资金信贷、税收及税收返回政策等,并制定五项贯彻措施,即:抓推动国有企业"嫁接"改造新形式,抓拓展利用外资新领域,抓招商引资新策略,抓改善投资新举措,抓提供优质服务新措施。

1999年,根据市外资委、市计委、市经委联合下发的《关于委托上海市漕河泾、闵行开发区发展总公司对外商投资项目审核、审批和明确管理职责的通知》明确,对外商投资在上海闵行经济技术开发区内,总投资在3000万美元以下的鼓励类、允许类工业项目进行审批和管理。

2000年6月5日,上海市浦东新区管委会颁布的《浦东新区进一步简化外商投资项目审批的实施意见》明确,在浦东新区设立外商投资项目,由浦东新区管理委员会、外高桥保税区管理委员会、张江高科技园区领导小组办公室按照规定的权限负责审核、审批。在外高桥保税区设立外商投资项目,由外高桥保税区管理委员会受理审批。在张江高科技园区设立外商投资项目,由张江高科技园区领导小组办公室按市外资委、市计委、市经委《关于进一步简化外商投资项目及企业设立的审批手续的意见》受理审批。

2001年,在优惠税收方面,依据国家颁布的《中外合资经营企业法的规定》,市政府对外商投资企业(含中外合资企业)制定一系列所得税优惠措施,同时对中国香港地区投资的(合资与合作)企业给予特殊政策。在所得税优惠及免征和减征所得税范围,给予"五免五减半"(前五年全免,后五年减半征收)、"二免三减半"(前两年全免,后三年减半征收)、"一免二减半"(第一年全免,后两年减半征收)等;在地方所得税和房产税政策方面,在2000年底之前,免征浦东新区内外商投资企业的地方所得税;在关税政策方面,凡1996年3月31日之前设立的外商投资生产企业,对项目自用的生产设备,继续享受免征进口关税和进口环节税的优惠。

2002年,市政府办公厅颁布《关于进一步改善上海投资环境的若干意见》,按照《上海试点园区改善投资环境的实施意见》,"十五"期间,降低嘉定、松江、青浦等3个试点市级工业园区(以下简称"试点园区")用地成本。明确主要措施:一是对试点园区内上海市有权审批的3000万美元以上鼓励类和3000万美元以下允许类外资项目,原则上授权区主管部门审批,同时报市有关行政管理部门备案。试点园区内外商投资项目的批准证书、企业工商营业执照、建设项目施工许可证等,授权区主管部门审核发证。二是减少企业设立审批环节。符合企业设立条件的,工商行政管理部门应当在3个工作日内办理完毕。法律、法规规定前置审批的,实行"工商受理、抄告相关、并联审批、限时完成"的方式,有关部门应当在5个工作日内办理完成前置审批手续。取消市有关部门规定的企业设立前置审批。三是对试点园区中涉及企业的行政事业性收费项目和标准实行重新申报,全面审核。严格控制新设行政性收费项目,取消属于政府行政管理职能的服务性收费项目,降低不合理收费标准,按证照成本核定证照工本费。在收费窗口实行明码标价,亮证收费。试点园区内属于强制或垄断性的经营服务收费项目,实行政府定价。在试点园区设立价格咨询、举报站,各区价格主管部门对所属试点园区内的收费和价格执行情况进行定期检查。四是对试点园区内投资项目,在符合国家招投标法律、法规的情况下,允许企业自行决定项目的勘察设计和建设施工招投标。简化建设项目审批事项,改进施工图设计文件审查方式。在符合有关行业规定的前提下,任何部门或机构在提供公用事业服务时,不得要求试点园区的企业项目施工采用其指定的设计、设备及施工单位。

2002 年,市政府对嘉定、松江、青浦 3 个试点工业区加大行政审批改革力度,改善政府服务,不断改善招商引资投资环境,试点园区新增税收全部纳入专项发展基金,用于试点园区的开发建设。试点园区的外商投资企业可以根据用工和经营特点,选择参加小城镇社会保险,以相对较低的缴费基数和缴费比例,降低社会保险水平。税费方面,外商投资企业追加投资的企业所得税,可按促进外商投资的税收政策给予"两免三减半"。积极争取在市级开发区推行保税仓库和出口监管仓库制度,降低外资企业的税负水平。

2002 年,市政府各部门先后制定和出台支持开发区发展的产业、土地、规划、财税等政策。在产业导向方面,先后出台《上海工业产业导向与布局指南》《上海外商投资产业目录》等,指导开发区招商引资工作,推进产业发展,提升产业能级。

2002 年 3 月 4 日,国务院办公厅发布《外商投资产业指导目录》复函,进一步放宽中外合资企业可进入制造业中的行业。制造业中受到限制的行业缩小到主要包括危害人体健康和环境污染的项目,以及规模小与国内已饱和的产业。

2003 年 8 月,市外资委、上海市建设管理委员会联合颁布《关于本市外商投资项目审批和服务的若干意见》(以下简称《意见》),进一步把审批权下放至具有政府管理职能的外高桥保税区管委会、张江高科技园区办公室、上海化学工业区管委会、国家批准的出口加工区管委会,可以经授权审批管辖范围内 3 000 万美元以下鼓励类和允许类项目。《意见》推行缩短审批时间、简化审批事项,告知承诺制度简化审批和审核程序,规定要做到审批依据和审批程序的公开化,推行网上办事制度。

2007 年 12 月 1 日,国务院批准、国家发展和改革委员会联合商务部颁布的《外商投资产业指导目录(2007 年修订)》正式施行,有利配合国家调整产业结构的政策,不再鼓励投资高耗能、高污染、资源类的项目,排除在鼓励类行业项目相应的税收政策也失去了优惠的权力,另一方面大大鼓励中国高新技术产业的发展。明确开发区的招商引资的产业方向。

2009 年,上海市开发区认真落实中共中央、国务院一系列保增长、扩内需、调结构的政策措施,在中共上海市委、市政府的正确领导下,按照"四个确保"的要求,积极应对国际金融危机的不利影响,加大招商引资力度,积极服务和扶持企业发展,推进高新技术产业化和产业结构调整,确保经济稳定持续健康发展。

第二节　招商引资成果

1984 年,闵行经济技术开发区以"工业项目为主、外商投资企业为主、产品出口型和技术先进型两类企业为主"积极招商引资引进项目。是年 4 月,第一家中外合资企业——上海环球玩具有限公司在闵行新工业区建厂落户。至 1995 年,闵行开发区累计引进项目 130 个,全部是三资企业。其中,中外合资经营企业 93 家,占 71.5%;中外合作经营企业 1 家,占 0.8%;外商独资经营企业 36 家,占 27.7%。协议总投资 13.55 亿美元,其中外商投资部分 8.60 亿美元,占 63.5%。实际投资 8.60 亿美元,其中外商投资 5.45 亿美元。引进项目中,国际知名跨国公司投资的达 35 个,占项目总数 27%,投资额达外商总投资额 66.9%。其中,列入美国《财福》杂志 1992 年世界工业 500 强排行榜中的有 21 家公司,为美国施乐公司、美国强生公司、美国百时美施贵宝公司、美国格雷斯公司、美国可口可乐公司、美国百事可乐公司、美国联合碳化物公司、美国莎拉莉公司、美国吉利公司、美国英格索兰公司、美国埃梯梯公司和美国铝业公司,日本三菱电机株式会社、日本日立工程建设公司,英国联合利华公司,瑞士苏尔寿公司、瑞士山道士公司,法国施耐德电气有限公司,和加拿大施格兰集团公司等,共投资 25 个项目。至 1995 年,进区项目单项平均规模为 1 042 万美元,在国内开发区中名列前茅。2005 年,闵行开发区累计引进项目 175 个,其中投产的有 143 个,占 85%,投资总额 26.34 亿美元,平均单项投资超过 1 500 万美元。区内项目全部为外资企业,涉及 19 个国家和地区,有 40 多家跨国公司,全球 500 强企业中有 40 家进驻,有近 50 家企业在国内同类产品中市场占有率名列前茅。

1993—2010 年,外高桥保税区累计批准投资企业项目近 1 万个,累计吸引投资 196.89 亿美元。其中,外资企业的比例占 74.7%,吸引投资 162.84 亿美元,占投资总数的 82.7%;内资企业比例占 25.3%,吸引投资 272.39 亿元,占投资总数的 17.3%。

"九五"期间(1996—2000 年),虹桥经济技术开发区实际利用外资总额为 13.67 亿美元,引进外资项目 30 个。2001 年,虹桥开发区实际利用外资 3 827 万美元,引进外资项目 3 个。引进的外商投资项目累计有 100 余个,其中 1 000 万美元以上的项目 23 个,3 000 万美元以上的项目数 13 个。世界 500 强企业入区数 6 家。"十五"期间(2001—2005 年),虹桥经济技术开发区实际利用外资总额为 2.40 亿美元,引进外资项目 38 个。"十一五"期间(2006—2010 年),虹桥经济技术开发区实际利用外资总额为 6.12 亿美元。

2002 年,9 个市级工业区吸引外资金额 23.35 亿美元。至 2002 年,上海市工业园区内外商及港澳台投资企业达 1 497 家,占工业园区企业数的 35.9%;全年完成工业总产值 2 297.29 亿元,占工业园区总产值的 73.7%。是年,工业园区共完成工业出口交货值 940.33 亿元,占上海工业出口交货值的 53%。其中,外商及港澳台投资企业完成出口交货值 852.35 亿元,占工业区出口交货值 90.6%。松江出口加工区建区两年来投产的工业企业 7 家,其中台湾广达公司投资的达丰电脑(上海)有限公司完成工业总产值 81.01 亿元。

2002 年,金桥出口加工区利用上海市"聚焦张江"的辐射效应,建立金桥、张江战略联盟,实行功能互补、经济互利,建设金桥软件分园。在项目招商引资上,积极扩大项目个数和老项目追加投资。全年引进项目 29 个,其中软件开发项目引进 11 项,为历年之最。吸引投资 3.86 亿美元,其中合同外资 9 266 万美元。3 个老项目"梅开二度",增资 1.11 亿美元,占全年投资总额的 28.9%。电子信息行业一直是开发区的"大哥大",聚集诸如上海西门子移动通信有限公司、上海贝尔阿尔卡特股份有限公司、上海惠普有限公司、上海联想电子有限公司、上海华虹 NEC 电子有限公司等三资企业。

2003 年,上海开发区合同利用外资 88.9 亿美元,内资 329.1 亿元,引进外资项目和内资企业数分别达 1 876 家和 4 912 家。至 2003 年,全市工业区累计吸引外资项目 10 492 个,合同吸引外资

403.3亿美元。其中,国家级工业区吸引外资160.9亿美元,市级工业区吸引外资140亿美元,两者占总量的74.6%。全市工业区累计吸引内资1 028亿元。其中,国家级工业区254亿元,市级工业区357亿元,两者占总量的59.5%。在招商引资中,各开发区积极发挥产业导向作用,产业集聚效应凸显,如台积电(中国)有限公司项目在松江工业区落户,大众汽车扩产项目在嘉定落户,国际化工巨头德国拜耳公司、德国巴斯夫公司、英国BP公司等项目入驻上海化学工业区,提高了工业区的主导产业集聚度。

2003年,虹桥经济技术开发区引进外资项目8个,合同外资1.14亿美元,实际利用外资0.91亿美元;营业收入47.01亿元,利润6.77亿元,上缴税金3.01亿元,外汇收入4.27亿美元。至2003年,虹桥经济技术开发区累计引进项目125个,其中三资企业116个,在开发区注册的117家企业中外商投资企业达112家;开发区总投资累计达30.35亿美元,其中引进合同外资25.26亿美元,实际利用外资24.51亿美元;实现营业收入436.17亿元,利润总额38.55亿元,上缴税金24.90亿元,外汇收入36.35亿美元。其中,新批准项目有8个,主要有上海安年商务咨询有限公司、其乐达(上海)集成电路有限公司、来客思(上海)软件有限公司、三源传艺商务咨询(上海)有限公司、英德知市场咨询(上海)有限公司、上海丹堤咖啡馆有限公司、恩斯克投资有限公司、上海瑞林诊所有限公司。

2003年,上海化学工业区按照"外向型、高起点""持续、快速、安全、健康"发展的要求,坚持"统一规划、分步实施、滚动开放"的方针,围绕化工和天然气化工系列产品、衍生系列产品、精细化工产品、高分子材料加工产品、综合性深加工产品、高科技生物医药等六大系列产品的定位,营造良好的区域项目配套的投资环境,吸引世界跨国公司和国内大型骨干企业项目投资主体,集中引进具有高新技术特征的大型化工主体项目,一批乙烯、丙烯等原料为产品工艺链,配套发展聚丙烯、异氰酸酯、聚氨酯、丁苯橡胶、聚氯乙烯、己内酰胺等化工中下游产品,全年新开工项目10个,续建项目11个,完工项目18个,完成固定资产投资80多亿元,占上海工业固定资产投资总额的1/7,工业总产值达1 000亿元,被誉为"上海工业腾飞的新翅膀"。

2004年,上海开发区合同利用外资达83.26亿美元,合同利用内资193.30亿元,引进外资项目和内资项目数分别达2 067个和3 694个。其中,国家级开发区吸引外资23.70亿美元,市级开发区吸引外资38.80亿美元,两者之和占上海开发区总量的75%;国家级开发区吸引内资36.41亿元,市级开发区吸引内资70.64亿元,两者之和占上海开发区总量的55.4%。项目质量明显提高,产业集聚效应日益显现,台积电(中国)有限公司项目、德国拜耳公司和德国巴斯夫公司等一批主导产业大项目和知名企业纷纷落户开发区。其中,虹桥经济技术开发区实际利用外资1 985万美元,引进外资项目11个。

2005年,受宏观调控和严格土地供给政策的影响,上海工业区吸引合同外资下降,全年引进合同外资65.17亿美元。其中,国家级开发区27.67亿美元;市级开发区24.39亿美元;重点配套区13.12亿美元。是年,上海工业区实际利用外资数达65.17亿美元。上海工业区吸引内资注册资本169.09亿元。其中,国家级开发区45.70亿元;市级开发区59.25亿元;重点配套区64.14亿元。

2005年,外高桥保税物流园区坚持以"区港联动、区镇联动"为抓手,围绕产业升级和功能突破,拓展招商激励机制,解决企业实际问题,推动招商引资继续保持一定的规模,实现平稳发展,新批准投资项目942个,吸引投资总额达14.12亿美元,成为继2004年第二个超过14亿美元的招商引资高峰年。批准项目中外商投资项目达820个,占项目数87%,吸引外商投资总额9.98亿美元,占投资额70.7%,其中外商独资项目787个,吸引投资额9.54亿美元。实现合同外资6.16亿美元,占外商投资额61.7%;实际利用外资为3.52亿美元,占合同外资57.1%。全年投资企业追加投资"梅开二度、梅开三度"现象不断涌现,成为招商引资的新亮点,共有487个项目进行追加投资,实现增资额达7.85亿美元,占吸引投资总额的55.6%,其中合同外资增资额达4.19亿美元,占合同外资额68.0%。增资额超过1 000万美元的大项目达16个,合计增资额3.31亿美元,占保税区增资额42.2%。

2005年,虹桥经济技术开发区实际利用外资1 974万美元,引进外资项目12个。开发区新批准三资企业12家,有住友电工硬质合金咨询(上海)有限公司、兆彦咨询(上海)有限公司、上海东采咨询顾问有限公司、亚网管理顾问(上海)有限公司、上海三机工程咨询有限公司、恩梯恩(中国)投资有限公司、上海津轻餐饮有限公司、希杰发玛(上海)咨询有限公司、蝶理(中国)商业有限公司、八木丽服贸易(上海)有限公司、西雅衣家(中国)商业有限公司、安妥思管理咨询(上海)有限公司;总投资1.2亿美元,其中引进合同外资6 470万美元。

表4-1-1　2003—2005年上海开发区吸引外资项目数一览表　　　　　单位:个

年　份	本　年				累　计			
	全市开发区	国家级开发区	市级开发区	重点配套区	全市开发区	国家级开发区	市级开发区	重点配套区
2003年	1 923	1 305	353	265	10 488	7 440	1 533	1 515
2004年	2 067	1 273	494	300	12 525	8 733	2 461	1 331
2005年	1 944	1 190	446	308	14 416	9 933	2 908	1 575

资料来源:上海市经济委员会、上海市统计局、上海市开发区协会2004—2006年《上海市开发区统计手册》

表4-1-2　2003—2005年上海开发区合同外资金额一览表　　　　　单位:亿美元

年　份	本　年				累　计			
	全市开发区	国家级开发区	市级开发区	重点配套区	全市开发区	国家级开发区	市级开发区	重点配套区
2003年	92.14	20.45	61.43	10.26	405.30	159.85	140.03	105.42
2004年	83.26	23.70	38.80	20.77	436.42	183.37	174.47	78.58
2005年	65.17	27.67	24.39	13.12	475.11	215.01	183.49	76.62

资料来源:上海市经济委员会、上海市统计局、上海市开发区协会2004—2006年《上海市开发区统计手册》

表4-1-3　2003—2005年上海开发区外资到位金额一览表　　　　　单位:亿美元

年　份	本　年				累　计			
	全市开发区	国家级开发区	市级开发区	重点配套区	全市开发区	国家级开发区	市级开发区	重点配套区
2003年	37.07	15.13	16.10	5.84	184.06	76.53	51.97	55.56
2004年	48.78	12.39	28.58	7.8	231.95	95.64	93.60	42.71
2005年	46.96	17.54	21.73	7.69	275.28	113.40	119.65	42.23

资料来源:上海市经济委员会、上海市统计局、上海市开发区协会2004—2006年《上海市开发区统计手册》

表 4-1-4 2003—2005 年上海开发区落户内资企业数一览表 单位：家

年 份	本 年				累 计			
	全市开发区	国家级开发区	市级开发区	重点配套区	全市开发区	国家级开发区	市级开发区	重点配套区
2003 年	3 627	812	1 094	1 721	15 212	4 002	3 589	7 621
2004 年	3 694	680	684	2 330	22 173	4 470	5 292	12 400
2005 年	4 777	375	1 713	2 689	25 316	4 845	7 475	12 996

资料来源：上海市经济委员会、上海市统计局、上海市开发区协会 2004—2006 年《上海市开发区统计手册》

表 4-1-5 2003—2005 年上海开发区内资注册资金一览表 单位：亿元

年 份	本 年				累 计			
	全市开发区	国家级开发区	市级开发区	重点配套区	全市开发区	国家级开发区	市级开发区	重点配套区
2003 年	287.78	67.80	143.20	76.78	1 027.26	253.64	356.79	416.82
2004 年	193.3	36.41	70.64	86.26	1 130.69	309.34	450.65	370.70
2005 年	169.09	45.7	59.25	64.14	1 229.39	355.04	521.23	353.11

资料来源：上海市经济委员会、上海市统计局、上海市开发区协会 2004—2006 年《上海市开发区统计手册》

表 4-1-6 2003—2005 年上海开发区内资到位金额一览表 单位：亿元

年 份	本 年				累 计			
	全市开发区	国家级开发区	市级开发区	重点配套区	全市开发区	国家级开发区	市级开发区	重点配套区
2003 年	158.14	0.83	70.19	87.12	772.19	142.72	236.46	393.02
2004 年	227.75	11.16	83.57	133.02	998.67	181.13	377.16	440.39
2005 年	300.41	48.46	133.44	118.51	1 670.71	300.69	737.3	632.73

资料来源：上海市经济委员会、上海市统计局、上海市开发区协会 2004—2006 年《上海市开发区统计手册》

2006 年，上海开发区吸引合同外资下降，全年引进合同外资 64.20 亿美元。其中，国家级开发区 25.47 亿美元，市级开发区 36.85 亿美元。1 000 万美元以上的工业大项目主要集中在电子信息、汽车零部件、化工、生物医药、新材料等领域，并以电子信息为最。如张江的日月光、俊茂微电子（上海）有限公司，南汇的进技和上海慧成显示技术有限公司，漕河泾的明尼苏达矿业及机器、英华达（上海）电子有限公司，金桥的明基上海金桥手机生产厂、柯达电子产品（上海）有限公司，青浦的星科金朋集成电路（上海）有限公司、美国金朋（上海）有限公司、康桥华硕电脑股份有限公司、台湾日月光公司。第三产业合同外资中，生产性服务业项目成为外商投资的重点领域。外高桥、漕河泾、张江、金桥、紫竹、化工区等建设生产性服务业集聚区和物流园区，大力引进总部经济、设计研发和现代物流等项目，如张江的诺华（中国）生物医药研发中心。是年，上海开发区吸引内资注册资金 306.55 亿元。其中，国家级开发区 41.83 亿元，市级开发区 256.79 亿元。内资企业引进项目比较多，工业向开发区集中程度提高，内资注册项目比较多的开发区有外高桥、莘庄、闵北、宝山、张江、金山等。

2007 年,上海开发区招商引资呈现新的特点:一是以引进先进制造业和高新技术产业类项目为主;二是以引进设计、研发、总部、营销、物流等生产性服务业类项目为主;三是以增资项目为主,占 70% 以上。是年,上海开发区共引进外资项目 1 245 个;吸引合同外资金额 56.19 亿美元。如:松江引进中电太阳能、中电电气(上海)光伏有限公司,莘庄引进上海广电 NEC 液晶显示器有限公司,张江引进帝斯曼(中国)有限公司、美国药典委员会中华区总部、阿斯利康中国创新中心,金桥引进美国通用公司、辉门企业管理(上海)有限公司、巴斯夫化学建材(上海)有限公司、摩托罗拉技术中心总部经济,漕河泾引进思科中国研发中心、美国 3M 公司、德国贺利氏有限公司特种光源、美国英迈物流、国家核电技术公司,紫竹引进博格华纳(中国)投资有限公司、东软集团等。全年落户内资企业 3 649 家,新增注册资本 161.06 亿元,吸收内资注册资本规模较大的开发区有张江高科技园区、嘉定工业园区、星火开发区。

2008 年,上海开发区吸收合同外资 64.14 亿美元。引进外资合同金额增幅较大的开发区有上海化学工业区(以下简称"上海化工区"),比 2007 年增长 470.1%;金山工业园区增长 138.4%;张江高科技园区增长 47.6%;康桥工业区增长 17.7%。其余开发区增幅不大,有的甚至负增长。是年,上海开发区落户内资企业 2 217 家,新增注册资本 248.54 亿元。

2008 年,上海开发区招商引资呈现出以下特点:一是生产性服务业引进项目占比达 42%。如:漕河泾引进标致雪铁龙亚洲总部、美国亚什兰(中国)投资公司和研发中心、美国罗克韦尔研发中心和营运总部等跨国企业及中国民航信息集团公司、国家核电技术公司等国内大集团,紫竹引进博格华纳(中国)投资有限公司、中广核电,张江引进麦瑞半导体公司、德国纽豹集团、雅培贸易(上海)有限公司研发分公司、国药集团药业股份有限公司等,金桥引进美国通用汽车亚太区总部、中国服务外包研究中心、柯达亚太区总部等,市北美国科勒公司亚太区总部入驻,嘉定中广国际广告创意产业基地有 20 多家广告企业入驻,松江引进普洛斯国际物流园等。二是增资项目比重大。张江高科技园区增资额占 78%,如日月光封装测试(上海)有限公司增资 1.8 亿美元、液化空气(上海)气体有限公司增资 1.2 亿美元、上海陶氏中心增资 9 800 万美元;外高桥保税区有 332 个增资项目,占投资总额的 93%,上海化工区增资项目拜耳(上海)聚氨酯有限公司异氰酸酯和聚醚项目合同外资 5.15 亿美元。

2009 年,上海开发区引进外资项目数共 751 个。其中,国家级开发区引进外资项目数 251 个,市级开发区引进外资项目数 500 个。引进外资项目总投资 81.46 亿美元,合同外资金额 49.38 亿美元,其中工业项目合同外资 27.61 亿美元,占合同外资金额比重为 55%。国家级开发区引进外资项目总投资 33.71 亿美元,合同外资金额 25.01 亿美元。市级开发区引进外资项目总投资 47.75 亿美元,合同外资金额 24.37 亿美元。落户内资企业数 3 008 家。其中,国家级开发区落户内资企业数 611 家,市级开发区落户内资企业数 2 397 家。是年,上海开发区引进内资企业项目总投资 296.17 亿元,内资企业注册资金 168.17 亿元。其中,国家级开发区落户内资企业项目总投资 45.03 亿元,市级开发区落户内资企业项目总投资 251.14 亿元。

2009 年,浦东新区、闵行区、奉贤区、松江区等的开发区和产业基地加大招商引资力度,推进上海林洋电子科技有限公司、理想能源设备(上海)有限公司等一批太阳能光伏项目落地;建设燃气轮机、风电工程技术开发中心服务平台,组织编制核电、风电、IGCC、BIPV 等相关技术标准。在民用航空领域,依托中国商用飞机有限责任公司、中国航空工业集团公司,加快建设上海国家民用航空产业基地,实施大型客机总装基地、研发中心、客服中心和商用飞机发动机、航空电子等项目。在先进重大装备领域,实现 CPR1000 蒸汽发生器下筒体等锻件产品交货;协调 A 型地铁列车项目运营考核试验;推进"清洁高效煤电成套设备国家工程研究中心"建设;梳理智能电网相关技术、项目,研究配套政策。在电子信息制造领域,完善重点项目推进方案;实施华虹 909 升级改造工程等一批启动项目;配合上海市发展和改革委员会(以下简称"市发展改革委")落实"上海天马 OLED 项目"的有关支持政策。在新能源汽车领域,会同嘉定区、上汽集团召开招商会,推动星恒电源股份公司等一批关键零部件项目落户;推进以"三电"为重点的高新技术产业化项目和世博新能源汽车项目,推动上汽集团等企业确保按时保质完成任务。在海洋工程装备领域,争取工业和信息化部《海洋工程装备科研项目指南(第一批)》动力定位系统研制项目落沪;推进长兴二期建设项目立项。在新材料各重大专项 9 个子课题任务,推进 1 600 吨履带吊等一批自主研制的重大技术装备,推动大型酸洗——连轧联合机组自动控制系统开发和产业化应用,推动码头集装箱自动化装卸系统突破首台业绩;完成合金超纯净冶炼工艺与技术、合金热模拟实验工作。在石化产业领域,完善化工区二期规划,推进 1 200 万吨/年炼油项目落地并规划后续乙烯项目;推动高桥石化高品质清洁燃料、润滑油基础油与石蜡生产基地等建设。在电子信息产业领域,继续推进有线电视数字化改造和 3G 通信制造企业产业化进程,积极参与 3G 网络建设;推动 LED 半导体照明产品在世博会主要场馆的应用。

2009 年,上海开发区招商引资呈现以下特点:一是生产性服务业项目比重提高。引进合同外资金额中生产性服务业占 46%,主要为总部经济,包括投资性公司、研发中心、营运中心等。如张江引进中国商用飞机设计研发中心、中国科学院(以下简称"中科院")浦东科技园、帝斯曼(中国)有限公司、雅培贸易(上海)有限公司研发分公司等,漕河泾引进阿海珐输配电集团中国技术中心、芬兰诺基亚公司、西门子(中国)有限公司研发中心以及上海安吉安星信息服务有限公司汽车服务、爱普拜斯医药仪器等,紫竹引进埃克森美孚化工公司研发中心、可口可乐公司全球创新与技术中心,康桥引进沙特基础工业公司中国研发中心,外高桥引进全球最大 NOR 闪存公司——创忆公司 Numonyx 等,金桥引进上海普金置业有限公司、惠而浦中国投资公司和美国通用汽车国际营运总部等。二是引进项目中内资企业比重增大。如漕河泾引进项目中内资企业占 80%。三是增资项目不断增加。如张江增资项目占 52.0%,外高桥增资占吸引投资总额 85%。

2010 年,上海开发区吸收外资合同金额 60.59 亿美元,占上海吸收外资合同金额的 39.6%。其中,公告开发区吸收外资合同金额 56.55 亿美元,占上海开发区的 93.3%;全年产业基地(据不完全统计)共吸收合同外资金额 0.20 亿美元;重点产业区块吸收合同外资金额 3.84 亿美元。全年开发区引进外资项目数 1 005 个,占上海批准外商直接投资合同项目的 25.7%。其中,公告开发区(国家级、市级开发区)引进外资项目数 872 个,占上海 104 个产业区块的 86.8%;产业基地(据不完全统计)全年共引进外资项目数 17 个;产业区块引进外资项目数 116 个。公告开发区引进外资主要集中在国家级开发区。引进合同外资金额名列前茅的有张江高科技园区、外高桥保税区、金桥出口加工区等园区。是年,上海开发区工业项目合同外资金额为 27.79 亿美元,占开发区吸收外资合同金额的 45.9%。全年公告开发区吸收工业外资合同金额 25.92 亿美元,其中市级以上开发区是外商投资的重点区域。是年,上海开发区实际到位外资金额 39.41 亿美元,占上海实际到位外资金额 35.4%。其中市级以上开发区实际到位外资金额 36.50 亿美元,产业基地和产业区块实际到位外资金额 2.92 亿美元。实到外资最高的是张江高科技园区,为 7.26 亿美元,其次是外高桥保税区,为 4.5 亿美元。是年,累积实到外资最高的为金桥出口加工区,为 6.93 亿美元,其次为外高桥保税区,为 59.25 亿美元。市级开发区中松江工业区(试点园区)、青浦工业区(试点园区)、上海化学工业区、莘庄工业园区、嘉定工业区(试点园区)累积实到外资都超过 20 亿美元。

2010 年,上海开发区引进内资项目 11 584 个。其中,公告开发区引进内资项目 8 077 个,占上海开发区的 69.7%；产业基地为不完全统计，共落户 2 109 个项目，占比为 18.2%；产业区块落户内资项目 1 398 个。其中，落户内资企业项目以市级开发区为重点，全年市级开发区共落户内资项目数 7 204 个，占上海开发区的 62.2%，占公告开发区的 89.2%。

表 4-1-7　2010 年上海市工业开发区外资招商情况表

指　标	吸引外资项目数(个)		引进外资项目投资金额(亿美元)		合同外资金额(亿美元)		工业项目合同外资金额(亿美元)		外资到位金额(亿美元)	
	本年	累计	本年	累计	本年	累计	本年	累计	本年	累计
全市合计	1 005	20 030	109.78	1 433.73	60.59	749.64	27.79	226.17	39.41	465.29
公告开发区	872	19 148	103.01	1 384.71	56.55	720.15	25.92	211.28	36.50	447.21
国家级开发区	306	12 168	42.52	636.17	27.78	337.82	8.38	32.50	17.55	191.78
市级开发区	566	6 980	60.49	748.53	28.77	382.34	17.54	178.78	18.95	255.43
产业基地	17	37	4.78	16.14	0.20	5.40	0.16	0.86	0.13	0.83
城镇工业地块	116	845	6.30	32.89	3.84	24.09	1.71	14.03	2.79	17.25

资料来源：上海市经济和信息化委员会、上海市统计局、上海市开发区协会 2011 年《上海市开发区统计手册》

表 4-1-8　2010 年上海市工业开发区内资招商情况表

指　标	落户内资企业数(家)		落户内资企业协议投资金额(亿元)		内资注册资金(亿元)	
	本　年	累　计	本　年	累　计	本　年	累　计
全市合计	11 584	44 092	926.81	4 870.81	556.28	2 515.96
公告开发区	8 077	35 026	679.09	3 962.02	459.79	2 197.97
国家级开发区	873	5 951	166.30	731.12	169.28	667.18
市级开发区	7 204	29 075	512.79	3 230.90	290.52	1 530.78
产业基地	2 109	4 689	136.03	456.81	52.12	133.32
城镇工业地块	996	3 975	111.68	451.98	37.67	177.96

资料来源：上海市经济和信息化委员会、上海市统计局、上海市开发区协会 2011 年《上海市开发区统计手册》

表 4-1-9　2006—2010 年上海开发区吸引外资项目数一览表　　　　单位：个

年　份	本　年			累　计		
	全市开发区	国家级开发区	市级开发区	全市开发区	国家级开发区	市级开发区
2006 年	1 631	776	808	16 320	10 873	5 100
2007 年	1 245	556	628	17 428	11 264	5 682
2008 年	988	374	571	18 349	11 566	6 255
2009 年	751	251	500	18 623	11 862	6 761
2010 年	1 005	306	566	20 030	12 168	6 980

资料来源：上海市经济委员会、上海市经济和信息化委员会、上海市统计局、上海市开发区协会 2007—2011 年《上海市开发区统计手册》

表 4-1-10　2006—2010 年上海开发区合同外资金额一览表　　　　单位：亿美元

年　份	本　年			累　计		
	全市开发区	国家级开发区	市级开发区	全市开发区	国家级开发区	市级开发区
2006 年	64.20	25.47	36.85	562.73	267.53	282.98
2007 年	56.19	23.54	31.48	589.15	263.99	308.72
2008 年	64.14	24.69	37.69	671.88	292.61	361.16
2009 年	49.38	25.01	24.37	678.14	310.08	368.07
2010 年	60.59	27.78	28.77	749.64	337.82	382.34

资料来源：上海市经济委员会、上海市经济和信息化委员会、上海市统计局、上海市开发区协会 2007—2011 年《上海市开发区统计手册》

表 4-1-11　2006—2010 年上海开发区外资到位金额一览表　　　　单位：亿美元

年　份	本　年			累　计		
	全市开发区	国家级开发区	市级开发区	全市开发区	国家级开发区	市级开发区
2006 年	41.53	12.32	27.98	336.10	150.63	180.43
2007 年	39.34	14.67	22.96	338.24	139.65	190.16
2008 年	49.87	17.90	30.88	404.41	158.57	236.29
2009 年	42.54	17.63	24.91	423.80	174.43	249.37
2010 年	39.41	17.55	18.95	465.29	191.78	255.43

资料来源：上海市经济委员会、上海市经济和信息化委员会、上海市统计局、上海市开发区协会 2007—2011 年《上海市开发区统计手册》

表 4-1-12　2006—2010 年上海开发区落户内资企业数一览表　　　　单位：家

年　份	本　年			累　计		
	全市开发区	国家级开发区	市级开发区	全市开发区	国家级开发区	市级开发区
2006 年	3 824	515	3 200	29 032	3 725	23 669
2007 年	3 649	426	2 776	33 178	4 153	21 717
2008 年	2 217	424	1 467	35 412	4 408	24 232
2009 年	3 008	611	2 397	30 627	5 078	25 549
2010 年	11 584	873	7 204	44 092	5 951	29 075

资料来源：上海市经济委员会、上海市经济和信息化委员会、上海市统计局、上海市开发区协会 2007—2011 年《上海市开发区统计手册》

表 4-1-13　2006—2010 年上海开发区落户内资企业协议投资金额情况表　　　　单位：亿元

年　份	本　年			累　计		
	全市开发区	国家级开发区	市级开发区	全市开发区	国家级开发区	市级开发区
2007 年	393.73	29.74	334.62	2 963.83	500.79	2 169.79
2008 年	400.55	26.02	344.79	3 176.13	514.27	2 346.35

（续表）

年 份	本 年			累 计		
	全市开发区	国家级开发区	市级开发区	全市开发区	国家级开发区	市级开发区
2009 年	296.17	45.03	251.14	3 224.86	534.67	2 690.19
2010 年	926.81	166.3	512.79	4 870.81	731.12	3 230.90

资料来源：上海市经济委员会、上海市经济和信息化委员会、上海市统计局、上海市开发区协会 2007—2011 年《上海市开发区统计手册》

表 4 - 1 - 14　2006—2010 年上海开发区内资注册资金情况表　　　　单位：亿元

年 份	本 年			累 计		
	全市开发区	国家级开发区	市级开发区	全市开发区	国家级开发区	市级开发区
2006 年	306.55	41.83	256.79	1 530.89	380.91	1 094.35
2007 年	161.06	28.74	108.78	1 609.07	409.65	1 052.09
2008 年	248.54	26.02	200.13	1 802.07	453.08	1 192.45
2009 年	168.17	45.03	123.14	1 875.54	497.91	1 377.63
2010 年	556.28	169.28	290.52	2 515.96	667.18	1 530.78

资料来源：上海市经济委员会、上海市经济和信息化委员会、上海市统计局、上海市开发区协会 2007—2011 年《上海市开发区统计手册》

2010 年，上海开发区增资扩建项目不断增加。上海化工区推进亨斯迈聚氨酯有限公司和上海联恒异氰酸酯有限公司 24 万吨/年 MDI 扩建、西萨化工公司 40 万吨/年苯酚丙酮等项目扩建；通过加强与上海高桥石油化工公司、日本三菱瓦斯化学株式会社以及日本三井化学公司的项目沟通对接，40 万吨苯酚丙酮项目增资 2.9 亿美元、聚碳酸酯项目增资 2 亿美元、三元乙丙橡胶（EPT）等扩建项目增资 1.5 亿美元。闵行开发区的华锐风电科技有限公司项目、杰奥福林船舶空调工程（上海）有限公司项目为园区发电和输变电设备以及船用设备产业增添新生力量。青浦工业区与日本天田株式会社（AMADA）、德国永恒力集团和上海天玑科技股份有限公司（总投资 2 亿元）3 家行业龙头企业分别签订投资协议。青浦出口加工区增资 6 个项目，增资金额占比达 46.5%，其中斯伦贝谢油田设备（上海）有限公司项目增资 4 000 万美元，占比 28.9%，此外还引进了吉富新能源科技（上海）有限公司项目。嘉定工业区在引进沃尔沃汽车集团等一批先进制造业项目的基础上，引进上海卡耐新能源有限公司、凡客诚品华东区总部及全球设计研发中心等科技创新型新能源、新材料、文化创意、电子信息等产业。浦江高科技园引进上海延华智能科技（集团）股份有限公司、世界 500 强百事公司亚洲研发中心等优质项目。奉贤现代农业园区引入国药集团上海生物所、复旦奥医生物医药科技有限公司等生物医药企业。

2006—2010 年，上海开发区吸引外资项目总数 20 030 个，吸引内资项目总数 44 092 个；引进外资合同金额 678.14 亿美元，到位资金 465.29 亿美元；吸引内资企业协议投资金额 4 870.81 亿元，注册资金 2 515.96 亿元。

第二章　产业发展

上海市开发区紧紧围绕中共上海市委、市政府提出的实现"四个率先"、建设"四个中心"战略部署,积极应对国际金融危机的严重冲击和自身发展转型的严峻挑战,开发区总体体现了产业结构不断优化,产业能级不断提升的发展水平,产业集聚度和集中度不断提高,基本形成以若干产业链配套为核心,以产业特色鲜明、支撑带动力强、产业集聚度高为特征的产业集群式发展格局,开发区成为推进产业发展的重要载体。

上海市开发区以新能源、民用航空制造业、先进重大装备、生物医药、电子信息制造业、新能源汽车、海洋工程装备、新材料、软件和信息服务业等九大领域为重点,注重推进高新技术产业集聚为核心,注重推动生产性服务业产业转型,加大高新技术产业化及战略性新兴产业推进力度,聚焦重点高科技项目,形成高端引领态势,推动产业链对接,推动高新技术产业化发展。重点推进科技研发型、物流型、产业型、综合型四种类型的 23 个生产性服务业功能区建设,为先进制造业发展提供产业链延伸专业化、规模化空间载体。

与此同时,围绕国家战略,积极创建国家新型工业化产业示范基地,加速推进中国特色新型工业化进程,加快转变经济发展方式,促进信息化与工业化融合。2010 年,上海按照工业和信息化部要求,创建以高端装备、生物医药、电子信息、船舶海洋工程装备、石油化工、民用航空为主导产业的 7 个国家新型工业化产业基地,在推进产业集聚集群发展发挥了示范引领作用,有力支撑世界级先进制造业集群建设。

第一节　主导产业及分布

1999 年 6 月,市经委颁布《上海工业发展"十五"规划》与《2015 年规划纲要》。《规划》根据上海城市规划总体布局的要求,从有的工业基础及有利于进一步发展考虑,提出"1+3+9"工业区的主导产业选择应有所侧重。

表 4－2－1　上海工业开发区的主导产业选择情况表

工业开发区	主 导 行 业*
浦东金桥	交通运输设备制造业,医药制造业,电子及通信设备制造业
浦东张江	医药制造业,电子及通信设备制造
浦东外高桥	电子及通信设备制造业,文教体育用品制造业,塑料制品业,电气机械及器材制造业
漕河泾技术开发区	电子及通信设备制造,仪器仪表制造业,航空航天器制造业
闵行经济技术开发区	医药制造业,饮料制造业,电气机械及器材制造业,仪器仪表及文化、办公用机械制造业
上海化学工业区	化学原料及化学制品制造业
莘庄工业区	电气机械及器材制造业,电子及通信设备制造业
嘉定工业区	交通运输设备制造业,电气机械及器材制造业

(续表)

工业开发区	主 导 行 业*
宝山城市工业区	金属制造业,非金属矿物制品业
康桥工业区	交通运输设备制造业,非金属矿物制品业,纺织业
奉浦工业区	电气机械及器材制造业,化学原料及化学制品制造业,普通机械制造业
松江工业区	电子及通信设备制造业,电气机械及器材制造业,有色金属冶炼及压延加工业
金山嘴工业区	化工原料及化学制品制造业,电气机械及器材制造业,纺织业
青浦工业区	纺织业,交通运输设备制造业,普通机械制造业,电气机械及器材制造业
崇明工业区	船舶修造业**,食品制造业,电子及通信设备制造业

说明:* 主导产业是按国家行业标准分类

　　　** 航空航天器制造业、船舶修造业是按种类划分,在大类上属于交通运输设备制造业

资料来源:上海市开发区协会档案室:XH-Z·B-1999-001

表4-2-2　上海重点产品及主要企业集团在工业区的分布情况表

序号	重点产业	主要企业集团	在工业区分布
1	集成电路及IC卡一条龙产品	上海仪电集团、上海有色金属(集团)有限公司、上海华虹(集团)有限公司	浦东新区、漕河泾、松江
2	程控交换机系列产品及通信终端产品	上海仪电集团、光电	浦东新区、青浦、康桥
3	光通信和移动通信及网络产品	上海光通信公司、长江、光电、上海仪电集团	浦东新区、漕河泾
4	计算机及软件	长江、上海广电集团、上海仪电集团	浦东新区、张江、漕河泾
5	数字影视产品及关键件	上海广电集团、上海仪电集团、上海轻工控股(集团)公司、航天	漕河泾、松江
6	自动化仪表及系统	上海仪电集团	漕河泾、松江
7	新型电子元件及光电子产品	上海广电集团、上海仪电集团	漕河泾、莘庄
8	生物工程及医药产品	上海医药集团股份有限公司	浦东新区、张江、松江、康桥
9	稀土及稀贵金属	上海有色金属(集团)有限公司	宝山、松江
10	航天及航空产品	航天、航空	漕河泾
11	轿车及零部件	上汽集团、上海广电集团、上海轻工控股(集团)公司、上海纺织控股(集团)公司	浦东金桥、嘉定、康桥
12	电站及动力设备	上海电气集团、上海仪电集团	闵行、青浦
13	电梯	上海电气集团	莘庄、闵行
14	轨道交通	上海电气集团	松江、奉浦
15	数控机床及机电一体化产品	上海电气集团、上海仪电集团、上海轻工控股(集团)公司	浦东新区、松江、奉浦

（续表）

序号	重 点 产 业	主要企业集团	在工业区分布
16	环保产品	上海电气集团、上海仪电集团、上海华谊(集团)公司	青浦、嘉定、金山嘴
17	优质钢、铜材及新型建材	上海宝钢集团公司、区县局、上海有色金属(集团)有限公司	浦东新区、宝山
18	石化及精细化工产品	上海华谊(集团)公司、中石化股份公司上海高桥分公司、上海石油化工股份有限公司	上海化学工业区、青浦、金山嘴
19	空调设备及关键件	上海电气集团、上海轻工控股(集团)公司、上海广电集团、航天	康桥、浦东新区、莘庄
20	船舶及港口设备	上海船舶公司、中交三航局公司	崇明、金山嘴

资料来源：上海市开发区协会档案室：XH－Z・B－1999－002

　　"九五"期间(1996—2000年)，上海工业加快产业结构战略性调整，大力发展高新技术产业和支柱工业，使汽车、通信设备、钢铁、石油化工及精细化工、电站成套及大型机电设备、家用电子电器等六大支柱工业不断壮大，电子信息、现代生物和医药、新材料三大高新技术产业迅速崛起，成为工业经济发展的主要支撑力量。

　　2000年10月30日，市政府提出电子信息、汽车、电站设备及大型机电产品、石油化工与精细化工、精品钢材、生物医药等六大支柱工业和五大产业基地发展建设规划。至2000年，集成电路制造领域，形成以张江高科技园区为核心，浦东微电子产业带为主体，辅以漕河泾新兴技术开发区和松江出口加工区的"一带两区"集聚格局。随着新兴产业的发展，产业集聚的突出特征主要有两点：一是以大中小企业在地理上的集中为特征，二是各企业主体之间相互关联、专业化供给，构成互为依存的相互竞争与合作关系。上海微电子产业积聚形成的产业区位竞争优势吸引国际上著名的微电子生产公司在上海投资建设研发与制造中心。化工领域，上海化学工业区不仅集聚了中国石化公司和上海华谊公司等国内化工公司的新增项目，而且吸引了德国巴斯夫公司(BASF)、德国拜耳公司(BAYER)等世界500强化工公司的投资项目。

　　2001年，市经委对"1＋3＋9"工业区的规划面积、利用空间，以及产业导向作了相应变更和调整。

表4－2－3　2001年上海市开发区规划面积和产业导向一览表

工 业 区 名 称	规划面积(公顷)	产 业 导 向
金桥出口加工区	1 900	汽车整车装配、现代家电制造、电子通信、微电子产业及相关零部件配套产业
张江高科技园区	2 300	信息产业中的微电子制造业与软件产业，生物医药产业中的中国医药生产和研发基地
外高桥保税区	1 000	保税区港口经济及物流中心、纺织产业、零部件分拨、汽车零配件机电产品以及信息产业
星火开发区	1 000	轻工、纺织化纤、精细化工、医药和新型建材

（续表）

工业区名称	规划面积(公顷)	产业导向
漕河泾新兴技术开发区	598	信息产业、微电子、计算机及其软件、现代通讯、现代视听设备和产品、航天、航空技术
闵行经济技术开发区	320	轨道交通和电气机械制造,生物基因药物制造业,新型材料和复合材料制造业
上海化学工业区	2 300	石油化工深加工和天然气化工系列、光化过程产品系列、精细化工系列、高分子材料加工、综合性深加工以及高科技生物等系列化工产品
青浦工业园区	1 403	纺织业、电站及大型成套设备配套产业,精细化工以及汽车零部件配套产业
松江工业园区	2 056	电子及通信设备制造业、电气机械及器材制造业以及微电子后封
嘉定工业园区	2 010	汽车配件、冷冻器具、电子电器及金属加工业
上海工业综合开发区	1 880	中草药、输配变电设备、机械、电子产业以及商贸、仓储和房地产
莘庄工业区	1 366	电器机械及器材制造业、电子及通信设备制造业、新型材料制造及加工业
康桥工业园区	2 688	交通设备运输设备制造业及零部件配套业、建筑材料制造业、纺织业
宝山城市工业园区	435	光盘生产、金属、建筑新材料制造业
崇明工业园区	997	食品制造业、农副产品深加工以及船舶修造业
金山嘴工业园区	2 280	化学制品制造业及精细化工、医药制品以及为化工配套的物流中心

资料来源：上海市开发区协会档案室：XH-Z·B-2001-001

2002年,上海市工业园区发展紧紧依托四大产业基地建设,围绕上海产业结构调整和产业升级的目标,具有比较明确的产业定位。如在8个国家级开发区中,各自的产业定位和功能,有以微电子、生物技术为主导的高科技园区,作为四大产业基地的上海化学工业区,以及出口加工区和保税区等。9个市级开发区,充分体现"一业特强、多业发展"的要求,具有各自的产业特色,如松江工业区以发展微电子为主,嘉定工业区以汽车及其部件制造为主,金山嘴工业区则以精细化工为主。

2006年,国家级和市级开发区成为上海先进制造业的重要集聚地,正逐步从数量规模扩张向质量效益提升转变,从外延粗放式的开发模式向内涵精细化开发转变。闵行开发区逐步形成以轨道交通、电站设备为代表的机电产业为主,以药品为代表的医药医疗产业和以食品、饮料为代表的轻工产业为辅的产业格局;世界500强企业投资的项目占园区企业总数的1/3以上,对开发区销售收入、利润、税收的贡献率均超过80%;与此同时,美国强生公司等一批世界级研发中心也相继入驻开发区。漕河泾开发区形成电子信息、生物医药、新材料、航天航空、现代服务业五大产业集群;高新技术产业销售收入占漕河泾开发区总销售收入的95%以上,成为全国高新技术产业最为密集的开发区之一;园区着手培育形成汽车零部件研发、移动通信、环保新能源三大新兴产业集群;园区有世界500强跨国公司投资的企业70多家,一批著名跨国公司在原有生产制造的基础上,均在园区里建立了地区总部、研发中心。金桥开发区业形成电子信息、汽车、现代家电、生物医药与食品四大制造业支柱产业,世界 500 强企业的投资项目达 80 多个,特别是电子信息和汽车制造业在上海市先进制造业占有重要地位;同时,总部经济、商贸营运、研发设计等生产性服务业在金桥开发区也得到迅速发展。高新技术产业、生产性服务业正日益成为开发区发展的重点。

表 4 - 2 - 4　2006 年上海国家级开发区主导产业一览表

序号	开 发 区 名 称	主 导 产 业
1	闵行经济技术开发区	轨道交通、机电设备、生物医药、食品饮料
2	虹桥经济技术开发区	信息咨询、商业服务、会展服务、外贸
3	漕河泾新兴技术开发区	信息技术、新材料、生物医药
4	张江高科技园区	电子与信息、生物及医药、光机电一体化
5	上海外高桥保税区	自由贸易、出口加工、物流仓储及保税商品展示交易
6	上海漕河泾出口加工区	微电子、光电子、软件、新材料
7	上海松江出口加工区及 B 区	新型材料、精细化工、生物医药、轻工机械、食品
8	金桥出口加工区	电子信息、汽车、光机电、精密机械、精细化工
9	上海金桥出口加工区(南区)	电子信息、光机电、精密机械、精细化工
10	上海青浦出口加工区	汽车及汽车零部件、电子信息、新型材料、精密机械、装备工业
11	上海闵行出口加工区	机械、电子信息、光机电、精密机械
12	上海嘉定出口加工区	微电子及电子零部件、生物制药、新材料
13	上海佘山国家旅游度假区	市郊娱乐、休闲、教育型旅游
14	洋山保税港区	物流、仓储
15	上海陆家嘴金融贸易区	金融、保险、证券

　　资料来源:上海市经济和信息化委员会、上海市发展和改革委员会、上海市统计局、上海市开发区协会《2011 年上海产业和信息化发展报告——开发区》

表 4 - 2 - 5　2006 年上海市级开发区主导产业一览表

序号	开 发 区 名 称	主 导 产 业
1	上海市北高新技术服务业园区	电子、通信、生产性服务业
2	上海崇明工业园区	机械、电子
3	上海星火工业园区	精细化工、化纤、建材
4	上海紫竹高新技术产业园区	电子、新材料、生物制药
5	上海浦东康桥工业园区	电子信息、汽车零部件、医疗器械
6	上海化学工业园区	石油化工
7	上海新杨工业园区	印刷包装、光电子、金属制品
8	上海浦东合庆工业园区	光电子、汽车及零部件、医疗器械
9	上海南汇工业园区	光电子、机械

（续表）

序号	开发区名称	主 导 产 业
10	上海奉城工业园区	机械、电子、金属制品
11	上海未来岛高新技术产业园区	电子、机械
12	上海宝山工业园区	金属制品加工、电子、精细化工
13	上海月杨工业园区	机械、汽车零部件、精品钢延伸加工
14	上海富盛经济开发区	光电子、港口机械、船舶制造配套
15	上海浦东空港工业园区	电子、机械、航空产品
16	上海嘉定工业园区	汽车零部件、机械制造、光电子
17	上海嘉定汽车产业园区	汽车零部件、机械制造、电子电器
18	上海莘庄工业园区	通信设备、机械、化工
19	上海西郊经济开发区	电子、摩托车及汽车零部件、机械
20	上海松江工业园区	电子、机械、新材料
21	上海松江经济开发区	电子信息、机械、新型材料
22	上海奉贤经济开发区	光仪电、汽车零部件、农产品深加工
23	上海金山工业园区	精细化工、计算机及其他电子设备制造、电气机械及器材制造
24	上海枫泾工业园区	汽车摩托车及配件、纺织服装、机械
25	上海朱泾工业园区	通用设备制造、金属制品加工、服装
26	上海青浦工业园区	精密机械、电子信息、印刷

资料来源：上海市经济委员会、上海市发展和改革委员会、上海市统计局、上海市开发区协会《2007年上海开发区发展报告》

2006年，上海市开发区主导产业规模及分布：电子信息产品制造业实现工业总产值3 545亿元，占上海市开发区工业总量的41%，占上海市电子信息产出总量的78%。产出主要集中在由漕河泾、张江、金桥、松江、康桥等开发区组成的电子信息产业带，重点产出项目包括达丰（上海）电脑有限公司、台积电（中国）有限公司、英顺达科技有限公司、英业达科技有限公司、3M中国有限公司、上海贝岭微电子制造有限公司、上海广电信息产业股份有限公司TFT项目、中芯国际集成电路制造（上海）有限公司、环旭电子（上海）有限公司、日月光封装测试（上海）有限公司、上海华虹微电子有限公司、华硕电脑股份有限公司等。汽车制造业实现工业总产值1 252亿元，占上海开发区工业总量的15%，占上海汽车制造业产量的87.9%。逐步形成以嘉定国际汽车城、嘉定汽车产业园区、浦东金桥、金山枫泾等为代表的整车和零部件制造基地。石化及精细化工制造业实现工业总产值956亿元，占上海开发区工业总量的11%，占上海石化产业产量的36.1%。主要集中在上海化学工业区（以下简称上海化工区）、星火工业区等。成套设备制造业实现工业总产值1 518亿元，占上海开发区工业总量18%，占上

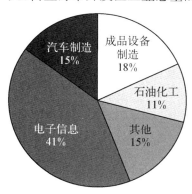

图4-2-1 2006年上海市开发区主要产业所占比重图

资料来源：上海市经济委员会、上海市发展和改革委员会、上海市统计局、上海市开发区协会2007年《上海开发区发展报告》

海成套设备制造业总量的77.4%,主要集中在闵行开发区和莘庄工业区。生物医药制造业实现工业总产值139亿元,占上海生物医药制造业总量的44.7%,主要集中在张江、闵行开发区、星火工业区等生物医药基地。此外,纺织服装业、家具制造业、饮料食品业、印刷业等传统轻工制造业实现工业总产值645亿元,占上海开发区工业总产值的7%。

2007年,上海开发区产值增长较快的行业是电子信息产业,电子信息产品制造业工业总产值达4 617.23亿元,占上海电子信息行业工业总产值重的80.7%。汽车产业也保持快速增长,全年上海市开发区汽车制造业工业总产值达1 588亿元(含国际汽车城)。石油化工和精细化工在利润快速增长和经济景气的推动下,生产保持良性发展,全年上海市开发区精细化工制造业工业总产值达1 153亿元,占上海化工行业工业总产值的46.3%。生物医药因受国家启动药品清查和再注册工作影响,使得医药行业生产增幅下降,全年上海市开发区生物医药行业工业总产值160亿元,占上海的生物医药行业工业总产值的41.3%。

表4-2-6　2007年上海市开发区六大重点发展行业工业总产值一览表　　　　单位:亿元

指　　标	生物医药	电子信息	汽车制造	精细化工	精品钢材	成套设备
全　　市	378	5 719	1 798	2 491	1 603	2 387
开发区	156	4 617	1 588	1 153	298	2 116

资料来源:上海市经济委员会、上海市发展和改革委员会、上海市统计局、上海市开发区协会《2008年上海开发区发展报告》

2008年,国际金融危机不断扩散和蔓延,世界经济增长明显放缓,国内外经济环境中不稳定因素增加。是年9月,市政府转发市经委、市发展改革委制定的《上海产业发展重点支持目录(2008)》(以下简称《目录(2008)》)。《目录(2008)》作为地方法规,聚焦支持金融服务业、航运服务业、信息服务业、生产业服务业、现代物流业、现代商贸业、专业服务业、文化服务业、展会服务业、教育培训和医疗服务及其他服务业、电子信息、装备业、汽车制造、海洋和船舶装备、石油化工和精细化工、精品钢材、航空产业(民机)和航天产业、新能源、新材料、生物医药等产业领域的重点项目。

上海开发区根据自身产业定位和实际情况,围绕产业链和产业集群建设,积极建设特色产业园和园中园,一批产业特色鲜明、支撑力强、产业集聚度高、产业配套完善的特色产业园和产业集群正在开发区内形成。如张江、金桥、漕河泾、紫竹、松江、康桥、青浦、莘庄等形成电子信息产业集群和信息服务外包基地,化工区、星火、金山卫等形成石油化工和精细化工产业集群,国际汽车城、金桥、康桥、枫泾、嘉定等形成汽车及零部件产业集群,闵行、金桥、临港、莘庄、嘉定、青浦、松江等形成装备类产业集群,张江、漕河泾、康桥、星火等形成生物医药及医疗器械产业集群,莘庄、张江、漕河泾、南汇形成光电子产业集群。

至2009年,上海开发区设计产业门类包含33个制造业门类。其中年产值超过200亿元的重点行业有化学原料及化学制品制造业、医药制造业、塑料制品业、金属制品业、通用设备制造业、专用设备制造业、交通运输设备制造业、电气机械及器材制造业、通信设备计算机及其他电子设备、仪器仪表及文化办公用机械制造业等十大行业。上海开发区十大重点行业工业总产值占上海开发区工业总产值的87%,产业集聚度较高。其中,通信设备计算机及其他电子设备工业总产值4 570.8亿元,占37.1%;交通运输设备制造业工业总产值1 708亿元,占13.9%;通用设备制造业工业总产值1 143.56亿元,占9.3%;化学原料及化学制品制造业工业总产值945.78亿元,占7.7%;电气机械及器材制造工业总产值927.14亿元,占7.5%。

表4-2-7 2009年上海开发区工业总产值超过200亿元的十大重点行业一览表

行　　　业	工业总产值(亿元)	占比重(%)
化学原料及化学制品制造业	945.78	7.68
医药制造业	228.37	1.86
塑料制品业	213.10	1.73
金属制品业	284.19	2.31
通用设备制造业	1 143.56	9.29
专用设备制造业	486.35	3.95
交通运输设备制造业	1 708.00	13.88
电气机械及器材制造	927.14	7.53
通信设备计算机及其他电子设备	4 570.80	37.13
仪器仪表及文化、办公用机械制造业	200.62	1.63
合计	10 707.91	86.99
全市开发区	12 309.49	100.00

资料来源:上海市经济和信息化委员会、上海市发展和改革委员会、上海市统计局、上海市开发区协会《2010年上海产业和信息化发展报告——开发区》

　　2009年,上海市级以上开发区成为上海产业经济发展的主要载体,是推动区域经济增长的动力引擎。上海开发区形成电子信息、汽车、石化及精细化工、精品钢材、成套设备、生物医药等六大支柱产业集群。上海市级以上开发区六大支柱产业的工业总产值占上海市级以上工业区工业总产值的比重达87.4%,比"十五"期末(2005年)提高1%。上海国家级和市级开发区成为上海先进制造业的核心集聚区。是年,上海开发区根据自身产业定位和实际情况,围绕产业链和产业集群建设。

　　电子信息制造业。着力建设以浦东(张江、金桥、外高桥、康桥)、徐汇(漕河泾)、闵行(莘庄、紫竹)、松江等为重点的电子信息产业基地。全年电子信息产业实现工业总产值4 570.80亿元,占开发区工业总量37.1%,占上海电子信息工业总量30.8%。是年,张江园区集成电路营业收入201.19亿元,占上海集成电路工业总量50%以上。漕河泾开发区电子信息行业发展较快,集聚英顺达科技有限公司、英业达科技有限公司、上海贝岭微电子制造有限公司、3M中国有限公司漕河泾工厂等,形成包括设计、生产、测试、配套和市场营销等在内产业链;全年电子信息营业收入1 227亿元,其中电子信息行业工业总产值1 042.8亿元,占漕河泾工业总产值85.0%。松江电子信息行业发展以台商广达集团为核心,受国际金融危机影响,电子信息行业工业总产值1 772.43亿元,仍占松江工业总产值68.1%。

　　石油化工和精细化工产业。以炼油和大型乙烯工程为核心,发展石油化工、精细化工和天然气化工系列产品,形成以上海化学工业区和上海石化为重点的杭州湾北岸石油化工和精细化工产业发展带,以及高桥石化和吴泾化工产业基地。上海化工区形成以德国巴斯夫、德国拜耳等为代表的世界知名跨国公司和国内大型骨干企业成为化工区投资主体,化学原料及化学制品制造业工业总产值351.57亿元,占园区工业总产值93.8%。星火开发区引进以亚东石化(上海)有限公司、远纺工业(上海)有限公司、帝斯曼维生素(上海)有限公司为重点的化工医药行业,化工医药行业工业总产值 115.44 亿元,占星火工业总产值 80%。

生物医药产业。形成以浦东张江核心区、徐汇临床医药研究功能区、浦东南汇医学园区以及奉贤、金山、闵行、青浦等为主要载体的生物医药产业基地。张江生物医药工业总产值 96.33 亿元,占张江工业总产值 21.6%,占上海医药工业总产值 42.2%。

汽车及零部件制造业。加快推进以嘉定(国际汽车城)、浦东(金桥、临港)、金山为重点的汽车产业基地发展:以嘉定为主建设新能源汽车及关键零部件产业基地;以浦东(金桥、临港)、金山等为主,加快建设新能源乘用车产业基地;加快建设闵行、松江、浦东等新能源商用车产业基地。金桥出口加工区以上海通用为代表的汽车制造业发展较快,工业总产值 650.12 亿元,占金桥工业总产值 37.8%,占上海汽车制造业工业总产值 38.1%。嘉定国际汽车城汽车零部件园区工业总产值 140.14 亿元,占嘉定汽车工业总产值 35%;康桥工业区汽车零部件工业总产值 57.71 亿元,占康桥工业总产值 7.9%;嘉定工业区汽车零部件工业总产值 189.55 亿元,占嘉定工业区工业总产值 27.1%;枫泾园区汽车制造产业工业总产值 37.44 亿元,占枫泾园区工业总产值 33.7%;漕河泾开发区汽车零部件产业工业总产值 52.31 亿元。

装备制造业。聚焦火电、特高压输变电、轨道交通装备、大型铸锻件、自动控制系统等先进重大装备,在开发区形成以浦东临港、闵行、莘庄、松江、青浦、奉贤等为重点的装备产业基地。闵行开发区成套设备工业总产值 182.08 亿元,占闵行开发区工业总产值 52.4%;莘庄工业区成套设备工业总产值 34.83 亿元,占莘庄工业区工业总产值 61.1%;青浦园区成套设备工业总产值 194.31 亿元,占青浦园区工业总产值 40%;临港装备工业总产值 197.51 亿元。

表 4-2-8　2005—2009 年开发区主要产业工业总产值及增长速度一览表

主要产业	金额(亿元)			2005—2009 年平均增速(%)
	2005 年	2008 年	2009 年	
化学原料及化学制品制造业	429.69	1 020.64	945.78	21.80
医药制造业	108.53	188.07	228.37	20.44
塑料制造业	137.02	213.10	255.38	16.84
金属制品业	127.10	303.95	284.19	22.28
通用设备制造业	302.01	746.72	1 143.56	39.50
专用设备制造业	105.45	350.77	486.35	46.55
交通运输设备制造业	576.87	1 511.11	1 708.00	31.18
电气机械及器材制造业	407.17	921.42	927.14	22.84
通信设备计算机及其他电子设备	3 091.98	4 870.58	4 570.80	10.27
仪器仪表及文化办公机械制造业	202.88	228.89	200.62	—0.28
全市合计	5 488.70	10 354.75	10 750.19	18.30

资料来源:上海市经济和信息化委员会、上海市发展和改革委员会、上海市统计局、上海市开发区协会《2010 上海产业和信息发展报告——开发区》2009 年上海开发区发展情况综述,上海科学技术文献出版社出版 2010 年版,第 28—30 页。

2010 年,上海开发区总体呈现行业涵盖面较广、主要行业集中度较高的局面,主导产业集聚度不断提高,产业集群效应显著,成为上海先进制造业发展的重要载体。是年 4 月 1 日,上海市经济和信息化委员会(以下简称"市经济信息化委")颁布《关于支持临港产业区建设"国家新型工业化产业示范基地"和加快发展装备制造业的若干意见》,明确临港产业区的战略定位是新能源等战略性新兴产业基地、国家级装备制造产业基地、功能型和外向型装备产业基地。临港产业区成为上海制造业的新增长极。上海开发区电子信息产品、汽车、石油化工及精细化工、精品钢材、成套设备、生物医药等六大重点行业工业总产值达 18 522.56 亿元,占上海开发区比重达 86.6%。上海公告开发区的平均主导产业集聚度为 86.5%。

至 2010 年,上海开发区产业结构经历了从最早引进的传统行业(玩具、纺织)等不多的产业门类,逐步向信息业、石化和精细化工、生物医药和现代装备业等领域拓展。开发区引进的产业共涉及 33 个行业大类,其中工业总产值占比超过 1% 的行业共有 16 个,合计 20 030.07 亿元,占比为 93.6%;利润总额 1 597.18 亿元,占比为 94.3%;税收总额为 702.18 亿元,占比为 93.9%。其余 17 个行业的工业总产值合计 1 371.12 亿元,占比为 6.4%;利润总额 96.52 亿元,占比为 5.7%;税收总额为 45.99 亿元,占比为 6.2%。工业总产值超过 3 000 亿元的行业有两个,分别是通信设备、计算机及其他电子设备制造业和交通运输设备制造业,两个行业工业总产值占上海工业总产值的44.1%。另外,工业总产值超过 1 000 亿元的行业有 7 个。

表 4 - 2 - 9　2010 年上海开发区主要产业占比情况表

行 业 大 类	工业总产值(亿元)	工业总产值占比(%)
通信设备、计算机及其他电子设备制造业	5 758.42	26.9%
交通运输设备制造业	3 686.10	17.2%
化学原料及化学制品制造业	1 705.87	8.0%
黑色金属冶炼及压延加工业	1 605.32	7.5%
通用设备制造业	1 451.73	6.8%
电气机械及器材制造业	1 369.87	6.4%
石油加工、炼焦及核燃料加工业	1 288.30	6.0%
专用设备制造业	752.19	3.5%
金属制品业	499.47	2.3%
塑料制品业	373.11	1.7%
医药制造业	288.01	1.4%
仪器仪表及文化、办公用机械制造业	280.60	1.3%
有色金属冶炼及压延加工业	280.10	1.3%
非金属矿物制品业	246.98	1.2%
食品制造业	223.71	1.1%
纺织服装、鞋、帽制造业	220.30	1.0%
合　计	20 030.07	95.9%

资料来源:上海市经济和信息化委员会、上海市发展和改革委员会、上海市统计局、上海市开发区协会《2011 上海产业和信息化发展报告——开发区》

2010 年,上海开发区各产业门类指标及分布:

重工业企业。工业总产值占上海开发区工业总产值的 84.3%。其中,通用设备制造业、专用设备制造业、交通运输设备制造业和通信及电子设备制造业等设备类产业工业总产值占全部重工业产值的62.1%,石油加工、化学品制造、黑色金属和有色金属等产业工业总产值仅占全部重工业产值的22.8%;轻工业企业占比为15.2%。轻工业企业投资利税率为31.5%,重工业企业为24.5%。劳动生产率方面,重工业企业为151.60万元/人,轻工业企业为62.60万元/人。

通信设备、计算机及其他电子设备制造业。工业总产值为5758.42亿元,占上海开发区工业总产值的26.9%。前五名开发区合计占比达87.5%,其中松江开发区最多,达44.1%。

表4-2-10　2010年上海开发区通信设备、计算机及其他电子设备制造业分布情况表

开　发　区	工业总产值(万元)	占全市开发区比重(%)
松江工业区	25 413 703	44.1
漕河泾新兴技术开发区	9 363 673	16.3
金桥出口加工区	5 762 432	10.0
上海浦东康桥工业园区	5 489 054	9.5
外高桥保税区	4 336 239	7.5
合　计	50 365 101	87.5

资料来源:上海市经济和信息化委员会、上海市发展和改革委员会、上海市统计局、上海市开发区协会《2011上海产业和信息化发展报告——开发区》

交通运输设备制造业。工业总产值为3686.1亿元,占上海开发区工业总产值的17.2%。前五名开发区合计占比达71.2%,其中安亭汽车产业基地最多,达29.9%。

表4-2-11　2010年上海开发区交通运输设备制造业分布情况表

开　发　区	工业总产值(万元)	占全市开发区比重(%)
安亭汽车产业基地	11 027 969	29.9
金桥出口加工区	8 650 721	23.5
上海嘉定工业园区	2 418 034	6.6
长兴海洋工程及船舶制造基地	2 142 187	5.8
上海嘉定汽车产业园区	1 989 429	5.4
合　计	26 228 339	71.2

资料来源:上海市经济和信息化委员会、上海市发展和改革委员会、上海市统计局、上海市开发区协会《2011上海产业和信息化发展报告——开发区》

化学原料及化学制品制造业。工业总产值为1705.87亿元,占上海开发区工业总产值的7.7%。前五名开发区合计占比达62.5%,其中化学工业区最多,达37.4%。

表4-2-12　2010年上海开发区化学原料及化学制品制造业分布情况表

开　发　区	工业总产值(万元)	占全市开发区比重(%)
上海化学工业区	6 386 596	37.4
上海星火工业园区	1 198 278	7.0

(续表)

开 发 区	工业总产值(万元)	占全市开发区比重(%)
松江工业区	1 190 884	7.0
金桥出口加工区	948 614	5.6
吴泾工业基地	936 711	5.5
合 计	10 661 083	62.5

资料来源：上海市经济和信息化委员会、上海市发展和改革委员会、上海市统计局、上海市开发区协会《2011上海产业和信息化发展报告——开发区》

黑色金属冶炼及压延加工业。工业总产值为 1 605.32 亿元，占上海开发区工业总产值的 7.5%。前五名开发区合计占比达 97.3%，其中宝山钢铁基地最多，达 92.2%。

表 4-2-13　2010 年上海开发区黑色金属冶炼及压延加工业分布情况表

开 发 区	工业总产值(万元)	占全市开发区比重(%)
宝山钢铁基地	14 806 069	92.2
上海宝山工业园区	311 780	1.9
上海嘉定工业园区	224 431	1.4
上海枫泾工业园区	155 425	1.0
白鹤镇工业园区	127 188	0.8
合 计	15 624 892	97.3

资料来源：上海市经济和信息化委员会、上海市发展和改革委员会、上海市统计局、上海市开发区协会《2011上海产业和信息化发展报告——开发区》

通用设备制造业。工业总产值为 1 451.73 亿元，占上海开发区工业总产值的 6.8%。前五名开发区合计占比达 53.7%，其中长兴海洋工程及船舶制造基地最多，达 13.2%。

表 4-2-14　2010 年上海开发区通用设备制造业分布情况表

开 发 区	工业总产值(万元)	占全市开发区比重(%)
长兴海洋工程及船舶制造基地	1 919 980	13.2
上海市莘庄工业园区	1 850 657	12.8
松江工业区	1 524 090	10.5
闵行经济技术开发区	1 371 174	9.5
金桥出口加工区	1 128 192	7.8
合 计	7 794 094	53.7

资料来源：上海市经济和信息化委员会、上海市发展和改革委员会、上海市统计局、上海市开发区协会《2011上海产业和信息化发展报告——开发区》

电气机械及器材制造业。工业总产值为 1 369.87 亿元，占上海开发区工业总产值的 6.4%。电气机械及器材制造业在上海开发区内的分布：前五名开发区合计占比达 51.7%，其中上海嘉定工业园区最多，达 14.5%。

表 4 - 2 - 15 2010年上海开发区电气机械及器材制造业分布情况表

开 发 区	工业总产值(万元)	占全市开发区比重(%)
上海嘉定工业园区	1 982 026	14.5
松江工业区	1 842 088	13.5
上海市莘庄工业园区	1 286 586	9.4
金桥出口加工区	1 223 345	8.9
上海奉贤经济开发区	743 334	5.4
合　计	7 077 378	51.7

资料来源:上海市经济和信息化委员会、上海市发展和改革委员会、上海市统计局、上海市开发区协会《2011上海产业和信息化发展报告——开发区》

石油加工、炼焦及核燃料加工业。工业总产值为1 288.3亿元,占上海开发区工业总产值的6%。石油加工、炼焦及核燃料加工业在上海开发区内的分布:前五名开发区合计占比达99.5%,其中金山石化基地最多,达51.2%。

表 4 - 2 - 16 2010年上海开发区石油加工、炼焦及核燃料加工业分布情况表

开 发 区	工业总产值(万元)	占全市开发区比重(%)
金山石化基地	6 599 197	51.2
高桥石化基地	5 651 988	43.9
吴泾工业基地	407 915	3.2
上海松江经济开发区	83 879	0.7
上海嘉定汽车产业园区	68 946	0.5
合　计	12 811 924	99.5

资料来源:上海市经济和信息化委员会、上海市发展和改革委员会、上海市统计局、上海市开发区协会《2011上海产业和信息化发展报告——开发区》

专用设备制造业。工业总产值为752.19亿元,占上海开发区工业总产值的3.5%。前五名开发区合计占比达50.1%。其中,松江工业区最多,达15.5%;其次是金桥出口加工区,为13.5%;上海浦东康桥工业园区、上海嘉定工业园区和上海青浦工业园区都在8%以下。

金属制品业。工业总产值为499.47亿元,占上海开发区工业总产值的2.3%。前五名开发区合计占比达45%。其中,松江工业区最多,达11.8%;其次是上海嘉定工业园区,为11.4%;再次是上海宝山工业园区,为10.3%;上海金山工业区和吴淞工业基地都在7%以下。

塑料制品业。工业总产值为373.11亿元,占上海开发区工业总产值的1.7%。前五名开发区合计占比达43.5%。其中,上海青浦工业园区最多,达10.9%;其次是松江工业区,为10.6%;漕河泾新兴技术开发区、上海嘉定工业园区和上海市莘庄工业园区都在10%以下。

医药制造业。工业总产值为288.01亿元,占上海开发区工业总产值的1.4%。前五名开发区合计占比达73.4%。其中,张江高科技园区最多,达41.7%;其次是闵行经济技术开发区,为13.9%;上海星火工业园区、金桥出口加工区和上海金山工业区都在7%以下。

仪器仪表及文化、办公用机械制造业。工业总产值为280.6亿元,占上海开发区工业总产值的

1.3%。前五名开发区合计占比达 70.5%。其中,金桥出口加工区最多,达 28%;其次是松江工业区,为 16.9%;闵行经济技术开发区、莘庄工业区和外高桥保税区都在 10% 以下。

有色金属冶炼及压延加工业。工业总产值为 280.1 亿元,占上海开发区工业总产值的 1.3%。前五名开发区合计占比达 63.2%。其中,上海金山工业区最多,达 17.2%;上海嘉定工业园区,为 15%;上海月杨工业园区,为 12.5%;松江工业区和四团经济园区都在 10% 以下。

非金属矿物制品业。工业总产值为 246.98 亿元,占上海开发区工业总产值的 1.2%。前五名开发区合计占比达 47.3%。其中,上海嘉定汽车产业园区最多,达 10.9%;上海浦东康桥工业园区,为 10.3%;上海青浦工业园区,为 10.1%;松江工业区和闵行经济技术开发区都在 8% 左右。

食品制造业。工业总产值为 223.71 亿元,占上海开发区工业总产值的 1.1%。前五名开发区合计占比达 72.7%。其中,松江工业区最多,达 26.9%;金桥出口加工区,为 24.2%;闵行经济技术开发区,11.4%;江桥城镇工业地块和上海星火工业园区都在 7% 以下。

纺织服装、鞋、帽制造业。工业总产值为 220.3 亿元,占上海开发区工业总产值的 1%。前五名开发区合计占比达 55%。其中,上海浦东康桥工业园区最多,达 30.8%;其次是松江工业区,为 10%;金桥出口加工区、上海市莘庄工业园区和上海西郊工业园区都在 6% 以下。

第二节　产　业　集　聚

自 20 世纪 80 年代开始,随着改革开放的不断深入,上海迎来城市发展的历史机遇。城市的功能和定位逐步完善,工业企业由于对城市环境的影响和面临改造升级任务,逐步迁移至郊区的工业园区之中。外部环境也面临世界全球化进程中,国外跨国公司从单产品生产加工,向上、下游产业链延伸,追求产业链的效益最大化。中国巨大的市场和低廉庞大的劳动力,成为外资投资的重点。在政策引导和各开发区的招商引资下,开发区的产业集聚逐步走上"一般项目—大项目—产业链—产业集群—制造业基地"的发展路径。

产业集聚是工业开发区的立足之本。产业集聚的程度,反映开发区招商引资成果和土地开发利用水平,也一定程度上反映产业链的聚生效益。上海开发区的产业集聚,有全市和区县工业向开发区的集中、开发区内的产业集聚和开发区内主导产业的集聚三个方面的内涵。

"十五"期间(2001—2005 年),上海工业开发区按照"三个集中"的战略部署,加快推进"工业向园区集中",坚持推进工业集中、产业集聚、土地集约的发展方针,在加快开发区建设、创新机制体制、提升开发区产业能级等方面取得了较好的成效,促进了开发区的持续协调发展。2005 年,上海开发区工业集中度逐渐提高,上海工业向市级以上工业区和六大产业基地的集中度达 54.1%,年均提高 3 个百分点~4 个百分点。产业集聚效应日益显现,"十五"期末(2005 年)市级以上工业区的主导产业集聚度不断提高,以先进制造业为主导、以骨干企业为核心的产业集群和产业集聚区正在形成。

2002 年,上海"1+3+9"工业区电子信息产品制造业、汽车制造业、石油化工及精细化工制造业、精品钢材制造业、成套设备制造业、生物医药制造业等六个重点工业行业工业总产值达 2 109.01 亿元,占上海开发区工业总量 67.6%。其中,嘉定、青浦、松江等一批市级工业区初步显现出产业集聚效应。嘉定工业区依托汽车城、科技城的有利条件,重点发展汽车电器产业,汽车零部件产业工业总产值达 29.93 亿元,占工业区总产值的 23.1%。松江工业区根据依托出口加工区的有利条件和明确的产业定位,重点发展电子及通信设备制造业、仪器仪表制造业和金属制品业,三个行业全年完成工业总产值分别为 11.78 亿元、12.76 亿元和 12.75 亿元,占工业区总产值的 35.6%。青浦工业园区以纺织、塑料制品业、电子通信配件为重点发展行业,其中纺织、塑料行业全年工业总产值分别完成 12.45 亿元和 8.14 亿元,分别占工业区产值的 29.6% 和 19.3%。莘庄工业区重点发展电子及通信设备制造业,全年工业总产值达 48.49 亿元,占该园区的 38.2%。康桥工业区重点发展交通运输设备制造业和木材加工业,全年完成工业总产值分别为 48.8 亿元和 12.41 亿元,分别占工业区总产值的 48.4% 和 12.3%。以主导产业为龙头的产业集聚促进了生态产业链的自然形成,使产业的上下游之间、整体与零部件之间、制造业与生产性服务业之间形成了相互依存的紧密关系,初步显现出商务成本低、产出效率高和企业根植性强的综合优势。

2003 年,上海工业加大向园区特别是向市级以上工业区和产业基地集中的力度,上海 18 家市级以上工业区和六大产业基地的工业总产值达 5 114.52 亿元,工业集中度(即工业区和产业基地的工业总产值占上海工业总产值的比例)达 45.4%。国家级开发区主导产业集聚度(即工业区和产业基地主导产业的产值占上海主导产业产值的比例)达 81.9%,主导产业集聚率(即工业区和产业基地主导产业的产值占上海主导产业产值的比例)达 76.3%。市级开发区主导产业集聚度达 68.3%。

2004 年,上海工业大力推进工业向园区集中,特别加大向市级以上开发区和六大产业基地的集中力度,上海工业以六大产业基地和市级以上开发区为主要载体,重点构筑以产业链为纽带的产业集群。上海 18 家市级以上开发区和六大产业基地的工业总产值达 6 901.6 亿元,工业集中度 49%。上海市级以上开发区的平均主导产业集聚度达 80.7%。其中,国家级开发区主导产业集聚度达 86.1%,市级开发区主导产业集聚度达 73.3%。

表 4－2－17　2004 年上海工业向市级以上工业区集中度情况表

序号	区县	年度工业总产值(亿元)	工 业 区 名 称	园区工业总产值(亿元)	市级以上开发区总产值合计(亿元)	工业向市级以上开发区集中度(%)
1	浦东新区	3 325.94	外高桥保税区	490.50	1 915.69	57.6
			金桥出口加工区	1 205.23		
			张江高科技园区	219.96		
2	闵行	1 599.01	闵行经济技术开发区	251.57	487.38	30.5
			莘庄工业区	235.81		
3	宝山	1 279.82	宝山城市工业园区	14.24	652.24	50.7
			宝钢及吴淞工业区	638.00		
4	嘉定	1 269.06	嘉定工区	215.42	817.04	64.4
			国际汽车城	601.62		
5	青浦	524.50	青浦工业园区	131.43	131.43	25.1
6	松江	1 426.96	松江工业区(含出口加工区)	990.31	990.31	69.4
7	南汇	379.75	康桥工业区	125.23	125.23	33.0
8	奉贤	411.04	工业综合开发区	76.96	144.75	35.2
			星火开发区	67.79		

（续表）

序号	区县	年度工业总产值（亿元）	工 业 区 名 称	园区工业总产值（亿元）	市级以上开发区总产值合计（亿元）	工业向市级以上开发区集中度（%）
9	金山	625.03	金山嘴工业区	3.31	281.31	45.0
			金山石化及第二工业区	278.00		
10	崇明	87.40	崇明工业园区	4.73	4.73	5.4
全市平均						49.0

资料来源：上海市经济委员会、上海市统计局、上海市开发区协会2005年《上海市开发区统计手册》

2005年，上海工业向市级以上工业区和六大产业基地的集中度达54.1%。经过多年的开发建设和招商引资，在工业区内逐步形成以若干产业集群为核心的发展势头，尤其是在市级以上开发区，产业集聚发展效应明显。市级以上工业区中六大重点发展产业的集聚度达78.1%。其中，国家级开发区主导产业集聚度达88.8%，市级开发区主导产业集聚度达78.2%。闵行开发区形成机电、医药医疗、食品饮料三大产业集群，占全部工业总产值的84%；漕河泾开发区形成电子信息、新材料、生物医药、航空航天等产业集群，占全部工业总产值的94%；金桥开发区形成电子信息、汽车及零部件、现代家电、新材料、食品、医药等产业集群，占全部工业总产值的90%；松江工业区计算机制造为主的电子信息产业集群占全部工业总产值的88%。

表 4‑2‑18　2005 年上海开发区主导产业集聚度情况表

国家级开发区	产业集聚度（%）	市级开发区	产业集聚度（%）
漕河泾新兴技术开发区	94.2	上海工业综合开发区	84.6
金桥出口加工区	89.6	星火工业区	91.6
外高桥保税区	89.8	松江工业区	87.7
闵行经济技术开发区	83.9	康桥工业区	57.3
张江高科技园区	71.7	上海化学工业区	98.4
—	—	莘庄工业区	82.3
—	—	金山工业区	80.5
—	—	青浦工业区	52.9
—	—	宝山城市工业园区	38.2
—	—	国际汽车城零部件配套园区	70.9
—	—	嘉定工业区	49.8
—	—	崇明工业区	24.8

资料来源：上海市经济委员会、上海市统计局、上海市开发区协会2006年《上海市开发区统计手册》

2005年，市经委在《上海工业向园区集中暨开发区建设"十一五"发展规划》中提出的总体思路是：按照"两个长期坚持""两个优先"（两个长期坚持即"长期坚持上海产业发展的三、二、一产业发展方针，长期坚持第二产业和第三产业共同推进上海经济发展"，两个优先发展即"优先发展先进的制造业，优先发展现代的服务业")的产业发展战略，按照"三为主、二致力、一促进"（即：以提高吸引外资质量为主，以发展现代制造业为主，以优化出口结构为主；致力于发展高新技术产业，致力于发展高附加值服务业；促进开发区向多功能综合性产业区发展的新要求）的开发区发展方针，继续推进工业向园区集中，提高开发区建设发展水平，进一步壮大六大产业基地、重点发展市级以上工业区、继续优化区级工业区、发展提升郊区都市型工业园和产业配套区、调整改造老工业区，重点推进大产业大基地大项目建设，推进先进制造业产业集群建设，不断完善开发区综合功能，提升产业能级、优化产业结构，促进开发区从规模扩张向能级提升转变，从单一功能向多功能综合性开发区转变。主要任务是：围绕大基地、大项目、大企业的开发建设，加快培育高端技术、高端产业、高端装备，不断优化产业结构，提升产业能级，增强产业综合配套能力，构筑具有核心竞争力的产业链，形成具有特色集聚力的产业群，进一步提高开发区国际竞争能力。

"十一五"时期（2006—2010 年），上海工业向开发区集中度提高较快。上海开发区工业总产值年均增速 18.7％，高于上海工业年均增速约 8 个百分点，工业向园区集中度从 2005 年的 38.3％提高至 2009 年的 51.6％，提高了 13.3 个百分点。

2006 年，上海工业向六大产业基地和开发区集中度达 62.3％。开发区产业集聚度进一步提高，国家级工业区中六大重点发展产生的集聚度达 93.7％，市级工业区中六大重点发展产业的集聚度达 83.9％。上海开发区电子信息产品制造业实现工业总产值 3 545 亿元，占上海开发区工业总量的 41％，占上海电子信息产出总量的 78％。产出主要集中在由漕河泾、张江、金桥、松江、康桥等开发区组成的电子信息产业带，重点产出项目包括达丰（上海）电脑有限公司、台积电（中国）有限公司、英顺达科技有限公司、英业达科技有限公司、上海贝岭微电子制造有限公司、中芯国际集成电路制造（上海）有限公司、环旭电子（上海）有限公司、日月光封装测试（上海）有限公司、上海华虹微电子有限公司、华硕电脑股份有限公司等。开发区汽车制造业实现工业总产值 1 252 亿元，占上海开发区工业总量的 15％，占上海汽车制造业产量的 87.9％。逐步形成以嘉定国际汽车城、嘉定汽车产业园区、浦东金桥、金山枫泾等为代表的整车和零部件制造基地。开发区石化及精细化工制造业实现工业总产值 956 亿元，占上海开发区工业总量的 11％，占上海石化产业产量的 36.1％。主要集中在上海化工区、星火工业区等。开发区的成套设备制造业地位开始显现，实现工业总产值 1 518 亿元，占上海开发区工业总量 18％，占上海成套设备制造业总量的 77.4％，主要集中在闵行开发区和莘庄工业区。生物医药制造业实现工业总产值 139 亿元，占上海生物医药制造业总量的 44.7％，主要集中在张江开发区、闵行开发区、星火工业区等生物医药基地。另外，纺织服装业、家具制造业、饮料食品业、印刷业等传统轻工制造业实现工业总产值 645 亿元，占 7％。

2007 年，上海市有序推进工业向园区集中，努力打造产业链和产业集群，产业集聚效应进一步显现。通信设备、计算机及其他电子设备制造业，交通运输设备制造业，化学原料及化学制品制造业，电子及器材制造业等重点行业发展迅速，上述行业占上海开发区工业总产值的 84.6％，其中，电子信息产品制造业占上海开发区工业总量的 40.5％，石油化工及精细化工占 10.1％，汽车制造占 13.9％，成套设备占 18.6％，生物医药占 1.4％。上海市工业向市级以上工业区和六大产业基地集中度达 65.4％。上海公告开发区（国家级、市级开发区）的平均主导产业集聚度达 88％。其中，国家级开发区主导产业集聚度达 94％，市级开发区主导产业集聚度达 84％。电子信息、汽车、石油化工、钢铁等产业集群竞争力提高，现代装备产业、船舶产业、平板显示产业、生物医药等新的产业集群也正在开发区逐渐形成。电子信息、汽车、石油化工和精细化工、成套设备制造、生物医药等重点行业占工业总产值的85％。一批产业特色鲜明、支撑带动力强、产业集聚度高、产业链配套的特色产业园和产业集群正在开发区内形成。

表 4 - 2 - 19　2007年上海区县工业向园区集中度情况表

区　　县	区县工业总产值(亿元)	区县开发区工业总产值(亿元)	集中度(%)
闵　行	3 015.74	1 432.29	47.9
宝　山	2 041.57	219.94	10.8
嘉　定	2 082.48	1 330.36	63.9
浦　东	4 645.97	2 570.83	55.3
金　山	1 096.11	573.17	52.3
南　汇	958.14	532.79	55.6
奉　贤	774.00	328.41	42.4
松　江	3 375.46	2 821.16	83.6
青　浦	938.41	450.84	48.0
崇　明	154.96	8.46	5.5

资料来源：上海市经济委员会、上海市统计局、上海市开发区协会2008年《上海市开发区统计手册》

　　2008年，上海工业向市级以上工业区及六大产业基地集中度为65.5％。上海公告开发区（国家级、市级开发区）的平均主导产业集聚度达88.0％。其中，国家级开发区主导产业集聚度达94.1％，市级开发区主导产业集聚度达83.4％。电子信息、汽车、石油化工、钢铁等产业集群竞争力提高，临港装备产业、船舶产业、平板显示产业等新的产业集群也正在开发区逐渐形成。通信设备、计算机及其他电子设备制造业、汽车制造业、精细化工制造业、生物医药制造业、成套设备制造业、

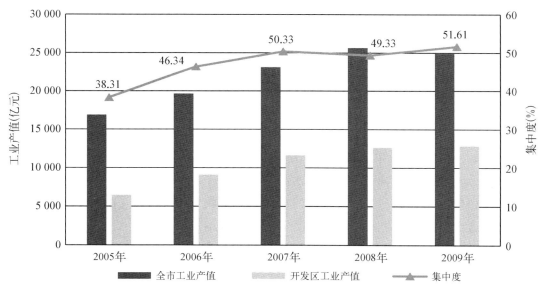

图 4 - 2 - 2　2005—2009年上海市工业向园区集中度图

资料来源：上海市经济和信息化委员会、上海市发展和改革委员会、上海市统计局、上海市开发区协会《2010上海产业和信息发展报告——开发区》

精品钢材制造业等六大重点行业占工业总产值的 89.6%。一批产业特色鲜明、支撑带动力强、产业集聚度高、产业链配套的特色产业园和产业集群正在开发区内形成。开发区六大重点发展行业(电子信息产品制造业、汽车制造业、石化及精细化工制造业、精品钢材制造业、成套设备制造业、生物医药制造业)工业总产值 10 739.62 亿元,占上海开发区工业总量的 89.6%,占上海六大重点发展行业比重的 67.9%。在全球金融危机影响下,开发区六大重点产业占比提高较快。

表 4-2-20　2005—2009 年上海工业向园区集中度情况表

年　份	全市工业总产值(亿元)	开发区工业总产值(亿元)	集中度(%)
2005 年	16 877	6 465	38.3
2006 年	19 631	9 097	46.3
2007 年	23 109	11 631	50.3
2008 年	25 639	12 648	49.3
2009 年	24 888	12 845	51.6

资料来源:上海市经济委员会、上海市经济和信息化委员会、上海市统计局、上海市开发区协会《上海市开发区统计手册》

2009 年,郊区县开发区工业集中度不断提高。郊区县开发区工业总产值达 12 001.28 亿元,占上海郊区县工业总产值 56.9%。其中,青浦工业园区工业占全区工业总量 93.1%,松江工业园区工业占全区工业总量 82.8%,浦东新区(含南汇区)、闵行区、嘉定区、奉贤区等区的开发区工业均占全区工业总量 50% 以上。上海工业向重点产业基地和开发区集中度为 72.4%。国家级工业区中六大重点发展产业的集聚度达 94.5%,市级工业区中六大重点发展产业的集聚度达 81.6%。上海工业向 104 个产业区块集中度提高。全年开发区实现工业总产值 12 845.28 亿元,区块和城镇工业地块实现工业总产值 1 424.83 亿元。从各个开发区主导产业集聚度来看,平均主导产业集聚度达 86.3%。国家级开发区比较高,达 94.5%,外高桥、金桥、张江、漕河泾均超过 90%;市级开发区达 81.6%。

表 4-2-21　2009 年上海市各区县工业向开发区集中度情况表

区　县	2009 年工业总产值(亿元)		集中度(%)		
	区　县	开发区	2009 年	2008 年	2005 年
浦东新区	6 877.44	3 760.42	54.68	56.3	57.2
闵　行	3 305.77	2 080.12	62.92	63.0	32.7
宝　山	1 901.03	267.28	14.06	12.6	10.1
嘉　定	2 457.92	1 236.44	50.30	51.0	32.4
青　浦	1 034.46	962.68	93.06	84.7	51.9
松　江	3 139.21	2 600.58	82.84	83.7	88.7
奉　贤	1 077.81	616.44	57.19	58.0	42.8
金　山	1 034.79	468.38	45.26	36.9	23.9
崇　明	269.05	8.94	3.32	3.9	12.1
合　计	21 097.48	12 001.28	56.88	56.5	46.8

说明:浦东新区数据包括南汇区
资料来源:上海市经济和信息化委员会、上海市统计局、上海市开发区协会 2010 年《上海市开发区统计手册》

表 4 - 2 - 22　2009 年上海市开发区主导产业集中度情况表

开　发　区	工业总产值(亿元)	主导产业产值(亿元)	集中度(%)
开发区合计	11 821.23	10 201.10	86.3
国家级	4 307.88	4 071.78	94.5
上海外高桥保税区	565.76	515.78	91.2
上海金桥出口加工区	1 718.92	1 644.46	95.7
上海张江高科技园区	447.69	443.46	99.1
上海漕河泾新兴技术开发区	1 227.10	1 182.46	96.4
上海闵行经济技术开发区	348.41	285.62	82.0
市级	7 513.35	6 129.32	81.6
上海宝山工业园区	161.01	122.53	76.1
上海月杨工业园区	141.34	109.67	77.6
上海富盛工业园区	0.74	0.34	46.0
上海浦东空港工业园区	110.52	79.44	71.9
上海市嘉定区工业园区	699.07	545.02	77.7
上海市嘉定汽车产业园区	398.2	292.51	73.4
上海莘庄工业园区	569.44	455.84	80.1
上海青浦工业园区	486.69	354.55	72.9
上海西郊经济开发区	149.77	100.04	66.8
上海松江工业园区(含出口加工区)	2 583.94	2 308.20	89.3
上海松江经济开发区	97.85	60.50	61.8
上海奉贤经济开发区	234.46	212.31	90.6
上海金山工业园区	139.65	55.10	39.5
上海枫泾工业园区	110.96	83.15	74.9
上海市北工业园区	13.66	11.63	85.1
上海崇明工业园区	7.67	6.62	86.3
上海星火工业园区	145.48	136.83	94.1
上海浦东康桥工业园区	731.62	623.84	85.3
上海化学工业园区	374.91	351.57	93.8
上海新杨工业园	15.58	8.76	56.2
上海浦东合庆工业园区	101.07	74.77	74.0
上海南汇工业园区	81.80	63.34	77.4
上海奉城工业园区	13.79	10.20	74.0

（续表）

开　发　区	工业总产值(亿元)	主导产业产值(亿元)	集中度(%)
上海未来岛物流科技园区	24.38	22.44	92.0
上海朱泾工业园区	20.12	9.91	49.3
上海紫竹高新技术产业园区	99.61	30.21	30.3

说明：按规模以上工业企业计算
资料来源：上海市经济和信息化委员会、上海市统计局、上海市开发区协会 2010 年《上海市开发区统计手册》

表 4 - 2 - 23　2008—2009 年上海工业向 104 个产业区块集中度情况表

项　　　目	工业总产值(亿元)		增幅(%)
	2009 年	2008 年	
一、产业基地	3 756.65	4 005.44	—6.2
1. 安亭国际汽车城	667.16	456.02	46.3
2. 金山石化基地	471.79	590.69	—20.1
3. 临港装备产业基地	249.61	123.69	101.4
4. 宝山精品钢铁基地	1 263.43	1 631.40	—22.6
5. 长兴船舶和海洋工程基地	417.2	383.87	8.688.7
二、公告开发区	12 845.68	12 663.84	1.4
三、区块和城镇工业地块	1 424.83	1 374.78	3.6
104 个产业区块合计	18 026.76	18 044.06	—0.1
全市工业总产值	24 888.08	25 638.97	—2.9
工业向 104 个产业区块集中度	72.43	70.38	—

资料来源：上海市经济和信息化委员会、上海市统计局、上海市开发区协会 2010 年《上海市开发区统计手册》

2010 年，上海开发区围绕"率先转变经济发展方式"重要战略任务，按照"联动、聚焦、提升、集约"的思路，以实现"集中、集聚、集约"发展为目标，着力推进工业项目向园区集中，上海开发区产业集中度进一步提高，工业向 104 个产业区块集中度为 72.9%，其中公告开发区工业集中度为52.5%。其中，松江区为 87.9%，金山区为 85.9%，浦东新区为 71.8%。上海工业向开发区集中度从 2005 年的 59% 提高至 2010 年的 72.9%，5 年提高了近 14 个百分点。主导产业集聚度不断提高，产业集群效应显著，成为上海先进制造业发展的重要载体。国家级工业区中六大重点发展产生的集聚度达 94.5%，市级工业区中六大重点发展产生的集聚度达 82.7%。上海开发区电子信息产品、汽车、石油化工及精细化工、精品钢材、成套设备、生物医药等六大重点行业工业总产值达18 522.56 亿元，占上海开发区比重的 86.6%。由产业集聚形成的超过千亿元工业产值的开发区有6 个：松江工业区 3 416.75 亿元，金桥工业区 2 097 亿元，漕河泾新兴技术开发区 1 253.34 亿元，上海国际汽车城 1 110.23 亿元，康桥工业区 1 020 亿元，嘉定工业区 1 008 亿元。此外，上海化学工业区工业总产值达 806.33 亿元，莘庄工业区、外高桥保税区、青浦开发区工业总产值均超过 700亿元。

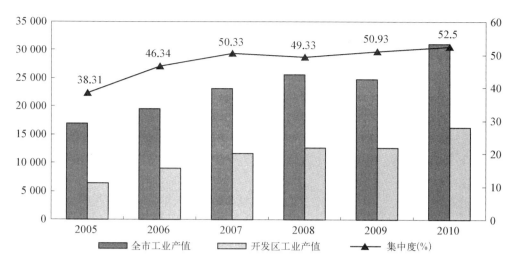

图 4-2-3　2005—2010 年上海工业向公告园区集中度图　单位：亿元、％

资料来源：上海市经济和信息化委员会、上海市发展和改革委员会、上海市统计局、上海市开发区协会《2011上海产业和信息发展报告——开发区》

第三节　高新技术产业

上海开发区是全市高新技术产业发展的主要载体，对全市高新技术产业具有引领作用。

"七五""八五"期间(1986—1995年)，漕河泾新兴技术开发区和张江高科技园区为代表的一批国家级开发区成为上海高新技术产业的领头羊。

1987年，中共上海市委、市政府制定"经济建设必须依靠科技，科技工作必须面向经济建设"的指导方针。8月，上海市人民代表大会制定《上海市发展新兴技术和新兴工业暂行条例》，成为规范和指导上海市高新技术产业发展的法则。

1988年2月，根据中共中央《关于科技体制改革的决定》，中共上海市委、市政府提出发展新兴技术产业的战略决策，确定以微电子、电子计算机、激光、生物技术、通信、新材料、柔性制造技术和工业机器人等作为高新技术产业的发展方向，成为上海高新技术产业发展的主要领域。市政府相继颁布《上海市工业企业科技成果产业化贷款管理办法(试行)》《上海市新产品鉴定验收办法》《上海市新产品成果登记办法》《上海市优秀新产品奖励办法》《上海市高新技术企业(产品)认定办法》等相关政策，为上海高新技术发展提供了良好政策环境。3月，中共上海市委书记江泽民、市长朱镕基研究决定选择一批在国际市场竞争中有后劲的拳头产品，能出口创汇或替代进口、有显著经济效益、能带动相关产业技术进步的重点工业项目，组织上海市的科技力量与生产企业进行项目会战和科技攻关。

1989年，市政府和国务院有关部(委)开始筹划在上海工业开发区内兴办上海光纤通讯工程公司、机械电子部特种电工测试中心、航空航天工业部机载电子中心等高新技术企业，并先后在漕河泾新兴技术开发区投产开业。至1989年，上海市开发区内开办的高新技术企业60多家，涉及微电子、航空航天、光纤通信、生物工程、计算机、新材料等高科技的各个领域。

20世纪90年代，市政府明确提出，上海要重点培育和发展电子信息、现代生物与医药和新材料三大高科技产业，并用高新技术改造和提高传统产业，培育新的经济增长点，加快形成以高科技和深加工为特征的工业格局。上海发展形成的"1＋3＋9"工业区都以各自不同的产业定位,形成新的"产业集聚及其扩散效应",吸引国外著名跨国公司和国内高科技企业入驻,成为高新技术产业的"摇篮"。

1990年3月31日,中国规模最大的生物工程基地——上海生物工程实验基地经过三年多建设,初具规模,成为上海漕河泾高技术开发区内一个具有国际先进水平的生物产品的研究与开发中心。该中心为国家重点建设项目之一。基地建成启用后,以基因工程为主导,具有能同时进行20多个生物项目的研究和开发能力。4月4日,中国首家光通信中外合资高技术企业——上海爱梯恩梯通信设备有限公司在漕河泾新兴技术开发区开业,副市长刘振元代表市政府前往表示祝贺。该公司是上海光纤通信工程公司、上海通信设备厂和美国、荷兰电话电报国际网络系统公司共同投资的。公司引进美国和荷兰的先进技术,生产各类光纤传输设备等,部分产品返销国际市场。上海漕河泾新兴技术开发区逐步形成一个高新技术产业群,进入漕河泾新兴技术开发区投资的国际跨国公司有瑞士电缆附件公司、福克斯波罗公司、荷兰爱梯恩梯通信设备有限公司、荷兰飞利浦公司、法国液化空气集团、比利时贝尔电话公司、日本大阵计算机公司等。

1991年3月6日,国务院批准上海漕河泾新兴技术开发区成为首批国家级高新技术产业开发区之一。9月23日,中科院在上海宣布,根据"八五"期间中国发展微电子产业的战略部署,决定在漕河泾新兴技术开发区内,把由中科院和市政府合办的上海微电子研究开发基地(中科院上海冶金所微电子学分部),扩建为上海微电子工程研究中心。这是中国"八五"期间决定建设的第一个工程研究中心。该研究中心规划建成一条先进的大规模集成电路标准工艺线和设计制版中心,并与上海地区现有集成电路生产线的工艺标准相配套,把研究开发的专用电路推向市场。11月28日,中国第一个国家级生物技术中试研究基地——中科院上海生物工程研究中心,经过多年筹划和推进在漕河泾新兴技术开发区内建成,并通过国家验收。中共上海市委副书记倪鸿福到会,代表中共上海市委、市政府表示祝贺。上海生物工程研究中心是一个以中试研究为主,同时开展应用和开发研究,并向国内外开放的研究机构,在漕河泾开发区内占地5.33公顷,建筑面积达3万多平方米,拥有进行20个项目的研究开发和2条典型工艺流程的中试能力。中心自1986年破土动工以后,边建设,边科研,先后开展人胰岛素基因工程表达产物中试、人生长激素基因工程中试、青霉素酰化酶中试、维生素C两步发酵等39项国家"863"高科技项目、中科院重点项目和上海市重大项目的研究开发,其中幼畜腹泻疫苗、高营养食用酵母等部分成果,转化为产品和商品,形成了经济和社会效益。

1992年,中共上海市委、市政府提出以高新技术为龙头,重组上海工业发展的新优势,要加速一批高新技术产业群的建设和发展,不断提高技术密集型生产的比例。7月,市政府批准成立上海浦东张江高科技园区。园区位于浦东新区中南部,初期规划面积17平方公里。经国家科学技术委员会(以下简称"国家科委")批准,上海漕河泾新兴技术开发区和浦东张江高科技产业园区统称为"上海市高新技术产业开发区"。11月12日,国家科委常务副主任李绪鄂向上海市授予"国家高新技术产业开发区"铜牌。是年,上海国家级高新技术区更名为上海高新技术产业开发区,张江高科技园区成为其重要组成部分。1992年,漕河泾新兴技术开发区认定的74家高新技术企业的年工业总产值28亿元。

至1993年,继漕河泾开发区成为上海的第一个国家级高新技术开发区之后,又陆续涌现了张江高科技园区、上海大学科技园区和中国纺织国际科技产业城等国家级高新技术开发区,共同组成"上海市高新技术产业开发区",这4个国家级开发区总面积共22.1平方公里。与此同时,又开发建设嘉定民营科技密集区、松江莘莘学子科技园、闵行南洋高新工业园等一批民营科技园区,从而形成"一区多园"的新格局。这些高新技术园区着力引进国外高新技术和资金,兴办高新技术企业,并初步形成了一批微电子、计算机、光纤通信、生物工程、精密模具加工等规模产业。

1993年,市政府以发展高新技术新的生长点为重点,加快推进市区工业向郊区工业区转移的产业结构战略性调整,突出抓五个重点,其中一项重点是推进高新技术产业。切实抓好有市场、有基础、有质量的通信、核电和超临界电站、机电一体化、航天航空、计算机等高新技术,尽快实现产业化,并以激光技术、新型材料、生物技术、机器人和柔性加工系统为重点,大力发展新兴产业,扩大规模生产,提高新兴产业在上海工业中的比重。各高新技术开发园区十分注重营造软硬环境,"筑巢引凤",广泛接纳国内外高新企业和技术来园区内落户。12月,中共上海市委、市政府决定将现代生物与医药产业作为上海高新技术产业发展的突破口,并予以重点扶植,以期在2000年工业总产值达250亿元~300亿元,成为支柱产业之一。

1994年,上海国家级高新技术产业开发区迅速发展,高新科技园区总面积达22.4平方公里,4个科技园区兴建一大批高新技术企业。5月,经过上海市通信管理办公室与美方多次谈判,中国首家中美合资生产开发卫星通信系统的上海休斯网络系统有限公司在浦东金桥开发区签约成立,使得上海重点培育的支柱产业通信产业发展有了新的突破。由上海广电股份有限公司、上海交大科技发展公司、市邮电局、邮电部第一研究所飞利通信科技实业总公司、上海科技投资股份有限公司、上海广播器材厂等6个单位与美国休斯网络系统有限公司组建的合资公司,总投资880万美元,主要生产、研发、销售甚小口径终端卫星通信系统(VSAT),年生产能力为远端小站2 000套,部分产品出口返销。公司还生产HUB(主站)和NCS(网控系统)等产品,能自主承接网络工程和产品维修服务。

1994年7月29日,上海市发展新兴技术和新兴工业办公室在上海浦东金桥出口加工区开发总公司召开"上海生物技术工业园区"选址方案研讨会。会议指出,"建设生物技术工业园区是加快上海市基因工程成果产业化的一个重要举措","金桥出口加工区具备建立生物技术工业园区的良好环境和条件,同时将生物技术工业园区建在金桥出口加工区对开发浦东,加快浦东新区的建设具有重要的意义"。10月11日,市经委在中科院上海细胞生物学研究所会议室举行上海生物技术工业园区筹备组工作会议,会议讨论了上海生物技术工业园区联合发展公司章程及有关园区筹建事宜。

1994年,漕河泾新兴技术开发区初步形成一个综合型高新技术产业开发区,有"三资"企业116家,内资国有企业40家,高校、院所办的科技型企业46家,民营科技和技贸型企业130余家,研究所16家,涉及的高新技术领域有微电子、计算机及软件、光纤通信、生物工程、航天航空、激光、机器人、核工程设计、自动化仪器仪表等;区内经上海市科学技术委员会批准认定的高新技术企业有109家,职工总人数4.3万人,年工业总产值65亿元,年创汇8 300多万美元。张江高科技园区内有电脑、精密模具加工、计算机软件及外围设备、光盘系统软件开发、MC系统智能化仪表、高纯气体生产等16个高新技术产业化项目。

1995年4月5日,上海生物技术工业园区项目启动,落户在上海浦东金桥出口加工区53号地块,进入园区的有上海华新生物高技术公司、中科院上海细胞生物学研究所、上海医科大学、上海三维制药公司等单位。之后成立上海生物技术工业园区联合发展有限公司,负责园区的"服务、管理、规划"工作,并适当进行生产经营活动。上海生物技术工业园区的第一期工程有5个基因工程医药项目,其中4个是国家"863"计划项目,1个是市重点发展项目。上海华新生物高技术有限公司的白细胞介素-2获得试生产批文,2b-干扰素也进入二期临床审批;中科院上海生物学细胞所的人生长激素获得临床批文;上海医科大学的链激酶二期临床通过专家评审,获得二期临床批文;上海三维制药公司的人中性粒细胞集落刺激因子获得临床批文。这些基因工程药物的生产技术都是由国内科学家和工程技术人员自己开发的,达国际先进水平。依靠自己的技术力量,集中众多单位和产品,共同建立生物技术产业化基地,在国内堪称第一。上海生物技术工业园区第一期工程总投资3.9亿元,其中,技术折价0.9亿元,占23%;吸收外资1.3亿元,占33%。

1995年,上海各开发区的高新技术企业,人均工业产值及利税均高于上海平均值的5倍以上,并在全国保持领先水平。漕河泾新兴技术开发区内高新技术企业自1991年的29家发展至126家,其中"三资"企业149家,总投资达8亿多美元;工业总产值达94.7亿元,比1991年增加11倍;总利税从1.3亿元增加为13.1亿元。其中有国际知名的荷兰爱梯恩梯通信设备有限公司、美国3M公司、荷兰飞利浦公司和美国福克斯波罗公司等高技术公司,漕河泾成为微电子开发、中试、生产的基地;在计算机软件的开发上,该区有20多家研究、开发、生产单位组成相互竞争的"集团军"。张江高科技园区引进的高新技术项目,占进区项目的76%以上,有28个高新技术产业化项目落户。中国纺织国际科技产业城协议引进外资6.6亿美元,全年入驻项目有15个;其中的纺粘法无纺布新型建筑材料等高技术项目,大大加快传统纺织行业改造的步伐,从而成为纺织行业经济振兴的一个新的增长点。

"九五"期间(1996—2000年),上海市开发区逐步形成信息技术(IT)等一批新兴高技术产业。

1996年7月,中共上海市委、市政府颁布《关于把上海建成现代化国际信息港实施意见》,决定实施上海信息港工程,并提出至2010年建成上海信息港,使上海信息化应用能力和总体水平接近发达国家城市的水平。

1997年,中共上海市委、市政府提出"面向新世纪,建设新高地,再创新辉煌"的宏伟战略,为各开发区发展高新技术产业开辟更广阔的发展空间。9月,新涛科技(上海)有限公司(以下简称"新涛科技")在上海漕河泾新兴技术开发区成立。新涛科技由上海、中国香港、台湾两岸三地在美国硅谷工作的留美华人学者,引进国际风险资本在漕河泾开发区科技创业中心共同发起创立的。创立之后,新涛科技成功开发出来电显示芯片、多通路可编程语音信号编解码器等多项数字模拟混合电路通信产品。1999年4月,新涛科技向日本松下售出第一批产品,开创了中国芯片出口发达国家的先河。此后,新涛科技开发了一系列具有国际先进水平、高品质、高可靠性的集成电路产品,成功地培养了自己稳定的客户群体,包括松下电器(中国)有限公司、卡西欧(CASIO)、理光(中国)投资有限公司、上海贝尔股份有限公司、中兴通讯股份有限公司、中国大唐集团公司等中外知名公司。新涛科技成为一家发展势头强劲的国际型高科技企业。

至1997年,在浦东金桥出口加工区形成一批高新技术产业以为主的新兴产业。汽车、家用电器、通信设备、现代办公用品、生物医学工程等形成一定的规模;一批全球500强公司产品先后投产,如日本日立公司、日本夏普公司、日本理光公司、日本松下公司、美国摩托罗拉公司、美国IBM公司、美国惠普公司、荷兰飞利浦公司等。

1997年,上海高新技术产业开发区技工贸总收入341亿元,高新技术产业工业总产值225亿元;高新技术产业开发区经认定的高新技术企业219家,工业总产值达201.4亿元,利税达35.7亿元,人均工业总产值达43.2万元,人均利税达7.6万元,出口创汇3.9亿美元。

1998年5月7日,信息产业部与市政府共同组建的上海浦东软件园有限责任公司召开首届董事会,标志着国家级软件产业基地建设正式落户浦东张江高科技园区。浦东软件园是国家发展计划委员会立项、国家信息产业部与市政府负责筹建的国家级软件产业基地。基地于年内开工。10

月,市政府颁布《上海市国民经济和社会信息化发展计划纲要》(1998—2000年),围绕"以信息网络设施建设带动信息应用系统建设,以信息应用系统建设带动信息资源开发利用,以信息技术的广泛应用促进信息产业发展"的总思路,提出至2000年初步建立上海国民经济和社会信息化的目标。自此,建设高科技园区,连同建设工业新高地和信息港,成为上海增强城市综合竞争力的三大跨世纪工程。

1998年,上海高新技术产业开发区"一区六园"以高新技术产业发展为总目标,具有各自功能特色。漕河泾新兴技术开发区以发展微电子、计算机和现代通讯为重点,张江高科技园区以发展生物医药、信息技术和光机电一体化为重点,上海大学科技园区以加速高等院校科技成果转化为重点,中国纺织国际科技产业城以发展高新技术改造振兴纺织行业为重点,金桥高科技园区以发展现代通讯、汽车、家电、生物医药、微电子和光机电一体化为重点,上海嘉定民营技术密集区以吸引海外学子归来和科技人员下海兴办民营科技企业为重点。

1999年底,浦东软件园竣工并投入使用,软件园与美国一流软件公司合作,加强与国内同行的强强联合,引进一批国内一流软件企业进驻,研究开发具有自身品牌的软件产品,推出各种优秀应用系统,筹建国际著名软件公司授权的检测中心和出版中心,并吸引国内外金融机构投资参建,引入风险投资机制,推进园区企业发展。

至1999年,上海开发区园区内的高新技术企业297家,工业销售收入361亿元,利税56亿元。为加快科技成果转化,各园区相继建立了高新技术企业孵化器,孵化器总建筑面积超过7万平方米,入驻企业520家。信息产业作为一个独立的新兴产业发展迅速。张江高科技园区的"一区六园"累计引进项目1 500多个,进驻企业2 600多家,协议外商投资140亿美元,外商实际投资总额77亿美元,1999年园区总销售收入接近600亿元。

2000年初,新浪网正式开通上海地方网站;前身是"首都在线"的263网络集团,年底进驻漕河泾开发区,瞄准上海互联网接入服务。6月22日,漕河泾开发区经过历时22个月与合作伙伴英国宇航集团和阿灵顿园区发展公司的洽谈,一个面向21世纪知识经济时代的国际合作高科技产业项目——中英合资欧华高科技产业园(即"科技绿洲"项目)在沪举行项目合同签订协议。在漕河泾开发区内以"园中园"方式合作开发建设高科技园区,占地60公顷。该项目总投资超过5亿美元。8月27日,市政府召开上海集成电路产业发展规划研讨会。市政府副秘书长、市经委主任黄奇帆提出上海电子信息产业特别是集成电路产业"十五"发展目标:在上海建成10条以上集成电路生产线的制造基地,形成以张江高科技园区、漕河泾新兴技术开发区等高科技园区为代表的集成电路设计基地,形成以松江工业区、青浦工业区等区域相对集中的封装基地。在金桥现代科技园重点突出以华虹NEC电子有限公司为领头羊的电子产业,筹划引进一批以微电子产业为主的项目,加快形成集芯片设计、制造、封装和测试一体化的新兴电子产业群。

2000年,张江高科技园区结构规划获上海市城市规划管理局(以下简称"市规划局")批准,规划面积扩大至25平方公里。张江高科技园区共引进项目140个,合同项目总投资34.38亿美元,超过历年的总和。在张江园区一期投资14.76亿美元的中芯国际集成电路制造(上海)有限公司和一期投资16.3亿美元的宏力半导体制造有限公司先后开工。在这两个大项目带动下,大量集成电路芯片制造公司、芯片设计公司、封装测试公司、配套设备公司纷至沓来。投资4亿美元的泰隆半导体项目在新世纪第一天打下第一桩,标志着园区完整的集成电路产业链开始建立。

张江的国家生物医药科技产业基地形成了一个拥有20多个国内外一流药厂的产业群体和以上海药物研究所、国家人类基因组南方研究中心、国家新药筛选中心、国家安全评价中心、国家中药创新中心为代表的新药研究开发体系，以及六七十家中小医药科技创业企业群。随着上海中医药大学的整体迁入，产业、研发、创业、人才培养4个组团的基本框架初步形成。国家软件产业基地上海浦东软件园一期竣工入驻，软件产业集聚与辐射效应初步展现。园区在引入300余家软件企业的基础上，再吸引上海华腾软件系统有限公司、联想集团、万达信息股份有限公司等国内外优秀计算机企业集聚园区，重点推出自主知识产权的软件产品。漕河泾新兴技术开发区以光机电、光纤通信和激光产业为主的光电子产业销售收入48.9亿元，占开发区销售额近1/3。联想集团有限公司在金桥出口加工区建设年产150万台的生产基地，并筹建联想集团在上海研究院，还把笔记本电脑总部迁入浦东新区。此外，中国纺织国际科技产业城依托科研优势，大力开发世界前沿领域的离子交换纤维、耐火耐温纤维等新型材料，并积极探索纺粘、热融等新工艺，提升新型纺织产品的档次，使其在国际市场更具竞争力。嘉定民营技术密集区吸引148家留学人员企业和大批技术成果，重点开发国内外市场紧缺的新型功能材料，如陶瓷材料、纳米过滤材料等，努力形成园区的创新特色。

2000年底，市政府再次修订"十八条"（《上海市促进高新技术成果转化的若干规定》），并颁布《关于本市鼓励软件产业和集成电路产业发展的若干政策规定》，把"信息产业"列为"十五"规划的第一支柱产业，为IT企业提供综合性的政策环境。

"十五"期间（2001—2005年），上海市开发区光通信、微电子产业渐具规模，成为高新技术产业的新特点。上海发挥集成电路产业集聚效应和上海现有工业园区优势，基本完成上海集成电路产业布局。加工基地（前道工序），以张江高科技园区为重点，向北与金桥加工区、外高桥保税区内的集成电路制造业发展相结合，向周边乡镇工业区辐射，形成南北走向的上海微电子产业带。封装基地（后道工序），以金桥出口加工区、松江出口加工区和南汇工业区为重点，建立上海集成电路产业封装基地。设计基地，以张江高科技园区、漕河泾新兴技术开发区和上海集成电路设计产业化基地为中心，形成集成电路设计基地。

2001年3月19日，市政府宣布以光通信、光显示、光器件等产业为主的"光谷"在漕河泾新兴技术开发区获得快速发展。漕河泾新兴技术开发区崛起成为上海光电子产业最集中的地区。漕河泾新兴技术开发区吸纳光通信公司、晶谷微电子、杜邦光掩膜等国内外近百家光电子企业和研究机构。由留美学生创办的霍普光通信股份公司生产的光无源器件，国内市场占有率在同行中排名第二；美国朗讯科技公司把发展重点选择在漕河泾开发区，该公司增资7 000万美元建立朗讯科技光网络（中国）有限公司等3家新企业，成为朗讯光网络集团全球三大供货中心之一。为进一步推进光电子产业的发展，漕河泾新兴技术开发区发展总公司规划建设面积为2.2万平方米的光电子有源器件企业基地。4月，漕河泾开发区内的新涛科技公司决定作价8 500万美元与美国硅谷的IDT公司合并，双方是强强联合、优势互补。新涛科技的主要投资方有：总部设在圣弗朗西斯科的华登国际投资集团，上海华虹微电子有限公司，日本野村证券及台湾的创业投资公司和投资人。新涛科技在中国首创国有资金和国际风险投资基金共同投资、利用留美华人学者的智慧和经验，在中国共同创业的成功范例。9月11日，市政府批准成立上海紫竹科学园区（2003年，紫竹园区经市政府批准被列为上海市高新技术开发区）。至2001年，漕河泾新兴技术开发区拥有高科技企业800余家，其中外商投资企业300余家。具有研发功能的企业占开发区企业总数的1/4，被市政府认定的高新技术企业占上海的1/5。

2002年，张江高科技园区集成电路产业链进一步夯实。园区引进和组建96家集成电路企业，中芯国际3条生产线全部投产，形成设计、芯片制造、封装、测试和设备制造的集成电路产业链和创新链。中芯国际投资总额从14.76亿美元追加至30亿美元，威宇科技测试封装（上海）有限公司投资额从 4 980 万美元追加至 2 亿美元。随着浦东新区对集成电路和软件类企业扶持力度的不断加大和全球 IT 产业的逐渐复苏,园区内一些电子、芯片设计和软件企业增资势头日益明显。国家软件产业基地的集聚与辐射效应初步展现,一大批知名软件企业进驻园区,其中既有世界一流的知名企业,也有来自国内的大型企业、研发中心。浦东软件园累计注册企业近千家,入驻企业 170 多家。加上技术创新区的 40 多家,园区的软件企业达 210 多家,产业规模日益扩大。浦东软件园软件产值达 26 亿元。松江工业区台积电投资项目进入建设高潮,以电子信息产业为重点的松江出口加工区一期建设规模达 1.98 平方公里,吸引外资项目 54 个,合同外资 6.9 亿美元。有 9 家投产,9 家试生产,15 家在建,2002 年完成工业总产值 82.6 亿元,出口创汇 9.0 亿美元,其中达丰电脑一家出口额为 8.8 亿美元。

2002 年,上海开发区技术进步对工业经济增长的贡献率达 54%。全年上海市开发区内规模以上工业企业完成新产品工业总产值 2 020 亿元,新产品产值率达 26.1%。全年开发出约 200 项重点新产品。年内评选出 2001 年度市优秀新产品 194 项,其中,达到国际先进水平的有 105 项,国内首创的有 140 项,并获得专利授权 180 项。燃料电池轿车、光刻机等重大技术创新专项取得新突破。

2003 年 3 月 25 日,上海市银行卡产业园在浦东张江开园,占地 92 万平方米。产业园由银行卡跨行信息交换区、银行卡业务区、客户服务区、数据处理服务区、软件设计与技术研发区、机具和卡片生产区、综合外包服务区、会展及园区文化等功能区组成。

2004 年 9 月 8 日,国家微电子产业基地落户张江高科技园区张江集电港。中共上海市委常委、副市长周禹鹏,副市长杨雄,为"上海国家微电子产业基地"揭牌。自此,上海以国家微电子产业基地为核心,整合和重组上海及周边地区范围内与该行业相关的优势资源,以芯片制造与设计为重点,带动芯片封装测试、微电子研发、设备制造、原材料和其他配套产业的发展。该基地由核心区和扩展区组成。核心区以张江高科技园区为重点、以金桥出口加工区和外高桥保税区为延伸的浦东微电子产业带;扩展区包括漕河泾新兴技术开发区、松江科技园区和出口加工区、青浦工业园区、国家集成电路设计上海产业化基地和紫竹科学园区等。当年,上海 8 英寸硅晶圆产量为 66 万片,建成投产的 8 英寸硅晶圆生产线占全国的 75%,大规模集成电路产量占全国的 80% 以上。

2004 年,漕河泾高新技术开发区集成电路产业实现销售收入 64 亿元,出口总额 2.9 亿美元,成为上海最大的芯片研发和生产基地之一。开发区汇聚集成电路从业人员 8 000 余人,配套服务等相关企业 60 余家。拥有国家级的集成电路研究开发机构(上海贝岭股份有限公司技术中心及国家工程研究中心);拥有芯片生产线 6 条,分别是贝岭股份的 4 英寸芯片生产线,先进半导体的 5 英寸、6 英寸、8 英寸芯片生产线,先进半导体的 6 英寸芯片生产线和讯科微电子的 4 英寸芯片生产线;知名配套企业有美国杜邦公司(光掩膜)、法国液化空气集团(高纯气体)、香港印科公司(防尘罩)等。开发区部分芯片设计企业产品技术达到国际先进水平,如专业集成电路设计公司 IDT-新涛科技首创的世界第一个 8 通道 PCM CODEC 语音处理芯片投入批量生产。开发区新引进项目有半导体及电子元器件研发生产商上海群茂科技有限公司和上海日冲科技有限公司,以及研发、生产半导体专用材料的京都一来(上海)电子材料有限公司等。松江园区电子信息产业主要集中在出口加工区 A 区形成的以达丰电脑为主的笔记本电脑生产基地和西部科技园区形成的以台积电(上海)有限公司为主的集成电路制造基地,产业集聚步伐明显加快,产业规模进一步向优势企业集中。落户于科技园区的台积电(上海)有限公司是第一家在大陆投资设立的台湾集成电路晶圆制造企业,公司成立于 2003 年 8 月,一期总投资 11.12 亿美元,计划建设二条 8 英寸、0.25 微米工艺集成电路生产线。

公司于2004年9月成功试产,顺利通过质量认证。青浦集聚包括全球第三大专业集成电路封装测试服务提供商——新科金朋(上海)有限公司(STATS ChipPAC)、专业封装测试服务提供商——宏茂微电子(上海)有限公司(ChipMOS)和配套企业等在内的集成电路相关企业,初步形成以集成电路封装测试和配套设备材料为主的产业群。

2005年,市级以上工业区高新技术产业占工业总产值的比重为55.1%,比上海平均水平高26.5个百分点,出口率达53%。上海国家微电子产业基地生产技术基本达到世界主流水平。初步建立以自主知识产权为基础的微电子技术创新体系,成为世界主要的微电子研发和生产基地之一。美国通用电气公司(GE公司)、泰科电子瑞侃有限公司、阿尔卡特朗讯公司等进区的外资项目纷纷增资扩建。在吸引外资的同时,开发区还引进了国电南瑞科技(集团)股份有限公司、上海诚丰数码科技有限公司等一批技术新、层次高的内资项目。紫竹园区完成上海力芯集成电路制造公司月产6万片集成电路芯片的微软研发基地。

"十一五"期间(2006—2010年),上海市开发区形成微电子、软件和生物医药三大产业为主导的高新技术产业集群;成为全市新能源、民用航空制造业、先进重大装备、生物医药、电子信息制造业、新材料、新能源汽车、海洋工程装备、软件和信息服务业等九大高新技术产业最重要的载体。

2007年11月,按照市政府关于支持符合规划的产业基地项目落地的要求,市经委等部门组成工作小组,对临港新城、国际汽车城进行实地调研,根据体现"产业集聚、环境友好、功能转型、节能减排"的要求,拟重点支持张江光电子产业园、漕河泾光仪电产业园等16个产业区块内的项目落地。

张江高科技园区成立之后,中共上海市委、市政府成立张江高科技园区领导小组及其办公室,市政府制定《上海市促进张江高科技园区发展的若干规定》,建立张江园区发展专项基金等财力保障机制。张江高新科技园区实力迅速提升。区内入驻单位增加至2007年的1 317家,从业人员达11.7万人。2007年园区实现工业总产值398亿元,营业收入686亿元,出口交货值205亿元。园区经认定的研发机构达104家,其中国家级创新单位11家、省市级21家、区级72家,集聚美国通用电气公司、瑞士罗氏集团、英飞凌科技公司等一批跨国公司的全球或地区研发中心,建成微电子、软件、生物医药、文化创意等12个国家级产业基地、3个市级产业基地,初步形成以产业基地为载体、以企业为主体、产学研相结合的科技创新体系。园区专利申请3 548件,授权数634件。生物医药领域自主创新取得重大进展,区内企业和研发中心申请专利540多项,申报国家一类新药40余个。一批创新成果和创新企业获得国家奖励,其中展讯通信(上海)有限公司的"展芯GSM/GPRS手机核心芯片关键技术的研制和开发"项目获"2006年度国家科技进步一等奖",微创医疗器械(上海)有限公司、上海超算中心、上海宝信软件股份有限公司、上海飞田通信技术有限公司和上海来益生物药物研究开发中心分别获得"2006国家科技进步二等奖""2007年度国家科技进步二等奖"。张江初步形成以微电子、软件和生物医药三大产业为主导的高新技术产业集群;2007年微电子产业实现销售收入230亿元;浦东软件园成为国内最大的软件产业基地之一,2007年软件业营业收入199亿元;生物医药产业的研发优势正逐步向产业优势转化,2007年工业总产值达108亿元。

至2007年,金桥开发区集聚各类研发机构87家,其中独立注册的研发机构有13家,研发人员共6 500多人,年研发经费投入50亿元。开发区累计专利申请932件,其中发明专利637件,科技研发项目累计734个。这些研发机构在企业的产品开发、流程再造、技术服务等科技创新方面发挥了至关重要的作用,大大提高金桥开发区企业产品的科技含量和市场竞争力。全年,金桥开发区实现新产品工业总产值828亿元,占工业总产值的52%,高出上海平均水平37.8个百分点。开发区产业创新指数是反映研究与试验发展(R&D)经费占主营业收入比重、R&D人员比重、新产品产值率、高新技术产值率的综合指标。2007年,上海开发区产业创新指数排名前十位的分别为:上海张江高科技园区、上海金桥出口加工区、上海漕河泾新兴技术开发、上海嘉定汽车产业园区、上海市北工业园区、上海莘庄工业园区、上海松江经济开发区、上海闵行经济技术开发区、上海浦东合庆工业园区、上海浦东康桥工业园区。

2008年10月,九亭镇、新桥镇与漕河泾新兴技术开发区联合建立上海松江国际光仪电产业园区。区位跨九亭、新桥两镇,包括漕河泾开发区松江高科技园区二期,漕河泾开发区松江高新产业园区,漕河泾开发区松江企业服务外包基地,规划开发建设面积183.93公顷。以"三区联动"集聚光仪电产业链。11月17日,上海闵行区浦江镇漕河泾新兴技术开发区所属"创新创业园"开园。"创新创业园"总体规划建筑面积40万平方米。"创新创业园"定位于专业孵化器,设有新能源产业孵化器、留学生创业园和国际企业孵化器,专门为新能源等企业提供创新创业服务。交付使用的"创新创业园"集聚近30家高科技企业,出租率超过71%。漕河泾开发区确立信息(集成电路、光电子、计算机软硬件)、航天航空、生物医药、新材料、新能源、汽车配套研发等高新技术产业群体,独特的产业基础为国际研发机构向漕河泾开发区集聚产生强大的"向心力"。

2009年1月8日,副市长沈晓明主持召开生物医药科技创新与产业发展工作会议。市发展改革委拟订《上海生物医药产业发展行动计划(2009—2012年)》。1月12日,工业和信息化部在沪召开部分省市促进工业产品研发设计信息化经验交流会。会上,工业和信息化部明确上海率先成为中国工业化和信息化融合试验区。5月31日,中共上海市委、市政府召开上海市推进高新技术产业化工作大会。市政府颁布《关于加快推进上海高新技术产业化的实施意见》。市经济信息化委颁布《高新技术产业化行动方案(2009—2012年)》。6月2日,中国电信上海公司与张江集团正式签约,双方合作把张江高科技园区打造成为上海首个"数字园区",为上海的工业和信息化融合建立示范应用样板区。6月4日,市经济信息化委、徐汇区人民政府和漕河泾新兴技术开发区就推进徐汇区高新技术产业化发展,达成合作协议。8月27日,中国商用飞机有限责任公司(以下简称"中国商飞")总部入驻陆家嘴;11月,C919大型客机总装制造中心落子浦东机场南端;12月,中国商飞设计研发中心在张江高新科技园区揭牌。至此,C919大型客机三大重要基地齐聚上海。

2009年,上海张江高新技术产业开发区成为上海高科技人才集聚地,集聚了一批国内外一流科技专家。全年从事科技活动人数3万人,占上海开发区比重达70%;科技活动经费支出150亿元,占上海开发区比重的80%;R&D经费108亿元,占销售收入比重2.8%。张江高新科技园区先后建立国家上海生物医药科技产业基地、国家信息产业基地、国家集成电路产业基地、国家半导体照明产业基地、国家863信息安全成果产业化(东部)基地、国家软件产业基地等多个国家级基地,吸引集聚了集成电路、软件和生物医药产业领域的大批知名企业、研发机构和高级人才,也诞生培育了一大批本土民族品牌的科技企业,如中芯国际集成电路制造有限公司、上海新先锋药业有限公司、展讯通信(上海)有限公司,中信国健药业股份有限公司,上海盛大网络发展有限公司等。

表4-2-24 2008—2009年张江高新技术产业开发区集成电路产业情况表

行　业	2009年销售额 (亿元)	2008年销售额 (亿元)	2008—2009年 增长率(%)	占上海比重 (%)	占全国比重 (%)
设计业	42.38	30.80	37.6	63.21	16.3
芯片制造业	68.63	91.92	−25.3	73.95	20.8

（续表）

行　业	2009 年销售额（亿元）	2008 年销售额（亿元）	2008—2009 年增长率（%）	占上海比重（%）	占全国比重（%）
封装测试业	84.05	101.86	−17.5	37.92	18.9
设备材料业	6.13	5.11	20.0	29.33	—
合　计	201.19	229.69	−12.4	50.0	19.3

资料来源：上海市经济和信息化委员会、上海市发展和改革委员会、上海市统计局、上海市开发区协会 2010 年《上海产业和信息化发展报告——开发区》

张江集成电路产业成为全国最大的软件产业基地之一。2009 年实现销售收入 201.19 亿元，占上海 50%，占全国 19.3%。此外，张江高新科技园区形成国内生物医药研发创新基地。全年生物医药工业总产值达 106 亿元，首次突破百亿元大关。以上海罗氏制药有限公司、上海新先锋药业有限公司、通用电气、上海勃林格殷格翰药业有限公司为代表的化学药品制剂制造企业占上海的 1/3；以葛兰素史克（中国）投资有限公司、上海英伯肯医学生物技术有限公司、上海睿智化学研究有限公司、上海中信国健药业股份有限公司和麒麟鲲鹏（中国）生物药业有限公司为代表的生物制药企业占上海的 40%。

漕河泾新兴技术开发区构建从孵化器到产业化基地的多层次、接力式孵化体系，对入驻企业进行全方位孵化培育，具有自主知识产权和较强市场竞争力的企业经认定的高新技术企业 206 家，如 3M 中国有限公司、万达信息股份有限公司、上海贝岭股份有限公司、上海先进半导体制造有限公司、安普泰科电子有限公司、上海龙旗科技有限公司、上海福克斯波罗有限公司等。2009 年，上海高新产业开发区新产品产值率为 25%。其中，金桥出口加工区占 50%，张江高新科技园区占 24%。全年申请专利数 4 500 项；授权和发放许可证达 2 000 次。漕河泾新兴技术开发区集聚中外高科技企业和研发机构 1 200 多家，形成以信息业（包括微电子、光电子、计算机及其软件）为主导、新材料产业不断壮大的格局。金桥集聚电子信息及现代家电、汽车及零部件等产业的一批大企业，形成相对集中的主导产业；上大科技园、中纺科技园和嘉定园也结合各自实际，初步确定了主导发展产业。

2009 年，上海市高新技术产业工业总产值从"十五"期末（2005 年）的 3 372 亿元提高至 5 020 亿元，占上海市级以上工业区工业总量的 41.2%；上海高新技术产业开发区（含"一区六园"）共有经认定的高新技术企业 677 家，占进区企业 28%；高新技术产业产值 2 130.61 亿元，高新技术产业产值率 57.5%。其中，张江园区高新技术产业产值率 67.3%，经认定的高新技术企业 306 家；漕河泾开发区高新技术产业产值率 90%；金桥园区高新技术产业产值率 41.5%。上海张江高新技术产业开发区经认定的各类研发机构达 477 家，其中国家级研发机构有 30 家。张江高新科技园区 129 家，其中国家级 8 家；金桥出口加工区 87 家，其中国家级 4 家；漕河泾开发区 178 家，其中国家级 10 家。

表 4‑2‑25　2009 年上海主要高新技术产业开发区研究机构分布情况表　　单位：家

开　发　区	研发机构数	国家级机构	主要技术研发机构
上海张江高新技术产业开发区	129	8	上海新药研究开发中心、国家人类基因组南方研究中心、上海超级计算机中心、GE 中国研发中心、中科院上海药物所、杜邦中国研发中心、罗氏中国研发中心、上海光源、罗门哈斯中国研发中心、诺华（中国）生物医学研究有限公司、超威半导体（上海）有限公司、葛兰素史克（上海）医药研发有限公司、IBM 公司中国研究院、国家蛋白质科学研究上海设施和交叉前沿科学中心、上海飞机设计研究院

（续表）

开 发 区	研发机构数	国家级机构	主要技术研发机构
金桥出口加工区	87	4	诺基亚、西门子,惠普软件研发中心、华为技术有限公司、高华、中微半导体设备(上海)有限公司、泛亚汽车技术中心、联合汽车电子有限公司、莲花汽车、康宁显示科技(中国)有限公司、辉门集团亚太总部暨技术中心、同济同捷科技股份有限公司、欧姆龙(上海)有限公司、默尔、弗斯托
漕河泾新兴技术开发区	178	10	思科公司上海研发中心、贺利氏科技集团、3M中国有限公司、飞利浦中国、泰科电子有限公司、泰科电子瑞侃有限公司、捷普科技(上海)有限公司、上海贝尔阿尔卡特股份有限公司、朗讯科技光网络(中国)有限公司、上广电、上海邮运、上海光源科学中心、国家核电国核工程有限公司、无锡尚德太阳能电力有限公司、太阳能光源、佛世通、法国法雷奥集团、本田技研工业(中国)投资有限公司、唐物流有限公司、龙新、英华达(上海)科技有限公司
市北高新技术服务业园区	—	—	上海万通世纪互联信息技术有限公司、上海环达计算机科技有限公司、上海研华慧胜智能科技有限公司
上海紫竹高新技术产业园区	—	—	埃克森美孚(中国)有限公司、上海核电技术产业研发中心、东软集团华东研发中心、克莱斯勒亚太投资有限公司、可口可乐饮料(上海)有限公司、上海电气风电集团有限公司、英特尔(中国)有限公司、京滨电子装置研究开发(上海)有限公司

资料来源:上海市经济和信息化委员会、上海市发展和改革委员会、上海市统计局、上海市开发区协会《2010上海产业和信息化发展报告——开发区》;上海市开发区协会档案室:XH-Z·B-2009-004

至2009年,上海开发区共认定高新技术企业1 097家,占上海高新技术企43.9%;高新技术工业总产值5 020.39亿元,占上海开发区比重41.2%。高新技术产业行业分布:电子信息工业总产值4 549.96亿元,占上海开发区高新技术产值90.6%;生物医药工业总产值231.10亿元,占上海开发区高新技术产值4.6%;仪器仪表工业总产值175.35亿元,占上海开发区高新技术产值3.5%。

表4-2-26　2009年上海开发区高新技术工业总产值情况表

项　目	金额(亿元)	比2008年增长(%)	比重(%)
化学原料及化学制品	9.32	-26.2	0.19
医药制品业	231.10	21.8	4.6
专用设备制造业	52.14	0.01	1.0
交通运输设备制造业	2.52	32.9	0.05
通信设备计算机及其他电子设备	4 549.96	-2.3	90.6
仪器仪表及文化、办公用品机械制造	175.35	-14.0	3.5
合　计	5 029.39	-1.9	100

资料来源:上海市经济和信息化委员会、上海市发展和改革委员会、上海市统计局、上海市开发区协会《2010上海产业和信息化发展报告——开发区》

2010年,上海开发区大力推进高新技术产业化进程,产业结构调整升级步伐加快。企业总部、信息传输计算机服务业、软件业、物流业和设计研发等生产性服务业在开发区内发展迅速。张江高新技术产业开发区集中了上海市近1/2的企业技术研发机构。

2010年1月14日,市经济信息化委颁布的《关于支持临港产业区加快发展的若干意见》提出,支持重点领域重大项目优先向临港产业区倾斜、大力推进高新技术产业化、推动优势产业做强做大、深入推进工业化与信息化融合等。根据浦东新区"7+1"生产力布局,南汇工业园区纳入国家级经济技术开发区——金桥出口加工区板块,成为浦东发展先进制造业组团的重要组成部分。上半年,南汇工业园区新能源产业投产、在建和完成签约共计为12家企业。8月,市经济信息化委批复同意在市北高新技术服务业园区建设上海市云计算产业基地。9月2日,中国电信股份有限公司上海分公司给市经济信息化委上报《关于中国电信信息园区电子信息核心技术情况的报告》。位于浦东康桥工业区内中国电信信息园区(以下简称"信息园区"),核心功能区(B区)建设过半。该区规划目标把信息园区打造成为亚太通信枢纽"心脏"的信息、数据和网络核心区域。信息园区功能区内建成了包括中国电信网管中心、中国电信数据存储中心、上海电信网管中心、上海电信测试中心、国家计算机安全中心上海分中心、上海电信呼叫中心等10多个项目。上述项目的建设,不仅承担了整个中国电信和上海电信核心业务的运行和管控,而且还承担了存储政府部门教育、信息、安全、战备通信等重要数据,同时为银行、保险、证券、IT、信息等行业内大公司承担了信息、数据的存储和保管的重要任务。10月,南汇工业园区被浦东新区人民政府(以下简称"浦东新区政府")确立为新能源产业化基地。自此,园区以新能源产业、先进装备制造产业为主导产业。南汇工业园区在太阳能光伏硅材料提纯、硅锭制造和切片、非晶薄膜电池关键工艺设备制造、太阳能电池组件制造、风电风力叶片制造、新能源汽车关键零部件等领域形成一定的竞争实力,集聚了一批具有自主知识产权和研发实力,在业界具有一定影响力和知名度,且成长迅速的新能源企业,以正泰电器股份有限公司、上海卡姆丹克太阳能科技有限公司、上海曙海太阳能有限公司、上海普罗新能源有限公司、上海艾郎风电科技发展有限公司等企业为代表的新能源产业群初步形成。

2010年,张江高新技术产业化得到长足发展。一是ICT产业以高端技术做大市场。一批张江本土IC设计公司在全球和国内核心零部件市场中名列前茅。张江地区手机芯片行业成为国际竞争对手不可忽视的力量,其中展讯通信(上海)有限公司、锐迪科微电子(上海)有限公司、格科微电子(上海)有限公司分别实现销售3亿美元、2亿美元和1.5亿美元。以中芯国际集成电路制造有限公司、上海华力微电子有限公司、上海宏力半导体制造有限公司为代表的晶圆代工企业再一轮提升工艺水平。高端装备业产业化打开新局面:盛美半导体设备(上海)有限公司自主研制的12英寸45纳米半导体单片清洗设备;上海华力微电子有限公司自主研发的首台先进封装光刻机;安集微电子有限公司研制的高端研磨液等项目填补了国内空白。二是新技术、新业态、新模式催生软件和文化创意产业新增长点。上海盛大网络发展集团正步入向互动娱乐全面转型的"第二次转型"的关键期,三年内营业收入超过百亿元;原创动漫企业代表——上海视金石影视有限公司(SJS)历经五年打造的国内首部原创3D科幻动画片《超蛙战士之初露锋芒》在好莱坞首映,创造了多个国产动漫的第一。此外,化工领域的电子交易平台上海春宇供应链管理有限公司、国内领先的独立第三方支付平台快钱公司(快钱)等新业态成为园区新的增长点。三是生物医药产业进入以大品种药物规模扩张为标志的产业化收获期。大品种创新药物规模化扩张,在现有产值过亿元的21个品种基础上,有望形成8个超5亿元的大品种;上海复旦张江生物医药股份有限公司、上海艾力斯医药科技有限公司、天士力制药集团股份有限公司等企业的一批潜在或储备品种陆续产业化;瑞士诺华制药集团、阿斯利康制药有限公司、上海罗氏制药有限公司、上海勃林格英格翰药业有限公司等跨国研发中心正形成新一轮增资扩容和功能提升。四是新能源与环保产业初步实现高端集聚。依托上海高端人才优势和科技优势,张江新能源与环保产业以自主创新和技术进步引领产业发展。培育引进58家具有系统知识产权的新能源与节能环保企业,如太阳能光伏电池与组件、逆变期和储能等设备领域的上海林洋电子科技有限公司,薄膜太阳能设备领域的理想能源设备(上海)有限公司是,新型太阳能热电转换系统的益科博能源科技(上海)有限公司,新能源汽车电池领域的上海中兴派能能源科技有限公司(Pylontech)等,初步实现产业的高端聚集。

至2010年,上海高新技术园区在集成电路、生物医药研发、通信设备、软件、新能源汽车、智能电网、核电、汽车电子、高端装备制造形成产业链完整、技术能级领先的产业体系和具有示范引领作用的创新园区,初具成果转化、企业孵化、产业培育、人才摇篮、资本催化等主体功能规模,成为上海自主创新的主要载体和经济发展的重要增长点。从企业孵化看,在园区核准的44.2平方公里区域内,有222个世界500强企业,集聚800余家研发机构和1.2万家企业;并且每年新增企业1000余家;经认定的高新技术和技术先进型服务企业分别突破3000家和200家,占上海半壁江山以上。高新区孵化器孵化毕业的携程旅游信息技术(上海)有限公司、分众传媒、上海盛大网络发展有限公司、上海海隆软件有限公司、上海复旦张江生物医药股份有限公司等企业均成长为国内著名企业;以展讯通信(上海)有限公司、微创医疗器械(上海)有限公司、中微半导体设备(上海)有限公司、上海中信国健药业有限公司等为代表的留学生企业苗壮成长。从产业培育看,形成集成电路、生物医药等一批高新技术产业集群,园区集中了全国集成电路领域40%的企业,涵盖设计、流片、封装、测试、设备、材料等多个环节;实现90纳米芯片的大批量生产,芯片制造业工业总产值占全国的33%,封装测试占40%,TD－SCDMA手机芯片的占有率超过70%。生物医药研发、制造单位达400多家,覆盖药物发现、评价、动物实验、临床试验等新药创制环节;抗艾滋病原料药占据全球40%的市场份额,心脏搭桥和冠状动脉药物支架产品约占全国市场的50%。福布斯全球制药企业12强有7家在上海张江高新技术产业开发区设立研发中心。同时又聚焦新能源、新材料、航天航空等国家战略性新兴产业,新发展起来的云计算、物联网等产业也形成集聚态势。从人才集聚看,上海张江高新技术产业开发区秉持"以高端产业引领高端人才,以高端人才提升产业能级"的引才用才战略。

至2010年,上海高新区"一区六园"内企业共吸纳44.8万人就业。其中,大专以上人员超过50%,硕士以上人员占10.6%;留学回国人才1万多人。上海张江高新技术产业开发区成为海外高层次人才回国或来华创新创业的首选之地,中组部在全国批准67个引进海外高层次人才的基地,6个在上海张江高新技术产业开发区内;前五批国家"千人计划"上海引进人才总计183人,其中创业人才32人,创新人才151人。张江成为生机勃勃的海外高层次人才创新创业基地,高新区内引进人才138人,占上海的75.4%,占全国的1/8;其中创业人才27人,占上海引进创业人才的84.4%,创新人才111人,占上海引进创新人才的73.5%。是年,上海张江高新技术产业开发区内单位参与制定国际标准749项,参与制定或承担修订国家和行业标准531项。高新区内企业累计申请知识产权2.2万余件,共拥有有效专利1万余件,其中有效发明专利占40%以上;软件版权登记达3376件。

2010年,全市共认定高新技术企业3129家,张江高新区共有766家,占全市高新技术企业24.5%;同时经认定的技术先进服务业企业158家,占上海技术先进服务业企业的55%。上海张江高新技术产业开发区集中了上海近1/2的企业技术研发机构。

上海开发区继续加大对高新技术的产业以及战略性新兴产业的引进力度,进一步提高引进项目的投资规模和质量。闵行开发区华锐风电科技有限公司、杰奥福林船舶空调工程(上海)有限公司为园区发电和输变电设备以及船用设备产业增添了新生力量。青浦工业区与日本AMADA株式会社、德国永恒力股份公司和上海天玑科技股份有限公司(总投资2亿元)等3家行业企业分别签订投资协议,青浦出口加工区引进吉富新能源科技(上海)有限公司项目;嘉定工业区在引进吉利沃尔沃汽车集团等一批先进制造业项目的基础上,又引进上海卡耐新能源有限公司、北京凡客诚品(VANCL)等科技创新型新能源、新材料、文化创意、电子信息等产业。浦江高科技园2010年引进上海延华智能科技有限公司、世界500强美国百事公司亚洲研发中心等优质项目。奉贤现代农业园区引入国药上海生物研究所、上海复旦奥医医学科技有限公司等生物医药企业。上海松江国际光仪电产业园区落户企业158家(民营企业为141家,其中光仪电产业企业30余家)。上海发挥集成电路产业集聚效应和上海现有工业园区优势,基本完成上海集成电路产业布局规划:加工基地(前道工序),以张江高科技园区为重点,向北与金桥加工区、外高桥保税区内的集成电路制造业发展相结合,向周边乡镇工业区辐射,形成南北走向的上海微电子产业带。封装基地(后道工序),以金桥出口加工区、松江出口加工区和南汇工业区为重点,建立上海集成电路产业封装基地。设计基地,以张江高科技园区、漕河泾新兴技术开发区和上海集成电路设计产业化基地为中心,形成集成电路设计基地。

"十一五"期间(2006—2010年),上海张江高新技术产业开发区内的研发机构先后获得两项国家科技进步特等奖,数十项国家自然科学、技术发明、国防科技进步等方面的奖项。

表4-2-27 2010年张江高新技术产业开发区各类产业企业数情况表　　　　单位:家

指　标	张　江	漕河泾	金　桥	市　北	张江青浦	嘉定民营	紫　竹	合　计
高新技术企业数	333	238	82	28	30	36	19	766
先进型服务企业数	97	15	2	3	1	0	40	158

资料来源:上海市经济和信息化委员会、上海市发展和改革委员会、上海市统计局、上海市开发区协会《2011上海产业和信息化发展报告——开发区》

"十一五"期间,上海开发区高科技产业集聚取得明显进展。其中,41个公告开发区内高新技术产业产值从"十五"期末(2005年)的3 372亿元提高至"十一五"期末(2010年)的5 277.17亿元。上海开发区高新技术产业化的总体布局形成"一环两带多组团"的产业发展布局,即:上海外环线内形成以研发设计、创意创新、商务贸易、核心制造为主的产业中心区域;郊区则根据"沿江临海产业发展带""嘉青松闵产业发展带"的产业空间规划,形成以新型工业化产业示范基地、重点工业区为载体,以郊区新城建设为依托,以战略性新兴产业、高新技术产业和传统制造业为核心的产业发展重点区域。聚焦重点高科技项目,形成高端引领态势,推动产业链的对接,推动高新技术产业化不断升级。加速推进新能源、民用航空制造业、先进重大装备、生物医药、电子信息制造业、新能源汽车、海洋工程装备、新材料、软件和信息服务业等九大重点领域高新技术产业化。

第四节　生产性服务业

一、发展历程

生产性服务业是伴随着社会分工细化,从制造业环节中催生出来的中间服务。它既是制造业产业链的延伸,又是服务业的组成部分,也是工业化高度发达和集中的产物。它的服务对象是企业而非最终消费者。其功能是为保持工业生产过程连续性、促进技术进步、产业升级,为提高生产效率提供保障的服务性行业。

20世纪70年代至80年代末,上海吸引了一批国际知名的生产性服务业跨国公司,带来了全新的经营理念、管理方式和发展模式。1990—2003年,上海开发区为改善投资环境,为企业提供配套服务,着手建设一批金融、商务和物流设施,吸引金融机构、物流企业、商务机构等。2003—2006年,政府把生产性服务业纳入《产业导向目录》,加强导向、转型升级、引导生产性服务业集聚。开发区从扩大制造业向与生产性服务业功能区相配套转型,推动生产性服务业集聚发展。自2006年起,推进转变经济发展方式,发展服务型经济,进一步拓展生产性服务业领域、扩大辐射、提升能级,增强生产性服务业功能,为上海"四个中心"建设发挥推动作用。

1986年,经过专家研讨和认证,并经国务院批准,上海市总体发展规划正式明确虹桥开发区是以外贸中心为特征,并确定会展中心、办公楼、商住楼、宾馆和配套设施各30万平方米的载体建设规划,重点发展服务业,建立外贸中心特色开发区的整体思路。虹桥开发区规划面积为0.65平方公里,虽然空间有限,但在地理位置上具有非常难得的优势。虹桥开发区因地制宜,选择一条与其他开发区不同的产业发展道路,定位于商贸中心,以贸易业为主体,发展对土地空间要求不大、单位面积产出较高的服务业。

随着闵行经济技术开发区、虹桥经济技术开发区、漕河泾新兴技术开发区的建立和发展,各开发区针对自身发展和改善投资环境的需要,开始重视对生产性服务业的投入,以求取得更好的效益,获得生产经营更大的发展。

1987年4月25日,市计委、市经委上报市政府《关于上海市桃浦工业区总体规划实施计划的报告》,明确把桃浦工业区规划转型为生产性服务业的部署,并经市政府领导审批同意。

"八五"期间(1991—1995年),中共上海市委、市政府提出"三二一"产业发展方针,生产性服务业处于起步阶段。

1991年4月22日,上海市第九届人民代表大会第四次会议通过的《"八五"计划纲要》中提出"要大力发展以商业、外贸、金融保险等为重点的第三产业,增强中心城市的综合功能"。1991年开始,浦东新区大力发展金融、贸易、房地产、信息咨询、旅游等第三产业,从正在商谈的100多个项目中挑选一批有影响的大项目,以引来更多的中外合资项目,形成一个以第三产业先行、大项目引导、各开发区联动开发的新局面。

1992年,中外合资建设的上海国际展览中心在虹桥开发区建成,展览面积为1.2万平方米。是年,市发展改革委、市经委作出在工业系统和工业开发区规划发展"3+5"生产性服务业:"3"项专业性服务业,即重点发展汽车服务业、工程装备配套服务业、工业信息服务业;"5"项公共性专业服务业,即重点推进工业技术服务、物流服务、工业房地产服务、工业咨询服务和其他相关服务等。

1992年12月,在中国共产党上海市第六次代表大会上,中共上海市委书记吴邦国强调"优先发展第三产业,积极调整第二产业,稳定提高第一产业"的总体目标和要求。自此,上海工业系统把与工业制造业密切相关的生产性服务业,作为发展第三产业的重点工作来抓。中共上海市委、市政府提出发展生产性服务业的指导思想:贯彻上海"科教兴市"战略,充分发挥上海科技和人才资源优势;大力发展与上海建设"一个龙头、三个中心"(即浦东开发开放为龙头,国际经济、金融、贸易为中心)的城市功能定位相适应的生产性服务业;努力塑造"上海制造"新优势,为构筑五大中心(即:世界先进制造业中心,研发设计、创新和知识产权交易中心,运营管理、品牌、投资和采购中心,展示、交易和信息中心,可持续发展先行示范中心)提供强大的支撑。

自1993年开始,市经委结合工业结构调整,提出积极发展第三产业,促进企业多元化经营的总体要求。各开发区解放思想,勇于实践,从原来固守一业转为以市场为导向,从自身的特点和优势出发,冲破行业、部门、地区、所有制的界限,做到"二产带三产、三产促二产",发展第三产业及生产性服务业,实行多种经营,形成企业经营市场化、多元化。有的开发区与市区的企业,利用土地级差地租、通过批租、联建、改造,发展"三产";有的开发区与长期亏损、扭亏无望的企业,结合关停并转,转"二产"为"三产";有的开发区就地与一些经济实力强的企业集团和企业,联合、兼并其他企业,组建"综合商社",以贸易为中心发展生产性服务业,实现经营功能多样化、经营战略多元化、经营地域多极化,走出一条工商贸相互渗透、大胆结合、积极发展的路子。

至20世纪90年代中期,虹桥开发区基本建成一个涉外商务区,都市型的CBD区域(即Central Business District,中央商务区)。1993年,虹桥开发区建成的甲级写字楼——上海国际贸易中心,吸引包括伊藤忠商事株式会社、住友半导体贸易公司、三星电子株式会社等众多日资、韩资企业入驻办公。1995年,虹桥开发区成为与上海外滩、南京路、徐家汇等区域一起被评为"上海十大新夜景"之一。

"九五"期间(1996—2000年),中共上海市委、市政府继续坚持"三二一"产业发展方针,明确加大调整产业结构力度,重点发展金融保险、商品流通、交通通信、信息咨询等生产性服务业。

1998年,虹桥开发区建成的甲级写字楼——万都中心大厦,吸引包括通用电气医疗系统贸易公司、法拉利玛莎拉蒂汽车贸易公司在内120家中外知名企业入驻。1999年,虹桥开发区由上海虹桥经济技术开发区联合发展有限公司参与建设的中外合作项目上海世贸商城落成,该项目兼具展览和常年展示两项功能,展览展示面积近24万平方米。两大展览中心建成后,每年举办各类展览近100场,参展人数近100万人次,其中大型展会有中国华东进出口商品交易会、上海国际汽车展、艺术博览会、跨国采购大会、上海书展等。虹桥开发区会展活动的繁荣直接带动了相关贸易业在区内的聚集,在开发区内入驻企业中,贸易企业占总数的1/2以上。

至2000年,根据上海市经济社会发展战略和城市功能定位,市发展改革委、市经委提出在工业开发区打造五大生产性服务业集聚区,推进漕河泾技术服务区、嘉定汽车服务区、浦东业务流程外包服务区、张江研发服务区和外高桥造船及临港新城物流服务区等生产性服务业集聚区的建设。经过不断推进,形成六大行业和服务领域。一是研发设计与技术检验服务,包括科研开发、产品开发、技术交易、技术评估、测试测量、知识产权、工业设计等;二是经营组织服务,包括发展现代物流、职业教育、会计审计、管理咨询、工程咨询、商业情报等;三是工业信息服务,包括发展电子商务、数字通讯、软件开发、系统集成、数据服务、信息化工程策划;四是金融服务,包括银行业务、信托投资、证券投资、保险业务、基金管理等;五是商务服务业,包括广告服务、市场调查、法律服务、营销服务、会展服务等;六是其他服务,包括专业维修服务、节能环保服务、租赁服务、生产安全与公共安全服务等。这六大行业,着力构建上海完整的生产性服务业的服务链。在工业开发区内吸引集聚的一批金融机构、物流企业、商务机构等,对服务和推动工业区的发展壮大起到了积极作用。

进入21世纪,现代服务业在经济发展中的地位越来越重要,上海成为现代服务业转移的热点地区。与此同时,根据科学发展观要求,国家对上海提出加快发展服务经济战略,把生产性服务业作为推进产业结构调整、转变经济增长方式、提高国民经济整体素质、实现全面协调可持续发展的重要途径。同时,依据国家对开发区提出"三为主、二致力、一促进",上海在大力发展现代服务业的进程中,把发展生产性服务业作为提升上海城市国际竞争力的重要手段,产业规模越做越大,并取得显著成效,上海产业结构得到前所未有的调整。1978年上海第一、第二、第三产业增加值占GDP的比重分别为4%、77.4%和18.6%;1990年第一、第二、第三产业比重为4.3%、63.8%和31.9%;至2001年,第一、第二、第三产业比重为1.7%、47.6%和50.7%,第三产业比重超过第二产业并过半。

2001年9月29日，市政府发文同意上海大众工业园区更名为上海国际汽车城零部件配套工业园区，作为市级工业园区分区，享受市级工业园区生产性服务业有关政策。12月，漕河泾开发区与上海市电信公司举行"迎接WTO，携手迈向数字化园区"签约仪式发布会。双方联手把漕河泾开发区建设成具有国际水平的"以电信全服务为基础，以宽带信息网络为平台、以数字化资源和商业服务为应用"的高科技数字园区。上海市副市长严隽琪点击鼠标开通漕河泾数字园区网门户网站接入市互联网络交换中心。漕河泾开发区与上海电信合作共建覆盖全区的数字园区，以信息化为手段，进一步提升漕河泾开发区投资环境的质量和吸引外商的能力，实现开发区从注重政策优势向依靠综合环境优势的转变，增强开发区在入世以后大开放大发展新时代的综合竞争能力，为高科技产业发展提供更优越的发展空间和个性化服务。漕河泾开发区数字园区以电信技术为支撑，通过实现"一e、二化、三率、五个100％"，即e漕河泾数字园区，政府办公网络化100％、园区服务信息化100％、基础电信普及率100％、大楼光纤到达率100％、企业上网满足率100％，为区内用户提供全方位人性化的基础电信和增值电信服务。这项工程同时开创了上海信息化工程按市场运作、按国际标准建设开发区信息化平台的先河。

2002年，在海关总署、上海海关、上海经济技术开发区海关的重视和直接指导下，漕河泾开发区成功试点全国第一本电子账册。位于漕河泾开发区内的英业达（上海）有限公司，在前期大量技术准备工作的基础上，自7月15日起开始测试电子账册管理系统；8月15日所有程序测试成功；8月16日第一笔进出口业务电子通关成功，整个运行状况正常。该套电子账册计算机管理系统主要包括电子账册备案系统和核销申报系统，通过"中国电子口岸"数据中心连接海关内部网和企业信息化系统，由海关通过网络对企业的进出口业务实行"实时联网核查"，加强监管。这一举措大大简化通关手续，提高通关效率，且由于是全国联网，企业可在全国各地海、陆、空港口岸快速、自由报关。至2002年末，英业达（上海）有限公司实现出口产品总额1.5亿美元以上。英业达（上海）有限公司试点的成功，为上海海关全面推行电子账册管理奠定了坚实基础，并为下一阶段进一步总结试点经验，研究和完善网上核销、单耗管理等办法，从而把试点工作推向深入作好准备。

2003年，市经委在《上海工业产业导向及投资指南》中，首次将"生产性服务业"列入鼓励类栏目，旨在引导各区（县）在制定发展规划和产业重点中重视发展生产性服务业。并且，在《上海工业产业导向及投资指南》中把"电子商务"列入生产性服务业"鼓励类"目录。各开发区亦把"电子商务"作为开发区经济增长的重要组成部分。

2004年，根据中共中央总书记胡锦涛视察上海时提出的"要根本扭转上海服务业发展'短腿'局面"的指示，中共上海市委、市政府高度重视生产性服务业。中共上海市委书记俞正声、市长韩正多次指示，要大力推进生产性服务业发展。上海经过新组建的以及改制转型的为工业企业和开发区服务的生产性服务业单位达12.91万户，占上海单位总数的31％。在六大生产性服务业中，各重点行业单位数和实现营业收入占的比重分别为：金融保险服务为0.5％和6.8％；商务服务为15.6％和16.1％；物流服务所占比重最大，为51.5％和71.3％；科技研发服务为8.0％和1.1％；设计创意服务为23.1％和4.5％。

自2004年起，上海在全国率先提出并推动创意产业发展。中共上海市委、市政府明确要求加快形成以服务经济为主的产业结构，并把文化和创意产业作为重要的发展内容。2004年，中共上海市委、市政府颁布《上海优先发展现代服务业行动纲要》《上海优先发展先进制造业行动方案》，提出要大力发展与先进制造业相融合的生产性服务业；并制定支持金融、信息、物流、文化服务、专业服务、载体建设等生产性服务业发展的相关政策。

2004年,张江高科技园区加大金融信息服务业发展,先后引进福建兴业银行、招商银行、外汇交易中心等数据中心。同时,随着初步完成银行卡基地一期招商任务,二期招商工作也加快启动步伐。2005年7月,上海市银行卡产业园被浦东新区、上海市信息化委员会、上海市金融服务办公室联合授牌为"上海市金融信息服务产业基地"。上海市金融信息服务产业基地(上海市银行卡产业园)成为国家级高科技园区——张江高科技园区继集成电路、软件、生物医药之后又一个重点发展的高科技产业基地,它是以金融信息服务和金融业务流程外包(BPO)为核心,以技术密集型和资本密集型的金融技术服务为支持的高科技金融信息服务区。先后吸引了一大批金融信息机构入驻园区。

2004年,上海化学工业区奉贤分区按照"服从、服务、延伸、配套、参与"的工作方针,依托上海化学工业区的发展优势,大力推动开发区商贸业和生产性服务业的发展。年内先后引进中国远洋物流有限公司、上海实业中外运国际货运有限公司、上海港集装箱有限公司等化学品储运企业入驻化工分区,搭建了分区的服务平台。同时引进研发类企业入驻,吸引优秀的科技服务机构参与产学研一体化,最终形成人才和科研的集聚。

2005年,市经委制定《上海生产性服务业发展三年行动计划》,明确至2008年上海市生产性服务业发展的发展方向、产业重点、功能布局和推进措施,提出推进生产性服务业发展要健全统计报表,全面掌握生产性服务业发展情况;加大制度创新,优化生产性服务业的竞争环境;整合各种资源,完善生产性服务业的支撑系统;制定专项政策,形成推进生产性服务发展的政策框架。

自2005年起,在国家级和市级开发区建设集研发、设计、培训、贸易、居住等于一体生产性服务业功能集聚区,成为支撑和服务上海"四个中心"建设的重要产业。其发展态势呈现结构体系日益完备,市场中介服务业的外延不断扩大,在组织结构上,初步形成服务于市场经济的多门类、多层面、多样化的市场咨询服务业体系,并形成集聚效应,且发展日趋专业化。金桥出口加工区先后引进汽车设计、手机视频基地、3G通信、物联网等配套服务产业。上海综合保税区在洋山深水港设立人才交流分中心,多管齐下组织企业参加各类招聘会,开展"人才服务进校园"活动,缓解了企业用工难题。

2005年,漕河泾现代服务业集聚区的启动。张江高科技园区形成信息服务、微电子设计和研发服务为主体的生产性服务业。7月27日,市政府召开推动现代服务业集聚区建设工作会议,副市长胡延照出席并讲话。7月,中共上海市第八届委员会第七次全体会议再次强调要大力发展生产性服务业。12月21日,漕河泾现代服务业集聚区首期工程正式开工。项目总占地面积达23万平方米,总建筑规模80万平方米(其中科研、办公用房面积40万平方米,酒店式公寓和SOHO式小型办公用房面积10万平方米,商贸、商务和综合配套服务用房面积10万平方米)。漕河泾现代服务业集聚区按照国际化、高科技、生态型的标准,定位于总部经济、研发设计、创新孵化、综合服务"四个平台"的功能目标,力争建设成为既具有现代化区域形态、又具有高新技术服务特色的高附加值服务业集聚区。漕河泾开发区根据自身的发展现状,促进国家级经济技术开发区向多功能、综合性产业区发展。在凝聚信息技术、生物医药、新材料、航天航空等产业1 100多家国内外高新技术产业的基础上,致力于发展高附加值服务业。在微电子、信息服务、软件、生物医药、新材料、轿车等产业领域,引进一大批具有产品研发、产品服务、产品设计、技术培训、企业解决方案咨询等功能的服务项目。在服务投资、服务企业、服务政府、服务市场等项目上,建立和完善知识产权、风险投资、管理咨询、信息化服务等"一站式服务",营造"技术创新支撑服务"等良好的基础性服务环境。通过建设"国际现代商务区、科技绿洲、浦江高科技园"的重点项目;通过整合社会和市场服务资源,吸引一批国际商务、管理咨询、金融服务、风险投资、专业技术、人力资源、信息服务、现代物流等服务业,建立开发区增值服务公共平台。漕河泾开发区成为跨国公司研发中心和服务外包业务的重要承接基地,全年引进生产性服务业项目的比重达90%;生产性服务业中金融、物流、批发零售三大行业合计实现增加值占上海服务业增加值的比重达50%。

"十一五"期间(2006—2010年),中共上海市委、市政府按照逐步形成以服务经济为主的产业结构的总体要求,优先发展现代服务业和先进制造业,促进二、三产业融合发展,进一步优化和调整产业布局。"十一五"期末(2010年),上海开发区第二、第三产业营业收入之比从"十五"期末(2005年)的61.7:38.3,提高至57.5:42.5。

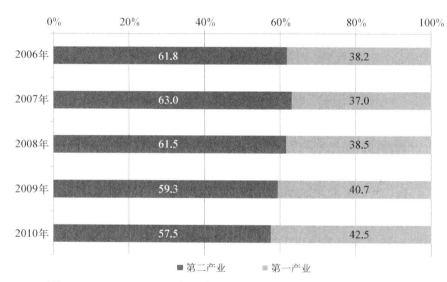

图4-2-4　2006—2010年上海开发区第二、第三产业营业收入之比图

2006年,市政府把发展生产性服务业放在更加突出的位置,提出在推进工业产业结构调整中,上海工业及开发区要形成以服务经济为主的产业结构。7月11日,市经委主任办公会议明确要重点抓好以消费为龙头的消费性服务业、现代物流业发展为主的生产性服务业。是年,上海开发区生产性服务业营业收入为5 946.32亿元,占开发区营业收入总额的38.2%。8月28日,上海市工业经济联合会召开促进生产性服务业发展座谈会,上海市政协主席、上海市工业经济联合会会长蒋以任,副市长胡延照出席会议并讲话。

2007年3月19日,国务院颁布《关于加快发展服务业的若干意见》。4月,市政府颁布《上海市现代物流业发展"十一五"规划》。洋山保税港物流园区首期封关运作面积7.2平方公里,实施集装箱装卸、运输全程信息化管理,有36家物流、加工、航运服务等企业和60余家船代、货代、报关等商贸服务型企业入驻。上海外高桥保税物流园区建成近40万平方米仓库,15万平方米集装箱转运区和各类相关配套措施,实施"区港联动"后形成航港区一体化运作模式,初步建成国际化、集约化、专业化的现代物流园区雏形。全年实现进出口区货值182亿美元,占全国保税区进出口区货值的78%。7月,市经委在《上海产业发展与布局导向》中把生产性服务业列为产业导向的重点。7月13日,上海生产性服务业发展论坛在金桥出口加工区举行,同时,金桥生产性服务业集聚区揭牌成立,上海市副市长胡延照出席并讲话。

2007年11月,市经委、市发展改革委等相关单位组成工作小组,按照市政府关于支持符合规划的产业基地、物流园区等区块内的项目落地的要求,对临港新城、国际汽车城等开发区外的产业区块进行实地调研,根据体现"产业集聚、环境友好、功能转型、节能减排"的要求,拟重点支持张江光电子产业园等16个产业区块内的项目落地。其中:西郊生产性服务业功能区,产业定位是重点发展以研发、设计、总部、物流、展示和结算等为重点的生产性服务业;外高桥物流园区二期,产业定位是开展国际采购、国际中转、国际配送、国际转口贸易等业务,成为港区四、五、六期的腹地和中转货栈;上海化学工业区物流产业园,产业定位是发展物流、仓储为主的现代服务业,为化工区的物流需求配套服务。

2007年,市经委制定《上海"十一五"生产性服务业发展规划》,确定上海生产性服务业发展重点领域,形成产业功能定位明确,以生产性服务业为重点的功能区布局规划,正确引导社会投资方向,并制定相应政策措施促进生产性服务业发展。上海开发区加快向生产性服务业转型升级。同时,上海开发区重点推进科技研发型、物流型、产业型、综合型四种类型的生产性服务业功能区建设,为先进制造业发展体现产业链延伸的专业化、规模化生产性服务业提供空间载体。企业总部、信息传输计算机服务业、软件业、物流业和设计研发等面向制造业的生产性服务业在园区内集聚发展。开发区中跨国公司及国内大中型企业地区总部超过500多家,世界500强及投资企业达482家,技术服务中心和研发机构497家,开发区逐步成为以国家级开发区和生产性服务业功能区为主的生产性服务业发展载体。

2007年,上海开发区第三产业营业收入7171亿元,其中,生产性服务业营业收入达6160亿元,占第三产业营业收入的85.9%。实现利润总额369.13亿元,税收471.51亿元。按行业分,商贸服务业实现营业收入5313亿元,其中外高桥保税区占上海开发区营业总收入的92%,信息传输计算机服务、软件业实现营业收入346亿元,物流业实现营业收入297.45亿元,商务实现营业收入99.25亿元,工业房产实现营业收入63.13亿元,研发实现营业收入31.43亿元。

表4-2-28　2007年上海开发区生产性服务业情况表

行　　业	从业人员(人)	营业收入(亿元)	利润总额(亿元)	资产总额(亿元)
物　　流	28 172	297.45	21.18	27.51
信　　息	62 052	346.01	46.34	13.54
商　　贸	143 137	5 313.34	242.13	125.29
工业房地产	8 010	63.13	21.51	8.97
商　　务	17 766	99.25	—	3.33
研　　发	24 885	31.43	3.61	3.13
其　　他	3 718	9.96	—	0.65
小　　计	287 746	6 160.57	334.77	182.42

资料来源:上海市经济委员会、上海市发展和改革委员会、上海市统计局、上海市开发区协会2008年《上海开发区发展报告》

2007年,上海开发区围绕产业发展重点,形成了一批产业促进机构、服务平台和产业联盟。先后建立上海市信息外包服务中心、上海软件产业促进中心、上海信息服务人才培训中心、上海数字内容产业促进中心、上海市数字健康信息中心等公共服务机构,以及软件专业技术服务平台、浦东软件技术服务平台、协同办公公共服务平台、多媒体公共服务平台、张江动漫研发公共服务平台等;

同时成立国产基础软件应用推进联盟、电子书产业发展联盟,开创了产学研用和产业链合作的新局面。

2007年,虹桥开发区内先后建成高档楼宇载体项目26个,总建筑面积138万平方米,包括展览展示场馆2栋,面积30万平方米;高品质写字楼8栋,面积48万平方米;涉外商住公寓6栋,面积26万平方米;高档宾馆4栋,面积24万平方米;其他配套设施10多万平方米。共入驻中外企业885家,其中现代服务企业为863家,占比98%;入驻企业实现营业收入438亿元,其中现代服务业实现营业收入为419亿元,占比96%,;在现代服务业中,以外贸、批发零售等为主的贸易业实现营业收入346亿元,占服务业总收入的83%。该开发区通过发展以贸易业为主体的现代服务业,从深度上拓展了区域发展的空间。

2006—2007年,金桥开发区新引进项目109个,其中生产性服务业项目有67个,占新引进项目总数的61.5%。并引进了一批生产性服务业龙头项目,如美国通用汽车中国园区项目、美国辉门公司亚太区技术中心、德国巴斯夫公司汽车相关产品技术中心、美国摩托罗拉公司上海创新中心、BOC研发中心、欧莱雅中国研发和创新中心、多美滋中国总部、泰科中国研发中心、挪威戈朗海洋工程集团亚洲总部、住友仓储(中国)有限公司、怡亚通供应链华东总部等。这些生产性服务业项目的引进,进一步增强了开发区电子信息、汽车等优势产业集聚度,打通了上下游产业链,提高了开发区研发、制造、销售和服务的综合配套与持续发展能力。至2007年,集聚与制造业基地特色较为契合的,具有研发设计特点鲜明、技术外包逐步崛起的生产性服务业企业352家,年营业收入达290亿元,形成总部经济、研发设计、商贸营运、服务外包等重点产业。其中,总部经济营业收入112亿元,商贸营运营业收入79亿元,研发设计营业收入61亿元,服务外包营业收入32亿元。生产性服务业年利润总额12.4亿元,上缴税金14.4亿元,从业人员达27326人。经过多年培育与精心打造,金桥开发区生产性服务业形成较大的规模,并开始步入加速发展阶段。总部经济是金桥开发区生产性服务业的重中之重。金桥开发区吸引44家跨国公司及国内大企业的地区总部,其中经国家和市有关部门认定的跨国公司地区总部有12家。44家跨国公司地区总部中,亚太区总部及中国总部占据主导地位,其中亚太地区总部有4家、中国区总部有17家、大中华地区总部1家。

2008年,上海进一步推进生产性服务业功能区建设,通过规划布局引导生产性服务业向集聚化、专业化方向发展。3月13日,国务院办公厅颁布《关于加快发展服务业若干政策措施的实施意见》。8月26日,上海市人民政府办公厅转发市经委、市发展改革委员会制订的《上海产业发展重点支持目录(2008)》《上海加快生产性服务业发展行动方案》,明确生产性服务业中重点支持的产业门类。10月21日,市经委、市发展改革委、市规划局联合颁布《关于推进本市生产性服务业功能区建设的指导意见》(以下简称《指导意见》),重点聚焦商务、物流、科技研发、设计创意等生产性服务业,并引导生产性服务业向集聚化、专业化方向发展。11月3日,市经委召开推进上海生产性服务业功能区建设专题会议,在会上介绍《指导意见》中功能区建设的具体标准,并部署了认定工作的计划和要求。

2008年12月,市经委会同市发展改革委、市规划国土资源局、上海市环境保护局(以下简称"市环保局")、规划院等相关部门,在充分听取区政府相关部门意见的基础上,采取实地调研和材料审核相结合的方式,对申报的27个生产性服务业功能区逐一进行审核和认定,最终同意认定18个功能区。功能区主要为三种类型:第一类是"转型型"共10个,即以老工业区(核销工业区)和老工业企业产业转型为特点的生产性服务业功能区,如原以传统制造业为主的市北工业区和长征工业区,通过提升产业能级和推进产业转型,产业结构调整为发展以研发设计、总部经济等为主生产性服务业。第二类是"配套型"共5个,即以增强开发区综合配套功能为特点的生产性服务业功能区,如张江集电港功能区和漕河泾浦江高科技园区,立足增强开发区综合配套功能,积极引进研发和总部型企业,为开发区制造业企业建立公共技术研发创新平台;第三类是"专业型"共3个,即以高端产业为特点的生产性服务业功能区,如金山国际化工生产性服务业功能区,主要为上海化工区和金山石化制造业企业提供专业化研发设计平台服务。

2008年,上海化学工业区引进专业化物流企业,实施"物流传输一体化",构建对外交换和内部循环协调的物流体系。松江工业区开展"上海工业区物流信息平台联网"试点,推进区内上海保隆汽车科技股份有限公司、上海锐奇工具股份有限公司等制造企业加强与区外原材料供应商、物流服务商的供应链协同,实现企业间订单管理、库存管理、资金结算等业务流程信息化,降低企业5%供应链管理成本。

2008年10月20日,普陀区经济委员会呈报市经委,拟把桃浦工业区建设成为服务外包区、工业设计区、展示交易区、生态景观带的"桃浦生产性服务业功能区",以实现传统老工业区的全面振兴、加快形成以服务经济为主的产业结构、推动普陀区生产性服务业跨越式发展。11月14日,市经济信息化委批复原则同意桃浦工业区转型调整为生产性服务业功能区定位,重点发展以现代物流、印刷包装、工业设计、产品展示等为特色的生产性服务业,形成以总部经济、专业会展、科技型产业为功能特征的生产性服务业功能区。

至2008年,上海从事离岸服务外包业务的企业超过300家,其中毕博、凯捷、埃森哲、IBM、汇丰、花旗、摩根等世界500强企业在上海设立亚太或全球数据处理中心。全市认定浦东、长宁、卢湾、漕河泾4个服务外示范区,5个服务外包专业园区,以及张江生物医药、张江金融信息、南汇生物医药服务外包园区;卢湾区人力资源园区和浦东软件园成为全市第二批服务外包专业园区。12月26日,上海药明康德、中和软件、毕博、埃森哲等40家企业成为上海首批服务外包重点企业。副市长唐登杰向服务外包重点企业和服务外包专业园区代表授牌。

2008年,开发区的第三产业保持较快增长,生产性服务业占主导地位。上海开发区第三产业营业收入8 388.01亿元,第三产业增速比工业生产增速高8个百分点。第二、第三产业的主营业务收入比重分别为61.5%和38.5%;开发区第三产业实现利润总额473.47亿元。2008年,上海开发区的生产性服务业营业收入7 500.96亿元,占第三产业的比重为91.0%。其中,外高桥保税区的第三产业营业收入6 095亿元,占上海开发区第三产业营业收入总量的74.0%;实现利润273.58亿元,其中物流营业收入2 356亿元。信息服务业集中的张江、漕河泾第三产业主营业务收入分别比2007年增长6.7%、7.7%;紫竹引进生产性服务业企业后,2008年第三产业营业收入55.98亿元。嘉定、莘庄、工业综合分别比2007年增长59.9%、38.6%、79.6%。

从上海开发区的产业结构看,2005—2008年,开发区的第二、第三产业结构基本维持6∶4的比例。其中,开发区服务业(第三产业)发展势头良好,2005年主营业务收入为4 697亿元,2008年达8 388亿元,年均涨幅为21.3%。

上海开发区由于大力引进信息服务业、总部经济和研发机构等经济效益较好的项目,第三产业经济运行质量不断提高。2008年,上海开发区第三产业营业收入利润率5.6%。其中,外高桥保税区4.5%,嘉定工业区19%,张江园区13.8%,漕河泾开发区6.9%,紫竹园区13.4%。

2009年3月13日,市政府颁布《本市贯彻落实国务院〈物流业调整和振兴规划〉实施工作方案》,重点推进制造业物流和口岸物流。4月14日,国务院颁布《关于推进上海加快发展现代服务业和先进制造业建设国际金融中心和国际航运中心的意见》。4月22日,市政府颁布《上海市促进电子商务发展规定》,推动 B2B(商家对商家)、B2C(商家对消费者)的电子商务应用,扶持重点领域行业性电子商务平台建设。5 月 8 日,市政府颁布《上海市人民政府贯彻国务院关于推进上海加快发展现代服务业和先进制造业建设国际金融中心和国际航运中心意见的实施意见》,明确加快推进上海国际金融中心、上海国际航运中心建设的具体任务和措施。5 月 22 日,市政府颁布《上海市总集成总承包工程专项引导资金管理办法》。是月,上海国际金融中心建设的重大基础工程——中国金融信息大厦在上海浦东陆家嘴金融核心区奠基,该大厦是新华通讯社金融信息平台上海总部,也是上海国际金融中心建设的重要基础设施。

2009 年 6 月 9 日,市政府召开推进生产性服务业功能区建设工作会议,向市经济信息化委等部门认定的 19 家生产性服务业功能区进行授牌。经认定的生产性服务功能区涉及 10 个区、3 个国家级开发区。7 月 3 日,国务院正式批准设立上海浦东机场综合保税区。至此,浦东新区沿东海 100多公里的岸线上由北向南分布着外高桥港、上海浦东国际机场空港、洋山港和外高桥保税区、上海浦东机场综合保税区以及洋山保税港区,形成"三港三区"格局。"三港三区"的协同效应有利于提升上海建设国际航运中心的整体竞争力。7 月 30 日,市政府颁布《本市贯彻〈物流业调整和振兴规划〉的实施方案》,推进上海市物流业有序健康发展。

2009 年,市政府举办"2009 年上海总部经济论坛——全球经济背景下的上海总部经济发展"。是年,开发区在招商引资中总部经济项目比重提高,主要包括投资性公司、研发中心、营运中心等,引进合同外资金额中占生产性服务业 46%。至 2009 年,在浦东新区有跨国公司总部 132 家,占上海的 51.4%。其中,投资型总部 60 家,管理型总部 72 家,主要聚集在陆家嘴金融贸易区和张江高科技园区。张江高科技园区集聚了以研发为主的管理型地区总部;以及美国通用电气公司、中国商用飞机设计研发中心、中科院浦东科技园、西门子研发中心、爱普拜斯医药仪器等;康桥工业区引进了沙特基础工业公司中国研发中心;外高桥保税区引进了全球最大 NOR 闪存公司——创忆公司Numonyx 等;金桥引进上海普金置业有限公司、惠而浦中国投资公司和美国通用汽车国际营运总部;上海陆家嘴软件园(即上海市软件产业基地)引进欧特克中国研发中心、富士施乐研发中心、上海大智慧股份有限公司、西科姆(中国)有限公司、法国船级社中国总部、华讯方舟股份有限公司等一大批国内外知名软件研发企业及一批从事现代服务业企业,总数超过 64 家。

2009 年,浦东陆家嘴金融城配合国家战略的实施,现代服务业加快提升内涵。浦东新区先后出台关于支持金融机构、股权投资企业和外资股权投资管理企业发展等政策措施,推动设立全国性信托登记中心,制订完善场外柜台交易市场(OTC)设立方案,深化跨国公司外汇资金管理方式改革。浦东金融机构数量占上海金融机构总量的 80%。全球前十大私募基金中的美国黑石集团(Blackstone Group)、美国贝恩资本公司(Bain Capital)、安佰深公司(Apax Partners)相继落户,基于先进制造业基础上的现代服务业获得发展。华为技术有限公司在浦东新区服务业收入接近其工业总产值的 70%。外高桥保税区 135 家营运中心,占企业总数低于 2%,却创造了 36%的营业收入和 50%的利润。陆家嘴金融配套服务园项目(命名为波特营)的建设融入陆家嘴金融生态环境和产业导入功能之中,为陆家嘴金融人才提供人才派遣服务、高端人才中介服务、劳动保障法律咨询服务、医保服务、人力资源职能外包服务、员工团体综合保障计划服务、企业管家服务等一门式公共人事配套服务,以及高级金融培训和营养计划订制服务、礼仪和时尚定制服务、减压中心(心灵超市)、中高端房产服务与生活便利商业配套等。

2009 年,上海海关特殊监管开发区贸易产业是推动保税区经济发展的主要力量。全年完成贸易业商品销售额 5 530 亿元,其中外高桥保税区销售额为 5 523.37 亿元。同时推进生产型企业售后服务维修检测研发等功能,延伸上下游产业链,区内开展售后服务的生产型企业25家,实现服务收入19亿元。

2009年12月,方正集团和张江高科技(集团)有限公司共同在上海组建国内最大数字出版公司——中国数字出版技术有限公司,对加快上海数字出版技术研发、加快数字出版产业链打造,特别是在促进传统出版产业转型发展方面,产生较大的推动和典型示范作用。

至2009年,漕河泾开发区软件园设立或引进海关、工商、税收、银行、会计师事务所、商检、保险、邮电、法律、技术监督与测试、知识产权、信息技术学院、企业与行业协会、商标专利事务所、人才服务中心等为企业提供全面的配套服务:专业技术服务体系覆盖软件出口服务、软件人才培训、软件企业质量咨询认证、软件产品测试认证、软件应用推广和软件产业公用平台等领域。拥有软件和信息服务业企业198家,其中经认定的软件企业数为126家,通过CMM/CMMI3级以上企业16家(5级以上企业3家),国家规划内布局重点软件企业5家。全年实现销售收入71.2亿元(超过亿元的企业有17家);利润12.6亿元,税金4.9亿元。

至2009年,上海开发区产生一批产值规模在100亿元以上的行业骨干物流企业,如外高桥物流园区实现进出货价510亿美元,海关税收65亿元,占保税区税收的1/5。西北综合物流园区60多家物流企业进出货物1.98亿吨,全国60%的医药物流、上海75%以上的超市物流都在此配送;园区税收达4.7亿元。洋山深水港物流园区拓展以"水水中转集拼"为代表的物流功能;拓展以"洋山机电交易中心"为代表的保税展示与商贸功能;拓展以国际数据中心为代表的服务外包与服务贸易功能。因受国际金融危机的影响,全年上海货物运输总量比2008年下降8.8%;其中港口吞吐量5.92亿吨,集装箱吞吐量2 500.2万国际标准箱。

2009年,从上海开发区引进项目来看,生产性服务业引进合同外资金额占45%,生产性服务业项目呈现上升的趋势。其中,金桥开发区有26家企业从金桥外迁。经过调整经济结构,推进产业转型,提升生产性服务业,让先进制造业的产业链向两头延伸(上端向总部与研发机构,下端向销售中心、结算中心和展示中心),提高质量效益,增强发展后劲。是年,金桥开发区生产性服务业营业收入比2008年增长80.8%,新引进项目44个、增资项目21个,新引进和增资项目共吸收投资4.45亿美元,生产性服务业增资总额首次超过制造业。怡亚通供应链公司华东总部、斯巴鲁汽车公司华东销售培训服务中心、三星电子技术服务公司等一批项目投入运营,生产性服务业发展进一步加快。漕河泾开发区加大力度发展生产性、科技型现代服务业,实行二、三产并举,全年第三产业营业收入增长33.3%,第三产业比重超过30%。莘庄工业区物流园区发展迅速,全年实现税收3.5亿元,其中,雅诗兰黛(上海)商贸有限公司和顺丰速运集团(上海)速运有限公司两家企业的税收分别达3.2亿元和2 079万元。在物流园区的带动下,莘庄工业区第三产业所占GDP比重提高至17%。

至2009年,上海高新技术开发区积极发展生产性服务业,经认定的技术先进服务业企业达55家,占上海技术先进服务业企业52.4%。全年生产性服务业营业收入1 631.8亿元。其中,信息服务业555.92亿元,研发收入139.18亿元,总部经济收入47.38亿元。张江信息服务业收入198.93亿元,主要是软件与信息服务、互联网服务、金融服务等。

在金融危机影响下,与工业生产增速回落形成对比,2009年上海开发区第三产业保持稳步较快发展,特别是生产性服务业发展较快。全年上海开发区第二、第三产营业总收入达22 550.28亿元,其中第三产业营业收入9 180.17亿元,占上海开发区第二、第三产业营业总收入的40.7%。其中,外高桥保税区因受进出口影响第三产业营业收入与2008年持平,其余开发区实现第三产业营业收入 3 140.52 亿元。国家级开发区第三产业营业收入增长较快的有：金桥出口加工区增长 80.8%,漕河泾开发区增长 33.3%,张江高科技园区增长 33.1%。市中心开发区市北工业园区第三产业营业收入达 300 亿元,有较大幅度增长。郊区重点市级开发区营业收入增长较快有：紫竹科技园区增长 64.4%,青浦工业园区增长 27.5%,康桥工业区增长 23.6%,嘉定工业区增长 20.3%。全年,上海开发区第三产业营业收入利润率 5.5%。其中,外高桥保税区第三产业营业收入利润率达 4.5%;嘉定工业区第三产业营业收入利润率 15%,张江园区第三产业营业收入利润率 9.4%,漕河泾开发区第三产业营业收利润率 8.8%,金桥园区第三产业营业收入利润率 8.9%,均超过工业企业销售收入利润率。

2009 年,上海市第一、第二和第三产业占上海生产总值的比重由 1978 年的 4.0：77.4：18.6 调整为 0.8：39.9：59.3。第二、第三产业共同发展,成为推动上海持续快速发展的"两只轮子"。上海工业区第三产业实现营业收入 9 180.17 亿元,生产性服务业营业收入 7 936.4 亿元,占第三产业比重为 86.4%。其中,贸易业营业收入 4 683.72 亿元,占 59.0%;物流营业收入 2 357.4 亿元,占 29.7%;信息服务业营业收入 607.96 亿元,占 7.7%;研发设计业营业收入 144.07 亿元,占 1.8%。生产性服务业发展较快的开发区有：金桥园区,增长 80.8%;张江园区,增长 33.1%;漕河泾开发区,增长 33.2%。

表 4－2－29　2009 年上海开发区生产性服务业情况表　　　　　　　　单位：亿元

开发区	物流		贸易		信息		商务		研发		总部	
	收入	利润	收入	利润	收入	利润	收入	利润	收入	利润	收入	利润
金桥出口加工区	3.57	0.13	153.9	14.48	23.73	8.59	68.45	−0.67	5.96	1.23	32.38	
外高桥保税区	2 314	20.4	3 686	250								
张江高科技园区	3.52	0.12	175	5.59	198.9	25.5			77.9	−0.76		
漕河泾新兴技术开发区			282.9	6.79	185.56	27.77	1.69		30.24	0.87		
上海莘庄工业园区	23.5	2.53	12.86	−0.3	110.24	0.95						
合庆工业区	0.77	0.06	8.37	0.77					1.41	0.96		
老港工业园区	0.94	0.11	0.08	0.01								
松江工业园区	1.48	0.08	4.61	0.31	1.14	0.17	1.13	−0.44	0.49	0.1		
国际汽车零部件园区	9.81	0.38			0.36	0	4.6	0.02				
市北工业园区			270	5	13	1					15	6

（续表）

开发区	物 流		贸 易		信 息		商 务		研 发		总 部	
	收入	利润	收入	利润	收入	利润	收入	利润	收入	利润	收入	利润
上海紫竹高新技术产业园区			30	2	35	2			25			
华新工业园区			60	15								
嘉定工业区					40	0.5	20	3	3			
合　计	2 357.4	23.83	4 683.72	299.65	66.55	95.87	1.91	144.07	2.4	47.38	6	

资料来源：上海市经济和信息化委员会、上海市发展和改革委员会、上海市统计局、上海市开发区协会《2010上海产业和信息化发展报告——开发区》

2010年1月17日，中共中央总书记胡锦涛在上海视察8号桥创意产业集聚区，就发展创意产业作重要讲话，更加坚定了上海发展文化和创意产业的决心和信心。4月19日，市经济信息化委、市发展改革委等部门联合颁布《关于进一步推进本市生产性服务业功能区建设的意见》，提出要坚持发展生产性服务业与制造业改造升级、产业基地建设完善、产城融合发展、城市功能再造相结合，推动生产性服务业保持平稳持续较快增长。10月，在2009年首批认定19个生产性服务业功能区的基础上，市经济信息化委等部门又新增认定4个生产性服务业功能区。开展全市中小企业应用电子商务平台试点工作，推动电子商务企业创新发展，推动中小企业应用电子商务，使全市近6 000家中小企业受益。全市电子商务交易额达3 800亿元。鼓励有条件的企业开展总集成、总承包等生产性服务业务，加大对总集成、总承包项目的专项资金支持力度。

2010年，中共上海市委、市政府提出"加快形成以服务经济为主的产业结构"的思路和要求。当年上海开发区招商引资和工业投资下降，而生产性服务业上升，引进一大批高、新、优的生产性服务项目，大批生产性服务业跨国公司带来全新的管理方式、经营理念和发展模式，大大促进了上海生产性服务业的发展，提升了生产性服务业结构。

其中，金桥开发区引进生产性服务业项目达27个，服务业项目引进数量超过制造业，占全年新引进项目的77.1%。如大唐电信上海产业园、中国移动手机视频数据中心、LG全球研发中心、立邦亚太地区总部等一大批具有行业增长潜力的生产性服务业项目和地区总部相继投入运营。漕河泾开发区引进沃尔玛全球采购中心、甲骨文软件、华创证券有限责任公司、上海市知识产权交易中心、淘米网络科技有限公司等生产性服务业；开发区于2007年8月动工建设的位于松江区新桥镇、九亭镇境内的高科技园区，至2010年，开发土地17.2公顷，建和在建的建筑面积24万平方米。经招商引资，园区有大唐移动通信设备有限公司、中交三航院勘察设计工程有限公司、上海佳豪船舶工程设计股份有限公司、上海形状记忆合金材料有限公司、上海揽鑫节能科技有限公司、浩佑光电科技（上海）有限公司等70余家优质企业入驻，其中70%左右为生产性服务业类企业形成生产性服务业的企业集群。张江高新科技产业园区形成以软件信息服务、互联网服务，金融服务等，生产性服务营业收入870.11亿元，其中，信息服务业收入435.71亿元；创新集成服务体系，形成以网络游戏、动漫、数字内容和新媒体为主的产业集群，累计引进相关企业380家，年产值突破100亿元，该园区小额贷款公司发挥灵活性、便捷性优势，解决中小企业短期和超短期流动资金需求，发放贷款

3.6亿元,支持和惠及中小企业140家有序发展。此外,上海国际汽车城建设研发港是为中小研发企业提供的创业园区,意大利汽车研发机构宾尼法利纳入驻。

2010年7—9月,市经济信息化委分别发文同意上海钢铁金融产业园生产性服务业功能区、宝山区的上海国际钢铁服务中心(钢领)生产性服务业功能区、松江的上海漕河泾开发区松江生产性服务业功能区、奉贤区的生活南郊生产性服务业功能区列为上海市重点推进的生产性服务业功能区。9月2日,市经济信息化委发文,同意上海南汇工业园区生产性服务业功能区扩大园区面积。12月2日,《中共上海市委关于制定上海市国民经济和社会发展第十二个五年规划的建议》颁布并提出,"'十二五'期间(2011—2015年),深化落实国务院关于'两个中心'建设的意见,按照加快形成服务经济为主的产业结构的方向,着力推进高端化、集约化、服务化发展,促进三二一产业融合发展","第三产业增加值占生产总值比重达65%左右"。

2010年,上海开发区制造业带动信息服务业中的电信和其他信息传输计算机服务及软件业总量较大,占上海信息产业工业总产值的80%。上海开发区信息服务业营业收入达876.06亿元;利润总额102.06亿元。信息服务业主要集中在张江高新技术产业园、漕河泾开发区、金桥开发区、紫竹高科技园区、莘庄工业区等信息制造业发达地区。在开发区信息服务业发展过程中,技术创新能力不断增长,一些实力较强的企业充分利用上海信息化建设所提供的巨大市场机会,积极开发具有自主知识产权的系统软件,信息服务业产业销售收入利润率较高。全年营业收入利润率11.7%,大大高于信息制造业销售收入利润率。

2010年,市政府举办"2010年上海总部经济论坛——后世博与上海总部经济发展"。张江高科技园区、金桥开发区、漕河泾开发区、嘉定工业区、青浦工业区等成为总部经济投资热点。上海开发区新认定跨国公司地区总部45家,批准设立投资性公司22家,外资研发中心15家。全年,高新技术开发区总部经济收入339.8亿元。上海开发区积极引进国内外各种研发中心,全年研发服务业营业收入204.77亿元,利润总额14.16亿元。研发服务中心逐步从分散、分割走向整合、共享、研发机构也不断从制造业企业分离出来,不少研发中心,规模逐步扩大,进入发展阶段。漕河泾开发区内新漕河泾大厦改造、国际商务中心等项目竣工后,成为跨国公司转移高科技、高附加值、加工制造研发中心和服务外包基地,以及引进阿海珐输配电技术中心等总部,全年总部经济收入达48亿元。紫竹高新科技园区上海核电技术产业研发中心等4个生产性服务业项目相继奠基开工建设,微软世界级创新与技术服务基地和博格华纳中国技术中心正式启用开业,有力促进园区的生产性服务业发展。上海国际医学园区完成雄捷医疗器械等4个生产服务业项目投资,为园区的生产性服务业发展提供发展基石;未来岛园区的航天科工电器研究院大厦、施耐德新仓库等生产服务业楼宇相继完工或开工建设。东方航空公司投资10亿元在青浦设立飞机发动机维修服务中心。康桥工业区引进昌硕科技(上海)有限公司,松江工业区引进达群(上海)电脑有限公司等。山东新华医疗器械股份有限公司也把研发总部迁至康桥开发区。嘉定工业区落户全球汽车"巨头"企业总部,其中沃尔沃汽车集团中国总部,总投资180亿元。漕河泾开发区内成为3M公司、英华达上海科技有限公司、飞利浦(中国)投资有限公司、捷普科技(上海)有限公司等制造业大集团、大企业的总部研发机构。

2010年,上海开发区四大制造业物流基地与四大产业基地融合发展,制造业与物流业联动不断增强,进一步促进制造业物流外包。制造业企业应用信息技术优化供应链管理系统以及物流信息专业化服务水平明显提升。各现代物流园区的建设,吸引了许多国内外等各物流企业入驻,形成国有、三资、私营等各种经济类型物流企业共同发展的市场格局,推进开发区经济结构调整产业发展大好局面。在物流服务业中,为企业生产活动提供各类物资和产品批发占绝大比重。全年物流营业收入3 965.99亿元,利润总额80.13亿元。物流服务集聚在洋山深水港、外高桥保税区、上海化学工业区、吴淞国际物流园区、松江开发区等,其中,吴淞国际物流园区营业收入505.04亿元。

2010年,开发区商务服务营业收入634.29亿元,利润18.59亿元。除此之外,开发区的环保服务,维修服务,工程服务等行业成效凸显。其中,漕河泾开发区环保服务营业收入达23.39亿元,青浦区发动机维修中心营业收入达8.5亿元。各开发区开发公司工业房地产行业,都形成工业房地产业建设、经营、管理、服务承包商,工程服务收入达180.75亿元,其中漕河泾开发公司厂房改造、楼宇经营(管理)营业收入达23.42亿元。

2010年,上海进一步完善开发区政策环境,服务企业保增长。市政府明确对金融、会展、总部经济等生产性服务业给予税收等优惠政策,形成软件产业专项资金、自主知识产权产品研发、公共服务平台建设、政府采购软件产品和信息服务等支持政策;探索制定针对总集成总承包、融资租赁、咨询服务、节能环保、专业维修等生产性服务业的财政、税收优惠政策,软件业现有政策向信息服务业领域延伸;完善生产性服务业统计、监测体系,加大对生产性服务业的用地支持,加快制定完善鼓励创意时尚产业发展的政策等。

至2010年,上海开发区围绕中共上海市委、市政府提出的"加快形成以服务经济为主的产业结构"要求,坚持发展服务业与制造业改造升级、产业基地建设完善相结合,上海市在开发区认定生产性服务业功能区23个,集聚一批高端生产性服务性企业形成规模效应,有力地推动了生产性服务业较快发展。

2010年,上海开发区在工业生产稳定增长的同时,第三产业呈现较快发展,特别是生产性服务业发展较快的态势。全年上海开发区第三产业实现营业收入13 324.71亿元,占上海开发区营业总收入的36%;其中生产性服务业营业收入12 451.2亿元,占第三产业营业收入比重为93.4%(注:全年高新技术开发区生产性服务业营业收入为2 575.1亿元)。其中,公告开发区(国家级、市级开发区)第三产业营业收入12 642.67亿元,占开发区营业总收入的42.5%;第三产业增幅比工业企业主营业务收入增幅高10个百分点。国家级开发区营业收入10 315.81亿元,市级开发区营业收入2 326.86亿元;产业基地营业收入507.52亿元;城镇工业地块营业收入174.53亿元。在国家级开发区中,外高桥保税区第三产业的营业收入为8 256.36亿元,占104个产业区块的62%,占公告开发区的65.3%。在国家级园区中,张江高科技园区实现三产营业收入871.91亿元;金桥开发区全面推进生产性服务业集聚,成立全方位为进区企业服务的物流、物业、废弃等服务中心。全年生产性服务业营业收入367.98亿元。在市级园区中,市北高新技术服务业园区通过健全的服务机制、完善的服务体系、优质的综合配套以及开展特质服务,致力于推动生产性服务业产业集聚,在入驻的1 540家企业中,生产性服务业领域的企业比重接近80%。全年三产营业收入439.17亿元,排名上海市第一,成为上海最大的云计算服务基地。第三产业营业收入超过100亿元的开发区还有嘉定开发区、青浦开发区、莘庄开发区,紫竹科学园区等。第三产业营业收入比重超过50%的开发区有外高桥保税区、市北工业园区、未来岛园区、张江高科技园区、紫竹科学园区等。全年开发区第三产业利润总额658.81亿元,其中国家级开发区为503.19亿元,市级开发区为150.79亿元,城镇工业地块利润总额为4.98亿元。外高桥保税区第三产业营业收入利润率为4%,张江高科技园区第三产业营业收入利润率为11%。

表4-2-30　2010年上海开发区及产业基地第三产业经济总量及增速情况表　　　单位:亿元

区　　域	营 业 收 入	利 润 总 额	上 交 税 金
合计	13 324.71	658.81	887.53
公告开发区	12 642.67	653.98	871.64
其中:国家级开发区	10 315.82	503.19	739.84
市级开发区	2 326.86	150.79	131.80
产业基地	507.52	−0.15	4.39
城镇工业地块	174.53	4.98	11.50

资料来源:上海市经济和信息化委员会、上海市发展和改革委员会、上海市统计局、上海市开发区协会《2011上海产业和信息化发展报告——开发区》

表4-2-31　2010年上海市104产业区块第二、第三产业营业收入情况表　　　单位:亿元

序　号	类　　别	第三产业营业收入	工业企业主营业务收入	二、三产业营业收入
1	104个产业区块	13 324.71	23 703.05	37 027.77
2	市级以上开发区	12 642.67	17 116.42	29 759.09
	其中:国家级开发区	10 315.81	6 039.92	16 355.73
	市级开发区	2 326.86	11 076.50	13 403.36
3	产业基地	507.52	5 499.48	6 007.00
4	产业区块	174.53	1 087.16	1 261.68

资料来源:上海市经济和信息化委员会、上海市发展和改革委员会、上海市统计局、上海市开发区协会《2011上海产业和信息化发展报告——开发区》

二、生产性服务业功能区

根据中共上海市委、市政府提出的"加快形成以服务经济为主的产业结构"要求,上海市坚持发展服务业与制造业改造升级、产业基地建设完善等相结合,积极创建和规范管理上海生产性服务业功能区工作。创建重点生产性服务业功能区是依托现有工业基础,充分利用现有开发区和产业用地,以生产性服务业为发展重点,突出产业转型、产业升级以及产业链延伸,建设形成空间布局合理、产业特色明晰、配套功能完善的功能区域。

2007年6月,市经委编制《上海"十一五"生产性服务业发展重点及空间布局规划》,提出创建开发区生产性服务业功能区的思路和要求。

2008年10月21日,市经委、市发展改革委、市规划局、上海市房屋土地资源管理局联合颁布《关于推进本市生产性服务业功能区建设的指导意见》,提出大力发展生产性服务业,是上海市贯彻以服务经济为主的产业结构,加快转变经济发展方式,推进产业结构调整的重要举措。为加快上海市生产性服务业发展,推进生产性服务业载体建设,明确推进上海市生产性服务业功能区建设的指导意见及产业定位,重点发展生产性服务业功能区主要发展为生产经营主体服务的生产性服务业,具体包括:总集成总承包,专业维修服务,节能环保服务,科技研发服务,创意产业,设计服务,时尚

表4-2-32　2010年上海开发区生产性服务业情况表

单位：亿元

开 发 区	物流		贸易		信息		商务		研发		总部		工程服务		总计	
	收入	利润	收入	利润	收入	利润	收入	利润	收入	利润	收入	利润	收入	利润	收入	利润
金桥出口加工区	3.97	0.26	220.46	12.84	55.5	3.8	67.78	2.58	6.4	1.3	25.7	8.03			367.98	21.54
外高桥保税区	2 902	13.4	5 354	319.72											8 256	333.12
张江高科技产业园区	12.83	0.06	120.09	5.83	435.71	52.37	112.87	9.79	100.55	0.65			48.22	26.18	870.51	94.99
漕河泾新兴技术开发区	11.37	2.56	363.12	9.39	129.85	22.98	153.84	-2.33	86.88	10.8	48	8	16.69	8.62	785.74	52.02
莘庄工业园区	31.5	3.32	37.6	0.88	137.7	-3.8									206.8	0
合庆工业园区	1.2	0.1	10.84						2.5	0.99					29.34	3.49
老港工业园区																
松江工业园区	11.48	1.11	4.61	0.31	1.14	0.17	1.13	0	0.49	0.1					18.85	1.68
国际汽车城	50.4	1.42			0.5	0	5.4	0.05	0.5	0.12					63.49	1.78
市北高新技术服务业园区			154.17	17.1	19.1	2.1	266.1	5			266.1	5			439.17	16.24
紫竹科学园区			31.16	1.27	80.44	23.44									111.6	24.71
华新工业园区																
嘉定工业园区			185	40	16	1	25	3.5	6.4	0.1					232.4	44.6
未来岛高新技术产业园区																
康桥工业园区			53.32	5.3	0.12		2.17		1.05	0.1			43.84	4.3	100.5	10.6
南汇工业园区																
桃浦生产性服务业功能区	12.4	0.66													12.4	0.66
长征工业园区			40	0.7											40	0.7
洋山保税港区	400	44.9													400	44.9
吴淞国际物流园区	505	12													505	12
其他	11.42	0.22													11.42	0.22
合 计	3 965.99	80.23	6 574.37	413.34	876.06	102.06	634.29	18.59	204.77	14.16	339.8	21.03	108.75	39.1	12 451.2	667.38

资料来源：上海市经济和信息化委员会，上海市发展和改革委员会，上海市统计局，上海产业和信息化发展报告《2011上海产业信息化发展报告——开发区》附件8

产业,技术推广、技术转移、技术经济、科技交流等服务,科研支撑条件共建共享服务,产品质量认证和质量监督检验检测服务,国际服务外包,商务服务,产业公共服务平台建设等,及金融、航运、物流、信息等服务业中涉及服务生产经营主体的相关行业。生产性服务业功能区总体布局:一是中心城区,重点是加大对中心城区的老工业集聚区和工业用地中传统制造业的淘汰和调整力度,加快产业置换和产业升级,集聚发展生产性服务业;二是近郊区靠近外环线周边的区域,随着城市化进程的加快,转型发展生产性服务业的动力增强,是推进上海市生产性服务业功能区建设的重点;三是远郊区,重点是大产业基地和行政区所在地城镇周边区域,重点发展为产业基地配套的专业物流、研发设计等生产性服务业。

2009 年 6 月 9 日,经过市经济信息化委,市发展改革委、上海市规划和国土资源管理局、市环保局联合审批,市政府发布《认定上海开发区 19 家生产性服务业功能区》。2010 年 10 月,市经济信息化委发布《认定上海开发区 4 家生产性服务业功能区》。23 家生产性服务业功能区,合计面积达 3 907 公顷。

2009 年 7 月 24 日,浦东新区颁布《推进上海国际航运中心核心功能区建设实施意见》。浦东新区决定,在陆家嘴航运服务发展区、临空航运服务发展区、外高桥航运物流发展区、洋山临港航运综合服务发展区,推进港区联动、港城联动、航运和金融贸易联动,形成功能互补、航运资源高度集聚的四大航运信息服务产业发展区域。其中:陆家嘴航运服务发展区,发挥航运金融和航运市场功能,重点集聚船舶公司地区总部、航运保险机构、船舶融资服务机构、船舶交易和租赁公司、航运机构(世界海事组织、船东协会、各大班轮公会、货代协会等设立分支机构)以及航运法律、信息、咨询、会展、科研、教育培训等服务机构,发展海事服务总部经济、航运金融保险服务、船舶交易市场、海事组织与会展、海事科研、信息与咨询、航运人才教育培训等航运增值服务业;临空航运服务区,发挥亚太航空复合枢纽港优势,拓展航空物流增值服务功能,重点集聚第三方物流、报关、代理、快递、快件、贸易展示等航空服务企业,发展航空物流、国际中转、出口加工、检测维修、分拨配送等业务;外高桥航运物流区,发挥依托长江流域腹地经济、与贸易相结合的航运物流枢纽功能,重点集聚跨国公司物流营运中心、第三方物流公司以及与航运物流有关的研发、售后服务、维修、检测、设备租赁等增值服务企业,建设保税物流基地、航运贸易货物集散基地、保税期货交割基地、出口采购配送基地和保税离岸货物基地;洋山临港航运综合服务区,拓展洋山保税港区功能,发展临港航运服务集聚区,发挥政策聚焦优势,以企业集聚带动产业集聚,以运能提升带动服务能级提升,重点集聚跨国企业采购分拨中心、营运结算中心以及国际航运企业,积极发展国际国内中转、多式联运、仓储物流、配套加工、教育培训、研发咨询、贸易展示、离岸结算、期货保税交割等业务。

至 2010 年,上海开发区生产性服务业功能区主要分为科技研发型、物流型和专业型三种类型。其中:

科技研发型功能区。包括:张江高科技园区、张江集电港功能区、张江高科技东区功能区、漕河泾新兴技术开发、漕河泾开发区松江功能区、漕河泾开发区浦江功能区、金桥出口加工区、杨浦知识创新区、上海紫竹科学园、奉贤丽洲功能区等。这些功能区以研发服务为主体,以技术服务为支撑,发展信息服务、人才教育服务、中介服务的产业。科技研发、技术服务主要围绕高新技术专业领域内的知识和技术提供技术及软硬件开发、试验、模拟、检测、市场分析研究、技术预测、研发成果投资评估等服务。

物流型功能区。包括:外高桥物流园区、浦东空港物流园区、西北综合物流园区、洋山深水港物流园区、上海化工区综合物流服务园、上海华新生产性服务业功能区等。这些功能区坚持“港区联动"，重点发展以海陆联运和仓储分拨为主的现代物流业，提升各自的整体功能，建成面向国际，联系内地，以国际物流为重点的现代化、国际型、全功能的综合物流基地。

专业型功能区。包括：上海国际汽车城、市北生产性服务业功能区、松江大学城生产性服务业功能区、虹桥临空经济园区、国际节能环保生产性服务业功能区、康桥产学研基地、上海国际钢铁服务区、西郊生产性服务业功能区、国际印刷包装基地、西郊空港综合服务区、徐行产学研技术创新区、漕河泾开发区松江生产性服务业功能区、南翔智地生产性服务业功能区等。这些功能区以各自的产业内涵和定位发挥集聚形成的高新科技产业总部集聚发展优势，形成以高新科技研发服务、物流服务为主导，并以研发、展示、结算、设计、信息、教育、培训等，提供新的工作和生活方式融合发展的空间。

【上海金桥生产性服务业功能区】

2009年6月上海市首批授予的19个生产性服务业功能区之一。依托金桥开发区雄厚的先进制造业基础，把握金桥先进制造业的溢出效应，聚焦、突出总部经济、研发设计、商贸营运、服务外包等生产性服务业，吸引跨国公司与国内大企业的地区总部、研发中心、投资管理中心、采购销售中心、财务中心入驻，推动高附加值流程开发与软件外包等产业发展，带动整个金桥开发区的功能提升与产业转型。定位是形成具有金桥特色的总部集聚中心、研发设计中心、商务服务中心，以"三个中心"来搭建适宜生产性服务业园区目标客户集聚和运作的平台，带动整个金桥开发区的功能提升与产业转型。目标是建成上海规模最大、最具特色的生产性服务业集聚区。

【上海张江集电港生产性服务业功能区】

2009年6月上海首批授予的19个生产性服务业功能区之一。重点发展集成电路、信息技术、软件等相关产业，以期建设世界一流水平的、具有鲜明专业特色的、集科研和生产为一体的高科技产业区。其中，张江园区集成电路产业链基本形成，涵盖集成电路设计、制造、封装测试、设备材料、研发机构等各环节。根据国际公认的集成电路产业结构"黄金比例"3∶4∶3（设计∶制造∶封测），张江IC设计业（占比仅7％）仍有非常大的发展空间。张江集电港A区集聚手机、数字电视、移动多媒体、数码相机、LED、汽车电子、LCD、智能卡、闪存芯片等众多IC设计研发企业，各种产品的细分产业链完整，并着力发展引进整机研发商、系统集成商及渠道销售商的强有力支撑。园区集聚一定数量及种类的应用产品设计研发企业，各种细分产品产业链均形成足够有影响力的规模。园区重点引进太阳能光伏、半导体照明等新兴产品的研发设计企业。

【上海张江高科技产业东区生产性服务业功能区】

2009年6月上海首批授予的19个生产性服务业功能区之一。位于现代医疗器械园，规划为综合服务、培训、研发、商贸等建设项目的用地。其功能定位是以现代医疗器械的研发、制造为特色的产业园，是在上海浦东合庆工业园的规划范围内开发转型和提升功能的新区域。该园区支撑现代精密医疗器械的产业培育和集聚，推进园区生产性服务业发展，着力打造生产性服务的基础设施、精细化的功能开发，引进和培育生产性服务项目逐步形成产业集群和配套服务链。

【上海康桥生产性服务业功能区】

2009年6月上海首批授予的19个生产性服务业功能区之一。是在卫生部支持下，由市政府主推医学相关新概念的科技园区。其功能定位是以先进医疗器械制造业和现代医疗服务业为核心产业，以打造高科技医疗器械及生物医药产业基地和高端医疗服务平台为发展目标。园区分为6个主要功能区，包括：医疗器械及生物医药产业区、医学研发区、国际医院区、国际康复区、医学院校区和国际商务区。围绕产业定位，园区纵向打造完整产业链，横向搭建产业服务平台，整合资金流、技术流、信息流，构筑网格化的产业生态。

【上海南汇工业园区生产性服务业功能区】

2009年6月上海首批授予的19个生产性服务业功能区之一。该园区北区经过多年开发建设，逐步形成以资本密集型和技术密集型为特征的光电子光伏产业、装备制造产业以及随之形成的生产性服务业为主导产业的产业优势。其产业内涵与功能定位是以"政府主导、企业运作"为发展模式，充分发挥园区业形成的产业基础和区位优势，重点发展为产业配套的研发设计、商务咨询、技术服务、金融服务以及企业总部等，同时辅之以休闲、会展、宾馆、餐饮以及其他配套服务设施，努力打造功能齐全、形态美观、生态协调、资源节约的现代服务业集聚区，不断满足园区及周边区域的商务需求。

【上海桃浦生产性服务业功能区】

2009年6月上海首批授予的19个生产性服务业功能区之一。秉承"商贸普陀"的总体定位，确立以商贸流通交易为核心，总部经济为龙头，技术服务为创新源泉，金融商务服务为配套的功能定位，形成医药、物流、会展、工业设计四大主导产业。在功能区总体定位和规划调整的基础上，依托中鑫企业总部广场、中发广场、康鹏化学研发基地、康建商务广场项目为基础，形成综合商贸服务、综合配套"双核"驱动，商务带、绿化带、休闲带三带配套，华东医药流通中心、贸易信息中心、工业设计创意中心三中心，以及综合服务中心一配套，积极培育和发展总部集聚、商贸流通功能，积极推进工业设计、时尚创意产业公共服务平台建设，旨在建设成上海国际贸易中心的重要载体。

【上海长征生产性服务业功能区】

2009年6月上海首批授予的19个生产性服务业功能区之一。上海国际中小企业总部社区定位为总部办公、商务服务、平台增值、综合配套、水岸经济五大功能，并以此为导向建设4大功能区域，即总部办公区、高端产业区、水岸商务休闲区、综合配套区。总部办公功能：着力引进国际国内中小企业设立经济行政总部、投资总部、销售总部或多功能综合性总部。商务服务功能：大力吸引会计、法律、广告、人力资源等后台支持服务机构。平台增值功能：加快中小企业信用体系建设，面向入驻社区的中小企业提供产业融资与经营的公共增值服务。综合配套功能：大力发展商业、宾馆、餐饮、休闲娱乐等。水岸经济功能：突出生态水景的综合优势，沿苏州河水岸，建设组团式的集商业、休闲、观光、办公为一体的生态社区。

【上海市北生产性服务业功能区】

2009年6月上海首批授予的19个生产性服务业功能区之一。分为市北工业园区、多媒体谷、北郊物流中心、永和工业街坊等四大主体功能区块。市北工业园区形成以信息软件、设计创意、金融服务为代表的服务外包产业，以铁路通信、光电通信和自动化技术为代表的通信电子高新技术产业,以新材料、新能源为代表的节能环保产业,以信息技术引领的物流服务产业;并逐渐向总部经济发展,成为区域发展和产业集聚的高地。其定位是以"整合、优化、提升、完善、转型"为主线,以电子通信产业、信息传媒产业、节能环保产业、物流产业为重点依托,发挥其示范引领和辐射扩散作用,整合区内不同功能区块资源,推进集研发设计、创意创新、信息服务、现代物流、总部集聚等功能于一体的生产性服务业功能区。

【上海莲花生产性服务业功能区】

2009 年 6 月上海首批授予的 19 个生产性服务业功能区之一,是以总集成总承包、科技研发、总部物流、航空配套等总部经济为主的产业群体。一区是以格兰照明、大爆食品、上海红阳建设集团有限公司为支柱的总集成总承包区;二区是以上海汇源食品饮料有限公司、上海科特功能材料有限公司为代表科技研发服务区;三区是森马集团(上海)有限公司、苹果(上海)化妆品有限公司等总部物流区及销售中心;四区是高校产学研基地及大飞机配套服务区。在进驻莲花功能区的 30 多个项目中,投产的有:上海汇源食品饮料有限公司、上海红阳建设集团有限公司、上海能美西科姆消防设备公司等。

【上海漕河泾开发区浦江生产性服务业功能区】

2009 年 6 月上海首批授予的 19 个生产性服务业功能区之一。通过集聚一批跨国公司地区总部和研发、技术、管理、采购、销售、营运、结算中心等项目,以及提供科技中介、技术产品展示和交易、会计事务、律师事务、专利商标及知识产权事务等综合配套服务的项目,打造总部经济平台、研发设计平台、创新孵化平台、综合服务平台,推动高新技术产业和高附加值服务业并举发展。

【上海国际节能环保园生产性服务业功能区】

2009 年 6 月上海首批授予的 19 个生产性服务业功能区之一。是上海仪电控股(集团)公司根据《上海市吴淞工业区环境综合整治实施计划纲要》,以节能环保为中心,以综合型生产性服务功能为目标,在昔日上海铁合金厂原址上,开发建设的国内首个节能环保服务业集聚园区。2007 年 12月 12 日,举行揭牌暨改造工程开工仪式,规划建设成为国家级和国际化的节能环保中心,实现从"耗能污染大户"到"节能环保中心"的功能性转变。按照国际化、国家级、示范性的要求,精心打造国际水资源中心、国际节能环保技术产品展示交易中心、资源综合利用博览中心、合同能源管理服务中心、节能环保培训中心、节能环保诊断中心六个平台,以体现园区的展示交易、研发创新、产业集聚、技术服务、推广宣传、综合配套六大功能。

【上海智力产业园生产性服务业功能区】

2009 年 6 月上海首批授予的 19 个生产性服务业功能区之一。是在宝山区人民政府和上海纺织控股(集团)公司的倡导下,由上海纺织发展总公司和宝山区庙行镇政府联手打造的集研发设计、总部经济、生态公园及配套服务于一体的大型现代服务业集聚区。改造工程按照"保护性开发"的原则进行规划,在保留原有工业印记的基础上,通过包容、叠合、嵌入、全新立面、保留立面细部、保留外观、功能整合、新旧并置、空间整合等手法,加以利用和包装,力求传承历史,以形成新兴产业和传统产业在同一时空对话的意境。一期改扩建工程于 2008 年 6 月开工,建成约 4 万平方米办公场所;二期工程建成后成为集设计、研发、展示、休闲、服务外包等为一体的生产性服务业发展基地。

【上海南翔智地生产性服务业功能区】

2009 年 6 月上海首批授予的 19 个生产性服务业功能区之一。坐落于千年古镇南翔。企业总部园是以文化及多媒体影视为先导的生产性服务功能区,主要面向企业总部、文化创意、会展博览、信息服务、新能源科技研发、电子商务等行业。实行园区税收扶持、园区房屋租金扶持、区政策扶持等一系列优惠政策。企业总部园获得"上海市企业总部基地""民营经济总部集聚区""嘉定区现代服务业示范企业""嘉定区现代服务业重点发展扶持项目"等荣誉。

【上海西郊生产性服务业功能区】

2009 年 6 月上海首批授予的 19 个生产性服务业功能区之一。地处嘉定区江桥镇,该功能区于 2005 年 6 月启动建设,由总部经济区、第三方服务区、滨江生态绿化区和生活综合配套区四大功能板块组成。总体功能定位以制造业为基础,拥有较低的商务成本、先进的商务办公设施、齐全的配套服务、生态化的环境,着重吸引公司总部、营销中心、研发机构、设计中心入驻,并融入第三方服务,竭力打造知识化、生态型、枢纽级生产性服务业集聚区,成为市中心生产性企业总部向外围梯度转移的大平台,成为长三角大中型企业进入上海实现二次创业的大舞台。同时,注重吸引中小型跨国企业总部入驻,为江浙地区的企业提供生产性服务和现代商贸流通服务,构成一条以西郊集聚区为中心,以西北物流园区、曹安市场为节点的现代化产业链。

【上海仓城生产性服务业功能区】

2009 年 6 月上海首批授予的 19 个生产性服务业功能区之一。是松江新城的重要组成部分。功能区按照"政府主导、统一规划、企业运作、分期开发"的原则,把握整体规划,推进地块内增量和存量土地资产的合理开发利用。资产经营公司采用项目投资、合作开发存量改造等方式,确保以项目带动开发。功能区产业定位分为四大产业区域,即以中小企业总部和服务外包为主的总部经济区域;以美国国际商务社区为主的商业、商务服务区域;以中国库存产品交易中心和冷链仓储交易中心为主的现代物流区域;以住宅和功能配套为主的综合配套区域。

【上海浦江源生产性服务业功能区】

2009 年 6 月上海首批授予的 19 个生产性服务业功能区之一。功能区以"立足松江、面向上海、辐射长三角"为服务定位,以发展商务流程外包服务(BPO)为主要特色,重点发展工业设计、现代物流、软件研发、后台服务、办公支持、创意产业等六个领域。注重与上海车墩影视拍摄基地互动,构建影视动漫创作、拍摄、制作、发行、播映及相关衍生产品的生产。此外,抓住上海发展服务经济为主的产业的契机,大力发展服务外包,提升服务业发展能级,推动产业结构优化,着力打造产业特色鲜明的生产性服务业功能区。在为落户松江的工业企业提供服务配套的同时,大力发展面向上海的服务业,服务半径向长三角地区延伸,逐步做大做强,扩大影响力。

【上海华新生产性服务业功能区】

2009 年 6 月上海首批授予的 19 个生产性服务业功能区之一。功能区(物流园区)本着高起点规划、高起点建设、积极稳妥推进的原则,以项目建设为重点,以招商引资为突破口,立足区位和资源上的优势,积极发展生产性服务业,为上海西郊国际农产品交易中心和华新绿色工业园区相配套,引进物流、仓储、总部型经济等优质项目落户,加快延伸产业链,推动整个区域的协调发展。重点引进农产品仓储物流,为上海国际农产品交易中心配套,并且重点引进中通物流、汇通物流、天天快递等物流业企业入驻,为一个规模型的快递物流园区。

【上海国际化工生产性服务业功能区】

2009 年 6 月上海首批授予的 19 个生产性服务业功能区之一。位于金石湾内,由上海复地(集团)股份有限公司全资开发。包括总部办公楼、标准办公楼、定制式办公楼等多种产品,并建设星级酒店、精品公寓、商业休闲中心等完善商务配套。其功能定位是以实现化工产业结构升级为出发点,以降低化工企业商务成本、提升化工企业经济效益为目的,以雄厚资源力量为依托,整合产业上下游企业和相关服务配套型企业,搭建信息咨询、化工交易、会议展示、第四方物流、金融担保、人才培训六大服务平台。形成由信息咨询—交易服务—商务配套—物流服务—生活配套等基地内各功能平台间自身循环的产业链,实现产业优化组合。

【上海丽洲生产性服务业功能区】

2009 年 6 月上海首批授予的 19 个生产性服务业功能区之一。功能区确定以科技研发为核心,以氢能源产业链为主导向周边产业辐射的核心圈,包括上游材料研发到氢能源发动机研发制造,至下游产品销售提供配套服务,让氢能源产业上下游企业在功能区集中并发挥其优势,从而推动该产业区成为地区乃至更大范围的产业集聚地。同时,在发展理念、商业模式和创新等方面,即不拘泥于氢能源产业,而要使产业向更大范围扩展,推动其他关联科技产业等新型产业的形成,实现在一个产业集群内多个关联产业的相互交融、互为促进。

【上海国际钢铁服务业中心生产性服务业功能区】

2010 年 10 月,被列为上海市重点推进的生产性服务业功能区。按照建设"宝山精品钢材"的战略规划,一期工程于 2004 年开始开发、招商、选址、动工建设,吸引各类钢贸企业近千家,入驻率达90%,入驻企业有包头钢铁(集团)有限公司、首钢集团、南京钢铁股份有限公司、通化钢铁集团股份有限公司、中铁物资集团有限公司、上海钢之源电子商务有限公司等。二期工程于 2010 年 10 月开工建设,建成后设置专项引导资金,重点支持、引进或培育钢铁供应链服务、钢铁电子商务、钢铁专业技术服务、钢铁金融服务和钢铁公共服务平台,及总部型或地区总部型等项目或企业。同时,努力打造电子信息交易中心、金融服务中心、物流分拨中心、专业服务中心,形成钢铁交易的有形市场与无形市场、现货交易与远期交易、信息流与商流有机结合的产业链。

【上海钢铁金融产业园生产性服务业功能区】

2010 年 10 月,被列为上海市重点推进的生产性服务业功能区。位于宝山区政治、经济、文化中心,以上海钢铁金融产业园发展有限公司为主体,致力于打造上海钢铁金融服务业发展的集聚区,并以钢铁金融的集聚度、生态度、辐射度和创新度为发展目标,开展各种特色服务。通过完善金融业和钢铁业互补功能、完善硬件设施、完善优惠政策,吸引集聚钢铁金融服务行业和与之有关的服务机构落户园区,成为上海建设国际金融中心的组成部分,打造钢铁金融产品的创新实验基地,并逐步建成高集聚、高效率、高服务的产业园区。

【上海漕河泾开发区松江生产性服务业功能区】

2010年10月,被列为上海市重点推进的生产性服务业功能区。是漕河泾国家级开发区和松江区"区区合作、品牌联动"示范基地。2007年8月动工开发,在园区建设、招商引资、产业集聚、土地节约集约利用等多方面取得良好的成果。先后引进大唐移动通信设备有限公司、上海佳豪船舶设计股份有限公司、乐普(北京)医疗器械股份有限公司、中交第三航务工程局有限公司、上海必维国际检测集团有限公司、海希科技有限公司等150余家优质客户,初步形成以光仪电为主线的生产性服务业企业集群,在产业升级、国有资产和集体资产共同增值以及土地节约集约利用上发挥了示范作用,成为技术创新、产业进步、经济发展的优秀引领者和有力推动者。

【上海南郊生产性服务业功能区】

2010年10月,被列为上海市重点推进的生产性服务业功能区。位于奉贤现代农业园区内。2009年,功能区与中国医药科技成果转化中心实行全面战略合作,围绕生物医药产业基地建设,就规划开发、招商引资等一系列事宜达成协议,西侧和北侧吸引上海莱士血液制品股份有限公司、上海铭源数康生物芯片有限公司、上海海利生物药品有限公司、上海本庄生物科技有限公司等落户,基本形成以生物医药研发和生物科技为主的产业链。南面紧邻南桥新城和上海南桥中小企业总部。引进相关的生产性服务业高端项目落户,结合南桥新城建设,实现产城融合。

至2010年,上海在国家级和市级开发区中认定生产性服务业功能区23个,基本上形成各具特色以生产性服务经济为主的集聚趋势产业区,集聚一批高端生产性服务性企业,推动生产性服务业较快发展。

第五节　国家新型工业化产业示范基地

为全面贯彻落实科学发展观,加速推进中国特色新型工业化进程,加快转变经济发展方式,促进信息化与工业化融合,进一步调整优化产业结构,引导产业集聚发展、集约发展,工业和信息化部决定开展创建"国家新型工业化产业示范基地"。2009年7月,工业和信息化部下发《关于开展创建"国家新型工业化产业示范基地"工作的通知》《创建国家新型工业化产业示范基地管理办法(试行)》。8月,为认真落实工业和信息化部关于国家新型工业化产业示范基地创建工作的各项要求,市经济信息化委下发《关于组织开展"国家新型工业化产业示范基地"创建和申报工作的通知》。2010年4月,为做好2010年度国家新型工业化产业示范基地的申报和创建工作,工业和信息化部下发《关于组织开展2010年度"国家新型工业化产业示范基地"创建工作的通知》,正式组织开展"国家新型工业化产业示范基地"创建工作。

一、第一批国家新型工业化产业示范基地

2009年8月,按照工业和信息化部关于创建新型工业化产业示范基地的标准和要求,市经济信息化委向工业和信息化部申报了上海临港装备产业区、上海化学工业区、上海民用航空产业基地、上海长兴岛船舶与海洋工程装备产业基地等4个基地,这4个基地的主导(示范)产业分别为装备制造、石油化工、航空产业、船舶与海洋工程装备。2010年1月,工业和信息化部经严格评审及公示程序后,正式批准北京中关村科技园区等62个申报单位为第一批"国家新型工业化产业示范基

地",上海申报的 4 个基地全部获批。

【上海临港装备产业区】

上海临港装备产业区(以下简称"临港装备产业区")坐落在洋山国际深水港和浦东国际机场两大枢纽港之间,规划面积 3 598 公顷。临港装备产业区推进产业集聚发展,初步形成清洁高效发电及输变电设备、大型船舶关键件、海洋工程设备、自主品牌汽车整车及零部件、航空装备产业、大型工程机械等六大装备产业集聚。在核电产业集群中,重点聚焦临港覆盖核岛半核岛、核电堆内构件和控制机构、核电主泵、核电环吊设备重点产业链领域。在大型船舶关键件产业集群中,重点聚焦高中低速船用柴油机、柴油发电机组、船用曲轴、船舶配套件、汽轮机和发电机组等重点领域,形成国内比较齐全的船舶关键件产业链体系。

临港装备产业区按照联合大集团、引进大项目、建设大基地的思路,与中国船舶工业集团公司、中国船舶重工集团有限公司、中国商用飞机有限责任公司、中国航空工业集团有限公司、上海汽车集团股份有限公司、上海电气集团股份有限公司、中国国际海运集装箱(集团)股份有限公司、上海三一重机股份有限公司、华仪电气股份有限公司、开山集团、美国卡特彼勒公司、美国沃尔沃汽车集团、德国西门子公司、芬兰科尼起重机集团、芬兰卡尔玛集团、芬兰瓦锡兰(WÄRTSILÄ)技术有限公司、韩国东和恩泰株式会社等国内国际装备制造企业集团建立战略联盟,积极引进汽车及动力总成、大功率船用柴油机、船用发电机、高速船用发动机、船用曲轴、大型船用配套金属加工、半潜式海洋平台、海上浮式生产储油船(FPSO)、超超临界火电机组、核电核岛和常规岛、核岛环形起重机、大型风电设备、重型燃气轮机、超高压输变电设备、大型数控机床、磁悬浮试验线、螺杆空压机、港口机械、物流机械、矿山机械等一大批龙头性、总成式、整机型的先进装备制造项目。至 2009 年,海临港装备产业区引进装备制造产业项目 62 个,规模以上的企业数量达 48 家;产业项目总投资额达 500 亿元。

2009 年,临港装备产业区实现销售收入 170.48 亿元,其中主导示范产业销售收入达 154.29 亿元;工业总产业值达 184.96 亿元,其中主导示范产业完成工业总产值达 168.76 亿元;主导示范产业实现工业增加值达 48.04 亿元。

临港装备产业区聚焦自主创新、品牌培育提升,大力推进和优先支持具有知识产权、自主品牌的大型装备项目。2010 年,临港装备产业区实现销售收入 275.44 亿元,其中主导示范产业销售收入达 244.81 亿元;工业总产业值达 271.12 亿元,其中主导示范产业完成工业总产值达 240.49 亿元;主导示范产业实现工业增加值达 62 亿元。船舶关键件制造方面,至 2010 年,上海电气大型低速船用柴油机曲轴项目年产 160 根曲轴,打破了日本、韩国、捷克、西班牙等少数国家对该领域的垄断,改变了中国船舶制造"中国壳、外国心""船等机、机等轴"的旧局面。

【上海化学工业区】

1996 年,市政府决定在金山漕泾地区兴建现代化的化学工业开发区(以下简称"化工区"),并实施杭州湾北岸上海化工区的一期围垦工程。随后经过 4 年的前期准备,自 2001 年 1 月起,以上海赛科 90 万吨/年的乙烯工程开工建设为标志,化工区进入新一期的大规模开发建设。

2002 年 2 月,国家计划委员会批准《上海化学工业区总体发展规划》,化工区成为中国改革开放以后第一个国家批准的石油化工和精细化工专业开发区。按照总体发展规划,化工区的开发建设按照"外向型、高起点""持续、快速、安全、健康"发展的要求,主要发展石油化工和天然气化工系列产品、精细化工产品、合成新材料、综合性深加工产品和高科技生物医药产品,逐步形成以石油化工和天然气化工为基础、整体和谐、功能完备的石油化工及其深加工基地,最终成为工艺技术达到国际先进水平,经济规模亚洲最大,管理模式世界一流,生产、生态与环保协调发展的绿色化工区,成为上海地区经济持续发展的新增长点。为申报国家新型工业化产业示范基地奠定了良好基础。化工区申报国家新型工业化产业示范基地的范围为:东至奉贤南竹港、杭州湾围海东侧堤,南至杭州湾围垦海堤,西至杭州湾西侧堤(龙泉港出海闸),北至沪杭公路,规划用地面积29.4平方公里。

2008年,化工区完成销售收入515亿元,完成工业总产值500亿元;化工区对上海规模以上工业企业工业总产值增长的贡献率为4%;化工区工业总产值占上海同行业的比重为20%。化工区成为上海工业经济新的增长点之一。

2009年,化工区实现销售收入449亿元,工业总产值达434.3亿元,实现工业增加值71.87亿元。至2009年,累计批准项目总投资148.7亿美元,累计完成固定资产投资792.1亿元,注册成立企业53家,累计上交各类税收110.33亿元。

2010年,化工区实现销售收入870.7亿元,工业总产值达806.3亿元,实现工业增加值123.23亿元。化工区在遭受国际金融危机影响和园区进行第一次大规模装置停工检修情况下,继续保持较稳定的经济增长。至2010年,化工区初步形成了以上海赛科石油化工有限责任公司(SECCO)年产90万吨乙烯项目为龙头的石油化工深加工、异氰酸酯、聚碳酸酯等三大系列产品,乙烯生产能力达109万吨/年,异氰酸酯中MDI为59万吨/年、TDI为41万吨/年,聚碳酸酯生产能力为18万吨/年,具有世界级规模;另外还具有8万吨/年的四氢呋喃、20.5万吨/年的MMA、20万吨/年的苯酚丙酮、20万吨/年的ABS和10万吨/年的丁苯橡胶的生产能力,以及涂料、胶粘剂、聚酯、色浆、聚酰胺等精细化工产品,世界级石化生产基地初见雏形。

化工区是上海城市发展产业布局调整的产物,通过学习借鉴国际石油和化学工业大型化、集约化、基地化发展的理念,以及国际著名化工基地的经验,结合自身特点,开创性地提出并实践五个"一体化"开发模式,被写入中国石油和化学工业协会发布的《关于我国化工园区发展的指导意见》,成为中国化工园区开发建设的基本模式。

【民用航空配套产业基地】

民用航空配套产业基地位于浦东新区临港区域,占地20多平方公里。主要承担商用飞机发动机总装试车,布局关键零部件研发生产、航空新材料、机载设备、环控、维修改装和航空服务等产业,拟形成以商用飞机发动机及关键零部件生产制造为核心,航空维修、航空物流、航空教育培训、航空配套工业和服务业等相关的民用航空装备产业集群。

按照国家民用航空产业发展的总体规划布局,充分发挥上海在经济、科技、产业、金融、人才等方面的综合优势,积极围绕干线飞机、支线飞机、商用飞机发动机、机载系统/设备和航空零部件的研制生产,立足打造国家新型工业化民用航空产业示范基地,以民用航空制造业作为上海高新技术产业化的重点领域和承接国家战略性新兴产业的发展载体,按照园区专业化集聚、资源合理化配置、产业集约化衔接、发展梯度化推进的原则,推进大型客机、新支线客机、商用飞机发动机、航空电子系统等的设计研发和产业化发展,形成依功能定位、按区域布局、促协调发展的张江、祝桥、临港、紫竹4个民用航空产业核心集聚区。同时,积极引导本地各种所有制企业对接大型客机的研制和支线客机的生产,一批企业参与民用航空产业的专业化配套。积极打造"一基地三中心":

大型客机设计研发中心 大型客机研发中心位于浦东新区张江南区,占地约0.8平方公里。

主要承担大型客机、支线飞机的设计、试验、预研、关键技术攻关和工程发展工作。

大型客机总装制造中心　大型客机总装制造中心位于浦东新区浦东国际机场南侧,占地约2.7平方公里。主要承担大型客机的大部件装配、全机对接、系统安装与调试、全机功能试验、试飞以及交付工作。同时,具有飞机维修、改装等功能。

商用航空发动机设计研发中心和客户服务中心　主要包括:民用飞机客户服、商用发动机研发与客服、航电系统研发。民用飞机客户服中心、商用发动机研发与客服中心、航电系统研发中心位于闵行区紫竹区域,占地约0.38平方公里。民用飞机客户服务中心为支线飞机和大型客机提供改装训练、航材支援、工程技术服务、市场与客户支援、网络与数字化客户服务等;商用飞机发动机研发与客服中心主要承担商用飞机发动机的设计、预研、技术攻关、仿真试验、技术交流、工程发展和客户服务等;航空电子研发中心主要承担支线飞机和大型客机所需航空电子系统产品的研发、制造、集成、测试、试验和交付等。

2009年,民用航空配套产业基地实现销售收入58.91亿元,工业总产值达22.51亿元。2010年7月12日,在中共上海市委书记俞正声,中共上海市委副书记、市长韩正,工业和信息化部部长苗圩,中国商用飞机有限责任公司董事长张庆伟、总经理金壮龙等的见证下,市政府与中航工业集团共同签署《共同投资发展民机航电产业合作框架协议》,双方决定携手发展中国民用航空电子产业,打造面向全球市场、具有国际竞争力的民用航空电子产业基地。中航工业航空电子系统有限责任公司、上海仪电控股(集团)有限公司、上海国盛(集团)有限公司、上海紫江创业投资有限公司、烟台蓝天投资控股有限公司、上海闵航投资建设有限公司六方签署关于共同投资组建民机航电产业公司的合作协议。11月16日,C919大型客机1:1展示样机(机身前段)及驾驶舱模拟机,在第八届中国国际航空航天博览会上首次展出。其间,中国商用飞机有限责任公司与中国国际航空股份有限公司、中国东方航空集团有限公司、中国南方航空股份有限公司在珠海签署100架C919大型客机先锋用户协议。

2010年,C919大型客机研制工作取得阶段性成果,顺利转入预发展阶段。完成与国内外供应商的系统联合概念定义(JCDP);设计、试验、生产制造、客户服务等关键技术攻关稳步推进,三大样机研制取得重要进展;明确商用飞机材料国产化"三步走"策略,新材料应用取得一系列成果;与国内数家机体结构供应商签署理解备忘录,与CFM国际公司签署动力装置战略合作意向书,初步选定航电、飞控、液压、燃油等八大主要机载系统供应商;一批国内企业通过材料供应商资格预审,一大批国内企业被确认为标准件潜在供应商;与中国民用航空局签署大型客机项目安全合作保障计划。是年,民用航空配套产业基地实现销售收入79.24亿元,工业总产值达33.50亿元。

【上海长兴岛船舶与海洋工程装备产业基地】

上海长兴岛船舶与海洋工程装备产业基地(以下简称"长兴岛基地")位于上海长兴岛。该岛三面临江,一面临海,岛域总面积约160.6平方公里,其中陆域面积约93.3平方公里,青草沙水库库区面积约67.3平方公里。规划范围:长兴岛海洋装备产业规划范围西起潘石港上游,东至长横通道南侧岸线。示范基地申报范围:北至潘圆公路(凤滨路、南环路),南至长江,岸线长度约21.5公里。功能区域分为核心工业区和配套工业区,总面积约为26.5平方公里。其中核心工业区用地面积17平方公里,配套产业基地7平方公里,成为长兴岛海洋装备产业发展的重要基础。

以中船集团、中海长兴、振华重工为代表的大企业在长兴岛建设各自的生产基地,架起长兴岛海洋装备产业的轮廓,在国内海洋装备产业中占据重要地位,形成基地产业发展优势,3家企业的技术装备和产品质量均在国内领先。至 2008 年,上述企业生产基地共占地约 881.7 万平方米,建筑面积 245.7 万平方米,固定资产投资 260 多亿元。

基地企业研发实力雄厚,拥有 4 个国家级企业技术中心以及"ZMPC""JN"等国际和国内知名品牌,多次获得国家科技进步奖,先后申请共 125 项专利。主导产业为船舶制造、海洋工程、港口机械、船舶修理等,产品包括:双 40 英尺集装箱、大型钢结构、海洋钻井平台以及 30 万吨级的 VLCC、17.7 万吨散货轮及军品船舶的制造和修理。

2009 年,长兴岛基地实现销售收入 434.94 亿元,其中主导示范产业销售收入达 434.94 亿元;完成工业总产业值 456.6 亿元,其中主导示范产业完成工业总产值 456.6 亿元;主导示范产业实现工业增加值 41.86 亿元。2010 年,长兴岛基地实现销售收入 417.22 亿元,其中 2010 年主导示范产业销售收入 417.22 亿元;完成工业总产业值 437.7 亿元,其中主导示范产业完成工业总产值 437.7 亿元;主导示范产业实现工业增加值 38.26 亿元。

二、第二批国家新型工业化产业示范基地

2010 年 12 月 24 日,工业和信息化部批准颁布第二批"国家新型工业化产业示范基地"名单,同意天津滨海新区、大连经济技术开发区、河南漯河经济开发区、成都经济技术开发区等 66 个产业基地为第二批"国家新型工业化产业示范基地",其中上海张江高科技园区、上海漕河泾新兴技术开发区、上海嘉定汽车产业园区 3 家开发区位列其中,这三个基地示范(主导)产业分别为生物医药、电子信息和汽车产业。

【上海张江高科技园区】

2009 年 8 月,《上海市生物医药产业发展行动计划(2009—2012 年)》出台,明确提出打造"张江—周康研发核心区和产业基地",开启张江生物医药基地与张江医疗器械园、国际医学园,以及新规划启动的张江生物医药科学园、张江生物医药物流综合区、张江创新成果产业化区构成的张江生物医药产业带融合发展的新局面,总规划面积约 18.98 平方公里,在产业规划和功能布局上奠定了加快建设国家新型工业化产业示范基地的优势。是年,张江生物医药科学园、张江生物医药综合物流区、张江创新成果产业化区进入规划开发阶段。浦东新区也制订推进高新技术产业化实施方案,明确在康桥工业园南区规划张江生物医药产业化基地。

2009 年,张江高科技园区实现销售收入 1 021 亿元,其中 2009 年主导示范产业销售收入 134 亿元;完成工业总产业值 450 亿元;实现工业增加值 135 亿元,其中主导示范产业实现工业增加值 32 亿元。2010 年,张江高科技园区实现销售收入 1 350 亿元,其中主导示范产业销售收入 193 亿元;完成工业总产业值 577 亿元;实现工业增加值 173 亿元,其中主导示范产业实现工业增加值 41 亿元。

张江生物医药基地　　张江生物医药基地是国内外生物医药领域专业 CRO 机构集聚度最高、承接研发外包业务最活跃和中国创新药物研发数量最多的区域。

至 2008 年,张江生物医药基地集聚生物医药和相关服务机构以及化工等领域相关机构的总量超过 400 家,其中生物医药企业 294 家,跨国公司前十强的 7 家在张江生物医药基地设立研发中心或总部机构。

2009 年,张江生物医药基地招商投资进程保持较快发展,2009 年全年吸引新设外资 1.19 亿美

元、内资 1.33 亿元;引进企业 40 家,其中自主创新型企业比例超过 70％。初步形成以诊断试剂及配套仪器、生物医药材料及制品为主导的医疗器械产业体系和面向医疗器械的生产性服务业,集聚了上海新波生物技术有限公司、上海爱申科技发展股份有限公司等一大批医疗器械的高科技企业。是年,张江生物医药基地完成生物医药产业工业总产值 106.55 亿元,占张江高科技园区工业总产值的 23.6％,销售收入约占上海的 1/4。生物医药工业总产值和销售收入年增长速度在 20％以上;主导产业规模及水平在全国处于较强地位,龙头企业实力较强。是年,张江生物医药基地销售收入突破 170 亿元,年产值规模超亿元的企业 16 家,年产值超亿元品种 20 个,初步形成从新药探索、药物筛选、药理评估、临床研究、中试放大、注册认证到量产上市的完整产业链。是年,张江生物医药基地医药产业的服务外包收入超过 40 亿元。一大批药企在金融危机冲击下实现高速增长,上海迪赛诺药业股份有限公司、上海罗氏制药有限公司、上海美迪西生物医药股份有限公司等企业产值增长超过 30％。2006—2009 年,张江生物医药基地累计引进项目 94 个,其中生物医药示范产业总投资超过 20 亿元。

张江现代医疗器械园　至 2009 年,张江现代医疗器械园引进了世界 500 强企业美国雅培(集团)有限公司和在生命科学研究和临床诊断领域处于世界领先地位的伯乐(上海)生命科学研究发展有限公司等近 50 家生物医药企业,吸引投资总额超过 5 亿元,涉及医疗器械产业中的诊断试剂、心血管介入治疗、肿瘤治疗、数字医学影像、骨科产品、人造器官等六大领域。2009 年,张江医疗器械园完成工业总产值 8.5 亿元,销售收入 10.6 亿元。

国际医学园　国际医学园将高端医疗平台和高端医疗器械制造作为示范基地的重点和特色,引进具有国际水平的高端综合医院和专科医疗机构,搭建高端医疗平台,为新药临床试验提供国际临床标准研究平台,助力新药的产业化进程。在医疗器械方面,成为上海市医疗产业中最重要的高端医疗器械制造基地之一。

2008 年,国际医学园医疗器械产业实现工业总产值 14.5 亿元,占上海工业总产值的 12％。入驻企业 60 多家,集聚高端医院 3 家、医学院校 3 家。2009 年,国际医学园实现规模以上企业工业总产值 17.34 亿元,销售收入 19.5 亿元,财政总收入 1.16 亿元。打造医疗器械高地和高端医疗服务平台,在加快生物医药研发成果产业化方面发挥了重要的作用,集聚了西门子医疗亚洲科技园、德尔格医疗系统(上海)有限公司、圣美申医疗科技(上海)有限公司等数十家中外知名企业。

【上海漕河泾新兴技术开发区】

上海漕河泾新兴技术开发区(以下简称"漕河泾开发区")前身是启动于 1984 年的国内首个微电子工业区,漕河泾开发区在发展过程中,创造了若干个"第一":第一个微电子工业园区,第一批国家级经济技术开发区,第一批国家级高新技术产业开发区,第一批由地方人大立法制定开发区管理条例的区域,最早对 APEC 成员国开放的高新技术产业园区,第一批被命名的国际企业孵化器,国际科学园区协会(IASP)中最早的中国会员(A 类会员),国际投资与不动产业界大会(MIPIM)的第一个中国开发区会员,海关总署第一本正版电子通关账册的诞生地。经过 20 多年的发展,漕河泾新兴技术开发区在电子信息产业方面,有 500 多家企业,主要集中在计算机、集成电路、光电子及通信设备、电子元件等领域。在计算机产业方面,形成计算机整机、网络设备、外部设备及附件的产业链。在集成电路产业方面,形成从 IC 设计、制造、封装测试到集成电路专用设备和配套生产设备等较为完整的产业链。在光电子及通信设备方面,以发展光机电、光纤通信、激光产业及通信设备为主,包括光通信、光显示、光存储、光器件、通信传输交换设备和通信终端设备等,产业链基本形成。整个电子信息产业集群由上下游、互补产品的生产商以及提供培训、教育、信息、研究和技术支持的其他单位共同组成。开发区产业集群对专业化协作、降低成本、共享信息、形成品牌、创新效应、提高企业竞争力等方面起到积极的作用。

至 2009 年,漕河泾开发区在科技创新重大成果方面主要有:上海贝岭股份有限公司技术中心的"双极型集成电路制造工艺"获"国家知识产权局授予的中国专利优秀奖";上海大唐移动通信设备有限公司技术中心的 TD 第三代移动通信系统开发及产业化被列为"上海市科教兴市重大项目";上海科华生物工程股份有限公司的核酸检测乙型肝炎、丙型肝炎及艾滋病毒在血液筛查系统中的应用及产业化被列为"上海市科教兴市重大产业科技攻关项目";上海广电(集团)有限公司技术中心的 50 英寸数字反射式大屏幕高清晰电视用 DLP 光机获"上海市科技进步三等奖";上海光通信公司技术中心的高功率 808 毫米半导体激光器被列为"上海市引进技术的吸收与创新计划项目";上海普天邮通科技股份有限公司技术中心的城市轨道交通自动售检票系统"一票换乘"应用研究获"上海市科技进步一等奖";上海精密科学仪器有限公司技术中心的监测检测专用仪器产业化示范被列为"国家科技支撑计划项目"等。

2009 年,漕河泾开发区实现销售收入 1 919.4 亿元,其中 2009 年主导示范产业销售收入 1 343.6 亿元;完成工业总产业值 1 253.2 亿元,其中 2009 年主导示范产业完成工业总产值为 1 088 亿元;实现工业增加值 359.5 亿元。2010 年,漕河泾开发区实现销售收入 2 188.3 亿元,其中主导示范产业销售收入 1 266 亿元;完成工业总产业值 1 253.1 亿元,其中主导示范产业完成工业总产值 976 亿元;实现工业增加值 360.9 亿元。

【上海嘉定汽车产业园区】

2001 年 2 月,市政府决定在上海西部建设以安亭为基地的综合性汽车产业基地——上海国际汽车城(以下简称"国际汽车城")。9 月 11 日,市政府正式批准国际汽车城,以嘉定区安亭镇为主,包括汽车城核心区、上海市新能源汽车与关键零部件产业基地、汽车整车制造区、嘉定区汽车产业园区、汽车文体运动区以及以安亭新镇为代表的生活配套区六大区域组成,占地 98.8 平方公里。

2008 年,国际汽车城整车产量达 49.1 万辆,整车销量 49.4 万辆;整车销售收入 525.31 亿元。零部件销售收入 249.2 亿元。销售排前十的企业年销售均超过 5 亿元,并且均为汽车整车与零部件企业。"示范基地"引进 487 家企业落户。规模以上企业 276 家,从事汽车产业的企业约 140 多家。其中,引进 1 000 万美元以上的外资项目 28 个,1 亿元以上的内资项目 56 个;世界 500 强企业 10 多家,如上海大众、宝钢、德尔福、麦格纳、天纳克、伟世通、江森等。初步形成汽车发动机总成、车门、底盘、安全、内饰、制动、汽车电子电器等零部件供应体系。企业间形成纵向供需产业链以及横向协作产业链。至 2009 年,国际汽车城基本成形汽车研发、汽车文化、整车制造及零部件配套等产业。

在纵向产业链上,国际汽车城以上海大众为龙头,引领着 10 多条汽车零部件产业链。其中激光拼焊加工链以宝钢阿赛洛为中心,前道工序由上海新艺航空机械厂提供剪板、众大汽车配件有限公司和洋杰汽车零部件有限公司负责落料、后道工序由上海捷众汽车冲压件有限公司冲压成型,上海汇众轿车底盘厂形成底盘产品,最后配送给上海大众;驱动桥总成以麦格纳一卡斯玛为中心,由上海捷众冲压件有限公司和众达提供零部件。此外,汽车座椅总成链、门板总成链等产业链条。在横向产业链上,同济汽车学院与上汽合作开发新能源汽车、浩汉工业产品设计(上海)有限公司参与大众汽车外观设计、地面交通工具风洞中心对自主品牌新能源汽车提供流体力学与热环境试验,驶多飞汽车模具(上海)有限公司为同济汽车学院"春晖三号"提供模具;艾尔维汽车工程技术有限公司为上海大众优化生产工艺,博泽汽车技术咨询(上海)有限公司、德国舍弗勒(中国)投资有限公司等公司为上海大众以及零部件厂提供咨询和技术支持;德国翰玛工业设备有限公司为上海大众安装调试自动化设备;上海汽车零部件全球采购中心、萨甫汽车零部件贸易有限公司在汽车城搭建全球采购平台,为众多企业拓宽采购渠道;上海安吉物流公司和安吉天地汽车零部件物流公司为上海大众提供整车和零部件配送服务。极大地提升了基地的服务功能和辐射力。

　　2009 年,国际汽车城实现销售收入 1 223 亿元,其中 2009 年主导(示范)产业销售收入为 1 045 亿元;工业总产业值达 1 138 亿元,其中主导(示范)产业完成工业总产值达 949 亿元;实现工业增加值 322 亿元,其中主导(示范)产业完成工业增加值达 265 亿元。2010 年,国际汽车城实现销售收入 1 934 亿元,其中主导(示范)产业销售收入 1 703 亿元,约占上海汽车工业销售产值 2 549 亿元的 33%。实现工业总产业值 1 724 亿元,其中主导(示范)产业完成工业总产值 1 497 亿元。实现工业增加值 480 亿元,其中主导(示范)产业完成工业增加值 410 亿元。实现汽车工业销售产值约占上海市汽车工业销售产值的 2 549 亿元的 33%,其中汽车零部件工业销售总产值 174.5 亿元。国际汽车城形成了汽车整车及零部制造与研发为特强产业的工业经济发展格局,形成了较完善的新能源汽车发展产业配套体系和技术支撑体系。地面交通工具风洞中心、国家机动车产品质量监督检验中心(上海)等一批汽车研发、检测等平台型设施建成;国家 863 计划电动重大专项实施带来了技术积累。

第三章　科　技　创　新

改革开放以后,中共上海市委、市政府坚持科学技术是第一生产力,实施"科教兴市"战略,深化科技体制改革,尤其提出在工业开发区通过引进国外高新技术,加快高科技成果产业化工作,通过认定,使国家级和市级企业技术中心的数量逐年增加。同时,积极培育企业集团中央研究院、子公司技术中心、生产企业技术开发机构组成的三级技术创新体系,促进科技与经济紧密结合,依靠科技进步实现经济增长方式的根本变化,使上海开发区研发和技术创新取得新进展。

1999年,上海市正式提出实施"聚焦张江"战略。张江高科技园区的功能定位是研发创新、孵化创业、转化辐射、机制创新。市政府提出以机制创新为突破口,以政策聚焦为抓手,在张江高科技园区17平方公里的土地上,营造一个机制最灵活、环境最宽松的创新创业基地。长远目标是要把张江高科技园区建成具有国际水平的科技园区,成为上海高新技术产业发展的品牌和形象,同时也是浦东新区21世纪新一轮开发的新平台。

经过20年的建设与发展,张江高科技园区、漕河泾新兴技术开发区、上海紫竹高新技术产业园区、市北高新技术服务业园区等园区紧紧围绕科教兴市战略,持续加强科技人员队伍建设和加大研发投入;着力构建各级技术研发机构、创新服务平台和孵化培育平台,在知识产权保护与科技成果转化等方面取得较大成绩,形成开发区完整的创新创业服务体系,提升了开发区的产业创新水平,成为上海科技与经济发展的重要增长点和自主创新的核心区。

第一节　创　新　平　台

一、技术研发机构

1986年,中科院上海生物工程研究中心在漕河泾新兴技术开发区破土动工,这是中国第一个国家级生物技术中试研究基地。基地以基因工程为主导,具有能同时进行20多个生物项目的研究和开发能力。1989年4月,3M中国有限公司进入漕河泾新兴技术开发区建设生产基地,并于1994年设立创新技术中心;2006年,3M创新技术中心投资4 000万美元扩建为中国研发中心;是年,3M中国有限公司宣布在漕河泾浦江高科技园建立亚太首个医用器械生产基地。

1991年11月,漕河泾新兴技术开发区中科院上海生物工程研究中心通过国家验收,与区内中科院远东生物公司、上海工业微生物研究所一起,形成上海生物工程中试生产基地。1992年1月,上海市测试技术研究所微型核反应堆中子活化分析实验室在漕河泾新兴技术开发区建成,是继秦山核电站并网发电后,在核技术应用方面取得的又一重要成果。1993年1月,上海核工程研究设计院在漕河泾新兴技术开发区成立,注册资本3亿元,是中国第一座自主设计建造的秦山核电站设计单位之一。1994年,延锋伟世通汽车饰件系统有限公司入住漕河泾新兴技术开发区,它是由上汽集团和美国伟世通集团国际控股公司签约共同投资2.23亿美元成立的中美合资企业。2005年,延锋伟世通中国技术中心在开发区落成。伟世通集团是全球第三大汽车零部件制造商。1995年,张江高科技园区第一家研发机构——上海新药研究开发中心入驻园区,此后,生物医药、集成电路和软件产业研发机构纷纷入驻。

1998年,国家两大人类基因组研究中心之一——国家人类基因组南方研究中心入驻张江高科技园区。1999年10月,张江高科技园区与中科院签订协议,设立浦东张江研发基地,吸引信息产业部、科学技术部、国家级学科带头人和各类研发机构、民营高科技企业在园区设立创新企业或研发机构。至1999年,先后有两批15个技术创新项目签约落户张江高科技园区技术创新区,其中有高校系统的市教委科技产业园、复旦大学、上海交通大学、中国科学技术大学、上海中医药大学、上海第二医科大学等7个研发及科技产业化项目;由科研机构和学术带头人设立的研发机构有国家中药工程中心、中科院上海药物研究所、中科院上海有机化学研究所、国家人类基因组南方研究中心、顾钧信息研究开发中心等5家;由上海梅山(集团)有限公司、上海联通实华移动信息网络有限公司等3家企业设立的研发中心也开始进入园区。此外,软件园一期项目建成后,有27家软件研发企业签约进驻。张江园区吸引由国内一流科学家领衔组建的研发机构19家,由归国留学人员创办的"头脑型"科技企业32家,他们重点发展生物医药和信息产业,同时带动了新材料和环保等高新技术产业的发展,使园区出现高层次项目进驻的热潮。国家重点基础研究项目首席科学家陈竺、陈凯先、杨玉良、顾钧等,都在张江园区组建研究中心。是年,国家上海新药安全评价研究中心和国家新药筛选中心落户张江高科技园区。2000年,上海超级计算机中心落户张江高科技园区,超级计算机"魔方"于2009年投入使用。2000年,美国朗讯公司贝尔实验室、加拿大北方电讯入驻漕河泾新兴技术开发区。

2001年,荷兰飞利浦(中国)投资有限公司率先以量身定制方式在漕河泾新兴技术开发区建立全球除荷兰总部之外的第二家综合性创新科技园,年投入研发经费达4 000万欧元,从而使"科技绿洲"成为"科技前沿",实施"全方位服务";同时具有"国际标准、中国特色"。2002年,上海市开发区有1个国家级和13个市级企业技术中心通过认定,使上海国家级和市级企业技术中心的总数达128个。开发区形成企业集团中央研究院、子公司技术中心、生产企业技术开发机构组成的三级技术创新体系。GE公司第三个全球级的研发中心——GE中国研发中心落户张江高科技园区。至2002年,张江园区经认定的各级研发机构有15家。2003年,张江高科技园区第一家国家基础科学研究发展机构——中科院上海药物研究所迁入。杜邦中国研发中心落户张江高科技园区。

2004年1月,罗氏研发中心在张江高科技园区落户,是罗氏在瑞士、德国、美国、日本之外的第五大全球性研发中心,也是其在发展中国家的第一个全球性研发中心。8月,由漕河泾开发区科技创业中心和区内新生源公司等发起,聚科生物园区、上海科华生物工程股份有限公司、上海克隆生物高技术有限公司、上海普洛麦格生物产品有限公司等为主体的徐汇生物技术国际外包服务中心成立,主要发展新药研发、技术转移等高端外包服务。是年,法国第一、全球第九的汽车零部件供应商——佛吉亚集团上海代表处迁入漕河泾新兴技术开发区;上海光源落户张江园区。是年,上海光源落户张江园区。张江园区有7个项目纳入上海市首批29个"科教兴市"重大产业科技攻关项目;新引进研发机构24家。

2005年,全球汽车安全系统的全球十大供应商之一的美国天合集团在漕河泾新兴技术开发区设立亚太技术中心,该集团是汽车安全系统的先驱者和领导者;天合集团亚太区及中国区行政中心迁入漕河泾开发区。是年,思科公司投资3 200万美元在漕河泾新兴技术开发区建立中国研发中心;美国伟世通进区设立亚太总部、研发总部和延锋伟世通技术中心;法国佛吉亚集团进区成立地区管理总部和研发中心;日本本田汽车全资的本田技研工业投资公司定位建设成为"中国本部"。至2005年,联合利华中国研究所、汽巴精化中国研发中心、泰科医疗临床培训中心等也落户漕河泾新兴技术开发区。

2006 年,罗门哈斯中国研发中心、诺华(中国)生物医学研究有限公司、超威半导体(上海)有限公司纷纷落户张江高科技园区。首轮投资总额 870 万美元,注册资本额 435 万美元的汽车电子产品设计制造商光宝汽车电子有限公司入驻漕河泾新兴技术开发区,成立带研发功能的地区总部。法国法雷奥集团(Vaieo Group)系统中国技术中心入驻漕河泾开发区创新大楼。尚德太阳能电力有限公司在漕河泾浦江高科技园的新型太阳能电池研发制造基地正式启动。

2007 年,葛兰素史克(上海)医药研发有限公司落户张江高科技园区。上海核工程研究设计院在漕河泾新兴技术开发区投资兴建核电研发设计中心项目。斯巴莎克、3M、法液空等跨国企业落户漕河泾浦江高科技园。

2008 年,上海开发区共有研发技术中心 479 个。IBM 公司中国研究院落户张江高科技园区。3 月,国核电站运行服务技术有限公司和国核自仪系统工程有限公司成立暨揭牌仪式在漕河泾新兴技术开发区举行。国核电站运行服务技术公司是国家核电全资子公司,公司以核工业无损检测中心为载体,致力于为核电站和其他领域提供优质的技术服务。

2009 年,上海同步辐射光源工程在张江高科技园区竣工,向国内外用户开放使用;中国商用飞机设计研发中心、国家蛋白质科学研究上海设施和交叉前沿科学中心在张江奠基。此外,IC Insights 发布的"2009 Top 25 Fabless IC Suppliers"企业排名前十位中有 6 家:AMD 半导体公司、博通公司(Broadcom)、英伟达公司(NVIDIA Corporation)、迈威科技集团有限公司(MARVELL)、赛灵思公司(XILINX)、阿尔特拉公司(ALTERA)在张江园区设立研发中心;福布斯全球制药企业综合排名前十强中的辉瑞公司、罗氏集团、诺华集团、葛兰素史克公司、阿斯利康公司、雅培公司在张江园区设立研发中心;福布斯全球软件企业前十强中的美国 IBM 公司、塔塔信息技术(上海)有限公司、德国 SAP 公司分别在张江园区设立研发中心。中国软件企业百强中有 11 家在张江园区设立研发机构。至 2009 年,张江园区经认定的各级研发机构增加至 129 家,其中国家级 8 家、省市级 18 家、区县级 103 家。是年 1 月,注册资本 3 400 万欧元的阿尔斯通电网中国技术中心在漕河泾浦江高科技园成立是阿尔斯通电网集团在中国设立的唯一一家研发中心。至 2009 年,上海高新技术产业开发区经认定的各级研发机构 477 家,其中国家级研发机构 30 家。张江高科技园区有各级研发机构 132 家,其中国家级研发机构有 15 家;金桥出口加工区有各级研发机构 87 家,其中国家级研发机构有 4 家;漕河泾新兴技术开发区有各级研发机构 178 家,其中国家级研发机构有 10 家。

表 4 - 3 - 1　至 2009 年张江高科技园区主要研发机构情况表

成立或入驻年份	机　构　名　称	备　　注
1995 年	上海新药研究开发中心	园区第一家研发机构
1998 年	国家人类基因组南方研究中心	国家两大人类基因组研究中心之一
2000 年	上海超级计算机中心	2009 年超级计算机"魔方"投入使用
2002 年	GE 中国研发中心	GE 公司第三个全球级的研发中心
2003 年	中科院上海药物所	园区第一家国家基础科学研究机构
2003 年	杜邦中国研发中心	杜邦在美国以外设立的第三大公司级综合研发中心

（续表）

成立或入驻年份	机　构　名　称	备　　注
2004 年	罗氏中国研发中心	罗氏集团全球第五大研发中心
2004 年	上海光源	第三代同步辐射光源,时为中国规模最大的科学装置
2006 年	罗门哈斯中国研发中心	罗门哈斯在全球的第二大研发机构
2006 年	诺华(中国)生物医学研究有限公司	诺华公司全球研发网络的第八个研发中心,是跨国医药公司在中国最大的研发中心之一
2006 年	超威半导体(上海)有限公司	AMD 在美国本土以外最大研发中心
2007 年	葛兰素史克(上海)医药研发有限公司	专注于神经疾病领域的药物研究开发
2008 年	IBM 公司中国研究院	IBM 公司 10 年来成立的首个新研究院
2009 年	国家蛋白质科学研究上海设施和交叉前沿科学中心	中国蛋白质科学和技术的重要创新基地
2009 年	上海飞机设计研究院	承担 ARJ21 新支线飞机和 C919 大型科技的设计、试验及关键技术的研究。

资料来源:上海市开发区协会档案室:XH－Z·B－2009－005

　　2010 年,捷普科技入驻漕河泾新兴技术开发区。6 月,卫星导航产业的科技先进企业和芯星通公司落户漕河泾浦江高科技园。是年,国内唯一以建筑智能化为主业的上市公司上海延华智能科技有限公司、世界 500 强百事公司亚洲研发中心落户漕河泾浦江高科技园。

　　至 2010 年,上海高新技术产业开发区共有 42 个国家级企业技术中心,323 个市级企业技术中心,高新技术产业开发区经认定的各级研发机构有 581 家,国家级研发机构有 38 家。其中,张江高科技园区有各级研发机构 168 家,其中国家级研发机构有 10 家,市级研发机构有 21 家;漕河泾新兴技术开发区有各级研发机构 198 家,其中国家级研发机构有 10 家,市级研发机构有 20 家;金桥出口加工区有各级研发机构 95 家,其中国家级研发机构有 3 家,市级研发机构有 15 家;市北高新技术服务业园区有研发机构 20 家;紫竹高新技术产业园区有各级研发机构 82 家,其中国家级研发机构有 14 家,市级研发机构有 68 家。

表 4－3－2　2010 年上海主要高新技术产业开发区研究机构分布情况表　　　单位:家

园　　区	技术研发机构	其中:国家级	其中:市级	主要技术研发机构
张江高科技园区	168	10	21	上海新药研究开发中心、国家人类基因组南方研究中心、上海超级计算机中心、GE 中国研发中心、中科院上海药物所、杜邦中国研发中心、罗氏中国研发中心、上海光源、罗门哈斯中国研发中心、诺华(中国)生物医学研究有限公司、超威半导体(上海)有限公司、葛兰素史克(上海)医药研发有限公司、IBM 公司中国研究院、国家蛋白质科学研究上海设施和交叉前沿科学中心、上海飞机设计研究院等

（续表）

园　区	技术研发机构	其中：国家级	其中：市级	主要技术研发机构
金桥出口加工区	95	3	15	贝尔阿尔卡特、诺基亚、西门子、惠普软件研发中心、华为技术有限公司、高华、中微半导体设备(上海)有限公司、泛亚汽车技术中心、联合汽车电子有限公司、莲花汽车、康宁显示科技(中国)有限公司、辉门集团亚太总部暨技术中心、同济同捷科技股份有限公司、欧姆龙(上海)有限公司、艾默尔、弗斯托
漕河泾新兴技术开发区	198	10	20	中欧能源新技术(上海)发展合作中心、阿海珐输配电集团中国技术中心、中国普天集团研发总部、美国朗讯公司贝尔实验室、加拿大北方电讯、飞利浦创新科技园、3M全球第五个技术研发中心、联合利华中国研究所、思科中国研发中心、汽巴精化中国研发中心、泰科医疗临床培训中心、美国伟世通亚太总部及研发总部、法国佛吉亚集团地区管理总部和研发中心、日本本田汽车"中国本部"——本田技研工业投资公司、捷普科技、上海核工程研究设计院核电研发设计中心、宏暮信息技术研发中心
市北高新技术服务业园区	20	0	0	上海万通世纪互联信息技术有限公司、上海环达计算机科技有限公司、上海研华慧胜智能科技有限公司
紫竹高新技术产业园区	82	14	68	埃克森美孚(中国)有限公司、上海核电技术产业研发中心、东软集团华东研发中心、克莱斯勒亚太投资有限公司、可口可乐饮料(上海)有限公司、上海电气风电集团有限公司、英特尔(中国)有限公司、京滨电子装置研究开发(上海)有限公司

　　资料来源：上海市经济和信息化委员会、上海市发展和改革委员会、上海市统计局、上海市开发区协会《2011上海产业和信息化发展报告——开发区》

二、创新服务平台

　　自1990年以后，张江高科技园区等启动公共专业技术服务平台建设。1996年，张江高科技园区药物制剂技术服务平台成立。2000年4月，张江高科技园区技术创新区(一期)落成，规划面积约1平方公里。科技部科技成果转化基地、浦东火炬创业园、上海高校科技产业园、国家模具CAD工程研究中心、中药标准化中心、张江创业中心等首批机构进驻。

　　"十五"时期(2001—2005年)，张江高科技园区、漕河泾新兴技术开发区、紫竹科学园区等积极开展公共技术和服务平台建设，重点搭建微电子、系统软件、中药现代化、生物工程、纳米技术、通信技术、新材料等先进制造业关键和共性的公共技术平台，营造有利于企业创新的发展环境和体制机制，提高了园区管理服务水平，推动了园区产业创新水平的提升。同时，开发区注重信息化建设，搭建公共服务平台，不断提高管理和服务水平，漕河泾开发区打造数字园区，金桥出口加工区、青浦工业园区等开展地理信息系统建设，化学工业区建设应急系统；国际汽车城汽车质检所扩建项目、同济汽车学院新建项目进展顺利。2005年初，紫竹高新技术产业园区集成电路公共技术服务平台一期正式开始建设。

表4-3-3 2005年上海开发区正在建设的技术创新和产业创新服务平台一览表

所在园区	技术创新和产业创新服务平台
张江高科技园区	软件增值服务平台、生物医药公共服务平台、清华IC多目标封装检测中心、知识产权平台、生物医药孵化基地Ⅱ期、开放式集成电路工艺研发平台、信息安全公共服务平台Ⅰ期、新药Ⅰ期临床试验中心、国际人类抗体组药物产业化平台、国际金融IT服务平台等
紫竹科学园区	硅知识产权交易中心（SIP平台）、EDA工具软件平台、IP产品验证国家级重点实验室、创业投资中心等
漕河泾新兴技术开发区	SGS产品测试平台、生物医药公共服务平台、基因测序平台、纳米技术平台等
国际汽车城	机动车检测中心、汽车工程中心、上汽汽车工程研究院、上海地面交通工具风洞中心、磁悬浮轨道交通试验线、新能源汽车核心零部件产业基地和开发体系、优华一劳斯亚太研发中心等
化学工业区	华东理工研发基地、中石化上海石油化工研究院、SGS上海石油化工产品中心实验室、职业技术培训平台、化工人才服务中心等
莘庄工业区	手机行业制造与研发创新的技术平台、以平板显示制造为主的技术平台、航天产业领域的技术创新平台、船舶工业的制造研发方面的技术平台、印刷包装方面的技术平台等
临港产业区	产业区综合信息服务平台、保税港金融服务平台、装备制造共性服务平台、供应商联盟服务平台等

资料来源：上海市经济委员会、上海市发展和改革委员会、上海市统计局、上海市开发区协会2006年《上海开发区发展报告》

"十一五"时期（2006—2010年），以高新技术产业开发区为代表的上海开发区继续推进公共技术和服务平台建设，科技创新载体建设加快发展。2006年后，集成服务成为张江集团三大战略定位之一，张江高科技园区创新创业环境持续优化，初步形成专业平台服务、产业政策创新服务、政府公共服务等方面的完整的创新创业服务体系。2007年，紫竹高新技术产业园区完成集成电路公共技术服务平台二期建设工作。2008年，张江高科技园区有42个公共服务平台，服务单位2 592家，服务次数10.55万次，服务收入1.77亿元。是年，紫竹高新技术产业园区EDA（电子设计自动化）平台项目顺利通过二期验收和三期评审。

2009年3月，浦东新区政府批复同意对张江高科技园区技术创新区进行以城市功能提升为核心的规划调整，张江园区技术创新区规划总建筑面积提高为103.64万平方米，规划建设成为集办公、研发、总部经济、创业孵化、商业服务配套和生活为一体的张江标志性新型生态科技城区。是年，张江园区公共专业技术服务平台服务次数达10.99万次，服务收入超过1 000万元的公共服务平台有6家。至2009年，张江园区建立63家各类专业平台，其中，经浦东新区认定的公共服务平台有29家。

2010年，张江高科技园区公共服务平台服务次数26.44万次。至2010年，张江高科技园区建立69家各类专业平台，其中生物医药39家、集成电路8家、软件和信息服务7家、文化科技创意6家、光电子3家、现代农业1家、新材料2家、精密机械1家、其他2家。

表4-3-4　2010年上海开发区主要技术创新和产业创新服务平台一览表

所 在 园 区	技术创新和产业创新服务平台
张江高科技园区	中科院上海研发所、新药安全评价服务平台、药物代谢研究技术平台、张江药谷公共服务平台、中药制药研发孵化技术服务平台、基于蛋白质晶体学的药物发现与筛选平台、新药筛选技术服务平台、药物制剂技术服务平台、抗体药物贸易推测技术平台、中药研发公共服务平台、抗体药物贸易推测技术平台、中药研发公共服务平台、新药临床试验平台、生物推测技术服务平台、信息安全公共服务平台、芯片测试公共服务平台、上海浦东软件技术服务平台、上海动漫研发公共服务平台、上海光源、太阳能基地研究中心、上海高分子材料研究开发中心、上海超级计算机中心、上海中药标准化研究中心、上海生物医药工程中心、上海半导体照明工程技术研究中心、集成电路研究中心
紫竹高新技术产业园区	硅知识产权交易中心(SIP平台)、EDA工具软件平台、IP产品验证国家级重点实验室、创业投资中心等、集成电路IP孵化与应用平台、上大高新区技术转移中心
漕河泾新兴技术开发区	漕河泾新兴技术开发区科技创业中心、SGS产品测试平台、生物医药公共服务平台、基因测序平台、纳米技术平台、上海测试中心、微特推测、航空无线电、电子研究所、上海市软件评测中心
中纺科技城	纺织研发服务平台

资料来源：上海市经济和信息化委员会、上海市发展和改革委员会、上海市统计局、上海市开发区协会《2011上海市开发区统计手册》《上海产业和信息化发展报告——开发区》

三、孵化培育平台

1989年和1991年,漕河泾新兴技术开发区利用农舍建立推进以高校成果转化为主的科技一村和科技二村,孵化面积为5 500平方米,市内10多所高校的创业者进入,主要有上海高智科技开发区公司的上海证券交易所卫星通信系统工程、交大的机器人、上海医科大学的红细胞变形仪、上海铁道学院的列车驾驶模拟器等项目。

1993年,张江高科技园区注册成立张江高新技术生产力促进中心,这是园区孵化器的雏形。1994年,漕河泾新兴技术开发区投入1 500万元成立上海新兴技术创业公司,以企业化方式运作孵化器,孵化器厂房面积为2 900平方米。1995年初,张江高科技园区第一个科技孵化基地建成,建筑面积1.2万平方米,由张江高新技术创业服务中心负责管理运营。此后,张江园区孵化服务经历了三个发展阶段:孵化服务起步阶段、专业孵化服务发展阶段、系统标准化孵化阶段。是年,有35个高新技术产品在漕河泾开发区实施"孵化"。

1996年,张江高科技园区孵化基地与15家科技企业签订协议,其中4家进驻"孵化"。是年,由漕河泾新兴技术开发区与上海市人事局共建的上海留学人员漕河泾创业园区成立,拥有3.7万平方米创业基地,是上海第一批留学人员创业园区,被中组部认定为"国家海外高层次人才创新创业基地"。至1996年11月,有18家科技小企业在漕河泾上海新兴技术创业公司安家。至1996年,有35个高新技术产品在漕河泾开发区实施"孵化"。

1997年,漕河泾新兴技术开发区投入6 000万元创立上海漕河泾开发区科技创业中心,是当时国内最大的孵化器,孵化面积达1.6万平方米。新涛科技(上海)有限公司在上海漕河泾新兴技术开发区科技创业中心成立。是年,漕河泾创业中心经国家科委和联合国UPDN联合认定为国内首批国际企业孵化器单位。至1997年,张江高科技园区孵化基地累计签约科技孵化项目44个,进驻企业13家,生产科研领域涉及信息技术、生物医学技术、环境保护技术等。

1998年,漕河泾新兴技术开发区投资1000万元设立科技创业资金,加大对中小型科技企业的扶持力度。是年,漕河泾开发区筹划建设"科技绿洲"工程;漕河泾创业中心被国家科委认定为"国家级高新技术创业服务中心"。至1998年,张江高科技园区孵化基地累计进驻企业17家,孵化面积增加至2.2万平方米。此后,张江园区运用创新机制,建设各种类型孵化器,包括由开发主体张江集团公司主导建立张江科技创新基地,由政府兴办上海高校(浦东)重点实验室和国家信息产业部与上海共建浦东软件园,由院校系统建立中科大研究开发中心等。

2000年,国家级专业孵化器中药创新中心、上海第一家专业技术孵化机构——国家互联网创业中心在张江高科技园区建立。张江园区累计引进各类孵化企业80家。其中,复旦张江生物医药有限公司经过4年孵化,资产规模从500万元发展至3亿元。是年,漕河泾创业中心与创投公司共建2000万元的创业孵化基金。美国留学生企业新涛科技股份有限公司,在短短三年时间内,集成电路设计能力达到世界水平,创下中国集成电路产品出口发达国家的首例,引起硅谷巨子IDT公司浓厚的并购欲望,最终以高出起家资本42倍的高价出售,该并购案被列入2001年中国十大并购案之一。

2001年,创业、孵化企业不断进入张江高科技园区,注册各类中小企业1352家,入驻323家。是年11月8日,由科技部主办、上海国际企业孵化器承办、上海漕河泾新兴技术开发区科技创业中心举办的"第四届企业孵化器模式国际研讨班"开幕式在漕河泾开发区科技创业中心举行。研讨班邀请科技部及天津、上海、西安、苏州等地科技创业中心的企业孵化器专家授课,内容涉及中国企业孵化器的发展、企业孵化器的基本概念、中国的高科技孵化器网络、社会资本与企业孵化器等有关企业孵化器的各个方面,来自俄罗斯、印度、南非、波兰等10个国家的14位学员参加研讨班。

2002年,张江高科技园区孵化器被科技部批准为"IBI国际企业孵化器",张江科技创业基地、海外创新园、火炬创新园、SOHO楼、IT产业楼和高校科技产业园等孵化机构面积达22万平方米。是年,张江园区在孵企业280家,张江园区创业企业第一家上市公司——复旦张江生物医药股份有限公司在香港创业板上市,张江迪赛诺生物有限公司是由天津南开大学毕业生组成的创业团队,入驻1年实现科研成果产业化,成为国内唯一成组方生产和销售艾滋病新药的企业。是年5月,创立于美国加州的"硅谷"的光桥科技(中国)有限公司入驻漕河泾开发区。在短短几年里开发出Metro Wave品牌的"下一代多业务光传送平台"全系列城域光网络产品,产品于2003年开始进入国内外市场,创业中心在推荐风险投资、贷款融资、项目申报等多方面为该公司提供帮助;2006年,光桥科技以其良好的发展被全球光网通讯巨头西门子青睐,以接近1亿美元价格并购光桥,是年10月,科技创业中心与上海志诚合资成立上海威迅教育科技有限公司,该公司被中国软件行业协会授权在上海地区唯一一家高级软件人才培训基地。是年,漕河泾新兴技术开发区在孵企业达95家,在孵企业技工贸总收入达3亿元,上缴税收2300万元;成果转化项目145个,获得9项国家级、2项省市级奖。新成立的漕河泾创业投资公司和投资管理公司吸收风险资本2.1亿多元。

2003年,市科委宣布在张江高科技园区构建国家首家新药孵化中心,为创新药物从前期研究走向规模生产架设桥梁,孵化中心包含医药产品和生物技术2个孵化器,通过功能互补、资源共享、信息流动和人财物的聚集效应,构成新药创新的公共技术平台。是年,张江高科技园区孵化楼面积达33.5万平方米,入驻孵化的企业为382家,有近200家企业达毕业标准,涌现了一批科技"小老虎"。

2003年9月,紫竹科学园区发展有限公司与闵行资产投资经营公司投资7000万元共同成立上海紫竹创业投资有限公司进行运营管理,孵化和培育科技型中小企业,给大学生、教师创业提供优良的创业环境及科学的规范管理和高效的系统服务。

2003年,中国留学服务中心和上海市北工业新区投资经营有限公司正式签订成立"中国留学服务中心上海闸北创业基地"的合作协议书,并正式挂牌;园区管委会大楼(江场西路395号)作为基地的孵化载体,通过补贴减免租金、提供政策扶持,为留学人员提供办公和创业环境等方式,打造留学生创业孵化器。

2004年,张江高科技园区有近200家企业达"毕业"标准。是年,上海开创企业发展有限公司出资1 000万元,在市北高新技术服务业园区注册成立上海聚能湾企业服务有限公司。

2005年,张江高科技园区建立浦东国际科技合作孵化基地,有欧洲技术转移中心、加中生物医药协会等科技服务机构入驻。是年,上海大学科技园市北工业园区确立发展生产性服务业,其中研发设计产业为园区的重点发展产业,园区着力延伸孵化的内容,扩展创业人群,通过孵化培育形成园区的高新产业群。是年,市北园区入孵留学生企业达70家。

2006年,张江高科技园区孵化企业数为10家,累计完成孵化毕业企业114家。是年5月,紫竹科学园大学生/教师创业中心建成,为创业者提供2万平方米的办公场地。2008年4月,YBC(中国青年创业国际计划)紫竹办公室成立。2009年10月,"YBC-上海紫竹创业专项基金"总规模达1 700万元,成立"闵行区科技创业企业联合会"进行管理。2010年,YBC紫竹创业者俱乐部正式成立。

2007年,张江高科技园区孵化器从"低端物业服务型"向"高端专业增值服务型"转型,逐步实现综合孵化、专业孵化、多元孵化,形成由政府和企业共同搭建和运作的多元化、多功能的孵化协作网络和增值服务平台。是年,漕河泾开发区在整合"促进科技成果转化示范基地"各方资源的基础上,进一步建立起集展示、交流、推介、评估、招标、融资、代理、培训、交易等"九位一体"的成果转化专业服务平台——知识产品(上海)集散中心。是年,市北高新技术服务业园区引进德国ICSME赞盟国际中小企业中心,合作推进园区孵化器。

2008年,张江高科技园区孵化器管理中心开业;是年11月12日,张江高科技园区管委会发文《关于推进园区孵化器建设实施办法》,为园区孵化器发展提供政策支持,推进园区孵化器建设;根据张江园区孵化器考核指标体系,张江创业服务中心认定上海浙大网新德维创业投资有限公司、国家火炬互联网创业中心等17家专业孵化器(其中海外创新园于2006年12月委托浦东新区归国人员联合会管理,不计入其中)。至2008年,张江孵化器在孵企业数达548家,新入孵企业143家,毕业企业33家。是年11月,定位专业孵化器的"漕河泾创新创业园"在浦江高科技园建成开园。"创新创业园"设有新能源产业孵化器、留学生创业园和国际企业孵化器,专门为新能源等企业提供创新创业服务,并于2009年5月通过市级孵化器评审认定,成为上海市新能源环保专业孵化器,也是上海市第一家定位于新能源环保的专业孵化器。是年6月,紫竹创业中心毕业企业——上海瑞一生物医药有限公司诞生。是年,市北高新技术服务业园区在新建的聚能湾大厦中扩展3 000平方米的孵化基地;园区与上大科技园孵化器合作,创建市北科技企业创业服务中心,成为创业企业走向市场的桥梁和助推器。

2009年,张江高科技园区标杆孵化器——张江孵化器管理中心新建的"孵化器服务平台"整合80多家服务机构,为616家企业提供贴身、专业及精深化的增值服务,形成专业孵化、自由孵化、高端孵化等多层次孵化体系。孵化器管理中心孵化出众多优秀企业,其中深迪半导体(上海)有限公司研发出第一款具有中国自主知识产权的商用MEMS陀螺仪;上海锐合通信技术有限公司与强国科技推出国内首款维文 TD 通信模块;天硕(上海)电脑科技有限公司从事上网本贴牌生产,研发能力位于国内前三;上海安维尔信息科技有限公司突破传统电视墙监控系统的局限,代表了视频监控系统的发展方向。园区积极推进跨国孵化合作,形成张江—麻省技术中心、德国中心以及芬华创新中心三个跨国合作孵化平台。

2009 年,漕河泾科技创业中心企业加速器揭牌,成为上海首个加速器,开发区内高成长性企业可通过“加速器”,在投融资、财务咨询、管理咨询和上市等方面得到更专业化、市场化和知识化的服务,实现加速成长;开始建设上海漕河泾新兴技术开发区科技创业苗圃。是年,漕河泾开发区总公司与徐汇区人民政府共同打造的“大学生创业创新园”开园,大学生创业创新园建筑面积约 8 000 平方米;至 2009 年,大学生创业创新园入驻率达 100％,吸引 77 家大学生企业的项目及配套服务机构入驻,提供就业岗位 255 个。

2009 年,以市北高新集团下属的上海聚能湾企业服务有限公司为载体,建立科技企业孵化器,11 月 2 日,获得“上海市科技企业孵化器”资质。孵化基地超过 2 万平方米,可同时容纳 200 多家企业入驻。基地为入驻企业提供学术活动接待中心、会展中心、生活餐饮中心、商务中心、休闲健身中心等完善的优良办公环境;享受国家、地方政府、市北园区各项优惠扶持政策。孵化器逐步拥有在孵企业 90 家,其中信息技术和软件企业占 40％以上。在企业孵化器的建设过程中,园区制定《关于推进市北高技术服务业园区孵化器实施管理办法》,编制《孵化器的服务手册》《入孵申请表》《在孵企业评审表》等文件,构建起以孵化器领导小组为决策机构,以孵化器办公室为运营管理机构,以企业部、综合服务部、外聘专家团队为支持机构的孵化器组织构架。是年 11 月,上海紫竹创业投资有限公司被认定为“上海市科技企业孵化器”。

2010 年,张江高科技园区经认定的孵化器共有 21 家,其中国家级孵化器 4 家,上海市级(包括上海市新建孵化器)孵化器 10 家,孵化总面积为 37 万平方米。2010 年,张江园区共有在孵企业 702 家,产业涵盖软件开发、生物医药、信息安全、文化创意、新能源等多个领域,诞生培育了一大批本土民族品牌的中小型科技企业;如中芯国际集成电路制造(上海)有限公司、罗氏制药、上海新先锋药业有限公司、展讯通信有限公司、上海中信国健药业有限公司、上海盛大网络发展有限公司等,形成国内最密集的生物医药研发创新基地。至 2010 年,张江高科技园区向前延、向后伸,形成苗圃、孵化器、加速器三位一体的全程孵化服务。向前延伸预孵化器:科技创业苗圃——预孵化器空间自 2009 年成立以后,在第一批预孵化的 12 个项目中,有 6 个优秀项目团队从预孵化器毕业并走向成功,其中反编译软件项目通过创业团队自身以及预孵化管理团队的共同努力,成功获得投资。启动加速器:8 月 25 日,张江 7 000 平方米的加速器启动,8 家孵化器毕业企业正式入驻。创新服务新模式:孵化器管理中心促成朗景网络与网上超市“1 号店”以及企业家精神(SOE)交流合作。

2010 年,漕河泾创业中心大力推进加速器增值服务试点工作,通过制定服务菜单,签订增值服务协议,为企业提供企业高管外包等方面的高端增值服务。创业中心首次是为新能源汽车研发企业廉廉机电提供管理和融资顾问服务,帮助企业进行战略规划、制定商业计划、协助企业解决发展中的各种瓶颈问题。是年,创业中心获批成为“上海市科技企业加速器建设试点单位”,成为上海市两家加速器试点单位之一;大学生创业创新园获得科技部“大学生科技创业见习基地”称号,同时成为“中国青年创业国际计划(YBC)”上海办公室服务点。至 2010 年,漕河泾开发区构建从孵化器到产业化基地的多层次、接力式孵化体系,对入驻企业进行全方位孵化培育。漕河泾开发区共有创业中心、聚科生物园、浦原科技园、普天邮通科技园、浦江双创园、浦江智谷和 863 软件园等 7 家孵化器,孵化总面积为 41.59 万平方米,共有在孵企业 391 家,累计孵化企业 1 004 家,其中优秀毕业企业 153 家,孵化企业毕业率为 83.4%。其中,创业中心孵化基地共有在孵企业 107 家,毕业企业 10 家,累计毕业企业达 108 家;孵化企业销售收入为 101.13 亿元,税收 5.35 亿元,从业人数为 8 135 人。大学生创业创新园累计培育 60 家大学生企业,企业存活率达 72%,7 家企业毕业并成为孵化企业,累计毕业企业 14 家。漕河泾开发区加速器拥有企业 20 家,占加速器物理空间 4 万平方米,年销售额超过 6 亿元,销售和利润增长率均超过 30%。电子信息、环保新能源、生物医药三大主导产业在加速器内初具规模。经过培育,漕河泾开发区涌现出新涛科技股份有限公司、龙林通信、拓能医疗等一批优秀的留学生企业,产业涉及电子信息、生物医药、新材料、新能源等国家重点发展产业,成为开发区经济发展的生力军和新亮点。漕河泾科技创业苗圃累计引进项目 50 个,其中 39 个项目转变为企业,并进入孵化阶段,项目主要涵盖电子信息、生物医药、环保节能、新材料领域,转化率为 78%,其中有 2 个项目获得市科委科技苗圃的专项资金。

至 2010 年,市北高新技术服务业园区建有中国留学服务中心上海闸北创业基地、上海聚能湾企业服务有限公司等孵化机构。至 2011 年,紫竹高新技术产业园区有紫竹创业投资有限公司、紫竹大学生/教师创业中心等孵化机构。紫竹创业中心共有在孵企业 36 家(平均孵化时间 35 个月),累计孵化企业 63 家;总计带动就业人数 401 人,累计带动就业人数 650 人;实现主营业务收入 6 220.87 万元,总计纳税 358.29 万元;中国青年创业国际计划(YBC)上海办公室服务点扶持科技型创业青年 98 人,累计发放扶持资金 821 万元,带动就业 796 人。

表 4 - 3 - 5　2010 年上海开发区主要孵化培育平台分布情况表

所 在 园 区	孵化培育平台
张江高科技园区	上海浙大网新德维创业投资有限公司、国家火炬互联网创业中心、上海英科创业投资管理有限公司、上海中科大研发中心、上海张江药谷公共服务平台有限公司、太科膺诺(上海)商务咨询有限公司、上海张江生物医药科技有限公司、上海张江文化科技创意产业发展有限公司、上海浦东软件园股份有限公司、橡子园创业投资管理(上海)有限公司、上海张江火炬创业园有限公司、上海中科计算技术研究所、上海 863 信息安全产业基地有限公司、上海射频识别产业基地发展有限公司、上海张江数字多媒体产业发展有限公司、上海张江东区高科技联合发展有限公司、海外创新园
紫竹高新技术产业园区	紫竹创业投资有限公司、紫竹大学生/教师创业中心
漕河泾新兴技术开发区	开发区创业中心、聚科生物园、浦原科技园、普天邮通科技园、浦江双创园、浦江智谷、863 软件园
市北高新技术服务业园区	中国留学服务中心上海闸北创业基地、上海聚能湾企业服务有限公司、德国 ICSME 赞盟国际中小企业中心

资料来源:上海市经济和信息化委员会、上海市发展和改革委员会、上海市统计局、上海市开发区协会《2011 上海产业和信息化发展报告——开发区》,上海市开发区协会档案室:XH - Z·B - 2009 - 006

四、投融资服务

1998 年 11 月,漕河泾开发区成立上海工业经济担保有限公司,向区内外企业提供融资担保及咨询服务,支持和扶持企业的发展。

20 世纪末,张江高科技园区开发公司和新区经贸局合资成立张江高科技园区首家专业风险投资公司——浦东创业投资公司。2000 年,张江高科技园区吸引 38 家投融资服务机构,其中内资 15

家,吸引资金 5.5 亿元;私营 16 家,吸引资金 2.72 亿元;外资投资咨询公司 7 家,注册资金 677.2 亿美元。

针对张江高科技园区高科技企业特点,创新投融资渠道,张江高科技园区推出易贷通、小额贷款、个人本外币兑换试点等金融工具,化解企业融资难题。2008 年 6 月 25 日,张江集团联合上海市住房置业担保有限公司、交通银行上海分行推出以集聚合作平台资金池为基础的"张江易贷通",重点关注高科技企业经营状况及成长性,配套解决企业超短期的流动资金融资问题;至 2008 年,累计授信金额达 6 000 万元;至 2009 年,张江企业易贷通平台成员达 150 家,授信或放贷 31 家,授信或放贷额 1.1 亿元。2008 年 10 月,张江集团公司、张江高科公司等股东共同投资 1 亿设立上海浦东新区张江小额贷款股份有限公司,自 2008 年底设立以后,累计发放贷款 6.57 亿元,受惠企业 230 家,2010 年完成增资 2.3 亿元,注册资本达 3.3 亿元,成为上海市规模最大的小额贷款公司。

2003—2008 年,张江高科技园区投融资机构数量由 54 家增加至 127 家;国家科技型中小型企业技术创新基金资助项目达 143 个,累计资助额达 9 063 万元;上海市科技型中小企业技术创新基金资助项目达 226 个,累计资助额达 3 557 万元;上海市浦东新区科技专项资金资助项目 350 个,累计资助额达 5 560 万元。

2009 年,漕河泾新兴技术开发区和徐汇区政府共同搭建的"漕河泾新兴技术开发区科技型中小企业融资平台"成立,平台首创科技型中小企业无抵押、无担保信用贷款的金融创新模式。是年,市北高新园区创建"银企通"中小企业融资平台,通过与交通银行、上房置换公司的合作,提供 1 亿元敞口的中小企业融资基金,进一步推进中小企业的快速发展。"市北银企通"是以市北园区企业为融资服务核心、市北园区为企业和信息源、担保公司作为桥梁、银行提供融资业务的融资担保平台。银行在园区和担保公司的共同担保下,更加便捷发放贷款和提供其他银行增值服务。

至 2010 年,张江高科技园区构建政府引导基金、张江园区基金和社会风险投资的专业化投融资体系。其中,政府引导基金有浦东新区创业风险投资引导基金、张江集团 25 亿母基金、张江生物医药产业化促进基金、华人文化产业基金等;张江园区基金有上海张江科技投资有限公司、上海张江高科技园区开发股份有限公司、上海张江浩成创业投资有限公司、张江汉世纪创业投资有限公司、上海张江磐石葆霖股权投资合伙企业、上海金融发展投资基金、华人文化产业股权投资(上海)中心、上海东方惠金文化产业投资有限公司等;社会风险投资有红杉资本、美林、德丰杰龙脉、橡子园创业投资、上海时代创业、上海威星投资、曼都创业投资、扬子江投资、浙大网新德维创业投资、汉高(中国)投资等。

五、人才服务

1999 年 9 月,闸北区人民政府原则同意市北工业新区管理委员会《关于批转闸北区高新技术成果转化特区政策的请示》,要求除市政府规定的 18 条优惠政策外,向入驻的企业提供更优惠的政策。是月,《闸北区关于促进高新技术成果转化和计算机软件开发的若干规定》颁布,主要涵盖在办公条件的支持、资金的支持(包括建立规模为 2 000 万元的高新技术成果扶持资金)、人才生活上的支持、提供人才公寓配套,并优先解决符合条件创新人才的落户、子女就学问题。2000 年,市政府公布《上海市促进张江高科技园区发展的若干规定》,规定简化园区内企业因公出国、出境的审批手续。是年,张江高科技园区开始建设人才公寓。

2001 年,市政府再次颁布《上海市促进张江高科技园区发展的若干规定》(修正),增加鼓励国内外专业人才到园区内企业从事科研项目开发和成果转化工作的内容。张江高科技园区博士后科研工作站管理委员会发布《上海市张江高科技园区博士后科研工作站暂行管理办法》，保证张江博士后科研工作顺利、规范、有序开展，加强流动站与张江高科技园区企业的合作。

2003年9月19日，张江高科技园区博士后科研站、中芯、宏力、威宇、奇码分站揭牌暨博士后招生签约仪式举行，这是国家人事部批准的上海市第一个设立在高科技园区内服务于科技企业的博士后工作站。

2005年6月29日，上海市公安局颁布《关于支持张江高科技园区发展的六条措施》。是年，漕河泾开发区与上海大学、澳大利亚皇家理工大学等合作成立全国第一家专业从事创新创业人才培训机构——上海市创新创业培训中心。

2006年6月26日，张江高科技园区发布《张江区域人才公寓租赁管理暂行办法》，规定缓解张江高科技园区人才居住难问题。是年，张江高科技园区公布《关于进一步推进张江高科技园区自主创新的实施意见》，规定凡符合条件的留学人员企业，经审核批准，可一次性获得10万元专项资金资助，专项用于购买设备、仪器和技术研发。7月13日，上海市张江高科技园区人才公寓租赁服务中心成立。是年，上海张江创新学院诞生，是上海张江（集团）有限公司负责承办的一家大学学历后高层次职业培训机构。

2007年4月6日，张江高科技园区颁布《上海市张江高科技园区研究生联合培养基地资助及奖励办法（试行）》《上海市张江高科技园区研究生联合培养基地暂行管理办法》，进一步完善园区创新创业人才的激励机制。7月16日，张江高科技园区颁布《上海市张江高科技园区激励自主创新人才发展的暂行办法及实施细则》，其中规定：年收入20万元以上者，工资薪金和劳务所得形成功能区域地方财力部分给予100%补贴，且“十一五”期间每人补贴总额不超过100万元。对上述人员个人所得中来源于其所在企业的股权、期权、知识产权成果所得形成功能区域地方财力部分的每年给予50%补贴，且“十一五”期间每人补贴总额不超过100万元。是年，张江高科技园区人才公寓总建筑面积约18万平方米，共计2760余套，入住人数近1万人。

2008年12月28日，中共中央组织部在北京召开海外高层次人才引进工作会议，并公布国家首批20家海外高层次人才创新创业基地，张江高科技园区是5个入选的高新园区之一。2008年，张江高科技园区启动“张江小千人计划”，重点引进集成电路、生物医药、软件、新能源、新材料等高科技产业领域内拥有国际先进技术成果，具有国际视野、丰富商业运作经验的国际化创新创业人才及团队，计划每年引进200人，五年共计1000人。至2009年，张江高科技园区有三批共12人获中组部认可，作为创业型人才入选国家“千人计划”。针对企业急需的满足条件的高科技人才，有侧重地支持张江高科技园区高科技人才的“居住证转户籍”，同时适当放宽有关限制，以推进“居住证转户籍”制度落实。是年，张江创新学院累计完成约1.5万人次培训。2009和2010年，张江高科技园区归国留学人员分别达2444人和3026人。

2009年，张江创新学院培训人数达2.7万人次，累计客户数量达945个，其中包括惠普、微软、高知特等一批知名跨国企业。是年，商务部“千百十工程”认定，张江创新学院成为国家级服务外包培训基地，同时也被上海市认定为首批上海市服务外包人才培训基地。

至2010年，张江高科技园区共有18个博士后科研工作站、分站，园区共有21人入选国家五批“千人计划”行业。是年，张江创新学院联合张江孵化器企业——海同科技建立嵌入式实训基地。张江高科技园区人才公寓有8处，共计3168套，可容纳1.3万人，形成覆盖各主要产业区域、与区域产业发展同步拓展的规模化人才公寓供给格局。2006—2010年，张江高科技园区国家级人才增长1.7

倍,省市级人才增长 3.9 倍。人才国际化特征显现。自 2008 年国家"千人计划"实施以后,2009 年张江高科技园区有 12 人入选国家"千人计划",至 2010 年园区有 21 人入选,占上海市的 11.5%。

第二节　科技人才与研发投入

一、科技人才

2001 年,张江高科技园区从业人员达 1.34 万人。其中,研究生以上学历 719 人,中高级以上职称达 2 270 人。2002 年,张江高科技园区从业人员达 2.45 万人。其中,研究生以上学历 2 203 人,中高级以上职称达 4 130 人。2003 年,上海市级以上开发区从事科技活动人员合计 17 248 人,占市级以上开发区从业人员总数的 4.1%;有科学家和工程师 12 578 人,其中国家级开发区为 10 259 人,市级开发为 2 319 人。张江高科技园区从业人员达 4 万人,其中研究生以上学历 5 281 人,中高级以上职称达 8 769 人。2004 年,张江高科技园区从业人员达 5.94 万人,其中研究生以上学历 8 681 人,中高级以上职称达 10 478 人。2005 年,张江高科技园区从业人员达 7.45 万人,其中研究生以上学历 9 792 人,中高级以上职称达 11 915 人。

2006 年,上海开发区从事科技活动人员合计 32 145 人,占开发区从业人员总数的 3.5%。高新技术产业开发区从事研究与试验发展(R&D)活动人员数占上海高新技术产业开发区从业人员总数的 9.3%。其中,张江高新技术产业开发区从事 R&D 人员数占从业人员总数的 13.2%;金桥出口加工区从事 R&D 人员数占从业人员总数的 9.8%;漕河泾新型技术开发区从事 R&D 人员数占从业人员总数的 5.8%。是年,张江高科技园区从业人员达 9.25 万人,其中研究生以上学历 13 887 人,中高级以上职称达 13 362 人;中科院院士、中国工程院院士、享受政府特殊津贴等国家级人才有 124 人,上海市科技功臣、科技精英、突出贡献专家协会会员有 58 人。

2007 年,上海开发区从事科技活动人员合计 46 547 人,占开发区从业人员总数的 3.9%。其中,从事 R&D 人员数 23 056 人,占上海开发区从业人员总数的 2.0%。高新技术产业开发区从事 R&D 人员数占上海高新技术产业开发区从业人员总数的 10.7%。其中,张江高新技术产业开发区从事 R&D 人员数占从业人员总数的 13.4%;金桥出口加工区从事 R&D 人员数占从业人员总数的 11.8%;漕河泾新兴技术开发区从事 R&D 人员数占从业人员总数的 7.4%。是年,张江高科技园区从业人员达 11.71 万人,其中研究生以上学历 19 768 人,中高级以上职称达 13 913 人;中科院院士、中国工程院院士、享受政府特殊津贴等国家级人才有 141 人,上海市科技功臣、科技精英、突出贡献专家协会会员有 65 人。

2008 年,上海开发区从事科技活动人员 48 489 人,占开发区从业人员总数的 4.1%。高新技术产业开发区从事 R&D 人员数占上海高新技术产业开发区从业人员总数的 9.9%。其中,张江高新技术产业开发区从事 R&D 人员数占从业人员总数的 10.9%;金桥出口加工区从事 R&D 人员数占从业人员总数的 10.0%;漕河泾新兴技术开发区从事 R&D 人员数占从业人员总数的 9.0%。是年,张江高科技园区从业人员达 12.56 万人,其中研究生以上学历 22 827 人,中高级以上职称达 15 136 人;中科院院士、中国工程院院士、享受政府特殊津贴等国家级人才有 154 人,上海市科技功臣、科技精英、突出贡献专家协会会员有 74 人。

2009 年,上海高新技术产业开发区从事 R&D 人员数 30 000 人,占高新技术产业开发区从业人员总数的 15.0%。其中,张江高新技术产业开发区从事 R&D 人员数占从业人员总数的 16.0%;金桥出口加工区从事 R&D 人员数占从业人员总数的 14.8%;漕河泾新兴技术开发区从事 R&D 人员数占从业人员总数的 12.0%。是年,张江高科技园区从业人员达 14.24 万人,其中研究生以上学历 25 624 人,中高级以上职称达 18 753 人;中科院院士、中国工程院院士、享受政府特殊津贴等国家级人才有 208 人,上海市科技功臣、科技精英、突出贡献专家协会会员有 202 人;园区有 12 人入选国家"千人计划"。

2010 年,上海高新技术产业开发区从事 R&D 人员数 106 128 人,占高新技术产业开发区从业人员总数的 21.5%。其中,张江高新技术产业开发区从事 R&D 人员数占从业人员总数的 21.0%;金桥出口加工区从事 R&D 人员数占从业人员总数的 15.9%;漕河泾新兴技术开发区从事 R&D 人员占从业人员总数的 27.6%。是年,张江高科技园区从业人员达 17.35 万人,其中研究生以上学历 31 370 人,中高级以上职称达 18 321 人,分别是 2001 年的 13 倍、43.6 倍和 8.1 倍;中科院院士、中国工程院院士、享受政府特殊津贴等国家级人才有 215 人,上海市科技功臣、科技精英、突出贡献专家协会会员有 227 人;园区有 21 人入选国家"千人计划",占全市的 11.5%。

表 4-3-6　　2006—2010 年上海高新技术产业开发区及主要园区从事 R&D 人员比重情况表　　单位:%

年　份	全市高新技术产业开发区	张江高新技术产业开发区	金桥出口加工区	漕河泾新兴技术开发区
2006 年	9.3	13.2	9.8	5.8
2007 年	10.7	13.4	11.8	7.4
2008 年	9.9	10.9	10.0	9.0
2009 年	15.0	16.0	14.8	12.0
2010 年	21.5	21.0	15.9	27.6

资料来源:上海市经济委员会、上海市经济和信息化委员会、上海市发展和改革委员会、上海市统计局、上海市开发区协会《上海市开发区统计手册》《上海开发区发展报告》

二、研发投入

2002 年,上海开发区内规模以上工业企业用于技术创新活动的经费总额为 245 亿元;技术创新投入占销售收入的比重达 3.1%。是年,张江高科技园区科研经费投入达 12.17 亿元,科研经费投入占经营总收入比重达 2%。2003 年,上海市级以上开发区科技活动经费筹集总额为 49.93 亿元,其中,用于研究与试验发展(R&D)经费支出额为 27.93 亿元,占上海市级以上开发区工业销售收入总额的 0.75%。是年,张江高科技园区科研经费投入达 18.35 亿元,科研经费投入占经营总收入比重达 8.2%。2004 年,张江高科技园区科研经费投入达 32.27 亿元,科研经费投入占经营总收入比重达 9.5%。2005 年,张江高科技园区科研经费投入达 38.95 亿元,科研经费投入占经营总收入比重达 9.9%。

2006 年,上海开发区科技活动经费筹集总额为 182.94 亿元,其中,用于 R&D 经费支出额为 79.24 亿元,占上海开发区工业销售收入总额的 0.8%。高新技术产业开发区用于 R&D 经费支出额占上海高新技术产业开发区工业销售收入总额的 1.8%。其中,张江高新技术产业开发区用于 R&D 经费支出额占工业销售收入总额的 5.8%;金桥出口加工区用于 R&D 经费支出额占工业销售收入总额的 2.8%;漕河泾新兴技术开发区用于 R&D 经费支出额占工业销售收入总额的 4.2%。张江高科技园区科研经费投入达 43.65 亿元,科研经费投入占经营总收入比重达 8.2%。

2007年,上海开发区科技活动经费筹集总额为161.3亿元,其中,用于R&D经费支出额为100.16亿元,占上海开发区工业企业主营业务收入总额的0.84%。高新技术产业开发区用于R&D经费支出额为占上海高新技术产业开发区工业企业主营业务收入总额的1.9%。其中,张江高新技术产业开发区用于R&D经费支出额占工业企业主营业务收入总额的4.1%,金桥出口加工区用于R&D经费支出额占工业企业主营业务收入总额的2.1%,漕河泾新兴技术开发区用于R&D经费支出额占工业企业主营业务收入总额的0.6%。张江高科技园区科研经费投达78.56亿元,科研经费投入占经营总收入比重达11.4%。

2008年,上海开发区科技活动经费筹集总额157.32亿元,其中,用于R&D经费支出额为103.67亿元,占上海开发区工业企业主营业务收入总额的0.83%。高新技术产业开发区用于R&D经费支出额占高新技术产业开发区工业企业主营业务收入总额的2.0%。其中,张江高新技术产业开发区用于R&D经费支出额占工业企业主营业务收入总额的6.0%,金桥出口加工区用于R&D经费支出额占工业企业主营业务收入总额的2.0%,漕河泾新兴技术开发区用于R&D经费支出额占工业企业主营业务收入总额的0.7%。张江高科技园区科研经费投入达98.19亿元,科研经费投入占经营总收入比重达11.6%。

2009年,上海高新技术产业开发区科技活动经费筹集总额为150亿元,其中,用于R&D经费支出额为108亿元,占高新技术产业开发区工业企业主营业务收入总额的2.8%。其中,张江高新技术产业开发区用于R&D经费支出额占工业企业主营业务收入总额的7.1%,金桥出口加工区用于R&D经费支出额占工业企业主营业务收入总额的2.3%,漕河泾新兴技术开发区用于R&D经费支出额占工业企业主营业务收入总额的2.0%。张江高科技园区科研经费投入达110.5亿元,科研经费投入占经营总收入比重达10.8%。

2010年,上海高新技术产业开发区用于R&D经费支出额为313.82亿元,占高新技术产业开发区工业企业主营业务收入总额的4.2%。其中,张江高新技术产业开发区用于R&D经费支出额占工业企业主营业务收入总额的7.5%,金桥出口加工区用于R&D经费支出额占工业企业主营业务收入总额的2.3%,漕河泾新兴技术开发区用于R&D经费支出额占工业企业主营业务收入总额的7.6%。是年,张江高科技园区科研经费投入达149.7亿元,2002—2010年年均增长率为36.9%;科研经费投入占经营总收入比重达9.6%。

表4-3-7　2006—2010年上海高新技术产业开发区及主要园区
用于R&D经费支出额占工业销售收入比重情况表　　　　　　　　单位:%

年　　份	全市高新技术产业开发区	张江高新技术产业开发区	金桥出口加工区	漕河泾新兴技术开发区
2006年	1.8	5.8	2.8	4.2
2007年	1.9	4.1	2.1	0.6
2008年	2.0	6.0	2.0	0.7
2009年	2.8	7.1	2.3	2.0
2010年	4.2	7.5	2.3	7.6

说明:自2007年起工业销售收入数据为工业企业主营业务收入数据

资料来源:上海市经济委员会、上海市经济和信息化委员会、上海市发展和改革委员会、上海市统计局、上海市开发区协会《上海市开发区统计手册》《上海开发区发展报告》《上海产业和信息化发展报告——开发区》

第三节　创　新　成　果

一、科技成果转化

1991年,漕河泾开发区总公司与上海高校科技服务中心和上海市科技创业中心联合组建高创科技发展总公司,以支持高校系统的科研成果产业化,至1996年,公司引进上海交通大学、复旦大学等17所高等院校近40个光电技术、计算机技术、新材料、医疗保健、生物工程技术、工业自动化技术等科技项目。1993年,漕河泾开发区建成总长为1.6公里,建筑面积为2.2万平方米的科技商业街,旨在促进新型的科工贸一体化企业的快速发展和壮大,加快高新技术成果的转化,1995年技工贸销售收入达3亿元,1996年有150多家科技型企业进街设立市场"窗口",其总注册投资3亿元。1994年,漕河泾开发区投资参与组建中科股份有限公司,支持科学院系统的科研成果产业化。

1999年10月,上海市高新技术成果转化服务中心和上海市市北工业新区管理委员会合作成立上海市高新技术成果转化市北工业特区。双方在高新技术成果转化的合作中充分发挥各自的优势,是高新技术成果转化服务中心主要利用信息和服务优势,新区主要利用地域和政策优势,为进驻"特区"的企业提供各方面的服务。

2005年,在科技部征集的"百个第一"中,张江高科技园区共有18家企业的20个产品申报,其中6个申报世界第一,包括展讯TD-SCAMA手机核心芯片、上海全景DSG多媒体终端、上海绿谷抗癌药物双灵固本散、曦龙生物APA-BCCS长效阵痛微囊产业化工程和博达兼容IPV6高端路由交换设备等;14个申报国家第一,包括鼎芯射频电路收发芯片、中芯国际微米逻辑芯片、盛大网络网络游戏运营、微创医疗含药缓释血管支架、上海光源第三代同步辐射光源装置等。是年9月,漕河开发区"促进科技成果转化示范基地"揭牌启动,12月,科技创业中心制定促进科技成果转化示范基地的三年工作计划、工作条例、服务内容、企业(项目)入驻标准以及项目转化标准等,2006年,漕河泾开发区通过促进科技成果转化示范基地的运作,为企业提供八大固定载体和五大系统(信息、推介、咨询、合作、培训)的服务。

在2006年度国家科学技术奖励大会上,张江高科技园区展讯通信(上海)有限公司的"展芯GSM GPRS手机核心芯片关键技术的研制和开发"项目获"国家科技进步奖一等奖"。

2007年,漕河泾开发区建立起集展示、交流、推介、评估、招标、融资、代理、培训、交易等"九位一体"的成果转化专业服务平台——知识产品(上海)集散中心。

2008年,漕河泾新兴技术开发区知识产品集散中心通过组织各类推介活动10余场,推介项目100余项,帮助解决技术需求和难题攻关项目4个;征集科技成果项目近150个,其中推介项目成功7个;邀请上海各类科技、金融、经济、管理、法律等50多家中介服务机构入驻集散中心;为完善"促进科技成果转化示范基地""知识产品集散中心"建设,开发区成立集散中心管理办公室,全年接待2000多人来访参观,向兄弟省市及开发区推介项目数达1000多个。在2008年度国家科学技术奖励大会上,张江园区上海华虹集成电路有限责任公司参与完成的"第二代居民身份证"项目获"国家科技进步奖一等奖",中芯国际集成电路制造上海有限公司参与完成的"90纳米至65纳米及大规模集成电路大生产关键技术"项目获"国家科技进步二等奖"。是年,漕河泾开发区响应"万商西进"工程,加强东中西部互利合作,在开发区内开办"产业转移促进中心(中华人民共和国商务部上海基地)"。

2009 年,上海高新技术产业开发区涌现出一批国内首创和业内领先的创业技术和产品,如华虹集成电路、第二代居民身份证项目、中芯国际、90 纳米~65 纳米级大规模集成电路大生产关键技术项目等。在 2009 年度国家科学技术奖励大会上,上海药物研究所"拓扑异构酶Ⅱ新型抑制剂沙尔威辛的抗肿瘤分子机制"鲜蘑菇项目获"国家自然科学奖二等奖"。是年,展讯、奥威科技、中微半导体和微创医疗等企业的自主创新成果被科技部授予"国家自主创新产品"证书。是年,漕河泾开发区总公司与上海交通大学签订全面战略合作框架协议,联手推动开发区支柱、特色产业与交通大学相关学科开展更加深入、全面的产学研合作。是年,市北工业区"上大高新区技术转移中心"揭牌,在园区开辟近千平方米的展示场所和服务窗口,将技术转移的重心放到园区,服务区域科技企业,建立区域创新型科技企业与上大科研团队相携手的产学研联盟,切实推动园区企业的科技创新。

至 2010 年,张江高科技园区累计获得国家级科技奖 12 项,其中,国家自然科学奖二等奖 1 项、国家科技进步奖一等奖 1 项、国家科技进步奖二等奖 10 项。在《国家中长期科技发展规划纲要(2006—2020 年)》确定的 16 个重大科技专项中,张江园区企业与机构在其中 5 个专项中承担重任。在"极大规模集成电路制造技术及成套工艺专项"确立的 44 个项目中,张江园区承担 7 项;在"重大新药创制专项"中,张江园区共获支持项目 99 个。此外,张江园区承担了国家重大战略课题 216 项,包括"973"计划 17 项、"863"计划 129 项、科技支撑计划 35 项、国家自然科学基金 31 项。漕河泾开发区培育出新涛科技、龙林通信、拓能医疗等一批优秀的留学生企业,产业涉及电子信息、生物医药、新材料、新能源等国家重点发展产业。紫竹高新技术产业园区企业科研项目开发数达 550个,2007—2010 年累计科研项目开发数达 1 709 个(不含上海交通大学、华东师范大学)。

二、知识产权

1986—1999 年,漕河泾新兴技术产业开发区企业累计专利申请数为 542 件。自 2000 年起,漕河泾开发区专利申请量处于稳定上升趋势,专利年申请量的增长率基本保持着两位数的涨幅。

2000 年,漕河泾开发区企业专利申请数为 82 件。2001 年,漕河泾开发区企业专利申请数为103 件。2002 年,漕河泾开发区企业专利申请数为 166 件。2003 年,张江高科技园区企业专利申请数累计达 1 251 件,获得专利授权数累计达 455 件;漕河泾开发区企业专利申请数为 303 件。2004年,张江高科技园区企业专利申请数为 817 件,获得专利授权数 177 件;漕河泾开发区企业专利申请数为 347 件。2005 年,张江高科技园区企业专利申请数为 1 269 件,获得专利授权数 357 件;漕河泾开发区企业专利申请数为 399 件。

2006 年,张江高科技园区企业专利申请数为 2 257 件,获得专利授权数 582 件;漕河泾开发区企业专利申请数为 503 件。2007 年,张江高科技园区企业专利申请数为 3 548 件,获得专利授权数634 件;漕河泾开发区企业专利申请数 554 件;紫竹科学园区企业专利申请数为 87 件,获得专利授权数 55 件。2008 年,张江高科技园区企业专利申请数为 5 091 件,获得专利授权数 1 013 件;漕河泾开发区获批上海市首批知识产权试点园区,企业专利申请数为 685 件;紫竹科学园区企业专利申请数为 112 件,获得专利授权数 54 件。

2007 年,漕河泾开发区在整合"促进科技成果转化示范基地"各方资源的基础上,进一步建立起集展示、交流、推介、评估、招标、融资、代理、培训、交易等"九位一体"的成果转化专业服务平台——知识产品(上海)集散中心。2008 年,发挥知识产品集散中心作用,通过引进来、走出去,召开项目代理人座谈会、项目推介会、融资洽谈会、用户推广等形式,组织各类推介活动10余场,推介项目100余个,帮助解决技术需求和难题攻关项目4个。征集科技成果项目近150个,其中推介项目成功7个。邀请全市各类科技、金融、经济、管理、法律等50多家中介服务机构入驻集散中心。为完善"促进科技成果转化示范基地""知识产品集散中心"建设,开发区成立集散中心管理办公室,全年接待2 000多人来访参观,向兄弟省市及开发区推介项目数达1 000多个。

2009年,上海高新技术产业开发区申请专利数4 500件,获得专利授权和发放许可证的为2 000件。其中,张江高科技园区企业专利申请数为3 387件,获得专利授权数919件;漕河泾开发区企业专利申请数为1 072件;紫竹科学园区企业专利申请数为102件,获得专利授权数76件;市北园区企业专利申请数225件,获得专利授权数69件,其中申报发明专利24件,获得专利授权数4件;申报实用新型专利191件,获得专利授权数159件;申报软件著作权10件,登记2件;拥有上海市专利培育、试点企业4家。

2010年,上海高新技术产业开发区获得专利授权数为3 667件,共拥有有效专利数为14 211件,占上海拥有有效专利总数的28%。

2010年,张江高科技园区企业专利申请数为4 595件,获得专利授权数1 806件,共拥有有效专利数为6 287件;累计申请知识产权22 000余件,共拥有有效专利1万余件,其中有效发明专利占40%以上;软件版权登记达3 376件;参与制定国际标准749项,参与制定或承担修订国家和行业标准531项。至2010年,张江园区累计申请专利22 215件,其中国际专利3 314件;累计授权专利5 934件,其中国际专利629件。

2010年,漕河泾开发区企业专利申请数为1 324件,其中发明专利585件、实用新型614件、外观设计125件;获得专利授权数为961件,其中发明专利授权数为222件;累计申请专利数为6 080件,其中发明专利数为2 849件,累计获得发明专利授权数为890件,共拥有有效专利数为5 717件。至2010年,共拥有知识产权企业794家,知识产权重点企业58家,其中知识产权示范企业8家,专利示范、试点、培育企业27家。累计登记软件著作权2 242件,拥有集成电路布图设计专有权317项,注册商标3 253个。2010年4月,市北园区邀请上海市知识产权局专家领导,为园区的多家企业开展知识产权工作进行指导;5月,园区邀请市知识产权局领导为园区30多家企业开展"知识产权信息资源利用"培训讲座,指导企业如何正确、便捷的使用专利信息服务平台;6月,抽调7名管理者参加由市知识产权局举办的"知识产权管理工作者培训",并全部通过考试,取得知识产权管理工作者资格证书;园区还积极编制知识产权的专刊,宣传园区中企业在知识产权工作上的一些好的做法,鼓励企业做好知识产权工作。12月,经市知识产权局批准,上海市市北高新技术服务业园区被认定为第三批上海市知识产权试点园区。至2010年,园区内集聚400多家企业,其中高新技术企业12家,科技型企业占总量的60%。这些企业都保持较快的发展速度,自主创新能力不断增强,平均复合增长率都超过25%,正在成为园区推进技术创新和技术成果转化的重要力量。

2010年,紫竹高新技术产业园区企业专利申请数为169件,获得专利授权数157件。

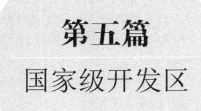

第五篇
国家级开发区

20世纪80年代,在国家改革开放的洪流推动下,上海首批国家级开发区成立。闵行、虹桥、漕河泾开发区被国务院列为全国第一批14个国家经济技术开发区。

1986年8月,国务院批准同意设立闵行经济技术开发区、虹桥经济技术开发区。闵行经济技术开发区依托强大的工业基础,发展出口加工业,创汇额多年居于全国14个国家级开发区榜首。虹桥经济技术开发区是全国最早以发展服务业为主的国家级开发区。1988年6月,国务院批准设立漕河泾新兴技术开发区,1991年3月,漕河泾新兴技术开发区又经国务院批准成为高新技术产业开发区,成为全国唯一以高新技术产业支撑、拥有国家经济技术开发区和国家高新技术开发区双重功能的开发区。在浦东开发开放背景下,1990年6月,国务院批准设立上海外高桥保税区。同月,海关总署批准设立上海金桥出口加工区,是全国第一个以"出口加工区"命名的海关特殊监管区域。9月,国务院批准设立上海陆家嘴金融贸易区,是全国唯一以"金融贸易"命名的开发区。市政府正式宣布成立上海市陆家嘴金融贸易区开发公司、上海市金桥出口加工区开发公司、外高桥保税区开发公司。

1991年1月,邓小平在上海视察时指出:"抓紧浦东开发,不要动摇,一直到建成。"1992年7月,国家科学技术委员会批准设立张江高科技园区,拉开了张江高科技园区开发建设的序幕。1995年6月,国务院批准设立上海佘山国家旅游度假区,是全国12个国家旅游度假区中最后批准设立、也是面积最大、直辖市中唯一的国家旅游度假区。

1999年8月,市政府提出"聚焦张江"战略,张江成为代表中国最早在沿海开放城市设立的、以发展知识密集型、技术密集型工业为主的特定区域,对促进上海经济转型升级发挥了积极作用。

上海先后创立的7家国家级开发区,"摸着石头过河",敢于开拓创新,成为全市改革开放的试验田,在招商引资、高新技术产业、金融贸易、出口加工、保税区业务、服务业等领域,成为上海改革开放的主力军和先行者,探索了规范开发区的法律法规,创新管理机制的运营模式,为上海乃至全国开发区建设起到了积极引领作用。

至2010年,闵行开发区形成了机电、医药医疗、食品轻工的主导产业。漕河泾开发区形成了电子信息、新材料、环保新能源、汽车研发配套、航空航天、现代服务业的主导产业。虹桥开发区成为万商云集、充满活力的现代商贸区,形成以贸易业为主体,以物流业、商务服务业、房地产业、制造业、信息服务业以及其他服务业为补充的服务业集聚发展局面,走出了一条具有虹桥特色的发展之路。金桥出口加工区的电子信息、汽车及零部件、现代家用电器、生物医药及食品四大支柱产业总产值达1 740.73亿元。张江高科技园区形成了集成电路、生物医药、软件与信息服务、文化科技创意、光电子、新能源与节能环保的主导产业。陆家嘴金融贸易区开发了陆家嘴金融中心区、上海新国际博览中心、陆家嘴软件园、张杨路商业中心(新上海商业城)、竹园商贸区、花木行政文化区、龙阳综合区等。佘山国际旅游度假区在充分保护自然与人文景观资源的前提下,进行适度开发,与国际大都市旅游发展相适应。

第一章 闵行经济技术开发区

闵行经济技术开发区位于黄浦江上游的闵行区西部。1982年9月11日,为适应改革开放的形势,市政府决定在闵行工业区附近建立一个出口产品工业区,作为上海引进技术、利用外资的实验点。11月,市政府批准工业区开发规划,规划用地2.13平方公里。1983年7月,闵行新工业区市政基础设施建设启动。1984年4月,开发区引进第一家中外合资企业上海环球玩具有限公司。是年,经国家对外经济贸易部批准,沪港合资的上海闵行联合发展有限公司(以下简称闵联公司)成立,开发区实施"引进外资搞开发,企业方式搞管理"的模式。1986年8月29日,国务院批准闵行新工业区为"上海市闵行经济技术开发区",成为首批国家级经济技术开发区之一。是年,闵行开发区基本完成基础设施建设。

1986年10月6日,《国务院关于鼓励外商投资的规定》公布后,第一家在中国境内设立的外商独资企业格雷斯中国有限公司签约入驻闵行开发区。闵行开发区遵循国际惯例,营造和改善外商投资环境。是年,编制全国开发区首册中英文版《上海闵行经济技术开发区投资指南》,为外商投资提供方便。1988年2月,闵行开发区管理服务中心成立,14家服务成员单位为进区外商提供"一条龙"综合性服务。5月11日,中共上海市委书记、市长江泽民视察开发区,为上海闵行经济技术开发区管理中心题写名牌。1994年,管理服务中心服务机构发展到30家。

1990年,闵行经济技术开发区完成一期开发,开发区产业初具规模。至1991年,开发区累计引进外商投资项目80家,累计投资总额4.95亿美元,其中投资金额500万美元以上的29家,占比36%。至浦东开发开放前,跨国公司在上海投资的大项目50%以上集中在闵行开发区。

1991年起,闵行经济技术开发区启动二期开发建设,开发区土地面积逐步扩增至3.5平方公里。1992年2月12日,邓小平视察闵行开发区;当邓小平听到闵行开发区取得的成绩时,高兴地说:"这有利于发展社会生产力,有利于提高综合国力,有利于社会主义。"20世纪90年代开始,闵行开发区逐步开展土地厂房回购,将厂房、土地等资源向优势企业集中。至1996年,开发区累计引进外商投资总额16.8亿美元。至2000年,闵行开发区入驻外商企业151家,涉及10多个行业门类,形成高起点、大产出的综合性产业格局。

进入21世纪,闵行经济技术开发区开始"二次创业",推进新一轮发展。"十五"时期(2001—2005年),闵联公司淘汰落后产能,优化产业结构,一批高端装备和生物医药产业进入开发区,优势企业通过扩建、增资,规模扩大、产品升级,以轨道交通、电站设备为代表的机电产业为主,以血制品、常用药品为代表的医药医疗产业和以世界品牌饮料为代表的食品、轻工产业为辅的三大产业逐步形成。闵行开发区成为上海重要的先进制造业基地。

闵行经济技术开发区在国家级工业开发区中,占地面积最小,但单位土地面积产出较高。据对外贸易经济合作部统计公布,2003年闵行开发区单位面积上缴税收和销售收入分别在全国开发区中名列第一和第三位;2004年按纯工业用地计算,每平方公里销售收入超过125亿元,上缴税收超过15亿元,人均劳动生产率超过81万元,名列国家级开发区的前列。2005年,闵行开发区被上海市推荐为"全国土地集约利用先进单位"。是年,闵行开发区获"上海市质量和环境双优园区"称号。

2006年2月,闵行经济技术开发区在临港地区扩区13.3平方公里,发展现代装备先进制造业。2008年,启动"国家生态工业示范园区"创建工作。"十一五"时期(2006—2010年),闵行开发区形成 14 个销售额超 20 亿元的企业集群及核心企业;国际级研发中心相继建立,生产性服务业在开发区得到发展。到 2010 年,闵行开发区累计引进 19 个国家和地区的 172 个项目,累计外商投资总额 36.2 亿美元,世界跨国公司投资企业 40 余家,其中全球 500 强投资企业 34 家。开发区累计实现销售收入 4 366.83 亿元、利润总额 468.33 亿元、上缴税收 380.47 亿元。从 1986—2010 年的 24 年,闵行开发区在基础设施建设方面累计投入约 10 亿元,与累计上缴税收之比为 1:38。

第一节　开发区创建

中共十一届三中全会以后,党和国家的工作转入以经济建设为中心。1979 年 6 月,为适应对外开放形势,发展上海经济,加快城市现代化建设,中共上海市委决定开展新区和重点地区的开发建设,市进出口办公室据此提出上海建立出口工业区的设想。

1981 年 3 月初,市进出口办公室向国务院副总理谷牧汇报上海利用外资和创建出口产品工业区的设想,谷牧表示支持。随后市进出口办公室向市规划局申请选址,市规划局提出星火农场、闵行两个选址方案。是年,市长汪道涵要求 7 月新成立的上海投资信托公司为出口产品工业区选址做调查研究。经过各单位分析研究、多方案比较和专家论证,并听取市进出口办公室、市建委、市农委的意见,最后选定在位于闵行的沙港以西、江川路以北、昆阳路高压供电走廊以东、剑川路以南约 1.6 平方公里的区域建出口产品工业区。该区域位于黄浦江上游,沿江岸线较长,交通运输条件优越;工业基础较好,有利于工业点建设;闵行机电工业基地已有一定的市政公用设施,辟建的工业区可以充分利用,开发投资省、见效快。4 月 6 日,市进出口办公室正式向市政府提出在闵行昆阳地区建立出口产品工业区的请示。7 月 3 日,市政府批复同意并要求市规划局编制规划方案,明确要在工业区创造一个有利于外商投资的"小气候",成为上海吸引外资的基地和改革开放的窗口。11 月,国家召开沿海九省市对外经济工作座谈会,研究沿海地区进一步开放、促进对外经济贸易的发展问题,副市长陈锦华在会上表示,上海市要举办闵行和虹桥两个开发区。

按照市政府要求,市规划局组织编制《闵行昆阳工业点开发规划方案》,于 1982 年 8 月 21 日上报市政府。《闵行昆阳工业点开发规划方案》在说明中进一步明确建设闵行昆阳工业点,主要是利用外资、引进技术,以进养出,使上海技术改造的步子走得更宽,增加新的工业生产能力,以适应上海出口增长的需要。9 月 11 日,市政府发文,决定在闵行老工业区附近开发建立出口工业品生产基地;在虹桥地区开发建设一个对外活动中心;决定建立闵行开发公司和虹桥开发公司,分别负责两个地区开发建设中的一切事项;在上海市基本建设委员会建立市开发公司管理处,统一主管开发建设工作;市开发公司管理处和两个开发公司的领导干部,均按局级配备。11 月 8 日,市政府原则同意《闵行昆阳工业点开发规划方案》《延安西路中山西路地区规划方案》,决定自即日起,在规划区内停止新建未经市领导部门批准的一切建设项目,并暂时冻结户口迁入。12 月 2 日,副市长忻元锡召开闵行开发区工作会议,有关委、办、局、区、县负责人及市投资信托公司、工商联、爱建公司、规划院等单位负责人参加会议。会议对开发公司任务、企业性质、开发重点、征地动迁、资金来源等提出九点要求。会议认为新辟闵行开发区,是上海利用外资、引进技术,为行业性技术改造提供经验、培训人才的试验点。开发区要通盘规划,合理布局,建设一批现代化的、对上海市经济技术起促进作用的工业企业。开发区经营管理等人员从全市各行业选调;会议确定由市建委副主任、党组副书记陈去非、市计委副主任倪振、徐鹏飞组成三人小组,以陈去非为主,负责领导闵行和虹桥两个开发公司,提出开发公司、开发区建设项目方案和进度计划,报中共上海市委、市政府审批。

1983年2月1日,上海市开发公司管理处正式建立并开始工作。2月22日,上海市开发公司管理处上报市政府《关于闵行、虹桥开发区当前工作的报告》。报告开发区内外市政公用基础工程规划设计、征地拆迁工作,上海市开发公司管理处和闵行、虹桥开发公司的机构设置,以及下一步工作安排等七方面意见。3月31日,市政府批转该报告,指出开发区范围内的公用基础工程项目投资,从开发公司开发资金中解决;范围外的(与开发区衔接的)各项市政、公用基础工程设施项目投资,由各主管单位分列项目,编报计划任务书,报市计委或国务院主管部门解决;要求这些项目与开发区内工程同步建设。1983年4月起,上海市闵行虹桥开发公司(以下简称闵虹开发公司)着手进行闵行和虹桥两个开发区的征地动迁工作和市政工程基础设施建设。4月25日,三人小组把《关于改建上海市开发公司意见》报送中共上海市委、市政府,建议把上海市开发公司管理处与闵行、虹桥两个开发公司合并成一个开发公司。6月2日,市政府正式发文决定:为提高效率,有利统一安排建设项目,将原筹备成立的三个开发机构统一改建为"上海市闵行虹桥开发公司",直属市政府领导,委托市建委代管,由谢武元任总经理。

1984年5月3日,按照市长汪道涵"为适应外向型需要,筹措两个开发区开发经营资金,打开利用外资新局面"的意见,闵虹开发公司和中国银行上海分行联合报告市政府,建议闵行和虹桥两个开发区成立两个中外合资经营的联合发展公司,分别负责两个开发区的开发工作。5月28日,市政府批文同意闵行和虹桥新区成立两个合资经营公司的项目建议书。5月29日,港澳中银集团来沪与闵虹开发公司和中国银行上海分行商谈成立合资公司事宜。6月1日,闵虹开发公司、港澳中银集团、中国银行上海分行三方在瑞金宾馆签署《合资成立闵联公司和虹联公司的会谈纪要》,市长汪道涵和副市长倪天增参加签字仪式。汪道涵要求两开发区参照深圳、蛇口特区做法,加快引进外资。9月22日,两个合资公司项目的可行性研究报告、合同和章程拟定。10月19日,闵虹开发公司、中国银行上海分行、港澳中银集团成员行三方签订成立两个联合发展有限公司的合同和章程,市长汪道涵等出席签字仪式。12月31日,经对外经济贸易部以及市政府批准,上海闵行联合发展有限公司成立,市外经贸委颁发批准证书。1985年1月,市委组织部与市建委商定并报市政府同意,任命两个合资公司中方领导成员。

闵行新工业区启动开发建设后,到1985年具备招商建厂的初步条件。但由于工业区距市中心30公里,而吸收外商投资的待遇和条件与市中心区没有什么差别;已入驻的首家合资企业不能享受经济技术开发的优惠政策。虽然闵行新工业区是国内除特区以外最早兴办的开发区,但对外商的投资吸引力不高。来园区的客商考察情况的多,真正投资办厂的少。1986年5月30日,市政府为进一步改善闵行新工业区投资环境,向国务院报告确定闵行新工业区为闵行经济技术开发区。是年8月29日,经国务院批准,上海闵行经济技术开发区正式设立,成为全国首批14个国家级经济技术开发区之一。

第二节　管　理　机　制

一、管理机构

【历史沿革】

闵联公司成立后,按市政府要求,以企业形式负责闵行开发区的开发和经营管理。1988年11月,市人大常委会通过《上海市经济技术开发区条例》,闵联公司按照《条例》规定的职能,实施对开发区内的基础建设、土地经营、外商投资、企业公用设施等的协调和服务。

为提高对开发区管理的权威性,增强协调、服务区内企业的有效性,1988 年 2 月 11 日,园区成立上海闵行经济技术开发区管理中心;海关、商检等单位入驻,根据自身职责,依法为开发区企业提供各项专业服务。1994 年 8 月,闵联公司和闵行公安分局合作,设立"闵行公安分局闵行开发区治安办公室";1999 年设立开发区路政市容管理办公室;2000 年 1 月 5 日,组建开发区路政管理中队,负责区域内市政道路设施管理。是年 3 月,闵行开发区建立由海关、商检、工商局、外税所等单位参加的开发区联席会议。

2000 年 6 月 19 日,经市建委批准,上海闵行经济技术开发区管理办公室(以下简称管理办公室)成立,行使政府授权的管理职能和协调企业服务。管理办公室直属市建设和管理委员会领导,业务上兼受市外资委和市外经贸委指导。市建委副主任皋玉凤任主任,闵联公司领导任副主任。

是年 10 月 25 日,管理办公室举行第一次会议,审议通过《上海闵行经济技术开发区管理办公室管理暂行办法》,明确"管理办公室受政府委托对开发区实行统一领导和综合管理"。主要职责有:制定和修改开发区发展规划,报请上级部门批准后组织实施;制定并组织实施开发区的管理规定;按照权限,审核、审批各类工业性投资项目;检查、协调各项基础设施建设、管理和组织公用设施的配套服务;协调海关、税务、出入境检验检疫、工商行政管理、公安等部门在开发区工作;协调投资项目建设和生产经营中的问题;行使对外资企业和在外省市注册的合资企业的属地化管理;负责外资企业的党组织及工会组织管理工作等。管理办公室设联络协调部、党群工作部、项目审批办公室、政策研究室,分别负责开发区日常管理事务。

2004 年,市建委调整管理办公室领导成员,由市建委副主任孙建平任主任。2005 年 4 月,管理办公室领导成员再次调整,由市建委副主任倪蓉任主任。2008 年 10 月 31 日,管理办公室撤销党群工作部,其原有工作职能分别由开发区工会和开发区管理办党工委办公室承担。

2010 年 8 月 3 日,为保持闵行开发区管理办公室工作的连续性,上海地产(集团)有限公司党委同意闵行开发区管理办公室党工委隶属关系属地管理。2011 年 3 月 18 日,中共上海市城乡建设和交通工作委员会建议由闵行区政府分管副区长担任闵行经济技术开发区管理办公室主任,管理办公室副主任仍由闵联公司领导担任,负责部分政府审批工作和对开发区企业的联络、协调、管理服务和其他工作。是年 6 月 9 日,闵行区政府同意成立上海闵行经济技术开发区协调管理联席会议,不再设立上海闵行经济技术开发区管理办公室,由分管副区长任联席会议召集人。

【管理办公室成员】

2000 年 6 月,闵行开发区管理办公室成员有上海经济技术开发区海关、上海经济技术开发区出入境检验局、市工商局外资处、市外税分局三所、闵行公安分局闵行开发区治安办公室、开发区项目审批办公室、开发区路政市容管理办公室等单位。2002 年 11 月 27 日,经市建委批复,增加上海市闵行区江川路街道办事处、市环保局、国家外汇管理局上海市分局等单位。2008 年 1 月 15 日,管理办公室调整部分成员,增加闵行区工商行政管理局、闵行区财政局和闵行区环境保护局等单位。

二、开发主体

【历史沿革】

1985 年 2 月 14 日,经国家工商行政管理总局批准登记注册,闵联公司开业。是年 6 月 20 日,闵联公司在上海展览中心举行成立大会,市长汪道涵、中国银行行长金德琴、中国银行副董事长兼港澳管理处主任蒋文桂以及港澳中银集团成员行代表出席大会。

1985年4月1日,闵联公司正式建立财务账册。1987年,公司实现利润221.48万元。抵补历年亏损后,实现利润155万元。1987—1991年,闵联公司的经济效益以逐年翻一番的速度增长,其间园区投资各方对每年所得利润不予分红,均作为增资用于开发区建设再投资。1989年闵联公司被评为全国出口创汇先进企业。1990年被评为全国外商投资双优企业和上海市外商投资创汇、创利先进企业。1992年8月18日,市政府侨务办公室确认闵联公司为侨、港(澳)资企业。1994年闵联公司被评为上海市生产出口型外商投资企业"先进企业"。

至1994年,公司总资产达12.9亿元,10年年平均增长率39%;实现利润突破1亿元,10年年平均增长率为110%,人均创利11.4万元。

1996年6月,随着公司业务规模不断扩大,公司合营期限由25年改为50年。12月31日,建设部批准闵联公司具备从事房地产开发经营一级资质。2003年3月12日,公司合营期限改为75年。

2000年8月15日,闵联公司成立上海闵联投资管理有限公司,闵联公司党政领导分任董事长和总经理。公司经营范围:对外投资、投资项目管理、投资咨询、项目中介、项目论证、市场调研。2004年3月,成立上海闵联临港联合发展有限公司,主要负责闵行开发区临港园区的开发、建设、经营和管理。

2004年6月3日,闵联公司国有资产划转至上海地产(集团)有限公司,上海地产(集团)有限公司为闵联公司国资监管单位。2007年2月,闵联公司成立上海闵联临港置业有限公司,进行闵联大厦的开发。2009年12月3日,闵联公司党组织的隶属关系正式由原上海市建设交通工作党委划转上海地产(集团)有限公司党委。2010年7月27日,闵联公司获上海市交通运输和港口管理局颁发《中华人民共和国港口经营许可证》,准予从事港口设施、设备租赁服务等业务。

【公司股东】

闵联公司由上海市闵行虹桥开发公司、港澳中银集团成员行和中国银行上海分行合资组成。其中港澳中银集团五家成员行包括中国银行香港分行、金城银行香港分行、浙江兴业银行香港分行、新华银行香港分行和广东省银行香港分行。

1998年8月28日,股东港澳中银集团成员行之一的金城银行香港分行变更为金城投资发展(中国)有限公司。2001年9月5日,股东港澳中银集团成员行中国银行香港分行、浙江兴业银行香港分行、新华银行香港分行、广东省银行香港分行分别变更为中鹏投资有限公司、逸进有限公司、华泓有限公司、宏熹有限公司。2003年2月10日,股东金城投资发展(中国)有限公司变更为中鹏投资有限公司。12月8日,股东中国银行上海分行变更为中国东方资产管理公司。2004年12月14日,股东上海市闵行虹桥开发公司变更为上海地产(集团)有限公司。2006年11月9日,股东中国东方资产管理有限公司变更为上海东兴投资控股发展公司。2010年4月2日,股东上海东兴投资控股发展公司更改为上海东兴投资控股发展有限公司。

【注册资本】

1984年,公司注册资本为10 000万元,其中上海市闵行虹桥开发公司出资额占比65%,为6 500万元,以人民币出资;港澳中银集团出资额为25%,为2 500万元,以外汇出资;中国银行上海市分行出资额占 10%,为 1 000 万元,其中以人民币出资 500 万元,以外汇出资 500 万元。1989 年,公司注册资本增至 12 000 万元。1991 年,考虑到二期开发规模的扩大,注册资本增至 17 000 万元。1995 年,公司注册资本增至 25 000 万元。1998 年,公司注册资本增至 40 000 万元。

【董事会】

1985 年 1 月 24 日,闵联公司董事会成立,公司实行董事会领导下的总经理负责制。3 月 28 日,公司在上海举行第一次董事会议。1999 年 6 月 22 日,董事会成员人数由原来 9 人调整为 10 人,其中闵联公司委派 6 人、港澳中银集团成员行委派 2 人、中国银行上海分行委派 2 人。至 2010 年,董事会共举行 28 次董事会会议,审议公司年度工作报告和下一年度工作计划、财务决算和预算;审定注册资本变动、年度分配、机构设置和员工编制。开发区各项规划、二期、三期开发建设,项目投资以及公司领导任免等重大事项都经过董事会讨论审议通过。

表 5-1-1　1985—2010 年上海闵行联合发展有限公司主要领导任职情况表

任 职 时 间	职 务	姓 名
1985 年 1 月—1985 年 6 月	董事长	陈去非
1985 年 6 月—1999 年 9 月	董事长	鲁又鸣
1999 年 10 月—2004 年 1 月	董事长	郑国培
2004 年 2 月—2008 年 6 月	董事长	陈妙法
2008 年 6 月—2010 年 3 月	代理董事长主持工作	董绍诚
2010 年 4 月—2010 年 12 月	董事长	薛 宏
1985 年 3 月—1999 年 9 月	总经理	鲁又鸣
1999 年 9 月—2002 年 4 月	总经理	黄 融
2002 年 4 月—2010 年 3 月	总经理	董绍诚
2010 年 4 月—2010 年 12 月	总经理	薛 宏

资料来源:闵行经济技术开发区提供

【公司机构】

1985 年,闵联公司设经营部、财会部、工程部和办公室、人事室等 3 部 2 室,全员人数 129 人,其中正式职工 75 人。1986 年,国务院批准闵行新工业区为上海闵行经济技术开发区,公司设办公室、人事室、政策研究室、经营部、进出口部、房产部、工程部、财会部和电脑中心。1990 年 3 月,根据直属公司、宾馆、服务中心发展需要,董事会同意增加人员编制 50 人左右。1991 年 10 月 21 日,根据公司业务和二期开发需要,董事会同意增加员工编制 400 人左右。是年,为加强自办企业的筹建、管理,组建企业发展部。公司机构设 6 部 2 室 1 个中心,直属企业 21 个,参资企业 20 家,共有员工 800 多人。

2004 年 3 月,根据开发区发展和临港园区开发建设,公司机构设置进行调整,设办公室(行政、党委)、人力资源部、业务部(招商中心和工程部合并组建)、投资管理部、计划财务部、党群工作部、管理协调部(与项目审批办公室两块牌子、一套机构)。1999 年,直属企业完成转制,公司员工减少到 207 人。2010 年,闵联公司设办公室、组织人事部、招商中心、房地产部、投资管理部、计划财务部、管理协调部、党群工作部、项目审批(体系管理)办公室等机构,公司在职人数为113人。

【直属企业】

1985年,为配合征地安置和增加进区企业服务项目、完善投资环境,闵联公司先后建立综合经营服务公司、仓储运输公司和工程承包公司。至1991年共建立21家直属企业,其中服务型公司13家,分别为物资供应公司、仓储运输公司、保税仓库、建筑设计室、工程承包公司、综合经营服务公司、紫藤宾馆、紫藤商厦、农艺公司、汽车修理厂、包装印刷公司、加油站、建筑材料公司等;生产型公司8家,有佳联针织公司、印务器材公司、食品工业公司、矿泉水公司、服装公司、编织时装公司、机电设备制造公司、文体用品工业公司等。

从1992年起,闵联公司探索"职工持股会、经营者群体持股"等多种模式推进直属企业转制和内部改革,至1994年5家直属公司完成改制。1997年汽车修理厂采取职工持股方式完成转制。1999年底,原闵联公司本部的上海闵联物业公司、上海闵联工程承包公司(含闵联市政所)、上海闵联建筑设计室、紫藤商厦、上海联工实业公司、宝昌饭店等直属企业也与公司主体剥离一并进入转制企业。2000年6月,紫藤宾馆采取委托承包经营实行转制。是年,闵联公司直属企业全部转制为自主经营、自负盈亏、多元投资的有限责任公司,成为独立经营实体。闵联公司剥离附属,精干主体,为集中精力发展主业奠定基础。2008年8月19日,注销直属企业上海闵联保税仓库。

【参资参股企业】

1986年开始,闵联公司根据"多元发展"思路和中外合资政策,参资参股区内外企业,涉及众多行业。至1999年,投资项目为72个,投资额36 793万元,累计收益26 045万元,为公司创造了良好的经济效益,部分项目成为流通性很强的优质资产。随着开发区产业结构升级优化,原有投资项目有的进入衰退期,收益降低;有的项目因投资额小、持股比例低,管理问题日益凸显。2000年,在投资项目清理小组的基础上,闵联公司成立投资管理部,加强投资管理,梳理投资项目。2001年共清理、转让8个项目。2002年起,按照"优化投资结构、夯实公司资产"要求和标准,对非主业资产进行处置清理。至2010年,公司对外投资参资企业21家。

表5-1-2　2010年上海闵行联合发展有限公司参资企业情况表

序号	企业/项目名称	行　业	企业性质	成立时间	注册资本
1	上海航空印刷有限公司	印刷和记录媒介复制业	中外合资	1986.12	5 900万元
2	上海百事可乐饮料有限公司	酒、饮料和精制茶制造业	中外合资	1989.06	2 812万美元
3	上海联合羊绒有限公司	服装	中外合资	1992.11	84.44万美元
4	上海蓝波高电压技术设备有限公司	专用设备制造业	中外合资	1992.07	300万元
5	武汉百事可乐饮料有限公司	酒、饮料和精制茶制造业	中外合资	1999.01	980万美元
6	上海佳创贸易有限公司	贸易	国内合资	1999.05	400万元
7	上海闵联投资管理有限公司	商务服务业	国内合资	2000.01	1 500万元

（续表）

序号	企业/项目名称	行 业	企业性质	成立时间	注册资本
8	南京百事可乐饮料有限公司	酒、饮料和精制茶制造业	中外合资	2000.03	13 248 万元
9	上海新航空印务有限公司	印刷和记录媒介复制业	中外合资	2000.08	2 770 万元
10	上海紫藤酒店管理有限公司	住宿和餐饮业	国内合资	2001.02	200 万元
11	上海闵联置业有限公司	房地产业	国内内资	2003.06	1 000 万元
12	上海临港经济发展(集团)有限公司	房地产业	国内合资	2003.09	300 000 万元
13	上海闵联临港联合发展有限公司	房地产业	国内合资	2004.03	60 000 万元
14	上海闵联临港建设发展有限公司	房地产业	国内合资	2005.04	3 000 万元
15	杭州百事可乐饮料有限公司	酒、饮料和精制茶制造业	中外合资	2005.11	1 040 万美元
16	上海闵联临港置业有限公司	房地产业	国内合资	2007.01	8 000 万元
17	上海新天地置业有限公司	房地产业	国内合资	2007.11	5 000 万元
18	上海闵临置业有限公司	房地产业	国内合资	2007.11	2 000 万元
19	上海名潮置业有限公司	房地产业	国内合资	2010.01	7 000 万元
20	上海奉南置业有限公司	房地产业	国内合资	2010.11	5 000 万元

资料来源：闵行经济技术开发区提供

第三节　规 划 与 建 设

一、园区规划

【闵行新工业区规划】

闵行昆阳工业点开发规划　1982 年 8 月 21 日,市规划局向市政府上报《闵行昆阳工业点开发规划方案》。9 月 24 日,市计委、市建委组织有关单位对规划方案进行审议,同意在闵行西部昆阳路东、思茅路(后改为东川路)两旁按 160 公顷用地规模,规划为出口产品工业点;由于工业点位于黄浦江上游,要求保护好水源,不宜设置有严重污染水体的工厂。11 月 8 日,市政府批复原则同意。

规划将出口工业点拟命名昆阳工业点,位置选择在闵行西部昆阳路以东、剑川路以南、沙港以西、江川路以北。在指导思想上,昆阳工业点作为闵行卫星城的一个组成部分,其性质、规模、布局、项目设置、市政公用设施安排按照 1980 年 5 月编制的闵行总体规划和环境保护要求,同时充分利用已有设施,尽快形成投资环境,吸引外资,发挥效益。规划用地为 1.6 平方公里,其中 1.2 平方公里为工业用地,建筑面积 100 万平方米。主要安排生产出口为主的纺织、电子、轻型建材等工厂以及配套的零部件、包装、印刷等工厂 100 家。不安排污染严重、占地多、运输量大的工厂。工业点四周道路以江川路、昆阳路、剑川路为主干道,规划路幅宽度 30 米～44 米,临沧路为次干道,规划路幅宽度 24 米。工业点内城市道路主要有东西向的思茅路,规划路幅宽度 30 米,长度约 2 200 米;南北向的文景路(后改为文井路),规划路幅宽度 24 米,长度约 2 000 米,工业点内按工厂大小规划设置支路网格。支路路幅宽度为 16 米,总长度 10 公里。每一路格内一般设置 4 个以上工厂,也可设置一、二个规模较大的工厂,以供开发商选择。改建江川路沙港桥梁,使之能通过 100 吨的船只,在沙港建设内河码头。

昆阳工业点预计基本职工 3 万人,为其服务职工 1 万人,家属 3 万人,总人数为 7 万人。规划居住区用地 94.6 公顷,分布在昆阳新村北侧和红旗新村东侧。根据该地区市政公用配套设施条件,一期设想在思茅路以南地区 54 公顷土地内首先进行开发,工业用地占 40 公顷左右,约可容纳工厂 30 余家、1 万名职工。

闵行开发区详细规划　1983 年,上海市开发公司管理处委托上海工业设计院深化编制闵行昆阳工业点详细规划。上海工业设计院编制的《闵行开发区详细规划》将昆阳工业点名称改为闵行开发区,并把昆阳路以东的高压供电走廊用地(剑川路至江川路)划入闵行开发区,总用地为 2.13 平方公里。在布局上按开发用地先后,《详细规划》将闵行开发区用地由南到北划分为 A、B、C 三个片区。为便于按地块招商引资,将三个片区土地划分为 97 小块。思茅路以南为 A 片区(31 小块),思茅路以北、工农河以南为 B 片区(25 小块),工农河以北为 C 片区(41 小块)。《详细规划》还安排了包括会场、培训、政府部门办公的管理中心,以及包括幼托所、食堂、医务室、百货商店的服务中心。两个中心为各入驻企业提供服务,使公共服务设施社会化。

【二期开发扩地部分规划】

1988 年,闵联公司提出闵行开发区二期开发设想,先后两次委托市规划院编制开发区发展用地规划。

闵行经济技术开发区二期工程控制性规划　1991 年 8 月 19 日,市规划院编制《闵行经济技术开发区二期工程控制性规划》,规划用地 0.89 平方公里,其中工业用地 0.63 平方公里,市政公用设施用地 0.07 平方公里。安排工厂 70 家,职工 1 万人。A 地块建筑密度 30%～40%,容积率在 2 以下;B 地块公共设施建筑密度为 30%～40%,容积率为 1.2,工业建筑密度为 40%～50%,容积率为 2;对道路、给排水等市政公用设施也作了相应规划。

B 地块地扩大部分控制性规划　1993 年,市规划局批复同意的《B 地块地扩大部分控制性规划》,明确 B 地块扩大部分绿地面积不低于地块总面积的 20%。在东川路沿线、B - 7 地块住宅基地靠重型机械厂的区域,规划增设 20 米宽的绿化隔离带,以提高园区环境质量。规划东川路为主干道,路幅宽度改为 40 米;天宁路向北延伸至古永路,路幅宽度为 20 米。

【上海闵行经济技术开发区控制性详细规划】

2007 年 8 月,闵行区规划和国土资源局为贯彻市政府提高工业开发区土地利用率精神,希望闵行开发区试点,并就开发区控制性详规及容积率、覆盖率、绿化率等指标调整等事宜与闵联公司沟通。是年年底,闵联公司委托市规划院编制开发区控制性详规。2008 年《上海闵行经济技术开发区控制性详细规划》完成编制。这是开发区第一个整单元的控制性详细规划。经过多次修改,2009年 7 月 6 日报闵行区规划和国土资源局。

《控详规划》根据《上海市闵行新城总体规划(2007—2020)》和《上海市郊区新城控制性详细规划任务书编制研究》要求,将闵行开发区单元置于江川产业特定区内。规划目标是依托国家级工业

图 5-1-1　1993 年闵行经济技术开发区地块布局图

资料来源：闵行经济技术开发区提供

园区的区位优势和良好的发展基础,建设形成以轨道交通、电站设备为代表的先进制造业为龙头,以生物基因制药为代表的医药医疗产业和以食品、饮料为代表的轻工产业为两翼的产业格局,形成上海未来重要的现代装备业制造基地和研发生产区,成为闵行新城范围内经济领先、环境舒适、景观怡人的产业组团。按照"优化土地使用,提升产业能级"的要求,结合闵行开发区的再开发,《控详规划》对园区容积率、覆盖率、绿化率等指标进行调整优化;针对闵行开发区产业功能的集聚以及城市基础设施的布局对工业布局、配套设施布局、绿化布局等方面进行深化和细化。根据企业集群发展需求以及节能、环保等方面要求对工业用地构成作局部调整：将下关路以南仓储用地调整为黄浦江沿岸绿廊，调整江川路南、元阳路西教育科研用地为工业用地。考虑到规划区内公共服务设施用地较少，且主要集中在江川路—文井路和东川路—文井路附近，规划将文井路—大关路附近的现状部分工业用地调整为商业、办公用地。《控详规划》还对部分道路红线进行调整，增设市政公用设施。

【闵行开发区发展规划】

上海闵行联合发展有限公司 1998—2005 年发展规划 自 1985 年，闵联公司成立至 1997 年，开发区累计引进外资项目 141 个，协议投资总额 17.5 亿美元，累计公司总资产从 1 亿元增长到近 12 亿元。为适应浦东开发开放和周边工业区的快速发展，1998 年 5 月 19 日，闵联公司第十五次董事会讨论通过《上海闵行联合发展有限公司 1998—2005 年发展规划》确定到 2005 年把闵行开发区建成"以机电设备及基础元器件、医药保健及生物工程、食品工业和现代农业为优势产业"的发展目标；确定开发区在产业结构、经济成分、经济效益、环境建设和管理服务形成特色；确定闵联公司发展制造业、房地产及相关产业、服务业、农业园艺等四方面产业方向；《发展规划》还提出相应的经营目标和经营策略。

上海闵行联合发展有限公司面向新世纪（2000—2005 年）发展规划 1999 年 12 月 17 日，闵联公司党政联席会议讨论通过《上海闵行联合发展有限公司面向新世纪（2000—2005 年）发展规划》；2000 年 4 月 26 日，公司第 17 次董事会会议讨论通过。

《新世纪规划》提出"立足闵行、跨出闵行、发展闵联"面向新世纪的战略方针；提出建成"以先进技术项目为龙头，以产品出口企业为主导，投资环境一流，跨国公司云集的现代化高新技术出口加工区"的开发区发展目标；以及建成"资金密集、技术密集，名列全国开发区前茅、跻身上海 100 强的多元化、综合性集团公司"的发展目标。到 2003 年即开发区创建第 20 周年时，新进项目 20 家，累计进区项目 165 家，累计吸引投资额 21.6 亿美元。到 2005 年公司成立 20 周年时，新进项目 30 家，累计引进项目 175 家，吸引投资额争取达到 23 亿美元。《新世纪规划》提出转型公司职能和经营体制机制思路；建立招商中心，形成激励机制，通过紫藤俱乐部加强和进区企业与国际大公司联系的举措；以及完善开发区投资环境、加强资产经营、投资管理和实施人才战略等一系列措施。

上海闵行开发区及闵联公司"十一五"发展规划纲要 2005 年，闵联公司编制《上海闵行开发区及闵联公司"十一五"发展规划纲要》。2006 年 4 月 12 日，公司第 24 次董事会会议讨论通过。《规划纲要》提出"十一五"期间，围绕"优化闵行、开拓临港、发展闵联"的第二次创业战略，实现经济效益持续增长、园区建设协调推进、两个文明同步发展的总体目标。到 2010 年，整个开发区销售收入 600 亿元，实现利润 60 亿元，上缴税收 75 亿元，分别比 2005 年增长 93%、86%、95%。开发区优化产业结构，全面形成 13～15 个企业集群或核心企业；集约利用土地，每平方公里土地产出值达到 143 亿元；强化招商引资，力争再引进或增资扩股项目 20 个，吸引外资 10 亿美元。临港园区完成首期开发，到 2010 年，当年完成销售收入 100 亿元，实现利润 10 亿元，上缴税收 15 亿元。《规划纲要》提出以资源集约节约为导向，继续优化闵行；以国家批准开发区扩区为动力，积极开发临港；以房地产开发为重点，增强新的经济增长能力等任务和措施。

上海闵行开发区及闵联公司"十二五"发展规划 2010 年，闵联公司成立编制领导小组，组织各部门进行课题调研，编制《上海闵行开发区及闵联公司"十二五"发展规划》。《十二五规划》提出到"十二五"期末，园区要成为以机电产业（轨道交通、电站设备）为主导、以医疗医药产业（血常用药物)和轻工产业(食品、饮料)为辅的集研发、生产、培训为一体的先进制造业基地,世界500强企业和跨国公司投资项目达到40个左右,研发中心等生产性服务业机构达到20家。开发区企业销售收入达到700亿元、实现企业利润70亿元、上缴税收70亿元,主要经济指标年增长保持在10%左右;其中临港园区实现企业销售收入120亿元、企业利润18亿元、上缴税收12亿元。开发区要逐步形成一批年产值分别达到20亿元、50亿元和100亿元能级的先进制造业核心企业或企业集群;万元产值能耗、水耗继续保持全市领先水平,力争到2013年开发区通过国家相关部委验收,建成国家生态工业示范园区。《十二五规划》包含附件有《上海闵行经济技术开发区信息化规划(2011—2013年)提纲》和《上海闵行经济技术开发区生态工业园区建设规划》。

二、土地开发利用

【规划面积】

闵行开发区一期、二期土地使用权均由市政府行政划拨。开发区建设用地按"一次征用,分期使用"原则,根据项目进展需要,由市规划局发出土地使用通知,园区进行土地开发建设;用地企业按市政府批准标准支付闵联公司场地使用费。2006年启动的闵行开发区临港园区,则采用土地储备、招拍挂的开发模式。

1982年,市政府批复同意出口产品工业点规划用地1.60平方公里。1983年,《闵行开发区详细规划》将昆阳路以东高压供电走廊用地划入闵行开发区,总用地面积为2.13平方公里。

1986年8月29日,国务院批准闵行新工业区为闵行经济技术开发区,规划用地2.13平方公里,开发区东起沙港、西至昆阳路、北沿剑川路、南至江川路。

1991年闵行开发区启动二期开发。10月9日,国务院特区办公室、国家计划委员会、海关总署批准调整闵行开发区规划范围,将江川路以南、沙港河以西、黄浦江以北和文井路以东地区0.43平方公里的区域划入开发区,将昆阳路以西约0.52平方公里的区域作为开发区发展预留土地。

1993年8月2日,市政府批复同意闵联公司要求,把大中华橡胶厂以南0.33平方公里土地,以及B块基地以南、重型机械厂以北0.14平方公里土地列入B块基地开发范围。1993年12月23日,上海市土地管理局批准闵行开发区二期B块开发用地0.46平方公里,至此,闵行开发区规划面积东至北沙港、南至东川路、江川路、金彭河、黄浦江、西至碧溪路、天星路、昆阳路、丽江路、文井路、北至剑川路、古永路,总面积3.5平方公里。

2006年2月27日,商务部、国土资源部、建设部批准闵行开发区扩区浦东临港,面积13.3平方公里。四至范围:东至规划E4路,西至规划E7路,北至老里塘河、人民江,南至规划岸线。

【征地动迁】

征用土地 1982年12月2日,市政府召开闵行开发新区工作专题会议,确定组成征地动迁领导小组,下设工作班子,开展调查研究,提出实施方案,具体组织落实;市规划局配合,做好征地拆迁工作。

1983年,市政府正式决定征用开发区土地。根据市政府专题工作会议精神,征地工作以上海县政府为主,闵行区和闵虹开发公司分别派员参加;动拆迁和劳动安置工作以闵行区为主,上海县和闵虹开发公司分别参加,市规划局配合;成立开发区征地动迁领导小组,下设工作班子。是年4月1日,闵行开发区征地动迁办公室正式建立并开展工作。办公室由上海县、闵行区和市开发公司管理处三方人员组成,在征地动迁领导小组领导下按照当时各项政策具体操作征地动迁和各类安置事宜。4月3日,召开闵行和虹桥两个开发区征地动迁工作会议,有关部委办和区县局的负责人参加会议,就征地动迁的有关问题进行讨论,决定开发区范围的土地由国家一次征收,分期使用。7月16日,闵虹开发公司工程开发部、上海县马桥公社、闵行区农工贸联合公司三方签订征地协议书。7月19日,征地动迁办公室与区内社员达成首批动迁协议书。

闵行开发区一、二期土地开发经过征地、调地、国有土地划拨和土地储备等过程,其间大小规模征地11次,规模较大的有3次。

1983年4月,按市建委批复、市规划局通知,闵行新工业区正式启动开发区一期建设的土地征用,7月中旬签订征地协议书。是年完成大面积征地工作,征用上海县马桥公社紫藤大队第一、二、三、四、五、六、九、十一、十二生产队土地,撤销这9个生产队建制。1984年,征用紫藤大队第七生产队土地,撤销该队建制。1983—1985年,开发区一期建设共征用239.50公顷土地,搬迁捷足皮鞋厂、儿童用品厂、紫藤针织厂、紫藤中学等10个企事业单位。

1991年11月,开发区启动二期开发A块基地征地工作。1993年12月,开始二期B块基地的建设征地。1994年3月31日,开发区与闵行区签订开发B块基地征地动迁包干协议。1991年至1995年12月,因开发区二期建设撤销金星一队、二队,吴会六队、七队、八队,紫藤八队、十三队,彭渡八队等8个生产队,动迁建工局701队和航运队等单位,共征用土地126.90公顷。

安置动迁人员　1983年征地启动时,为安置开发区征地后的农村劳动力,闵行区专门组建成立闵行区农工贸联合公司(后改制为闵行区闵鑫工业有限公司),在市委、市政府和市有关部门的支持下,利用打谷场、蘑菇棚、防空洞作为生产场地,先后办起服装、针织、玩具、沙发、机械、花木、包装材料等13个工贸企业。1984年工贸企业年创产值670万元,基本上解决了2千余名征地农民的生产和生活问题,为成批安置征地农民创出了一条新路。是年为保证开发区市政工程征地和施工用地,动迁开发区内3条主干道上72户农民住房,办理了1 899个农业户口转为市区户口。

1985年,开发区一期开发,共动迁215户居民,安置征地劳动力2 086人,征地养老人员204人,两项合计安置征地农民2 290人。征地动迁办公室根据国家和上海市有关政策规定的补偿标准,对土地补偿费、青苗费、房屋动迁补偿费及劳动力安置费等资金,事先都由政府指定的行政职能部门进行评估测算,经动迁户书面签字确认后,再实施动迁。整个征地动迁过程,没有一家农民被实施强制动迁。因征地撤销生产队的集体资产(包括公积金)、用地补偿,按当时市政府文件规定补偿标准,由建设单位给予支付,其中50%转交给原闵行区政府的民政部门和闵行区农工贸联合公司;50%还给马桥公社,生产队的公益金随社员户口转交给所在街道。是年6月,对动迁的马桥粮管所紫藤粮站,经上海市城市规划建筑管理局申请同意,征用上海县马桥公社工农大队第四生产队土地986.67平方米,作为补偿。

1991年,开发区开始二期土地开发。1992年3月,闵行区成立上海星华工贸实业公司,负责吸收二期开发的征地劳动力,使用公司支付的征地劳动力安置费作为企业资本,将征地劳力组织起来,开展工业、商业、仓储、装修、劳务等多种经营活动,通过发展生产,创造效益,安置征地劳力的就业。上海星华工贸实业公司为独立核算的集体所有制企业,实行自主经营、自负盈亏,具有法人地位,注册资本150万元,营业范围为轻纺、机电等工业品的生产及加工,仓储,建筑五金、建筑材料、装潢材料、日用百货、服装、花木、农副产品等的贸易和销售,房屋土建、水、电装修,劳务服务和劳务输出。

至1995年,开发区二期征地动迁工作结束,共动迁安置村民458户,共计1 630人。同时完成动迁 A 块基地的村办企业等征地及相邻单位的征地划拨工作。

建设动迁房 为解决大量动迁户的住房,1983 年 4 月,闵联公司投资 356.9 万元,在闵行开发区邻近昆阳路以西建造第一批动迁用房,建筑面积为 20 864 平方米,1986 年底竣工,陆续分配给动迁户的农民居住。1987 年 3 月,动迁工房 9 号、13 号 6 000 平方米土建开工;1988 年 1 月,动迁工房 12 号土建开工;1989 年 1 月 3 日,昆阳二期动迁工房 18 620 平方米土建竣工。1992 年 1 月 30 日,昆阳托儿所 650 平方米土建竣工。2 月,三期动迁用房 5 幢 10 714 平方米土建开工,至 1993 年 3 月竣工。是年 5 月,四期动迁用房 3 幢 6 856 平方米土建开工。11 月,为配合二期基地(B 块)开发和居民动迁,在昆阳路以西、东川路以南,3 幢混合结构的五期动迁工房 10 539 平方米土建开工。1994 年 5 月,四期动迁用房土建竣工。1994 年 9 月,五期动迁工房土建竣工。在开发区开发建设动拆迁阶段,为动拆迁农民提供 11.5 万平方米安置住宅。

【土地开发】

一期土地开发 1983 年 5 月 28 日,市建委批准市规划局闵行开发区征地动迁报告;6 月 8 日,上海市闵行虹桥开发公司向市规划局上报第一批计划用地,主要用于市政基础工程建设。8 月 11 日,市规划局同意开发区第一批用地 44.28 公顷,其中规划用地 41.65 公顷,带征地 2.62 公顷作临时施工堆场用。7 月 16 日,闵行开发区开发建设正式开始。

1984 年 1 月 19 日,市计委同意在闵行开发区内建造标准厂房、动迁工房、商品住宅、仓库和餐厅等生产和生活服务设施。7 月,上海环球玩具有限公司自建厂房开工建设。是年,一期动迁工房、商品标准厂房、商品住宅以及开发区管理中心大楼土建工程先后开工。9 月 30 日,市规划局同意开发区第二批用地 43.16 公顷。至 1985 年,区内主干道,A、B 两区支路初级路面完成铺设,5 万多米的生产、生活配套设施陆续竣工,具备为引进项目供地条件。

1986 年园区被批准为国家级开发区后,闵行开发区项目引进一改之前缓慢局面,园区土地开发建设也加快速度,是年年底竣工的标准厂房、仓库及办公和生活配套设施达 6 万多平方米。1987 年累计签约进区和开工投产项目,布满 A 区,进入 B 区。

1988 年,开业及合同签约项目累计达 47 家,累计用地面积达总面积的 70%,项目基本布满 B 区。是年,闵联公司提出"抓紧引进外资,提前实现项目布满开发区"的工作目标,同时将酝酿开发区二期开发提到议事日程。

至 1989 年,闵行开发区引进的外商投资项目,累计用地占总用地面积的 84% 左右。1990 年,累计引进、投产及签约的项目用地面积达开发区总用地面积的 90% 左右。至 1992 年,开发区引进项目基本布满 2.13 平方公里,首期土地开发达到预期目标。

二期土地开发 1991 年 5 月 3 日,市长黄菊主持召开第一次浦东开发、利用外资联席会议专题会议提出:"利用浦东新区正在大规模地建设市政基础设施的 2 年~3 年时间,适当扩大已形成一定开发规模的浦西 3 个开发区,其中闵行经济技术开发区应集中精力开发二期工程。"6 月 5 日,上海市外国投资工作委员会向市政府提出闵行开发区进一步扩大开发建设基地的请示。6 月 15 日,国务院特区办公室副主任胡光宝到闵行开发区视察,表示支持市政府决策,并提议报国务院审批。8 月 6 日,市政府向国务院报《关于调整闵行经济技术开发区开发范围的报告》,提出"依据就近、小块、连片和逐步发展"的原则,调整闵行开发区开发范围。10 月 9 日,闵行开发区调整开发范围获国务院特区办、国家计划委员会、海关总署批准。11 月 26 日,上海市建设委员会同意将 44.42 公顷的区域作为闵行开发区二期开发范围。

1992 年 2 月，二期 A 块地段土地开发启动。9 月 11 日，上海市外国投资委员会批复同意闵行开发区开发 B 块基地。1993 年，二期 A 块基地各项市政基础设施建成；B 块基地市政工程建设全面开工，完成 50% 的雨、污水管道排设。

至 1993 年，开发区引进外商投资项目 14 家，累计引进企业达 112 家，其中上海胜家缝纫机有限公司、上海联合利华等企业分别进入二期 A 块、B 块基地。1994 年 B 块基地扩大部分市政公用工程完成 50% 左右。是年，上海百事可乐饮料有限公司、金宝医疗器材(上海)有限公司及中加建材等 6 家企业分别进入 A、B 块基地，签约项目使用土地占二期新开发面积的 30% 左右。

经过 3 年开发建设，到 1995 年，闵行开发区基本完成二期开发 A、B 块基地的征地动迁及基础设施建设。至 1996 年，累计引进外资项目 140 家。2000—2002 年，用地 35 000 平方米的上海 MWB 互感器有限公司、用地 67 000 平方米的上海阿尔斯通交通设备有限公司以及一批重点项目入驻开发区。至 2002 年，开发区仅剩约 30 万平方米的可使用土地，地块中相当部分是零星、边角地块。

三期土地开发——参与临港建设　闵行开发区历经 16 年开发建设，当年"1 个开发区"的投入产出了"20 个开发区"的效益，在一、二期开发 3.5 平方公里土地上取得"一次创业"的阶段性成果。2001 年，闵联公司提出闵行开发区三期土地开发、"二次创业"的跨世纪发展设想。11 月 8 日，国务院国务委员吴仪来开发区视察，对开发区扩区、进行三期开发给予关心和支持，鼓励开发区加快新一轮发展。2002 年，闵联公司成立三期开发工作组，由公司董事长、总经理挂帅，研究新开发区产业定位、开发范围和地址选择的初步方案。是年 3 月，闵联公司第十九次董事会讨论通过《关于要求进行三期开发的建议》。

2003 年，闵联公司经过大量的市场调研和论证，在市计委、市经委等部门指导下，确定三期开发的产业定位，即重点发展园区已初步形成的轨道交通、电站设备和机械电子为主导产业的装备制造业；提出利用闵行开发区在建设装备制造业园区所积累的经验及品牌优势，参与临港综合经济开发区开发建设的决策。8 月 8 日，董事会审议通过《关于投资上海临港综合经济开发区的报告》，同意闵联公司投资参与上海临港综合经济开发区建设。是年，闵联公司成立"临港项目工作小组"。2006 年 2 月 27 日，经国务院批准，商务部、国土资源部和建设部联合复函，正式批准闵行开发区在临港新城产业区扩区。

到 2010 年，临港园区储备土地 3.63 平方公里，储备率 91%，基本完成储备土地范围内居民及真元乳业等企业的动迁。其中，临港园区东半部区域基本开发成型，开发土地面积 1.62 平方公里，土地开发率 44.4%。累计完成市政建设投资 3.42 亿元，市政基础设施同步到位。

【集约用地】

科学规划建设　闵行开发区面积小，土地资源是制约开发区发展的瓶颈。1982 年、1983 年闵行开发区的土地开发规划，坚持"经济适用、具备功能"原则，园区内最宽的主干道文井路宽 18 米，至 2010 年都没有拓宽过，其余道路都是二车道。

1983 年 7 月开始的开发建设，在总体规划指导下，把开发区土地由南到北划分成 A、B、C 三片，首先在 A 片形成投资环境，引进项目，然后采取"开发一片、收益一片、再开发一片"的模式从南到北滚动开发、稳步推进。这种开发模式既保证了园区开发规划的实施，又使土地得到充分利用，不空置浪费。

产业结构调整　从 20 世纪 90 年代开始，闵联公司对开发区进行调整产业结构，实行厂房、土地置换,将有限的资源向有技术、品牌和市场优势的跨国公司投资企业倾斜,提高土地使用效益。1990—1998年,对8家劳动密集型、技术含量低或经营困难的企业进行债务清理、资产变现,迁出园区或终止经营。在其中3家的土地上引进跨国公司的投资项目,使这三块土地单位面积的投资额比原来增加2.4倍。

2002年,闵联公司出资1 000多万元,拍卖回购中外合资上海太平洋陶瓷有限公司3.7万平方米厂房和土地后,分别给贺德克液压技术(上海)有限公司、上海格力高食品有限公司、不凡帝范梅勒糖果(中国)有限公司3家效益较好的跨国公司投资企业,拓展它们的发展空间。3家公司新建项目投产后,新增年产值达20亿元。开发区对进区企业进行项目用地评估、筛选,明确1至2年土地预约期限,对届时不开发的则按预约合同收回,防止土地闲置。2003年,上海本澳实业有限公司同开发区签订2万平方米的土地使用合同后,一年多没有立项。开发区依据合同条款收回土地,又与世界500强投资企业ABB公司进行洽谈、签约,该地块得到使用。2005年,闵联公司以270万元回购上海大伟力鞋业有限公司3 514平方米厂房。该厂房经闵联公司出资改建后,提供给上海英格索兰压缩机有限公司。

2005年,市经委、市发展改革委、市外资委、市房地资源局、市规划局按建筑容积率、投资强度和土地产出水平等指标,对全市国家级、市级开发区集约用地水平进行评估,闵行开发区集约用地综合水平排名第二。根据2006年土地利用遥感解译资料,闵行开发区区域道路、绿化的用地比例分别为12.8%和7.2%,商服用地占3.1%,居住用地为零,而工业和仓储用地占区域面积为74.5%。

据商务部统计,2006年、2007年,在全国所有工业开发区中,闵行开发区单位土地面积的工业增加值、企业利润和上缴税收分别名列第一和第二。2006年,商务部对全国国家级开发区进行"发展与效率指数"排位,闵行开发区名列第一,2007年和2008年连续两年列第二位。

2007年12月,闵联公司的"提高开发区土地使用效益的集约管理"课题荣获第十四届国家级企业管理现代化创新成果一等奖。是年,闵行开发区单位土地税收产出13.05亿元/平方公里,是全市开发区平均值的6倍。

土地回购利用 2001年后的开发区"二次创业",闵行开发区采用调整回购、动迁回购、拍卖回购、协议回购、违约回购、合资到期回购等六种方式,回购土地和厂房,支持优势企业扩大规模、产品升级。2001—2005年,闵行开发区累计回购厂房17.5万平方米;累计回购土地40.3万平方米,占可利用土地的17%。2006—2010年,闵行开发区共回购厂房8.2万平方米、土地20.9万平方米,土地再利用率达9%。

至2010年,闵行开发区在总面积不变的情况下,累计回购厂房27.52万平方米,回购使用资金10 989万元;累计回购115幅土地,土地面积97.66万平方米,土地利用率41%。

表 5 - 1 - 3　1990—2010 年闵行开发区厂房回收情况表

年　份	土地(幅)	厂房回收面积 (平方米)	土地回收面积 (平方米)
1990 年	3	6 623.80	25 184.70
1991 年	3	970.30	97 058.10
1992 年	1	—	2 904.00
1993 年	2	7 506.00	17 306.30

（续表）

年　　份	土地(幅)	厂房回收面积 (平方米)	土地回收面积 (平方米)
1994 年	3	1 399.00	10 345.40
1995 年	4	5 707.20	12 403.30
1996 年	8	15 970.00	43 184.00
1997 年	2	4 314.30	5 808.70
1998 年	6	4 899.50	10 227.00
1999 年	6	8 813.20	10 391.00
2000 年	9	7 209.20	100 602.70
2001 年	6	6 391.70	15 862.00
2002 年	7	29 062.20	63 107.50
2003 年	20	76 339.60	144 717.00
2004 年	4	31 086.00	55 273.00
2005 年	13	31 682.80	124 216.50
2006 年	3	18 320.00	20 033.00
2007 年	3	5 257.00	38 456.20
2008 年	7	14 167.00	39 176.00
2009 年	2	—	65 523.00
2010 年	3	44 606.60	75 601.00
总计	115	320 325.30	977 380.40

来源：闵行经济技术开发区提供

【集约用地实例选介】

富士施乐两度扩建　2003 年,上海富士施乐有限公司打算增资 10 亿日元在原址扩建第二工厂,但没有现成土地。闵联公司贴补资金动迁和置换周围 5 家企业,为公司提供 8 000 平方米土地和 1.3 万平方米厂房。2004 年,闵联公司对开发区第一家落户的环球玩具进行企业经营到期回购,把回购的厂房和土地又提供富士施乐用于发展。两次扩建,使富士施乐公司复印机年生产能力从 2002 年的 9 万台骤增至 2007 年的 30 万台,销售额从 6 亿元增至 27 亿元。而原 5 家企业的年销售收入还不到 5 000 万元,并出现效益滑坡的趋势。该地块通过回购和置换调整,其经济效益呈几十倍增长。

吉田拉链公司扩大产能　2003 年,上海吉田拉链公司要进行第三期建设,一时找不到土地。在该公司旁边有两座超 2 万平方米的仓库,当时租借给一家仓储公司。闵联公司上门与该公司谈判,补贴 400 多万进行回购后,拆除仓库、调整用地功能,支持吉田拉链公司发展。获地扩大产能后,该公司销售收入由 2002 年的 3 亿元增至 2006 年的 12 亿元,每年增加税收超过亿元。

两公司调整布局增地　2005 年,吉田拉链公司因生产扩大,需要增加污水处理设备和仓库,公司上门实地考察,帮助企业调整绿化等布局,提高现有地块的容积率和覆盖率,在原厂区新增建出

7 000平方米厂房,满足企业增产增能的需要。

2007年,强生中国有限公司需要新增用地近4万平方建设新厂房。闵联公司通过对该公司厂房、土地使用情况进行分析,提出调整公司布局、提高厂区土地利用率的建议。强生中国有限公司采纳建议,通过内部调整,解决新增用地需求。强生中国有限公司的厂区土地利用率也从37%提高到50%。

三、基础设施

【市政建设】

一期市政建设　1983年3月9日,上海市开发公司向上海市基本建设委员会上报《闵行开发区市政公用基础工程计划任务书》,3月25日经市计委和市建委联合批复。4月30日,上海市开发公司管理处形成闵行开发区市政基础工程初步设计方案。5月23日,向市自来水公司和供电局申请开发区施工用水和用电。

7月16日,闵行新工业区市政基础设施建设启动,海内外各界人士来开发区参观。开发区内文景路、思茅路、绿春路三条主干道便道工程放样,破土修筑。9月,市开发公司工程开发部成立闵行工程管理处,加强开发区现场管理,负责开发区市政建设的中国建筑总公司第五工程局第四建筑安装公司组建班子进行施工管理,现场20多个单位互相配合,确保工程按计划进度进行。11月8日,闵虹开发公司就加速开发区基建工程和引进外资召开现场会,副市长忻元锡到会讲话。

1984年1月18日,闵行新工业区一期工程主干道开始修筑路面,闵虹开发公司召开新工业区建设总结交流大会,对在开发建设做出突出贡献的集体和个人进行表彰,副市长倪天增到会讲话,要求建设者们按期保质搞好工程建设。经过9个多月努力,完成园区三条主干道管线及初级路面铺设。是年6月,工业区开始对外提供项目用地。1985年在市八届人大三次会议上,闵行新工业区的市政基础设施建设被列入全市九项重点工程之一。

1986年,闵行开发区基本完成“七通一平”,着重进行市政工程的逐项扫尾及项目配套工作。1987年初,在副市长李肇基、钱学中主持下,市外国投资领导小组组织相关委办负责人来园区召开数次会议,就闵行开发区的水电、煤气、通讯使用、环境保护等问题进行专题讨论,落实专人逐一协调解决。是年6月30日,随着煤气全线贯通供气,闵行开发区的水、电、通讯、排水、煤气等七条市政管线全部接通启用。1988年7月19日,市外资委组织水、电、煤气、通讯主管单位来开发区上门服务,建立每周一次的集中办公制度。1990年,开发区加油站完成建设并投入试营业。重点进行四类项目建设:

路桥建设。1983年9月5日,开发区主干道文景路建设开工,10月15日,另一条主干道绿春路建设开工。1984年2月22日,文景路路面建设竣工。3月10日,绿春路路面建设竣工。是年6月,区内主干道思茅路、文景路4车道,绿春路2车道完成初级路面铺设并通车。

1984年3月7日,A、B片区内支路工程建设先后开工。是年5月,开发区内主干道与闵行区城市道路及3.6公里外的沪闵路相通。11月8日,A片区支路市政工程项目竣工。1985年3月8日,完成区内三条主干道及A、B片区支路道路面层39 800平方米、人行道32 600平方米、文景路工农河桥工程竣工。

至1985年,完成思茅路桥挡土墙和部分路灯电缆管理设。1986年完成C片区支路初级路面19 165平方米。1987年,主干道文景路全线贯通。12月25日,东川路沙港河桥建成。东川路到沙港桥全线贯通;配合麦斯特有限公司投产,完成 C 片区部分支路。

排水供水。1983 年 7 月 22 日,区内市政基础工程中的雨水管道工程破土动工。9 月 5 日,文景路地下管道,剑川路雨、污水管道工程相继开工。10 月 15 日,绿春路地下管道建设开工。1984年 3 月 7 日,昆阳路雨、污水和上水管道工程开工。到 1984 年 2 月 22 日,文景路地下管道竣工。3月 10 日,绿春路地下管道竣工。6 月 20 日,剑川路雨、污水管道工程竣工。

1984 年 12 月 30 日,剑川路、东川路雨水泵站土建工程开工。1985 年 5 月 26 日,东川路污水泵站开始建设;思茅路雨水泵站完成土建。1986 年 7 月 1 日,剑川路雨水泵站、东川路雨水泵站竣工。是年,剑川路泵站雨水总管竣工,东川路污水泵站完成土建。1987 年东川路东段污水总管、污水泵站和 2 座雨水泵建成,雨水经过 2.42 米直径管道,通过强力泵站排放;污水达到排放标准,通入闵行污水处理厂再处理。

1984 年 12 月 30 日,闵行水厂开始供水。1987 年 7 月,闵行第二水厂通过竣工验收正式供水。闵行地区自来水供应一改过去紧张状况,确保建设中的闵行开发区的供水需要。

供电供气。1987 年 6 月 30 日,110 千伏总变电站、2 座 10 千伏配电站建成并先后向区内企业供电,园区供电网络基本形成;供配电系统完成由 6.6 千伏改为 10 千伏供电的调整工作,结束了开发区靠临时供电的局面。1989 年,昆阳生活区配电站建成。1990 年,闵行开发区供配电设施初步形成网络,12 个进区项目完成接电工作。

1987 年 6 月 2 日,市煤气公司领导带领各部人员到闵行实地办公,仅用 3 个星期,就完成上海焦化厂到闵行 16 公里管道的贯通供气工程;从吴泾通向开发区的煤气总管接通。6 月 30 日,煤气调压站 1 座及川二路(现南谷路)部分管道建成;煤气管道中支路管道工程完成,第一批 12 家企业接通供气。1989 年区内的煤气管道工程全部完成,昆阳生活区动迁公房和部分商品住宅的煤气管道工程完成。

通信系统。1987 年 7 月 25 日,完成区内全部通讯电缆敷设工程及 25 只分线匣箱的安装,为进区企业安装直线电话 370 门。10 月 19 日,2 000 门程控电话开通;用户电报、传真以及国际、国内长途直拨电话均开通。第一家合资企业入驻时只能安装 2 门电话的状况得到改观。

二期市政建设　A 块基地:1992 年 8 月 23 日,闵行开发区二期 A 块上水管线敷设开工。8 月27 日,变配电工程开工。1993 年 5 月 12 日,煤气管敷设工程竣工,6 月 30 日 A 块道路建设竣工,10 月 13 日雨、污水管网泵站竣工。1995 年完成 10 千伏配电站土建工程,1996 年完成 10 千伏配电站安装及开通工作。B 块基地:1992 年 9 月 11 日,市外资委批复同意投资 1.2 亿元用于 B 块基地市政基础设施建设。1993 年 B 块基地市政基础设施开始施工,6 月 30 日建成路幅 20 米～30 米宽的 3.6 公里道路。9 月 2 日,雨污水管网泵站开工,12 月 1 日通讯电缆敷设工程开工。1994 年,完成 B 块基地 0.3 平方公里范围的上水、雨污水、煤气、电话管道等管线和道路工程,建成 2 座桥梁。1995 年,完成 B 块扩大部分的道路及管线工程建设;完成昆阳路煤气管道铺设和气源落实。1996年完成 B 块内天宁路延伸段的市政工程建设。至 1997 年建成 B 块 4 座基地煤气调压站。

市政建设完善优化　1997 年,开发区对南北向的文井路进行大修,对东西向的中屏路、中和路、东川路、天星路进行路面修复;对剑川路、昆阳路、江川路的部分路段进行整治维修,东川路延伸段拓宽至沪闵路。形成以文井路、绿春路、昆阳路为南北向的干道,以江川路、东川路、剑川路为东西向的干道,通畅园区与市区连接的交通网络。至是年底,设立容量 2 万门的程控电话分局。

1997 年 10 月,沙港河防汛墙竣工。1999 年 6 月,闵联公司投资建设沙港河防汛墙修筑工程。1999 年 9 月,闵联公司与闵行区政府联合投资辟通东川路(沙港河桥—沪闵路)路段,为开发区新增一条通往市区的主干道；完成江川路西段沙港桥至荷巷桥段 3.8 公里道路改建。2002 年完成工农河驳岸改建、全长 2 公里的文井路彩色道板改造铺设工程；完成江城路延伸段和北斗路西延伸便道工程。为配合阿尔斯通车辆厂竣工，碧溪路以西延伸段提前于 6 月底完成；为配合莘闵轻轨（轨道交通 5 号线）建设，东川路（沙港桥西至碧溪路）地面道路改建工程按计划完成。闵行开发区主要景观道路进一步改善。

至 2004 年，闵行开发区基础设施投资累计 124 577.6 万元。至 2005 年，园区建成道路 22.3 公里，"三横四纵"主干道路及若干次干道路交织成网。建桥梁 8 座、黄浦江货运码头 1 座；修筑黄浦江驳岸及沙港河防汛墙 8.2 公里。建雨、污水泵站 6 座，装机数量为 20 条，排水能力为 21.16 立方米/秒；埋设雨水管 31.7 公里、污水管 25.8 公里；建成 110 千伏与 220 千伏变电站各 1 座、35 千伏变电站 3 座、10 千伏变电站 13 座、煤气调压站 4 座。闵行开发区的供水、供电、供气、通讯、雨水、污水、道路均纳入上海市政公用设施管网系统。2009 年，园区生活用水和工业用水均采用上海自来水公司循环网供水，地区服务压力 200 千帕，水质符合国家饮用水标准。

【工业地产】

厂房建设　自 1984 年到 2005 年，闵联公司共建设 6 期标准商品厂房，总面积 50 多万平方米，建设资金由开发公司自筹或外资投资。同时按外商特殊需求定制厂房。1988 年开发区建设保税仓库。

闵行开发区为外商建造的厂房，投资周期短，在吸引外资上显示出优势。1988 年，日本神明电机株式会社来开发区，提出如能 6 个月内提供出厂房就来园区投资的要求。结果不到 6 个月，闵联公司将一座 7 762 平方米、内外装修一新的厂房如期交付。神明电机公司签约入驻，不到 3 个半月就开工投产。1987 年 3 月，上海联汉合纤公司领到营业执照，开发区只用半年时间就盖好 6 200 平方米厂房，当年 9 月公司开工生产。中美合资艺康化工有限公司 2 700 平方米的新式厂房，按常规至少要两年时间，闵联公司从 1987 年 7 月动工，到年底竣工交房。沪港合资华高针织有限公司从购买标准厂房、安装设备到开工生产，只用了 4 个月；中澳合资的五洲针织有限公司从领照到出口产品，前后用 3 个月。闵行开发区厂房建设的高速度、高效率，被外商称赞为"闵行速度"。

标准厂房　1984 年 7 月 10 日，首期标准商品厂房（TA—1、TA—2）工程举行开工典礼。至 1995 年，首批 22 342.93 平方米标准商品厂房、3 600 平方米仓库建成。1985 年 6 月，开工建设二期标准商品厂房 20 000 平方米工程。1987 年，三期标准商品厂房 6 万平方米获批建。1988 年，开发区建造四期标准商品厂房 18 万平方米。1990 年，为世界时装公司建造的 TA—9 东部标准厂房装饰工程被评为 1990 年上海市优良工程。

1991 年，在二期开发建设中，闵行开发区启动再建 10 万平方米的五期标准商品厂房。1994 年 10 月 18 日，市计委批复同意开发区建设六期商品厂房，项目范围除在一期剩余地块外，余下建在二期 A 块和 B 块基地范围内；厂房建筑面积 10 万平方米，总投资 9 000 万元。

开发区建造的标准商品厂房一般采用出售或租赁的方式。现成的厂房只需稍作装修或改装，即可安装设备投入生产。

定制厂房　闵行开发区从建区起，就根据外商生产设备、工艺和场地的要求为其定制厂房。2004 年开发区为 ABB 高压电机有限公司定制厂房，由于时间紧、质量要求高，建造期间又遇连续雨天，困难较大。经过 9 个月紧张施工，在 5 万平方米场地上建造的近 2 万平方米厂房，于当年 9 月 28 日顺利移交，保证了 ABB 公司的使用。2006 年 9 月，闵行开发区与美国亨斯迈化工集团研发中心签订 14 393.30 平方米的场地使用合同。亨斯迈研发中心是闵行开发区第一家独立使用园区场地、由开发区定制租赁研发楼房的跨国公司研发中心。定制落成的研发楼，不仅为区内企业、科技人员共享研发资源提供方便，也为园区形成企业集群创造条件。

保税仓库　1988 年 5 月，闵行开发区启动建设 2 幢保税仓库，总面积 4 786 平方米。这座上海第三家保税仓库，为区内外资企业提供物资储存、保管、分发和转运等业务。8—9 月，保税仓库南、北两幢土建先后开工，分别于 1989 年 4 月 5 日、7 月 20 日竣工。保税仓库由海关监督，实行全封闭管理，货物出关不出境，入境不入关，给外向型生产企业带来极大方便。

【办公大楼】

1984 年 8 月 7 日，开发区综合办公大楼（管理中心大楼）在江川路 1251 号开工建设，大楼为 6 层结构，面积 5 000 平方米；1985 年办公大楼建成。该大楼除 4 楼～6 楼为闵联公司使用外，还为海关、商检等单位提供办公用房（底层是中国银行上海分行、中国人民保险公司上海分公司，二楼是海关、商检、交通银行，三楼是外税处、建设银行、中国银行办事处）。2001 年 12 月 10 日，大楼完成第二期改建工程。

1988 年 10 月 10 日，2 183 平方米的海关大楼开工建设。1989 年 3 月 31 日，1 190.49 平方米的工商银行用房竣工。1989 年 6 月 14 日，1 972.62 平方米的特色商场（闵行开发区展示中心）土建竣工。1990 年 4 月 3 日，2 280.24 平方米的交通银行房屋土建开工。1993 年 10 月 10 日，1 310 平方米的"鸟语花香"土建开工，1998 年 4 月 27 日，中国银行闵行开发区支行迁入该址。

2003 年 7 月 8 日，开发区新管理中心开工奠基，于 2004 年 6 月 28 日完工并启用。新管理中心的使用改善了园区办公环境，缓解了会议、活动场所不足的矛盾。2010 年 7 月 2 日，2 083 平方米的闵联综合办公楼土建开工，为建设银行提供办公场所。

2007 年 6 月，闵联开发大厦在临港主城区滴水湖畔启动建设，总面积 2.2 万平方米。2008 年，闵联临港管理中心建成并投入使用。2009 年闵联开发大厦建成，并被评为上海市"白玉兰"优质工程。

【商品住宅】

1986 年 1 月，闵联公司 10 000 平方米的一期商品住宅竣工。1987 年 10 月，开工建设二期商品住宅 12 600 平方米，于 1989 年 5 月竣工。1989 年开建第三期商品住宅，建筑面积 30 000 平方米。

2003 年 11 月，闵联公司开发建设闵行区天星苑商品房项目。2004 年 9 月，动工建造市中心玛瑙园商品房。2007 年，闵联公司参与新天地滨河花园房产项目。2010 年，按照地产集团部署，闵联公司投资成立上海闵联奉南房产置业有限公司，参与建设位于奉贤的奉南大居保障房项目。

第四节　招 商 引 资

一、招商管理

【招商机构】

1985 年 2 月 14 日，上海闵行联合发展有限公司成立，公司招商引资由经营部主管，主要包括项目引进和业务洽谈、投资和参资项目管理、土地使用管理及提供服务等职能。

1999年5月21日,闵联公司受上海市外资委、市计委、市经委授权,成立项目审批办公室,负责外商在闵行开发区内投资在3000万美元以下的鼓励类、允许类工业项目的审核、审批和管理工作,并实现与市外资委E-MAIL联网。12月10日,闵行开发区成立招商中心。招商中心根据园区规划和产业发展要求,制定招商引资计划、组织招商活动、开拓招商市场、落实项目洽谈,负责招商过程和企业运行中的服务,负责土地及厂房出租、出售等业务。

【招商政策】

1986年8月29日,国务院批准闵行开发区为国家级开发区,开始执行沿海开放城市经济技术开发区的各项优惠政策,实施国务院、上海市《关于鼓励外商投资的规定》等优惠政策。

1987年3月23日,市政府为发展上海市对外经济技术合作和交流,开发新兴产业和新技术,扩大出口创汇,加快闵行、虹桥开发区的建设,制定、颁布《上海市关于闵行、虹桥经济技术开发区外商投资优惠规定》,规定凡开发区内的外商投资生产性企业,在1995年底以前免征地方所得税;外商投资企业在开发区自建或购置的房屋,从建成的月份起,免征5年房产税;开发区内外商投资企业按规定纳税有困难的,经企业申请,税务机关批准,可给予减征或免征工商统一税;对开发区内的外商投资企业,有关单位应确保提供生产经营所需的水、电、煤气、运输条件和通信设施等,并按当地国营企业收费标准计收费用;对开发区内的外商投资企业在生产和流通过程中需要借贷的短期周转资金,经开户银行或其他金融机构审核后,应确保贷放,其他必要的信贷资金应优先贷放;外商在开发区内可以按照统一规划,投资开发场地,从事基础设施项目开发和房产经营;从事开发区基础设施建设的外商投资企业,可享受开发区的优惠待遇;开发区内可以建立保税仓库,为开发区内外的企业服务;经国家主管部门批准,还可以建立转口型保税仓库。《规定》自1987年4月1日起施行。

二、招商成果

【引进外资】

1982年,在闵行新工业区市政工程建设启动的同时,按照市政府"为本市利用外资、引进技术"的要求开始招商引资,引进项目的重点以出口创汇型、进口替代型、国产化配套型和技术密集型等为主。

1983年7月,在上海市投资信托公司成立两周年举办的国际投资技术合作洽谈会上,第一次向海外客商推出闵行、虹桥两个开发区的招商项目。11月8日,闵虹开发公司邀请58个单位140多人来园区参观。12月9日,日本野村集团第一次访问闵行新工业区。

1984年,上海有关工业局、公司就闵行新工业区引进项目与外商进行洽谈:其中有上海机电局电机公司与美商洽谈的分马力电机项目,与日、美商洽谈的电缆附件项目,液压气动元件公司与美商洽谈的高压电磁换向阀项目,上海手工业局日用五金公司与瑞士客商洽谈气体塑料打火机项目,上海出版印刷公司与美商唐纳利公司洽谈六色印刷厂项目等。上海市投资信托公司、爱建公司为闵行新工业区引进外资牵线搭桥。是年3月1日,园区内第一家中外合资企业上海环球玩具有限公司签约。4月27日,中外合资申联建筑装饰工程有限公司签约,9月30日开业。是年,闵行新工业区共接待国外投资者147批、536人次,共引进外资106万美元。

1985年,上海有关工业局、公司就闵行新工业区引进项目与外商进行洽谈的项目有:化工局塑料公司与美国奇异公司洽谈的工程塑料项目,医疗器械公司上海卫生材料厂与美国强生公司洽谈的护创膏项目,液压气动元件公司与美国维克斯公司洽谈的高压电磁换向阀项目,电影照相机工业公司与美国施乐公司洽谈的复印机项目,包装装潢公司与日本雅赖加斯株式会社洽谈的包装装潢广告印刷公司项目,医疗器械研究所与美国 GMI 公司洽谈的人造心脏瓣膜项目等。是年,各国客商、海外侨胞共 197 批 732 人来闵行新工业区洽谈业务和参观访问;闵联公司的投资股东港澳中银集团利用其在海外的关系,为园区介绍合资项目,扩大开发区在海外的影响。是年,上海联合电子工程有限公司、上海丝华露化妆品有限公司和上海佳美制版印刷公司 3 个项目签约进区。

1983—1986 年,闵行新工业区洽谈中外合资项目 20 家,批准项目建议书 9 家,签订合同 2 家,10 家企业开业;合计总投资 10 397 万美元,引进外资 2 900 万美元。其中闵联公司参资项目 6 个,总投资 300 万元,其中外汇 24.3 万美元。

1986 年 8 月,闵行开发区被批准为国家级经济技术开发区,开始享受国家有关经济技术开发区的优惠政策和待遇。1987 年 3 月 23 日,市政府制定、颁布《上海市关于闵行、虹桥经济技术开发区外商投资优惠规定》,使闵行、虹桥开发区内外商投资企业在征税、收费和放贷等方面又得到更多政策支持。是年,闵行开发区管理服务中心大楼建成,各服务单位先后进驻园区,为外商企业提供"一站式"服务;开发区"七通一平"基本完成,闵行开发区投资环境得到改善。1986 年 10 月 6 日,闵行开发区内第一家外商独资企业——格雷斯中国有限公司签约进区。至 1986 年国务院批准的 20 个项目中,在闵行开发区立项的占 6 个。

1987 年,中外合资强生有限公司、英格索兰压缩机有限公司、施乐复印机有限公司等 17 家企业入驻开发区,其中开业 12 家,进区企业数比 1986 年增加 1.88 倍,投资总额达 1.2 亿美元,外商直接投资约 5 000 万美元,为 1986 年的 8.8 倍。

1988 年,开发区开业及合同签约项目累计 47 家;累计实现投资总额 2.2 亿美元,其中外商直接投资 0.76 亿美元;投产企业达 25 家。投资金额所占比重,美国占第一位,占投资总额的 56.8%;中国香港占第二位,为 14.3%;日本占第三位,为 13.2%。到 1988 年,闵行开发区累计引进的外资项目沪港合资占首位,16 家占 35.6%;美国占第二位,14 家占 31%;日本占第三位,8 家占 17%。其余是加拿大、澳大利亚、联邦德国、泰国、新加坡和中国澳门。一批知名度较高的跨国公司在开发区投资占沪投资 70%~80%,美国在沪投资的 56% 集中在闵行开发区。

1987 年、1988 年,开发区优惠政策得到充分落实。两年投资企业减免税金达 6 千多万元,享受对象主要是生产性企业,占引进企业总数的 90%,进一步加速了引进外资步伐,合资企业履约率提高。仅 1988 年,领取营业执照和签约批准的合资项目就有 36 家,平均每月 3 家,实际投产达 16 家,平均每月 1 家以上。是年,上海市市长、市政府顾问汪道涵来开发区视察,为开发区题词"创业有成,继续前进"。

1989 年,合同签约项目 18 家,累计达 61 家,项目投资总额 7 928 万美元。1990 年,开发区引进外商投资项目 7 家。1991 年,开发区引进外商投资项目 12 家,累计达 80 家;项目投资总额 8 865.5 万美元,累计投资总额 4.95 亿美元,其中外商直接投资累计总额 2.55 亿美元;投资金额 500 万美元以上的 29 家,占比 36%。

1992 年初,邓小平来开发区视察,使闵联公司员工深受鼓舞。公司抓住新的发展机遇,推进招商引资快速发展。是年引进外商投资项目 18 家,投资总额 10 700 万美元。到 1994 年,闵行开发区的外资工业项目占全市的 1.6%,利用外资金额占全市 5.9%,产值、利润、产品出口额分别占全市的 10.4%、13.4%、13.5%。至 1996 年,开发区累计引进外资项目 140 家,投资总额 16.8 亿美元,协议引进外资 11.4 亿美元,平均单项投资约 1 200 万美元,投资总额超过 1 000 万美元的有 40 家。在进区企业中,跨国公司的投资项目有 40 家,总投资额超过 10 亿美元,约占开发区项目投资总额的 65%。在 11 个国家和地区的投资项目中,中国香港占第一位,达 23 家,美国占第二位,共 17 家,日本占第三位,共 11 家。在美国来沪投资的项目中,56%集中在闵行开发区。

1997—1999 年,受亚洲金融危机以及开发区优惠政策优势逐步减弱、开发区间招商引资竞争加剧等影响,闵行开发区引进外资进入低谷。1997 年、1998 年引进外资各 1 家,1999 年 3 家;5 家外资企业增资,合计增资额 1.29 亿美元。

1999 年,闵联公司确立"巩固发展东南亚,开拓欧美地区"的招商引资方向,突出引进"大、高、外"项目的招商引资重点,即努力引进大工业项目、技术密集型的高科技、高附加值、高效益的外资项目。12 月 10 日,闵联公司成立开发区招商中心,建立招商激励机制,并对土地和厂房价格体系进行市场化定位,增强吸收外资的竞争力。2000 年 11 月 10 日,闵行开发区与闵行区政府签署《全面合作协议书》。2001 年 9 月 20 日,与市外资委联合举行投资环境说明会,向日本客商介绍闵行开发区。

2000 年,开发区招商引资开始走出困境,年度新进外资项目 6 个,投资总额达 10 844 万美元。2001—2010 年,闵行开发区新引进项目 21 个,项目虽少但质量高;一批跨国公司增资。"十五"期间(2001—2005 年),闵行园区实现合同投资 152 045.11 万美元,注册资本金额 65 687.68 万美元,合同外资金额 64 482.77 万美元,实际外资金额 54 793.59 万美元。临港园区引进 7 个产业项目,总投资 15.63 亿元,其中上海苏尔寿工程机械制造有限公司、上海吉田拉链有限公司和 ABB 高压电机有限公司等 3 家企业逐步建成投产。2010 年闵行开发区临港园区实现工业总产值 26.77 亿元、税收 3.65 亿元。

至 2010 年,闵行开发区累计引进外资项目 172 个,引进项目实现"三个百分之百",即 100%的土地完成开发、100%是外资企业、100%是制造业项目。引进项目投资金额 361 934 万美元,合同外资金额 160 292 万美元,外资实际到位金额 144 152 万美元。

表 5-1-4　1986—2010 年闵行开发区引进外资情况表

年　份	进区项目累计(个)	投产企业(个)	合同投资总额(万美元)	协议外资金额(万美元)	注册资本金额(万美元)	合同外资(万美元)	实际外资金额(万美元)
1986 年	10	3	8 625	3 528	6 517	2 506	2 607
1987 年	26	7	6 052	2 940	5 491	2 485.85	2 602
1988 年	47	25	12 178	5 925	6 674	3 032	3 007
1989 年	61	37	10 050	5 150	5 687	2 846	2 714
1990 年	68	50	5 617	4 124	4 112	2 874	2 714
1991 年	80	57	8 697	4 990	4 567	2 793	2 637
1992 年	98	74	10 589	8 523	6 552	5 093	4 811
1993 年	112	90	19 822	12 278	10 964	6 429	6 429
1994 年	122	101	13 008	9 735	8 835	6 533	6 533
1995 年	130	110	38 722	31 550	23 590	20 139	20 139
1996 年	140	118	33 997	27 073	20 791	16 877	14 075
1997 年	141	121	7 021	5 920	5 626	4 771	4 771
1998 年	142	122	7 368	4 676	5 742	4 238	4 238

（续表）

年　份	进区项目 累计(个)	投产企业 (个)	合同投资 总额 (万美元)	协议外资 金额 (万美元)	注册资本 金额 (万美元)	合同外资 (万美元)	实际外资 金额 (万美元)
1999 年	145	122	17 721	12 039	13 010	9 504	6 393
2000 年	151	123	10 422	6 952	8 823	5 689	5 689
2001 年	154	130	10 844	6 810	10 239	6 648	6 648
2002 年	159	131	5 153.71	5 081	3 617	4 977	1 619
2003 年	159	136	5 899.89	4 924.17	1 843.5	1 708.85	708.85
2004 年	163	139	14 331.23	12 375.53	6 957.06	5 892.84	5 740.47
2005 年	168	143	17 268.57	17 467.98	11 156.07	10 246.93	7 566.3
2006 年	169	145	24 599.7	21 599.7	11 517.5	9 617.5	8 631.2
2007 年	171	147	6 939.82	6 551	6 993.45	6 939.82	4 197.5
2008 年	171	147	15 599.43	15 599.43	7 187.13	7 187.13	6 616.6
2009 年	171	147	2 735	4 053	2 718.55	3 560.55	5 006
2010 年	172	148	48 673.76	48 669.35	3 458.42	7 704.15	8 059.67

资料来源：闵行经济技术开发区提供

【世界 500 强投资项目】

建区初期，闵行开发区就注重外资大项目，尤其是著名跨国公司和世界 500 强投资项目的引进。1982 年 12 月，在上海医药局的努力下，开发区对引进美国强生公司项目进行可行性研究。1984 年、1986 年开发区与轻工业局、机电局对引进美国施乐公司、可口可乐公司、英格索兰公司等项目展开洽谈和可行性研究。1987 年 11 月 11 日，闵行开发区第一个跨国公司投资项目——上海施乐有限公司签订场地使用合同。1988 年 2 月 5 日，上海强生有限公司在园区正式开业。其后，上海施贵宝制药有限公司、上海环球分子筛有限公司、上海百事可乐饮料有限公司等相继入驻开发区。在浦东开发前，上海引进的跨国公司项目有 50% 在闵行开发区。

至 2010 年，国际著名跨国公司在闵行开发区投资企业 40 余家，全球 500 强投资的企业有 34 家，其中投资总额超过 1 000 万美元的项目有 52 个；产品出口型企业占全部企业数 50% 以上，出口金额占销售收入 70% 以上的企业有近 30 家。

表 5 - 1 - 5　2010 年闵行开发区《财富》500 强投资企业一览表

企 业 名 称	国别	投资公司中文名称	成立时间	营业收入 排名
新华控制工程有限公司	美国	通用电气公司(GENERAL ELECTRIC)	1988 年 8 月	22
上海 MWB 互感器有限公司	德国	西门子(SIEMENS)	1993 年 3 月	47
上海西门子高压开关有限公司	德国		2001 年 1 月	47
上海西门子开关有限公司	德国		1993 年 9 月	47

（续表一）

企 业 名 称	国别	投资公司中文名称	成立时间	营业收入排名
巴斯夫化学建材(上海)有限公司	德国	巴斯夫公司(BASF)	1988 年 1 月	62
博朗(上海)有限公司	美国	宝洁公司（PROCTER & GAMBLE)	1994 年 2 月	86
上海妮姬时装有限公司	日本	三菱商事株式会社(MITSUBISHI)	1991 年 9 月	115
上海法雷奥汽车电机雨刮系统有限公司	中国	上海汽车集团股份有限公司(SAIC MOTOR)	1995 年 12 月	130
上海百事可乐饮料有限公司	美国	百事公司(PEPSICO)	1989 年 3 月	133
强生(中国)医疗器材有限公司	美国	强生(JOHNSON & JOHNSON)	1994 年 11 月	138
强生(中国)有限公司	美国		1992 年 1 月	138
强生(中国)投资有限公司	美国		1998 年 5 月	138
上海强生有限公司	美国		1988 年 2 月	138
上海强生制药有限公司	美国		1995 年 12 月	138
强生视力健商贸(上海)有限公司	美国		2006 年 8 月	138
圣戈班安全玻璃(上海)有限公司	法国	圣戈班集团（SAINT - GOBAIN)	1995 年 12 月	161
圣戈班高功能塑料有限公司	法国		1995 年 8 月	161
圣戈班韩格拉斯固锐特玻璃(上海)有限公司	法国		2002 年 1 月	161
圣戈班磨料磨具(上海)有限公司	法国		1990 年 1 月	161
圣戈班研发(上海)有限公司	法国		2005 年 1 月	161
可口可乐饮料(中国)有限公司	美国	可口可乐公司（COCA - COLA)	1995 年 8 月	212
可口可乐投资(中国)有限公司	美国		1995 年 4 月	212
上海三菱电梯有限公司	日本	三菱电机股份有限公司(MITSUBISHI ELECTRIC)	1986 年 12 月	214
上海 ABB 电机有限公司	瑞士	瑞士 ABB 集团(ABB)	1995 年 12 月	273
ABB 高压电机有限公司	瑞士		2005 年 8 月	273
上海环球分子筛有限公司	美国	霍尼韦尔国际公司(HONEYWELL INTERNATIONAL)	1989 年 1 月	284
上海施耐德低压终端电器有限公司	法国	施耐德电气(SCHNEIDER ELECTRIC)	1995 年 11 月	353
米其林轮胎研究开发中心(上海)有限公司	法国	米其林公司(MICHELIN)	2001 年 4 月	382
上海米其林回力轮胎有限公司	法国		2001 年 12 月	382

（续表二）

企 业 名 称	国别	投资公司中文名称	成立时间	营业收入排名
上海富士施乐有限公司	日本	富士胶片控股株式会社（FUJIFILM HOLDINGS）	1987 年 11 月	400
富士施乐(中国)有限公司	日本		1996 年 3 月	400
上海阿尔斯通交通设备有限公司	法国	阿尔斯通(ALSTOM)	1999 年 1 月	404
中美上海施贵宝制药有限公司	美国	美国百时美施贵宝公司	1982 年 1 月	405
美铝(上海)铝业有限公司	美国	美铝公司(ALCOA)	1995 年 2 月	439

资料来源：闵行经济技术开发区提供

第五节　产 业 发 展

一、经济规模

闵行开发区起步时，闵行虹桥开发公司出资 6 500 万元，资金由市政府从市政建设费中垫借。按当时每平方公里基础设施建设需投入 1 亿元的资金标准，开发区一期建设资金缺口较大。开发区采用贷款方法，负债开发；调整规划，压缩投资；成立合资公司利用外资，缓解资金困难。

1986 年闵行开发区出现转机。1987 年实现扭亏为盈。原可行性报告分析，开发区预计将亏损 5 年，结果提前 3 年扭亏为盈。

1986—1992 年，闵行开发区累计实现工业总产值 74.66 亿元，出口创汇 5.36 亿美元，净利润总额 12.5 亿元，实现税利 20.82 亿元。投入 1 元人民币的基础设施建设资金，可引进 3.54 美元项目投资，创造 3.15 美元外汇收入，产出 43.8 元工业产值，上缴 4.8 元税收。

1994 年，完成工业产值 80 亿元，实现利税 20 亿元，产品出口总额 2.78 亿美元。按一期开发面积计算，1994 年每平方公里的年产值 37.56 亿元、利税 9.39 亿元、创汇 3.05 亿美元；开发区劳动生产率为 32 万元/人，人均创汇 2.6 万美元，人均利润 4.2 万元。闵行开发区累计实现产值、利税、外汇收入年平均增长率分别为 99%、143%、106%。

至 2000 年，开发区累计实现利润 113.9 亿元，上缴税收 85.3 亿元，关税 53 亿元，外汇收入 59.9 亿元；开发区人均劳动生产率为 59 万元/人，每平方公里销售收入超过 50 亿元。到 2001 年开发区投入产出比为 1∶18。

2001—2005 年的 5 年中，闵行开发区共实现销售收入 1 191.54 亿元、利润 134.55 亿元、税收 140.53 亿元(其中关税 35.15 亿元)，年均增幅分别达到 18.4%、21.3% 和 21.1%。同 2000 年相比，年销售收入由 161.75 亿元增至 310.76 亿元，利润由 15.66 亿元增至 32.34 亿元，税收由 18.73 亿元增至 38.52 亿元。据对外贸易经济合作部统计，2003 年闵行开发区单位面积上缴税收和销售收入分别在全国开发区中名列第一和第三位。

2005—2010 年，闵行开发区主要经济指标稳定增长，在国际金融危机冲击、部分企业外迁及有关统计指标调整情况下，共实现销售收入 2 095 亿元、利润 220 亿元、税收 189 亿元。销售收入从 2005 年的 311 亿元增加到 2010 年的 445 亿元，上缴税收从 28 亿元增加到 37 亿元，实现利润从 32 亿元增加到 49 亿元，年均分别增长 8.6%、6.4%、10.6%。

表 5 - 1 - 6　1986—2010 年上海闵行开发区主要经济指标表　　　　单位：万元

年　　度	销售收入	企业利润	实缴税金	上缴关税
1986 年	3 225	164	—	—
1987 年	6 430	921	109	102
1988 年	23 585	2 960	933	924
1989 年	68 577	10 240	2 570	4 088
1990 年	107 513	20 948	4 755	6 405
1991 年	210 844	34 974	9 500	11 600
1992 年	326 454	55 001	16 800	23 200
1993 年	485 529	77 322	28 097	28 070
1994 年	760 468	109 727	53 541	53 714
1995 年	1 013 186	134 385	76 406	73 358
1996 年	1 415 790	140 922	107 821	84 801
1997 年	1 559 205	117 933	129 757	77 232
1998 年	1 597 231	118 456	141 233	63 279
1999 年	1 605 214	158 913	145 191	53 597
2000 年	1 617 475	156 566	136 330	51 010
2001 年	1 780 790	202 476	154 339	54 132
2002 年	1 982 854	203 396	168 961	49 085
2003 年	2 306 745	281 431	197 575	66 619
2004 年	2 737 367	334 761	248 305	81 098
2005 年	3 107 594	323 399	284 585	100 612
2006 年	3 643 194	387 279	335 119	130 694
2007 年	4 194 426	443 908	370 329	124 516
2008 年	4 753 950	438 766	441 024	123 834
2009 年	3 910 431	437 724	382 641	119 080
2010 年	4 450 261	490 724	368 799	114 180
累计	43 668 338	4 683 296	3 804 720	1 495 230

资料来源：闵行经济技术开发区提供

二、产业集聚

【发展沿革】

闵行开发区创建初期,按照市政府建立出口工业品生产基地,建设玩具中心、服装中心、钟表中心、食品饮料中心的目标,开始产业发展之路。1984 年,上海环球玩具有限公司入驻园区,1985 年 7

月1日起试生产,当年生产锌合金玩具239万只。至1986年,开发区进区企业10家,除环球玩具外还有申联建筑装饰有限公司、联合电子工程有限公司、丝华露化妆品有限公司、上海佳美制版印刷公司等。企业项目规模小,园区产业发展处于开创状态。

1986年起开发区入驻企业迅速增加,产业导入加快。1988年,开发区累计引进企业45家,开工生产企业25家;涉及多个产业,其中产品出口企业占62%,先进技术企业占20%。到1989年,开发区引进企业61家,开业37家。1991年,闵行开发区进区企业79家,涉及纺织服装、家用用品、机电、化工、食品饮料、医药、电子仪表、建材、金属加工等产业。其中纺织业18家,服装成衣业6家,机械行业10家,电子仪表业8家,食品饮料业7家,塑料业4家,医疗医药业4家,精细化工业3家,轻工业3家,建材业2家,皮革业1家,化妆品业2家,玩具业1家,印刷业2家,其他行业8家。1995年,开发区投产企业110家。1998年,入驻开发区外商企业141家,涉及10多个行业门类,其中符合《国务院关于鼓励外商投资的规定》属于"产品出口企业"和"先进技术企业"的两类企业占82%。

从20世纪90年代开发区二期开发起,闵行开发区采取"扩老招新"策略,瞄准区内产品技术含量高、发展前景好的企业,跟踪服务,推动其追加投资,扩大规模。据1998年底统计,闵行开发区96家这类企业,共增资103次,追加投资10.37亿美元,占开发区企业数的72%,占投资总额数的59.3%,其中增资超过500万美元的有32家。与此同时,逐步淘汰落后产业,至1998年迁出开发区或终止经营企业有8家。至2000年,闵行开发区累计引进外商项目151个,其中属产品出口型企业35家,占23%;先进技术型企业27家,占18%,二类企业共占企业总数的41%。闵行开发区形成多种行业并存、高起点、大产出的综合性产业格局。

2001—2005年,先后引进上海恒瑞医药有限公司、金宝医疗器材(上海)有限公司、上海阿尔斯通交通设备有限公司、ABB高压电机有限公司、上海西门子高压开关有限公司等一批生物医药和高端装备产业企业,上海富士施乐有限公司、博朗(上海)有限公司、YKK公司等20多个项目增资扩建。跨国公司及其配套企业的巨大投资,使闵行开发区产业实现从以数量规模为主向结构效益为主的转型,使用土地占园区总量的60%,经济效益占总量的70%。闵行开发区呈现机电、医药医疗和食品轻工产业主导产业并列发展的局面。

2006—2010年,开发区结构调整与资源集约利用同步推进,新建扩建项目44个,新增建筑面积24万平方米,土地资源进一步向优势企业集中。机电和医药产业迅速崛起,其中以机电为主导的企业集群(或核心企业)快速成长。强生(中国)有限公司、上海三菱电梯有限公司、上海西门子开关有限公司、上海ABB电机有限公司等优势企业呈集群化发展,主要经济指标占园区经济总量80%以上。2005年起,强生(中国)研发中心、亨斯迈化工集团研发中心、圣戈班(上海)研发中心等一批国际级研发机构以及教育培训机构相继落户,生产性服务业在闵行开发区得到拓展。

至2010年,以轨道交通、电站设备为代表的机电产业为主,以血制品、常用药品为代表的医药医疗产业和以世界品牌饮料为代表的食品轻工产业为辅的主导产业在闵行开发区形成,开发区成为上海重要的制造业基地。

【企业集群】

从2000年起,闵行开发区支持500强核心企业,以既有产业为依托,扩张、延伸产品(业)链,逐步形成企业集群。

强生企业集群 到1995年,美国强生公司先后在闵行开发区建立上海强生有限公司、强生(中国)有限公司、强生(中国)医疗器材有限公司、上海强生制药有限公司、强生视力健商贸(上海)有限公司等5家企业。2010年6月,强生(中国)液体车间扩建项目新厂房竣工,项目总投资1700万美元,主要生产强生沐浴露等液体类产品。随着强生(中国)有限公司新液体车间的投产,一个颇具规模的"强生产业园"在闵行开发区逐步成型。

ABB电机企业集群 2004年,ABB低压电机项目在开发区投产后,开发区根据ABB公司的产业发展,为公司其他类型的发电机项目预留土地。2005年,ABB高压电机有限公司在开发区设立。

圣戈班企业集群 到2005年10月,法国圣戈班集团旗下的圣戈班磨料磨具(上海)有限公司、圣戈班高功能塑料(上海)有限公司、圣戈班安全玻璃(上海)有限公司、圣戈班韩格拉斯世固锐特玻璃(上海)有限公司、圣戈班精细陶瓷(上海)有限公司企业等相继入驻园区。

西门子企业集群 至2007年,德国西门子公司的西门子(中国)有限公司、上海西门子高压开关有限公司、上海西门子开关有限公司和上海MWB互感器有限公司等4家企业先后落户开发区,西门子输配电集团和上海电气集团在闵行开发区建立一个"西门子园区"。

至2010年,世界500强企业在开发区投资项目40家,占开发区企业总数的43%。开发区以世界500强核心投资企业为主体,逐步形成强生集团、西门子集团、瑞士ABB集团、圣戈班集团和日本三菱电机股份有限公司、法国阿尔斯通公司等14个企业集群和核心企业。14个企业集群和核心企业的企业数仅占开发区企业总数的1/3,而销售收入、税收、利润占开发区总量的80%以上。企业集群的发展不仅降低了园区企业的运营成本,也提升了闵行开发区产业结构的优化升级。

【研发中心】

2001年5月14日,闵行开发区为促进生产性服务业发展,出台《鼓励支持外商投资设立研发机构的办法和优惠政策》,鼓励外资企业进区设立研发机构,对在开发区新设立的研发机构在所需土地、场地开发费,给予一定的优惠。

2001年4月23日,闵行开发区第一家外商投资研发中心——米其林轮胎研究开发中心(上海)有限公司成立。2005年10月,跨国材料巨头法国圣戈班集团出资2亿元,在闵行开发区投资兴建在华首家研发中心,该中心是圣戈班集团全球前五大研发中心之一。2006年7月,强生(中国)有限公司在闵行开发区成立的消费品研发创新中心举行奠基仪式,这是强生首次在亚太地区设立大规模的研发中心,从事各类护理产品研发工作;同时建成强生视光学研发中心。2007年5月,集产品展示和客户培训功能为一体的德国西门子输配电上海中心在园区正式启用,中心累计投资10亿元,为西门子全球最新、最大的客户中心。9月28日,圣戈班研发(上海)有限公司在开发区剪彩。2008年9月,亨斯迈亚太区技术研发中心在闵行开发区正式落成,中心作为集团全球第三个研发中心,为亚太地区客户提供创新技术和服务。2009年7月,圣戈班研发(上海)有限公司研发中心获市政府颁发跨国公司地区总部认定证书。此外,至2010年,有29家企业在开发区设立企业研发中心或开发部门。

三、主导产业

【机电产业】

以轨道交通、电站设备为代表的机电装备制造业是闵行开发区最大的产业链。1987年12月,生产气体压缩机的上海英格索兰压缩机有限公司落户园区。1988年6月,上海神明电机有限公司设立,生产各种电子元件和电子部件。是年,上海三菱电梯有限公司进驻开发区。上海三菱电梯有限公司合资后,引进日本三菱电梯先进技术,在国内率先淘汰由继电器控制的老式电梯。1990年10月,生产磨料磨具及有关工具的圣戈班磨料磨具(上海)有限公司设立。1993年3月,上海MWB互感器有限公司进入园区。公司配备先进的计算机控制加工设备、工艺装备和检测设备,是全国同行业较早通过GB/T19001-ISO 9001质量体系审核认可的互感器制造企业。1994年12月,由上海水泵厂和德国凯士比有限公司合资建立的上海凯士比泵有限公司入驻,这是中国境内产品范围最广、技术水平最高的泵制造公司。1995年11月,由天津天利航空机电有限公司、中国航空技术进出口北京公司和施耐德电气(中国)投资有限公司投资的上海施耐德低压终端电器有限公司落户园区。1995年12月,上海ABB电机有限公司设立。ABB业务包括完整系列的电动机、发电机及其配套零部件,产品广泛应用于工业和电力行业。1996年9月,贺德克液压技术(上海)有限公司进驻,主要开发生产比例、伺服液压技术设备及其关键零部件。

1999年1月,上海阿尔斯通交通设备有限公司进入园区,公司是上海轨道交通设备发展有限公司和法国阿尔斯通交通运输公司共同创立,主要从事轨道车辆的设计、组装、调试。2001年1月,上海西门子高压开关有限公司设立。2002年9月18日,上海制造的第一列城市轨道交通车辆在开发区的上海阿尔斯通交通设备有限公司下线。2003年3月,上海西门子开关有限公司进驻,主要生产真空技术中压开关柜和断路器。2005年8月,生产铁路机车牵引电机和工业电机的ABB高压电机有限公司进入开发区。上海轨道交通制造业在闵行开发区崛起。

2005年,闵行开发区制定"十一五计划",把"发展轨道交通、输配电、机械制造等机电产业"作为聚焦重点,区内机电企业经过增资和扩大产能得到发展。是年上海ABB电机有限公司参与三峡电站建设和输配电工程、南水北调工程、首都国际机场的改扩建项目以及变电站、轻轨项目。2007年英格索兰生产的压缩机从建厂时的100多台增加到6 500台。2010年,上海西门子开关有限公司为上海世博会的世博轴和中国馆、主题馆、世博中心、文化中心,提供全部变配电设备。是年9月,出口伊朗德黑兰的地铁列车在上海阿尔斯通交通设备有限公司下线,上海轨道交通装备首次进入海外市场。

2009年12月15日,上海三菱电梯有限公司新的自动扶梯工厂在开发区奠基,占地面积5.3万平方米。到2010年,上海三菱电梯有限公司累计产销电梯25万台,销售收入突破100亿元,被市科委、国资委授予"上海市科技创新型企业"称号。是年,上海英格索兰压缩机有限公司在开发区进行新厂房改建,生产先进的离心机、低压无油螺杆机、拧紧机等产品。

至2010年,园区内机电制造类企业共22家,工业总产值超过亿元的企业有20家,机电产业工业总产值197.87亿元,占整个园区的49.4%。三菱电梯、西门子、ABB机电公司、圣戈班、英格索兰、阿尔斯通等国际品牌体现出开发区机电产业的综合优势和实力。

表5-1-7　2010年闵行开发区机电产业主要企业一览表　　　　　　　　单位:万元

企 业 名 称	经 营 范 围	工业总产值
上海三菱电梯有限公司	制造、销售电梯,自动扶梯、人行道、大楼管理系统及零部件,提供相关服务	1 006 436
贺德克液压技术(上海)有限公司	开发生产比例、伺服液压技术设备及其关键零部件	117 114
上海ABB电机有限公司	生产电动机、发电机及其配套零部件	112 405

（续表）

企 业 名 称	经 营 范 围	工业总产值
上海英格索兰压缩机有限公司	设计、生产、销售压缩机、干燥机及其后处理设备	99 490
上海凯士比泵有限公司	生产泵类产品	73 114
上海施耐德低压终端电器有限公司	生产小型断路器、隔离开关、电涌保护器及MULT19系统低压终端电器产品	71 383
上海西门子开关有限公司	生产、集成断路器、各类中压开关装置及其零部件	69 892
圣戈班磨料磨具(上海)有限公司	生产磨料磨具及有关工具和产品	55 593
上海阿尔斯通交通设备有限公司	设计、生产、检测、调试城市交通车辆	51 732
上海西门子高压开关有限公司	生产52千伏以上气体绝缘开关设备、移动式变电站和气体绝缘输电线路及其零部件	40 315
上海联合滚动轴承有限公司	生产各类轴承、轴承零件、轴承半成品与轴承专用设备	38 980
圣戈班高功能塑料(上海)有限公司	生产用于汽车、建筑、医疗卫生、化学工程等及相关工业的含氟聚合物、硅树脂、聚酰亚胺等工程塑料产品	35 391
上海法雷奥汽车电机雨刮系统有限公司	开发和生产汽车雨刮系统及相关零部件,销售自产产品	35 107
上海第一精工模塑有限公司	生产各种精密磨具、新型仪表元器件和材料	34 479
ABB高压电机有限公司	生产铁路机车牵引电机和工业电机	33 531
上海MWB互感器有限公司	生产各类电压等级和系列的互感器及其零部件	25 763
上海神明电机有限公司	生产开关、计数器、电磁线圈、可变电容等电子元件和电子部件	22 673
上海光华·爱而美特仪器有限公司	生产自动化仪表	19 433
新华控制工程有限公司	设计、生产电站、油田等设备控制系统,网络软件、优化与诊断软件及集成电路的设计	17 546
上海博格曼有限公司	生产各类工业密封装置及配套设备、销售自产产品	10 427

资料来源：闵行经济技术开发区提供

【医药医疗产业】

　　1988年2月,生产创可贴的上海强生有限公司入驻园区,为园区首家医药医疗企业。1988年10月,上海莱士血液制品股份有限公司设立。公司由上海市卫生局所属上海市血液中心和美国稀有抗体抗原供应公司共同投资组建,是中国第一家中外合资的血液制品大型生产企业,主要生产和销售7个品种23个规格的血液制品、疫苗和诊断试剂。是年,上海施贵宝制药有限公司进驻闵行开发区。上海施贵宝成立于1982年10月,由美国百时美施贵宝公司与中国医药对外贸易总公司和上海医药(集团)总公司共同投资,是来中国的第一批中美合资制药企业,1985年10月投产。1994年8月,由瑞典金宝集团在中国开设的首家子公司金宝医疗器材(上海)有限公司落户开发区,主要加工、生产人工透析器、血液导管和配套产品。2001年12月,江苏恒瑞医药股份有限公司与香港美联贸易有限公司在开发区投资设立上海恒瑞医药有限公司,前期建设投资 1.8 亿元,主要生产和销售注射剂、喷雾剂及研发药物新产品。

闵行开发区医药、医疗器械生产企业入驻园区后得到进一步的发展。上海施贵宝 1982 年组建时投资 400 万元,1985 年 10 月投产,至 1994 年累计税后利润 2.89 亿元,一个"上海施贵宝"的投资回报达 72 倍,投资总额增加到 6 000 万美元。强生(中国)投资有限公司于 1992 年 1 月在闵行开发区建立强生(中国)有限公司,这是美国强生公司在中国大陆设立的第一家独资企业,生产健康护理消费产品。1994 年、1995 年又先后设立强生(中国)医疗器材有限公司、上海强生制药有限公司,在闵行开发区形成"强生城",产品从"邦迪"创可贴、母婴护理药品到医疗器材、非处方药。

2009 年 9 月 30 日,闵行开发区分别被国家发展和改革委员会和商务部、科学技术部授予"上海国家生物产业基地","国家科技兴贸创新基地(生物医药)"称号。施贵宝、莱士血液制品、强生制药和恒瑞医药排名 2009 年上海生物制药企业利润前十位。2010 年开发区 8 家医药医疗企业,工业总产值 68.91 亿元,占整个园区的 17.2%;有 7 家企业工业生产总值超过亿元,其中中美上海施贵宝制药有限公司为 21.5 亿元,强生(中国)有限公司为 26.8 亿元,上海强生制药有限公司为 6.6 亿元,上海莱士血液制品股份有限公司为 5.2 亿元。

表 5‑1‑8　2010 年闵行开发区医药医疗产业主要企业一览表　　　　　单位:万元

企 业 名 称	经 营 范 围	工业总产值
强生(中国)有限公司	生产健康护理消费产品	268 498
中美上海施贵宝制药有限公司	西药制剂	215 018
上海强生制药有限公司	生产及研发强生公司系列解热镇痛药、感冒咳嗽类药、布洛芬、肠胃药和医药保健产品	65 860
上海莱士血液制品股份有限公司	生产和销售血液制品、疫苗、诊断试剂	52 417
上海强生有限公司	生产保健品和卫生材料用品、健康护理产品	38 136
上海恒瑞医药有限公司	生产鼻喷剂、小容量注射剂、冻干粉针剂、吸入剂,研究和开发药物新产品	23 352
强生(中国)医疗器材有限公司	生产医疗器材和健康护理用品	19 005
金宝医疗器材(上海)有限公司	加工、生产人工透析器、血液导管和配套产品	6 823

资料来源:闵行经济技术开发区提供

【食品轻工产业】

1987 年 11 月,上海富士施乐有限公司在闵行开发区成立,这是美商在上海投资最大的工业性项目,主要生产新型数码激光打印机、复印机及零部件。1989 年 8 月,由美国百事集团和闵联公司、上海市糖业烟酒公司投资兴建的上海百事可乐饮料有限公司在园区成立,1990 年 6 月建成投产,是国内投资规格最大的饮料生产企业之一,生产销售百事饮料 30 多个系列。10 月,上海飞龙纺织有限公司成立,主要生产各类化纤混纺色纱。1992 年,日本 YKK 株式会社投资的上海吉田拉链有限公司在开发区建立,这是 YKK 株式会社在中国大陆投资设立的第一家专门制造"YKK"拉链的生产基地。1993 年 2 月,上海胜家缝纫机有限公司入驻园区,主要生产各类缝制设备及零部件。6 月,生产固体饮料、淀粉糖、糖果、袋泡茶等的上海英联食品饮料有限公司进驻园区。1994 年 2 月,博朗(上海)有限公司在开发区成立,主要开发生产个人护理用品、小型家用食品加工及厨房家电。

3月,不凡帝范梅勒糖果(中国)有限公司在闵行开发区设立,主要生产糖果、半成品糖果制品及其原料,拥有阿尔卑斯、曼妥思、比巴卜、孚特拉、珍宝珠等品牌。

食品轻工产业的主要品牌在闵行开发区增资、扩建,提升生产能力。上海百事可乐饮料有限公司自1990年投产至2002年,13年来百事销量年平均递增29.2%,2002年年产饮料34.5万吨,实现利润达1.28亿元,连续4年居可乐类中国企业首位。上海吉田拉链有限公司2005年2月完成第三期厂房扩建,3次扩建后占地面积达109 269平方米。富士施乐公司在开发区经过两次扩建,复印机年生产能力从2002年的4万台跃升至2007年的30万台,销售额从6亿元增至27亿元。2010年6月,不凡帝范梅勒糖果(中国)有限公司在开发区新建33 694平方米的新厂,为集团在全球最大、最先进的工厂。11月,博朗(上海)有限公司生产"欧乐-B"电动牙刷及其他博朗小家电产品的扩建项目在开发区投产,博朗公司在华销售收入增长20%。

到2010年,开发区内共有食品轻工企业24家,涵盖食品饮料、日用杂品、纺织服装和印刷设备制造及新型印刷业等。2010年工业总产值89.48亿元,占整个园区的22.3%,工业总产值超过亿元的有12家。

表5-1-9　2010年闵行开发区食品轻工产业主要企业一览表　　　　　　单位:万元

企业名称	经营范围	工业总产值
上海富士施乐有限公司	新型数码激光打印装置、图像处理机等及零部件和耗材、软件开发、制造、销售及技术服务	256 060
不凡帝范梅勒糖果(中国)有限公司	生产糖果、半成品糖果制品及其原料	199 703
上海百事可乐饮料有限公司	矿泉水、软饮料、罐装咖啡、茶类和果汁类饮品,百事可乐饮料产品及配套包装产品	88 806
博朗(上海)有限公司	开发生产个人护理用品、小型家用食品加工机厨房家电	71 676
上海沪鑫铝箔有限公司	铝箔、铝卷、铝箔层压产品,金属、包装材料,金属制品、电线电缆及铝箔,金属材料领域的技术开发	57 192
欧诺法装饰材料(上海)有限公司	生产装饰装修材料和防水材料并销售自产的产品	45 041
上海英联食品饮料有限公司	生产、销售饮料、淀粉糖、糖果制品,预包装食品(不含熟食卤味、冷冻冷藏)的委托加工	33 531
上海伊利爱贝食品有限公司	生产各种冰激淋、冷冻食品及其他食品	32 893
上海胜家缝纫机有限公司	生产各类缝制设备及零部件	32 499
上海斯林百兰软家具有限公司	生产弹簧床、床垫及相关的垫子产品	12 914
安思特管道系统工程(上海)有限公司	生产、组装、设计工业用途管道	10 554
上海国成塑料有限公司	生产百叶窗帘、卷帘等各类装饰品	10 111

资料来源:闵行经济技术开发区提供

四、重点企业

【上海环球玩具有限公司】

1982年,由爱建公司牵线搭桥,爱国港商叶仲午、顾小坤率先来闵行开发区投资。1984年4

月,香港环球玩具集团与上海市玩具进出口公司、上海市工商界爱建公司、上海市投资信托公司和中国银行上海分行签约,合资组建上海环球玩具有限公司,投资总额1 400万元,其中香港环球集团出资占35%。

1984年7月,环球玩具动土建设。1985年11月8日,环球玩具在上海展览馆举行开幕典礼。1985年7月投产,当年完成各种玩具小车239万只。1986年6月底,1万多平方米厂房竣工、250多台(套)设备完成安装。

到1986年9月底,环球玩具创造锌合金玩具汽车生产1 000万只、出口1 000万只的记录,第二年收回全部投资,实现盈利。1985—1990年,公司累计完成工业总产值1.64亿元,实现利润2 400万元,创汇2 246万美元。1989—1992年每年被中国外商投资企业协会评为"全国三资企业双优""上海市双优企业"。2004年,上海环球玩具有限公司因20年合资期限到期而关闭。

【格雷斯中国有限公司】

1986年10月7日,格雷斯中国有限公司签约进闵行开发区。公司投资65万美元,生产罐装和瓶装包装用密封胶,年产能力1 600万吨。格雷斯公司的密封胶是世界各国罐头食品工业公认的标准品。格雷斯中国有限公司1987年开始投产,2008年取得环境和安全认证。2010年工业总产值11 990.4万元。至2010年,公司注册资金1 600万美元。

格雷斯公司成立于1854年,是一家生产特种化学品和材料的跨国公司。1986年在美国500家最大工业公司中排列第48位,年营业额达75亿美元。格雷斯中国有限公司是闵行开发区引进的第一家外商独资企业,也是国务院《关于鼓励外商投资的规定》公布后,第一家在中国境内设立的外商独资企业。1986年8月29日,对外贸易经济合作部向彼得·格雷斯颁发批准证书,经营期限为30年。10月8日,彼得·格雷斯领取国家工商行政管理总局颁发的营业执照"工商企独沪字00001号"。

【ABB高压电机有限公司】

2005年5月,公司在闵行开发区奠基,地址天星路380号。公司由ABB(中国)有限公司独资设立,投资总额1 600万美元,注册资本1 440万美元,主要设计制造铁路系统机车的牵引电机和各类工业电机产品及系统,产品广泛应用于船舶、港口、电力、石化和食品饮料等众多行业。2006年ABB高压电机有限公司正式投产,新厂房的设计和设施均采用ABB欧洲工厂的技术和标准,生产工艺流程采用ABB统一标准。2009年,ABB高压电机有限公司在临港的工厂正式投产,生产低速永磁风力涡轮发电机以及大型同步电机。2010年,公司销售收入41 722万元。

【上海阿尔斯通交通设备有限公司】

公司是上海电气(集团)总公司和阿尔斯通运输有限公司共同创立的中外合资企业,成立于1999年1月18日。公司地址东川路3999号。上海阿尔斯通交通设备有限公司主要从事轨道车辆的组装、调试,总投资2 800万美元,注册资金1 500万美元,其中中方占60%,外方占40%。

上海阿尔斯通的METROPOLIS系列轨道交通车辆产品,采用模块化设计概念,提高部件的通用化程度,用尽可能少的零部件品种组成满足不同用户需要的轨道交通车辆。2000年3月1日,上海阿尔斯通签订第一个车辆供货合同——5号线(莘闵线)车辆合同;2002年9月18日,上海阿尔斯通首列轨道交通车辆正式下线;2003年,7列轨道交通车辆(每列4节编组)交付轨道交通5号线使用,自 11 月 25 日上海莘闵线正式通车试运行以后,车辆运行情况良好。2003 年 2 月 20 日,上海阿尔斯通签订杨浦线(8 号线)车辆合同。2004 年 10 月 12 日,签订上海地铁 1 号线车辆续购合同。2008 年 8 月,11 列 8 节车辆交付 2 号线使用。2010 年,上海阿尔斯通工业产值 51 731.9 万元。

【上海百事可乐饮料有限公司】

公司位于文井路 288 号。由闵联公司、上海市糖业烟酒公司、上海益康矿泉水公司和美国百事可乐国际公司共同投资,投资总额 1 400 万美元,其中美方 836 万美元。至 2009 年,公司累计完成投资 30 112 万元。

1989 年 8 月,公司在闵行开发区开工建设,1990 年 6 月建成投产,生产销售百事可乐、七喜、美年达、激浪等世界品牌碳酸饮料。1990—2002 年,公司销量年平均递增率达 29.2%,利润年平均递增率达 41.1%,投资回报率年平均达到 41.0%。从 1999 年起,上海百事可乐实现利润在全国"百事可乐、可口可乐"企业中连续 4 年居于首位。

1999 年、2001 年,上海百事可乐连续两次被美国《财富》杂志中文版评选为"中国最受赞赏的外商投资企业"。2001 年,获得中国食品工业协会授予的"中国食品工业 1981—2001 年杰出外商投资企业"称号。2000—2002 年,公司连续 3 年利润突破亿元。2002 年年产饮料 34.5 万吨,年销量 6 100 万标准箱;累计上缴国家税金 4.46 亿元、利润 7.75 亿元,居"百事可乐、可口可乐"中国企业的首位。2006 年获"中国最具影响跨国企业"奖。2009 年,公司实现销售收入 117 975.5 万元,利税总额 20 528 万元。2010 年,销售收入达到 122 280.1 万元,利润总额 5 637.8 万元,上缴国家税金 6 718.2 万元。

【博朗(上海)有限公司】

公司位于绿春路 475—495 号,由吉列(中国)投资有限公司在上海市投资设立的外商投资企业,为世界 500 强宝洁(P&G)集团的成员之一。1994 年 2 月成立,注册资金 2 308.5 万美元,是除德国以外唯一生产电动剃须刀、小家用家电及其零配件的博朗工厂,主要市场包括美国、亚洲和欧洲,年出口约 1.3 亿美元。

博朗(上海)有限公司生产的博朗、吉列电动剃须刀、欧乐 B 电动牙刷等产品,销售持续每年增长 10%~15%。2002 年,公司被评为上海市外商投资企业出口额前 50 名。是年经上海海关批准,成为上海市第一批享有便捷通关程序的企业。至 2007 年,累计完成投资 52 343.6 万元,当年工业产值达到 103 401 万元。2010 年 11 月,博朗(上海)有限公司在闵行开发区扩建的新厂房开业。是年,博朗(上海)有限公司实现工业总产值 71 676.3 万元。

【不凡帝范梅勒糖果(中国)有限公司】

意大利不凡帝公司于 2001 年并购荷兰上市范梅勒集团,成立不凡帝范梅勒集团,成为全球最大的糖果生产企业之一。不凡帝范梅勒(中国)有限公司是不凡帝范梅勒集团中最大的运作公司之一,1994 年 3 月在上海成立,地址为绿春路 318 号。注册资金 500 万美元,投资总额 1 200 万美元。工厂位于闵行开发区,公司总部设于虹桥开发区。公司生产和销售阿尔卑斯、曼妥思、珍宝珠、孚特拉和比巴卜等五大系列品牌的糖果和口香糖产品。2005 年,阿尔卑斯在中国市场份额占有率位居第一。2007 年,不凡帝范梅勒糖果(中国)有限公司获中国市场销量领先品牌优秀企业称号。2010 年,公司工业产值 199 702.7 万元。

【上海富士施乐有限公司】

1987 年 11 月 4 日,上海施乐复印机有限公司成立,2001 年 7 月更名为上海富士施乐有限公司。公司地址南谷路 21 号。注册资本 3 800 万美元,由上海申贝办公机械有限公司、上海久事公司、富士施乐(中国)有限公司和富士胶片(中国)投资有限公司共同投资,其中富士施乐(中国)有限公司占投资额的 70%。上海富士施乐是一家研发和生产数码多功能机的生产厂商。公司于 1990 年开始出口复印机和零件。1987 年推出办公室用 FX5030 复印机。1997 年推出集复印、传真、打印、扫描四位一体的数码复合机"Network Able 系列"。2000 年起研发出 DocuPrintC2220、DocuCentre 400CP 打印机,使快速彩色打印得到普及。

1992 年,公司是首家获得"上海市质量管理奖"的外商投资企业。1994 年 9 月,通过"上海市高新技术企业"认定,1995—2010 年,公司分获"上海市文明单位"和"上海市花园单位"称号。

2002 年,上海富士施乐 WorkCentre Pro 系列复印机获上海市高新技术成果转化项目"百佳"第二位。2003 年,公司两款系列复印机被科学技术部等五部委列为国家重点新产品。2005 年 2 月,通过"外商投资产品出口企业"认定。2006 年 5 月,获上海市外贸出口百强企业金奖。2008 年 12 月,荣获"中国十大标志性品牌"称号。2010 年,公司实现工业总产值 25.6 亿元,从业人数 1 846 人。

【上海强生制药有限公司】

公司位于绿春路 139 号。成立于 1995 年,注册资本 3 500 万美元,由美国强生公司投资。1996 年 11 月在闵行开发区投产。这是美国强生公司在中国设立的第一家专业生产非处方药品的制药公司。公司符合国际优良药品制造规范(GMP)标准,拥有两条世界国际领先水平的自动液体制剂和固体制剂生产包装流水线,专业生产、销售非处方药品,代表产品有"泰诺"系列感冒咳嗽药、"泰诺林"系列解热镇痛药以及力康特等营养保健类产品。至 2009 年,公司累计完成投资 49 360 万元,在全国 60 多个城市建立业务联系;当年销售总收入达到 62 966.4 万元,完成利税总额 24 005.8 万元。2010 年,公司实现工业产值 65 860.1 万元。

【上海三菱电梯有限公司】

公司地址江川路 811 号,成立于 1986 年 12 月,由上海机电实业公司、中国机械进出口总公司、日本三菱电机株式会社、香港菱电工程有限公司四家合资,注册资金 950 万元。2001 年,注册资金增至 1.37 亿美元,投资总额 2 亿美元,中、外方各占 60%、40%股份。

1995 年,全球最高的 120 米高速电梯试验塔在上海三菱电梯打桩。2002 年,上海三菱电梯生产电梯突破万台;2007 年 4 月 25 日,第 15 万台电梯交付北京国家图书馆;2008 年 11 月 21 日,第 20 万台电梯交付上海世博中心。2010 年 4 月 23 日,第 25 万台电梯交付重庆江北国际机场;是年公司产销电梯突破 4 万台。

1993—2010 年,上海三菱电梯各项经济指标持续保持中国电梯行业领先地位。2005 年,公司销售收入达到 52 亿元,2007 年 63 亿元,2009 年 83.6 亿元,2010 年突破 100 亿元,成为中国电梯行业首家年销售收入过百亿元的企业。

【圣戈班研发(上海)有限公司】

公司于 2006 年入驻闵行开发区二期 A 区。公司地址文井路 55 号。由法国圣戈班集团投资,投资总额 20 500 万元,注册资本 8 200 万元。作为圣戈班集团全球主要研发中心,支持集团各工厂的业务及发展,主要从事磨料磨具产品、颗粒及粉末产品、玻璃产品、塑料及塑料复合材料、陶瓷及耐火材料、晶体产品、管道系统、绝缘材料、强化材料、容器、圣戈班生产或分销的建筑材料和新型材料的研究开发、中试生产活动、研发成果的转让和许可,提供与研发成果相关的技术服务和技术支持。

2010 年,公司有研发人员近 260 人,汇集从陶瓷到高分子、晶体到磨料、无机粉末到耐火砖各个材料科学领域的研究专家;涉及材料科学、机械工程、仿真、建筑能源和碾磨、涂层、光学检测等多个研究领域。

【中美上海施贵宝制药有限公司】

公司位于剑川路 1315 号,占地 53 000 平方米。由美国百时美施贵宝公司与中国医药对外贸易总公司、上海医药(集团)总公司共同投资。1982 年 10 月成立,1985 年 10 月正式投产,为中国改革开放以后成立的第一家中美合资制药企业。1999 年,公司注册资本 1 164 万美元,投资总额 2 948 万美元,到 2006 年总投资额达 6 000 万美元。

公司按 GMP 标准进行设计、生产、管理和经营,主要生产抗感染、维生素和心血管类药品,有"金施尔康""小施尔康"和"日夜百服宁"等品牌,可同时生产口服片剂、胶囊、溶液和干混悬剂、无菌粉针剂等共计五大类 28 个品种 36 种剂型的药品。1988 年 6 月、1989 年 9 月分获加拿大政府保健局(HPB)、美国食品药品管理局(FDA)批准,成为中国第一家获准西药制剂产品出口美国的制药企业。1997 年通过 ISO 14001 认证。1992 年,公司总产值 3.34 亿元,净利润 7 652.72 万元,名列全国医药工业 50 家最佳经济效益工业企业之一。2005 年,公司销售额 12 亿元,上缴税收 2.04 亿元,利润 5 272 万元。2010 年工业产值 215 017.7 万元。

第六节　投　资　环　境

一、企业服务

【服务理念】

闵行开发区创建初期就倡导"人人都是投资环境"的理念,要求每个员工要为进区的三资企业提供各种良好服务,使外商在开发区生活称心、生产如意,增强外商来开发区投资的信心。1987 年,闵行开发区在全国第一批 14 个国家级开发区中率先成立开发区管理服务中心,"寓管理于服务之中",为外商企业提供"一站式"服务,简化办事程序,提高办事效率。

2005 年 1 月,闵联公司把多年服务外资企业的实践和体会,总结形成"无事不插手、好事不伸手、有事不撒手、难事伸援手"的"四手服务准则"。

【服务项目】

生活服务　1984 年 12 月 31 日,1 600 平方米的紫藤餐厅土建在园区竣工,解决外资企业职工的用餐困难。1991 年,为外资企业配套的外商服务中心——紫藤宾馆、生活服务中心——营业面积 3 000 平方米的紫藤商厦以及有现代化视听教育和电脑设施的培训中心相继建成并投入使用。

经营管理服务　1988 年,闵行开发区建立保税仓库,给外向型生产企业带来极大方便。1991

年8月8日,开发区紫藤俱乐部在紫藤宾馆成立。俱乐部由开发区管理方和入驻外商投资企业负责人参与,以会员制形式,通过召开例会、组织活动和提供服务,加强企业会员间的交流和联系。1992年8月,闵联公司和区内三资企业联合组成"三资企业产品联销集团",帮助企业开拓市场。2002年11月1日,闵行开发区信息管理平台(中文版)试运行,建立起可与开发区内外客户相互交流合作的信息网络和电子公务平台。闵联公司是经市外资委认定的开发区受理外商投诉单位。公司以"定期沟通信息、处理投诉意见、帮助排忧解难、提供配套服务"为原则,帮助企业解决生产经营中遇到的实际困难和问题。是年,闵联公司领导带领各部门走访近80家企业,了解企业情况和需求,现场及时解决企业实际困难。

2006年,管理办公室调整充实开发区综治工作领导小组成员,建立开发区社会治安综合治理办公室;与区内93家外企签订《共建安全和谐开发区公约》。从2006年开始,管理办公室每年投入30万元资金组建开发区保安巡逻队,投入25万元组建犬防巡逻队,加强对开发区治安情况复杂区域的巡逻警戒和对企业的安全保卫;投资建立开发区应急处置无线对讲电台网络。2007年12月,开发区组建安全生产管理办公室,成立园区节能降耗领导小组和工作小组,引导区内企业节能降耗,加强环境保护。

创新服务　2001年5月,闵行开发区管理办公室设立发展高新技术工作指导小组,出台《鼓励支持外商投资设立研发机构的办法和优惠政策》,开展"科技功臣"评选,奖励科技、研发特殊贡献人员,指导、推进研发中心在园区建立。

2007年,开发区管理办公室成立上海市保护知识产权举报投诉服务中心闵行开发区工作站。2008年,管理办公室与闵行区政府协调沟通,建立2 200万元专项奖励资金,扶持和资助优势核心企业开展科技管理创新、新产品研发、设备改造及人才引进,有22家企业获得奖励。

【服务平台】

管理服务中心　1985年,开发区管理服务中心大楼建成,1986年12月,上海市海关、商检局首先派员进驻。海关、外轮代理、外贸运输、理货公司共栖一楼,外商涉及海关、商检业务,都及时给予"一站"解决。1987年4月30日,中国工商银行上海分行闵行开发区办事处成立。8月30日,中国人民保险公司闵行开发区办事处成立。10月30日,中国银行、建设银行的上海分行闵行开发区办事处成立,上海外贸运输公司、上海市税务局外税分局闵行开发区办事处成立。

1988年2月11日,闵行开发区管理服务中心举行成立大会,副市长李肇基参加大会。14家服务单位进驻大楼,没有进驻大楼的水、电、煤气、电信等事业部门,每逢星期二均派专人来中心举行服务例会,对企业需求当场给予解决。一年后,管理服务中心成员单位到20家;1992年有26家,1994年发展到30家。服务中心为进区企业提供较为全面的综合性服务,免去外商原来往返市郊的奔波之苦。外商只要在楼内走一圈,均可办完所需手续。开发区管理服务中心被外商誉为闵行的"小外滩"。1988年5月11日,中共上海市委书记、市长江泽民为中心题写名牌。

外商投资服务中心　2002年9月28日,在"一站式"服务基础上,上海闵行经济技术开发区管理办公室成立外商投资服务中心,引进各类社会服务机构16家,依托现代网络技术和资讯系统,遵循国际惯例,为外资企业提供"注册登记、开工建设、后续运行"全方位的社会化、专业化中介服务,以降低外资企业商务成本,进一步改善投资服务环境。

物流中心　1994年2月28日,闵行开发区物流中心正式对外营业,参加这个中心的有上海经济技术开发区海关、闵联仓储运输公司、上海市对贸运输公司、上海市外轮代理公司、上海市外轮理货公司、闵联保税仓库、上海华贸有限公司、人民保险公司开发区公司等。

二、配套设施

【紫藤宾馆】

紫藤宾馆是闵联公司为完善投资环境,给来开发区工作的外商、外籍管理人员及技术专家提供居住生活条件而投资建造的外商生活服务中心,紧邻轨交5号线。1987年12月动工建设,1990年2月18日正式营业,是年完成网球场、游泳池、壁球房等配套设施建设。2000年5月,闵联公司成立酒店管理公司并完成紫藤宾馆转制,由锦江集团公司静安宾馆参与管理。2001年12月12日,经上海市旅游涉外饭店星级评定委员会评定,紫藤宾馆为三星级旅游涉外饭店;2002年2月18日举行星级宾馆揭牌仪式。

紫藤宾馆占地8万平方米,建筑面积1.6万平方米,绿化面积4.8万平方米。整体建筑由五层主楼及公寓楼、俱乐部组成。宾馆拥有各种标房、套房、公寓房98套(间);设有中西餐厅,餐位500余个;拥有商场、酒吧、卡拉OK舞厅及会议室、多功能厅;还有为开发区内外资企业提供运动健身、娱乐活动服务的俱乐部。宾馆自对外营业以后,多次接待全国开发区的重要会议及各类国际性专业培训活动。

【生态公园】

闵行开发区生态公园是闵联公司投资7 000万元,利用高压走廊下土地资源投资建造的大型生态绿地。公园由闵联公司邀请上海市园林管理局、上海市园林设计院和上海交大农学院的专家、教授,按照开发区总体规划进行设计,由上海园林(集团)公司与上海闵联园艺有限公司承建。2001年12月31日动工。公园东起绿春路西侧企业围墙,西至昆阳路,南至江川路,北至剑川路,占地面积约40万平方米。

2003年春,由开发区内日资企业及友好人士捐助27万元参建的樱花园先行竣工。2004年7月,生态公园全面建成,免费向社会开放。生态公园由水生园、西洋园等构成。水生园占地112 700平方米,西洋园占地面积144 000平方米。是年4月,闵联公司委托有绿化养护能力资质的上海闵进绿化管理有限公司进行养护与管理。2005年,生态公园获得闵行区文明公园称号。2006年,园内建设健身设施。2007年被评为上海市二星级公园。

【轨交5号线】

2000年,轨道交通5号线(又称莘闵线)动工建设。闵联公司出资2.8亿元,参与该线投资建设。6月20日,上海申通公司、闵行区城投公司、闵联公司(代表闵行开发区)联合成立上海莘闵轻轨交通线发展有限公司。轨交5号线从地铁1号线莘庄站至闵行开发区站,全长17.21公里,在闵行开发区内设立2个车站。2001年8月,轨交5号线开发区段桥梁结构贯通;2003年11月25日全线开通试运营,2005年正式运营。轨交5号线建成,缩短闵行与市中心的距离,使闵行开发区与外界交通更为便捷,投资环境进一步改善。

【公交站线】

1998年12月21日,公交莘荷线开通,该线路自莘庄地铁站发车,经闵行开发区(水泵厂站)至上海重型机器厂,并在江川路文井路口设站。莘荷线的开通改善了开发区的交通状况。2000年建成园区公交枢纽站,开通3条公共交通路线,方便区内企业职工和周围居民出行。2006年12月28日,江川1路开通,经过开发区的路线为昆阳路、江川路、文井路、东川路,并与轨道交通5号线开发区段的两个车站相衔接。

三、生态环境

【规划制度】

1983年11月园区引进第一个项目,闵行开发区配合环保部门要求企业根据生产过程和工艺流程情况,制定三废治理、环境保护的措施和计划;同时对开发区引进项目实行"三同时"审核制度,即进区企业项目建设,防治和治理污染的环保设施必须与主体工程同时设计、同时施工、同时投产的原则,对不符合要求的项目坚决不同意建设和投产。

2001年,闵联公司制定开发区环境建设规划,建立长效管理机制,2006年为进一步确定引进项目环保把关,对排放工业废水实行许可证制度。进区企业投产后,对其达到排放标准的工业废水,由环保部门和专家组成评审组进行审核,核定排放量,颁发许可证,实施达标排放。

2005年,上海吉田拉链公司等13个工业项目和强生公司研发中心项目开工,开发区对这些项目全部履行环境影响评价。2006年,对19个企业工程建设和1个交通干线项目开工履行环境影响评价,是年闵行区环保局来园区进行专项普查,闵行开发区建设项目环评审批率达到100%,竣工验收率达到100%。2007年园区23个新、改、扩工程建设项目,2010年轨道交通公司闵行转向架基地、亨斯迈先进化工材料研发中心等18个建设项目,全部执行环保"三同时"制度,按要求落实污染预防和治理措施。

自2008年起闵行开发区施行环境公报发布制度,每年向社会公布《国家级上海闵行经济技术开发区环境公报》。至2010年,开发区26家重点企业向社会发布企业环境公报。

【管理体系认证】

2003年,闵行开发区确定"创一流投资环境,建优美洁净工业园区"方针,开展环境管理体系(ISO 14000)建设。是年,开发区建立环境管理体系工作小组,组织对区内12家企业环境管理调查,拟定环境管理方针、目标指标和管理方案。3月27日,开发区管理办召开建设ISO 14000体系动员大会。7月28日,发布开发区《环境管理手册》《程序文件》等体系文件,自8月1日起正式实施。是年12月18日,经过体系的建立和试运行等工作,闵行开发区通过整体区域ISO 14000环境管理体系认证。

2005年10月,闵联公司通过ISO 9000质量管理体系认证。2006年,开发区管理体系办公室建立,负责ISO体系日常管理和运行工作。是年,闵行开发区暨闵联公司获得"上海市环境与质量双优园区"称号。

2007年,闵行开发区暨闵联公司对环境和质量两个管理体系进行整合归并,体系文件合二为一,除手册文件各自独立外,其余程序文件、支持性文件、记录性文件均合并为共用文件,提高了管理体系的运行质量和效率。是年9月和12月,闵行开发区暨闵联公司通过ISO 9000体系及ISO 14000体系的年度监督审核,体系日益成为园区和公司管理的工具。

1997年7月,中美上海施贵宝制药有限公司在开发区内首家通过ISO 14001体系认证。2003

年开发区开展环境管理体系建设,当年有 3 家企业 ISO 14001 通过认证。至 2010 年,闵行开发区共有 40 家企业通过 ISO 14000 体系认证,占开发区投产企业的近 50%。

【企业共建平台】

2003 年 8 月,闵行开发区管理办发动区内开展企业环境共建活动。12 月 18 日,开发区内 17 个单位以"保护环境是我们共同的责任"为宗旨,发起签署发布《共同环境行动宣言》,承诺在生产经营和服务活动中严格遵守环境要求,担负建设优美洁净工业园区的责任。

2004 年起参加《共同环境行动宣言》的成员单位不断增加,逐步成为开发区企业自我管理、自我约束、自我完善的环境保护和环境管理共建平台。到 2005 年,有 34 家区内企业签署《共同环境行动宣言》。2007 年,共建组织成员单位为 49 家,2008 年 58 家。至 2010 年,参与企业达到 68 家,占闵行开发区企业总数的 79%。开发区 23 家即 2/3 的世界 500 强投资企业建立了清洁生产机制,有 12 家企业成为市、区循环经济试点单位。是年,开发区 26 家重点企业向社会公众发布环境公报。

【园区环境保护】

环境影响评估 开发区创建初期,闵联公司按照保护黄浦江水源要求,以建设洁净工业区为目标,根据国家关于建设项目环境影响评估管理办法,对区域内环境现状、自然生态、液体和固体废物、大气水文、地质土壤、噪声、振动及放射性、电磁波等进行全面调查,取得开发区生态环境状况第一手资料,为园区控制排放废物总量奠定基础。

1991 年,闵行开发区启动二期开发,闵联公司再次对园区现状进行环境评估。通过历史评估指标回顾,比照测定现状,对产业发展与环境影响进行分析,为开发区在环境保护前提下引进项目、发展经济提供依据。环境评估表明,闵行开发区的环境质量,适宜医疗卫生、食品等行业的发展。自 1996 年起,美国强生公司的医疗设备项目、婴儿护肤和妇女卫生用品等项目接连在闵行开发区入驻;以肾功能保健产品生产居世界领先地位的瑞典金宝集团,也在开发区投资,生产人工透析器和血液导管。2003 年开发区进行建区以后的第三次区域环境影响评价,从源头上防治环境污染和生态破坏。2006 年,获得市环保局审查意见。

"清浊分流" 1983 年 7 月开始的工业新区市政公用基础设施建设,就坚持把雨水和工业废水分开,实行"清浊分流"。至 1985 年,地下埋设雨水、污水分流的排水系统及上水、煤气、电、电讯等管线 84 公里。在 1994 年环评后,园区进一步完善管理监测网络,燃煤锅炉逐步由清洁能源替代,污水全部实现纳管排放,保证黄浦江上游水源。

1999 年,吴闵合流污水北排管道贯通。园区内雨污水管道 54 条,总长度 41.9 公里,雨污水泵站 6 座,装机数量为 20 条,排水能力为 21.16 立方米/秒。园区内雨水流入雨水管道排入黄浦江;工业废水和生活污水排放,一部分通过市政污水管道进入闵行污水处理厂,另一部分污水通过北排工程进入合流污水二期处理,有效地保护黄浦江上游水源。开发区规定每个企业设立废水排放口,必须通过审核。针对废水排放大的企业,排放口要求安装废水流量计,进行 24 小时计量,随时掌握废水排放实际情况,为控制排放奠定基础。

1999 年,市环保局对黄浦江上游水源保护区范围划分进行调整,闵行开发区所处的黄浦江"准水源保护区",调整为"上游水源保护区"。开发区对区内环境管理提出更高的要求,是年对 5 家企业污水处理排放提出近期整改要求。

2002 年、2003 年园区排放继续达标,生产废水全部按要求经有效处理后达标排放。2003 年开发区的每万元产值排放工业废水不足 5 吨,远低于全市平均排放水平。2006 年,市环境科学研究院对开发区进行污水收集系统评价,评价结果为三个 100%,即雨污水管网 100% 覆盖、企业 100% 纳管和工业污水 100% 处理。

2007 年,闵行开发区开展污水收集系统 20 年建设回顾评估,完善污水管网建设等基础资料,绘制区内全部污水管网走向图,为有效实施污水管理提供依据。

土壤调查评估　闵行开发区开展对园区和重点企业的土壤环境调查评估,关注产业发展对土壤环境的影响,为工业用地的重复利用提供技术支撑。1985 年,开发区对区内土壤环境进行第一次背景调查。2004 年,进行第二次区域土壤环境背景调查。结果显示土壤 PH 在 7.4—7.6 之间,As、Pb、Cu、Hg、Cr 为《土壤环境质量标准(GB15618-1995)》中的一级标准,Cd 为二级标准,Zn、Ni 为一至二级标准。结果比较表明,经过 20 余年的开发建设,并没有对当地土壤环境产生显著的不利影响,土壤环境质量依然良好。

2005 年 9 月,上海富士施乐有限公司利用文井路 200 号原上海环球玩具有限公司的场地扩建,委托优斯咨询(上海)有限公司(URS)对其 16 000 平方米场地进行环境调查。现场钻探至地下 7 米采集土壤和地下水样品,送到上海市环境监测中心进行分析实验,结果表明该地块土壤未受到优先金属污染物的影响;土壤和地下水中的其他金属、挥发性有机物、半挥发性有机物、农药和多氯联苯基准值均都未超出相应报告限。2006—2010 年,格雷斯、西门子、三菱电梯、圣戈班等项目扩建用地都进行土壤环境监测,或按标准作必要的修复。

市科委、上海地质调查研究院、复旦大学国土资源经济研究中心曾以闵行开发区的土壤环境评估保护作为上海市工业区二次开发的典型,开展"工业用地环境风险和土地利用绩效评价"专题研究。

园区绿化　2001 年,闵行开发区绿化面积 60 万平方米,园区开发土地的绿化覆盖率 25% 以上。是年闵联公司投资 7 000 万元,利用高压走廊下土地资源,投资建造 40 万平方米生态公园。2004 年 7 月,生态公园全面建成,公园内沟渠、河汊分布,成为开发区的"绿肺"。

2002 年,开发区完成工农河二期(昆阳路至碧溪路段)景观绿化工程,2 公里的驳岸成为横贯开发区内的开放式水景花园。是年,闵行开发区绿化面积 108.18 万平方米,绿化覆盖率 30.9%,人均占有绿地 31.9 平方米。2008 年开发区共投入 48 万元,新增绿化及树木品种调整面积 9 000 平方米,补种行道树 100 多棵,完成碧溪路、天星路等路段的红线外公共绿化带绿化工作。闵行开发区境内绝大部分绿地均为人工植被所覆盖。区域内除行道树外,均为街道绿地、单位绿地、庭院绿地,以及四季花草更替的花坛。2010 年,闵行开发区投入环境保护资金约 2 314.76 万元,其中用于区域绿化等资金约 1 711.76 万元。

环保培训　1995 年 5 月 8 日,在闵联公司开发区培训中心,举办"中加现代环境管理培训班"。该培训班是根据加拿大政府"中国开发城市项目"的安排,受国务院特区办委托举办的。1996 年 10 月 10 日,举办第二期现代环境管理培训班。

2007 年上半年,根据德国政府—闵行开发区联合合作项目,德国专家对开发区环境共建成员单位和闵联公司员工进行以节能、降耗、减排为主题的培训。

【创建国家生态工业示范园区】

创建规划编制　2008 年 7—9 月,闵行开发区在区环境保护局指导下,开始创建国家生态工业示范园区。10—12月,组织编制建设规划和技术报告。

2009年5月,闵行开发区组建"创建国家生态工业示范园区"工作领导小组和办公室;完成创建国家生态工业示范园区创建规划和技术报告的制定,确定"低碳制造引领、土地集约样板、总量控制最佳实践、企业环境责任示范"的生态工业园区建设目标。10月,闵行开发区创建规划通过上海市级评审,评审专家和相关部门领导对开发区"低碳高效"和《共同环境行动宣言》共建平台的作用,给予肯定和赞许。是年,开发区进一步修改完善创建规划。

2010年5月18日,国家生态工业示范园区建设协调领导小组办公室在北京召开专家论证会,对闵行开发区创建园区的建设规划和技术报告进行评审。经过国家环境保护部、科学技术部和商务部等专家论证,认为闵行开发区是国家级经济技术开发区建设生态园区的样板,一致通过开发区的创建规划。11月4日,闵行开发区获得国家三部委建设国家生态工业示范园区的批文。

节水型园区建设 2009年7月,闵行开发区启动创建"上海市节水型工业园区"的程序,把促进企业循环用水、清洁生产作为创建生态园区的一项重要工作。开发区组织能耗超标企业上报"十大重点节能工程项目",从企业层面落实重点节水示范工程。是年,闵行开发区取水总量比2008年下降6.5%,工业用水重复利用率为91.8%,重点节水型企业工业用水重复利用率为97.3%,增长1.2%。开发区内有21家企业被评为"上海市节水型企业",其用水总量占开发区76%以上。

2010年5月,开发区被市水务局、市经济信息化委命名为"上海市节水型工业园区",成为上海市第二个获此殊荣的开发区。当年,17家企业成为上海市节水型企业;累计有21家企业获得节水型企业称号,占上海市节水型企业的2/3。当年,园区内重点用水企业全部完成"水平衡测试"和相应的技术改造,重点用水企业用水量平均下降10%～15%,为开发区建设国家级示范生态园区奠定基础。

第二章 虹桥经济技术开发区

20世纪70年代末,为适应改革发展的需要,国务院批准成立中国首批14个国家级经济技术开发区,上海虹桥经济技术开发区为其中之一。虹桥开发区于1979年开始规划,1983年启动建设,1986年经国务院批准成为国家级经济技术开发区,是全国最早成立的沿海经济技术开发区之一。开发区位于上海西部,东起中山西路、西至古北路、北临仙霞路、南界虹桥路,离虹桥国际机场5.5公里,距市中心人民广场6.5公里,是市中心到虹桥国际机场的必经之路。开发区定位于涉外商贸中心,在功能上以展览展示、商务办公、宾馆居住、外事等为主,是全国最早以发展服务业为主的国家级开发区,也是全国唯一辟有领馆区的国家级开发区。开发区占地面积0.65平方公里,也是面积最小的国家级开发区。

自虹桥开发区创建以来,近40位国家及市政府领导先后到访视察调研。江泽民、吴邦国、汪道涵还分别为开发区题词。

在规划建设过程中,虹桥开发区创下"五个第一",即1988年,国内第一块采用国际招标方式招标的26号地块批租成功;1991年,国内第一家中外合资星级酒店扬子江大酒店正式开业;1992年,中国第一届华东进出口商品交易会在虹桥开发区上海国际展览中心举行;国内唯一设有外国领馆区的开发区,有19个国家在开发区建馆或设立驻沪总领事馆;1999年,亚洲第一商品交易市场上海世贸商城落成。

进入21世纪,针对开发区面积小、存量土地不足、优惠政策到期等诸多不利因素及上海建设中心东移的挑战,虹桥开发区重新制定中长期发展规划和发展蓝图,走可持续发展之路,进行"二次创业",走出虹桥,扩区发展,与嘉定区政府合作在国际汽车城建立虹桥开发区汽车产业园区,并不断完善开发区综合环境和功能,积极打造"虹桥品牌"。

至2010年,虹桥开发区相继成功批租土地共计11块,入驻开发区的中外企业或机构共计2 000多家,每平方米土地实际利用外资超过4 000美元,土地含金量为全国开发区之最,属于土地开发基本完成的国家级开发区。

第一节 开发区创建

中共十一届三中全会以后,党和国家的工作转入以经济建设为中心,上海作为全国最大的工商业经济城市,由于基础设施建设欠账过多、涉外项目用地奇缺等多种原因,不能适应对外开放的形势。20世纪70年代末,市长汪道涵提出要搞两个开发区(闵行和虹桥)的战略决策,而且作了明确的产业定位和分工:虹桥定位于以外贸中心为特征、展览展示为龙头、以现代服务业为核心的现代商贸区,兼具旅游居住和外事活动功能。

在酝酿创建开发区过程中,上海市规划设计院根据市领导要求,为适应外事活动和发展外贸、旅游等需要,提出"延安西路中山西路地区"规划,并由上海市城市规划建筑管理局先后于1979年7月和1980年5月上报市建委。虹桥开发区的选址范围:东起中山西路,西至古北路,北起仙霞路,南至延安西路虹桥路。

1981 年 11 月下旬,国务院特区办和国家进出口委员会组织召开沿海九省市座谈会,上海市的代表在会上提出建立闵行和虹桥这两个开发区的设想,这是国内首次倡议建立开发区。这一倡议在中国开放沿海 14 个港口城市的时候,被中央决策所采纳。

1982 年 8 月 21 日,市规划局向市政府上报"延安西路中山西路地区规划"。在《延安西路中山西路地区规划说明报告》中,明确要求该点集中建设领事馆、外贸中心和旅游旅馆。9 月 11 日,市政府发文决定在虹桥地区开发建设一个对外活动中心,同时建立虹桥地区开发公司,市建委建立市开发公司管理处。11 月 8 日,市政府正式批复原则同意市规划局上报的《延安西路中山西路地区规划方案》。12 月 2 日,开发区工作会议召开,确定以陈去非为主的三人小组,负责领导闵行和虹桥两个开发公司的工作。

1983 年 2 月 1 日,上海市开发公司管理处正式建立,开始运作。2 月 22 日,上海开发公司管理处上报市政府《关于闵行、虹桥开发区当前工作的报告》,涉及七个方面内容:对开发区的建设项目列入计划问题,关于开发区内外市政公用基础工程分工问题,关于规划、设计、征地、拆迁工作问题,关于开发管理处、闵行开发公司、虹桥开发公司机构设置问题,关于开发公司管理处和开发公司企业性质问题,关于加强对开发工作的领导以及下一步工作安排。3 月 31 日,市政府批转该报告,要求各部门大力支持,共同做好开发区的工作。

1983 年 4 月 25 日,三人小组向中共上海市委、市政府上报《关于改建上海市开发公司意见》,建议把市开发公司管理处与闵行、虹桥两个开发公司合并成一个开发公司,下设三部两室,即经理部、工程开发部、计划财会部、办公室和政策研究室。6 月 2 日,市政府发文决定将原来准备成立的三个开发机构统一为上海市闵行虹桥开发公司,公司直属市政府领导,委托市建委代管。7 月 2 日,上海市工商行政管理局核发闵虹公司营业执照。闵虹公司注册地址为四川中路 49 号,注册资金为 1 亿元,主要经营开发建设,兼营土地使用管理、房产经营。

1986 年 8 月 29 日,国务院同意设立虹桥经济技术开发区,并执行沿海开放城市经济技术开发区的各项政策规定。虹桥经济技术开发区的建设和发展,纳入上海市经济技术发展的总体规划。

第二节　管　理　机　制

一、开发主体

虹桥开发区采用的是企业开发管理运作模式,通过国家无偿划拨土地、给予税收返还等优惠政策扶持,以土地开发为主要手段,利用外资,进行滚动式开发建设,将整个区域的开发、建设、经营、管理的职能全部交由上海虹桥经济技术开发区联合发展有限公司来承担,不设立一级政府组织机构或管委会,在国家级开发区中具有特殊性。该模式减少机构层次,节省人力物力,提高效率,为开发区在建设起步之初就遵循市场机制打下基础。

1982 年 9 月,市政府发文成立虹桥地区开发公司、闵行地区开发公司和上海市开发公司管理处三个开发机构,主管建设闵行、虹桥两个开发区开发建设工作,但从半年多筹备工作的实践来看,这样的机构设置有所重叠。

1983 年 6 月 2 日,为减少环节,提高效率,有利统一安排建设项目,综合平衡与集中财力、物力和人力,市政府发文将虹桥地区开发公司、闵行地区开发公司和上海市开发公司管理处三个开发机构统一改建为上海市闵行虹桥开发公司,直属市政府领导,委托市建委代管。由上海市闵行虹桥开发公司统一负责闵行、虹桥两个开发区(新区)的开发建设。经过一段时间的实践,证明一个公司要同时负责两个经营范围不同的开发区还是有一定困难。

1984年5月29日,市政府发文将上海市闵行虹桥开发公司一分为二,即上海市闵行开发公司和上海市虹桥开发公司,分别负责闵行、虹桥两个开发区的开发建设。12月31日,为吸收利用外资来解决开发资金的来源问题,经对外经济贸易部批准正式成立沪港合资上海虹桥联合发展有限公司,统一负责虹桥开发区的开发建设和经营管理。公司由上海市闵行虹桥开发公司、港澳中银集团和中国银行上海分行三方合资组成。上海虹桥联合发展有限公司的主管单位是上海市建设委员会。母体公司上海市闵行虹桥开发公司作为投资方依然存在。

1985年2月14日,上海虹桥联合发展有限公司登记注册,由国家工商行政管理总局颁发营业执照,公司正式开业。6月20日,上海虹桥联合发展有限公司在上海展览中心宴会厅举行成立大会。

1986年,开发区建设遇到资金困难问题,合资建造大楼,中方难以得到贷款。为完成开发建设任务,只能寻找新的途径,在中共上海市委、市政府和市建委的领导下,在长宁区政府的支持下,虹联公司打破旧观念旧框框,积极探索,变土地无偿无限期使用为有偿有限期使用,发挥土地的价值,走土地使用权有偿出让的路子。

1988年,市人大常委会通过《上海市经济技术开发区条例》,明确规定分工原则,市外资委是开发区的管理机构,有关区政管理原则上由所在长宁区负责。虹桥开发区与长宁区政府合作成立虹桥开发区区政管理办公室,对区容区貌、绿化、环卫、道路等进行统一管理,使行政管理手段和市场运作手段相互结合,取得较好的社会效果。1989年,开发区率先建立"一站服务"机构,请海关、商检、税务、银行、邮政、保险及上水、煤气、供电、电话电讯等公用事业单位进驻开发区办公,为外商投资者提供现场服务。

此外,在开发区的项目合资合作经营管理方面,也转变观念大胆实践,摸索出发挥上海行业优势、吸纳有经验有知名度的企业集团作为中方主办单位参与投资经营的做法,取得成功。

1994年7月10日,经上海市工商行政管理局核准,上海虹桥联合发展有限公司更名为上海虹桥经济技术开发区联合发展有限公司。1997—2002年期间,虹联公司连续3届获得"上海市绿化先进集体"称号。2003—2004年度,获"上海市第六届建设交通系统文明单位"称号。

【公司注册资本】

1985年2月14日,虹联公司注册资本为7000万元。其中上海市闵行虹桥开发公司占注册资本的50%,为3500万元;港澳中银集团(成员行有:中国银行香港分行、金城银行香港分行、浙江兴业银行香港分行、新华银行香港分行、广东省银行香港分行)占注册资本的25%,为1750万元;中国银行上海分行占注册资本的25%,为1750万元。合资公司经营期限为25年,即1985年2月14日至2010年2月13日。1988年6月7日,虹联公司董事会第五次会议决定公司注册资本由7000万元增至为13170万元。合资各方的投资比例不变,其中上海市闵行虹桥开发公司为6585万元,港澳中银集团为3292.5万元,中国银行上海分行为3292.5万元。

1990年7月,虹联公司董事会第七次会议决定公司注册资本由13170万元增至为14370万元。合资各方的投资比例不变,其中上海市闵行虹桥开发公司为600万元,港澳中银集团为300万元,中国银行上海分行为300万元。1992年8月24日,虹联公司董事会第九次会议决定公司注册资本由 14 370 万元增至为 15 220 万元。合资各方的投资比例不变,其中上海市闵行虹桥开发公司为 7 610 万元,港澳中银集团为 3 805 万元,中国银行上海分行为 3 805 万元。

1995 年 4 月 19 日,虹联公司董事会第十二次会议决定公司注册资本由 15 220 万元增至为 18 500 万元。合资各方投资比例不变,其中上海市闵行虹桥开发公司为 9 250 万元,港澳中银集团为 4 625 万元,中国银行上海分行为 4 625 万元。1996 年 5 月,市外资委批复将虹联公司合资经营期限延长为 50 年,即 1985 年 2 月 14 日至 2035 年 2 月 13 日。1998 年 5 月 19 日,虹联公司董事会第十五次会议决定公司注册资本由 18 500 万元增至为 28 000 万元。投资股东单位为:上海市闵行虹桥开发公司 50%,港澳中银集团 25%,中国银行上海分行 25%。

2006 年 4 月 26 日,虹联公司董事会第二十三次会议决定公司注册资本由 28 000 万元增至为 35 000 万元。投资股东单位为:上海地产(集团)有限公司 50%,中国东方资产管理公司 25%,香港东银发展(控股)有限公司 25%。

【股东及股权变更】

2001 年 9 月 5 日,市外资委同意虹联公司关于外方部分出资额转让的申请,中国银行香港分行 7% 的股份转让给中彰投资有限公司,浙江兴业银行香港分行 4% 的股份转让给逸昇投资有限公司,新华银行香港分行 4% 的股份转让给华燊有限公司,广东省银行香港分行 4% 的股份转让给宏杰有限公司。2003 年 3 月 5 日,市外资委同意虹联公司的投资方金城投资发展(中国)有限公司将其在合资公司所占的 6% 的股份全额转让给中彰投资有限公司。7 月 10 日,中国银行上海市分行同意将虹联公司 25% 的股权划转给中国东方资产管理公司。2004 年 12 月 17 日,市外资委同意虹桥开发区 50% 的股权由上海闵行虹桥开发公司划转至上海地产(集团)有限公司。

2005 年 8 月,虹联公司第二十二次董事会确认中银集团投资有限公司所持有虹联公司 25% 的股权划转给香港东银发展(控股)有限公司属下的中彰投资有限公司、逸升投资有限公司、华燊有限公司和宏杰有限公司。11 月 6 日,市外资委同意虹联公司股东方"中国东方资产管理公司"变更为"上海东兴投资控股发展公司"。

【公司经营范围】

1985 年 2 月 14 日,虹联公司登记注册的经营范围:从事新区内市政公用基础设施的开发(不包括城市规划的道路及其水、电、煤气、电话、雨水、污水处理等市政公用基础设施),负责区内土地的使用管理,收取新区土地开发费;独资或与外资、侨资、港澳资本、国内资本合资、合作,或由外商独资从事房地产经营,如兴建并出售、出租办公楼、公寓、住宅等;以第二点所述各种资本形式兴建并经营旅馆、餐厅、商场、文体娱乐等生活服务和其他服务性企业,以及交通运输业务;投资经营工商企业,办理本公司和新区内企业有关进出口业务;为国内外投资者介绍来区内共同合资、合作兴办企业的对象,及接受其他委托代办业务。

1986 年 11 月,上海市房产局发文核准虹联公司房地产经营企业资格。2007 年 7 月,虹联公司经营范围扩大,可投资兴办相关企业及承办委托代办业务(涉及许可经营的凭许可证经营);从事房地产中介(经纪)咨询及配套服务;从事停车场经营业务。

【公司董事会】

虹联公司决策机构为董事会,董事会由 9 人组成,其中上海市闵行虹桥开发公司(甲方)委派董事 4 人,港澳中银集团(乙方)委派董事 3 人,中国银行上海分行(丙方)委派董事 2 人。董事会设董事长 1 人,由甲方委派;副董事长 2 人,由乙、丙方各委派 1 人。董事中由甲方指定 2 人,乙、丙方各指定 1 人为常务董事,组成常务董事会。公司实行董事会领导下的总经理负责制,总经理负责公司的全面经营管理。

1985 年 3 月 25—28 日,上海虹桥联合发展有限公司第一次董事会议在上海举行。董事会由谢武元(代表上海市闵行虹桥开发公司)、张学尧(代表港澳中资银团,时任中国银行香港分行总经理)、薛镜澄(代表中国银行上海分行,时任中国银行上海分行副总经理)、黄文斌(代表上海市闵行虹桥开发公司)、黄克欧(代表上海市闵行虹桥开发公司,时任市建委设计科研处处长)、李廉(代表港澳中资银团,时任金城银行香港分行副总经理)、沈心华(代表中国银行上海分行,时任中国银行上海分行信贷部副经理)、童勤德(代表港澳中资银团,时任浙江兴业银行香港分行总经理)、徐唯实(代表上海市闵行虹桥开发公司)九人组成。会议一致同意谢武元为董事长,张学尧、薛镜澄为副董事长,黄文斌、黄克欧、李廉、沈心华为常务董事,徐唯实、童勤德为董事。董事会聘任谢武元兼上海虹桥联合发展有限公司总经理,黄文斌兼上海虹桥联合发展有限公司副总经理。上海虹桥联合发展有限公司主管部门为市建委

表 5 - 2 - 1　1985—2010 年上海虹桥联合发展有限公司董事长任职情况表

姓　　名	任　职　时　间
谢武元	1985 年 3 月 25 日—1992 年 8 月 24 日
孔庆忠	1992 年 8 月 24 日—2001 年 4 月 30 日
钱达仁	2001 年 4 月 30 日—2004 年 4 月 15 日

资料来源:虹桥经济技术开发区提供

表 5 - 2 - 2　1985—2010 年上海虹桥联合发展有限公司总经理任职情况表

姓　　名	任　职　时　间
谢武元	1985 年 3 月 25 日—1992 年 8 月 24 日
孔庆忠	1992 年 8 月 24 日—2001 年 4 月 30 日
汤伟军	2010 年 4 月 27 日—

资料来源:虹桥经济技术开发区提供

【公司主要职责】

虹联公司受政府委托统一负责虹桥开发区的开发建设和经营管理,公司的主要职责:负责开发区内市政公用基础设施的开发(不包括城市规划的道路及其水、电、煤气、电话、雨水、污水处理等市政公用基础设施),负责开发区内土地的使用管理,收取区内土地开发费,以独资、合资、合作等多种形式从事房地产经营,以独资、合资、合作等多种形式兴建并出租办公楼、公寓住宅,经营旅馆、餐厅、商场、文体娱乐、交通运输和其他服务性企业,投资经营工商企业、办理本公司和区内企业的进

出口业务,为投资者介绍区内兴办企业的合资、合作对象和其他委托代办业务等。

【公司组织架构】

1985年公司成立初期,主要部室有工程部、经营部、财务部、外事组、法律咨询部、人事室、办公室。由总经理决定各部室的主要工作职责。其中,工程部主要包括计划科、工程科、规划设计科、物资供应科、征地动迁科、房地产管理科。

1991年8月,为开展和加强公司的行政监察工作,公司设立监察室,监察室与人事室合署办公。是年8月,根据虹桥开发区业务发展的需要,公司对部室进行调整:第一经营部:进出口部、法律咨询部(三块牌子一套班子),第二经营部:工程部、计划财务部、人事部、保卫部、监察室(三块牌子一套班子)、办公室、区政管理联络办公室。原经营部、法律咨询部、人事室、财务部、服务中心同时撤销。

1992年,根据公司外事工作的需要,公司设立外事办公室,归口公司领导。外事办公室与第一经营部合署办公。1993年4月,公司第一、第二经营部合并为经营部。5月,进出口部与经营部分开办公。1999年3月,设立公司房产部,撤销原工程建设部。

2002年,撤销公司经营部,设立投资管理部,法律咨询部与投资管理部合署办公。撤销区政管理联络办公室,由开发区区政管理办公室统一负责。7月,成立工程和房产管理部。2006年4月,成立公司党群工作部(党委办公室和工会合并),主要职责是党委的办事机构,为便于对口联络,对外仍保留党委办公室和工会机构。是年,为加强虹桥开发区的区域管理协调服务工作,成立公司区政管理部,主要职责为负责开发区的市政、市容、市貌管理以及ISO 14001环境体系管理等,与开发区各项目(企业)单位以及市、区政府对口部门的协调联络(包括区域各类统计、信息共通共享等),协助属地化管理模式处理开发区公共事务(包括党建、工建及各类社会突发性、群体性事件),为开发区各项目(企业)单位提供服务等。

至2010年,虹联公司的主要部门为:办公室、外事办公室、党群工作部、人事保卫部、投资管理部、项目管理部、发展研究部、计划财务部、工程管理部、区政管理部、房产分公司、新虹桥俱乐部分公司。

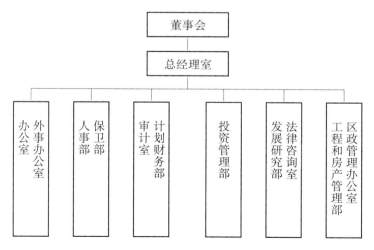

图5-2-1 1985年上海虹桥联合发展有限公司组织架构图

资料来源:虹桥经济技术开发区提供

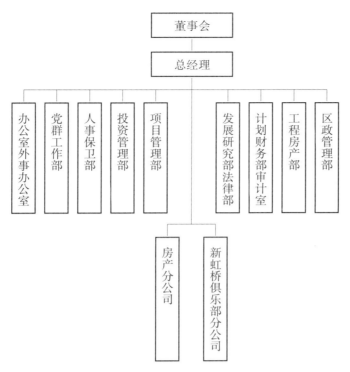

图 5-2-2　2010 年上海虹桥联合发展有限公司组织架构图

资料来源：虹桥经济技术开发区提供

二、公司下属企业

至 2010 年，虹联公司拥有分公司 6 家、控股公司 6 家、参股公司 7 家。

虹联公司所属分公司：虹桥经济技术开发区联合发展有限公司新虹桥大厦公司、上海虹桥经济技术开发区联合发展有限公司新虹桥俱乐部公司、上海虹桥经济技术开发区联合发展有限公司房地产经营分公司、上海虹桥经济技术开发区联合发展有限公司无锡分公司、上海虹桥经济技术开发区联合发展有限公司油品服务公司、上海虹桥经济技术开发区联合发展有限公司进出口分公司。

虹联公司所属控股公司：上海国际展览中心有限公司、上海虹桥经济技术开发区物业经营管理有限公司、上海虹锦物业管理有限公司、上海虹联绿化服务有限公司、无锡太湖花园置业有限公司、吴江虹桥置业有限公司。

虹联公司所属参股公司：上海国际贸易中心有限公司、上海扬子江大酒店有限公司、上海太平洋大饭店有限公司、上海虹桥友谊商城有限公司、上海国际汽车城新安亭联合发展有限公司、上海东南郊环高速公路投资发展有限公司、上海虹联广告有限公司。

表 5-2-3　1985—2010 年上海虹桥联合发展有限公司投资企业/项目一览表

序号	企业/项目名称	行　业	企业性质	时　间	注册资本	出资比例
1	太平洋大饭店有限公司	酒店管理	内资	1985 年 1 月	2 345 万元	30%
2	扬子江大酒店有限公司	酒店管理	沪港合资	1985 年 3 月	530 万美元	20%

（续表）

序号	企业/项目名称	行 业	企业性质	时 间	注册资本	出资比例
3	国际贸易中心有限公司	房地产开发和经营	内资	1985年6月	7 026.48万元	22.5%
4	世贸商城有限公司	展览	中外合作	1992年	10 000万美元	1%
5	虹桥商业发展有限公司	商业开发经营展览	内资	1993年1月	500万元	30%
6	虹桥友谊商城有限公司	商业零售	沪港合资	1993年3月	760万美元	30%
7	虹联投资管理有限公司	投资与资产管理	独资	1993年3月	1 000万元	100%
8	无锡太湖花园置业有限公司	酒店管理	内资	1994年12月	12 482万元	80%
9	国际展览中心有限公司	商业服务(展会)	中外合作	1995年8月	1 200万美元	40%
10	虹联广告有限公司	广告	内资	1998年11月	100万元	30%
11	虹联绿化工程有限公司	绿化工程	内资	1998年5月	100万元	80%
12	虹开发物业经营管理有限公司	物业管理	沪港合作	2000年2月	65万美元	34.23%
13	虹锦物业管理有限公司	物业管理	内资	2000年4月	50万元	49%
14	国际汽车新安亭联合发展有限公司	房地产开发	内资	2001年7月	45 520万元	13.36%
15	东南郊环高速公路投资发展有限公司	高速公路投资管理	内资	2002年8月	55 200万元	10%
16	吴江虹桥置业有限公司	房地产开发	内资	2004年2月	2 000万元	90%
17	谷元置业有限公司	房地产开发	内资	2004年3月	3 000万元	3%
18	新安亭置业有限公司	房地产开发	内资	2005年3月	2 000万元	5%
19	虹浦置业有限公司	房地产开发	内资	2005年6月	1 000万元	90%
20	虹桥世纪发展有限公司	贸易	内资	2010年	500万元	20%
21	虹合置业有限公司	保障房开发	内资	2010年	1 000万元	100%
22	虹奉置业公司	保障房开发	内资	2010年	35 000万元	100%

资料来源：上海虹桥经济技术开发区联合发展有限公司提供

第三节 规 划 与 建 设

一、园区规划

虹桥开发区1979年开始规划，从首轮规划的编制发布到20世纪90年代中后期，虹桥开发区整体规划（包括建筑规划、地块规划），作了多次较大调整和修编。

【总体规划】

1979年，市外贸局根据中共上海市委通知筹建外贸中心，酝酿虹桥新区的建设规划。1981年，市外贸局在《外贸中心计划任务书》中提出，拟投资 1 亿元，建设 11 万平方米的外贸中心。1982 年 8 月 19 日，市规划局向市政府提交初步编制的《延安西路、中山西路地区详细规划》，主要围绕规划依据、规划布局、市政公用设施配套、动迁安置和投资估算与建设分期五个方面进行说明。(1) 结合上海的外事活动、外贸、旅游等需要而制定，并提出虹桥新区的选址四至范围为：东起中山西路、西至古北路、北起仙霞路、南至延安西路虹桥路。选址理由主要是该区域距离人民广场 6.5 公里，离虹桥机场 5.5 公里，交通方便；环境较好，动迁不多，用地完整，有利于集中开发，形成面貌。(2) 提出包括领馆区、外贸中心区、旅游宾馆区等 6 个功能板块的规划布局，总建筑面积为 41.4 万平方米，建筑用地 29 公顷。其中：领事馆区：规划建领事馆综合楼 1.2 万平方米及 10 个独立式领事馆；外贸中心区：规划在区域中部建筑包括展览厅、办公楼 2 万平方米，公寓 2 万平方米，贸易旅馆 3 万平方米，辅助设施 2 万平方米及国内外贸人员办公楼 2 万平方米；旅游旅馆区：在该地区东部延安西路、中山西路和新华路视线汇集点建虹桥宾馆及其姐妹楼，各约 600 间～800 间、27 层～30 层，其北设小公园。延安西路仙霞路西侧设 500 间、300 间旅馆各 1 家，12 层～15 层。四家旅馆共 2 000 间～2 400 间，15 万平方米～18 万平方米，用地 5.1 公顷（后建成虹桥、银河、扬子江、太平洋 4 家高档宾馆）；商业、文化及其他建筑区：规划建友谊商站（今虹桥友谊商城）、银行、商业娱乐设施等；花圃区：规划以伊犁路苗圃为基础扩建上海花圃，用地 14.78 万平方米（今为 13 万平方米的新虹桥中心花园）；道路区：拓宽延安西路以及区内古北路、娄山关路、仙霞路等道路，并在公寓及商场均应附建地下车库。(3) 关于道路交通公用设施配套工程、电信设施、电力设施、雨污水管网等市政公用设施的建设规划。(4) 关于居民、单位、部队电台、市政公用设施等的动迁安排。(5) 关于区域的投资估算与建设分期，其中土地开发总投资预计 16 543 万元，建筑总投资预计 3.60 亿元。建设分期：第一期建设内容为：先建领事馆综合楼及管理用房 7 000 平方米，公寓综合楼 1.2 万平方米，独立馆舍两处 4 000 平方米，公园 2.3 万平方米，投资 1 160 万元；外贸谈判展览楼 2 万平方米，外商公寓 2 万平方米，国内外贸办公楼 1 万平方米，配套辅助用房 8 000 平方米，共 5.8 万平方米，投资 4 650 万元；旅游旅馆 1 200 间～1 300 间，投资 9 100 万元；其他公建 4 万平方米，投资 1 800 万元；绿化、天桥及小建筑 100 万元。一期总建筑面积 21.85 万平方米，第一期相应的土地开发投资约为 1.2 亿元，第一期土地和建筑开发总投资 2.9 亿元，预计建设周期 3 年～4 年。第二期工程量大体与第一期相同，预计建设周期 2 年～3 年。

另外，对于虹桥新区最早的一轮规划，市规划局提出三个方面的实施建议：一是要集中建设，即拟建的领事馆、外贸、外商办公楼、旅游旅馆等要集中建设，以利于发挥投资效应；二是要根据国务院有关规定，抓紧确定新区的建筑预备计划，将新区第一期主要项目先列入预备计划；三是要求审定规划，即将新区的道路系统、各大项目的选址、规模、层数等正式审批公布。1982 年 11 月 8 日，市政府批准同意市规划局的虹桥新区规划方案报告，同时要求从该日起在规划区域内停止新建未经领导部门批准的一切建设项目，并暂时冻结户口迁入。

1983 年，根据市规划局初步规划方案及市政府的批复，虹桥新区启动相关的前期开发工作。2 月 22 日，上海市开发公司管理处向市政府提出《关于闵行、虹桥两个开发区当前开发工作的报告》，提出新区的前期开发要有一定的规模和明显突破的要求，并力争开发区内的部分市政工程开始施工。3 月 11 日，市政府同意这一报告，并要求有关部门支持共同做好闵行、虹桥两个地区的开发工作，抓紧进行前期准备工作，年内完成一期工程。是年，因原规划中的外贸展览中心东移，市规划局城市规划设计院、民用建筑设计院拟订虹桥新区总体规划的调整规划。12 月 5 日，市政府审议同意对虹桥新区原规划作适当调整。根据市政府的审议意见，在市建委的主持下，市规划局城市规划设计院、民用建筑设计院联系闵行虹桥开发公司,并按照国际通行的习惯做法,修订编拟《关于虹桥新区调整规划的说明》以及虹桥新区详细规划图。

1984年4月16日,市规划局以《关于检送虹桥新区规划正式审批的报告》,将虹桥新区调整后的规划说明、规划图等向市政府正式送审。送审的虹桥新区规划调整说明体现了四个方面的原则:一是为贯彻"对外开放,对内搞活经济"的方针,体现"外挤、内联、改造、开发"的原则和建设几个中心带动城市改建的设想,在虹桥新区集中建设外国驻沪领事馆,作为对外政治活动新区,同时为发展对外经贸、旅游的需要,拟规划建设外商办公、公寓、旅馆等建筑和设施;二是吸取国外先进经验,相对集中,综合开放,节约用地,提高层数,增加地区建筑容量;三是注重保持前期工作的连贯性,发挥环境、交通优势,在领馆、旅游、办公设施基础上,扩大公寓,适当增加国际科技、文化交流功能;四是统一规划,分项实施,妥善安排各项建设,力求高速度、高质量、高效益。

在规划说明中,市规划局还呈报虹桥新区《基地布局说明》和《虹桥新区各类基地的建设内容及规划管理规定》,并提出以此作为对外谈判、招标的正式依据。根据该《基地布局说明》,虹桥新区基地布局划分为三区、五类,共34块基地。其中拟进行建筑开发的基地为29块,共30.36公顷,总建筑面积65万平方米~75万平方米。在《虹桥新区各类基地的建设内容及规划管理规定》中,市规划局采用土地使用性质、用地面积、建筑密度、建筑高度、出入口方位、停车库等8项指标对虹桥新区建设进行规划控制,这也是新中国成立后全国第一个控规。

1984年5月5日,市政府同意市规划局报送的虹桥新区调整规划,希望市规划局会同有关部门抓紧实施,并着手考虑下期规划事宜。同时,要求市规划局和闵行、虹桥开发公司注意掌握时态,随时研究招标中提出的问题。除道路网络和总体布局原则上不能变动外,对原定方案可作适当修改,如涉及规划布局上的重大问题可向市建委请示。

是年,虹桥新区调整后的规划布局如下:一是领馆按原规划位置设独立馆15家,领馆综合楼2幢内另设12家,连同业务用房共计3.9万平方米;二是旅馆、综合楼,在该地区东侧,设置虹桥宾馆及其姐妹楼各713间~1000间,31层~34层,在高层综合办公楼东侧拟设旅游旅馆2座,面积5万平方米,北侧拟另设2座旅游旅馆(包括中菲友好大厦),面积6万平方米,以上共计旅馆客房2600间~2900间,约22万平方米;三是综合办公楼,在原贸易中心西侧设置2幢高层(40层)综合办公楼,约14万平方米;四是高层公寓及商业文化建筑组群,将原外交人员、外贸人员、外籍居民、华侨公寓相对集中,与商业、文化、服务、管理及市政辅助设施联合起来,参照国外设计手法,结合上海情况,组成两组高层公寓综合建筑组群,并以人行天桥联成整体协调单元,估计可建公寓1300套,13万平方米,公共设施8万平方米,共计21万平方米;五是车库,预测领事馆、旅馆、办公楼、居住组群共约2400辆停车位,建筑面积6万平方米;六是市政交通,该地区市政设施与仙霞新村、虹古新村、虹桥新村为一个统一系统,建设按原计划,该地区加速开发有利于发挥市政公用设施投资效益,其投资分摊比例,参照北京市的经验,按建成情况核定。根据专家意见,区内道路作适当修改,以求顺直,限制在延安路上左转弯,取消延安路的建筑出入口,并考虑设置必要的交通设施。七是环境绿化,中山路口小公园及花圃作为公共绿地的规划不变。领馆区小公园,按专家意见,改为延安路干道公共绿带。调整后规划总建筑量为66.90万平方米。

【地块规划调整】

28及31号地块 1985年8月5日,市规划局向市建委提出《关于虹桥新区28号、31号基地布局规划调整的报告》,报告了开发区28号地块(仙霞路—遵义南路、延安西路所围成区域,后建成协泰中心、虹桥友谊商城、交通银行大厦等8幢高层公寓、商场、办公楼等项目)、31号地块(商办综合项目)的规划调整。后经市政府批准,将28号、31号基地规划为商住综合楼,即太古城。28及31号基地都为三层裙房及十八层中小户型公寓6幢。同时,根据原规划,两基地应由1家或各1家单位投资开发。在开发谈判的过程中,外方根据香港或国外容积率确定开发规模,设计脱离市政府批准的规定,致使总规模超过规定甚多,体量庞大,基地内外日照不符合要求。另外,外方为考虑外汇平衡,大量压缩商业服务设施规模,仅为1万平方米左右;地铁(2号线)预留安全间隔略有扩大,使得基地划分困难,裙房难以连成整体。因此,市政府领导要求市规划局调整基地规划布局,做好外方设计的协调工作,以便解决谈判与开发实施中的问题。9月16日,市建委批复同意市规划局的规划调整报告,28、31号基地布局调整规划的要点为:第一,将28号基地划分为三块,即28—1(二层裙房+3幢三十层公寓)、28—2(二层商业服务设施)、28—3(二层裙房+3幢三十层公寓),同时规定31号基地由二层裙房及二十四层公寓组成;第二,拟同意提高原定建筑面积密度20%;第三,必须设车库,公寓每2套1车位,商业设施每300平方米设1车位。

25及26号地块　根据市政府关于虹桥新区25号、26号地块将作为上海土地批租首批基地的计划要求。1987年11月5日,市规划局对25号、26号基地的规划土地使用性质及容量作了合理调整。26号基地开发高层公寓并附少量商店,必要时可分为26—A(0.635公顷)、26—B(0.645公顷);25号基地可考虑开发部分高层公寓,西南角仍保留绿化广场及部分办公楼。

领馆基地及29和30号地块　1989年,虹桥开发区开始开发的项目有10余项,总建筑面积约50万平方米,占原规划总面积的70%左右。随着项目建设的推进,开始出现一些问题,如位于开发区西侧的领馆基地,长期闲置,29号地块市政不配套,30号地块绿地开发资金不足,均未能发挥综合效益。6月30日,市规划局向市政府提出《关于送审虹桥开发区调整规划综合方案的报告》。此次规划调整的主要内容:一是改变虹桥开发区原2—8号地块领馆和29号地块旷地型公共建筑的使用性质,形成上海市进出口贸易中心,加强和完善虹桥开发区国际贸易特别是出口贸易功能。在容积率方面,2号—8号地块原批准容积率为0.4,北侧为领馆用地,调整后的容积率不大于4,建筑密度不大于55%。在高度、体量等方面也应尽量与周围环境协调。二是为保持虹桥新区规划的连续性,并综合考虑虹桥、古北两个新区的发展平衡,将17—18号地块原规划的国际学校使用性质,重划为4个领馆基地。三是30号地块沿延安西路仍保持公共绿的基本格局和景观环境。

2—8号地块　1988年9月,美国房地产发展商克罗公司(Trammell Crow International)根据美国达拉斯所建世界贸易中心的经验,提出在中国建设一个同样项目的设想。对于建造中国的世界贸易商城的地点,克罗公司的掌门人克罗从上海重要的对外经济贸易地位出发,选择虹桥开发区,并将拟建项目的功能确定为一个面向世界的大型常年展览、展销场所。

1989年1月和3月,克罗公司的相关代表两度来到上海,就投资兴建该大型国际贸易展销中心的相关事宜与虹联公司、爱建公司以及相关政府部门进行洽谈,提出在虹桥开发区2—8号地块建造30万平方米左右规模的上海世界贸易商城具体方案。之后,市外资委召集规划、土地等相关部门专门研究建筑规模即容积率的问题,提出容积率为2、建筑面积7万平方米左右的方案。克罗公司则认为规模太小不能发挥"商场"的功能,因此坚持要30万平方米的规模。此次洽谈后,市外资委、市规划局等相关部门为解决项目容积率这一核心及争议问题,进行协商与专家研究。6月30日,市规划局向市政府提出2—8号地块的规划调整方案,方案中提出的项目容积率为4(建筑面积为17.60万平方米),基地面积由3.4公顷扩大至4.4公顷。但是,对这一调整方案中美双方仍未达成一致。

7月17日,克罗公司的代表再次与市外资委、市规划局、虹联公司、爱建公司的相关人员进行商谈,提出将总建筑面积缩减为28万平方米的意向方案。对此,双方协商由美方尽快提供28万平方米意向方案的具体数据,供进一步研究。7月24日,朱镕基主持召开市政府专题会议,决定同意美国拉斯克罗公司就虹桥2—8号地块按建筑面积28万平方米的规划编制可行性研究报告。7月28日,克罗公司董事长老克罗察看虹桥开发区2—8号地块,后又拜会朱镕基,就项目的推进事宜进行会谈。7月29日,根据市政府专题会议的决定,虹联公司、爱建公司与克罗公司关于在虹桥开发区兴建大型国际贸易展销中心的"意向书"签订仪式正式举行。"意向书"明确项目的总建筑面积为28万平方米,克罗公司可根据这一规模开展可行性研究。8月21日,虹联公司、爱建公司将"意向书"正式上报市外资委。

1990年,世贸商城项目继续得到中美双方的重视和推进,虹联公司、爱建公司与克罗公司关于项目建设的"建议书""议定书"得到签署。

1991年5月25日,在中美双方工作的基础上,市外资委批复同意虹联公司与克罗公司合作建造世贸商城项目。6月,世贸商城项目正式立项。1991年下半年,克罗公司出现财政困难。为此,老克罗将项目介绍给新加坡欣光(私人)有限公司的董事长陶欣伯。10月,陶欣伯到访上海考察项目,表示愿意投资并组织新加坡、印尼以及中国台湾等实力人士共同参与,同时还提出关于推进世贸商城项目的构想。

1992年1月7日,虹联公司与陶欣伯的代表就合作发展世贸商城项目有关问题进行商谈,并达成相关共识。2月24日,双方再次进行会谈,并聘请克罗公司参与项目的设计工作,为项目建成后拓展欧美市场。3月30日,陶欣伯及其代表团以及克罗公司的代表到上海,在会谈中,陶欣伯畅叙对世贸商城项目的构思和原则。之后,陶欣伯一行首访虹桥开发区,与虹联公司及克罗公司就世贸商城发展事宜达成协议,协议相关条款确定:一是陶欣伯牵头的外方投资者在香港成立公司,然后由香港公司与虹联公司组成合作公司,发展世贸商城项目;二是聘请美国克罗公司为项目发展顾问,同时克罗公司与中方之前谈妥的各条款继续有效。9月7日,香港华欣大公司与虹联公司正式签订关于世贸商城项目的"合作合同"。

1993年3月8日,在华东设计院几个方案设计以及市建委科学技术委员会专家评审意见的基础上,虹联公司向市建委提出现行规划指标的请示。3月23日,市建委确认世贸商城的规划技术条件为:基地面积4.4公顷;地下建筑容量24万平方米,容积率5.45,地下建筑面积4万平方米,总建筑面积28万平方米。

19号及28号—3A地块　19号地块原规划为外贸洽谈楼。1988年8月28日,市建委批复该地块的建设规模为2.60万平方米。根据市领导关于要充分发挥虹桥开发区以外贸为特征的功能、加快开发区配套设施建设的指示精神,经市外经贸委的协调,同时根据上海市对外贸易公司、上海市化工进出口公司、上海市服装进出口公司进驻虹桥开发区办公的实际情况,虹联公司提出将19号地块划为8600平方米,建设4.5万平方米的外贸洽谈楼。1992年8月,为推动开发区19号地块、28—3A地块的建设,虹联公司向市规划局提出两个地块的规划调整建议。8月20日,市规划局批复19号地块的地块性质、建筑高度、占地面积、绿化用地、停车位、车辆出入口和基地侧建筑控制线的要求。其中,地块性质为综合办公用地,地块面积约8600平方米,容积率不超过5.3,建筑密度不超过35%,建筑物高度不超过100米,绿化用地占比不低于25%,停车位按每100平方米配置0.5辆机动车。关于28—3A地块,虹联公司根据香港国耀房产有限公司与市土地局签订批租协议的情况,提出该项目可参照周边协泰中心、锦明公寓等已建成项目的建筑规模进行调整。

22 号地块　开发区 22 号地块(今上海国际展览中心)原规划为综合办公楼项目,容积率为不超过 6,即与上海国际贸易中心大厦构成双子楼。1991 年,为筹备将于 1992 年春举办的首届华东出口商品交易会(华交会),市政府酝酿在虹桥开发区新建展厅。5 月 3 日,市政府召开专题会议,会上正式决定在虹桥开发区 22 号地块建设面积约 16 000 平方米的展厅,供首届华交会使用。5 月 11 日,虹联公司成立展厅工程筹建处。5 月中旬,虹联公司向市计委报送虹桥简易展览场地设计任务书。5 月 25 日,市计委批复同意在 22 号地块建造 17 400 平方米左右的简易展览用房及 1 000 平方米的集装箱场地。是日,市规划局将虹桥开发区 22 号地块的规划使用技术要求报市建委审批,主要内容为:土地使用性质为展销贸易及相应的办公、辅助设施,用地面积为 1.25 公顷,容积率为1.5,总体上考虑将来与规划 28 号地块商场(今虹桥友谊商城)、2—8 号地块国际贸易中心(今世贸商城)、21 号地块上海国际贸易中心大厦及 23 号、24 号地块宾馆联系的可能性。5 月 30 日,市建委批复同意市规划局提出的规划使用技术要求。6 月 20 日,22 号地块展厅项目完成各项前期准备工作,打下第一根桩。

27—A 地块　虹桥开发区 27—A 地块建成项目为万都中心,为虹桥地区第一高楼。在虹桥开发区 1980 年规划建区时 27—A 地块是上海磁带厂厂区,因此该地块确定为保留地块,规划指标没有正式确定。1992 年 4 月,根据虹桥开发区开发建设的需要,虹联公司与香港万都投资有限公司签订关于 27 号保留地块的批租意向书。5 月,市外资委、市经委主持召开由市化工局、土地局、规划局、虹联公司、塑料工业联合公司以及上海磁带厂参加的土地批租搬迁协调会,确定实施上海磁带厂搬迁事宜。为此,1993 年 3 月,市化工局向上海磁带厂批复同意其所在 27 号保留用地变更用地性质。在上海磁带厂搬迁事宜确定的基础上,1993 年初,市批租办向市规划局发函,委托市规划局制定"上海磁带厂批租地块规划设计"。5 月 20 日,市规划局将市规划院编制的虹桥开发区 27—A 地块规划设计函复市批租办。该规划设计确定 27—A 地块占地约 12.9 公顷,地块使用性质改为商业办公用地,容积率为不超过 8,总建筑面积不超过 9.60 万平方米。6 月 7 日,虹联公司向市土地局和市批租办上报 27—A 地块土地使用权有偿出让申请。根据申请,市土地局将该块土地的使用权有偿出让给香港万都发展(上海)有限公司。

领馆用地　1985 年开发区领馆用地的规划标准,其容积率为 1.60,覆盖率 40％,高度 14 米。至 1994 年,领馆用地的第 9、10、12、13、15、16 号地块,与日本、捷克、美国、俄罗斯等国家签订借地协议。同时外方也提出调整规划参数要求。未签约的 11、14、17、18 号地块也基本明确用地对象,其中:14 号地块 4 793 平方米提供给澳大利亚,11 号地块 4 272 平方米提供给韩国,18 号地块的一部分保留给新加坡,17 号地块中的 4 500 平方米、18 号地块中的 3 000 平方米,拟由虹联公司建造办公及生活用房,供部分不自建馆舍的领馆租用。在这些未签约地块的洽谈中,一些国家也要求提高用地容积率,覆盖率及高度。为此,虹联公司向市规划局正式提出对原规划参数作适当调整的建议。

1995 年 5 月,市规划局批复调整领馆用地规划指标,独立馆舍区内地块规划指标为:建筑容积率不大于 1.6;建筑覆盖率不大于 40％;建筑基准高度 14 米,允许局部升高,不得超过 24 米;绿地率不低于 30％,其中集中绿地不低于 15％;出入口设置在万山路一侧;围墙高度不超过 2 米,形式为空透式,相邻两国领馆之间的界墙可建实心墙;停车位不少于上海市停车场(库)设置标准中规定的停车泊位指标;地面标高室外明沟标高应高于万山路、兴义路道路中心线标高 0.30 米以上;建筑退界沿万山路、兴义路退界不小于 5 米;主要朝向的建筑离界距离不少于建筑物高度的 0.5 倍,次要朝向的建筑离界距离不少于建筑物高度的 0.25 倍,最少不得少于 3 米;建筑物之间的间距不小于南侧建筑物的高度。集中馆舍区规划指标为：建筑容积率2.5～3；覆盖率不大于40%；建筑高度不超过45米；绿地率不低于25%，集中绿地不低于10%。

南块绿地　根据1984年市政府所批准的虹桥新区总体规划，开发区南块30号地块规划功能为公共绿地(今新虹桥中心花园)，占地面积约14万平方米。1997年，市政府从上海大型展览场馆面积不足、功能不全、严重制约举办华交会、上海商品交易会等国际、国内大型展览会等因素考虑，开始酝酿利用虹桥地区已经初具规模的展览、展示场馆和功能，实施虹桥地区展览场馆新址的建设。

1997年6月24日，市计委就建设虹桥开发区南块展示场馆的事宜召开专题会议。会后，华东建筑设计研究院根据虹桥开发区的总体规划和现状，结合已建成的展馆功能和需求，草拟南块展馆规划初步方案。方案确定开发区南块展馆的主要技术指标为：基地面积12.5万平方米，总建筑面积14.75万平方米(包括地下建筑面积6.5万平方米)，展厅面积共计10.1万平方米，展厅建筑高度25米，服务楼高度60米。7月7日，市政府召开关于在开发区南块基地建设展览场馆的会议。7月14日，虹联公司根据市政府专题会议精神，就南块展馆的建设问题再次向市计委进行情况汇报，并就展馆的经营模式、资金来源、合作对象等问题提出具体设想。

1998年10月，市政府从体现上海城市建设和管理新形象的角度出发，经反复研究最终决定拟建展馆的南块30号地块恢复为绿地，建设高水平的公共绿地花园。

图5-2-3　虹桥开发区基地布局图

资料来源：虹桥经济技术开发区提供

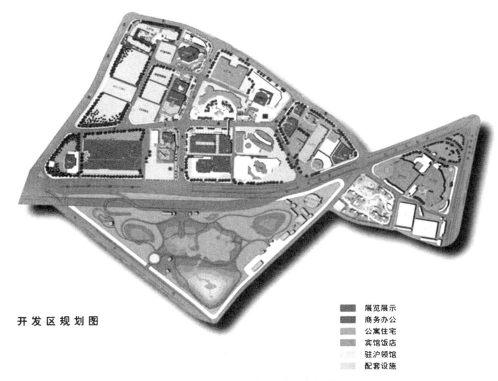

开 发 区 规 划 图

展览展示
商务办公
公寓住宅
宾馆饭店
驻沪领馆
配套设施

图 5-2-4　虹桥开发区规划图

资料来源：虹桥经济技术开发区提供

二、土地利用

　　虹桥开发区是占地面积最小的国家级开发区，在 0.65 平方公里狭小的空间内，开发区因地制宜，节约利用土地，在极其有限的土地上，创造出巨大的经济效益，至 2010 年，虹桥开发区每平方米土地实际利用外资超过 4 000 美元，土地含金量为全国开发区之最。

【土地划拨与政策支持】

　　土地划拨　1983 年 3 月 9 日，上海市开发公司管理处向市计委上报虹桥开发区征地动迁项目计划任务书。虹桥开发区动迁范围：东起中山西路、西至古北路、北起仙霞路、南至延安西路虹桥路，征地 42 公顷，动迁企事业单位 26 家，动迁居民 900 户。3 月 25 日，市计委、市基本建设委员会联合发文同意该征地动迁项目计划任务书。文件明确"在统一规划范围内的土地，按照'一次征地，分期使用'的原则办理，征地手续应力求简化。开发资金先从城市建设资金中垫支，将来在收取土地使用费和市政公用设施费用中归还"。为此，在国务院批准的四至范围内，市政府先后 4 次对虹桥开发区 0.65 平方公里规划用地进行划拨。10 月 25 日，市规划局发文，划拨给虹桥开发区的区域范围为虹桥开发区的北区，北起仙霞路、西至古北路、东南至延安西路，一片三角地带，即开发区 1 号—28 号地块。具体来说，虹桥开发区该批征地范围为：征用新泾公社延安大队程家宅生产队、马家角生产队，虹古大队王楼南生产队、王楼北生产队，虹桥公社虹五大队许家宅生产队土地 25.16 公顷；征用城市居民宅基地 3.37 公顷；调拨市住宅 602 工程队等 9 个单位土地 1.04 公顷，城市公地 1.29 公顷,共计用地 30.86 公顷。

1991 年 5 月 27 日,市政府批准延安西路南伊犁路西,即开发区 30 号—A 地块划拨使用国有土地 12 604 平方米,用于上海虹桥联合发展有限公司与上海市花木公司,加拿大 EXPANDEX 国际有限公司(台商)合资经营的上海虹桥音乐喷泉歌舞厅建设用地。8 月 13 日,市规划局批准将伊犁路东侧 31 号地块划拨使用国有土地 18 866 平方米,用于虹桥开发区 31 号基地的开发建设。这也是虹桥开发区内最后一块可开发的商办用地。

1995 年 11 月 17 日,市土地管理局批准将虹桥经济技术开发区二分区 29 号、30 号地块,即虹桥路北、延安西路南、伊犁路西上海市园林学校等单位用地 113 081 平方米,城市国有土地 12 581 平方米,闵行区虹桥镇虹五村小许生产队非耕地(老宅基地)30 318 平方米,合计征拨土地 155 980 平方米,用于建设延安西路高架配套工程新虹桥中心花园。经统计,1995 年前后,虹桥开发区征地面积和动迁户数已经明显下降,2000 年之后降为零。

政策支持 在虹桥开发区土地开发中,市政府在用地政策上给予很大的支持。闵行、虹桥两个新区原由上海市闵行虹桥开发公司负责统一开发与经营,由于土地开发与市政公用基础设施投资大,回收期长,资金来源为贷款。为此,1983 年,市政府在《关于闵行、虹桥两个开发区工作的通知》中规定:"开发区土地开发和开发公司综合经营的利润收入、房地产收入、土地使用费等收入归开发公司,作为继续投资开发和归还银行贷款之用。"

1984 年,根据市领导指示精神,为筹措两个新区开发资金,吸引外资,决定两个新区与港澳中银集团合资经营、开发并建设新区市政公用基础设施。12 月 31 日,经外经贸部批准,分别成立上海闵行联合发展有限公司和上海虹桥联合发展有限公司,这是上海首批利用外资搞基础设施经营新区的中外合营企业。关于新区土地的收益归属问题,两公司的合营合同中规定:"公司经市政府批准,统一负责新区的开发和经营,公司负责区内土地的使用管理,收取新区土地开发费(含场地使用费、开发成本等),厘定新区土地开发费费率及其他收费标准等方面,均由公司自主决定,公司对上述土地以各种形式收入的新区土地开发费,全数归公司。"

1985 年 3 月 5 日,上海虹桥联合发展有限公司根据《合资合同》的相关条款,向市外经贸委申请合资经营期间免缴场地使用费。3 月 25 日,市外经贸委批复同意闵行、虹桥两个新区土地在合资经营期间免缴场地使用费,作为新区在征地动迁、基础设施等方面投资的补偿。

【土地批租】

20 世纪 80 年代初,为解决改革开放面临的资金困难,中共中央开始探索城市土地批租试点工作,上海率先进行土地批租试点。

26 号地块批租 1987 年 12 月 22 日,市政府召开记者招待会,宣布《上海市土地使用权有偿转让办法》将从 1988 年 1 月 1 日起施行的决定。1988 年 1 月 2 日,上海市土地批租办公室就编写好的虹桥经济技术开发区第 25、26 号基地的土地使用权有偿转让试点工作方案向上海市土地批租领导小组进行汇报。3 月 9 日,市政府新闻处在虹桥经济技术开发区举行记者招待会,宣布将于 3 月 22 日对 26 号地块进行国际招标。3 月 22 日下午,市政府在上海展览中心召开"上海市土地使用权有偿出让发标会"。至 1988 年 6 月 30 日,上海、香港两地标箱共收到 6 份标书。经过 7 月 2—6 日的开标、评标、决标工作,最后一致决定由日本孙氏企业有限公司中标。

1988 年 8 月 8 日,虹桥开发 26 号地块有偿出让的国际招投标项目尘埃落定,正式签约。日本华侨孙仲利以 2 805 万美元的价格,获得该地块 1.29 公顷 50 年的土地使用权。26 号地块使用权的成功有偿出让标志上海市土地使用制度改革跨出实质性的第一步,虹桥开发区由此成为上海市实行土地使用权制度改革的"试验田"、先行者和获益者。

28—3C 号地块批租 继虹桥开发区 26 号地块成功有偿出让之后,虹桥开发区又推出第二块招标地块 28—3C 号地块,进行国际公开招标。1989 年 1 月 19 日,香港普豪投资有限公司以 828 万美金获得该块土地,面积为 0.361 4 公顷。根据标书规定,在该块土地上建造一幢二十八层综合性公寓、办公楼大楼。建筑总面积为 30 000 平方米。中文名称:协泰中心;英文名称:SHARTEX PLAZA。

1988 年和 1989 年两次土地出让国际招标试点成功,深化了土地使用制度的改革,扩大对外开放,为国家创收外汇,同时促进上海市项目审批程序、建筑管理以及银行抵押贷款等一系列改革。通过国际招标,也扩大虹桥开发区在海外的声誉,开拓引进外资的新途径,使开发区获得新的生机。在两块出让的基地上成立两家外商独资企业,建设总投资额为 14 140 万美元的三幢楼宇。

其他地块批租 至 2010 年,虹桥开发区累计批租土地面积 7.2 万平方米,批租土地共计 11 幅,有偿提供合作场地 9 幅,包括锦明公寓、金桥大厦、新世纪广场、万都中心、世贸商城等。累计筹措城市基础建设基金逾 2 亿美元,不仅为区内基础设施建设开辟引进外资的新途径,而且为利用外资加快开发区项目建设、成功实施滚动开发提供新思路,同时也为上海土地价格提供基准和依据。

表 5 - 2 - 4　1988—2010 年虹桥开发区土地成交地块情况表

地块名称	所 在 地	出让时间	地块面积（平方米）	出让年限	受 让 人
太阳广场大厦	虹桥开发区 26 号地块	1988.8.8	12 927	50 年	日本孙氏企业有限公司
协泰中心	虹桥开发区 28—3C 地块	1989.1.19	3 614	50 年	香港普豪投资有限公司
锦明公寓 2 号楼	虹桥开发区 28—1A 地块	1992.4.10	3 699	70 年	上海锦明房业有限公司
金桥大厦	虹桥开发区 28—1C 地块	1992.6.20	4 349	70 年	上海金桥大厦公司
新世纪广场	虹桥开发区 25—A 地块	1992.6.30	8 302	70 年	上海金马房地产公司
丽晶大厦	虹桥开发区 28—3A 地块	1992.7.4	3 979	70 年	香港国耀投资公司
仲盛大厦	虹桥开发区 28—1B 地块	1992.12.29	4 411	50 年	仲盛公司
万都中心	虹桥开发区 27—A 地块	1993.6.11	12 761	50 年	香港万都发展(上海)公司
新虹桥中心大厦(天宇中心)	虹桥开发区 20 号地块	1995.8.18	11 508	50 年	上海虹联公司(25%),上海安福房地产开发公司(75%)
天虹大楼(部分)	虹桥开发区 28—3D 地块	1996.5.15	1 263.76(批租部分)	50 年	上海虹联公司(18.11%),上海胜强房地产联合发展公司(51.46%)
世贸商城	虹桥开发区 2—8 及 1 号南块基地	1999.10.21 2001.7.9	45 462	50 年	上海世贸商城有限公司

资料来源:上海虹桥经济技术开发区联合发展有限公司提供

三、集约用地

虹桥开发区因地制宜,集约节约利用每一寸土地。经过测算,开发区土地集约度评价得分为96.16分,属于土地集约利用水平较高的开发区。开发区的土地资源总量很小,可谓袖珍型开发区。开发区土地性质单一,均为国有建设用地,没有农村集体建设用地。

早在1979年,虹桥开发区在规划中,提出要在该地区集中建设领事馆、外贸中心和旅游旅馆。在虹桥开发区规划制定过程中科学合理的考虑到区内面积较小、土地资源有限的特点,以及毗邻市中心、交通便利的优势,扬长避短,采取与其他国家级开发区不同的定位与策略,既以发展商贸中心为特征,兼具展览展示、商务办公、宾馆旅游、餐饮购物和外事活动等多功能为一体,采取多种土地利用方式,提升土地利用率。在开发区成立初期,招商引资工作存在较大难度,虹联公司根据政策,采取场地使用作为土地的主要利用方式。随着计划经济向市场经济不断转轨,土地利用开始引入市场机制配置资源,以提高土地的利用效率。

自1988年后,虹桥开发区的土地使用大部分采取批租或补地价批租的方式。除此以外,开发区还探索采取合作方式利用土地。在虹桥开发区二十多年的发展历史中,不断探索多种土地利用方式,大大提高开发区内土地的利用率,而且伴随着市场化的不断深入,直接推动开发区内土地的高效集约利用。虹联公司在招商引资与项目开发建设过程中,重视对外资项目的服务,力促项目尽早建成,早日产生效益,防止出现"半拉子"工程,避免造成对土地资源的浪费。

2001年,虹联公司提出"立足虹桥、完善虹桥、走出虹桥、发展虹桥"的战略方针,在开发区土地资源有限并已基本建成的情况下,一方面不断探索走出新的路子,另一方面深入挖掘潜力,想尽办法提升开发区土地利用效率。首先,对一些相对老旧的办公楼或者综合楼宇进行更新改造,让老楼换新颜,提高大楼品质,创造更大的经济效益,如2004年对新虹桥大厦的改造、2008年国际展览中心的改建等。其次,"腾笼换鸟",对开发区内一些产出相对较低以及影响开发区安全与形象的项目进行腾挪,改建一些可以创造更高效益的项目,如2006年对加油站项目的改建等。第三,在规划条件许可的情况下,充分利用地面空间,建造配套服务项目,以提升开发区的商业氛围,改善开发区的配套服务设施,如2006年在新世纪广场建造1 000平方米的配套商务用房等。第四,2006年把握地铁10号线在开发区内设立轨道站点的机遇,联合相关部门共同探索开发地下空间,进一步提升开发区土地利用效率等。

2007年,国家商务部外资司对国家级开发区的统计资料显示:虹桥开发区单位面积累计实际利用外资金额为4 146美元/平方米,地区生产总值为673.10亿元/平方公里,两项指标在全国国家级经济技术开发区中均排名第一。

至2010年,虹桥开发区国家公告的土地面积是65.20公顷,全部为建设用地,其中已开发的土地面积是64.82公顷,开发率为99%;已供应土地面积63.88公顷,供应率为98%,已建成土地面积是58.92公顷,建成率为92%,属于土地开发基本完成的国家级开发区。经过20多年的发展,虹桥开发区利用有限的土地资源取得显著的经济和社会效益,充分体现出虹桥开发区土地集约开发、用地少、产出多的鲜明特点。

表 5-2-5　1985—2006 年虹桥领馆区签约地块情况表

序号	国　家	土地面积（平方米）	签约时间	使用年限	地皮处置费	每平方米价格
1	日　本	2 112	1985 年 3 月 30 日	60 年	2 534 400 元	1 200 元
		3 124	1985 年 11 月 15 日		3 748 800 元	
		5 236			6 283 200 元	
		400	2003 年扩建			
		223	2008、2013 年扩建			
2	捷　克	4 453	1987 年 10 月 12 日	90 年	1 870 260 美元	420 美元
			2002 年 6 月 11 日	退地		
3	美　国	10 597	1991 年 10 月 15 日	90 年	4 344 770 美元	410 美元
4	澳大利亚	4 793	1994 年 9 月 21 日	70 年	3 115 450 美元	650 美元
5	韩　国	4 272	1997 年 4 月 25 日	70 年	4 272 000 美元	1 000 美元
6	新加坡	2 600	1998 年 10 月 16 日	70 年	2 080 000 美元	800 美元
7	巴基斯坦	5 000	2000 年 11 月 1 日	70 年	3 320 万元	6 640 元
8	泰　国	4 453	2006 年 2 月 20 日	70 年	5 343 600 美元	1 200 美元
9	印　度	5 000	2006 年 11 月 21 日	70 年	印方放弃延安中路810 号的原总领馆房产产权	

资料来源：上海虹桥经济技术开发区联合发展有限公司提供

四、基础设施

根据上海市城市总体建设规划和市政府批准的虹桥新区详细规划，虹桥开发区占地 65.20 公顷，其中用于建筑开发的为 30.40 公顷，占 46.6%；用于游憩公园、绿地的为 19.30 公顷，占 29.7%；用于道路建设的为 15.50 公顷，占 23.7%。区内按照开发区的不同内容和功能，划分为 3 个小区、34 块基地。规划建造展示场馆、商务办公、公寓住宅、宾馆饭店、驻沪领馆、生活服务等配套设施。

1983 年 3 月，市政府批转市开发公司管理处《关于闵行、虹桥两个开发区当前开发工作的报告》，对开发区范围内、外市政公用基础工程建设提出明确要求：开发区范围内的道路、桥梁、上水、下水、供电、通讯、供气、供热、疏浚河道、专用码头等项目的投资，从开发公司的开发资金中解决；开发区范围外的（与开发区衔接的）各项市政、公用基础工程设施项目的投资，由各主管单位分别立项，编报计划任务书，报市计委或国务院主管部门解决。并要求这些项目力争与开发区内的市政公用基础工程同步建设。4 月，虹桥开发区征地动迁，10 月基础设施建设正式启动。基建工程由区内和区外两部分构成。

根据市政府要求，虹桥开发区以"统一规划、分批开发、量力而行、突出重点"的指导思想，从"开发一片、搞成一片、收益一片"着眼，集中有限的资金，先搞好三个小区中的第一小区（占地 34 公顷）

基础建设，争取时间，创造条件，及早提供建设用地。1984年12月，受市政府委托，新成立的上海虹桥联合发展有限公司（1994年7月更名为上海虹桥经济技术开发区虹桥联合发展有限公司）统一负责虹桥开发区的开发建设和经营管理。二十多年来，虹联公司一方面致力于开发区的基础设施建设，建设"七通一平"，使开发区具备良好的"造林引鸟"的硬件环境；另一方面致力于开发区的产业、配套、绿化等软环境建设。虹桥开发区建设总投资超过30亿美元，成为上海改革开放的示范和缩影，被誉为"上海西大门的一颗明珠"，成为外商青睐的投资热土。

1984年8月14日，市计委批复同意的虹桥开发区一分区市政公用基础设施项目为八项：道路：区内支路长1.70公里，沥青混凝土路面，路幅2米至24米；雨水系统：汇水面积34.5公顷，管径Φ300毫米～700毫米，长1.70公里；污水系统：设计人口2万人，污水量300升/人/日，管径Φ300毫米～450毫米，长1.70公里；上水管线：管径Φ300毫米～500毫米，长4公里；煤气：管径Φ150毫米～300毫米，长4公里；供电：16孔～24孔电力管道及电缆2.20公里。变配电工程为：两座10千伏高压配电间，三座10千伏/400伏Ⅲ型变电站。路灯2.2公里；电信：6孔～18孔通信管道及电缆2.2公里；绿化：项目总投资1200万元，由虹联公司自筹解决。

开发区内市政公用基础工程，包括道路、供水、雨污水、煤气、电讯、电力等管线工程，除娄山关路道路、雨污水管道由市政工程局列入建设计划外均由虹联公司投资建设。

开发区外市政公用基础工程，包括开发区周围城市道路的供水、煤气管道、芙蓉江路雨水系统、新建天山污水厂及其管道系统、为开发区服务的变电站和电话局以及道路拓宽工程等建设进度，由市建委和市计委负责协调，并由各主管局负责投资建设。具体项目有七项：供水：开发区附近的中山西路水库和徐虹西路水库各为4万平方米容量，供水条件较好，计划于1985年完成管道埋设。煤气：古北路直径200毫米管道负荷已满，虹桥路直径300毫米管道尚有余量，计划将现有管道连成环网，金沙江站由20万立方米扩建为30万立方米，计划于1985年区外环网形成。供电：新建3万千伏安仙霞变电站，计划于1985年内建成，并提供施工用电；拟建水城路110千伏变电站解决开发区用电，计划于1986年建成。通信：由邮电管理局负责建设专为开发区服务的电话局，计划于1986年能为开发区提供电传和国际直拨等通信服务。雨水：由市政工程局负责开发区道路雨水纳入新建的芙蓉江路雨水系统，计划于1986年建成并投入使用。污水：由市政工程局负责新建日处理能力为7.5万吨/日的天山污水厂接纳新区污水，计划于1986年建成并投入使用。道路：新区周围道路拓宽工程由市政工程局列入计划，计划于1986年前完成。

根据上海市"七五"计划提出的把虹桥开发区建设列为上海城市改造三大重点工程之一并于1990年基本建成的指示精神，经过两年多紧张施工，1985年上半年，虹桥开发区区内主干道正式通车，并完成一分区场地平整和道路环通基础工程，对外正式提供建设用地。1985年12月，区内主干道及支路下的雨水、污水、上水、煤气、电讯管线铺设基本完成，区内"七通一平"工程与区外大市政相衔接，可以满足区内各项目施工和开业的需要。至1986年10月，区内共计12公里长的各种管线全部铺设完毕；区内道路全部形成环道，部分道路两侧绿化；区内大部分场地平整，所有市政公用基础设施工程全部竣工完成。1986年末，虹桥开发区的建设由地下基础工程建设为主转为地面楼宇建设为主。

1985年，区外市政配套工程因涉及部门较多进度难以把握，市建委专门召开虹桥开发区区外市政配套工程协调会，对区外市政配套工程计划进度和具体要求再次进行逐项研究落实。会后，虹联公司主动联系、积极配合，使原已停工的娄山关路南段路面工程重新开工建设；古北路电话端局调整规划用地得到协调解决；区外雨水、污水管线埋设工期重新作了计划安排。

1986 年 10 月,区外市政配套设施工程完成的项目有日处理污水 7.50 吨的天山污水处理厂、天山路电话支局、伊犁路变电站、开发区东部街心小花园。延安西路、仙霞路拓宽工程全面铺开。

1989 年,区外水城路 110 千伏变电站投入运行;2 座 35 千伏变电站建成运行,1 座土建竣工交付安装;专门为开发区配套的古北路电话局开通 1 万门程控电话;日处理 7.5 万吨的天山污水处理厂、芙蓉江路排水系统等配套工程均完成投产,并与区内管线相衔接。较为完善的市政基础设施,为开发区吸引外资创造了良好的投资环境。

1990 年,紫云路 35 千伏变电站建成,为开发区实现两路供电提供保证;交通设施一期工程完成并交付使用,路灯及路灯控制室建成。古北路绿化带、兴义路、遵义路等地段部分绿化完成。

1992 年,虹桥开发区形成比较完善的基础设施,雨水、污水、上水、煤气、供电、电讯、道路、停车等基本条件齐全。开发区经政府批准的项目共 13 个(15 幢楼),开工项目建筑面积达 63.57 万平方米,竣工面积 43.73 万平方米。已建成或开业项目 7 个(9 幢楼),宾馆 4 座,合计客房 3 000 间。办公楼净面积 5.30 万平方米,公寓 370 套,国际会议厅近 7 000 平方米,展览厅 2.20 万平方米,另有新虹桥俱乐部、健身中心、新虹桥小别墅、加油站等配套设施,虹桥开发区初具规模。

1995 年,开发区竣工的道路交通设施有:延安西路扩建项目,6 车道,路幅宽 49 米;园区主干道娄山关路、兴义路、遵义南路项目,各 4 车道,路幅宽 24 米;园区支路万山路项目,双车道,路幅宽 11 米。竣工的公用设施有:芙蓉江路雨水泵站纳入上海西区城市雨、污水分流管网系统;敷设煤气管道 4 130 米,并接通城市煤气总管;敷设电话导管 2 913 米;通信电缆 34.20 公里,古北电话局装机容量 7 万门程控电话,6 万门投入使用。

至 1996 年 12 月 31 日,虹桥开发区累计投入固定资产建设资金 413 533 万元,其中基本建设投资 115 979 万元,占累计固定资产投资总量的 28.1%,更新改造投资 31 468 万元,占累计固定资产投资总量的 7.61%。新虹桥大厦、新虹桥俱乐部、上海国际贸易中心、上海扬子江大酒店、上海太平洋大饭店、新世纪广场、太阳广场、丽晶大厦、锦明大厦、金桥大厦、协泰中心、天虹大楼、仲盛金融中心大厦、东方国际大厦、上海虹桥友谊商城、上海国际展览中心等一幢幢现代化建筑物先后落成。虹桥开发区以其独特的风格成为上海对外交流的新型商贸区。

1998 年,开发区完成万山路的电缆排管、下水道疏通,领事馆基地的场地清理、领事馆区 IV 型变电站改造等基础设施工程。经过 10 多年的开发建设,至 2000 年,虹桥开发区建设成为上海乃至全国的"袖珍型"开发区精品。

表 5 - 2 - 6　1987—1995 年虹桥开发区基础设施工程项目一览表

类　别	项 目 名 称	技 术 参 数	竣 工 时 间	备　注
道　路	延安西路拓宽	6 车道,路宽 49 米	1987 年	
	仙霞路拓宽	4 车道,路宽 24 米	1987 年	
	娄山关路	4 车道,路宽 24 米	1995 年	
	兴义路	4 车道,路宽 24 米	1995 年	
	遵义南路	4 车道,路宽 24 米	1995 年	
	万山路	2 车道,路宽 11 米	1995 年	
敷设管线	雨水管	1.70 公里	1986 年 10 月	
	污水管	1.70 公里	1986 年 10 月	

(续表)

类　别	项目名称	技术参数	竣工时间	备　注
敷设管线	上水管	4公里	1986年10月	
	煤气管	4 130米	1986年10月	
	电力管道及电缆	2.20公里	1986年10月	
	通信电缆	34.20公里	1986年10月	
	电话导管	2 913米	1986年10月	
供　电	水城路变电站	110千伏	1989年	
	仙霞路变电站	35千伏	1989年	
	伊犁路变电站	35千伏	1989年	
	紫云路变电站	35千伏	1990年	
供　水	天山污水处理厂	日处理污水7.50吨	1989年	
	芙蓉江路雨水泵站		1989年	
通　信	天山路电话支局		1986年10月	
	古北电话局	7万门程控电话	1995年	开通6万门
路　灯		2.20公里	1990年	
绿　化	区内环道、古北路、兴义路、遵义路		1990年	

资料来源:虹桥经济技术开发区提供

五、商务配套项目

经过20多年的发展,虹桥开发区以外贸中心为特征的六大功能区建筑总面积达138万平方米,其中包括展览展示场馆30万平方米、写字楼宇48万平方米、商住楼宇26万平方米、宾馆饭店24万平方米、生活娱乐配套设施10多万平方米,组成25项不同风格的建筑群。

【展览展示区】

上海国际展览中心　该项目位于娄山关路88号,占地面积12 511平方米,总建筑面积18 742平方米。1991年7月2日动工兴建,1992年2月15日竣工。1992年3月5日,借首届华东出口商品交易会(即华交会)开幕之际,举行上海国际展览中心的开馆典礼。上海国际展览中心是全国首家中外合资展览场馆、全国首家获ISO 9001质量认证的展览场馆、全国首家输出管理并获成功的展览场馆。上海国际展览中心每年举办各类展会50多场,以国际性、贸易类展览会为主。从1992年开馆之日起,就为上海的展览业注入新的活力,促进上海展览业的发展,培育发展华交会、上海车展等展会品牌。2008年,扩容改建后的上海国际展览中心,成为一个集办公、精品展览为一体的综合性展会场馆,并引进上海国际仲裁中心的功能概念。

上海世界贸易商城　该项目位于延安西路2299号,占地面积占地4.40万平方米,建筑面积28万平方米,由上海虹桥经济技术开发区联合发展有限公司和香港华欣大企业有限公司投资建设,总投资额 2.50 亿美元,于 1999 年 10 月 21 日落成开业。上海世贸商城由短期展馆、常年展贸市场、贸易大楼三部分组成。常年展馆是上海世贸商城的主体,面积 19 万平方米、2 500 个常年展示间;短期展览是上海世贸商城非常重要的组成部分,展馆面积 3 万平方米;上海世贸商城 30 层的贸易大楼,面积 6 万平方米,为海内外客商提供良好的办公场所。同时,世贸商城还提供包括贸易后勤、商务设施和网络咨询在内的全方位立体服务。

【商务中心区】

新虹桥大厦 开发区内建造的第一幢现代化涉外办公楼,高 23 层,建筑面积 2.50 万平方米,是部分国家驻沪领馆及国内外企业机构办公场所。工程于 1986 年 3 月开工建设,1988 年上半年投入使用。1996 年被评为上海市优秀物业管理大楼,1997 年荣获国家建设部颁发的"全国物业管理优秀示范大厦"称号。随着大厦功能的变化及 14 年租赁经营,大厦外观、内质、总体环境到设备、设施、装潢等方面均呈现日益老化和陈旧,2003 年 11 月 26 日,经市建委批准虹联公司对新虹桥大厦进行全面升级改造。改造工程总投资为 2 350 万元,于 2004 年 2 月施工,7 月底竣工。

上海国际贸易中心大厦 由上海市对外贸易总公司、上海虹桥联合发展有限公司、上海市对外服务公司、中国国际贸易促进委员会上海分会和日本兴和不动产株式会社、株式会社日本兴业银行共同投资兴建经营的甲级综合性商务楼。占地面积 12 600 平方米,建筑面积 90 000 平方米,地上 37 层、地下 2 层,楼高 140 米,总投资额 9 800 万美元。于 1987 年一季度破土动工,1989 年 5 月 18 日封顶,1990 年 12 月 15 日试营业,1991 年 1 月正式开业,获上海市"白玉兰"奖、国家鲁班金像奖、建设部优质工程奖、中建总公司金质奖、国家银质奖。

协泰中心大厦 该项目由香港普豪有限公司投资兴建,总建筑面积 3 600 平方米。大楼高 28 层,地下 2 层,建筑面积 30 000 平方米。1990 年 4 月 28 日协泰中心大厦正式打桩,1991 年 8 月结构封顶,1992 年 10 月 28 日大厦正式竣工开始试营业。

天虹大楼 位于仙霞路 80 号,占地面积 1 800 平方米,地上建筑面积 4 432 平方米,地下建筑面积 954 平方米,其中办公面积 3 912 平方米、商场面积 520 平方米,主楼 6 层,高度 23.60 米。由虹联公司、上海胜强房地产有限公司、天主教上海教区三方投资兴建,投资总额 644 万美元,1994 年 12 月开工建设,1995 年 12 月竣工。

仲盛金融中心大厦 位于延安西路 2067 号,占地面积 4 411 平方米,地上建筑面积 38 232 平方米,地下建筑面积 3 978 平方米,其中办公面积 34 178 平方米、商场面积 4 055 平方米,大楼 28 层,高 108 米,由仲盛房地产有限公司开发建造,投资总额 5 200 万美元,1995 年 12 月竣工。

东方国际大厦 位于娄山关路 85 号,占地面积 8 600 平方米,地上建筑面积 47 400 平方米,地下建筑面积 3 521 平方米,其中办公面积 42 107 平方米、商场面积 2 900 平方米,主楼 26 层,高 98 米,由 3 个楼体组成,地下 1 层。由虹联公司、上海市服装进出口公司、上海市外贸实业公司、上海市化工进出口公司共同投资兴建,投资总额 3 500 万美元,1992 年 6 月开工建设,1996 年 8 月竣工。

新虹桥中心大厦 位于娄山关路 83 号,占地面积 11 500 平方米,地上建筑面积 74 639 平方米,地下建筑面积 13 127 平方米,其中办公面积 50 071 平方米、商场面积 36 269 平方米,主楼 36 层,高度 140 米,南侧裙楼 6 层,地下 2 层。由虹联公司与香港安富国际投资集团有限公司合作兴建,投资总额 8 600 万美元,1994 年 12 月开工建设,1998 年 12 月竣工。

万都中心大厦 位于兴义路 8 号,占地面积 12 800 平方米,地上建筑面积 132 642 平方米,其中办公面积 97 000 平方米、商场面积 20 000 平方米,主楼 55 层,高度 211 米,地下车库 2 层。由香港万都集团独资兴建，投资总额 20 000 美元，1995 年 7 月开工，1998 年结构封顶。该建筑是虹桥开发区内最高的地标性建筑物。

【旅游宾馆区】

太平洋大饭店 位于遵义南路 5 号，为五星级酒店。由上海旅游公司、上海虹桥联合发展有限公司和日本株式会社青木建设、株式会社日本兴业银行投资建造。建筑总面积 67 200 平方米，28 层，高度 100 米，客房 713 套，投资总额 8 000 万美元。1986 年 6 月 20 日动工兴建，1990 年 9 月 1 日开业。

扬子江大酒店 位于延安西路 2099 号，为五星级酒店。由新亚联营公司、中国银行上海信托咨询公司、上海虹桥联合发展有限公司和香港运科投资有限公司、香港金派有限公司投资建造。该项目占地面积 1.58 公顷，工程由 26 层～36 层主楼及 4 层裙房组成，客房 612 套，总建筑面积为 52 590 平方米，投资总额 5 700 万美元。1986 年 6 月上旬动工兴建，1990 年 6 月 18 日试营业，1991 年 3 月 28 日正式开业。

虹桥宾馆 位于延安西路 2000 号，由上海市旅游公司投资建造，建筑面积 54 000 平方米，楼高 31 层，拥有客房 713 间，投资总额 4 550 万美元。1985 年开工兴建，1987 年上半年结构封顶，1988 年 8 月 8 日开业。

银河宾馆 位于中山西路 888 号，为虹桥宾馆姐妹楼，由上海市旅游公司投资建造，建筑面积 71 000 平方米，楼高 35 层，拥有客房 840 间，投资总额约 5 700 万美元。1987 年开工兴建，1988 年 9 月结构封顶，1989 年底竣工，1990 年 10 月 15 日试营业。

【高尚住宅区】

锦明公寓（2 栋） 由上海市锦江联营公司、上海虹桥联合发展有限公司和香港衡亚工程有限公司投资建造，建筑总面积 58 000 平方米，主楼 28 层，楼高 100 米，客房 288 套，投资总额 3 000 万美元。1987 年 12 月 24 日动工兴建，1989 年底竣工。

金桥大厦 由上海市投资信托公司、上海虹桥联合发展有限公司和上海太平洋合股公司（美国）合资建造，建筑面积 34 000 平方米，30 层，楼高 101 米，投资总额 2 310 万美元。1988 年 5 月动工兴建，1989 年年底竣工。

交通银行大厦 位于仙霞路 18 号，占地面积 3 699 平方米，建筑面积 32 398.2 平方米，其中住宅面积 25 700 平方米，大楼 30 层，高 95.7 米，投资总额 1 600 万美元，1991 年 12 月竣工。

太阳广场大厦（E、W 双栋） 这是实行国际招标兴建的全国第一幅土地批租的建设项目，位于仙霞路 88 号，占地面积 1.29 万平方米，建筑面积 7.2 万平方米，其中办公面积 1.92 万平方米，住宅面积 5.19 万平方米，主楼为双塔式建筑，各 29 层，楼高 97 米，地下 1 层。由日本孙氏企业有限公司投资兴建，投资总额 1.45 亿美元，1990 年 3 月 16 日开工，1995 年 8 月 8 日竣工。商住楼内设有室内高尔夫练习场、室内网球场、室内游泳池、健身房，另有室外儿童乐园，并设有日本语言学校、诊所、超市、美容美发院、洗衣房等设施。该项目成为当时上海设施最全、档次最高的商住楼宇之一。

丽晶大厦 位于仙霞路 28 号，占地面积 3 979 平方米，建筑面积 29 445 平方米，主楼 31 层，楼高 95 米，每层 4 单元，每单元 3 室 2 厅，均为住宅。由香港国耀投资有限公司独资兴建，投资总额 3 500 万美元，1995 年 12 月竣工。

新世纪广场大厦　位于兴义路 48 号,占地面积 8 302 平方米,建筑面积 56 493 平方米,其中办公面积 1 465 平方米、商场面积 5 638 平方米、住宅面积 44 459 平方米,主楼 20 层,高 70 米,地下 2 层。由香港上海金马房地产有限公司独资兴建,投资总额 3 200 万美元,1996 年竣工。

【领馆汇集区】

20 世纪 70 年代末,经市政府外事办公室会同市国家安全局、市规划局反复研究,并征得外交部批准、市政府原则同意,决定在虹桥开发区内西部约 12 公顷土地辟建为领馆区,使得虹桥开发区是唯一辟有外国领馆区的国家级经济技术开发。1982 年 11 月 8 日,市政府批准市计委、市建委、市规划局报送的《关于延安西路中山西路地区规划(含领馆区)》方案后,先后有 8 个国家:日本于 1985 年 3 月、美国于 1991 年 10 月、澳大利亚于 1994 年 9 月、韩国于 1997 年 4 月、新加坡于 1998 年 10 月、巴基斯坦于 2000 年 11 月、泰国于 2006 年 2 月、印度于 2006 年 11 月分别在虹桥开发区的万山路一带借地建造独立馆舍。至 2010 年,有 8 个国家在虹桥开发区借地建馆,有荷兰、古巴、以色列、罗马尼亚、丹麦、瑞士、阿根廷、捷克、乌克兰、智利、哈萨克斯坦 11 个国家在虹桥开发区楼宇内设馆,共计有 19 个国家在虹桥开发区设立驻沪总领事馆,占外国驻沪总领事馆的 1/3 以上。据统计,随着日本、韩国领事馆的建成,入驻虹桥开发区的日资、韩资企业增多,约占入驻企业总数的 1/2。领馆区的建设,初步形成华东地区的签证中心,大大促进这些国家与中国经济贸易的发展,提高了虹桥开发区在海外的知名度。

【生态园林区】

新虹桥中心花园位于虹桥开发区南侧延安西路、虹桥路和伊犁路相汇的三角地,占地面积 13 万平方米。该项目为 2000 年市政府重大项目,是延安路高架大型绿地之一,由加拿大实友设计顾问有限公司、上海现代设计集团和上海园林设计院联合设计,由虹联公司负责建造,总投资 2.62 亿元,于 1999 年 9 月中旬开工,2000 年 9 月 28 日正式对外开放。新虹桥中心花园引进园林先进理念和风格,以不同高度滴落的水溪、湖泊和宽度不一的弯曲道路把整个花园串联起来。造景以植物为主,配以大量乔木,整个花园绿量充足,乔、灌、草的比例合理,在山坡和道路旁引进许多大树,体现出人与自然和谐的效果。新虹桥中心花园曾获加拿大园林协会优秀设计奖,并获得上海市文明公园和四星级公园称号。

【配套设施】

新虹桥加油站　建筑面积约 400 平方米,楼高 2 层,投资总额 100 万元,1988 年开工建设,1990 年 10 月 12 日开业。

新虹桥俱乐部　位于延安西路、娄山关路交汇处,新虹桥中心花园北面,是国家内贸局批准的国家特级酒家。俱乐部集餐饮、娱乐、会务、观光于一体,设有咖啡厅、自选超市、外航售票处、中国餐馆、食街、会所、酒吧、美容美发厅、桑拿、棋牌室、卡拉 OK 厅、会议厅等,对商务人士实施会员制。于 1991 年 10 月 18 日正式对外营业。

虹桥友谊商城　位于遵义南路 6 号,占地面积 7 500 平方米,建筑面积 2 万平方米,其中商场面积 10 220 平方米,楼高 4 层。由虹联公司、上海友谊华侨股份有限公司与香港嵘高贸易有限公司合作兴建,投资总额 1 900 万美元。它于 1993 年 4 月动工,1994 年 3 月竣工开业,是一家集购物、休闲、餐饮、泊车、观光等于一体的大型的现代化商业零售企业。

新虹桥中心广场　位于新世纪广场大厦正前方,占地面积达 9 300 平方米的新虹桥中心广场,广场中央为多层面音乐喷泉,周围环绕着用花岗石和仿石砖敷成的典雅图案,与罗马风格的新世纪广场大厦浑然一体,成为开发区内颇具特色的现代建筑景观。1997 年 3 月建成使用。

新虹桥地下车库　占地面积 9 343 平方米,地下建筑面积 15 743 平方米,地下两层,停车面积共 50 000 平方米,总投资 7 652 万元,泊车位 509 个,全部由虹联公司投资建设,1997 年 3 月建成对外开放。

吉盛伟邦国际家具博览中心　位于娄山关路 75 号,于 2000 年开业,展厅面积达 33 000 平方米。国际著名品牌覆盖量为中国家居商场之最,拥有涵盖意大利、法国、美国、瑞典、挪威、德国、日本、西班牙、伊朗、印尼等众多国家的知名家居品牌,藉此打造国内规格最高、规模最大的顶级国际家居馆。

第四节　招 商 引 资

一、招商环境

中共十一届三中全会以后,随着中国国际地位的不断提高,中国对外开放政策的不断扩大和深入人心,要求来上海投资的外商日渐增多。1985 年,虹桥开发区新建不久,国外了解的人不多,开发区已谈定的多为日资项目。为吸引更多国家地区的客商来虹桥开发区投资,虹联公司通过编译宣传资料、广泛结交朋友、及时掌握信息、介绍优惠政策和投资环境等多种方式扩大虹桥开发区的影响,吸引愈来愈多的客商愿意来虹桥投资,有些客商甚至不辞辛劳,不惜花费差旅费,多次往返进行投资洽谈。

1986 年 8 月 29 日,经国务院批准虹桥开发区为国家级经济技术开发区,使虹桥开发区的性质得到确认,也为虹桥开发区吸引外资创造条件。10 月 11 日,为进一步吸引外资,中共中央颁布《国务院关于鼓励外商投资的规定》22 条优惠政策,对投资于开发区内企业,实行国家规定的国家级开发区优惠政策,助推虹桥开发区的招商引资工作。

1987 年 3 月 23 日,市政府颁布《上海市闵行、虹桥经济技术开发区外商投资优惠规定》,明确对投资外商予以五方面政策优惠:开发优惠。外商在开发区内可按照统一规划投资开发场地,经营基础设施项目开发和房产。经营基础设施建设的投资企业,可享受开发区内生产性企业的优惠待遇。经营优惠。开发区内可建保税仓库,为开发区外的企业提供服务。经国家主管部门批准,还可建转口型保税仓库。税收优惠。开发区内生产性外商投资企业在 1995 年底之前免征地方所得税。自建和购置的新房屋,免征房产税五年。纳税有困难的,经申请由税务机关批准,可免征工商统一税。生产所需水、电、煤、运输条件和通信设施等,按当地国营企业收费标准计收费用,所分得利润可汇出境外,免征汇出额的所得税。信贷优惠。开发区内的外商投资企业,在生产和流通过程中需要借贷的短期周转资金,经开户银行或其他金融机构审核后,确保贷放。其他必需的信贷资金,优先贷款。用人自主权。外商投资企业可根据生产经营的需要,自行确定其机构和人员编制。这些优惠政策的实施大大增强开发区的对外吸引力,有力地促进虹桥开发区的建设。

1987 年 6 月,市政府积极探索研究在市内试行"土地批租办法",将土地所有制与使用权分开,并计划在虹桥开发区进行试点,为上海城市基础建设筹措外汇资金开辟新途径。是年,虹桥开发区在全国率先建立由海关、商检、外税、银行、保险、邮政、运输、进出口代理等办事机构组成的"一站式"服务体系。

1988 年 3 月,市财政局下发《关于虹桥经济技术开发区新增加的财政收入免除上缴任务的实施办法通知》,明确从 1987 年起至 1991 年止,五年内其新增加的财政收入,留作开发区的开发建设资金,再次给予财政上的优惠政策。11 月 10 日,上海市第九届人民代表大会常务委员会第四次会议通过《上海市经济技术开发区条例》。

1989 年,为吸引外资,虹桥开发区在改善投资环境上下功夫,区内的"七通一平"与区外的大市政全部接通,以满足区内各项目施工和开业需求。在软硬件建设方面,一是为外商投资企业实行"一站服务"的开发区管理服务中心于 5 月 22 日开业。海关、进出口商检局、财政局、税务局、保险公司、速递公司、中国银行、工商银行、市内电话局、长途电信局、沪西供电所、煤气公司、自来水公司的分支派出机构全部进驻开发区办公,提供现场服务,区内的外商投资企业无需再为办理有关涉外经济活动的手续而到处奔波。二是简化项目审批手续。三是加快区内生活服务配套设施建设,虹桥花卉服务部、虹桥特种食品供应公司于年内相继开业。

1991 年,为营造独特的投资环境和商贸氛围,经市政府批准,上海市外贸和外资企业主管及审批机关市外经贸委、外资委迁入开发区,使外商投资环境进一步优化。1994 年,经过十年开发建设,虹桥开发区一幢幢现代化的高层建筑拔地而起,500 多家中外客来此安家落户,一个交通方便、环境优美、市政设施健全、投资环境优越、配套设施完善、商贸活动频繁、万商云集的商贸中心基本形成。

2001 年,为继续优化外商投资环境,虹桥开发区又先后设立上海市外国投资促进中心、对外投资促进中心、上海跨国采购促进中心等服务机构。按国际规范和市场需求,为投资商提供全方位、高效率、优质化的咨询服务,极大地方便中外客商在开发区投资经营,使虹桥开发区成为外商青睐的投资"热点"。

2007 年,虹桥开发区在吸引外资方面面临着来自经济开发区和上海其他商务区的双重竞争,在严峻复杂的形势面前积极打造开发区产业集群,筑巢引凤,实施招商选资策略,一方面积极引进会展策划、会展组织、保险、广告、设计等会展配套服务业,壮大会展业的实力;另一方面根据高成长性、高增值性以及互补共赢的原则,重点引入从事服务贸易和承接服务外包的企业或机构入驻,补充通信和信息服务等基础服务业,同时加强法律、咨询、代理等专业服务业,提高园区现代服务业的整体实力,以较高的集聚度和良好的投资环境吸引外资,从质和量两个方面推动开发区的招商引资工作迈上新台阶。

二、引进外资

虹桥开发区在建设初期面临资金缺口,7 000 万元的启动资金对虹桥开发区初创期建设只是杯水车薪。针对资金缺口,虹桥开发区以中外合资性质的虹联公司为主体进行开发建设,全国尚无先例。虹联公司充分利用国家无偿划拨土地、给予税收返还等优惠政策,直接面对国际、国内两个市场,灵活应用国际、国内两方面资源,成功引进外资,逐步进行滚动开发建设。高楼大厦的拔地而起、会展、商贸、办公、宾馆等服务业的蓬勃发展,形成现代服务业集聚发展的局面,外资对园区的开发建设起到积极作用。另外,外资的进入不仅带来先进的科学技术和管理理念,推动区域服务产业的现代化和高档化,而且也吸引大量的外资企业和外籍人士在开发区办公或居住,使得虹桥成为上海知名的高尚涉外区域,有效地推动区域品牌的形成。在促进商贸中心特色的形成方面,开发区通过利用外资建设 30 万平方米的展览展示场馆,会展业蓬勃发展,带动区内写字楼、宾馆酒店、餐饮娱乐等业态的繁荣,会展经济成为虹桥开发区服务业发展的一大特色。此外,领馆区的建设是虹桥开发区利用外资的又一种特殊形式。

1984 年年底前,虹桥开发区在引进外资方面签订的项目协议书或合同有:投资 1.5 亿美元的上海国际贸易中心,投资 4 300 万美元的上海唐桥大酒店,投资 6 000 万美元的上海太平洋大饭店,投资 2 960 万美元的虹桥宾馆,投资 3 000 万元的领事馆及办公综合大楼等项目。

1985—1992 年,虹桥开发区外资引进稳中有升。1985 年,虹桥开发区实际利用外资 730.9 万美元,引进外资项目 5 个。1986 年,虹桥开发区实际利用外资 886 万美元,引进外资项目 1 个。1987 年,虹桥开发区实际利用外资 1 255.7 万美元,引进外资项目 1 个。1988 年,虹桥开发区实际利用外资 3 433.2 万美元。

1989 年,虹桥开发区实际利用外资 9 206.4 万美元,引进外资项目 2 个。至 1989 年,虹桥开发区在引进外资上大致经历三个阶段:首先,引进外资进行市政基础设施的开发。经过批准,与港澳中银集团成立合资经营公司,合资公司的成立使建设资金增加 1 倍。这种发挥合资各方优势的做法,不仅有利于解决开发资金和外汇不足的困难,加快开发进度,而且有利于加强与海外客商的联系,增强公司的经营活力。第二,在加速开发区基础设施建设的同时,积极开展对外洽谈,引进外资项目。当时在开发区 11 个项目中,有 9 个项目为"三资企业",外资比例占合同总投资 50% 以上。在引进外资工作中,虹桥开发区坚持"讲信誉、讲服务、讲效率、讲效益",严格按照国家的政策和规定程序,重视依法办事,认真做好可行性分析,并注意发挥中方投资者优势,因此项目比较扎实,效果比较好。第三,20 世纪 80 年代中后期,由于国家压缩基建投资,控制楼宇项目的建设,使开发区的发展遇到困难。为寻求引进外资的新途径,虹联公司充分利用虹桥开发区地理位置优越、基础设施完善的优势,在市政府领导下,积极开展土地使用权有偿转让的试点工作。1988 年和 1989 年两次国际招标获得成功,进一步扩大虹桥开发区在海外的声誉,开拓引进外资的新渠道,使开发区获得新的生机。在两块出让的基地上成立两家外商独资企业,建设 3 幢楼宇,总投资额为 14 140 万美元。区内项目总投资额由原来的 4.82 亿美元增加为 6.2 亿美元,"三资项目"外商投资金额由 2.01 亿美元增加到 3.42 亿美元,成功探索出利用外资的新途径。1990 年,虹桥开发区实际利用外资 4 604.8 万美元,引进外资项目 1 个。1991 年,虹桥开发区实际利用外资 1 753.7 万美元。1992 年,虹桥开发区实际利用外资 5 879 万美元,引进外资项目 12 个。

1993—1998 年,外资引进出现高峰。1993 年,虹桥开发区实际利用外资 20 118.6 万美元,引进外资项目 26 个。1994 年,虹桥开发区实际利用外资 11 900.7 万美元,引进外资项目 10 个。1995 年,虹桥开发区实际利用外资 26 075 万美元,引进外资项目 13 个。已开发的土地,每平方米引进外资超过 2 000 美元。1996 年,虹桥开发区实际利用外资 29 885 万美元,引进外资项目 12 个。1997 年,虹桥开发区实际利用外资 64 635 万美元,引进外资项目 8 个。1998 年,虹桥开发区实际利用外资 29 128 万美元,引进外资项目 6 个。

1999 年,虹桥开发区实际利用外资 5 719 万美元,引进外资项目 2 个。1999 年以后,开发区土地基本用完,新建项目较少,开发区引进外资呈逐渐趋缓态势。

2000 年,虹桥开发区实际利用外资 7 303 万美元,引进外资项目 2 个。2001 年,虹桥开发区实际利用外资 3 827 万美元,引进外资项目 3 个。引进的外商投资项目累计有 100 余项,其中 1 000 万美元以上的项目 23 个,3 000 万美元以上的项目数 13 个。世界 500 强企业入区数 6 个。每平方米土地引进外资超过 3 000 美元,居全国经济技术开发区之首。2002 年,虹桥开发区实际利用外资

7 091 万美元,引进外资项目 4 个。

2003 年,虹桥开发区实际利用外资 9 134 万美元,引进外资项目 8 个。在开发区注册的 117 家企业中外商投资企业达 112 家。投资国别和地区涉及较广,其中港台地区占 49.27%,日本占 16.92%,新加坡占 9.90%,美国占 7.32%,荷兰占 6.07%,英国占 3.11%,韩国占 2.29%,泰国占 2.02%,澳大利亚占 0.81%,德国占 0.57%,瑞士占 0.47%,卢森堡占 0.12%。在开发区内设立公司或办事机构跨国公司有:美国 3M 公司、通用电器公司、喜来登集团、沃尔玛全球采购中心,英国零售巨头特易购集团,日本精工株式会社、东京海上火灾保险公司,泰国正大集团,芬兰诺基亚公司,瑞典爱立信公司,韩国 LG 集团等。

2004 年,虹桥开发区实际利用外资 1 985 万美元,引进外资项目 11 个。2005 年,虹桥开发区实际利用外资 1 974 万美元,引进外资项目 12 个。

2006 年,虹桥开发区实际利用外资 13 185 万美元。虹桥开发区新批准三资企业 14 个,投资额 500 万美元以上的企业有乐金商事(上海)贸易有限公司、大林组(上海)建设有限公司、康奈可(中国)投资有限公司、联迪恒星电子科技(上海)有限公司。实到外资金额 13 185 万美元。至 2006 年,开发区内实际利用外资总额达 26 亿美元,每平方米土地实际利用外资超过 4 000 美元。2007 年,虹桥开发区实际利用外资 7 172 万美元。

2008 年,随着上海市服务业的快速发展,虹桥开发区第三产业的外商投资企业也有较大的发展,主要集中在房地产业、租赁和商业服务业、批发和零售业、计算机服务和软件业、交通运输和仓储业。其中,房地产业 16 家、租赁和商业服务业(含投资性公司)20 家、批发和零售业 34 家、住宿和餐饮业 8 家。2008 年,虹桥开发区实际利用外资 6 856 万美元。2009 年,虹桥开发区实际利用外资 26 246 万美元。2010 年,虹桥开发区实际利用外资 7 768 万美元。

至 2010 年,虹桥开发区累计实际利用外资 30.78 亿美元,每平方米土地实际利用外资超过 4 000 美元,土地含金量极高;累计引进外资项目 139 个。入驻开发区的中外企业或机构共计 2 000 多家,外商投资企业占 95%,外资占 74.39%。开发区内的 25 项楼宇建筑,总投资达 13.42 亿美元,其中外商直接投资 7.88 亿美元。虹联公司通过利用外资,不断开发出功能各异、品质高档的楼

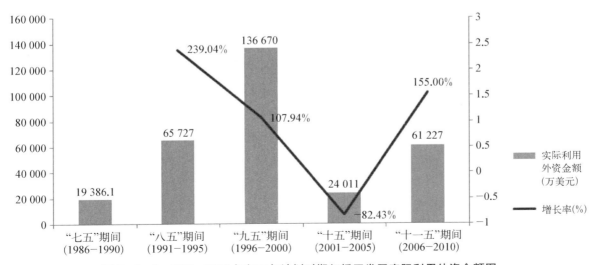

图 5 - 2 - 5　1986—2010 年各五年计划时期虹桥开发区实际利用外资金额图

资料来源:虹桥经济技术开发区提供

宇,将大量的展览、商贸、办公等商务活动集聚在区内,造就虹桥开发区楼宇的"三高"(高层次、高产出、高回报)特色。

表 5‑2‑7　1985—2010 年虹桥开发区实际利用外资及引进外资项目情况表

年　份	利用外资(万美元)	外资项目(个)	年　份	利用外资(万美元)	外资项目(个)
1985 年	730.9	5	1998 年	29 128	6
1986 年	886	1	1999 年	5 719	2
1987 年	1 255.7	1	2000 年	7 303	2
1988 年	3 433.2	—	2001 年	3 827	3
1989 年	9 206.4	2	2002 年	7 091	4
1990 年	4 604.8	1	2003 年	9 134	8
1991 年	1 753.7		2004 年	1 985	11
1992 年	5 879	12	2005 年	1 974	12
1993 年	20 118.6	26	2006 年	13 185	—
1994 年	11 900.7	10	2007 年	7 172	
1995 年	26 075	13	2008 年	6 856	
1996 年	29 885	12	2009 年	26 246	
1997 年	64 635	8	2010 年	7 768	—

资料来源:上海虹桥经济技术开发区联合发展有限公司提供

第五节　产业发展

一、经济规模

　　1985 年,虹桥开发区在改革开放的新形势下加快基础设施建设,进一步完善投资环境,大力引进外资,加快上马一批新项目,打开新区建设的新局面。全年实现营业收入 897.5 万元,实缴税金 11.2 万元,实现利润总额 606.3 万元,项目投资总额 48 393 万美元。1986 年,虹桥开发区全面贯彻上海"七五"计划要求,加强管理、狠抓配套、开拓经营、加速建设。全年实现营业收入 755.2 万元,实缴税金 47 万元,实现利润总额 858 万元,项目投资总额 3 000 万美元。1987 年,虹桥开发区按照市政府关于"要加快闵行、虹桥两个经济技术开发区的建设"的指示精神,以理顺管理体制为重点,抓紧制订经济技术开发区的管理条例,扩大自主权,改进对外服务,并继续完善基础设施的配套工作。全年实现营业收入 848.6 万元,实缴税金 178.6 万元,实现利润总额 1 113.7 万元,项目投资总额 2 310 万美元。1988 年,虹桥开发区在市外资委的领导组织下,积极开展区内"一站服务"。进驻开发区现场办公的除外税、商检外,还有上水、供电、煤气、电信等公司,为企业提供现场服务。全年实现营业收入 6 106 万元,实缴税金 574.3 万元,实现利润总额 5 236.4 万元。1989 年,虹桥开发区进一步发挥以外贸为特征的开发区功能,积极引进外资,开辟对外贸易渠道,调整局部规划。全年实现营业收入 4 345 万元,实缴税金 484.1 万元,实现利润总额 2 932.1 万元,项目投资总额 18 100 万美元。

1990 年,虹桥开发区积极贯彻中央治理整顿、深化改革,进一步扩大对外开放的方针,克服大环境的不利影响。全年实现营业收入 7 434 万元,实缴税金 921 万元,实现利润总额 1 340 万元,项目投资总额 250 万美元。1991 年,虹桥开发区面对引进项目困难、开业项目客源不足、出租率低、经营亏损、整体效益差等诸多不利因素,齐心协力、振奋精神、努力工作、走出困境。全年实现营业收入 17 729.5 万元,实缴税金 1 389.2 万元,实现利润总额 −12 524.6 万元。1992 年,虹桥开发区经济由低谷逐步走向良性循环,内外贸活动蓬勃开展,土地批租、楼房出租出售形势看好,一批在建项目相继竣工开业,一批新签约项目接连开工。虹桥开发区实现由单一的土地开发向多元化经营的重要转折。全年实现营业收入 63 669.5 万元,实缴税金 3 145.6 万元,实现利润总额 8 544 万元,项目投资总额 8 197 万美元。1993 年,虹桥开发区商贸活动日益繁荣,以外贸中心为特征的功能日趋显现,开发区又迎来第二次外商投资热潮,项目开发和建设高潮迭起,经济回暖上升。全年实现营业收入 116 223.5 万元,实缴税金 6 164.1 万元,实现利润总额 18 606.5 万元,项目投资总额 33 723.5 万美元。1994 年,虹桥开发区根据上海要实现"一年一个样,三年大变样"目标要求,坚持以发展房地产业为主、发展多种经营为辅,坚持以区内建设为主、区外发展为辅的方针,在填平补齐区内项目的同时,积极探索向外发展的新途径。全年实现营业收入 228 267.9 万元,实缴税金 11 270.7 万元,实现利润总额 33 289.2 万元,项目投资总额 38 105 万美元。

1995 年,虹桥开发区实现营业收入 331 799.9 万元,实缴税金 15 741.8 万元,实现利润总额 37 525.6 万元,项目投资总额 5 551.3 万美元。1996 年,虹桥开发区实现营业收入 386 034.8 万元,实缴税金 19 560.3 万元,实现利润总额 39 351 万元,项目投资总额 26 755 万美元。

1997 年,虹桥开发区外资引进有突破,项目开发有成果,工程建设有进展,区域面貌有改观、经济效益有提高,投资管理有规范。全年实现营业收入 589 072.3 万元,实缴税金 32 570 万元,实现利润总额 58 181.7 万元,项目投资总额 30 763 万美元。1998 年,东南亚国家的一些办公机构因金融危机搬离,一些外资银行因政策规定纷纷迁至浦东,中央给予沿海 14 个经济技术开发区的优惠政策到期,在客观原因造成的这些困难面前,虹桥开发区抓机遇迎挑战,开发、经营、管理齐头并进,实现开发区经济持续、稳定、健康发展。全年实现营业收入 471 936.7 万元,实缴税金 37 070.7 万元,实现利润总额 30 186 万元,项目投资总额 27 888 万美元。1999 年,虹桥开发区实现营业收入 423 843.7 万元,实缴税金 23 257.6 万元,实现利润总额 285.9 万元,项目投资总额 6 607 万美元。

2000 年,虹桥开发区实现营业收入 330 676 万元,实缴税金 17 650 万元,实现利润总额 26 562 万元,项目投资总额 7 346 万美元。2001 年,虹桥开发区贯彻实施"立足虹桥、完善虹桥、走出虹桥、发展虹桥"的二次创业发展方针,在投资经营管理、房地产开发建设、开发区市容市貌整治、向外拓展参与市政府新一轮市政基础设施建设等方面取得良好业绩,为开发区第二次创业打下良好的基础。全年实现营业收入 398 905 万元,实缴税金 21 112 万元,实现利润总额 32 693 万元,项目投资总额 3 863 万美元。2002 年,虹桥开发区在对外拓展、体制改革、内部管理、企业活力方面均有新的增强,有力地促进开发区经济的进一步繁荣。全年实现营业收入 330 676 万元,实缴税金 27 725 万元,实现利润总额 33 598 万元,项目投资总额 9 242 万美元。2003 年,虹桥开发区面对"非典"疫情、罕见高温和主业面临激烈的行业竞争等多重挑战,克服困难,取得好于预期的绩效。全年实现营业收入 470 108 万元,实缴税金 30 110 万元,实现利润总额 67 680 万元,项目投资总额 11 607 万美元。2004 年,虹桥开发区主抓经营管理讲创新,投资管理讲效益,资金管理讲监控,环境管理讲品质,基础管理讲规范,目标管理讲落实,继续保持经济效益和社会效益同步增长、物质文明和精神文明同步推进、区内区外联动发展的良好态势。全年实现营业收入 533 639 万元,实缴税金 33 877 万元,实现利润总额 800 031 万元,项目投资总额 1 754 万美元。

2005 年,虹桥开发区以"抓落实、求实效"为主题,突出内部控制和对外拓展两个重点,上下协力同心,扎扎实实工作,实现区内区外、主业副业、经济社会、物质精神等方面的共同发展。全年实现营业收入 725 109 万元,实缴税金 48 479 万元,实现利润总额 92 668 万元,项目投资总额 12 002 万美元。2006 年,虹桥开发区继续保持经济工作全面、协调、可持续发展。全年实现营业收入 747 368 万元,实缴税金 46 419 万元,实现利润总额 99 696 万元,项目投资总额 31 568 万美元。2007 年,虹桥开发区实现营业收入 993 889 万元,实缴税金 64 948 万元,实现利润总额 91 720 万元,项目投资总额 13 583 万美元。2008 年,虹桥开发区面对全球金融危机的影响和严峻复杂的经济形势,坚持以"稳健发展、文明和谐"为基调,团结一致扎实工作,同心同德克服困难,超额完成董事会确定的年度目标。全年实现营业收入 919 372 万元,实缴税金 59 309 万元,实现利润总额 71 245 万元,项目投资总额 8 657 万美元。2009 年,虹桥开发区积极应对经济形势变化,努力化解不利因素,保持经济稳健发展的良好态势,全年实现营业收入 680 147 万元,实缴税金 50 885 万元,实现利润总额 27 547 万元,项目投资总额 24 598 万美元。

2010 年,虹桥开发区坚持稳定、协调、持续、务实的发展基调,凝心聚力,真抓实干,各项工作有序有效地推进,经济效益延续向上攀升、向前迈进的健康发展势头。全年实现营业收入 961 337 万元,实缴税金 90 005 万元,实现利润总额 123 347 万元,项目投资总额 8 118 万美元。

至 2010 年,虹桥开发区累计实现营业收入 992.25 亿元,累计实缴税金 64.29 亿元,累计实现利润 169.23 亿元,项目投资累计 38.20 亿美元,其中合同外资 30.10 亿美元。在商贸服务业发展的带动下,虹桥开发区在不到 1 平方公里的空间内,实现经济效益的最大化,为上海经济社会发展作出重要贡献。

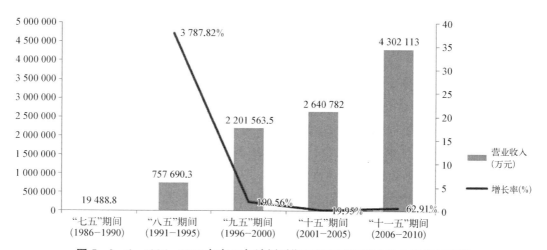

图 5 - 2 - 6   1986—2010 年各五年计划时期虹桥开发区营业收入及增长率图

资料来源:虹桥经济技术开发区提供

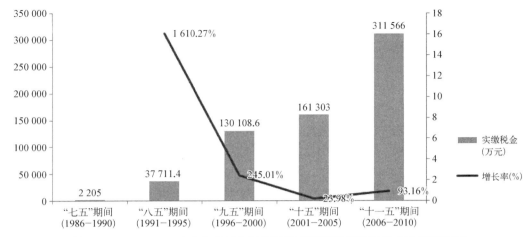

图 5 - 2 - 7 1986—2010 年各五年计划时期虹桥开发区实缴税金及增长率图

资料来源：虹桥经济技术开发区提供

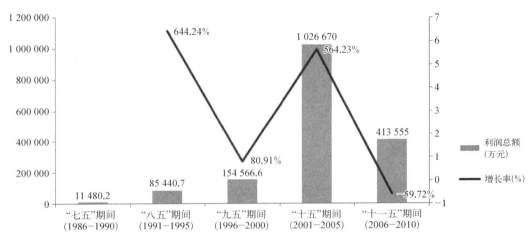

图 5 - 2 - 8 1986—2010 年各五年计划时期虹桥开发区利润总额及增长率图

资料来源：虹桥经济技术开发区提供

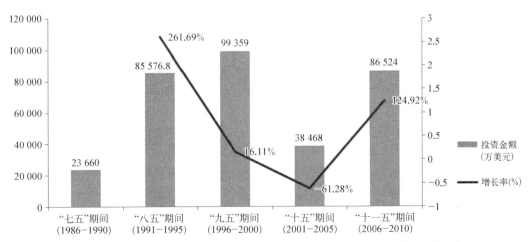

图 5 - 2 - 9 1986—2010 年各五年计划时期虹桥开发区项目投资金额及增长率图

资料来源：虹桥经济技术开发区提供

表 5 - 2 - 8　1985—2010 年虹桥开发区主要经济指标情况表

年　份	营业收入（万元）	实缴税金（万元）	利润总额（万元）	批准项目总投资额(万美元)	
				总投资额	其中：合同外资
1985 年	897.5	11.2	606.3	48 393	18 792.1
1986 年	755.2	47	858	3 000	1 500
1987 年	848.6	178.6	1 113.7	2 310	577.5
1988 年	6 106	574.3	5 236.4	0	0
1989 年	4 345	484.1	2 932.1	18 100	18 100
1990 年	7 434	921	1 340	250	143.8
1991 年	17 729.5	1 389.2	—12 524.6	0	0
1992 年	63 669.5	3 145.6	8 544	8 197	11 994.3
1993 年	116 223.5	6 164.1	18 606.5	33 723.5	32 145.4
1994 年	228 267.9	11 270.7	33 289.2	38 105.0	29 159
1995 年	331 799.9	15 741.8	37 525.6	5 551.3	5 016.5
1996 年	386 034.8	19 560.3	39 351	26 755	26 491
1997 年	589 072.3	32 570	58 181.7	30 763	24 585
1998 年	471 936.7	37 070.7	30 186	27 888	27 598
1999 年	423 843.7	23 257.6	285.9	6 607	4 397
2000 年	330 676	17 650	26 562	7 346	7 338
2001 年	398 905	21 112	32 693	3 863	2 058
2002 年	513 021	27 725	33 598	9 242	9 070
2003 年	470 108	30 110	67 680	11 607	11 424
2004 年	533 639	33 877	800 031	1 754	989
2005 年	725 109	48 479	92 668	12 002	6 470
2006 年	747 368	46 419	99 696	31 568	16 200
2007 年	993 889	64 948	91 720	13 583	6 622
2008 年	919 372	59 309	71 245	8 657	8 125
2009 年	680 147	50 885	27 547	24 598	24 387
2010 年	961 337	90 005	123 347	8 118	7 831

资料来源：上海虹桥经济技术开发区联合发展有限公司提供

二、产业集聚

虹桥开发区是一个现代服务业集聚的开发区,经过 20 多年的开发建设,开发区从原来荒僻的城乡结合部"马家角"发展成为一个万商云集、充满活力的现代商贸区,形成以贸易业为主体,以物流业、商务服务业、房地产业、制造业、信息服务业以及其他服务业为补充的服务业集聚发展局面,走出一条具有虹桥特色的发展之路。虹桥开发区的繁荣发展,催生了"虹桥"这个具有特殊内涵的地域性品牌。进入 21 世纪,虹桥开发区深度挖掘品牌内涵,提升品牌效应,吸引更为优质的世界 500 强企业和跨国公司。

2007 年,虹桥开发区内入驻的 885 家法人企业中,服务业占 863 家,制造业企业只有 22 家。在服务业中,贸易企业达 471 家,物流、商务服务、房地产、信息服务等服务产业的企业数共 392 家。

2007 年,虹桥开发区内从业总人数为 24 613 人,其中服务业从业人数 21 638 人,制造业 2 975 人;在服务业中,贸易业从业人数为 9 042 人,占区内从业总人数比重最高。

2007 年,虹桥开发区企业实现营业收入 438 亿元,其中服务业实现营业收入 419 亿元,占 96%。服务业中,贸易业

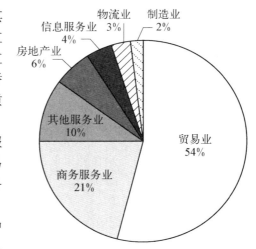

图 5‑2‑10　2007 年虹桥开发区内企业
按产业所占比重图

资料来源:虹桥经济技术开发区提供

实现营业收入 346 亿元,物流、商务服务、房地产、信息服务等服务产业合计实现营业收入 73 亿元。

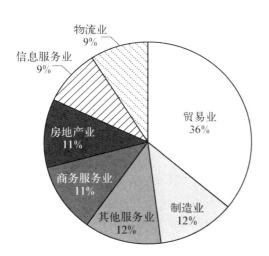

图 5‑2‑11　2007 年虹桥开发区内产业人数
按产业所占比重图

资料来源:虹桥经济技术开发区提供

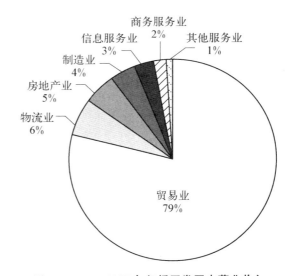

图 5‑2‑12　2007 年虹桥开发区内营业收入
按产业构成比重图

资料来源:虹桥经济技术开发区提供

虹桥开发区是上海三大会展业集聚区之一,开发区每年举办汽车零部件、创意产业等国际精品展览会 100 多场,每年参展的客商超过 100 万人次。国际常年展示中心则汇集服装面料家纺、礼品百货及建材家具三大产业的近千家优秀供应商。经测算,会展业的带动性很强,其直接投入产出比为 1∶6,间接的可达 1∶9。会展活动的繁荣,为贸易业在区内的集聚和发展创造了良好的交易平台,会展繁荣带动产业集聚,在开发区的经济发展中,发挥了不可替代的作用。

虹桥开发区是上海六大中央商务区之一,集中的楼宇体现了都市风貌,美化了区域环境,充分展现了现代服务业集聚区的风采。区内已建成的 25 个楼宇项目,高级宾馆客房利用率常年保持在

85%以上,高档涉外写字楼常年出租率达到90%以上,有1700多家中外企业入驻,中外员工逾2万人。高楼林立的商务办公区,留住了数以千计的中外商户,在这些企业中不乏英特尔、3M等世界500强企业的中国区总部,还有重机(中国)投资有限公司、康奈可(中国)投资有限公司等知名跨国投资企业,形成了特色明显的服务产业集群,楼宇经济带动产业集聚。

虹桥开发区是全国唯一设有领事馆的开发区。上海有50%外交官的官邸、1/3的领事馆、1/3的境外人士入驻生活在虹桥地区。领馆的设立以及外事活动的频繁,一方面增强了开发区的外向性,促进了区内服务企业中外资比例的提高,提升了开发区的品位形象和产业层次;另一方面有效地吸引了领馆母国企业在开发区的集聚,区内入驻企业中,港台地区占48%、日本占17%、新加坡占10%、欧洲地区占10%、美国占7%、其他亚太地区国家占7%。领馆集中也带动产业集聚,加快开发区产业集群的效率。

2008年,又有一批国际知名企业在虹桥开发地区设立总部、公司或代表处。与此同时,虹桥开发区进一步做好品牌延伸工作,采用多种方式扩大"虹桥"品牌对周边和长三角地区的带动力和辐射作用,以资金、技术、人才、信息的高度集聚,带动和促进周边地区的快速发展。2009年,虹联公司所在地长宁区依托虹桥开发区产生的国际商贸辐射效应和虹桥品牌效应,大力发展现代服务业和商贸业,将现代服务业发展成长宁区第一支柱产业。

至2010年,虹桥商贸区拓展到5平方公里~6平方公里范围,构建两纵(娄山关路、遵义路)两横(天山路、仙霞路)错位发展的"井"字形商业框架,形成南北梯度的商业布局。凭借良好的品牌效应,虹桥商贸区成功吸引众多国际知名集团的投资,如法国LVWH集团建造的LV大厦、印尼金光集团建造的金虹桥国际中心等。一个环新虹桥中心花园,以虹桥上海城购物中心、虹桥百盛、万都中心、虹桥友谊商城、吉盛伟邦虹桥店、鸿鑫时尚广场、汇金百货虹桥店、虹桥天都、长房国际、黄金城道商铺、古北国际财富中心、东银商务中心、尚佳中心、高岛屋、久光百货、巴黎春天虹桥店等众多中高端商厦云集,景观优美、品牌高雅的奢侈品集聚区形成,虹桥商圈成为上海国际消费的新地标。

第六节　联动发展

经过20多年的发展,虹桥开发区成为全国唯一以外贸中心为特征、兼具旅游居住和外事活动功能的国家级经济技术开发区,但是由于区内土地面积较小且开发完毕,再无发展空间,虹联公司从事区域性土地综合开发的核心优势和实力优势很难在区内得到充分的发挥,虹桥开发区亟需拓展发展空间。为此,21世纪初虹联公司提出"立足虹桥、完善虹桥、走出虹桥、发展虹桥"的发展战略,开始"二次创业"。

2003年,虹联公司积极参与汽车城产业基地开发的筹备工作,完成产业基地开发和产业定位策划报告,策划制作产业基地招商资料和招商说明手册,在区政府带领下组团赴日本举办招商推介会等。从2003年起,虹联公司与嘉定区政府开始探索合作在国际汽车城建立虹桥开发区汽车产业园区。

2004年,商务部复函,对上海闵行、虹桥开发区扩大建设用地范围问题给予积极支持,要求上海根据城市发展总体规划和土地利用规划提出方案上报国务院。后由中国开发区协会牵头、汇总中央相关部委意见所形成的《上海虹桥开发区扩区发展研究报告》指出:上海虹桥开发区的扩区发展,对于扶持国家级开发区做大做强具有重要的探索意义,是国家清理整顿各类开发区后,扶持前景好的国家级开发区做大做强,得到有序、健康发展的一个"试验田"。6月8日,虹联公司向市建委报送关于虹桥开发区异地扩区发展的请示。10月27日,嘉定区人民政府向市建委发函,明确表示支持上海虹桥经济技术开发区在上海国际汽车城备用地内异地扩区。11月3日,市建委领导及相关处室召开会议听取虹桥扩区工作的专题汇报,原则上同意虹桥扩区方案,虹桥的扩区工作可以进入实质性启动阶段。11月15日,虹联公司于发文《关于上海虹桥经济技术开发区在嘉定"扩区发展"的请示》,向市建委正式提出"扩区发展"申请。

2005年1月18日,虹联公司向上海市房屋土地资源管理局提出关于上海虹桥经济技术开发区选址嘉定扩大规划用地范围的请示。1月27日、3月22日、9月27日,市房地资源局、市规划局先后批复同意嘉定区外冈镇土地利用总体规划进行局部调整,将区内一块面积为9.5平方公里的农田、建设用地等调整为城镇工业用地,用于虹桥经济开发区扩用地。3月10日,虹联公司成立扩区工作小组和扩区项目筹备小组,负责扩区工作的推进实施。3月18日,上海虹桥经济技术开发区联合发展有限公司、嘉定区政府双方签署合作开发"上海虹桥经济技术开发区汽车产业园"框架性协议书。5月12日,虹联公司董事会审议通过虹桥开发区扩区方案。

2005年6月22日,上海市发展和改革委员会会同市建委、市外经贸委、市经委、市规划局、市房地资源局、市环保局、嘉定区政府、虹桥经济技术开发区等有关单位就虹桥开发区在嘉定区扩区事宜进行专题研究。6月,市外经贸委与嘉定区、虹桥开发区领导赴京向商务部外资司和国土资源部作了汇报。外资司司长和开发区处处长分别到国际汽车城实地进行考察并听取虹桥开发区的汇报,均对扩区表示支持。商务部领导在不同场合都有过完全同意虹桥开发区到嘉定扩区的明确表态,并催促抓紧上报。

2005年7月,虹桥开发区扩区申请由市政府报送至国务院,并获批准。虹桥开发区汽车产业园区用地范围:东起吴塘—石泥泾路—嘉松北路,南至新松公路,西至500千伏高压线绿化带控制线、顾浦河,北临陆泾路。规划用地约9.5平方公里,其中工业用地约7平方公里。总投资约28.5亿元,注册资本3亿元。产业定位为汽车零部件制造、汽车清洁能源及清洁能源汽车的研发和制造,创建国家级汽车零部件出口基地,配套发展现代物流等汽车服务业。至此,虹桥开发区汽车产业园区建设正式启动,为虹联公司走出虹桥实施"二次创业"奠定坚实的基础。

第三章　漕河泾新兴技术开发区

　　漕河泾新兴技术开发区是上海最早筹建的开发区之一,也是全国首批国家级经济技术开发区之一、首批国家级高新技术产业开发区,成为上海乃至全国改革开放的试验田之一。其位于上海市区西南部的徐汇区、闵行区范围内,规划面积5.98平方公里:东起桂林路(含路东的上海通讯设备厂)、西到虹梅路及路西的1.6平方公里备用地、北临蒲汇塘、南到漕宝路(含路南生物工程中试基地)。

　　漕河泾新兴技术开发区源起于20世纪50年代的漕河泾地区仪表电子工业区。1986年1月,市政府正式批准建立的漕河泾微电子工业区。1988年6月7日,国务院批准成立上海漕河泾新兴技术开发区,它也成为继虹桥、闵行开发区后上海最早的首批国家级经济技术开发区之一。1991年3月6日,漕河泾新兴技术开发区获批成为首批国家级高新技术产业开发区。

　　1992年1月17日,中共中央总书记江泽民视察开发区内的上海贝岭微电子制造有限公司,题写"发挥上海科技优势,加速微电子产业的发展"。2月10日,邓小平在杨尚昆和中共上海市委书记吴邦国、市长黄菊的陪同下,视察漕河泾开发区的上海贝岭微电子公司。在视察超净化车间时,邓小平指着贝岭公司引进的先进设备问:"你们看,这些设备是姓'资'还是姓'社'?"周围的同志都回答:"姓'社'。"邓小平点着头,意味深长地说:"他们姓'社'。资本主义国家的设备、技术、管理,拿来为我们社会主义所用,那就姓'社'了。"

　　2002年,市政府决定,漕河泾开发区在闵行区浦江镇扩区建设高科技园区,并报国务院批准。浦江高科技园位于浦江镇的北部,规划范围为:西至浦星路,东至万芳路,南临沈庄塘,北靠中心河,面积约8.3平方公里。至此,漕河泾新兴技术开发区形成徐汇区本部开发区与闵行浦江镇高科技园的"一区一园"格局。漕河泾开发区规划总面积达14.28平方公里。2003年3月,国务院批转海关总署同意在浦江高科技园内设立"漕河泾出口加工区",规划面积2.9平方公里,2004年3月1日封关运行。漕河泾开发区是集国家级高新技术产业开发、经济技术开发区和出口加工区"三区于一体"。

　　2007年9月6日,中共上海市委书记习近平在市领导冯国勤、丁薛祥等的陪同下,视察漕河泾开发区。10月1日,中共中央总书记、国家主席、中央军委主席胡锦涛在中共上海市委书记习近平、市长韩正的陪同下,视察漕河泾开发区内的中国航空无线电电子研究所。

　　从20世纪50年代起,开发区的成长,始终与电子类新兴技术产业相关联。从仪表电子产业起步,到微电子产业集聚,再发展到信息产业阶段。信息产业是开发区内跨国公司最集中、项目集聚度和关联度最高的支柱产业。2010年,开发区信息产业工业总产值947.4亿元,占开发区总产值75.6%,销售收入1 246.00亿元,占开发区销售收入56.9%,出口总额110.9亿元,占开发区出口总额87.1%。以信息产业为主导,与生物医药、高端装备、新材料、环保及新能源、汽车研发配套五大重点产业组成开发区高新技术产业集群。

　　自1988年开始,先后开辟科技创业村、科工贸商业街。1996年10月,开发区成立上海漕河泾开发区科技创业中心。漕河泾创业中心成为培育创新创业、推动科技成果转化的公共服务平台。1997年,被宣布为对APEC成员国开放的国际科技企业孵化器,在上海市2006年度全市24家创业中心考评工作中获得 A 级(最高级),2007 年获得上海"优秀孵化器"称号,又先后被科学技术部评为"国家级高新技术创业中心""国家高新区先进孵化服务机构",被科学技术部与联合国开发计划署(UNDP)共同认定为"国际企业孵化器"。

21 世纪初,开发区大力发展现代服务业。现代服务业收入占总收入的比重,从 2005 年 11.3%增至 2010 年 37.0%。研发设计、技术服务、物流、销售、采购、专业培训、信息软件等制造业配套的生产性服务项目占开发区每年引进项目总数的 80% 以上,世界 500 强企业的研发中心纷纷进入。信息服务、金融服务、物流服务、科技服务、商务服务业态初具规模。生产性服务业与服务外包业的两翼,构筑起漕河泾开发区现代服务业的基础。

2000 年,启动以"三大园区"(双优园区、数字园区、国际园区)为标志的新一轮投资环境建设。2001 年 11 月,开发区总公司通过 ISO 9001 质量体系认证,2002 年 9 月,开发区通过 ISO 14001 环境管理体系认证。2003 年 8 月,开发区通过国家环保总局验收,被授予 ISO 14000 国家示范区称号。2005 年 12 月,开发区通过上海市信息化委员会企业信息化园区示范工程试点验收。2010 年 7 月 28 日,漕河泾开发区"公共区域 WIFI 无线光网覆盖"开通,成为上海首个实现公共区域 WIF 无线全覆盖的国家级开发区。2002 年开始规划建设的科技绿洲园区,采用与外资合资合作开发模式,是具有国际化视野的科技"园中园",成为开发区建设国际园区的样板。2010 年 9 月 20 日,漕河泾开发区被环境保护部、商务部、科学技术部批准创建国家生态工业园区。"三大园区"建设逐步向生态园区、智慧园区和国际园区演进。

经过 20 多年的发展,漕河泾开发区在推动上海乃至全国的高新技术产业和现代服务业发展方面发挥了"窗口、示范、辐射、带动"作用。漕河泾开发区是全国第一个微电子工业园区(1986 年)、第一批国家级经济技术开发区(1988 年)、第一批国家级高科技产业开发区(1991 年)、国内最早的国际科学园区(IASP)协会 A 类成员(1992 年),开发区创业中心被国家科学技术委员会和联合国UPDN 认定为国内首批国际企业孵化器单位(1997 年)、海关总署第一本电子通关账册的诞生地(2002 年)、国家授予的 ISO 14000 国家示范区(2003 年)。

第一节　开发区创建

一、漕河泾仪表电子工业区

漕河泾工业区 1956 年始建,以漕河泾镇为名,位于上海市区西南部徐汇区内的上沃塘以东区域,周围与虹桥、梅陇等乡镇毗邻。1956—1957 年,第一机械工业部与上海市人民委员会拟定上海仪器仪表工业发展规划,选定漕河泾地区为上海仪表工业区。1957 年 4 月,市人委根据全市工业布局的调整和发展新兴仪表电子工业的战略方向,正式决定把漕河泾地区作为仪表电子工业区。而后,在该地区建立上海仪表厂等一批仪表电子企业,上海市区部分电子、仪表工厂陆续迁往漕河泾。1958 年起,在上海市经济改组中,漕河泾区域部分轻工、纺织工厂经过改造、转产,改建为仪表电子企业。

经过 1956 年至 1984 年 28 年的发展,漕河泾仪表电子工业区占有工业用地 56.57 公顷,企业35 家,其中千人以上的工厂有:新跃仪表厂、复旦电容器厂、半导体器件廿厂、上海仪表厂、上海录音器材厂、上海分析仪器厂、上海电视机一厂等。初步建成一个具有电子通信、电子组件、仪器仪表、电视等行业的仪表工业区。新增设一批科研设计单位,如冶金所二部、电子工业部 21 所、8250

所、1932 所、华东地区计量测试中心、激光研究所等。

二、漕河泾微电子工业区

1984 年 3 月 25 日,市长汪道涵在上海市第八届第二次人民代表大会上的《政府工作报告》中提出:"以微电子技术为突破口,加快新兴产业的形成和发展,要尽快在漕河泾地区建设成微电子工业区。"7 月 2 日,市长汪道涵主持召开市长办公会,专题研究漕河泾微电子工业区建设筹备工作,确定组织规划、建设和有关区、县及部门,设立漕河泾微电子工业区规划领导小组和开发公司。11 月 15 日,市经委、市科委联合上报市政府《关于漕河泾微电子工业区开发规划和有关政策的几点意见》,提出利用外资引进先进技术,以微电子技术为突破口,开拓新兴工业,并积极创造条件,把漕河泾地区发展成为国际转口贸易的基地。11 月 16 日,市政府批准成立上海市漕河泾微电子工业区开发公司。12 月 4 日,市政府召开漕河泾微电子工业区规划领导小组第一次会议,漕河泾微电子工业区规划领导小组成立。

1985 年 1 月 17 日,市政府批转市经委、市科委《关于漕河泾微电子工业区开发规划和有关政策的几点意见》,提出"要把微电子工业作为上海的领航工业之一,并以此为突破口,引进先进技术,不断开拓新兴的生产和应用领域,这是上海经济发展的一个主要战略目标。为此,市人民政府决定建立漕河泾微电子工业区,加快微电子生产技术的发展,为各行各业的技术改造提供现代手段。这是为振兴上海积蓄后劲的战略措施之一"。

1986 年 1 月,市政府批准微电子工业区总体规划。9 月 26 日,漕河泾微电子工业区举行开工典礼。至此,漕河泾微电子工业区作为上海市发展新兴产业的重要工业基地正式建立。漕河泾微电子工业区以上澳塘为界,主要位于上澳塘以西区域,东起虹漕路上沃塘,西至虹梅路,北靠蒲汇塘,南临漕宝路,占地 1.7 平方公里。

三、漕河泾新兴技术开发区

【漕河泾新兴技术开发区】

1985 年,国家科学技术委员会向国务院提出在中国某些有条件的省市地区试办高技术工业园区的建议,获得国务院的支持。随之,市政府酝酿筹建上海新兴技术开发区的工作正式提上政府工作的议事日程。

1986 年 10 月 25 日,上海市漕河泾微电子工业区开发公司专题上报市外经贸委并报市政府,提出拟把上海市漕河泾微电子工业区划为经济技术开发区,并以立法的方式明确进区企业享有和国内经济技术开发区同等甚至更加优惠的政策待遇。

1987 年,市科委组织开展上海高技术开发区发展规划的研究,向市政府建议:把原上海漕河泾微电子工业区改名为上海市漕河泾新兴技术开发区;把原漕河泾微电子工业区约 1.7 平方公里地域扩大到 5 平方公里;由市政府向国务院申请上海漕河泾新兴技术开发区享受经济技术开发区的优惠政策。

1988 年 2 月 20 日,市政府经市长会议研究,通过《关于上海漕河泾新兴技术开发区列入经济技术开发区的请示》。2 月 22 日,向国务院申请在漕河泾微电子工业区 1.7 平方公里地域基础上扩大到 5 平方公里,建立上海新兴技术开发区,享受经济技术开发区的优惠政策。6 月 7 日,国务院正式批准成立上海漕河泾新兴技术开发区,并执行国务院关于沿海城市经济技术开发区的各项政策规定。7月,市政府同意把上海市漕河泾微电子工业区开发公司更名为上海市漕河泾新兴技术开发区发展总公司,由开发区总公司统一负责开发区的建设和经营管理等各项工作。至此,上海市漕河泾新兴技术开发区正式成立。开发区由漕河泾工业区和漕河泾微电子工业区、生物工程基地及新增规划的1.6平方公里备用地结合而成,规划面积5.98平方公里。它东起桂林路(含路东的上海通讯设备厂),西到虹梅路及路西的1.6平方公里备用地,北临蒲汇塘,南到漕宝路(含路南生物工程中试基地)。开发区的主要任务是利用外资,引进国外先进技术,兴办新兴技术产业。

1989年9月26日,开发区总公司举办开发区管理服务中心大楼落成典礼。1991年3月6日,国务院批准上海漕河泾新兴技术开发区为国家高新技术产业开发区,并享受国家级高新技术产业开发区的有关政策规定。2000年,漕河泾新兴技术开发区被科学技术部批准为高新技术出口基地,出口产品主要涉及大规模集成电路、光通信设备、计算机软件和电子元器件等。

【漕河泾开发区浦江高科技园】

随着漕河泾新兴技术开发区的不断发展,国务院原批准的5.98平方公里土地基本开发完毕,后续发展受到制约。2002年,市政府决定,漕河泾开发区在闵行区浦江镇扩区建设高科技园区,定名为漕河泾开发区浦江高科技园,并报国务院批准。2003年4月4日,浦江高科技园结构规划方案评审会议召开。5月26日,市规划局批准浦江高科技园结构规划和出口加工区的总体规划。9月28日,浦江高科技园与闵行区政府、闵行区浦江镇人民政府全面合作签约。12月16日浦江高科技园国际方案征集最终成果评审会在漕河泾兴园宾馆召开,美国SOM建筑设计事务所方案中标。

2004年7月7日,商务部、国土资源部、建设部下文《关于扩大漕河泾新兴技术开发区规划范围的复函》,同意把漕河泾新兴技术开发区规划面积增加8.3平方公里,其中7平方公里为产业区,用于发展信息技术产业,其余为综合配套区。扩区四至范围为:西起浦星路,东至万芳路,南临沈庄塘,北延中心河。

由浦西向浦东发展,建立浦江高科技园,是漕河泾开发区实现跨区域开发建设的重要举措,形成徐汇区域的开发区与闵行浦江镇高科技园"一区一园"新格局,为开拓科技产业发展空间、丰富开发区建设内涵、提升环境发展水平创造了基础条件。

【漕河泾出口加工区】

2003年3月,国务院批转海关总署同意在浦江高科技园内设立漕河泾出口加工区,规划面积2.9平方公里。2003年11月23日,出口加工区通过国家八部委的联合验收,2004年3月1日正式封关运行。

第二节　管理机制

一、人大立法

1987年3月,市科委在给市政府《上海高技术开发区研究(总报告)》中提出,为把漕河泾高技术开发区办成一个高效率的、管理先进的机构,以适应高技术的发展,必须对管理上存在两个机构(一是漕河泾微电子工业区开发公司,属市经委领导;一是中国科学院上海生物工程基地,属中科院领导)、经营管理自主权过小、项目审批程序繁琐等弊端进行改革,给漕河泾高技术区以更大的权力,并参照国外经验,高技术区必须专门立法。

1987年10月30日,上海市漕河泾微电子工业区开发公司向市科委上报《汇报微电子工业区建设情况及建立高技术孵化器的要求》中,呼吁市政府应尽快进行高技术区的立法工作。11月20日,召开有关高科技区立法起草工作会议,决定成立由市人大财经委、市经委、市计委、市科委等有关委办和漕河泾微电子工业区开发公司组成的立法起草小组,要求立法起草小组在1988年3—4月份以前,完成"立法草案"的编制,报市人大审议批准。

1989年5月14日,市长朱镕基签发《上海市漕河泾新兴技术开发区暂行条例(草案)》,并报上海市第九届人民代表大会常务委员会审议。8月8日,上海市第九届人民代表大会常务委员会第10次会议听取关于《上海市漕河泾新兴技术开发区暂行条例(草案)》的说明。1990年4月8日,上海市第九届人民代表大会常务委员会第17次会议审议通过《上海市漕河泾新兴技术开发区暂行条例》。这是全国第一部以立法形式明确高新技术产业开发区主要任务、管理体制、开发基金、优惠政策、人才管理及环境保护等内容的高新技术产业开发区地方法规。

二、管理机构

【上海市漕河泾微电子工业区开发公司】

1984年10月23日,市经委根据市长汪道涵在上海市第八届第二次人民代表大会《政府工作报告》中关于尽快在漕河泾地区建成微电子工业区的精神,向市政府上报《关于建立〈上海市漕河泾微电子工业区开发公司〉的几个问题的请示报告》,包括公司名称、性质、任务及注册资本等方面内容。11月16日,市政府批复同意成立上海市漕河泾微电子工业区开发公司。

1985年4月3日,市经委发文明确市政府同意成立上海市漕河泾微电子工业区开发公司。公司为独立经营、自负盈亏的经济实体,隶属市经委领导。公司领导班子由齐敏生任经理,叶孙安、周汉鸿、俞铮三位任副经理。6月15日,市政府批准漕河泾微电子工业区开发公司注册资本总额为1亿元。7月,漕河泾微电子工业区开发公司向上海市工商行政管理局登记注册。

公司经营范围:组织建设区内的市政公用基础设施和生产、生活配套设施;接受委托、承包区内各种工程项目的设计和施工;为工业区企业提供仓储、运输、办公、培训、生活等各种服务;经营土地开发和使用管理,经营商品住宅和第三产业等。

【上海市工业区开发总公司】

1986年6月7日,宣布桃浦工业区开发建设工作归口漕河泾微电子工业区开发公司负责。6月16日,漕河泾微电子工业区开发公司向市工业党委、市经委上报《关于开发桃浦工业区领导体制等若干问题的请示》,建议公司对外名称定为上海市工业区开发总公司,漕河泾微电子工业区开发公司与工业区开发总公司的领导机构实行"两块牌子,一套班子"。10月15日,市政府办公厅下发《关于建立上海市工业区开发总公司的通知》,同意在漕河泾微电子工业区开发公司的基础上,建立上海市工业区开发总公司(对外暂时保留漕河泾微电子工业区开发公司的名义),下设各工业区开发公司。总公司和分公司都是独立经营、自负盈亏的经济实体,总公司不能成为行政性公司。12月30日,市工业党委、市经委任命齐敏生为上海市工业区开发总公司经理,朗广恒、张铮、叶孙安、周汉鸿为副经理。

【上海市漕河泾新兴技术开发区发展总公司】

1988 年 6 月 7 日，国务院正式批准成立上海漕河泾新兴技术开发区。7 月，经市政府同意，上海市漕河泾微电子工业区开发公司更名为上海市漕河泾新兴技术开发区发展总公司。更名后的上海市漕河泾新兴技术开发区发展总公司与上海市工业区开发总公司脱钩，在行政上隶属市经委领导，业务上由上海市外资委归口管理。开发区总公司主要职能：统一行使开发区的基础设施建设和资金筹集、运用；土地开发和土地使用权转让及房产经营；创造良好投资环境，吸引国内外资金和先进技术；举办企业技术及产品贸易和综合服务等。8 月 21 日，市工业党委、市经委批复上海市漕河泾新兴技术开发区发展总公司领导班子成员：齐敏生任总经理，王志洪、周汉鸿、叶孙安、俞峥任副总经理，陈行祥任总工程师。总公司下设办公室、人事处、建设部、经营部、计划财务部、技术发展部等 6 个部门。11 月 19 日，总公司召开上海市漕河泾新兴技术开发区发展总公司第一次党员大会，选举王志洪、齐敏生、陈青洲、周汉鸿、姚明薛等 5 人为党委委员，周汉鸿为党委书记，12 月 4 日，市工业党委批复选举结果。

1999 年，根据市外资委、市计委、市经委联合签发的《关于委托上海市漕河泾、闵行开发区发展总公司对外商投资项目审核、审批和明确管理责任的通知》的精神，从 1999 年 6 月 1 日起，开发区发展总公司内设立专职管理办公室和专职人员，对外商投资在漕河泾开发区内总投资额在 300 万美元以下的鼓励类、允许类工业项目行使审核、审批和管理工作，该管理办公室主任由总公司副总经理凌家驹兼任。

2000 年 2 月 1 日，总公司内部机构调整为：办公室、人力资源部、计划财务部、建设工程部、招商部、审计室、科技产业化部、投资管理部、信息中心、新兴园艺公司等，撤销征地动迁办公室，其职能划归建设工程部；人事干部处名称变更为人力资源部，经营投资部名称变更为招商部；保留进出口贸易部、房产部、园艺部职能，其日常管理工作由相应的实体公司负责。3 月 6 日，市工业党委宣布，刘家平任开发区发展总公司总经理。12 月 27 日，开发区总公司决定科技产业化部与信息中心合并，改称科学技术部，招商部名称改为招商中心，建设工程部改称建设部，撤销园艺部和房产部，原园艺部和房产部的职能归入建设部。2001 年，开发区总公司设立综合管理办公室，负责与地方政府相关管理部门之间的对口联络与协调工作，以及负责公司和开发区的安全管理与维稳工作。2002 年 1 月 15 日，上海市漕河泾新兴技术开发区发展总公司与徐汇区人民政府为推进 ISO 14000 系列标准在漕河泾开发区的实施，共同成立漕河泾开发区园区管理部，由徐汇区环保局、市容局、绿化局、城管大队、虹梅街道办事处等部门以及漕河泾开发区总公司 ISO 办公室组成，园区管理部对内承担环境管理日常运行的控制和管理，对外主要承担区域内的环境管理控制和改善的职能。是日，为进一步加强开发区客户服务的工作，开发区总公司成立客户服务中心。

2004 年 8 月 24 日，按照市政府专题会议精神，上海工业（集团）总公司以上海市漕河泾新兴技术开发区发展总公司 89.6% 股权作价，为二、三期出资注入上海临港经济发展（集团）有限公司。临港集团公司与上海工业投资（集团）有限公司签订《出资人协议书》，对上海市漕河泾新兴技术开发区发展总公司改制重组。是日，举行上海市漕河泾新兴技术开发区发展总公司第一次股东会第一次会议，出席股东单位有：上海临港经济发展（集团）有限公司，上海工业投资（集团）有限公司。会议表决通过：同意设立上海市漕河泾新兴技术开发区发展总公司，各股东按《投资协议书》履行出资义务；同意《上海市漕河泾新兴技术开发区发展总公司章程》。举行上海市漕河泾新兴技术开发区发展总公司第一届董事会第一次会议，经董事会表决王志洪担任董事长，刘家平担任副董事长，陈青洲、孙萌、李群、沈烽、冯祖新为董事，张国荣、达孺牛、刘家平继续担任总经理。9 月 8 日，上海市漕河泾新兴技术开发区发展总公司由原来的国有企业（非公司法人）转制为有限责任公司，住所由原来的漕宝路 509 号变更为宜山路 900 号。

2006 年 3 月 1 日，开发区总公司对职能存在交叉或重叠部门予以撤并，合理配备岗位人员，对部分部门进行调整以及干部任免，合并综合办、客户服务中心、ISO 管理部三个部门，新成立园区管理服务中心。12 月 15 日，开发区对部分部门调整，党委办公室与办公室合署办公，干部处更名为组织处，党委办公室有关组织、纪检、统战职能划归组织处（人力资源部）管理，科学技术部与科技创业中心合署办公，科学技术部信息化及网络管理方面的职能划入办公室，合并 ERP（企业资源计划）工作小组及未来工作室。

2006 年 9 月 21 日，上海市漕河泾新兴技术开发区发展总公司股东会会议通过决议，免去王志洪公司董事长职务，由公司总经理刘家平担任公司的法定代表人。

2008 年 8 月 15 日，贸易部与投资管理部合并，更名为投资经营部。2010 年，开发总公司设有：办公室、人力资源部、计划财务部、审计室、投资经营部、建设部、土地管理部、园区管理中心、招商中心。

由于业务发展需要，工业区内部管理机构设置有所调整，管理职能日趋健全。至 2010 年，总公司内部机构 9 个：办公室、人力资源部、计划财务部、建设部、招商中心、审计室、园区管理中心、投资经营部、土地管理部等。

表 5-3-1 1988—2010 年漕河泾新兴技术开发区发展总公司主要领导任职情况表

职　务	姓　名	任　职　时　间
董事长	王志洪	2000 年 8 月—2006 年 9 月
副董事长	刘家平	2004 年 12 月—
总经理	齐敏生	1988 年 8 月—1993 年 6 月
	王志洪	1993 年 6 月—1994 年 12 月
	齐心荣	1994 年 12 月—1999 年 2 月
	刘家平	2000 年 3 月—

资料来源：漕河泾新兴技术开发区提供

三、控股（合资）公司

【上海市漕河泾联合发展有限公司（合资）】

1986 年 12 月 17 日，漕河泾微电子工业区开发公司提出《关于建立"上海市漕河泾微电子工业区联合开发有限公司"的建议》，拟与在国外有较高信誉和与外商有广泛联系的中国银行上海分行以及海外分行合资，以解决投资、经营方面所需部分外汇资金，吸引更多的外商前来合资办厂。1987 年 3 月，市科委课题组在《上海高技术开发区研究（总报告）》中也提出建议，要把漕河泾高技术区开发公司组建成为一个以中方为主的中外合资公司，有利于引进国外资金及先进管理经验，增强国外投资者对高技术区的信心，有利于与国外建立更广泛、更直接联系，也使高技术区能更直接地享受中外合资企业各种优惠待遇。

1988 年 4 月 8 日，市外经贸委同意由上海漕河泾微电子工业区开发公司（甲方）、中国银行信托咨询公司(乙方)和中国银行海外分行(丙方)合资建立上海市漕河泾联合发展有限公司。合资企业的投资总额1亿元,注册资本7 430万元。出资方式和比例:甲方占65%;乙方以外汇和人民币现金出资,占5%～10%;丙方以外汇现金出资,占25%。合资年限30年。

【上海新兴技术开发区联合发展有限公司(合资)】

1988年11月,漕河泾新兴技术开发区发展总公司与隶属港澳中银集团的中国建设投资(香港)有限公司、香港侨通发展有限公司偕同中国银行上海信托咨询公司联合投资1.6亿元,建立上海新兴技术开发区联合发展有限公司,经营期限为30年,注册资金0.74亿元。该公司主要从事漕河泾新兴技术开发区的开发、建设、经营和管理;从事房产经营;举办第三产业;代理进出口业务;投资举办各类企业;受理委托代办业务。

1989年1月19日,开发区联合发展公司召开第一次董事会。经合资各方决定,齐敏生为董事长,曾锦仑、刘金宝为副董事长;齐敏生任公司总经理。1月20日,开发区联合发展公司在衡山宾馆举行合资公司开业典礼。

1991年3月30日,市外资委会同市经委、市科委、市财政局等有关部门批复,同意开发区联合发展有限公司从1991年1月1日起享受先进技术企业的优惠待遇。

1994年11月25日,市外资委批复,同意开发区联合发展公司董事会关于增资的决议及合同和章程的修改。公司投资总额从1.6亿元增至2.5亿元,注册资本从原来的1.243亿元增至2.00亿元,合资各方的投资比例不变。1996年10月22日,市外资委批复,同意开发区联合发展公司董事会再次增资,公司投资总额由2.50亿元增至3.50亿元,注册资本由2.00亿元增至2.50亿元,同时公司的经营期限从30年延长至50年。

2007年2月14日,市外资委批复,同意开发区联合发展公司的投资总额由3.5亿元增至6亿元,注册资本由2.5亿元增至3.5亿元。增资完成后,公司投资方出资调整为:上海市漕河泾新兴技术开发区发展总公司出资22 750万元,占65%;裕诚发展有限公司出资5 250万元,占15%;上海东兴投资控股发展公司出资35 00万元,占10%;侨辉有限公司出资3 500万元,占10%。

【上海漕河泾开发区高科技园发展有限公司】

1990年5月,国务院宣布开放开发上海浦东以后,市政府对漕河泾开发区的发展提出要打好与浦东开发的时间差,力争2年～3年时间内,实现全面建成国务院批准的近6平方公里规划范围目标的要求。

1992年底起,开发区总公司着手进行开发区虹梅路以西1.89平方公里地域的开发建设的前期准备工作。市计委、市重大工程建设办公室把虹梅路西市政建设工程列为1993年市重点工程项目,开发区总公司专门成立西块开发建设工程指挥部,并配备专职干部与市政局等单位联合组成西块开发建设工程指挥部办公室,加强对西块开发工程的领导。

1994年12月8日,开发区总公司与闵行区政府就《共同开发建设漕河泾开发区西块协议》签约。根据协议,开发区总公司和闵行区上海五联置业发展有限公司联合投资1亿元,建立上海漕河泾开发区西区发展有限公司,并全面负责漕河泾开发区西区1.89平方公里土地的开发、建设、经营和管理。

1995年6月,上海漕河泾开发区西区发展有限公司成立,并于7月28日举行挂牌仪式。12月15日,西区举行市政工程开工典礼。

1997 年 8 月 15 日,经闵行区政府和漕河泾开发区总公司友好协商,就改变两区合作方式达成一致意见并签署协议,闵行区上海五联置业发展有限公司友好退出,由上海漕河泾开发区总公司独资承担西区开发建设任务。2003 年 4 月,开发区总公司决定,把上海漕河泾开发区西区发展有限公司更名为上海漕河泾开发区高科技园发展有限公司。

四、功能性服务机构

【上海漕河泾开发区科技创业中心】

1996 年 10 月 30 日,为吸引、扶持更多中小型科技企业在漕河泾开发区创业,促进科技成果在开发区商品化、产业化和国际化,市经委同意建立上海漕河泾开发区科技创业中心。1997 年 3 月 28 日,由开发区总公司投资 6 000 万元建立的拥有 17 000 平方米创业基地的漕河泾创业中心正式落成,并举办落成典礼。1998 年 10 月 16 日,开发区总公司决定把总公司全额投资的上海新兴技术创业公司并入上海漕河泾新兴技术开发区科技创业中心。

2000 年 12 月,漕河泾创业中心通过 ISO 9002 国际质量体系认证,是全国第一家通过质量体系认证的创业中心。至 2001 年,漕河泾创业中心先后被国家和上海有关部门评定为国际企业孵化基地、国家级高新技术创业服务中心、上海市高新技术成果转化孵化基地、上海留学人员漕河泾创业园区和国家高新区先进孵化服务机构。2003 年 7 月,漕河泾创业中心作为漕河泾开发区软件产业的培育服务机构,被上海市信息办、软件协会认定为上海市软件企业。

2005 年 6 月,成为上海首批大学生创业指导服务基地。9 月,与上海市政协科技成果转化促进会签订合作协议,共建科技成果转化示范基地。2006 年度,漕河泾创业中心在上海市 2006 年度全市 24 家创业中心考评工作中获得 A 级(最高级)。3 月,漕河泾创业中心成为上海研发公共服务平台 10 个定点服务单位之一。2008 年 1 月 8 日,漕河泾创业中心获得“2006 年度上海火炬统计(孵化器)工作先进单位”称号。是年,开发区科技创业中心被批准成为全国首批享受“四免”(免征地产税、土地使用税、营业税,享受减免企业所得税待遇)政策的国家级孵化器。2009 年 3 月 5 日,由漕河泾开发区和徐汇区政府作共同出资 5 000 万元搭建漕河泾新兴技术开发区科技型中小企业融资平台。平台首创科技型中小企业无抵押、无担保信用贷款的金融创新模式。

2010 年 12 月,漕河泾创业中心获评“2010 年度上海市科技创新创业服务先进集体”。至 2010 年,漕河泾创业中心拥有 5.9 万平方米创业基地,累计孵化培育计算机信息、生物医药、新材料、光机电等高新技术企业近 423 家,企业孵化成功率超过 91.7%,其中优秀毕业企业总数累计达 108 家,在上海市名列前茅。

【上海新兴技术开发区联合发展有限公司技术咨询服务部】

随着进区的三资企业增加,有关技术咨询服务方面的要求更为迫切。1989 年 2 月 27 日,市政府管理部门批准设立中外合资的上海新兴技术开发区联合发展有限公司技术咨询服务部,法人代表和负责人分别为齐敏生、许礼原。服务部注册资金 7 430 万元,资金来源中方为 5 572.5 万元,外方 1 857.5 万元。经营范围为技术咨询及服务。咨询服务部隶属于开发区联合发展公司。咨询业务以工程建设咨询为主,兼营技术服务工作。根据要求,公司设置包括规划、建筑、结构、施工、预算、财务、微电子等专职咨询人员。

【新虹工贸实业有限公司和上海新兴园艺有限公司】

1989—1992年,开发区土地征用,需安置千余名征地农民。随着劳动用工制度改革不断深化,以往通过上海市劳动局按计划输出安置征地农民工到市属企业的方式难以实施。1992年8月上旬,开发区总公司向市经委上报《关于兴办"上海漕河泾新兴技术开发区新虹工贸实业公司"的请示报告》和《关于组建成立"上海新兴园艺公司"的请示》,提出拟成立两家具有独立法人资格,自主经营、独立核算、自负盈亏的集体所有制企业——上海漕河泾开发区新虹工贸实业公司和上海新兴园艺公司,发展第三产业,"消化"漕河泾开发区征地农民安置。

1992年8月28日,市经委同意开发区总公司成立上海新兴园艺公司(以下简称园艺公司)。经营范围主营为城市园林建设、道路绿化、育林、育花、绿化工程等。2000年5月16日,上海新兴园艺公司改制为上海新兴园艺发展有限公司。

1992年9月18日,上海漕河泾开发区新虹工贸实业公司获得营业执照。公司注册资金200万元。经营范围为室内装潢、保健靠垫加工、劳务输出、建筑五金、建筑材料、装潢材料批发等。至1994年,新虹工贸实业公司先后开办新虹金属配件厂、新虹汽修部、声欣贸易公司、新弘建筑装潢公司、新虹装潢建材经营部、新弘食品总汇、上海丽卡印刷厂等集体企业。这些企业的建立创造了就业岗位,为安置征地农民制造机会。

2008年初,园艺公司签约拿下世博会太平洋联合馆整体绿化养护项目。10月,经过投标竞争,园艺公司成功入选上海世博会园林绿化类服务指定供应商。此后,园艺公司的工程项目延伸至临港重装备产业园区、芦潮港经济技术开发区、浦江高科技园区和松江高科技园区。园艺公司参展上海市花展的两项作品获得独立景点金奖和铜奖。2009年,园艺公司全年完成年工程项目结转量2000万元,工程报监量1000万元。

【上海亿威实业有限公司】

为利用浦东新区保税区的政策优势,实现内贸与外贸、实业与贸易并举,1994年成立上海亿威实业有限公司,主要从事仓储服务和贸易。11月8日,公司在外高桥保税区D11—018地块正式开工。外高桥保税区的房产基地于1996年8月开工建设。1997年9月主体竣工,11月工基配套总体工程竣工,三幢标准厂房均为优良工程。

1999年11月,开发区总公司机构调整,进出口贸易部、开发区联合发展公司贸易部保留牌子,其业务以及原物资储运公司业务委托亿威实业公司经营和管理。原贸易部职工整体转入亿威实业公司。

2003年开始,仓储服务延伸至浦江出口加工区。为配合加工区海关对进出加工区货物的监管,为客户提供暂时的货物存放服务,公司与出口加工区公司合作,管理浦江镇出口加工区海关监管仓库。合作投资成立申景漕河泾报关部,开拓出口加工区的进出口业务。

【新漕客运有限公司】

随着开发区的发展,1994年开发区的职工人数达52000人,且不断上升,开发区公共交通滞后的矛盾突出。1994年1月31日,开发区总公司向上海市公共客运管理处申请成立漕河泾客车服务公司,总投资为1060万元,注册资金400万元,配备50辆小车和20辆中巴专线车。获批后,12月26日公司开始客运服务。

【新谷酒店管理有限公司与新和物业管理有限公司】

1996 年 6 月 8 日,为完善漕河泾开发区服务环境,实行专业化、规范化管理服务,上海漕河泾新兴技术开发区联合发展有限公司第一届董事会第三次会议决定,与香港新颖德有限公司联合投资建立合资公司,分别成立新谷酒店管理有限公司和上海新和物业管理有限公司。合资公司项目投资 50 万美元,注册资本 40 万美元,开发区联合公司占股 75％,香港新颖德投资占股 25％。经营范围为房产管理、物业管理,提供相关服务,合资期限为 20 年。

1997 年 1 月 1 日,上海新谷酒店管理有限公司注册开业。开发区联合发展公司将全额投资的新园大厦、新漕河泾大厦和新园俱乐部原由下属新园经营管理公司经营的业务(除商场外),改由上海新谷酒店管理有限公司接管经营。

2000 年 11 月 22 日,开发区总公司根据经营需要,决定收购香港新颖德有限公司在新和物业公司的股份。12 月 15 日,新和物业管理有限公司第二次股东大会通过增资扩股方案。开发区总公司以 10 万美元收购新颖德在新和物业管理有限公司中所占的股权,同时增加现金投资,总计投资 100 万元。新投资方上海新兴园艺公司以现金 50 万元投资。2003 年 6 月,新和物业管理有限公司在漕河泾出口加工区物业管理招标中中标,成为漕河泾出口加工区的第一位"管家"。

2005 年,开发区总公司在上海新谷商务管理有限公司、新和物业管理有限公司和西区物业管理公司基础上,建立上海漕河泾开发区物业管理有限公司。2007 年 7 月物业公司与英国莱坊公司签订合作协议,跨出高档商务楼宇物业管理品牌国际合作的第一步,国际商务中心将成为双方实质性品牌合作的首个试点项目。

2007 年,物业管理公司管理的物业总面积突破 250 万平方米,其中竞标的市场化物业管理项目 7 个,面积超过 50 万平方米。其管理的浦江园区管理中心、新茂园区及创新大厦获得"市物业管理示范工业园区"称号。物业公司作为第一编撰单位编写《工业厂(园)区物业管理上海市地方标准》。

五、管理机制创新

【全国首例人大立法】

漕河泾新兴技术开发区不设管委会,采取"人大立法、政府管理、公司运作"的管理体制。1990 年 4 月 8 日,上海市第九届人民代表大会常务委员会第 17 次会议审议通过《上海市漕河泾新兴技术开发区暂行条例》,这是全国第一部以立法形式明确高新技术产业开发区主要任务、管理体制、开发基金、优惠政策、人才管理及环境保护等内容的高新技术产业开发区地方法规,为开发区建设机制的法制化、规范化奠定基础。

【建立区区合作机制】

为弥补开发公司不具政府职能的短板,通过管理机制的创新,加强与属地的区政府合作,依托政府行政资源,促进开发区的建设和管理。开发区与属地行政区的"区区合作"模式的建立,既弥补开发区公司制管理的行政资源的短板,又在开发区拓展、区区产业融合方面打开空间,开辟出一条双赢的新路径。

与徐汇区合作 1990 年 4 月,市人大颁布《上海市漕河泾新兴技术开发区暂行条例》后,徐汇区政府为加强开发区的区政管理,在开发区内成立虹梅路街道办事处、虹梅派出所及环卫所等机构,直接服务开发区。

1998年，开发区总公司和徐汇区政府签订《关于共同促进高新技术产业发展合作备忘录》，开启"市区联手、区区合作"的新模式。5月20日，徐汇区政府出动700多人的执法队伍，对严重影响漕河泾开发区三期规划的建设项目和绿化用地的违章建筑进行拆除，保证开发区建设顺利推进。2001年10月15日，双方签订《上海市徐汇区人民政府上海市漕河泾新兴技术开发区进一步加强合作的协议》，建立更加紧密的区区合作运行机制：成立区区合作领导小组、建立联席会议制度、设立综合协调办公室；行政审批制度改革；加快软件产业发展，推进软件基地建设；设立漕河泾开发区建设发展资金等方面深化合作，促进共同发展。2002年，综合协调办公室成立，办公室实行双主任制，由开发区总公司和区政府各派一名干部担任。

2006年，双方签订《关于共同构建新一轮"区区合作"战略发展的协议书》，并配套制订《实施细则》，确定开发区总公司与徐汇区政府的相关职能，协调园区开发、区域经济与社会公共事业的共同发展，成立招商互动、综合治理、环境管理、公共卫生、消防安监等五大平台。"区区合作"模式及运行机制纳入规范化、制度化轨道，双方合作也从行政管理、政务服务延伸到经济开发领域。如：2007年，徐汇区政府与普天集团决定共同打造"普天科技园"项目，徐汇区的国有房地产企业中誉公司与普天集团合资成立项目开发公司，中国普天把集团研发总部设在漕河泾开发区。2008年，徐汇区与上海仪电集团签订战略合作协议，共同开发仪电地块。

2008年，由徐汇区政府为扶持企业上市而设立的1 000万元专项资金启动。徐汇区另再投入1 000万元在开发区建成上海市徐汇区质量检测服务科技园区，面向企业开放。

2009年3月5日，由开发区和徐汇区政府共同出资5 000万元搭建的漕河泾新兴技术开发区科技型中小企业融资平台成立。平台首创科技型中小企业无抵押、无担保信用贷款的金融创新模式。

2010年，开发区总公司在区区合作方面，注重为企业发展创造良好的服务环境。如：推动医疗服务进园区，共建医疗保健平台；与区政府、街道共建开发区实验小学，解决区内企业员工子女上学问题；利用公共服务平台，帮助区内企业解决在人才引进、融资发展、扩建选址、政策落实、户口、劳资纠纷、设备通关、商检质检、政务咨询等方面的困难；协调地方政府有关部门帮助企业处理劳资纠纷案件。

至2010年，总公司通过与虹梅街道社会化整合、互动型运作，建立起适合开发区特色的党建、工建、群建系统，把社会资源、企业资源、人才优势、行业优势等加以整合集聚，为开发区营造良好的投资环境。

与闵行区合作　1994年底，开发区总公司与闵行区举行联合开发虹梅路西区签字仪式，共涉及约189公顷土地。2004年与闵行区政府签署《关于建设上海漕河泾开发区浦江高科技园的全面合作协议》，在征地、动迁、劳动力安置、市政配套、财税等方面相互支持与合作。2006年，与闵行区政府、上海创业投资有限公司联手，在浦江高科技园内开发建设以新能源和环保为特色的专业孵化器——"创新创业园"。2008年，探索与闵行区在城管、治安及环卫等区域管理方面的全面合作，与虹桥镇签订《区镇合作和谐发展联盟协议书》。2009年5月，与闵行区政府签署《关于构建新一轮合作战略发展协议》。

与松江区合作　1994年，开发区与松江区人民政府合作，在松江新桥共建开发占地11.2公顷的"漕河泾开发区新经济园"，重点吸引和发展民营高科技企业。2006年，开发区与松江区再度合作，开发建设占地55.8公顷"松江高科技园"。2008年，开发区与松江区三度合作，在松江高科技园的基础上，打造占地约128.13公顷的"漕河泾松江生产性服务业功能区"。2009年4月，与松江区政府签署《关于开展"区区合作、品牌联动"战略协议》。

【高级顾问委员会】

1992年8月6日,漕河泾新兴技术开发区聘请21位国内外学者、专家为漕河泾开发区高级顾问,组成高级顾问委员会。这是全市第一个由经济技术开发区聘请的高级智囊团。首届高级顾问委员会组成:名誉主任:汪道涵、谢希德;主任:李家镐;高级顾问:王志勤、华中一、华建敏、吴祥霖、宋仪侨、何友声、郁品芳、金柱青、季挺、张正奎、张煦、张敏、杨胜利、侯旅适、翁征祥、盛子寅、戴鳌前;秘书长:陈行祥。

1994年12月1日,高级顾问委员会第二届第一次会议,宣布开发区高级顾问委员会第二届组成名单,该届高级顾问委员共有26名海内外知名人士、专家组成。

高级顾问委员会对漕河泾开发区的发展战略以及开发区的科研、产业、建设规划出谋献策,并在高层次上帮助和推动科技转化为生产力、引进外资等工作。

第三节　规　划　与　建　设

一、园区规划

【战略发展规划】

漕河泾新兴技术开发区十年规划与"八五"计划　1991年12月,编制完成《上海市漕河泾新兴技术开发区十年规划与"八五"计划》总报告,及《漕河泾新兴技术开发区1991—2000年产业发展规划》《漕河泾新兴技术开发区1991—2000年科技发展规划》《漕河泾新兴技术开发区1991—2000年基本建设规划》《漕河泾新兴技术开发区完善支撑服务体系"八五"规划》等分报告。开发区到"八五"期末的发展总目标是总价值50亿元/年～55亿元/年,高新技术企业总产值30亿元/年～35亿元/年,出口创汇额6亿元/年～7亿元/年等。重点发展微电子、计算机及软件、光纤通信及生物工程,同时发展激光、自动化、智能化仪器仪表,航天航空技术,机器人等有关高新技术产业。"八五"末期,开发区高新技术总体水平要领先于全国其他开发区的技术水平。

上海漕河泾新兴技术开发区"九五"规划　1995年10月,开发区发展总公司编写完成《上海漕河泾新兴技术开发区"九五"规划及2010年展望》。总体目标是到2000年,把漕河泾开发区基本建设成为具有国内一流水平的培育和发展高新技术产业的基地;成为上海深化改革的试验区、加速科技进步的示范区;成为上海国民经济新的增长区;成为社会主义现代文明的新城区。到2000年,开发区总产值280亿元,支柱产业140亿元,第三产业50亿元,外汇收入10亿元。开发区要在"八五"期间已形成微电子、计算机、现代通信、光机电一体化、新材料等五大支柱产业基础上,增加其在开发区的产值中所占比重。同时注重引进、发展生物医药工程、电子仪表、航空航天、节能新能源等其他高新技术产业。完成建设占地222.1公顷的工业园。至"九五"期末,新建1个～2个高新技术"孵化器",不断完善发展开发区内现有的"孵化器";毕业企业数50家,其中:新兴技术创业公司12家,高创科技公司30家,科技创业中心8家;年产值达5亿元;年利税达1亿元。

上海漕河泾新兴技术开发区"十五"规划　2000年开发区总公司编制《上海漕河泾新兴技术开发区"十五"规划及2015年展望》。至"十五"期末,实现工业销售年收入450亿元,年利税总额70亿元,外商投资总额25亿美元,研发投入占开发区销售收入10%。重点发展信息产业(主要是微电子、计算机及其软件、现代通信三大主体产业），同时注重发展新材料、生物医药工程、航空航天、新能源等其他高新技术产业。在"十五"规划实施期间,总公司首次提出"建设国际一流水准的多功能综合性科技产业园区"的奋斗目标。至"十五"期末,全面完成中区剩余0.2平方公里土地的开发建设,完成西区1.89平方公里50%以上土地的招商引资和开发建设。

上海漕河泾新兴技术开发区"十一五"发展规划 2006年1月,开发区总公司编制《上海漕河泾新兴技术开发区"十一五"发展规划》。规划首次提出"在开发区要大力发展现代服务业,并要坚持高附加值服务业和高新技术产业并重发展"。在产业目标中指出:开发区要站在国际、国内产业平台高度,加快"同类、同构"高新技术产业集群,加速发展具有科技服务特色的高附加值现代服务业,并注重产业质量和效益,扩大主导产业规模,完善产业结构和产业功能链,确立漕河泾开发区主要产业发展目标。规划提出完善创新孵化功能、完善"双优园区""数字园区""国际园区";聚焦现代服务业,发展综合性科技服务功能;形成"总部经济"功能。在"十一五"期间要基本建成浦江高科技园、现代服务业集聚区以及科技绿洲园区等。

【园区建设规划】

漕河泾微电子工业区规划 1985年1月17日,市政府决定建立漕河泾微电子工业区后,上海市城市规划设计院(市规划院)开展漕河泾微电子工业区的规划工作。漕河泾微电子工业区规划首先进行选址,定在桂林路以西、漕宝路以北、虹梅路以东、蒲汇塘以南3.24平方公里范围内,其中可供微电子工业用地为1.7平方公里,规划还在虹梅路以西、漕宝路以北地区预留约1.6平方公里土地作为发展备用地。规划把整个工业用地分为A、B、C、D、E5个区,共77个地块。工业和科研地块的开发强度,建筑面积密度(容积率)采用1~2.5,建筑密度为25%~30%。经专家审议后,上海市规划委员会于1986年1月18日批复,原则同意漕河泾微电子工业区的规划结构和用地范围。

漕河泾新兴技术开发区规划 1991年市规划院对1988年国务院批准的范围进行统一规划,编制《漕河泾新兴技术开发区总体规划图》。规划范围是北面以高门泾、虹梅路、蒲汇塘为界,东面以桂林路为界(包括路东的上海通讯器材厂),南面以漕宝路为界(包括路南的生物工程基地),西面以新泾港为界,总用地面积5.32平方公里。规划的道路网,虹梅路西面的发展区内以南北向次干道莲花路为界,分成东、西两个区域,各自布置环状地方性道路;田林路向西延长至合川路。在区域内分别设置乔木林防护带、绿化带、公共绿地等,使开发区总的绿地率达到30%以上。

漕河泾新兴技术开发区控制性详细规划 1996年4月,开发区总公司委托市规划院编制完成《漕河泾新兴技术开发区控制性详细规划》,对漕河泾区域的部分用地功能作修编调整。工业用地由原规划占地60.1%调整为52.3%;原管理服务用地改为公建用地,由原规划占地3.2%调整为7.4%;同时提高5.5个百分点的居住用地。这样有利于开发区最大限度地发挥孵化、辐射和服务功能。

上海市漕河泾新兴技术开发区"科技绿洲"修建性详细规划 开发区总公司为引进国外先进技术和投资、经营、管理理念,决定由上海漕河泾开发区西区发展有限公司和EUROMANDARRIN DEVELOPMENTSB.V.公司共同投资开发"科技绿洲"。2002年1月,由丛氏建筑事务所、雅纳工程顾问公司、M·S设计公司和上海建筑设计院有限公司共同编制完成《上海市漕河泾新兴技术开发区"科技绿洲"修建性详细规划》。上海科技绿洲园区坐落在开发区西区之内,园区总面积63公顷,主要吸引以科技企业为代表的各类企业,建设约49万平方米的高质量高科技研发服务用房。园区呈现出高绿化率(35%以上)、高品质、低容积率、多配套设施、多景观的特点,围绕着低层建筑营造一个高质量的"软"景观环境。遍布园区的自行车及人行道为自行车和行人提供一个便利而安全的环境。

上海市漕河泾开发区控制性详细规划(2007年) 2007年2月,《上海市漕河泾新兴技术开发区(S030701、S110301)控制性详细规划》编制完成,维持原1996年漕河泾新兴技术开发区的规划构架,整个开发区分为"三区、两中心、两带",即东区仪表工业区、中区微电子产业区、西区科技绿洲园区、公共管理服务中心、现代服务业集聚中心及虹梅路东侧和新泾港东侧两条绿带,创造一个具有优良环境和综合功能的开发区。调整升级改造"东区"、持续提升"中区"、重点建设"西区"。"西区"面积约2.0平方公里。重点建设现代服务业集聚区和科技绿洲园区。至2010年,完成"科技绿洲园区"大部分地域开发,形成"科技绿洲园区"完整框架,用5至8年时间,基本把"科技绿洲园区"建成为上海乃至全国的国际化科技研发示范园区。12月29日,市规划局就《上海市漕河泾新兴技术开发区控制性详细规划》作出批复指出:规划范围为桂林路—漕宝路—新泾港—高门泾—虹梅路—蒲汇塘所围合的区域,总用地面积528.6公顷,同意规划用地和功能布局,同意各地块规划控制要求。

二、土地开发

【开发机构】

根据1990年市人大通过的《上海市漕河泾新兴技术开发区暂行条例》规定,由开发区总公司根据条例和批准的开发区发展规划进行开发经营。

漕河泾本部中区(微电子工业区)的土地开发建设,由上海新兴技术开发区联合发展有限公司负责;漕河泾本部西区(虹梅路西发展用地)的土地开发建设,1995年6月至2003年4月,由漕河泾开发区西区发展有限公司负责。2003年4月,上海漕河泾开发区西区发展有限公司更名为上海漕河泾开发区高科技园发展有限公司。

漕河泾开发区浦江高科技园的土地开发建设,2003年5月9日—2004年12月,由上海漕河泾开发区高科技园发展有限公司浦江分公司负责。2004年12月,漕河泾开发区高科技园发展有限公司浦江分公司更名为上海漕河泾开发区经济技术发展有限公司。

【分期开发】

开发区在开发建设中,坚持"一次规划、分期开发、按需实施、滚动建设"的方针。1987—2004年,开发区合计征用399.26公顷土地,其中总公司分16期计209.23公顷;西区公司分6期,计190.04公顷。征用范围涉及原上海县、闵行区虹桥、梅陇和徐汇区华泾等3镇7个村的39个生产队和1个乡工业公司。

漕河泾开发区总用地面积1591.09公顷,至2009年,开发区累计已征用面积1098.24公顷,完成"七通一平"面积874.20公顷,已供应面积832.63公顷,已建成面积731.84公顷,开发率60.2%;供应率为95.2%,建成率83.7%。真正做到征用一片、利用一片,需要一块、建设一块,提高土地开发投资效率。

【动迁安置】

1986年4月8日,微电子工业区成立征地动迁办公室。4月26日,成立征地动迁领导小组。

是年,开发区动拆迁工作开始。

劳动力安置　1992年底前,征地农民安置是由市经委以计划调配的方式分流安置,开发区共安置2 500余人。

1993年开始,征地农民安置逐步向市场化过渡。开发区总公司采用多渠道、多方式分流安置征地农民。建立以安置征地农民为主要任务的三产公司,如总公司下属锦虹公司、园艺公司和物业公司共安置854人;根据自愿原则,采取自谋出路、待退、提前养老等多种方式分流安置500多人。2003年,市政府提出对征地农民实施"落实保障、市场就业"的安置原则,开发区总公司在新征土地时,在地方政府的支持下,采取市场化运作方式,把502名征地农民统一纳入城镇就业服务范围,2005年又把全部征地养老人员移交给徐汇、闵行两区,由地方政府指定的征地养老服务机构统一管理。

社区安置　1986年12月至1992年,开发区先后实施动迁413户居民。1992年以后,市政府对拆迁的政策从原计划指导逐步转向市场化。从1994年5月至1998年6月,开发区先后动迁458户,共互换产权房864套。2001年10月至2005年,410户拆私还公居民、529套住房,全部参加房改,取得产证。

1987—2004年,开发区总公司先后实施17批居民动迁,合计1 609户、安置人口5 622人;拆除私房建筑面积约203 850平方米,安置新建公房建筑面积161 109.66平方米。2005年12月21日—2006年7月31日,现代服务业集聚区地块动迁工作全部结束。2007年始,动迁闵行区虹桥镇新桥村。5月21日,开发区总公司和虹桥镇政府建立关于召开新桥基地动迁联席会议制度。至2011年10月,新桥村东、西队、西王家宅等8个生产队中的500余户动迁居民搬进位于虹泉路万源路的万源新城小高层新居(动迁居民安置小区三期)。开发区位于虹桥镇新桥村的居民动迁签约工作全部完成。

三、集约用地

【用地方式】

漕河泾开发区规划面积中,可供利用的工业建设和综合服务用地资源十分有限。从20世纪80年代开发建设起步始,开发区总公司就合理配置有限土地资源,精心规划,集约用地,增加土地含金量,以实现可持续发展。

漕河泾开发区土地开发利用经历三个阶段。从1986年漕河泾开发区成立到1990年中期,是成片开发阶段;从1990年后期开始,按照土地局、市经委的要求"以项目核土地"进行开发,进入"以项目核土地"的开发阶段;从2006年开始,采取"工业用地招拍挂"的开发方式,供应完全市场化。2007年,开发区总公司参加上海市第一批工业用地招拍挂出让。

【提高容积率】

1985年,《漕河泾微电子工业区规划》提出按建筑面积密度(容积率)采用1～2.5,建筑密度25%～30%的标准对用地进行控制。

1996年,开发区总公司在调整开发区控制性详细规划时,根据规划实施的经验,与市规划部门研究,改变对工业用地不同地块同一容积率指标控制的方法,根据各项目实际情况调整每个街坊每个地块的容积率,街坊建筑总量保持不变,从而有效提高土地集约利用水平。如台湾立明公司原用地为 8 000 平方米,通过把容积率由原来的 1.6 提高到 2.5,用地面积缩小到 5 000 平方米。

2010 年,开发区总公司在编制控制性详细规则时,设定建设项目的规划指标,建筑密度为 30%~40%,容积率为 1.5~2.0,绿化覆盖率大于 30%,这些指标均高于国家及上海市对关于用地规划控制指标。在工作实践中开发区总公司以此指标核定用地项目的用地规模,还以此指标作为审定每期标准厂房方案的依据。

【腾笼引凤】

开发区总公司对需要转型、转产以及经营不善、产业能级低的企业,实行"厂房回购"和补贴企业搬迁等措施,提升开发区产业能级和土地效率。2008 年 4 月,新芝电子公司成为漕河泾开发区首个"腾笼引凤"工程,收回占地面积 3.33 公顷,建筑面积 2 万平方米,搬出开发内唯一设立烟囱的企业。2008 年 6 月前,累计回购 8 家企业的近 5 万平方米土地。引入瀚博科技有限公司、上海思波通讯科技有限公司和来利自动化科技(上海)有限公司等 12 家高新技术企业,成功实现"腾笼换鸟"。2008—2010 年,共回购 12 家企业约 17.8 万平方米土地。这一时期土地回购主要服务于园区现代服务业的快速发展,实现产业转型。回购面积最大地块位于田林路 140 号,回购后使该地块原低能级电子产业更换升级为高能级的现代创意产业。

四、基础设施

1956 年漕河泾开发区辟建至 1983 年,开发区市政、公用设施已具有一定基础。

1986 年 2 月,先期开发 1.7 平方公里微电子工业区中的 0.57 平方公里。至 1995 年,完成近 4 平方公里区域(包括 0.6 平方公里生活区)的开发建设,占开发区总面积 67%。新辟、延长、拓宽 10 条城市主干道和次干道,总长 10.25 公里。埋设供电、电讯、煤气、给排水等各种管道 135 公里。建 3 座桥梁、4 座涵洞;建成雨水泵站 2 座、污水泵站 1 座;建成平均宽 120 米、长 1.2 公里的绿化带和一条长达 1.5 公里、宽达 20 米的林荫大道;建有煤气储气柜 2 座,总容量达 30 万立方米;建成 110 千伏容量为 12.6 万千伏变配电站 1 座,10 千伏容量为 1 万千伏开关站 5 座;建漕河泾、钦州路 2 个电话分局,总装机容量 6 万门。

开发区标准厂房建设初期以多层为主,自 1988 年起,开发区开始向进区企业提供标准厂房。2000 年以后发展为小高层和高层为主,最高 45 层。标准厂房采取出租、出售二种方式。2003 年 7 月,位于虹漕路 461 号、建筑面积 3.2 万平方米的软件园大楼被评为上海市"白玉兰"优质工程,这是上海市建筑工程的最高荣誉。2005 年,西区二期(3)高层厂房和科技绿洲飞利浦一期工程被评为"上海市优质结构工程"。至 2009 年,累计建成标准厂房总建筑面积 326.83 万平方米。

1989 年,建成建筑面积达 2.6 万平方米的开发区管理服务中心大楼,有银行、海关、商检、税务、外运、邮电等机构进驻,进行"一站式"服务。同时该管理服务中心还为企业提供商务、办公、会议、餐饮、娱乐、旅馆等多项服务。至 1995 年办公、仓储等配套建筑面积达 20 万平方米。1996—2010 年开发区本部主要办公楼和商用配套累计建成 54.01 万平方米。其中,兴园科技广场被评为上海市"白玉兰"优质工程。

1995 年 12 月 15 日,漕河泾开发区虹梅路西块 1.89 平方公里土地市政工程破土动工。至 1996 年,实现莲花、田林、宜山路的市政道路及管线配套建设的竣工通车,园区内一条长 300 米、宽 9 米的主干道竣工验收。1997—2002 年,先后在西区开发区内辟建田林西路、宜山路、万源路宜山路至吴中路段、莲花路宜山路至漕宝路段。新泾港建田林西路和宜山路公路桥。配套的水、电、煤气、通讯管线,雨、污水泵站,35千伏变电站等均建成并交付使用。

至1995年,已建成商品住宅房30万平方米。1996—2010年,漕河泾开发区本部(区片1)主要住宅房累计建成38.19万平方米。其中,1996年竣工的生活区三幢高层获上海市建设工程"白玉兰"奖。

表5-3-2　2010年漕河泾开发区标准厂房项目建设情况表

区片名称	土地面积 (万平方米)	建成面积 (万平方米)	总建筑面积 (万平方米)	建筑占地面积 (万平方米)	计划投资总额(亿元)	完成投资总额(亿元)	造价 (元/平方米)
区片1	132.13	116.6	291.6	38.33	105.88	84.77	3 631
区片2	77.53	36.72	35.23	10.19	31.57	18.49	2 665
合　计	209.66	153.32	326.83	48.52	137.45	103.26	3 527

说明:区片1指的是位于徐汇区和闵行区之间的漕河泾开发区本部,区片2指的是位于闵行区浦江镇的浦江高科技园
资料来源:《上海漕河泾新兴技术开发区产业用地调查报告(2010)》

五、生态环境

【绿化建设】

开发伊始,漕河泾开发区的园区绿化建设坚持做到集中绿化跟征地走、街坊绿化与建筑物同步竣工。至1995年,区内建成1条22米宽、1.5公里长的集中绿化带和平均宽度120米、长1.2公里的高压线绿化带。建成道路两旁10米～15米绿带项目,加之行道树、围墙垂直绿化、人行道辟建的1.2米～1.5米宽绿篱,建成绿地总面积达40万平方米,占开发面积28%。

1998年,开发区总公司启动"绿化每一片空地"的主题绿化工程。总公司投资1 100多万元,建设漕河泾开发公园。1999年,基本完成面积达63 000平方米的南块大绿化带建设。2000年,总公司把绿化建设同开发区文化建设相结合,与部分区内企业联合倡议发起"新千年植树节、共享绿色空间"的开发区大型植树活动,在占地面积6万平方米的规划大绿带内,开辟出一块"企业园林"。2001—2003年,围绕ISO 14001创建工作,开发区继续开展大规模的环境整治,改建、新增集中绿化17万平方米,其中包括位于漕宝路、古美路—莲花路约800平方米的西区绿化工程。2005年,完成中环线大绿带3万多平方米生态园林试点区的建设,完成开发区公园拆墙透绿改造工程。

2008—2010年,漕河泾开发区共完成绿化工程建设面积达85 421平方米,其中公共绿地面积52 029平方米,厂区绿地面积33 392平方米。

【生态建设】

1986年,工业区创建时,根据微电子工业区的环保要求,工业区与上海市环境监测中心签订委托承担对工业区进行环境影响评价工作协议。之后,公司根据环境影响评价报告,研究制订开发区环境保护方法的各项指标,把它作为开发区审定建设项目能否进区以及进行监督管理的依据。1987年10月,市环保局原则同意漕河泾微电子工业区开发公司报审的"漕河泾微电子工业区环境影响报告书的评审意见"。

1988年6月,开发区被国务院批准为经济技术开发区后,在制订总体发展规划的同时,编制漕河泾开发区环境保护规划研究报告,全面调查和评价开发区环境质量现状,制订出开发区环境保护规划,并落实相关措施。1991年5月27日,为落实《上海市漕河泾新兴技术开发区暂行条例》中有关"环境保护"的规定,开发区总公司在区内试行《漕河泾开发区环境保护管理暂行办法》,对进区项目和建设项目提出环境保护要求;对开发区环境保护部门明确其主要职责;对违反环境保护有关规定、超标排放的单位和企业明确按有关规定作出处理。

2002年,开发区与徐汇区政府通过区区合作平台对区域环境实施综合管理,投入3 550万元用于大气、噪声自动监测站点建设、绿地建设、河道清淤、路面整修和彩道板铺设等,使开发区面貌焕然一新,流经开发区的上澳塘河道水质明显改善,大气质量稳定达到二级标准。2002年10月22日,开发区通过ISO 14001环境管理体系认证。2003年8月14日,开发区被国家环境保护总局批准为ISO 14000国家示范区。

2004年,开发区开展发展循环经济、创建生态工业园的前期工作。4月20日,漕河泾开发区总公司成立创建"循环经济、生态工业园区"的组织机构(推进委员会、领导小组、工作小组和咨询专家顾问小组)。7月22日,开发区总公司召开发展循环经济、创建生态工业园区研讨会,完成创建"循环经济、生态工业园区计划"。9月16日,开发区举行首次创建循环经济和生态工业园区基础理论培训。2005年,开发区完成创建循环经济生态工业园区调研与培训工作,编制循环经济生态工业园发展规划,在开发区门户网站设立"循环经济资源交换信息平台",建成环保型洗车场。

2007年,开发区实施并完成"2006年—2007年环保两年行动计划"的任务,落实创建循环经济和生态工业园区的各项任务,完成"循环经济和生态工业园区"建设的工作目标,编制发放"循环经济和生态工业园区"建设宣传手册。

2008—2010年,开发区通过各种途径和方法加速推进生态园区建设。2009年,举行漕河泾开发区"国家生态产业示范园区"创建启动仪式;开发区总公司和上海大学共同编制完成《上海漕河泾新兴技术开发区生态工业园区建设规划》,并于2010年3月30日通过由环境保护部、科学技术部、商务部三部委组织的专家评审。2010年9月20日,漕河泾开发区被环境保护部、商务部、科学技术部批准创建国家生态工业园区,园区成立创建"国家生态工业示范园区"推进委员会,主要负责制定园区环境管理方针、生态工业园区建设发展的重大事项的决策、协调解决园区在生态工业园区建设过程中遇到的重大问题等。11月,漕河泾开发区获批建设国家生态工业示范园区。

能源节约利用 开发区持续开展能量优化工程、电机系统节能改造工程、绿色照明工程、工业锅炉改造工程及余热余压利用工程等五大节能工程,其中2010年开展的工程项目使企业每年节约能源5 899吨标煤。

水资源节约利用 开发区鼓励企业通过中水回用、加强重复利用水量、企业梯级利用等手段,减少废水排放。2008年—2010年,单位工业增加值废水产生量分别为1.01吨/万元、0.99吨/万元、1.03吨/万元,远优于标准指标的8吨/万元。同时,推广先进的生产用水工艺、设备,鼓励水资源回用,对用水大户项目进行节水控制等。工业用水重复利用率分别为96.0%、96.3%、95.9%,远优于标准指标的75%。

固体废物处理 优先在工业企业内部实施清洁生产工艺和技术,通过原辅材料的替代、工艺技术改造、废物的再利用和再循环等方法,提高原料的利用率;开展企业内部工业固体废物减量化工程;建立工业固体废物交换平台,实现企业之间废物的交换和资源化利用;2008—2010年,工业固体废物综合处置利用率指标均为100%。

有效控制一氧化碳和二氧化硫排放　2008—2010 年,单位工业用地工业增加值 COD 排放量分别为 0.058 公斤/万元、0.047 公斤/万元、0.033 公斤/万元,优于标准指标的 0.1 公斤/万元。单位工业增加值 SO_2 排放量分别为 0.002 9 公斤/万元、0.002 9 公斤/万元、0.002 1 公斤/万元,远优于标准指标的 1 公斤/万元。

基础设施低碳化　浦江高科技园办公大楼地源热泵空调系统建设项目,2009 年能源消耗为 235 040 千瓦时,相比于 VRV(交流媒流量)空调系统消耗的 457 843 千瓦时,节能量 222 893 千瓦时,年节约电费近 19.4 万元。2010 年 7 月,漕河泾现代服务业集聚区能源中心一期项目投入夏季供冷试运行。能源中心是采用冰蓄冷空调技术、低温送风系统,对大约 40 万平方米建筑面积的楼宇实施集中供电、供气、供冷。

六、园区管理

【"三大园区"建设】

2000 年,开发区启动以"三大园区"(双优园区、数字园区、国际园区)为标志的新一轮投资环境建设。

双优园区　是指引入国际管理标准,创建 ISO 9001 质量管理体系和 ISO 14001 环境管理体系,将开发区建成质量和环境双优园区。

2000 年 6 月 26 日,开发区总公司为实施公司 ISO 工作计划,成立 ISO 领导小组和 ISO 办公室,负责 ISO 9001 质量管理体系和 ISO 14001 环境管理体系的创建和体系管理。2001 年 11 月 23 日,总公司通过 ISO 9001 质量管理体系认证。2002 年 10 月 22 日,开发区通过 ISO 14001 环境管理体系认证。2003 年 8 月 14 日,开发区通过国家环保总局验收,被授予 ISO 14000 国家示范区称号。

2006 年,开发区会同徐汇区完成 ISO 14000"国家示范区"持续改进的目标和指标。2008 年,根据开发区 2008—2009 年"两年环保行动计划"所确定的目标指标,落实创建循环经济和生态工业园区的各项任务,2 年内完成 60％工作量。2009 年,举行漕河泾开发区"国家生态产业示范园区"创建启动仪式。继续以"环境改进两年行动计划"为抓手,结合"迎世博 600 天"活动,全力抓好"三网"(道路网、公交网、绿化景观网)优化建设,推广集中供热、冰蓄冷、共同沟、地源热泵、太阳能、雨水收集等绿色节能环保技术的应用。

2010 年,开发区编制的《国家生态工业示范园区建设规划》,9 月获环境保护部、商务部、科学技术部批复同意,创建国家生态工业示范园区推进委员会成立。完成河道整治、节能项目改进、搬迁垃圾房等建筑和贯通绿地等,使园区环境进一步得到改善。

数字园区　是指将开发区建成"以电信全服务为基础、宽带信息网络为平台、数字化商业服务为应用"的高科技园区。

1996 年,开发区通过成立 Internet 网络公司,建立开发区与国际 Internet 的信息通道,为区内 80 多家企业提供入网。8 月,开发区在 Internet 网上设立"漕河泾开发区企业之窗",平均每月访问人数达到 30 000 人次。1998 年,开发区筹建开发区局域网,开发区总公司制订"上海漕河泾新兴技术开发区信息管理服务系统总体规划"。2000 年,开发区进一步改善信息通讯环境,先后引进中国联通、网通、中国电信等国内网络通信公司,并把上海互联网交互中心引进开发区办公大楼。同时,还有一批网络公司也先后落户开发区。

2001年,总公司成立"数字园区"推进领导小组,明确创建主体;与上海电信签署联手共建"数字园区"的协议书,并共同出资组建负责实施该项工程的上海电信恒联网络有限公司;筹建并开通"E—漕河泾网站",成立"今日漕河泾未来工作室";构建总公司内部的电子化信息管理系统,初步实现总公司内部的办公自动化、管理电子化和信息网络化。2002年制定"2002—2005年上海漕河泾新兴技术开发区信息化规划",明确"三个网络(开发区数字园区网络、总公司系统广域网络、总公司局域网络)、三个中心(开发区数据中心、网管中心、安全中心)、四个平台(用户接入平台、应用服务平台、综合集成平台、网络支撑平台)"的功能目标,实现总公司OA办公系统、K/3财务系统向子公司全面延伸。同时完成数字园区一期网络工程,为进区企业提供电信业务和互联网增值服务,提供电子政务、电子商务平台服务。

2003年,在数据中心、网络管理中心、安全中心初具规模之际,数字园区建设从网络基础设施建设转入应用建设阶段,开展ERP系统下的征地动迁、物业管理、资产管理三大模块的设计、开发、试点应用及建设模块的需求调研,统计模块于第四季度开始部分企业网上报送报表的试点。此外,数字园区建设延伸到浦江高科技园,与上海电信再度合作,签订共建协议。是年11月,完成漕河泾出口加工区海关信息化系统的建设任务。2004年,完成ERP招商、建设模块的开发,推动资产、物业及征地动迁模块的应用、维护和改进,并完成系统的初步集成。

2005年,开发区总公司ERP招商与建工模块及其系统集成经国家版权局批准获得软件著作权,完成以资金流为重点的ERP系统集成补充方案。12月21日,开发区通过市信息委企业信息化园区示范工程试点验收,成为3家示范单位之一。同时,开发客户服务管理系统开通客户声讯系统,用信息化手段提高为客户服务的水平。2007年,实现ERP软件系统向临港、浦江、新经济园、创业中心和物业公司的拓展。11月,修改发布开发区门户网站英文版,完善开发区网站的"窗口"功能。

2009年,开展3G网络覆盖、楼宇智能化建设。制订开发区公共区域技防监控系统建设规划、开发区公共热点无线覆盖方案及国际商务中心停车引导系统方案等。2010年4月,开发区总公司与上海电信签署《漕河泾数字园区信息化项目合作协议》。7月28日,漕河泾开发区举行"公共区域WIFI无线光网覆盖"开通启用仪式,使开发区成为上海首个实现公共区域WIFI无线全覆盖的国家级开发。新一代城市光网覆盖基本到位,31幢楼宇完成光纤进楼到户,实现"千兆进楼、百兆进户、T级出口"带宽接入的绿色高性能光网络。加快推进平安园区建设,完成区内17个路口、75根车道高清智能监控系统建设。开展智能停车引导系统和办公大楼智能化建设。

国际园区 是开发区通过合资、合作以及交流与合作、学习国外科技园区的先进理念及管理经验,把开发区建成全方位开放的国际性园区。

2001年,开发区总公司与英国宇航集团(BAE System)、阿灵顿公司(Arlington Securities plc)合资共建占地60公顷的高科技园区——"科技绿洲",重点发展信息产业,包括软件的开发和生产、计算机网络系统和通信技术的研究和开发。2002年,"科技绿洲"项目完成规划审批、总体设计、环境检测、土地平整和建设前期协调等工作。2003年,"科技绿洲"首期基础设施及环境建设启动,招商工作在境内外展开。至2004年,引进飞利浦公司等行业巨头企业,并与英国方面研究与探讨合作新模式。2004年,开发区启动服务贸易区地块开发,成立领导小组及工作小组,动迁准备工作于年底取得突破性进展。开发区兴园宾馆引入华美达品牌特许经营,成为"国际园区"创建的又一个标志性内容。2005年,华美达兴园酒店被确定为华美达中国的培训基地。

2006年,国际园区建设以科技绿洲和现代服务业集聚区为重点,实现软、硬件的国际接轨。走出去,到阿林顿园区培训学习,消化吸收后形成园区的管理文件和规范。2008 年,科技绿洲、现代服务业集聚区继续采取国际合作和国际招投标方式推进,开始实施与英国莱坊公司(Knight Frank)的试点合作,品牌带动效应显现。启动新漕河泾大厦改建并确定管理模式,完善华美达酒店的合作经营管理,进一步扩大规模、提升功能。2009 年,打造高端服务理念和服务设施。物业公司与英国莱坊公司的战略合作进入新阶段,双方签订《浦江高科技园地铁广场物业前期服务顾问协议》,为开发区高端物业管理打开新局面;保华万丽五星级酒店建设项目进展顺利,为国际园区提供高端服务配套。

2010 年,加强与国际姐妹园区交流,加强与以色列、加拿大、乌克兰的技术转移与创新合作,"中俄乌科技园"有 10 个项目入驻创业中心,2 个项目成立企业并落地开发区;物业公司进一步深化与英国莱坊公司在浦江地铁广场项目的合作,打造具有国际水准的高端项目典范;华美达新园酒店 9 月升级全新开业,成为华美达国际首家在运营期内成功实现品牌升级的酒店,并荣膺温德姆国际酒店集团旗下仅 5 席的"2010 年度全球最佳进步酒店"称号。

【园区服务】

企业服务　1988 年,漕河泾新兴技术开发区在创建初期,就开始实行水、电、气、通信等主管单位上门服务。同时,从 1988 年起,开发区在引进项目的过程中,开展涉外咨询代理工作,在帮助外商了解投资政策、项目申报、基建申请等方面起到催化作用。

1989 年 10 月 30 日,开发区管理服务中心——新园大厦开业。海关、商检、银行、保险、邮政、外运等涉外单位在中心内设置办公机构,为开发区内企事业单位提供"一站服务"。

1990—1995 年,开发区拓展服务内容,服务体系进一步完善。交通银行、工商银行先后在技贸中心设点营业;能源、通信等业务主管机构完善服务制度,每周定期到开发区现场办公,直接受理企业的咨询、申办业务;开发区高新技术企业认定办公室、人才交流中心、人才培训中心、进出口公司、回国留学生服务中转站、律师事务所、会计师事务所、专利商标事务所、计量测试中心、质量检测中心相继在区内成立,为企业提供全面服务;开发区内设立街道办事处和公安派出所等机构,为开发区提供清洁、安全、文明的生活、工作环境。

1996 年,总公司对英特耐特公司进行增资,建立开发区与国际 Internet 的信息通道。至 1996 年,区内有 80 多家企业入网。1998 年 11 月,漕河泾开发区成立上海工业经济担保有限公司,向区内外企业提供融资担保及咨询服务,支持和扶持企业的发展。

2000 年,开发区进一步改善信息通信环境,先后引进中国联通、网通、中国电信等国内网络通信公司,并把上海互联网交互中心引进开发区办公大楼。同时,还引进一批网络公司,进一步改善开发区信息通信环境。

2002 年,总公司坚持"以客户为中心"的服务宗旨,开展多项服务。建立开发区客户服务中心,24 小时接受企业意见、建议和投诉;推行企业联络员制度,全员深入企业,加强与企业的沟通;建立综合协调办公室,参照执行"张江十九条"有关条款,推动政府各部门服务延伸至开发区;争取海关总署、上海海关和商检支持,使 5 家企业列入电子账册应用试点,12 家企业列入便捷通关,8 家企业与商检签署"就地报检承诺"。8 月,全国海关第一本加工贸易电子账册在开发区英业达集团试点成功,使开发区进出口报关达到出口加工区水平。2003 年 8 月,上海市漕河泾新兴技术开发区统计中心正式成立,为区内企业统计工作带来更好的服务。

2007 年 8 月 28 日,漕河泾开发区工商所挂牌成立,方便区内企业便捷而高效地办理各项相关业务。12月27日,知识产品(上海)集散中心在开发区内启动,有近50家中介服务机构进驻,为科技成果产业化提供各类服务。

2009年,总公司坚持"以企业为本"的服务宗旨,践行对企业"无事不插手、有事不撒手、好事不伸手、难事伸援手"的"四手理念",遵循"对企业发展中需要解决的事,凡能在开发区内办到的,及时解决;凡不能在开发区内办到的,协调有关部门关心解决"的"两项工作原则"。全年先后举办有针对性、有明确主题的现场会、座谈会、专题会、政策宣讲会等逾百次,走访企业、上门服务超过500人次。举办各种形式的银企对话活动11次,缓解企业融资难问题;协调解决区内不少企业在增资扩建、人才引进、集体户口、劳资纠纷、设备通关、商检质检等方面的困难。

2010年,是漕河泾开发区的"服务年",为企业发展创造良好的服务环境。推动医疗服务进园区,共建医疗保健平台;与区政府共建开发区实验小学;围绕产业发展组织各类研讨会和论坛;启动"漕河泾开发区服务平台"筹建工作;启动"国家级海外高层次人才创新创业基地"筹建工作;全面建设"漕河泾开发区双创培训服务平台"。是年,总公司获评"上海市企业服务优秀园区"。

配套服务设施 漕河泾新兴技术开发区在建设初期,一手抓开发建设,一手抓生活配套服务设施建设,不断扩大服务范围。

1989年,新园大厦和经营服务公司采取"边建设、边营业"的方式,开放对外经营,为中外进区企业提供餐厅、住宿、电讯、客运、绿化、商业等各种服务。1991年,与工业区配套的生活区设施建设取得较大进展。近11万平方米的住宅全部竣工交付使用;生活区内的幼托、小学、菜场等生活配套设施建成并投入使用;中行储蓄所、邮电所、洗染店、粮店、饮食店等办理租房手续;至1993年,开发区生活住宅小区中的14.1万平方米的各类住宅全部竣工并交付使用。

1996年,漕河泾开发区重点建设以交通为重点的配套服务体系,缓解开发区与区外交通衔接不畅的问题。总公司投资200多万元购置4辆中巴,1997年1月8日,开发区内定班车正式通车。至2001年,借助"大公交"支持,先后将公交92、93、120、205、89、252、804、809、931路等多条公交线引进开发区,方便区内企业员工出行。

2007年,开发区把区内闲置的"零碎"土地和闲置用房,改造成"健身中心""网球场""迷你高尔夫球场""绿色休闲中心"等,让区内工作人员能够在漕河泾更舒心地工作。是年底,地铁9号线开通,实现区内轨道交通的零突破。在餐饮配套上,由自行生产经营模式全面转为供应商集成管理模式。同时,通过设置大小餐厅、引进中高档餐饮等措施,满足不同层次的餐饮需求。1月新园俱乐部建成启用,使开发区有了"星级"标准的餐饮和娱乐设施。此外,公司成立商业配套规划小组,初步形成现代服务业集聚区商业配套规划,落成开发区公园绿色阳光休闲中心。

2008年,编制完成"一带、三圈、五点"开发商业布局规划,加快园区商业配套设施的布点和建设,进一步完善园艺生态休闲中心、开发区公园等多处商业配套设施。2009年,引进一批金融机构、健康饮品、交通导航、便利商店、中西式快餐和咖啡馆等设施;开发园区服务智能一卡通系统,覆盖开发区31家餐饮和商业网点。2010年,对密集度较高的小区配备银行、便利店、咖啡店等业态,对集聚区总部区等重点小区,引进招商银行、上岛咖啡、赛百味、爱果果汁吧、吉腾拉面、新食尚等项目,与公共餐厅互补,初步形成商业配套集聚的规模效应;开发区"一卡通"扩展至55个商业网点联网运行;漕河泾开发区内新增一条152路(大站车)公交线,成功与轨道交通1号线对接。

物业管理 1996年以后,先后成立上海新和物业管理有限公司、上海新谷酒店管理有限公司和西区物业管理公司。1996年10月,经建设部检查验收,公司管理的通用厂房物业管理被评为国家建设部级优秀物业管理小区。至2005年,漕河泾开发区的物业管理由3家公司分别承担。

2005年,开发区总公司在上海新谷商务管理有限公司、新和物业管理有限公司和西区物业管理公司基础上,建立上海漕河泾开发区物业管理有限公司。

2006年,物业公司在资源整合后,确定公司组织运营构架,走"物业早期介入"模式,全面覆盖开发区物业新项目;完成ISO 9000、14000、18000"三标合一"综合管理体系贯标;获"全国物业管理示范园区"称号和建设部授予的"一级物业管理资质企业"称号。2007年,物业公司管理范围由本部、浦江园区延伸至临港新城,物业管理总面积突破250万平方米,其中成功竞标的市场化物业管理项目7个,面积超过50万平方米。物业公司的"创优达标"工作取得成效,其管理的楼宇项目"科技产业化大楼""软件大厦"等获得"全国物业管理示范大厦"称号;管理的"浦江园区管理中心""新茂园区"及"创新大厦"获得"市物业管理示范工业园区"称号。7月,物业公司与英国莱坊公司签订合作协议,跨出高档商务楼宇物业管理品牌国际合作的第一步,在建中的国际商务中心成为双方实质性品牌合作的首个试点项目。

2008年,物业公司实现"规范化、信息化、标准化"管理。新汇园和新园科技广场C项目荣获"市优"称号,与英国莱坊公司正式签署《物业管理顾问服务合同》,共同打造公司"第三代"高端物业管理品牌。2009年,物业公司搭建开发区服务大平台,引进战略投资者和品牌服务商。临港豪生酒店被市旅游局确定为世博接待酒店;成功中标普洛斯上海地区物流园区服务项目;与英国莱坊公司的战略合作进入新阶段,双方签订《浦江高科技园地铁广场物业前期服务顾问协议》,为开发区高端物业管理打开新局面。物业公司编制完成《工业园区物业服务企业标准》,这是漕河泾物业公司对工业园区物业管理运作实务经验的范本,是上海市首部工业园区物业服务企业标准。

2010年,物业公司以打造"园区综合服务运营商"为目标,坚持物业管理做品牌、酒店管理做精品、商业服务做名品战略定位,推进区域化管理模式,塑造高端品牌引领效应。全面建立起以"智能营运、管作分离、精致服务、品牌引领"为核心的第三代标准化体系,科技绿洲率先试运行物业管理软件,呼叫中心、监控中心实现全覆盖,各项服务水平得到进一步提升。

第四节　产业发展

一、招商引资

【招商机构】

1986年7月,漕河泾微电子工业区开发公司更名为漕河泾新兴技术开发区发展总公司,开发区总公司于10月15日成立经营部,负责开发区招商引资工作。1995年8月,为适应开发区总公司建设发展和经营拓展的需要,经营部和投资部合并为经营投资部。2000年2月1日,经营投资部更名为招商部。12月27日,招商部更名为招商中心,负责公司的招商引资工作、对外洽谈项目、签订项目合同,并负责相关的统计工作。

【招商成果】

1986年,漕河泾微电子工业区先后接待英、日、法、意、新加坡、匈牙利以及中国香港等国家和地区的客商30多批,进行业务洽谈。1987年,工业区先后与上海电动工具研究所、上海光纤通信工程公司、上海机床电器三厂签订场地使用合同;与上海飞利浦半导体有限公司签订场地预约合同。经市计委、市外经贸委批准进区的项目有中外合资企业上海液化空气有限公司、上海NYPRO精密塑料有限公司、上海微电子信息服务公司等。区内已建成项目有中科院冶金所二部和上海无线电十四厂洁净车间等。

1988年7月,开发区引进第一个外资项目上海先进半导体制造有限公司。1989年5月,第一个外商独资企业美国三茂(3M)中国有限公司进驻开发区。美国的瑞侃科技有限公司、荷兰飞利浦公司等一批外商投资企业随后进区。

1990年3月28日,开发区进行上海首块工业用地有偿出让,香港齐来贸易有限公司获得开发区B7—B10地块50年使用权,土地出让面积为4.27万平方米。

1993年,引进的外商投资企业有:中美合资上海朗讯科技传输设备公司、中美合资上海朗讯科技光纤有限公司、中美合资华腾软件系统有限公司、中荷合资飞利浦照明电子(上海)有限公司等,均于当年开业。至1995年,开发区有企业616家,员工5.4万人。其中三资企业达189家,来自美国等16个国家和地区。引进项目总投资12.35亿美元。外商直接投资7.6亿美元,占总投资的61.54%。投资项目5 000万美元以上的有5个。累计500万美元以上的项目占总投资80%,其中大型项目均集中在光纤通信、微电子、计算机、新材料、电子仪表仪器等产业,骨干企业年产值、销售收入和利润均超亿元。

"九五"期间(1996—2000年),开发区实行有重点的招商策略,主要吸引跨国公司、龙头企业和高科技项目进区,吸引更多的研发中心进区,提高开发区利用外资的水平。1996年,开发区引进外商投资企业26家,合同总投资3 511万美元,其中外商投资2 840万美元。1997年,引进外商投资企业21家,总投资额2 377万美元。1998年,引进投资迅速增长,引进外商企业16家,总投资额7 086万美元。投资额在千万美元以上企业有3家:英国独资的味全(中国)投资有限公司、美国独资的上海基康生物技术有限公司和与香港合资的上海通信技术中心。1999年,开发区引进外商投资企业20家,总投资额2 776万美元,其中外商投资2 073万美元。利用外资呈现高技术研发功能的项目多、高科技跨国公司增资扩建项目多的特点,如朗讯科技公司、新涛科技公司、上海日精电机有限公司等,经过多年发展,进入"投入—产出—再投入"的良性循环。2000年,外商投资数和总投资额创五年新高,引进外商投资企业34家,总投资1.8亿美元,其中外商投资1.7亿美元。增资扩股项目总投资额1亿美元。在引进项目中,有全球电讯业排名第一的美国通用电气公司中国研究开发中心、美国朗讯公司的贝尔实验室、加拿大的北方电讯公司等国际知名的具有研发功能的高技术项目,使开发区内具有研究与开发功能的外商投资企业数增加至60多家,并产生一定的聚集效应。

表5-3-3 1996—2000年漕河泾开发区外商投资情况表

年 份	外商投资企业数(家)	总投资额(万美元)
1996年	26	3 511
1997年	21	2 377
1998年	16	7 086
1999年	20	2 776
2000年	34	18 000
合 计	117	33 750

资料来源:《上海年鉴(1997—2001)》

　　"十五""十一五"期间(2001—2010年),开发区坚持以引进内外资项目并举、发展高新技术产业和高附加值服务业并举的方针,新引进的绝大部分为研发、总部、商贸类高附加值企业和机构。

　　2001年,开发区引进项目153个。新批准三资企业29家,总投资1.35亿美元(包括增资5 805万美元),外商投资额1.17亿美元。引进IBM公司、柯达公司、华源集团的源创数码公司、移动通讯公司、因脉光电技术有限公司、罗顿光通信公司、北大青鸟集团科联数码公司、台湾智邦科技股份有限公司、日本广阔电子公司等,主要集中在光电子、计算机软件及微电子等产业领域。开发区还引进、建立国家软件基地——漕河泾软件中心和光电子研发中心。2002年,开发区引进项目220个。新批准三资企业43家,总投资额2.02亿美元(包括增资0.29亿美元),其中外商投资额为1.98亿美元。2003年,开发区引进外资项目52个,合同外资金额21 900万美元。落户内资企业212家,引进项目多为研发机构。2004年,开发区引进外资项目27个,合同外资金额12 479万美元,落户内资企业208家,引进项目中生产性服务和中介、贸易服务机构约占一半。

　　2005年,开发区引进外资项目15个,合同外资金额5 863万美元,落户内资企业189家,引进项目中软件、通讯和计算机服务领域项目占全部三产项目的六成以上。飞利浦公司每年投入4 000万欧元研发经费,打造涵盖六大研发中心的创新科技园;美国3M公司投资4 000万美元建设其全球第五个技术研发中心;思科公司投资3 200万美元建立中国研发中心;美国伟士通进区设立亚太总部、研发总部和延锋伟士通技术中心;法国佛吉亚集团进区成立地区管理总部和研发中心;日本本田汽车全资的本田技研工业投资公司定位建设成为"中国本部"等。此外,通用公司、泰科电子(上海)有限公司、朗讯科技公司等已进区的外资项目也增资扩建。在吸引外资的同时,开发区还引进南瑞集团公司、诚丰数码科技有限公司等一批技术新、层次高的内资项目。

　　2006年,开发区引进外资项目77个,合同外资金额25 863万美元,内资企业254家。外资项目有施耐德集团、艾默生公司、德而福公司、泰科工程公司、泰科医疗公司、通用电气公司、三星电子公司、日本株式会社电装、三井物产株式会社、西门子股份公司等11家世界500强企业以及泰鼎集团、奔迈公司、美络通通讯设备有限公司、泰莱集团、杜尔集团、法雷奥集团等一批国际知名公司先后在开发区设立管理总部或研发、设计、技术服务、检测、采购、销售等中心。中国百强企业中国电力投资公司签约入驻"科技绿洲"。新引进的自主创新项目有尚德太阳能有限公司、文思创新软件技术有限公司、上海新视韦尔智能有限公司、金桥网络通讯有限公司、逊志科技有限公司等一批高新技术企业,这些项目技术含金量高,在同领域处于国内领先地位。

　　2007年,开发区引进外资项目70个,合同外资金额26 268万美元,落户内资企业176家。外资代表性企业有美标(中国)有限公司、邱博投资(中国)有限公司、迅桐网络研发(上海)有限公司等。内资自主创新代表性企业有国核技工程有限公司、中国民航信息集团有限公司等。2008年,开发区引进外资项目27个,合同外资金额27 620万美元,落户内资企业175家,90%以上的新进项目为研发、总部、商贸类高附加值企业和机构。外资项目有法国标致雪铁龙中国区造型、研发和采购中心,美国亚什兰(中国)投资公司和研发中心,美国罗克韦尔研发中心和营运总部,瑞士斯沃琪全国技术支持中心等。外资增资企业有思科、泰科电子、3M、飞利浦等。

　　2009年,开发区引进外资项目21个,合同外资金额22 823万美元,落户内资企业230家。本部区域以"一部三中心"(地区总部、研发设计中心、运营结算中心、管理服务中心)项目为重点,如安吉汽车租赁有限公司、爱普拜斯应用生物系统贸易(上海)有限公司、宏暮信息技术研发公司、日华化学技术咨询(上海)有限公司、中石油上海销售公司、上海市软件评测中心等。现代服务业集聚区总部经济区,迎来金煤集团总部及技术中心入驻,集聚区首期与凯德的合作初见成效,吸引上海汇付网络科技有限公司、艾默生电气(中国)投资有限公司、上海雅马哈建设摩托车销售有限公司、麦当劳中国总部等知名企业入驻。除新进项目外,标志雪铁龙技术中心、中国中原对外工程公司上海分公司、上海麦考林国际邮购有限公司等企业,扩延发展。

2010年,开发区引进外资项目54个,合同外资金额30 000万美元,落户内资企业319家。新引进20个国内外重大项目有:沃尔玛(中国)投资有限公司、甲骨文软件研发中心、富士康科技集团、泰森集团、泰克科技(中国)有限公司上海分公司、泰科电子公司、法国标致雪铁龙汽车股份有限公司、思科系统(上海)视频技术有限公司、柯惠医疗器材商贸(上海)有限公司等世界500强企业9家,美光半导体咨询(上海)有限责任公司、英维思自动化控制系统(上海)有限公司、艾利(中国)有限公司上海分公司、都富集团、捷普科技(上海)有限公司等美国500强企业5家,以及上海瀚洋广告有限公司、华创证券有限责任公司上海宜山路证券营业部、上海市知识产权交易中心、上海淘米网络科技有限公司等国内知名企业6家。国际商务中心年内签约9个项目,租赁面积超过9 000平方米。

至2010年,开发区引进外资项目752个,合同外资金额263 577万美元,有中外高科技企业及研发机构1 510家,其中50多家世界500强跨国公司在区内投资90个项目,从业人员14.06万人,形成以电子信息为支柱产业,以新材料、生物医药、航空航天和汽车研发配套、环保新能源为重点产业,以现代服务业为支撑产业的"一五一"产业集群体系。

表5－3－4 2003—2010漕河泾开发区招商引资情况表

年 份	吸引外资项目数(个)		外资项目投资金额(万美元)		合同外资金额(万美元)		外资到位金额(万美元)	
	本 年	累 计	本 年	累 计	本 年	累 计	本 年	累 计
2003年	52	451	——	——	21 900	110 000	12 000	70 000
2004年	27	490	——	——	12 479	119 783	17 310	80 394
2005年	15	505	——	——	5 863	131 100	7 273	93 600
2006年	77	582	——	——	25 863	156 963	7 575	101 175
2007年	70	652	51 179	457 757	26 268	187 854	21 410	128 334
2008年	27	628	50 000	530 000	27 620	256 100	15 460	150 000
2009年	21	698	26 870	525 078	22 823	233 577	6 202	142 436
2010年	54	752	60 000	585 078	30 000	263 577	18 050	160 486

资料来源:《上海市开发区统计手册》(2004—2011)

二、主导产业

【电子信息产业】

电子信息产业是漕河泾开发区的支柱产业,主要集中在微电子、光电子、计算机、集成电路、通信设备、电子元件等高新技术产业门类。

1985年6月,区内第一个工业性生产线项目——中日合作设计制造的上无十四厂MOS大规模集成电路生产线工程奠基。1988年,有上海贝岭微电子制造有限公司、启明软件有限公司、上海微电子研究开发基地、中荷合作的上海菲力浦半导体公司、上海光纤通讯工程公司等企业在漕河泾开发区落户。

1995年,微电子、光纤通信、计算机产业销售额达到28亿元,形成集研究、开发、中试、生产、销售为一体的全国最先进的微电子产业群体,一批跨国公司,如加拿大北方电讯公司,荷兰飞利浦公司,比利时贝尔集团、美国杜邦公司、英特尔公司、莱迪斯公司,日本爱普生集团等纷纷投资开发区。建成的微电子企业有上海先进半导体制造公司、上海贝岭股份有限公司等14家,总投资3.5亿多美元,主要技术产品有0.6微米集成电路,4英寸~6英寸硅片,1微米大规模集成电路生产、大规模集成电路光刻掩膜的制造等。光纤通信产业吸引国外20多家知名企业落户。美国爱梯恩梯在中国投资合作8个企业,其中3个在漕河泾开发区。上海爱梯恩梯通讯设备有限公司生产的一对光纤可通3万门电话的传输设备,1995年销售收入达8000万美元。上海爱梯恩梯光纤公司生产的单模光纤,填补国内空白,年生产光纤可达50万公里,成为中国最大的光纤生产厂家。开发区具备光纤通信数字传输设备的生产工艺和技术,非零色散的单模光纤和海缆用高强度单模光纤的生产能力和技术水平,成为中国最大的光纤通信产业基地之一。

开发区计算机产业快速发展,尤其是计算机软件,涉及工业自动化、信息、金融、保险、商业等方面,拥有各类软件人才6000人左右,并具备英特耐特联网、金融管理、工厂管理等先进的软件开发技术。

1998—1999年,电子信息产业销售收入大幅增长,分别为62亿元和67亿元。2000年,开发区新引进的项目中,50%以上属于信息产业。从事半导体技术、光纤生产、通信和计算机技术等项目的企业和研究、开发、生产的企业总数近200家。电子信息产业销售收入95亿元,比1999年增长41.8%。

2001年12月12日,国内芯片制造业第一批6英寸Bipolar产品由上海新进半导体制造有限公司开始生产。2002年7月,华东电脑股份公司成功开发具有自主知识产权的EC"光辉"1000磁盘陈列海量存储系统,被国家计划委员会列入高新技术产业化项目。上海华虹集成电路有限责任公司研制成功中国第一款具有中国自主知识产权的带RSA协处理器的IC卡芯片——SHC1204。漕河泾开发区IC(集成电路)产业能进行0.35微米以下多层金属高速集成电路的设计与研发。

2004年,漕河泾开发区信息产业企业数占开发区企业总数的一半,销售收入占开发区总销售收入的70%以上,是开发区跨国公司最集中、项目集聚度和关联度最高的支柱产业。其中微电子产业,形成包括咨询、设计、开发、制造、测试、封装、销售、服务及相关配套等在内的较为完整的产业链,拥有先进半导体公司、上海贝岭股份有限公司、新进半导体公司和迅科微电子公司等芯片生产企业,共6条生产线;光电子产业,拥有美国朗讯科技光网络、朗讯科技有限公司、朗讯科技(上海)国际企业有限公司等代表企业。计算机及软件产业,拥有英业达有限公司、英华达(上海)电子有限公司、英顺达科技有限公司、上海爱普生电子有限公司、理光图像技术(上海)有限公司、上海启明软件股份有限公司、PFU上海计算机有限公司、麦迪实软件(上海)有限公司、上海中晶科技有限公司、纬创资通(上海)有限公司等众多企业。

2008—2010年,电子信息产业企业不断壮大。开发区引进高新技术企业64家,其中信息产业53家,占82.8%,主要企业有英顺达科技有限公司、俊英科技(上海)有限公司、上海未来伙伴机器人有限公司、上海东尊电力设备厂、上海嘉腾通讯系统工程有限公司、日冲半导体(上海)有限公司、上海交大慧谷信息产业股份有限公司、域华电子科技(上海)有限公司等。

2010年,漕河泾开发区有电子信息产业404家,占全区高新技术企业数30.9%,工业总产值

947.4. 亿元,占开发区总产值 75.6%,销售收入 1 246.00 亿元,占开发区销售收入 56.9%,利润总额 46.30 亿元,占开发区利润总额 45.9%,出口总额 110.9 亿元,占泾开发区出口总额 87.1%,期末人数 6.5 万人,占开发区期末人数 44.5%。

表 5 - 3 - 5 2003—2009 年漕河泾新兴技术开发区信息产业完成情况表

年　　份	产业分类	企业数(家)	销售收入(亿元)
2003 年	集成电路	65	39
	光通信及网络设备	100	76
	计算机及软件	138	135
2004 年	集成电路	64	47.7
	光通信及网络设备	106	25.5
	计算机及软件	149	427.9
2005 年	集成电路	57	52.54
	光通信及网络设备	117	57.52
	计算机及软件	166	646.99
2006 年	集成电路	64	70.21
	光通信及网络设备	118	36.39
	计算机及软件	160 余家	845.30
2007 年	集成电路	66	81.71
	光通信及网络设备	115	42.88
	计算机及软件	172	833.48
2008 年	集成电路	75	74.02
	光通信及网络设备	131	66.21
	计算机及软件	190	1 048.35
2009 年	集成电路	81	91.79
	光通信及网络设备	143	83.65
	计算机及软件	64	47.7

资料来源:《上海年鉴 2004》《上海工业商业年鉴 2005》《上海年鉴 2006—2010》

【生物医药产业】

生物医药产业是开发区重要高新技术产业之一。

"七五"期间(1986—1990 年),开发区生物工程产业逐步形成。1986 年,中国科学院上海生物工程研究中心在开发区破土动工,这是中国第一个国家级生物技术中试研究基地。基地以基因工程为主导,具有能同时进行 20 多个生物项目的研究和开发能力。

1991 年 11 月 28 日,中科院上海生物工程研究中心通过国家验收,它与区内中科院远东生物公司、上海工业微生物研究所一起,形成上海生物工程中试生产基地。1992 年,该基地研究的基因工程人生长激素、细菌腹泻疫苗及固定化青霉素酰化酶等 30 多种产品和中试项目陆续投产,有的项目还与国外合作开发,与美国合作成立中美合资利亚有限公司等 3 家合资企业。

1993 年 10 月 29 日,上海市工业微生物研究实验基地竣工,并通过市计委主持的验收。基地占地面积近万平方米,总投资 1 460 余万元。该基地生产的核苷酸系列产品开发项目,系国家计划委员会下达的国家重点工业性试验项目。1994 年上半年,上海市在浦东张江高科技园区—金桥出口加工区、松江工业技术开发区、漕河泾新兴技术产业开发区内各划出 1 个小区,用于重点发展生物与医药产业。1995 年,开发区生物工程产业的销售收入 1 亿元。主要技术有:开发研究基因工程、酶工程、人体生长激素、幼畜腹泻疫苗工程,云芝糖肽(PSP),白细胞介素-2 等。

2002 年,生物医药销售收入 1.9 亿元,出口额 0.9 亿美元。2003 年,生物医药工程销售收入 2.2 亿元。2004 年 8 月,由开发区科技创业中心和区内新生源公司等发起,聚科生物园区、上海科华生物工程股份有限公司、上海克隆生物高技术有限公司、上海普洛麦格生物产品有限公司等为主体的徐汇生物技术国际外包服务中心成立,旨在发展新药研发、技术转移等高端外包服务,力图形成以医药国际 CRO 服务、生物医药国际知识产权合作为特征的国际化生物医药产业集群。2008—2010 年,漕河泾开发区引进生物医药高新技术企业 6 家,分别是明尼苏达矿业制造医用器材(上海)有限公司、科耐欧贸易(上海)有限公司、板桥医疗器械(上海)有限公司、上海科华企业发展有限公司、上海科启医疗设备有限公司、上海利盛化学品有限公司。

【新材料产业】

新材料产业是开发区重要高新技术产业之一,主要涉及电子、生物医药、环保节能等领域,兴起于 20 世纪 80 年代后期。

1989 年 1 月 31 日,注册资本 584 万美元的上海瑞侃电缆附件有限公司在开发区成立。4 月 30 日,3M 中国有限公司进入漕河泾开发区建设生产基地,并于 1994 年设立创新技术中心。2006 年,该中心投资 4 000 万美元扩建为中国研发中心。是年,3M 中国有限公司宣布在浦江高科技园建立亚太首个医用器械生产基地。

20 世纪 90 年代年起,新材料产业加快建设和发展。1993 年,开发区新材料产业产值从 1992 年 1.94 亿元增加到 5.57 亿元,增长 187%。1995 年,新材料产业引进吸收国外先进技术、填补国内空白的主要有:生产非零色散的单模光纤和海底光缆用高强度单模光纤;制造非金属晶体的高性能磁性材料;生产辐射明热收缩的电力、通讯电缆附件的技术;涉及汽车、机械、电子、电气、计算机、医疗等产品的 3M 公司专利和专有技术。是年,新材料产业销售收入超 8 亿元。

1997—2000 年,新材料产业销售收入逐年增长。分别达到 13 亿元、17 亿元、18 亿元和 20 亿元。新材料产业拥有以 3M 中国有限公司、邮电 3M 有限公司、上海瑞侃电缆附件有限公司、ICI 上海有限公司、杜邦公司、上海瑞侃电缆附件有限公司、飞利浦(中国)投资有限公司等组成的新材料产业群体,有企业 30 多家。这些企业不仅建立技术中心和研究开发中心,还建立从研究开发到生产制造、经营销售的产业链。

2009 年,新材料产业完成工业总产值为 43.30 亿元。其中,3M 中国有限公司完成 27.69 亿元工业总产值,占开发区新材料行业的 64%。液化空气上海有限公司完成 6.82 亿元工业总产值。

【环保新能源产业】

环保新能源产业是开发区重要高新技术产业之一,是开发区发展的新兴产业。

1992年1月6日,上海市测试技术研究所微型核反应堆中子活化分析实验室在开发区建成。这是继秦山核电站并网发电后,在核技术应用方面取得的又一重要成果。1993年1月29日,注册资本3亿元的上海核工程研究设计院在开发区成立。它是中国第一座自主设计建造的秦山核电站设计单位之一。

2003年11月,中电投电力工程有限公司成立,总部位于开发区科技绿洲。这是中国电力投资集团公司的工程建设管理专业化公司和全资子公司。2004年12月29日,注册资本3亿元的国核工程有限公司成立,经营范围为核电工程,拥有核工程监理甲级、设备监理甲级、机电安装工程监理甲级等资质。2006年8月18日,上海尚德太阳能电力有限公司在开发区浦江高科技园的新型太阳能电池研发制造基地正式启动。

2007年,上海核工程研究设计院投资兴建核电研发设计中心项目。2008年3月,国核电站运行服务技术有限公司和国核自仪系统工程有限公司成立暨揭牌仪式在开发区举行。国核电站运行服务技术公司是国家核电全资子公司,公司以核工业无损检测中心为载体,致力于为核电站和其他领域提供优质的技术服务。

2009年1月,注册资本3400万欧元的阿尔斯通电网中国技术中心成立,它位于开发区浦江高科技园,占地面积5.45公顷,是阿尔斯通电网集团在中国设立的唯一一家研发中心。6月21日,新能源企业行者集团与漕河泾开发区签约,建设太阳能光电池建设基地。

至2010年,漕河泾开发区集聚了致力于发展环保水处理、废弃物处理以及核电、火电、风电、水电、太阳能电力等新能源及相关产品的众多单位。

【汽车研发配套产业】

汽车研发配套产业是开发区重要高新技术产业之一。

1994年,延锋伟世通汽车饰件系统有限公司入住开发区,它是由上汽集团和美国伟世通集团国际控股公司签约共同投资2.23亿美元成立的中美合资企业。2004年,佛吉亚把上海代表处迁入开发区;美国天合集团在漕河泾设立亚太技术中心,该集团是汽车安全系统的先驱者和领导者;2005年,美国天合集团亚太区及中国区行政中心迁入开发区;佛吉亚在漕河泾设立中国区管理总部和研发中心;延锋伟世通中国技术中心在开发区落成。2006年,首轮投资总额870万美元、注册资本额435万美元的汽车电子产品设计制造商光宝汽车电子有限公司入驻开发区,成立带研发功能的地区总部;法国法雷奥集团系统中国技术中心入驻开发区创新大楼。

至2006年,有12家世界级汽车零部件制造商在开发区落户。其中伟世通是全球第三大汽车零部件制造商,年销售收入达180亿美元;佛吉亚集团是法国第一、全球第九的汽车零部件供应商,在全世界27个国家设有企业;天合汽车集团是汽车安全系统的全球十大供应商之一;雀来宝集团是全球性跨国公司,在全球13个国家拥有39个制造基地;日本希凯株式会社是日产集团CK株式会社重要的供应商。

至2010年,开发区有汽车研发配套企业128家,占开发区企业总数的9.8%;从业人员0.9万人,占开发区总人数的6.2%;总产值79亿元,占开发区总产值的6.3%;销售收入114.96亿元,占开发区销售收入的5.3%;出口总额10.6亿美元,占开发区出口总额的8.3%。

【航空航天产业】

航空航天产业是开发区重要高新技术产业之一,起步于“七五”期间(1986—1990年)。

1989年12月20日,航空航天部615所机载电子中心基建工程开工。"七五"期间,开发区新兴技术领域的科研项目和新产品开发投入32 842万元,其中航空航天占35.5%。在航空航天技术方面,有航空航天部第八设计部、上海新跃仪表厂(803所)、上海仪表厂及航空机载电子中心(615所)等骨干单位,从事研制生产航空航天飞行器中有关自动控制与跟踪系统中的关键技术产品。

20世纪90年代,航天航空产业集聚开发区,其中有航天工业总公司第八设计院、801所、803所、807所、811所、812所及615所等研究院所。1993年10月20日,由中国航空无线电电子研究所(615所)和上海航空电器厂(118厂)合并组建的上海航空电子公司在开发区成立,填补了上海高科技航空电子产业的空白。

2001年11月,中国航天科技集团第801所"空间推进系统姿控发动机高空模拟试车台考台试车"尖端科技项目通过专家评审,这是国内唯一的一座76公里高空模拟试车台。2003年,该所获"上海市质量金奖企业"称号。2003年10月15日,中国自行研制的"神舟5号"载人飞船在酒泉卫星发射中心顺利升空,开发区内上海航天动力机械研究所等单位承担了"神舟"五号载人飞船推进系统、电源系统、测控信息系统等重要系统的研制工作。

2006年,由615研究所作为主要参研单位之一完成的"歼10飞机工程",荣获2006年度科技进步特等奖。该工程是继中国载人航天工程之后,第二个获得国家科技奖励特等奖的重大科研项目。2007年11月26日,"嫦娥一号"首张月图正式公布,标志着中国首次探月工程取得圆满成功。上海空间推进研究所为"嫦娥1号"提供的490牛顿变轨发动机为此次探月工程的圆满成功作出重大贡献。

2010年,漕河泾开发区有航空航天企业13家,从业人员0.6万人,总产值50.2亿元,销售收入20.18亿元,利润总额2.6亿元。

表5-3-6　2010年漕河泾开发区主要制造产业门类经济指标完成情况表

产 业 分 类	企业数 (家)	总产值 (亿元)	销售收入 (亿元)	利润总额 (亿元)	出口总额 (亿美元)	期末人数 (万人)
总计	1 308	1 253.1	2 189	100.9	127.3	14.7
电子信息	404	947.4	1 246.0	46.3	110.9	6.5
生物应用技术	81	17.6	68.1	7.0	1.0	0.5
新材料能源及化工	74	72.9	93.2	4.9	1.3	0.6
电子器件及数字电子	236	28.2	77.8	4.1	2.4	0.9
仪表仪器及专用设备	123	43.8	155.8	10.9	0.6	1.4
航天航空	13	50.2	20.2	2.6	0.0	0.6
汽车	128	79.0	115.0	7.0	10.6	0.9
其他	249	14.0	412.9	18.1	0.5	3.3

资料来源:漕河泾新兴技术开发区提供

【现代服务业】

漕河泾开发区的重点发展的新兴产业,兴起于"十五"时期,快速发展于"十一五"时期。

"十五"时期(2001—2005年),开发区进入新的发展阶段,高新技术产业向"高新技术产业和高附加值服务业并举发展"转变,现代服务业项目加速集聚,成为开发区发展的主要特点。研发设计、技术服务、物流、销售、采购、专业培训、信息软件等为制造业配套的生产性服务项目占开发区每年引进项目总数的80%以上。飞利浦创新科技园、3M研发中心、联合利华中国研究所、思科中国研发中心、汽巴精化中国研发中心、泰科医疗临床培训中心等众多世界500强企业的研发中心纷纷进入;专利商标事务所、天祥质量技术服务、SGS通标标准技术服务、基康生物、计量测试研究院等企业组成开发区知识产权、测试、科研服务的紧密团队;以延锋伟世通汽车饰件有限公司、法国佛吉亚(上海)管理有限公司、美国天合汽车研发(上海)有限公司、瑞典中策公司、日本希凯电子机械开发(上海)有限公司为代表的汽车零部件研发中心集群初现端倪;一批从事芯片设计、应用软件和嵌入式软件等开发的软件企业,在承接国际外包服务中快速成长,如上海启明软件股份有限公司、万达信息股份有限公司、美国汉略(上海)信息技术有限公司等等。在生物医药产业领域,诸多创新企业合力进军服务外包业。

2005年,漕河泾开发区将建设现代服务业集聚区作为"十一五"发展的重点项目。7月,在上海市现代服务业经济区建设工作会议上,漕河泾现代服务业集聚区被列入全市首批启动的9个集聚区新项目之一。2006年11月,漕河泾开发区被商务部批准为首批中国服务外包基地上海示范区。

漕河泾开发区成为上海地区网络信息资源最集中的区域,是上海和华东地区互联网交互中心所在地,是国际互联网的"接口和枢纽"。开发区内汇聚了各大银行及金融机构的以数据处理业务为核心的金融信息中心和客户服务中心,各大电信营运商和上海互联网交互中心、网管中心、数据中心,为区内外企业提供宽带数据传输、电信增值、400兆带宽国际出口等服务,为服务外包业的进一步发展提供更加完善的配套服务设施。

2007年,服务外包示范区工作取得新进展。汉略(上海)信息技术有限公司与美国欧特克有限公司(Autodesk)整合,业务内涵和外延进一步扩大。上海易宝软件有限公司、上海文思创新软件技术有限公司、万达信息股份有限公司、上海启明软件股份有限公司、PFU上海计算机有限公司、英顺源(上海)科技有限公司等企业,推动开发区信息技术外包、业务流程外包上新台阶。区内经认证的软件企业总销售收入近60亿元,其中销售收入超亿元的软件企业9家。现代服务业集聚区引来音王集团和香港保华两个重量级项目的签约。是年,现代服务集聚区二期(总部园)桩基工程开工。2008年9月,区内文思创新、启明软件等12家服务外包重点企业获得商务部和上海市支持承接国际服务外包业务发展专项扶持资金297.5万元和202.2万元。开发区总公司和培训中心获得公共服务平台建设和人才培训专项资金合计111万元。专项扶持资金对开发区内服务外包公共服务平台建设和人才平台建设起到推动作用。

2009年,漕河泾开发区拥有现代服务业单位近2000家,服务业总收入720.41亿元,占本部总收入61.8%。其中涌现了一批从事金融服务、信息服务、商务服务、物流服务、科技服务、教育服务等代表性企业。金融服务拥有中国银行、浦发银行、市社保卡中心等6家金融保险机构的数据中心。信息服务会聚相关企业200多家,总收入102.43亿元,占开发区服务业总收入的14.2%。拥有上海巨人光荣使命网络科技有限公司、携程计算机技术(上海)有限公司、理光图像技术(上海)有限公司、万达信息股份有限公司、上海华腾软件系统有限公司、思科系统(中国)研发有限公司、杉德银卡通信息服务有限公司、上海启明软件股份有限公司等众多知名企业。同时中国电信公司、中国移动公司、中国联通公司、中国网通公司、中国铁通公司等六大电信营运商的数据中心、市互联网交互中心入区发展。物流服务拥有韩国上海韩泰轮胎销售有限公司上海分公司、台湾光宝科技有限公司、英迈(中国)投资有限公司、上海中核浦原有限公司、丹佛斯自动控制管理(上海)有限公司、科莱恩化工(上海)有限公司等知名企业。总收入 365.25 亿元,占开发区第三产业总收入的 50.6%。科技服务拥有科技服务企业 333 家,总收入 91.42 亿元,占开发区总收入的 12.7%。商务服务会聚相关企业 180 家,总收入 157.87 亿元,占开发区现代服务业收入 21.9%。其中,总部机构位于漕河泾有 84 家,拥有亚什兰(中国)投资有限公司、汽巴精华(中国)有限公司、液化空气工程咨询(上海)有限公司、上海橡果广告传播有限公司、上海统一星巴克咖啡有限公司、施耐德(中国)投资有限公司、联合利华(中国)投资有限公司、飞利浦(中国)投资有限公司等众多知名企业。

随着漕河泾现代服务业集聚区工程竣工,2008—2010 年,吸引一大批中外企业地区总部和研发设计中心入驻,其中有上海汇付网络科技有限公司、腾讯科技(上海)有限公司、上海淘米网络科技有限公司、金煤集团、沃尔玛采购中心、标致雪铁龙亚洲总部、美光半导体咨询(上海)有限责任公司、艾默生电气(中国)投资有限公司、诺基亚西门子通信传输系统(上海)有限公司、罗克韦尔自动化研究(上海)有限公司、艾利丹尼森(中国)有限公司上海分公司、上海安吉星信息服务有限公司、麦当劳中国总部等。这些"头脑"型大项目的落户,对带动漕河泾开发区第二、第三产业融合发挥了引领作用。

2010 年,漕河泾开发区的服务外包产业形成以信息技术服务外包为主,研发设计、呼叫中心、人力资源、金融后台和管理咨询服务等领域服务外包齐头并进的格局,并具有政策优势明显、外包产业聚集、产业配套完善和人力资源充足等特点。开发区从事服务外包的企业有 139 家,其中以服务外包作为主营业务的企业有 101 家。是年,服务外包收入 117.6 亿元;区内离岸外包收入 2.5 亿美元;服务外包收入超亿元的企业有 23 家,离岸服务外包收入超过 1 000 万美元的企业有 7 家。

至 2010 年,开发区服务外包企业从业人员为 2.04 万人。服务外包企业中,5 家企业被认定为国家规划布局内重点软件企业,4 家企业被认定为上海市软件和信息技术服务出口重点企业,17 家企业被认定为上海市技术先进型服务企业,8 家企业被认定为上海市服务外包重点企业。漕河泾开发区现代服务业收入占总收入的比重,从 2005 年 11.3% 增至 2010 年 37.0%,在国家开发区中处于领先水平。

三、经济规模

1985 年,漕河泾开发区实现工业总产值 117 537 万元,企业利润总额 21 888 万元,税收总额 14 948 万元,出口额 275 万美元,从业人员 35 988 人。

表 5 - 3 - 7　1985—1999 年漕河泾新兴技术开发区主要经济指标完成情况表

年　份	工业总产值(万元)	销售收入(万元)	利润总额(万元)	工商税收总额(万元)	出口额(万美元)	进口额(万美元)	从业人员(人)
1985 年	117 537	117 537	21 888	14 948	275	—	35 988
1986 年	123 266	123 266	18 120	14 927	209	—	35 884
1987 年	143 619	143 619	16 665	13 017	385	—	37 065
1988 年	181 197	181 197	18 551	15 645	7 503	—	40 455
1989 年	182 745	182 745	16 561	32 497	4 393	—	41 094
1990 年	217 151	217 151	17 047	29 028	4 980	—	42 599

（续表）

年　份	工业总产值 （万元）	销售收入 （万元）	利润总额 （万元）	工商税收总额 （万元）	出口额 （万美元）	进口额 （万美元）	从业人员 （人）
1991 年	261 180	261 180	21 031	14 074	4 362	50 466	44 433
1992 年	374 955	374 955	26 166	16 202	3 604	15 883	49 063
1993 年	758 332	758 332	68 544	30 888	5 896	23 379	58 132
1994 年	906 545	906 545	80 004	42 248	13 222	24 964	57 752
1995 年	1 091 157	1 091 157	73 672	42 663	25 568	32 352	54 378
1996 年	880 013	880 013	73 445	55 367	28 023	31 537	43 316
1997 年	1 223 329	1 223 329	110 668	49 416	41 355	31 763	42 213
1998 年	1 256 177	1 256 177	81 820	56 085	61 974	41 659	42 458
1999 年	1 499 497	1 499 497	101 138	57 718	68 574	37 253	47 254

资料来源：漕河泾新兴技术开发区提供

至 2010 年，开发区有中外高科技企业及研发机构 1510 家，其中 50 多家世界 500 强跨国公司在区内投资 90 个项目，从业人员 14.06 万人，形成以电子信息为支柱产业，以新材料、生物医药、航空航天和汽车研发配套、环保新能源为重点产业，以现代服务业为支撑产业的"一五一"产业集群体系。

2010 年，开发区实现销售收入 2 188.9 亿元（其中第三产业收入 809.7 亿元，含服务外包收入 117.6 亿元，三产占比上升至 37%，），工业总产值 1 253.1 亿元，地区生产总值（GDP）670.3 亿元（其中工业增加值 360.9 亿元、第三产业增加值 308.5 亿元），工业企业利润总额 48.93 亿元，税收 57.9 亿元，进出口总额 180.3 亿美元。

表 5-3-8　2010 年漕河泾开发区主要经济指标表

经济指标名称	计量单位	2010 年	比 2009 年增长（%）
区域增加值	亿元	670.3	15.8
其中：工业增加值	亿元	360.9	0.2
其中：第三产业增加值	亿元	308.5	40.5
销售收入	亿元	2 188.9	14.0
其中：第三产业收入	亿元	809.7	40.4
其中：外商投资企业	亿元	1 673.3	6.4
工业总产值（现价）	亿元	1 253.1	持平
其中：外商投资企业	亿元	1 110.2	−1.3
税收收入	亿元	57.9	23.3
其中：外商投资企业	亿元	40.0	21.2
出口总额	亿美元	127.3	−7.0
进口总额	亿美元	52.9	32.6

资料来源：漕河泾新兴技术开发区提供

开发区以占全市 2.27‰ 的土地面积,为上海经济发展贡献了 3.97％ 的国内生产总值、5.6％ 的工业增加值(规模以上)、3.2％ 的第三产业增加值和 4.9％ 的进出口总量。其中在电子信息产业方面,占全市电子信息产业总产值的 14％。已建成区域每平方公里实现销售收入达到 275.9 亿元。

2010 年,在商务部国家级经济技术开发区的投资环境综合评价体系中,漕河泾开发区位列第八,其中发展与效率指数蝉联第一。在首次开展的上海市 56 家开发区综合评价中,漕河泾开发区综合发展总指数排名第一。

第五节　科　技　创　新

1988—1995 年,开发区科技创新工作由开发区总公司技术发展部负责;1995—2001 年,科技创新工作由科技产业化部负责;2001—2006 年,科技创新工作由科学技术部负责;2006—2010 年,科学技术部与科技创业中心合署办公,科技创新工作由科学技术部与科技创业中心共同负责。科学技术部的主要职责是负责国家高新区条线的日常管理工作;负责开发区产业发展、科技创新、投融资环境建设等方面的政策调研和战略研究工作,重点做好创新创业服务体系的建设工作等。科技创业中心主要负责孵化基地的运营和管理工作,开展创新创业培训、国际合作交流、科技成果与投资资金结合相关的各项对接活动及科技型中小企业融资平台的日常管理工作等。

一、孵化培育平台

【孵化器】

1989 年和 1991 年,开发区利用农舍建立以推进高校成果转化为主的科技一村和科技二村,孵化面积为 5 500 平方米。进村的是上海市 10 多所高校的创业者。上海高智科技开发公司的青年科技人员,以 30 万元注册资金在科技村起家,依托卫星高速通信技术,承担了上海证券交易所卫星通信系统工程,仅两年多时间,自有资产就增加数十倍,年销售额达到近亿元。进村的项目还有交大的机器人、上海医科大学的红细胞变形仪、上海铁道学院的列车驾驶模拟器等。

1994 年 6 月,开发区投入 1 500 万元,成立上海新兴技术创业公司,以企业化方式运作孵化器,厂房面积为 2 900 平方米。1995 年,有 3 家企业被市科委认定为高新技术企业。1996 年,实施 35 个高新技术产品的"孵化"。至 1996 年 11 月,有 18 家科技小企业在上海新兴技术创业公司安家。

1997 年,开发区投入 6 000 万元,创立漕河泾创业中心,为当时国内最大的孵化器,孵化面积为 1.6 万平方米。企业提供各种服务,培育、促进企业成长。1997 年,创业中心经国家科学技术委员会和联合国 UPDN 联合认定为国内首批国际企业孵化器单位。1998 年,开发区投资 1 000 万元设立科技创业资金,加大对中小型科技企业的扶持力度。是年,创业中心被国家科学技术委员会认定为"国家级高新技术创业服务中心"。

2000 年 8 月 10 日,漕河泾创业中心与创投公司共建 2 000 万的创业孵化基金。优良的孵化环境结出硕果,美国留学生企业新涛科技股份有限公司,在短短的三年时间内,集成电路设计能力达到世界水平,创下中国集成电路产品出口发达国家的首例,引起硅谷巨子 IDT 公司浓厚的并购欲望,最终以高出起家资本 42 倍的高价出售,该并购案被列入 2001 年中国十大并购案之一。

2002 年 5 月,创立于美国加州的"硅谷"的光桥科技(中国)有限公司入驻开发区。在短短的几年里开发出 Metro Wave 品牌的"下一代多业务光传送平台"全系列城域光网络产品,2003 年,产品开始进入国内外市场。漕河泾创业中心在推荐风险投资、贷款融资、项目申报等多方面为该公司提供帮助。2006 年,光桥科技以其良好的发展被全球光网通讯巨头西门子青睐,以接近 1 亿美元价格并购。

2002 年 10 月,漕河泾创业中心与上海志诚电脑技术有限公司合资成立上海威迅教育科技有限公司,该公司被中国软件行业协会授权的上海地区唯一一家高级软件人才培训基地。2003 年 7 月,漕河泾创业中心作为漕河泾开发区软件产业的培育服务机构,被认定为上海市软件企业。2005 年 1 月,上海市信息化委员会授予科技创业中心"上海市软件人才培训漕河泾开发区软件园基地";3 月,由漕河泾创业中心、上海大学科技园等 3 家单位合作组建的上海创业创新人才培训中心成立;6 月,漕河泾创业中心成为上海首批上海大学生就业实习与科技创业指导服务基地。

2008 年 11 月,定位于专业孵化器的"创新创业园"在浦江高科技园建成开园。"创新创业园"设有新能源产业孵化器、留学生创业园和国际企业孵化器,专门为新能源等企业提供创新创业服务。2009 年 5 月,"双创园"通过市级孵化器评审认定,成为上海市新能源环保专业孵化器,也是上海市第一家定位于新能源环保的专业孵化器。

2010 年,开发区形成由创业中心、聚科生物园、浦原科技园、普天邮通科技园、浦江双创园、浦江智谷和 863 软件园等 7 家孵化器构成的孵化器网络平台。共有在孵企业 391 家,孵化面积达 41.59 万平方米。其中,创业中心孵化基地共有在孵企业 107 家,毕业企业 10 家,累计毕业企业达 108 家。孵化企业销售收入为 101.13 亿元,税收 5.35 亿元,从业人数为 8 135 人。

至 2010 年,漕河泾开发区孵化器累计孵化企业 1 004 家,其中优秀毕业企业 153 家,孵化企业毕业率为 83.4%。

表 5 - 3 - 9　2010 年漕河泾开发区 7 家孵化器发展状况一览表

孵化器名称	孵化面积 (平方米)	在孵企业 (个)	优秀毕业企业 (家)	从业人员 (人)
开发区创业中心	37 000	107	10	2 103
聚科生物园	58 000	66	7	522
浦原科技园	40 300	48	—	2 000
普天邮通科技园	85 600	17	—	960
浦江双创园	22 000	80	3	1 250
浦江智谷	137 000	36	—	800
863 软件园	40 000	37	2	500
合　计	415 900	391	22	8 135

资料来源:漕河泾新兴技术开发区提供

【加速器服务】

为帮助科技创新型企业从"孵化"走向"加速",2009 年 10 月 22 日,坐落在浦江高科技园的漕河泾科技创业中心企业加速器揭牌,成为上海首个加速器。开发区内高成长性企业可通过"加速器",在投融资、财务咨询、管理咨询和上市等方面得到更专业化、市场化和知识化的服务,实现加速成长。开发区与徐汇区政府共同出资搭建"漕河泾新兴技术开发区科技型中小企业融资平台",帮助加速器企业解决在高速发展期中的资金瓶颈问题。

2010年,漕河泾创业中心大力推进加速器增值服务试点工作,通过制定服务菜单,签订增值服务协议,为企业提供企业高管外包等方面的高端增值服务。漕河泾创业中心首次是为新能源汽车研发企业廉能机电提供管理和融资顾问服务,帮助企业进行战略规划、制定商业计划、协助企业解决发展中的各种瓶颈问题。9月1日,漕河泾创业中心获批成为上海市科技企业加速器建设试点单位,成为上海市2家加速器试点单位之一。

至2010年,加速器拥有企业20家,占加速器物理空间4万平方米,年销售额超过6亿元,销售和利润增长率均超过30%。电子信息、环保新能源、生物医药三大主导产业在加速器内初具规模。

【扶助创业】

漕河泾开发区为帮助留学人员、大学毕业生和科技人员创业,分别建立留学生创业园、大学生创业园和科技创业苗圃。

留学生创业园　1996年6月,由漕河泾开发区与上海市人事局共建的上海留学人员漕河泾创业园区成立。它是上海第一批留学人员创业园区,被中组部认定为"国家海外高层次人才创新创业基地"。创业园拥有3.7万平方米创业基地,其管理机构为开发区科技创业中心。至2010年,经过园区的培育,涌现出新涛科技、龙林通信、拓能医疗等一批优秀的留学生企业,产业涉及电子信息、生物医药、新材料、新能源等国家重点发展产业,成为开发区经济发展的生力军和新亮点。

大学生创业创新园　2009年4月22日,开发区总公司与徐汇区政府共同打造的"大学生创业创新园"开园。大学生创业创新园建筑面积约8 000平方米,由漕河泾创业中心进行管理。该园采用房租补贴、优选孵化方式,重点引进大学生、留学生企业,同时扶持科技创新项目的研发以及其他具有市场潜力和竞争力的有特色、有创意的项目,为其提供低成本乃至零成本的创业场地及软硬件设施。青年创业导师团,提供三个月至六个月的创业指导服务,同时还积极引进政府和非政府服务机构入驻,打通大学生创办企业的绿色通道。2009年4月,"大学生创业创新园"获团中央"大学生创业就业见习基地"称号。年底,大学生创业创新园入驻率达到100%,吸引77家大学生企业的项目及配套服务机构入驻,提供就业岗位255个。

2010年,大学生创业创新园获得科学技术部"大学生科技创业见习基地"称号,同时成为中国青年创业国际计划(YBC)上海办公室服务点。至2010年,大学生创业创新园累计培育60家大学生企业,企业存活率达72%,7家成功毕业成为孵化企业,累计毕业企业14家。企业累计申请专利、软件著作权等知识产权20项。

创业苗圃　2009年4月,开发区开始建设上海漕河泾新兴技术开发区科技创业苗圃。作为市科委科技创业苗圃的试点单位,园区坚持引进科技含量高、团队素质好的创业项目,至2010年,科技创业苗圃累计引进项目50个,其中39个项目成功转变为企业,并成功进入孵化阶段,项目主要涵盖电子信息、生物医药、环保节能、新材料领域,转化率为78%,其中有2个项目获得市科委的科技苗圃的专项资金。

二、服务创新机制

【高新技术企业认定】

1990年11月,市科委颁布《上海市漕河泾新兴技术开发区新兴技术企业认定办法》和《上海市漕河泾新兴技术开发区新兴技术企业认定审批管理程序》。开发区总公司在开发区内全面开展新兴技术企业认定工作。1991年2月,市科委火炬办召开漕河泾开发区新兴技术企业认定工作动员大会,开发区内60多家企事业单位出席。6月12日,市科委成立漕河泾开发区新兴技术企业认定工作组。工作组由市科委、市外资委、市计委、市经委、市财政局、市税务局、开发区总公司等单位组成。

至2010年,漕河泾开发区被认定为市高新技术企业238家,占上海市高新技术企业数7.6%。经认定的高新技术企业占开发区企业数的15.8%,实现销售收入1 425亿元,利润55.1亿元和28.98亿元的税金,分别占开发区销售收入的65.1%、利润的54.7%和税金的43.7%。高新技术企业累计授权专利数2 542项,占开发区总量的61.8%。

【研发成果转化】

高创科技发展总公司　1991年7月18日,开发区总公司投资50万元与上海高校科技服务中心和上海市科技创业中心联合组建高创科技发展总公司,以支持高校系统的科研成果产业化。至1996年,高创科技发展总公司引进交通大学、复旦大学等17所高等院校近40个科技项目。这些企业分别从事光电技术、计算机技术、新材料、医疗保健、生物工程技术、工业自动化技术等。

科技商业街　1993年底开发区为促进新型的科工贸一体化企业的快速发展和壮大,加快高新技术成果的转化,建成总长达1.6公里、建筑面积为2.2万平方米的科技商业街。1995年技工贸销售收入达3亿元。1996年有150多个科技型企业进街设立市场"窗口",其总注册投资3亿元。

中科股份有限公司　1994年开发区总公司投资500万元参与组建中科股份有限公司,以支持科学院系统的科研成果产业化。

上海市创新创业培训中心　2005年开发区与上海大学、澳大利亚皇家理工大学等合作成立上海市创新创业培训中心,这是全国第一家专业从事创新创业人才培训机构。

促进科技成果转化示范基地　2005年9月15日,开发区"促进科技成果转化示范基地"揭牌启动。12月,漕河泾创业中心制定"促进科技成果转化示范基地"的三年工作计划、工作条例、服务内容、企业(项目)入驻标准以及项目转化标准等。2006年,通过促进科技成果转化示范基地的运作,为企业提供八个固定载体和五大系统(信息、推介、咨询、合作、培训)的服务。

知识产品(上海)集散中心　2007年,在整合"促进科技成果转化示范基地"各方资源的基础上,开发区进一步建立起集展示、交流、推介、评估、招标、融资、代理、培训、交易等"九位一体"的成果转化专业服务平台——知识产品(上海)集散中心。2008年,发挥知识产品集散中心作用,通过引进来、走出去,召开项目代理人座谈会、项目推介会、融资洽谈会、用户推广等形式,组织各类推介活动10余场,推介项目100余项,帮助解决技术需求和难题攻关项目4项。征集科技成果项目近150项,其中推介项目成功7个。邀请全市各类科技、金融、经济、管理、法律等50多家中介服务机构入驻集散中心。为完善"促进科技成果转化示范基地"及"知识产品集散中心"建设,开发区成立集散中心管理办公室,全年接待2 000多人来访参观,向兄弟省市及开发区推介项目数达1 000多个。

2008年,响应"万商西进"工程,加强东中西部互利合作,在开发区内开办"产业转移促进中心(商务部上海基地)"。2009年4月22日,在开发区大学生创业创新园开园仪式上,开发区总公司与上海交通大学签订全面战略合作框架协议,联手推动开发区支柱、特色产业与上海交通大学相关学科开展更加深入、全面的产学研合作。

【知识产权】

1986—1999 年,漕河泾开发区专利申请量共 542 件。2000 年起,漕河泾开发区专利申请量处于一段稳定上升的趋势,专利年申请量的增长率基本保持着两位数的涨幅。

2008 年 10 月 9 日,漕河泾开发区获批上海市首批知识产权试点园区之后,专利申请数量增长显著,远高于上海市知识产权试点园区考核指标中 10% 的年增长率。2010 年,漕河泾开发区内企业专利申请量为 1 324 件,其中发明专利 585 件、实用新型 614 件、外观设计 125 件。从专利申请产业分布来看,以电子信息、现代服务业、环保新能源类为主,分别占整个园区申请量 50.7%、15.0% 和 11.3%。是年,发明专利授权量为 222 件。

至 2010 年,开发区拥有知识产权企业 794 家,知识产权重点企业 58 家,其中知识产权示范企业 8 家,专利示范、试点、培育企业 27 家。累计登记软件著作权 2 242 件,拥有集成电路布图设计专有权 317 项,注册商标 3 253 个。

专利申请:累计申请专利 6 080 件,其中发明专利 2 849 件、实用新型 2 413 件、外观设计 818 件。

专利授权:开发区内企业的专利授权量处于逐年稳步上升的态势,并且发明专利累计授权量在发明专利累计申请量中所占的比例也逐年上升,2010 年达 30% 以上,这表明开发区内企业的发明专利含金量很高。

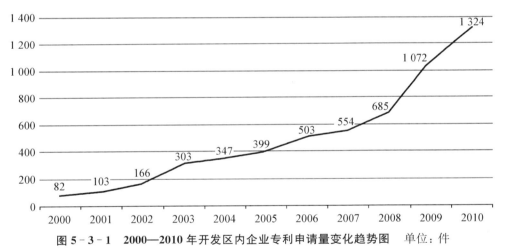

图 5-3-1 2000—2010 年开发区内企业专利申请量变化趋势图 单位:件

资料来源:漕河泾新兴技术开发区提供

表 5-3-10 2008—2010 年漕河泾开发区发明专利申请量一览表 单位:件

指 标	开发区累计申请量	开发区 2008 年申请量	开发区 2009 年申请量	开发区 2010 年申请量
发明专利	2 849	352	514	585
实用新型	2 413	254	486	614
外观设计	818	79	72	125
小 计	6 080	685	1 072	1 324

资料来源:《上海漕河泾新兴技术开发区(2010 年科技发展报告)》

表 5-3-11　2010 年漕河泾开发区专利申请产业分布情况表　　　　　单位:件

指　标	IT企业	生物医药企业	新材料企业	汽车配套企业	环保新能源企业	航天航空企业	现代服务业企业
累计专利申请量	671	69	45	37	149	22	199
所占比重	50.7%	5.2%	3.4%	2.8%	11.3%	1.7%	15.0%

资料来源:《上海漕河泾新兴技术开发区(2010 年科技发展报告)》

表 5-3-12　2008—2010 年漕河泾开发区内企业发明专利累计申请量及授权量一览表　　　　　单位:件

指　标	2008 年累计	2009 年累计	2010 年累计
发明专利授权	443	668	890
发明专利申请	2 039	2 264	2 849
所占比例	21.7%	29.5%	31.2%

资料来源:《上海漕河泾新兴技术开发区(2010 年科技发展报告)》

第六节　品牌联动发展

一、企业文化

开发区创业之初,提倡发扬"五种精神":开拓精神,吃苦精神,钉子精神,效率精神,效益精神;1988 年 11 月,开发区提出"创业、求实、自强、团结、奉献"的企业精神;1997 年 5 月,开发区总公司在征集企业精神格言活动中,经筛选、提炼,将"高与新永远是我们的追求"定为开发区总公司的企业精神,其内涵为"高",即高科技、高品质、高标准;"新",即新理念、新环境、新格局。此后,在作为开发区"二次创业"的西区开发全面启动后,又进一步提出"用明天的眼光办今天的事,以求实的态度拓发展的路"的创业理念。

在 2000 年后,开发区创建 ISO 9001 质量管理体系和 ISO 14001 环境管理体系的过程中,分别提出"客户至上、追求卓越""人与自然、和谐共生"的主题语。在 2004 年版《员工手册》中,把"客户至上、追求卓越、和谐共生、互动发展",列为企业价值观的重要内容。在 2010 年版《员工手册》"文化和价值观"部分中又增补了"企业目标和服务特色"内容,企业目标:建设国际一流水准的多功能综合性科技产业园区;服务特色:坚持"四手理念"即"对企业无事不插手、有事不撒手、好事不伸手、难事伸援手",遵循"两项原则"即"对企业发展中需要解决的事,凡能在开发区内办到的,及时解决;凡不能在开发区内办到的,协调有关部门关心解决",践行"一个宗旨"即"以企业为本"。《员工手册》人手一册,要求员工践行。

在 20 多年的发展历程中,开发区总公司始终坚持"高与新永远是我们的追求"的企业精神,推动开发区的高新技术产业和现代服务业发展,使开发区发挥了"窗口、示范、辐射、带动"作用。

二、著名商标

早在建区初期,漕河泾开发区就开始创建和使用自己的商标,经过多次演变和提炼,自 2000 年起,开发区开始使用新的商标标识。漕河泾开发区商标具有创造、创业、创新,以及科技兴区和以人为本的寓意,推动高技术产业发展等多层含义。2003 年,漕河泾开发区商标注册服务类商标。2009 年 3 月 4 日,在上海商标发展工作推进大会上,上海市著名商标认定委员会认定漕河泾开发区总公司商标为"上海市著名商标"。这是上海众多开发区中第一个著名商标。

三、品牌宣传

【国内外推介交流】

利用论坛、推介会等活动开展品牌宣传。2005 年 11 月召开"跨国公司合作和创新论坛";2009 年,开发区组织参加"第三届中国(上海)中小创业项目展示会"和"绿色世博节能减排技术洽谈会"。

2009 年,开发区与江苏吴江汾湖经济开发区、滁州经济技术开发区、杭州余杭创新基地、安庆经济技术开发区、四川都江堰科技产业园、成都青羊区绿洲产业园新结为姐妹园区。2010 年,又与安徽铜陵开发区、内蒙古通辽开发区、新疆喀什叶城工业园区签署友好合作协议。加强与兄弟园区的干部交流,推动人员互访,共享开发、建设、经营、服务经验。2010 年共有 24 个项目落户中西部,投资额共计 156.69 亿元。是年,与南非比勒陀利亚创新园、中国—危地马拉合作商会开展合作,与入驻商务代表与美国加州基金会、世界银行国际金融集团等机构沟通接洽并达成初步意向。

2010 年,开发区借力世博会,全力做好品牌宣传推广。世博会为开发区打开大门,与俄罗斯新西伯利亚州、意大利米兰及博洛尼亚工业家联合会、越南胡志明市、巴西圣保罗州、爱沙尼亚商会、泰国国家创新局、墨西哥蒙特雷科技大学等国外机构新建立联络,进一步扩大了国际交流。是年,开发区累计接待中外来宾 240 多批、3 600 人次,其中世博来宾 140 多批、2 000 余人。

至 2010 年末,开发区共有国内外友好园区 41 家,其中国外 16 家,国内 25 家。为加强友好园区间的人才交流,新制订交流挂职人员接待方案,从工作、生活、学习等方面为挂职人员提供便利服务。

【企业文化创品牌】

2008 年,开发区组织开展"瞩目漕河泾"品牌宣传系列活动,其中由开发区组织的创新发展论坛、人才高地建设论坛、"节能减排走进漕河泾"沙龙等活动,激发开发区创新文化氛围。2010 年,开发区坚持"以企业为本",努力创造快乐、人文、和谐的园区环境。以"瞩目漕河泾"创新文化节为主题,实现体育与文化相结合,进一步提升开发区文化品牌内涵。长三角电子竞技大赛、迎世博专题摄影展、群众性广场文艺表演等活动的召开,充分展示了各参赛企业的精神风貌和文化风采,加强了参赛企业间的交流,增强了开发区凝聚力。10 月,"漕河泾开发区杯"上海市第十四届运动会举行,成为首家由园区冠名的市级运动会,进一步扩大了开发区品牌影响力。"相约漕河泾"联谊活动逐渐形成品牌,2010 年推出与会员单位联手举办活动、与张江合作举办"相约漕河泾——情系张江园"以及与市侨联合作开展联谊活动三项新举措,进一步扩大了参与者的社会接触面和交友渠道,全年组织 4 次活动,共 160 人参加。

漕河泾开发区以其高新技术产业集群、发展效率和园区环境文化在国内外树立了良好的品牌形象。漕河泾开发区的品牌不仅属于漕河泾开发区,也是属于上海、属于全国的。

四、品牌拓展

开发区市区规划面积5.98平方公里,为扩大发展空间,发挥开发区品牌效应,开发区自1994年开始,迈出本部区域,陆续和松江区新桥镇、九亭镇,闵行区浦江镇和临港产业园合作开发。此外,开发区还走出上海,在浙江、江苏等地建立高新产业基地,形成开发区的"飞地"。开发区的资金、品牌优势与"飞地"区域的土地、劳动力优势的组合,实现双赢。在闵行区浦江镇地块建设的园区,先后被国务院批准为国家级高科技园区和出口加工区,大大增强了开发区的实力和潜能。

【松江园区】

新桥工业园　1994年2月28日,开发区总公司与松江县人民政府签订土地成片开发合同,获得新桥地区8.80公顷土地50年的土地使用权,用于开发新桥工业园,这是总公司首次在开发区以外的地块上进行的开发、拓展和延伸。7月26日,开发区再与松江开展合作,开发新桥镇200公顷土地。新桥工业园位于松江县新桥镇,定位是漕河泾开发区的高新技术产业化基地。

1995年12月19日,上海新兴技术开发区联合发展有限公司作为主要控股方,联合上海新桥投资开发公司(松江)及香港新颖德有限公司共同成立上海漕河泾开发区新桥工业园有限公司,经营开发地处松江县的新桥工业园。新桥工业园有限公司总投资4000万元。

1996年3月28日,新桥工业园开工建设。1997年1月22日,新桥工业园正式投入运行。7月2日,松江县政府批复新桥工业园有限公司,同意投资总额从4000万元增至5850万元,注册资本从3000万元增至4300万元。2000年9月4日,松江区政府同意新桥工业园有限公司原投资方香港新颖德有限公司将其持有的25%股权全部转让给开发区总公司。

新经济园　新经济园规划区域东至新桥镇漕河路,南至民强路,西至北泖泾河,北至民益路,规划面积11.2公顷。2000年6月14日,市农委同意在新桥工业园区内建立"上海漕河泾开发区新经济园",发展民营企业。9月11日,上海漕河泾开发区新经济园发展有限公司召开第一次股东会,会上通过将"上海漕河泾开发区新桥工业区有限公司"的企业名称变更为"上海漕河泾开发区新经济园发展有限公司",并通过上海漕河泾开发区新经济园发展有限公司章程。2004年,新经济园通过ISO 9001质量管理体系和ISO 14001环境管理体系的双认证。

2005年12月19日,作为庆祝新经济园发展有限公司成立十周年的系列活动,在临港新经济园一期标准厂房开工典礼上打下的第一根桩标志着新经济园发展公司业务从松江开发向临港开发迈进。2006年,公司资本金增至1.5亿元,为公司新一轮扩张和发展打下基础。

2010年10月10日,新经济园发展有限公司第二十六次股东会议召开,决定公司注册资本有原来22 000万元变更为24 500万元。股权结构为临港投资公司持股84.0%,开发区联合发展公司持股15.8%,松江建设公司持股0.2%。

松江高科技园　2007年4月11日,上海漕河泾开发区松江高科技园开工。2009年,第一期、第二期工程开发建设面积14.67公顷,建设厂房23.80万平方米。落户企业累计118户,其中民营企业97户,大部分是高新技术、高附加值、高知名度的"三高"企业。其中,上海佳豪船舶工程设计股份有限公司在创业板上市,上海形状记忆合金材料有限公司每公斤产品销售价值可达1000万美元,上海艾泰科技有限公司是国内领先的商业网络提供商和服务商,还有大唐移动通讯设备有限公司、中交第三航务局有限公司、乐普医疗器械有限公司等企业。

松江生产性服务功能区　2007 年 4 月,开发区与松江新桥镇、九亭镇联合建立上海漕河泾开发区松江生产性服务业功能区。区位东至 G60(沪昆)高速公路,南至规划六路,西至九新公路,北至姚北公路,规划开发建设面积 183.9 公顷。2009 年 12 月 19 日,举行上海漕河泾开发区松江生产性服务业功能区揭牌。2010 年 9 月,由市经信委认定为市级生产性服务业功能区。落户企业累计 94 家,民营企业为 90 家。完成开发建设面积 15 公顷,厂房建筑面积累计 24 万平方米,总投资累计 3.60 亿元。

松江国际光仪电产业园区　2008 年 10 月,新桥镇、九亭镇与开发区联合建立上海松江国际光仪电产业园区。2009 年 4 月 28 日,上海松江国际光仪电产业园区开园。2010 年,完成开发建设面积 25.33 公顷。厂房建筑面积累计 40 万平方米,总投资累计 3.22 亿元。落户企业 158 户,民营企业为 141 户,其中光仪电产业企业 30 余户。

2009 年,新经济园发展有限公司与九亭镇达成 113.3 公顷地块的合作开发协议,并于 12 月 9 日共同投资成立上海漕河泾开发区松江高新产业园发展有限公司;与新桥镇达成南部 13.3 公顷地块的合作开发意向。

2010 年 9 月 27 日,开发区总公司与松江区政府签署《关于进一步推动"区区合作、品牌联动"示范基地工作备忘录》,推动漕河泾开发区松江高科技园区"三区联动"示范基地建设。

【浦江园区】

2002 年,漕河泾开发区与闵行区政府合作,选定在闵行区浦江镇建设浦江高科技园,定名为"漕河泾开发区浦江高科技园",打造漕河泾开发区一区一园发展格局。同年,市政府批准决定,漕河泾开发区在闵行区浦江镇扩区建设高科技园区。浦江高科技园由出口加工区、高科技园区及综合配套区组成。

2003 年 5 月 9 日,上海漕河泾开发区高科技园发展有限公司浦江分公司注册成立。2004 年 12 月 30 日,漕河泾开发区高科技园发展有限公司浦江分公司更名为上海漕河泾开发区经济技术发展有限公司,注册资本 1 亿元。经营范围为园区的开发、建设、经营和管理等。2008 年 1 月,开发区总公司委派桂恩亮任上海漕河泾开发区经济技术发展有限公司董事长,刘家平任监事长。至 2010 年,上海漕河泾开发区经济技术发展有限公司负责经营浦江高科技园。

漕河泾出口加工区　2003 年 3 月,国务院批转海关总署同意在浦江高科技园内设立"漕河泾出口加工区",规划面积约 2.9 平方公里。4 月底,开发区完成总体规划和海关试点方案。10 月下旬,完成市政道路、隔离设施及监管设施等建设。11 月 23 日,通过海关总署组织的国家有关部委的联合验收。2004 年 3 月 1 日正式封关运行。

浦江高科技园　2004 年 7 月,国务院批准漕河泾开发区扩地发展,在闵行区浦江镇建设浦江高科技园,规划面积 8.3 平方公里。2005 年,浦江高科技园以"好基础、好规划、好机制、好文化"为目标,编制浦江园区发展战略规划,完成园区建设的控制性详细规划的编制及审批,建设出口加工区内 11 万平方米标准厂房。同时,各项市政基础设施建设均开工,部分重点市政配套工程如浦江镇污水北排工程基本结束。

2003—2004 年,浦江高科技园引进英顺达科技有限公司、英业达科技有限公司、英源达科技有限公司和英华达(上海)科技有限公司。四家公司主要从事笔记本计算机、中大型计算机、高档服务器和新型电子元器件的设计、开发和生产等,园区逐步形成以英业达集团为 IT 产业龙头的产业集聚。随着出口加工区内通用厂房的建设落成,招商工作迈上新的台阶。至 2005 年,园区累计引进外商投资企业7家,全部注册落户于出口加工区。7家企业投资总额达到3.61亿美元,合同外资1.25亿美元。

2006年,浦江高科技园建设全面启动。2007年,浦江高科技园完成F地块一期工业厂房建设及创新创业园首期建设;启动地铁广场规划设计。2008年,开发建设进度进一步加快。浦江高科技园完成F地块一期二标自建工业厂房工程,总建筑面积约47 000平方米;F二期市政院代建项目,总建筑面积1.4万平方米。2009年,完成高科技园的重要市政道路——召楼北路延伸段,年底投入使用。完成浦江园区的配套服务区C地块,包括高档住宅、商业服务、酒店、办公楼等建筑规划优化设计工作。2010年,全年新开工2.88万平方米,在建项目18.26万平方米,竣工面积5.87万平方米。地铁广场一期项目所有单体完成结构验收,均被评定为优质结构工程。

2006年3月28日,上海漕河泾开发区经济技术发展有限公司与全球500强企业泰科国际集团旗下的泰科亚洲投资有限公司签订合同,泰科首次在中国投资设立医疗器械生产制造基地。11月6日,尚德太阳能电力有限公司上海太阳电池制造基地在浦江高科技园奠基,这是国内最先进的太阳能电池制造基地。12月20日,中欧能源新技术(上海)发展合作中心有限公司(SEETC)签约浦江高科技园,这是SEETC作为中德两国政府共同支持的在中国的首个大型综合性的节能技术研发试验基地,是最新的能源技术系统及能源设施的试验实体。

2007年5月27日,世界500强企业3M中国有限公司在浦江高科技园区为其医用器材亚太生产基地打下第一桩。该项目产品线将覆盖齿科修复及正畸、医护人员护理及防护、医院感染控制、病患皮肤护理、医用原材料等多个医疗应用领域。2007年,浦江高科技园引进企业27家,总投资额8.3亿美元,总注册资本3.3亿美元。其中出口加工区引进企业16家,总投资额4.3亿美元,总注册资本1.7亿美元。

2008年11月21日,世界500强企业阿海珐集团公司(AREVA)的"阿海珐输配电集团中国技术中心"项目签约漕河泾开发区浦江高科技园,中国技术中心作为阿海珐输配电集团一个重要的组成部分,将成为集团在亚洲的研发和技术支持总部,并为阿海珐输配电集团的全球业务提供一系列的共享服务。

2009年,上海生产性服务业功能区、上海市高新技术(新能源)产业基地、上海光伏产业园、国家生物医药产业基地先后落户浦江高科技园。地铁广场作为漕河泾浦江生产性服务业功能区核心项目,为企业转型发展创造良好的基础条件。作为新能源产业基地,浦江高科技园新能源产业初步形成以尚德太阳能电力有限公司为龙头,光辕公司、上海微松工业自动化有限公司等一批中小型光伏企业为配套的太阳能光伏产业簇群。是年,上海之江生物科技有限公司入住浦江高科技园,使园区生物医药产业集群进一步壮大。又有为新能源汽车提供动力产品的御能动力科技公司、上海大郡动力控制技术有限公司等签约入驻浦江高科技园。是年,浦江高科技园新签项目30个、新增投资1.04亿美元。

2010年2月,重庆长安汽车股份有限公司签约浦江高科技园,设立上海长安汽车工程研究院,从事汽车及零部件的开发。6月23日,和芯星通落户浦江高科技园。该项目的进驻,使卫星导航产业在浦江园区内初具规模。是年,浦江高科技园新签项目28个,新引进企业19家,完成内外资注册资本2.5亿美元。国内唯一以建筑智能化为主业的上市公司延华智能、世界500强百事公司亚洲研发中心、卫星导航产业的科技先进企业和芯星通等一大批优质项目落户园区。

至2010年,浦江园区总计引进注册企业154家,总投资额17.73亿美元,总注册资本8.27亿美元,合同外资6.98亿美元。园区实现工业总产值843.52亿元,出口额106.74亿美元,利润总额

5.68亿元,全年实现税收14.26亿元,为社会提供约4.4万个就业岗位。浦江高科技园作为漕河泾开发区新一轮发展基地,逐步形成以电子信息、新能源、生物医疗等为核心的产业集聚。

【临港园区】

2005年,漕河泾开发区新经济园进军临港产业区,开始临港装备产业配套园建设,至12月底,临港项目先后完成规划许可证报批等前期准备。临港园区以临港产业区现代装备、港口机械、汽车等制造业的配套企业以及先进制造业的中小企业和光仪电一体化企业为引进重点。2006年,临港园区一期6.5万平方米标准厂房项目竣工。同时,通过举行投资推介会、举办大型展会等各种形式进行投资推介。2007年,完成厂房租售总面积23 029.34平方米。在入驻的10家企业中,有马士基物流、沃尔沃汽车、芬兰爱多乐仓储(上海)有限公司等。2008年,一期65 000平方米标准厂房项目竣工,完成租售厂房面积24 861平方米。引进上汽集团荣威汽车的配套企业延锋伟世通汽车饰件有限公司、延锋江森公司等17家企业,区内产业的配套功能越来越明显。2009年,完成租售面积36 000平方米,并在整栋厂房的销售上首次实现突破。临港园区实施"走出去,内外并举",抓住产业区大项目产能扩大的时机,发挥毗邻洋山港的区域优势,同时吸引区内、区外企业和内资、外资企业落户。

至此,开发区的新经济园形成包括松江新桥园区、松江高科技园区、国际光仪电产业园区、临港园区在内的"一园多区"发展格局,形成生物医药、电子信息、新材料产业特色,集聚了一批高技术含量的研发类科技企业。2010年,新经济园引进民营企业85户,落户企业累计496户,注册资金15.78亿元,从业人员3 668人,营业销售收入15.41亿元。至2010年,新经济园完成开发建设总面积11.2公顷,建成园区道路2.20万平方米,种植绿化面积9万平方米,建设标准厂房累计25.46万平方米。

【漕河泾开发区海宁分区】

2009年12月17日,开发区总公司与浙江省海宁市政府、海宁经济开发区签订全面合作协议,启动建设占地15平方公里的漕河泾开发区海宁分区。海宁分区定位于新兴技术产业园区,致力于发展电子信息、新能源、新材料、生物医药、装备机械等先进制造业及现代服务业等产业。

2010年,海宁分区取得招商突破,引进浙江宝捷机电有限公司、蓝晶科技有限公司、海宁永大电气新材料有限公司、丰源集团等多家高科技企业。其中,由法国博旭瓦集团投资的宝捷公司成为海宁首家纯欧美外资高科技企业,也是海宁首家采用度身定制模式的项目,公司于年内开工。在基础设施建设方面,由漕河泾开发区海宁分区经济发展有限公司承建的首个基础设施建设项目——漕河泾大道二期(盐湖线—谷水路段)工程正式开工。大道建成后,将成为海宁分区启动区域的主干道。该项目的启动标志着漕河泾开发区海宁分区启动区域的基础设施建设全面进入实施阶段。

【漕河泾开发区盐城分区】

2009年底,漕河泾开发区与江苏盐城经济开发区合作共建漕河泾开发区盐城分区启动签约。漕河泾开发区盐城分区负责漕河泾开发区和盐城经济开发区的合作园区建设,园区规划面积9.32平方公里。

第四章 金桥出口加工区

金桥出口加工区成立于 1990 年 6 月 2 日,位于浦东新区中部,距离上海市中心约 11 公里、浦东新区人民政府约 5 公里。金桥出口加工区规划开发面积 19.94 平方公里,以金桥路为界,分为东、西两部。东部约 16 平方公里为现代工业园区,其中 6 平方公里在 1998 年被科学技术部认定为"现代科技园区",西部近 4 平方公里为管理生活区。

2000 年,位于川杨河以北、川沙路两侧的王桥工业区划入金桥出口加工区,后改称为金桥出口加工区(南区)。2002 年 6 月,金桥出口加工区(南区)通过海关总署等八部委联合验收。7 月 1 日,实行封关运作,享受国家级出口加工区的各项优惠政策。其时金桥出口加工区核定规划开发面积增至 27.38 平方公里。

2000—2010 年,金桥出口加工区在发展驱动方面,经历从开发建设之初依靠土地、政策、资本要素的驱动发展阶段,到从"有基础、有战略、有谋略"的引导产业集群发展,再到依靠创新驱动、新产品开发、研发设计、技术革新等核心竞争力的发展阶段;在发展路径方面,历经引进外资转化发展现代工业的历史阶段,由招商引资到自主创新,由外部拉动到内生成长,成功实现从"引进—消化—吸收—自主"的升级转变;在功能塑造方面从初始阶段以出口加工为导向,逐步确立以先进制造业立区,再到构建以高端生产性服务业为主导、战略性新兴产业为重点、先进制造业为支撑的新型产业体系,成功实现从"金桥加工—金桥制造—金桥智造"的功能转变,成为国内率先从"制造"向"智造"转型发展的示范园区,构建先进制造业和生产性服务业"二元融合""两轮驱动"的发展模式。

至 2010 年,金桥出口加工区累计引进 1 113 个项目,累计吸引投资总额 192.66 亿美元。在金桥集聚的各类独立及非独立地区总部 58 家,其中外资总部 46 家。集聚形成电子信息、汽车及零部件制造、现代家用电器、生物医药与食品加工制造 4 个主导产业集群。园区企业承担新一代宽带无线移动通讯网、集成电路重大专项、核高基等系列国家重大创新战略项目,形成以上海贝尔公司、上海华虹微电子有限公司、中微半导体设备(上海)股份有限公司、联芯科技有限公司、上海松下等离子显示器有限公司、上海索广映像有限公司、上海禹华通信技术有限公司为代表的一批处于产业标准制订、技术创新引领、市场占有率领先的领军企业和机构。金桥出口加工成为上海市规模最大的先进制造业基地和快速崛起的生产性服务业基地之一。从建区至 2010 年,金桥出口加工区累计实现工业总产值 15 200 亿元、销售收入 20 000 亿元、上缴税金 1 152 亿元。金桥出口加工区作为上海的制造业基地,为上海的经济建设作出重大贡献。

第一节 开发区创建

1990 年 6 月 2 日,国务院批准设立金桥出口加工区,这是以"出口加工区"命名的国家级经济技术开发区,也是上海市在浦东的 4 个国家级重点开发区之一。成立初期,金桥园区旨在发展出口加工业和第三产业。主要发展出口加工业和第三产业,为集工业制造、贸易经营、商业服务、生活居住和社区管理等功能于一体的综合性开发区。开发初期,金桥出口加工区开发公司制订金桥园区开发建设与社会发展同步的总体规划,做到开发建设与社会同步发展。在前期基础开发中,在资金短缺的情况下,征用土地采用"土地空转"模式。在市政基础设施达到"七通一平"(七通为通电、通信、通水、通煤气、通道路、通雨水、污水排放,一平为土地平整)基础上,增加"集中供热"和"卫星通信"两个系统,使金桥成为国内基础设施最完备的开发区和无烟工业区。

除执行国家、上海市、浦东新区制订的优惠政策外,金桥园区根据自身特点制订部分招商优惠政策。1990年12月,国内最早的上市公司之一上海飞乐股份有限公司在金桥注册成立。1991年底,引进首个中外合资企业上海爱丽丝制衣有限公司。1992年,浦东新区第一个大型通信产品企业上海贝尔电话设备制造公司在金桥奠基,投资4.5亿元,实行跨行业组建的中国生产规模最大的传真机公司上海传真机公司开业。2000年,金桥出口加工区工业总产值457亿元,占上海市工业总产值15.2%,成为上海经济新的增长点;初步形成汽车及零部件、电子信息、现代家电和生物医药及食品四大支柱工业产业。在金桥制造出品的别克品牌汽车、世界知名品牌家用电器进入千家万户,享誉全国市场。

2002年3月25日,上海金桥出口加工区海关监管区管理委员会成立。6月18日,上海金桥出口加工区海关监管区管理委员会更名为上海金桥出口加工区(南区)管理委员会,管委会接受浦东新区政府领导。12月19日,上海金桥出口加工区管理委员会成立,管委会对开发区内经济发展、项目审批、规划建设、园区管理进行综合管理,与金桥开发公司明确分工、各司其职、统一协调、集中服务,弥补了金桥开发公司作为企业,其行为导向、法定地位、财力支撑难以适应开发区日益增长需求的不足。2004年9月28日,上海市浦东新区金桥功能区域管理委员会成立,会在金桥出口加工区行使政府管理职能。

2010年,园区在基本完成基础设施建设的同时,建成面积近4平方公里的碧云国际社区,成为园区开发建设与社会事业同步发展的成功典范。是年,被评为国家生态工业示范园区,蝉联"上海品牌园区"称号。

第二节　管 理 机 制

金桥出口加工区实施"政企联合"管理模式。金桥出口加工区初创时期实行部分政府职能委托开发公司行使的开发体制,由上海市金桥出口加工区开发公司在金桥出口加工区承担部分政府管理职能。在开发区初具规模、形成稳定的税源之后,开发区管理对象、管理内容发生很大变化。

一、管理机构

【上海市金桥出口加工区开发公司】
1990年9月11日,上海市金桥出口加工区开发公司成立。公司为具有独立法人资格的全民所有制企业,注册资金1亿元,负责金桥出口加工区综合开发、经营和管理,行政关系受市政府浦东开发办领导。1992年5月19日,市建委批准开发公司改制为上海市金桥出口加工区开发股份公司;11月,市政府浦东开发办同意保留国营上海市金桥出口加工区开发公司建制,开发公司为控股经营公司,具体从事市政府批准的金桥出口加工区8.9平方公里开发范围内的土地开发。

【上海金桥(集团)有限公司】
1995年12月12日,金桥出口加工区开发公司改建为上海金桥(集团)有限公司。集团公司为国有性质的有限责任公司,实行董事会制,由董事会负责授权范围内国有资产的保值、增值,并参与下属公司的投资决策、战略规划、人事任命、收益分配、审计监督等重大事项。1997 年 12 月,上海金桥出口加工区开发股份有限公司国家股 3.12 亿元由集团公司统一经营,集团公司实收资本由年初的 5.73 亿元增至 8.85 亿元。2001 年,金桥集团公司收购并兼并联发公司、联投公司。兼并后,其资产由集团公司和股份公司分拆,将其经营性资产注入股份公司,将其市政资产等非盈利资产按新区统一要求处置。2010 年底,集团公司有全资企业和学校 9 家:上海金桥出口加工区劳动服务公司、上海金开市政工程有限公司分公司、上海新金桥商业经营管理有限公司、上海新金桥投资开发有限公司、上海新金桥国际物流有限公司、上海金桥出口加工区南区开发建设有限公司、上海金桥再生资源市场经营管理有限公司、上海新金桥国际物流分拨有限公司、上海市民办平和学校;控股企业 4 家:上海金加园物业管理有限公司、上海新金桥环保有限公司、上海金桥出口加工区开发股份有限公司、上海曹路新市镇投资开发有限公司;参资企业 11 家。

【上海市金桥出口加工区开发股份公司】

1992 年 5 月 19 日,市建委批准金桥出口加工区开发公司改制为金桥出口加工区开发股份公司。6 月,金桥公司组建股份制公司,向国内发行 3 000 万元 A 股;11 月 24 日,股份公司在上海市注册登记,注册资金 3 亿元。1993 年 3 月 26 日,股份公司 A 种股票社会个人股上市交易;5 月又向境外发行 3 786 万美元 B 股,共吸纳海内外资金 4.1 亿元。8 月 13 日,市外资委同意上海市金桥出口加工区开发股份有限公司由股份制变更为中外合资股份制企业。

2010 年底,公司控股企业有:上海金桥出口加工区南区建设发展有限公司、上海新金桥广场实业有限公司、上海金桥出口加工区房地产发展有限公司、上海金桥出口加工区联合发展有限公司。公司参股企业有:交通银行股份有限公司、国泰君安证券股份有限公司、海通证券股份有限公司、东方证券股份有限公司、上海华德美居建材装饰仓储有限公司、上海华德美居超市有限公司、上海东申经济发展有限公司、上海新金桥投资开发有限公司、上海市金桥出口加工区实业发展总公司、上海新金桥商业经营管理有限公司、上海通用硅材料有限公司、上海通用硅晶体材料有限公司、上海新金桥物业经营管理有限公司、上海金加园物业管理有限公司、上海金光真空技术有限公司。

【上海市金桥联合投资开发公司】

1991 年 1 月 12 日,市政府浦东开发办批准上海市金桥出口加工区开发公司与中国工商银行上海市分行投资信托公司、中国人民建设银行上海市信托投资公司、中国农业银行上海市信托投资公司、交通银行股份有限公司上海浦东分行合资组建上海市金桥出口加工区联合开发公司,注册资本 4.7 亿元。金桥出口加工区开发公司出资 2.7 亿元,占 57.4%,其中无形资产 2.4 亿元(以 4 平方公里土地使用权折价),现金 3 000 万元。4 月 13 日,上海市金桥出口加工区联合开发公司更名为上海市金桥联合投资开发有限责任公司。2001 年,金桥集团公司收购并兼并联投公司。

【上海金桥出口加工区联合发展有限公司】

1991 年 11 月,市政府批准,由上海市金桥联合投资开发有限责任公司、港澳中银集团所属中国建设投资(香港)有限公司及招商局集团(香港)有限公司三方合资组建的上海金桥出口加工区联合发展有限公司成立,投资总额 3 亿美元,共同开发金桥出口加工区一期工程项目(0.42 平方公里)。

2001年,金桥集团公司收购兼并该公司。

【上海金桥出口加工区(南区)管理委员会】

2002年3月25日,上海金桥出口加工区海关监管区管理委员会成立。2002年6月18日,上海金桥出口加工区(南区)管理委员会由上海金桥出口加工区海关监管区管理委员会更名成立。管委会接受浦东新区政府领导,负责制订发展规划和计划;投资项目、土地使用和建设工程管理;开发建设,为企业提供必要的指导和服务;配合海关实施监管;协调和配合有关行政管理部门对企业的管理;有关行政事务的日常管理和监督;市政府授予的其他职权。12月19日,上海金桥出口加工区管理委员会成立,与上海金桥出口加工区(南区)管理委员会合署办公。

表5-4-1　2002—2010年金桥出口加工区管理机构主要领导任职情况表

管　理　机　构	职　务	姓　名	任　职　时　间
金桥出口加工区海关监管区管委会	主任	王安德	2002年3月—
金桥功能区域管委会	主任	胡宪雄	2004年10月—2005年6月
	主任	陈建明	2007年5月—2010年1月
金桥出口加工区管委会	主任	朱嘉骏	2010年1月—

资料来源:金桥出口加工区提供

【浦东出入境检验检疫局金桥出口加工区(南区)办事处】

2002年11月底,办事处进驻现场办公及开展检验检疫业务。2003年4月2日,上海出入境检验检疫局根据国家质检总局的批复,成立浦东出入境检验检疫局金桥出口加工区(南区)办事处,隶属浦东出入境检验检疫局。办事处主要负责对金桥出口加工区(南区)范围内以及区外周边部分指定企业进出境货物、运输工具、集装箱等实施检验检疫和监督管理。

二、服务机构

【金桥出口加工区企业协会】

1995年3月成立,金桥开发区内各企事业单位自愿参加的社会团体。协会宗旨是面向企业,面向社区,发挥协调、协助和协作的积极作用,为企业和社区经济发展服务;为会员单位排忧解难,逐步完善投资环境服务;为企业提供政策咨询,指导会员单位制订与实施经营战略和决策;为企业搭建信息平台,推进科技创新服务。

【金桥投资服务中心】

2009年,由金桥企业协会投资成立。中心主要功能:拓展招商引资渠道,组织开展各种形式的投资促进活动,宣传和推介金桥开发区的投资环境和产业发展政策,与各类中介咨询机构和行业协会进行友好协作,促进开发区经济发展;为客户提供项目配套服务,为企业与政府部门搭建沟通平台,解决企业在项目落户及生产运营中遇到的各种困难,协助园区内客户争取各类扶持政策,组织各类产业政策、法律法规等培训,促进行业发展;为客户提供各类投资信息,建立双向投资促进数据库,与客户建立经常性联系,深入了解客户需求,开展客户满意度调查。

【上海新金桥国际物流有限公司】

2002年,由上海金桥出口加工区物资储运公司(1994年成立)更名成立,是金桥集团公司的全资子公司,注册资金1.4亿元。总部设在金桥出口加工区,在金桥出口加工区南区、浦东机场、浦东海关、吴淞港区、海关驻邮局办事处、莘庄工业区、外高桥保税区、外高桥保税物流园区、嘉兴出口加工区、洋山深水港(在建)等处设有分公司和营运机构。设有上海金海报关实业有限公司、外高桥国际分拨有限公司、嘉兴国际物流有限责任公司、上海新金桥国际储运有限公司以及金桥原产地市场5家全资或合资公司。主要提供企业注册代理、物流方案咨询策划、外商投资项目咨询代理、外资企业办事处注册代理、进出口代理、专业报关(无纸化报关)、自理报关、代理报关、空运和海运一级代理、国际采购与分拨、普通及专业仓储(保税仓储、出口监管仓储、危险品仓储)、监管运输及国内多级配送。

【上海新金桥设施管理有限公司设备设施分公司】

1994年3月成立,是金桥(集团)有限公司的全资子公司,注册资金500万元。其前身是上海金加园物业管理有限公司。该公司专业从事国家级开发区(工业园区、高科技园区、生活园区)各类工业科技园区、综合办公楼宇、高档住宅小区、公共物业等物业管理。

【上海金桥出口加工区劳动服务公司】

1991年6月17日成立,是金桥出口加工区征地劳动力安置管理责任单位,为金桥(集团)公司下属的全资子公司,注册资金100万元。12月,公司投资50万元,成立具有法人资格、集体所有制性质上海金桥出口加工区劳动服务公司劳务部。金桥劳服公司和劳务部主要职能是按照"应保尽保"要求,做好金桥开发区内征地养老、吸劳人员日常安置管理。金桥劳服公司共办理养老、吸劳13 502人,其中养老3 854人、吸劳9 648人。2000年9月,浦东新区对征地养老人员实行社会化集中管理,公司劳务部征地养老人员移交浦东新区养老管理中心。

【上海金桥职业介绍所】

1998年10月成立,是上海市第一家由政府(浦东新区人力资源和社会保障局)和企业[上海金桥(集团)有限公司]共同组建的公益性职业中介机构。它秉承"面向企业、方便企业、服务企业"办所宗旨,构建"金桥出口加工区公共人力资源服务平台",主要提供职业介绍,包括个人求职注册、企业代理招聘、人力资源推荐等;劳动力资源管理,包括招工备案受理、退工档案受理、人事档案调转等;职业指导,包括劳动就业政策咨询、职业素质性向测评、职业定位规划设计等;职业培训,包括政府补贴培训政策咨询、政府补贴培训项目受理、企业定向培训项目组织等服务。

第三节　规 划 与 建 设

一、园区规划

金桥出口加工区位于浦东新区中部,1990年园区规划面积8.90平方公里,1992年扩至19平方公里。北沿杨高路,与外高桥保税区相近,东至长城东路,南到河间路近张江高科技园区,西至杨浦大桥内环线(韶山路),和陆家嘴金融贸易区连接。1996年,园区规划开发面积增至近20平方公里,以金桥路为界,分为东、西两部:东部为工业区,占地15平方公里,后增加1平方公里为现代商贸服务区;西部为管理服务区和生活住宅区,占地4平方公里。2000年,上海王桥工业区并入,金桥出口加工区规划开发面积扩至27.38平方公里,分为金桥北区和金桥南区,北区19.94平方公里,南区7.44平方公里。东部16平方公里为现代工业园区,其中6平方公里被科学技术部认定为"金桥现代科技园区"。西部4平方公里为现代生活园区和管理服务中心。南部7平方公里(包括原王桥工业区)为南区,其中3平方公里新辟为海关监管区。2001年9月,国务院批准建立金桥出口加工区海关监管区,《金桥海关监管区控制性详细规划》亦获市规划局批准。

1990—1994年,先后制订《金桥出口加工区开发与规划的战略(1990)》《上海市金桥出口加工区经济发展规划研究(1993)》。随后又制订《金桥出口加工区社会事业发展规划(1996)》及各个阶段的五年发展规划等,对市政布局、园区政策、产业发展、人才开发、社会事业等方面进行科学论证。金桥园区初期的开发总目标是通过吸引外资,发挥各方面积极性,建成一个以"三资"企业为主的现代化出口加工工业群,为浦东新区的全面开发打下基础,最初将轿车工业、微电子和计算机工业、精密机械制造工业、通信装备工业、发电设备工业、家用电器工业、船舶制造工业、服装工业、石化工业、冶金工业等11个主导产业作为"八五"期间第二产业的重点发展方向。20世纪90年代末,金桥逐步形成汽车及零部件、电子信息、现代家电、生物医药与食品4个重点发展行业。2005年后,根据金桥产业特点,调整产业结构,重点发展生产性服务业,积极引进跨国公司地区总部及研发机构,推进金桥第二次创业。

【土地开发模式】

1990—2009年,金桥出口加工区按照"小政府、大社会"的要求,实行"政府授权、企业开发"的"公司制"开发模式。浦东新区管委会在开发区初创阶段向金桥公司授以土地开发权,赋予开发公司相应权限,由开发公司为主体对开发区进行规划、开发、建设、招商和管理。1990年开发初期,除政府拨启动资金3 000万元、上海国际投资信托公司的优惠低息贷款200万元作为开办费用以外,并将土地作为资本金注入金桥公司,为开发公司提供滚动开发的条件和基础。随后通过土地"空转",土地资本与金融资本对接,土地滚动开发,租售并举,财政专项补贴以及政企联合管理等开发模式,适应开发区在不同时期的发展需求。

土地"空转"模式　即由财政部门根据注入土地面积折算金额开出支票,供开发公司验资注册,再由开发公司交土地管理部门办理土地权证,土地管理部门将支票还给财政部门完成"空转"。同时,三家单位需要在事先商定好的同一家银行(上海国际投资信托公司)开设账户,由三方人员各携此银行同一日期的转账支票一张(土地价格三方认同)交给该银行,之后三个单位各自做会计分录,进行账务处理。经上述"空转",土地使用权即转成开发公司资本,开发公司获得未经开发的土地的使用权(生地),并未真正得到购买土地和开发土地的资金。金桥出口加工区开发初期,政府共分3次向开发公司"空转"注入未开发土地11.33平方公里,实际土地面积12.28平方公里(1990年9月,上海市注入4平方公里国有土地使用权,折为开发公司2.4亿元注册资本;1992年12月,上海市注入4.78平方公里国有土地使用权,折为开发公司4.7亿元注册资本;1993年12月,浦东新区注入2.53平方公里国有土地使用权,折为开发公司1.03亿元注册资本),基本上确定了金桥开发区框架。

土地资本与金融资本对接模式　1991年1月,成立联合投资开发公司,股东为上海金桥出口加工区开发股份有限公司和工商、农业、建设、交通4家银行的信托投资公司,注册资本4.7亿元,筹集现金2亿元。1991年8月,由联合投资开发公司与香港中银、招商局集团三方成立中外合资的联合发展公司,注册资本2 980万美元。后于1992年、1993年、1994年三次增资,注册资本增加为1.5亿美元,共筹集境外投资方现金折算人民币约2.5亿元。1992年11月,国有独资的金桥开发公司改制为上市的上海金桥出口加工区开发股份有限公司,首期注册资本3亿元。后于1993年发行B股,1994、1997年两次配股,共筹集现金9.8亿元。通过开发初期的股权多元化融资,金桥公司共筹集资金14.3亿元。

土地滚动开发模式 金桥公司"开发一块、建设一块、招商一块"的滚动开发模式,实现成片土地的滚动开发、滚动建设和滚动招商。金桥开发区一期4平方公里土地开发,从0.4平方公里起步,1991年底引进第一个外资项目——上海爱丽丝制衣有限公司起,至1992年,完成2平方公里土地开发,超额完成原定0.5平方公里开发计划,至1993年,完成4平方公里土地开发,提前两年完成开发目标。

"租售并举"模式 1992年,金桥公司规划建设5万平方米的通用厂房,部分出售,部分出租。1997年起,公司通过上市公司配股筹资,逐步加大以租赁为主的房产投入比重。租赁房产类型有通用厂房、定制厂房、研发办公楼等;生活区项目产品有别墅、公寓、购物中心、学校等。至2009年,形成可租赁总量121万平方米的工业厂房、研发办公楼,44万平方米的别墅、公寓、商铺、商务办公楼和公共配套物业的规模。

分期开发模式 2000年中期,金桥以"二次规划"为指导,通过"筑巢引风",建设聚集生产性服务企业的园区,规划在金桥区域内重点建设4个生产性服务业园,即一期、二期、三期、四期,总建筑面积约360万平方米,形成团组集聚的放射型产业布局。

金桥现代生产性服务园区一期,规划用地26.15公顷,东至金桥路、南至明月路、西至红枫路、北至新金桥路,总建筑面积15万平方米。2003年2月开始建设,2004年1月第一幢楼宇竣工启用。2009年10月,园区内14幢办公楼和2个员工餐厅全部建成。锐珂(上海)医疗器材有限公司、林德气体(上海)有限公司、赛默飞世尔科技(上海)有限公司、柯达(中国)投资有限公司、上海摩托罗拉汽车电子有限公司、多美滋婴幼儿食品有限公司、戈朗(上海)海事技术咨询有限公司等一批跨国公司地区总部和研发中心落户园内。

金桥现代生产性服务园区二期,规划用地52.54公顷,总建筑面积90万平方米。2007年5月,控制性详规获批,2008年6月经调整的控制性详规获批。园区二期规划范围东至东陆路、南至金湘路和新金桥路、西至金港路和金豫路、北至金海路。2008年9月,通用汽车中国园区暨前瞻技术科研中心率先入驻园区。

金桥现代生产性服务园区四期(由度工坊),位于金桥北区28号地块,规划用地5公顷,总建筑面积15万平方米,分为地上10万平方米、地下5万平方米,由1栋地标性功能建筑、5栋研发办公楼、1个会务中心以及下沉式广场等组成。2008年10月动工建设。园区四期先后获得"中国信息·网络文化产业基地"和"中国服务外包示范基地"称号。

金桥现代生产性服务园区三期,位于金桥北区东南块,规划用地124.06公顷,总建筑面积167万平方米,2010年仍在规划中。

【财政专项补贴】

金桥出口加工区采取"二级开发、一级财政"的体制,金桥开发区并没有相应的一级财税结算制度。在没有建立新增税收按一定比例返还机制支持开发建设的情况下，上海金桥出口加工开发股份有限公司主要通过不同性质土地级差地租和土地深加工产品产生的收益来支撑开发区市政设施建设、征地工吸劳养老等社会性、公益性政府职能和大项目招商引资成本倒挂等政府负担。为缓解上海金桥出口加工开发股份有限公司承担社会性、公益性政府职能和任务带来的资金困难，浦东新区通过财政专项补贴为园区建设局部"输血"。1995 年 11 月至 2001 年 5 月，金桥开发公司获得浦东新区政府以"小区基金"名义补偿金额 7.58 亿元（其中市政配套设施补偿 4.7 亿元、土地使用权转让价与土地成本倒挂项目补贴 2 亿元、指定和特殊扣除项目补贴 8 700 万元）。2003—2006 年，获得招商引资成本倒挂补贴款约 5 亿元。2008 年，获得新区财政专项补贴款 3 528 万元。

二、基础设施及配套设施

【市政道路】

1992 年，位于区域北缘的杨高路改扩建工程竣工。1993 年，建成横穿金桥的东西向道路金海路。1994 年，金桥开发公司出资建成位于杨高路与金桥路上的金桥立交桥，改造拓宽新金桥路（原上川路段）。1995 年，金桥北区建成区域道路 32.4 公里。至 2000 年，金桥北区道路网格基本形成。2010 年，区内宽 20 至 50 米道路总长约 100 公里，其中主要道路有东西向的巨峰路、金海路、新金桥路、碧云路、宁桥路、云桥路、桂桥路、锦绣东路等，南北向的道路有金桥路、金沪路、金港路、杨高路、东陆路、申江路、金穗路等。

【供水供电供气】

1993 年 8 月，排水量每秒 22.4 立方米的金桥雨水泵竣工启用。此后，在区内共建成雨水泵站 5 座，雨水总排放能力每秒 88.4 立方米；建成污水泵站 3 座，污水排放总能力每日 10 万立方米。建成各级变电站 10 座，供电能力 48 万千伏。区内自来水管平均压力为 147 千帕，供水能力每日 30 万吨。燃气管道压力 4 公斤/平方厘米，供气能力每日 24 万立方米。

【邮电通信】

先后建成邮政支局、邮政所各 1 所。1994 年 9 月，金桥邮电局 1 万门程控电话割接开通。是年，在金桥建成地面卫星通信（VSAT）设施，为区内企业提供便捷的卫星通信特种服务。金桥卫星通信设施由上海维赛特网络系统有限公司建设运营，该公司由上海科技创业投资股份有限公司、上海金桥出口加工区开发股份有限公司、上海陆家嘴金融贸易区开发股份有限公司、上海外高桥保税区联合发展有限公司、上海外高桥保税区新发展有限公司、上海外高桥保税区第三联合发展有限公司、上海张江高科技园区开发股份有限公司投资组建，总投资 1 042 万美元。

【集中供热设施】

在区内共计敷设供热管道 35 公里，形成区域集中供热管网，供热能力每小时 305 吨。集中供热由上海美亚金桥能源有限公司运营。美亚公司拥有 3 个热源厂，引进先进的循环流化床锅炉，取代原来分散在各家企业的燃油、燃煤小锅炉，提高了能源利用效率，有效减少二氧化硫排放。公司有合同供热用户 115 家，实现园区企业 100％集中供热。2008 年，公司单位产值综合能耗降低 5％，二氧化碳排放减少 1 400 吨。2009 年"集中供热"实现节约标煤 4 942 吨、节约用水 7.9 万吨、节约用电 11.4 万度,减排二氧化碳 1.24 万吨,减排二氧化硫 2 200 吨。至 2010 年,金桥出口加工区在基础设施建设中累计投入资金 40 多亿元。

【教育设施】

1994 年 11 月,由欧盟资助的中欧国际工商学院启动在碧云国际社区建设新校舍(红枫路 666号)。1996 年 1 月,总投资约 1 000 万美元的九年一贯制学校——上海平和双语学校校舍开工建设。是年 9 月,平和双语学校招生开学。1997 年 8 月,中欧国际工商学院(CEIBS)新校舍建成,中欧国际工商学院迁入。1998 年 9 月,专供外籍人士子女就读的上海协和国际学校开学。2004 年 9月,上海德威英国国际学校建成开学。同期,九年一贯制学校上海市实验学校东校在黑松路建成开学。

【医疗设施】

2003 年 3 月,浦东新区妇幼保健院从川沙镇迁入红枫路 599 号开业。核定床位 200 张,设有妇科、产科、儿科、乳腺科、儿童保健系列科室。2006 年 4 月,复旦大学附属华山医院东院在红枫路525 号开业。核定床位 200 余张,监护室床位 40 张,设神经外科、皮肤科、内科、麻醉科、医学检验科、病理科、医学影像科等科室。社区内还设有 Worldlink 涉外诊所、上海威瑞门诊部等医疗机构。

【体育设施】

2003 年 10 月,美格菲运动俱乐部成立,2004 年 5 月 18 日开业。俱乐部内有 4 个绿茵草地网球场、8 个国际标准羽毛球场、5 个壁球馆以及 1 个恒温游泳池、儿童游乐健身区,另配备健身房、体操房、咖啡休闲吧等设施。位于蓝天路和杨高中路之间的碧云体育公园,配备有网球场、篮球场、茶室、休闲吧,还有专为儿童设计的迷你攀岩壁、迷你篮球场、游艺滑梯、秋千、滑板场,在碧云路与蓝桉路处建有国际标准足球场和橄榄球场各 1 个。

【购物餐饮】

1998 年 12 月,建筑面积 3.7 万平方米的大型购物中心家乐福在云山路、碧云路开业,配备 500个汽车泊位和 1 000 多个自行车车位。2001 年 3 月,欧倍德金桥建材装饰家居购物中心(后改名百安居)在蓝天路开业,永乐家电大卖场亦进驻蓝天路经营。2004 年 8 月,碧云体育休闲中心建成,建筑面积 2 万平方米,除设立美格菲运动俱乐部外,还开设迪卡侬体育用品大卖场和一条室内购物、餐饮休闲商业街。2007 年,位于管理区与生活区间的红枫路商业街逐步建成。街区先后开出爱尔兰飞狐酒吧、西班牙乐泰餐厅、御璟轩、新元素、Big Bamboo 体育酒吧。碧云花园二期沿街开设Apple 专营店、三夫户外专业运动用品连锁店、原版进口外文书店、秀爱利昂美容美发店、D. I. S 时尚服装店、居家伴家居用品店、米乐布提宠物精品店、美和汉语等。

【酒店公寓】

上海浦东华美达大酒店(浦东民航大厦)位于新金桥路 18 号,1999 年 6 月竣工,为四星级宾馆,拥有客房、会议厅与宴会厅、餐厅、酒吧、夜总会、健身中心、美体馆、游泳馆、网球场等设施。碧云钻石酒店公寓位于碧云路 1168 号,2003 年开业,拥有 2 幢 25 层主楼和 3 层商业群楼,其中 4 层~19层为套房,20 层~25 层为复式豪华套房。商业群楼沿街开设苔圣园酒家、酒吧等商业设施。金桥酒店公寓位于红枫路 108 弄，1998 年建成，内有港悦小馆、蓝沙休闲会所等配套设施。

【宗教设施】

1999 年 9 月，原张家楼天主堂教根据浦东市政建设的需要由源深路张家楼搬迁至红枫路 151 号重建。2002 年 4 月新堂奠基，2003 年 6 月 28 日建成复堂。基督教洪恩堂，又名鸿恩堂，位于红枫路 455 号。由法国设计师根据"诺亚方舟"典故构思设计，独特的船底形堂顶寓意着拯救与和平。2004 年 3 月动工建设，2005 年建成启用。

三、配套社区

金桥园区生活配套设施建设主要集中于金桥北区西部的管理生活区内。管理生活区东起金桥路，南临锦绣东路，西靠三八河，北至杨高中路，占地面积近 4 平方公里。管理生活区又分为管理区和生活区两部分，其中金桥路西、红枫路东、杨高中路南、锦绣东路北为管理区域，其余为生活区域。生活区域随着开发建设的完善，外籍人士的入住，被称之碧云国际社区。

1993 年 6 月，位于管理区内新金桥大厦奠基，成为生活管理区开发建设的开端。1996 年 9 月 30 日，新金桥大厦投入使用。新金桥大厦投资 6.6 亿元，总建筑面积 6.4 万平方米，高 41 层、212 米，获新中国 50 年上海经典建筑提名奖。1994 年 9 月，举行"金桥出口加工区社会事业发展规划"评审会，规划建设大型国际化生活园区。1995 年，生活区内位于黄杨路上的高档外销房信和花园、金桥酒店公寓等开工建设，成为生活内第一批开工的住宅项目。1996 年，随着金桥北区东部开发建设形成一定规模，对生活园区内建造以高档外销为主的住宅规划进行调整。10 月，位于白桦路西、明月路北侧的普通多层住宅罗山花苑开工建设。罗山花苑占地 0.7 平方公里，建筑总面积 111 万平方米，以此营造与现代工业相匹配的生活园区，为区域综合配套发展提供社会发展空间。

1997—2000 年，盈标花园、百富丽山庄、银泰花园和位于管理区的浦东民航大厦、东银大厦等一批高档住宅小区和商办楼宇建成，碧云别墅一期动工建设，上海协和国际学校开学、大型购物中心家乐福开业，外籍居民开始入住，碧云国际社区概念逐步形成。1999 年，碧云别墅被评为"建国五十周年上海最佳住宅小区大奖"，入围别墅类建筑第一名，在外籍人士中享有较高声誉。上海市城市规划展示馆将碧云别墅作为唯一的别墅样板建筑在馆内展示。2000 年 6 月，在浦东新区管委会和上海市建设委员会主办，新区城市建设局、《解放日报》、东方电视台、《城市导报》等协办的"浦东开发开放十年建设精品项目"评选中碧云别墅获铜奖。

2002 年后，碧云国际社区市政道路网格基本形成。南北向道路有红枫路、黄杨路、蓝桉路、云山路、白桦路、黑松路，东西向道路有蓝天路、碧云路、明月路、锦绣东路，其中明月路、碧云路被评为上海市林荫道。区域内又相继建成碧云花园、爱建园、世茂湖滨花园、凤凰公寓、东方公寓、晓园、碧云体育休闲中心、碧云体育公园、红枫路商业街等"碧云"品牌系列项目设施。教育医疗、餐饮购物、体育休闲、文化娱乐、宗教信仰等配套设施日益完备。社区文化形成金桥碧云国际社区长跑比赛、Family Day 国际家庭欢聚日、中外家庭闹元宵、圣诞派对、跳蚤市场等品牌年度赛事和活动。2005 年，在"cityweekend"举办的"首届上海年度最佳涉外租赁别墅评选活动"中，碧云别墅获"最佳豪华别墅"金奖和"最佳社区别墅"提名奖。在上海市经济委员会、上海市商业联合会共同主办的"2007上海零售商大会"上，碧云国际社区获得"商业示范社区"称号。2008 年，被商务部授予"全国社区商业示范社区"称号。

2010 年,整个碧云社区建成 17 个居住小区,住户 5 758 户,常住居民近 2 万人。碧云社区核心区集聚 60 多个国家和地区的 1 000 余户外籍家庭,其中欧美家庭占 70%,包括全球 500 强企业中 26 家跨国公司高管家庭。社区平均建筑密度为 35%,平均容积率 3.5,平均绿地率 50%(平均绿化率 70% 以上),人均居住用地面积高达 45 平方米,人均公共设施用地面积 15 平方米,人均绿化用地面积 20 平方米,营造出低密度、低容积率、高绿地率的绿色宜居环境。面积近 4 平方公里的碧云国际社区,成为金桥园区开发建设与社会事业同步发展的成功典范。

第四节　招 商 引 资

一、招商政策

金桥出口加工区除享受开发初期国家给予浦东新区的十大优惠政策和市政府对浦东新区规定的优惠政策外,"十一五"期间(2006—2010 年),浦东新区根据新区产业发展特点,制订出相关扶持政策。金桥还在自身开发的区域实行某些优惠规定。"十一五"期间浦东新区相关扶持政策:

【提升产业能级政策】
(1)对新引进的生物医药、光仪电、积体电路、软体产品、新材料、新能源及高精装备等生产企业,经认定,其实现的增加值形成新区地方财力部分二年内给予 100% 补贴;利润总额形成新区地方财力部分,二年内给予 100% 补贴,后三年给予 50% 补贴。对其中重点生产企业,经认定,其实现的增加值、营业收入、利润总额形成新区地方财力部分,三年内给予 100% 补贴,后三年给予 50% 补贴。(2)对新引进的生物医药、集成电路、半导体装备制造等重点生产企业在新区取得土地使用权建造生产用房的,相应缴纳的土地出让金新区所得部分给予 100% 补贴。(3)对新引进列为市政府重大工程的产业专案,其建设期内固定资产投资贷款的人民币部分,新区在市里给予贷款贴息基础上再给予 50 个基点的贴息,贴息期最长不超过三年。(4)对重点生产企业增资扩股比例达到 30%,增资金额在 2 000 万元以上、8 000 万元以下的,经批准后,其实现的增加值形成新区地方增量财力部分一年内给予 100% 补贴,后一年给予 50% 补贴;利润总额形成新区地方增量财力部分,一年内给予 100% 补贴,后一年给予 50% 补贴。对增资金额达到 8 000 万元以上的企业,经批准后,其实现的增加值形成新区地方增量财力部分,一年内给予 100% 补贴,后一年给予 50% 补贴;利润总额形成新区地方增量财力部分,二年内给予 100% 补贴,后三年给予 50% 补贴。(5)对重点生产企业增资扩股过程中发生的验资费用、行政事业性费用,经批准后,可采取政府购买服务的方式给予一定补贴。(6)在符合城市规划和土地利用规划的前提下,对新区生产企业因提升产业能级需要集约使用土地资源,提高容积率增加建筑面积及用地改变性质而增收的土地出让金,经批准后,可给予一定补贴。

【鼓励自主创新政策】
(1)对新认定的独立核算研发机构,其实现的增加值、营业收入、利润总额形成新区地方财力部分,三年内给予 100% 补贴,后三年给予 50% 补贴。(2)对引进的国家级、市级及新区级企业技术开发机构,经批准后,酌情给予 80 万元~500 万元一次性资助。(3)对生物医药企业新药开发过程中所发生的新药研发费,在其取得药物临床研究批件后,由新区科技发展基金给予不超过 50 万元补贴;在取得新药证书后,酌情给予 50 万元～500 万元临床研究费用补贴;对其发生的新药申请、检测费用给予 5 万元补贴。(4)对新区软件生产、系统集成、应用服务等软件类企业发生的产品测试、登记、认证等费用,可申请新区软件产业资助资金。(5)对新引进的高新技术企业,其实现的增加值形成新区地方财力部分一年内给予 100％补贴;利润总额形成新区地方财力部分,一年内给予 100％补贴,后二年给予 50％补贴。对其中拥有自主知识产权产品的高新技术企业,其实现的增加值形成新区地方财力部分,二年内给予 100％补贴;利润总额形成新区地方财力部分,二年内给予 100％补贴,后三年给予 50％补贴。(6)对新认定的具有自主知识产权的高新技术成果转化项目,在享受相关政策后,其实现的增加值形成新区地方财力部分,二年内给予 100％补贴,后一年给予 50％补贴。(7)对新认定的新产品,其实现的增加值形成新区地方财力部分,二年内给予 100％补贴。(8)对新区生产企业引进境外先进专有技术所支付费用形成新区地方财力部分,给予 100％补贴。(9)对新区生产企业实施重点专案(产品)技术改造所支付的银行贷款利息,经批准后,按最高不超过一年期基准贷款利率的 80％比例给予贴息,期限一般不超过一年。

【完善配套产业政策】

(1)对新引进的采用先进技术为高新技术产业服务的专业外包企业,经认定,其相关业务实现的增加值、营业收入形成新区地方财力部分,二年内给予 100％补贴;利润总额形成新区地方财力部分,二年内给予 100％补贴,后三年给予 50％补贴。(2)对新引进的光仪电、集成电路、软件产品、高精装备等专业设计企业,经认定,其实现的增加值、营业收入形成新区地方财力部分,二年内给予 100％补贴;利润总额形成新区地方财力部分,二年内给予 100％补贴,后二年给予 50％补贴。(3)对新引进为重点产业直接配套的生产企业,经认定,其相关业务实现的增加值、利润总额形成新区地方财力部分,二年内给予 50％补贴。(4)对新引进为新区高新技术产业提供专业技术培训的培训机构,其相关业务实现的营业收入、利润总额形成新区地方财力部分,二年内给予 50％补贴。

【总部经济政策】

(1)对新引进的跨国公司地区总部实现的增加值、营业收入、利润总额、个人所得形成新区地方财力部分,三年内给予 100％补贴,后三年给予 50％补贴。(2)对新引进的国内大企业(集团)总部实现的增加值、营业收入、利润总额形成新区地方财力部分,二年内给予 100％补贴,后三年给予 50％补贴。(3)对新引进的跨国公司地区总部、国内大企业(集团)总部在浦东新区购买自用办公用房的,按购房房价给予 1.5％的补贴;租赁自用办公用房的,三年内按年租金给予 1.5％的补贴。跨国公司地区总部引进外省市和出国留学人员,需解决上海市常住户口或上海市居住证的,可向浦东新区人事部门提出申请,经审核符合条件的,可予以解决本人、配偶及未成年子女的常住户口或上海市居住证,其子女入园、入学可享受相应待遇。

【企业所得税政策】

(1)2008 年 1 月 1 日(含)之后完成登记注册的高新技术企业,在区内取得的所得,自取得第一笔生产经营收入所属纳税年度起,第一年至第二年免征企业所得税,第三年至第五年按照 25％的法定税率减半征收企业所得税。(2)被认定为高新技术企业的,可享受 15％的优惠税率。

金桥出口加工区自身制订实施的优惠政策：（1）企业所得税。生产性外资企业及高新企业经营期在 10 年以上，获利后第一、第二年免征，非生产性企业批准享受"一免两减半"，外资先进技术企业延长 3 年减税税率 10％，中资高新技术企业享受"二免三减半"。外商利润用于再投资且经营期不少于 5 年的，投资、扩建产品出口企业或先进技术企业的，退还已征收税款的 100％；投资其他企业退还已征税款 40％。（2）2000 年前免征地方所得税。（3）免征房产税。外商自建或购买的房产 5 年内免征房产税，区内云山路以东范围暂不开征。（4）出口保税。配备保税仓库，提供保税业务服务，出口产品原料、成品可办理保税。（5）免征所得利润汇出部分的所得税。（6）出口增值税退税。农产品、煤炭退税率 3％，农产品为原料的工业品退税率为 6％，其他出口商品退税率 9％。

二、引进外资

1991 年 7 月 12 日，中日合资上海爱丽丝制衣有限公司在金桥开发区破土动工，12 月 30 日竣工试生产，实现"当年立项、当年建设、当年投产"。1993 年，金桥园区完成 4 平方公里的市政开发建设，31 个项目投产，201 个项目签约引进，100 个项目开工建设。初步形成以跨国公司为代表，以通讯产业、生物工程加工业、机电业一体化及计算机产业、新一代家电制造业、汽车测试与零部件制造业等产业为主导的高新技术产业。产品涉及电子信息技术、空间科学、机电一体化、生命科学、材料科学、能源环保、医药等领域。其中有上海夏普电器有限公司变频模糊技术控制的新颖空调机、模糊技术控制的东芝家用热水器与洗衣机、上海理光数码设备有限公司传真机、上海日立家用电器有限公司压缩机、英特尔乳品、罗斯蒙特自动化科技（上海）有限公司仪表、上海诺基亚贝尔股份有限公司程控电话、西门子移动电话、上海庄臣有限公司化妆品、爱立信通信器材等接近于 20 世纪 90 年代国际水平的产品。

1997 年，园区吸引投资 17.6 亿美元，其中上海通用汽车有限公司投资总额为 15.2 亿美元。现代工业投产企业增至 100 家，全年实现工业总产值 177 亿元（其中高新技术工业产值达 114 亿元，占总产值的 64.4％），其中出口交货值达 36 亿元。为进一步优化营商环境，金桥出口加工区适时引入银行、海关、商检、报关、货代、商务办公、劳动服务、咨询、保税仓储及一批中介服务办事机构，建立了国际物流、工业物业、工业废弃物处理公司，为区内企业提供全方位延伸服务。

2000 年，园区累计吸引来自 21 个国家和地区的 377 个项目、投资 87.3 亿美元；其中跨国公司 60 家，名列美国《财富》杂志全球 500 家大公司中有 26 家投资金桥；园区竣工项目 216 个，在建项目 78 个，全年工业总产值 457 亿元；累计有 72 家上海市高新技术企业，高新技术产业产值 408 亿元，占区内工业总产值 89.4％。主要产品有轿车、汽车零部件、飞机零部件、超大规模集成电路、程控交换机、数字式移动电话、传真机、自动取款机、卫星通信设备、变频空调、自动化控制系统、计算机、电脑软件、仪器仪表、生物医药制品等。

2001 年，园区累计引进来自 24 个国家和地区的项目 498 个，吸引投资 98 亿美元。全年工业总产值达 706.5 亿元，占浦东新区工业总产值的 37％。工业产值逾 10 亿元的企业有 10 家，逾 100 亿元的企业有 2 家；出口交货值 147 亿元。

2002 年，24 个国家和地区到金桥投资经营。至年底，累计引进项目 526 项，吸引投资总额 106.82 亿美元，招商引资总额列全市开发区首位。金桥工业产值达 782.8 亿元，在全国国家级开发区中排名第二。出口交货值 162.91 亿元，金桥有 19 家企业出口交货值超过 1 亿元，其中有 5 家企业出口超过 10 亿元。

2003 年,园区累计引进项目 568 项,吸引投资总额 110.99 亿美元,工业产值 1 038 亿元,金桥工业产值排名前 10 位的企业,均为世界 500 强在金桥投资的企业。金桥开发区外贸出口保持强劲势头,全年出口交货值 246 亿元,26 家企业出口交货值超过 1 亿元,其中 8 家企业超过 10 亿元。

2004 年,上海市金桥出口加工区引进项目 55 项,吸引投资额 8.91 亿美元。出口交货值 377 亿元,30 家企业出口交货值超过 1 亿元,其中有 9 家企业超过 10 亿元。全年工业总产值 1 234 亿元,比上年增长 24.2%。

2005 年,园区累计引进项目 658 项,吸引投资总额 146.7 亿美元,竣工投产项目 482 个,年内实现工业总产值 1 319.5 亿元。19 家企业入围上海市百强企业,11 家企业跻身上海外贸出口百强企业。金桥公司在发展先进制造业的同时,注重发展和培育具有金桥特色的生产性服务业。现代产业服务园区(一期)重点引进柯达(中国)投资有限公司、华为技术有限公司上海分公司、禹华电子(上海)有限公司、摩托罗拉移动技术(中国)有限公司上海分公司等一批国内外大公司研发机构的入驻,园区有经上海市认定的跨国公司地区总部有 11 家,国家级、市级、区级和企业级研发机构有79 家,生产性服务业初具规模。

2006 年,实现工业总产值 1 466.8 亿元,约占新区的 30.82%。金桥适时调整经营策略,推进"腾龙换鸟"策略,重点吸引大项目、地区总部和加快生产性服务业发展;7 月,"金桥生产性服务业集聚区"获上海市经委批准挂牌,金桥成为上海地区具有代表性的生产性服务业发展基地。欧莱雅(中国)有限公司上海研发中心、住友仓储(中国)有限公司、多美滋婴幼儿食品有限公司研发中心、辉门亚太总部暨技术中心等 12 家总部经济项目和 87 家独立的跨国公司及国内大企业研发机构年内落户金桥。

2008 年,累计引进项目 912 个,吸引投资 169.57 亿美元,全年实现工业总产值 1 608.23 亿元。4 月 23 日,由商务部设立的中国服务外包研究中心落户金桥,与之合署办公的上海市服务外包研究中心同时揭牌。至此,金桥的生产性服务业从业人员近 2.7 万人,形成通信与半导体工业、汽车及零部件工业及自动控制设备工业设计研发集群,总部机构不断集聚,创新研发能力持续增强,年专利申请数 587 件、专利授权数 405 件。

2009 年,园区累计引进项目 1 028 个,吸引投资总额 176.26 亿美元。54 家全球 500 强企业在园区投资 90 个项目,投资项目超过两位数的国家有美国项目 20 个、日本项目 18 个、德国项目 16个、法国项目 11 个。投资总额 300 万美元以上的项目 85 个,其中 5 000 万美元以上的项目 52 个、1亿美元以上的项目 21 个、10 亿美元以上的项目 3 个,全年实现工业总产值 1 672.91 亿元。2009 年度上海外企 10 强(按销售额排名)中有 9 家企业来自金桥,包括上海通用汽车有限公司、惠普科技(上海)有限公司、上海诺基亚贝尔软件有限公司、夏普商贸(中国)有限公司、联合汽车电子有限公司、延锋伟世通汽车电子有限公司、上海松下等离子显示器有限公司、拜耳材料科技贸易(上海)有限公司、上海索广映像有限公司等。

2010 年,园区累计投资总额 3 000 万美元以上项目 85 个,其中 5 000 万美元以上 52 个、1 亿美元以上 22 个、10 亿美元以上 4 个。投资居前四位项目分别为上海通用汽车有限公司 26.63 亿美元、上海华虹微电子有限公司 17.84 亿美元、柯达(中国)投资有限公司 11.38 亿美元、日月光集成电路制造(中国)有限公司 12 亿美元。投资 1 亿美元以上企业主要集中在家用电器、投资机构、电子信息等行业,主要来自美国、日本以及中国香港等国家或地区。跨国公司集聚为园区带来了先进的技术、设备和管理经验,推动金桥支柱产业的技术进步和产业结构升级。

表 5 - 4 - 2　1991—2010 年金桥出口加工区招商引资情况表

年　份	累计吸引投资(亿美元)	其　中		累计合同外资(亿美元)	引进项目数(个)	累计引进项目数(个)	其　中	
		外资总额(亿美元)	内资总额(亿美元)				外资项目数(个)	内资项目数(个)
1991 年	1.96	—	—	—	20	20	—	—
1992 年	16.2	—	—	—	125	145	—	—
1993 年	26.7	—	—	—	56	201	—	—
1994 年	34.1	—	—	—	50	251	—	—
1995 年	41.9	—	—	—	20	271	—	—
1996 年	68	—	—	—	31	302	—	—
1997 年	71.8	—	—	—	23	302(经调整)	—	—
1998 年	81.99	—	—	—	18	320	—	—
1999 年	84.61	—	42	—	20	340	193	147
2000 年	87.27	45.0	42.2	—	37	377	228	149
2001 年	98.3	51.8	46.5	—	35	412	289	209
2002 年	101.95	89.30	12.65	24.61	29	526(经调整)	308	218
2003 年	110.99	98.02	12.97	29.26	42	568	352	216
2004 年	124.38	110.64	13.74	36.76	52	620	410	210
2005 年	146.74	132.36	14.33	53.1	38	658	457	201
2006 年	152.80	138.42	14.38	57.43	54	754(经调整)	527	227
2007 年	164.99	150.60	14.38	62.53	56	810	583	227
2008 年	169.57	154.93	14.64	64.94	57	912(经调整)	635	277
2009 年	176.3	161.63	14.7	69.43	50	1 028(经调整)	683	345
2010 年	192.66	—	—	75.78	53	1 081	718	363

资料来源：金桥出口加工区提供

表 5 - 4 - 3　至 2010 年金桥出口加工区引进亿元以上项目情况表　　　　单位：万美元

企 业 名 称	投资额	其中外资	注册资金	合同资金	国别/地区	行 业
上海通用汽车有限公司	266 300	133 150	108 300	54 150	美 国	交运设备
上海华虹微电子有限公司	178 400	178 400	89 408	89 408	日 本	电子信息
柯达(中国)股份有限公司上海分公司	113 823	91 058	38 500	30 800	美 国	投资机构

（续表）

企 业 名 称	投资额	其中外资	注册资金	合同资金	国别/地区	行 业
日月光集成电路制造（中国）有限公司	119 983	40 000	—	—	中国香港	电子信息
拜耳（中国）有限公司	83 000	83 000	83 000	83 000	德 国	投资机构
上海贝尔阿尔卡特股份有限公司	59 200	29 600	59 200	29 600	法 国	电子信息
上海日立家用电器有限公司	46 580	11 645	21 904	5 476	日 本	家用电器
上海索广映像有限公司	41 029	28 720	10 258	7 180	日 本	家用电器
上海京瓷电子有限公司	37 182	33 464	13 364	12 027	日 本	电子信息
联合汽车电子有限公司	32 289	16 145	14 458	7 229	德 国	交运设备
通用汽车（中国）投资有限公司	32 000	32 000	32 000	32 000	美 国	投资机构
上海松下等离子显示器有限公司	23 448	11 958	16 500	8 415	日 本	家用电器
上海西门子移动通信有限公司	17 821	10 693	9 046	5 428	德 国	电子信息
上汽依维柯商用车投资有限公司	16 000	8 000	16 000	8 000	意大利	投资机构
上海夏普电器有限公司	15 598	9 359	6 325	3 795	日 本	家用电器
上海惠而浦家用电器有限公司	15 400	15 400	8 500	8 500	美 国	家用电器
上海申美饮料食品有限公司	13 928	8 566	9 798	6 025	美 国	食 品
上海普金置业有限公司	11 500	11 500	7 500	7 500	美 国	房地产
上海庄臣有限公司	11 000	9 350	6 700	5 695	美 国	化学制品
泛亚汽车技术中心有限公司	10 600	5 300	6 900	3 450	美 国	科研开发
比欧西（中国）投资有限公司	10 458	10 458	10 458	10 458	英 国	投资机构
金桥酒店公寓 A	10 000	10 000	3 300	3 300	中国香港	房地产

资料来源：金桥出口加工区提供

第五节　产 业 发 展

一、经济规模

开发初期的 1993 年，金桥园区工业总产值 32.42 亿元，1995 年增加至 126.63 亿元，2000 年达 456.67 亿元。2000 年，据上海市外商投资企业协会统计，十大高营业额外资企业中，金桥占据四席，上海通用汽车有限公司以 70 亿元名列第二位，上海贝尔有限公司以 63 亿元名列第三位，上海西门子移动通信有限公司以 49 亿元名列第四位，上海汇众汽车制造有限公司以 31 亿元名列第八位;十大高出口创汇外资企业中,上海夏普电器有限公司以 1 亿美元出口交货值名列第九位;十大人均高利税外资企业中,上海索广映像有限公司以人均利税 29 万元名列第九位。2002 年,上海销售收入前 500 家工业企业中,金桥入围 40 家,其中进入前 10 名的有上海通用汽车有限公司(第 5 名)、上海西门子移动通信有限公司(第 8 名)、上海贝尔公司(第 10 名)。

2005 年,上海通用汽车有限公司以 405 亿元销售收入列上海销售收入排行榜第三名,上海西门子移动通信有限公司和上海贝尔公司分别以 122 亿元和 92 亿元的销售收入名列第 17 位和第 20 位。2009 年,金桥工业产值 1 亿元以上企业有 117 家,其中 100 亿元以上 3 家[上海通用汽车有限公司、上海贝尔公司、惠普科技(上海)有限公司]、50 亿元以上 2 家(联合汽车电子有限公司、上海松下等离子显示器有限公司)、20 亿元以上 7 家[上海索广映像有限公司、多美滋婴幼儿食品有限公司、上海日立电器有限公司家用电器有限公司、夏普商贸(中国)有限公司、沃尔沃建筑设备(中国)有限公司、立邦涂料(中国)有限公司、上海申美饮料食品有限公司]、10 亿元以上 12 家、5 亿元以上 17 家。销售额 1 亿元以上企业 109 家,其中超过 100 亿元 3 家[上海通用汽车有限公司、惠普科技(上海)有限公司、上海贝尔公司]、超过 50 亿元 3 家(联合汽车电子有限公司、上海联想电子有限公司、上海松下等离子显示器有限公司)、超过 10 亿元 20 家,超过 1 亿元的有 83 家。在 2009 年度上海外资企业 100 强(按销售额排名)中,金桥有 9 家,上海通用汽车有限公司名列第二位。

2010 年,金桥出口加工区实现工业总产值达 2 095.30 亿元,占浦东新区工业总产值的 24.7%、占上海市工业总产值的 6.8%;销售收入 3 234.15 亿元,上缴税金 252.44 亿元,工业利润 276.26 亿元。

表 5-4-4 1993—2010 年金桥出口加工区主要经济指标表 单位:亿元

年 份	工业总产值	出口交货值	营业收入	利润总额	税金总额
1993 年	32.42	5.46	33.65	2.35	1.78
1994 年	55.87	11.25	50.19	3.85	8.71
1995 年	126.63	18.87	129.58	13.83	8.25
1996 年	154.48	22.66	150.41	8.41	7.95
1997 年	176.70	36.15	163.4	7.74	10.01
1998 年	241.3	42.02	230.97	12.89	13.62
1999 年	368.91	53.93	362.87	23.12	21.99
2000 年	456.67	100.87	481.18	44.18	22.74
2001 年	706.50	147.30	709.55	49.94	34.34
2002 年	782.82	162.91	775.16	69.07	48.74
2003 年	1 038.19	246.28	1 318.52	117.14	78.67
2004 年	1 234.07	377.48	1 906.38	135.04	57.65
2005 年	1 319.50	418.96	1 605.71	104.16	65.49
2006 年	1 466.80	419.01	1 840.88	114.69	84.79
2007 年	1 594.56	372.60	2 157.36	94.34	102.68
2008 年	1 608.23	404.00	2 267.45	102.50	92.13

（续表）

年　份	工业总产值	出口交货值	营业收入	利润总额	税金总额
2009 年	1 672.91	318.89	2 594.37	187.18	169.67
2010 年	2 095.30	392.18	3 234.15	276.26	252.44

资料来源：金桥出口加工区提供（上海市金桥出口加工区 1998—2002 年年报、2003—2010 年《统计月报》）

表 5 - 4 - 5　2007—2010 年金桥出口加工区主要经济指标表

指　标	单　位	2007 年	2008 年	2009 年	2010 年
税收总额（税务部门口径）	亿元	52.28	55.53	62.00	77.00
地方税收	亿元	12.51	13.99	15.3	19.26
固定资产投资额	亿元	59.71	35.43	47.67	60.48
房地产投资额	亿元	8.91	4.32	6.28	8.80
工业投资额	亿元	46.00	27.41	36.50	48.05
房地产新开工面积	万平方米	9.00	27.39	11.22	14.16
房地产竣工面积	万平方米	14.03	9.27	5.73	7.57
房地产预售面积	万平方米	3.96	5.12		
外商直接投资合同项目	个	5	57	50	35
外商直接投资合同金额	亿美元	4.96	2.93	3.73	6.35
外商直接投资实际到位金额	亿美元	2.55	2.48	1.63	3.35
期末实有内资企业注册户数	个	—	306	105	168
期末实有内资企业注册资本	亿元	—	64.80	13.20	10.85
工业总产值	亿元	1 594.56	1 608.23	1 672.91	2 095.30
高技术产业产值	亿元	725.32	732.46	599.19	663.45
新产品产值	亿元	828.21	778.34	966.98	1 198.53
工业四大重点发展行业产值	亿元	1 426.29	1 418.32	1 518.91	1 740.73
电子信息整机及配套件	亿元	614.08	572.68	507.78	603.28
汽车及零部件	亿元	536.94	443.40	694.92	864.34
成套设备制造业	亿元	—	—	216.20	165.99
家用电器及配套件	亿元	200.02	241.30	—	—
生物医药及食品	亿元	75.25	160.94	100.01	29.69
工业出口交货值	亿元	327.60	404.00	318.89	392.18
新产品产值率	%	51.9	48.4	57.8	57.2
经认定高新技术企业数	个	8	97	71	85
生产性服务业经营收入	亿元	158.27	148.19	176.34	367.99
期末从业人员	万人	10.62	9.78	10.95	12.50

资料来源：金桥出口加工区提供

二、主导产业

1993—2010 年,金桥公司根据园区的功能和产业定位,重点引进高技术、高附加值、高效益及低污染项目(三高一低)。金桥产业发展经历启动开发、培育成长、集聚发展和调整提升四个阶段,随着产业结构的调整和升级,逐步形成汽车及零部件、电子信息、现代家电、生物医药为产业支柱的高新技术产业集群,发展成为上海市规模最大的先进制造业基地和快速崛起的以总部经济、研发设计、商贸营运、信息服务为代表的生产性服务业集聚区。

金桥园区通过大规模的基础设施建设和强有力的招商引资,至 1998 年,初步形成电子信息、汽车及零部件、现代家用电器、生物医药及食品四大支柱产业,总产值达 199.74 亿元,占开发区工业总产值 83%,其中电子信息产业占比 62%,成为金桥的主导产业。

2000 年,四大支柱产业实现产值 408.17 亿元,占开发区工业总产值的 89.4%,其中电子信息产值 247.15 亿元,占比 54.1%;汽车及零部件产值 98.60 亿元,占比 21.6%;现代家用电器产值 58.32 亿元,占比 12.8%;生物医药及食品产值 4.10 亿元,占比 0.9%。

2009 年,四大支柱产业实现产值 1 518.91 亿元,占开发区工业总产值的 91%。四大支柱产业规模以上企业有 110 家,占金桥全部规模以上工业企业总数的 41.2%。其中电子信息企业 46 家,汽车及零部件企业 24 家,分别实现工业总产值 507.78 亿元、694.92 亿元,合计占金桥工业总产值七成以上;现代家用电器、生物医药及食品行业所占比重分别为 13% 和 6%。

2010 年,四大支柱产业总产值达 1 740.73 亿元,其中电子信息产值 603.28 亿元,汽车及零部件产值 864.34 亿元,现代家用电器产值 165.99 亿元,生物医药及食品产值 107.12 亿元。

表 5-4-6 1998—2010 年金桥出口加工区四大支柱产业产值情况表

年 份	总计(亿元)	占工业总产值比重(%)	电子信息(亿元)	比重(%)	汽车及零部件(亿元)	比重(%)	家电及配套件(亿元)	比重(%)	生物医药及食品	比重(%)
1998 年	199.74	82.78	148.97	61.74	5.81	2.41	40.39	16.74	4.57	1.89
1999 年	282.97	76.70	151.05	40.94	79.44	21.53	48.45	13.13	4.03	1.09
2000 年	408.17	89.38	247.15	54.12	98.60	21.59	58.32	12.77	4.10	0.90
2001 年	677.52	95.90	438.33	62.04	125.57	17.77	105.80	14.98	7.82	1.11
2002 年	684.93	87.50	383.69	49.01	216.75	27.69	71.76	9.17	12.73	1.63
2003 年	904.02	87.08	367.03	35.35	375.71	36.19	119.18	11.48	42.10	4.06
2004 年	1 130.45	91.60	538.98	43.67	389.22	31.54	151.43	12.27	50.82	4.12
2005 年	1 156.63	87.66	543.11	41.16	389.38	29.51	163.20	12.37	60.94	4.62
2006 年	1 294.71	88.27	599.86	40.90	461.80	31.48	163.46	11.14	69.59	4.74
2007 年	1 426.29	89.45	614.08	38.51	536.94	33.67	200.02	12.54	75.25	4.72
2008 年	1 418.32	88.19	572.68	35.61	443.40	27.57	241.30	15.00	160.94	10.01
2009 年	1 518.91	90.79	507.78	30.35	694.92	41.54	216.20	12.92	100.01	5.98
2010 年	1 740.73	83.08	603.28	28.79	864.34	41.35	165.99	7.92	107.12	5.11

资料来源:金桥出口加工区提供(上海市金桥出口加工区 1998—2001 年年报、2002—2010 年《统计月报》)

【汽车及零部件】

1992年6月,由上海汽车工业(集团)总公司投资建设的汽车性能测试基地进区开工建设,总投资2 329万美元、采用国际20世纪90年代技术水平的设备,可进行汽车整车试验、各种性能测试、车型设计,1993年12月建成使用。1995年,上海西门子汽车电机有限公司建成投产。

1997年1月,由上海汽车工业(集团)总公司和通用汽车(中国)投资有限公司各投资50％兴建的上海通用汽车有限公司开工,公司占地面积55万平方米、建筑面积23万平方米,总投资15.21亿美元,生产美国通用新上市的别克轿车及其变型旅行车。6月,由上海汽车工业(集团)总公司和美国通用汽车(中国)投资有限公司各投资50％的合资企业泛亚汽车技术中心有限公司成立,投资总额5 000万美元,主要从事汽车设计与开发、整车及部件总成试验等。11月6日,为上海通用汽车有限公司汽车别克、大众桑塔纳、大通载重车等项目配套的上海汇众汽车制造有限公司落户金桥园区。是月,由中联汽车电子有限公司与德国罗伯特·博世有限公司共同组建的联合汽车电子有限公司(总部、技术中心和上海生产区)建成投产,专业生产汽油发动机管理系统、自动变速箱控制系统、车身电子、混合动力和电力驱动系统及其零部件。

1998年4月,上海通用汽车有限公司建成并进入试生产。12月17日,首辆别克新世纪轿车下线,填补了国内2.6升以上中高档轿车生产的空白。联合汽车电子有限公司继为桑塔纳、捷达、富康、夏利等国产轿车匹配电喷系统后,技术中心的建成与投入使用为电喷系统的技术开发、产品国产化和匹配工作奠定基础,是年生产的EV6产品打入国际原配件市场,为"雪铁龙"配套供货,实现国产高科技汽车电子产品出口零的突破。

1999年2月8日,国内最大的汽车环保项目康宁(中国)有限公司正式落户。4月,别克轿车开始批量生产,国家认定其国产化率达42％。9月25日,第1万辆别克轿车顺利下线,全年生产轿车2.33万辆;12月17日,上海通用首辆别克变型车——GL8公务商务旅行车下线,并与别克轿车共线生产。2000年6月,通用汽车通过国产化鉴定,别克GL型轿车国产化率、别克GL8公务商用旅行车国产化率分别达60％、40％,泛亚汽车技术中心的规模也不断扩大;12月,上海通用汽车有限公司瞄准中国家用轿车市场需求而开发的经济型轿车赛欧(SAIL)正式下线。

2001年,赛欧轿车呈现性能价格比较合适,销售一路走好的态势。泛亚汽车技术中心朝整车开发发展,并融入通用汽车开发系统,园区以整车引领、配套产业集聚的汽车产业基地形成规模,10月,别克GL10第一批出口菲律宾,至年底累计出口1 172辆,开创国内中高档轿车走出国门先河。2002年12月20日,上海汽车工业(集团)总公司、通用汽车(中国)投资有限公司、上海通用汽车有限公司在烟台签署"烟台车身有限公司股权转让协议",收购方出资9亿元收购原山东烟台车身有限公司全部股权。上海通用参与国内兼并重组,重组后的新公司作为上海通用汽车有限公司的第二个生产基地进行部署和业务运营,并在产品规划、生产制造、零部件采购、营销网络、信息、质量体系和人力资源管理等纳入上海通用汽车有限公司的一体化管理。泛亚汽车技术中心有限公司完成君威轿车设计,样车(OTS)经过4万公里道路及严酷试验,证明泛亚汽车技术中心有限公司全新设计的零部件无论在结构上、强度上、材料上均能满足美国通用汽车严格的产品要求。

2003年,泛亚汽车技术中心有限公司搬迁至王桥地区,并建成符合欧盟标准的排放试验室,先后完成别克2.0 L手动四缸发动机的研发,中国设计师独立设计的概念车"鲲鹏"的制作,"凯越"项目的改型和工程设计。是年,别克总销量超过45万辆,在中高档车市场的占有率达30％以上。

2004年,园区引进开发和生产汽车空调模块、发动机冷却系统以及元件的上海贝洱热系统有限公司,设计制造模具的上海赛科利汽车模具技术应用有限公司,开发和制造用于汽车座舱系统、仪表板、门内外饰件和其他汽车内饰产品的延锋伟世通金桥汽车饰件系统有限公司。上海通用汽车有限公司推出凯迪拉克品牌,巩固、提升别克品牌,完成雪佛兰品牌的部署;公司以充裕、差异化的产品线满足消费群体日益增长的个性需求,各授权销售服务中心开展全程一对一顾问服务,深化服务内涵,提升服务档次,不仅成为国内进入车型细分市场最多的企业,还成为唯一一家获得中国质量协会、全国用户委员会表彰的"2004年全国用户满意服务企业"的汽车制造公司。

2005年,上海通用汽车有限公司金桥基地南部厂区建成投产,同时,获商务部批准,成为通用汽车别克、雪佛兰、凯迪拉克及萨博四大品牌进口车在中国的授权总经销商,公司形成18大系列60多个品种的产品矩阵。至年底,公司拥有金桥、烟台、沈阳三大生产基地,金桥南厂、金桥北厂、烟台东岳汽车、沈阳北盛汽车4个整车生产厂以及金桥、烟台东岳2个动力总成厂。其中金桥基地的生产能力为年产32万辆整车、10万台自动变速箱、20万台发动机。全年销量达32.5万辆,首次超过上海大众成为全国销量第一。

2006年,上海通用凯迪拉克SLS赛威轿车在中国首发,新款君威汽车在产品、研发和品牌方面实现"三突破",年销售量也首次达41万辆,累计产销突破100万辆。是年,泛亚汽车技术中心有限公司的事故振动噪声试验室和新动力总成试验室建成并投入使用。2007年,上海通用再次获得"中国最受尊敬企业"荣誉称号,成为该评选举办6年来汽车行业中唯一一家连续6年当选的企业,并蝉联中国信息化500强排行榜第一名。上海通用汽车有限公司继2001年别克GL10出口菲律宾、2002年V6大排量发动机出口加拿大后,开拓出口业务,别克君越销往中国台湾,雪佛兰乐丰、新赛欧进军俄罗斯和南美。2007年,泛亚汽车技术中心有限公司的材料试验室、电子电器试验室、结构试验室、子系统安全试验室先后建成,投入使用;发布"林荫大道""别克未来"等多款新车。

2008年,受到金融危机的影响,汽车及零部件行业产值大幅下滑。上海通用凯迪拉克推出2款"双模式"强混合动力以及配备燃料电池E-FLEX电力驱动系统的无污染、零油耗概念车。1月,上海通用汽车有限公司启动以"发展绿色产品""打造绿色体系""承揽绿色责任"为核心的绿色战略;围绕"更好性能、更低能耗、更少排放"的绿色产品规划,建立绿色生产及研发体系,并带动上、下游共创绿色产业链。年底,上海通用汽车有限公司(沈阳)北盛新工厂正式建成,第一辆科鲁兹试装车顺利下线。

2009年,在国家出台1.6L以下排量车辆购置税优惠政策的激励和支持下,汽车产业复苏发展,全年产值实现694.92亿元,增长63%,占开发区工业总产值的42%。规模以上企业24家,实现营业收入1110亿元,利润总额110亿元,上缴税收88亿元,从业人员15943人。其中上海通用汽车有限公司在"多品牌、全系列"战略指导下,取得品牌和产品的双重突破。全年汽车销售达70万辆,其中别克逾43万辆,雪佛兰逾26万辆。自2008年启动"绿动未来"战略后,雪佛兰、别克、凯迪拉克三大品牌系列车型销量屡创新高,2009年6月,别克品牌累计销量突破200万辆,12月第300万辆整车下线。

2010年,以上海通用汽车有限公司、沃尔沃(中国)投资有限公司上海分公司、联合汽车电子有限公司为代表的金桥汽车及零部件产业产值864.34亿元,占金桥工业总产值41.4%。是年,上海通用汽车有限公司年汽车产销超过100万辆,成为中国汽车工业第一个年产销量"百万量级"的乘用车公司,其中别克品牌销量近54万辆;雪佛兰品牌突破45万辆,增长80%;凯迪拉克品牌产销1.6万辆,增长1.5倍。

表5－4－7　2010年金桥出口加工区汽车及零部件主要企业情况表

分　类	主要产品	代　表　企　业
整车生产	整车制造	上海通用汽车有限公司
汽车研发	技术设计	泛亚汽车技术中心有限公司
动力系统	动力总成	联合汽车电子有限公司
	汽车尾气	巴斯夫催化剂(上海)有限公司(尾气催化剂)、康宁(上海)有限公司(三元陶瓷载体)
转向系统	转向系统	上海蒂森克虏伯汇众汽车零部件有限公司
车身系统	汽车饰件	延锋伟世通郊区汽车饰件系统有限公司(内饰件)、上海名辰模塑料科技有限公司(外饰件)
	电动座椅	上海李尔汽车系统有限公司
	汽车模具	上海赛科利汽车模具技术应用有限公司、延锋伟世通汽车模具有限公司、上海同捷科技股份有限公司
	电子系统设备	迈梭电子(上海)有限公司、上海奇线汽车电气系统有限公司、上海广电海拉有限公司
电器与电子设备系统	汽车空调	上海航天汽车机电股份有限公司、上海三电汽车空调有限公司、上海贝洱热系统有限公司、三菱重工汽车空调系统(上海)有限公司、上海豫新世通汽车空调有限公司
其　他		上海海斯特叉车制造有限公司、沃尔沃建筑设备(中国)有限公司(履带式挖掘机)

资料来源：金桥出口加工区提供

【电子信息】

1992年12月,由比利时阿尔卡特贝尔电话公司和中国邮电总有限公司共同投资17 000万美元的上海贝尔电话设备有限公司进区开工建设,主要产品为程控电话交换机,1994年12月竣工投产。由上海科技投资贸易股份有限公司、金桥出口加工区开发公司、陆家嘴金融贸易开发公司、外高桥保税区联合发展有限公司、外高桥保税区新发展有限公司、外高桥保税区第三联合发展有限公司及张江高科技园区开发公司共同投资1 042万美元的高科技企业——上海维赛特网络系统公司于1993年10月进区开工建设,1994年3月建成投入使用。1993年12月,由英国GTP国际控股有限公司和中国国际信托投资公司所属的中信技术公司共同投资1 000万美元的上海国际数字电话设备有限公司进区开工建设,主要产品为ISDX系列综合业务数字程控用户交换机。这些龙头企业的入驻,奠定了金桥电子通信产业的基本框架。

1995年,上海奥林岛电子科技实业有限公司、上海贝尔电话设备制造有限公司先后建成投产;由阿尔卡特(中国)有限公司和上海市邮电管理局合资的上海阿尔卡特网络公司成立,从事通信支撑系统的开发和专业管理等方面的业务;德国西门子公司的投资扩大到5个项目,总投资达9 200万美元,形成上海西门子移动通信、西门子数字程控通信系统、上海西门子通信电源有限公司、西门子通信终端设备(上海)有限公司等有限公司共图发展的局面。年底,一项名为"909"的项目正式启动,这是中华人民共和国成立以后最大的电子工业项目,项目选址在浦东金桥出口加工区。"909"

工程的落地,掀起了上海集成电路产业发展的浪潮,中国的集成电路产业逐渐走上正轨。

1996年11月27日,上海华虹微电子有限公司超大规模集成电路项目"909"工程在金桥出口加工区奠基,是继宝钢、金山工程之后,国家在上海建设的第三个重大项目,以引进、消化、吸收、创新的方式,建设一条采用0.5微米技术、制造直径为20厘米的硅片的大规模集成电路芯片生产线。1997年7月,由上海华虹微电子有限公司、日本电器株式会社(NEC)和日电(中国)共同投资12亿美元的合资企业——上海华虹微电子有限公司成立,从事大规模集成电路的设计、开发、制造和销售。1998年,上海维赛特网络网络系统公司,在原来TDMA、SCPC为主要传输方式的基础上,引入DVB系统和MCPC系统,运用卫星技术服务媒体,进一步提高了公司的运营能力。是年,电脑业龙头企业东芝电脑(上海)有限公司、惠普科技(上海)有限公司,以及国内知名企业上海联想电子有限公司先后落户园区。其中1998年8月4日成立的惠普科技(上海)有限公司,主要研发、生产制造和销售HP台式PC、笔记本电脑、工作站、服务器及部件等产品,于1999年3月4日开业。1999年10月28日,"909"工程超大规模集成电路芯片生产线投产。

2001年,全球最大的电子示波生产商美国泰克公司投资3 000万美元,在金桥成立泰克科技(中国)有限公司,专业从事电子测量仪器制造和销售、软件设计、通信和光电子制造等业务。上海贝尔公司加速实现多元化战略,由以S12程控交换机为主的通信设备制造商,成长为通信网络整体解决方案的提供商。同时,上海贝尔中方股东与阿尔卡特公司签订《上海贝尔公司股权调整备忘录》。上海贝尔有限公司更名为上海贝尔阿尔卡特有限公司。公司经营电信/IT产品和网络解决方案,成为阿尔卡特在华唯一投资运营企业和经营渠道。

2002年,上海贝尔阿尔卡特在ADSL领域,局端设备、终端设备市场占有率达40%;在移动领域,GSM市场份额不断扩大;在传输领域,能提供全系列的传输产品;在生产领域,产品实现本地化,ADSL产量达100万线,其中30万线出口美国市场。

2004年,园区全年完成产值538.98亿元,增长34.0%。2005年,惠普科技(上海)有限公司在金桥新建的PC生产线竣工投产,其在中国的台式电脑和工作站的产能翻番,然而,惠普科技(上海)有限公司把销售笔记本电脑的业务迁出区外,使年销售收入下降75.1%;上海联想电子有限公司的发展则出现58.3%较大幅度增长。上海贝尔阿尔卡特公司有一大批本地化研发项目实施并产业化,表面贴装、印刷线路板组装生产产品种类由最初的100余种增加到880余种,产品线逐步扩大到六大类250余个品种,其中固定、移动、传输及接入四大类产品全部实现本地化生产。

2006年,上海贝尔阿尔卡特公司以引进、消化和吸收国外程控交换先进技术为起点,在通信信息技术的核心技术领域开展自主创新,走出一条"原始创新、集成创新和引进消化吸收再创新"三者相结合的新路子,实现公司自主创新产生的知识产权"落地"、知识产权的核心商业价值"落地"。年底,公司宣布与朗讯科技全球合作,探索创新改革新模式带来的发展机遇。

2007年,惠普产品通过了北美的UL标准、欧洲的TVU标准,以及中国新颁布的CCC标准认证,通过电子产品环境评估工具(EPEAT)的金牌认证,通过CMM/CMM5、PC-MM、ISO 2700、ISO 9000、ISO 20000的认证。2008年,受国际金融危机影响,全球电子信息产品市场需求低迷,金桥的电子信息产业产值降至572.68亿元。

2009年,上海联想电子有限公司生产线转移到外高桥,上海贝尔公司贯彻国家关于开展自主创新的战略要求,进一步提升创新能力,加大3G、LTE、光传输、光接入等主导产品的研发,在"新一代宽带无线技术"国家重大专项研发和RRH无线射频关键技术、EPON/GPON固定宽带接入技术等领域实现重大突破,并打造建设面向全球的工业化制造中心,提升高端制造业和新产品产业化能力,打造服务中国乃至全球的研发中心。是年,金桥出口加工区电子信息产业有规模以上企业46家,实现营业收入698亿元,利润总额13亿元,从业人员36 344人。

2010年,以上海贝尔公司、上海华为技术有限公司、上海华虹微电子有限公司、上海西门子移动通信、惠普科技(上海)有限公司为代表的电子信息产业产值603.28亿元,占金桥工业总产值28.8%。

表5-4-8　2010年金桥出口加工区电子信息主要企业情况表

行业分类	主要领域	代 表 企 业
通信设备制造	移动通信及终端设备	上海贝尔公司、上海华为技术有限公司、诺基亚西门子通信贸易(上海)有限公司
	通信终端设备	上海禹华通信技术有限公司、佳士达(原明基)、赫比(上海)通讯科技有限公司、上海亿人通信终端有限公司、隆堡电子(上海)有限公司
电子器件制造	集成电路	上海华虹微电子有限公司、联芯科技有限公司、长丰智能卡、雅思拓智能卡、三井高科技
	半导体分立器件	中微半导体设备(上海)有限公司、日月光半导体(上海)有限公司、泰瑞达(上海)有限公司
	光电子器件及其他电子器件	上海欧姆龙控制电器有限公司、上海京瓷电子有限公司
电子计算机制造	电子计算机整机	惠普科技(上海)有限公司、东芝电脑(上海)有限公司、上海联想电子有限公司
	电子计算机外部设备	上海理光传真机有限公司、万特电子(上海)有限公司
家用视听设备制造	家用影视设备	上海索广映像有限公司、上海松下等离子显示器有限公司
其他电子设备制造	汽车电子	联合汽车电子有限公司

资料来源:金桥出口加工区提供

【现代家电】

1992年6月,由上海电视机一厂、日本夏普株式会社、三菱商事株式会社共同投资3 810万美元的上海夏普电器有限公司成立,成为入驻金桥的第一家大型家电合资企业,10月进区开工建设,1993年12月竣工投产,主要产品为空调器、电饭煲、空气净化器、微波炉、电烤箱、电热水器等新一代家用电器产品。1992年10月,由上海冰箱压缩机股份有限公司和日本日立株式会社共同投资5 500万美元的上海日立电器有限公司电器有限公司进区开工建设,并于1993年竣工投产,主要产品为空调压缩机等家用电器,由此奠定园区新一代现代家用电器产业的基础。1994年,由上海传真机公司、日本株式会社理光、冠军电子科技(上海)有限公司三方共同投资4 400万美元的上海理光传真机有限公司破土动工,由上海双鹿电器股份有限公司与日本中野冷机株式会社、茶谷产业株式会社合资兴建,共同投资2 360万美元的上海双鹿中野冷机有限公司成立。1995年,上海理光传真机有限公司、上海双鹿中野冷机有限公司先后竣工投产。上海日立电器有限公司电器有限公司在一期投资的基础上又投资7 500万美元进行二期建设。是年,上海惠而浦家用电器有限公司和上海水仙电器股份有限公司合作成立上海惠而浦水仙有限公司,生产惠而浦洗衣机。

1996年2月,上海惠而浦水仙有限公司第一台洗衣机下线。1998年,上海理光数码设备有限公司开发出集传真、电话、激光复印、扫描、激光打印、PC传真于一体的适应计算机网络发展潮流的F1000BL复合机,还推出低价位FAX4000L传真机和家用型传真机FAX300系列。1999年,上海理光数码设备有限公司又设计开发出国内传真速率最快的激光普通纸传真机FAX5800L。2000年,上海日立电器有限公司年生产空调压缩机350万台,成为国内压缩机行业规模最大、品种最多、技术最强、效益最佳的龙头企业;上海夏普电器有限公司推出全新设计的"中央屏"系列环保新产品;日本能率株式会社则追加投资,水仙能率更名为上海能率有限公司。

2001年,上海日立电器有限公司生产的压缩机占全国30%的市场份额,其中2匹以上机种占80%。2002年,面对市场由供不应求向供求平衡及供大于求的转变,公司在"价格市场化,份额领先于行业"的原则指导下,完成"智能分配开发及其在变频多联空调中的应用""空调匹配振动数字化仿真""变频双压缩机净水机组"等项目的研制,全年总销量491万台,继续保持国内领先地位。是年,上海索广映像有限公司先后成功地导入34寸、29寸高精细线距彩色显像管,并推出FX、HS、AR等系列新品种。2003年,上海日立电器有限公司根据市场发展趋势,当年不做隔年机种、型号产品,主动淘汰老产品,坚持做到"生产一代、开发一代、研制一代、储备一代",产品年年出新。上海惠而浦水仙有限公司推出国内第一台加热型波轮洗衣机、省水省电的迷你洗衣机、节省空间的顶开式洗衣机等10多个适合国内的国际品牌产品系列。

2004年,上海索广映像有限公司进军高端平面电视领域,开始生产液晶(LCD)、液晶背投(G-WEGA)、等离子(PDP)等新品电视机。是年,上海日立电器有限公司推出全平面分体式空调机、柜机系列新品、分体挂壁式新风空调及新型风干洗衣机。上海惠而浦水仙有限公司则有水能王系列洗衣机上市。2005年,上海惠而浦水仙有限公司在金桥成立中国和亚太区总部。是年,上海日立电器有限公司取得商务部关于同意上海日立电器有限公司吸收合并森林电器的批复;12月底,投资1亿余元、总建筑面积2.2万平方米的日立科技大楼竣工投入使用。

2007年,上海索广映像有限公司为适应市场的变化,全线退出CPJ、CRT、G-VEGA、SXRD等主营业务,逐步转向生产LCD-TV和商务投影仪等以B2B为主导的新的产品经营系列,开始专业生产"BRAVIA博大晶深"高清晰度以及1080FuIIHD全高清晰度数字液晶彩色电视机。上海日立电器有限公司的"海立"商标被国家工商总局认定为"驰名商标"。上海日立电器有限公司制造的"海立牌"压缩机在成功开拓中东、印度市场后,又成功地将销售网络扩展到南亚的巴基斯坦。2008年,索广映像液晶电视机产量达79万台,新产品率100%。年初,上海日立电器有限公司推出TE系列5匹大规格双气缸旋转式压缩机,同时其全资子公司南昌海立电器有限公司在南昌市经济开发区正式奠基。2009年,上海索广映像有限公司凭借品质和技术优势,将欣赏电视节目、玩游戏、看电影与用户的电视、手机、数码相机、个人电脑等设备连接起来,让电视成为家庭网络娱乐中心,为用户提供分享和体验多媒体娱乐的解决方案。2009年,金桥出口加工区现代家电产业有规模以上企业14家,实现营业收入207亿元,利润总额5亿元,上缴税收1亿元,从业人员10 893人。至2009年,金桥累计生产家用洗衣机147.84万台、家用电冰箱47.26万台、房间空气调节器69.38万台、空调器用压缩机1 025.61万台、彩色电视机173.99万部。2010年,以上海日立电器有限公司、惠而浦家用电器有限公司、上海夏普电器有限公司、上海索广映像有限公司为代表的现代家用电器产业产值165.99亿元,占金桥工业总产值7.9%。

表 5-4-9　2010 年金桥出口加工区现代家电主要企业情况表

分　　类	主要产品	代表企业	入驻金桥/成立时间
白色家电	洗衣机	惠而浦家用电器有限公司	1995 年 5 月（2009 年迁长兴）
	洗衣机、电冰箱、空调	上海夏普电器有限公司	1992 年 6 月
	洗衣机、电冰箱、空调	上海日立电器有限公司	1994 年 4 月 4 日
	空调压缩机	上海日立电器有限公司	1993 年 1 月 18 日
	燃气热水器	上海水仙电器股份有限公司	1993 年（2009 年迁奉贤）
黑色家电	彩电	上海索广映像有限公司	1995 年 12 月
	等离子显示器	上海松下等离子显示器有限公司	2001 年 1 月 20 日
	DVD 播放机、安防监控	上海乐金广电电子有限公司	1995 年 8 月
其　他	非金属制品模具	赫比（上海）家用电器产品有限公司金桥分公司	2000 年
	移动电话充电器、稳压电源	上海原宿电器有限公司	1995 年 12 月 29 日

资料来源：金桥出口加工区提供

【生物医药与食品】

1991 年，中美合资上海庄臣有限公司落户金桥，主要生产雷达、佳丽、密保诺、碧丽珠、威猛先生、红鸟等家用化学产品。1992 年 9 月，上海信谊药业有限公司在金桥投资建厂。1993 年 4 月，由丹麦宝隆洋行和中国上海新安乳品公司共同投资 2 650 万美元的上海英特儿营养乳品有限公司进入金桥建厂，主要产品有营养乳品，如多美滋奶粉、酸乳等。是年 9 月，由上海市牛奶（集团）有限公司和香港宏业集团合资成立，总投资 2 100 万美元的生产冰激淋和牛奶的上海福乐食品有限公司开工兴建。1995 年 5 月第一批产品多美滋婴幼儿（0 岁～6 岁）系列配方奶粉下线，上海福乐食品有限公司也建成投产。

1996 年 2 月，专业从事现代生物与医药产品开发、生产的上海三维生物技术有限公司落户金桥。1996 年 6 月，上海生物技术工业园区在金桥现代科技园 53 号地块举行开工典礼，上海华新生物高科技公司的白细胞介素-2 和 a2B-干扰素、上海联合赛尔生物工程有限公司的人生长激素、上海实业——医大生物技术有限公司的链激酶和上海三维生物技术有限公司的 G-集落细胞刺激因子等 5 个基因工程医药成为首批进入园区的项目。1998 年 1 月，美国品食乐冷冻食品有限公司与上海市食品集团公司合资组建的上海品食乐冷冻食品有限公司在金桥成立。1998 年 3 月 28 日，亚洲最大的可口可乐生产厂上海申美饮料食品有限公司金桥工厂竣工投产。工厂拥有 14 条生产流水线，主要生产可口可乐，雪碧等碳酸饮料。上海申美饮料食品有限公司使用可口可乐全球统一的技术和工艺，采用世界先进高速灌装线，市场份额不断扩大，销售量踞行业之首。2000 年 4 月，拜耳（中国）有限公司在金桥的上海聚合物技术中心奠基。

2001 年，上海双金生物科技有限公司研制的双金爱生胶囊，采用"国内首创、国际先进"的固态保存技术，被认定为"上海市高新技术成果转化项目"。是年，上海信谊药业有限公司采取"资本运作和经营运作两轮驱动"经营策略，主导产品培菲康获美国专利，占据国内 45% 的市场份额，公司通过收购、兼并、联合，发展成拥有数家子公司的医药综合性制剂企业。2002 年起，位于金桥的上海英特尔营养乳品有限公司在中国婴幼儿配方奶粉市场连续保持销量第一位置。

2001—2002年,金桥生物医药及食品产业产值分别为7.82亿元和12.73亿元。2003年,生物医药及食品产业快速增长,工业产值达42.10亿元,占金桥工业总产值4%,其中生物医药17.02亿元,饮料及食品25.08亿元。金桥出口的多美滋奶粉、可口可乐饮料、雀巢饮用水、信谊药品、庄臣雷达家用化学品在国内市场占据一定份额。2008年,金桥生物医药与食品产业产值160.94亿元,占金桥工业总产值10%,达该产业最好水平。2009年,金桥出口加工区生物医药及食品行业有规模以上企业26家,实现营业收入99亿元,利润总额10亿元,上缴税收3亿元,从业人员8914人。2010年,以上海英特尔营养乳品有限公司、上海申美饮料食品有限公司和上海信谊药业有限公司为代表的生物医药与食品产业产值达107.12亿元。

表5-4-10　2010年金桥出口加工区生物医药与食品主要企业情况表

产业分类	主 要 产 品	代 表 企 业	成 立 时 间
生物医药	处方药	上海医药(集团)有限公司信谊制药总厂	1992年9月22日
	医疗设备	锐柯亚太管理(上海)有限公司	2007年
	造影剂	上海博莱科信谊药业有限责任公司	2001年12月
	医用超生诊断仪	上海阿洛卡医用仪器有限公司	2003年3月
	各种规格的大小容量注射液	上海旭东海普药业有限公司	1993年1月
	基因重组生物制品	上海联合赛尔生物工程有限公司	1995年
食 品	婴幼儿奶粉	多美滋婴幼儿食品有限公司	1992年8月
	碳酸、果汁、茶饮料、纯净水等	上海申美饮料食品有限公司	1998年3月28日
	高品质瓶装水	雀巢饮用水	2000年2月
	茶类、果汁和运动饮料	三得利食品	1995年
	雀巢冰激淋、德雷尔冰激淋	上海福乐食品有限公司	1997年
	川宁伯爵茶	英联川宁饮料(上海)有限公司	2005年11月9日

资料来源:金桥出口加工区提供

三、生产性服务业

金桥在引进一批跨国公司和国内知名大企业,形成现代制造业基地过程中,由制造业派生的服务功能向两端延伸,逐步形成新兴的生产性服务业,成为金桥"二次开发"的重点领域。

2006年7月,"上海金桥生产性服务业集聚区"获上海市经济委员会批准正式挂牌成立。当年,金桥集聚生产性服务业企业352家,生产性服务业营业收入290.18亿元,实现利润总额12.4亿元,上缴税金14.4亿元。金桥生产性服务业主要由"跨国公司地区总部、商贸营运、研发设计、信息服务"四大特色产业集群组成,加速了区内第二、第三产业的融合发展。

2007—2008年,金桥聚焦"研发设计""总部经济",引进上海通用汽车有限公司中国园区、上海庄臣有限公司地区总部中心及亚太区总部、欧莱雅(中国)有限公司上海研发中心、上海住友仓储有限公司、多美滋婴幼儿食品有限公司总部等一批跨国公司龙头项目和摩托罗拉研发中心及地区总部辉门亚太总部暨技术中心研发机构。

2009年6月,上海市经济和信息化委员会同意将金桥生产性服务业列为上海市重点推进的19个生产性服务业功能区之一。年内生产性服务业新引进项目44个、增资项目21个,新引进和增资项目共吸收投资4.45亿美元,其中上海惠而浦家用电器有限公司、柯达(中国)投资有限公司、上海通用汽车有限公司、拜耳材料科技贸易(上海)有限公司等总部机构增资总额1.81亿美元,生产性服务业增资总额首次超过制造业。上海怡亚通供应链有限公司华东总部、斯巴鲁华东销售培训服务中心、三星电子技术服务公司等一批项目投入运营。2009年,金桥园区生产性服务业企业396家(按在地经营口径统计),其中地区总部机构54家、独立和非独立的研发机构96家、商贸营运150家、信息服务80家。生产性服务业实现营业收入335.82亿元,税金14.94亿元。"地区总部、商贸营运、研发设计、信息服务"四大特色集群营业收入325.69亿元,占金桥生产性服务业营业收入97%。2010年,金桥生产性服务业营业收入367.99亿元。年内,引进LG全球研发中心,建成启用上海华为技术有限公司研发基地、欧莱雅(中国)有限公司上海研发中心和创新中心、大唐电信科技股份有限公司上海分公司上海产业园、中国电信视讯运营中心。

【总部经济】

金桥园区建立之初,就有国内外公司进入金桥园区投资。1990年引进飞乐股份有限公司,1991年引进同达创业投资公司,1992年海立集团有限公司、高科集团入驻,2000年和2001年上海泰润投资集团有限公司、上海华为技术有限公司进入金桥。其间,有上海联创创业投资有限公司、费斯托(中国)有限公司、贝洱亚太管理(上海)有限公司等外资总部在金桥落户。2001年,在金桥的10家中外资跨国公司业务上主要还是集中在加工制造环节。2002年以后,落户金桥的跨国公司由原先单一制造事业部管理向生产、销售、研发、服务等方向全面重组。2002年,区内贝尔阿尔卡特亚太区总部成为上海市第一家经认定的跨国公司地区总部。2003年,柯达(中国)投资有限公司中心在原有投资性公司基础上将亚太总部从香港合并进来。是年,拥有亚太地区最大聚合物科研开发中心的拜耳材料科技贸易(上海)有限公司大中华区总部从北京迁来,比欧西大中华总部从香港迁来。2004年起,赛默飞世尔科技(上海)有限公司亚太总部、康宁(上海)管理有限公司亚太总部、派克汉尼汾中国、全球十大汽车零部件供应商之一辉门亚太总部暨技术中心亚太总部、锐柯医疗亚太等总部相继落户金桥。

2009年,总部经济在金桥逐步形成规模。上海通用汽车有限公司除北美外最大的全球性运营机构通用汽车国际运营总部、贝尔全球信息技术交付中心、中国电信视讯运营中心等在金桥成立。在总部经济体系中,柯达(中国)投资有限公司和惠普科技(上海)有限公司等总部将制造功能外包,集中精力发展产品研发设计,并承接国际的研发和技术支持业务。上海惠而浦家用电器有限公司和康宁(上海)管理有限公司等总部整合研发、财务、采购、销售等业务。金桥地区总部规模和能级的提高,带动越来越多跨国公司将商贸营运、研发设计等业务及功能向金桥聚集。年内金桥总部经济实现销售收入88.41亿元,占区内生产性服务业收入26.3%,利润总额3.06亿元,上缴税金3.2亿元。2010年,在金桥集聚的54家总部机构中经上海市外资委认定的跨国公司地区总部有17家,外资投资性公司、管理性总部和研发中心26家,国内企业总部11家。

表 5‑4‑11　2010 年金桥出口加工区经认定的跨国公司地区总部情况表　　　　单位：万美元

序号	总 部 名 称	注册资本	成立年份	级 别
1	阿尔卡特朗讯(中国)投资有限公司	14 500	2002 年	亚 太
2	拜耳(中国)投资有限公司	83 000	2003 年	大中华
3	比欧西(中国)投资有限公司	10 458	2003 年	大中华
4	柯达(中国)投资有限公司	11 400	2003 年	亚 太
5	安格(中国)投资有限公司	4 050	2004 年	中 国
6	通用汽车(中国)投资有限公司	39 000	2004 年	中 国
7	开利空调冷冻研发管理(上海)有限公司	2 200	2004 年	全 球
8	伟世通亚太(上海)有限公司	200	2004 年	亚 太
9	贝塔斯曼管理(上海)有限公司	200	2004 年	中 国
10	赛默飞世尔(上海)管理有限公司	200	2004 年	亚太(全球)
11	康宁(上海)管理有限公司	200	2005 年	大中华(亚太)
12	嘉汇恒合(上海)管理有限公司	200	2005 年	中 国
13	惠而浦(中国)投资有限公司	10 500	2005 年	亚 太
14	阿文美驰(中国)投资有限公司	3 000	2006 年	亚 太
15	派克汉尼汾管理(上海)有限公司	200	2006 年	中 国
16	辉门企业管理(上海)有限公司	2 000	2007 年	亚 太
17	锐柯亚太管理(上海)有限公司	200	2008 年	亚 太

资料来源：金桥出口加工区提供

【研发设计】

金桥园区的众多跨国公司及国内知名企业在区内设立研发机构,通过资本、技术和人才输出等渠道,带来先进的研发组织管理经验和大量的研发资本,推动本地管理人才的培养和研发能级提升。

1999 年,金桥园区有各类研发机构 41 家,2002 年 47 家,2006 年以研发设计为主的独立和非独立研发机构 87 家,其中独立研发机构 13 家。是年金桥研发设计营业收入 86.38 亿元,占金桥生产性服务业 29.8%,实现利润总额 8.16 亿元,上缴税金 2.45 亿元。金桥以工业产品研发设计为主的研发设计业形成以电子信息、汽车及零部件、自动化控制设备等三大研发设计集群。以上海华为技术有限公司、诺基亚西门子通信贸易(上海)有限公司、上海摩托罗拉汽车电子有限公司上海创新中心等一批通信产业企业为代表形成电子信息研发设计集群。2009 年,随着中国移动视频基地、中国电信视讯运营中心等功能性项目进入金桥,以网络视频、文化创意为特点的信息服务业迅速兴起,在应用端进一步完善通信产业链,逐渐形成金桥"移动多媒体及网络文化产业基地"。以上海通用汽车有限公司中国科研院、泛亚汽车技术中心有限公司技术中心、联合汽车电子有限公司、李斯特技术中心(上海)有限公司、上海同捷科技股份有限公司等汽车研发设计企业为代表,形成汽车及零部件研发设计集群。以艾默生过程控制有限公司、上海欧姆龙控制电器有限公司、费斯托(中国)

有限公司等跨国公司为代表,形成控制设备研发设计集群。经对 41 家在地经营研发机构统计,2009 年营业收入 35.95 亿元,其中工业内设研发机构 30 亿元。由内设研发机构产生的工业新产品销售收入 1 552.42 亿元,占工业销售收入总额 66.8%。

至 2010 年,在金桥集聚的 96 家各类研发机构中国家级研发机构 3 家、市级 19 家、新区级 20 家、企业级 54 家。规模化、专业化的研发设计机构,成为金桥生产性服务业的重要组成部分和区域创新体系的重要环节,推动管理人才的培养和研发能级的提升。

表 5 - 4 - 12　至 2010 年金桥出口加工区经认定的研发机构情况表

企　业	级　别	性　质	企　业	级　别	性　质
宝钢安大	国家级	中资	上海贝洱热系统有限公司	市级	合资
上海贝尔公司	国家级	合资	同济同捷	新区级	中资
上海日立家用电器有限公司	国家级	合资	上海英迈吉东影图像设备有限公司	新区级	中资
泛亚汽车技术中心有限公司	市级	合资	上海三维生物技术有限公司	新区级	合资
高科生物	市级	中资	上海丽珠制药有限公司	新区级	中资
上海理光数码设备有限公司	市级	外商独资	柯达(中国)投资有限公司	新区级	外商独资
华龙信息	市级	中资	上海大晨光电科技有限公司	新区级	合资
联合汽车电子有限公司	市级	合资	上海双金生物科技有限公司	新区级	中资
上海医药(集团)有限公司信谊制药总厂	市级	中资	三元电缆附件	新区级	中资
高科集团	市级	中资	长丰智能卡	新区级	中资
华龙传真机	市级	中资	上海本安仪表系统有限公司	新区级	外商独资
禹华通信	市级	外商独资	上海飞凯光电材料股份有限公司	新区级	外商独资
惠普科技(上海)有限公司	市级	外商独资	凯众聚酯胺	新区级	中资
上海亿人通信终端有限公司	市级	合资	工业废弃物	新区级	中资
立邦涂料(中国)有限公司	市级	独资	中微半导体设备(上海)有限公司	新区级	合资
费斯托(中国)有限公司	市级	独资	中科新松有限公司	新区级	中资
上海航天汽车机电股份有限公司	市级	中资	上海中卡智能卡有限公司	新区级	中资
上海乐金广电电子有限公司	市级	合资	中国第一铅笔有限公司	新区级	中资
上海华为技术有限公司	市级	中资	上海海立中野冷机有限公司	新区级	合资
上海贝电实业	市级	中资	上海交运汽车动力系统有限公司	新区级	中资
上海赛科利汽车模具技术应用有限公司	市级	合资			

资料来源:金桥出口加工区提供

【商贸营运】

主要发展位于产业链前、后端的原材料和成品销售、贸易服务。围绕电子信息、汽车及零部件、现代家电、生物医药及食品四大支柱产业,引导金桥制造企业向产业链后端延伸,增加独立销售功能,提高产业贡献度。2006年,金桥园区商贸营运生产性服务业营业收入78.90亿元,占生产性服务业总收入的27.2%,利润总额3.76亿元,进出口总额25.60亿元,上缴税金4.56亿元,形成机械设备及电子产品、汽车零配件、五金交电和化工产品批发销售为主的四大商贸营运领域。2008年受金融危机影响,商贸业订单减少,以电子、服装和纺织品出口为主的企业收入大幅下降,以汽车、电子、机械等工业原材料为主的进口额增加,全年商贸营业收入150亿元。2009年,商贸营运以电子元器件、汽车零部件、新型家用电器业务为主体,以进出口贸易为特色,营业收入154亿元,占生产性服务业总收入45.8%。代表企业有夏普商贸、夏普电子、上海博世力士乐液压及自动化有限公司、斯堪的亚电子(上海)有限公司、灏讯贸易(上海)有限公司、百思买商业(上海)有限公司等。

【信息服务】

以基础软件产品研发、TD-SCDMA增强技术基带芯片产业化项目和工业技术创新需求发展为重点,区内汽车及零部件研发和嵌入式软件开发形成规模。以上海贝尔公司、上海贝尔阿尔卡特软件、上海华为技术有限公司、上海掌微电子为代表的一批研发机构为企业提供移动通信技术、宽带接入、集成芯片及嵌入式软件和应用软件开发服务,研发能力在国内处领先地位。金桥成为上海规模最大、产业链最完善、技术水平最高的ICT产业核心园。从事管理、应用类软件及嵌入式软件研发和信息系统集成的信息服务外包领域集聚了贝尔软件、葡萄城、威虎网络、惠普软件研发中心、友励科软件(上海)有限公司等。2007年7月,金桥被上海市外经贸委认定为"中国服务外包基地上海示范区"。2008年4月,国家级服务外包研究机构"中国服务外包研究中心"落户金桥。是年12月,上海惠普有限公司、上海威虎网络通信有限公司成为上海首批服务外包重点企业。2009年,金桥信息服务业收入67.37亿元,上缴税金1.96亿元。

四、重点企业

【上海通用汽车有限公司】

中美合资上海通用汽车有限公司成立于1997年6月12日,位于浦东新区申江路1500号。1998年,上海通用项目列为上海市一号工程。是年8月14日,第一辆别克轿车身下线;10月16日,国内首台具有国际先进水平的自动变速箱下线;12月17日,首辆别克新世纪轿车下线,创造出国际同类汽车工程项目23个月建成出车的世界纪录。1999年4月12日,上海通用批量投产。是年9月25日,第1万辆别克轿车下线。2000年12月12日,首辆经济型别克赛欧轿车下线,该车被誉为中国第一辆家庭轿车。2001年,上海通用产销5.8万辆,2002年达11万辆。是年,上海通用走出上海、布局全国。2003年4月21日,上海通用东岳汽车有限公司实现批量生产。2004年3月7日,上海汽车工业(集团)总公司、通用汽车中国公司和上海通用再次联手收购沈阳金杯通用汽车有限公司,组建上海通用北盛有限公司。2005年5月28日,金桥南厂建成投产。金桥南厂和东岳、北盛三大基地的建成投产,提升了上海通用产能。2006年1月5日,上海通用累计第100万辆下线,成为中国第一家年产100万辆的轿车生产企业,并拥有别克、雪佛兰、凯迪拉克三大品牌。

【泛亚汽车技术中心有限公司】

中美合资泛亚汽车技术中心有限公司成立于 1997 年 6 月 12 日,位于浦东新区龙东大道 3999 号。公司拥有车辆安全试验室、排放试验室、虚拟评审中心、底盘运动与动力学参数测量试验室、振动噪声试验室、动力总成发动机及变速箱标定试验室、结构试验室、子系统安全试验室、电子电气试验室、材料试验室等多项国内一流世界领先的研发设施。泛亚汽车技术中心有限公司 1997 年完成别克新世纪引进消化,2000 年完成别克赛欧车型改进,2002 年完成别克君威车型改型。2004 年获得中国汽车工业科技进步奖一等奖,2006 年别克路尊项目和 2007 年别克君越项目分别获得中国汽车工业科技进步奖二等奖,2009 年泛亚技术中心有限公司首次担纲别克新君越项目全球内饰设计中心,负责汽车内饰系统集成开发。2010 年 1 月雪佛兰新赛欧研发上市,标志泛亚技术中心有限公司形成全过程整车和动力总成开发能力,该项目获中国汽车工业科学技术进步一等奖。

【上海日立电器有限公司】

由上海冰箱压缩机股份有限公司与日本日立株式会社制作所合资的专门从事空调压缩机生产的企业,成立时总投资 5 500 万美元。1992 年 10 月在金桥建厂,1993 年 12 月竣工投产。在企业生产发展过程中,先后 11 次追加投资,年产空调压缩机能力从 25 万台上升至 1 400 万台,增加 55 倍。上海日立电器有限公司自主研发的变频压缩机、5 匹双转子压缩机、电加热器专用压缩机、二氧化碳压缩机等技术能级分别达到国内领先、国际先进水平。产品从早期的 2 个系列 7 个品种,扩展到八大系列 400 多个机种,涵盖家用制冷领域,并占有国际市场 15% 份额,成为全球第二大空调压缩机供应商。2010 年 8 月,上海日立电器有限公司累计产销突破 1 亿台空调压缩机。

【上海夏普电器有限公司】

由上海电视机一厂和日本夏普株式会社、三菱商事株式会社联合投资组建的家电生产企业,总投资 3 810 万美元。1992 年 10 月在金桥建厂,1993 年竣工投产。主要生产空调器、电冰箱、电饭煲、空气净化器、微波炉、电烤箱、热水器等现代家用电器。投产当年,空调器产量 6.7 万台。1994 年 17.3 万台,产值 9.3 亿元。良好的投资收益使夏普电器公司在金桥园区多次追加投资,并在金桥金海路 1111 号建设新厂区,扩大生产规模。

第六节　国家生态工业示范园区建设

一、生态园创建

金桥出口加工区的迅速崛起,经历规模扩张、功能拓展、能级提升、战略转移和产业结构调整的发展历程,展示金桥从"达标排放"到"节能减排",再到发展"循环经济"、创建国家生态工业示范园区的发展历程。

金桥出口加工区建区之初就十分重视开发区环境的保护,按照开发建设与环境保护同步规划、同步推进的原则,1992 年制定"金桥出口加工区环境保护规划",明确在开发地块中进行环境功能区域划分,达到生产环境和生活环境互不干扰、互不影响的目标;率先在工业区规划中提出产业引导政策,严格把关,控制污染项目进区;对开发区实施雨水、污水分流措施,防止污水进入内河;规划建设集中供热系统,控制和减少大气环境污染;实施高标准的绿化规划,改善区内生态环境。1999

年,金桥开发区开始推进"ISO 14000 国家示范区"建设,将环保规划、产业导向规划纳入 ISO 14000 体系管理,从项目引进源头预防污染,同时与企业联合共建,推广实施开发区"环境公约",形成适应区域产业结构和管理特点的环境管理方式。

2000 年 8 月,上海金桥出口加工区被国家环保总局批准为 ISO 14000 国家示范区。在 ISO 14000 国家示范园区基础上,按照政府引导、开发公司推动、企业主体实施原则,金桥开发区与区内重点企业一起共同努力,将企业清洁生产、节能减排、水资源循环利用和无害化处理等较为清晰的开发区产业生态发展模式,以及循环经济发展逐步形成体系。

2005 年,金桥出口加工区被列为上海市循环经济试点园区。是年 11 月,金桥出口加工区生态园区创建领导小组成立。金桥启动生态园区建设,对开发区进行生态化改造,在不同产业、企业之间构建产业生态共生网络。至 2007 年,金桥开发区有 83 家企业通过 ISO 14000 环境管理体系认证,20 多家企业开展清洁生产审计,上海通用汽车有限公司被评为"国家环境友好企业"。2008 年 8 月,国家环保、商务、科技三部委联合评审批准上海金桥出口加工区创建国家生态工业示范园区。为此,金桥国家生态园区建设进入新的发展阶段。2010 年 11 月,上海金桥出口加工区国家生态工业示范园区通过环保、商务、科技三部委联合验收,成为上海国家级开发区中首家创建成功的国家生态工业示范园区。

【清洁生产审核】

20 世纪 90 年代后期,园区推进企业清洁生产和环境认证。234 户规模以上生产企业中,逾 80％的企业把能源消费与企业的生产成本挂钩,逾 61％的企业主要采用设备改造的方法进行节能降耗。对于不符合产业导向或单位土地面积产出低于加工区平均水平 50％的企业,园区采取一定的政策措施回收土地。对园区内资源消耗和污染排放超过上海市行业均值 50％的存量企业,开展清洁生产审核,限期整改,不能达到要求的则通过回购赎买、补贴迁移等方式转移,腾出空间引进先进制造业或生产性服务机构。鼓励企业自觉调整其产业链配置,将制造环节外移,保留研发、设计、采购、销售等服务环节。园区"腾笼换鸟"政策的实施,推动产业结构的调整和产业能级的提升。

2000—2006 年,园区在招商引资中制订并坚持"三高一低"(高技术、高附加值、高投入、低污染)原则。对于入驻园区的企业,无论是名列 500 强的跨国公司,还是国有大中型企业,均要求污染物能够"排放达标",即不管企业的投入有多大,一定要有完整的环保方案、成套的环保设备、先进的环保处置能力和技术,能够确保达标排放。2000 年,金桥开发区成为上海第一个通过 ISO 14000 环境认证的国家级开发区。

2007 年 12 月,《金桥功能区域循环经济和环境保护基金管理办法》实施,采用贷款、补贴、奖励、贴息等方式资助企业防治重点污染源。2009 年,园区开展碳审计企业 13 家,分别为:奇华顿食用香精香料(上海)有限公司、上海通用电气安防电子有限公司、上海日立电器有限公司、上海庄臣有限公司、上海夏普电器有限公司、联合汽车电子有限公司、上海松下等离子显示器有限公司、上海理光数码设备有限公司、斯凯孚(上海)轴承有限公司、艾默生过程控制有限公司、上海夏普模具工业控制系统有限公司、上海欧姆龙控制电器有限公司、克丽斯汀·迪奥(上海)香水有限公司。其间,通过清洁生产审计的重点企业 20 家,分别为:上海通用汽车有限公司、上海医药(集团)有限公司信谊制药总厂、上海烟草机械有限责任公司、欧姆龙(上海)有限责任公司、上海夏普模具工业控制系统有限公司、上海联合包装装潢有限公司、上海贝尔股份有限公司、上海松下等离子显示器有限公司、上海旭东海普药业有限公司、上海新亚药业有限公司、上海美亚金桥能源有限公司、上海新金桥废弃物管理有限公司、上海耐莱斯·詹姆斯伯雷阀门有限公司、派克汉尼汾液压系统(上海)有限公司、灏讯通讯传送品制造(上海)有限公司、上海庄臣有限公司、上海日立电器有限公司、上海国际油漆有限公司、上海夏普电器有限公司、上海京瓷电子有限公司。是年底,园区有 105 家企业通过 ISO 14000 环境认证。

【环境监测】

金桥园区委托上海市环境科学研究院实施区内环境监测,在区内共设立 5 个空气环境监测点,6 个地表水环境检测断面,12 个声环境监测点。2009 年 12 月 29 日,金桥环境监测平台投入运行,具备全程自动监测区内空气质量监测,提供 24 小时环境质量指标数据功能。仅以 2009 年检测数据为例,园区空气环境质量方面达到或优于二级的天数 338 天,环境空气质量优良率 92.6%。园区所监测的二氧化硫、二氧化氮、PM10 一小时浓度及日平均浓度均符合国家环境空气质量二级标准,氯化氢、苯、二甲苯一次浓度均符合《工业企业设计卫生标准(TJ36 - 79)》中"居住区大气中有害物质的最高容许浓度"限值。水环境质量方面,CODCr 达到地表水Ⅰ类标准,BOD5 达到地表水Ⅲ类标准,氨氮、总磷、石油类为地表水Ⅳ类标准。总体达到地表水Ⅳ类标准。声环境质量方面,达到国家二级标准。园区的单位工业增加值废水排放量、化学需氧量(COD)、二氧化硫排放量逐年下降。工业固体废物综合利用率 97%,危险废物集中处置处理率 100%、生活垃圾无害化处理率 100%。

【节能减排】

2004 年,上海通用汽车有限公司率先在金桥基地建造全国第一家水溶性油漆涂装车间,用以替代传统的溶剂性油漆,水溶性油漆涂装车间的 VOC 排放量达到欧美发达国家的排放标准。上海国际油漆有限公司是国际油漆在中国生产和销售船用涂料的子公司。公司购置 VOC 气体 FID 检测仪,定期监控活性炭吸附装置效率,及时更换活性炭,以保证颗粒物和有机物能够在源头得到有效处理。2006 年 6 月,园区成立上海第一个生态俱乐部,旨在培育企业环境责任文化、推进废弃物交换和建立工业共生体系。会员单位以金桥生态俱乐部为平台,开展循环冷却水的利用、生态园指标落实、欧洲循环经济发展等一系列主题活动。2007 年,金桥出口加工区规模以上工业企业完成工业总产值 1 650.91 亿元,综合能耗总量 71.38 万吨标煤(已扣除能源加工转换),比 2006 年下降1.3 个百分点,万元工业总产值能耗为 0.044 吨标准煤,为浦东新区万元工业总产值能耗 0.088 吨标准煤的一半,远低于上海市万元工业总产值能耗 0.25 吨标煤。是年,园区规模以上工业企业的电力、天然气、热力、油品等清洁能源消费量占综合能源消费量的 89.8%,非清洁能源消费量则占综合能耗的 10.2%,以原煤消费为主。清洁能源中,电力消费为 15.1 亿千瓦时,折合标煤 60.99 万吨,占能源消费总量的 73.7%。年内,金桥出口加工区四大重点发展行业工业综合能耗为 59.82 万吨标煤,万元产值能耗为 0.042 吨标准煤,低于开发区能源消费平均水平。2008 年,园区开展企业可持续发展潜力评价,评出上海通用汽车有限公司(上海厂区)、上海贝尔阿尔卡特股份有限公司、上海华虹 NEC 电子有限公司、上海夏普电器有限公司 4 家五星企业,四星企业 14 家。

【静脉产业链】

金桥以新金桥环保有限公司、金桥再生资源市场经营管理有限公司等单位为重点建设废弃物产生—处置—再生的静脉产业链,推动园区生态环境建设。

2000年2月,上海金桥(集团)有限公司投资组建专业从事环保技术研发和废弃物再生利用的高新技术企业上海新金桥环保有限公司。作为上海市循环经济试点单位及浦东新区推进循环经济的重要支撑平台。从2000年成立初期的单纯为区内企业提供废弃物收集服务业务,至2010年,成为资质齐全、工业废弃物年处理量6万吨、环境服务产业链集聚效应明显的综合环保型企业。新金桥公司累计收集各类工业废物近18万吨,自主研发建成废弃物处理"一线三系统"——电子废弃物综合拆解处理流水线,即废旧硒鼓、PCB线路板和CRT显示器综合处置系统。2005年,新金桥公司作为电子处理技术国标的参编单位,参与环境保护部组织的旨在规范中国电子废弃物的收集、运输、处理的"废电子电器产品处理技术规范"的编制工作。2008年3月,上海金桥(集团)有限公司全资投资组建上海金桥再生资源市场经营管理有限公司,成为全国首个资源公共服务平台。平台在园区内循环基础上,寻找废物利用的补链企业,形成区域联动的静脉产业和虚拟意义上的生态工业园,实现补链循环。2009年,平台响应浦东新区"三步走,一接轨"的电子废弃物回收规划,组织"绿色城区、低碳经济——时尚环保阿拉行动",推出"阿拉"环保积分卡和"阿拉"环保网,建成120个电子废弃物回收网点,方便资源化处置各类电子废弃物以及废旧耗材。2010年,公司进入营运发展期,成为"再生资源产业链综合服务商",以回收电子废弃物为业务切入点,推出物联网技术为核心的"电子废弃物网上管理系统"和"电子废弃物网上回收系统"。

二、节水型园区

2008年,金桥编制《金桥出口加工区节水规划》,建设节水型园区。创导区内用水大户实施技术革新和先进管理模式,实现水资源消耗减量化和工业废水循环再利用。是年,园区管委会与上海市计划用水办公室,共同成立创建节水型工业园区领导小组及工作小组,动员用水大户创建节水型企业。在上海市节水型工业示范园区创建活动中,有19家企业被评为上海市节水型企业,累计耗水量占整个园区总量90%以上。金桥园区每年非水资源利用总量近100吨。2009年5月,金桥园区获得"上海市节水型工业示范园区"称号。是年,金桥园区万元工业总产值新鲜水耗为1.03立方米,单位工业增加值废水排放量2.25吨/万元,生活污水集中处理率100%。水资源利用替代率5.4%,达到5%以上的标准值。

表5-4-13 2007年金桥出口加工区四大重点行业发展能耗情况表

重点发展行业	综合能耗消费量		工业总产值		万元产值能耗
	(万吨标准煤)	(%)	(亿元)	(%)	(吨标煤)
重点发展行业小计	59.82	83.8	1 434.38	89.3	0.042
电子信息整机及配套件	22.12	31	620.28	38.6	0.036
汽车及零部件	16.26	22.8	538.74	33.5	0.030
家用电器及配套件	13.63	19.1	200.28	12.5	0.068
生物医药	7.81	10.9	75.08	4.7	0.104
其他行业	11.56	16.2	199.96	10.7	0.058
总计(扣除加工转换)	71.38	100	1 605.91	100	0.044

资料来源:金桥出口加工区提供

第五章　张江高科技园区

20世纪80年代，上海市面临产业结构亟待调整、城市发展空间有限的困境。如何打破城市单一传统工业的局面，大力发展以高科技为先导的新型产业，实现城市产业结构的调整转型成为城市发展的重要课题。

1984年，受国务院领导的委托，国务院改造振兴上海调研组和市政府共同撰写《关于上海经济开发战略的汇报提纲》，首次提出开发浦东的问题。1987年6月，成立开发浦东联合咨询研究小组，撰写《浦东开发开放预可行性报告》。1990年2月26日，市政府向中共中央提交《关于开发浦东的报告》；4月18日，在上海大众汽车制造公司成立五周年庆祝大会上，国务院总理李鹏宣布：中共中央、国务院决定开发开放上海浦东。1992年7月《浦东新区总体规划》编制完成，确立五个相对独立、各有重点的综合功能分区，总体规划明确："张江应统筹规划，组织开发建设科研、教学和高新技术产业结合的高科技园区。"由此，奠定张江高科技园区在浦东开发中的定位。

1992年1月18日—2月21日，邓小平南方谈话。为响应中共中央改革开放"胆子再大点、步子再快点"的号召，中共上海市委、市政府决定提前启动张江高科技园区开发建设。7月，负责上海市张江高科技园区开发建设的上海市张江高科技园区开发公司挂牌成立，拉开了张江高科技园区开发建设的序幕。

张江高科技园区开发初期面积约17平方公里，一期开发建设4.2平方公里。园区位于上海市内环线浦东段东侧，与陆家嘴金融贸易区毗邻，距离上海市中心11公里。张江高科技园区开发建设区域涉及川沙县（1993年浦东新区管委会成立，川沙县建制撤销，并入浦东新区）的张江乡和花木、唐镇、王港、孙桥等乡的部分区域。

1999年8月26日，上海市市长徐匡迪在北京召开的全国技术创新大会上宣布：上海将集中力量将张江高科技园区建成申城技术创新的示范基地，成为名副其实的国家生物医药产业和国家软件产业的创业基地。由此，"聚焦张江"战略启动。

2000年，张江调整开发规划，开发面积扩至25.9平方公里。2000年之后，随着"聚焦张江"战略的深入，杜邦中国研发中心、通用电气中国研发中心、中科院上海药物研究所、上海交大信息安全工程学院和国家信息安全工程技术研究中心等一批工业、研发、文化教育项目在张江落户。

至2010年，张江高科技园区累计固定资产投入1 225.98亿元；累计引进外商直接投资项目944个，合同金额122.54亿美元；入驻企业1 905家，从业人员17.35万人，拥有国家级专家215人；形成集成电路、生物医药、软件与信息服务、文化创意四大主导产业，20家国家产业基地。2010年工业总产值达608.09亿元。

至2010年，张江高科技园区由政府、园区开发公司和社会机构共同构建起企业孵化、专业平台、投融资、产业政策和人才服务等全方位的创新创业环境。

第一节　开　发　区　创　建

1992年7月—1999年7月为张江高科技园区的初创阶段，园区主要致力于开发和配套建设。

1992年6月8日,上海市建设委员会同意成立张江高科技园区开发公司。7月20日,经国家科学技术委员会批准,同意设立张江高科技园区。同时决定上海高新技术产业开发区由浦西的漕河泾新兴技术开发区和浦东的张江高科技园区两部分组成。7月28日,上海市张江高科技园区开发公司挂牌,是负责园区土地成片开发和经营管理服务的经济实体,实行独立核算、自负盈亏。公司是继陆家嘴金融贸易区开发公司、金桥出口加工区开发公司、外高桥保税区开发公司之后成立的浦东新区第四个重点开发公司。自此,张江高科技园区建设正式启动。10月,位于龙东大道以南、三八河以西首期2平方公里地块启动开发。从此,张江园区实施由西向东、向南滚动开发建设格局。10月24日,张江高科技园区与浙江永嘉楠江工业公司签订第一个土地预约协议。11月,园区的第一个项目华强自动化工程公司落户。

1994年4月26日,浙江永嘉楠江工业公司的"煤矿安全仪器报警项目"开工,成为张江园区第一个正式开工项目。5月16日,第一家外资企业上海罗氏制药有限公司在张江园区落户。9月14日,第一家外资企业联信增压器(上海)有限公司开工,并于1995年9月25日投产试运行,成为园区首个投产项目。

1995年1月10日,张江高科技园区第一个孵化基地建成,建筑面积1.2万平方米。10月23日,第一个研发机构——上海新药研究开发中心进驻园区。1996年8月,第一个国家级产业基地——国家生物医药产业基地落户张江园区。是年10月,上海罗氏制药有限公司建成投产。1998年,浦东软件园一期工程开工,软件与信息服务业项目开始集聚。1999年8月26日,上海市市长徐匡迪在全国技术创新大会上提出,上海将集中力量把张江高科技园区建设成申城技术创新的示范基地,成为名副其实的国家生物医药产业和国家软件产业的创业基地,标志着"聚集张江"战略由此拉开序幕。

2000年1月7日,市政府颁布实施的《上海市促进张江高科技园区发展的若干规定》,规定明确成立张江高科技园区领导小组及办公室,由市、区两级政府和各职能部门充分委托或授权,建立重心下移、集中受理、高效便捷的行政审批和管理平台,做到"张江事张江办"。规定重点支持高新技术产业发展,建立专项基金等财力保障机制,推出鼓励企业设立研发中心、人才引进和激励等政策。7月20日,浦东软件园被授予"国家软件产业基地"称号。是年,张江高科技园区结构规划经市规划局批准,规划面积从初期规划的17平方公里扩大至25.9平方公里(东至外环线、西至罗山路、南至华夏路、北至龙东大道)。是年,在"聚焦张江"战略的推动下,张江园区开发建设、产业集聚加速。中芯国际集成电路制造(上海)有限公司和上海宏力半导体制造有限公司入驻张江园区,成为集成电路产业集聚的开端。是年,张江园区受理新设企业645家,其中中外合资企业191家,引进合同项目140个,合同项目总投资折合34.38亿美元(其中中外合资企业投资31.67亿美元),是1992—1999年投资额的3倍多。

2000—2003年,生物医药产业国内研发机构集聚园区,跨国医药巨头在园区建立研发中心,形成生物医药产业创新链。2001年7月5日,市政府颁布《上海市促进张江高科技园区发展的若干规定》实施细则,"聚焦张江"的政策力度增强。2003年,张江高科技园区实施东扩战略,3月26日,在王港地区启动建设上海市银行卡产业园,一批与金融信息产业有关的项目开始进入银行卡产业园。11月24日,浦东软件园被授予"国家软件出口基地"称号。

2004年5月,上海盛大网络发展有限公司上市。12月9日,上海市文化科技创意产业基地成立,文化科技创意产业成为张江园区主导产业。12月,第九城市计算机技术咨询(上海)有限公司上市。

　　2005年9月21日,浦东新区国有资产管理办公室对张江集团公司《关于投资设立上海张江东区高科技联合发展有限公司的请示》予以批复,并提出"支持园区的产业布局向周边地区辐射,在张江功能区域范围内统一整合开发建设力量,形成更具规模的高科技产业群体"。9月29日,上海张江现代医疗器械园正式开园,张江高科技园区东区开发全面启动,主要发展现代医疗器械和光电子产业。

　　2005年以后,在川杨河以南、华夏中路以北规划建设张江园区中区,实施集成电路产业基地、浦东软件园、科研教育区祖冲之园、上海同步辐射光源、上海天马微电子等重大项目与基础设施建设。2006年,上海张江(集团)有限公司正式管理孙桥现代农业联合发展有限公司,带动了孙桥现代农业开发区发展。2007年3月26日,市政府第137次常务会议通过《上海市人民政府关于修改〈上海市促进张江高科技园区发展的若干规定〉的决定》,决定成立张江高科技园区管委会,扩大张江园区自身的审批、认定权利,为园区发展提供政策保障。

　　2008年3月,上海太阳能电池研究与发展中心成立。3月31日,上海天马微电子有限公司国内首条具有完全自主知识产权的4.5代生产线正式建成。7月16日,全国首个国家级数字出版基地揭牌。是年,以原孙桥现代农业开发区为载体,园区提出科技农业、品牌农业、服务农业的战略定位,形成"企业+科技+基地"的产业化发展模式。

　　2009年3月31日,浦东新区政府批复,同意张江高科技园区采取提升城市功能、用地规划调整、建筑容量增加、周边环境优化的措施,改变区域内单纯的技术创新孵化功能局面。根据批复意见,技术创新区的规划总建筑面积提升为103.64万平方米。7月8日,国内首家LED(发光二极管)照明产业孵化器落户张江创新园。

　　2010年,张江高科技园区新增张江动漫谷公共服务技术支撑平台、上海版权服务中心等服务平台。至2010年,园区拥有20个国家产业化基地。国家蛋白质研究院上海设施和交叉前沿科学中心、中科院上海高等研究院、中国商用飞机设计中心、霍尼韦尔亚太研发中心、阿斯利康中国创新中心、中国平安保险全国客服及后援技术中心、中国人民银行征信中心和中国反洗钱监测分析中心(上海)、上海期货交易所张江中心等项目落户;集成电路研发中试平台、生物医药技术公共服务平台、企业易贷通合作平台、贸易便利化互动平台等一批支持创新的公共服务平台建立运营。

表5-5-1　2007—2010年张江高科技园区经济社会发展主要指标表

指　标　名　称	单　位	2007年	2008年	2009年	2010年
税收总额	亿元	59.29	78.77	87.10	109.87
其中:地方税收	亿元	19.42	25.32	27.64	34.22
固定资产投资额	亿元	107.80	98.30	82.81	131.60
其中:房地产投资额	亿元	9.69	4.15	4.82	4.11
其中:工业投资额	亿元	48.62	49.58	40.05	93.81
外商直接投资合同项目	个	176	121	96	97
外商直接投资合同金额	亿美元	10.38	11.52	10.31	10.48
外商直接投资实际到位金额	亿美元	5.19	7.64	9.52	7.21
新增内资企业注册户数	个	300	385	505	564
新增内资企业注册资本	亿元	26.41	16.85	18.22	87.43

（续表）

指 标 名 称	单 位	2007 年	2008 年	2009 年	2010 年
工业总产值	亿元	397.83	421.39	443.97	608.09
其中：高技术产业产值	亿元	278.36	322.68	257.85	388.01
工业综合能源消耗量	万吨标准煤	42.45	54.16	49.89	48.52
营业总收入	亿元	685.64	839.68	1 021.05	1 556.77
知识产权授权数	项	1 009	1 454	1 404	2 443
其中：专利授权数	项	634	1 013	910	1 806
技术交易数量	项	801	899	1 100	1 014
技术合同金额	亿元	23.01	37.63	78.08	57.53
经认定高新技术企业数	个	307	226	305	333
在孵企业数	个	240	447	585	702
经认定研发机构数	个	93	127	129	134
公共服务平台服务企业次数	次	33 016	105 514	109 894	264 400
期末从业人员	万人	11.71	12.56	14.24	17.35

资料来源：《上海浦东新区统计年鉴 2008—2011》、《张江高科技园区综合发展报告 2010》

第二节　管　理　机　制

张江高科技园区由上海张江高新技术产业开发区领导小组、浦东新区人民政府、张江高科技园区管理委员会组成管理机构，上海张江(集团)有限公司作为开发建设的主体。

一、管理机构

【上海市张江高科技园区领导小组】

2000 年 1 月 7 日，市政府颁布《上海市促进张江高科技园区发展的若干规定》，规定明确：设立上海市张江高科技园区领导小组及其办公室，张江高科技园区领导小组是张江高科技园区开发、建设的领导机构，负责张江高科技园区的规划编制、政策制定和组织协调工作。1 月 17 日，张江高科技园区领导小组举行第一次会议，上海市副市长左焕琛、周禹鹏任副组长。2001 年，因左焕琛工作变动，由副市长严隽琪接任副组长。

2000 年 1 月 17 日，作为张江高科技园区领导小组的下设机构张江高科技园区办公室成立。张江高科技园区办公室是张江高科技园区领导小组的办事机构，负责监督管理张江高科技园区的开发建设规划，落实优惠政策，受理并组织进入张江高科技园区项目、企业的申请和评估，协调行政管理部门对张江高科技园区内企业的日常行政管理、年检和落实优惠政策。办公室内设综合处、项目处和规划建设处。2003 年 5 月，市政府副秘书长杨定华兼任办公室主任；2005 年 2 月，张学兵兼任办公室主任；2006 年 7 月，在保留张江高科技园区办公室的情况下，设立上海市张江高新技术产业开发区领导小组办公室，主任：严隽琪，第一副主任：张学兵，常务副主任：姜平。

【上海市浦东新区张江功能区域管理委员会】

2004 年 10 月,为实现区镇联动,中共浦东新区区委、浦东区政府决定成立张江功能区域管理委员会,与张江高科技园区办公室合署办公,主要负责协调园区与乡镇之间在土地开发、产业互动、服务设施共建共享等方面的工作。张江功能区域管理委员会管辖范围包括张江高科技园区(东区、中区、南区)、孙桥现代农业园、张江镇、唐镇、合庆镇在内的 119.3 平方公里。张江功能区管理委员会首任主任为尚玉英,第二任主任为陶伟昌。

2009 年,浦东新区和原南汇区合并之后,中共浦东新区区委、区政府提出"7+1"发展战略布局,撤销原功能区域,调整区管理体制。在新的开发区管理架构下,上海市浦东新区张江高科技园区管理委员会协调服务面积约 75 平方公里,包括张江园区(核心区、南区、银行卡园、医疗器械园、光电子园)、康桥工业园区、国际医学园区。

【上海市张江高新技术产业开发区领导小组】

2006 年 7 月 4 日,市政府办公厅下发《关于上海市张江高科技园区领导小组更名为上海张江高新技术产业开发区领导小组并调整领导小组组成人员的通知》。更名后的上海张江高新技术产业开发区领导小组组成人员:组长为上海市市长韩正,副组长由中共上海市委常委、浦东新区区委书记杜家毫,副市长严隽琪,副市长胡延照,浦东新区区长张学兵担任。

【上海市浦东新区张江高科技园区管理委员会】

2007 年 3 月 29 日,市政府在《上海市人民政府关于修改〈上海市促进张江高科技园区发展的若干规定〉的决定》中规定,张江园区办公室更名为张江高科技园区管理委员会,作为市政府及浦东新区政府的派出机构。园区管委会根据上海市和浦东新区有关行政管理部门和机构的委托或者授权,负责张江高科技园区内投资项目、基本建设项目的审批;负责张江高科技园区内高新技术企业、软件企业、集成电路企业、高新技术成果转化项目的认定;协调其他行政管理部门对张江高科技园区内企业的日常行政管理、年检和落实优惠政策;为张江高科技园区内企业提供各种必要的服务。

表 5-5-2　2004—2010 年张江高科技园区管理机构主要领导任职情况表

管 理 机 构	姓 名	任 职 时 间	职 务
张江功能区域管理委员会	尚玉英	2004 年 9 月—	主 任
	陶伟昌	2007 年 4 月—	主 任
上海市张江高科技园区管理委员会	彭 崧	2010 年 1 月—	主 任

二、开发主体

【上海张江(集团)有限公司】

上海张江(集团)有限公司的前身为张江高科技园区开发公司,该公司成立于 1992 年 7 月 28 日,注册资金 2.52 亿元,是浦东新区国资委直属全资企业,承担园区规划制定、土地征用、人员安置、资金筹措、基础设施建设、对外招商等功能,兼具政府和企业双重行为。2002 年 12 月 26 日,张江高科技园区开发公司更名为上海张江(集团)有限公司。

2010年,上海张江(集团)有限公司下辖1家上市公司即上海张江高科技园区开发股份有限公司(以下简称张江高科),6家基地开发公司:集成电路产业区开发公司、生物医药基地开发公司、东区联合发展公司、银行卡产业园开发公司、863信息安全产业基地公司、微电子港公司,以及浦东软件园公司等下属子公司,总资产规模达421亿元,长期股权投资企业55家。

表 5-5-3　1992—2010 年上海张江(集团)有限公司主要领导任职情况表

时　　间	产权代表	职　　务
1992 年 7 月—1993 年 5 月	沈国雄	总经理
1993 年 6 月—1996 年 4 月	吴承璘	总经理
1996 年 5 月—1999 年 8 月	钱人杰	总经理
2003 年 6 月—2005 年 9 月	陈剑波	总经理
2005 年 10 月—	刘小龙	常务副总经理

资料来源:张江高科技园区提供

【下属公司】

为增强园区配套和服务功能,张江高科技园区开发公司陆续成立一批全资子公司:1992 年 9 月,成立上海市张江高科技园区综合发展公司,负责园区动迁劳动力安置、市政工程和绿化工程建设及管理;1992 年 12 月,成立上海市张江高新技术发展促进中心,负责高新技术产业化、开展风险投资和科技服务;1993 年 2 月,成立上海市张江高科技园区房地产公司,负责园区房地产投资、开发、经营、租赁和管理;1993 年 3 月,成立上海市张江高新技术产业园区进出口公司,负责园区进出口等业务。同时,开发公司还成立一批合资公司:1992 年,与上海电影制片厂合资成立上海张江传播商务有限公司,从事广告制作与发布、影视制作、高精技术的影视设备研制等业务;1993 年 4 月,与上海银泰置业股份有限公司联合组建张江高科技园区联合发展公司,参与园区高级商住区的开发建设;与上海市燃料总公司组建上海张江热力公司,负责园区的集中供热;1994 年 3 月,与香港信源资产有限公司(加拿大 Power 公司与中国信托投资公司的合资公司)合资组建上海信源张江有限公司,负责园区科技产业区内 0.5 平方公里的开发建设。

【上市公司】

作为张江集团的核心成员,上海张江高科技园区开发股份有限公司在金融资本筹集方面发挥重要作用。1996 年 4 月,张江高科创建时总股本 1 亿元,其中,张江开发公司以土地入股,认购6 000 万股发起人股;上海久事公司以现金入股,认购 1 500 万股发起人股;社会公开发行 2 500 万股。至 2010 年,张江高科总资产达 171.86 亿元,净资产达 65.6 亿元。2002 年入选上证 180 指数企业;2003 年当选《亚洲周刊》"中国上市企业 100 大";2004 年入选上证 50 指数企业;2006 年获评"中国 25 家最受尊敬上市公司"荣誉称号及"中国上市公司最佳治理 100 强";2006 年度入选"最具投资价值上市公司十强",通过 ISO 14001 环境管理体系认证;从 2009 年 7 月 1 日起,被上海证券交易所与中证指数有限公司调入上证公司治理指数样本股,是年荣获上海证券交易所颁发的"2009年度信息披露提名奖"。

三、"改革先行先试"

张江高科技园区地处上海浦东，在改革先行先试方面做出有益的探索和实践，对园区开发起到助推器作用。

【行政审批】
张江高科技园区在行政审批时间、费用和效率方面采取先行先试的政策措施。2001年，市政府颁布的《上海市促进张江高科技园区发展的若干规定》（修正）中规定企业设立实行直接登记，时限从5个工作日缩短为3个工作日。是年，在提高基建审批时效方面，张江高科技园区办公室获得授权，对审批程序进行整合，原先重复审批、分头审批的事项视情况予以取消或合并。一般项目在40个工作日内办结。科技企业、高新技术成果转让等认定，原先涉及16个部门，改由张江高科技园区办公室一家受理。

2003年12月24日，浦东新区政府颁布《关于张江高科技园区实施行政审批和政府服务"零收费"的意见》。从2004年1月1日起在张江高科技园区实行行政审批和政府服务"零收费"的试点，成为全国范围内第一个规范实行上述两个门类"零收费"政策的地区。实行"零收费"的行政审批和政府服务项目共61个，包括工商部门收取的开业登记费、计划发展局收取的建筑工程执照费等诸多费用。

2008年10月10日，3700平方米的张江行政服务中心启动试运行。科技认定、财政扶持等市、区职能部门在张江高科技园区设置的审批服务窗口全部搬迁至此，真正做到"张江事张江办"，有39项行政审批事项"一口"受理。作为浦东新一轮行政审批制度改革"窗口"，张江行政服务中心整合原有"张江一表制"审批系统、张江高科技园区"零收费"系统和张江功能区域地理信息系统，与各职能部门审批系统和浦东新区、张江功能区、张江高科技园区政务网站实现有效链接和整合，统一建成行政审批电子网络平台，做到网上办理、实时监控，全部审批环节都在行政服务中心内完成。

【改革试点】
生物医药企业入境特殊生物材料检验检疫改革试点　生物医药企业需要进口大量生物样品，大量生物材料受到有效期的限制，而国内生物材料通关速度慢、效率低。为加快张江园区内研发用生物材料出入境通关速度，浦东出入境检验检疫局和张江园区领导小组联合制订《张江园区生物医药试点企业入境特殊生物材料检验检疫操作试行规定》，在张江园区选择一批企业，开展入境特殊生物材料检验检疫行政审批和监管改革试点。2008年7月24日，国家质检总局同意在张江先行试点"生物医药企业入境特殊生物材料检验检疫改革"，改革的主要原则是"缩短审批、简化程序、减免材料、分批核销、一次审批、多次使用"。审批时间从20天缩短为7天，先在张江园区内选择20家企业试点，进而推广。2010年，进口生物材料检验检疫改革试点工作推广至浦东新区，第二批10家企业获得批准，其中张江入选9家。

生物医药研发外包(CRO)企业便捷通关试点　2010年4月16日，"张江生物医药产业便捷通关扩大试点"启动，在前期3家生物医药研发外包试点企业基础上，增加了葛兰素史克（上海）医药研发有限公司等11家生物医药企业。扩大试点工作在继续实行便捷措施的基础上，对表现优异的生物医药试点企业采用"张江生物医药产业海关监管试点证书"管理，并将试点范围扩大到张江生物医药领域的所有产业类型，为张江生物医药企业发展提供更有力的支持。

"2.5产业"用地政策试点 "2.5产业"是以工业研发为特征的新兴业态。2008年,市政府在《上海市人民政府关于对浦东新区进一步下放事权和加大政策支持力度的意见》明确规定,"张江核心区规划上标注的科教研发用地,执行工业用地的土地出让金标准;严格设置产业、用途等前置条件,实施公开交易"。这一土地管理的创新试点,为解决"2.5产业"用地问题迈出重要一步,降低研发企业商务成本,促进研发机构进一步向张江集聚。

第三节 规划与建设

张江高科技园区开发建设经过多轮结构规划和详细规划的编制与调整完善,逐步形成张江高科技园区核心区(25.9平方公里),包括集成电路产业基地、生物医药产业基地、文化科技创意产业基地、上海浦东软件园、国家信息安全成果产业化(东部)基地等;上海张江高科技产业东区,包括张江现代医疗器械园和张江光电子产业园,上海市金融信息服务产业基地(4.18平方公里);以及孙桥现代农业开发区(7.13平方公里)的产业格局。

至2010年,园区完成核心区23.78平方公里的开发建设以及银行卡产业园、张江东区、孙桥现代农业开发区的部分开发建设。

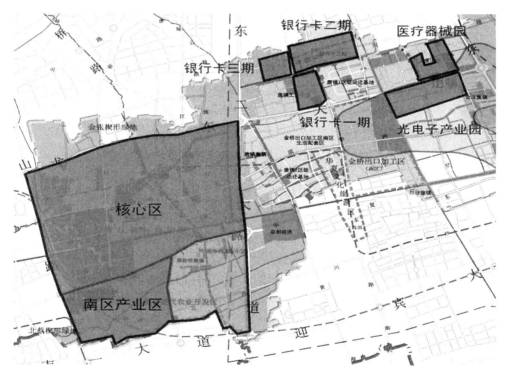

图5-5-1 2010年张江高科技园区开发建设格局图

资料来源:张江高科技园区提供

一、园区规划

自1992年7月张江高科技园区开发启动以后,园区始终坚持规划先行。规划建设面积从17

平方公里扩展至 42 平方公里,园区功能历经"高科技工业园"到"高科技园",再到"科学城"的转变。

1992—2000 年,张江高科技园区规范面积由 17 平方公里扩展至 25.9 平方公里,确定了园区核心区的六大功能,奠定了园区发展的基本空间格局。

1992 年 12 月 31 日,市规划局批准张江高科技园区结构规划,园区规划范围北至龙东路、西至建平路(罗山路)延长线、东至辅环线、南至川杨河,规划面积 17 平方公里。园区功能定位为集科技、生产、销售、培训和与之相配套的生活服务设施于一体的综合性基地,园区用地自西向东划分为管理服务和大学科研区、工业区、居住区三大功能组团。园区采用了"大环串小环"的路网结构。

1995 年 6 月 5 日,市规划局同意园区结构规划调整,以主、次干道为界分为 4 个功能分区:高科技的研究开发和产业区、一般科技产业区、科研教育区、居住商业综合区。结构规划调整提高了科研教育用地和居住用地的比例,打破原先以工业用地为主的功能分区,增强了城市生活功能,体现了科技园的特征。

2000 年 4 月 14 日,市规划局同意将张江高科技园区规划范围调整为西至规划罗山路、东至规划浦东铁路、南至规划华夏路、北至龙东大道。规划面积 25.9 平方公里,其中规划建设区 15.8 平方公里,发展备用地 10.1 平方公里(含城市道路面积)。园区规划目标和功能定位为环境优美、设施完善、交通便捷、信息通畅、机制灵活、创新创业氛围浓郁、能够体现上海特点的世界先进水平的科技园区,积极发挥对长江三角洲地区乃至全国高科技产业发展的辐射和服务作用;集中体现研发创新、孵化创业、转化辐射、机制创新四大主体功能。园区划分为科研教育区、技术创新区(即科教创业区)、高科技中试产业区、科技产业区、中心服务区和张江集镇 6 个功能区。

2001—2002 年,张江高科技园区成立多个基地子公司,全面开展园区控制性详细规划的编制和审批工作。

2001 年 2 月 20 日,浦东新区政府同意张江高科技园区科研教育区控制性详细规划,规划范围东至哥白尼路、南至川杨河、西至罗南大道、北至高科路,规划面积 4.18 平方公里。2 月 28 日,浦东新区政府同意张江高科技中试、产业区微电子基地(一期)控制性详细规划,规划范围东至金张路、南至祖冲之路、西至金科路、北至龙东大道,规划面积 1.65 平方公里。2002 年初,核心区 15.8 平方公里规划建设用地实现控制性详细规划全覆盖,基本确定了园区的发展规划框架。

2003 年 1 月 13 日,浦东新区政府同意张江高科技园区技术创新区南区和生活服务中心区修建性详细规划,规划范围东至金科路,南至高科路、晨晖路,西至景明路,北至祖冲之路,规划面积 1.02 平方公里。7 月 2 日,浦东新区政府同意张江地区动迁商品房开发基地控制性详细规划,规划范围东至外环运河及铁路走廊防护绿带,南至张衡路,西至申江路、马家浜,北至高科路,规划面积 0.98 平方公里。7 月 10 日,浦东新区政府同意张江科研教育基地生活配套区详细规划,规划范围东至华佗路,南至张衡路,西至科苑路,北至吕家浜和华佗路,规划面积 0.28 平方公里。8 月 14 日,浦东新区政府同意上海市银行卡产业园控制性详细规划,规划范围东至华东路,南至龙东大道,西至顾唐路,北至张家浜,规划面积 1.16 平方公里,分为综合公建用地和公建设施、工业用地、市政用地等功能地块,规划在产业区中央中横港、顾家浜交叉地带,发展银行卡产业;在产业园东中部临华东路一侧,建设公建配套服务设施。

2005 年,《上海市银行卡产业园二期控制性详细规划》获批,规划在红星路南侧及纬十一路两侧,重点发展研发工业、商务办公等复合型产业;在锦绣东路以北、陈家浜以南、经二路和经三路之间的地块,建设由园区管理中心和综合商业服务中心组成的公共服务中心,为园区提供行政管理、商业休闲、文化交流、会议会展等综合服务。是年,张江园区东区于纳入张江高科技园区的规划建设范围,包括现代医疗器械产业园和光电子产业园。

2006年,《上海张江高科技产业东区现代医疗器械产业园控制性详细规划调整》获批,规划面积1.38平方公里。规划空间结构为"一心":以规划五路和永庆路交叉口东南侧的大型绿地(山之广场)、园区综合服务中心为主体,构建医疗器械产业园功能中枢及景观的核心;"两轴":以园区中心为构图中心和视觉焦点,形成"十"字形的集休闲步行、视线通廊、建筑景观于一体的绿化景观轴;"三带":依托园区内的规划一河、规划二河、张家浜三条水系,连同一定宽度的滨水绿地,形成带状的生态廊道,为拓展张江高科技园区产业领域,抓住新兴产业发展的战略机遇。

是年,《张江高科技园区中区控制性详细规划》编制完成,规划范围南至华夏中路(规划中环线)、西至罗山路、北至川杨河、东至申江路(规划中环线),规划面积4.67平方公里。总建筑量约327.7万平方米,净容积率1.63,工作人口11.1万人,重点建设"一岛三区",即智慧岛、创业服务区、研发区和教育区,重点发展科教研发、商业商务、文化娱乐商业。

2008年,《上海市银行卡产业园三期控制性详细规划》获批,规划面积0.51平方公里,增加复合性质用地,如C2C8、C6C8等。

2009年,张江高科技园区中区控制性详细规划调整。规划面积2.67平方公里,主要由商业酒店及办公区、商业及酒店式公寓区、商业文化娱乐区、研发区、教育区五个功能区域组成,通过南北向的公共绿化轴和东西向的道路绿化轴联系,功能彼此独立又相互渗透。在智慧河以北和中科路北、百业路西设置二处公共活动区域。

是年,《张江光电子产业园控制性详细规划》获批,规划面积1.66平方公里。基地用地布局以凌空路、庆达路为界分为东、中、西三部分。东部地块用地性质较为单一,中部地块包括工业用地、中试研发用地、市政用地和备用地,西部地块为公建、研发用地、工业用地。

图5-5-2 2010年张江高科技园区发展规划功能区划图

资料来源:浦东新区规划和土地管理局

是年,《张江南二编制单元申江路以西地区控制性详细规划》获批,规划范围东至申江路、南至浦东新区界、西至罗山路、北至华夏路,规划面积 7.13 平方公里,规划建设"五主两辅"七大功能板块:商用飞机研发板块、农业研发板块、综合配套服务板块、航空产业延伸板块、综合研发板块以及交通设施板块、远期备用板块。

至 2010 年,张江高科技园区完成核心区的控规及控规修编,制定银行卡园、东区和孙桥的控制性详细规划,规划面积由 25.9 平方公里扩展至 42 平方公里,分为核心区、扩展区、配套协作区。

二、开发模式

张江高科技园区开发公司根据园区规划和发展需要征用张江镇的土地,张江镇政府负责农民动迁及劳动力安置、撤村队制等具体工作的组织者和实施者。在土地使用上,张江高科技园区开发公司和张江镇分而治之,将张江高科技园区规划范围内的土地管理一分为二,绝大部分的产业用地由张江高科技园区开发公司负责开发、招商,小部分的产业用地和大多数的居住用地仍交由张江镇进行开发建设,使镇政府拥有一定的可支配的土地空间资源,用来满足动迁安置、房产开发、留税企业的招商引资等需求。

【土地批租模式】

1992—2005 年,张江高科技园区开发公司采用"空转启动、滚动开发"的土地开发模式,即"以土地吸附资金,以资金投入提升土地价值,再以土地吸附更多资金,并以此带动更大规模的土地开发"。

在土地开发经营过程中,张江高科技园区采用"公司建设—政府回租—授权经营"的开发建设模式。由开发公司筹集资金进行开发建设,建成的设施由政府回租,之后再把这些国有资产授权给开发公司进行经营管理。政府不需要承担一次性的巨额建设资金,每年只需付给开发公司一定数额的租金,开发公司每年可以从政府获得固定的回报,从而降低投资的风险。

【多功能协调发展模式】

自 2006 年起,张江集团采用开发运营、服务集成、高科技项目投资三位一体多功能协调发展的新模式。实施"一体两翼产业互动"的新战略,一体是指以特色房产运营为主导,扩大房产租售规模和资源整合能力,为公司提供稳定的盈利基础,并为创新服务和产业投资提供稳定的现金流;两翼是指通过创新服务提供获得增值收益,并为产业投资提供深层的客户关系支撑,帮助公司识别高价值客户、协助风险控制,发展产业投资;通过产业投资提升公司经营业绩,并促进专业化服务提供和园区企业成长,最终增加房产运营收入。

三、基础设施及配套设施

张江高科技园区的基础设施及配套建设涉及区域道路等"七通一平"公共设施、商住文体设施及教育卫生设施等。

【基础设施】

1992 年 10 月 30 日,张江高科技园区首期 2 平方公里和动迁安置基地香楠居住区 30 万平方米住宅启动开发建设;第一条道路(广兰路)破土动工。首期开发区域范围为三八河(泾牛路)以东、龙东路以南、祖冲之路以北,主要涉及花木乡的潘桥村、龙沟村,张江乡的三联村、新康村等。香楠住宅区地块涉及张江乡的团结村。首期地块动迁居民基本迁入香楠居住区。

1993年,开发公司实征土地3.48平方公里,实现"七通一平"的可批租土地面积0.42平方公里。区内道路(包括各类地下公用管线)开工7.45公里,竣工2.28公里。年末,由开发公司承担建设的龙东路5.2公里拓宽工程竣工通车;12月30日,开发公司自建的第一条道路——科苑路竣工通车。两座污水泵站完成下部结构封底,跨越马家浜桥的桥梁主体结构完工;1.6万平方米动迁临时过渡房投入使用,完成动拆迁527户,动迁用房开工4万平方米,其中2.88万平方米主体结构完工。

1994年,完成土地开发1.58平方公里,累计完成土地开发2平方公里。区内外道路竣工13.5公里,其中区内竣工道路9条,共8.3公里,基本建成首期开发地块的道路网络。其中科苑路、广兰路路幅32米,郭守敬路路幅24米,松涛路、李时珍路、牛顿路、居里路、香楠路、春晓路路幅为20米。首期开发地块完成1.5万平方米绿化;完成1座35千伏变电站,2座产业区和生活区污水泵站;35千伏变电站、220千伏变电站、6万门通讯局房在建。竣工3.5万平方米标准厂房,完成7500平方米快装标准厂房建设,竣工4万平方米动迁用房;建成并交付使用5000平方米张江公司办公楼,建成并启用2200平方米商务楼。生活区的小学、幼儿园、商场开工建设。

1995年,张江高科技园区从土地开发转向配套建设。完成土地开发面积40万平方米,累计完成2.4平方公里。开工建设道路1.87公里,累计开工道路10.79公里,累计竣工道路7.61公里。220千伏变电站设备安装完工,建设外围高压出线;首座热力站当年开工、当年竣工、当年向园区供气;商住区、生活区2座雨水泵站土建基本竣工,开始设备安装。

1996年,张江高科技园区2.33平方公里启动地块实现了产业区集中供热和光缆通讯配套。生活区雨水泵站投入运行,商住区雨水泵站、35千伏变电站、6万门通讯局房竣工,220千伏变电站启用,完成8000平方米的绿化面积。至1996年,张江高科技园区生活区建成住宅15万平方米,经过4次回搬,入住征地居民1200余户,在外过渡的动迁居民全部回搬。

1997年,张江高科技园区开发公司自建绿化面积5.5万平方米(其中临时绿地1.1万平方米),园区景观路线两旁绿化面积1.6万平方米。

1998年,建设绿化面积4.7万平方米。一季度,以郭守敬路绿化建设为标志,产业区出现第一条景观道路。三季度,以国家人类基因组南方研究中心挂牌为限期,建设东昕绿地和创业基地拆围墙、铺绿地、建停车场,确保软硬件配套同步到位。四季度,完成园区第二条景观道路——李时珍路首期绿化。

至1999年,张江园区累计开发土地面积3平方公里,土地租售面积127.7万平方米,固定资产投资10.71亿元,竣工道路16公里,竣工房屋建筑面积45万平方米,动迁安置房基地香楠居住区全面建成。

至2000年,园区已开发土地面积4平方公里,在开发土地面积1.5平方公里。至2008年,园区已开发土地面积22.77平方公里,建成道路75公里。是年年末,上海轨道交通2号线设张江高科站。

2009年12月,全长9.8公里的上海首条现代化有轨电车线路——张江有轨电车投入运营。2010年,上海轨道交通2号线由张江高科站向东延伸至浦东国际机场,在张江园区增设金科路站和广兰路站。

张江高科技园区公共交通系统由地铁二号线、区内公交车、有轨电车、便民自行车组成。地铁二号线是园区与市内连接的动脉,公交车和有轨电车是园区内部主要公共交通工具,便民自行车是园区内公共交通的有益补充。

至 2010 年,张江园区完成核心区 23.78 平方公里的开发建设。先后完成的南北向道路有:景明路、碧波路、达尔文路、霍香路、居里路、哈雷路、高斯路、广兰路、银冬路、芳春路;东西向道路有:李时珍路、郭守敬路、丹桂路、晨晖路、蔡伦路、张衡路等;扩改建了张江路。

【商住文体设施】

20 世纪 90 年代后期,张江园区第一个商品房项目——汤臣豪园动工建设。汤臣豪园是张江园区内最大的房地产项目,共分四期。至 2010 年,区内建有胡姬花园、东方日出苑、汤臣豪庭、中芯花园、日月光水岸花园等中高档住宅小区,展讯中心、展想广场、传奇商业广场、张江大厦、博雅酒店、展讯豪生酒店等商业和办公楼宇建筑,以及诺贝尔休闲绿地、张江艺术公园、张江当代艺术馆、上海集成电路科技馆、张江动漫馆、张江体育休闲中心等文体休闲设施。张江园区共有企业自建、对外服务的公共餐厅 140 个,基本满足园区工作人员的多样化就餐需求。

【教育卫生设施】

1996 年秋,张江园区第一所学校——上海外国语大学附属浦东外国语学校落户。1997 年 9 月 1 日,第一所幼儿园(兼托儿所)在香楠路居民区开园。2001 年,中芯国际在园区创办上海市民办中芯学校。2002 年 9 月,上海华东师范大学第二附属中学整体迁入张江园区新校园;是月,占地 1.8 公顷的位于香楠居民区的张江实验小学建成开学。2003 年 10 月,上海中医药大学整体迁入园区蔡伦路 1200 号新校区;12 月,上海电影艺术学院在园区创办。2005 年,复旦大学张江校区一期工程竣工;4 月,上海中医药大学附属曙光医院东院竣工启用。园区形成了比较完善的教育、医疗卫生配套体系。

自 1995 年张江第一所学校——上海外国语大学附属中学进入以后,逐步形成"幼儿园—小学—初中—高中职业技校—高校"系统化教育供给体系。至 2010 年,园区集聚了以中芯幼儿园、张江英桥幼儿园、张江集团学校、上海外国语大学、华东师范大学张江实验中学、复旦大学、上海中医药大学、上海电影艺术学院、新加坡南洋理工大学、北京微电子学院等为代表的 20 余所教育机构。

四、功能性园区

实施"聚焦张江"战略之后,张江高科技园区的开发主体由张江高科技园区开发公司转变为基地公司。1994 年,生物医药产业基地一期和 1998 年浦东软件园开发建设,生物医药产业和软件产业成为张江高科技园区早期发展的产业。21 世纪以后,张江高科技园区集成电路产业发展,集成电路产业区和微电子产业区获得大规模开发。"十一五"期间(2006—2010 年),张江高科技园区光电子和新能源等新兴产业得以发展,银行卡园、张江东区光电子产业园和中区加快开发建设。至 2010 年,张江高科技园区基本完成核心区专业园区的开发建设,并将重点转向中区、东区和银行卡专业园区。

【技术创新区】

技术创新区是张江园区的四大功能区之一,位于祖冲之路以北、科苑路以西、龙东大道以南、泾牛路(景明路)以东,规划面积约 1 平方公里。1999 年 10 月 29 日,张江高科技园区技术创新区正式开工。2000 年 4 月 18 日,张江技术创新区(一期)落成,中科院上海浦东科技园、科学技术部科技成果转化基地、浦东火炬创业园、上海高校科技产业园、国家模具 CAD 工程研究中心、中药标准化中心、张江创业中心等近 30 家首批进驻的创业孵化企业举行揭牌和授牌仪式。至 2003 年,技术创新区的市政配套及房产开发建设任务基本完成,建成建筑及公共设施面积约 70 万平方米。引进科技创新型小企业、跨国公司地区总部、国内外知名 IT 企业以及各类国际级研究机构、高等院校和培训机构项目 100 余个。

【上海浦东软件园】

上海浦东软件园是国家软件产业基地和国家软件出口基地,是全国四大"国家级双基地"之一,形成郭守敬园(一、二期)、祖冲之园(三期)、三林世博园、昆山园四大园区,规划总建设面积 114 万平方米。

郭守敬园东至金科路、南至张江养老院、西至居里路、北至郭守敬路,总建筑面积 17.3 万平方米,分两期建成。其中,一期工程占地面积 3 万平方米,建筑面积 3.3 万平方米,1998 年 10 月开工,2000 年 3 月开园。二期工程占地面积 9.4 万平方米,建筑面积 14 万平方米,2001 年 5 月开工,2003 年 9 月建成。

祖冲之园北至祖冲之路、南至高科中路、东至高斯路、西至金科路。规划用地面积 45.02 万平方米,规划(地上)建筑面积 58 万平方米。2004 年 12 月开工,至 2010 年,祖冲之园完成中心湖、沿湖景观工程以及生态园、数码天地、人文走廊等集中景观绿化面积 8.6 万平方米,交付使用建筑面积约 13.2 万平方米。

三林世博园占地 1.96 万平方米,建筑面积 2.5 万平方米。于 2008 年 10 月 16 日建成开园,拥有 2 万多平方米的新改建办公用房。

昆山园规划用地面积约 44.25 万平方米,规划建筑面积约 70 万平方米,2006 年 10 月开工,至 2009 年,已完成建筑面积 5.16 万平方米,在建建筑面积 4.56 万平方米。

【生物医药产业区】

基地一期地处张江高科技园区北部,西侧与技术创新区毗邻,位于龙东大道以南、金科路以西、祖冲之路以北、科苑路以东,占地面积约 1.37 平方公里,是园区在 20 世纪 90 年代开发的地块。基地一期依托上海罗氏制药、葛兰素史克等跨国制药企业,集聚了一批生物医药领域国家级科研院所和跨国公司产业化项目,布局了一部分孵化用房。

基地二期地处张江高科技园区中部,位于高科中路以南,与基地一期通过金科路南北相连,与西侧科研教育区的上海中医药大学、曙光医院等毗邻。基地二期总面积约为 1.38 平方公里,2001 年开工,2006 年底建成。基地二期依托上海生物芯片有限公司、中信国健、复旦张江以及研发 A 区、研发 B 区,集聚约 500 家生物医药企业、约 30 个国内外知名企业研发中心和地区总部项目。

【微电子产业区】

微电子产业区分三个地块,总占地约 0.5 平方公里,东至张江路、西至金科路、南至祖冲之路、北至龙东大道,规划研发中心、晶圆生产厂区、封装测试区、保税仓储及配套区等功能区域。产业区内落户中芯国际、宏力半导体、贝岭股份有限公司、泰隆半导体公司等。一号、二号、三号地块分别于 2002 年、2004 年和 2005 年动工建设,至 2010 年全部开发完毕。

【集成电路产业区】

集成电路产业区规划面积约 2.91 平方公里,分为研发基地和制造基地。承担开发建设集成电路产业区的张江高科技园区集成电路产业区开发有限公司于 2001 年 7 月 11 日成立,主要负责北到龙东大道、南至高科路、西到申江路、东至芳春路的开发建设和招商引资,同时肩负为园区入驻客户提供优质配套服务的功能。至 2010 年,集电港一期、二期完成开发,三期处于建设中。

【科研教育区】

科研教育区东至哥白尼路,南到川杨河,西至罗南大道,北到高科路,占地面积 4.18 平方公里,其中金科路以西为科研教育用地,规划面积约 2.8 平方公里,金科路以东约 1.38 平方公里为生物医药基地(二期)用地。2002 年,华师大二附中、中国科技大学张江研发中心、中国美术学院上海设计艺术分院建成启用。上海中医药大学、美国杜兰大学商学院张江分院、上海市人事局博士后公寓开工建设。2010 年科研教育区科研教育用地全部开发完毕。

【国家信息安全成果产业化(东部)基地】

2001 年 7 月 6 日,国家信息安全成果产业化(东部)基地建设启动,占地面积 28.31 万平方米,位于张江高科技园区科研教育(二期)项目地块内(张衡路、科苑路与罗山路、川杨河之间)。基地分为研发区、产业化区、孵化区和管理中心四大功能区域。首期开工项目有国家"863"计划计算机病毒与黑客重点研究中心、上海交通大学信息安全工程学院、国家信息安全成果产业化(东部)基地信息安全一期孵化楼、上海市计算机病毒防范服务中心信息化服务热线等。2002 年,国家信息安全基地首期 6 000 平方米的信息安全孵化楼竣工,完成 2.37 万平方米土地的批租,上海三零卫士信息安全有限公司、芯原微电子(上海)有限公司、上海迪普网络科技有限公司等 10 余家企业入驻。

【张江科学城(中区)】

张江科学城(中区)位于华夏中路(规划中环线)以北、罗南大道以东、川杨河以南、申江路(规划中环线)以西,占地面积 4.67 平方公里。中区于 2007 年 1 月 18 日启动建设,标志着张江高科技园区进入新一轮开发潮。2008 年,张江中区完成 300 多万平方米、占总面积 65% 的动拆迁任务,开工建设 6.5 公里市政配套道路和污水泵站。至 2009 年,393 万平方米完成动迁,尚有 80 万平方米尚未完成动迁,张江中区除市政道路,尚无园区道路投入使用。至 2010 年,南北向金科路(延伸段)以及东西向海科路、环科路、中科路等道路基本建成,约 20 万平方米建筑在建,中科院浦东科技园、诺华医药、塞拉尼斯、惠生科技和国家蛋白质中心(上海)等入驻。

【张江南区】

张江南区东至申江路,南至浦东新区区界,西至罗山路,北至华夏路,总用地面积约 7.13 平方公里。其中,科研用地约 2.07 平方公里,商业、商务用地约 0.26 平方公里,绿地约 1.23 平方公里,规划备用地约 1.06 平方公里。规划区域内形成"五主两辅"共七大功能板块:商用飞机研发板块、农业研发板块、综合配套服务板块、航空产业延伸板块、综合研发板块、交通设施板块、远期备用板块。

【上海银行卡产业园】

2003 年银行卡产业园开工建设,园区总规划产业用地面积 3.76 平方公里,分三期开发建设。一期东至华东路、南至龙东大道、西至顾唐路、北至张家浜景观河道,规划用地面积 1.16 平方公里。二期东至川沙路、南至张家浜、西至顾唐路、北至景雅路,规划用地面积 2.1 平方公里。三期东至顾唐路、南至锦绣东路、西至外环绿带、北至景雅路,规划用地面积 0.51 平方公里。规划生活配套区东至东横港、南至顾家浜、西至华东路、北至张家浜,规划用地面积 0.42 平方公里,建设用地面积约 0.3 平方公里。至 2010 年基本完成一期和二期锦绣东路以南地块开发。平安保险、交通银行、平安银行、中国银行、太平人寿、中国大地财产保险和上海银行等入驻。

【上海张江高科技产业东区】

2005 年 9 月,东区开始建设。东区总规划面积 3.04 平方公里,包含张江现代医疗器械园和张江光电子产业园两大产业基地。其中,张江现代医疗器械园规划面积约 1.38 平方公里,规划范围为龙东大道以北、川南奉路以西、凌空路以东、张家浜以南的"凹"字形地块;张江光电子产业园规划面积约 1.66 平方公里,规划范围东起汇庆路、西至浦东运河、南起庆荣路、北至龙东大道。至 2010 年完成现代医疗器械园一期和光电子产业园一期开发。

第四节 产 业 发 展

张江园区产业集聚,从早期引进的光机电、生物医药、软件企业,至 2010 年张江高科技园区基本形成集成电路、生物医药、软件、文化科技创意四大主导产业和信息安全、金融信息服务、光电子、医疗器械、新能源环保、RFID、数字出版等产业融合发展的产业格局。

一、经济规模

张江园区工业总产值由 1995 年的 4.9 亿元增长至 2010 年 608.09 亿元;2004 年以后,园区营业收入稳步提升,2009 年首次突破千亿元,2010 年达 1 556.77 亿元。

表 5 - 5 - 4 1995—2010 年张江高科技园区工业总产值、营业总收入状况一览表   单位:亿元

年　　份	工业总产值	营业总收入
1995 年	4.9	—
1996 年	9.86	—
1997 年	18.85	—
1998 年	22.61	—
1999 年	29.9	—
2000 年	41.23	—
2001 年	46.14	—
2002 年	67.24	—
2003 年	138.84	

（续表）

年　　份	工业总产值	营业总收入
2004 年	215.69	341
2005 年	243.69	392.24
2006 年	302.63	531.83
2007 年	397.83	685.64
2008 年	421.39	839.68
2009 年	444.98	1 021.05
2010 年	608.09	1 556.77

资料来源：《浦东年鉴1994—2011》《上海市张江高科技园区统计年报2002—2008》《张江高科技园区统计月报2009/12、2010/12》

　　2010年，园区吸引合同外资10.48亿美元，实际到位外资7.21亿美元，其中外商增资占合同外资的76％，吸引内资注册资本87.43亿元。是年，园区集成电路企业146家，营业收入299.2亿元，占上海市、全国的比重分别为55.6％、20.8％；生物医药企业和研发中心351家，营业收入197.1亿元；软件与信息服务企业428家，营业收入303.7亿元；文化创意企业150家，营业收入93.1亿元。四大主导产业营业收入超过千万元且增速超过20％的企业226家。规模以上工业企业万元产值能耗由2005年的0.163吨标准煤降低至2010年的0.084吨标准煤。

　　至2010年，园区累计完成固定资产投资额1 239.57亿元，注册企业7 169家；累计吸引外资项目2 489个，外资投资总额214.07亿美元；吸引内资项目4 103个，内资注册资本306.08亿元。园区已发展成为国家产业化基地的集聚地，拥有20个国家产业化基地。

表 5 - 5 - 5　2010年底张江高科技园区国家级产业化基地一览表

领　　域	基 地 名 称	授 予 部 门	授予时间
生物医药	国家上海生物医药科技产业基地	国家科学技术部、卫生部、食品药品监督局、中科院与上海市人民政府	1996 年
	国家医药出口创新基地	国家商务部	2005 年
	国家生物产业基地	国家发改委	2006 年
	国家科技兴贸创新基地	国家商务部、科学技术部	2007 年
	张江药物创新与孵化器基地	国家科学技术部	2010 年
集成电路	上海国家微电子产业基地	国家发改委	2004 年
	国家电子信息产业基地	国家信息产业部	2004 年
	国家半导体照明工程产业化基地	国家科学技术部高新技术产业化司	2004 年
	国家电子信息产业园、国家（上海）集成电路产业园	国家信息产业部	2005 年
	国家射频识别产业化（上海）基地	国家科学技术部高新技术产业化司	2006 年
软件与信息服务	国家高技术研究发展计划成果产业化基地（软件）	国家科学技术部	2000 年
	国家高技术研究发展计划信息安全成果产业化基地	国家科学技术部	2000 年

（续表）

领　域	基地名称	授予部门	授予时间
软件与信息服务	国家软件产业基地	国家发展计划委员会、信息产业部	2001 年
	上海国家软件出口基地	国家发改委、信息产业部、商务部	2003 年
文化科技创意	国家文化产业示范基地	国家文化部	2004 年
	国家网络游戏动漫产业发展基地	国家新闻出版总署	2005 年
	国家数字媒体技术产业化(上海)基地	国家科学技术部	2005 年
	国家数字出版基地	国家新闻出版总署	2008 年
农　业	上海浦东国家农业科技园	国家科学技术部	2001 年
	国家引进国外智力成果示范推广基地	国家外国专家局	2001 年
	国家级农业标准化示范区	国家标准化管理委员会	2004 年

资料来源：《张江高科技园区产业发展报告 2006—2010》

二、主导产业

【集成电路产业】

张江高科技园区是国家电子信息产业基地、上海国家微电子产业基地核心区、国家级集成电路产业园。集成电路是张江高科技园区的主导产业之一。

2000 年 8 月 24 日,中芯国际落户张江高科技园区,一期项目投资 14.76 亿美元,建立一厂、二厂和 3B 工厂。2001 年 11 月 22 日,中芯国际第一条 8 英寸生产线投产,创造了中国芯片项目从建厂到生产的最短记录。2002 年 7 月,中芯国际二厂、三厂 8 英寸晶圆生产线投产,三厂成为中国大陆首家提供同制程服务的芯片代工厂。中芯国际成为中国大陆第一家能提供 0.18 微米逻辑制程技术与服务的芯片代工厂。

2000 年 11 月 18 日,宏力半导体投资 16.3 亿美元在张江微电子产业基地开工建设。一期工程建成两座完全按照 12 英寸芯片规格设计和建造的厂房,其中晶圆一厂的 A 生产线引进世界上先进的半导体制造机械设备,于 2003 年 4 月投入生产。正式投产的 8 英寸硅片采用 0.25 微米以下工艺技术,应用于计算机、通信设备、消费类电子产品、IC 卡、各种逻辑电路等主流产品。宏力半导体自主开发出 0.15 微米的逻辑与存储器集成电路制造技术。

2000—2003 年,在集成电路制造两大项目的带动下,集成电路相关企业在张江高科技园区集聚,吸引包括光掩膜生产、封装测试、芯片设计在内的 60 家企业入驻园区。其中,集成电路设计企业中既有展讯通信(上海)有限公司(以下简称展讯)、华亚微电子(上海)有限公司(以下简称华亚)、格科微电子(上海)有限公司(以下简称格科)等留学归国人员创办的公司,也有埃派克森、英飞凌科技等国际领先企业在张江高科技园区内成立的上海分公司。封装测试及设备材料企业也纷纷落户张江高科技园区,如威宇科技测试封装(上海)有限公司(以下简称威宇)、桐辰微电子(上海)有限公司、上海华岭集成电路技术有限责任公司(以下简称华岭)、上海微电子装备有限公司(以下简称上海微电子)、日月光集团等。

手机基带芯片方面,展讯作为园区移动通信应用领域的龙头设计企业,于 2004 年 4 月成功研发出世界首颗基于 TD - SCDMA 核心芯片的第三代移动通信国际标准的 SoC 级 TD - SCDMA(LCR)和 GSM/GPRS 双模多频核心芯片,并掌握了 3G 手机核心技术。"中国芯"的诞生打破手机芯片核心技术长期被国外通信公司垄断的局面,创造出中国手机芯片拥有自主知识产权和中国手机芯片中国制造的两个第一。12 月,鼎芯半导体(上海)有限公司(以下简称鼎芯)成功开发拥有完全自主知识产权的"中国射频第一芯",用于 PHS/PAS(小灵通)手机终端的射频集成电路收发器(RFIC fransceiver)和功率放大器 PA 芯片组。上海华虹集成电路有限责任公司(以下简称华虹)主攻智能卡芯片,应用于第二代居民身份证、公交一卡通、信息安全等领域,约占国内智能卡领域 15% 的市场份额。

2004 年 6 月,上海方泰电子科技有限公司(以下简称方泰)的全球首颗集 MIDI、ADPCM、MP3 和环绕立体声多种功能于一体的芯片 ft1960F 流片成功,取得手机多媒体芯片行业的领先地位。2005 年 6 月,格科在中芯国际成功量产国内首颗采用 0.18 微米工艺的 30 万像素 CMOS 图像传感器,应用于手机、PDA、电脑摄像头、玩具等消费类电子领域。

2004—2007 年,设计业发展的同时,张江高科技园区集成电路制造、封装测试、设备材料等环节的规模和能级提升,园区集成电路企业由 60 家增长至 148 家。

制造领域,张江高科技园区 8 英寸晶圆生产线达 9 条,产能约占中国大陆的 60%,投资总额超过 100 亿美元,占中国大陆的 50%。2006 年 1 月,宏力半导体宣布推出 0.15 微米高压技术。2007 年 6 月,宏力半导体 0.16 微米低功率制程成功进入高良率量产。2007 年 12 月,中芯国际 12 英寸芯片生产线成功投产。2007 年,华虹 NEC 二厂量产,提供涵盖 1.0 微米~0.13 微米代工服务。

封装测试领域,日月光集团为全球半导体知名业者提供整合型测试、封装的专业一元化服务。集团于 2006 年底收购威宇并将其更名为日月光封装测试(上海)有限公司(以下简称日月光)。上海纪元微科电子有限公司是国内最早的专业化集成电路封装测试企业之一,2006 年封装产能达 12.5 亿块/年,测试产能达 11 亿块/年,测试种类有模拟电路、数字电路、数模混合电路、存储器、分立器件、射频器件。

设备材料领域,安集微电子(上海)有限公司(以下简称安集)和盛美半导体设备(上海)有限公司(以下简称盛美)成立于 2005 年,安集致力于高增长率和高功能先进材料的研发和生产,盛美专注于电镀铜设备、抛铜设备、单晶圆清洗设备的研发及生产。2006 年,园区拥有爱马克半导体设备安装(上海)有限公司、福尼克斯成像技术(上海)有限公司(以下简称福尼克斯)、上海微电子、东电电子(上海)有限公司(以下简称东电电子)、普莱克斯(上海)半导体气体有限公司(以下简称普莱克斯)、应用材料(中国)有限公司(以下简称应用材料)等设备材料企业。由于福尼克斯集团内部战略调整,2009 年福尼克斯关闭,其厂房及部分附着设备被上海张江集成电路产业区开发有限公司出资 9 520 万元收购。2007 年,迈图高新材料集团(全球第二大有机硅产品生产商)的大中华区总部及研发中心落户张江高科技园区。2007 年,中微半导体设备(上海)有限公司(以下简称中微)成功研制出国内第一台 12 英寸 65 纳米化学沉积薄膜(CVD)设备和等离子体刻蚀设备,并投入中芯国际 12 英寸生产线安装调试。

金融危机之后,全球集成电路产业整体出现下滑态势,2008、2009 年张江高科技园区集成电路产业销售收入分别比上年减少 0.1%、12.3%。园区设计企业主要面向内需市场和发展中国家市场,设计业(特别是手机芯片设计业)仍保持增长势头,2008 年实现销售收入 30.8 亿元;2009 年实现销售收入 42.4 亿元;2010 年实现销售收入 66.1 亿元。设计业占园区集成电路产业的比重由 2008 年的 13.42% 提升到 2010 年的 22.1%;园区设计业占全国集成电路设计业的比重由 2008 年的 13.1% 提升至 2010 年的 17.3%。

芯片设计企业与整机商、运营商合作加强。国内最大的手机设计公司闻泰科技在张江设立研发中心,积极与展讯、英飞凌等基带、射频芯片企业,锐迪科微电子(上海)有限公司(以下简称锐迪科)等蓝牙芯片企业,飞思卡尔等加速度感应芯片企业,韦尔半导体等三极管、TV 管企业,安森美等电源管理芯片企业,方泰等音频功效企业合作;展讯和中国移动合作,采用展讯高集成度的 TD 芯片整体解决方案,推出专为移动定制的 3G OPhone 智能手机,拓展了市场份额。

张江高科技园区集成电路产业集群效应和合作效应逐渐增强。合作研发推动集成电路制造工艺水平提升。比利时微电子中心(IMEC)与上海集成电路研发中心合作研发 0.18 微米和 0.13 微米的集成电路工艺技术;与上海华力微电子有限公司(以下简称华力微电子)开展深度合作,在 IMEC 总部的研发设备上共同调试 65 纳米基础工艺,以满足华力微电子的工艺需求。相互合作涌现出众多创新产品和新型技术服务。华虹基于中芯国际 0.162 微米嵌入式 EEPROM 工艺产品成功进入量产,是全球首家采用该工艺进行产品设计和进入量产的企业。中芯国际和灿芯半导体(上海)有限公司携手合作为客户提供基于中芯国际代工制造和 IP 技术的完整的设计及制造方案。

张江高科技园区以芯片设计为龙头、以芯片制造为支撑,建立起包括设计、掩膜、制造、封装测

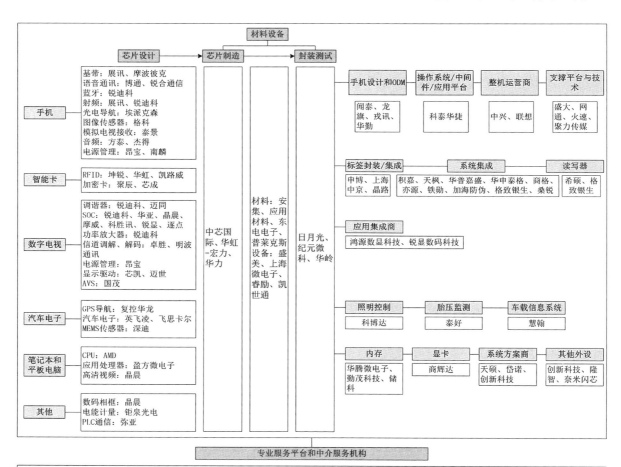

图 5-5-3 2010 年张江高科技园区集成电路产业链图

资料来源:《张江高科技园区产业发展报告 2010》

试、材料装备、配套服务以及集成电路产品应用等在内的产业链体系,与系统终端厂商、科研院所、知名研发中心相辅相成,逐步形成跨越软件、互联网、金融信息服务、新能源、光电子等领域的"泛硅"产业集群。

"十一五"时期(2006—2010年),园区集成电路产业销售收入年均增长率为17.2%,其中,2008—2009年呈现负增长,2010年开始回升,达299.2亿元。在产业链各环节中,设计业是增长较快的行业,年均增长率达53.8%;芯片制造业、封装测试业受金融危机影响,出现大幅度下滑,2010年有所回升。

表5-5-6　2006—2010年张江高科技园区集成电路产业规模状况一览表

年　份	设计业		芯片制造业		封装测试业		设备材料业	
	销售收入(亿元)	增长率(%)	销售收入(亿元)	增长率(%)	销售收入(亿元)	增长率(%)	销售收入(亿元)	增长率(%)
2006年	14	82.8	121.6	8	28.2	157.5	3.6	−10.1
2007年	24.5	74.7	110	−9.6	90.3	220	4.9	36
2008年	30.8	25.6	91.9	−16.4	101.8	12.7	5	2.7
2009年	42.4	37.6	68.6	−25.3	84.1	−17.4	6.1	22.6
2010年	66.1	56	96.2	40.2	115.7	37.7	21.2	245.8

资料来源:《张江高科技园区产业发展报告2010》

"十一五"时期(2006—2010年),张江高科技园区以设计业为龙头,通过积极调整产品结构,开拓市场,设计业所占比重上升。张江高科技园区集成电路设计、制造、封测、设备材料业比重由2006年的8.4∶72.6∶16.8∶2.2优化为2010年的22.1∶32.1∶38.7∶7.1,张江高科技园区在集成电路的制造和封测方面相对集聚,与国际集成电路产业链的黄金比例3∶4∶3仍存有较大差距,芯片设计业有待进一步增强。2010年园区集成电路产业销售收入占上海比重为55.6%,占全国比重为20.8%,成为上海和全国集成电路产业重要组成部分。

表5-5-7　2006—2010年张江高科技园区集成电路产业销售收入占比状况一览表

年　份	张江高科技园区集成电路产业占上海比重(%)	张江高科技园区集成电路产业占全国比重(%)
2006年	44.11	16.65
2007年	50.03	18.36
2008年	50.22	18.41
2009年	50	19.14
2010年	55.62	20.78

资料来源:《张江高科技园区产业发展报告2010》、上海市集成电路行业协会(SICA)

张江高科技园区成为上海市集成电路产业投资最为集中的地区。至2010年,园区集成电路产业总投资额累计达152.8亿美元,占上海市集成电路产业总投资额的68.5%;注册资金累计约达59.9亿美元,占上海市的62.5%。张江高科技园区集成电路企业在其细分领域占据重要地位,市场规模和技术能级名列前茅,竞争力增强。

表 5-5-8 2010 年张江高科技园区集成电路企业市场规模与技术能级情况一览表

应用领域或产业链环节			企 业	市场占有率或成就
应用领域	手机	基带芯片	展 讯	TD 手机基带芯片国内市场占有率达 25%～30%
		语音通讯芯片	博 通	5.8 GHz 高频语音通讯 SOC 芯片全球市场占有率达 80%
		蓝牙芯片	锐迪科	蓝牙芯片国内市场占有率达 16%
		光电导航芯片	埃派克森	人机界面光电导航芯片国内市场占有率达 35%
		图像传感器芯片	格 科	VGA 图像传感芯片全球市场占有率达 20% 以上
		模拟电视接收芯片	泰 景	模拟电视接收芯片市场占有率约 52%
		手机设计	闻 泰	国内最大的手机设计厂商,连续多年荣获中国十大手机 IDH 排名榜首
	数字电视	调谐器芯片	锐迪科	SMTUNER 调谐器芯片国内市场占有率达 58%
		机顶盒 SOC 芯片	锐迪科	DVD-TUNER 机顶盒芯片国内市场占有率达 71%
			华 亚	有线机顶盒芯片国内市场占有率达 10%
			晶 晨	标清媒体盒芯片国内市场占有率达 50%;高清媒体盒芯片国内市场占有率达 25%
		功率放大器芯片	锐迪科	PA 功率放大器芯片国内市场占有率达 22%
	智能卡	RFID 芯片	坤 锐	超高频电子标签芯片 QR2233 在第四届"中国芯"评比中获最具潜质奖
			华 虹	承担 2010 年世博会门票制作
		加密卡芯片	聚 辰	接触式加密卡芯片亚太地区市场占有率达 40% 以上
		标签生产	集速智能	国内第一条全自动高良率的电子标签封装生产线
	汽车电子	照明控制芯片	科博达	有汞、无汞汽车 HID 镇流器国内市场占有率均在 50% 以上
		导航芯片	复控华龙	研发成功国内首颗中国北斗导航核心芯片"领航一号"
	其他	数码相框芯片	景 晨	数码相框芯片全球市场占有率达 50% 以上
		电能计量芯片	钜泉光电	电能计量芯片国内市场占有率达 56%
		电源管理芯片	昂 宝	电源管理芯片市场占有率国内排名第一
IC 产业链其他环节	制 造		中芯国际	全球代工企业排名第四
			宏力半导体	全球代工企业排名第十五
	封 测		日月光	国内排名第八
			集速智能	国内第一条全自动高良率的电子标签封装生产线
	材 料		安 集	自主研发的化学机械抛光液和清洗液产品,实现中国半导体关键材料的历史性突破
	设 备		睿 励	自主研发的 150 毫米硅片光学膜厚测量设备填补了国内空白
			盛 美	12 英寸单片清晰设备进入韩国一流半导体芯片厂商供应序列

资料来源:《张江高科技园区产业发展报告 2010》

表 5-5-9　2010 年张江高科技园区集成电路企业排名情况一览表

企 业 名 称	企业类型	排 名	销售收入(亿美元)
展讯通信(上海)有限公司	芯片设计业	1(全国)	3.43
锐迪科微电子(上海)有限公司	芯片设计业	3(全国)	1.92
格科微电子(上海)有限公司	芯片设计业	4(全国)	1.26
泰景信息科技(上海)有限公司	芯片设计业	6(全国)	1.04
中芯国际集成电路制造(上海)有限公司	芯片制造业	4(全球)	15.55
上海华虹 NEC 电子有限公司	芯片制造业	13(全球)	2.95
上海宏力半导体制造有限公司	芯片制造业	15(全球)	2.60

资料来源：根据 iSuppli 和 IC Insights 统计整理

　　2006—2010 年,张江高科技园区集成电路产业专利申请数累计达 12 161 件,其中发明专利申请数累计达 11 175 件,占比达 91.9%;专利授权数累计达 2 700 件,其中发明专利授权数累计达 2 277 件,占比达 84.3%;其中集成电路布图设计申请数、授权数分别累计为 304、203 件。张江高科技园区成为上海集成电路产业专利主要集中地。在 1985—2010 年上海集成电路产业专利累计数量前 10 位中,张江园区有 6 位专利权人,其专利数量占据上海的 63.5%。

表 5-5-10　2006—2010 年张江高科技园区集成电路产业专利状况一览表　　　　单位:件

年 份	专利申请数	发明专利申请数	专利授权数	发明专利授权数
2006 年	1 417	1 352	364	306
2007 年	2 580	2 478	372	316
2008 年	3 918	3 729	667	629
2009 年	2 075	1 907	488	429
2010 年	2 171	1 709	809	597

资料来源:《上海市张江高科技园区统计年报 2006—2008》《张江高科技园区产业发展报告 2009—2010》

表 5-5-11　1985—2010 年上海集成电路产业专利累计数量前十位中张江园区企业一览表

排名	专 利 权 人	专利总量(项)	占上海比重(%)
1	中芯国际集成电路制造(上海)有限公司	2 471	30
2	上海华虹(集团)有限公司	1 220	14.8
3	上海微电子装备有限公司	456	5.5
5	复旦大学(微电子学院在张江园区)	438	5.3
6	上海宏力半导体制造有限公司	368	4.5
7	展讯通信(上海)有限公司	283	3.4

资料来源:上海市集成电路行业协会(SICA)

【生物医药产业】

1990 年,生产中国第一支青霉素制剂的上海第三制药厂(先后改名上海先锋药业公司、上海新先锋药业公司）征用张江乡八一村1队（南沈家湾）、2队（赵家宅）土地，建造浦东头孢菌素新厂。工程总投资5.03亿元，1990年12月动工，1993年12月一期工程建成投产，引进美国、英国、德国、荷兰和意大利等国的工艺设备、检验检测仪器和分装流水线，年产头孢类抗生素100吨，是国内规模最大、技术最先进、新产品开发能力最强的头孢类抗生素生产基地。

1994年，张江高科技园区第一家外资企业——上海罗氏制药有限公司落户，拉开了张江"药谷"（由上海市副市长赵启正提出）生物医药产业发展的序幕。1996年，"上海医药产业大会"选址在张江召开，上海市市长徐匡迪在会上提出，生物医药产业应向张江集聚，要成为张江支柱产业，龙头企业产值规模至少应达到100亿元。

1995年10月，园区第一个研发机构上海新药研究开发中心成立，专业从事和推动现代生物技术和医药产品研究、开发和产业化。1996年8月2日，科学技术部、卫生部、中科院、食品药品监督管理局和市政府在人民大会堂签署共建"国家上海生物医药科技产业基地"的合作协议，并将该基地设在张江高科技园区内。是年，迪赛诺公司在张江高科技园区成立，是拥有自主品牌的全球仿制药供应商，1998年建立研发中心，致力于抗艾滋病药物、抗癌药物和甾体激素类原料药的开发。

1997年6月成立的麒麟鲲鹏（中国）生物药业有限公司（以下简称麒麟鲲鹏），引进了日本麒麟啤酒株式会社先进的生产技术和管理方法。1998年，国家人类基因组南方研究中心在张江高科技园区成立，是落户张江园区的首个国家级研究中心，也是中国第一个基因组中心。至1998年，张江高科技园区生物医药基地共引进罗氏制药、麒麟鲲鹏、新先锋等生物医药项目累计12家。1999年，国家上海新药安全评价研究中心和国家新药筛选中心落户张江高科技园区，2001年通过科学技术部验收并开始运行。中心建成后被国内外专家誉为"国内一流，基本与国际接轨的新药临床前安全性评价中心"。

2000年，张江高科技园区成立中药创新中心，既是国家生物医药基地重点建设的国家级专业孵化器之一，也是国家国际科技合作基地和上海市研究生联合培养基地。是年7月，三九基因生化股份有限公司在园区建立三九基因工程生产基地，加快一类新药TNF等科技成果的转化进程。上海新波生物技术有限公司和上海华拓医药科技发展股份有限公司也于2000年落户园区。新波生物专业从事体外诊断仪器设备及诊断试剂的研发、生产和销售；华拓医药主要从事医药技术产业的开拓和创新，包括化学、天然药物研发与技术转化。

2001年，上海津村制药有限公司、上海生物芯片有限公司在园区落户。上海津村制药工厂于2003年竣工，主要为日本株式会社津村生产医疗用汉方制剂的中间体浸膏粉末，产品出口日本。是年，生物医药基地引进中科院上海药物所、上海中药标准化研究中心、国家生物芯片工程研究中心、国家药物制剂中心等研发中心。上海中药标准化研究中心致力于公共服务平台体系建设，面向中药研发企事业单位提供新药质量标准研究。

2002年，上海中医药大学及附属曙光医院进驻张江高科技园区，推进张江高科技园区生物医药产业产学研和临床研究。是年，阿斯利康在张江高科技园区设立东亚临床研究中心。至2002年，生物医药产业基地入驻生物医药企业119家，引进生物医药项目184个，园区生物医药研发能力得以强化和提升。

2004年1月，罗氏研发中心在张江高科技园区落户，是罗氏制药在发展中国家的第一个全球性研发中心，主要致力于药物化学领域的研究。2005年4月，美国Affymetrix基因芯片上海服务中心成立，推进中国生物芯片进入国际外包业务。2006年11月，诺华（中国）生物医药研发中心在张江高科技园区成立，为诺华公司在中国建立的第一家新药研发机构，重点研究开发治疗癌症的药物。2007 年 3 月,阿斯利康在园区建立新的研发基地——中国创新中心。2007 年 7 月,葛兰素史克在张江高科技园区设立中国研发中心,主要从事研究用于治疗神经系统退行性病变的药物。2007 年 9 月,美国药典(USP)中华区总部正式落户张江高科技园区,是美国药典在全球的第四个地区总部。

2002 年以来,大量生物医药跨国研发机构集聚张江高科技园区,研发外包业兴起。张江高科技园区成为国内 CRO(医药合同研究组织)企业集聚区和国际医药研发链条中的重要环节。2005 年 2 月,上海市生物医药外包服务基地和上海浦东生物医药研发外包服务中心在张江高科技园区挂牌成立。2008 年 7 月,张江生物医药服务外包专业园区正式揭牌成立,张江高科技园区在国内率先成为达到美国 GLP 标准的外包服务机构。2009 年 6 月,张江高科技园区生物医药研发外包(CRO)企业便捷通关试点正式启动,张江 CRO 企业通关新模式试点工作正式开始。

2009 年 4 月,雅培公司宣布在华首个研发中心落户张江高科技园区,致力于癌症、免疫以及抗病毒领域的药物研发。10 月,全球领先医药杂志《Scrip》宣布和记黄埔医药入围第五届 Scrip Awards 新兴市场最佳公司奖项,成为中国唯一入围该奖的新药研发公司。是年,上海睿智化学研究有限公司通过实验动物 AAALAC 认证,在实验动物福利与伦理水平达到国际水平。是年,桑迪亚医药技术(上海)有限责任公司入围“2009 中国 100 强成长型服务外包企业”。是年,微创医疗、杏灵科技、中信国健、药明康德、华拓医药、迪赛诺、睿智化学和桑迪亚 8 家企业被评为“上海市创新型企业”。

2003—2010 年,张江高科技园区先后成立和记黄埔医药(上海)有限公司、上海华大天源生物科技有限公司、上海睿智化学研究有限公司、桑迪亚医药技术(上海)有限责任公司、上海美迪西生物医药有限公司等本土 CRO 企业,主要为国内外客户提供生物医药研发外包服务,跨国 CRO 领先企业有查士睿华(Charles River)、科文斯(Covance)、润东生物等。

2003—2010 年,张江高科技园区生物医药产业营业收入由 32.3 亿元增加到 197.1 亿元,年均增长率达 29.5%;工业总产值由 32.4 亿元增加到 129.1 亿元,年均增长率达 21.8%,占上海市的比重由 15% 增加到 22%。2010 年,化学制药、医疗器械、生物制药、现代中药、配套服务等细分行业占园区生物医药产业营业收入的比重分别为 50.1%、23.7%、20.5%、3.9%、1.8%。

表 5 - 5 - 12　2003—2010 年张江高科技园区生物医药产业营业务收入及工业总产值表

年　　份	营业收入(亿元)	工业总产值(亿元)	工业总产值占上海比重(%)
2003 年	32.3	32.4	15
2004 年	37.3	35.8	15.3
2005 年	48.1	44.07	15.6
2006 年	64.2	55.16	17.7
2007 年	85	70.93	18.2
2008 年	109.1	81.01	20.6
2009 年	167.1	107.2	21.5
2010 年	197.1	129.1	22

资料来源:《张江高科技园区产业发展报告 2006—2010》

2006—2010 年,张江高科技园区生物医药企业和研发中心数量由 240 家增加到 351 家。2010 年营业收入超亿元的企业 32 家,复旦张江、和记黄埔医药、睿星基因、微创医疗、尚华医药成功上市。2010年,福布斯全球前10强医药企业中有7家在张江设立研发中心;罗氏制药、勃林格殷格翰、葛兰素史克、通用电气药业等跨国巨头在园区建立生产基地。

表5-5-13　2010年福布斯全球前10强医药企业中落户张江高科技园区的企业情况表

排　名	公　司	排　名	公　司
1	Pfizer(辉瑞)	6	AstraZeneca(阿斯利康)
2	Novartis(诺华)	7	GlaxoSmithKline(葛兰素史克)
4	Roche Holding(罗氏)	10	Eli Lilly&Co(礼来)
5	Abbott Laboratories(雅培)	—	—

资料来源:2010年福布斯全球企业500强排名

张江高科技园区成为国家重大新药创制的核心载体。至2010年,园区获得立项的药物研究项目和平台项目超过120个,其中2010年通过国家新药创制科技重大专项评审的药物研究项目超过30个,大部分研发药物品种为一类新药;2个孵化基地建设项目均以全国第一名获得立项。此外,中科院上海药物所、国家上海新药安全评价研究中心、上海中医药大学、药物制剂国家工程研究中心、复旦张江、张江生物技术等一批科研院所和企业依托强大的公共服务能力和先进技术获得综合性平台认定。张江园区企业承担的新药创制类项目主要分布在肿瘤、心脑血管、糖尿病、神经与精神疾病、免疫、严重感染等六大疾病领域,其中多个项目进入临床后期研究阶段。

张江"药谷"由早期的"一所六中心"逐步发展到2010年由"两校、一所、一院、八大跨国企业研发机构、十二个公共服务平台、十三个研发评测中心、三十一家经认定企业技术中心、二百多家创新企业"构成的研发创新集群。张江生物医药产业形成从新药探索、药物筛选、药理评估、临床研究、工艺研究、中试放大、注册认证、量产到药品上市相对完整的产业链。

2010年,张江高科技园区生物医药产业科技活动经费支出总额达31.8亿元;科研项目开发数达4891个,科研项目完成数达2738个。2006—2010年,张江高科技园区生物医药产业专利申请数累计达2428项,其中发明专利申请数累计达2126项,专利授权数累计达738项。

表5-5-14　2006—2010年张江高科技园区生物医药产业创新情况表

年　份	R&D支出(亿元)	专利申请数(件)	专利授权数(件)
2006年	6.3	487	111
2007年	16.5	393	133
2008年	19.2	519	118
2009年	22.7	466	140
2010年	31.8	563	236

资料来源:《张江高科技园区产业发展报告2006—2010》

至2010年,张江高科技园区在生物芯片、抗体药物、介入器械、医学影像等形成一批具有国际竞争力的创新产品,有十几家企业的创新药物获得澳大利亚TGA认证,以及美国、欧洲、日本的GMP认证,在欧美注册的品种达20个,其中,中信国健的单抗药物益赛普、微创医疗的血管支架、加奇生物的颅内可电解脱弹簧圈产品等成功出口海外市场,泽生公司的创新药纽兰格林、健能隆创新药 F627（奔格司亭）、和记黄埔创新药 HMPL－004 和抗炎新药 HMPL－011 等创新药物在开展国际临床，此外还有大量企业的创新药物、工艺技术等已经成功获得欧美日等多国专利。

【软件与信息服务产业】

1992 年，上海浦东软件园发展有限公司（1998 年改制为上海浦东软件园股份有限公司）成立。上海市和国家电子工业部围绕区位和土地价格等问题进行多年协商，于 1997 年签订协议，决定在张江高科技园区共建上海浦东软件园。是年，张江高科技园区引进上海博达数据通信有限公司、JAVA 应用研究开发中心。

1998 年，浦东软件园、上海超算中心和国家信息安全成果产业化（东部）产业基地的建设启用，为张江高科技园区软件与信息服务产业发展提供了良好的产业环境。应用软件、系统集成和信息安全等领域的企业和机构陆续入驻张江高科技园区。

2000 年 3 月和 2002 年 9 月，上海浦东产业园一期、二期先后建成投入使用，为园区企业提供技术增值、商务等完整的服务体系。2000 年 12 月，由市政府投资建设的上海超级计算机中心落户张江高科技园区。上海超级计算中心是国内第一个面向社会开放、资源共享、设施一流、功能齐全的高性能计算公共服务平台。

2001 年 7 月，经国家计划委员会和信息产业部联合评审，浦东软件园被授予"国家软件产业基地"称号，是国家成立的首批软件产业基地之一。是月，国家信息安全成果产业化（东部）基地在张江高科技园区建设启动。是年，中兴通讯、东软软件、联想等信息企业进驻园区。

2002 年，美国 SYNOPSYS、CITIBANK 亚太区研发中心，日本索尼（中国）上海软件研发中心、京瓷公司，印度 TCS 公司、INFOSYS 以及中国银联研发中心和数据处理中心、中国银电网讯公司等企业进驻上海浦东软件园；至 2002 年，在浦东软件园注册的企业近 1 000 家，入驻企业 170 家；入驻张江高科技园区的软件企业共 210 家，涵盖软件开发、系统集成、信息服务、电子商务、软件出口、信息安全、芯片设计等领域，全年软件产值 26 亿元。

2003 年，新世界数码科技（上海）有限公司、金蝶软件技术（上海）有限公司、北京冠群金辰软件有限公司、上海山丽信息安全有限公司等企业进驻国家信息安全成果产业化（东部）基地。

2004 年 2 月，安讯中国研发中心在浦东软件园开业，专注于技术研发及软件工程。6 月，索尼上海技术中心在张江高科技园区落成。SAP、塔塔、花旗、印孚瑟斯等软件外包企业和承接外包业务的国际研究中心入园区。张江高科技园区服务外包从日本市场向欧美市场拓展，成为上海服务外包的核心基地，也是国内规模最大、最具代表性的软件与信息服务外包基地之一。

2006—2010 年，张江软件与信息服务业科研投入由 8.62 亿元增加到 36.02 亿元，软件科研项目开发数由 992 个增加到 2 835 个，科研项目完成数由 518 个上升至 1 650 个，软件专利授权数由 26 件上升至 184 件。2006 年，上海银晨智能识别科技有限公司获得国家科学技术进步奖二等奖。2007 年，上海宝信软件股份有限公司、上海飞田通信技术有限公司和上海超级计算中心分别获得国家科学技术进步奖二等奖。2008 年，银行卡产业园被授牌为"上海张江金融信息服务外包专业园区"。

金融机构后台和后援中心、金融 BPO（业务流程外包）企业集聚银行卡产业园，逐渐形成金融后台服务、金融 BPO（金融业务流程外包）承接和证券信息等重点发展领域。金融机构后台服务方面，至 2010 年，先后引进包括软件中心、信息处理中心、数据中心、呼叫中心等中外金融机构后台项目 17 个，中国银联、交通银行、中国平安、中国银行等几大金融机构后台外移项目建成并投入运营。金融 BPO 承接方面，银行卡产业园承接众多金融机构的外包业务，涵盖证券产品开发设计、市场分析和管理协调决策、保险和基金的专家系统类应用软件、成熟化业务处理等标准化部分、人机交互安排接触式销售非标准化部分等外包业务。

2009 年,普元软件、宝信软件、金蝶中间件等参与中国的 SOA 标准化工作,发布《中国 SOA 标准体系框架》等研究成果。普元参与 SOA(面向服务的架构)中间件国际标准制定,标志着中国在基础软件领域获得突破性进展。

2010 年,张江园区软件和信息服务产业实现营业收入 303.7 亿元。2010 年营业收入超 1 千万元且增长速度超 20% 的软件企业有 71 家,比 2009 年增加 9 家。泽信软件、NGB 应用实验室、金仕达金融服务亚太总部等一批国内外知名软件和信息服务企业及项目落户张江。是年,张江软件与信息服务外包收入达 25.86 亿元,增长 66.5%;出口收入达 57.78 亿元,增长 35.8%。在软件服务外包领域,张江园区集聚了花旗软件、塔塔信息、印孚瑟斯、凯捷咨询、新道信息、海辉和群硕等国外知名服务外包企业。是年,园区获 CMM 认证的软件企业 35 家,其中 5 级的 9 家、4 级的 2 家、3 级的 24 家,被认定为国家规划布局内重点软件企业有 11 家。

至 2010 年,园区共引进 428 家软件创新企业及研发中心,集聚了以 IBM、SAP、毕博、花旗等为代表的大批国外知名的软件企业研发中心,和以超算中心、国际反计算机入侵和防病毒研究中心、中科计算机为代表的一批国家研发与服务中心。

表 5‐5‐15　2006—2010 年张江高科技园区软件和信息服务产业主要指标情况表

年　份	营业收入 (亿元)	研发投入 (亿元)	科研项目 开发数 (件)	科研项目 完成数 (件)	专利 申请数 (件)	专利 授权数 (件)	软件著作 权申请数 (件)	软件著作 权授权数 (件)
2006 年	57.2	8.62	992	518	126	26	197	176
2007 年	58.5	11.17	1 171	606	123	29	245	235
2008 年	70.6	15.53	1 695	930	114	61	306	266
2009 年	222.6	19.25	2 144	1 202	195	67	—	—
2010 年	303.7	36.02	2 835	1 650	236	184	752	584

资料来源:《张江高科技园区产业发展报告 2006—2010》

表 5‐5‐16　2010 年张江高科技园区国家规划布局内重点软件企业情况表

序　号	名　　称	序　号	名　　称
1	上海宝信软件股份有限公司	7	上海海勃物流软件有限公司
2	万达信息股份有限公司	8	花旗软件技术服务(上海)有限公司
3	群硕软件开发(上海)有限公司	9	中国银联股份有限公司
4	上海大智慧股份有限公司	10	银联数据服务有限公司
5	盛大计算机(上海)有限公司	11	上海汉得信息技术股份有限公司
6	上海昔元信息技术股份有限公司		

资料来源:《张江高科技园区产业发展报告 2010》

2010 年,张江园区软件和信息服务业科技活动经费支出总额达 26.02 亿元。软件专利申请数和授权数分别为 236 件、184 件;软件科研开发数和完成数分别为 2 835 个、1 650 个;软件著作权申请数和授权数分别为 752 件、584 件。在金融信息服务、信息安全、嵌入式应用软件、行业应用软件等方面,宝信软件的"基于 RFID 的工业环境下船板物流管理"系统集成项目和"面向中小企业信息化 SaaS 服务平台产业化"的云计算专项、金蝶中间件的国家核高基课题专项等一批重点高新技术产业化项目取得关键性技术突破;山丽网安的防水墙数据防泄密产品、银晨智能识别的人脸识别出入口控制系统等一批拥有自主知识产权的软件产品成为国内知名品牌。

在互联网应用、电子商务等新兴领域,春宇供应链以"整合与协同"为特色的商务模式获得成功,通过集成"交易服务、物流服务、供应链金融、咨询"四大核心业务模块构建出全球化工供应链服务平台。沪江网、丫丫网、51 比购网、极视等公司通过整合教育、商业、文化等资源与信息打造互联网平台,实现企业规模扩张。

张江高科技园区建设了浦东软件技术增值服务平台和上海超级计算中心等专业服务平台、上海浦东软件园评测中心等评测机构、上海交通大学信息安全工程学院和复旦大学软件学院等培训机构。其中,上海浦东软件园评测中心成立于 2000 年初,是浦东软件园最重要的技术支撑体系之一,也是中国合格评定国家认可委员会(CNAS)认可的实验室和上海市软件产品登记测试定点测试机构。至 2010 年,张江高科技园区共建有软件与信息服务业产业公共服务平台 10 个。

表 5 - 5 - 17　2010 年张江高科技园区软件与信息服务业公共服务平台一览表

序　　号	平 台 名 称	承 担 单 位
1	面向构件的公共技术服务平台	上海普元信息技术有限公司
2	上海超级计算中心	上海超级计算中心
3	上海浦东软件园评测中心	上海浦东软件园股份有限公司
4	浦东软件技术增值服务平台	上海浦东软件平台有限公司
5	复旦大学国家示范软件学院	复旦大学
6	协同办公公共服务平台	上海互联网软件有限公司
7	中科院计算所	中科院计算技术研究所
8	信息安全公共服务平台	上海交通大学信息安全工程学院
9	国家反计算机入侵和防病毒研究中心	公安部第三研究所
10	软件与信息服务外包公共支撑平台	上海浦东软件园股份有限公司

资料来源:《张江高科技园区产业发展报告 2006—2010》

【文化科技创意产业】

1998 年,第九城市计算机技术咨询(上海)有限公司(以下简称第九城市)入驻张江高科技园区。1999 年 8 月,第九城市成立国内第一个网络虚拟社。是年 11 月,上海盛大网络发展有限公司(以下简称盛大)成立。第九城市和盛大奠定园区文化科技创意产业发展基础。

2000 年 7 月,在中国互联网中心(CNNIC)组织的中国互联网调查中,第九城市位列娱乐性网站第一。2001 年 9 月,盛大进军在线游戏运营市场,开启大型网络游戏《传奇》公开测试;是年 11 月,《传奇》正式上市,登上各软件销售排行榜首。2002 年 10 月,盛大运营的《传奇》最高同时在线人数突破 60 万人。2003 年 2 月,第九城市在中国大陆独家代理的网络游戏《奇迹》正式商业化运营,注册用户 1 500 万人,同时在线人数 30 万人;是年 3 月,盛大与软银亚洲签订战略融资 4 000 万美元协议;是年 7 月,盛大自主研发的第一款网络游戏《传奇世界》公开测试;是年 9 月,正式商业化运营。2004 年 1 月,盛大参股游戏软件供应商——北京数位红软件技术应用有限公司,收购全球领先网络游戏引擎核心技术开发企业之一美国 ZONA 公司;是年 4 月,第九城市与维旺迪旗下的暴雪娱乐签署中国战略合作协议,取得世界顶级网络游戏《魔兽世界》在中国大陆独家代理运营权,注资目标软件(北京)有限公司。

2004 年,"上海市文化科技创意产业基地"和国家文化部"文化产业示范基地"的先后挂牌,张江高科技园区开始打造中国文化产业的新高地。

2005—2010 年,张江高科技园区文化科技创意产业营业收入由 25 亿元增加到 93.1 亿元,年均增长率达 30.1%。园区数字出版产值占上海的 40%、全国的 10% 以上;网络游戏产值占全国的 20% 左右,占张江文化产业总产值 80% 以上;动漫产值占上海的 70% 左右;新媒体占据国内互联网视频直播市场的 70% 以上。

2005 年,浦东新区颁布以重点扶持张江文化科技创意产业基地为主要内容的《浦东新区扶持文化发展的若干意见》;是年,张江配套颁布《浦东新区张江文化科技创意产业发展基金管理办法(试行)》。

2005 年,依托盛大、第九城市等龙头企业,张江高科技园区着力打造完整的网络游戏产业链,引进全球最大的网络游戏研发企业美国艺电(EA),填补了原有产业链上游原创研发环节的缺失。龙头企业带动了产业链上其他环节企业的入驻,韩国 Core、韩国 NC SOFT、网星游戏等一批跨国网络游戏开发和运营商落户园区。

2005 年,张江高科技园区建立了国内首家动漫研发公共服务平台——上海动漫研发公共服务平台(ASP)。2007 年 12 月,ASP 获得德国 MENTAL IMAGES 颁发的 MENTAIL RAY 中国技术支持中心的授权证书。中国美术学院上海设计艺术分院、上海电影艺术学院、上海戏剧学院创意学院分别于 1996、2003、2004 年成立,成为园区文化科技创意产业人才培养和产学研联动的重要院校。

2006 年 12 月,雅昌集团进驻园区,以印刷为基础、数字资产管理为核心,形成集艺术品展览、艺术出版策划、艺术品衍生产品开发等多种业务为一体的文化公司。2009 年 9 月,雅昌艺术网通过国家广电总局的审核,成为首家获得《信息网络传播视听节目许可证》的艺术类网站。"2009 年美国印制大奖"评选中,雅昌获得三项金奖、七项优异奖、五项优秀奖,第四次荣获 Benny Award 金奖。

今日动画公司与法国电视三台共同制作的动画片《中华小子》,在 2007 年 2 季度法国首播收视率达 45%,位列同类动画片收视率首位,实现预售额 4 000 万元;上海视金石影视有限公司(SJS)制作了国内第一部原创 3D 动画电影《森林卫士》和 3D 动画片《超级青蛙战士》。

2008 年,随着国内首个国家级数字出版基地——上海张江国家数字出版基地的成立,浦东电子出版社、上海早道网络技术有限公司、上海薄荷信息科技有限公司、上海风格信息技术有限公司、上海风格软件有限公司等 15 家企业进驻张江高科技园区。7 月,盛大子公司盛大文学有限公司正式成立,突破了文学对传统图书出版的依赖,承担了收费阅读与附加产品链开发的任务。年底,盛大文学累计出版简版中文图书 1 100 万册。2009 年,盛大文学旗下三家网站日浏览量最高达 5 亿人次,占据国内原创文学市场份额的 80% 以上,日发布量超过 4 000 万字,拥有 30 万部以上的原创小说版权。

张江高科技园区拥有上海聚力传媒技术有限公司(PPLive)、酷 6、上海品视网络信息技术有限公司等数字视听企业。聚力传媒于 2008 年 4 月第一批获得国家广播电影电视总局颁发的《信息网络传播视听节目许可证》。聚力传媒 PPLive 用户超过 2 亿,与全球超过 300 家电视台内容合作商达成合作,提供大量的内容搜索记录和国内最全的体育赛事直播。PPLive 在 2008 年推出集视频直播、视频共享、图文资讯、互动娱乐于一体的 PPLive 体育社区,并携手中央卫视成功视频直播 2008 年北京奥运会。

由海外留学人员成立的上海派金信息科技有限公司,拥有国内领先的企业经营模拟仿真系统的研发技术。公司独立开发完成的《商道》在清华大学、上海交通大学等学校使用,全球 500 强企业如英国石油化工巨头 BP 集团、微软集团、宝钢集团等应用《商道》开展中高层管理干部培训。

2010 年,张江高科技园区文化科技创意企业机构申请专利 167 件,其中发明专利 71 件;获专利授权 47 件,其中发明专利 10 件;申请软件著作权 114 件,获软件著作权授权 61 件。

至 2010 年,园区累计入驻文化科技创意企业 150 家,80％以上是中小型自主创新企业。是年,盛大、网之易、第九城市、构盾广告、玄霆娱乐、盛越广告等 10 家企业经营收入超亿元。营业收入超千万元且增速 20％以上的企业 25 家。园区的盛大、PPTV、雅昌、城市动画等自主创新企业在中国创意产业年会、中国游戏产业年会、中国广告与品牌大会、美国印刷大奖等国内外企业评选中荣获十几项大奖。盛大、第九城市等园区领军企业通过跨国收购,形成"全球应对全球"战略布局;盛大的《龙之谷》、麦石的《鬼吹灯外传》、河马动画的《超蛙战士之初露锋芒》等一批创新产品成功登陆海外市场。

表 5 - 5 - 18　2005—2010 年张江高科技园区文化科技创意产业营业收入情况表　　单位:亿元

年　　份	营　业　收　入
2005 年	25
2006 年	30.1
2007 年	51.6
2008 年	66.4
2009 年	74.3
2010 年	93.1

资料来源:《张江高科技园区统计年报 2005—2010》

表 5 - 5 - 19　2010 年张江高科技园区文化科技创意产业所获奖项情况表

评 奖 机 构	奖　　项	获奖单位、产品或个人
光华龙腾奖中国创意产业年度大奖	2010 年度创意产业领军企业	盛大文学公司
	2010 创意产业领军人物	盛大文学公司首席执行官侯小强
中国游戏行业年会	11 类 19 项"金凤凰奖"	盛大及旗下公司
优秀游戏评选大赛	2010 年 6 项金翎奖	盛大公司
第八届中国广告与品牌大会	2010 年"金赢销"奖	PPTV
	2009 年中国广告数字创新营销大奖	

资料来源:《张江高科技园区产业发展报告 2010》

【光电子产业】

平板显示领域　2002 年 5 月 13 日,剑腾液晶显示(上海)有限公司在张江高科技园区成立,是中国大陆第一家生产薄膜晶体管液晶显示器关键零组件 CF 彩色滤光片的企业。2003 年,公司在张江开工。剑腾(一期)位于张江集成电路产业区,占地面积 2 万平方米,总投资 2970 万美元,用于建设 ITO(透明导电玻璃)和 DMDW(高密度波长分工器干涉滤波片)厂房。2006 年 4 月上海天马微电子有限公司成立,主要从事液晶显示器及相关产品的设计、制造、销售、技术咨询与服务。2006 年 8 月 5 日,上海天马 TFT-LCD 工厂奠基仪式在张江东区举行,设计产能为月加工 730 毫米×92 毫米 TFT-LCD 玻璃基板 3.0 万张。2008 年 3 月,上海天马 TFT-LCD4.5 代生产线建成投产,成为国内首条具有完全自主知识产权的 TFT-LCD4.5 代生产线。2008 年上海天马微电子有限公司推出的反射型显示 E-book 产品,克服传统 LCD 显示的缺点,在高亮度强光下显示清晰。

半导体照明领域 上海蓝光科技有限公司于 2000 年 4 月入驻张江高科技园区,是国内首家从事氮化镓基 LED 外延片、芯片研发和产业化生产的企业,主要产品有氮化镓基高亮度蓝、绿光外延片及芯片。2001 年 11 月,公司第一条生产线投入试生产,第一代产品上市。2002 年 2 月 27 日,通用电气(GE)中国研发中心 4.7 万平方米土地使用权转让合同在张江高科技园区签订,旗下包括照明集团的 GE(中国)的多个业务集团的研发机构。2003 年 1 月,上海蓝光科技有限公司完成氮化镓基紫外光 LED 的研制与开发。

光通信与光储存领域 2000 年,上海新汇时代光盘技术有限公司成立,其成果"新一代红光高清数字视盘及系统(NVD)"打破由国外控制 DVD 技术的局面,改变了中国在国际上代加工的合作地位。2001 年,863 上海光电子技术研究开发中心、上海博为光电科技有限公司成立,是国家高技术发展计划(863 计划)光电子主题上海成果产业化基地的重要组成部分,以 PON(无源光网络)产品为研发重点。2002 年,盛立亚(中国)光网络系统有限公司成立,是 EPON(以太网无源光网络)的创始者,开发了行业标准 IEEE EFM8.2.3ah。2003 年 3 月,环旭电子(上海)有限公司是台湾上市公司环隆电气投资 5 100 万美元投资成立的电子制造服务企业,以通讯、消费电子及汽车电子等高端电子产品 EMS、JOM、ODM 为主。2004 年,国家半导体照明工程产业化基地落户张江高科技园区。2006 年,上海新崛起光集成芯片科技有限公司成立,成功研制"中国光芯"粗波分复用器等用于光接入网、"三网合一"领域的系列光芯片。

半导体照明领域 张江高科技园区在国家半导体照明工程产业化基地的基础上,依托核心研发机构和龙头企业,形成以 LED 外延片研发、生产为特色的产业链。2007 年 7 月,上海蓝光科技有限公司在彩虹集团公司加盟后获得发展。是年,上海新颖半导体照明有限公司成立,致力于半导体照明芯片集成封装、大功率半导体城市照明、太阳能光伏与半导体照明系统等的开发和应用。2007 年,上海亮硕光电子科技有限公司成立,主要从事大功率 LED 封装、LED 应用照明、LED 显示屏、LED 景观照明及亮化工程、LED 背光源及特种 LCD 显示器等领域的技术和产品开发。2010 年,上海半导体照明工程技术研究中心和协会通过组织实施"半导体照明专项世博行动计划",推动 LED 技术在世博会中应用。

上海光电子技术研究开发中心在无源光网络(PON)领域加强研发力度,2010 年自主研发成功 SCOP623-BL 系列高灵敏度跨阻抗前置放大器芯片和 SCOP643-BL 系列高灵敏度的限辐放大器芯片。盛力亚作为以太网无源光网络(EPON)的创始者,在中国电信、中国网通、中国移动、中国联通、中国广电、长城宽带及二级驻地网运营商部署搭载了数十张成功的 EPON 商业网络。

【新能源与节能环保产业】

张江高科技园区新能源与节能环保产业从引进外资企业起步,集聚了一批国家新能源重点实验室和跨国企业研发中心，逐步形成以太阳能、新能源汽车、洁净煤技术、节能环保为重点的四大特色领域。

1994年，新加坡凯发集团全资子公司——凯能高科技工程（上海）有限公司成立，是园区第一家节能环保企业，其在膜分离技术的设备开发、研究与应用，工业液体分离、浓缩、海水淡化，水再生利用，废物和废水处理等领域处于国内领先地位。1997年7月，帕克环保技术（上海）有限公司成立，其从荷兰总部引进工艺技术，为中国客户提供废水处理、气体净化等方面的环境解决方案。是年11月，外商独资的上海绿环机械有限公司成立，主要开发、制造、销售城市固体废弃物环卫治理设备。

1998年6月，上海东振环保工程技术有限公司成立，通过消化移植国外先进技术，在工业废气处理、冶金行业冷轧废水处理、石油化工行业废水处理、电子及轻工行业废水处理以及工业循环水、污水处理回用等领域处于国内领先地位。

2002年，上海思博露生态能源科技有限公司成立，是园区第一家太阳能企业，攻克了平板式氮化硅薄膜PECVD沉积系统技术，改变了该领域被国外企业垄断的状况，并先后为福建泉州和广东中山客户提供非晶硅薄膜太阳电池生产线。2003年12月，神华煤制油研究中心有限公司成立，其以洁净煤转化能源领域的关键技术为研发重点，开发具有自主知识产权的核心技术，为神华集团煤制油煤化工产业发展提供技术支撑。

2007年9月，上海太阳能电池研究与发展中心成立，是中科院上海浦东科技园"资源与环境——洁净可再生能源技术应用"重点科技领域的组成部分。2008年，园区引进上海索西光电科技有限公司、英伟力新能源科技（上海）有限公司、纽升太阳能科技（上海）有限公司等太阳能企业。其中，上海索西光电科技有限公司是一家研究生产太阳能材料的高科技企业，率先在世界上提出冶金法提纯二段法原理；英伟力新能源科技（上海）有限公司是国内第一家自主开发光伏并网微逆变器的公司；纽升太阳能科技（上海）有限公司专注于柔性铜铟镓硒薄膜太阳能电池及组件的研发和生产。11月9日，"兖矿煤液化及煤化工国家重点实验室"揭牌，作为中国煤化工行业全国唯一一家国家重点实验室，采用洁净煤技术生产液体燃料和高附加值化学品，实现资源与能量的高效综合利用，减少污染物的排放。

2009年5月4日，杜邦（中国）光伏科技研发中心成立，通过建设微电路材料光伏实验室、光伏组建实验室和光伏可靠性实验室等三个功能实验室，成为对接全球薄膜太阳能技术的重要窗口，其在高效晶体硅光伏电池、薄膜光伏电池和光伏组件等方面具有技术优势和特色。是年，国内首家新能源产业孵化器——张江高科技园区新能源孵化器成立。

是年，益科博能源科技（上海）有限公司成立，其核心技术是自主发明的"模块定日阵"聚焦光热系统，此项专利对现有的"聚焦光热"技术进行重大改进，可实现太阳能系统的转换热能效率达80%。理想能源设备（上海）有限公司是一家集研究、开发、设计、生产和销售于一身的太阳能电池生产设备企业。上海林洋电子科技有限公司投资建设的新能源项目则能对电网的用电负荷起到削峰填谷的作用。

是年，国际研发机构和中科院进一步进入张江高科技园区清洁煤技术领域。通用电气（中国）研发中心拥有煤气化技术和气化整体联合循环发电两项核心技术。上海中科清洁能源技术发展中心是中科院上海分院和上海联和投资有限公司共同组建，主要从事洁净煤、生物质能、太阳能等清洁能源技术的集成和示范创新。上海碧科清洁能源技术有限公司是中科院与BP公司共同投资建立的合资企业，通过研究和开发先进的清洁煤高效转化技术，支持大型煤转化利用项目的实施。

是年,上海泰豪承担世博中心智能化总包工程,完成世博智能化系统的深化设计与施工。上海绿环机械有限公司研制 SGC 系列生活垃圾分拣流水线设备、微电脑控制的紧凑型生化处理与垃圾压缩一体机、带分类垃圾箱的流动型垃圾压缩机等固体废物综合治理设备,为世博会提供城市固体废弃物的减量化、无害化、资源化的综合治理设备。

2010 年,园区积极参与智能能源网示范项目的子课题研究,并被选作浦东智能能源网规划与实施的示范区。此外,园区积极发展新能源产业基金,将太阳能等节能环保增效项目列为重点投资领域,并成功投资益科博、超日太阳能等一批新能源企业。是年,益科博完成位于张江园区的"太阳能光热系统试验项目",光热转换效率达 79%。此外,益科博积极加强与海南省政府的合作,签约启动"三亚 1 兆瓦太阳能热发电项目"。

张江高科技园区以集聚国家重点实验室和跨国企业研发中心为先导,陆续引进林洋电子、行者集团、恒济能源等一些内地大型新能源企业,集聚了 30 余家具有系统知识产权的新能源与节能环保企业和机构,形成以太阳能、新能源汽车、洁净煤技术、节能环保为重点的四大特色领域。

太阳能领域。张江高科技园区形成以中科院上海太阳能电池研发中心为核心的技术集成创新和产业孵化平台,在薄膜光伏电池、光伏组件和高端设备等方面形成特色产业集群。其中,理想能源自主研发的等离子体增强型化学气相沉积设备(PECVD)下线,成为制造第二代高效非晶硅薄膜太阳能电池的关键设备,其自主开发的薄膜设备与进口设备相比,成本下降 50%,实现"中国创造"零的突破。理想能源赢得正泰集团的战略投资,成为国内唯一研制非晶微晶薄膜太阳能电池大型关键设备的领头羊。杜邦(中国)光伏科技研发中心作为光伏行业领先的材料和技术供应商,积极改善光伏组件的产品使用周期和发电效率,协助降低光伏发电的单位成本,并对关键产品的开发和产能扩大进行多项重大投资。林洋电子致力于太阳能光伏接入控制系统、流体储能钒电池、储能接入系统、有源滤波等研发与生产,其投资建设的新能源项目将对电网的用电负荷起到削峰填谷的作用。

新能源汽车领域。2010 年,奥威科技的"车用超级电容器"入选科学技术部首批"自主创新产品";位于浦东老港工业园的年产 350 万只超级电容器产业化基地正式启动建设;中兴派能被评为"国家火炬计划重点高新技术企业",是拥有自主知识产权与核心技术的磷酸亚铁锂电源系统解决方案提供商;恒劲动力是以燃料电池技术为核心的自主创新企业,开发的技术和产品通过国家级(工信部)的产品鉴定;联孚新能源作为一家集研发、生产、销售于一体的高新技术光伏企业,汽车太阳能应用技术的研制在业界处于领先水平;东科凯乔主要研究开发和生产与便携式燃料电池相适应的产氢材料及氢源系统。

洁净煤技术领域。园区清洁煤企业和研发机构集聚,成为中国清洁煤领域高端技术的重要集聚地。其中有总投资 2.18 亿元、占地 5 000 平方米的兖矿煤液化及煤化工国家重点实验室,由煤液化催化制研发、煤液化过程开发、煤化工催化剂与过程开发、基础理论研究、仪器与化学分析 5 个专科实验室和煤液化及煤化工中试研究基地构成,2010 年 12 月 24 日通过科学技术部验收,承担国家"863"计划课题 5 项,获得煤液化及煤化工技术专利 17 项。上海张江神华煤制油研究中心的煤直接液化、间接液化技术达到国际先进水平。通用电气(中国)研发中心在"清洁煤"气化联合循环发电技术(IGCC)方面拥有国际领先的运行经验。中科院清洁能源技术发展中心加速突破洁净煤技术,并推动技术集成、成果转化,成为在国内外有影响力的清洁能源技术集成和孵化中心。

节能环保领域。泰豪在智能节能领域,拥有设计、制造和安装节能型中央空调、静音型发电机组、安全型配电设备等楼宇智能化电气产品的综合实力,承担世博中心智能化总包,完成世博智能化系统的深化设计与施工。型与行作为国内最先开展智能空间控制系统研究的公司之一，为客户提供新一代完整的"Sunshine"智能控制系统升级产品。

三、重点企业

【上海罗氏制药有限公司】

罗氏集团是世界著名的制药和诊断领域企业，是生物技术公司之一。上海罗氏制药有限公司成立于1994年，致力于肿瘤学、病毒学、移植学等关键治疗领域。随着2004年底罗氏研发（中国）有限公司的成立和2007年罗氏药品开发中国中心的开幕，罗氏在华建成包含研究、开发、生产、营销等环节在内的完整的医药产业价值链。至2010年，上海罗氏制药有限公司上市的药物有15个，同时在分子诊断领域、聚合酶链式反应（PCR）技术方面的应用处于世界领先地位，以PCR技术为基础的罗氏产品使传染病的早期诊断以及对疾病的进程和疗效进行监测成为可能。

【微创医疗器械（上海）有限公司】

公司成立于1998年5月，是医疗器械开发商、制造商及营销商，主要专注于治疗血管疾病及病变的微创介入产品。微创医疗2004年推出的自主研发的药物洗脱支架产品Firebird，是中国人自己开发、拥有独立自主知识产权、填补国内空白的第一代含药缓释支架，打破了进口产品的垄断局面，促使中国市场上的同类进口产品降价一半之多。2009年获得SFDA批准正式上市的三个自主创新产品中，Firemagic TM 心脏射频消融导管彻底打破了国内电生理产品进口垄断局面；Hercules分叉型覆膜支架及输送系统使微创医疗成为世界上首家同时拥有一体式和分体式腹主动脉支架系统的公司。公司产品被国内1100多家医院使用。产品出口日本、欧美的20多个国家，亚太市场占有率达30%左右。

【上海华虹（集团）有限公司】

公司成立于1998年12月，以集成电路芯片设计制造为核心、以提供系统集成方案为目的，拥有完整的智能卡产品线，涵盖接触式和非接触式的芯片设计、测试、系统开发能力；建立技术能力覆盖HF/UHF/VHF的多频段RF射频研发团队，以及面向国内外EAL4+/5+认证的安全算法团队和联合实验室；申请200余项专利，荣获上海市知识产权示范企业称号；开发国内首块具有自主知识产权的非接触式IC卡芯片，应用于上海公交一卡通项目，并成为国家第二代居民身份证专用芯片模块生产供应商，2010年上海世博会电子门票芯片唯一供应商。2007年，公司研发出多款SIM卡芯片，国内外市场销量达2亿枚。

【上海盛大网络发展有限公司】

公司创立于1999年，总部位于上海张江高科技园区。盛大作为互动娱乐媒体企业，通过盛大游戏、盛大文学、盛大在线等主体和其他业务，向广大用户提供多元化的互动娱乐内容和服务。2001年，盛大依靠代理国外网络游戏起家，《传奇》创造了中国网络游戏产业的奇迹，推动盛大成长为中国网络游戏行业的领头羊。2004年5月13日，盛大在纳斯达克上市；2009年9月25日，盛大游戏在纳斯达克上市。2009年8月，美国《财富》公布2009全球增长最快的100家公司名单中，盛大综合排名位列全球第七；在娱乐行业排名上，盛大位列第二，是娱乐行业中排名最高的中国企业。

2010年,盛大旗下酷6传媒在美国纳斯达克开始交易。

【中芯国际集成电路制造(上海)有限公司】

公司成立于2000年,是中芯国际集成电路制造有限公司的全资子公司。中芯国际总部位于上海,是世界领先的集成电路晶圆代工企业之一,2010年全球晶圆代工厂商中其排名第四。中芯国际集成电路制造(上海)有限公司在上海建有一座300毫米芯片厂和一座200毫米芯片厂。2000年一期在上海张江高科技园区投资14.76亿美元,2002年追加投资到30亿美元,注册资本从5亿美元追加到10亿美元。2004年3月18日,中芯国际集成电路制造(上海)有限公司于香港联合交易所及纽约证交所同步上市。中芯国际向全球客户提供0.35微米到45纳米晶圆代工与技术服务等。2010年,中芯国际集成电路制造(上海)有限公司总销售额为15.4亿美元,其中中芯国际(上海)销售额为54.5亿元。

【上海普元信息技术有限责任公司】

公司成立于2001年,其产品在电信、金融、电子政务、电力、物流、制造、市政、城建等多个行业和领域的关键软件应用上得到验证。2004年12月,普元EOS荣获APICTA 2004亚太资讯及通讯科技大奖"特别提名奖";2006年6月,普元作为亚洲唯一的软件企业正式加入SCA国际标准组织,与IBM、BEA、Oracle等国际厂商一起制定面向构件国际标准;2008年1月,在中国计算机用户协会和中国互联网协会主办的"IT年度技术创新大会",普元SOA(面向服务的架构)解决方案荣获2007年度SOA解决方案最佳实践奖;2008年,在SOA中间件市场,普元以12%的市场占有率紧随IBM、甲骨文之后;2009年3月,普元发布全球首款商用SOA应用平台EOS 6和SOA流程平台BPS 6,掌握了SOA中间件的核心技术,成为中国软件企业在基础软件领域的一次突破。

【展讯通信(上海)有限公司】

公司成立于2001年4月,是一家由海外留学人员团队创建、专业从事移动通信手机芯片研制开发的集成电路设计企业,注册资金2010万美元,总部位于上海张江高科技园区,在北京、深圳、天津等地设有分支机构。2010年拥有员工870人,研发人员占75%,硕士研究生及以上学历人数占45%以上。2010年销售收入超过25亿元,比2009年增长3倍以上,名列上海集成电路设计企业第一位。

展讯公司在国内及美国和欧洲申请数百件发明专利,其中558件发明专利获受理。展讯积极参与3G TD-SCDMA国际、国家标准制定,参与制定5项3G PP国际标准,主持和起草16项CCSA行业标准和参与22项CCSA行业标准制定。展讯客户包括华为、联想、海信、中信等超过50家国内主流手机制造和设计公司,是国内第二大基带芯片供应商。技术创新方面,先后自主研发GSM/GPRS(2.5G)多媒体基带一体化手机核心芯片SC6600B、3G TD-SCDMA/GSM手机核心芯片SC8800D、AVS音视频解码系统级芯片SV6111等。2010年,展讯在全球GSM、GPRS、EDGE基带芯片出货量中世界排名第五。

【日月光封装测试(上海)有限公司】

日月光集团成立于1984年,是全球最大半导体封装、测试及材料厂。在全球封装测试代工产业中,拥有最完整的供应链系统。集团于2002年在张江高科技园区投资设厂,总投资超过3亿美元,并于 2008 年收购园区内的外商独资封装企业威宇,更名为日月光封装测试(上海)有限公司。公司是一家全球化半导体科技公司,与亚洲最大的 Chip Set 和 CPU 制造商 VIA(威盛)在晶片设计及封装设计方面建立起密切合作关系,并且为其提供配套服务。

【和记黄埔医药(上海)有限公司】

公司成立于 2002 年 9 月,是一家新药研发企业,逐步发展成中国新药研发领域的领军企业之一。公司的高级管理层均来自美国大型制药公司,和记黄埔医药主要研发为治疗癌症和自身免疫性疾病的创新药物,开发了一系列高质量的临床前和进入临床研究阶段的具有自主知识产权的创新药物。2009 年 10 月全球领先医药杂志《Scrip》宣布和记黄埔医药入围第五届 Scrip Awards 新兴市场最佳公司奖项,成为中国唯一入围该奖的新药研发公司。

【上海天马微电子有限公司】

公司成立于 2006 年 4 月,由深圳天马微电子股份有限公司(深交所 A 股上市公司)、上海张江(集团)有限公司、上海国有资产经营有限公司、上海工业投资(集团)有限公司共同出资成立,注册资本 10.3 亿元。公司主要从事液晶显示器及相关产品的设计、制造与销售,进行相关技术的研究开发等。公司项目一期投资 32.9 亿元,建设国内第一条 4.5 代 TFT - LCD 生产线,目标市场定位于 10.4 英寸以下全球中小尺寸显示市场,其液晶显示屏及模块产品主要应用于移动终端、车载显示、娱乐显示、工业仪表等。2008 年 3 月,公司 TFT - LCD 国内首条具有完全自主知识产权的 4.5 代生产线建成投产。2009 年,其手机屏市场占有率位列全球第七。2010 年受智能手机和平板电脑的热销拉动,上海天马实现营业收入 19.5 亿元,成为国内外大客户中小面板的主要供应商。全视角、半反半透、电子书、高 PPI、超薄等先进技术成品成功实现量产;X 射线探测器等高端医疗产品开始小批量出货;2010 年累计完成 44 款面板设计,新增专利 80 多项。2010 年 8 月,上海天马投资建设 4.5 代 AMOLED 中试线,月加工玻璃基板 1 000 张。第一款 LTPSLCD 产品各项性能指标均达标,技术开发完成,可以转入量产应用。

第五节　科　技　创　新

张江园区的创新主要体现在研发机构、创新人才、资金投入、创新环境和创新成果等创新要素上。2010 年,园区从业人员 17.35 万人,其中本科及以上学历从业人员占 60.1%;拥有国家级专家 215 人,省市级专家 227 人;归国留学人员 3 026 人,入选国家"千人计划"海外人才 21 人,占上海市 11.5%。园区科技活动经费 149.7 亿元,科研项目开发 12 163 项,科研项目完成 6 914 项;技术交易 1 014 项,占浦东新区 40%,技术合同成交额 57.53 亿元,占浦东新区 47.5%。园区经认定的各级研发机构 134 家,占浦东新区 34.1%,其中国家级 8 家。园区专利申请数 4 595 项,专利授权数 1 806 项;承担国家重大战略课题 216 项,其中"973"计划 17 项、"863"计划 129 项、科技支撑计划 35 项、国家自然科学基金 31 项、国际合作 4 项。

一、研发机构

1995 年张江高科技园区第一个研发机构——上海新药研究开发中心进驻,此后,生物医药、集成电路和软件产业研发机构纷纷入驻。2002—2009 年,园区经认定的各级研发机构由 15 家增加到 129 家。其中,国家级 8 家、省市级 18 家。2009 年,IC Insights 发布的"2009 Top 25 Fabless IC Suppliers"企业排名前 10 位中有 6 家(AMD、BROADCOM、NVIDIA、MARVELL、XILINX、ALTERA)在园区设立研发中心;福布斯全球制药企业和软件企业前 10 强中分别有 6 家(辉瑞、罗氏、诺华、葛兰素史克、阿斯利康、雅培)和 3 家(IBM、微软、SAP)在园区设立研发中心;中国软件企业百强中有 11 家在园区设立研发中心。

中国重要研究型高等院校集聚张江高科技园区,如北京大学浦东微电子研究院、清华大学上海微电子研究院、复旦大学微电子研究院和软件学院、上海交通大学信息安全工程学院、上海中医药大学、西安交大上海研究院、中国美术学院上海设计学院、上海电影艺术学院、上海张江创新学院、上海张江信息技术专修学院、中国科技大学研究发展中心(上海)。

表 5-5-20　1995—2010 年入驻张江高科技园区的主要研发机构情况表

入驻时间	研 发 机 构	简　　　介
1995 年	上海新药研究开发中心	园区第一个研发机构
1998 年	国家人类基因组南方研究中心	国家两大人类基因组研究中心之一
2000 年	超级计算机中心	2009 年超级计算机"魔方"投入使用
2002 年	GE 中国研发中心	GE 公司第三个全球级的研发中心
2003 年	上海药物所	园区第一个国家基础科学研究发展机构
2003 年	杜邦中国研发中心	杜邦在美国本土以外设立的第三大公司级综合性研发中心
2004 年	罗氏中国研发中心	罗氏全球第五大研发中心
2004 年	上海光源	中国最大的科学装置,世界上性能最好的第三代中能同步辐射光源之一
2006 年	罗门哈斯中国研发中心	罗门哈斯在全球的第二大研发机构
2006 年	诺华(中国)生物医学研究有限公司	诺华公司全球研发网络的第八个研发中心,也是跨国医药公司在中国最大的研发中心之一
2006 年	超威半导体(上海)有限公司	AMD 在美国本土以外最大研发中心
2007 年	葛兰素史克(上海)医药研发有限公司	专注于神经疾病领域的药物研究开发
2008 年	IBM 公司中国研究院	IBM 十年来成立的首个新研究院
2009 年	上海飞机设计研究院	承担 ARJ21 新支线飞机和 C919 大型客机的设计、试验、预研及关键技术攻关等任务

资料来源:1992—2010 年张江大事记

二、科技人才

2001—2010 年,园区从业人员和高学历人才数量逐年增加,年均增长率分别达 33.0% 和 38.9%。至 2010 年,园区从业人员达 17.35 万人,其中研究生以上学历达 3.14 万人。

表 5‑5‑21　2001—2010 年张江高科技园区从业人员情况表　　　　　　单位：人

年　份	从业人员	学　历				职　称	
		博　士	硕　士	大　学	大　专	高级职称	中级职称
2001 年	13 351	134	585	6 166		510	1 760
2002 年	24 500	412	1 791	12 538		906	3 224
2003 年	39 967	1 088	4 193	19 016		2 443	6 326
2004 年	59 437	1 476	7 205	26 710		3 536	6 942
2005 年	74 462	1 713	8 079	37 042		3 713	8 202
2006 年	92 542	2 173	11 714	32 416	14 897	4 088	9 274
2007 年	117 057	2 843	16 925	40 982	18 975	4 258	9 655
2008 年	125 584	3 390	19 437	47 424	20 659	4 761	10 375
2009 年	142 444	3 913	21 711	54 778	22 561	6 491	12 262
2010 年	173 478	4 288	27 082	72 862	27 894	6 895	11 426

资料来源：《浦东年鉴 2002》《上海市张江高科技园区统计年报 2002—2008》《张江高科技园区统计月报 2009/12、2010/12》

　　2006—2010 年，张江高科技园区国家级人才增长 1.7 倍，省市级人才增长 3.9 倍。人才国际化特征显现。2008 年张江高科技园区被授予全国首批"海外高层次人才创新创业基地"，2009、2010 年归国留学人员分别达到 2 444 人和 3 026 人。自 2008 年国家"千人计划"实施以后，2009 年园区有 12 人入选国家"千人计划"，至 2010 年园区有 21 人入选，占上海市的 11.5%。

表 5‑5‑22　2006—2010 年张江高科技园区高端专家人才情况表　　　　　　单位：人

年　份	国家级	其中：中科院院士	其中：中国工程院院士	其中：享受政府特殊津贴	省市级	其中：市科技功臣	其中：市科技精英	其中：市突出贡献专家协会会员
2006 年	124	13	7	75	58	4	11	10
2007 年	141	11	7	6	65	3	17	12
2008 年	154	16	6	105	74	5	26	9
2009 年	208	12	6	149	202	2	146	9
2010 年	215	11	7	152	227	3	163	8

资料来源：《张江高科技园区产业发展报告 2007—2008》《张江高科技园区统计月报 2009/12、2010/12》

三、经费投入

　　园区科研经费投入由 2002 年的 12.17 亿元增加到 2010 年的 149.7 亿元，年均增长率为 36.9%。

表 5‑5‑23　2002—2010 年张江高科技园区科研经费投入情况表

年　份	科研经费投入（亿元）	科研经费投入占经营总收入比重（%）
2002 年	12.17	2
2003 年	18.35	8.2

（续表）

年　　份	科研经费投入(亿元)	科研经费投入占经营总收入比重(%)
2004 年	32.27	9.5
2005 年	38.95	9.9
2006 年	43.65	8.2
2007 年	78.56	11.4
2008 年	98.19	11.6
2009 年	110.5	10.8
2010 年	149.7	9.6

资料来源:《上海市张江高科技园区统计年报 2002—2008》《张江高科技园区产业发展报告 2010》

四、创新成果

【知识产权】

2003 年,园区累计申请专利 2 478 项,累计授权专利 623 项。至 2010 年,累计申请专利 22 215 项,其中国际专利 3 314 项;累计授权专利 5 934 项,其中国际专利 629 项。2004 年至 2010 年,园区发明专利申请数由 755 项增加至 3 138 项,发明专利授权数由 45 项增加至 1 052 项。2010 年,园区发明专利申请数和授权数占比分别为 68.3% 和 58.3%。

表 5 - 5 - 24　2004—2010 年张江高科技园区专利数量一览表　　　　　　　单位:项

时　　间	专利申请	发明专利申请	实用新型专利申请	外观设计专利申请	专利授权	发明专利授权	实用新型专利授权	外观设计专利授权
2004 年	817	755	47	15	177	45	30	102
2005 年	1 269	1 104	121	44	357	266	66	25
2006 年	2 257	2 050	158	49	582	451	84	47
2007 年	3 548	3 137	217	194	634	437	129	68
2008 年	5 091	4 646	324	121	1 013	828	152	33
2009 年	3 387	2 835	436	116	919	680	177	53
2010 年	4 595	3 138	1 112	345	1 806	1 052	576	178

资料来源:《上海市张江高科技园区统计年报 2004—2008》《张江高科技园区统计月报 2009/12、2010/12》

【科技奖励】

2005 年,科学技术部征集的"百个第一"中,园区有 18 家企业的 20 个产品申报,其中 6 个申报世界第一,包括展讯 TD - SCAMA 手机核心芯片、上海全景 DSG 多媒体终端、上海绿谷抗癌药物双灵固本散、曦龙生物 APA - BCCS 长效镇痛微囊产业化工程和博达兼容 IPV6 高端路由交换设备;14 个申报国家第一,包括鼎芯射频电路收发芯片、中芯国际微米逻辑芯片、盛大网络游戏运营、微创医疗含药缓释血管支架和上海光源第三代同步辐射光源装置等。

2006 年度国家科学技术奖励,展讯"芯片 GSM/GPRS 手机核心芯片关键技术的研制和开发"项目获国家科技进步一等奖。2007 年度国家科学技术奖励,园区获 10 项奖励,占浦东新区 77%,占上海市 18.5%。2008 年度国家科学技术奖励,华虹参与完成的"第二代居民身份证"项目获国家科技进步一等奖;中芯国际参与完成的"90 纳米至 65 纳米极大规模集成电路大生产关键技术"项目获国家科技进步二等奖。2009 年度国家科学技术奖励,上海药物研究所完成的"拓扑异构酶 II 新型抑制剂沙尔威辛的抗肿瘤分子机制"获国家自然科学二等奖。是年,展讯、奥威科技、中微和微创医疗等企业的自主创新成果被科学技术部授予"国家自主创新产品"证书。

2010 年,和记黄埔、德明通讯、冠昊生物入选"德勤高科技、高成长中国 50 强",迈德医疗、杰隆生物、桑锐入选"创业邦 100",展讯董事长兼 CEO 李立游获"2010CCTV 中国经济年度人物提名奖",微创医疗、吉尔生化获首届中国留学人才归国创业腾飞奖。

表 5-5-25　2003—2010 年张江高科技园区企业和个人获奖一览表

时　间	获奖单位和个人	获 奖 等 级
2003 年	中科院上海药物研究所、国家新药筛选中心	科技进步二等奖
2004 年	上海宝信软件股份有限公司	科技进步二等奖
	上海思爱高科技开发有限公司	科技进步二等奖
2005 年	上海银晨智能识别科技有限公司	科技进步二等奖
2006 年	展讯通信(上海)有限公司	科技进步一等奖
	微创医疗器械(上海)有限公司	科技进步二等奖
	上海超级计算中心	科技进步二等奖
	上海宝信软件股份有限公司	科技进步二等奖
	上海飞田通信技术有限公司	科技进步二等奖
2007 年	郭亚军、蒋华良、王升跃、黄薇	自然科学二等奖
	上海中信国健药业有限公司	技术发明二等奖
	上海中医药大学	科技进步二等奖
	国家人类基因组南方研究中心	科技进步二等奖
	上海来益生物药物研究开发中心	科技进步二等奖
	上海超级计算中心	科技进步二等奖
2008 年	上海奇普科技有限公司	科技进步二等奖
	中芯国际集成电路制造(上海)有限公司	科技进步二等奖
2009 年	中科院上海药物研究所	科技进步二等奖
	上海中医药大学	科技进步二等奖
	中国商用飞机上海飞机设计研究院	科技进步二等奖
	上海中药创新研究中心	自然科学二等奖
2010 年	和记黄埔医药(上海)有限公司、德明通讯(上海)有限公司、冠昊生物科技(上海)有限公司	德勤高科技、高成长中国 50 强

（续表）

时　间	获奖单位和个人	获奖等级
2010 年	迈德医疗科技(上海)有限公司、上海杰隆生物工程股份有限公司、上海桑锐电子科技有限公司	创业邦 100
	展讯通信(上海)有限公司、上海华虹集成电路有限责任公司	十年中国芯领军设计企业奖
	微创医疗器械(上海)有限公司、吉尔生化(上海)有限公司	首届中国留学人才归国创业腾飞奖
	李立游	CCTV 中国经济年度人物提名奖

资料来源:《张江高科技园区产业发展报告 2006—2009》《张江高科技园区发展月报 2010/12》

五、服务平台

张江园区自开发建设至 2010 年,形成孵化服务、投融资服务、公共技术服务、人才服务、基础配套的创新创业服务体系。园区经认定的孵化器 21 家,专业技术服务平台 69 家,推出易贷通、小额贷款和个人本外币兑换等金融产品和服务。

【孵化服务】

1993 年,张江高科技园区注册成立张江高新技术生产力促进中心,其是园区孵化器的雏形。1995 年初,张江高科技园区科技孵化基地建成,建筑面积 1.2 万平方米,为一批高新技术企业研发、中试和经营提供物理空间。是年,孵化基地共有 8 家企业进驻,2 家高校科技企业在基地开设窗口。

自 1995 年 1 月 10 日建立孵化基地以后,张江高科技园区至 2010 年形成"苗圃＋孵化器＋加速器"三位一体的孵化服务体系。

1996 年,15 家科技型企业与科技孵化基地签订协议,其中 4 家进驻孵化。至 1997 年,科技孵化基地累计签约科技孵化项目 44 个,累计进驻企业 13 家,涉及信息、生物医学、环境保护等技术领域,年产值达 4 000 万元。1998 年,孵化场地面积扩展至 2.2 万平方米,累计进驻企业 17 家,主导产业为生物医学和信息技术。

2000 年,科技孵化基地突出创新创业功能,建设多模式、多类型的孵化器,入孵企业数量增多。5 月 1 日,园区成立上海第一家专业技术孵化机构——国家互联网创业中心。是年,张江高科技园区引进各类孵化企业 80 家,累计引进企业 142 家。复旦张江生物医药有限公司经过四年的孵化,资产规模从 500 万元发展到 3 亿元,增长了 60 倍。2001 年,孵化企业不断进入园区。注册各类中小企业 1 352 家,其中入驻 323 家,归国留学生创办的企业 175 家。2002 年,创新孵化范围包括张江科技创业基地、海外创新园、火炬创新园、SOHO 楼、IT 产业楼和高校科技产业园等,面积 22 万平方米,在建孵化器面积 33 万平方米,在孵企业 280 家。

2004 年,近 200 家企业达"毕业"标准。留美博士常兆华创建的微创医疗器械公司研制出的高端医疗器械进入日本、欧洲、南美等临床应用。留澳博士周明东创建的泽生科技开发有限公司经 3 年研究开发,获国家药监局下达的临床批文。上海盛大网络发展有限公司创办 5 年,于 5 月在美国纳斯达克成功上市。展讯研发的首个"中国芯"实现商业化生产,2004 年销售万片,收入 2 亿元。

至 2006 年,园区内孵化器经张江高科技创业中心认定 9 家,孵化面积近 5 万平方米,在孵企业 200 多家,累计毕业企业 114 家。2007 年,园区孵化器从"低端物业服务型"向"高端专业增值服务型"转型,逐步实现综合孵化、专业孵化、多元孵化,基本形成由政府和企业共同搭建和运作的多元化、多功能的孵化协作网络和增值服务平台。至 2007 年,园区有各类孵化器 11 家,孵化面积 34 万平方米,在孵企业 413 家,有 200 家企业达到毕业标准。2008 年 8 月 29 日,张江孵化器管理中心开业,标志着张江高科技园区企业成长"全线"孵化模式的运行。

2008 年 11 月 12 日,张江高科技园区管委会颁布《关于推进园区孵化器建设实施办法》,为园区孵化器发展提供政策支持,推进园区孵化器建设。是年,根据张江园区孵化器考核指标体系,张江创业服务中心认定 17 家专业孵化器。张江孵化器在孵企业数达 548 家,新入孵企业 143 家,毕业企业 33 家。

2009 年,张江孵化器管理中心新建的"孵化器服务平台"整合 80 多家服务机构,为 616 家企业提供贴身、专业的增值服务,形成专业孵化、自由孵化、高端孵化等多层次孵化体系。孵化器管理中心孵化出众多优秀企业,其中深迪成功研发出第一款具有中国自主知识产权的商用 MEMS 陀螺仪;上海锐合通信技术有限公司与强国科技推出国内首款维文 TD 通信模块;天硕从事上网本贴牌生产,研发能力位于国内前三。园区积极推进跨国孵化合作,形成张江—麻省技术中心、德国中心以及芬华创新中心三个跨国合作孵化平台。

2010 年,张江高科技园形成苗圃、孵化器、加速器三位一体的全程孵化服务。8 月 25 日,张江 7 000 平方米的加速器启动,8 家孵化器毕业企业正式入驻。

【投融资服务】

20 世纪末,园区只有一家专业风险投资公司——由张江公司和新区经贸局合资成立的浦东创业投资公司。2000 年,园区吸引 38 家投融资服务机构,其中内资 15 家,吸引资金 5.5 亿元;私营 16 家,吸引资金 2.72 亿元;外资投资咨询公司 7 家,注册资金 677.2 亿美元。自 2003 年以后,一批创业企业得到国家、上海市和浦东新区等各级基金资助。2003—2008 年,张江高科技园区投融资机构数量由 54 家增加到 127 家。

针对园区高科技企业特点,创新投融资渠道,推出易贷通、小额贷款、个人本外币兑换试点等金融工具,化解企业融资难题。2008 年 6 月 25 日,张江集团联合上海市住房置业担保有限公司、交通银行上海分行推出以集聚合作平台资金池为基础的"张江易贷通",重点关注高科技企业经营状况及成长性,配套解决企业超短期的流动资金融资问题。至 2008 年,累计授信金额达 6 000 万元。至 2009 年,张江企业易贷通平台成员达 150 家,授信或放贷 31 家,授信或放贷额 1.1 亿元。

2008 年 10 月,张江集团公司、张江高科公司等股东共同投资 1 亿元设立上海浦东新区张江小额贷款股份有限公司。自 2008 年底设立以后,累计发放贷款 6.57 亿元,受惠企业 230 家;2010 年又完成增资 2.3 亿元,注册资本达 3.3 亿元,成为上海市规模最大的小额贷款公司。

表 5 - 5 - 26　2003—2008 年张江高科技园区创业企业获各级基金资助情况表

年　份	国家科技型中小型企业技术创新基金资助		上海市科技型中小企业技术创新基金资助		上海市浦东新区科技专项资金资助	
	项目数(个)	金额(万元)	项目数(个)	金额(万元)	项目数(个)	金额(万元)
2003 年	11	555	11	250	30	732
2004 年	23	1 500	8	197	44	848

（续表）

年 份	国家科技型中小型企业技术创新基金资助		上海市科技型中小企业技术创新基金资助		上海市浦东新区科技专项资金资助	
	项目数(个)	金额(万元)	项目数(个)	金额(万元)	项目数(个)	金额(万元)
2005 年	18	1 195	19	215	42	1 100
2006 年	31	1 590	61	790	82	1 420
2007 年	56	3 823	113	1 815	138	1 180
2008 年	4	400	14	290	14	280

资料来源:《上海市张江高科技园区统计年报 2003—2008》

表 5‑5‑27　2009 年张江高科技园区专业化投融资体系情况表

政府引导基金	张江园区基金	社会风险投资
1. 浦东新区创业风险投资引导基金 2. 张江集团 25 亿母基金 3. 张江生物医药产业化促进基金 4. 华人文化产业基金	1. 张江科投 2. 张江高科 3. 浩成创投 4. 汉世纪 5. 磐石葆霖基金 6. 上海金融投资基金 7. 华人文化产业投资基金 8. 东方惠金	1. 红杉资本 2. 美林 3. 德丰杰龙脉 4. 橡子园创业投资 5. 上海时代创业 6. 上海威星投资 7. 曼都创业投资 8. 扬子江投资 9. 浙大网新德维创业投资 10. 汉高(中国)投资

资料来源:《张江高科技园区产业发展报告 2010》

【公共服务平台】

2007 年 4 月 2 日,浦东新区政府颁布《浦东新区科技公共服务平台建设和管理暂行办法》。2008 年,张江高科技园区有 42 个公共服务平台,服务单位 2 592 家,服务次数 105 514 次,服务收入 17 694 万元。至 2009 年,建立 63 家各类专业平台,其中经浦东新区认定的公共服务平台有 29 家。至 2010 年,张江高科技园区建立 69 家各类专业平台(其中生物医药 39 家、集成电路 8 家、软件和信息服务 7 家、文化科技创意 6 家、光电子 3 家、现代农业 1 家、新材料 2 家、精密机械 1 家、其他 2 家)。

表 5‑5‑28　2010 年张江高科技园区专业服务平台情况表

平 台 名 称	平 台 单 位	所属产业
芯片测试公共服务平台	上海华岭集成电路技术有限公司	集成电路
复旦大学微电子研究院	复旦大学	集成电路
国家软件与集成电路公共服务平台上海分中心	上海北京大学微电子研究院	集成电路
集成电路设计公共服务平台	上海集成电路技术与产业促进中心	集成电路
上海浦东微电子封装与系统集成公共服务平台	上海北京大学微电子研究院	集成电路

（续表一）

平　台　名　称	平　台　单　位	所属产业
集成电路创新服务平台	上海张江集成电路产业区开发有限公司	集成电路
铜工艺集成电路公共服务平台	上海集成电路研发中心有限公司	集成电路
上海硅知识产权交易中心	上海硅知识产权交易中心（SSIPEX）	集成电路
模式生物技术公共服务平台	上海南方模式生物研究中心	生物医药
药物制剂技术服务平台	上海现代药物制剂工程研究中心有限公司	生物医药
张江生物医药公共服务平台二期	上海张江生物医药基地开发有限公司	生物医药
非人灵长类动物实验研究技术服务平台	美迪西普亚医药科技（上海）有限公司	生物医药
高通量 DNA 测序实验室平台 ABI SOLiD 示范实验室	上海生物芯片有限公司/生物芯片上海国家工程研究中心、国家人类基因组南方研究中心与美国应用生物系统公司（ABI）共同建立	生物医药
基于蛋白质晶体学的药物发现与筛选平台	上海美迪西生物医药有限公司	生物医药
抗体药物质量检测技术平台	中信国健药业有限公司	生物医药
南方基因组（南方）研究中心	国家人类基因组（南方）研究中心	生物医药
浦东分析测试公共服务平台	上海市计量测试技术研究院	生物医药
浦东新区动物实验和药物安全评价公共服务平台	上海中医药大学	生物医药
上海浦东药学工艺研究科技公共服务平台	上海药谷药业有限公司	生物医药
上海浦东医学检测科技公共服务平台	上海达安医学检测中心有限公司	生物医药
上海生物医学工程中心	上海生物医学工程研究中心	生物医药
上海实验动物资源中心	上海西普尔-必凯实验动物有限公司	生物医药
上海市针灸经络研究中心	上海市针灸经络研究中心	生物医药
上海张江医疗器械公共服务平台	上海张江东区高科技联合发展有限公司	生物医药
上海中药标准化研究中心	上海中药标准化研究中心	生物医药
生物检测技术服务平台	上海基康生物技术有限公司	生物医药
生物芯片上海国家工程研究中心	上海生物芯片有限公司	生物医药
新药安全评价服务平台	国家上海新药安全评价研究中心	生物医药
新药筛选技术服务平台	国家新药筛选中心	生物医药
药物代谢研究技术平台	上海药物代谢研究中心	生物医药
张江药谷公共服务平台	上海药谷公共服务平台有限公司	生物医药
中药研发公共服务平台	上海中药创新研究中心	生物医药
上海市生物医药行业科技情报服务网	中科院上海药物研究所	生物医药
张江生物医药信息检索平台	张江生物医药职业技能培训中心	生物医药
浦东生物医药仪器设备共享网络	浦东生物医药协会	生物医药
VC－CRO－IP 新药孵化平台	上海张江生物医药基地开发有限公司	生物医药

（续表二）

平 台 名 称	平 台 单 位	所属产业
危化品仓储中心	上海张江生物医药基地开发有限公司	生物医药
医疗器械产业配套工程	上海张江东区高科技联合发展有限公司	生物医药
cGMP生物中试服务平台	上海张江生物医药基地开发有限公司	生物医药
宝藤生物临床检验中心	上海宝藤生物医药科技有限公司	生物医药
契约模式共享的化学中试服务平台	上海张江生物医药基地开发有限公司	生物医药
上海抗体药物国家工程研究中心	抗体药物国家工程研究中心	生物医药
生物工程制药中试服务平台	上海乔源生物制药有限公司	生物医药
新药临床试验平台	上海中医药大学附属曙光医院	生物医药
中药制药研发孵化技术服务平台	上海中药制药技术有限公司	生物医药
面向构件的公共技术服务平台	上海普元信息技术有限公司	软件和信息服务
浦东软件技术增值服务平台	浦东软件技术服务平台有限公司	软件和信息服务
上海超级计算中心	上海超级计算中心	软件和信息服务
协同办公公共服务平台	上海互联网软件有限公司	软件和信息服务
信息安全公共服务平台	上海交通大学信息安全工程学院	软件和信息服务
软件与信息服务外包公共支撑平台	上海浦东软件园股份有限公司	软件和信息服务
上海动漫研发公共服务平台	上海张江动漫科技有限公司	文化科技创意
上海张江文化创意产业公共信息服务平台	上海张江文化控股有限公司	文化科技创意
上海动漫博物馆	上海张江文化控股有限公司	文化科技创意
上海光源	中科院上海应用物理研究所	光电子
浦东光电子仪器设备共享网络	浦东光电子行业协会	光电子
半导体照明公共服务平台	上海半导体照明工程技术研究中心	光电子
农产品检验检测平台	上海孙桥现代农业联合发展有限公司	现代农业
上海高分子材料研究开发中心	上海高分子材料研究开发中心	新材料
太阳能电池研究中心	中科院太阳能电池研究与发展中心	新材料
数控智能组合夹具技术服务平台	上海汇大机械制造有限公司与北京蓝芯特公司合作	精密机械
产业集成服务平台	上海八六三信息安全产业基地有限公司	其他
浦东知识产权公共服务平台	上海浦东知识产权中心	其他
中科院新药研发平台	中科院上海药物研究所	生物医药
上海药物所数据集成信息平台	中科院上海药物研究所	生物医药
"汇智在线"云服务平台	上海浦东软件园股份有限公司	软件和信息服务
张江动漫谷公共服务技术支撑平台	上海张江动漫科技有限公司	文化科技创意
上海版权服务中心	上海市版权局	文化科技创意
上海版权纠纷调解中心	上海市版权局	文化科技创意

　　资料来源：《张江高科技园区产业发展报告2010》

【人才服务】

2000 年,市政府公布《上海市促进张江高科技园区发展的若干规定》,规定简化园区内企业因公出国、出境的审批手续。2001 年,市政府再次公布《上海市促进张江高科技园区发展的若干规定》(修正),增加鼓励国内外专业人才到园区内企业从事科研项目开发和成果转化工作的内容。张江高科技园区管理委员会发布《上海市张江高科技园区博士后科研工作站暂行管理办法》,该办法保证张江博士后科研工作顺利、规范、有序开展,加强流动站与张江高科技园区企业的合作。

张江于 2000 年开始建设人才公寓。2006 年 7 月 13 日,上海市张江高科技园区人才公寓租赁服务中心成立。2007 年,人才公寓总建筑面积约 18 万平方米,共计 2 760 余套,入住人数近 1 万人。至 2010 年,园区人才公寓有 8 处,共计 3 168 套,可容纳 1.3 万人,形成覆盖各主要产业区域、与区域产业发展同步拓展的规模化人才公寓供给格局。

2003 年 9 月 19 日,上海市张江高科技园区博士后科研站、中芯国际、宏力半导体、威宇、上海奇码数字信息有限公司分站揭牌暨博士后招生签约仪式举行,是国家人事部批准的上海市第一个设立在高科技园区内服务于科技企业的博士后工作站。至 2010 年,张江高科技园区共有 18 个博士后科研工作站、分站。

2005 年 6 月 29 日,上海市公安局颁布《关于支持张江高科技园区发展的六条措施》。2006 年 6 月 26 日,张江高科技园区发布《张江区域人才公寓租赁管理暂行办法》,缓解了张江高科技园区人才居住难问题。是年,张江园区公布《关于进一步推进张江高科技园区自主创新的实施意见》,规定凡符合条件的留学人员企业,经审核批准,可一次性获得 10 万元专项资金资助,专项用于购买设备、仪器和技术研发。

2006 年,上海张江创新学院诞生,是上海张江(集团)有限公司负责承办的一个大学学历后高层次职业培训机构,2008 年完成约 1.5 万人次培训,2009 年培训人数达 2.7 万人次,累计客户数量达 945 个,其中包括惠普、微软、高知特等一批知名跨国企业。是年,经商务部"千百十工程"认定,张江创新学院成为国家级服务外包培训基地,同时也被上海市认定为首批"上海市服务外包人才培训基地"。2010 年,张江创新学院联合张江孵化器企业海同科技,建立嵌入式实训基地。

2007 年 4 月 6 日,张江高科技园区发布《上海市张江高科技园区研究生联合培养基地资助及奖励办法(试行)》《上海市张江高科技园区研究生联合培养基地暂行管理办法》,进一步完善园区创新创业人才的激励机制。7 月 16 日,张江高科技园区发布《上海市张江高科技园区激励自主创新人才发展的暂行办法及实施细则》,其中规定:年收入 20 万以上者,工资薪金和劳务所得形成功能区域地方财力部分给予 100%补贴,且"十一五"期间每人补贴总额不超过 100 万元。对上述人员个人所得中来源于其所在企业的股权、期权、知识产权成果所得形成功能区域地方财力部分的每年给予50%补贴,且"十一五"期间每人补贴总额不超过 100 万元。

2008 年 12 月 28 日,中共中央组织部在北京召开海外高层次人才引进工作会议,并公布国家首批 20 家"海外高层次人才创新创业基地",张江高科技园区是 5 个入选的高新园区之一。是年,张江高科技园区启动"张江小千人计划",重点引进集成电路、生物医药、软件、新能源、新材料等高科技产业领域内拥有国际先进技术成果,具有国际视野、丰富商业运作经验的国际化创新创业人才及团队,计划每年引进 200 名,五年共计 1 000 名。至 2009 年,张江高科技园区有三批共 12 人获中组部认可,作为创业型人才入选国家"千人计划"。针对企业急需的满足条件的高科技人才,有侧重地支持张江高科技园区高科技人才的"居住证转户籍",同时适当放宽有关限制,以推进"居住证转户籍"制度落实。至 2010 年,园区共有 21 人入选国家五批"千人计划"。

第六章　上海陆家嘴金融贸易区

1990 年 9 月,国务院批准建立中国唯一的以金融贸易为核心产业的陆家嘴金融贸易区。陆家嘴位于浦东新区西北端的黄浦江和上海内环线(东至罗山路、南为龙阳路)合围之中,规划面积 31.78 平方公里。

陆家嘴金融贸易区建立时,其地域分属川沙县、黄浦区、南市区、杨浦区的行政管辖范围内,是上海市区与郊区的结合部地区,常住人口约 45 万人,人口密度每平方公里 1.4 万人。陆家嘴的城市化地区是市中心向黄浦江东岸的延伸部分,由于相隔黄浦江,与市中心的交通联系主要依靠渡船。20 世纪 70 年代和 80 年代,陆家嘴成为上海市中心人口和产业转移的地区之一。除以造船、轻纺工业为主的第二产业,以码头运输业为主的第三产业外,便是以种植业为主的川沙县的农副业,第二、第三产业主要分布在沿黄浦江一带。

陆家嘴金融贸易区的开发是旧城区改造和建设国际金融中心核心区的过程。开发伊始,陆家嘴金融贸易区分别制订陆家嘴中心区(俗称小陆家嘴)、新上海商业城(张杨商业中心)、竹园商贸区、花木行政文化中心区、龙阳综合区等规划。在陆家嘴中心区的规划方案体现出 21 世纪外向型、多功能、现代化的城市建设理念,并在以后的开发建设中得到较好实施。2010 年陆家嘴中心区、新上海商业城、竹园商贸区、花木行政文化区等区域的形态开发基本完成,成为陆家嘴开发建设成果的见证。

陆家嘴金融贸易区开发初期,在“浦东开发,基础设施建设先行、金融贸易先行、高新技术产业先行”的战略方针指导下,四大国有银行和一批商业银行先于其他投资者在开发区成立分行机构,从而为浦东的基础设施建设和产业转型提供了资金条件,保证了现代城市发展的重大基础设施工程和各类商办楼宇的顺利动工兴建。1990—2010 年,陆家嘴金融贸易区全社会固定资产投入 2 834.71 亿元,先后建成东方明珠广播电视塔、金茂大厦、上海环球金融中心、上海科技馆、东方艺术中心等各类楼宇馆所 197 幢,面积 1 158.70 万平方米;建成跨越黄浦江 5 条车辆隧道、1 条黄浦江人行观光隧道、2 座桥梁和上海内环线(浦东段)、世纪大道、滨江大道,以及世纪公园、陆家嘴中心绿地,加之各项政策支持,陆家嘴成为上海中心城区的核心部分、上海建设国际金融中心的核心区、上海最具现代化气息的新城区。

在招商引资中,面向全国、全球,提出打两张牌,即打“国际牌”“中华牌”的招商引资策略,争取国内外资金和投资者共同参与开发。陆家嘴金融中心区成为境外资本投资亚太的主要区域。中外投资者在此建造或购买了一批金融大楼,入驻一批以金融业为主的跨国公司企业(总部或地区总部)。竹园商贸区成为国内各省市和国家各部委机构企业参与浦东开发的聚集地,先后建设了一批“省部级”大楼。

陆家嘴金融贸易区作为实施国家战略的重要区域之一,其开发建设得到国家、市政府和浦东新区政府制订的各类政策措施支持,先后制订和颁布《允许外资银行在浦东率先试点经营人民币业务》《支持要素市场东迁浦东》《允许外贸企业在浦东设立子公司》和《建设金融中心核心区的若干意见》等一系列政策与措施,支持国内外金融、贸易和服务类企业集聚陆家嘴,从而形成以金融、商贸服务、会展旅游为主的现代新兴产业、以证券和商品期货为核心的国家级要素市场。

2010 年末,陆家嘴金融业增加值 657.77 亿元,税收总额 344.37 亿元;引进跨国公司地区总部 65 个,中外资金融机构 592 家,其中外资金融机构 181 家。花旗银行、汇丰银行、三菱东京日联银行、东亚银行、渣打银行、恒生银行等在此设立 18 家外资法人银行,中资金融机构 411 家,其中中国人民银行上海总部、交通银行总行、太平洋保险总公司、天安保险公司、上海证券交易所、上海期货交易所、中国银行业监督委员会上海监管局、中国证券监督委员会上海监管局、中国保险监督委员会上海监管局等机构入驻陆家嘴,陆家嘴成为中国乃至亚洲金融机构入驻最为密集的地区之一。

第一节　开发区创建

1986 年 7 月 22 日,中共上海市委、市政府上报中共中央、国务院的《上海市城市总体规划方案》(以下简称《总体规划》)中,把陆家嘴作为一个重要的分区列入其中:"陆家嘴分区,结合仓库、码头调整和工厂、住宅改建,扩大绿地,建设新建筑,形成滨江(黄浦江东岸)新貌;完善浦东、浦西过江交通,提高现有轮渡通过能力,增加新的轮渡站线,增建过江隧道和桥梁。"同年 10 月 13 日,国务院在批复《总体规划》中指出:"要尽快建造黄浦江大桥及越江隧道等工程,在浦东发展金融、贸易、科技、文教和商业服务设施,建设新居住区,使浦东地区成为现代化新区。"

1990 年 9 月,国务院批准建立中国唯一的以金融贸易为核心产业的陆家嘴金融贸易区。

第二节　管理机制

陆家嘴开发走的是企业主导开发区体制之路,由政府宏观调控,由开发公司全面担纲产业化开发的企业主导型模式。1990 年 9 月,负责陆家嘴金融贸易区开发建设的陆家嘴金融贸易区开发公司成立。1997 年 7 月,陆家嘴金融贸易区开发公司被市政府确定为全市重点扶持的 54 家大型企业集团之一,并更名为上海陆家嘴(集团)有限公司。同年 2 月,陆家嘴金融贸易区城市管理委员会办公室成立,负责陆家嘴金融中心区的城市管理和综合协调事务。2004 年 10 月,中共陆家嘴功能区域工作党委、陆家嘴功能区域管理委员会成立,作为浦东新区政府派出机构,负责陆家嘴区域内的日常开发建设与管理事务。2005 年 7 月,陆家嘴城市管理委员会办公室与陆家嘴城市管理署合并(办署合一,分挂办公室与管理署两块牌子),行使陆家嘴区域内市政、绿化、环卫作业养护和设施管理,以及行业指导服务、行政许可、行政行为审核等城市综合管理职能。2010 年末,陆家嘴功能区域管理委员会职能调整,更名为陆家嘴金融贸易区管理委员会(筹)。

一、开发管理机构

【上海陆家嘴(集团)有限公司】

1990 年 9 月 11 日,上海市陆家嘴金融贸易区开发公司(以下简称陆开发)在浦东南路 211 号由由大厦挂牌成立,注册资金 1 亿元,受市政府委托,主要负责陆家嘴区域内成片土地开发、综合经营和协调管理(2004 年 10 月后,协调管理职能转移至陆家嘴功能区域管理委员会),具体负责陆家嘴金融中心区、竹园商贸区、龙阳综合区、杨东小区、塘东总部区、世纪大道两侧、陆家嘴软件园、巴士地块的开发建设。上海浦东土地控股公司并入陆开发后,开发区域扩展至花木行政文化中心区、上海新国际展览博览中心区,之后又纳入上海船厂区域,共计面积约 5.40 平方公里。

1991年10月28日,陆开发与中国人民保险公司、中国人民保险公司上海市分公司、香港泽鸿发展有限公司和上海实业集团有限公司合资成立上海陆家嘴金融贸易区联合发展有限公司,注册资本9800万美元,成片开发区内69.56公顷土地。是年,陆开发与上海市投资信托公司、中国人民建设银行上海市信托投资公司、中国房地产开发总公司上海公司共同组建上海众城实业股份有限公司,发行股票6180万元。1992年7月18日,陆开发与正大集团所属泰国富泰(上海)有限公司合资成立上海富都世界发展有限公司,注册资本3000万美元,第一期成片开发陆家嘴沿江地区15公顷土地。1992年8月30日,陆开发与上海市投资信托公司作为共同发起人,成立上海市陆家嘴金融贸易区开发股份有限公司(以下简称陆股份),负责成片开发陆家嘴区域内1.51平方公里土地。陆股份注册资本7.15亿元,其中向社会个人发行A股1500万元,发行价每股28元,1993年6月28日,在上海证券交易所上市。1994年11月22日,陆股份2亿股特种股票(B股)在上海证券交易所发行上市。在此基础上,陆开发组建各具专业特长的子公司,统一指挥协调实施功能开发。其中城建公司开发土地,张宏实业公司安置劳动力,动迁房公司建设住宅,建材公司供应材料,物业公司管理房产,设计事务所规划设计,金海鸥和张杨路等商业建设公司建设东方路和张杨路商业街,从而形成多元化、集团化的开发格局。

1997年7月,陆开发被市政府确定为全市重点扶持的54家大型企业集团之一,并更名为上海陆家嘴(集团)有限公司(以下简称陆家嘴集团)。陆家嘴集团内部机构设置有办公室、计划部、财务部、规划开发部、房地产经营部、企业发展部、人事部、总师室、城建分公司、动迁住宅建设分公司、市政建设分公司和工程建设分公司等。

1990年至2009年,陆家嘴集团共计完成动迁居民3.9万户,企业1200家,累计完成"七通一平"面积10.52平方公里(包括陆家嘴金融贸易区区内、区外面积,区外涉及动迁房基地建设的动迁等)。在陆家嘴区域外,建设位于金桥的金杨新村、北蔡的御桥小区、六里的锦博苑(六里地区)等居住区,安置因陆家嘴开发建设而动迁的居民。

2010年末,陆家嘴集团总资产394.53亿元,净资产197.13亿元;净利润18.72亿元,其中国资净利润12.90亿元;净资产收益率11.8%,上缴税金7.56亿元。

表5-6-1　1990—2010年陆家嘴(集团)有限公司总经理任职情况表

任 职 时 间	姓 名
1990年9月—1998年5月	王安德
1998年5月—2004年4月	康慧军
2004年5月—	杨小明

资料来源:上海陆家嘴金融贸易区提供

【陆家嘴金融贸易区管理委员会(筹)】

2004年10月,陆家嘴功能区域工作党委、陆家嘴功能区域管理委员会成立。功能区域范围除金融贸易区外,扩大至上海内环线外的整个花木街道,面积42.77平方公里。陆家嘴的开发管理主体为浦东新区陆家嘴功能区域管理委员会,内部机构设置办公室、计划财务处、经济发展处、规划建设和环境管理处、社会管理处、党群工作处,作为浦东新区政府的派出机构,负责陆家嘴金融贸易区内的日常开发建设事务。原陆家嘴集团公司在金融贸易区的管理职能转移至陆家嘴功能区域管理委员会。2010 年末,陆家嘴功能区域管理委员会更名为陆家嘴金融贸易区管理委员会(筹),管理范围为陆家嘴金融贸易区,面积 31.78 平方公里(上海内环线内),陆家嘴金融贸易区管理委员会(筹)内设办公室(计划财务处)、经济发展处、金融航运服务处、规划建设与环境管理处、综合事务协调处。其主要职责:内外资投资项目审批、招商引资;依据金融发展规划,细化操作流程并实施,采取各种措施吸引国内外金融机构集聚;调研区域内金融、航运企业状况和发展需求,提高服务企业的针对性;构建区域内适合金融、航运产业发展的生态环境并进行机制创新;协助重点企业,做好人才引进工作;做好建设项目报建、建设工程初步设计审批,核发建设工程施工许可证;做好项目环保"三同时"竣工验收和试生产、建设项目环境影响报告书评审等;制订并推进区域范围内软硬件环境优化方案,培育金融生态文化等。

二、金融机构

1995 年 6 月,中国人民银行上海市分行迁入陆家嘴路 181 号银都大厦。1998 年 11 月,撤销中国人民银行上海市分行,成立中国人民银行上海分行,管辖范围由上海扩大至浙江、福建,成为中国第一个管辖范围超越原一个省、自治区、直辖市的大区性分行。大区分行职能,除原市分行的各项金融管理和金融业务外,又增加浙江、福建两省的金融管理和金融服务职责。具体包括:执行货币政策,支持辖区经济平稳健康发展;实施金融监管,维护金融秩序稳定;实施外汇管理,促进外汇收支平衡,促进辖区外向型经济发展;建设信用环境,构建沪浙闽金融安全区;货币发行、国库管理、支付结算等各项金融服务工作。

2005 年 8 月 10 日,中国人民银行上海总部在陆家嘴路 181 号成立。同时,为保持现有上海分行所办理业务的连续性,中国人民银行上海分行和国家外汇管理局上海市分局的牌子继续保留。人民银行上海总部的设立,是中国中央银行体制的一次自我完善,是更好地发挥中央银行在宏观调控中作用的重要制度安排。上海总部承担的主要职责:根据总行提出的操作目标,组织实施中央银行公开市场操作;承办在沪商业银行及票据专营机构再贴现业务;管理银行间市场,跟踪金融市场发展,研究并引导金融产品的创新;负责对区域性金融稳定和涉外金融安全的评估;负责有关金融市场数据的采集、汇总和分析;围绕货币政策操作、金融市场发展、金融中心建设等开展专题研究;负责有关区域金融交流与合作工作,承办有关国际金融业务;承担国家部分外汇储备的经营和黄金储备经营管理工作;承担上海地区人民银行有关业务的工作等。上海总部承担的管理职能包括对现有上海分行辖区内人民银行分支机构的管理,以及人民银行部分驻沪企事业单位的管理和协调。直接管理的单位包括中国外汇交易中心、中国反洗钱监测分析中心、中国人民银行数据处理中心、中国人民银行征信服务中心等。协调管理的单位是中国银联和上海黄金交易所。

【中国保险监督管理委员会上海监管局】

2000 年 4 月 25 日,经中国保险监督管理委员会批准,中国保险监督管理委员会上海办公室(以下简称上海保监办)成立,接受中国保监会的垂直领导和统一管理,对中国保监会负责,在中国保监会的授权范围内在上海行政区域内行使职权、履行职责。2004 年 2 月 6 日,原上海保监办更名为中国保险监督管理委员会上海监管局(以下简称上海保监局)。在维护保险机构合法经营自主权的前提下,上海保监局遵循国家有关法律法规以及中国保监会发布的规章和规范性文件,履行监管职责。办公地址为合欢路 39 号。

【中国银行业监督管理委员会上海监管局】

根据中国银行监督管理委员会授权,制定有关监管法规、制度方面的实施细则和规定,负责对有关银行业金融机构及其分支机构的设立、变更、终止和业务活动的监督管理,依法对金融违法、违规行为进行查处,审查和批准高级管理人员任职资格,统计有关数据和信息,负责辖区内党的建设、纪检和干部管理工作。办公地址为合欢路35号。

【中国证券监督委员会上海监管局】

前身为上海市证券管理办公室,隶属于市政府。国务院决定建立集中统一的证券监管体制后,1999年7月中国证监会上海证券监管办公室(以下简称上海证管办)作为中国证监会派出机构正式挂牌。2000年9月,中国证券监督管理委员会决定成立中国证监会上海稽查局。2004年3月,中国证监会上海证管办更名为中国证券监督管理委员会上海监管局(以下简称上海证监局)。根据《证券法》和中国证监会的授权,上海证监局的主要职责是:贯彻执行国家有关法律、法规和方针政策,对辖区内的上市公司、证券期货经营机构、证券投资咨询机构及从事证券期货业务的律师务所、会计师事务所、资产评估机构、资信评级机构等中介机构的证券期货业务活动进行监督管理,依法调查辖区内监管范围的违法、违规案件,调解证券期货业务纠纷和争议,履行中国证监会授予的其他职责。办公地址为迎春路555号。

第三节　规划与建设

一、中心区规划

1987年开始,市政府就组织人员编制陆家嘴开发建设规划。是年8月,市规划局编制完成《浦东新区规划纲要(草案)》和相应的初步方案。1988年2月,上海市城市规划设计研究院,结合与大巴黎规划院的国际合作,编报陆家嘴中心地区规划,初步提出陆家嘴中心区与南京路、外滩结合,作为上海现代化商务中心(CBD)的性质,建设规模在180万平方米~240万平方米。

20世纪90年代初期,中国政府正式决定开发、开放上海浦东。市规划局根据市政府的指示,对1988年陆家嘴中心地区规划提出调整设想,设定该区域开发规模在300万平方米。1991年,市政府批复,原则同意《陆家嘴中心调整规划》,明确陆家嘴地区中心在上海市总体规划中处于核心地位,对浦东开发建设起着重要作用。这一调整规划方案实际成为后续开展的该地区国际规划方案咨询及正在进行的开发前期工作的基础。

1991年4月,金融中心区规划作为市政府与法国政府公共工程部的合作项目,上海市市长朱镕基与法方签订项目合作纪要。1992年4月,中法双方向4家国际著名设计事务所——意大利"福克萨斯"、英国"罗杰斯"、日本"伊藤"、法国"贝罗"以及上海市规划院、华东设计院、民用设计院、同济大学联合设计小组发出咨询任务书和邀请书。是年11月20—22日,陆家嘴中心地区规划和城市设计国际咨询会议在上海召开,上海市市长黄菊任规划咨询委员会名誉主任,副市长夏克强任主任。会议下设的技术委员会评议了5个咨询单位向大会递交的设计方案和模型,形成技术分析报告。高级顾问委员会据此讨论并形成《陆家嘴中心地区规划及城市设计的建议书》,就分期实施可行性、城市活力、尊重城市历史、创造美好未来、与城市其他地区关系等10个方面提出建议。1993年12月,《陆家嘴中心区规划设计》获市政府批准。这个具有21世纪水平的规划,建筑容量400万平方米,绿地面积占 30％。在城市形态布局上,结合黄浦江河湾特点与城市轴线,沿江建设 1 条高度 200 米左右的弧形高层建筑群带,与外滩遥相呼应。核心部位建造 3 幢高度 400 米左右的超高层大楼。交通有 2 条越江隧道、3 条人行隧道、1 条地铁、1 条轻轨和双层单向环路。

1994—1995 年,编制《陆家嘴开发区(19 平方公里)控制性详细规划》,并获得浦东新区管理委员会批复。

2008 年,上海市城市规划设计研究院根据市规划部门要求,启动编制《黄浦江沿岸 E14 单元控制性详细规划》(黄浦江沿岸 E14 单元即为陆家嘴中心区所在单元),对陆家嘴中心区进行新一轮的规划整合与完善。规划明确,黄浦江沿岸 E14 单元是上海中央商务区的组成部分,以金融、商务、服务、文化旅游等为主导功能,并安排适量居住。其规划范围为西、北至黄浦江,东至浦东南路,南至东昌路,规划总用地面积约 168.70 公顷。公共绿地面积 33.50 公顷,沿黄浦江规划 20 米～150 米宽的滨江绿带,形成连续的滨江公共开放空间。道路广场用地约 48.90 公顷。要突出"以人为本"和可持续发展的理念,形成以轨道交通为骨干、地面公共交通及其他交通方式为辅的综合交通体系,并进一步完善步行系统,创造宜人的步行空间环境。该规划于 2008 年 7 月获得市政府正式批复。

二、分区规划

1994 年,编制《陆家嘴—花木分区规划》,陆家嘴金融贸易区位于陆家嘴—花木分区。该规划体现了对陆家嘴贸易区的定位。规划明确陆家嘴—花木分区是浦东新区的核心地区,将与浦西的黄埔、静安等地区钢铁发展成为外向型、多功能、现代化的国际一流的都市中心,即大力发展以第三产业为主的外向型经济,集金融、商贸、物流、信息、办公、各类服务等多中心功能。功能布局三个组成部分: 沿江地区、"一道三区"和两翼地区。布局结构分陆家嘴、洋泾的、花木、塘桥四个地区。道路交通系统,主要技术快速路 3 条、城市主干道 6 条,越江交通由 2 座大桥、5 条地下有轨交通、4 条隧道、7 条轮渡组成。

1994—1995 年,分别编制《浦东新区行政文化中心区控制性规划》和《浦东新区行政文化中心区修改规划》,并获得新区综合规划土地局批复;1994—2000 年,编制联洋小区系列详细规划,对功能定位和布局进行调整优化;1994—2007 年,编制塘东小区系列详细规划,并不断进行调整完善;1995 年,编制《竹园商贸区调整规划》。

1999—2006 年,编制上海新国际博览中心地区系列详细规划,其中《上海新国际博览中心地区调整规划修订》于 2006 年获得浦东新区政府批复;2002—2007 年,编制上海船厂地区系列规划,其中《上海船厂地区详细规划(优化)》于 2007 年获得市政府批复;2003—2007 年,分别编制《浦东软件园陆家嘴分园控制性详细规划》和《浦东软件园陆家嘴分园控制性详细规划调整》,并获得浦东新区政府批复;2004—2005 年,编制《新上海商业城二次开发改造控制性规划》,并获得浦东新区政府批复。

2005—2007 年,启动研究陆家嘴 CBD 东部拓展系列规划;2008—2010 年,编制《联洋社区 C000302 单元控制性详细规划》《潍坊社区 C000401 单元控制性详细规划》等规划,实现控制性详细规划全覆盖。

在陆家嘴长达 20 年的开发实践中,引进国际先进的开发规划理念,又结合陆家嘴开发建设实际,不断调整、修编总体规划和各类分区、专业规划,做到以规划引领开发建设,先后编制完成各类开发建设规划 20 余个。

三、土地开发利用

陆家嘴金融贸易区的土地开发利用，经历了三个阶段：第一阶段：1990—2004 年，以土地批租业务为主阶段。1990 年开始，前期业务模式以土地批租方式为主，进行土地一级开发；成为多元投资股份上市公司与各合资公司。第二阶段：2004—2009 年，地产开发业务转型，主营业务从原来单一的土地开发为主逐步向以土地开发与项目建设并重的战略格局转型。2004 年下半年开始，上海陆家嘴（集团）有限公司以陆家嘴金融贸易开发股份有限公司为平台，进行业务转型，启动高品质、专业化甲级写字楼、都市研发楼等商办楼宇的建设，还尝试收购商办楼宇产权，以并购方式实现资源整合；变土地批租为地产开发运营，形成土地批租业务与商业地产投资业务并存发展局面。第三阶段：2010 年之后，跨区域、多元化转型发展阶段。

四、基础设施

【道路交通设施】

陆家嘴区域与上海黄浦江西岸最繁华的外滩地区隔江相望，成为浦东与浦西交通联系最为紧密与繁忙地区。1990 年前，沿黄浦江陆家嘴一侧设有南码头、塘桥、杨家渡、东昌路、陆家嘴、泰同路等对江轮渡站。1989 年 7 月，延安东路隧道建成通车。区内道路以浦东大道、浦东南路、杨高路、浦建路为骨干道路，辅以陆家嘴路、东昌路、张杨路、浦电路、文登路（后改名东方路）等形成区内道路交通网。浦东南路为浦东最宽道路。陆家嘴的开发建设在很大程度上属于旧城改造范畴。道路建设，更是以原有道路的拓宽延伸为主。

1990 年，陆家嘴金融贸易区建立后，先后建设了杨浦大桥和延安东路（南道）、大连路、复兴东路、人民路、新建路隧道等越江交通设施；上海内环线浦东段、世纪大道、张杨路和世纪大道轨道交通枢纽站等区内道路交通设施，形成了越江设施、轨道交通、区内道路三者结合得比较完善的现代化交通体系。实施菊园、兰园和其昌栈等老旧居住区改造，搬迁了以立新、上海造船厂为代表的沿黄浦江工业企业和码头运输企业，建成兼具休闲、观光、防洪为一体的滨江大道，以陆家嘴金融中心区、新上海商业城、竹园商贸区为代表的金融、商贸区，以联洋和滨江为代表的高档居住小区；以上海新国际博览中心、东方艺术中心、上海科技馆、浦东展览馆、浦东图书馆、源深体育中心、上海海洋水族馆为代表的一批文化、科技、体育和会展项目，以世纪公园、陆家嘴中心绿地、世纪广场、二层步行连廊为标志的园林绿地与景观设施。

1992 年 12 月，地处陆家嘴路以北、依靠黄浦江建设的滨江大道样板段（长 250 米）工程开工建设，成为陆家嘴现代道路建设的开端。同月，涉及区域的杨高路（区域段龙阳路立交桥至罗山路立交桥，长约 5.80 公里）拓宽工程竣工。1993 年，实施源深路拓宽工程。源深路长 2.2 公里（浦东达到至杨高中路），宽 40 米，实现当年立项、当年施工、当年竣工。同年，沿着陆家嘴东缘与南缘而建的上海内环线浦东段（龙阳路、罗山路）竣工。内环线浦东段宽 50 米，长 18.80 公里（包括桥梁长度），它的建成，从交通地理形态上清晰地确立了陆家嘴作为上海中心城区的地位。

1994 年，以道路建设为主的陆家嘴市政建设进入高潮。张杨路拓宽与延伸工程、中央大道（后更名世纪大道，长 730 米）样板段工程、滨江大道南段工程、延安东路隧道南道工程动工。同年，张杨路拓宽延伸工程、世纪大道样板段工程竣工。2000年,陆家嘴基础公益设施的标志性工程世纪大道和世纪公园竣工启用。世纪大道成为中国著名的景观大道,世纪公园为上海内环线内面积最大的现代休闲公园。

从1990年至2010年末,在上海市、浦东新区市政规划和陆家嘴区域开发建设规划的实施下,陆家嘴区域内建成联通黄浦江两岸的越江交通设施有南浦大桥、杨浦大桥和复兴东路、人民路、延安东路、新建路、大连路隧道以及黄浦江人行隧道,涉及区域的上海轨道交通有6号线、2号线、4号线、9号线、7号线。新建市政道路有世纪大道、滨江大道、锦绣路、花木路、芳甸路、灵山路、羽山路、迎春路、丁香路、浦明路等,改造扩建(延伸)道路有张杨路、东方路、浦东大道、浦东南路、商城路(沈家弄路)、民生路、浦建路、东昌路、浦城路等。

滨江大道　属景观道路,位于黄浦江边。南起东昌路,北到浦东南路,全长2.50公里,前后累计投资12亿元。1992年12月22日,长250米的滨江大道样板段工程开工,投资额2359万元。1993年12月23日竣工。1994年12月,滨江大道由样板段向南延伸1000米(时称"富都段")、向北延伸250米至丰和路工程开工。1997年7月,长1500米(含250米样板段)的滨江大道建成开放。2007年8月,丰和路至浦东南路段开始建设。2009年10月,南起东昌路,北至浦东南路,全长2.50公里的滨江大道建成贯通。至此,前后分成3次建设的滨江大道全线竣工。滨江大道由亲水平台、驳岸、防汛墙、景观绿地等组成,体现出立体交通的现代化美感。在满足城市交通、防汛功能的同时,创造了亲近黄浦江、融现代建筑风格和典雅艺术于一体的自然环境。建成开放后的滨江大道成为上海的休闲时尚街区和旅游胜地。

世纪大道　既是城市主干道又是景观大道。1994年7月2日,世纪大道(建设时曾称轴线大道、中央大道)样板段工程开工,工程西起延安东路隧道浦东出口处,东南至浦东南路,全长730米,宽80米。西端建有一绿岛,面积3000多平方米,全线绿化总面积1万平方米,动迁居民1700户、单位43户。工程总投资概算3.3亿元,其中用于动拆迁的费用约3亿元,占总投资91%。是年11月30日竣工。1998年1月16日,世纪大道工程(包括原样板段工程的改造)全面启动,大道从延安东路隧道浦东出口处至世纪公园1号门口,全长5公里,宽100米,连结起陆家嘴中心区、新上海商业城、竹园商贸区和花木行政文化区,总投资13.09亿元,动迁单位80多家、居民3600多户。世纪大道由法国夏氏·德方斯设计,陆家嘴集团公司和浦东土地控股公司分别建设。大道北段为不对称道路,车行道宽31米,并建有8个各180米长、20米宽的"中华植物园";沿线布置了雕塑作品,分别为东方之光、世纪晨光、五行组雕等。世纪大道南段建有步行道(部分为高架步行道)和车道,并由此至世纪公园一号门口。2000年4月18日,世纪大道建成通车。世纪大道工程获得上海市和全国市政金杯示范工程奖。

张杨路扩建延伸与共同沟工程　1994年浦东新区一号重点工程,总投资9.58亿元,1994年1月24日开工。工程西起浦东南路,东迄金桥路(原上川路),全长7.04公里,浦东南路至源深路为改扩建段,源深路至金桥路为延伸段。张杨路为城市次干道,路基埋设雨水管线14.9公里,污水管线13.7公里。在建设张杨路的同时,道路两侧地下修建了将公用管线铺设集中于一体的箱体式管沟(俗称共同沟)。共同沟全长11.1公里。张杨路架设桥梁5座(1座护管桥),人行隔离护栏及防冲护栏总长为22.1公里,安装路灯530座,路灯变电站7座,种植行道树1684株,绿化面积13万平方米。同年12月20日,张杨路扩建与共同沟工程竣工。

黄浦江人行观光隧道　1996年8月22日,黄浦江人行观光隧道工程启动建设。工程被列为浦东新区"九五"期间重点建设工程之一,由陆家嘴集团公司负责建设。隧道位于浦西南京东路外滩陈毅广场与浦东陆家嘴东方明珠之间,全长 646.70 米,总投资 4.35 亿元。2000 年 10 月竣工。隧道内的景观设计和 SK 系统独具风格,以高科技汇聚成的奇妙世界,配以 SK 车厢内的音响系统,使游人置身于"穿越地球"的梦幻场景。单程过江时间 3 至 5 分钟,每小时最大输送量 5 000 人次。2001 年 1 月 1 日,黄浦江观光行人隧道运行。

二层步行连廊 位于陆家嘴金融中心区域,是陆家嘴集团受浦东新区政府委托,融资并建设的首个集商业配套、景观休闲等功能于一体的社会公共服务性立体交通设施。一期工程由"明珠环""东方浮庭""世纪天桥"三部分组成,2008 年 4 月开工建设。"明珠环""东方浮庭"于 2010 年 4 月上海世博会召开前竣工启用。"明珠环"天桥跨越世纪大道、陆家嘴环路、陆家嘴西路,周长约 370 米,高 7.90 米,桥面宽度 8.50 米。天桥配有步行楼梯、自动扶梯和残疾人无障碍垂直电梯,并在丰和路、陆家嘴西路、陆家嘴环路以及世纪大道分设 4 个落地点。"东方浮庭"西起陆家嘴环路,东至陆家嘴中心绿地,与二层连廊"世纪天桥"东西段相连。项目主体建筑位于地铁 2 号线陆家嘴地下车站上,总占地面积约 6 000 平方米,建筑面积约 7 000 平方米,其中小型商业服务设施约 2 200 平方米。"世纪天桥"(跨银城中路段和世纪大道段)于 2010 年 11 月 1 日开工建设。

【公用设施建设】

1987 年 9 月 29 日,梅园新村居民成为浦东及陆家嘴地区的第一批使用管道煤气用户。1990 年,以黄浦区在陆家嘴地区为例,居民煤气用户普及率 36.4％。1999 年,东海天然气输入浦东,陆家嘴地区燃气逐步由天然气替代煤气。2000 年,陆家嘴企业和居民燃气普及率达到 99.99％。

1990 年前,区内民用和单位供水来自浦东自来水厂和居家桥水厂,部分居民由于居住条件的限制,家中没有水龙头,只能依靠居住区内的给水站供水。随着居住条件的改善,1998 年,公共给水站全部拆除,居民生活用水龙头全部铺设入屋。

1990 年,区内有污水泵站(文登路、东昌路)2 座,雨水泵站(陆家渡、张家浜、泾东、塘桥、其昌栈)5 座。1991 年 9 月,陆家嘴路污水主干管线动工建设,成为区域市政基础设施建设的首个工程。陆家嘴—花木污水主干管线工程于 1995 年 12 月开工,该工程以杨高路为界分西段和东段。全线长 3 850 米,涉及污水纳管面积 3.92 平方公里,污水排放总量 11.11 万立方米/天。东段管线全长 4 857 米,涉及污水纳管面积 11.35 平方公里,加上接纳西段过境污水,排放总量 27.91 万立方米/天。工程总投资 3.2 亿元,建设方为浦东区排水建设管理署,1996 年末竣工启用。区内生活、生产污水纳入此管。

1990 年,区域内建有 35 千伏变电站(吴家厅、风雷、潍坊、源深)4 座。开发初期,陆家嘴金融贸易区开发公司联合供电与通信部门,抓紧电力与通信设施建设,1992 年建成 220 千伏变电站 1 座。1995 年,4 座 35 千伏变电站和 1 座电话局站竣工启用,3 座 35 千伏变电站开工建设。至 2010 年,陆家嘴建有 110 千伏变电站 1 座、220 千伏变电站 5 座和一批 35 千伏变电站。

【居住区建设】

1980 年代至 1990 年代初,随着浦西人口向浦东的转移,陆家嘴地区先后建成梅园、崂山、乳山、竹园、潍坊、泾东、泾西、罗山新村。在浦东开发建设进程中,长航、长田、市建、海港等居住小区被全部或部分拆除。1990 年后,陆家嘴居住区主要由政府规划建设向房地产企业开发建设商品住宅转变。居住区环境、房型、面积向着中高档方向发展。1994—1996 年间建成的金龙花园、海富花园、仁恒广场、珠江玫瑰园、荣城花园、海怡花园(别墅)成为陆家嘴居住区开发建设的早期代表建筑,其中,海怡花园成为浦东开发后陆家嘴最先建成的带有别墅的小区。在建设中高档居住区的同时伴随着老旧小区的改造,许多新建居住小区是在拆除老旧小区的基础上建造的。菊园小区成为老旧居住区改造的典型。

20世纪90年代末,以陆家嘴集团公司兴建陆家嘴花园为代表,陆家嘴居住区建设进一步向高档、大型方向发展。乔顿花园的建设,启动了龙阳高档居住区建设。外资企业上海仁恒房地产公司兴建仁恒滨江园,成为滨江国际社区建设开端。联洋国际社区中的联洋新苑、御景园、天安花园的相继动工,成为联洋居住区建设开端。2010年,滨江、联洋两大社区基本建成。陆家嘴高档楼盘集中的区域还有龙阳、花木区域。知名楼盘有仁恒滨江园、世茂滨江园、汤臣一品、盛大金磐、陆家嘴花园、华诚国际、盛世年华、东方城市花园、上海绿城、世纪花园、御翠园(别墅)、四季雅苑、大唐盛世、香梅花园、上海滩花园、东方汇景园、贵龙园、涵合园、澳丽花园、怡东花园、爱家亚洲花园、东方龙园等。

潍坊新村　北枕张杨路,西倚浦东南路,东临文登路(东方路),南至张家浜,占地89公顷,建筑总面积89万平方米、16 592套住宅,是上海市第六个五年计划中的拟建的12个居住区之一,由上海市居住区综合开发中心第八开发部负责开发建设,由上海市民用设计院和浙江大学设计院承担设计。新村从1980年征地到全面建成,历时14年,共分为10个村。潍坊新村1982年前由黄浦区住宅建设办公室建设,建筑面积19.81万平方米;1983年以后由上海市居住区综合开发中心第八开发办建设,建筑面积69.19万平方米,其中住宅57.83万平方米,包含9幢高层,建筑面积10.42万平方米,1 592套。整个居住区的住宅布置改变了沿马路住宅山墙和兵营式建筑的模式,代之以高层、多层,使住宅群高低错落有致,并辅以立体的绿化点缀,给人以轻松、活泼感觉。1993年10月,潍坊新村全面建成。

菊园旧区改造　菊园旧区位于陆家嘴中心地块,东靠浦东南路,北至陆家浜路,南依杨家渡路,西临荣昌路,面积24.07公顷。整个菊园旧区建筑设施简陋,居住环境甚差,共有企业、居民7 000多户。1997年4月,浦东发地产集团公司和新加坡发展银行置地集团联手取得该小区14.6公顷土地使用权,并组建浦东新翔房地产发展有限公司。按照“边拆迁边建设”原则,前期动迁分三期进行。至1997年12月31日,完成一、二期共4 700余户企业、居民的动迁任务,共拆除旧房21.90万平方米。2000年4月8日,第三期744户居民迁出,菊园动迁全面完成。菊园小区建设分4期进行,其中一期工程占地4.59万平方米,建筑总面积15.96万平方米,于2000年12月31日竣工。2006年,整个菊园小区改造竣工。建成的居住区分别命名为菊园、汇豪天下和江临天下。除建造商品住宅外,沿浦东南路和张杨路一侧区域,建造了上海湾、中融大厦、鄂尔多斯国际大厦、隆宇大厦等商办楼宇。

联洋居住区　东至罗山塔,南靠锦绣路,西至民生路,北邻杨高中路,面积约1.90平方公里,区域主要由浦东土地控股公司与洋泾乡政府联合组建的联洋土地发展有限公司负责统一开发建设。1996年,沿民生路东侧的上海信息城(大楼)和上海浦东长途通信枢纽大楼(今为中国移动通信集团上海浦东分公司大楼)动工兴建,成为区域建设的发端。1999年,联洋新苑、御景园、天安花园动工建设,标志着联洋居住区全面启动建设。其后,华丽家族、联洋年华、水清木华、联洋花园、当代清水园、中邦晶座、中邦风雅颂等相继建造。2003年4月,区内最大楼盘仁恒河滨城项目开工。项目分三期建设,建筑总面积74万平方米。同年,占地5.23万平方米的社区商业配套设施大拇指广场动工。2010年,除仁恒河滨城三期和靠近民生路东侧、丁香路南的项目仍在施工外,联洋居住区各类项目建设基本完成。除居住设施建设外,联洋居住区还建设了大拇指商业广场和联洋商业广场2

个购物餐饮中心、3家高星级（4星～5星级）宾馆酒店、2所中学和1家医疗机构，以及证大五道口大厦、太湖国际、中国移动通信上海分公司浦东大楼等商办楼宇。

滨江居住区　东逾浦城路（菊园越过浦城路至浦东南路），西靠黄浦江，南至潍坊路，北接陆家嘴环路，面积约1平方公里。

1997年11月，第一个楼盘——仁恒滨江园动工兴建，占地面积约14万平方米，住宅建筑面积约35.7万平方米。整个建筑采用小高层和高层结合的布局形式，绿化覆盖率达51.1%，由上海仁恒房地产有限公司投资，1997年11月动工，2003年全部建成。2001年，仁恒滨江园被建设部评为上海首个AAA级高品质商品住宅小区和全国物业管理示范住宅小区。

2000年9月动工的世茂滨江花园，占地22.07万平方米，建筑面积72.13万平方米，为滨江居住区内占地面积最大的楼盘，是浦东规模最大的老旧小区改造项目。潍坊西路从东至西穿越，将小区分割为北区与南区两部分。世茂滨江花园总投资50亿元，有7栋风格各异的超高层豪宅组成，包括1幢60层五星级酒店式公寓，6幢46层～54层的高级公寓。由上海世茂房地产有限公司投资建设，2006年7月竣工。

汤臣一品，2002年3月动工，2007年3月竣工。占地面积2.01万平方米，建筑面积14.63万平方米，由4幢高层住宅和1幢会所组成，其中最高楼层44层153米。由汤臣集团子公司汤臣海景花园（浦东新区）有限公司投资建设，2007年，汤臣一品最高报价每平方米11万元，一时成为媒体焦点。

盛大金磐花园，2002年11月动工，2005年竣工。占地面积约5.53万平方米，建筑面积20.64万平方米，分别由39、39、43层的三幢超高层楼宇组成。绿化覆盖率达52%。由金磐房地产有限公司投资建设。

中粮海景一号（鹏利海景花园），2003年11月动工建设，2005年12月竣工。占地面积2.43万平方米，建筑面积11.72万平方米，由5幢37高120米层住宅组成。由上海鹏利置业有限公司投资建设。

2010年末，滨江居住区基本建成。区内楼盘有仁恒滨江园、菊园、世茂滨江花园、江临天下、汇豪天下、盛大金磐花园、财富海景花园、中粮海景一号、汤臣一品等。最高楼盘为世茂滨江花园，高达55层。单套最大面积在汤臣一品，逾1200平方米。滨江居住区楼盘容积率在1.8～2.5，绿化率在40%至50%。

龙阳、杨东居住区　位于陆家嘴区域南部，大致范围四至浦东南路，北至浦建路（此路由浦东南路起，经杨高路、锦绣路后与龙阳路相交），南为龙阳路，面积约28平方公里。20世纪90年代中期，乔顿花园开工建设，成为区域内第一个中高档楼盘。2010年，先后建成锦绣系列（锦绣苑、锦绣天地、锦绣满堂、锦绣华庭、锦绣一方名苑）和贵龙园、东方汇景苑、上海绿城、东方城市花园（二期建于龙阳路南）、怡东花园、欣晟家园、澳丽花园、东南华庭、涵合园、爱家亚洲花园、东方龙园等中高档楼盘（内有动迁安置房东城新村）。生活休闲、医疗、学习等设施有巴黎春天百货、卜蜂莲花和沃尔玛超市、上海儿童医学中心、仁济医院、东辉外国语高级中学、陆家嘴金融城人才公寓、南浦广场公园、由由大酒店、福朋喜来登由由酒店等。

陆家嘴花园　西靠桃林路，南至灵山路，北近张杨路，东与山水国际（陆家嘴美丽苑）和桃林小区接壤，中有东西向的羽山路穿过。陆家嘴花园占地面积16.1万平方米，总建筑面积20.91万平方米，由陆家嘴集团公司分二期建设。1998年，一期工程动工，至2002年，整个项目竣工。陆家嘴花园共建有高层7幢、小高层24幢和1幢多层复式房。绿化率一期53%，二期39%。小区配套设施有下沉式中心广场、游泳池、905 个停车位的地下车库、小学和幼儿园各 1 所。

五、金融环境

【营造金融文化】

陆家嘴金融文化节（周） 2006 年 9 月 1—7 日,浦东新区政府主办首届陆家嘴金融文化周,以 "和谐、创新、生活"为主题,体现金融创造和谐、金融推动创新、金融融入生活的理念,是陆家嘴金融文化建设的一项重大活动。第二届由浦东新区政府与伦敦金融城市政府合作,于 2007 年 11 月 16—22 日举行,共有 400 多家金融机构、2 000 多名金融从业人员、数万市民参与了金融文化周的各项活动。以后除 2008 年停办外,每年举办一届。2009 年 12 月 10—30 日举行第三届,金融文化周改名金融文化节,以"参与、共建、分享"为主题,其间举办了金融法律知识进社区、基金业投资者教育、外籍金融人士午餐会、金融白领生活时装秀等一系列活动。2010 年 12 月 4 日举行第四届金融文化节,以"多彩陆家嘴,魅力金融城"为主题,在历时 25 天时间内举办"魅力金融城"书画摄影艺术展、小剧场话剧《海峡恋歌》、浦东青年辩论赛、"心动陆家嘴"金融青年迎圣诞派对、"缤纷陆家嘴"鸡尾酒会、"陆家嘴金融城杯"金融界人士桥牌锦标赛、金融精英高尔夫球赛、"2010 海外华人精英浦东行"等 15 场形式各异的主题活动。陆家嘴金融文化节（周）前两届由浦东新区政府举办,以后各届由浦东新区金融服务局主办。

陆家嘴论坛 经国务院批准,由市政府、中国人民银行、中国银行业监督管理委员会、中国证券监督管理委员会、中国保险监督管理委员会主办。首届 2008 陆家嘴论坛于 2008 年 5 月 9—10 日在陆家嘴举办。论坛主题为"世界格局中的中国金融"。必须把维护金融安全稳定放在首要位置。陆家嘴论坛是一个金融领域的专业性论坛,致力于加强中国与世界金融体系的双向融合,深化中国金融改革,促进上海国际金融中心建设,提升中国在国际金融市场的地位。论坛的目标是成为中国金融领域最具影响力的论坛,同时也成为世界上少数几个最有影响力的经济金融论坛之一。自 2008 年后,由"一市一行三委"主办的陆家嘴论坛每年 5 月在浦东举行一届。2009 年的论坛主题为 "全球化时代的金融发展与经济增长",2010 年为"后危机时代的经济结构调整与金融变革"。论坛承办单位有上海市金融服务办公室、中国人民银行上海总部、上海银监局、上海证监局、上海保监局、浦东新区政府、中欧国际工商学院。

【完善配套功能】

陆家嘴各类金融机构不断聚集,相应的人才、资金、信息聚集逐步提高。2005 年,在陆家嘴聚集各类金融机构 360 余家,经认定的跨国公司地区总部达到 31 家。大批办公机构和人员的入驻,逐步暴露出陆家嘴地区特别是中心区域内,由于规划、设计等原因,引发了入驻人员居住、出行、就餐、购物、娱乐的矛盾与困难。陆家嘴金融贸易区管理委员会与陆家嘴集团在浦东新区政府支持下,以完善金融环境为目标,制订规划,逐步实施。

人才公寓发展计划 根据浦东新区发展和改革委员会关于《今明后三年浦东新区人才公寓建设方案》的规划要求,陆家嘴集团公司于 2008 年 6 月提出人才公寓发展计划,将系统内部分商品住宅房用地用于人才公寓的开发,主要包括三个项目:(1)陆家嘴金融城人才公寓,占地面积约 4.06 万平方米,总建筑面积约 9.57 万平方米。项目定位为全装修全配置单身金融人才公寓,主要面向全国各地到陆家嘴金融机构工作的、暂无购房计划的青年金融人才。2008 年 5 月完成建设方案审批。(2)陆家嘴金融城梧桐公寓(陆家嘴锦绣前城人才公寓),位于花木新民地块,基地总面积约14万平方米,容积率1.5,建筑面积约21万平方米,可以提供约2 000余套小户型住宅。其中有298套(总面积约35 047平方米)作为精装修租赁式人才公寓,主要面向全国各地到陆家嘴中外金融机构工作的、有家庭但暂无购房安排的中青年金融人才。(3)陆家嘴一期人才公寓房,位于桃林路、羽山路口,陆家嘴花园一期商品住宅小区内,作为陆家嘴金融城人才公寓投入运营前的"试水"项目。建筑面积8 808平方米,可提供96套出租住房单元。项目定位为全装修全配置单身金融人才公寓,面向在陆家嘴中外金融机构工作的、暂无购房安排的单身青年金融人才。2008年4月底开始装修,2009年底投入使用。

陆家嘴人才金港　2009年5月26日,陆家嘴人才金港开港。金港位于龙汇路168号,分成A区、C区(部分)、D区(部分)、E区。总建筑面积9 600平方米,其中人才公寓建筑面积5 600平方米,可同时接纳217人。高校办公、会议、配套服务等相关服务设施建筑面积4 000平方米。除此之外,第二期工程拟建人才公寓建筑面积约6 000平方米。按计划每年可培养、输送2 000名研究生以上高端金融人才。

开港后,资源集聚效果显著,和国内外28所高校、9家国际认证机构建立共建合作关系,并与纽约、伦敦、香港、新加坡等其他国际金融中心建立联络通道,先后召开"名校对话陆家嘴"论坛和"中新金融人才对话陆家嘴"论坛,打造自主品牌"陆家嘴人才金港国际名家大讲堂",建设"陆家嘴金城""陆家嘴人才金港"2个官方网站。至2009年末,人才金港共接待来宾414批,共计1.23万人次。202家金融企业成为共建单位,覆盖了陆家嘴金融领域80%的知名重点企业。人才金港构建在职培训、研究生联合培养、职业认证、人才孵化、人才引进服务五大平台。在职培训平台涵盖证券、银行、保险、基金等各金融领域,从高管培训到员工技能、职业道德培训,建立了完善的培训体系。共举办各类培训155场,共计8 064人次。研究生联合培养平台与复旦大学经济学院金融学专业(基金管理方向)、同济大学工商管理硕士(期货方向)班研究生培养项目合作,招生200人。职业认证平台建设,联合国际知名认证机构设计开发金融城金融英语、金融职业道德、风险管理等认证培训项目。人才孵化平台首批金融孵化的93名学员,全部被陆家嘴金融机构录用,就业率100%。启动"网聚全球"计划。通过网络征集金融人才信息,建立人才库。举办第二届"华人金融高管浦东行"活动,邀请80多位美国、加拿大、英国等国家的金融高管参与,并组织国内金融机构与其交流、对话。联合28家金融机构,在全国7个城市18所高校集中开展"校园行"活动,成功招聘应届毕业生450多人。

商业服务配套　为解决陆家嘴"出行难""就餐难"等问题,启动金融城环境优化配套"十大"项目。在金融城商务楼宇商业配套达标提升工程中,完成楼宇商业配套示范楼宇2幢、必备业态楼宇44幢,完成指标的100%;完成达标楼宇28幢,完成指标30幢的93%。员工就餐难等问题得到缓解,书店、快洗店、饮料吧等满足了办公人员的多样化需求,便捷式餐饮点进入实施阶段。陆续建成富城路海龙海鲜舫、星展银行半地下商业广场、东方浮庭商业网点设施,竣工商业面积4 390平方米,2010年前陆续启用。解决证券交易所大楼出行难问题、实现小陆家嘴区域内所有街坊道路标准化管理、海洋水族馆出租车候车点港湾式改造竣工、开通陆家嘴中心区公交线陆家嘴1路、2路、3路和人才公寓专线。

2007年10月26日,成立中欧陆家嘴国际金融研究院;同年12月18日,成立专门从事金融案件调解或审判的上海金融仲裁院,以及陆家嘴金融法庭和检察院金融犯罪公诉处、金融检察工作室,金融法制环境进一步完善;建成开放陆家嘴开发陈列馆、银行博物馆、历道证券博物馆。

第四节　功能性区域开发

根据陆家嘴金融贸易区开发建设规划,区域的开发建设按照其功能,分为陆家嘴金融中心区、张杨路商业中心(新上海商业城)、竹园商贸区、花木行政文化区、龙阳综合区、杨东小区等分区。在以后的实际开发过程中,又根据产业发展的需要,增加上海新国际博览中心、陆家嘴软件园、塘东总部区开发区域。至2010年末的20年间,陆家嘴建设了一批金融、商贸、办公、科技、文体、娱乐等建筑设施和中高档住宅区,其中竣工商务楼宇197幢,建筑面积657.42万平方米。商务楼宇主要集中在陆家嘴中心区及周边、竹园商贸区及周边、新上海商业城及周边。

2010年末,陆家嘴金融中心区、新上海商业城(张杨路商业中心)、竹园商贸区、花木行政文化区、上海新国际博览中心等区域中,规划建设的各类项目基本建成,银都大厦(央行上海总部)、上海证券大厦(上海证券交易所)、上海期货大厦(上海期货交易所)、金茂大厦、环球金融中心、中银大厦(中国银行上海分行)、交银金融大厦(中国太平洋保险集团总部)、招商银行上海大厦(招商银行上海分行)、上海银行大厦、上海国际金融中心、新世纪大厦(上海第一八佰伴有限公司)、正大广场、东方明珠广播电视塔、上海科技馆、东方艺术中心、浦东展览馆、浦东图书馆等一批代表金融、商贸、科技、文化的建筑设施先后投入运营。

一、金融中心区

金融中心区俗称小陆家嘴,面积1.7平方公里,西和北靠黄浦江,南至东昌路,东临浦东南路(浦东大道至黄浦江一段曾名泰同路)。1990年,金融中心区地属黄浦区东昌路街道区域,内有企事业单位近100家,工业企业总用地44.34公顷,建筑面积42.51万平方米。大型企事业单位有上海立新船厂、上海新新机器厂、上海联合毛纺有限公司、利华造纸厂、浦东公园、黄浦区工人体育场、黄浦区传染病医院等。除企事业单位外,还有居住居民16 945户、49 234人。按中心区建设规划,需动迁各类设施面积223公顷,其中工业企业面积89公顷,居住面积60公顷。

陆家嘴金融中心区由陆家嘴开发公司全面负责开发建设。区域第一个开发地块位于陆家嘴路北、浦东南路西、北护塘路南、海兴北路东的大致范围内。地属浦东南路和杨家宅居委会区域,需动迁单位3家、居民225户。1991年11月动迁完毕。规划在这一地块上布局4个金融大楼项目。1990年11月1日,中国人民银行上海市分行、中国人民建设银行上海市浦东分行分别与陆家嘴金融贸易区开发公司签署建造银行综合大楼的合作意向书,从而成为第一份在陆家嘴建造金融大楼的协议书。1990年12月,港务大厦开工建设,成为浦东开发开放后金融中心区建造的第一幢办公楼。

1991年7月,东方明珠广播电视塔动工。同年9月,陆家嘴路污水干线工程开工建设。12月,银都大厦(今央行上海总部和上海分行办公楼)开发建设。1992年末,上海招商局大厦、新上海国际大厦动工。1993年末,世界金融大厦(建设银行大楼)开工;有16个项目、总计170万平方米的建筑面积在金融中心区落户。1994年5月,高达420米的金茂大厦开工建设。1995年6月,银都大厦建成启用。中国人民银行上海分行迁入办公。年末,上海招商局大厦竣工。至1995年,金融中心区竣工高层建筑4幢,面积23.89万平方米(东方明珠广播电视塔面积未在内);开工建设17幢,建筑面积137.68平方米。

随着金融中心区建设的推进和以银行、保险为代表的各类金融机构的入驻,原先以 1.7 平方公里为金融中心区范围的概念发生变化,金融中心区范围向浦东南路东侧周边拓展。中国船舶大厦、金穗大厦、世纪金融大厦、浦东双辉大厦、保利广场、永华大夏、房地产大厦等纳入金融中心区东扩范畴。

在建造商办(金融)楼宇的同时,以旅游、会展、环境为代表的配套设施同步兴建,先后建成东方明珠广播电视塔、滨江大道、陆家嘴中心绿地、海洋水族馆、国际会议中心、东方游船码头。穿越黄浦江的交通设施进一步完善,建成延安东路隧道南线和人民路、新建路隧道,以及黄浦江人行隧道,成为世界上隧道分布最为密集的区域。

2010 年末,金融中心区 1.7 平方公里内累计建成以金融、办公为主要功能的商务楼宇项目 45 个(不包括住宅项目和 1.7 平方公里外拓展区域的项目),建筑总面积 522.21 万平方米,成为中国乃至世界上高楼最为密集的地区之一。200 米以上高度建筑有黄金置地大厦、交银金融大厦、中国平安金融大厦、上海信息大厦、上海银行大厦、中融碧玉蓝天大厦、中银大厦、上海环球金融中心、时代金融中心、恒生银行大厦(原森茂大厦)、上海国际金融中心,其中金茂大厦、上海环球金融中心和东方明珠广播电视塔高度超过 400 米。

优越的地理环境、良好的软硬件设施,使金融中心区成为中外金融机构高度聚集之地、浦东开发开放的标志之一。2010 年,陆家嘴金融中心区商务楼入驻率 86%,日平均每平方米出租价格为 9.93 元。是年末,包括花旗、汇丰、渣打、恒生、东亚、东京三菱在内的 16 家外资法人银行机构入驻,进入浦东的银行业和保险业的总行(总部)或分行(分部)级机构大多聚集于此。

【东方明珠广播电视塔】

上海的地标性建筑,著名的旅游景点。位于世纪大道 1 号,占地 3.88 万平方米,建筑面积 7.3 万平方米,高度 468 米,由东方明珠股份公司投资建造,华东建筑设计研究院设计。整个工程总投资约 8.3 亿元。1991 年 7 月 30 日奠基,9 月 1 日动工建设。1993 年 12 月 16 日,主体结构直筒体高度达到 350 米,提前 106 天实现结构封顶的目标。1994 年 4 月 20 日 14 时至 5 月 1 日 12 时,长 118 米、重 450 吨的天线杆在计算机的监控下整体攀升至 350 米高处定位,东方明珠高度达到 468 米。1994 年 10 月,东方明珠对外试开放。1995 年 5 月 1 日,广播、电视频道开播发射,并正式对外开放。

东方明珠为综合性建筑体。设计者用 3 根直径 7 米与地面呈 60 度交角的斜柱,支撑住 3 根 9 米直径的直筒体。东方明珠功能包括 9 个电视频道、10 个调频广播和旅游、文化娱乐设施。塔座由进出大厅、近 2 万平方米大商场和东方明珠科幻城构成。从直筒体的 68 米～180 米高度,有一个 50 米直径的下球体。下球体内设观光廊,供游客览胜浦江风光。从 180 米至 250 米高度,建 5 个小球体。从 250 米～295 米高度,有一个 45 米直径的上球体,内部安装广播电视频道发射设备。350 米高度建一个 16 米直径的太空舱,亦称贵宾舱,主要接待国内外贵宾。

【金茂大厦】

位于世纪大道 88 号,前期动迁居民 1 100 多户,由中国上海对外贸易中心股份有限公司和中国金茂集团股份公司投资建造,美 S. O. M(Skidmore Owings Merill)、华东建筑设计院设计;占地面积 2.36 万平方米,建筑面积 28.70 万平方米。金茂大厦融中国塔式建筑与海派风格为一体,由塔楼和裙楼组成。塔楼高 420.50 米,地上 88 层,地下 3 层,裙楼地上 6 层。1994 年 5 月开工建设,

1998 年 8 月竣工。大厦在竣工之时为中国第一高楼。

金茂大厦 1、2 层为门厅大堂,3 层至 50 层为办公区,可同时容纳 1 万余人办公,51、52 层为机房;53 层～85 层为酒店(金茂君悦大酒店),56 层至大厦顶层有一个内心直径 27 米、阳光可透过玻璃折射进来的净空高达 142 米的"空中中厅"。环绕"空中中厅"的是大小不等的各种等级的 555 间客房。第 86 层为企业家俱乐部,第 87 层为空中餐厅,第 88 层为观光厅。观光厅可同时容纳 1 000 多人。金茂大厦专设的两部高速电梯以每秒 9.1 米速度,仅用 45 秒可将客人从底层送达 88 层。

【上海环球金融中心】

位于世纪大道 100 号,以日本森大厦株式会社(MoriCorporation)为主体,联合日本、美国等 40 多家企业投资建造,由 KPF 建筑师事务所、株式会社入江三宅设计事务所、上海现代建筑设计集团、华东建筑设计院设计。投资额超过 750 亿日元,占地面积 3 万平方米,建筑面积 31.54 万平方米,原设计高度 460 米,1997 年开工建设。后因受亚洲金融危机影响,1998 年停止施工。2003 年 2 月恢复建造。由于当时中国台北和香港已在建 480 米高楼,高度超过上海环球金融中心的原设计高度,故对原设计方案进行修改。修改后环球中心比原来增加 7 层,即地上 101 层,地下 3 层,高度 492 米。2008 年 8 月,环球中心竣工启用。

环球中心地下 2 层至地上 3 层为商场,3 层～5 层是会议设施,7 层～77 层为办公层,79 层～93 层是酒店,94 层～100 层为观光、观景设施。观光大厅高度 423 米,位于 94 层,面积约 750 平方米,除了可以一览上海风貌之外,还能以美丽的浦江两岸为背景举办各种展会和活动。观光天桥高度 439 米,位于 97 层,犹如浮在蓝天白云之中的桥梁。观光天阁高度 472 米,位于 100 层,是一条长约 55 米的悬空长廊,设置 3 条透明玻璃地板。

【上海国际金融中心】

位于世纪大道 8 号,东方明珠广播电视塔南侧,正大广场东边,由香港新鸿基地产发展有限公司投资建设,西萨·佩里建筑事务所、巴马丹拿事务所、华东建筑设计院设计。总投资额 80 亿港元,总建筑面积 55.5 万平方米,由 2 幢分别高 259.9 米(56 层)和 249.9 米(53 层)的高楼,及 1 幢 85 米高楼宇组成,形成双子塔效果。项目分二期建设,第一期工程于 2007 年 6 月动工,2010 年 8 月一期工程竣工,国际金融中心商场开业。

国际金融中心商场零售国际一线品牌。内部装饰以香槟色和淡米色为主色调,突出时尚、典雅、精致特点。办公楼设施现代,由五星级酒店、汇丰银行机构和甲级写字楼组成。

【陆家嘴中心绿地】

1996 年 8 月 1 日,陆家嘴中心绿地建设开始前期动迁,年末完成,共动迁企事业单位 9 家、居民 3 500 户,拆除各类建筑面积 20 多万平方米,动迁费用 7 亿元。中心绿地占地 10 万平方米,工程建设费用 1 800 万元,1997 年 7 月 1 日建成开放。中心绿地主要有绿草和湖泊构成,其中草坪 6.5 万平方米,播植四季常绿的德国冷季型草种,香樟、银杏、雪松、白玉兰、广玉兰、红枫等乔木点缀其中。蜿蜒在草坪上的小径勾勒出白玉兰轮廓。湖泊面积 8 600 平方米,呈浦东版图状(南汇行政区未划入时地图形状)。湖南岸是亲水平台,西畔是占地 600 多平方米的观景帐篷。帐篷状如白色海螺,内可举行中小型演出活动。绿地南端保留着动迁时未拆除的民国时期江南典型民居建筑——陈桂春住宅。

表 5 - 6 - 2 1990—2010 年陆家嘴金融贸易区金融中心区楼宇建设情况表

建筑名称	占地面积(平方米)	建筑面积(万平方米)	层数与高度	开 发 商	开工时间	竣工时间
港务大厦	16 250	3.42	地上 28 层,地下 2 层,高 102 米	交通部上海地区水运通信网工程指挥部	1990.12	1995.6
东方明珠电视塔	38 773	9.49	高 468 米	上海东方明珠股份有限公司	1991.7	1994.1
上海招商局大厦	7 301	7.1	地上 39 层,地下 2 层,高 186 米	招商局地产有限公司	1992.12	1995.12
新上海国际大厦	6 781	7.68	地上 38 层,地下 4 层,高 168 米	新上海国际大厦有限公司	1992.12	1997.5
永华大厦	3 555	3.57	地上 27 层,高 99 米	永华房地产发展有限公司	1992.12	1995.1
银都大厦	6 120	3.3	地上 18 层,地下 1 层,高 89 米	中国人民银行上海分行	1992.5	1995.9
中国船舶大厦	6 307	4.8	地上 25 层,高 100 米	上海瑞舟房地产发展有限公司	1993.1	1996.6
国家开发银行大厦(原建设大厦)	7 468	6.6	地上 41 层,地下 3 层,高 159 米	上海市城市建设投资开发总公司	1993.12	1997.6
金茂大厦	23 611	28.74	地上 88 层,地下 3 层,高 420.5 米	中国上海对外贸易中心股份有限公司、中国金茂(集团)股份有限公司	1993.12	1998.6
浦东海关大厦	11 466	3.1	地上 22 层,地下 1 层,高 94 米	上海海关大厦有限公司	1993.3	1996.6
良丰大厦	4 773	2.88	地上 27 层,高 97 米	上海良丰置业发展有限公司	1993.4	1995.6
上海证券大厦	11 870	9.58	地上 27 层,地下 3 层,高 109 米	上海浦利房地产发展有限公司	1993.8	1997.9
上海房地产大厦	5 376	4.09	地上 31 层,地下 2 层,高 128 米	上海国安房地产发展有限公司	1994.2	1996.12
华能联合大厦	9 300	7.23	地上 38 层,地下 3 层,高 188 米	上海华能房地产开发有限公司、申能集团、久事集团	1994.4	1997.6
世界金融大厦	8 250	8.7	地上 43 层,地下 3 层,高 167 米	上海新世界建设发展有限公司	1994.5	1997.1
金穗大厦	6 680	4.9	地上 26 层,地下 2 层,高 110 米	上海新金穗实业(集团)股份有限公司	1994.7	197.5

（续表一）

建筑名称	占地面积（平方米）	建筑面积（万平方米）	层数与高度	开发商	开工时间	竣工时间
华夏银行大厦（原京银大厦）	8 600	6.75	地上 39 层,高 160 米	中国华能房地产开发公司、韩国汉拿建设株式会社	1995.11	1998.8
中银大厦	9 919	12	地上 53 层,地下 3 层,高 230 米	上海浦东国际金融大厦有限公司	1995.12	2000.9
中国保险大厦	7 263	6.1	地上 40 层,地下 3 层,高 150 米	中国保险大厦有限公司	1995.3	1998.5
恒生银行大厦（原森茂国际大厦）	10 423	11.68	地上 46 层,地下 4 层,高 203 米	上海森茂国际房地产有限公司	1995.4	1998.4
浦东香格里拉大酒店	10 037	7	地上 28 层,地下 3 层,高 100 米	上海浦东香格里拉酒店有限公司	1995.4	1998.6
世纪金融大厦（原巨金大厦）	8 600	6.46	地上 28 层,地下 2 层,高 124 米	中国工商银行	1995.9	1999
上海国家会议中心	18 000	9.5	地上 11 层,高 51 米	上海东方明珠股份有限公司	1996.4	1999.8
上海信息大楼	8 250	10.2	地上 41 层,地下 4 层,高 286 米	中国电信集团上海市电信公司	1996.4	2001.7
正大广场	31 003	24.3	地上 9 层,地下 3 层,高 50 米	上海帝泰发展有限公司	1996.5	2001.9
震旦国际大厦	9 720	8.7	地上 37 层,地下 3 层,高 158 米	震旦国际大楼(上海)有限公司	1996.6	1998.12
浦发大厦	6 947	7.1	地上 36 层,地下 3 层,高 147 米	上海东展有限公司、上海浦东发展银行	1996.7	1999.1
交银金融大厦	9 974	9.9	南塔地上 50 层,北塔地上 47 层,地下各 4 层,高 229 米	交通银行大厦有限公司	1997.4	2000.9
渣打银行大厦（原陆家嘴伊藤忠开发大厦）	5 957	5.43	地上 26 层,地下 3 层,高 135 米	上海陆家嘴金融贸易区开发股份有限公司	1997.7	2008.1
上海环球金融中心	30 000	31.54	地上 101 层,地下 3 层,高 492 米	上海环球金融中心有限公司	1997.8	2008.8
瑞苑公寓（浦东雅诗阁服务公寓）	15 470	3.5	地上 345 层,高 120 米	上海瑞舟房地产发展有限公司	1998.4	2001
二十一世纪大厦	12 000	10	地上 49 层,地下 3 层,高 183 米	上海二十一世纪房地产有限公司	1998.9	2010.9
海洋水族馆	12 094	4	地上 4 层,高 41 米	上海海洋水族馆有限公司	1999.5	2001.12

(续表二)

建筑名称	占地面积 (平方米)	建筑面积 (万平方米)	层数与高度	开 发 商	开工时间	竣工时间
盛大金磐	55 276	20.64	地上43层,地下2层,高150米	上海金磐房地产开发有限公司	2002.11	2005
上海银行大厦	11 677	10.7	地上46层,地下3层,高230米	上海莘盛发展有限公司、上海银行	2002.2	2004.6
汤臣一品	20 111	14.63	地上44层,高153米	汤臣海景花园(上海浦东新区)有限公司	2002.3	2007.3
汇亚大厦	8 452	9.3	地上29层,地下4层,高160米	新资房地产开发(上海)有限公司	2002.5	2005.3
浦东香格里拉大酒店(二期)	9 193	6.2	地上27层,地下3层,高100米	上海浦东香格里拉酒店有限公司	2002.6	2004.5
花旗集团大厦	11 892	1.4	地上40层,地下3层,高180米	上海巴鼎房地产发展有限公司	2002.6	2004.9
中粮海景1号(鹏利海景)	24 315	11.72	地上37层,高120米	上海鹏利置业发展有限公司	2003.11	2005.12
上海凯宾斯基大酒店(原上海新天哈瓦那酒店)	11 700	8.73	地上30层,地下2层,高120米	上海新天舜华有限公司	2003.12	2007.6
中国平安金融大厦	27 667	15.5	地上38层,地下3层,高203米	中国平安人寿保险股份公司	2004.12	2008.4
黄金置地大厦	10 559	9	地上40层,地下3层,高200米	上海黄金置地有限公司	2004.2	2005.12
中国民生银行大厦(原中商大厦)	9 000	9.43	地上45层,地下2层,高189米	上海民生银行股份有限公司	2004.7	2009.12
时代金融中心(原发展大厦)	9 629	10.4	地上46层,地下3层,高239米	上海迪威行置业发展有限公司	2004.9	2007.6
星展银行大厦	11 675	6.68	地上18层,地下3层,高95米	上海陆家嘴金融贸易区开发股份有限公司	2005.12	2009.12
中融碧玉蓝天大厦	9 000	10	地上48层,地下4层,高220米	上海中融置业发展有限公司	2005.12	2008.7
未来资产大厦(原合生国际大厦)	10 300	8.3	地上33层,地下3层,高180米	上海民泰房地产有限公司	2005.7	2008.7
上海国际金融中心	69 400	55.5	地上56层,地下4层,高260米	新鸿基地产发展有限公司	2006.4	2010.8

（续表三）

建筑名称	占地面积（平方米）	建筑面积（万平方米）	层数与高度	开 发 商	开工时间	竣工时间
东亚银行金融大厦（原高宝金融大厦）	8 100	8.7	地上 42 层,地下 3 层,高 180 米	高鹏（上海）房地产发展有限公司	2006.4	2009.11
太平金融大厦	9 300	11.06	地上 38 层,地下 3 层,高 208 米	上海泽鹏置业有限公司	2007.12	
万向大厦	9 543	4.24	地上 19 层,地下 3 层,高 88 米	上海万向置业有限公司	2007.5	2008.12
上海保利广场	27 310	10.34	地上 30 层,地下 3 层,高 142 米	上海保利欣房地产有限公司	2007.9	2009.12
浦东双辉大厦	26 290	30.05	地上 49 层,地下 4 层,高 215.3 米	上海瑞明置业有限公司	2007.9	2010.5
陆家嘴金融信息楼	4 425	0.91	地上 3 层,地下 2 层,高 15 米	上海陆家嘴金融贸易区开发股份有限公司	2008.6	2010.2
招商银行上海大厦	18 700	9.8	地上 34 层,地下 5 层,高 208 米	招商银行股份有限公司	2008 年初	

资料来源：上海陆家嘴金融贸易区提供

二、新上海商业城

1984 年,张杨路商业设施建设列入上海市总体规划。1990 年 9 月 1 日,有关部门参加的协调会上,明确其"为地区性居民生活服务的商业购物中心",对外名之"张杨路商业购物服务中心"。在规划功能上侧重发展商业,以免与整个陆家嘴地区为金融贸易区的整体功能相混淆。1994 年,"张杨路商业购物服务中心"定名为"新上海商业城"。

新上海商业城是上海市商业系统支持浦东开发,实施商业"东进"的重大举措。在市政府商业主管部门牵头下成立浦东商业建设联合发展公司,全面负责新上海商业城的开发建设。

新上海商业城开发建设规划从最初设想到 1992 年部分项目开工,经历三次调整。规划面积 14 公顷,南至张杨路,北靠商城路（曾名沈家弄路）,东至崂山路（曾名崂山东路）,西靠浦东南路、南泉北路（曾名崂山西路）,由南至北穿越新上海商业城。规划建设新大陆广场、新梅联合广场（联合广场）、新世纪商厦（第一八佰伴）、良友大厦、远东大厦、银都商城、三鑫世界商厦（食品总汇）、内外联大厦、乐凯大厦、福兴大厦（服饰总汇）、华诚大厦（国药大厦）、新亚汤臣大酒店、福使达大厦（石化大厦）、银河大厦、胜康廖氏大厦、华东石化大厦、新力大厦（18 幢大楼名称以后有所变化）等 18 幢商贸大厦,建筑面积 80 万平方米,其中包括商场 26 万平方米、办公娱乐用房 25 万平方米、宾馆 10 万平方米、餐饮 5 万平方米、地下车库等 14 万平方米。区域实施集中供热,配备 120 吨级热力站,专设 35 千伏变电站、2 万多门程控电话机房等配套设施,是上海"四街四城"市级商业中心中最大的一个市级商业中心,列入上海市"八五"期间重点工程。布局上借鉴国际上流行的购物中心模式,高层商厦环立四周,通过新大陆厂场与各大楼之间的 9 座天桥（连廊）联通区内各大楼商场。内设 1 万平方米中心广场,有绿地、喷泉、雕塑小品,可供人们观赏、漫步、休闲。商业城集购物、游览、餐饮、服务、办公、展览、娱乐、休闲于一体。1991年12月29日,由上海石油总公司主建的福使达大厦和上海粮油贸易公司主建的良友大厦率先动工建设。翌年8月至12月,三鑫世界商厦、福兴大厦、华诚大厦、内外联大厦、乐凯大厦相继开工建造。1994年,包括新世纪商厦在内的17幢大楼全部开工建设。同年底,内外联大厦、三鑫世界商厦、福兴大厦、华诚大厦、福使达大厦5幢大厦底层商场试营业。1995年12月,新世纪商厦建成开业。1997年底,除银峰大厦、新梅联合广场外16幢大楼竣工开业。银峰大厦延时至2004年竣工并更名为生命人寿大厦。

在商城规划建成和开业经营的同时,商城的辐射拓展效应逐步显现。1994年1月,由香港华润集团公司与上海华联商厦共同投资的时代广场破土动工,标志着商城开始向张杨路南侧、浦东南路西侧和商城路北侧拓展。至2010年末,商城的张杨路南侧建有时代广场、中融恒瑞国际大厦、长航大厦,浦东南路西侧建有鄂尔多斯国际大厦、上海湾室内商业步行街、中融大厦、隆宇大厦,商城路北建有世界广场,并将商城及周边商业建筑和设施统称为张杨路商业中心。

【三鑫世界商厦(食品总汇)】

位于新上海商业城张杨路北侧,占地面积3 497平方米,总建筑面积1.72万平方米。由上海市烟糖公司投资建设,1992年8月动工,1994年12月竣工,工程总投资9 748万元。

【华诚商厦(国药商厦)】

位于新上海商业城张杨路北侧,占地面积3 574平方米,总建筑面积1.79万平方米,地上9层,地下2层,高39米。由上海市药材公司投资建设,1992年8月开工,1994年12月竣工,工程总投资7 800万元。

【福兴大厦(服饰总汇)】

位于新上海商业城张杨路北侧,占地面积3 574平方米,总建筑面积2.37万平方米,地上14层,地下2层,高60米,由上海时装股份有限公司投资建设,1992年12月动工,1994年12月竣工,工程总投资1.1亿元。

【内外联大厦】

位于新上海商业城商城路南侧,占地面积5 139平方米,总建筑面积2.7万平方米,地上23层,地下2层,高89米。由上海市商贸大厦筹建处投资建设。1992年8月动工,1994年12月竣工,工程总投资1.5亿元。

【福使达大厦(石化大厦)】

位于新上海商业城张杨路北侧,占地2 329平方米,总建筑面积1.53万平方米。由上海石油总公司投资建设,1991年12月动工,1994年12月竣工,总投资3 270万元。

【新梅联合广场】

位于新上海商业城西部、浦东南路东侧,占地面积9 300平方米,总建筑面积约10.03万平方米,由南北2幢40层大楼组成,为新上海商业城中最高大楼。由鑫兆房地产发展有限公司投资建设,1994 年 7 月动工,一度停建,至 2005 年 11 月竣工启用。

【乐凯大厦】

位于新上海商业城商城路南侧,占地面积 5 434 平方米,建筑面积 4.35 万平方米,地 22 层,地下 2 层,高 94 米。由上海乐凯房地产开发有限公司投资建设,1992 年 12 月动工,1996 年 6 月竣工。

【新亚汤臣大酒店】

位于新上海商业城东部、崂山路西侧,占地面积 6 687 平方米,建筑面积 3.80 万平方米。由新亚汤臣大酒店有限公司投资建设,1993 年 7 月动工,1996 年 6 月建成启用。

【良友大厦】

位于新上海商业城商城路南侧,占地面积 6 141 平方米,总建筑面积 3.8 万平方米,高 92.8 米。由上海粮油交易所和良华股份企业有限公司投资建设,1992 年 8 月开工,1994 年 12 月竣工,工程总投资 1.1 亿元。

【远东大厦】

位于新上海商业城西部,北有内外联大厦,南是新世纪商厦,西侧为新梅联合广场,占地面积 8 379 平方米,建筑面积 4.19 万平方米,地上 18 层。由远东大厦筹建处投资建设,1993 年 12 月动工,1998 年竣工启用。

【斯米克大厦】

位于新上海商业城东北侧,占地面积 6 500 平方米,建筑面积 3.93 万平方米,高 99.9 米。由上海胜康斯米克房地产投资公司投资建设,1993 年 11 月动工建设,1996 年 2 月竣工。

【胜康廖氏大厦】

位于新上海商业城乐凯大厦东侧,占地面积 5 320 平方米,建筑面积 4.16 万平方米,高 93 米。由上海胜康斯米克房地产有限公司投资建设,1993 年 7 月动工建设,1996 年 3 月竣工。

【华中大厦(新力大厦)】

位于新上海商业城远东大厦与新梅联合广场之间,占地面积 3 202 平方米,占地面积 1.96 万平方米,高 63 米。由上海新力房地产有限公司投资建设,1993 年 8 月动工建设,1996 年 6 月竣工。

【生命人寿大厦(银都商城)】

位于新上海商业城福使达大厦北侧,占地面积 4 909 平方米,建筑面积 5.62 万平方米,地上 42 层,地下 2 层,高 150 米。1993 年 12 月动工建设,一度停止建设,至 2004 年建成,并改名生命人寿大厦。

【银河大厦】

位于新上海商业城新亚汤臣大酒店北侧,占地面积 6 800 平方米,建筑面积 3.2 万平方米,高

68 米。由中国石化销售有限公司华东分公司投资建设,1994 年 8 月开工,1996 年 7 月竣工。

【新大陆广场】

位于新上海商业城中心位置(南泉北路东侧),占地面积 1.11 万平方米,总建筑面积 3.1 万平方米,高 23 米。由鑫联房地产有限公司投资建设,1994 年开工建设,1996 年竣工。

【华润时代广场】

位于张杨路南侧,与新世纪商厦一路之隔,占地面积 1.02 万平方米,建筑面积 9.88 万平方米,地上 38 层,高 155 米。由上海华润时代有限公司投资建设,1994 年 1 月动工,1996 年 12 月竣工。

【中融恒瑞国际大厦】

位于张杨路南侧、南泉北路东侧,占地面积 1.09 万平方米,建筑面积 10.60 万平方米,地上 26 层,地下 2 层,高 123.75 米。由中融集团与上海中融置业发展有限公司投资建设,2004 年 11 月动工,2006 年 6 月竣工。

【华融大厦】

位于浦东南路东侧,北临时代场,占地面积 5 733 平方米,建筑面积 5.20 万平方米,地上 27 层,地下 2 层。黑龙江工大集团与上海程达投资发展有限公司投资建设,2000 年 2 月动工,2001 年 12 月竣工。

【鄂尔多斯大厦】

位于张杨路北侧、浦东南路西侧,与新世纪商厦一路之隔,占地面积 1.74 万平方米,建筑面积 6.26 万平方米,地上 21 层,地下 2 层,高 95.4 米。由鄂尔多斯羊绒集团上海久大置业有限公司投资建设,2004 年 12 月动工,2008 年 7 月竣工。

【隆宇大厦】

位于浦东南路西侧,北临商城路,与新上海商业城相对,占地面积 5 587 平方米,建筑面积 4.13 万平方米,地上 27 层,地下 2 层,高 99.9 米。由上海浦东隆宇房地产开发有限公司投资建设,1996 年 6 月动工,2000 年 10 月竣工。

三、竹园商贸区

竹园商贸区(以下简称商贸区)初期规划范围东至源深路,西至崂山路(时名崂山东路),北至张杨路,南至浦电路、潍坊路[由崂山路起沿潍坊路向东至东方路(曾名文登路),再由东方路向南至浦电路,由浦电路至源深路],面积 0.9 平方公里,地属黄浦区潍坊新村街道。功能定位为商业贸易与办公,由陆家嘴集团公司负责开发建设,投资建设方来自国家部属大企业、外省市企业和市内企业,成为浦东开发初期打"中华牌"的象征,成为"省、部楼宇建设的聚集地"。

商贸区先期重点开发地块(2—2 地块)北至张杨路,东至东方路,西至崂山路,南至潍坊路,面积约 10.3 公顷,动迁企事业单位 10 余家,居民 550 多户,规划建设 8 幢大楼。1991 年 6 月 24 日,裕安大厦奠基,年底正式开工建设。1992 年 5 月 8 日,众城大厦动工建设,同日,建造华都大厦的土地转让合同签署。至年末,华都大厦、齐鲁大厦、宝安大厦先后动工建造。

1993 年上半年,位于商贸区 2—2 地块的最后 3 幢大楼——汤臣金融大厦、明城大酒店(明花花苑)、紫金山大酒店(原名江苏大厦)动工建设,其时商贸区开发建设重点向东方路东部区域拓展。1993 年末,位于东方路以东区域的爵士大厦、嘉兴大厦、锦城公寓、众城公寓、中国煤炭大厦、中达广场、一百杉杉大厦、宝钢大厦等开工建造。

1994 年 9 月 28 日,商贸区众城大厦竣工,成为浦东开发开放后从征地、动拆迁、设计至建成的第一幢高楼。年内,商贸区内中国石油大厦、上海期货大厦、新天国际大厦、双鸽大厦、东方大厦、通茂大酒店、上海电力公司调度大楼(银舟大厦)、远东国际大厦、香榭丽花园(住宅区)等相继动工建设。

1995 年 6 月 26 日,由安徽省企业投资兴建的外省市在浦东建造的第一幢大楼——裕安大厦在商贸区竣工开业。同年底,华都大厦、汤臣金融大厦、爵士大厦、锦城公寓、众城公寓建成。1997年,商贸区 2—2 地块规划建设的齐鲁大厦、紫金山大酒店、明城大酒店先后竣工。宝安大厦延时至2001 年 1 月竣工。

2000 年,商贸区建成各类大楼 27 幢。随着各类功能大楼在商贸区先后建成,上海期货交易所、紫金山大酒店、齐鲁大酒店、上海浦东假日酒店、全华信息大厦(商品交易大楼)、中油阳光大酒店、通贸大酒店等先后在上海期货大厦、江苏大厦、齐鲁大厦、中国煤炭大厦、中国石油大厦、通贸大厦等楼内相继开业。同年 4 月,世纪大道由北至南建成通车,由此将商贸区分为东、西两大部分。

2001 年至 2010 年,商贸区又先后建成宝安大厦、兴业嘉园、钱江大厦、双鸽大厦、同盛大厦、城建国际中心、中建大厦、宏嘉大厦、陆家嘴钻石大厦、长泰国际金融大厦、葛洲坝大厦、东方希望大厦等大楼以及香榭丽花园、九六广场等住宅和纯商业设施。2010 年末,竹园商贸区建成金融、商务、办公、居住大楼项目 41 个。

商贸区交通生活配套设施逐步完备。上海轨道交通 4 线换乘枢纽站世纪大道站位于区内,轨道交通 2 号线、4 号线、6 号线、9 号线在此换乘。景观大道世纪大道由西北至东南穿越园区。商贸区成为中国要素市场的聚集重地。上海期货交易所、上海钻石交易所、上海金融期货交易所在此集聚。一批期货公司、证券公司、基金公司在此设立总部和营业部。

表 5 - 6 - 3　1991—2010 年陆家嘴金融贸易区竹园商贸区楼宇建设情况表

建筑名称	占地面积(平方米)	建筑面积(万平方米)	层数与高度	开发商	开工时间	竣工时间
裕安大厦	6 016	3.9	地上 30 层,地下 2 层,高 99 米	上海安徽裕安实业总公司	1991.12	1995.6
华都大厦	9 570	5.3	地上 30 层,高 99 米	上海华都大厦有限公司	1992.1	1995.3
齐鲁大厦	7 260	5.3	地上 27 层,地下 2 层,高 100 米	上海齐鲁实业公司	1992.11	1996.1
宝安大厦	12 800	8.5	地上 38 层,地下 2 层,高 138 米	上海宝安企业有限公司	1992.12	2001.1
众城大厦	6 461	3.6	地上 26 层,地下 2 层,高 98 米	上海众城实业股份有限公司	1992.5	1994.9

（续表一）

建筑名称	占地面积（平方米）	建筑面积（万平方米）	层数与高度	开 发 商	开工时间	竣工时间
中国煤炭大厦	8 080	6.2	地上 34 层,地下 2 层,高 150 米	上海中国煤炭大厦公司	1993.1	1998.2
一百杉杉大厦	5 940	4.9	地上 26 层,地下 2 层,高 99 米	上海时运房地产开发公司	1993.12	1997.3
中达广场	6 018	4.4	地上 28 层,地下 2 层,高 99 米	中达化工联合总公司	1993.12	1996.6
汤臣金融大厦	7 394	5.3	地上 25 层,地下 3 层,高 100 米	汤臣嘉地(上海)房地产有限公司	1993.2	1995.8
明城大酒店（原明城花苑）	9 888	5.1	地上 28 层,地下 2 层,高 95 米	上海陆家嘴金融贸易区联合发展有限公司	1993.3	1996.3
紫金山大酒店（原江苏大厦）	11 071	7.6	地上 43 层,高 147 米	上海江苏大厦筹建处	1993.6	1997.7
爵士大厦	13 010	5.3	地上 33 层,高 104 米	金马房地产开发公司	1993.7	1995.1
嘉兴大厦	3 805	2.8	地上 24 层,地下 2 层,高 100 米	上海兴嘉房地产开发有限公司	1993.9	1996.6
锦城公寓	5 386	2.8	地上 26 层,高 96 米	上海众城实业股份有限公司	1993.9	1995.1
众城公寓	2 125	1.53	地上 27 层, 高 96 米	上海众城实业股份有限公司	1993.9	1995.1
宝钢大厦	8 252	7.2	地上 33 层,地下 3 层,高 130 米	宝钢集团公司	1993.9	1997.3
中国石油大厦	7 289	5.5	地上 33 层,地下 2 层,高 137 米	上海浦东华油实业有限公司	1994.1	1997.4
东方大厦	9 021	5.1	地上 16 层, 高 65 米	东方物产有限公司	1994.1	1997.12
远东国际大厦	4 298	2.9	地上 23 层, 高 98 米	上海集元经济发展公司	1994.12	1998.6
上海期货大厦	9 113	7.1	地上 37 层,地下 3 层,高 140 米	上海期货交易所	1994.12	1997.1
新天国际大厦	6 252	5.23	地上 28 层,地下 2 层,高 99.68 米	上海新高房地产有限公司	1994.5	1999.12
双鸽大厦	5 515	4	地上 17 层, 高 76 米	上海永生招商发展公司	1994.5	2004
通茂大酒店（中国通信产业贸易中心）	6 105	5.4	地上 36 层,地下 2 层,高 134 米	全国通信产业贸易中心筹建办	1994.8	1997.12

（续表二）

建筑名称	占地面积（平方米）	建筑面积（万平方米）	层数与高度	开　发　商	开工时间	竣工时间
上海电力公司调度大楼（原银舟大厦）	15 037	7.1	地上 33 层，高 130 米	上海市电力公司	1994.9	2003.12
新港大厦	6 365	3.7	地上 30 层，高 94 米	兆安房地产发展（上海）有限公司	1995.12	1998.12
东方国际科技大厦	4 926	4.4	地上 26 层，地下 2 层，高 99 米	上海众达实业投资有限公司	1995.8	1997.9
陆家嘴商务广场（原浦项商务广场）	11 400	9.81	地上 34 层，地下 4 层，高 156 米	上海陆家嘴金融贸易区开发股份有限公司	1996.4	1999.9
全华信息大厦（原商品大楼）	3 300	1.86	高 50 米	全华网络有限公司	1997.2	1998.3
云南大厦（原红塔瑞吉大酒店）	6 035	5.3	地上 38 层，地下 3 层，高 140 米	上海红塔大酒店有限公司	1998.8	2000.6
钱江大厦	5 231	4.71	地上 27 层，地下 2 层，高 99.7 米	上海钱江实业（集团）有限公司	2000.5	2004.3
香榭丽花园	39 239	12.76	地上 30 层，高 94.7 米	上海龙仓置业有限公司	2000.6	2001.11
兴业嘉园	6 099	3.1	地上 26 层，高 99 米	上海兴业投资发展有限公司	2001.7	2003.4
同盛大厦	6 614	4.78	地上 25 层，地下 2 层，高 99.7 米	上海同盛投资集团房产有限公司	2003.12	2005.4
长泰国际金融大厦（原华东汽车大厦）	9 250	5.9	地上 24 层，高 99 米	上海长甲置业有限公司	2003.9	2005
城建国际中心	6 835	5.99	地上 29 层，地下 3 层，高 120 米	上海利德房地产发展有限公司	2004.1	2006.6
东方希望大厦	6 969	2.66	地上 12 层，地下 2 层，高 56 米	上海东方希望房地产有限公司	2004.6	2007.8
九六广场	26 300	6.59	地上 3 层，地下 1 层，高 15 米	上海陆家嘴金融贸易区联合发展有限公司	2005.12	2008.6
中建大厦	9 200	9.67	地上 32 层，地下 4 层，高 166 米	上海中建投资有限公司	2005.8	2008.5
葛洲坝大厦	8 174	6.1	地上 26 层，地下 3 层，高 120 米	上海葛洲坝阳明置业有限公司	2006.1	2009.2
中国钻石交易中心	6 400	4.92	地上 14 层，地下 2 层，高 68 米	上海陆家嘴金融贸易区联合发展有限公司	2006.4	2009.6

（续表三）

建筑名称	占地面积（平方米）	建筑面积（万平方米）	层数与高度	开 发 商	开工时间	竣工时间
中国石油上海大厦（原盛大国际金融中心）	9 786	11.12	地上 41 层,地下 4 层,高 174 米	上海盛大基地置业有限公司	2006.9	2009.12
宏嘉大厦	10 641	6.07	地上 25 层,地下 2 层,高 112.09 米	上海宏嘉房地产有限公司	2008.1	2010.6
世纪大都会	37 898	27.8	地上 16 层,地下 4 层	上海陆家嘴金融贸易区联合发展有限公司	2008.12	—
陆家嘴基金大厦	9 900	4.5	地上 17 层,地下 2 层,高 80 米	上海陆家嘴金融贸易区联合发展有限公司	2008.6	—
东方金融广场	12 331	11.53	地上 23 层,地下 3 层,高 99.95 米	东方金融广场企业发展有限公司、金辉工业房地产发展有限公司	2008.8	—
陆家嘴投资大厦	8 325	4.6	地上 14 层,地下 2 层,高 70 米	上海陆家嘴金融贸易区联合发展有限公司	2009.6	—

资料来源：上海陆家嘴金融贸易区提供

四、花木行政文化区

花木行政文化区(以下简称政文区)东至民生路,西濒张家浜,南邻锦绣路,北靠杨高中路,面积1.07 平方公里,开发前为洋泾乡西漕村 11 队、西华村 7 队地域。政文区规划建设以行政办公、科技文化艺术为主的现代化综合功能区。政文区开发建设起步于 1995 年,主要由上海浦东土地控股公司负责开发建设。第一幢建筑为区武装部大楼(位于今东方艺术中心处,因建造东方艺术中心被拆除。1995 年 12 月,浦东新区办公中心奠基建设。1998 年 12 月 18 日,政文区标志性项目上海科技馆动工建造,总投资 15 亿元。1999 年 10 月,商检局大楼建成。年底,上海出入境检验检疫局从中山东一路海关大楼迁入办公。2000 年,浦东新区行政办公中心、世纪广场(世纪大道南道)、轨道交通 2 号线科技馆站(时名杨高南路站)竣工。同年末,中共上海市浦东新区委员会、浦东新区人民政府所属行政机构迁入浦东新区行政办公中心。

进入 21 世纪,政文区步入快速建设发展期。2001 年,上海科技馆、浦东图书馆、浦东青少年活动中心(浦东少年宫)竣工。2002 年 3 月 26 日和 11 月 30 日,东方艺术中心、浦东展览馆(时名浦东文献中心)2 个大型文化项目先后动工。在 2002 年至 2010 年的 9 年中,先后建设竣工的重大行政、文化、商务办公建筑设施项目有东方艺术中心、上海市公安局出入境管理局大楼、上海海事法院大楼、上海市公安局浦东分局大楼、上海市浦东新区检察院大楼、上海市浦东新区人民法院大楼、中国银联大厦、汇商大厦、同润商务园、银华大楼、浦东市民中心、金鹰大厦(A、B 楼)、东怡大酒店,以及5 号地块绿地等,共计 18 个项目。辟建迎春路、丁香路、合欢路、含笑路、银带路等区域性道路。轨道交通 2 号线与 9 号线分别设上海科技馆站和杨高中路站。入驻机构有中共上海市浦东新区委员会、浦东新区人民政府、上海市公安局出入境管理局、上海海事法院、中国银行监督委员会上海局、中国保险监督委员会上海局、中国证券监督委员会上海局、浦东新区人民法院、浦东新区人民检察院、上海市公安局浦东分局、三菱商事等。

【上海科技馆】

位于世纪大道 2000 号，处于丁香路、迎春路与世纪大道（世纪广场）的合围之中，占地面积 6.87 万平方米，总建筑面积 9.8 万平方米，总投资 15 亿元。由美国 RTKL 国际建筑有限公司和上海建筑设计院设计。1998 年动工兴建，2001 年 12 月 18 日竣工开馆，科技馆以"自然、人、科技"为主题，设有地壳探秘、生物万象、智慧之光、视听乐园、设计师摇篮、彩虹乐园、自然博物馆等 7 个展区和巨幕影院、球幕影院、四维影院、太空影院及会馆、旅游纪念品商场、临时展馆、多功能厅等配套设施。

【东方艺术中心】

位于丁香路 425 号，是上海标志性文化设施之一，由法国建筑师保罗·安德鲁、华东建筑设计院设计。占地面积 2.36 万平方米，建筑面积 4 万平方米，总投资 10.97 亿元。由市政府和浦东新区政府共同投资建造。2002 年 3 月 26 日，东方艺术中心项目开工建设，2004 年 12 月 31 日竣工并对外试营业。从高处俯瞰，东方艺术中心建筑由 5 个半球体组成，依次为正厅入口、东方演奏厅、东方音乐厅、东方歌剧厅和展览厅。整个建筑外形宛若一朵硕大的"蝴蝶兰"，共设座位 3 306 个，其中东方音乐厅 1 953 个，东方歌剧厅 1 020 个，东方演奏厅 333 个。

【浦东新区行政办公中心】

位于世纪大道 2001 号，占地面积 7.47 万平方米，建筑面积 8.54 万平方米，有 1 幢高 124 米、24 层主楼和 4 幢 5 层裙房组成。由浦东新区政府投资建设，日本藤田事务所、华东建筑设计院设计，1995 年 12 月 12 日奠基，2000 年 10 月 30 日竣工启用。是年，中共上海市浦东新区委员会、浦东新区人民代表大会常务委员会、浦东新区人民政府、政治协商会议浦东新区委员会及所属部委办局机构从浦东大道 141 号迁入办公。

【浦东展览馆】

曾名浦东文献中心，位于迎春路 520 号，占地面积 2.81 万平方米，建筑面积 4.52 万平方米，由 1 幢 4 层高主楼（展示厅）和 1 幢 10 层高办公楼组成。由浦东新区政府投资 4.74 亿元兴建，德国 GMP 公司设计，上海中益建筑工程有限公司施工。2002 年 11 月 30 日动工，2005 年 4 月基本建成试运行。首个展览项目——浦东开发开放十五周年成果展，于 2005 年 4 月 18 日展出。2006 年 4 月，正式竣工启用。

【5 号绿地】

位于花木文化行政区中心位置，处于锦带路、丁香路、合欢路和迎春路的合围中，面积约 5.8 万平方米。内植松、樟、杉、桂、枫等乔木，以及月季等花卉，中间辟草坪一方，并置曲径数条，供人休闲漫步。

第五节　产　业　发　展

1990 年前，在浦东区域，陆家嘴属第二、第三产业较为发达地区，工商企业大多分布在沿江一线。1990 年后，随着各类产业和招商引资政策措施的实施、黄浦江沿岸的开发建设，域内以船舶制造和码头运输等为主的传统行业向外转移或关闭停业，一批金融、商贸、办公设施先后建成，中外资银行、保险、证券、期货等金融机构迁入或在此成立。以金融为核心的现代服务业迅速发展，形成金融、商贸、旅游、会展等一批新兴产业，成为中国金融业机构最为密集的地区和中国要素市场的重地。

表 5－6－4　2008—2010 年陆家嘴金融贸易区主要经济指标表

指　标	单　位	2008 年	2009 年	2010 年
税收总额（税务部门口径）	亿元	306.02	305.07	344.37
其中地方税收	亿元	102.85	106.52	112.12
外商直接合同项目	个	261	204	257
外商直接合同金额	亿美元	18.77	16.01	15.70
外商直接投资实际到位金额	亿美元	15.84	13.28	9.83
新增内资企业注册户数	个	952	1 129	1 288
迁出内资企业户数	个	90	131	—
期末实有内资企业注册户数	个	11 730	11 854	—
新增内资企业注册资本	亿元	98.79	95.82	105.07
迁出内资企业注册资本	亿元	35.23	35.79	—
年末实有内资企业注册资本	亿元	3 367.67	3 624.19	—
全社会固定资产投资额	亿元	219.64	252.10	171.06
其中房地产开发投资额	亿元	127.00	147.00	113.95
其中办公及商业营业用房投资额	亿元	79.49	88.36	80.98
房地产新开工面积	万平方米	177.37	22.32	20.83
房地产竣工面积	万平方米	149.38	86.70	42.22
金融业增加值	亿元	471.55	—	687.77
年末金融机构数	个	504	553	592
其中外资法人银行	个	14	17	18
基金公司	个	24	28	29
年末认定的跨国公司地区总部数	个	59	64	65
举办展览（博览）数	次	117	112	120
商品销售总额（限额以上）	亿元	2 904.04	2 351.86	5 239.72
社会消费品零售总额	亿元	170.88	214.55	235.50

（续表）

指　　标	单　位	2008 年	2009 年	2010 年
年末星级宾馆数	个	25	26	27
主要景点接待人次	万人次	1 658.56	1 697.90	2 414.18
商办楼宇数	幢	159	159	197
商办楼宇建筑面积	万平方米	1 106.56	1 152.82	1 158.70
商办楼宇入驻率	％	87.7	86.9	86.0

资料来源：上海陆家嘴金融贸易区提供

一、银行业

1990 年前，陆家嘴地区银行业机构只有少量国有银行的营业网点。在浦东开发"基础设施先行、金融先行"战略方针的主导下，1990 年 8 月 24 日，陆家嘴第一家中资银行分行级机构——中国农业银行上海市浦东分行在由由饭店挂牌成立，由此掀起各大中资银行在浦东设立分行的热潮。同年 9 月和 12 月，中国建设银行、中国工商银行、交通银行在陆家嘴先后设立浦东分行。1991 年 4 月，招商银行在陆家嘴设立招商银行上海分行。同年 5 月，中国银行设立中国银行上海市浦东分行。1993 年 1 月，上海浦东发展银行在浦东注册成立。1993 年，各家银行对陆家嘴、金桥、外高桥、张江 4 个重点开发区域增加 10 亿元贷款，为浦东的 6 条道路筹措资金 3.20 亿元，落实东方明珠电视塔等重点项目的贷款，还为新区大中型企业的技术改造、东方路商业街的建设发展，扶植高新技术产业提供了大笔资金。是年底，陆家嘴区域内银行分行机构达到 7 家、总行 1 家。

1993 年末，8 家银行各项存款余额 251.90 亿元，比年初增长 104.5％，是 1990 年的 7.2 倍；各项贷款余额 252.30 亿元，比年初增长 94.1％，是 1990 年的 9.3 倍。存款增幅高于贷款增幅 10 个百分点以上。各行外汇存款余额 14 亿美元，比年初净增 4.80 亿美元，增长 52.2％，外汇贷款余额 12.90 亿美元，比年初净增 6.10 亿美元，增长 89.7％。8 家银行资产规模达 510 亿元，是 1990 年的 5 倍。银行从业人员增至 4 300 人。

1995 年 6 月，中国人民银行上海市分行迁入陆家嘴银都大厦办公，标志着上海金融重心由黄浦江西岸开始向黄浦江东岸转移。是年 9 月，日本富士银行上海分行在陆家嘴成立，这是在浦东成立并经营的第一家外资银行。

随着陆家嘴金融基础设施的逐步完善，1996 年 12 月 12 日，中国人民银行颁布《上海浦东外资金融机构经营人民币业务试点暂行管理办法》，允许外资银行在浦东试点经营人民币业务，由此加快了外资银行在陆家嘴聚集的步伐。同月 30 日，经中国人民银行批准，美国花旗银行、香港汇丰银行、日本东京三菱银行和日本兴业银行等 4 家外资银行的上海分行获准迁址浦东陆家嘴。之后，一批外资银行机构加快从浦西迁往浦东的速度。1997 年，三和、渣打、巴黎国际、第一劝业、东方汇理等 5 家外资银行获准迁入陆家嘴经营人民币业务。1997 年 3、4 月间，首批迁址陆家嘴的 4 家外资银行开始对外经营人民币业务。

2000 年 4 月，中国工商银行上海市分行从中山东二路迁入浦东大道 9 号世纪金融大厦（曾名巨金大厦）。同年 5 月，中国建设银行上海市分行从淮海中路迁入银城东路 201 号世界金融大厦。

2001 年 8 月,中国银行上海市分行从茂名路迁入银城中路 200 号中银大厦,标志着上海金融业格局发生重大变化,形成由中国人民银行上海分行坐镇浦东陆家嘴,以国有商业银行分行为主,外资银行为新军,其他商业银行、非银行金融机构为辅助的多元化金融格局。

2002 年 11 月,交通银行总部从北京迁入。陆家嘴金融业的聚集度进一步提高,辐射功能进一步显现。是年末,区域内银行类分行级机构达到 18 家,包括交通银行总行、中国人民银行上海分行、工行上海市分行、建行上海市分行、中行上海市分行和浦东发展银行上海地区管理总部、深圳发展银行上海分行、国家开发银行上海分行等。

2006 年末,入驻陆家嘴的外资银行开始实施法人银行改制,首批外资法人银行于第二年 4、5 月间开业,从而提升了外资银行的规模与辐射功能。设立在陆家嘴的汇丰银行中国有限公司,在中国大陆设立 24 家分行,营业网点 100 余个。设立在陆家嘴的花旗银行中国有限公司,在中国大陆设立 13 家分行,营业网点 45 个。设立在陆家嘴的东亚银行中国有限公司,在中国大陆设立 23 家分行和 80 个支行,营业网点 104 个。

2010 年末,陆家嘴区域内有中资银行 28 家,外资法人银行 18 家,外资银行分行 55 家,外资银行代表处 61 家。中外资银行人民币存款余额 8 703.52 亿元,人民币贷款余额 6 267.51 亿元,外币款余额 165.98 亿美元,外币货款余额 300.68 亿美元。其中,外资银行外汇存贷款余额 673.32 亿美元,人民币存货款余额 7 718.68 亿元。

表 5 - 6 - 5　2010 年陆家嘴金融贸易区设立的外资法人银行总部基本情况表

名　　称	设立时间	地　　址	所属国家或地区
华一银行(中国)有限公司	1991 年 1 月	浦东南路 360 号新上海国际大厦	合　资
汇丰银行(中国)有限公司	2007 年 4 月	世纪大道 8 号国金中心(汇丰银行大楼)37 层	中国香港
渣打银行(中国)有限公司	2007 年 4 月	福山路 500 号上海城建国际中心 21 层	英　国
花旗银行(中国)有限公司	2007 年 4 月	花园石桥路 33 号花旗集团大厦	美　国
东亚银行(中国)有限公司	2007 年 4 月	花园石桥路 66 号东亚银行大厦	中国香港
恒生银行(中国)有限公司	2007 年 5 月	陆家嘴环路 1000 号恒生银行大厦	中国香港
星展银行(中国)有限公司	2007 年 5 月	陆家嘴环路 1318 号星展银行大厦	新加坡
瑞穗实业银行(中国)有限公司	2007 年 6 月	陆家嘴环路 1000 号恒生银行大厦	日　本
三菱东京日联银行(中国)有限公司	2007 年 7 月	陆家嘴环路 1233 号汇亚大厦	日　本
荷兰银行(中国)有限公司	2007 年 7 月	陆家嘴环路 1233 号汇亚大厦	荷　兰
华侨银行(中国)有限公司	2007 年 8 月	银城中路 68 号时代金融中心	新加坡
友利银行(中国)有限公司	2007 年 11 月	世纪大道 1600 号陆家嘴商务广场	韩　国
南洋商业银行(中国)有限公司	2007 年 12 月	世纪大道 800 号南洋商业银行大厦	中国香港
大华银行(中国)有限公司	2008 年 1 月	东园路 111 号	新加坡
法国兴业银行(中国)有限公司	2008 年 8 月	世纪大道 88 号金茂大厦	法　国
三井住友银行(中国)有限公司	2009 年 4 月	世纪大道 100 号环球金融中心	日　本
法国巴黎银行(中国)有限公司	2008 年	世纪大道 100 号环球金融中心	合　资

资料来源:上海陆家嘴金融贸易区提供

二、保险业

1990 年前,陆家嘴区域内只有中国人民保险公司和太平洋保险公司的少量经营网点。1991 年1 月,中国人民保险公司上海市浦东分公司成立,成为区域第一家分公司级保险公司。1992 年 8月,中国太平洋保险公司上海分公司在此注册。是年 9 月,全国第一家外资保险公司美国友邦保险公司上海公司经中国人民银行总行批准,注册在陆家嘴地区,由此开创了中外资保险公司迁入陆家嘴或注册成立新公司的先河。1994 年 10 月,由本土中资机构参股的按照现代企业制度和国际标准组建的中国第一家股份制商业保险公司——天安保险股份有限公司在陆家嘴东方路成立。1997年 5 月,世界十大保险集团之一的丰泰保险(亚洲)有限公司上海公司落户。1999 年 6 月,由 AXA安盛集团和中国五矿集团公司合资组建的中国第一家中法合资金盛人寿保险公司成立。

2000 年,陆家嘴区域范围内各类营业性保险公司 15 家,其中中资 8 家、外资 7 家。保险市场初步形成以国有商业保险公司为主体、中外保险公司并存、多家保险公司竞争发展的格局。外资保险公司在不长的时间内,在保险市场取得显著经营成果。是年末,保费收入 15.66 亿元,其中人身险收入 14.27 亿元、产险收入 1.39 亿元;保费支出 4.84 亿元,其中人身险支出 4.65 亿元、产险支出0.19 亿元。

2002 年 10 月,中国太平洋保险(集团)股份有限公司从北京迁入银城中路 190 号。陆家嘴保险业的集聚和辐射功能进一步增强。从 2003 年至 2010 年,中国大地产险、永诚产险、长生人寿、海康人寿、海尔人寿、长江养老、国华人寿、汇丰人寿、美亚产险、劳合社、东京海上在陆家嘴注册成立公司或设立分公司。

2010 年末,区域内中外资保险类单位 165 家,其中中资保险公司 44 家、外资保险公司 25 家。中外资保险公司保费收入 419.80 亿元,其中财产保险保费收入 113.47 亿元,财产赔付支出 51.10亿元;人身保险保费收入 306.36 亿元,人身险赔付支出 7.51 亿元。

保险辐射功能进一步增强。中国太平洋保险集团公司旗下拥有产险、人身险、资产管理和养老保险等专业子公司,建立覆盖全国的营销网络和多元化服务平台,在 130 多个国家和地区的 350 多个主要港口城市聘请保险检验、理赔和追偿代理人,并与国内外多家保险公司、再保险公司及有关机构建立代理关系和业务往来关系。天安保险股份有限公司在 16 年发展中,业务规模和机构建设快速发展,建立 32 家分公司、1 000 余家营业机构,成立天安人寿保险公司,形成了产险、人身险加投资的多元化经营格局,逐步成长为全国性的大型现代金融保险企业。金盛人寿保险公司以上海、广州、北京三个城市为区域中心,业务经营范围覆盖华东、华南和华北等区域的重要城市。

三、要素市场

1993 年 3 月,位于浦东东方路的浦东新区人才交流中心(后迁至张杨路)成立开业。1994 年 11月,浦东新区社会事业资源配置市场在浦东大道(近福山路)创办。市场下设"药品采购信息服务""设备采购招标""人才资源服务"3 个中心,并先后于 1995 年 1 月、5 月和 7 月起对外运营。

1996 年 4 月,浦东产权经纪有限公司(曾名浦东新区产权经纪事务所)成立。同年 5 月初,鉴于浦东基础设施逐步完善和建设金融中心的需要,在上海市浦东开发领导小组第二次会议上,要求粮油、商品、证券、房地产、人才等要素市场,于 1998 年底前迁入浦东。11 月,上海产权交易所率先迁至陆家嘴。12月30日,上海粮油商品交易所从黄浦江西岸南苏州路1455(良友饭店)迁至陆家嘴新上海商业城良友大厦内开业。

1997年2月28日,上海市房地产交易中心在浦东陆家嘴房地大厦(南泉北路201号)挂牌开业,与上海市房地产登记中心(上海市房地产登记处)、上海市房地产交易管理所合署办公。年末,上海证券交易所(简称上交所)从浦西黄浦路15号(浦江饭店)迁入浦东南路528号上海证券大厦。12月19日上午9时30分,上海市市长徐匡迪敲响上交所迁入浦东后的第一声开市锣声。是日,邯郸钢铁股份有限公司成为在浦东上市交易的第一只新股。同日,中国上海人才市场从浦西的南昌路迁址陆家嘴商城路660号乐凯大厦5楼。中国上海人才市场系国家人事部和市政府共同组建的国家级区域性人才市场,下设商城路、中山西路、漕河泾、南昌路、恒丰路等分市场。

1998年8月18日,由农资、石油、建材、化工4家交易所联合组建的上海商品交易所(1995年上海商品交易所成立时注册地址:即墨路95号2号楼)从漕宝路38号迁入浦东福山路455号新建的上海商品交易大楼(后改名全华信息大厦)开业运营。上海商品交易所交易大厅拥有500多个席位,配备计算机交易和信息通信系统。该系统包括楼宇自动化系统(BA)、通信自动化系统(CA)和办公室自动化系统(OA)。

1999年5月,根据国务院决定整顿调整期货市场要求,上海金属、商品、粮油3家交易所实施合并,组建成立上海期货交易所。

随着要素市场在浦东集聚,一批与之相关的证券、基金和期货公司迁入陆家嘴或在此创办新公司。2000年10月,经国务院批准,中国第一家钻石交易所——上海钻石交易所在世纪大道88号金茂大厦(后迁至世纪大道陆家嘴钻石交易中心大楼)创立。

2006年8月,上海石油交易所在商城路618号良友大厦开业。交易品种主要以现货为主,包括燃料油、石油沥青、甲醇、乙二醇等品种。是年9月,中国金融期货交易所在世纪大道1600号陆家嘴商务广场(曾名浦项广场)成立,成为中国内地首家金融衍生品交易所。

2010年末,陆家嘴区域内国家级或市级要素市场有上海证券交易所、上海期货交易所、中国金融期货交易所、上海钻石交易所、上海石油交易所、上海房地产交易中心,区级要素市场有浦东产权经纪有限公司、浦东新区人才交流中心。浦东新区社会事业资源配置市场停办,中国上海人才市场迁出。

【上海证券交易所】

1989年,上海开始筹办上海证券交易所,并列入浦东开发开放的总体方案。1990年11月26日,上海证券交易所(以下简称上交所)批准成立,同年12月19日在黄浦路15号开业交易。1997年12月19日,上交所迁入位于浦东陆家嘴的上海证券大厦。迁入新址后,上交所以有形为主的交易方式,向以无形为主的交易模式转化,由原有的8个交易大厅3700余个有形席位减至1个交易大厅1608个有形席位。上交所与国内20多个证券交易中心实施联网交易,整个交易系统电脑竞价申报终端6000个。

上交所实施会员制度。设立当日,有22家会员单位签署《关于联合发起建立上海证券交易所的决议》。22家会员单位共出资1000万元作为注册资金。设立当晚又增加3家会员单位。

1990年至1995年,会员数量迅速增加,1995年超过550家,主要有财务公司、信托投资公司、银行分行、证券公司、城市信用社等机构。1995年5月,国务院批转《中国人民银行关于中国工商银行等四家银行与所属信托投资公司脱钩意见》的通知,同月颁布《商业银行法》,此后实现银证分离。1999年2月,国务院办公厅转发《中国人民银行整顿信托投资公司方案》的通知,通过清理整顿,实现信托业与证券业分业经营、分别设立、分业管理,信托投资公司不再从事股票经营业务。1999年,上交所会员数由 550 余家下降到 310 家,2003 年下降到 180 家。2004 年初,因证券公司挪用客户交易结算资金和债券、违规代客理财、非法操纵证券交易价格、账外经营等问题集中爆发,证券行业进入高风险公司处置阶段。2007 年,证券公司风险处置工作基本完成,会员数下降为 107 家。2010 年底,上交所共有会员 106 家。在治理结构上,实行会员制,形成会员大会、理事会、经理层的内部治理架构。

2002 年 10 月 8 日,在荷兰阿姆斯特丹举行的国际交易所联合会(WFE)第 42 届年会上,投票通过上交所的入会申请,上交所成为国际交易所联合会会员。

上交所成立初期有员工 73 人。2010 年底,有员工 556 人,以会计、法律、经济、金融、管理、计算机等专业人员为主。

【产权交易所】

上海联合产权交易所　1996 年 11 月 18 日,上海产权交易所(以下简称产交所)从浦西迁至浦东新上海商城乐凯大厦内。产交所实行会员制,会员分一级、二级、三级,其中一、二级会员有权使用交易席位,派遣交易员进场从事产权交易,三级会员享受有关产权交易的信息服务。是年底,产交所共有会员 73 家,经产交所成交的企业产权共计 384 家,交易金额 39.98 亿元。1997 年,成交企业 612 家,交易金额 102.67 亿元。2000 年,产交所成交企业 2 794 家,交易额 480.31 亿元。2002 年 12 月,产交所与上海技术交易所合并,组成上海联合产权交易所(简称联交所)。2004 年,联交所成交企业 5 155 家,成为产权交易以后成交企业产权最多的一年,成交金额 3 612.35 亿元。2006 年,联交所在张江高科技园区设立上海联合产权交易所浦东张江分所,为中小企业的产权交易提供服务。2009 年,联交所成交企业 1 866 家,交易金额 4 559.25 亿元,成为产权交易金额最多的一年。

表 5-6-6　2005—2010 年上海联合产权交易所基本情况表

指　标	单位	2000 年	2005 年	2006 年	2007 年	2008 年	2009 年	2010 年
成交企业数	户	2 794	3 395	2 866	2 610	2 057	1 866	1 981
按企业产权出让分								
国有企业	户	748	1 457	1 299	1 257	1 098	959	1 099
集体企业	户	719	488	341	224	173	193	136
有限责任	户	—	659	696	599	311	224	211
按企业产权受让分								
国有企业	户	255	777	741	785	703	761	766
集体企业	户	222	76	73	54	49	48	38
有限责任	户	—	567	571	589	326	236	233
外商独资	户	29	231	195	194	126	85	62
私营企业	户	38	385	332	299	297	183	270
自然人	户	—	1 329	930	658	530	468	563
交易额合计	亿元	480.31	4 002.80	3 174.93	4 051.48	3 589.68	4 559.25	2 325.35

(续表)

指　标	单位	2000 年	2005 年	2006 年	2007 年	2008 年	2009 年	2010 年
按企业产权出让分								
国有企业	亿元	68.73	1 489.64	916.41	1 400.78	1 391.57	1 864.27	1 807.25
集体企业	亿元	38.82	46.78	36.82	30.06	30.35	28.31	7.69
有限责任	亿元	—	225.29	358.36	329.09	213.35	165.46	47.01
按企业产权受让分								
国有企业	亿元	42.58	690.52	512.63	1 366.58	1 244.24	1 888.46	1 702.79
集体企业	亿元	13.85	11.95	16.75	16.55	10.35	12.48	32.67
有限责任	亿元	—	835.91	558.54	317.01	302.84	173.79	99.21
外商独资	亿元	9.56	116.72	166.06	125.94	84.98	72.09	31.68
私营企业	亿元	0.52	96.07	93.65	88.54	85.54	57.96	87.72
自然人	亿元	—	154.86	109.63	64.77	49.85	27.63	12.19

资料来源:上海陆家嘴金融贸易区提供

浦东产权经纪有限公司　1998 年 4 月,浦东新区产权经纪事务所(浦东产权有限公司)成立。1990 年,浦东产权经纪有限公司代理产权交易 50 家,交易额 5.92 亿元,其中国有企业产权出让 13 件,出让金额 3.04 亿元,占全年交易额 51.4%;集体企业改制中出让产权 18 件,出让金额 1.62 亿元,占全年交易额 27.4%;股权转让 19 宗,交易额 1.26 亿元,占全年交易额 21.3%。2000 年,完成产权交易 201 件,成交金额 62 亿元,其中股份制企业完成产权交易 155 件,集体企业完成交易 40 件,国有企业产权交易 6 件。

2001 年至 2005 年,浦东产权经纪有限公司累计成交企业产权 577 件,合计成交金额 180.23 亿元,平均每件成交金额 0.31 亿元;成交产权件数由 2001 年的 177 件,下降至 2005 年的 78 件,2006 年至 2010 年,浦东产权经纪有限公司成交企业产权件数继续下降,合计成交 173 件,合计成交金额 119.52 亿元,平均每件 0.69 亿元。

【上海市房地产交易中心】

1997 年 2 月 28 日,上海市房地产交易中心在浦东房地大厦(南泉北路 201 号)挂牌成立。交易中心隶属于市房地局,提供房地产交易、登记、中介、公证、税收、金融等一条龙服务,成为浦东开发开放中重要的要素市场之一。

2006 年 8 月 22 日,上海市房地产监测中心组建,与上海市房地产交易中心合署办公。

2010 年末,上海市房地产交易中心根据《城市房地产管理法》《上海市房地产登记条例》等法律、法规规定,承担全市房地产交易管理、房地产登记管理、房地产市场监测、房屋测绘管理和房地产交易登记行业服务热线的工作,形成以在建项目监测、房屋调查成果管理、入网销售监管到登记办证的综合业务平台,实现房地产交易登记一体化。市房地产交易中心牵头指导的全市房地产交易登记行业包括市和区(县)房地产交易中心共 18 个单位,从业人员 1 300 余人,受理大厅 2.53 万平方米,业务窗口 460 个,进驻单位(如税务、银行等)窗口 297 个。

表 5 - 6 - 7　1998—2003 年上海市房地产交易中心主要指标情况表

指　标	单　位	1998 年	1999 年	2000 年	2001 年	2002 年	2003 年
房地产开发投资额	亿元	57.12	514.83	551.86	630.73	720.23	—
新增经营性项目土地出让面积	万平方米	675.24	521.42	873.84	1 050.07	1 597.72	—
经济适用房行政划拨土地面积	万平方米	73.75	19.96	—	—	—	—
批准拆迁面积	万平方米	471.70	332.45	447.86	536.19	774.75	—
居民居住面积	万平方米	346.64	223.91	276.61	367.75	579.30	—
完成拆迁面积	万平方米	449.53	342.50	365.76	515.75	644.53	—
居民居住面积	万平方米	343.94	248.17	288.35	386.66	485.00	—
完成土地开发面积	万平方米	351.04	148.10	139.93	246.51	333.33	—
商品房新开工面积	万平方米	1 361.80	1 308.60	1 863.28	2 426.75	2 612.10	—
商品房竣工面积	万平方米	1 565.34	1 468.62	1 532.24	1 791.36	1 983.92	—
商品房批准预售面积	万平方米	1 559.87	1 445.82	1 549.17	1 659.15	2 609.55	3 386
商品房住宅批准预售面积	万平方米	—	—	—	—	2 609	3 151
已登记的商品房预售面积	万平方米	817.74	1 075.16	1 452.87	1 831.83	2 685.38	2 869
商品房预售成交金额	亿元	—	—	—	—	1 314	1 692
商品住宅预售面积	万平方米	—	—	—	—	2 587	2 711
商品住宅预售成交金额	亿元	—	—	—	—	1 242	1 550
商品房批准销售面积	万平方米	1 475.73	1 475.67	1 673.19	1 841.56	2 525.68	3 377
商品房住宅批准销售面积	万平方米	—	—	—	—	1 950	2 807
已登记的商品房现售面积	万平方米	—	—	—	—	—	768
配送费现售成交金额	亿元	—	—	—	—	—	326
商品住宅现售面积	万平方米	—	—	—	—	—	592
商品住宅现售成交金额	亿元	—	—	—	—	—	209
已登记的商品房销售面积	万平方米	736.67	1 206.71	1 397.24	—	—	—
已登记的存量房交易过户面积	万平方米	315.23	510.84	778.52	1 422.43	1 790.48	2 306
存量房交易成交金额	亿元	63.32	79.33	164.38	338.32	536.22	978
存量住宅买卖面积	万平方米	—	—	—	—	1 341	1 807
存量住宅买卖成交面积	万平方米	—	—	—	—	443	811
预购商品房抵押建筑面积	万平方米	—	—	—	—	1 924	2 717
抵押贷款额	亿元	—	—	—	—	545	874
在建工程抵押建筑面积	万平方米	—	—	—	—	1 793	1 986

（续表）

指　　标	单　位	1998 年	1999 年	2000 年	2001 年	2002 年	2003 年
抵押贷款额	亿元	—	—	—	—	339	340
现房抵押建筑面积	万平方米	—	—	—	—	5 179	5 391
抵押贷款额	亿元	—	—	—	—	1 271	1 571
已备案差价房成交面积	万平方米	16.63	43.00	68.22	32.76	24.76	—
外销商品房抵押面积	万平方米	500.74	500.30	560.42	1 230.33	1 134.44	—
外销商品房抵押贷款额	亿元	221.27	180.84	137.20	159.97	240.59	
已登记备案的房屋租赁面积	万平方米	198.56	318.85	—	284.11	219.09	

资料来源：上海陆家嘴金融贸易区提供

【上海期货交易所】

上海期货交易所（以下简称期交所）设址浦电路 500 号新建的上海期货大厦内,1999 年 5 月 4 日试运行,上市交易品种有铜、铝、天然橡胶 3 个标准合约。期交所隶属中国证券监督委员会,为期货合约的集中竞价交易提供场所、设施、服务并履行相关职责的非盈利性法人,注册资本 1.25 亿元。年内,期交所成交合约 626.85 万手,成交金额 4 909.79 亿元。其中铜成交 511.94 万手,成交金额 4 249.15 亿元;铝成交 51.29 万手,成交金额 379.23 亿元;橡胶成交 63.62 万手,成交金额 281.41 亿元。期交所实行会员制,1999 年有会员 206 家,其中经纪公司会员 150 家,占 72.8%;非经纪公司会员 56 家,占 27.2%,多为适宜进行套期保值交易的国有大中型企业。

2004 年 8 月 25 日,期交所燃料油期货挂牌上市。2007 年 3 月 26 日,锌期货挂牌上市。2008 年 1 月 9 日,黄金期货挂牌上市。2009 年 3 月 27 日,线材和螺纹钢期货挂牌上市。至此,在上海期交所上市的品种增加到 8 个,初步形成金属、能源、化工三大类及有色金属、黑色金属和贵金属等多序列的产品格局。

2008 年底,期交所批准首个境外交割品牌注册。至 2010 年,27 个境外品牌先后核准注册,从而充实实物交割资源,增强“中国品牌”的国际影响,提升了“中国标准”的全球地位。

2009 年,期交所合约成交量在全球商品期货和期权市场中排名第二,同比增幅在全球衍生品市场中排名第一。在当年全球商品期货市场分品种成交量排名中,铜期货合约成交量首次超过伦敦金属交易所,排名全球铜期货市场第一;锌、天然橡胶、燃料油、螺纹钢和线材等期货亦为同品种期货市场的排名第一;铝期货、黄金期货则分别在同品种期货市场排名中位居第二、第九。

2010 年 6 月,期交所张江中心在张江高科技园区金融信息服务产业区（上海银行卡产业园）竣工启用。中心占地 8 万多平方米,建筑面积约 10 万平方米,由数据处理中心、备用交易大厅、创意工作室、办公楼、产品展示楼、视频会议中心、软件开发中心等 14 个单体建筑组成。12 月 24 日,期交所利用保税区域和保税商品管理的特殊政策和有利条件,在洋山保税港区对进口保税储存的铜、铝品种启动期货保税交割业务。是年,期交所铜、铝、锌、黄金、天然橡胶、燃料油、螺纹钢、线材合计成交金额 1 234 800 亿元。

表 5‑6‑8　2005—2010 年上海期货交易所市场交易情况表

指　标	单位	2000 年	2005 年	2006 年	2007 年	2008 年	2009 年	2010 年
会员单位	户	216	215	209	210	207	210	209
经济单位	户	162	175	172	172	167	167	164
非经济单位	户	54	40	37	38	40	43	45
交易天数	天	241	242	243	242	246	244	242
上市交易品种	个	3	4	4	5	6	8	8
成交量	万手	**825. 27**	**6 757. 95**	**1 621. 20**	**17 112. 77**	**2 052. 64**	**86 972. 81**	**124 379. 64**
铜	万手	534. 72	2 70. 41	1 078. 68	3 265. 60	4 154. 65	16 243. 49	10 157. 71
铝	万手	91. 00	425. 00	2 786. 30	964. 71	2 957. 79	4 106. 11	3 452. 40
锌	万手	—	—	—	2 043. 09	4 707. 78	6 450. 68	29 317. 87
黄金	万手	—	—	—	—	778. 09	681. 25	679. 41
天然橡胶	万手	199. 53	1 900. 63	5 209. 41	8 438. 35	9 292. 22	17 807. 19	33 482. 98
燃料油	万手	—	1 961. 91	2 546. 81	2 401. 02	6 162. 11	9 150. 79	2 136. 44
螺纹钢	万手	—	—	—	—	—	32 314. 90	45 122. 48
线材	万手	—	—	—	—	—	218. 40	30. 35
成交金额	亿元	**6 663. 42**	**65 402. 03**	**126 100. 57**	**231 304. 66**	**288 719. 90**	**737 583. 45**	**1 234 794. 76**
铜	亿元	5 037. 73	40 463. 23	33 367. 29	101 451. 23	99 640. 89	331 785. 63	296 437. 54
铝	亿元	731. 79	3 714. 46	28 467. 25	9 377. 90	22 078. 82	27 942. 92	28 342. 48
锌	亿元	—	—	—	24 753. 79	39 074. 26	46 865. 08	255 725. 62
黄金	亿元	—	—	—	—	14 975. 49	15 272. 82	18 291. 92
天然橡胶	亿元	893. 90	15 601. 79	5 726. 90	87 225. 28	92 758. 34	149 747. 26	426 464. 81
燃料油	亿元	—	5 622. 55	8 539. 13	8 496. 46	20 192. 10	32 118. 82	9 886. 37
螺纹钢	亿元	—	—	—	—	—	133 025. 23	199 517. 15
线材	亿元	—	—	—	—	—	825. 69	128. 87
年末持仓量	万手	**14. 85**	**30. 95**	**39. 24**	**50. 15**	**107. 62**	**283. 15**	**206. 46**
铜	万手	11. 10	10. 58	7. 7	18. 37	34. 36	30. 27	37. 31
铝	万手	2. 04	7. 89	15. 41	8. 63	21. 83	35. 33	23. 73
锌	万手	—	—	—	5. 87	12. 76	25. 76	40. 24
黄金	万手	—	—	—	—	4. 63	10. 13	7. 88
天然橡胶	万手	1. 71	5. 70	—	—	17. 29	23. 11	21. 46
燃料油	万手	—	6. 78	—	—	16. 75	17. 66	10. 43
螺纹钢	万手	—	—	—	—	—	138. 60	65. 40

（续表）

指　标	单位	2000 年	2005 年	2006 年	2007 年	2008 年	2009 年	2010 年
线材	万手	—	—	—	—	—	2.29	0.01
交割量	**万手**	**7.20**	**8.73**	**12.06**	**11.07**	**14.12**	**25.95**	**37.69**
铜	万手	5.23	3.07	3.38	3.72	2.71	2.81	3.84
铝	万手	1.49	2.18	4.75	2.42	5.57	7.37	11.52
锌	万手	—	—	—	0.72	1.83	3.23	6.15
黄金	万手	—	—	—	—	0.09	0.07	0.05
天然橡胶	万手	0.48	1.52	1.35	2.51	2.16	1.49	2.57
燃料油	万手	—	1.96	2.58	1.70	1.76	8.73	6.90
螺纹钢	万手	—	—	—	—	—	1.83	6.00
线材	万手	—	—	—	—	—	0.42	0.66
交割金额	**亿元**	**61.93**	**88.29**	**173.60**	**179.65**	**174.85**	**191.95**	**349.06**
铜	亿元	47.69	54.54	101.94	118.05	79.07	62.52	113.40
铝	亿元	12.09	18.07	48.85	23.37	47.76	52.39	90.41
锌	亿元	—	—	—	8.26	13.05	24.35	53.77
黄金	亿元	—	—	—	—	1.69	1.62	1.46
天然橡胶	亿元	2.15	10.79	14.57	24.30	25.95	12.00	32.21
燃料油	亿元	—	4.89	8.27	5.67	7.33	30.97	30.28
螺纹钢	亿元	—	—	—	—	—	6.63	24.89
线材	亿元	—	—	—	—	—	1.47	2.64
交割率	**%**	**—**	**—**	**—**	**—**	**—**	**—**	**—**
铜	%	1.8	0.2	0.5	0.3	0.2	…	0.1
铝	%	4.1	1.0	0.4	0.4	0.8	0.3	0.7
锌	%	—	—	—	0.1	0.1	0.1	0.1
黄金	%	—	—	—	—	—	—	—
天然橡胶	%	0.8	0.3	0.1	0.1	0.1	—	—
燃料油	%	—	0.2	0.2	0.2	0.1	0.2	0.5
螺纹钢	%	—	—	—	—	—	—	—
线材	%	—	—	—	—	—	0.5	2

资料来源：上海陆家嘴金融贸易区提供

【上海钻石交易所】

　　2000 年 10 月，经国务院批准，中国第一家钻石交易所——上海钻石交易所(以下简称钻交所)在世纪大道 88 号金茂大厦设立。钻交所按照国际钻石交易通行规则运行，为国内外钻石商提供公平、公正、安全、封闭管理的钻石交易服务。其机构设置为一个联合管理办公室、一个钻石交易所、若干个为交易所提供配套服务的机构和一批资质良好的钻石加工企业。联合管理办公室由市外经贸委,联合上海海关、国税局、央行上海分行、国家外汇管理局上海分局、市工商局和浦东新区政府等组成。钻交所由中国工艺品进出口总公司、上海陆家嘴(集团)有限公司与若干家在世界珠宝钻石业有影响力的境内外公司共同投资组建。是年12月,为钻交所配套的陆家嘴钻石加工区和龙华钻石加工区成立,从而形成"一所两区、东西联动"的经营模式。2001年8月,国务院颁布钻交所税收优惠政策,规定全国一般贸易项下钻石进口须集中到钻交所海关报关,并免除关税和零售环节消费税。钻交所设立由全体会员参加的会员大会,是为钻交所的权力机构,实行自律管理。会员来自海内外80多家从事钻石批发、加工、零售企业。会员大会设立理事会常设机构,对会员大会负责,所有理事会由会员大会选举产生。此外选举产生纪律、仲裁等专业委员会,钻交所经营管理面积5 422平方米(两个楼层),内有设施齐全的交易大厅和海关、外汇管理、工商等政府机构入驻的一门式受理业务大厅,以及多家银行、保险、押运、钻石鉴定等配套服务机构,并有近百间可供会员租用的高标准办公用房。

2002年,钻交所钻石交易总量776.40万克拉,钻石交易总金额1.57亿美元。2009年10月,钻交所由金茂大厦搬迁至世纪大道1701号(新建的中国钻石交易中心),同时上海钻石交易联合管理办公室、相关配套服务机构和钻交所会员企业单位整体迁入。

2010年,钻石交易量1.976亿元,交易金额28.86亿元,会员单位283家。

表 5 - 6 - 9　2008—2010 年上海钻石交易所市场交易情况表

指　标	单　位	2008 年	2009 年	2010 年
会员单位	户	230	243	283
外资会员	户	159	165	193
中资会员	户	71	78	90
成交量	万克拉	31 236.98	9 978.77	19 762.53
钻石进境量	万克拉	61.41	55.60	92.60
钻石出境量	万克拉	24.66	12.81	24.03
钻石进口量	万克拉	60.53	76.11	118.53
钻石出口量	万克拉	31 058.93	9 820.91	19 518.03
钻石保税交易量	万克拉	8.49	12.06	7.54
钻石加工贸易量	万克拉	22.96	1.28	1.80
成交金额	万美元	136 106.13	150 400.40	288 568.49
钻石进境额	万美元	43 912.80	52 738.89	104 620.22
钻石出境额	万美元	17 188.89	14 539.04	38 044.48
钻石进口额	万美元	55 192.16	69 621.25	131 092.79
钻石出口额	万美元	2 756.49	783.67	1 281.58
钻石保税交易额	万美元	10 059.12	12 244.57	13 042.58
钻石加工贸易额	万美元	6 996.67	472.98	486.84

资料来源:上海陆家嘴金融贸易区提供

【东方出版交易中心(东方书城)】

2001年12月28日,由上海新华发行集团、上海陆家嘴(集团)有限公司、辽宁发行(集团)有限公司、四川新华书店集团有限公司和江西省新华书店共同出资组建的中国首家出版交易中心——东方出版交易中心(东方书城)在新上海商城开业。东方出版交易中心展示交易厅经营面积8 000余平方米,陈列和展示全国326家出版机构的出版物,同时提供全面代理服务,即由交易中心单独完成社到店、店到店的中介交易。通过实物的全品种展示,借助高效的网络平台以及宣传媒体进行运作,同时满足期货接洽、现货交割、信息发布、选题竞拍、专题展示、合作出版、流通代理等多种需求,最终实现出版、印刷、批发、零售、服务功能一体的目标。2002年,东方书城开展营销活动、主题展示68次,交易中心每天营业额平均70万~80万元(最高200万元)。是年实现销售额(含税)2 192.36万元。

【上海石油交易所】

2006年8月18日,上海石油交易所在商城路618号良友大厦开业(上海曾在1993年开设上海石油交易所,交易品种涉及原油、汽油、燃料油等。两年后,与其他3家交易所组建成立上海商品交易所)。上海石油交易所是在商务部"创建中国现代石油市场"课题研究的基础上,经市发展改革委批准成立并注册于浦东的能源要素市场。由上海久联集团有限公司、中国石油国际事业有限公司、中国石化销售有限公司、中海石油投资控股有限公司和中化石油有限公司联合组建。交易所注册资本1.05亿元。65家国内石油交易商入场交易。交易品种主要以现货为主,有燃料油、石油沥青、甲醇、乙二醇等品种。2010年12月17日,推出液化天然气(LNG)和液化石油气(LPG)现货竞买交易,成为中国第一家天然气市场化的电子交易平台。

【中国金融期货交易所】

2006年9月,中国金融期货交易所在世纪大道1600号陆家嘴商务广场(曾名浦项广场)成立,成为中国内地首家金融衍生品交易所。中国金融期货交易所是经国务院同意,由上海期货交易所、郑州商品交易所、大连商品交易所、上交所和深交所共同发起设立,注册资本5亿元。被选定为首个股指期货合约标的的沪深300指数,是从上海和深圳证券市场中选取300只A股作为样本编制而成的成分股指数。经过近4年时间,2010年4月16日,首批4个沪深300股票指数期货合约上市。首批上市合约为2010年5月、6月、9月和12月合约,挂盘基准价均为3 399点。至4月15日,中国金融期货交易所累计开户9 137个,其中自然人8 944个、一般法人193个。2010年末,在中国金融期货交易所开户数6.04万个,按单边计算,总成交4 587.33万手,总成交金额410 700亿元。

【期货公司】

上海商品期货市场的建立,在浦东衍生出一批专业从事期货业务的公司。2010年末,迁入浦东陆家嘴或在浦东注册成立的期货公司13家,注册资本大多在1亿元左右,绝大部分公司成立于20世纪90年代。

表5－6－10　1992—2010年总部设于上海陆家嘴金融贸易区的期货公司情况表

公司名称	成立(注册)时间
上海金源期货经纪有限公司	1992年11月
恒泰期货有限公司	1992年12月

（续表）

公　司　名　称	成立(注册)时间
海通期货有限公司	1993 年 3 月
光大期货有限公司	1993 年 4 月
上海东方期货经纪有限公司	1993 年 4 月
上海久恒期货经纪有限公司	1993 年 4 月
上海东亚期货经纪有限公司	1993 年 4 月
中信新际期货经纪有限公司	1993 年 10 月
华闻期货经纪有限公司	1995 年 7 月
华元期货有限公司	1995 年 10 月
上海中期期货经纪有限公司	1995 年 12 月
上海东证期货有限公司	1995 年 12 月
上海通联期货经纪有限公司	1998 年 10 月
申银万国期货有限公司(1)	2007 年 9 月
中限国际期货有限公司(2)	2008 年 1 月

说明：(1) 2007 年，申银万国证券股份有限公司增资控股原天意期货经纪有限公司，并于同年 9 月 25 日更名为申银万国期货有限公司。(2) 注册于海南省。

资料来源：上海陆家嘴金融贸易区提供

【中国上海人才市场】

中国上海人才市场是国家人事部与市政府共同组建的国家级区域性人才市场。1997 年 12 月 19 日，中国上海人才市场迁址陆家嘴商城路 660 号乐凯大厦 5 楼，下设商城路、中山西路、漕河泾、南昌路、恒丰路等分市场。市场以公开、平等、竞争为原则，实现人才资源优化配置，通过人才交流、信息、社会化人事代理等服务功能和调节机制，构筑上海人才资源高地，为上海社会经济发展服务。1998 年，通过市场交流、人才引进、中介配置、人事代理、信息服务，中国上海人才市场为 2 万余家单位提供服务，吸引国内外 1.2 万余家单位和 70 万人次进场交流；推出以档案管理为基础，突出人事委托、人事策划、薪资咨询、人才评价以及出国政审、职称评审、代办社会保险等全方位人事代理工作，共接受 2 500 多家单位委托，为 5 万余名人员提供服务；进入上海热线，建立人才资源信息服务系统，接受 2.5 万余人的择业登记，并有 60 余万人进入市场主页访问，3 000 多家单位从信息库中找到合适人才。

至 1999 年，进入中国上海人才市场交流应聘的各类专业技术人才和管理人才 272 万人次，进场招聘单位 3.9 万家，达成录用意向 57 万人；市场通过委托推荐、人才派遣、高级人才竞聘会等方式为国内大型企业集团、跨国公司和高新技术企业等 3 000 余家用人单位，提供各类高级人才 2 万余人的需求信息，成功推荐 3 171 人；高级人才信息库汇集 5 000 多名高层次管理人才和专业人才信息；市场接受 3 万余名(次)用人单位的多项人才人事事务委托，为 7 万多名各类专业技术人员提供人事档案托管及代理，并为 3 365 家用人单位提供成建制的人事代理服务；3.5 万人次接受市场举办的各类应用性培训；180 万人次进入中国上海人才市场"人才之星"网站主页访问，数千家用人单位需求信息通过网上发布;市场主页还与国内 80 多个地区人才网站实现联接。人才信息库每月可供用人单位随时查询的各类人才有效信息保持在 1 万余条,可供各类查询的岗位有效信息保持在 2 000 余个。2010 年,中国上海人才市场迁出浦东。

表 5 - 6 - 11　2004—2009 年陆家嘴金融贸易区中国上海人才市场中介(交流)服务情况表

指　标	单位	2000 年	2004 年	2005 年	2006 年	2007 年	2008 年	2009 年
举办人才交流大会	场次	425	800	1 000	797	648	527	639
参加人才交流大会的求职人数	万人	65.08	466.76	378.40	394.44	311.98	287.51	336.69
参加人才交流大会的招聘单位	万个	1.5	5.85	5.10	4.70	5.70	4.96	5.78
招聘岗位数	万个	7.89	60.58	53.08	42.26	51.11	44.73	37.71
达成流动意向协议的人数	万人	14.75	148.91	96.63	84.06	72.02	58.85	50.06

资料来源:上海陆家嘴金融贸易区提供

四、商贸服务业

陆家嘴在浦东地区属商贸服务业较为发达区域。1990 年,商业网点主要聚集在东昌路、乳山路、崂山东路(今南泉北路)与崂山西路街区,以及塘桥和洋泾镇。浦东开发后,陆家嘴成为现代商业设施建设的主要区域。规划建设东方路(文登路)商业街、张杨路商业街、新上海商业城,以期形成浦东开发的商气、人气。

1991 年末,占地面积 14 公顷的市级商业设施新上海商业城(曾名张杨路商业中心)动工建造。1992 年初,东方路(原名文登路)商业街随之兴建。1993 年 5 月,东方路商业街首批商店开门营业。1995 年 12 月 20 日,中国第一家中外(中日)合资大型零售企业——上海第一八佰伴有限公司(新世纪商厦)在新上海商业城开门试营业,当日顾客近 100 万人。1997 年,新上海商业城基本建成。2002 年 10 月,由泰国正大集团投资建设的融购物娱乐于一体的区级商业设施正大广场对外营业。

在商业设施建设的同时,引进一批超级市场。1997 年 6 月 23 日,浦东第一家超级市场——卜蜂莲花分店(时名易初莲花)在陆家嘴区域内的杨高南路开业。其时分店建筑面积 2.46 万平方米,中间夹层开设的美食广场面积 2 449 平方米;供应商品近 4 万种,卜蜂莲花的进入,向社会推出"一次购全"理念,开业当日人满为患。至年底,6 个多月的销售额达 3.7 亿元。2000 年 8 月 31 日,投资 1.3 亿元的德国企业麦德龙超市在白杨路与龙阳路口开业。2002 年 10 月,卜蜂莲花又一家分店进驻正大广场营业。2005 年 7 月,沃尔玛超市在陆家嘴塘桥地区开业。2010 年,在陆家嘴经营的大型超市有麦德龙 1 家、卜蜂莲花 3 家、沃尔玛 1 家。

随着一批高档居住区的兴建和人口的大量导入,陆家嘴开始建设以居住区为中心的新颖社区商业设施。2005 年 7 月,位于联洋社区、占地面积 5.32 万平方米的大拇指广场开张营业。之后,又建成位于竹园商贸区的九六商业广场,改造位于联洋社区的联洋商业厂场。

宾馆酒店业是陆家嘴商贸服务业中发展最为迅速的行业。1990 年前,区域中没有三星级以上宾馆,只有两家船厂办的上船宾馆(一星级)和申佳宾馆(一星级),以及由当时严桥乡人民政府办的由由饭店。1993年,陆家嘴开始建设现代化的高星级酒店。1996年,浦东第一家高星级合资酒店上海锦江汤臣大酒店(曾名新亚汤臣大酒店)开业。1998年1月,锦江汤臣大酒店成为浦东第一家五星级酒店。这一时期,中油、通贸、紫金山、香格里拉、浦东假日等四至五星级酒店建成开业。1999年8月,位于金茂大厦内的金茂凯悦大酒店开业,成为当时中国最高的酒店。2010年,陆家嘴区域内有五星级宾馆9家、四星级宾馆12家,总计床位8 700张。在陆家嘴竹园商贸区不足1平方公里内,聚集了2家五星级宾馆、7家四星级宾馆。

浦东开发后,在陆家嘴逐步聚集起一批大型知名商贸企业。2010年,销售额超过100亿元的商贸企业有14家。经营的商品主要涉及金属材料、机电、石油、化工产品等生产资料。上海宝钢钢材贸易有限公司、宝钢资源有限公司、小松(中国)投资有限公司、万向资源有限公司和中化国际(控股)股份有限公司5家企业的商品销售额,占2010年陆家嘴商品销售总额的24.5%。

进入21世纪,围绕金融业核心发展起来的现代服务业形成一定规模。2010年,陆家嘴有服务业企业1 000余家,其中546家规模以上服务业企业营业收入612.4亿元。服务业企业涵盖近30个行业大类。在规模企业中,商务服务业、信息服务业、运输代理服务业、研究与技术服务业分别为257家、95家、66家和55家。257家商务服务业企业从业人员3.27万人,营业收入311.11亿元,利润总额80.13亿元;95家信息服务业以陆家嘴软件园为主要载体,营业收入91.99亿元,营业收入超过1亿元的企业有13家;66家运输代理服务企业营业收入105.64亿元,利润总额8.57亿元,22家企业出现亏损;55家研究与技术服务业企业营业收入42.8亿元,利润总额5.61亿元。

2010年,陆家嘴区域商品销售总额达到5 239.72亿元,全社会消费品零售额235.5亿元,其中商业零售额189.27亿元、餐饮业营业额46.23亿元。

表5-6-12　2008—2010年陆家嘴金融贸易区新上海商业城经营情况表

指　　标	单　位	2008年	2009年	2010年
一、市场情况	—	—	—	—
商场建筑面积	万平方米	41	41	41
进驻企业(零售业、服务业)数	个	36	36	36
营业收入	亿元	73.67	71.70	79.07
企业从业人员	人	4 288	4 288	4 288
二、主要业态营业收入	—	—	—	—
1. 综合百货	亿元	32.88	36.26	40.48
其中第一八佰伴	亿元	28.36	30.61	34.52
时代广场	亿元	1.73	2.10	2.46
2. 专业市场(店)	亿元	30.31	24.46	26.82
其中太平洋数码广场	亿元	7.64	5.01	5.43
百脑汇	亿元	7.20	7.42	7.93
永乐家电城	亿元	9.34	5.20	2.53
苏宁电器	亿元	4.75	4.88	6.39

(续表)

指　标	单　位	2008 年	2009 年	2010 年
3. 餐饮业	—	8.26	8.94	9.65
其中第一八佰伴餐饮	亿元	2.82	3.34	3.76
锦江汤臣大酒店	亿元	0.72	0.63	0.75
时代广场餐饮	亿元	0.96	0.77	0.70
中融恒瑞餐饮	亿元	0.59	0.55	0.43
中融国际商城餐饮	亿元	0.45	0.39	0.26
新梅双塔餐饮	亿元	0.66	0.62	0.66
4. 娱乐服务业	—	2.22	2.05	2.12
其中新世纪影城	亿元	0.72	0.53	0.50
钱柜卡拉 OK	亿元	0.09	0.16	0.10

资料来源：上海陆家嘴金融贸易区提供

张杨路商业街　张杨路商业街早在 1984 年市政府的总体规划中和 1991 年浦东新区的总体规划中就被确定为浦东的商业中心街。商业街的开发建设以国际水准为起点，贯彻"东西联动、以东为主，条块结合、以块为主"的方针。张杨路商业街总长 7.8 公里。两侧规划建设 1 000 余万平方米的建筑群，其中商业服务业面积 250 万平方米。张杨路商业街按功能划分成三个路段：西段，源深路向西至黄浦江边，包括新上海商业城、竹园商贸区和陆家嘴商城；中段，源深路向东至罗山路，要建成新区商业、娱乐、公共活动中心；东段，罗山路向东至金桥，要建成拥有各种综合服务功能的地区级商业中心。此规划在实际的建设中，未全部实施。

东方路商业街　曾名文登路商业街。第一期工程由张杨路至峨山路，全长 2.2 公里，总投资逾 2 亿元。1993 年 2 月，基本完成 10 万平方米营业面积的建设。是年 5 月 8 日，首批商店开业。20 余幢风格各异的商业建筑设施，集购物、美食、旅游、娱乐于一体，吸引了上海市属、区属的商贸集团、大店名店，以及国家部属和外省市商贸企业在此经营。上海时装集团公司、联华超市、上海供销总社、上海第八百货商店、豫园商城、雷允上等商贸企业进街开设营业机构；工行、农行、建行及证券等金融机构在此建立分行或各类经营网点。1994 年，商业街营业面积 13.5 万平方米，营业额 32 亿元，位列南京路、淮海路、四川路商业街之后，成为新区规模最大、商业网点最集中、商品种类最多的商贸集散中心。1995 年，商业街注册企业 716 户，其中门面单位 224 户。此后随着新上海商业城建成营业、新区建设规划调整和竹园商贸区拓展，商业街地位开始下降，商业单位或停业或搬迁，逐步成为一条以交通为主的城市道路。

新世纪商厦(第一八佰伴有限公司)　上海第一八佰伴有限公司是由上海第一百货商店股份有限公司、八佰伴国际流通集团株式会社和日本八佰伴株式会社共同投资 1.7 亿美元，并经国务院批准成立的第一家中外合资大型综合性商业零售企业。商厦位于浦东南路和张杨路交叉口，占地近 2 万平方米，建筑面积 15.98 万平方米，地下 2 层，地上 21 层。1993 年 8 月动工，1995 年 10 月竣工。新世纪商厦 1 楼至 10 楼是对外营业场地，面积约 10.8 万平方米，是亚洲最大的百货零售企业之一，是新上海商业城的主要构成单位之一。1995 年 12 月 20 日试营业，第一天的客流量近 100 万人次。1996 年 1 月 31 日正式开业，可以满足各层次顾客在衣、食、住、行、文化、休闲、娱乐等多方面的需要。2010年,新世纪商厦主要业态营业收入38.78亿元,其中百货业收入34.52亿元,餐饮3.76亿元,娱乐业(新世纪影城)收入5 000万元。

正大广场　位于陆家嘴西路168号,是由泰国正大集团附属公司上海帝泰发展有限公司投资4.5亿美元兴建的大型商厦,总面积24.1万平方米,地上10层,地下3层,是正大集团在中国最大的旗舰项目。正大广场由美国捷得国际建筑事务所设计,内部设计由斯尼乐园形象设计之一的Selbert Perkins所担当。设计者融入全新"四季"理念,即不同的楼层采用不同季节特征,并从二楼到五楼贯穿一条"黄金大道"。广场汇聚中外著名品牌、各式商店,还设有各国时尚设计俱乐部、家庭生活艺术中心、美食天地、电影院、儿童乐园以及卜蜂莲花等主题购物区。广场定位是为中产家庭提供一站式购物休闲服务的现代家庭娱乐购物中心。2002年10月18日,正大广场开业,2010年,入驻企业247家,营业收入21.7亿元,其中商品销售额12.61亿元,餐饮业营业额7.29亿元,文化、娱乐业营业收入1.8亿元。

大拇指广场　位于联洋居住区内,占地面积5.32万平方米,建筑面积11万平方米。2003年10月奠基,2005年7月开业。整个广场采用块状设计,由22个建筑物构成,以购物、美食、休闲、娱乐为特色,与主题广场融为一体,满足一站购物、一家休闲、一天逛街的现代消费方式,是大型居住区集中建设商业配套设施的一项尝试,是上海市的第一个高档社区商业设施新模式。2010年,进入大拇指广场经营的企业或品牌有家乐福、耐克、阿迪达斯、屈臣氏、必胜客、哈根达斯、唐朝等一批零售和餐饮企业,以及证大丽笙酒店和证大艺术馆等。

九六商业广场　位于竹园商贸区核心地块东方路796号,因其曾作为1996年第一届上海市旅游节的主会场而命名,占地积约2.6万平方米,总建筑面积6.6万平方米,是陆家嘴集团公司投资建造的第一个大型综合商业项目,主营百货和餐饮。2008年11月28日,九六商业广场竣工启用。九六商业广场以独特的商业布局和大型地下停车场,打造了一个多功能、人性化的全新商业模式,不但解决了周边办公楼工作人员"吃饭难""停车难"问题,还凭借"时尚体验"和"错位经营"的定位和理念,为周边社区的居民提供一流的休闲购物场所,从而与毗邻的"新上海商业城"形成功能互补、差位经营,进一步完善了陆家嘴的商业配套环境。

联洋商业广场　位于联洋居住区,与大拇指广场相对。联洋广场工程项目是在原有建筑上实施改造,总投资5.38亿元,使之其设施更适应现代商业模式。整个广场占地面积约2.5万平方米,建筑面积近7万平方米,由A、B、C、D 4栋单体建筑组成,其中1栋为地下2层、地上4层、建筑面积5.8万平方米的大型休闲购物商场,以及拥有300间客房的联洋宜必思酒店。2008年12月,联洋广场开业。

五、会展旅游业

会展旅游业作为新兴的现代产业,随着浦东经济能量的不断增强与释放,陆家嘴社会经济环境的不断完善,以及浦东在中国和世界地位和知名度的上升,与之相匹配的陆家嘴会展旅游产业逐步发展。

会展旅游产业的形成发展与景点设施建设密切相连。1994年10月,东方明珠广播电视塔(简称"东方明珠")建成对外试开放。1995年5月1日,正式对外开放营业。至1996年末,接待国内游客就达235万人次,接待外国元首及党和国家领导人79批,是年东方明珠被列入上海十大新景观之一。至2010年,东方明珠累计接待游客4 000多万人,年均接待300多万人。东方明珠的建成开放,成为陆家嘴和浦东形成旅游业产业的标志。

1999年8月22日,上海国际会议中心建成开业。同年9月27日,以中国未来50年为主题的"99《财富》论坛"在上海国际会议中心召开。此后,上海合作组织会议、APEC会议、中国2010上海世界博览会欢迎宴会等重大会议和国事活动在上海国际会议中心举行。

2001年11月,上海新国际博览中心建成开业,从而使上海的会展业重心由浦西移至浦东。中国著名展会活动中国国际汽车工业展览会、中国国际工业博览会、华东进出口商品交易会等大型会展项目均在上海新国际博览中心举行。

东方明珠、上海国际会议中心和上海新国际博览中心在成为浦东会展旅游业的三个重要标志。与此同时,滨江大道、世纪公园、上海海洋水族馆、上海科技馆、浦东展览馆和金茂大厦(88层观光厅)、上海环球金融中心(94层观光大厅、97层观光天桥、100层观光天阁),以及高星级酒店等一批会展、旅游设施和景点的建成开放,丰富了陆家嘴现代会展旅游产业的内涵,提高了规模与层次,吸引了国内外的大批游客、企业和各类机构,来此或游览或举办会(议)展(览)、参与会展。2005年,陆家嘴地区召开各类会议1583次,其中跨省市会议61次,国际性会议199次,与会16.69万人次,其中海外人员3万人次;举办各类展览114次,展览面积237.87万平方米,参展商4.84万家,观众266.90万人次;旅行社营业收入8.10亿元,接待人数60.90万人;主要景点营业收入6.30亿元,接待人数1385.27万人;宾馆营业收入36.72亿元,住宿人次163.84万人,其中境外来沪住宿人员73.03万人次,客房出租率70.1%。

2010年,陆家嘴区域内主要会展场所有上海新国际博览中心、浦东展览馆、上海科技馆、上海国际会议中心;主要旅游景点有东方明珠、上海环球金融中心、金茂大厦、世纪公园、世纪广场、世纪大道、滨江大道、陆家嘴中心绿地、上海海洋水族馆,其中,4A级以上景点有东方明珠、上海科技馆、滨江大道、上海海洋水族馆、世纪公园。是年,陆家嘴举办展览120次,展览面积398.39万平方米,其中国际性会展99次,从事展览服务的企业近200家;召开会议1869次,其中跨省市会议157次,国际性会议36次,与会人员19.31万人,其中海外与会人员9700人。主要景点营业收入12.69亿元,接待人数2414万人;宾馆营业收入43.54亿元,住宿168.90万人次,其中境外来沪住宿69.97万人次,客房出租率69.4%。

上海国际会议中心(东方滨江大酒店) 位于东方明珠广播电视塔旁,由上海广播电视系统7家单位及上海精文投资公司投资8.5亿元建造,1999年8月建成开业。会议中心外形似两个巨大的球体。大球直径50米,高51米;小球直径50米,高38米。球体上的透明玻璃拼装出世界地图图形,意寓"上海走向世界"。会议中心占地面积1.8万平方米,建筑总面积9.5万平方米,由现代化会议场馆、豪华宾馆、高级餐饮设施、休闲娱乐场所组成。会议场馆有4300平方米的多功能厅(宴会可容纳3000人,会议可容纳4000人,可兼作展厅)、2500平方米的展厅等各种规格的会议场所近20个;宾馆设有总统套房、商务套房、标准间259套。餐饮和娱乐设施有中西餐厅、夜总会、健身房、游泳池、保龄球等。会议中心启用后多次成功举办国内国际重大会议和展览。先后在此举行99《财富》论坛、上海合作组织会议、APEC会议、中国2010上海世界博览会欢迎宴会等重大会议和国事活动。

上海新国际博览中心 1999年11月4日,上海新国际博览中心(以下简称博览中心)奠基。博览中心由浦东土地辅助控股有限公司和德国汉诺威展览公司、德国杜塞尔多夫展览公司、德国慕尼黑国际展览有限公司共同出资兴建。博览中心东至罗山路,南靠龙阳路,西依芳甸路,北到花木路,占地面积约1平方公里。2001年11月2日,一期工程竣工。一期工程占地面积17万平方米,总建筑面积 7.3 万平方米,建成 5 个无柱展馆(5 号馆 2002 年 3 月启用)。其中室内展厅面积 4.5 万平方米,室外展览场地面积约 2 万平方米。11 月 22—27 日,第三届上海国际工业博览会在此举行,成为博览中心的首个展览,也是浦东的第一个全国性大型展览。全国 27 个省、直辖市、自治区以及美国、德国、日本、法国、加拿大等 10 多个国家和地区的 1 192 家企业参展。2002 年,是博览中心开展后的第一个完整展览年。全年举办华东进出口商品交易会、国际工业博览会、体育博览会、汽车展、模具展和家具展等 44 场展览和大师杯网球总决赛等 3 项非展览活动;合计展览面积 89.62 万平方米,参展商 1.77 万家,参观者 200 余万人次,从而成为上海乃至华东地区的重要展览场所。2010 年,博览中心排除金融危机影响,实现恢复性增长,举办各类展会 77 场,展览合同销售面积 392.97 万平方米,比 2009 年增长 12.5%;实现销售收入 5.9 亿元,增长 4.2%;净利润 1.7 亿元,同比增长 18.9%。场馆总利用率 69.7%,保持了上海会展市场 60% 以上的份额,位居上海会展场馆的第一名。

表 5 - 6 - 13　2004—2010 年陆家嘴金融贸易区会展旅游业发展情况表

指　　标	单　位	2004 年	2005 年	2009 年	2010 年
一、会议	—	—	—	—	—
会议次数	次	1 184	1 583	1 340	1 504
其中跨省市会议	次	56	61	66	112
国际性会议	次	177	199	17	26
与会人员人数	万人次	13.51	16.69	15.90	17.03
其中海外与会人员	万人次	2.25	3	1.22	1.34
二、展览业	—	—	—	—	—
展览(博览)举办	次	108	114	112	119
其中国际性展览	次	—	—	85	99
其中新国际博览中心展览	次	—	—	86	97
展览(博览)面积	万平方米	203.8	237.87	373.07	398.39
三、旅游业	—	—	—	—	—
旅行社营业收入	亿元	11.86	14.68	—	—
旅行社接待人次数	万人次	104.67	110.69	—	—
主要景点营业收入	亿元	5.67	6.3	7.75	12.69
主要景点接待人次	万人次	1 278.48	1 385.27	1 697.90	2 414
四、住宿业	—	—	—	—	—
宾馆营业收入	亿元	31.99	36.72	29.79	43.54
实际住宿人数	万人次	168.45	163.84	118.48	16 890
其中境外旅客住宿	万人次	66.11	73.03	54.83	69.97
实际住宿人天数	万人天	371.71	371.18	221.79	320.43
其中境外旅客住宿	万人天	175.96	195.58	112.94	142.77
宾馆客房出租率	%	71.3	70.1	53.10	69.40

资料来源:上海陆家嘴金融贸易区提供

六、楼宇经济

经过 20 年开发建设,陆家嘴建起一大批楼宇,伴随着各类经营机构的入驻,所带来的房租以及经营所产生的税收,成为陆家嘴经济的一个重要组成部分。

2009 年,陆家嘴可供租售的 166 幢商办楼宇中共入驻法人单位 5 209 家,平均每幢入驻 31 家,入驻单位总体经济实力雄厚,平均每户资产总量 5.1 亿元,楼均资产 309 亿元。入驻楼宇单位年营业收入 8 542.31 亿元,楼均创收 51.46 亿元,共上缴税金 130.39 亿元。吸纳从业人员 31.62 万人,楼均 1 902 人,平均每一单位 61 人。2009 年第四季度商办楼宇平均入驻率 86.9%,平均租金每平方米 7.53 元/天。2010 年,陆家嘴有商办楼宇 195 幢,建筑面积 1 158.70 万平方米,其中陆家嘴中心区、竹园商贸区、新上海商业城分别为 857.42 万平方米、215.58 万平方米和 108.24 万平方米。全年入驻率 86%,年平均租金每平方米 7.88 元一天。众多金融机构集聚于金茂大厦、环球金融中心,被称为"垂直的金融街"。

陆家嘴大批楼宇的竣工启用,促进了楼宇的管理与服务。2006 年 3 月 31 日,陆家嘴楼宇的自我管理组织——上海市陆家嘴金融贸易区楼宇协会召开第一次会议。会议通过协会章程,选举产生协会理事和协会领导人。协会成立之初有会员单位 38 家,2010 年增加至 73 家。

表 5‑6‑14　2008—2010 年陆家嘴金融贸易区主要楼宇入驻率与租金情况表

区　域	楼　　名	入驻率(%)			平均日租金(元)		
		2008 年	2009 年	2010 年	2008 年	2009 年	2010 年
陆家嘴金融中心区	中银大厦	96	95	98	1.21	8.08	7.93
	招商局大厦	100	49	80	0.73	6.80	4.80
	中保大厦	92	78	89	0.94	6.60	6.30
	证券大厦	99	88	97	0.88	5.00	5.00
	正大广场	93	98	97	1.45	9.68	12.92
	国家开发银行	89	89	88	0.83	5.67	5.13
	金茂大厦	—	96	92	—	9.82	8.49
	船舶大厦	96	94	89	1.01	6.89	6.73
	金穗大厦	99	80	100	0.53	3.10	3.60
	新上海国际大厦	99	85	71	1.01	7.50	6.68
	华能联合大厦	100	100	100	1.20	3.13	3.13
	信息枢纽大厦	100	99	100	1.01	7.50	7.50
	震旦国际大厦	71	58	75	1.20	9.52	6.70
	浦发大厦	92	89	78	0.89	6.19	6.19
	花旗集团大厦	100	99	99	1.02	7.43	7.43
	汇亚大厦	94	85	95	1.41	10.00	10.00
	环球金融中心	26	65	70	2.78	19.00	19.00

（续表）

区域	楼 名	入驻率（%）			平均日租金（元）		
		2008 年	2009 年	2010 年	2008 年	2009 年	2010 年
陆家嘴金融中心区	渣打银行大厦	92	98	97	1.32	8.17	8.17
	陆家嘴金融中心大厦	—	—	—	—	—	—
	未来资产大厦	—	—	—	—	—	—
	东亚银行金融大厦	—	—	—	—	—	—
竹园商贸区	汤臣金融大厦	94	98	99	0.56	3.50	3.50
	宝安大厦	97	97	100	—	0.22 $	0.22 $
	华都大厦	96	97	94	0.61	4.19	4.16
	上海期货大厦	99	99	100	0.78	5.42	5.51
	陆家嘴商务广场（浦项广场）	96	77	78	1.13	7.91	6.72
	陆家嘴钻石大厦	—	—	—	—	—	—
	葛洲坝大厦	—	—	—	—	—	—
	长泰金融大厦	—	—	—	—	—	—
新上海商业城	乐凯大厦	100	99	98	0.73	4.00	3.40
	中融恒瑞国际大厦	100	100	100	1.05	7.20	7.20
	三鑫商厦	100	100	100	0.38	2.00	3.00
	新梅联合广场	88	97	90	1.24	8.39	11.92
其他区域	世纪广场	100	75	87	0.75	4.460	4.00
	国际航运大厦	96	85	84	0.72	5.23	5.14
	永华大厦	94	90	87	0.89	6.28	5.92

说明：楼宇入驻率和平均日租金采用每年第四季度统计数据、2008 年租金以美元价格计算

资料来源：上海陆家嘴金融贸易区提供

第七章　上海佘山国家旅游度假区

上海佘山国家旅游度假区地处上海市西南部的松江区,为上海地区唯一的陆地山丘地带,自然、人文资源丰富。1995年6月13日,国务院批准建立上海佘山国家旅游度假区,规划面积6 408公顷,为全国12个国家级旅游度假区之一。11月,市政府成立佘山国家旅游度假区管委会,下设管委会办公室。1996年9月,成立上海佘山国家旅游度假区联合发展总公司。

1996—1998年,佘山度假区先后编制《上海佘山国家旅游度假区战略规划》《上海佘山国家旅游度假区总体规划》《上海佘山国家旅游度假区核心区规划》等。1999年起,园区推进拆违建绿、改造山体围墙,关闭采石厂、开展环境整治。按照规划,启动基础设施建设,全面推进生态环境改造。2000年8月,园区完成人工湖开挖,结束了佘山有山缺湖的状况,形成渡假区山水相依、湖光山色的自然景象。

佘山度假区坚持"回归自然、休闲度假"定位和可持续发展理念,逐步关闭淘汰一批度假区成立前建设的低档旅游项目,腾出空间引进更好的项目。2000年,天马山园、小昆山园相继建成。2004年,依托月湖湖光山色及小佘山自然山林,以雕塑为主题的综合园林月湖雕塑公园建成开放;天马山、佘山两个国际标准的高尔夫球场和一个国际赛车场、森林宾馆二期工程等项目建成并投入使用。2005年10月,上海佘山世茂国际会议中心(世茂佘山艾美酒店)建成。至2008年,佘山度假区累计投资逾28亿元,形成"五路一中心"道路格局;完成环西佘山河疏浚工程,建设供电、排污、燃气、通信等基础设施,形成佘山樱花园、月湖环湖绿化带、林荫大道等绿化景观;开通6条直达市区公交专线。

佘山度假区充分利用多元化旅游资源的特色,举行每年一度各种节庆活动:1998年起的"重阳节登高",2002年起的"兰笋文化节",2004年起的高尔夫球赛事、2005年起的"佘山森林旅游节"以及2007年起的"元旦登高",使佘山度假区一年四季都充满欢乐和谐的气氛。西佘山顶的佘山天主教圣母大殿是天主教上海教区的重要活动场所,每年5月"圣母月",专程来此朝觐瞻礼的各地天主教人士达数万人之众。佘山天文博物馆、佘山地震博物馆成为上海市两个科普旅游示范点;坐落在西佘山麓的上海市少年儿童佘山活动营地,是上海市青少年野外活动基地。佘山度假区将科普教育、体育军训、宗教和旅游有机结合,折射出园区独特的旅游文化魅力。1997—2008年,度假区接待游客和参访者1 819.24万人次,营业收入61 259.27万元。2009年10月,佘山旅游度假区以"佘山拾翠"命名,被市旅游局、市精神文明办等单位评选为"新沪上八景"之一。

在市政府和松江区政府指导下,佘山度假区引进上海辰山植物园、上海华侨城欢乐谷和天马现代服务业集聚区三个大型综合性旅游项目,总投资约100亿元。2009年,大型主题公园"上海欢乐谷"开园,接待国内外游客;佘山索菲特大酒店开业并投入运营。是年"十一"黄金周期间,上海欢乐谷接待游客16.58万人次,营业收入2 300万元。2010年4月,被列为"十一五"期间上海市重大项目的上海辰山植物园建成开园;园区设有7个特色展区,荟萃3万多种精品植物。占地42.82万平方米的天马现代服务业集聚区,一期工程包含一座世界人工凹坑海拔最低的五星级酒店、新体验中心和两座四星级酒店;正在建设中的超五星级深坑酒店,建筑高度地上11.35米,地下海拔－61.6米,规划为世界上人工凹坑海拔最低的酒店。

第一节　开发区创建

一、旅游资源

佘山区域历史上曾有"云间九峰""九峰地区"等称谓。区境内自东北向西南有北竿山、凤凰山、薛山、厍公山、佘山、辰山、钟贾山、卢山、天马山、机山、横山、小昆山 12 座山丘,逶迤 13.2 公里。诸峰山体一般海拔 60 米～70 米,天马山为众峰之首,海拔 98.2 米。各峰山麓多不对称,因形状各异而别具特色。山周围地形平坦,河网密布,为上海陆上唯一的山丘地带。山间林木蔚然深秀。据上海师范大学生物系师生调查,区境内植物有近 655 种,分属 123 科 415 属,为上海植物资源最丰富的地区。茂盛的山林给野生动物提供栖息环境,据 2006 年上海市林业总站和中国林科院亚热带林业研究所《上海市自然植被现状及乡土树种种质资源调查报告》记述,九峰地区存有两栖、爬行类、兽类和鸟类等野生动物为上海地区最多;保存的自然森林植被主要有 8 个种类。

九峰 12 山作为长江三角洲的成陆中心,约在 6000 年前,人们开始在这里劳作、繁衍生息。从 1959 年起,考古工作者在佘山地区先后发现汤村庙、姚家圈、平原村、广富林、北竿山、辰山、钟贾山、佘山等 8 处古文化遗址,原始社会文化类型主要有崧泽文化、良渚文化和广富林文化等。

悠久的历史,在九峰人文史上留下大量翔实记载。东吴名将陆逊其孙陆机、陆云兄弟为西晋大文学家。陆机所著《平复帖》为留世最早的名人墨宝,所作《文赋》是中国最有影响的文学评论文章。中国绘画史上元代四大画家倪瓒、黄公望、王蒙、吴镇,明代董其昌、张弼、陈继儒、施绍莘,清代王鸿绪、姚鼐等常在九峰山间作画题诗,孕育了风格清雅的"云间画派",形成独具特色的"峰泖诗文"。明代著名书画家董其昌、陈继儒、莫是龙、沈士充等常在九峰山间作画。明末清初,抗清复明义士陈子龙、夏允彝、夏完淳等捐躯后墓葬于此。

人文、历史的积淀,形成佘山地区诸多名胜古迹。据历代旧志记载,每座山峰均有"八景""十景"。历经风霜留存的古迹有唐代的古银杏树、北宋的秀道者塔、南宋的护珠宝光塔、宋代的摩崖石刻、明代的"三高士"墓等。近代西佘山建造的天主教堂,具有中西合璧、多种建筑风格,号称当时远东第一大教堂;毗邻天主教堂的佘山天文台经多次扩建,成为中国五大天文观测基地之一。天文台、天主教堂两大象征科学与宗教的地标建筑,成为佘山特有的人文景观。

二、创建背景

1992 年,全国旅游工作会议提出参照经济技术开发区方式,在国内建设以利用外资为主、观光度假结合、有吸引力的高创汇旅游开发区的设想。是年,国务院下发《关于试办国家旅游度假区有关问题的通知》。

为满足上海日益增多的境外旅游者和在上海长住境外人员休闲度假的需要,1992 年 5 月 20 日,市政府向国务院上报《关于在上海横沙岛试办旅游开发区的请示》;国务院下文予以批复同意。10 月 4 日,国务院批准建立首批国家旅游度假区,上海横沙岛国家旅游度假区名列其中。由于上海市区至横沙岛的市政交通建设滞后等因素制约,横沙岛国家旅游度假区的建设一直未实质性启动。

佘山是上海确定的重点风景区。20 世纪 50 年代中期起,松江县(1998 年 2 月撤县设区)对九峰 12 山实施封山育林。1984 年,《上海市城乡总体规划》将九峰 12 山纳入淀山湖风景区的规划建设和管理。1991 年 7 月,编制完成《佘山风景游览保护区规划》。1992 年,松江县政府建立松江佘山风景区管理处,并投资数亿元资金进行基础设施建设。1993 年,经林业部批准建设国家级森林公园。1994 年,佘山风景区进行休闲度假区、旅游娱乐区、森林观赏区、田园风光区建设。是年佘山风景区初步形成旅游度假区的雏形。

为加快上海旅游业的发展,实现中共上海市委提出的"大工业、大旅游、大农业"战略目标,在市政府、松江县领导的争取和推动下,逐步形成移址佘山风景区建立国家旅游度假区的构想。

三、发展历程

1994 年 11 月 6 日,市政府向国务院提出的《关于改在佘山风景区建立国家旅游度假区的请示》,请示中提出:"为改善上海投资环境;方便在沪投资的外商度假休闲,吸引更多的外资参与浦东开发,加快旅游业的发展,推动上海产业机构调整'三二一'方针的实施,恳请国务院批准我市改在佘山风景区建立国家旅游度假区。"11 月 8 日,国务院将《上海市人民政府关于改在佘山风景区建立国家旅游度假区的请示》转发国家旅游局。国家旅游局随即派人到上海实地考察,并进行认真研究。1995 年 2 月 8 日,国家旅游局向国务院报告研究意见,认为"上海是中国最大的工商业城市,也是国际化程度较高、旅游业比较发达的城市。就国际旅游业来说,上海无论在接待海外旅游者人数和国际旅游外汇收入方面,都位居全国前三名之列。随着浦东开发开放,上海对外商的吸引力也越来越大,成为国际瞩目的重点地区","上海横沙岛因为孤悬长江口上,在联接市区的大交通没有明显改善之前,该岛吸纳外商进行投资的难度比较大","佘山度假区具有发展度假旅游产品的资源条件,也具有良好的交通条件和开发建设的配套基础","外商对投资佘山度假区的积极性较高,一些观光度假结合型的项目正在建设,招商引资、开发建设的前景良好"。国家旅游局认为"在上海建立一个国家旅游度假区是必要的,市政府提出易址到佘山兴办国家旅游度假区是合适的"。

市政府向国务院请示上报后,又多次组织国内外专家就易地到佘山兴办国家旅游区进行论证。1995 年,市政府又向国务院上报《关于改在佘山风景区建立国家旅游度假区的补充请示》(以下简称《补充请示》),指出 1995 年以来,"上海从实际出发,对全市旅游业发展的总体规划重新进行研究,明确佘山为全市旅游业发展的重点区域,并在市人代会上提出集中力量建设佘山现代旅游娱乐区的任务,严格控制低档次、低水平景点的重复建设,从而达到既有效开发,又有效保护耕地的目的"。《补充请示》进一步说明"易地到佘山兴办国家旅游度假区,有利于贯彻落实中央的宏观调控政策","加快佘山国家旅游度假区建设,有利于上海市民休闲度假,有利于农村城市化进程"。1994—1995 年,上海市、松江县领导多次出面协调争取;市长徐匡迪也几次向国务院领导反映,希望国务院同意上海移址建设国家旅游度假区。

1995 年 6 月 13 日,国务院批复:"同意上海不再设立横沙岛国家旅游度假区,易地在佘山建设国家旅游度假区。"佘山国家旅游度假区是全国 12 个国家旅游度假区中面积最大、直辖市中唯一的国家旅游度假区,以东西走向的沈砖公路为主轴线,主轴线两侧包括 9 座小山,即小昆山、北竿山、横山、天马山、钟贾山、辰山、西佘山、东佘山、凤凰山。

1995 年 8 月 19 日,市长徐匡迪在佘山风景区召开现场办公会,专题研究佘山国家旅游度假区和上海市旅游工作。

上海佘山国家旅游度假区是国家委托市政府管理的国家级旅游度假区,为加强领导、统一规划、合理布局,高起点、高质量地建设具有时代特征和上海特点的国家级旅游度假区,1995 年 11 月

6日,市政府决定建立上海佘山国家旅游度假区管理委员会。11月22日,撤销松江佘山风景区管理委员会及其办事机构松江佘山风景区管理处。11月24日,上海佘山国家旅游度假区在佘山正式挂牌;"上海佘山国家旅游度假区管委会暨上海佘山国家旅游度假区开发有限公司成立大会"在东佘山国家森林公园广场举行。12月29日,市政府下发《关于"上海佘山度假区开发的有关政策"专题会议纪要》。国家级旅游度假区与经济技术开发区、保税区一样,享有税收上的各种优惠政策。

第二节　管　理　机　制

一、管理机构

【上海佘山国家旅游度假区管理委员会】

1955—1995年,上海市和松江县政府先后成立佘山山林管理小组、上海佘山植物园、佘山风景管理处、佘山风景区管理委员会等管理机构。这些机构在推进松江九峰12山、佘山风景区的护山育林、市政道路和旅游景点建设、实施区域监管等方面做了大量工作。

1995年11月6日,市政府批准建立上海佘山国家旅游度假区管理委员会。管委会代表市政府管理佘山度假区,主要职责是:在全市总体规划的指导下,负责规划、管理和组织实施佘山国家旅游度假区的建设工作,负责协调和处理建设过程中与各有关部门的关系。管委会下设办公室,负责处理管委会的日常事务工作。1997年3月,中共上海市委、市政府明确上海佘山国家旅游度假区管委会及办公室划归市旅游委领导。

1999年8月12日、2006年4月7日、2007年11月20日,市政府三度对上海佘山国家旅游度假区管理委员会成员进行调整。

【上海佘山国家旅游度假区管理委员会办公室】

1995年11月6日,上海佘山国家旅游度假区管委会成立时同时设立上海佘山国家旅游度假区管理委员会办公室(以下简称管委会办公室),度假区办公室为佘山度假区日常管理机构、全额事业单位。11月24日,上海市旅游业发展领导小组第一次会议上明确,管委会办公室受市政府委托,行使佘山度假区范围内的规划实施、项目审批和管理协调等职能。下设秘书处(研究室)、投资发展处、规划建设处、综合协调处。12月24日,上海市机构编制委员会发出通知,确定管委会办公室为事业单位,人员编制定为30名。

1996年2月27日,中共上海市委发出《关于确定上海佘山国家旅游度假区机构级别的批复》,同意佘山度假区管委会办公室级别相当副局级,行政关系暂挂市政府办公厅。

【上海佘山国家旅游度假区松江管理委员会】

2000年1月,中共松江区委报经上海市旅游委同意,成立上海佘山国家旅游度假区松江管理委员会(以下简称度假区松江管委会),作为松江区政府派出机构,行使佘山度假区管理职能。度假区松江管委会机构性质为行政机关部门,机构级别为正处级。撤销原管委会办公室辖下的秘书处(研究室)、投资开发处、规划建设处、综合协调处;决定佘山度假区核心区行政区域单列。4月29日,上海佘山国家旅游度假区核心区区域行政单列交接仪式在度假区森林宾馆举行。度假区松江管委会设办公室、党务工作部、项目开发部、建设管理部、劳动人事部、社会发展部、企业管理部。

2003年6月27日,中共松江区委决定,成立松江区旅游事业管理委员会,并与上海佘山国家旅游度假区松江管理委员会合署办公。办公机构迁入林荫路18号"千竹苑"。合署后管委会设8个科室：办公室、党群工作科、财务管理科、投资管理科、建设管理科、社会事业科、行业管理科、旅游推介科(后改为市场促进科)。

表5-7-1　2000—2010年上海佘山国家旅游度假区松江管理委员会主要领导任职情况表

职　务	姓　名	任职时间
主　任	顾育其	2000年1月—2003年6月
	许银章	2003年6月—

资料来源：《上海佘山国家旅游度假区志》

二、开发主体

1992年7月23日,松江县政府决定成立上海佘山风景区旅游发展公司。1996年9月,中共松江县委、松江县政府决定,将上海佘山风景区旅游发展总公司变更为上海佘山国家旅游度假区联合发展总公司(以下简称度假区发展公司),为县政府直属公司。度假区发展公司注册资本为2.51亿元,为国有企业(法人);经营范围为：佘山度假区内山林、土地和市政基础设施的综合开发建设,旅游业投资开发和经营管理。

度假区发展公司先后投资建立松江县林场、上海佘山国家森林公园、上海大名房地产有限公司、上海佘山国家旅游度假区建设发展总公司、上海佘山污水处理厂、上海荟艺堂广告有限公司、上海山城汽车修配有限公司、上海山嵘汽车销售服务有限公司、上海佘山旅行社、上海佘山国家旅游度假区物业管理公司、上海佘山国家旅游度假区旅游产品发展有限公司、上海佘山国家森林公园客运索道公司、上海佘山国家森林公园百鸟苑公司等13家企业,其中全资子公司8家、股份有限公司5家。1998年7月,度假区发展公司有职工518人,公司总资产4.04亿元。2003年6月,度假区发展公司下属企业增至20多家,总资产约11.69亿元,在编职工541人。

表5-7-2　1996—2010年上海佘山国家旅游度假区联合发展总公司主要领导任职情况表

职　务	姓　名	任职时间
董事长	山兆辉	1996年9月—2005年1月
	许银章	2005年1月—2010年
总经理	车驰	1996年9月—1998年2月
	夏爱军	1998年6月—2000年1月
	顾育其	2000年1月—2003年5月
	许银章	2003年7月—2010年

资料来源：《上海佘山国家旅游度假区志》

三、管辖范围

佘山度假区划分为规划控制区域和核心区域。核心区行政管理,直属上海佘山国家旅游度假区松江管理委员会,其余地区归由各地所在镇政府管辖。

规划控制区 1995 年 6 月 13 日,上海佘山国家旅游度假区建立,规划区域面积 6 408 公顷,包括 12 座山峰,以及佘山、天马、昆冈、洞泾、泗联、茸北 6 个乡(镇)的 27 个村和佘山、天马乡政府所在地的 2 个居委会。

2000 年 4 月 29 日,佘山度假区核心区区域行政单列。是年 12 月,中共松江区委、区政府经批准对全区乡镇调整。规划控制区域内有佘山、小昆山、洞泾 3 镇和方松街道的 18 个村的 111 个自然村落,其中 6 个村的 21 个自然村落因拆并和佘山度假区项目开发而消失。

核心区 1995 年,核心区面积 1 295 公顷,四至范围为:东至嘉松公路,南至沈砖公路,西至佘北公路、环山公路,北至泗陈公路。核心区域内有佘山镇的佘山村、凤凰村、古长村 3 个行政村和佘山镇陈坊桥街区的部分面积;区域内还包括佘山、凤凰山、天马山、横山、辰山、钟贾山等山体面积207 公顷。

2000 年 4 月 29 日,佘山度假区核心区予以行政单列。行政村包括佘山镇所辖的佘山村、凤凰村、古长村,以及泗联乡所属的廿八漊村在嘉松公路以西的部分村落和土地。12 月 20 日,核心区撤销佘山村、古长村、凤凰村行政村建制和原泗泾镇廿八漊村 8 个村民小组,建立上海佘山国家旅游度假区月湖居民委员会。居委会范围东至泗泾镇古楼村,南至佘山镇张朴村,西至佘山镇陈坊桥集镇,北至佘山镇高家村。至 2008 年,居委会范围有居民 1 510 户、23 个居民小组。

第三节 园区规划

一、总体规划

从 1954 年 6 月起,市建委、市工务局、市规划院等部门和松江县政府曾先后编制过《佘山风景区规划方案》《佘山风景区总体规划》等多个规划方案,对风景区定位、范围进行具体规划。

1995 年,上海佘山国家旅游度假区成立后,坚持规划先行,按照市政府“高起点、高标准、高质量”开发建设度假区的要求,佘山度假区管委会委托市计委研究所、上海市规划设计院编制《上海佘山国家旅游度假区战略规划》(以下简称《战略规划》)、《上海佘山国家旅游度假区总体规划(纲要)》(以下简称《总体规划》),并先后报市政府批准。

《战略规划》和《总体规划》确定度假区规划范围是:东至嘉松公路,西至 5120 国道,南至广富林路,北至泗陈公路及区界。规划控制面积 64.08 平方公里,规划用地面积 45.99 平方公里。规划以可持续发展为原则,坚持体现高品位、高质量的休闲度假需要,按照“一次规划、重点推进、分期实施、阶段性突破”的要求,把佘山度假区建成一个以自然山林为依托,以度假休闲和现代娱乐设施为重点,以上海市民和国内游客度假休闲为主,兼顾国外游客观光游览需要的现代化旅游度假胜地。

度假区的总体构架是:以“绿心”(即东西佘山、凤凰山、天马山、小昆山、横山等山体)、“绿轴”(即生态环境建设区)为主线,设置“核心区”“三个镇区”“四个特色旅游区”等特色功能分区。规划中的“核心区”是佘山度假区的主体部分,集静态观赏和动态娱乐、宗教朝圣和科普教育为一体,具有度假、旅游、商业服务、行政管理综合功能。“三个镇区”指陈坊桥、天马、小昆山地区,“四个特色游览区”分别是天马山游览区、横山游览区、小昆山游览区、北竿山游览区。

1996 年 5 月 27 日,市政府常务会议审议并原则通过《上海佘山国家旅游度假区战略规划》和《上海佘山国家旅游度假区总体规划(纲要)》。

二、专项规划

【核心区规划】

为进一步实施总体规划,佘山度假区管委会会同市规划局组织《佘山国家旅游度假区核心区规划》(以下简称《核心区规划》)方案征集活动,旨在创造佘山核心区的景观风格与旅游特色。同济大学、东南大学、上海市园林设计研究院和上海市规划设计院4个单位分别提出各自的核心区规划构思方案。1996年9月28日,经专家评审论证,认为东南大学方案富有创意,确定在此基础上,综合其他方案优点,形成调整方案。

1997年6月11日,《核心区规划》构思方案进行复议,对佘山地区旅游资源进行分析和评估,提出在核心区域开挖人工湖的设想。1998年3月,经市规划委批复同意立项。上海市园林设计院、同济大学等单位设计并提交人工湖工程实施方案初稿。1998年8月,松江区政府、佘山度假区管委会与上海市规划管理局共同组织"佘山度假区暨人工湖湖区规划国际方案征集活动"。加拿大建筑设计咨询公司、澳大利亚贝尔曼(PLM)设计公司、中国城市规划设计院等单位的方案参与征集,经评审澳大利亚贝尔曼设计公司方案中标。12月24日,上海市市长徐匡迪主持召开的市长办公会议,提出以澳大利亚贝尔曼公司方案为基础,吸收其他方案长处,由上海市规划设计院和同济大学等协同对方案进行深化、完善,在保护现有水网前提下,疏理部分河道,开挖人工湖。人工湖选址于小佘山、薛山与凤凰山之间,总用地面积30.4公顷。同时由同济大学风景科学研究所编制完成《上海佘山国家旅游度假区核心区规划总平面图》,上海市城市规划设计研究院编制完成《上海佘山国家旅游度假区核心区规划功能分区图》。

1999年9月30日,《核心区规划》经市规划局批准实施。《核心区规划》规划原则:在充分保护自然与人文景观资源的前提下,进行适度开发,与国际大都市旅游发展相适应。规划范围为:东至嘉松南路、南至沈砖公路、北至泗陈公路、西至辰山塘,面积为10.88平方公里。包括东、西佘山和天马山、小昆山、横山、辰山、钟贾山等山体,总面积为12.95平方公里。规划山体用地76公顷,水体用地130公顷,绿化用地470公顷,公共建筑用地114公顷,度假设施用地158公顷,道路用地92公顷,备用地48公顷。总用地1 088公顷。规划功能布局为"一心""一圈""四区":"一心"即核心区,主要以文化展示、旅游服务和商业娱乐为主;"一圈",即以泗陈公路、沈砖公路内外侧50米和嘉松南路内外侧100米密植型绿化带为主,适当考虑旷地型的项目,形成核心区的绿化保护圈;"四区",即自然景观风貌区、水上风光游览区、休闲娱乐游嬉区和旅游度假别墅区。

2001年,佘山度假区委托同济大学编制完成《上海佘山国家旅游度假区核心区控制性详细规划》《上海佘山国家旅游度假区核心区修建性详细规划》。8月,佘山度假区委托上海市城市规划设计研究院编制完成《上海佘山国家旅游度假区调整规划》。

调整后的规划将"四区"调整为"五区",即自然景观风貌区、水上风光游览区、旅游度假区、体育运动区(在核心区东北角以建造大型高尔夫球场为主的休闲运动区域)和商品别墅区。为适应松江新城区、松江大学城等的开发建设,又编制完成佘山度假区与新城区、松江大学城结合部的区域控制性规划,还委托编制完成与核心区规划相配套的天马山、小昆山、横山等景区分体规划。

核心区集中了度假区自然景观和旅游资源的精华,以"回归自然,休闲度假"为总目标,集文化、教育、体育娱乐、商业服务为一体。规划的调整和完善,使佘山度假区核心区功能定位基本明确,为度假区新一轮开发奠定了基础。

【结构规划】

2006年12月，上海市城市规划设计研究院和佘山度假区管委会办公室依据《战略规划》和《总体规划》联合编制完成《上海佘山国家旅游度假区结构规划》（以下简称《结构规划》）。规划范围为东至嘉松南路、南至花辰公路、西至5120国道、北至泗陈公路及区界，包括小昆山部分区域，总用地49.2平方公里。发展两大功能，即结合佘山世茂国际会议中心、天马现代服务业集聚区、佘山国际高尔夫俱乐部及周边配套项目发展休闲度假功能；结合上海影视基地、上海辰山植物园、月湖雕塑公园发展旅游度假功能。两功能区实现功能互补、客源共享。度假区布局分为特色景区、生态环境建设区和居住社区。

特色景区中的辰山特色景区，包括辰山植物园、广富林古文化遗址。天马山特色景区包括天马山、钟贾山、机山及天马水乡古镇、天马现代服务业集聚区、卢山"深坑"等相邻地区，发展科普展示、体育竞技、野外生存体验等特色景观旅游。横山特色景区包括横山、天马乡村俱乐部，发展摩崖石刻、山石景观观赏和高档体育活动等特色景观旅游。小昆山特色景区追寻历史古迹，开发古代武术，开展现代体育、竞技等项目。

生态环境建设区结合自然地形以成片或成带的林木，将各山体作为绿心串联成区域，有机联系各特色景区，呈现佘山度假区的主体风景区。

居住社区包括佘山镇、天马社区和小昆山镇三大居住社区，按照佘山度假区规划要求，建设开放型旅游城镇，作为佘山度假区服务的后方基地。

表 5 - 7 - 3　2006年佘山国家旅游度假区规划主要用地情况表

类　型	面积（平方公里）	所占比例（%）	备　注
公共旅游度假用地	5.09	10.35	包括月湖雕塑公园、主题公园、影视基地、会议中心和度假酒店
体育休闲用地	2.75	5.59	位于佘山东北部和横山景区
商品别墅用地	2.90	5.89	在核心区外围等地区布置低密度开发的山林高级旅游度假别墅
旅游服务度假用地	0.81	1.65	分布于核心区
城镇建设用地	5.66	11.50	包括佘山镇、天马社区、小昆山镇
村民居住用地	1.01	2.05	位于佘山镇区边缘，千新路以西，沈砖公路以北，三官塘以南，油墩港以东
公共绿地	6.46	13.13	—
防护绿地	4.18	8.50	—
山体用地	1.98	4.02	—
水域用地	4.03	8.19	—
生态控制用地	12.03	24.45	—
道路广场用地	2.25	4.57	—
主要市政公共设施用地	0.05	0.11	—

资料来源：《上海佘山国家旅游度假区志》

【综合交通规划】

2006年12月,松江区规划管理局和佘山度假区松江管委会委托上海市城市规划设计研究院编制完成《上海佘山国家旅游度假区综合交通规划》(以下简称《综合交通规划》)。

《综合交通规划》规划轨道交通9号线沟通松江新城与上海徐家汇副中心,在佘山度假区段设置车站2座,利用大容量轨道交通集中运送旅游客流。建设松江新城大型客运换乘枢纽一座,配制地面公交线路10条,停车泊位2000个;按照国家和地方标志设置规定,完善交通标志引导系统。旅游区充分利用现有至市区线路6条、松江区内线路3条、郊区线路3条的公共交通系统,主要承担度假区社区居民的通勤及日常出行,同时承担部分沿线散客。

《综合交通规划》规划旅游专线,承担佘山度假区和旅游集散中心和其他著名旅游观光地点间的集中旅游交通。设置旅游区内旅游线,连接佘山度假区内部各类景区和游览项目的区内导向性旅游线路。利用多种交通工具,设置接驳专线,接驳游客集散枢纽和佘山度假区的短驳旅游公交。

【防洪除涝规划】

佘山度假区核心区内除山丘外,地势低洼,平均地面高程2.89米(吴淞基准面,下同),最低处为2.2米。虽然青松大控制片外围控制线和控制建筑物基本完成,但排涝泵站建设进度缓慢,除涝能力不到规划的20%,东西向河道不足,骨干河道布局不尽合理,度假区内防洪、除涝形势依然严峻。2007年11月,上海市水务规划设计研究院编制完成《上海佘山国家旅游度假区核心区及松江新城北片水系调整及防洪除涝规划》(以下简称《防洪除涝规划》)。为保障核心区域内水资源的生态环境,有效开发水景观和山水资源,规划将圩内4.9%的河面率提高到5.2%。《防洪防涝规划》将核心区水系以通波塘为界分成东圩和西圩两个圩区。北侧外围河道改为利用长相泾、三泾河河道,保留通波塘的圩外河道性质,形成南北向的圩外河道通波塘、泗泾塘,东西向的三官塘、长相泾、三泾河、百花港的骨干河网布局。通过圩外骨干河道调整,百花港沟通工程,月湖综合功能的改造和调度,以及提高装机能力、控制圩内水位等措施实施防洪、除涝工作。

第四节　园区建设

一、护山育林

【山体治理】

1995年,佘山度假区成立时,区域内有7家采石厂。据1997年统计,7个采石厂年采石18.46万立方米,以石材比重2.6吨/立方米计算,年开采量在48万吨左右。至2000年,采石总量达647.76万立方米(不包括解放前及解放初期的开采量),约1684.18万吨。采石场占地面积22公顷,形成大小不一的采石坑,总计面积13.61公顷。近百年的采石,造成佘山诸山山体破坏,横山、天马、佘山、凤凰山等部分山体裸露,辰山山体仅剩一半,小机山、卢山出露地表的山体消失,卢山被挖成一个深70多米的大坑。

1999年,根据《中华人民共和国矿产资源法》有关规定,在佘山度假区内停止核发采矿许可证。是年,关闭西佘山与昆冈两家采石厂。2000年,其余采石厂均陆续关闭;九峰地区山体损毁现象得到根本遏制。

2001年12月,上海市地质学会、上海市地质研究院14位专家教授,对九峰地区闭矿后矿坑治理进行调查,形成《松江区闭矿采石厂矿坑治理方案可行性论证报告》,提出治理矿坑的意见和办法。2004年7月,市房地资源局与松江区政府在天马山等采石坑遗址立碑;佘山度假区对采石遗址先后进行平整和植树,对破坏的山体进行整治。2007年3月始建的辰山植物园,利用辰山山体南侧采石遗留的悬崖岩壁和山体西侧的矿坑,构建成深坑花园。2008年,利用卢山深坑建造五星级宾馆的工程实质性启动。

【育林护林】

1969年起,松江县先后建立山林绿化管理站、松江县苗圃、林场,实施对12山育林和林相改造。至旅游度假区建立时,大面积育林已结束。九峰12山常年披绿,形成次生常绿落叶阔叶混交林。园区转入正常的林木培育和养护管理,确保各山林木的蓄积量,增加覆盖率。

经过封山育林和林相改造,佘山林木资源越来越丰富。据松江县林场1980年统计,九峰12山林木总面积为401公顷,其中林地为313.4公顷,实际林地面积为290.72公顷,森林覆盖率为72%。林木主要品种有黑松、刺槐、白栎、香樟、青桐等,还有毛竹、淡竹、杂竹等。

据上海市林学会等单位1982—1983年统计,佘山地区高等植物有788种,低等植物104种,涉及216科578属。

据松江县林场1994年、1999年主要林木统计,1994年有林地面积355.17公顷,森林覆盖率为79.1%。1999年有林地面积35690公顷,森林覆盖率为81.20%。据松江县林场2006年统计,佘山旅游度假区有林地面积357.19公顷,其中混交林189.92公顷、经济林2.79公顷、竹林82.67公顷、苗圃8.92公顷、无林地72.65公顷,平均森林覆盖率为81.2%。其中钟贾山最高,覆盖率为96%。

2000年,山林发生松材线虫病害,2万多株黑松被迫砍伐,部分山头成了秃山;佘山度假区和松江区林场制定林相改造方案。2003年,佘山度假区逐步实施对九峰12山林相改造。是年,在横山种植香樟、四季桂、枫香等苗木5152株;在小机山种植香樟、木兰科等大小苗木25250株;在辰山种植女贞、红果冬青、三角枫等苗木6500株。当年投入林相改造资金200万元。

2004年,在薛山种植光叶山矾、独本女贞等苗木约5000余株,在横山种植红栌、黄栌、罗汉松、紫荆等5082株,在小机山种植乐昌含笑、四季桂等1500株。当年投入林相改造资金105万元。

2005—2006年,在薛山补植大小苗木3600余株;在横山移栽桂花、香樟、红栌、黄栌等苗木1400余株;在钟贾山种植雪松、独本女贞、香樟等824株,东佘山原百鸟苑撤苑改造,种植香樟、锦带、珊瑚等大小树木4762株。当年投入林相改造资金115.8万元。2007—2009年,分别在钟贾山,东、西佘山,引进10多个新品种植物,投入资金约980万元。

九峰12山有百年以上古树100株,是上海地区古树名木最为集中的区域。佘山度假区松江林场对100株名木古树,予以挂牌保护;其中列为一级保护的6株,列为二级保护的94株。树龄在80年以上树木147株、19个品种。林场对挂牌古树名木和后续保护名木都建立品种、年代档案;加强防病治虫、松土施肥、整枝修剪以及白蚁检查;专家不定期对古树进行"体检"。从2005年起,佘山度假区开展古树领养活动,有10多家企事业单位和5位个人出资对古树名木对号领养,并由松江区园林管理署颁发荣誉证书。

二、市政设施

【公路】

1986年前,佘山地区公路有外青松公路嘉定外冈经青浦至松江洞泾、佘天昆公路佘山至天马山、小昆山、冷风公路冷水湾至凤凰山以及佘北支路、长嵩公路5条。1986年起,上海佘山国家旅游度假区加大了佘山地区的公路建设。

外青松公路　1986年,投资8.1万元,对外青松公路西佘山入口处至佘天昆公路450米路段拓宽至30米,是年7月30日竣工。1987年10月初,对外青松公路松江、青浦界千步泾桥至西佘山入口处和佘天昆公路至洞泾沪松公路段两侧拓宽,铺沥青路面,总投资45.02万元。1993年4月,再度对外青松公路拓宽,总投资164.04万元。

嘉松公路　嘉松公路为市政府批准建设的二级公路,松江段青浦区界至南期昌路全长10.22公里,宽26米,混凝土路面,两侧设绿化隔离带。1997年5月开工,1998年12月竣工,总投资1.032亿元。

泗陈公路　东接沪松公路泗泾镇路段,西连佘山镇陈坊桥北侧外青松公路,全长11.05公里。2000年5月开工,12月竣工;路两侧设机非隔离带,总投资9306万元。

环山路　1993年,佘山风景区集资拓宽环山路,改造成宽约7米的混凝土水泥路面。1999年,环山路铺设沥青路面。

林荫新路　建于2002年,东北接嘉松公路,西南连沈砖公路,穿越佘山度假区核心区,全长3.9公里,总投资2194万元。

林绿路　2003年建,北接林荫新路,南接林湖路,全长0.999公里,宽7米,沥青路面,总投资1117万元。

林叶路　2007年建,北接林湖路,南接沈砖公路,全长0.46公里,宽7米,沥青路面,总投资298万元。

林湖路　2008年建,东接嘉松公路,西接林荫新路,全长1.04公里,宽7米,沥青路面,总投资780万元。

花辰公路　东起沪松公路卖花桥路段,西至小昆山佘天昆公路,长11.63公里,中央设分隔带,沥青混凝土路面。2003年,筑沪松公路至嘉松南路段。2006年全路筑成,总投资1.31亿元。

辰塔公路　北起沈砖公路辰山路段,南迄李塔汇闵塔公路,长11.61公里,沥青混凝土路面,设中央分隔带。2002—2009年建造,总投资3.46亿元。

千新公路　北起外青松公路千步泾桥,南至沈砖公路,长2.805公里,水泥混凝土路面。1999年建成,总投资2110万元。

其他道路　2009年1—6月,沈砖公路嘉松南路至辰塔路5.53公里、嘉松南路区界至南期昌路10.22公里、外青松公路森林宾馆至沈砖公路1.95公里,辅设沥青路面、彩道板人行道,栽种行道树等,分别投资8504万元、8465万元、2246万元。2008—2009年,辰塔公路、龙源路、人民北路,以城市式道路分别从花辰公路向北延伸至沈砖公路,与佘山度假区千新路、林荫新路、林叶路相交互通。

【给水管网】

佘山度假区核心区内所有饮用水都由佘山镇自来水厂供给。进入21世纪以后,随着核心区内新建项目增多,供水管网已不适应供水需求。2001年,启动自来水管网改造工程。至2002年,完成供水管道4.7公里,耗资350万元,满足佘山度假区核心区内现有单位饮用水供给。

【污水处理】

1997年,佘山度假区在环山路边,建日处理能力6000吨、一期日处理能力2000吨的污水处理厂一座。2002年,在修建林荫新路时,沿线铺设雨水管道和污水管道3.9公里。2004年,松江东北部污水处理厂建成后,启动佘山度假区核心区污水管网与松江东北部污水管网联通工程。至2005年,完成管网归并接纳工作;相继完成世茂国际会议中心、世茂庄园等7家单位污水管网和污水纳管建设;是年,佘山度假区污水处理厂关闭。

【燃气】

2002年初,佘山度假区启动管道煤气工程,与上海至松江沿沪松公路煤气管线联通,全长10.8公里,总投资1 480万元,是年佘山度假区用上管道煤气。2004年6月,佘山度假区转换使用天然气。

【电力】

1996年,佘山度假区共建成220千伏变电站1座,35千伏变电站4座。2000年,完成电网改造设计方案,实施首期供电线网敷设工程。2003年,对部分高压线路实施改道。2005年,完成月湖雕塑公园、佘山高尔夫俱乐部供电配套设施。

【电讯】

1996年,佘山度假区新建国际、国内程控电话装机容量3万门。2003年,编制完成佘山度假区核心区电信、有线电视线网规划设计,并铺设部分电信、有线电视线网。2004年,实施对电信、有线电视线网铺设和机房改造。

表5-7-4　2000—2006年佘山国家旅游度假区基础设施和市政设施建设情况表

指标名称	单位	2000年	2001年	2002年	2003年	2004年	2005年	2006年
道路长度	公里	4	4	4	5	6	6	6
道路面积	万平方米	4.4	4.4	4.4	5.5	6.2	6.2	6.2
桥梁数	座	3	3	3	4	5	5	5
排水管道长度	公里	8	8	8	10	11	11	12.7
路灯盏数	盏	167	167	167	391	411	411	411
污水年排放量	万吨	36.5	1.2	1.2	1.2	1.3	1.8	2.3
其中:生活污水	万吨	36.5	1.2	1.2	1.2	1.3	1.8	2.3

说明:2000年含佘山锦江漂流世界污水排放
资料来源:《上海佘山国家旅游度假区志》

三、环境整治

【绿化】

1997年,佘山度假区在沈砖公路与外青松公路交叉三角地,新填土方5.3万立方米,种植乔、灌木20万株,铺设草坪4万多平方米,形成长约9.5公里的公路绿化带,绿化总面积18.4万平方米。1998年,在沈砖公路与外青松公路交叉三角地,种植乔、灌木10万多株,绿化面积达3万平方米。

在景点、宾馆、度假村调整绿化布局,补种名贵花木和翠竹等,增扩绿化逾5万平方米。1999年,在沈砖公路南侧辟绿地1.5万平方米、苗地1公顷。2000年,重点进行月湖环湖道路绿化,完成世纪休闲绿地5万平方米,其他绿化面积逾10万平方米。

2001年,实施湖滨2500米绿化带,林荫大道两侧20米绿化带,种植乔、灌木,总面积逾5万平方米。2002年,在佘天昆公路与外青松公路交汇处新建绿化5万平方米。2005年,实施外青松公路佘山度假区段绿化改造工程。

2009年1—6月,投资1.09亿元,建绿地28.58万平方米,分别是在沈砖公路嘉松南路至龙源路两侧,种植榉树、香樟、乌桕、桂花、广玉兰、樱花、银杏,构筑绿地、园林小路及木亭、景墙,总面积25万平方米;在龙源路花辰公路至沈砖公路两侧,新辟绿化带0.44万平方米;在嘉松南路西侧林荫新路至沈砖公路辟设绿地0.9万平方米;在泗陈公路嘉松南路至南嵩塘桥0.24万平方米绿地,以造型树、草花、景石点缀;在外青松公路佘天昆公路至沈砖公路两侧,新辟绿地2万平方米,种植榉树、香樟、雪松、桂花、樱花等。

【道路、河道整治】

1998年,对外青松公路东、西佘山段三角街"三乱"现象实施综合治理。动迁核心区域内100多户农民住宅及有碍观瞻的旧建筑,拆除百余间破旧商业用房,拆除面积达1.2万平方米。是年,清理河道水面面积18万平方米,完成环山河东、西段疏浚工程。

2001年,清理河道1.62公里,完成横泾港驳岸工程2.7公里。2002年,完成林荫新路灯光工程。2003年,完成沈砖公路灯光改造和绿化工程。2007年,完成林叶路灯光工程。2008年,完成林湖路灯光工程。

2009年,完成沈砖公路嘉松公路—千新公路改造,道路两边增设城市式人行道;完成外青松公路森林宾馆—沈砖公路灯光工程、道路两边铺设城市式人行道。

【拆违改造】

佘山度假区设立时,区内工业区和农业区混杂。从20世纪90年代初期起,度假区和佘山镇拆除违章建筑,搬迁工厂、农户和农村办的养猪场、养鸡场,搬走拟建的佘山镇工业区,停办砖瓦厂和7个采石厂。1999年,度假区拆除违章及有碍观瞻的建筑3200平方米,其中违法违章建筑2800平方米;建造山体围墙2000平方米。2005年,拆除违章建筑20户、374平方米。2006年,拆除违章建筑1.21万平方米。2007—2008年,先后拆除违章建筑分别是2.09万、0.72万平方米。

2008年5月,东佘山园实施环境整治和配套设施建设,整修道路,改造茶室、小卖部、厕所等,耗资2900余万元。9月20日,东佘山园向市民免费开放。至2010年,佘山度假区拆除区内各类违章建筑4万多平方米。

四、配套设施

【餐饮住宿】

上海佘山世茂国际会议中心暨世茂佘山艾美酒店 位于佘山度假区核心区林荫新路1288号,月湖雕塑公园和佘山高尔夫球场环绕四周。上海佘山世茂国际会议中心所在地原为上海锦江国际会议中心,由佘山度假区联合发展总公司1998年4月引进,上海锦江集团投资开发。2002年6月,转让给上海世茂置业有限公司。2003年1月11日,上海佘山世茂国际会议中心工程奠基。2005年10月一期工程竣工,总建筑面积近8万平方米;工程获上海市建设工程"白玉兰"奖。酒店拥有327间客房,492个床位。宴会厅可容2000人同时用餐。有470席位的大会堂、7个会议室、行政会议室和20个有3国语言同声传译的演讲厅。酒店由喜达屋集团管理公司管理。酒店月湖轩中餐厅于2006年、2007年获最佳粤菜馆、上海最佳餐厅,第4、5届中国酒店"金枕头"奖。2007年度"最佳会务目的地"酒店,被中国休闲产业经济论坛选定为十大特色休闲基地之一。2008年获中国十大最受欢迎度假酒店;第四届IDC酒店设计奖、中国最佳度假酒店十强等称号。是年9月,世茂佘山艾美酒店挂牌五星。

东方佘山索菲特酒店 位于泗陈公路3388弄。原名上海佘山黄河索菲特大酒店。由广东黄河实业集团投资近10亿元,按白金五星级标准兴建的会议式度假酒店。2009年12月,更名为东方佘山索菲特酒店。占地12.48公顷,建筑总面积8.4万平方米。拥有368间客房、470张床位和7栋酒店服务园林别墅;有容纳1200人的大宴会厅,12个大中小型会议宴会。2009年3月31日,酒店开业运营。2010年,佘山索菲特大酒店申报五星级旅游饭店。

大众国际会议中心 位于佘山国家旅游区内赵昆路1515号。前身为上海海关培训中心,由上海海关和松江海关共同兴建,占地4.4公顷。2004年5月,上海大众集团收购后,对原有建筑按四星级宾馆标准整修改造。2004年5月28日开业。总投资10625万元。中心由客房楼和会议综合楼组成,具有欧式风格。建筑面积17000平方米。拥有客房208套,376个床位,大小会议室14个,有25间包房和容纳400人就餐的大餐厅。

上海佘山森林宾馆 位于佘山度假区核心区佘山塔弄口。由上海佘山度假区联合发展总公司投资,总投资额为4450万元。1994年9月建造,占地3.3公顷。宾馆环境幽雅,修竹茂林,是上海市唯一建在山上的宾馆。1995年5月投入营业。1997年7月扩建,占地面积达5.3公顷,建筑总面积98679平方米。宾馆拥有7栋别墅楼,宾房93间、床位167个;300个餐位酒楼1处,大小会议室8间。2000年底,宾馆被评为三星级宾馆。

兰笋山庄 位于东佘山塔弄外青松公路东侧,毗邻森林宾馆。上海粮油仓储有限公司投资主办,投资额2500万元。原为上海粮食储运公司职工休养所,占地0.86公顷。1995年9月12日开业,为当时佘山度假区域内唯一的涉外宾馆及国内旅游指定接待单位。山庄拥有客房81间,床位143个,餐厅可容260人同时就餐,拥有多功能厅、桑拿等娱乐健身服务设施。1989—2008年连续十届荣获"上海市文明单位"称号,1997年获共青团上海市委"共青团号"称号,1998年获共青团中央"青年文明号"永久称号。2001年12月,兰笋山庄被评为三星级宾馆。

松浦度假村 位于西佘山脚下外青松公路环山路口。投资单位上海浦东水利航运松波实业有限公司,后属上海浦东新区发展集团有限公司。占地0.56公顷,投资总额3500万元。1995年10月建成,松浦度假村为集团系统员工与浦东新区总工会休养基地,也是佘山度假区餐饮住宿单位之一,对外开放。度假村拥有各类客房41间,床位84个,有可容150余人同时进餐的多功能餐厅,4个会议厅。

紫园大酒店(沪昌度假村) 位于西佘山脚下,外青松公路南侧。前身为沪昌度假村。由上海沪昌特殊钢铁有限公司和佘山镇陈坊桥集团联合筹资1806万元建成,占地0.9公顷。1995年8月运营。度假村由9座别墅组成,有豪华客房18间、普通客房27间,总床位110个。1996年,荣获上海市年度优胜安全旅馆称号。2002年,沪昌度假村转资后承包经营,改为紫园大酒店。

【住宅小区】

1995—1996年,度假区在陈坊桥集镇建造兰笋小区。小区共8幢6层楼房,建筑面积2.49万平方米。1996—1998年在天马山集镇建造云山新村,共10幢5层楼房,建筑面积4.26万平方米。

1997—1998年,在西佘山环山路建佘山花苑。单体别墅7幢,联体别墅8幢,多层别墅3幢。占地面积1.38万平方米,建筑面积6404平方米。1998—1999年,在陈坊桥集镇东部建佘山新苑,有3幢5层楼、12幢4层楼房屋,建筑面积1.95万平方米。

1998—2006年,在陈坊桥集镇西部建造翠谷公寓,共44幢4—5层楼房,建筑面积11.85万平方米。2004—2005年,在天马山集镇南部建造逸峰小区,为17幢5层楼房,建筑面积4800平方米。2006年12月,在龙源路竣工山水景苑,建有联体别墅49幢,多层公寓31幢,占地面积10.02万平方米。

2005—2006年,在陈坊桥集镇西部江秋村建造江秋中心村。小区一期面积49.48万平方米,建筑面积41.77万平方米。为68幢5层楼房,56幢复式3层楼房,82幢联体别墅,17幢公建楼房。二期在千新公路东侧建设,建筑面积19万平方米,2009年底竣工。

【现代别墅】

1996年起,佘山度假区在陈坊桥集镇建佘山苑别墅,在佘北公路建紫都(上海晶园)。至2010年,度假区共建10处现代别墅。

表5-7-5　1996—2010年佘山度假区现代别墅项目建设情况表

项目名称	开发单位	占地面积	别墅幢数	建筑面积(万平方米)	开工时间	竣工时间
佘山苑	—	—	40	1.25	1996年	2000年
紫都(上海晶园)	上海紫都佘山房产有限公司	87	300	17.4	1996年	2005年8月
天马花苑	上海天马乡村俱乐部有限公司	77.74	200	17.74	1997年	1999年
紫园	上海嘉城兆业房地产开发有限公司	72.53	268	14.51	2001年1月	2005年12月
佘山高尔夫郡	上海佘山国际高尔夫俱乐部有限公司	33	230	11.35	2003年6月	1—2期2007年; 3期2009年
世茂佘山庄园	上海世茂佘山庄园置业有限公司	53.28	69	7.86	2004年2月	1期2007年; 2期2008年
山的院子花园	上海亚萌置业有限公司	20	287	13.23	2005年	2009年
东紫园	上海龙嘉置业有限公司	45.13	192	7.08	2006年6月	9号地块2008年10月; 10号地块2010年
月湖山庄	上海利宝房地产开发有限公司	31.2	124	9.31	2006年12月	1期2004年12月; 2期2009年10月
中凯曼茶园	上海中凯曼置业有限公司	16.84	81	6.17	2006年6月	在建

资料来源:《上海佘山国家旅游度假区志》

【公交】

20 世纪 80 年代末,园区始有上海市区至佘山的公交旅游专线。佘山度假区建立后,增添多条旅游专线。1998 年 6 月,上海市旅游委和松江县政府联合举办上海旅游专线 1 号线通车仪式。旅游 1 号线从上海体育场出发,途经漕河泾、七宝、九亭、泗泾、砖桥,到达佘山滑索道广场。2008 年 2 月 20 日撤线。

表 5 - 7 - 6　2010 年佘山度假区公交线路设置情况表

线　路	起　点	途　经	终　点
南佘线	南浦大桥	徐家汇、上海体育馆	陈坊桥
上佘线	上海体育馆	漕宝路、沪松公路	陈坊桥
共佘线	新客站	中山北路、中山西路、天山路、佘北公路	佘山滑索道
沪陈线	西区汽车站	漕河泾、七宝、九亭、泗泾、林荫路	上海政法学院
沪佘昆线	西区汽车站	漕河泾、七宝、泗泾、佘山、天马山	小昆山
上太线	上海体育馆	沪青平公路、佘山	沈巷太阳岛
松青线	乐都路汽车站	沪松公路、砖桥、佘山、外青松公路	青浦城
松重线	松江火车站	嘉松公路、沈砖公路过佘山	重固镇
松朱线	松江城东站	嘉松公路、沈砖公路过佘山、沈巷	朱家角镇
松陈线	乐都路汽车站	人民北路、文翔路、广富林、佘山	陈坊桥
松江 19 路	松江火车站	人民路、思贤路、辰塔路、辰花路、龙源路	欢乐谷
松江 92 路	九号线佘山站	月湖、森林公园、佘山、佘北公路、佘苑路	佘山汽车站

资料来源:《上海佘山国家旅游度假区志》

1997 年 1 月,上海锦江汽车服务有限公司与佘山度假区联合发展总公司联合创建"上海锦江佘山汽车服务有限公司"。至 2008 年,有出租车 122 辆,社会车辆 9 辆,在佘山度假区内外运营。2010 年 4 月 29 日,佘山国家旅游度假区公共自行车系统、环线巴士项目建成运营。

【停车场】

上海欢乐谷停车场　位于佘山度假区核心区 11 号地块,南临沈砖公路,北侧为上海欢乐谷主入口。停车场占地 11.94 公顷,分地面、地下两层,其中地下建筑面积 3 996 平方米。2009 年 7 月,上海欢乐谷开业前竣工,总投资 1.27 亿元。停车场地面可容纳 220 辆大巴士、1 270 辆小型汽车、6 辆旅游专线车、400 多辆摩托车和非机动车,地下可容纳 1 100 辆小型汽车。

月湖东停车场　位于佘山度假区核心区内,东、南临上海欢乐谷 6 号地块,西临林荫新路,北至三官塘,占地 0.96 公顷,地下停车库 7 127 平方米,可容纳机动车 233 辆,地上可停放机动车 50 辆和非机动车 30 辆。工程总投资约 3 619 万元。2009 年 6 月开工建设,2010 年 1 月竣工。

东佘山停车场　位于东佘山南,东至东佘山南门,南、西至外青松公路,占地 4.67 公顷,可容纳大巴士 178 辆,摩托车、非机动车 30 辆。2009 年 7 月开工建设,12 月底竣工。

【护林防火设施】

2000 年 6 月至 2005 年 10 月,市、区两级财政拨资金 1 851 万元,佘山度假区在九峰地区各山建设护林防火基础设施,共新建、改建防火围墙 20 余公里,建防火隔离带 4.8 万平方米,以及蓄水池、泵站、输水管线等消防设施。至 2005 年,九峰十二山大都完成围山墙、防火工程,总长 22.69 公里;其中天马山周长最长,为 3 690 米。至 2006 年,建有防火集水井 11 座、蓄水池 20 座、消防管线 24.32 公里、消防栓 314 套、防火瞭望台 6 座及其他防火设施设备。

第五节 项目开发

一、自筹开发

1996—2000 年,上海佘山国家旅游度假区联合发展总公司先后自筹资金开发建设了 3 个项目。

佘山樱花园 1996 年,度假区在位于沈砖公路与外青松公路交汇处筹建樱花林。1997 年 3 月 5 日,以三潴町市长为首的日本友好团和松江县领导等在该地栽种一批樱花树,以纪念松江县与日本国三潴町友好交流五周年。是年 4 月,在樱花林基础上,投资 120 万元的佘山樱花园正式开工;10 月,占地 1.46 公顷的佘山樱花园建成。

佘山月湖 为改变佘山度假区有山缺湖的状况,重现湖光山色,度假区启动人工湖开挖工程。1997 年 6 月 11 日,有关专家、领导对佘山度假区核心区规划复议时,进一步提出开挖人工湖的设想。1998 年 3 月,上海市园林设计院、同济大学等单位设计并提交人工湖工程实施方案初稿。4 月,市规划委批复同意佘山度假区内人工湖工程立项,项目总投资 7 100 万元。12 月 24 日,市长办公会议提出在保护现有水网前提下,疏理部分河道,开挖人工湖。1999 年 8 月 8 日,佘山人工湖开工典礼在工程开挖现场举行。上海市、松江区领导及人工湖设计、施工单位代表共 300 余人出席。2000 年 8 月 18 日,人工湖工程竣工,度假区举行放水典礼。人工湖选址于小佘山、薛山与凤凰山之间,湖长 700 米,宽 500 米,占地面积 33 公顷,湖深 3 米~6 米,蓄水量达 70 余万立方米。人工湖的开挖在佘山地区营造出山水相依的自然景象,凸显度假区"回归自然、休闲度假"的开发理念。

森林宾馆三期 佘山森林宾馆始建于 1994 年 9 月,1995 年 5 月营业。1997 年 9 月,佘山森林宾馆三期扩建开工,扩建面积 1.93 公顷。工程于 1999 年完工,投资额 2 000 万元。

二、引资开发

在松江县县委、县政府的关心和支持下,上海佘山国家旅游度假区联合发展总公司千方百计地招商引资,1999 年 5 月 18 日,佘山度假区旅游营销中心成立。至 2010 年,度假区先后有 20 个项目落户佘山度假区,其中投资额超过亿元的有 12 个项目,最大项目达 60 亿元。

表 5-7-7 1996—2010 年上海佘山国家旅游度假区联合发展总公司招商引资项目一览表

项目名称	主要出资单位	投资额(万元)	占地面积(公顷)	开工时间(年、月)	建成时间(年、月)
百鸟苑	上海野生动物园、联总公司	600	2.00	—	1997 年 6 月
滑索道	北京起重研究所、松江林场	1 200	0.60	—	1997 年 8 月
佘山锦江漂流世界	上海锦江集团、联总公司	15 000	18.20	—	1997 年 8 月

（续表）

项　目　名　称	主要出资单位	投资额（万元）	占地面积（公顷）	开工时间（年、月）	建成时间（年、月）
东方俱乐部	上海浦科房产公司	600	0.20	—	1998 年 5 月
长信培训中心	上海长途电信局	12 750	1.20	—	1998 年 6 月
小昆山公园	联总公司	250	33.33	2002 年改建	1998 年
生态蝴蝶园	私人投资	240	0.60	1998 年	2000 年
上海锦江国际会议中心	上海锦江集团上海锦江大酒店	19 358	20.00	1998 年 4 月	—
上海香榭酒店	上海香榭酒店、浙江民生房地产公司	9 200	2.40	1997 年 12 月	—
天马山公园	上海市文广局、联总公司	350	120.00	—	2000 年
上海市府机管局宾馆	上海市政府机管局	5 150	0.57	1997 年 7 月	2002 年
彩弹射击场	上海伟成彩弹射击运动中心、佘山国家森林公园东佘山园	100	1.00	2002 年 9 月	2001 年 5 月
上海海关培训中心	上海海关松江海关	10 625	3.60	1998 年 5 月	2001 年 5 月
佘山国际高尔夫俱乐部	上海优孚企业发展有限公司	53 700	146.67	2001 年	2002 年 10 月
月湖雕塑公园	曹佳叶国际股份有限公司、联总公司	约 40 000（预计超 20 亿元）	86.67	2002 年 6 月	2004 年 5 月
大众国际会议中心	上海海关、松江海关、大众集团	12 000	3.60	—	2004 年 5 月
上海佘山世茂国际会议中心	锦江集团、世茂集团	120 000	20.00	2004 年 4 月	2005 年 4 月
上海欢乐谷	华侨城集团	500 000	90.00	2006 年	2009 年 9 月
上海辰山植物园	市政府、中科院、中国林科院	130 000	202.00	2006 年 3 月	2010 年 4 月
天马山现代服务业集聚区	上海世茂集团	600 000	42.82	2006 年 12 月	在建

资料来源：《上海佘山国家旅游度假区志》

三、联合经营

1997 年 1 月，上海佘山国家旅游度假区联合发展总公司与上海锦江汽车服务有限公司各出资 50 万元，注册成立"上海锦江佘山汽车服务有限公司"，由上海市城市交通局批准发给营运资质证书，经营出租汽车业务和汽配销售。

上海锦江佘山汽车服务有限公司实行董事会领导下的总经理负责制。公司成立之初有 120 辆小客车、面包车；至 2008 年，有 131 辆小客车、面包车，职工 275 人。上海锦江佘山汽车服务有限公司先后荣获"上海市安全先进单位""客运行业交通安全区级达标单位""上海市松江区旅游事业管理委员会文明窗口""市安全行车一星级资信单位"等荣誉称号。

四、项目调整

佘山旅游度假区坚持"回归自然、休闲度假"定位和可持续发展理念,逐步淘汰一批在1996年度假区成立之前规划建设的低档旅游项目,为引进更高、更好的项目腾出空间。一些为旅游配套的项目也歇业或停业。

【旅游项目关闭】
上海西方旅游娱乐城 利用西佘山防空山洞兴建,由西游记迷宫、海底奇观游乐宫和太空探秘游乐宫三个主体项目组成。

西游记迷宫 由市政府机关事务管理局人民防空处和佘山镇人民政府筹资兴建,是国内第一家以小说《西游记》为内容,利用雕塑、现代科技光、电、音响等效应,展示并模拟唐僧师徒取经的部分内容和场景,展示面积3 000多平方米。1989年8月8日建成,1999年2月关闭。

海底奇观游乐宫 又名"海底世界"。由上海市机关事务管理局人民防空处和佘山镇筹资兴建。在山洞内铺设铁轨,游客乘小火车模拟潜入海底探险,有18个景点组成,占地面积2 000平方米;其中海底奇观山洞全长800米,供观赏场景4 000余平方米。1993年4月11日建成并开放,20世纪90年代末关闭。

太空探秘娱乐宫 由上海电影局、松江县林场、佘山镇政府和市政府机关事务管理局人民防空处联合筹资建造。应用高科技手法,使游客身置太空作星际旅行。游客从太空隧道经太空舱、月宫、木星等11个景点后返回地球。1992年12月启建,1993年4月11日建成。1994年增设仿真火箭发射内容,故又名"上海西方火箭发射场",是佘山地区较早的科普旅游项目。1995年5月关闭。

封神榜艺术宫 位于东佘山西麓,外青松公路东侧,占地1.7公顷,建筑面积5 486平方米。由佘山镇政府投资建造。根据中国古典名著《封神演义》中的故事,应用声、光、电等现代科技手法展现人物与故事情节,艺术宫分7厅,共20个场景、32个景点,途中可乘轨道车游览。1993年4月18日建成开放。1996年4月关闭。

佘山客运索道 索道以斜拉钢索连接东、西佘山,悬挂观光缆车进行架空客运,乘客可在半空行驶的缆车中饱览佘山景色。索道全长1 080米,高低落差86米,18个吊厢共分6组,每个吊厢可乘游客6名;设3个站台,分别是东佘山峰顶、西佘山峰顶及两者之间的山下站台。项目由松江县林场、佘山镇旅游公司、松江县粮食局、松江县农业局、佘山风景区旅游发展总公司联合投资建造,1993年4月建成,当年11月28日开通营业。2008年3月关闭。

欧罗巴世界乐园 位于东佘山西南、外青松公路南侧,占地5.8公顷。由松江县水利局和佘山镇政府联合建造。乐园采用欧式园林布局,建有欧式城堡、女神及西班牙文学名著中堂吉诃德等雕像景观。同时建有森林狩猎、水上迷宫、各式游船、水上划行步行器等设施和野营烧烤、民族歌舞、魔术表演等场所。1994年2月建成开放。1994年,上海电视台和东方电视台先后在乐园举办"欢乐大世界"和"快乐大转盘"等娱乐节目;松江区委宣传部、文化局举办的"上海之根"文化旅游节闭幕式等专题活动在乐园进行。是年门票收入900万元。1995年,乐园增设"淘气娱乐城""魔术城"等游乐场所。至1995年,共接待游客135万人次。2001年12月停业。

佘山百鸟苑　位于东佘山园内,占地 2 公顷。由佘山度假区联合发展总公司与上海野生动物园发展有限公司联合建造。鸟类乐园由 12 根铁柱支撑,用一张巨型塑料网围出。苑内放养的鸟有 1 万羽、近 50 个品种,涵括 6 项种属和纲目;其中有一、二级保护的白鹳、丹顶鹤、白鹇、绿孔雀、天鹅等。佘山百鸟苑是华东最大的鸟园,是上海市唯一的园林式鸟园及青少年爱鸟护鸟科普活动基地。苑内建有科普画廊,每年举办爱鸟周活动,开办鸟类知识讲座。1997 年 6 月 21 日建成开放。2005 年 10 月因受禽流感影响关闭。

佘山锦江漂流世界　位于西佘山南麓、沈砖公路北侧,占地 18.2 公顷。由佘山度假区联合发展总公司和上海锦江集团联合投资建造,总投资 1.6 亿元。项目建有 1.5 公里长的环形漂流河和冒险岛、雾岛、大峡谷、水帘洞等大型人工景观;有 1 万平方米的人工造浪池及 2 处组合式五彩滑道;有七彩声控音乐喷泉、大型水幕电影、游泳池等现代娱乐设施,为盛夏季节上海市的大型水上漂流活动场所。1997 年 1 月启建,当年 8 月 8 日建成并投入运营。每年 7—9 月接纳游客,月均万余人,是佘山度假区吸引游客量最大的娱乐场所。1997 年,被上海旅游巴士评比为“最佳环境水上乐园”。1998 年,上海人民广播电台对全市 10 多家水上乐园进行考评,佘山锦江漂流世界荣登榜首。2000 年 9 月关闭。

【配套项目停业】

从 1998 年起,佘山度假区对一些为旅游配套的餐饮、住宿企业进行歇业或停业。

表 5 - 7 - 8　1998—2008 年佘山度假区歇业、停业配套项目情况表

名　称	主要主办单位	总投资（万元）	占地面积（公顷）	开业时间（年月）	床位（张）	备　注
国发休闲中心	上海昆冈贸公司	6 000	1.46	1995—1998	108	歇　业
佘山度假饭店	佘山镇松江红楼集团	2 300	1.06	1984—2000	150	歇　业
东方俱乐部	上海浦科房产公司	600	0.2	1998—2000	50	歇　业
江秋度假村	徐汇区教育局	3 700	2	1997—2007	96	停业转型
上海长信培训中心	上海长途电信局	12 000	1.2	1998—2008	80	停　业

资料来源:《上海佘山国家旅游度假区志》

第六节　旅　游　项　目

一、景点景观

【佘山国家森林公园东佘山园】

1994 年 11 月对外开放。东佘山园林木葱郁,有泉石之美,遗存的历史景观有木鱼石、骑龙堰、沸香泉、眉公钓鱼矶、白石山亭等。东佘山园南大门由三个拱门组成,宽 34 米,高 14 米,宛如“山”字,又如上海市花白玉兰花瓣,亦似三支出土春笋。南大门内修造宽 8 米、由 368 级花岗岩石阶铺设的登山道,直通南高峰,石阶两旁林木森森,是旅游休闲度假的理想胜地。

1994 年,国家林业部部长徐有芳为佘山国家森林公园题写园名;上海市市长徐匡迪为公园题

词"风景这边独好";2000年12月,佘山国家森林公园被国家旅游局批准为首批"4A"旅游景区;2001年2月,被国家林业部评为"全国文明森林公园";2002年,被评为全国森林防火工作先进单位;2005年通过ISO 9001：2000质量管理体系认证;2008年被中国农林水利工作全国委员会授予全国"五一"劳动奖状;同年,由国家林业局批准为上海唯一的"全国生态文化教育基地"。

2008年,东佘山园追加投资约900万元,实施环境整治和配套设施建设,是年9月20日起,实行免费开放,仅半个月接待11.72万人次,占佘山国家森林公园总量的53.6%。

【佘山国家森林公园西佘山园】

1994年对外开放。西佘山东山麓有建于北宋太平兴国年间的秀道者塔,山巅拥有百年历史的与法国罗德圣母大殿齐名的天主教圣母大殿和天文台建筑群。山南坡建有天主教佘山中堂、三圣亭、山园祈祷、经折路等。西佘山东南麓有百年历史的佘山地震台。山西麓有盘山公路,宽6米,全长近1.5公里,由石块和石板相间铺设。

西佘山西南坡有上海唯一的开放式山林茶园,占地3公顷。1957年、1996年,两次引种杭州梅家坞优良茶树。1996年,年产绿茶300公斤左右。佘山绿茶被茶界誉为"上海龙井",被上海市农村工作委员会评为"沪郊百宝"之一。西佘山山坡平缓,山体丰腴,土地肥沃,适宜竹林生长。被评为松江12景之一的"佘山修篁",即是西佘山山间竹径。小径东西走向,长约1公里,穿行于林海之中,形似杭州云栖竹径。自2002年起,西佘山创意举办一年一度的"兰笋节",并成为一个旅游项目。是年,在园北大门内投资80万元兴建"竹海乐园",占地面积25 000平方米。2010年12月30日,西佘山完成整体改造,免费对外开放。

【佘山国家森林公园天马山园】

1998年筹建,建有垂檐拱壁仿古式西大门和东大门,修筑山体围墙1 000米,建成山间石阶路3 000米,改造建设投入350万元。天马山园山上有建于宋代的护珠宝光塔及三高士墓、选胜楼等;存有800多年树龄的古银杏树。1998年,天马山护珠塔以"斜塔初雪"入选松江十二景。2000年,天马山园建成并对外开放。是年,在上峰寺原址重塑高3米、重1 800公斤观音立像。天马山斜塔、岩壁、深谷、奇石构成天马山园富有野趣的山林景致。

【佘山国家森林公园小昆山园】

小昆山是西晋著名文学家陆机、陆云的故乡。北山峰有南宋乾道元年(1165)募建的古刹"泗洲塔院"。寺院西侧有银杏一株,树龄达500年。1998年,度假区累计投入资金250万元开发小昆山园;在泗洲塔院旧址处翻建九峰寺,成为上海唯一建于山峰的开放寺院。是年,小昆山园以"华亭鹤影"之名,入选松江十二景。2002年,松江区专项拨款,在二陆故居遗址建造恢复"二陆草堂"。园区借重小昆山历史人文资源,以"二陆"文化如"二陆读书台""婉娈草堂"等为主线,以山下荡湾村夏允彝、夏完淳父子墓和山上宋代文学家苏东坡手迹"夕阳在山"摩崖石刻,以及北山峰古刹九峰寺等景点相串联,开辟小昆山园绿色古文化旅游线路。

【佘山月湖雕塑公园】

佘山月湖系1999年开挖的人工湖,位于东佘山、薛山、凤凰山所构成的天然怀抱中。2001—2002年,月湖景区实施绿化工程50余公顷,环湖绿化布景。2002年景区对游客开放。是年12月

26日,佘山国家旅游度假区联合发展总公司和曹佳叶国际股份有限公司合作,依托月湖景区湖光山色环境及小佘山的自然山林,开发建设以雕塑为主题的综合园林文化旅游项目。2004年,月湖雕塑公园建成开放。

月湖雕塑公园以湖面为中心,环湖分为春、夏、秋、冬四季岸区。春岸设有喷泉水幕桥、水晶宫、水上舞台和大草坪;夏岸有亲水沙滩、戏水池、游船码头、嘉年华游艺区和儿童智能广场;秋岸的美术馆造型别致,大部分建筑隐藏于地下,以及坐山拥水的湖上高档景观餐厅——秋月舫;冬岸则有绵延湖边的木栈道和亭台,有湖心亭、湖上餐厅、音乐喷泉以及月湖会馆。

园区周边凤凰山、薛山、东佘山、小佘山环立,青山在湖水中倒影叠翠。园区月光广场、人口月牙形喷泉以及园区精神标志——由两块巨型三角石堆垒、直指苍穹的"飞翼"构成,飞翼同时是一具日晷,每到准点、半点响起钟声并伴随音乐,整个雕塑作品动静相宜,命名为《飞向永恒》,寓意深刻。世界知名雕塑艺术家为月湖度身订制、倾力创作的珍贵雕塑作品60余件散落置放园内。其中作品《花》,2006年4月在意大利都灵举办的第五届皮埃蒙特国际雕塑大赛中获得首奖。月湖雕塑公园利用园内天然温泉规划建造一座温泉酒店。公园投资超过4亿元。2006年,月湖雕塑公园"月湖沉璧"被推举为松江新十二景之一。2009年10月1日,举行国庆烟火松江专场。11月,被评为国家4A级旅游景区。

【上海欢乐谷】

位于佘山度假区核心区内,占地面积90万平方米,上海华侨城投资发展有限公司投资建设。2007年10月始建,一期投资约40亿元。2008年3月,被列为上海市2008年重点建设项目。

欢乐谷分为阳光港、欢乐时光、香格里拉、蚂蚁王国、上海滩、金矿镇和飓风湾七大主题区,各类游乐设备42台(套),有12项顶级游乐设备,如轨道最长无底板跌落式过山车、国内首台木质过山车、首座4K高清飞行影院、首座双座舱式天旋地转机等。庞大的演艺体系是欢乐谷软实力的重要组成部分,五大表演场馆和散落在园区各处的表演点,荟萃世界各地的演艺活动。园内建有2 000米的主环道和2 500米的水上游览线,串联散布在园内的50多个景点。2009年8月16日上海欢乐谷试营业,9月12日正式开业;是日,上海欢乐谷承办第二十届上海旅游节开幕仪式。是年"十一"黄金周,上海欢乐谷接待游客16.58万人次,营业收入2 300万元。2010年,上海欢乐谷开展"世博年,把欢乐带回家"系列活动。

【上海辰山植物园】

位于佘山度假区核心区以南。总面积为202公顷,其中辰山山体约为16公顷。上海辰山植物园是中共上海市委、市政府决策建设的一项重大公益性生态项目,列入《上海市国民经济和社会发展第十一个五年规划纲要》,是上海世博会配套项目,上海市2006—2009年重大工程项目之一,由市政府、中科院、国家林业局、中国林科院合作共建。投资总额约20.77亿元。2007年3月底始建,2010年4月26日对外试开园。

上海辰山植物园遵循佘山度假区总体布局和功能,完善旅游度假、生态保护培育和生物多样性体系的整体性原则,利用辰山的地形地貌,形成湖泊、河流、丘陵、坡地、湿地等生态类型的多样性,营造人与自然和谐共生的环境,是上海市地带性植物群落和物种多样性展示基地。园区分四大功能区:中心展示区、植物保育区、科学实验区和外围林带区。中心展示区包括总长4 500米的绿环、30个专类园,其中有利用辰山山体南侧采石遗留的悬崖岩壁和山体西侧矿坑构筑而成的沉床花园、穹形结构的植物展览温室、华东植物区、水生植物区、木樨和桂花品种收集区等。植物园各类建筑面积约为 7.8 万平方米。绿化种植面积达 106 万平方米，各类植物 1 200 万株，其中基础景观植物 4 万余株，名贵植物 2 000 余株。一条长约 3 800 米、宽 4.6 米的内环路贯穿植物园各主要景点，园区采用电动游览车、游船等游览交通工具。

【上海天马现代服务业集聚区暨世茂体验中心】
天马现代服务业项目由世茂集团投资建设。位于佘山度假区西南部天马山和横山间，占地面积 42.82 公顷，总建筑面积为 55 万平方米。2008 年初，中心项目建设正式启动。项目有以娱乐、休闲为主的体验式消费中心，吸引全国乃至全世界定点观光、旅游度假、休闲购物的体验中心。体验中心工程包括一座 5 星级深坑宾馆、一座拥有 350 间客房的 4 星级酒店、一座有 400 间客房的 4 星级服务式公寓酒店。其中 5 星级深坑酒店主体建筑分为地上部分、坑下至水面部分和水下部分。建筑高度地上 11.35 米（女儿墙标高），地下海拔－61.6 米，建筑规模地上 2 层，地下（坑内）16 层，总高 71.9 米，建筑面积 53 487 平方米。其中酒店客房、会务、餐饮设施面积 48 417 平方米，坑外地下设备层面积 5 010 平方米。深坑酒店拥有 400 间客房，餐饮、住宿设施健全，还利用地质深坑的特点，开发蹦极、攀崖及水上瑜伽等体育、娱乐项目。深坑酒店堪称奇迹，有望成为世界上人工凹坑海拔最低的酒店。至 2010 年，项目正在建设中。

二、赛场基地

上海天马乡村俱乐部　又称天马高尔夫球场。位于天马山与横山之间，占地 184 公顷。由新加坡经纬集团、中国中信集团、上海锦江国际集团、香港金汇投资（集团）有限公司和天马山镇政府投资兴建，投资约 3 000 万美元；澳洲太平洋海岸设计室的 Peter Rocers 设计，聘请美国 IMC 高尔夫管理公司专业经营管理。1997 年，首期工程动工。1999 年 9 月 19 日，部分建成并启用，是一个拥有 110 万平方米、27 洞国际锦标赛级高尔夫球场。球场内有 38.4 万平方米的湖泊；还有 8 800 平方米的会所、服务初学者的高尔夫学院及网球场、足球场、攀岩、健身房、室内游泳池、度假别墅等配套设施。被上海世界特殊奥运会执委会评为"2007 世界奥林匹克运动会松江赛区先进集体"称号。

上海佘山国际高尔夫俱乐部　又名上海佘山国际高尔夫球场。在佘山度假区核心区东北隅。由上海优孚企业发展有限公司投资建设。占地面积 146.66 公顷，其中球场用地占 113.33 公顷，别墅用地为 33.33 公顷。2002 年 10 月 17 日奠基。2004 年 10 月，上海佘山国际高尔夫俱乐部建成投入使用，是上海首家顶级纯会员制俱乐部；拥有一座 18 洞 72 标准杆、全长 7 140 码的符合国际锦标赛标准的森林丘陵型球场，一个建筑面积 6 000 平方米的高尔夫会所，一个意大利托斯卡纳风情的高尚别墅区——佘山高尔夫郡，还有 5 000 平方米的乡村俱乐部、高尔夫练习场和高尔夫学校、度假酒店等设施，是世界高尔夫锦标赛在美国以外的唯一举办地。佘山高尔夫球场毗邻凤凰山，2006 年以"凤凰戏珠"列入松江新十二景之一。

上海天马赛车场　又称上海天马车世界暨上海天马国际赛车场（STC）。位于同三高速 A30 天马出口和沈砖公路交叉口，占地 14.73 公顷，投资 7 000 万元。2002 年动工兴建，2004 年 9 月 26 日上海天马赛车场对外营业。国际标准专业赛道，华东地区唯一的 F3 赛道。设有驾驶培训场地，华东地区首个近万米试验场，以及多功能厅、新闻中心、看台、培训室、餐饮服务和各类可供租赁的赛车等配套设施。赛车场以"天马追风"列入松江新十二景之一。

上海天文博物馆　位于西佘山佘山天文台工作站内。前身是法国天主教耶稣会于1900年建造的佘山天文台,装备有"远东第一"的40厘米双筒折射光学望远镜,百余年来拍摄7 000多张珍贵天文照片。2000年,开设"时间博物馆";2001年,辟"上海天文台佘山科普教育基地"开展"探索宇宙奥秘"等科普活动。2004年11月16日,上海天文博物馆建成并对外开放。天文博物馆由"时间与人类""中外天文交流"两部分组成,面积约2 000平方米。

上海天文博物馆是佘山度假区核心区内重要旅游项目、上海市重要科普教育基地,常年组织日月全、偏食、彗星回归、流星雨天象观测活动,向社会尤其是青少年传播天文科学知识。1996年,上海天文博物馆被市科委命名为"上海市青少年教育基地";1997年,命名为"上海市科普教育基地";1999年,被共青团中央命名为"中国青年科技创新行动教育基地";2002年,被中国科学技术协会命名为"全国科普教育基地"。

上海地震科普馆(上海地震博物馆)　位于西佘山佘山地震台内。2000年由上海市地震局和佘山地震台共同筹建上海地震博物馆,主要由影视厅、图文厅、地震仪器厅等组成,展示面积270平方米,2002年初对外开放。2004年,展示面积为550余平方米,增设报告厅、地震影视片自助选择厅、地震信息厅、应急救援演练厅和张衡地动仪展示厅。博物馆每年接待约3万～4万人次,与上海市地震局合办地震科普夏令营。2008年,针对5·12四川汶川大地震,增设《众志成城、抗震救灾》地震科普展。2003年1月,上海地震博物馆列入市科委、市旅游委首批"上海科普游"接待单位。2002年、2004年,分别被评为上海市科普教育基地先进集体,2004年,被市科委、市旅游委命名为科普教育示范基地,2005年,被中国地震局命名为中国地震科普教育A级基地;被中国科学技术协会命名为"全国科普教育基地"。

上海市少年儿童佘山活动营地　位于西佘山南麓环山路506号。1983年7月建成。初期占地2.2公顷,建筑面积3 300多平方米,后扩建至4 543平方米。为全国首家建在野外校外教育单位,由上海市妇女儿童工作委员会主办、上海市妇女联合会主管。少儿营地拥有4座学生宿舍楼、1座办公楼、2个层面的客房及多功能报告厅等设施,可容纳400多名学生同期开展野营活动。少儿营地实行以学生为本,开展国防、科学、生命、成长、野趣及生态文明等系列教育活动。2005年,荣获中宣部、中央文明办、共青团中央、教育部、文化部、国家广播电影电视总局、国家体育总局、全国妇联、中国科协授予的"中国青少年社会教育银杏奖"优秀团队奖。2008年,被中国公民道德建设计划领导小组、上海市青少年科技教育中心等命名为实践基地。

三、旅游活动

旅游文化节　1994年10月,"'94松江——上海之根"文化旅游节在佘山欧罗巴世界乐园进行。旅游节推出九大系列30多项寻根旅游观光活动,举办广富林、汤村庙等古文化遗址的寻根之旅,佘山、天马山、小昆山等的峰泖之旅等活动。1997年10月2日,"'97上海旅游节"松江分会场开幕式在佘山锦江水上漂流世界举行。1998年10月18日,"'98松江——上海之根"文化旅游节在佘山锦江水上漂流世界音乐广场开幕,展示松江大工业、大农业、大旅游发展成果。2002年9月12日,"2002上海旅游节"松江区活动暨佘山"秋之韵"户外系列等活动在佘山国家森林公园东佘山园举办。2009年9月21日,"2009年上海旅游节暨欢乐谷开园"仪式在上海欢乐谷举行。

重阳节登高　1998年,小昆山附近老年人成立小昆山老年登山协会和登山队,恢复重阳登高传统活动。2002年重阳节,松江区首届"九九重阳登高活动"在佘山举行,来自全区500余位老年人参加登山活动。2003年10月4日,第二届重阳登高节在天马山举行,全市50多支参赛队750多位中老年人参加,从东大门登山,到西大门为终点。2004年—2007年10月,第三至第六届"九九重阳登高节"均在天马山举行,松江区老年人参加活动。2008年10月7日,第七届重阳登高活动在佘山举行,全市1 200余名老年人参加活动。2009年10月26日,在东佘山举行第八届"迎世博、九九重阳登高"活动,全市18个区、县千余老年人云集东佘山。2010年9月12日,在"庆世博千名老人重阳佘山登高"活动中,有全市1 200多位老年人参加,并在登高后游览辰山植物园。

元旦登高 2007年1月1日,首届"松江新城杯"佘山元旦登高活动在东佘山举行,全市2 100余名参赛选手从月湖雕塑公园出发,沿林荫路进入东佘山正门,徒步攀登东佘山。2008年元旦,进行第二届佘山元旦登高活动。2009年元旦,第三届佘山元旦登高活动在东佘山举行。上海3 500余名市民及外省市500余人从月湖畔出发,登东佘山南高峰,再到北高峰,总路程达3 000余米。2010年在佘山举办"第四届佘山元旦登高"活动,上海及长三角地区5 000余名市民参加登高活动。

兰笋文化节 佘山兰笋以清康熙帝来松巡视并御赐兰花笋而得名。从2002年起,佘山度假区每年3月25日至4月中下旬在东、西佘山举办为期20多天的兰笋文化节,让游客体验挖笋、赏笋等多项野外活动。2004年4月,第三届兰笋文化节增加万人寻宝游、业余摄影大赛和彩弹射击比赛。2006年4月,第五届兰笋文化节,又增加山林定向越野、烧烤等活动。2008年4月,第七届兰笋文化节还推出竹文化书画、竹工艺品展等活动。2009年4月,第八届兰笋文化节除传统的赏笋、挖笋、品笋外,还可观看兰笋文化雕刻摄影展、古今兰笋诗词展、竹海乐园寻"宝"、小昆山二陆文化之旅等活动。2010年3—4月,第九届兰笋文化节增加古今兰笋诗词"咏诗会"、兰笋雕刻大赛等活动。

佘山森林旅游节 从2005年起佘山国家森林公园每年9—10月举办一届佘山森林旅游节。第一届森林旅游节以"保护森林资源,开展古树名木认养"为主题,动员市民认养山地古树名木。第二届以"关注森林,万人签名活动"为主题,开展专项森林旅游活动。第三、第四届以"保护森林资源、发展生态旅游"为主题,开展研讨和专项森林旅游活动。第五届以中国生态旅游年"热爱生命,保护生态"的理念为主题,倡导"牵手世博,体验生态文明"。

沙雕赛 2001年9月22日—10月1日,中国佘山国际沙雕冠军总决赛在东佘山园举行。参赛冠军9名选手分别来自美国、英国、荷兰、俄罗斯、意大利等国。大赛期间来佘山观展的国内外游客达10余万人,20多家媒体报道了大赛盛况。2002年9月15日—11月30日,"银河杯"上海佘山国际沙雕赛在东佘山园举行,主题为"华夏文明",意大利、德国、奥地利和中国12名选手参赛。2003年9月20日—11月30日,"皇家杯"上海佘山国际沙雕赛在东佘山园举行,主题为"文明之光",9座大小不一、高度5米~10米不等的沙雕作品参赛。

汽车摩托车赛 2001—2004年,全国汽车拉力锦标赛"佳通轮胎杯"(上海拉力赛)在佘山度假区举行,包括港、澳、台地区在内的全国10余支车队参赛,其中2004年有21个车队、74位赛车手和65位领航员参赛。2005年5月29日,2005"宗申杯"全国公路摩托车锦标赛第一站赛在天马赛车场开赛。全国30多支车队、200名车手参赛,为国内摩托车发展史上规模最大、水平最高的一次比赛。6月19日,2005"POLO杯"新秀场地挑战赛在天马赛车场举行,来自全国各地的40多名赛车新手参赛。2006年8月19—20日,2006"新人杯"POLO挑战赛在上海天马赛车场举行。此次用赛车为经过改装的上海大众POLO。

高尔夫球赛 2004年10月18日,高尔夫名人邀请赛在佘山高尔夫俱乐部举行,各国驻沪领事和国际知名企业人士数百名嘉宾出席邀请赛。2005—2008 年,由中国高尔夫球协会主办,上海市体育局协办,国际管理集团承办的汇丰高尔夫冠军赛,连续 4 年在佘山举行,泰格·伍兹等诸多国际明星参加。2009—2010 年,全新升级的"世锦赛—汇丰冠军赛"在佘山高尔夫俱乐部开赛,上万观众观看比赛。美国的米克尔森、意大利的弗兰西斯科-莫里纳利分别夺冠。

其他赛事　1998 年 10 月,在欧罗巴世界乐园举行斗牛比赛,吸引 15 万游客前来观赏。2000 年 10 月 28 日,上海首届山地定向越野挑战总决赛在东佘山园举行。2002 年 10 月,全国沙滩排球锦标赛(上海赛区)在佘山国家森林公园举行。2003 年 9 月 13—14 日,上海佘山"世茂杯"铁人三项国际积分赛、亚洲杯系列赛暨全国锦标赛在佘山度假区和松江新城区举行。铁人三项赛全程共51.5 公里,来自美国、日本、英国、新加坡、德国等国 30 多名优秀运动员和中国的 70 多名选手参加角逐。9—10 月,在东佘山彩弹射击场举行"山地丛林"彩弹射击大赛,50 多支队伍、300 余人参赛。2006 年 10 月,2006"东洋轮胎杯"终极大漂移赛在佘山度假区举行,来自日本、新加坡、马来西亚及中国香港等国家和地区的 20 余名漂移高手参赛。

第六篇
海关特殊监管区域

保税区和出口加工区因其特殊的功能和作用,成为在上海的开发区中重要的组成部分,也是开发区中开放程度最高的特殊监管区域。

1990年6月,国务院批准设立上海外高桥保税区。是国家批准设立的中国东大陆第一个综合性、多功能、具有自由贸易区性质的对外开放区域,是中国实行经济政策开发度最大的区域之一。享有"货物可在保税区与境外之间自由出入,免征关税和进出口环节税,免验许可证,免于常规的海关监管手续,国家禁止进出口和特殊规定的货物除外"等特殊政策。

21世纪初期,国家不断加大改革开放力度,为了利用外资,发展出口导向工业,扩大对外贸易,以实现开拓国际市场、发展外向型经济的目标,在沿海地区,设立专为制造、加工、装配出口商品而开辟的特殊区域——出口加工区,其产品的全部或大部分供出口,享受减免各种地方征税的优惠。

出口加工区作为开发区的一种特殊类型,具备开发区的所有特点。它是海关特别监管区域,是中国境内,中国海关之外的一个特殊区域。俗称"境内关外"。所谓"境内",指公司所在之出口加工区在中华人民共和国境内,因此适用中国的所有法律法规。"关外"构成出口加工区的主要特征。所有在出口加工区内的物品视作在国外。所有从中国进入出口加工区的物品都是出口。供应商能够获得出口退税。所有从国外进入出口加工区的物品都是一般贸易,没有关税和增值税。

2000年4月,国务院批准设立上海松江出口加工区,为全国首批15家试点单位之一。2000年5月,漕河泾开发区成为全国首批出口基地之一。2002年7月,金桥出口加工区(南区)一期通过国家部委验收后,实施封关运作。2003年,国务院批准增设包括上海闵行、漕河泾、青浦在内的一批出口加工区,松江出口加工区扩区B区获批。2005年,嘉定出口加工区获批成立。

2005年6月,国务院批准设立洋山保税港区,是中国第一个"区港一体"保税港区。2009年7月,国务院批准设立上海浦东机场综合保税区,是率先实现区港一体化运作的空港型综合保税区。是年,金桥南区保税物流功能正式启动,金桥南区享受保税物流业务政策。漕河泾出口加工区在保税加工的基础上叠加了保税物流等功能。

2009年5月,市政府颁布《贯彻国务院关于推进上海加快发展现代服务业和先进制造业建设国际金融中心和国际航运中心意见的实施意见》,提出要增强国际航运资源整合能力,提高综合竞争力和服务能力。11月,中国共产党上海市委员会(以下简称中共上海市委)、市政府决定在整合上海外高桥保税区(含外高桥保税物流园区)、洋山保税港区、上海浦东机场综合保税区等三个海关特殊监管区(以下简称"三区")的基础上,成立上海综合保税区,规划总面积28.78平方公里,封关运作面积27.68平方公里;成立上海综合保税区管理委员会,作为市政府的派出机构,负责统一管理综合保税区范围内的行政事务。

上海综合保税区的成立,是加快上海"四个中心"建设、深化浦东开发开放的一项重要举措,标志着洋山港、外高桥港、浦东机场航空港及洋山保税港区、外高桥保税区、浦东机场综合保税区"三港三区"联动工作实质性启动。"三区"实现政策、资源、产业、功能的联动互补,有利于凸显"三区"作为海关特殊监管区域的整体优势,发挥更大的集聚效应,使"三区"功能更完善、成本更低廉、运营更顺畅、企业更方便、效益更显著,成为浦东新区新的经济增长点和综合配套改革的新亮点,成为上海建设国际航运中心的核心区域、国际贸易中心的重要载体、国际金融中心的重要突破点。

　　上海综合保税区围绕"三区"联动发展的总体目标任务,充分依托"三区"的资源优势和发展改革的良好基础,实现优势互补,在开发建设、招商引资、产业培育和发展、功能拓展和制度创新等方面取得一系列显著成效,各项主要经济指标以年均18％的增速保持快速发展,在加快上海"四个中心"建设中发挥重要作用,并为中国(上海)自由贸易试验区成立奠定坚实基础。

第一章　上海综合保税区

2009 年成立的上海综合保税区由上海外高桥保税区（含外高桥保税物流园区）、洋山保税港区、上海浦东机场综合保税区等三个海关特殊监管区组成，规划面积 28.78 平方公里。各具特色的"三区"实现优势互补、联动发展。上海外高桥保税区重点建设国际贸易创新促进示范区，发挥先行先试的政策优势，大力拓展国际贸易、现代物流、金融服务、高端制造等功能，进一步完善贸易便利化环境，拓展多元化贸易模式，成为上海进出口贸易的重要通道、上海服务长三角和全国的重要窗口、上海国际贸易中心的重要载体。洋山保税港区重点建设国际航运发展综合试验区，发挥"区港一体"和政策聚焦优势，大力发展国际中转、现代物流、商品展示、仓储租赁、期货交割等多层次业务，进一步完善集疏运体系，拓展航运枢纽功能，建设亚太地区集装箱国际中转和国内进出口贸易货物中转运输的枢纽中心，成为上海国际航运中心的核心区域。上海浦东机场综合保税区按照"一个枢纽、五大功能"的目标定位（"一个枢纽"：把浦东机场建成亚太核心枢纽港；"五大功能"：国际快递中心、国际中转中心、物流增值服务、国际贸易及展示、国际商务），建设成为国际化、多功能的国际综合航空城、亚太地区空运货物中转中心和上海国际航运中心的重要组成部分。

第一节　创建与规划

2009 年 11 月 18 日，上海综合保税区管理委员会（以下简称综保区管委会）正式揭牌成立，上海市市长韩正为综保区管委会揭牌。综保区管委会作为市政府的派出机构，委托浦东新区管理。综保区管委会成员单位由市政府有关部门、浦东新区人民政府（以下简称浦东新区政府）、综合保税区开发主体，以及海关、出入境检验检疫等中央在沪监管机构组成。是月，市政府任命杨雄为综保区管委会主任（兼）。综保区管委会依照《上海外高桥保税区条例》《洋山保税港区管理办法》《上海浦东机场综合保税区管理办法》，负责统一管理外高桥港、洋山港、浦东机场航空港及外高桥保税区、洋山保税港区、浦东机场综合保税区"三港三区"范围内的行政事务，在相应区域内开展日常管理及协调工作。原外高桥保税区管理委员会的职责，随之由综保区管委会承担，暂保留外高桥保税区管理委员会的牌子。外高桥保税区日常事务由综保区管委会下设的外高桥保税区办事处负责。

洋山保税港区、外高桥保税区（含外高桥保税物流园区）及浦东机场综合保税区分别设有海关、检验检疫、外汇管理等国家监管部门，以及上海市工商、税务、公安、口岸、海事等管理部门的派驻机构。这些职能管理部门与机构分别依法履行职责任务，成为综保区管委会实施区域管理的重要组织依托。

上海综合保税区包含外高桥保税区、浦东机场综合保税区、洋山保税港区以及洋山港、外高桥港、浦东机场空港等"三港三区"，是上海推进国际航运中心和国际金融中心建设的重要平台。综保区管委会成立后，"三区"实现政策、资源、产业和功能的联动、互补，发挥更大的集聚效应，凸显"三区"作为海关特殊监管区域的整体优势，使其成为上海推进"两个中心"建设的重要平台和抓手。

上海综合保税区按照"三港三区"联动发展战略，在充分发挥外高桥保税区、洋山保税港区、浦东机场综合保税区各自优势的基础上，实现"三港三区"资源共享、优势互补、联动发展目标。同时，按照上海市和浦东新区"十二五"发展规划提出的要求,结合自身实际,组织编制《综合保税区"十二五"发展规划》《"三港三区"联动发展计划》,在规划和计划中明确综合保税区发展目标、主要任务和重点举措,不断完善"市区联手、合力推进"体制机制。一是在操作层面和监管流程方面,提出需协调解决的主要问题,建立健全日常沟通协调机制,加快形成帮助企业降低成本、加快发展的各项举措,高效推进"三区"的改革创新和联动发展,全面落实中共中央和市政府提出的有关支持综合保税区发展的各项举措,力求在功能创新、服务管理、措施落实中做到"有求必应"。二是发挥"三区"各自特色和优势,建立"三区"间的互联互通、协作推进、利益共享机制,实现政策、管理、经验、品牌、人财物力等资源的合作共享、互利互惠、优势互补,促进"三区"繁荣发展。三是建立"三区"业务联动机制,搭建"三区"企业联动平台。通过完善、对接"三区"海关电子监管系统模块,建立区内货物调拨系统,实现"三区"间货物流动无缝衔接。搭建"三区"统一的企业经营资质平台,实现企业在"三区"间"一地注册、多地实体经营"。四是推动上海同盛投资(集团)有限公司、上海临港经济发展(集团)有限公司、上海外高桥(集团)有限公司和现代产业公司等区内开发主体结成深度战略合作,"三区"开发主体开展联合招商,设立合作项目,在园区建设、国际贸易、航运物流、功能培育和拓展等产业发展中实现合作共赢。

第二节　管 理 机 制

一、组织架构

上海综合保税区管理委员会下设办公室、劳动人事处、政策法规处、贸易发展处、物流发展处、计划财务处、规划建设处、企业服务处、综合执法处(对外可使用"综合执法局"名义)等9个处室和外高桥保税区办事处、洋山保税港区办事处、浦东机场综合保税区办事处等3家非独立法人机构,并在整合外高桥保税区和洋山保税港区原有事业单位的基础上,根据综合保税区管理服务职能,设立上海综合保税区执法大队、上海综合保税区信息中心、上海综合保税区建筑业管理所和上海综合保税区安全生产监察队等4个事业单位。上海综合保税区所属外高桥保税区、洋山保税港区、浦东机场综合保税区结合区域实际,分别建立一系列管理制度和工作制度。综合保税区根据工作特点和要求,重新整合制定30项规章制度,内容涵盖综保区管委会及其各处室的职责任务、管理权限、勤政廉政、工作规程、服务企业,以及对工作人员的岗位职责要求等。这些规章制度成为统一综保区管委会及其工作人员的工作规范。

综保区管委会成立前,洋山保税港区和外高桥保税区原设有6个事业单位:洋山保税港区信息中心、上海市外高桥保税区统计调查所、上海市外高桥保税区建筑业管理所(上海市外高桥保税区建设工程招标投标办公室、上海市外高桥保税区建设工程安全质量监督站、上海市外高桥保税区市政管理所)、上海市外高桥保税区安全监察队、上海市外高桥保税区事业结算中心、上海市外高桥保税区劳动人事服务中心。

综合保税区成立后,综保区管委会依据规范设置事业单位的要求,对原有事业单位作调整设置:原洋山保税港区信息中心更名为上海综合保税区信息中心。撤销上海市外高桥保税区统计调查所事业单位建制,有关职能划入上海综合保税区信息中心。上海综合保税区信息中心增挂上海综合保税区统计调研所牌子;原上海市外高桥保税区建筑业管理所更名为上海综合保税区建筑管理所,增挂上海综合保税区建设工程招标投标办公室、上海综合保税区建设工程安全质量监督站、上海综合保税区市政管理所牌子;原上海市外高桥保税区安全监察队更名为上海综合保税区安全监察队;撤销原上海市外高桥保税区事业结算中心和上海市外高桥保税区劳动人事服务中心两事业单位建制。原6个事业单位的职能由相关处室和调整后的事业单位承担,人员编制作相应调整。

至此,综保区管委会所属的事业单位为4家:上海综合保税区信息中心、上海综合保税区建筑管理所、上海综合保税区安全监察队及整建制划归综保区管委会管理的上海综合保税区执法大队。

二、职能部门

按照"条块结合、规范高效"的要求,综合保税区区域内的外高桥保税区(含外高桥物流园区)、洋山保税港区、浦东机场综合保税区等三个海关特殊监管区,分别设有海关、检验检疫、外汇管理等国家监管部门,以及上海市工商、税务、公安、口岸、海事等管理部门的派驻机构。这些职能管理部门与机构分别依法履行职责任务,成为综保区管委会实施区域管理的重要组织依托。

为实现综合保税区高效运作,按照"区内事区内办"的原则,设立在综合保税区的监管部门和职能管理机构,分别建立由一位分管领导统一协调、一个部门归口协调的工作机制,即:国家在沪机构或市相关管理部门,明确由一位分管领导统一协调推进综合保税区相关事项,由该部门的相关处室对口负责协调落实综合保税区的有关事务。

三、开发主体

20世纪90年代,外高桥保税区的主要建设单位是外高桥保税区联合发展有限公司、外高桥保税区新发展有限公司、外高桥保税区三联发展有限公司、外高桥保税区开发股份有限公司等。洋山保税港区的主要建设单位是上海临港保税港发展有限公司、上港集团公司、同盛投资集团资产管理有限公司、同盛物流园区投资开发有限公司等。浦东机场综合保税区的建设单位主要是上海浦东现代产业开发有限公司。

第三节 人力资源与企业服务

一、人力资源

随着综合保税区投资企业经营规模和国内市场份额的不断扩大,为社会提供了更多的就业岗位。同时,跨国公司业务结构性调整优化和对于相关专业人才需求,也推动更多的高素质、复合型人才聚集到综合保税区就业,为综合保税区的发展奠定良好的人力资源基础。2010年末,综合保税区投资企业从业人员达23.71万人,其中中方人员占94.5%,外籍人员增长较快,占5.5%。从外高桥保税区情况看,保税区人力资源发展呈现三个特点:一是外资企业从业人员不断攀升,占保税区从业人员的九成以上;二是贸易企业人员数量多,物流企业人员增长较快,有近40%的从业人员在贸易企业工作,物流企业的从业人数以每年10%以上的速度递增;三是人力资源结构不断优化。从业人员中具有大学专科以上学历的人员数量增加较快,占比增长的态势明显。

二、企业服务

外高桥保税区管委会在开发建设初期,以不定期召开企业工作会议的方式,向区内企业宣传介绍相关政策和措施,帮助协调解决进区企业生产经营中碰到的矛盾和问题。从 1998 年起改为每年一次(通常安排在第一季度)的企业大会,把加强企业之间的相互学习交流、总结推广经验、表彰奖励先进等列为会议内容。

综合保税区成立后,综保区管委会根据区域管理范围扩大、企业数量增加、企业类型更加多样、企业内升动力增强等实际情况,按照规范化、制度化的要求,把上海综合保税区企业大会列为一项重要的会议制度,并把深化优化为企业服务作为贯穿企业大会的主线。区域企业年会制度的作用和影响日增,成为不断加强和密切政企联系、提升园区建设和管理水平的重要平台。

2010 年 3 月,综保区管委会下发服务企业的通知,通过建立健全服务企业制度、服务企业的联络员制度、服务企业信息采集反馈制度等,把为企业服务工作的目标任务分解到各个职能部门、开发公司和中介服务机构,及时协调解决企业在生产经营过程中遇到的问题,及时了解掌握企业生产经营动向,制定并落实服务企业的相关政策措施;通过设立专项扶持基金、举行投资项目专场推介等,为企业提供良好的生产经营和发展环境,并在驻区企业中组织开展评选表彰活动。3 月召开的园区企业大会上,综保区管委会表彰在 2009 年度工作中取得显著成绩的企业及企业家。日立建机(上海)有限公司等 100 家企业荣获“2009 年度上海综合保税区经济贡献百强企业”称号。住化电子材料科技(上海)有限公司等 18 家企业荣获“2009 年度上海综合保税区奋发有为企业”称号。西门子国际贸易(上海)有限公司总经理汪平华等 18 位企业高级管理人员被授予“2009 年度上海综合保税区优秀企业家”称号。三井住友银行(中国)有限公司等 18 家企业和单位被授予“2009 年度上海综合保税区发展优秀合作伙伴”称号。每年园区企业大会上的表彰先进活动,为促进企业间交流合作、激励企业争先创优提供了平台。

第四节　规　模　与　效　益

上海综合保税区紧紧围绕“三港三区”发展的重点工作,以“功能创新、联动发展”为主线,深化先行先试、强化招商引资、加快产业升级、打造总部经济,发挥“区区联动、产城联动”综合效应,克服国内外经济波动影响,促使区域经济整体保持较快增长态势。区域内投资企业充分利用各项优惠政策、便利化措施和服务机制,有效降低经营成本,发挥规模效应和集聚作用。

2010 年,综合保税区投资企业完成经营总收入 9 485.63 亿元;吸纳从业人员 23.71 万人。是年,综合保税区投资企业实现利润总额 447.66 亿元。其中,贸易服务类企业完成利润总额 323.7 亿元,占综合保税区企业利润总额的 72.3%;仓储运输企业全年完成利润总额 58 亿元,占综合保税区企业利润总额的 13%;加工企业完成利润总额 44 亿元,占综合保税区企业利润总额的 9.8%;此外,其他服务类企业利润额虽然绝对值不大,但呈现快速增长态势,贸易企业(包括分拨企业)经营效益持续上升,综合保税区贸易企业营销规模持续扩大,贸易企业盈利水平逐年提高,服务类企业盈利水平不断提升。

2010 年,综合保税区投资企业向税务部门上缴各类税收 311.24 亿元。其中外高桥保税区完成税收达 296.79 亿元,占浦东新区税收的 22.8%;洋山保税港区完成税收达 14.35 亿元。同时,按照政策全年减免112家企业营业税17.08亿元；浦东机场综合保税区完成税收首次达1000万元。是年，综合保税区增值税完成125.2亿元，占全年税收总额的40.2%；企业所得税增长较快。在投资企业经营效益提升和所得税率调整的共同促进下，2010年企业所得税完成113.5亿元，增幅居各税种之首，在全年税收总额中的比重上升至36.5%；个人所得税平稳上升，2010年完成38亿元，占当年税收总额的12.2%。这三大税种合计占综合保税区税务部门税收的88.9%。经济指标增长较快的是增值税，主要是贸易企业能级提升、营销规模持续扩大以及"营改增"政策效应发挥作用。是年，上海综合保税区贸易业完成税收205.8亿元，占全年税收总额的66.1%。仓储运输业税收增速较快，全年完成税收49亿元。制造业税收继续稳步增长，全年完成44.5亿元，重要贸易业税收占比较高。是年，综合保税区税收超亿元的企业比2009年增加17家，达56家。这些税收大户共计缴纳税额127.4亿元，占综合保税区税务部门税收的40.9%。税收超过1000万元的企业数量达524家，合计完成税收251.8亿元，占综合保税区税收的80.9%。综合保税区营商环境的不断改善，促进越来越多的企业扩大生产经营规模，涌现更多的税收大户。

2010年，综合保税区各驻区海关部门征收的各类关税及进口环节代征税合计达680.4亿元。其中，外高桥保税区海关征税444.3亿元，洋山海关征税236.1亿元。国际贸易业务的持续增长，尤其是进口商品内销规模的不断扩大，促使综合保税区各区域驻区海关部门征收的税收保持稳步上升。

2010年，综合保税区七成工业用能大户能耗下降，能源消耗总量约40万吨标准煤，在实现经济增长的同时努力实现能耗不增少增。其中工业企业能耗为27.63万吨标准煤；万元产值综合能耗0.039吨标准煤，为浦东新区平均水平的53.9%。工业企业用水总量为464.4万立方米，万元产值用水单耗0.66立方米；年消耗电力63443万千瓦时；年消耗热力330762百万千焦；年消耗天然气249万立方米。上海综合保税区作为产业集聚发展的先导区域，致力于资源的节约利用和集约化发展，通过科学规划和政策引导，支持企业开展节能技改，大力发展绿色、低碳经济，加快转变经济增长方式，优化产业布局，探索符合综合保税区实际的循环经济发展模式，使节能降耗水平始终保持全市领先水平。工业制造企业较为集中的外高桥保税区主要以电力、热力、天然气、水为消费能源。

至2010年，综合保税区累计批准投资企业10965家，吸引投资235.06亿美元。是年，综合保税区新增注册企业389家，吸引投资总额继续保持较大规模，达29.84亿美元。综合保税区招商引资形成以下特点：一是全面开花、齐头并进。外高桥保税区继续保持优势，洋山保税港区和浦东机场综合保税区后劲足、发展快。2010年，外高桥保税区新增注册企业277家，吸引投资17.36亿美元。洋山保税港区新增注册企业100家，吸引投资12.19亿美元。浦东机场综合保税区招商引资实现零的突破，新增注册企业12家，吸引投资0.29亿美元。二是新增内资企业数和投资额双双超过外资企业。在2010年新增的389家企业中，279家为内资企业，占同期新增企业数的71.7%。新增内资企业吸引注册资本120.7亿元，占吸引总投资额的56.1%。三是贸易企业数量多，增速快。2010年新增企业中，贸易类企业达191家，吸引投资11亿美元，分别占比49.1%和36.9%。

表6-1-1　2009—2010年上海综合保税区主要经济指标表

主要指标	单位	2009年	2010年	2009—2010年增长率（%）
经营总收入	亿元	6860	9485.6	38.3
其中总部经济	亿元	2567.1	4220.9	71.4

（续表）

主 要 指 标	单 位	2009 年	2010 年	2009—2010 年增长率（%）
商品销售额	亿元	5 607.1	7 939.4	41.6
航运物流服务	亿元	354.84	602.3	69.7
工业总产值	亿元	576.07	707.64	29.9
进出口总额	亿美元	566.7	805.97	42.2
其中：进口	亿美元	434.88	617.51	42.0
出口	亿美元	131.82	188.46	43.0
工商税收	亿元	247.61	311.24	25.7
海关税收	亿元	550.04	680.4	23.7
固定资产投资	亿元	14.34	35.77	149.4
新注册企业	家	295	389	31.9
合同外资	亿美元	9.06	7.22	—20.3
内资资本	亿元	97.26	120.7	24.1
集箱吞吐量	万标	2 138.7	2 509.5	17.3
其中：高桥	万标	1 353.8	1 498.7	10.7
洋山	万标	784.9	1 010.8	28.8
浦东机场货邮吞吐	万吨	254.2	322.1	26.7
口岸进出口货值	亿美元	5 626.7	7 590.4	34.9
其中：洋山口岸	亿美元	1 396.4	2 051.3	46.9
外高桥港口岸	亿美元	2 027.8	2 788.3	37.5
浦东机场口岸	亿美元	1 997.6	2 750.8	37.7
期末企业从业人数	万人	21.94	23.71	8.1

资料来源：上海综合保税区管理委员会《2010 年经济发展统计公报》

一、贸易

2010 年，综合保税区贸易企业依托国内消费市场的发展和龙头企业的拉动，完成商品销售额 7 939.42 亿元。其中外高桥保税区完成 7 931.12 亿元，洋山保税港区完成 8.3 亿元。综合保税区的贸易业发展主要集中在外高桥保税区，洋山保税港区逐步集聚大宗商品产业，浦东机场综合保税区也有少量贸易企业开展注册经营。

2010 年，综合保税区销售额超过 100 亿元的贸易企业有 9 家，合计销售额 1 782 亿元，占综合保税区商品销售总额 22.5%；销售额超过 10 亿元的贸易企业达 142 家，合计销售额 5 431 亿元，占 68.5%；销售额超过亿元的贸易企业达 931 家，合计销售额 7 392 亿元，占综合保税区销售总额的 93.1%。综合保税区众多贸易企业充分发挥自身品牌优势，进一步扩大营销规模，不仅重点企业数量不断增加,而且规模效应和集聚作用十分显著。上海综合保税区贸易业涉及9个行业大类、42个行业小类,重点行业贸易额超过九成。是年,在重点行业大类中,机械设备、五金交电及电子产品行业贸易额为4 249.36亿元,占综合保税区贸易总额的53.5%;矿产品、建材及化工产品行业2 253.23亿元,占28.4%;纺织、服装及日用品行业507.59亿元,占6.4%;医药及医疗器材行业405.28亿元,占5.1%。

2010年,综合保税区国内市场的销售规模增长良好。在国内经济持续快速发展和居民生活水平不断提高的背景下,综合保税区贸易企业抓住中国扩大内需战略下的市场机遇,积极迎合国内市场对国外优质商品和中高档消费品的需求,通过保税区"桥梁"作用,扩大对汽车、手表、电脑、高档服装和化妆品等进口商品的内销力度,进一步提升国内市场的销售份额。

2010年,综合保税区贸易企业完成国内商品销售额6 350.92亿元,增幅超过综合保税区平均水平5.4个百分点,占综合保税区商品销售总额80%。国际市场的销售额稳步上升。随着国内产品竞争力提升和企业加快"走出去"步伐,综合税保区贸易企业将国内优势产品分拨销售到国际市场,促使对国际市场的销售规模进一步扩大。

2010年,综合保税区贸易企业完成对外商品销售额1 588.5亿元,占保税区商品销售额20%。随着国内产品竞争力提升和企业加快"走出去"步伐,综合保税区贸易企业将国内优势产品分拨销售至国际市场的现象也不断涌现,促使对国际市场的销售保持较大规模。

二、物流

2010年,综合保税区完成物流企业经营收入(含分拨企业分拨货值)3 343.3亿元。其中,外高桥保税区物流企业完成经营收入2 904亿元;洋山保税港区物流业务快速发展,物流企业完成经营收入438.3亿元;浦东机场综合保税区的物流企业开始起步营运,完成物流经营收入1亿元。"三区"物流产业发展呈齐头并进态势。

2010年,综合保税区分拨企业完成经营收入2 745.6亿元。为贸易、加工企业提供物流配套服务的仓储、运输、货代等业务保持快速增长态势,完成营业收入597.7亿元,分拨业务经营规模大,物流业务营业收入增长快。

2010年,综合保税区物流货物进出口额达633亿美元,占全市保税物流业务的比重从2009年的81.1%上升至82.9%。综合保税区不断提升进口分拨和出口配送功能,增强与一般贸易、加工贸易的融合发展和服务作用,进一步扩大保税物流业务规模。

三、航运

航运产业主要由三大部分组成:以提供航运设备制造和港口基础设施建设为主的航运基础产业;以水上运输、航空运输为主,包括直接为港口运输转运服务的部分陆路运输在内的港口运输业;为航运提供金融、法律、教育、科研、管理等专业服务航运服务业。其中港口运输业是航运产业的中心环节。

2010年,综合保税区完成航运及航运服务收入602.3亿元。其中,港口运输业完成收入400亿元,占综合保税区航运及航运服务收入的66.4%;航运服务业完成收入202.5亿元,占33.6%。洋山保税港区在中远集箱、泛亚航运、神华中海等船运企业的推动下,完成航运及航运服务收入438.4

亿元,占综合保税区航运及航运服务收入的 72.8%;外高桥保税区完成航运及航运服务收入 163.07 亿元,占 27%;浦东机场综合保税区在近铁国际物流和国银租赁、招银租赁等航运金融企业 的拉动下,航运及航运服务收入有明显增长。

四、加工制造

综合保税区加工制造业共涉及 26 个工业大类、70 个中类、104 个小类,形成以电子信息、汽车 零部件、通用设备、工程塑料为主体的多元化产业格局,是综合保税区经济的重要组成部分,主要集 中在外高桥保税区。2010 年,计算机及电子通信设备制造业、化学制品制造业、以汽车零部件为主 的交通运输设备制造业等重点行业增长较快。是年,综合保税区加工制造业优化产品结构、提升产 业能级,加快产业转型升级,促使工业经济保持稳步发展。综合保税区 209 家投产企业共计完成工 业总产值 707.64 亿元。

2010 年,综合保税区工业产品市场销售率达 100.2%,工业企业实现利润 44 亿元。同时,节能 降耗的各项指标继续位于先进行列。区工业企业凭借产品科技含量高、适销对路、附加值高、市场 竞争力强等优势,在国内外市场中占据有利位置。是年,综合保税区高技术产业产值 453.86 亿元, 占综合保税区工业总产值的 64.1%。重点发展信息技术、新材料、高端设备制造等高新技术产业领 域,为推进综合保税区产业结构调整、提高劳动生产率、增加区域经济效益,发挥重要的推动作用。

面对商务成本不断高企、产业结构调整加快的严峻局面,探索新模式、培育新业态,积极向"微 笑曲线"两端延伸,成为综合保税区加工企业增强核心争竞力、实现可持续发展的重要手段。加工 企业纷纷依托保税区功能综合、业务多元的优势,积极拓展各类服务功能,加快转型升级步伐。上 海日东光学有限公司、伊顿流体动力(上海)有限公司、美卓自动化(上海)有限公司等企业通过提供 贸易业务,满足客户个性化要求,提高资源配置效率。德尔福(上海)动力推进系统有限公司、京西 重工(上海)有限公司、上海恩坦华汽车门系统有限公司依托技术优势开展产品研发。

五、跨国公司营运中心

2006 年 10 月 26 日,外高桥保税区 12 家跨国公司营运中心成为上海首批获得浦东新区政府正 式认定的跨国公司营运中心。跨国公司营运中心建设是上海综合保税区顺应跨国企业发展要求、 主动服务企业的一项创新举措。是年,外高桥保税区顺应跨国公司业务功能整合和国际服务业梯 度转移的趋势,通过采取设立绿色通道,开展诚信管理,支持营运中心企业先行先试、拓展功能,搭 建贸易平台,推动贸易便利化,推动和认定企业升格为地区总部,财政扶持等多种方式,培育和发展 以销售管理为核心的跨国公司区域性营运中心,鼓励其在扩大经营规模的同时,提升在跨国公司集 团内部的地位,从而获得订单销售、资金结算、供应链集成等更多经营管理职能,并由中国区域向亚 太其他地区拓展,成为开放型经济发展的引领力量。这 12 家跨国公司投资企业,拥有总部授权,负 责在中国区域等的产品分销、进出口及相关配套业务。

外高桥保税区的经济规模和企业群体,吸引众多金融机构纷纷入驻园区开展金融业务。在保 税区设立经营网点并开展业务活动的金融机构有几十家,其中有各类银行 11 家。工商银行、农业 银行、中国银行、建设银行等四大国有银行,交通银行、招商银行、民生银行、上海银行、华夏银行、光 大银行、浦东发展银行等股份制银行,以及中国人民保险公司等,在保税区都设立分支机构或经营网点。一些外资银行和民营金融机构,也把设点投资的目光投向保税区。

上海综合保税区的成立,为跨国公司营运中心的建设和发展提供更为有利的条件。外高桥保税区在保持和延续跨国公司营运中心发展良好态势的同时,将跨国公司营运中心的建设成果拓展至洋山保税港区和浦东机场综合保税区,进入跨国公司营运中心发展的新阶段。至 2010 年,上海综合保税区跨国公司营运中心发展至 154 家。这些跨国公司营运中心具有三个特点:一是行业类型全。154 家跨国公司营运中心涵盖贸易、物流、加工、航运、国际采购、融资租赁、服务贸易等七大行业,并形成多元化、综合性发展态势。二是经济贡献大。2010 年跨国公司营运中心的经营收入、企业利润和缴纳税收分别占综合保税区的 44.5％、41.5％ 和 40.3％。三是辐射范围广。跨国公司营运中心不断提升核心竞争力,在统筹整合国内资源的基础上,把业务从中国区逐步扩展至亚太区乃至全球。70％的营运中心业务统筹范围覆盖中国大陆市场,16％的营运中心业务统筹范围拓展至中国大陆以外的大中华区或亚太市场。

第五节 上海外高桥保税区

一、保税区创建

1990 年 6 月,国务院批准设立上海外高桥保税区。9 月,上海外高桥保税区开发公司正式成立。1992 年 2 月 28 日,中外合资上海外高保税区联合发展有限公司正式成立,投资总额 2 亿美元,注册资本 8 000 万美元。3 月,上海外高桥保税区管理委员会正式成立,是国家批准设立的中国东大陆第一个综合性、多功能、具有自由贸易区性质的对外开放区域,是中国实行经济政策开发度最大的区域之一,享有“货物可在保税区与境外之间自由出入,免征关税和进出口环节税,免验许可证,免于常规的海关监管手续,国家禁止进出口和特殊规定的货物除外”等特殊政策。5 月,外高桥保税区开发公司批准发起设立外高桥保税区开发股份有限公司,并以原固有资产折股 2.4 亿元,以法人资产折股 3 000 万元,向社会个人公开发行 A 股 1 000 万元。1993 年 6 月,外高桥保税区开发股份有限公司作为国内第一家在境外公开募集人民币特种股票(B)的上市公司,在香港成功募集折合人民币 8 500 万元面值 B 股。

1991 年 8 月 28 日,外高桥保税区启动首期 4 平方公里区域的封关建设工程。1992 年 3 月 9 日,由海关总署刘文杰副署长带队对外高桥保税区 0.45 平方公里的封关区域,进行首次封关验收。1993 年 4 月 17 日,在国务院宣布浦东开发三周年之际,国务院总理李鹏在海关总署和上海市领导的陪同下,亲临外高桥保税区参加第二次封关典礼,为新封关的 1.55 平方公里正式运行剪彩。外高桥保税区封关面积扩大至 2 平方公里。在 20 个月后的 1994 年 12 月 19 日,副总理李岚清率有关部委领导参加保税区第三次封关验收。通过这次 3.5 平方公里的验收,保税区封关面积扩大至 5.5 平方公里。1997 年 6 月 18 日和 2001 年 4 月 18 日,海关总署牵头组织国家有关部委对外高桥保税区先后进行第四次和第五次封关验收,验收区域面积分别为 0.9 平方公里和 1.1 平方公里。经过这两次验收,保税区封关面积扩大至 7.5 平方公里。2003 年 5 月 29 日,举行第六次封关验收,封关面为 1 平方公里。2007 年 4 月 16 日,举行第七次封关验收,对 0.4 平方公里的保税区微电子产业园区封关验收。至 2007 年 4 月,外高桥保税区按照“统一规划,分步实施,逐步扩大”的开发建设方针,先后 7 次通过海关总署等多个部门组织的封关验收,10 平方公里的规划面积,封关运行区域累计达 8.9 平方公里,成为全国保税区中封关运行面积最大的保税区。外高桥保税区作为海关监管的特殊区域,封闭的围网隔离设施、巡关道路、查验站点、门禁卡口以及海关工作场所等等,都是不可缺少的基本设施。这些设施建成以后,必须通过海关等多个部门联合验收才能启用运行。

2003 年 12 月,上海外高桥保税物流园区经国务院批准设立,是中国第一个实施区港联动的保税物流园区。外高桥保税物流园区位于外高桥保税区北侧的外高桥港区,规划面积 1.03 平方公里,已封关运行面积 1.03 平方公里。四至范围是:东起外高桥港区三期码头,南至外环线绿化带,西至浦东北一路,北至东方储罐、海运局油库南侧围墙。园区依托外高桥港区和外高桥保税区,以进出口物流服务为主要功能,突出货物境内外快速流动、保税区港区运营一体化和提高海关监管效能三大重点,形成跨国公司面向东北亚的出口采购中心和有色金属、IT 零部件进口分拨基地。

2004 年 4 月 15 日,在上海国际会议中心举行外高桥保税物流园区 1.03 平方公里的验收会。由海关总署牵头,财政部、国土资源部、商务部和国家税务总局等共同组成的联合验收小组一致通过验收,向外高桥保税物流园区颁发验收合格证书,并共同出席园区正式封关运营的揭牌仪式。

外高桥保税区也是上海乃至全国重要的国际贸易基地和国际贸易中心功能承载区。2009 年 8 月,外高桥保税区成为上海第一个"国际贸易示范区"。园区在发展壮大国际贸易、物流业、先进制造业的同时,着力拓展保税市场,建成酒类、钟表、汽车、工程机械、机床、医疗器械、生物医药、健康产品、化妆品、文化产品等十大专业贸易平台,其中文化贸易平台被文化部授予全国首个"国家对外文化贸易基地"。

二、管理机制

外高桥保税区实行"统一管理,多元开发"的开发管理体制。1992 年 4 月 21 日,中共上海市委、市政府批准成立外高桥保税区管理委员会(以下简称外管委),作为市政府的派出机构,负责统一管理外高桥保税区的行政事务,实行独立核算的财政收支管理。2000 年,浦东新区政府成立后,外管委由浦东新区政府代管,外管委主任由市政府任命。外管委实行委员会制,设在保税区内的海关、检验检疫、外汇管理等国家职能管理机构,公安、税务、工商等市政府有关部门派出机构为外管委委员单位,依法依规对保税区实施统一管理。

外高桥保税区的开发建设由国有资产控股管理的各开发公司负责运作,接受政府下达的开发建设任务、从事保税区 10 平方公里土地开发经营。1992—1994 年,保税区共成立三大开发公司,外高桥联合发展有限公司、外高桥新发展有限公司和外高桥三联发展有限公司,形成三家开发公司相对独立、相互竞争、相互合作的多元开发格局。三大开发公司充分发挥各自"天时、地利、人和"的优势,发扬艰苦创业、开拓创新的精神,在推进外高桥保税区开发建设、实现超常规发展的过程中,不断发展壮大,成为保税区开发建设的主力军。

1992 年 2 月,外高桥保税区联合发展有限公司(以下简称外联发公司)成立,负责一期 4 平方公里土地的开发经营。

1993 年 4 月,新发展有限公司和三联发展有限公司同时成立,分别负责二期各 3 平方公里土地的开发经营。

【外高桥保税区管理委员会管理机制】

根据《上海外高桥保税区条例》的规定,外高桥保税区管理委员会主要行使以下职责:负责法律法规在保税区的实施,制定和发布保税区的具体管理规定;制订保税区的发展规划和产业政策,经市政府批准后组织实施;负责保税区的计划、规划、国有资产、投资、对外经济贸易、财政、地方税务、统计、工商行政、公安、劳动人事、外事、运输、基础设施、土地房产、环境保护、环境卫生、公用事业等方面的管理工作(涉及核发证照的,由市有关部门委托外管委的相关行政管理部门办理);协调保税区内的海关、检验检疫、外汇、税务、金融等国家管理部门的工作,以及市政府授予的其他职权。

外管委内设办公室(外事办)、政策法规处(政策研究室)、规划建设处(环境保护办公室)、经济贸易处(物流发展处)、计划财务处、劳动人事处(组织处)等工作部门,具体承担相关职能工作。

表 6-1-2　1992—2006 年外高桥保税区管委会主要领导任职情况表

姓　名	性　别	职　务	任　职　期　限
夏克强	男	主任	1992 年 6 月—1992 年 12 月
赵启正	男	主任	1992 年 12 月—1993 年 5 月
胡　炜	男	主任	1993 年 5 月—2003 年 2 月
张耀伦	男	主任	2003 年 7 月—2006 年 12 月

资料来源:历年沪府任干部任免文件

表 6-1-3　1992—2010 年外高桥保税区管委会办公地址搬迁情况表

办　公　地　址	时　间
浦东即墨路 95 号上海船厂大楼 2 号楼 17 楼	1992 年 6 月—1992 年 12 月
外高桥保税区日京路 35 号凯兴楼	1992 年 12 月—1996 年 2 月
外高桥保税区基隆路 1 号汤臣国贸大楼 12 楼	1996 年 3 月—1999 年 3 月
外高桥保税区华京路 2 号三联发大厦	1999 年 3 月—2007 年 7 月
外高桥保税区基隆路 9 号洲际大楼	2007 年 7 月—

注:2009 年 10 月,综合保税区管委会成立后,与外高桥保税区管委会合署办公
资料来源:外高桥保税区提供

1993 年 4 月,在有关"调整完善外高桥保税区管理体制工作会议"中明确,外管委实行委员会制,由委员单位共同负责外高桥保税区的开发管理工作。早期的外管委委员会议主要以保税区管委会工作例会形式不定期召开,出席会议的范围根据会议议题确定,主要包括相关行政职能部门和部分开发公司。

自 1999 年起,外管委委员会议明确建立外高桥保税区管委会委员例会制度,每季度召开一次,主要研究决定涉及保税区开发建设重大事项。2003 年,为了促进外高桥保税区与高桥、高东、高行三镇以及外高桥港区的联动发展,三镇和外高桥港区的主要领导列席外管委委员会议。

2000 年,由外高桥保税区管委会牵头,组织并建立外高桥保税区行政协调员联席会议制度,海关、出入境检验检疫、外汇、工商、税务、公安等六家驻区行政职能部门参加。行政协调员由管委会和相关行政职能机构的相关业务部门负责人担任,外高桥集团公司及其所属企业服务中心的负责人列席会议。联席会议由外管委领导主持,一般每季度召开一次,主要任务是协调解决保税区投资企业在生产经营中遇到的问题。建立行政协调员制度,有助于交流协调各行政管理条线的政策,解决企业在生产经营中遇到的共性问题,也为进一步规范保税区的经济管理提供有益的经验和典型案例。

2001年,在外高桥保税区年度企业大会上,宣告成立外高桥保税区决策咨询顾问团。顾问团成员由15人组成,成员主要来自保税区内的中外投资企业,中外会计师、律师事务所等中介服务机构。顾问团通过不定期召开由全体成员参加的决策咨询会议,通报新出台的政策法规、园区重点工作、重大活动等进展情况,并就园区发展、企业生产经营中碰到的共性问题,广泛听取意见建议,共商化解难题的良策。顾问团成员借助决策咨询会议这一平台,对保税区的行政审批制度改革、进一步优化园区投资服务环境、推进自由贸易区建设等,提出了不少建设性意见,为园区持续健康发展作出积极贡献。

【主要管理职能机构】

上海外高桥保税区海关　1995年4月18日,上海外高桥保税区海关设立,隶属于上海海关,其前身为1993年4月成立的上海海关驻外高桥保税区办事处,是外高桥保税区管委会的委员单位。主要职责为监管保税区进出境车辆、货物和物品,办理企业的注册登记、企业减免税货物的审批、管理,依法征收关税和其他税费等海关业务。外高桥保税区海关设有办公室、人事政工科、监察审计科、稽查科、通关一科、通关二科、统计科、物流监控一科、物流监控二科、查验科、减免税审批科、保税业务监管科等12个科室。

外高桥保税区海关建关后,始终坚持"依法行政,为国把关,服务经济,促进发展"的工作方针,在保证和推进保税区开发建设中,努力探索保税区海关的管理模式,率先开展"区港联动""空运直通式""EDI无纸通关""分批出区、集中报关""'5+2天'工作制"等一系列试点工作,有效提高了工作效能,不断深化海关业务工作,扩大监管工作覆盖面。

上海检验检疫局外高桥保税区办事处　2005年5月,外高桥出入境检验检疫局保税区办事处成立,隶属于外高桥出入境检验检疫局,其前身为1999年12月设立的外高桥出入境检验检疫局保税区科。2008年6月,该机构变更为隶属于上海检验检疫局。外高桥保税区办事处,是外高桥保税区管委会的委员单位。

上海检验检疫局外高桥保税区办事处以"严把国门、热情服务"为宗旨,依法负责对外高桥保税区内的出入境动植物及其产品、商品、运输工具等实施检验检疫和监督管理。现设有办公室、综合科、检务科、查验科、检验科、食品科和物流园区科等7个职能科室。该机构年受理出入境货品100万余批、价值数百亿美元,多次被市政府授予"上海市文明单位"称号。

上海外高桥保税区公安处　1992年8月,上海市公安局外高桥保税区公安处成立,隶属于上海市公安局浦东新区分局,是外高桥保税区管委会的委员单位。主要职责为:维护保税区的开发建设,保障区域内公共设施、公私财物和中外公民人身的安全和合法权益;防范和打击各类危害国家安全、人身财产安全的刑事犯罪活动;依法签发、审验各类有效证件,实施对人员、车辆的出入管理及消防监督等。该公安处设有治安、刑侦、外事管理、交通和物流园区管理等职能科室。

公安处成立后,坚持政治建警、从严治警、依法治警的方针,团结依靠全处干警,积极行使和发挥公安机关的职能作用,依法办理各项公安业务,为确保保税区经济发展和社会稳定作出积极贡献。自1997年至2010年,该公安处连续被市政府授予"上海市文明单位"称号。

上海外高桥保税区工商分局　1998年3月,上海市浦东新区工商局外高桥保税区分局成立,为浦东新区工商分局的派出机构,其前身为1993年1月成立的浦东新区工商局外高桥保税区办事机构,是外高桥保税区管委会的委员单位。其主要职责为:负责区域内企业的开业、变更、注销等注册登记;审查、发放企业广告经营许可证;对各类企业进行日常监督管理,依法对企业进行年检;根据市场管理法规、政策,对商品交易市场实施管理,推动保税区各类商品交易市场的建设与发展,服务保税区经济建设。2001年,该办事机构更名为上海市工商行政管理局浦东新区外高桥保税区分局,业务上受区工商分局各职能部门的指导,凡需上报市工商局审批的,由区工商分局统一上报。该分局设有办公室、注册科和综合管理科等科室,办公地址在华京路8号。

外高桥保税区工商分局成立后,发扬争先创优精神,坚持"用一流队伍,创一流业绩、做一流贡献"的工作导向,在依法行政、政务公开、"窗口"建设、优化服务、发展经济、文明创建等各方面工作中,都取得良好业绩,连续多次被市政府授予"上海市文明单位"称号。

上海外高桥保税区税务分局　1993年,浦东新区国家/地方税务局外高桥保税区分局(以下简称外高桥保税区税务分局)成立,是浦东新区税务局下属非全职能分局,是外管委的委员单位。主要职责为保税区域内国家和地方税收的征收与管理。该分局设有办公室、业务科、第一税务所(办税服务厅),第二、第三、第四税务所(综合管理所)。

外高桥保税区税务分局以"工作争第一,服务创一流"的精神,建立健全各项管理制度,规范税收征管,维护纳税人合法权益,不断提高税收征管效能和服务水平,主动协助外管委做好招商引资、发展经济、培育与扩大税源等工作。自外高桥保税区税务分局成立后,税收每年有大幅度增长,从1993年的0.28亿元至2010年的296.79亿元。至2010年,该分局累计为国家征收税收1 563.78亿元。

【政策法规】

外高桥保税区把努力营造良好的法制环境和政策环境,探索以政策创新促进保税区发展,作为一项重要的基础建设工作。1990年4月,国务院在宣布设立外高桥保税区的同时,在税收、许可证、外汇和国际贸易等方面赋予的基本政策,构成了推进保税区发展的政策框架。在此基础上,国务院有关部委先后颁布一系列规范性文件,对政策的具体执行加以细化。市政府及其有关部门,结合外高桥开发建设的实际情况,先后颁布20多个规范性文件。1996年12月19日,上海市十届人大常委会第三十二次会议通过的上海市第一个地方性法规《上海外高桥保税区条例》,使外高桥保税区的法制建设迈出实质性的步伐。根植于外高桥保税区开发建设沃土的这些政策法规和管理规章,确立了外高桥保税区的基本内涵、运作架构,为营造公平、公正的投资环境,实施规范、高效的园区管理提供了有力的保障。

外高桥保税区财税政策　外高桥保税区除实行浦东新区所有的包括"两免三减半""一免两减半"等优惠政策,即经济特区政策外,还可享受"自由贸易区"的五个方面优惠政策。一是从国外进入保税区和从保税区出口的产品货物,均不受国家许可证管理限制,保税区视同关外"飞地",免征关税,免许可证,免征工商统一税(增值税和产品税)。区内企业的自用设备、交通工具等,同样享受这一优惠。二是外商独资、中外合资、中外合作及中资企业,在保税区内可建立拥有法人资格的贸易公司,直接从事国际贸易、转口贸易;项目申请由外高桥保税区管委会直接审批。三是区内的贸易公司可以通过合作或代理的方式,与区外具有进出口经营权的企业(三资企业、进出口贸易公司、具有自营产品进出口权的国有企业)开展进出口贸易或国际贸易。四是区内各类保税仓库、保税工厂之间的货物及产品可以买卖,并可通过保税生产资料市场与区外免税单位及非免税单位进行现货与期货交易。非免税、免许可证单位成交后按规定须补关税、补办许可证。国内即区外货物进入保税区视同出口,按规定可退换生产环节工商统一税和产品增值税。五是区内所有企业在经营活动中产生的利润,都可以现汇形式全额留成。从事生产、加工、仓储和进出口等业务的企业之间保税货物的往来与交易,均以外币(硬通货币)记价,通过银行结算。

上海市外高桥保税区管理办法 1990 年 9 月 10 日,市政府颁布《上海市外高桥保税区管理办法》。这是上海市第一个指导保税区工作的规范性文件。该管理办法依据国家有关法律法规和中央赋予保税区的政策措施,对外高桥保税区的管理机构、投资及经营管理、外贸管理、金融管理、税收优惠、海关管理等都作了明确的规定。这一管理办法的颁布,为制定外高桥保税区管理的相关配套文件,保障园区管理规范有序、维护投资者的合法权益、推进园区健康发展等提供了政策依据,起到积极作用,也为日后制定《上海外高桥保税区条例》等法规奠定基础。

上海外高桥保税区条例 1996 年 12 月 19 日,上海市第十届人大常委会第三十二次会议通过《上海外高桥保税区条例》。该条例创下了市人大常委会立法史上的诸多"第一":第一部上海地方性的经济法规,第一部为浦东开发开放制定的创制性法规,第一部在市人大常委会上一次审议并全票通过的法规,第一部为了使法规符合国际惯例而进行出国调研和考察后制定的法规,第一部在国内同期公布英文版本的地方性法规。该条例自 1997 年 1 月 1 日起施行,分别对外高桥保税区的性质、优惠政策、主要功能等作了明确规定,并对保税区的管理与服务机构、企业设立、经营规则、出入境管理、金融管理、建设与房地产管理、税收管理、劳动管理及其相关法律责任等,都作了具体规定。该条例既是对《上海市外高桥保税区管理办法》的完善和提高,也是园区开发建设实践的产物,为进一步加强依法治区、规范保税区建设与管理提供了法制保证。

表 6-1-4 1990—2004 年外高桥保税区部分政策法规情况表

颁 布 时 间	政策法规名称	颁 布 机 关
1990 年 9 月 10 日	上海外高桥保税区管理办法	市政府
1992 年 9 月	上海外高桥保税区进出口商品检验管理办法	上海外高桥保税区管委会 上海进出口商品检验局
1992 年 12 月	上海外高桥保税区规划和建设管理办法（试行）	上海外高桥保税区管委会
1992 年 12 月	上海外高桥保税区土地管理办法（试行）	上海外高桥保税区管委会
1996 年	关于保税区内外商投资企业在区外设立分支机构有关问题的通知	国家工商行政管理总局（以下简称工商总局）
1996 年 12 月 19 日	上海外高桥保税区条例	上海市十届人大常委会
1997 年 8 月 1 日	保税区海关监管办法	海关总署
1998 年	关于保税区外汇管理有关问题的通知	国家外汇管理局（以下简称外汇局）
1998 年 4 月 10 日	保税区动植物检疫管理办法	国家动植物检疫局
2000 年	出口加工区税收管理暂行办法	国家税务总局
2002 年 7 月 25 日	保税区外汇管理办法	外汇局
2002 年 9 月 11 日	上海外高桥保税区保税商品交易市场管理办法	上海外高桥保税区管委会
2003 年 4 月 29 日	在上海外高桥等四个保税区开展赋予区内企业进出口经营权试点工作的通知	海关总署
2004 年 4 月 26 日	关于推进"区港联动"发展的试点意见	上海市发展和改革委员会、上海海关、上海市国家税务局等九部门

资料来源：外高桥保税区提供

【开发主体】

上海外高桥保税区开发公司　1990年9月11日,上海外高桥保税区开发公司成立(以下简称外开发公司),是外高桥保税区的第一家企业,注册资本2.7亿元,由上海市财政局注资2.4亿元,上海国际信托公司出资0.3亿元。外开发公司受市政府委托主要从事保税区一期4平方公里土地的开发经营。

1992年2月,外开发公司与香港中银集团、香港招商局以及中银上海分行合资组建上海外高桥保税区联合发展有限公司,外开发公司占55%股权。1992年5月,经市政府批准,外开发公司改制为上海外高桥保税区开发股份有限公司(以下简称外股份公司),仍保留外开发公司建制。外开发公司、外联发公司、外股份公司实行"三块牌子、一套班子"运营模式,直至1998年外股份公司与外开发公司、外联发公司分离。1999年6月,经中共上海市委、市政府批准,外开发公司更名为上海外高桥(集团)有限公司。

外开发公司作为一家国有控股经营公司,在积极参与保税区开发建设中不断发展壮大。至1999年6月上海外高桥(集团)有限公司成立,外开发公司发展成为保税区多元化经营的大型公司,拥有数十亿元"家底"、3家全资子公司和7家控股子公司。

上海外高桥保税区开发(控股)公司　1993年4月17日,上海外高桥保税区开发(控股)公司(以下简称外控公司)由浦东新区管委会批准成立。它是一家国有投资控股公司,注册资本6.66亿元。外控公司受市政府委托,以国有资产法人代表的身份,统一负责外高桥保税区土地的开发经营,对区域内10平方公里土地等国有资产实行投资控股管理,投资和兴办各类经济实体。原由开发公司行使的国有资产管理职能也由外控公司承担。

1993年4月,外控公司作为投资控股型公司,用土地折价方式与浦东发展银行合资成立外高桥保税区新发展有限公司(以下简称新发展公司)。1996年4月,外控公司与上海久事公司、上海国际信托投资公司合资成立外高桥保税区三联发展有限公司(以下简称三联发公司)。外联发公司负责保税区一期4平方公里土地的开发经营,新发展公司和三联发公司负责保税区二期6平方公里中各3平方公里土地的开发经营。外控公司通过分别持有新发展公司和三联发公司52%的股权,对这两家公司控股。

至1999年6月,外高桥集团公司成立,外控公司拥有4家全资子公司、3家控股子公司,资产规模达33.5亿元。外高桥集团公司成立后,外控公司完成使命,原有的职能、权责、资产等随之转入上海外高桥(集团)有限公司。

上海外高桥保税区联合发展有限公司　1992年2月28日,上海外高桥保税区联合发展有限公司成立。外联发公司是外高桥保税区内经国家计划委员会批准建立的第一家中外合资企业,主要负责外高桥保税区第一期4平方公里土地的开发经营。公司成立时,注册资本1.2亿美元。外高桥保税区开发公司为控股方,持有55%股权,其余三家公司为出资方持有45%股权。其中,中国银行上海信托咨询公司持股20%,中国建设投资(香港)有限公司持股15%,招商局集团(香港)有限公司持股10%。

外联发公司成立后,秉承"创一流投资环境,求最佳投资效益"的企业精神,致力于园区开发建设,加强管理服务,改善投资环境,推进招商引资,取得良好的经济效益和社会效益。公司累计完成固定资产投资数十亿元,用于修建道路、建造各类楼宇仓储、桥梁、雨污水泵站和变电站等基础设施;历年累计招商项目上千个,引入投资额数十亿美元。公司所属企业几十家,连续多次荣获"上海市文明单位""上海市拥军优属模范单位""上海市外商投资双优企业"等荣誉称号。

上海外高桥（集团）有限公司　1999 年 6 月 21 日，上海外高桥（集团）有限公司（以下简称外高桥集团）经市政府批准成立。外高桥集团是在整合外高桥保税区开发公司和外高桥保税区开发控股公司资源的基础上，以外高桥保税区国有资产为纽带，通过市场重组与政府推动相结合的方式，按照现代企业制度要求组建而成，成立时注册资本 12.56 亿元。

外高桥集团适应改革发展新要求，拓展保税区功能、发挥整体优势、实现规模经营。该集团公司属投资控股型企业，自身不从事具体的开发经营，主要负责保税区及其周边相关土地的投资、开发、经营、管理，是保税区企业集团的投资决策中心、资产经营管理中心、筹资融资中心、监督协调中心和人力资源配置中心。

外高桥集团的成立，进一步理顺了保税区开发管理体制，有效激发了开发企业的活力和创造力，促进了企业间的优势互补、良性竞争，助推保税区在"二次创业"中实现新发展、新飞跃。集团公司对所属的 9 家企业拥有控股权，分别是：上海外高桥保税区开发股份有限公司、上海外高桥保税区联合发展有限公司、上海市外高桥保税区新发展有限公司、上海市外高桥保税区三联发展有限公司、上海外高桥保税区投资实业有限公司、上海市外高桥国际贸易营运中心有限公司、上海外高桥物流中心有限公司、上海外高桥保税区新市镇开发管理有限公司、上海新高桥开发有限公司。同时，集团公司系统各层面有独资、控股企业 82 家。经过开拓发展，外高桥集团初步形成工业地产、商业地产、物流贸易、园区配套四大板块业务，在岗员工 5 000 多人，总资产超过 250 亿元。

外高桥集团作为中国第一个保税区的综合开发商，以海关特殊监管区和优惠政策为突破点，在推动外高桥保税区发展成为集国际贸易、先进制造、现代物流和商品展示于一体的现代产业园过程中，做出重要贡献。

表 6 - 1 - 5　至 2010 年上海外高桥集团所属主要企业情况表　　　　单位：亿元

企 业 名 称	成立时间	注册资本	主要经营范围和任务
上海外高桥现代服务贸易发展有限公司	1995 年 9 月 19 日	0.5	会展管理、物流运输、品牌代理、商务咨询等领域，以及汽车、钟表、医药商品和技术进出口代理等
上海外高桥保税区投资实业有限公司		1.2	主要担负外高桥保税区的开发建设、招商引资、配套服务管理等职能任务
上海市外高桥国际贸易营运中心公司	2009 年 11 月	0.5	进出口贸易代理、保税区内外仓储物流、运输配送、区内商品展示交易、加工、市场管理、保税区卡口查验服务、各类咨询服务等
上海外高桥英得网络信息有限公司	1996 年		具有 ISP/ICP 资质，主要从事信息技术开发与系统集成的高科技公司，承担保税区域内城域网、物流业务网、政务网"三网"工程建设任务
上海新高桥开发有限公司	2002 年 1 月	6.0	主要负责高桥地区的城镇规划方案设计，市政基础设施及公共设施的开发，房地产开发经营，投资咨询，实业投资，国内贸易，商业、餐饮、娱乐等配套设施建设
上海外高桥新市镇开发管理有限公司	2001 年 12 月	2.533	主要承担外高桥新市镇的开发建设和协调管理任务，推进控制性规划编制，区域内项目实施规划控制和管理，协调新市镇范围内土地招投标工作，承担区域开发必需的融资功能和动迁基地建设任务

资料来源：外高桥保税区提供

表 6-1-6　1999—2010 年上海外高桥(集团)有限公司主要领导任职情况表

姓　　名	性　　别	职　　务	任　职　期　限
刘新民	男	总经理	1999 年 11 月 15 日—2005 年 10 月 10 日
舒榕斌	男	总经理	2005 年 10 月 10 日—

资料来源：历年干部任免文件

上海市外高桥保税区新发展有限公司　1993 年 4 月 17 日,上海市外高桥保税区新发展有限公司成立(以下简称新发展公司),注册资本 3.81 亿元,主要负责外高桥保税区南部 3 平方公里区域和外高桥微电子产业基地 1.67 平方公里区域土地开发、招商引资、园区管理和客户服务。

新发展公司按照现代企业制度要求,通过全资、参股等形式,独资或参与企业经营,涉及国际贸易、国内贸易、保税商品交易、物流、加工业、房地产开发、物业管理、咨询、园艺、保险等领域。园区的基础开发建设任务基本完成,除了售出的土地和物业外,拥有厂房、仓库和商务楼等供各类客户租赁,有数百家企业落户新发展园区,其中有英特尔公司、惠普公司、IBM 公司、安捷伦科技有限公司、飞利浦公司、理光集团、罗格朗公司、卡尔·蔡司股份公司等世界知名企业入驻,形成具有保税区特色的 IT 产业园区,以及以跨国公司为龙头、高新技术产品为主导、中小企业相配套的产业链。新发展公司各项主要经济指标在全市同类企业中居于领先地位,连续多次被评为"上海市文明单位""上海市重合同守信用企业"。"新发展"商标被评为"上海市著名商标"。

上海市外高桥保税区三联发展有限公司　1993 年 4 月 17 日,上海市外高桥保税区第三联合发展有限公司成立(以下简称三联发公司),注册资本 3.25 亿元,其中外高桥保税区开发(控股)公司持股 52％为控股方,上海久事公司和上海国际信托投资公司各持股 24％。该公司主要负责外高桥保税区第二期 6 平方公里中的 3 平方公里土地的开发经营。1996 年 1 月 11 日,经浦东新区管委会批准更名为上海市外高桥保税区三联发展有限公司。

三联发公司自成立后,秉承"诚信、敬业、务实、创新"的企业精神,努力成为一流园区开发建设专家和投资服务专家,在推进园区开发建设中不断提升发展。公司累计完成固定资产投资数十亿元,用于园区内市政道路等基础设施建设,建造各类建筑 60 多万平方米,打造基础设施齐全、投资环境优越、产业结构合理、服务功能完善的产业园区。有数十个国家和地区包括一批世界知名企业在内的数千家企业在三联园区投资落户。三联发公司在取得良好经济效益的同时,连续多次被评为"上海市文明单位"。

上海外高桥保税区开发股份有限公司　1992 年 5 月,市政府批准成立上海外高桥保税区开发股份有限公司(以下简称外股份公司),注册资本 10 亿元。它是中国大陆唯一一家以保税区开发建设为主营业务的上市公司。该公司是在外高桥保税区开发公司改制的基础上成立的,主要负责参与外高桥保税区的综合开发和经营。

外股份公司自成立起就接轨社会主义市场经济,按照现代企业制度构建法人治理结构,努力增强市场竞争能力。公司秉承"求真、求实、求精、求新、求和"的经营理念,依托外高桥保税区、保税物流园区和非保税区域"三位一体"综合优势,大力发展国际贸易、现代物流业和房地产业,不断拓展业务,在保税区开发建设、森兰地块产城联动、高桥新城等项目中,着力提升公司的核心竞争力,力求以良好的业绩回报股东和社会。

三、规划与建设

外高桥保税区位于上海中心区东北部,东临长江入海口、西濒黄浦江,距离市中心约 20 公里,规划面积 10 平方公里,四至范围是:东至港电路、富特东一路、富特东二路、富特东三路、孟莲路,南至五洲大道、孙家沟(区内便道),西至杨高北一路、杨高北路、申江路,北至威斯路。

1992 年 3 月首次通过海关总署组织的验收。2010 年已封关运作面积 8.9 平方公里。

【外高桥保税区详细规划】

1991 年和 1999 年,市政府先后批准外高桥保税区一期和二期详细规划,成为保税区开发建设的重要指导性文件。保税区多年开发建设的实践表明,这些详规充分体现了科学性、指导性、可操作性,在实践建设中发挥了重要作用。在详规的指导下,经过 20 年的开发建设,外高桥保税区发展成为集国际贸易、先进制造、现代物流及保税商品展示交易等多种经济功能于一体的综合保税区,并朝着自由贸易园区升级转型。

2009 年,外高桥保税区根据园区开发建设的实际情况,在坚持规划指导思想、规划原则、规划范围的基础上,对详规作了局部调整,并获得市政府批准。由浦东新区规划设计院修编形成的《外高桥保税区控制性详细规划》,以服从服务于上海"两个中心"建设为主线、以加快国际贸易示范区建设为重点,进一步明确了规划功能定位、规划结构、分区功能、土地集约利用等。

【外高桥保税区产业分区规划】

外高桥保税区产业分区规划(以下简称分区规划),是 2009 年编修的保税区详细规划的一个分规划。该分区规划在保税区形成"一区多园"的基础上,对现有土地资源进行整合,进一步提升产业的集聚度和能级,为国际贸易、现代物流、先进制造、航运服务等保税区支柱产业的发展预留空间。同时,为保税区商贸会展、科技研发、服务创新等新兴产业发展,提供了资源保障。

分区规划按照产业功能,将整个外高桥保税区细分为 8 类园区:位于 B 区的物流园区,是保税区国际中转、国际配送、国际采购、国际转口贸易的服务基地。商贸会展区位于 C 区和 D3、D5、D6 地块。保税市场区位于 D2、D7、D8 地块。现代物流区分布于 F5、F6、F22、F23、G23、G30 等地块,主要为客户提供仓储、配送、运输、货物代理及供应链管理等外包服务。研发创新区位于 F 区 15、16、18、19 地块和 G 区 16、25、26、31、32 地块,入驻了上海药明康德新药开发有限公司、德尔福(中国)科技研发中心有限公司、英特尔科技(中国)公司等高科技龙头企业。软件服务创新区位于园区洲海路两侧区域的 G11、G20 地块。先进制造区则均匀分布在各个开发园区。该分区规划在进一步增强保税区产业集聚度、提升产业能级等方面起到了引领作用。

外高桥保税区、外高桥保税物流园区与外高桥港融为一体,是内通长江三角洲乃至全国各大港口、外达五洲四海的水路要道。陆上交通四通八达,杨高路、张扬路、五洲大道等城市干道与中环线、外环线相接,轨道交通 6 号线及多条公共交通线路组成了便捷的公共交通网络。南浦大桥、杨浦大桥、翔殷路隧道、外环隧道,将浦东浦西城市道路联为一体。长江隧桥穿越长江,经崇明岛直通苏浙皖鲁腹地。保税区距离虹桥和浦东两大国际机场均约 35 公里,借助城市快速干道约半小时车程便可抵达。便利通达的水陆空立体交通,为外高桥保税区开发建设赢得了先机。

1991年6月22日,外高桥保税区最早的一份土地批租合同正式签署,400公顷土地,租金2.4亿元。7月1日,外高桥港区自开工建设后,完成一至六期工程建设,拥有24个泊位,80台桥吊,码头总长度5 959米,陆域面积581万平方米。距保税区北约6公里的凌桥水厂日产自来水40万吨~60万吨。保税区东侧的外高桥发电厂完成一、二、三期工程建设,总装机容量达500万千瓦,发电余热可利用对外供热。保税区西侧的天然气调压站,保证了保税区所需燃气。园区内银行保险、邮电通信、公共交通、商旅餐饮等服务部门,为企业及其员工提供各种专业服务,为企业发展营造了良好的投资环境。

外高桥保税区的开发建设具有五个特点:在开发体制上,组建公司进行商业开发,并由政府进行宏观调控。开发公司按照政府确定的园区总体规划和功能定位,承担筹融资、土地开发、基础设施建设、招商引资、产业发展和功能配套等职能。作为市政府派出机构的管委会承担经济和社会管理任务,实行政企分开;在开发机制上,走土地批租、滚动开发之路,采用"财政空转、土地实转"的方式,吸引社会资本,有效解决开发资金不足问题;在开发重点上,围绕主导功能推进形态开发和功能开发,推进招商引资和产业发展,成为启动最早的保税区,集国际贸易、保税交易、现代物流和出口加工等功能于一体;在开发步骤上,"集中力量打歼灭战""开发一片、建成一片、产出一片";在开发方式上,以点带面,促进区域统筹协调发展。通过实施"列车工程""区镇联动",带动周边乡镇共同发展,加快郊区经济发展和小城镇建设,逐步消除城乡二元结构,推动城乡一体化。把征地农民纳入社会保障体系,解决他们的养老和医疗保险问题,并把就业服务体系拓展至农村。

【浦东新区外高桥功能区域】

2004年10月,中共浦东新区区委、区政府批准建立浦东新区外高桥功能区域。外高桥功能区域的范围包括外高桥保税区(含外高桥保税物流园区)及周边的高桥镇、高东镇和高行镇,区域面积120平方公里。在浦东新区范围内,与外高桥功能区域同时建立的功能区域还有陆家嘴、金桥、张江等功能区域。

外高桥功能区域的建立,实现了浦东开发从重点小区多心组团的快速城市化向全面实现城市化的转变,更加有效地整合和利用区域资源,促进区镇联动,在招商引资、产业培育和功能开发、加快城郊协调发展等方面起到了组织保障作用。

2010年,区域内企业完成税收达296.79亿元,占浦东新区税收的22.8%。是年,各类企业实现利润402.44亿元。其中,外资企业实现利润383.48亿元,占保税区企业利润总额的95.3%。内资企业实现利润18.96亿元,占保税区企业利润总额的4.7%。

至2010年,外高桥保税区累计完成各种税收3 953.21亿元,其中上缴中央财政的有3 253.8亿元,占82.3%;留存地方财政699.41亿元,占17.7%。保税区海关部门税收完成444.3亿元,增幅高出税务部门税收9.9个百分点,占保税区各类税收总额的60%以上,占上海关区海关部门税收的16.8%。经济规模进出口贸易额不断扩大,促进了各类税收的稳步增长。

至2010年,外高桥保税区入驻企业超过1万家,吸引投资近200万美元,从业人员达23.2万人。区内企业与世界上190多个国家和地区有经贸往来。年经营总收入9 036亿元,商品销售额7 931亿元,进出口贸易额770亿美元,工业总产值707亿元,各种税收741亿元。与此同时,外高桥保税区在开发建设、先行先试中积累起来的经验,与取得的物质成果一样,成为在更高起点上加快创新发展的宝贵财富和强大动力。

【国际航运枢纽】

2010年,外高桥国际航运枢纽完成集装箱吞吐量2 509.5万标箱,占上海港集装箱总吞吐量的86.3%。依托独特的区位优势和多年积累的国际航运航线管理等资源优势,坚持深化改革、创新发展,培育和拓展功能,国际航运枢纽建设取得新进展,上海港首次跃居全球第一大集装箱港口。

2010年,外高桥港区停靠各类船舶31 819艘次,其中外籍货轮8 390艘次,占26.3%。完成集装箱吞吐量1 498.7万标箱,占上海港集装箱总吞吐量的51.6%。完成货物吞吐量1.36亿吨,占上海港总量的20.8%。同时依托近6 000米岸线、24个泊位、80台桥吊、580多万平方米陆域及国际国内航线等港航资源,进一步拓展口岸功能,不断发挥区位优势和口岸功能,增强对长江流域、沿海地区的辐射作用,为促进上海航运中心建设作出新贡献。

【外高桥保税物流园区】

2003年12月,国务院批准设立上海外高桥保税物流园区。它是国内首个实施"区港联动"试点的保税物流园区,是上海市"十五"期间重点规划建设的现代物流园区,被列为2003—2004年度上海市重大工程。

外高桥保税物流园区位于外高桥二期码头西侧,规划面积1.03平方公里,可经营土地77万平方米。至2004年4月,总投资30多亿元的基础设施建设任务基本完成。园区建有道路总长度9公里,隔离围网总长度6公里,仓储38万平方米、集装箱转运区14万平方米、3座卡口和查验场地及1万平方米海关通关大厅和办公用房等配套设施。是年4月15日,园区通过海关总署等八部委的联合验收,对1.03平方公里实施封关运作。

外高桥保税物流园区作为外高桥保税区功能的延伸和国际港口物流联动发展示范区,可同时享受保税区、出口加工区相关政策和上海港的港航资源。园区以港口经济为导向、国际贸易为主体、现代物流为基础,突出货物在境内外快速流动和区港运营一体化,营建"一线放开、二线管住、区内宽松、自由流通"的营运环境,大力拓展国际中转、国际配送、国际采购、转口贸易等四大功能,成为跨国公司面向东北亚的出口采购中心和有色金属、IT零部件进口分拨基地。至2010年,外高桥保税物流园区已入驻投资企业100余家,吸引投资3.74亿美元。全年完成营业收入12.24亿元,进出口额39.97亿美元,居全国各保税物流园区之首,缴纳税务部门税收0.59亿元。园区各项经济指标在全国物流园区中居于前列,荣获"全国最佳物流园区五十强"等称号。

【外高桥保税物流园区二期】

上海外高桥保税物流园区二期是上海建设国际航运中心重大配套项目,位于五洲大道以北、港建路以西、集海路以南、华东路以东,紧靠外高桥港区四、五、六期码头。沪崇苏隧道口及规划中的浦东铁路和内河集装箱口岸毗邻园区。园区规划面积275公顷,主要分为三个功能区:北部25公顷为综合服务配套区(1号、2号地块),中部120公顷为物流仓储区(3号~7号地块),依托港区开展保税与非保税物流业务配套服务,南部130公顷为现代化多式联运区(8号~12号地块)。

2004—2009年,园区累计完成固定资产投资6.67亿元。首期70公顷区域内的道路、雨污水系统、供水供电、通信等市政基础设施建设基本完成。上海东方公估行投资建设的1.5万平方米定制仓库投入使用。北部综合服务区及海关联检大楼在建设中。

【外高桥保税区医疗保健中心】

2001年9月28日，外高桥保税区医疗保健中心启用开诊。该中心位于园区南部的台北路，由外高桥保税区投资实业有限公司与上海第二医科大学、仁济医院联合主办，建筑面积5000平方米，是一家集医疗、保健、康复、咨询于一体的综合型服务机构。中心设有内科、外科、中医科、妇科、口腔科、检验科等10多个门诊科室和注射室、补液室等配套科室，由资深临床医师坐诊，并拥有东芝CT、GE数字化X光机、西门子彩超诊断仪、奥林巴斯内窥镜、日立自动生化仪、希森美康全自动血球计数仪、拜耳尿十项检测仪、医用微波和高电位治疗仪、自动免疫发光分析仪等一系列先进的医疗诊断治疗设备，为服务园区员工、提升保税区职业病防治和公共卫生服务水平创造了便利条件。该中心的主要服务内容包括：对区内企业单位开展疾病防控、对食品企业从业人员进行健康状况检查、组织举办院外保健咨询活动、为企业高级管理人员提供个性化高端保健服务等。在政府有关部门的支持下，该中心被列入上海市医疗保险改革体系。上海综合保税区成立以后，该中心在完成原定医疗保健任务的同时，还接受委托承担洋山保税港区医疗保健中心的建设和管理任务。

【外高桥数据中心】

2010年1月，万国数据上海外高桥数据中心动工建设。该数据中心位于上海市浦东保税区外高桥科技园区，主要由机房区域和办公区域两部分组成，规划建筑面积约2.4万平方米。五层楼机房依照7级抗震标准设计、8级抗震结构的标准建造，可同时提供12个机房模块营运。

该中心是国内第一家同时通过ISO 20000 IT服务管理体系、ISO 27001信息安全管理体系、ISO 9001质量管理体系、BS25999业务持续管理体系认证的IT服务提供商，同时也是国内第一家获得"灾难恢复类信息安全服务"资质认证的企业。GDS数据中心获得国际节能建筑LEED金牌认证申请资格。中心具有10多年的IT外包服务经验，为客户提供优质服务。客户可以随时登录系统，查询动态服务情况，了解系统的实时运行状况，递交事件或服务请求并对此进行跟踪，随时调阅历史数据及服务文档等面向客户人性化管理。

外高桥数据中心的落成，不仅为区内外企业提供优质高效的IT专业服务，而且促进了园区高科技产业发展。

【微电子产业园区】

外高桥保税区微电子产业园区位于五洲大道以南，东靖路、赵家沟以北，西至申江路，东至外环运河，规划占地面积1.67平方公里。园区主要引进信息产业项目、研发中心项目、高端物流项目等，为全面提升保税区先进制造业的发展创造条件。

2004年，园区的基础开发建设被列为浦东新区重大工程项目，计划投资35.3亿元。2007年4月，园区东区封关运作0.44平方公里，区域内美卓自动化厂房、汛韩物流仓库等一批产业项目竣工启用。至2009年，园区累计完成固定资产投资13.89亿元。园区在发展微电子产业的同时，努力将保税区政策辐射至更多行业，正在建设中的西区计划打造豪华汽车展示交易园、总部经济园和服务外包园等功能园区。随着园区的建成，众多高端科技项目的入驻，大大提升了产业能级，增添发展的后劲。

【土地开发建设】

外高桥保税区的房地产企业主要分为两类：一类是拥有土地开发权的外联发、新发展、三联发、外股份、物流中心等开发公司；另一类是在园区购得土地后开展房产物业经营的房产公司，如国联房地产公司、汤臣集团、中海地产集团有限公司、鲁能集团、上海宝钢地产有限公司等。

至 2009 年，外高桥保税区土地转让租售面积累计为 446.28 万平方米，占已封关面积的 50.1％。其中，外联发公司完成土地转让租售面积 184.56 万平方米，租售率为 70.4％。新发展地块完成土地转让租售面积 113.04 万平方米，租售率为 34.8％。三联发地块完成土地转让租售面积 93.95 万平方米，租售率为 40％。此外，外高桥保税物流园区完成土地转让租售面积 25.36 万平方米，租售率为 24.6％。

至 2009 年，外高桥保税区累计完成房屋租售面积 405.86 万平方米，占保税区竣工房屋面积的 51.1％。其中：各大开发公司是开展房屋租售业务的主体，房屋租售面积为 333.22 万平方米，占 82％；入驻的房产投资企业房屋租售面积为 72.64 万平方米，占 18％。随着园区开发建设的不断推进，可供批租转让的土地资源逐年减少。

2010 年，保税区期末出租房屋面积 359.8 万平方米。其中标准厂房面积 226.3 万平方米，占 63％；仓库面积 103 万平方米，占 28.7％；办公楼宇面积 30.5 万平方米，占 8.3％。期末可供出租房屋面积 71.6 万平方米。其中标准厂房面积 46.6 万平方米，占 65.1％；仓库面积 13 万平方米，占 18.1％；办公楼宇面积 12 万平方米，占 16.8％。全年完成经营收入 32 亿元。

【启东产业园区】

2008 年 1 月 28 日，外高桥集团（启东）产业园成立，是按照外高桥集团公司与启东市政府签订的战略合作协议、由外联发公司和启东滨海工业园开发公司共同投资组建的产业园区。合作双方分别持有 60％和 40％的股权，注册资本 3.16 亿元。

这是浦东新区首个跨江开发长三角联动合作项目，通过加强区域间的联手合作、优势互补，整合上海及保税区现有加工业的拓展需求，开发市场潜在的大型装备业、船舶制造业的生产需求，把产业园建成以外向型生产加工为主，物流、贸易产业为辅，生产、办公、生活设施完备的综合性大型产业园区。

该产业园区位于江苏省启东市，规划面积 5.33 平方公里，计划分三期开发建设。首期开发的 13.87 公顷土地，按照"可分可合、可租可售、自建与定制相结合"的要求，完成了 4.7 万平方米标准厂房的建设，正在开展招商引资工作。

【市政基础设施建设】

市政道路　外高桥保税区的固定资产投资主要用于市政基础设施配套项目建设，进区企业产业用房、设备设施建设及其改扩建工程、技术更新改造项目等。

1992 年 3 月，保税区第一条道路——D纬三路（日京路）建成通车。1992 年 5 月，投资 180 万元，高 3 层，主要用于商务接待、会客及洽谈业务的保税区第一幢楼宇——外联发商务楼建成启用。1993 年 4 月，保税区第一座桥——连接保税区 C 区和 D 区的富特西一路界浜河 1 号桥、第一个门卡口——D纬三路卡口，（后为杨高北路、日京路三号门）竣工启用。1995 年 12 月，保税区第一幢由外商投资的集办公、商务、展示于一体的商务办公大楼——汤臣国贸大厦竣工。

至 2010 年，外高桥保税区累计完成固定资产投资额 412.96 亿元，其中：市政基础设施建设累计投资额 97.81 亿元，占保税区固定资产累计总投资额的 23.7％；各大开发公司累计完成固定资产投资额 168.85 亿元，占保税区固定资产累计总投资额的 40.9％。固定资产的有效投入为园区经济的高效产出提供了强有力的支撑。

随着大规模的土地开发基本结束,园区市政基础设施配套基本完善,产业布局相对稳定,保税区固定资产投资的重点,逐步转向推动投资企业实现产业升级,加快生产设备的改造更新以及自建厂房、仓库的改扩建工程等方面。综合保税区时期,用于市政基础建设的投资和投资开发企业用于技改升级的投入两者之间,呈现出此消彼长的趋势。投资开发企业用于技改升级的投资额是市政基础建设投资额的4倍。

外高桥保税道路网络建设,道路广场的用地面积为133公顷,约占园区土地总量的16%。经过多年的开发建设,保税区道路网络基本形成,规划建设的60多条道路建成并投入使用。这些建成的道路的总长约70公里。有10条道路与园区外的城市干道相连接,其中有路宽80米～100米的城市快速道路2条(环东一大道和五洲大道),宽30米～50米的城市干道8条。其余道路均为园区内的城市支路,宽度一般在16米～24米。这些纵横交叉、长宽不一的道路,共同组成了保税区的路网系统。

外高桥保税区道路命名,坚持"兼收并蓄、中外合璧",力求把保税区世界性、开放性的特点反映在路名中。外高桥保税区的路名大体分为以下几类:一是用凸显保税区特征"自由贸易"的英文缩写(F.T)汉字化"富特"为主旋律,派生出一批贯穿园区南北向主要道路的路名,如富特北、中、南路,富特东一、东二、东三路,富特西一、西二、西三路等;二是用一些国家或地区名称和该国或该地区知名城市组合成路名,如日京路、德林路、英伦路、奥纳路、韩城路等,主要配置在园区东西向道路上;三是选用一些国家和该国国花组合成路名,如日樱路、加枫路等。此外,选取中国港、澳、台的一些地名作为路名,如台北路、基隆路等。

绿化景观 外高桥保税区的绿化用地约30公顷。经过多年建设,保税区初步形成了功能齐全、层次分明、环境优美的园林式园区。园区内绿化主要分为集中绿地、滨河绿地、景观道路绿地、道路防护绿地等。集中绿地主要分布在西里路西侧、新兰路西侧,高桥港两侧,以及洲海路南北两侧。滨河绿地主要分布在围网内的外环运河和C区高桥港两侧,以及围网外部分防汛通道的绿化。景观道路绿地主要是沿富特北路—富特中路—富特南路、日京路、日樱路等主要景观道路两侧的绿化带。道路防护绿地主要是园区道路两边宽度5米～10米的绿带。这些园内绿化与园区周边的城市道路绿带、社会公共绿地、森兰地块绿地等相互映衬、融为一体。

园区的景观体系建设与绿化相匹配,并与人文历史景观相协调,形成"点、线、面"相结合的结构框架。在进出园区的主要路口、路边公共活动场所及主要道路两边,有绿化、雕塑小品等组成景观节点。以道路为载体把沿路景观串联起来,成为景观轴线,如富特中路的景观建设与两侧的2处优秀历史建筑(杜氏藏书楼和吴家祠堂)及产业特色相映衬。以点、线为基础,把企业的园林绿化、墙面绿化、屋顶绿化、庭院绿化小品,以及高桥港等水系两侧绿化等组合在一起,配上灯光照明,形成丰富多彩的立体景观。与此同时,保税区把景观建设与园区功能结合起来,努力打造核心商贸景观区、研发创新景观区、现代工业景观区,增添园区亮色。

给排水设施 外高桥保税区的用水由浦东威立雅自来水公司的凌桥水厂供给。位于保税区北部的凌桥水厂每天向保税区供水10万多立方米,通过敷设在道路下面口径700毫米～1 200毫米的给水管直通保税区,与园区给水管网相连成一体,向园区各单位提供优质自来水。

保税区实行雨污水分流排放,雨污水管道总长达150多公里。雨水采用强排方式。外环线以东区域属外高桥港区自成一体的雨水排放系统,雨水经港区内自设的泵站提升后外排至长江。其余区域的雨水分为外联发C区、外联发D区、三联发和新发展4个排水片区。外联发C区的雨水经管道收集后汇到基隆路干管,经富特北路、富特东路以西泵站(排水能力为每秒3立方米)提升后排入外环运河。外联发 D 区的雨水经管道收集后汇到华申路干管,经华申路、富特东路西北角雨水泵站(排水能力为每秒 20 立方米)提升后排入外环运河。三联发地区的雨水经管道收集后汇到华京路干管,经富特东路以东泵站(排水能力为每秒 12 立方米)提升后排入外环运河。新发展地区的雨水经管道收集后汇到法赛路干管,经富特路东雨水泵站(排水能力为每秒 21.94 立方米)提升后排入外环运河。

保税区污水排放纳入竹园污水处理排放系统。外联发和三联发区域的污水经收集后汇入航津路污水总管,送至外高桥污水排放系统的 3 号污水泵站,提升后进入位于高东的竹园污水处理厂。新发展区域的污水汇集后送入设在杨高北路与洲海路交汇处的 4 号污水泵站,经提升后纳入航津路污水干管,向东接入 3 号污水泵站,按要求作统一处理后排放。完善的给水排水系统,为保税区正常有序运行提供了基础条件。

供电供热　外高桥保税区的供电供热主要来自装机总容量达 500 万千瓦的外高桥电厂。电厂与华东电网相连。保税区西侧的高南燃气高中压调压站,通过埋设在城市道路下面的专用管道向保税区输送燃气。外高桥电厂通过分别设立在富特路、美盛路、华京路、加枫路和日樱路等多座 35 千伏的变配电站,形成了覆盖到园区每个角落的电网,为各家企业单位提供强大电力。高南燃气调压站的天然气通过地下专用管道可源源不断地输送至园区,满足园区单位生产经营的需要。外高桥保税区形成完善的供电供热供气系统,采用集中供热方式,热源主要来自采用汽网供热的外高桥热电厂。遍及园区的热网,为园区提供充裕的热能,具有热效率高、洁净环保、使用方便等优点。

公共交通　2007 年 12 月 29 日,轨道交通 6 号线建成通车,北起港城路,南至东方体育中心,沿杨高北路自北往南设有港城路、保税区北站、航津路站、保税区南站,并转至张杨北路的森兰地块,设有洲海路、五洲大道、东靖路、巨峰路等站点,可与轨道交通 12 号线在巨峰路站相互换乘。规划中的轨道交通 10 号线东延伸段的东部终点站设在保税区基隆路。2002 年 6 月起,保税区园区内设置了数条免费公交线路,将区内企业、重要设施和办事机构连成一片,并与区外公交网络相连,方便乘客相互换乘。园区内外便捷的公共交通突破了保税区内外的时空限制,为工作和生活在园区的人员提供了便利。

港区码头　1991 年 7 月 1 日,外高桥港区一期工程开工建设,由外高桥保税区港务公司负责。经过工程建设者 28 个月的日夜奋战,于 1993 年 10 月 31 日建成投产。外高桥港区一期工程建有 4 个万吨级泊位和 50 万平方米的陆域面积及相关配套设施,4 个顺岸式码头全长 900 米,年吞吐能力 240 万吨。继港区一期工程之后,随着经济发展和保税区功能的拓展,外高桥港区进入滚动发展时期。10 多年中,先后完成了外高桥港区的二期、三期、四期、五期、六期工程建设。至 2010 年,外高桥港区共拥有泊位 24 个、桥吊 80 台,码头总长度 5 959 米,陆域面积 580 多万平方米。同时,拥有全国第一座汽车专用滚装码头。

外高桥港区依托通江达海的区位优势,通过完善功能、优化服务,扩大对长江流域的辐射作用,并通过减免费用、降低成本,提升市场竞争力,吸引国内外客商,为促进上海的国际贸易中心和国际航运中心建设发挥积极作用。综合保税区的成立,为外高桥港区的发展带来新动力、新机遇。外高桥港与洋山保税港相互协作、相得益彰,成为进出口贸易的重要口岸,中外船员和旅客进出中国国境的重要通道。

【动迁安置】
居民住宅的动拆迁和农村劳动力的安置,是外高桥保税区开发建设的一项重要基础工作,直接关系到动迁当事人的切身利益和园区开发建设的进度。保税区10平方公里规划区域,分布着原川沙县管辖的高桥、高东、高南、东沟、杨园等5个乡、35个行政村、78个生产队。

1991年,保税区的动迁安置工作由外高桥开发公司在一期4平方公里中率先启动,当年完成1.11平方公里土地的征用和3.06平方公里的预征,拆迁民房400户、10万平方米,将居民安置在保税区新建的富特新村动迁基地。1993年4月,同时成立的新发展公司和三联发公司负责开发各自经营的3平方公里区域的动迁安置工作,保税区动迁安置工作全面铺开。

至2001年,保税区10平方公里的动迁安置工作基本完成,共动迁安置居民5 583户。其中,外联发公司负责动迁的1 897户居民迁入富特新村居住。新发展公司负责动迁的1 963户居民主要迁入高东新村、高行镇等动迁基地居住。三联发公司负责动迁的1 723户居民分别动迁至位于杨园镇、高东镇的新村住宅。同时,共分流安置农村征地劳动力9 703个。其中,外联发公司安置农村征地劳动力4 824个,新发展公司安置农村征地劳动力2 005个,三联发公司安置农村征地劳动力2 874个。各公司通过开发岗位共吸纳安置劳动力7 120个,退休养老安置2 583个。此外,各开发公司还动迁了一批企事业单位和部队营房设施。动迁安置工作的顺利推进,为外高桥保税区的开发建设创造了基础条件。

【优秀建筑保护】

外高桥保税区有2处区级文物保护单位,都为优秀历史建筑。一处是位于意威路以北、富特西二路以东的杜月笙住宅。另一处是位于意威路以南、富特中路以东的吴家祠堂。

杜月笙住宅又名杜氏藏书楼,是建造于1931年的杜氏宗祠的一部分。因年久失修,杜氏宗祠大部分破落,仅留下这具有西式古典建筑风格的一幢藏书楼。藏书楼为五开间两层楼房,坐北朝南,外立面气势恢宏,内部布局简洁明快、功能齐全,设有会议室、休息室、藏书室、壁炉等,装饰考究、工艺精巧、中西合璧,是名人名宅,也是近代优秀建筑的代表。

吴家祠堂又名昌德堂,占地约0.33公顷,是高桥地区绅士吴炳生及五个儿子共同出资,于1928年建造的家祠,是高桥地区规模最大、保存最好的民间优秀建筑之一。落成后的吴家祠堂飞檐雕栋、颇有气派。沪上闻人黄金荣、杜月笙、虞洽卿等都曾送匾额祝贺。吴家祠堂为坐北朝南的三进式四合院院落,砖木结构,人字屋面,落地门窗,其建筑形态及房屋造型体现了江南民居的特色,局部工艺和用材带有西洋风格,是上海近代民居的典型代表,具有很高的建筑艺术价值。宅院内市级保护的古树名木更为珍贵难得。吴家祠堂曾是部队营房,2004年划归外高桥保税区后进行了全面修缮,作为保税区历史陈列馆,并开设"昌德会所",成为在保税区工作的中外人士聚会活动场所。

【商旅配套建设】

外高桥保税区的商务配套设施主要分布在园区内和园区外的生活区。园区内外的配套设施在功能、规模和经营方式上均有所不同。园区内的配套设施主要用于满足一般商务活动的需要,集中在北部办公商务区和南部横跨新发展公司与三联发公司的洲海路两侧。餐饮方面多为规模不等的中餐连锁店、快餐店,如苏浙汇、美林阁、麦当劳、肯德基、星巴克等。休闲娱乐主要有昌德会所、企业家俱乐部、高尔夫练习场、健身中心,以及分散在园区的酒吧、茶室、咖啡屋等。园区内罗森、快客、可的、喜士多等便利店主要供应日用必需品。与园区一路(杨高北路)之隔的生活区商业配套设施则功能更为齐全、规模较大,而且具有不同的档次,既有大众化的集贸市场、超市、酒家旅馆,也有五星级的皇冠假日酒店,在满足附近居民不同层次日常生活的同时,也成为外高桥保税区商务配套的重要组成部分。

【ISO 14000 示范区创建】

2001 年 8 月,经中国环境科学院环境管理认证中心的审核,外高桥保税区取得了 ISO 14000 环境管理体系的认证证书,成为全国第一个通过 ISO 14000 环境管理体系认证的保税区。外高桥保税区始终坚持"创建绿色园区,发展绿色产品,拓宽绿色通道"的方针,把生态环境列为不可缺少的发展要素,参照国际上通行的 ISO 14000 环境管理体系率先引入区域管理,在外管委、开发公司及其企业等各个层面建立了管理机构,形成标准化、程序化、网络化的区域环境管理系统。在加强宣传引导、增强员工环保意识、不断完善环境管理机制的同时,进一步加强区域环境规划和建设,先后投入数千万元,用于环境整治、建设大型景观绿地、美化园区环境。在创建过程中,保税区把先进的环保理念和环境管理方式融入产业园区的规划和建设,努力实现产业经济与生态环境的协调、可持续发展。ISO 14000 示范区的创建,给外高桥保税区更高起点的发展注入了新的动力,完善了环境管理机制,优化了区域环境,也有效改善了投资环境,提升了保税区的综合竞争力。

四、招商引资

外高桥保税区积极打造优质高效、服务优良的营商环境,通过制定优惠政策,召开投资政策说明会、新闻发布会、招商项目推介会及制作互联网页等,广泛宣传园区投资信息。同时,采取"走出去、请进来",组织开展各种招商活动,通过建立和完善为企业服务机制,组织召开园区企业大会、调研会、咨询会、座谈会等,及时了解投资企业的需求,帮助企业解决生产经营中碰到的困难和问题,做好招商稳商的各项管理服务工作,努力使保税区成为中外客商"成功创业、共赢发展"最理想的投资场所之一。

世界 500 强外资跨国公司中,有 107 家在外高桥保税区设有 228 个投资项目,累计投资额 15.5 亿美元,占保税区外商投资额的 9.5%。世界 500 强排名前五位的沃尔玛、壳牌石油、埃克森美孚、英国石油、丰田汽车均在保税区里投资注册企业。这些企业的发展为促进保税区产业集聚,提升保税区发展形象,提高保税区经济发展质量等起到了重要作用。

1992 年 2 月 28 日,上海外高桥保税区联合发展有限公司成立,这是保税区内第一家中外合资企业,由上海和香港两地的四家企业共同出资成立。外高桥保税区总部峰汇,是外联发公司为适应总部经济发展需要开发建设的国际化办公社区,位于 C 区商务区的核心区域,占地 17 526 平方米,建有 12 栋独立式办公楼,分为 3 层和 4 层两种房型,每栋楼的建筑面积在 1 000 平方米至 1 500 平方米之间。办公楼设计别致典雅,建筑线条流畅,采光科学合理,物业管理服务规范到位。楼内各类配套设施齐全,入驻的跨国企业及其地区营运总部既可在此集中办公、开展各种商务活动,也适合进行产品展示、演示。在总部峰汇落户的有西门子、索尼物流贸易(中国)有限公司、松下、埃克森美孚、马瑞利等国际知名企业。

1992 年 5 月 22 日,上海伊藤忠商事有限公司经国家批准注册在外高桥保税区,这是全国第一家在中国境内保税区从事进出口贸易的外商独资公司。9 月,上海 JVC 电器有限公司成立,这是保税区内第一家加工企业。该公司注册资金 500 万美元,由中日合资成立,日方股东持有 55% 股权,中方股东持有 45% 股权,主要生产音响产品。公司曾连续四年被评为"上海市文明单位",连续多年在上海市销售收入前 500 强排行榜中名列前茅,在 2003 年中国进出口 500 强企业中排名第

442 位。

1993 年 12 月,上海外红伊势达国际物流有限公司在外高桥保税区注册成立,这是保税区内第一家中外合资物流企业,具有经国家交通部批准的"无船承运业务经营"资质,能提供一流的保税区货物的仓储、运输、配送等优质服务,数次被评为"保税区经济贡献百强企业"。

1993—2002 年,保税区招商引资从 3.2 亿美元提高至 119.33 亿美元。"十五"期间(2001—2005 年)进出口额年均增幅达 35.8%。

1993—2010 年,外高桥保税区累计引进项目 10 774 个,累计吸引投资 196.89 亿美元。其中外资企业 8 043 家,占投资项目总数的 74.7%,吸引投资 162.84 亿美元,占投资总数的 82.7%。内资项目 2 731 个,占投资项目总数的 25.3%,吸引注册资本 272.39 亿元,占投资总额的 17.3%。有 94 个国家和地区的外商企业前来保税区投资注册。投资项目及投资额排名前四位的分别是:中国香港 1 981 个、42.06 亿美元,日本 1 589 个、21.11 亿美元,美国 874 个、24.58 亿美元,新加坡 470 个、16.22 亿美元。从世界 500 强企业入驻情况看,世界 500 强外资跨国公司中,有 107 家在外高桥保税区设有 228 个投资项目,累计投资额 15.5 亿美元,占保税区外商投资额的 9.5%。世界 500 强排名前五位的沃尔玛、壳牌石油、埃克森美孚、英国石油、丰田汽车均在保税区里投资注册企业。这些企业的发展为促进保税区产业集聚,提高经济发展质量发挥了重要作用。

表 6-1-7　1990—2010 年外高桥保税区批准投资项目概况一览表

年份＼分类	投资项目(个)	其中:外资项目(个)	投资额(亿美元)	其中:合同外资(亿美元)
1996 年前累计	2 470	1 305	28.98	9.21
1996 年	561	408	4.77	1.99
1997 年	364	333	3.97	2.56
1998 年	461	367	5.30	2.79
1999 年	393	297	4.77	2.52
2000 年	396	308	5.47	2.64
2001 年	639	543	12.10	5.54
2002 年	979	876	7.85	5.46
2003 年	1 053	97	13.60	6.10
2004 年	1 010	868	14.74	7.71
2005 年	942	820	14.12	6.16
2006 年	558	401	16.42	6.16
2007 年	386	232	14.44	7.80
2008 年	292	166	14.10	7.40
2009 年	256	90	18.90	8.99
2010 年	277	102	17.36	6.83
合　计	11 037	7 213	196.89	89.86

资料来源:外高桥保税区提供

外高桥保税区成立后头两年的基础设施建设,为土地开发经营、招商引资奠定了良好基础。从1993年起,园区的招商引资工作逐步纳入重要议事日程,期间保税区招商引资工作经历了三个阶段。

1993—1994年,为探索起步阶段。这阶段因为园区处于初始开发建设当中,招商的经验、人才、资源等都比较缺乏。有投资意向的客商不少,但最后成功的项目不多,有影响的大企业投入的大项目更少。

1995—2000年,为平稳发展阶段。随着开发建设全面推进、园区投资条件的改善,外高桥保税区成为外商投资亚太地区的重要备选点。一批批知名跨国企业入驻园区,带动了国内外中小企业前来投资。这阶段每年批准的投资项目在400个左右、投资金额在5亿美元上下。

进入21世纪后为快速增长阶段,投资项目数量、投资金额等均有明显增长,并且每年都有大幅度提升。2003年引进项目数首次突破1 000个,达1 053个。2006年10月,经市政府批准,外高桥保税区内的松下、惠普、日立、索尼物流贸易(中国)有限公司、伊藤忠、ABB、东芝等12家知名跨国公司被认定为首批营运中心企业。2009年,以18.9亿美元创下吸引投资额的新高。

2009年后,外高桥保税区招商引资工作一直保持快速发展。这主要得益于保税区抓住中国加入世贸组织的机遇,主动契合国内外投资者新需求,特别是世界跨国公司加快产能升级转型的要求,顺势而为、乘势发展的结果,在引进外资项目中形成了三个特点:一是外商独资项目占外资项目总数的90%以上,外商独资项目的投资额占外商投资额的83.6%。外商独资项目无论在项目数量上还是投资金额上,都明显大于内资项目,反映保税区经济"国际化""外向型"的特点。二是在保税区投资注册的外资企业来自世界上100多个国家和地区,其中不少是世界500强企业,反映了保税区投资主体的广泛性、多样化,也反映了国际投资者对保税区投资环境的认同和肯定。三是利用外资比例较高。

2010年,保税区直接开展进出口业务的投资企业达3 281家。区内企业与189个国家和地区有进出口业务往来。全年共计完成进出口总额770.01亿美元,占全市进出口总额的20.9%。至2010年,保税区累计合同外资89.86亿美元,占外商投资额55.2%,实际利用外资62.95亿美元,占合同外资78.1%。

外高桥保税区依托政策优势、功能优势、产业优势,重视发挥对外窗口作用和对内辐射作用,加快提升贸易便利化水平,拓展多元化贸易功能,不断推进对外贸易增长方式的转变和加快进出口商品结构的调整,实现进出口贸易持续稳定发展,在加快建设国际贸易示范和国家进口贸易促进创新示范区中,努力实现探索创新,通过搭建贸易便利化平台、组织开展贸易便利化试点、增强专业服务能力等不断提升贸易便利化水平,着力打造专业化要素市场和跨国公司营运中心等国际贸易平台,探寻国际贸易发展新空间。

表6-1-8　1996—2010年外高桥保税区进出口贸易额完成情况表　　单位:亿美元

年份 \ 指标	进 出 口 额	进 口 额	出 口 额
1996年前累计	15.48	10.77	4.7
1996年	10.46	7.05	3.41
1997年	17.80	11.75	6.05
1998年	29.40	19.19	10.21

(续表)

年份 \ 指标	进 出 口 额	进 口 额	出 口 额
1999 年	47.38	29.75	17.63
2000 年	76.23	56.41	19.82
2001 年	88.67	61.99	26.68
2002 年	119.33	88.07	31.26
2003 年	209.30	160.77	48.54
2004 年	308.14	220.28	87.86
2005 年	352.65	255.9	96.66
2006 年	452.06	333.58	118.48
2007 年	570.39	415.84	154.55
2008 年	626.37	468.27	158.10
2009 年	551.12	422.85	128.27
2010 年	770.01	593.34	176.67
合　计	4 244.79	3 155.90	1 088.89

资料来源:外高桥保税区提供

【贸易便利化】

外高桥保税区贸易经历了4个发展阶段。1993—1996年,通过组建保税交易市场和进出口贸易公司,代理投资企业进出口业务等,积累经验、夯实基础。在各种贸易方式中,仓储转口贸易比重较大,达60%,加工贸易进出口额占26%,一般贸易进出口额占11%。这一阶段的贸易规模较小,从事进出口业务的企业数量不超过900家,最大的企业进出口额也未超过7 000万美元,经历积极摸索过程。

1997—1999年,进出口贸易规模快速扩大,年均增长幅度达65%。从贸易方式来看,加工贸易发展加速,进出口额所占比重提升至48%。仓储转口贸易比重有所下降,为46%,一般贸易进出口额下滑至4%。从贸易规模来看,从事进出口业务的企业数量快速增加至1 200多家,并且首次出现如英特尔科技(中国)公司这样的进出口额超过10亿美元的"超级大户",经历了国际贸易步入规范化运作阶段。

2000—2002年,大量物流企业的兴起,助推了进出口业务的发展,贸易规模进一步扩大,但受国际经济的影响,增长幅度出现较大的波动。2000年在仓储转口贸易成倍增长的拉动下,进出口增幅达60.9%。2001年,受美国、欧洲、日本经济衰退的影响,进出口额增幅降至16.3%。2002年,随着加工贸易的再次大幅增长,使进出口额增幅回升至34.6%。这一阶段中,从事进出口业务的企业接近1 800家,不仅有进出口额超过10亿美元的"领跑"企业。同时产生了一批进出口额超亿美元的重点加工企业,经历了震荡起伏阶段。

2003—2010年,在全面提升保税区国际贸易功能、加快推进进出口贸易基地建设过程中,保税区进出口贸易持续稳定增长(年均增幅25%),进出口贸易规模继续扩大,从事进出口业务的企业突破3 200家,涌现出一批进出口业务规模超过10亿美元的重点物流企业,经历了稳步提升阶段。

"十一五"期间(2006—2010年),保税区贸易企业所完成的商品销售额,80％以上是从国内市场实现的。这种状况促使投资企业开拓国内市场,不断完善市场销售网络,进一步扩大国际贸易对国内的辐射作用。

2007年4月18日,由中国国际贸易促进委员会和浦东新区政府共同投资建造的中国国际商品中心正式投入运营。商品中心坐落在外高桥保税区内,建筑面积约12万平方米,是中国唯一的集保税展示、交易和贸易服务于一体的国家级贸易平台。中心依托外高桥保税区政策、区域、功能等多方优势,充分发挥中国国际贸易促进会分布在国内外的信息网络和客户资源,帮助外资企业快速建立中国国内贸易渠道,高效推广其产品,扩大与中国的贸易规模,改善国内外贸关系,为外商进入中国市场创造良好的经营条件,加快上海国际贸易中心的建设。中心推出的国际机床展示交易平台、国际酒类展示交易中心等项目,以及"临时进出口绿色通道""产品预商检"等特色功能,为海外企业提供了低成本、高效率的出口贸易平台,以良好的服务赢得客商的好评。有AMT、法国红酒中心、辛迪思等数十家国外知名企业落户园区,并初步形成机床机械、医疗器械和进口酒类等展示交易产业群。

2008年后,保税区投资企业与俄罗斯、比利时、澳大利亚等国家的贸易额呈快速增长趋势,与亚非拉发展中国家和地区的经贸关系,以及与东盟各国、巴西、哥斯达黎加等国家的双边贸易也有长足发展。

2010年,外高桥保税区进出口贸易额超过10亿美元的有18个国家和地区,大多分布在亚洲和欧美。其中居于前列的有:日本(116.52亿美元)、美国(75.87亿美元)、马来西亚(66.34亿美元)、韩国(61.71亿美元),国际贸易的重点是亚太地区和欧美国家,来自亚洲和欧美的贸易业务占贸易总量的90％以上。在巩固、发展与传统贸易伙伴关系的同时,外高桥保税区推进贸易多元化战略,着力开拓国际贸易新空间、新领域。保税区的国际融合大增强,国际贸易的渠道更为通畅。保税区充分发挥连接国际、国内"两个市场"的"纽带"作用,运用国际市场规则和惯例,促进国内市场加快与国际市场接轨;通过国内市场的快速建设和发展,进一步拓展国际市场功能和发展空间。在国际、国内"两个市场"的相互作用中,实现内外贸易的互动和发展。一方面,随着保税区国际贸易功能的完善、国际采购业务的发展,外高桥保税区在国际市场上的知名度和影响力不断增强。国内外贸易企业纷纷通过保税区向国际市场销售商品。另一方面,中国经济的快速发展为全社会消费能力的提升奠定了基础,对国际商品的需求量不断增加,为贸易企业借助保税区这个"窗口",扩大国内市场销售份额提供了机遇。

随着入驻保税区的出口加工企业建成投产、形成生产能力,传统的以农副产品或原材料主打出口商品的状况,逐步被先进制造业的产品所取代。保税区进出口商品中,95％以上是具有较高科技含量的工业制品,其中尤以电子信息、机电、光学仪器等方面的产品唱"主角",初级产品的比例不足5％。由外高桥保税区进口的医药制品、医疗器械、箱包、服装、酒类、手表、化妆品等消费类商品增长较快。这些商品的进口额在全市同类商品中的比例高达60％～80％。为促进贸易经济,形成了贸易便利化运营模式。

搭建贸易便利化平台:在有关部门支持下,通过开通机电产品审批专线,引进医疗器械、医药、酒类、化妆品等检测中心,拓展为贸易企业服务的功能,使企业不出园区就能办理贸易的相关手续,为贸易企业节省运行成本。

开展贸易便利化试点：在海关、商检等部门支持、指导下，依托新成立的海关事务服务中心，组织贸易企业开展预归类试点、分类通关试点、公共分拨业务试点等，进一步缩短通关时间，为增强企业的国际市场竞争力提供有利条件。

增强专业服务能力：将管理服务延伸至企业经营活动之中，进一步简化、优化监管服务方式，提高服务效能。例如，海关、商检等部门根据专业市场特点开展监管服务工作，使酒类市场实现"价格备核、快速通关""预约商检、快速出证"，以此吸引20个国家的2000多种酒类入驻园区。医疗器械中心依托机电审批专线、检测中心、分拨、预商检等便利化举措，吸引了20家全球医疗器械知名生产企业入驻保税区。

【出口发展基金】

1996年9月，为充分发挥保税区出口加工贸易的优势，吸引和鼓励区内中外资企业发展出口加工产业，外高桥保税区出口发展基金设立。该基金由浦东新区财政下拨的专项资金、保税区各开发公司投入的专用资金与保税区内银行参与的贷款资金合并组成。基金使用范围主要是：区内出口加工企业短期生产流动资金贷款，支持和奖励出口加工绩优企业，为扩大与提高生产能力所需要的部分固定资产投资贷款等。该基金的设立，为及时有效地帮助企业解决生产经营中的困难，促进出口加工业发展助了一臂之力。

【开展融资租赁业务】

2010年4月12日，上海海关复函综合保税区管委会，同意在上海浦东机场综合保税区内开展飞机项目等融资租赁业务，标志着上海综合保税区率先启动融资租赁业务试点工作。5月7日，中国银行业监督管理委员会上海监督局就金融租赁公司在上海综合保税区内开展融资租赁业务事宜复函综合保税区管委会。是年5月，上海第一批设立的6家金融系融资租赁项目公司入驻上海综合保税区。6月27日上午，浦东新区政府、上海市金融服务办公室和综保区管委会共同主办上海综合保税区融资租赁项目启动仪式。7月29日，春秋航空公司以融资租赁方式向上海交银金凤凰飞机租赁有限公司租赁的A-320民航客机飞抵浦东国际机场，成为全国第一架以租赁方式报关进口的民航客机，开启了综合保税区融资租赁快速发展新阶段。

【组织第11届世界自由贸易园区大会】

世界自由贸易园区大会是由世界自由贸易区协会组织举办的国际会议，通常由各个国家或地区轮流协办。每届大会根据世界经济和自由贸易区发展趋势和需要确定大会主题，成为交流、研讨、合作的重要平台。

2010年，综保区管委会为助推园区向自由贸易区转型发展，提出筹办第11届世界自由贸易园区大会的设想，并正式致函国家"两区协会"(中国生产力学会和中国保税区出口加工区协会)，明确表达承办意愿，希望以中国"两区协会"的名义，加强与世界自由贸易区协会的沟通协调，并邀请"两区协会"具体指导和筹划大会相关工作。在"两区协会"的指导帮助和有关各方的共同努力下，2011年11月10—11日，在上海浦东外高桥皇冠假日酒店举行第11届世界自由贸易园区大会，大会的主题是"自由贸易园区功能创新"，世界近40个国家和地区的200名代表出席。

五、经济规模

保税区顺应制造业在世界范围内的发展趋势,通过优化调整产业产品结构,支持企业发展壮大,重点生产企业的集聚度逐年提高,成为推进保税区出口加工业发展的主引擎。2010年,外高桥保税区工业产值超亿元,工业企业达73家,完成工业产值661.54亿元,占保税区工业总产值的93.5%。其中,联想(上海)电子科技有限公司实现工业产值306.97亿元,拉动作用明显。拥有26个工业大类、70个中类、104个小类,形成以电子信息、工程塑料、通用设备、汽车零部件为主导,以计算机及电子通信设备制造为重点产业发展格局。2010年,外高桥保税区企业实现利润总额402.44亿元。其中利润总额超过1亿元的企业达86家,合计利润总额达226.28亿元,占外高桥企业利润总额56.2%;至2010年,外高桥保税区的经营总收入9 036.7亿元,商品销售额7 931亿元,进出口总额770亿美元,投资企业实现增加值1 247.7亿元、利润402.4亿元,各种税收收入741.1亿元。主要经济指标约占全国保税区总量的"半壁江山",在伦敦《金融时报》旗下FDI杂志的指标测评中获"2010年度全球自由贸易园区综合类冠军"称号。

【加工制造业】

外高桥保税区的加工制造业大体经历了探索发展(1993—2000年)、稳步发展(2001—2010年)两个阶段。

1993—2000年,以外商投资为主,投资企业主要来自日本、美国及中国香港等国家和地区,企业规模较小,大多为劳动密集型企业。产品主要为服装、电子元件、工艺美术品等。投资500万美元的上海JVC电器有限公司是当时投资规模最大的企业。该公司于1992年建厂,1993年初竣工投产,主要组装JVC电视机、微型音响。至1995年,该企业产值突破6亿元,成为保税区的骨干企业之一。1996年4月1日,国家取消保税区以外外商投资企业进口自用设备免关税、进口增值税的优惠政策,使保税区加工企业的政策优势凸显,吸引了大批跨国企业入驻园区。英特尔科技(中国)公司、惠普计算机产品(上海)公司、IBM、飞利浦光磁电子(上海)公司等先后落户保税区,给园区先进制造业注入新动力,加工制造业发展经历了探索阶段。

2001—2010年,外高桥保税区抓住国际制造中心向中国转移的机遇,优化出口加工产业结构,产值规模持续扩大,产品科技含量不断提高,快速实现由技术集约型产品向高端知识型产品发展。如惠普公司的产品,从黑白打印机、扫描仪升级至彩色打印机、投影机以及集合扫描、打印和传真功能的一体机。飞利浦公司的黑白液晶显示器转型为彩色液晶显示器。英特尔投入了"奔腾4"芯片的生产。2007年进入保税区的上海联想科技公司呈现跨越式发展态势,进一步助推了加工制造业的稳步发展。

至2010年,保税区正式投产加工企业209家,其中规模以上加工企业厂房占地面积145.55万平方米,厂房建筑总面积170.34万平方米,完成工业总产值707.64亿元。其中高技术产业产值453.86亿元,占工业总产值的64.1%。在国家鼓励优先发展的十大高新技术产业化重点领域中,保税区的信息技术、新材料、高端设备制造等产业集群发展领先。由于这些产业具备智力性、创新性、战略性和资源能耗少等优势,对推进保税区产业结构调整、提高劳动生产率、增加区域经济效益,具有重要的推动作用。

表 6 - 1 - 9 2003—2010 年外高桥保税区工业产值完成概况表　　　　单位：亿元

年　份	总产值(现行价)	年　份	总产值(现行价)
1996 年前累计	16.65	2003 年	415.45
1996 年	18.09	2004 年	513.82
1997 年	44.50	2005 年	532.37
198 年	73.79	2006 年	519.59
1999 年	100.37	2007 年	530.76
2000 年	178.42	2008 年	555.63
2001 年	211.98	2009 年	576.07
2002 年	341.28	2010 年	707.64
保税区出口加工业产值累计			5 336.41

资料来源：外高桥保税区提供

【技术服务业】

随着跨国公司产业转移和保税区投资企业的升级转型，以技术为核心、以外包服务为特征的研发、软件、维修等现代服务产业迅速发展壮大。据统计，2010 年，保税区从事软件设计、系统集成等业务的服务企业有 33 家，实现服务收入 14.94 亿元。例如，上海药明康德新药开发有限公司是以组合化学技术和现代药物化学为核心的高新技术研发企业，从业人员达数千人，经营收入超过 10 亿元。上海合全药物研发有限公司、德尔福(中国)科技研发中心有限公司等研发服务企业，均呈现出快速发展势头。

【现代物流业】

现代物流产业是外高桥保税区经济的重要增长源。保税区依托得天独厚的优势，不断完善企业服务体系、拓展业务功能、加强产业联动、提升物流效率、扩大辐射范围，推进现代物流业持续发展。

进入 21 世纪后，保税区物流业始终保持快速持续发展的态势，规模、能级、质量得到全面提升。物流企业从初期的几百家发展至数千家，仓储面积从 80 万平方米发展至数百万平方米。物流企业营业收入从 100 亿元增加至数千亿元，成为保税区三大产业之一。2010 年，外高桥保税区从事物流业务的企业有 900 多家，拥有仓储面积 249.1 万平方米。物流企业共完成营业收入 2 904 亿元。

外高桥保税区物流业的快速发展，得益于依托政策优势、区位优势而设立的外高桥保税物流园区，得益于完善的物流设施及"区港联动"、"空运直通式"、物流分拨等一系列改革举措，也得益于物流业与加工制造业、进出口贸易的相互依存、相互联动、共同发展。

保税物流功能是保税区最具竞争优势的基础功能，特别是在物流功能拓展和通关效率提升的促进下，越来越多的企业通过保税物流功能开展进出口业务，促进了保税区物流货物进出口额的持续增长。据上海海关统计，2010 年保税区物流货物进出口额达 597.85 亿美元，占保税区进出口额 77.6%。保税区物流货物进出口额占上海市保税物流业务的比重从 2009 年的 78.1% 提升至 78.3%，占全国保税区保税物流业务的比重达 54.2%。

　　物流分拨是保税区物流产业的主要方式。物流分拨企业是保税区物流企业的一种特殊类型，具有集贸易、物流等多种功能于一体的综合优势。这类企业依托保税物流功能，运用现代物流的管理措施和手段，通过自营型保税仓库对自有的商品货物进行采购、仓储、拼拆、简易加工、包装、分拨配送等一系列营销活动。2010年，保税区600多家从事物流分拨业务的企业完成经营收入(含分拨货值)2 745.6亿元，占保税区物流企业经营收入的94.5％。

　　以提供第三方物流服务为主的仓储企业、运输及货代企业是外高桥保税区物流业的重要组成部分。这类企业主要依托保税物流功能，利用保税仓库及专用运输工具，为客户提供仓储、运输、货代、配送及供应链管理等"一条龙"物流外包服务。它的服务对象涵盖跨国公司投资企业、国内外加工制造企业和贸易企业。2010年，保税区300家从事第三方物流业务的企业完成物流业务营业收入158.4亿元。

　　外高桥保税区成为重要的国际物流基地和面向世界，服务长三角、服务长江流域、服务全国的重要物流平台。

表 6‐1‐10　2001—2010 年外高桥保税区物流企业经营概况表　　　　单位：亿元

年　　份	营业(销售)收入额	实际增加值	
	金　　额	金　　额	占保税区(％)
2001 年	496.4	36.81	21.3
2002 年	595.92	65.6	28.7
2003 年	792.43	91.9	28.4
2004 年	1 042.82	132.8	29.0
2005 年	1 426.43	172.59	30.3
2006 年	1 717.65	208	31.0
2007 年	2 073.59	264	32.2
2008 年	2 337.24	313	32.8
2009 年	2 327.94	330	33.2
2010 年	2 904	—	

资料来源：外高桥保税区提供

表 6‐1‐11　至 2010 年外高桥保税区经市政府认定的跨国公司地区总部企业情况表

序号	总　部　名　称	国别/地区	类　　型	认 定 时 间
1	朗盛化学(中国)有限公司	德　国	投资性	2006 年
2	上海住电装管理有限公司	日　本	管理性	2006 年
3	益瑞石(上海)投资管理有限公司	法　国	管理性	2007 年
4	罗克韦尔自动化(中国)有限公司	新加坡	管理性	2007 年
5	丰田纺织(中国)有限公司	日　本	投资性	2008 年
6	三菱丽阳(上海)管理有限公司	日　本	管理性	2008 年 10 月
7	贝迪投资管理(上海)有限公司	新加坡	管理性	2008 年 12 月

（续表）

序号	总部名称	国别/地区	类型	认定时间
8	邦吉(上海)管理有限公司	美国	管理性	2009年4月
9	瀚森化工企业管理(上海)有限公司	中国香港	管理性	2009年7月
10	富林特(上海)企业管理有限公司	中国香港	管理性	2009年8月
11	富士通电子元器件(上海)有限公司	中国香港	管理性	2009年8月
12	索尼物流贸易(中国)有限公司	投资公司	管理性	2009年10月
13	瑞表企业管理(上海)有限公司	中国香港	管理性	2009年10月
14	淡水河谷矿产品(中国)有限公司	毛里求斯	管理性	2009年11月
15	佳电(上海)管理有限公司	新加坡	管理性	2009年12月
16	黑崎播磨(上海)企业管理有限公司	日本	管理性	2010年5月
17	上海索迪斯管理有限公司	法国	管理性	2010年5月
18	住化电子管理(上海)有限公司	日本	管理性	2010年6月
19	住友重机械工业管理(上海)有限公司	日本	管理性	2010年6月
20	美敦力(上海)管理有限公司	美国	管理性	2010年10月
21	卡莱森泰(上海)企业管理有限公司	美国	管理性	2010年12月

说明：至2010年市政府认定的跨国公司地区为21家
资料来源：浦东新区外商投资协会提供

【保税市场】

1993年11月29日,上海保税生产资料交易市场在外高桥保税区成立,经营面积3.5万平方米,是当时国内规模最大的保税生产资料交易市场。该市场包括具有独立法人资格的4个分市场:外联发公司的第一交易市场、新发展公司的第二交易市场、三联发公司的第三交易市场和外高桥港务公司的第四交易市场(由港务公司投资经营)。1995年8月3日,该市场更名为上海保税商品交易市场,4个分市场同时分别更名。

保税市场实行企业会员制,凡在保税区内注册的企业均可成为市场会员,进场开展经营活动,并享受有关优惠政策。保税市场依托保税区优惠政策和初具规模的港口码头、通信、交通等良好基础设施条件,为国内外的厂商、贸易企业提供交易平台,交易品种主要为钢材、汽车、机电、通信器材等生产资料。保税市场的建设和启用,是外高桥保税区迈出的功能开发第一步,得到各级领导和国内各界的关注。国务院总理李鹏及其他党和国家领导人,中共上海市委书记吴邦国、市长黄菊等领导都曾亲临保税市场视察指导。

外高桥保税区第一市场 1993年12月29日,位于日京路38号的外高桥保税区第一市场正式对外营业,经营面积2000平方米。前身是外联发公司主办的上海保税生产资料第一交易市场,注册资金1450万元。第一市场充分依托保税区区位优势、政策优势、信息优势,为园区各类企业提供国内销售支持、政策信息交流、企业营运支持、政企沟通平台和多种个性化延伸服务。经过多年的发展,成为功能齐全、操作规范、信誉良好的大型综合性市场,多次被评为上海市、浦东新区"守合同、重信用"企业及"浦东新区文明单位"。2010年,该市场完成商品交易额241.29亿美元。

外高桥保税区第二市场 1995 年 8 月,外高桥保税区第一市场更名为上海保税商品交易市场第二市场,位于保税区加枫路 18 号,经营面积 5 000 平方米,由外高桥新发展公司主办,前身是 1993 年 11 月 29 日开业的上海保税生产资料第二交易市场。第二市场主要为园区各类企业提供商品展示、交易的平台,并提供人力资源、投资咨询、财税咨询等个性化延伸服务。2003 年,交易额首次突破 100 亿元,达 112.48 亿元。2008 年,交易额再上新台阶,达 208.68 亿元。至 2010 年,交易额达 405.45 亿美元。第二市场交易额每年都有大幅度提高,市场规模和交易额居保税区三大综合性市场之首,并连续多届荣获"上海市文明单位"称号。

外高桥保税区第三市场 1993 年 11 月 29 日,位于杨高北路 2001 号的外高桥保税区第三市场正式对外营业,经营面积 1 万平方米,其前身是三联发公司主办的上海保税生产资料第三交易市场。第三市场充分依托保税区区位优势、政策优势、信息优势,为园区各类企业提供展示、交易及咨询服务,交易额不断增加。2009 年,完成交易额 160.86 亿美元。

【专业市场】

2010 年,外高桥保税的专业市场完成交易额 57.61 亿美元。专业市场是中央企业支持和参与外高桥保税区开发建设的产物,是在中央企业在保税市场开设交易窗口的基础上逐步发展起来的,港口、铁路、纺织、机电、汽车、物资、建筑材料等市场起步较早。进入 21 世纪,随着市场经济加快发展、保税区营商环境的逐步优化,医疗器械、生物医药、工程机械、机床、酒类、化妆品、文化服务贸易等新兴市场先后入驻保税区,形成了灵活多样的营销方式,实现了把市场的信息功能、展示功能和延伸服务功能与传统的交易功能有机结合,形成了汽车、钟表、医药、酒类、机床、医疗器械、工程机械、化妆品、健康品及文化服务等十大专业贸易平台,成为外高桥保税市场的重要组成部分。

表 6-1-12　2001—2010 年外高桥保税市场交易情况表　　　　单位:亿美元

年 份	会员数	一市场	二市场	三市场	综合市场合计	比例(%)	专业市场合计	比例(%)	合计交易额
2001 年	2 200	51.04	70.39	27.99	149.2	95.18	7.57	4.82	156.99
2002 年	2 228	69.88	84.95	42.09	196.2	97.42	5.22	2.58	202.14
2003 年	2 350	61.67	112.8	60.62	234.7	96.75	7.89	3.25	242.6
2004 年	2 467	78.88	155.7	79.37	313.2	96.71	10.66	3.29	324.48
2005 年	3 214	93.5	177.02	95.2	365.72	97.22	10.46	2.78	376.18
2006 年	4 937	105.95	201.92	111.69	419.56	96.17	16.71	3.83	436.27
2007 年	5 286	129.73	280.14	143.63	553.5	94.76	30.58	5.24	584.08
2008 年	5 946	136.82	295.59	156.16	588.57	93.86	38.5	6.14	627.07
2009 年	6 083	151.52	286.17	160.86	598.55	93.74	39.98	6.26	638.53
2010 年	5 768	—	—	—	845.43	—	57.61	—	903.4

资料来源:外高桥保税区提供

【港区货物吞吐】

外高桥港区共拥有泊位 24 个,桥吊 80 台,码头总长度达 5 959 米,陆域面积达 581 万平方米。

港区中的海通码头,是中国首家汽车专用滚装码头,由上海海通国际汽车码头有限公司负责运作。在国内车市带动下,发挥其独特专业化优势,业务规模持续扩大。外高桥港区充分发挥通江达海的区位优势,在不断开拓国际航线资源的同时,增强对长江流域和沿海地区的辐射作用,成为货物进出的重要门户,为推进上海国际贸易中心和国际航运中心建设作出重要贡献。2010 年,外高桥港区合计停靠各类船舶 31 819 艘次,其中外籍货轮达 8 390 艘次。完成货物吞吐量 13 569.9 万吨,占上海港的 20.8%;集装箱吞吐量 1 498.7 万标箱,占上海港的 51.6%,为上海港集装箱量首次位居世界第一作出贡献。

表 6‑1‑13　1995—2010 年外高桥港区集装箱年吞吐量情况表

年　份	吞吐量（万 TEU）	占上海港总量(%)	年　份	吞吐量（万 TEU）	占上海港总量(%)
1995 年	11.8	—	2003 年	661.4	58.6
1996 年	33.8	—	2004 年	943.1	64.8
1997 年	49.1	—	2005 年	1 272.5	70.3
1998 年	67.5	—	2006 年	1 372.9	63.2
1999 年	92.7	—	2007 年	1 556.8	59.5
2000 年	184.3	32.8	2008 年	1 538.7	54.9
2001 年	289.2	45.6	2009 年	1 404.8	56.3
2002 年	463.3	53.8	2010 年	1 498.7	51.6

资料来源:外高桥保税区提供

表 6‑1‑14　1993—2010 年外高桥保税区主要经济指标情况表(一)

指　标	经营总收入	商品销售额	物流企业经营收入	工业产值（现行价）	进出口总额	进口额	出口额
单　位	亿元	亿元	亿元	亿元	亿美元	亿美元	亿美元
1993 年	11.58	10.47		0.94	3.2	1.85	1.35
1994 年	124.7	100.2		5.98	6.47	4.47	2
1995 年	274.8	237.5		9.73	6.11	4.46	1.65
1996 年	279.6	223.7		18.09	10.46	7.05	3.41
1997 年	360.3	286.6		44.5	17.8	11.75	6.05
1998 年	468.3	357.63		73.79	29.4	19.19	10.21
1999 年	589.33	436.08		100.37	47.387	29.75	17.63
2000 年	842.13	623.39		178.42	76.23	56.41	19.82
2001 年	1 197.77	821.69	496.4	211.98	88.67	61.99	26.68
2002 年	1 572.46	1 142.82	595.92	341.28	119.33	88.07	32.26
2003 年	2 268.06	1 645.96	792.43	415.45	209.28	160.76	48.52
2004 年	589.33	436.08		100.37	47.38	29.75	17.63

（续表）

指　标	经营 总收入	商品 销售额	物流企业 经营收入	工业产值 (现行价)	进出口 总额	进口额	出口额
单　位	亿元	亿元	亿元	亿元	亿美元	亿美元	亿美元
2005 年	4 070.72	3 356.27	1 426.43	532.37	352.65	25.99	96.66
2006 年	4 748.41	3 998.48	1 717.65	519.59	448.82	331.48	117.33
2007 年	5 783.01	4 901.95	2 073.59	530.76	570.09	415.83	154.26
2008 年	6 511.21	5 508.04	2 337.24	555.63	626.37	468.27	158.1
2009 年	6 631.09	5 601.03	2 327.94	576.07	551.12	422.85	128.27
2010 年	9 036.73	7 931.12	2 904	707.64	770.01	593.34	176.67
历年累计	45 359.53	37 619.01	14 671.6	4 922.96	3 980.77	2 963.26	1 017.5

资料来源：外高桥保税区提供

表 6‐1‐15　1993—2010 年外高桥保税区主要经济指标情况表（二）

指　标	各类税 收收入	其中：海关 部门税收	税务部门 税收	企业从业 人员	固定资产 投资	保税商品 交易总额
单　位	亿元	亿元	亿元	万人	亿元	亿美元
1993 年					22.61	0.26
1994 年	2.04	0.45	1.59		41.1	8.22
1995 年	8.99	3.4	5.59		31.52	24.83
1996 年	23.03	16.97	6.06		16.13	22.92
1997 年	29.53	20.55	8.98		19.92	33.53
1998 年	33.21	21.88	11.33		18.2	42.69
1999 年	48.23	32.95	15.28	5.83	12.53	65.82
2000 年	83.08	59.58	23.5	6.65	14.14	125.76
2001 年	117.96	82.65	35.3	7.64	19.44	156.99
2002 年	145.24	97.04	48.2	8.95	22.32	202.14
2003 年	225.12	148.2	76.92	10.77	25.92	242.66
2004 年	48.23	32.95	15.28	5.83	12.53	65.82
2005 年	326.56	207.77	118.79	15.85	29.47	376.18
2006 年	358.71	212.93	145.78	17.98	30.42	436.27
2007 年	446.95	270.14	176.81	18.83	21.69	584.08
2008 年	517.98	300.35	217.63	19.49	18.52	627.07
2009 年	560.36	325.66	234.7	21.59	14.34	638.53
2010 年	741.09	444.3	296.79	23.2	29.06	903.04
历年累计	3 716.31	2 277.77	1 438.53	162.61	399.86	4 556.81

资料来源：外高桥保税区提供

表 6-1-16　1993—2010 年外高桥保税区主要经济指标情况表(三)

指　标	新增注册企业	其中:外资企业	吸引投资总额	其中:外资企业	合同外资	市级利用外资
单　位	家	家	亿美元	亿美元	亿美元	亿美元
1993 年	526	370	10.11	7.74	3.7	—
1994 年	619	382	5.35	3.12	1.94	—
1995 年	841	411	4.18	2.97	2.06	—
1996 年	561	408	4.77	4.21	1.99	—
1997 年	364	333	3.97	4.04	2.56	—
1998 年	461	367	5.3	4.53	2.79	—
1999 年	393	297	4.77	4.14	2.52	—
2000 年	396	308	5.47	5.09	2.64	1.49
2001 年	639	543	12.1	11.8	5.54	2.82
2002 年	979	876	7.85	7.67	5.46	3.24
2003 年	1 053	927	13.6	10.85	6.1	4.86
2004 年	393	297	4.77	4.14	2.52	—
2005 年	942	82	14.12	9.97	6.16	3.52
2006 年	558	401	16.42	11.4	6.16	3.71
2007 年	386	232	14.44	13.18	7.8	3.99
2008 年	292	166	14.1	13.08	7.4	5.74
2009 年	256	90	18.9	17.43	8.99	4.64
2010 年	277	102	17.36	12.01	6.83	4.36
历年累计	9 936	6 592	177.58	147.37	83.16	38.37

资料来源:外高桥保税区提供

表 6-1-17　2010 年外高桥保税区主要经济指标在全国保税区的地位情况表

主　要　指　标	单　位	全国保税区	外高桥保税区	
			完　成　数	占全国保税区(%)
封关面积	平方公里	36.60	8.9	24.32
增加值	亿元	2 910.5	1 247.7	42.87
销售收入	亿元	19 951.4	9 036.73	42.29
工业总产值	亿元	4 099.61	707.64	17.26
商品销售额	亿元	15 449.4	7 931.1	51.34
物流企业营业收入	亿元	3 733.6	2 904.0	77.78
进出口总额	亿美元	1 558.5	729.96	46.84
其中:出口额	亿美元	467.62	161.23	34.46

（续表）

主　要　指　标	单　　位	全国保税区	外高桥保税区	
			完　成　数	占全国保税区（%）
进口额	亿美元	1 090.88	568.73	52.13
批准项目	个	4 570	277	6.06
批准投资额	亿美元	208.33	17.36	8.33
固定资产投资额	亿元	647.65	38.06	5.88
税收总额	亿元	1 620.11	741.09	45.74
期末从业人员	万人	67.23	23.2	34.51

资料来源：外高桥保税区提供

六、管理模式创新

【推动行政审批制度改革】

2001 年 8 月 1 日，外高桥保税区被列为上海市行政审批制度改革的试点单位，启动实施行政审批改革。改革围绕转变政府职能、优化投资环境、促进和深化保税区功能开发的目标，重点在保税区管委会及公安处、工商分局、税务分局等政府派出机构和分支机构进行。海关、出入境检验检疫和外汇管理等部门的行政审批改革工作，由相应的中央条线管理部门组织实施。

外高桥保税区在行政审批制度改革中坚持三个原则：先行先试与制度创新相结合原则，按照保税区特殊管理要求，率先与 WTO 规则接轨，建立符合国际惯例的行政管理和服务机制；精简高效与监督检查并重原则，可以通过市场和社会中介服务解决的行政审批事项予以取消，保留的行政审批事项力求简化流程、提高效率、便于监督检查，并形成配套的管理制度；区域管理属地化原则，深入贯彻实施《上海外高桥保税区条例》，充分发挥保税区管委会的协调管理作用，采取委托、下放、并联审批等方式，实行区域属地化管理。通过改革试点，原有的 128 项审批事项，改革和取消 59 项，保留 69 项。同时，通过实行和完善告知承诺制、企业直接登记制、年检和认定备案类事项上网办理、对区内企业实行空运和海运"直通式"服务等配套措施，简化办事流程、减少工作环节、缩短审批时间，提高为企业服务的效能。

上海综合保税区成立后，综合保税区管委会把深化行政审批制度改革列为优化营商环境的重要基础工作，打破"以职能部门为中心"，实现"以公众、企业为中心"的行政审批服务模式转变，着力建立适应区域经济发展，有利于实现科学发展和社会和谐的新型行政审批管理体制，实现行政审批的高效化、标准化、集中化、社会化和信息化。在逐项梳理行政审批事项的基础上，在各管理区域推进审批事项业务手册和办事指南的编制工作，进一步细化和优化内部的审批流程，推进"一门式"受理窗口建设，并建立区域网上审批服务系统，实现审批事项办理过程的透明公开、高效优质。

【开展"区港联动"试点】

1999 年，外高桥保税物流园区启动"区港联动试点"，经过多年实践和探索取得初步经验。2003 年 12 月，国务院办公厅正式复函，同意在外高桥保税物流园区进行区港联动试点。2004 年 4

月 15 日，试点区域通过海关总署等五部委联合验收。海关总署和市政府分别发布公告和文件，规定了开展试点工作的政策措施。园区内的物流企业可开展国际中转、国际配送、国际采购和转口贸易业务，可对进出境及中转货物进行分拆和集拼，可比照出口加工区对进区货物实行退税等，解决了离境退税和区港间联系通道不畅等难题。

大规模吞吐而国际物流操作依然不便。针对这一格局，发展模式创新成为克服保税区政策和体制不足的必然选择。在市政府和海关总署等国家有关部委支持下，创设了外高桥保税物流园区，将其功能定位于专注"入区退税"和实行"区港联动"的国际中转采购配送等业务，起到了外高桥保税区区域发展的"外挂模式"和补充机制的作用，也开启了全国区港联动发展的先河。通过这一创新，保税区发展国际贸易的优势得到进一步拓展。保税物流园区旋即成为中国各地推进现代物流和国际物流的一项新的政策工具。

外高桥保税物流园区是全国第一个实施"区港联动"的试点区域。区港联动是将保税区政策优势与港口区位优势结合起来，促进现代物流业发展的新型发展模式。保税物流园区与港区之间开辟海运直通式，海关对进出园区的货物实行"一次申报、一次查验、一次放行"制度。这些政策措施吸引了大批国际航运集团、跨国采购中心、第三方物流入驻园区，大大拓展了保税物流园区的功能。外高桥保税物流园区多次获得"全国最佳物流园区 50 强"等荣誉称号。

【开展"五高"联动】

2002 年，在浦东新区的统一领导下，与处于外高桥地区的外高桥保税区、外高桥港区和周边的高桥镇、高东镇、高行镇以共同目标、共同利益为纽带，正式启动"五高"联动，目标实现联手合作、整合资源、优势互补、共同发展。"五高"联动是推进外高桥地区经济一体化发展的一项重要举措，通过建立"五高"联席会议制度，外高桥保税区、外高桥港区和周边的高桥镇、高东镇、高行镇在制定产业规划、项目开发建设、联合招商引资、推进动迁安置等多方面开展协作。

"五高"联动过程中，外高桥保税区、外高桥港区将政策、管理、信息等方面的优势辐射至周边镇，带动了 3 个镇的发展，促进了外高桥 3 个镇的建设和管理。3 个镇发挥土地、劳动力等资源优势及熟悉社情民意、擅长群众工作的优势，协助园区做好动拆迁和劳动力安置等工作，为保税区和港区的发展，提供了更为广阔的发展空间和良好的社会环境，有效推进了园区的深层次开发建设。"五高"联动形成了互利互惠、共同发展的"多赢"局面。

【海关监管方式创新】

创新海关监管方式是推进贸易便利化的重要切入点。外高桥保税区作为特殊监管区域，在海关、检验检疫、机场、货代、储运等单位支持配合下，推出了一系列具有开创性的监管举措。

保税货物空运直通式　从 2000 年 6 月 1 日起，外高桥保税区率先在英特尔科技（中国）公司、飞利浦光磁电子（上海）公司、惠普计算机产品（上海）公司、上海 JVC 电器公司和国际商业机器中国公司等 5 家出口加工企业进行"直通式"试点，为直通的空运货物设立了专门仓储、专业货代、专门运输、专用账册、专人管理。试点工作中，不断总结探索、创新提高，通过采取"变串联为并联运作""两次理货合并为一次理货""确保全天候连续作业""预报关"等一系列措施，实现了通关提货大提速。空运货物的通关提货时间由试点前的 72 小时逐步缩短至 24 小时、10 小时、6 小时。开展直通式试点的企业由初期的 5 家逐步扩大至 71 家，并从出口加工企业逐步扩大至仓储物流企业。由于保税区出口加工企业的原材料大多来自国际市场，空运是主要运输方式，因而采用空运直通式，大大缩短了物流时间,提高了企业生产经营效益,为企业在激烈的国际竞争中把握先机赢得了主动,并为深入探索监管模式、增强为企业服务能力积累经验。

EDI 无纸通关　EDI 无纸通关是托依电子口岸、利用现代信息技术和联网监管的优势,由海关计算机系统对进出口货物报关单证和报文进行自动处理的通关方式。运用这一方式,使专业化审单、物流监控和实物放行三大环节实现无缝衔接,实行联网申报、联网付税、联网验收、联网监控,为企业提供"全天候快速通道",有效提高了通关速度。

"分批出区、集中报关"　外高桥保税区海关根据园区内零部件供应商的特殊需求推出的"分批出区、集中报关"通关模式,以卡口监管实时验放为依托,以货物预归类指导、业务前期培训等服务为辅助,允许资信良好的试点企业凭保将货物先分批送出区,再定期进行集中审报。这样,可以大大加快小批量、多批次、短周期货物的通关效率,节省了通关成本。

【跨境空运监管服务中心】

2010 年 12 月,为了顺应企业空运货物高效通关需求,上海综合保税区管委会在上海海关、检验检疫等部门的支持下,总结空运进口直通式的实践经验,探索建立跨境空运监管服务中心。区内企业申请成为中心会员单位,只需通过海外代理在总运单上注明 PVG – WGQ 标识,航班到达浦东机场后空运货物直接在海关监管下运抵空服中心,企业可一站式完成抽单、提货、实物确认、查验等手续,并可进行 7 * 24 小时信息化无纸化通关作业。

与空运进口直通模式相比,跨境空运监管服务模式的监管服务功能更强、贸易便利化程度更高,实现了三方面升级:一是扩大了准入企业范围,不再仅限于加工型企业,对区内所有企业开放;二是增强了服务功能,海关、检验检疫入驻空服中心平台,由仅有货站收发货功能拓展为关检联合查验通关平台,大大节省了企业往返卡口至查验点的时间;三是所有环节均按照海关、检验检疫相关法律法规设置,操作更规范、流程更通畅、时效更快速,显著提升了通关效率,降低了企业运作成本,吸引了一批生物医药企业、制造类企业入驻运作。

【进出口经营权试点】

2003 年 4 月 29 日,为促进保税区发展,充分发挥其对区域经济的辐射带动作用,商务部和海关总署联合发文,决定在上海外高桥等 4 个保税区开展赋予区内企业进出口经营权的试点工作。7 月 9 日,上海市对外经济贸易委员会(以下简称市外经贸委,今上海市商业委员会)颁布《关于在外高桥保税区开展赋予区内企业进出口经营权试点工作的操作办法》,对进出口经营权的申请类型、申请条件、申请程序及操作要点等作了具体规定。

为推进试点工作,外高桥保税区多次邀请市外经贸委、外资委、海关、检验检疫、外汇管理、工商、税务等部门的领导和专家,对"外高桥保税区进出口经营权试点实施方案"开展论证和指导,组织开展一系列活动联手推进试点工作。是年年底,在各方共同努力下,有多家区内企业取得了进出口经营权。这项试点是保税区功能拓展和管理模式的新突破,为进一步扩大开放、深化中国外贸体制改革积累了经验。

【电子平台建设】

2001 年 2 月 20 日,外高桥保税区电子政务平台正式开通,主要功能包括:实施政务公开,发布政务信息和重要公告等。该平台实行 24 小时透明化网上办公,开设在线政务申报服务,如在线提交统计报表、实行无纸化报关登记及预审等。同时,开设投资服务系统,为客户量身定做各类电子商务解决方案。企业借助平台进行政策咨询,政府可以通过平台掌握企业动态与需求,从而实现政企在线双向沟通和交流。政务平台的建立,为深入推进企业登记制度改革、扩大无纸化报关试点、加强海关仓储物流电子监管系统建设、开展外商投资企业网上联合年检等工作,提供了有利条件。

2001年9月25日,外高桥保税区电子商务平台正式开通。该平台充分发挥园区内外资企业集中、对外经济交往频繁、经济流量大等优势,为客户即时提供相关的市场信息、经济信息,如为客户发布分类广告、房产信息、企业名录、用工招聘等,成为连接企业与市场的服务平台。

经过多年建设,保税区两大电子平台成为高效管理、优化服务的重要载体,并为深化行政审批制度改革奠定了基础。

【国家进口贸易促进创新示范区建设】

2009年8月12日,上海外高桥保税区被列为上海市"国际贸易示范区",拉开了创建"国家进口贸易促进创新示范区"的序幕。

综合保税区在全面总结"国家进口贸易示范区"建设经验的基础上,把全力推进"国家进口贸易促进创新示范区"建设,作为对接国家战略、有效提升国际贸易水平、加快上海国际贸易中心建设,积极探索向自由贸易区转型发展的重要契机。综合保税区站在国际贸易新起点,继承和发扬改革创新精神,认真学习自由贸易区通行惯例,努力增强与国际市场接轨的能力,在优化外贸结构和营商环境中起示范带头作用。不断提升贸易便利化水平,推进贸易运作国际化;扩大市场开放力度,推进贸易功能多元化;聚集高能级贸易主体,推进贸易平台专业化;促进贸易、航运物流、金融联动,推进贸易产业融合化;提高对经济腹地的服务能级,推进贸易辐射区域化;加快商务配套建设,推动贸易环境城市化。"国家进口贸易促进创新示范区"建设,为外高桥保税区进出口贸易发展注入了强劲动力。

【外汇管理试点】

外高桥保税区成立之初,国家外汇管理部门颁布《上海浦东外高桥保税区外汇管理施行细则》《上海市外高桥保税区外汇管理施行细则》,明确外高桥保税区企业实行现汇管理,企业外汇全额留存。这一前瞻性的外汇管理政策,为保税区企业开展业务提供了良好的金融服务环境。国家外汇管理总局在出台一系列针对全国保税区外汇管理政策的同时,会同外汇管理局上海市分局,为支持和探索外高桥保税区外汇管理创新工作,出台了一系列支持外高桥保税区发展的政策文件。

2000年,外汇管理局上海分局下发《关于涉及保税区贸易项下外汇管理有关问题的通知》,解决保税区企业与境外企业、境内非保税区企业之间进口货物的外汇支付问题,促进了保税区企业进出口业务的增长。

2003年,外汇管理总局下发《关于现行法规中没有明确规定的非贸易项目售付汇有关问题的通知》《关于跨国公司非贸易售付汇管理的通知(试行)》,解决了当时法规中没有明确的保税区企业非贸易项目付汇问题,将区外降低门槛的外汇政策延伸至区内,保持了保税区外汇政策的超前性。是年,在总结外高桥保税区外汇管理试点工作的基础上,外汇局、上海市分局和外高桥保税区管委会共同组成《上海外高桥保税区外汇管理创新研究》课题组,对保税区外汇管理的改革创新作进一步探索与研究。

2004年,外汇管理局上海分局针对外高桥保税物流园区企业下发《上海外高桥保税区物流园区企业非贸易项下购汇试点管理办法》,打通企业非贸易项下购汇的操作流程。

【国际贸易结算中心外汇管理试点】

2010年8月9日,外汇管理总局批复同意上海综合保税区开展国际贸易结算中心外汇管理试点及其操作方案。10月8日,正式启动试点,首批8家试点企业开设"国际贸易结算中心专用外汇账户",并陆续成功试单。

国际贸易结算中心外汇管理试点,是上海综合保税区在国家外汇管理部门帮助指导下开展的又一具有探索创新意义的试点工作,是对外高桥保税区外汇管理试点的延续和深化。综合保税区国际贸易结算中心外汇管理试点的范围,涵盖了转口贸易延展模式、国际贸易组合模式、保税贸易延展模式。试点内容主要有两方面突破:一是放宽了外汇收付渠道。试点企业可设立国际贸易结算业务专用账户,将企业经常项目下的收付汇全部纳入该账户管理。二是允许以商业单证取代海关报关凭证。试点企业可凭商业合同收付汇,解决了因跨境贸易资金流与货物流分离带来的无法提交海关报关凭证的问题。

这项试点工作受到中共上海市委、市政府领导的重视。中共上海市委书记俞正声在试点情况报告上作出批示:"意义重大,抓紧落实,谨慎操作,务必做好这个关系上海长远发展的大事。"

该试点对于推动贸易方式转型,实现由传统国际贸易中心向现代国际贸易中心转变,进一步提高在国际贸易市场的份额和竞争力;对于提升贸易企业能级,改变国际贸易结算功能业务量小、流向单一、分布零散的状况,向规模化、集约化的新型国际贸易结算功能转变,进一步提高效率、降低成本;对于拓展贸易中心功能,推动资金结算、汇兑、贸易融资、离岸保险、金融衍生品等服务环境的优化,以及航运、信息、咨询、法律等新型服务业发展,推动产业结构优化调整和转型升级等,都具有重要意义。

【国家对外文化贸易基地建设】

2007年,国家对外文化贸易基地启动建设。国家对外文化贸易基地是上海综合保税区内唯一的国家级文化贸易公共服务平台。上海东方汇文国际文化服务贸易有限公司是基地的具体运营机构。该基地有A座和B座两个平台。A座平台为文化贸易中心,2008年投入运营。B座平台(暂名富豪会展公寓酒店)为配套设施,2010年底竣工开业。基地设有3 000平方米的专业艺术品精品库和3万平方米大型艺术品保税仓库。基地还与外高桥集团、品藏公司共同组建外高桥国际文化艺术发展公司,并设立专业拍卖行和评估公司。该基地充分利用保税区特殊功能和政策优势,在推动文化贸易发展、提升服务区域经济能级和提高中华文化国际影响力等方面做了许多有益探索和积极努力。至2010年,基地聚集各类影视制作、出版印刷及文化贸易企业上百家,通过组织和参与国内外重要文化展会、媒体原创、文化贸易等活动,拓展文化产品进出口服务。

【保税区向自由贸易区转型】

外高桥保税区在成立时以建成世界自由贸易区和国际自由贸易港为长期目标。外高桥保税区把改革开放、探索创新的每一项实践,都看作是向世界自由贸易园区和国际自由贸易港区迈进的必要环节和实际步骤。进入新世纪,随着中国加入世界贸易组织,外高桥保税区加快转型步伐,实现自我加压,率先用国际贸易规则规范园区的开发建设,重点在创新管理制度上进行深入的探索。例如,率先试行"一线开放,二线管理,区内自由"的海关监管模式。率先试行"区港一体化",将保税区、保税物流园区与港区融为一体,实现资源共享、优势互补、相得益彰。率先开放国际服务贸易。率先放开区内企业的外贸进出口经营权。率先放宽经常项下的外汇管制。率先试行出口退税政策,国内货物在保税区报关视同出口给予退税等等。这一系列举措的试行,有效缩短了与国际市场的距离,使保税区成为国际货物进出的规范、便捷、高效的通道。外高桥保税区依托先行先试取得的经验,在深化改革、扩大开放中不断发展壮大,为上海自由贸易试验区成立创造了必要条件。

第六节 洋山保税港区

一、洋山保税港区创建

2005年6月,国务院批准设立洋山保税港区,是中国第一个"区港一体"保税港区,由洋山保税港区由小洋山港口区域、芦潮港陆上区域与连接小洋山岛、陆地的东海大桥所构成,首期规划面积8.14平方公里。至2006年,小洋山港口区域2.14平方公里全部建成投产。芦潮港陆域6平方公里完成"七通一平",区域内全长30公里的18条市政道路全部建成,供水、雨水、污水、电力、燃气和通信管线等市政配套管线也全部落实,可基本满足陆域范围各地块的市政配套需要。区域内建成物流仓库80多万平方米,加工厂房1万多平方米,商务办公用房10多万平方米。2005年5月,连接小洋山岛与陆地总长32.5公里的东海大桥全线贯通,投入使用。2007年12月,洋山保税港区通过海关总署组织的封关验收,正式纳入封闭管理。

2009年,国务院颁布《关于推进上海加快发展现代服务业和先进制造业建设国际金融中心和国际航运中心意见》(以下简称《建设意见》)提出,至2020年,国际航运中心建设的目标是"基本建成航运资源高度集聚、航运服务功能健全、航运市场环境优良、现代物流服务高效,具有全球航运资源配置能力的国际航运中心",并确定洋山保税港建设和发展的目标任务,"加快洋山深水港区等基础设施建设,扩大港口吞吐能力","进一步拓展洋山保税港区的功能","探索建立国际航运发展综合试验区"。同时,努力拓展港区功能,开展集装箱港口运输装卸,货物的国际中转、国际配送、国际采购、国际转口贸易和出口加工业务,以及与国际航运配套的金融、保险、代理、理赔、检测等服务业务,承担"探索建立国际航运发展综合试验区"的重要任务,形成了中国层次最高、政策最优、功能最全的洋山保税港区区位优势,全面服从服务于建设国际航运中心的国家战略,推进上海改革开放,进一步服务全国、服务长三角、服务长江流域。

洋山保税港区作为上海建设"国际航运发展综合试验区"的核心功能区域,港区位于距离上海市南汇芦潮港32公里的浙江省嵊泗列岛海区的小洋山岛上,距国际远洋航道104公里,港区航道全长67公里,是离上海最近的具备15米以上水深的天然港址。洋山海域潮流强劲,泥沙不易落淤,海域海床近100年来基本稳定。大小洋山岛链形成天然屏障,泊稳条件良好,确保船舶航行及靠离泊安全。通过东海跨海大桥与上海综合交通运输网络连接,可充分发挥上海经济腹地广阔、箱源充足的优势,成为世界最大规模集装箱港区之一。洋山保税港区集国内保税区、出口加工区、保税物流园区三方面的政策优势于一体:国外货物入港区保税;货物出港区进入国内销售按货物进口的有关规定办理报关手续,并按货物实际状态征税;国内货物入港区视同出口,实行退税;港区内企业之间的货物交易不征增值税和消费税等。这些特点和优势,为洋山保税港区的建设和发展提供了有利条件。

洋山保税港区实行"区港一体"封关运作,集聚了包括通信及电子产品、汽车及零部件、高档食品、品牌服装等分拨配送中心,成为面向欧美的分拨配送基地、大宗商品产业基地、面向国内的进口贸易基地以及航运龙头企业集聚地。至 2010 年,洋山保税港区集聚各类投资企业 179 家,实现经营总收入 447.9 亿元,航运物流服务收入 438.3 亿元,进出口总额 35.56 亿美元,上缴税收 250 亿元(其中关税 236 亿元),集装箱吞吐量 1 010.8 万标箱,口岸外贸进出口货值 2 050.9 亿美元。

二、管理机制

【上海市浙江省联合建设洋山深水港合作机制】

2002 年 2 月 10 日,上海市和浙江省为了实施开发洋山保税港区国家战略,上海市和浙江省人民政府签署《联合建设洋山深水港合作协议》(以下简称合作协议),成立由上海市和浙江省领导组成的洋山港建设省市联合协调领导小组,建立联合建设洋山深水港合作机制。合作协议明确省市联合建设洋山深水港的重要事宜,包括总则、投资、管理权属,以及其他事项的五条、十五款等。合作协议总则确定了“四个不变”基本原则,即行政隶属关系不变、属地财政税收不变、投资主体多元化不变、吸纳劳动力优惠政策不变。

2005 年 1 月 24 日,市政府、浙江省人民政府在杭州举行洋山港建设省市联合协调领导小组会议。会上就建立两地市联合协调推进机制、进一步落实《联合建设洋山深水港合作协议》,联合建设洋山深水港,设立洋山保税港及口岸开放,落实浙江方面有关权益及加快协调深水港建设中需要解决的有关事项达成一致意见,保证了洋山保税港区的开发建设。

【洋山保税港区管理委员会】

2005 年 11 月 1 日,中共上海市委、市政府正式批准建立洋山保税港区管理委员会,作为市政府派出机构,负责管辖洋山保税港区,包括小洋山港口区域、东海大桥和与之相连接的陆上特定区域,是实行一体化封闭管理并由海关统一监管的特殊功能区域。首期面积 8.14 平方公里。洋山保税港区管理委员会由海关、检验检疫等部门,市政府相关部门、南汇区人民政府,浙江省舟山市政府等组成,在洋山港区建设省市联合协调领导小组指导下,统一负责保税港区的日常事务管理。该管委会主任由杨雄兼任,任职期限为 2005 年 11 月—2009 年 11 月。

2006 年 10 月 23 日,市政府第 123 次常务会议通过的《洋山保税港区管理办法》,洋山保税港区管委会可以依法接受有关行政管理部门的委托,在保税港区内履行相关行政管理职责,并负责协调和配合口岸、海关、检验检疫、港口、海事、边检、工商、税收、金融、公安、环保、海洋等有关管理部门在保税港区的行政管理工作。具体工作职责:组织有关行政管理部门定期到保税港区为企业提供管理服务;委托保税港区开发公司对区域内的土地进行前期基础开发,并为中外投资者提供相关的服务;按照规划,组织、协调区域内的开发建设;会同有关行政管理部门制定、修订保税港区产业政策导向;接受有关行政管理部门的委托,实施相应的行政许可事项;会同工商管理部门组织相关部门对企业实行集中审批手续;会同港区内相关管理部门推进保税港区信息标准化建设,及时发布公共信息,提供相关的信息咨询服务;设立行政执法机构,依法行使相对集中行政处罚权;支持、协助有关行政管理部门依法履行行政执法职责;协调有关部门对进出保税港区的各类车辆加强管理;接受上海市政工程管理部门的委托,负责东海大桥养护、维修的监督管理工作。为了履行以上工作职责,洋山保税港区管理委员会根据上海市编制委员会的批复,下设办公室、政策法规处、综合计划处、规划建设处和经济贸易处等“四处一室”。

2009年11月,市政府决定组建上海综合保税区管理委员会,作为市政府派出机构,统一管理外高桥保税区(含外高桥保税物流园区)、洋山保税港区、浦东机场综合保税区范围内的行政事务。综合保税区管委会成立后,保留洋山保税港区管理委员会,与上海综合保税区管理委员会合署办公。

上海综合保税区成立前,洋山保税港区由洋山保税港区管理委员会负责管理。上海综合保税区成立后,由上海综合保税区管理委员会负责统一管理洋山保税港区,保留"洋山保税港区管理委员会"牌子,日常工作由上海综合保税区管理委员会洋山保税港区办事处负责。

洋山保税港区管委会把机关工作的规范化、制度化建设,作为加强机关思想作风建设、着力提高行政效能的一项基础建设。并结合工作实际,贯彻执行中共上海市委、市政府的相关指示精神,制订一系列工作制度、管理规程及工作细则,内容涵盖了文件收发、文档管理、印章管理、公务接待、会议安排、车辆管理等机关日常工作的各个方面,并在实际工作中不断充实完善。这些工作制度具有针对性、可操作性,在规范机关日常工作中起到重要作用。

会议制度 建立洋山保税港区管理委员会会议制度,分为委员会全体会议、主任办公会议、工作例会、专题会议、成员单位联席会议,各种会议纪要经管委会办公室主任审核后,报主任或常务副主任签发。会议决定如下:一是委员会全体会议由委员会全体成员组成,由主任召集和主持,一般每半年召开一次,各类会议由委员会办公室负责安排、办理。会议的主要任务是:听取阶段工作和重要工作汇报,研究、决定重大问题,部署年度工作。二是委员会主任办公会议由主任、常务副主任、副主任组成,由主任或主任委托常务副主任召集和主持,每一至二月召开一次。会议议题由主任、常务副主任、副主任提出,由主任或常务副主任确定。会议的主要任务是:传达有关重要会议、重要文件精神,研究贯彻落实意见;研究处理保税港区工作中的重要问题;审议规范性文件;研究提出需向地方党委、政府请示的有关问题。三是委员会工作例会由常务副主任主持,每周召开一次,由有关副主任、各职能部门负责人出席。会议的主要任务是,检查、推进各项工作,研究有关问题并提出意见。四是委员会专题会议由主任、常务副主任、副主任根据工作需要不定期召开,主要任务是协调处理日常工作的重要问题。五是成员单位联席会议由常务副主任主持,每月召开一次。会议的主要任务是,通报阶段工作情况,提出相关工作要求,协调处理港区管理中的有关问题。

服务机制 洋山保税港区管委会认真组织实施《洋山保税港区管理办法》,主动对接市有关部门,实现信息互联和业务协同,精简程序,提高效能,高标准开展行政许可、监督等工作,优化投资环境,确保区域投资、土地、规划、建设等各领域的行政许可和管理服务等各项工作有序开展。保税港区企业服务中心以项目为抓手,不断拓展服务内容。加强信息平台建设,实现信息网络全覆盖,信息共享交流保持顺畅,满足区域内企业和群众的信息传输、交换交流的需求。应急和安全生产管理工作不断加强。管委会与驻港区企业单位签订了安全生产目标责任书,严格遵照相关要求,落实生产经营单位安全生产主体责任。按照市统一计划安排,针对区域安全生产工作特点,强化专项整治,加大监管力度,加强防汛防台,落实人防、物防、技防,确保不发生重大安全生产事故。以党建工建全覆盖为重点,强化党建工作联席会议、党建研究会和党建共建三大平台,加强党的建设和区域文化建设,探索区域大党建特色工作。

【洋山保税港区管理办法】

2006年10月23日,市政府第123次常务会议通过《洋山保税港区管理办法》。是月24日,市政府公布第63号令,该办法自2006年11月24日起施行。《洋山保税港区管理办法》共计22条,分别对洋山保税港区的区域范围、区域功能、组织架构及其管理职责、开发建设、行政许可、行政审批、执法检查等行政管理工作的内容与要求,作了明确规定,成为指导洋山保税港区加强依法治区、制定区域管理规范性文件的基本依据。该管理办法在保障和推进洋山保税港区的建设和管理中,发挥了重要的指导作用。

【洋山保税港区职能管理机构】
为加强对洋山保税港区的行政管理,国家和市政府在洋山保税港区设立了海关、检验检疫、边检、海事、海洋、口岸、港口、环保、金融、工商、税收、公安等职能管理机构,依法履行相关职能,全面接受国家和市政府的统一领导,并在"洋山港区建设省市联合协调领导小组"指导和协调下,开展保税港区日常管理。各职能管理机构坚持依法行政、严格管理,为洋山保税港区的建设与发展作出积极贡献。

洋山海关　2005年12月10日,即洋山港开港之日成立的洋山海关,是中国第一个保税港区海关。兼具口岸海关和区域海关功能,其管辖范围为洋山港口码头作业区、东海大桥、仓储物流及出口加工区、临港新城、芦潮港铁路集装箱中心站等特殊监管区域。主要职责为:负责辖区内进出境货物以及进出保税港区备案货物的实际监管,办理接单审核(含统计数据准确性审核)、查验、放行等通关手续,征收关税及其他税费;负责辖区内进出境转关货物、国际转运货物及国际通运货物的实际监管;负责本关集装箱检查设备在实际监管中的应用和日常管理;负责对辖区内海关监管场所和企业自管码头的实际监管;负责辖区内超期未报、无主和放弃等货物的核实、上报工作;负责辖区内风险管理和进出境货物的后续稽查工作;负责对辖区内进出境国际航行船舶、国际国内兼营船舶及其所载货物、服务人员携带物品和供船物资的实际监管;负责辖区内企业加工贸易业务的备案、审批、核销管理和加工贸易深加工结转货物的审批;负责辖区内进出口企业、报关企业的备案登记、审核及日常管理等工作;负责辖区内进出口企业、单位的减免税业务;负责辖区内保税监管场所的设立申请、初审和上报;负责辖区内特殊监管区域和保税监管场所的实际监管;负责辖区内企业稽查、减免税核查和保税中后期核查业务;负责本关业务单证的归档、流转和移交,负责退税申请的初审、转报和办理欠税催交等事项;负责辖区内通关监管环节海关反恐、维稳、防扩散、知识产权保护和毒品等违禁品查缉工作;负责本关业务统计、统计分析、统计监督工作,开展执法评估;完成上级交办的其他工作。洋山海关下设综合业务、稽查、保税业务、物流、查验、办公室、人事政工、行财等15个科室。

按照总署领导在开关仪式上关于"把洋山保税港区建成海关改革创新'试验田'和现代化管理的'示范区'"的要求,洋山海关在监管点多、业务面广、监管任务重的情况下,发扬"忠诚、坚韧、务实、进取"的海关精神,坚持先行先试,用创新和实践提高工作效能,率先探索"先报关、后进港"监管模式,承担启运港退税、国际贸易"单一窗口"等多项试点,率先应用智能化卡口自动验放系统、H986远程集中审像系统、防核辐射探测报警系统、视频监控系统,并与实际监管工作深度融合,以有限的监管资源实现监管效能最大化,在加快国际航运中心建设和洋山枢纽港建设,推进"区港一体化"、贸易便利化,优化洋山港营商环境等各项工作中作出了重要贡献。同时,在精神文明创建中取得显著成绩,连续多次被评为文明单位和先进集体。

洋山出入境检验检疫局　2006年1月19日,洋山出入境检验检疫局(简称洋山国检局)正式挂牌成立,主要负责洋山保税港区、小洋山码头、临港地区及其配套查验场地的出入境检验检疫和监督管理工作,履行辖区内出入境卫生检疫、动植物检疫、进口商品检验、监督管理等把关与服务职能,其业务覆盖范围包括植物产品、动物产品、汽配产品、消费品、石油产品、食品、化妆品、动物源性食品、化工品、金属材料、机电产品、矿产品、废物原料、CCC 核查等等。

洋山国检局成立后,依照"提速、减负、增效、严密监管"的检验检疫原则,通过改进全申报界面,推进检验检疫口岸放行的无纸化进程,实现与港区电子提货单信息共享,加快了通关速度。对进口冷冻动物产品实施预报检工作,做到"船未到、单先行",降低了进口企业的运营成本。在组织开展重点商品专项整治行动,应对冰雪灾害突发事件、确保口岸通关顺畅。加强与口岸办、海关、海事、边检、公安、工商、税务等部门沟通协作,共同推进洋山港电子口岸建设。

洋山国检局在职能管理工作中,坚持发扬改革创新精神,做了大量具有创新性的工作。在全国口岸首推"一线检疫、二线检验",创新监管模式,充分利用小洋山港区远离岸线的天然屏障,有效阻止有害生物的传播,做到"管得住、放得快",将风险拒于国门之外。率先启动进境冻品查验新模式,建立系统内领先水平的冷链查验点,解决了进境冷冻食品查验"两头冷、中间断"的问题,有效地保证舌尖上的安全。推出港区拆箱货物"5A 查验模式",通过利用微信全时受理预报等举措进一步优化流程,使每批货物的查验时间至少缩短半天以上。推进规范化、国际化的进口水果市场交易平台建设,开展进口水果保税展示、拍卖、交易、仓储、冷链物流、国际国内贸易等全方位服务。率先实现船舶检疫、油品取样、检验鉴定工作一体化,助推上海口岸成品油业务发展。作为洋山港创建国际卫生港口的主要技术指导单位,洋山国检局通过多年不懈努力,使创卫工作顺利通过世界卫生组织验收,有效提升了洋山口岸核心能力建设和上海港的国际影响力。

洋山国检局把组织开展精神文明建设,作为提升管理服务的重要抓手,取得显著成绩,获得"全国质量监督检验检疫系统先进集体""全国创先争优先进基层党组织""全国践行社会主义核心价值观先进典型""质检总局文明服务示范窗口""全国青年文明号""上海市文明单位"等荣誉称号。

上海口岸办洋山办事处 2005 年 12 月 1 日,上海口岸办洋山办事处成立,是上海口岸办的下设机构。上海市口岸服务办公室的主要职责,是加强对口岸的协调服务职责,积极推动"大通关"建设,优化通关流程,提高通关效能,改善投资环境,促进经济社会发展。上海口岸办洋山办事处主要职责:负责洋山和杭州湾北岸等口岸区域的口岸管理"大通关"协调服务的日常工作;协调做好该区域范围内口岸开放管理及基础资料积累工作;推进落实"5+2 天"通关工作制、"一门式"通关服务等工作;负责收集和了解该区域在口岸开放管理和通关环境及效率等方面的各类矛盾和问题,积极做好化解和处理工作,并认真做好情况反馈及提出工作建议;协助做好该区域范围内的口岸安全和突发事件应急处理的协调服务工作;协调推进该区域范围内的同创共建文明口岸活动,负责落实年度相关重点工作任务。

上海口岸洋山办事处把优化洋山保税港区通关环境,作为加快推进上海国际航运中心建设,提高上海口岸国际竞争力,充分发挥洋山保税港区的优势和功能的重要抓手,牵头组织海关、检验检疫、海事、边检、公安等口岸各查验单位,就优化洋山保税港区的通关环境进行专题研究,并取得明显成效。办事处结合职能工作开展的《洋山保税港区物流监管关键技术研究与应用》研究课题,被上海市科学技术委员会列为科技攻关项目,在深入推进区港一体、优化港口物流业监管服务等方面发挥了重要作用。办事处成立后,坚持"一线放开、二线管住、区内自由",力求运用先进科技手段,创新通关作业理念和模式,提高通关服务水平,优化通关环境,为把洋山保税港区建设成为手续更简便、流程更优化、服务更完善、监管更科学、通关更快速的国际一流口岸作出了努力。

洋山出入境边防检查站 2006 年 8 月,洋山出入境边防检查站设立。系公安部垂直领导的法定边防检查机构,正处级建制,主要担负洋山口岸出境、入境的人员及其行李物品、交通运输工具及其载运的货物实施边防检查;按照国家有关规定对出境、入境的交通工具进行监护;对口岸限定区域进行警戒,维护出境、入境秩序;执行主管机关赋予的和其他法律、行政法规规定的任务。

洋山边检站设立后,确立"为民、利民、便民"服务理念,推出一系列为民服务措施。实行对社会全天候(一年365个工作日,每天24小时工作制)一站式服务,即洋山保税港区边检现场处置楼服务窗口全年、全时无休,靠港船舶、人员随到随检,手续齐备的一次性办妥。边检手续办理实行首问责任制;实行入境船舶预检制度,所有通过预检船舶抵港后可先开工、后报检;充分利用网络传播优势,简化报检流程,加快通关速度,通过互联网上洋山边检网报检专用信箱,实施网上报检;对船员因急病等特殊情况不能及时办理登陆手续的,允许先登陆后补办登陆证;对因作业需要,无法及时收齐相关资料到边检窗口申办有关证件的单位,边检站提供上门核查服务;为解决由于船舶停靠时间短、船员家属登轮难等实际困难,对管理严、信誉好的船公司由船公司或代理事先提供需登轮船员家属名单,船员家属可先登轮后办证。构建具有洋山特色的思想政治工作微平台,推出"滴水藏海""洋山边检"微信公众号,研发锚地登轮搭靠微信报备、在线业务咨询、实时通知提醒等网上便民服务项目。参与"单一窗口"平台后续设计开发,建立口岸查验单位间"信息互换、监管互认、执法互助"工作机制和区内外单位联动执法机制。在履行职能工作中,涌现出一批先进集体和个人。建站后,先后有数十人次立功授奖。洋山边检站执勤队多次获得"公安部出入境管理局先进党支部""上海市公安系统青年文明号""上海市文明口岸示范窗口"等荣誉称号。

洋山港海事局　2002年12月,洋山港海事局挂牌成立(原名洋山港海事处),是上海海事局下属分支机构。主要职能是依据国家有关水上交通安全、水域环境保护等方面的法律、法规和规范,行使洋山深水港区域水上交通安全监督管理权,保障辖区水域的水上交通安全与船舶防污染。洋山港海事局设有办公室、党群工作部、财务会计处、人事教育处、指挥中心、通航管理处、船舶监督处、船员管理处、危管防污处、执法督察处、装备信息处等11个内设机构,海巡执法支队、政务中心等2个处室办事机构和临港办事处、东港办事处、大洋山办事处、小洋山办事处等5个工作站点。

洋山海事局成立后,发扬改革创新精神,不断增强服务意识,推出了一系列服务措施:帮扶港航企业发展,主动走访港口经营单位和相关船舶公司,尽力解决企业生产经营中的实际问题。发挥安全管理顾问制度,为企业提供相关行业信息;构建港口经营人合作平台,利用"洋山海域季度安全共商会"等平台,加强与管理相对人的交流沟通;加强船舶交通组织,提高进出港效率,充分利用VTS系统的先进功能,密切注意航道船舶动态,在保证安全畅通的前提下,缩短船舶进出港间隔时间;加强锚地及航道巡航,及时清理碍航船舶,保障船舶进出港安全;实施客运船舶现场签证,在海事业务申办、国际航行船舶进出口检查、水工作业管理、危险货物申报等方面推行限时服务,落实便民利民措施,全力打造安全便捷的口岸运输环境。

洋山海事局把加强党的建设和精神文明建设作为重要基础工作,并渗透到各项职能工作实际,取得显著成绩,连续多次被评为"海事系统先进集体""上海市文明单位"。

上海港公安局洋山分局　2003年11月18日,上海港公安局洋山分局成立。主要负责"小洋山港口区域、东海大桥和陆上特定区域位于南汇区芦潮港面积6平方公里,以及位于老果公路与白龙港交汇处的危险品堆场"等区域范围的公安管理。分局下设综合办公室(兼有指挥中心、政工、纪检督查、后勤保障、科技、内勤等职能)、治安大队(兼有治安管理、内保、刑侦、经侦等职能),交警大队,防火监督科,并分别在物流园、小洋山、大指头山、颗珠山等设有4个派出所。

洋山分局干警克服工作环境差、治安情况复杂、生活条件艰苦等各种困难,以岛为家,以苦为乐,发扬不辱使命、锐意进取、开拓创新精神,认真履行各项公安管理职能,为区域建设发展提供优质的公安服务。为加强警力,分局大力推进智能化公安建设,向科技要警力,先后安装了100余套道路监控摄像系统,开通了与东海大桥、盛东、冠东、深水港物流等主要单位的视频监控通道,基本实现对辖区主要区域的实时动态视频监控,建立了集巡防监控、调度指挥、情报信息分析研判等功能为一体的指挥调度平台。以"一站式受理窗口"为载体,开辟公安行政审批(许可)"绿色通道",努力打造"流程最简、时间最短、服务最优"的警务服务平台。在日常工作中,分局以情报信息工作为抓手,妥善处置群体性不安定因素,维护辖区政治安定。圆满完成对中央领导和外国政要参观、视察的警卫工作。以创建"平安洋山"为抓手,不断完善治安防控体系。重点做好恶劣天气条件下东海大桥的通行安全管理,确保辖区道路交通的安全、畅通。指导、督促辖区单位建立健全防火规章制度,严格执行危险货物运输、储存相关规定,着力提高辖区单位的防火防灾能力。

洋山分局以"不辱使命的敬业精神、锐意开拓的进取精神、吃苦耐劳的奉献精神、忠于职守的诚信精神、一心为民的服务精神、敢于拼搏的团队精神",孕育出独具特色的洋山公安精神,受到公安部、交通部领导批示表扬,并在各项大型安保工作中建功立业,多次被评为先进基层党组织、先进基层单位、文明示范窗口。

【行政许可委托】

按照《中华人民共和国行政许可法》关于"行政机关在其法定职权范围内,依照法律、法规、规章的规定,可以委托其他行政机关实施行政许可"的相关规定,《洋山保税港区管理办法》明确,洋山保税港区管委会可以在保税港区内实施有关管理部门委托的行政许可事项。洋山保税港区管委会先后接受市规划管理局委托的《建设项目选址意见书》《建设用地规划许可证》《建设工程规划许可证》审批。接受市土地管理局委托的建设项目用地预审、国有土地使用权划拨决定书核发、国有土地使用权出让合同签订等3项行政许可。接受市园林绿化管理局委托的建设项目配套绿化比例的审核和建设项目配套绿化竣工验收等2个审核事项,以及迁移、砍伐树木的许可,临时使用绿地的许可,占用已建成绿地的许可,调整已建成公共绿地内部布局的许可等5个许可事项。接受上海市统计局的行政委托,对洋山保税港区内的统计工作行使管理、协调、监督、检查的职权。依法接受相关部门行政许可委托,为洋山保税港区管委会有效行使行政管理职能提供了必要条件。

【开发主体】

上海同盛物流园区投资开发有限公司 2002年10月15日,正式成立,系上海同盛投资(集团)有限公司下属子公司,注册资金6亿元。公司位处洋山保税港区,通过东海大桥与洋山深水港紧密相连。公司主要负责洋山深水港区陆域配套项目的投资建设,并开发经营洋山保税港区内的物流产业,开发完成保税港区内近2.5平方公里的土地。从2002年起,公司先后建设完成了口岸查验区、芦潮辅助配套区一、二期工程,建造了大批现代化的仓储、堆场和办公设施等,为海关、国检提供了先进的查验设施。作为洋山深水港配套物流设施的独家开发企业,公司依托港口,充分发挥洋山保税港区的各方面优势,积极开拓物流市场,物流经营业务正在不断发展壮大。公司积极构建具有时代气息和自身特点的企业文化体系,秉承"依托洋山、面向市场、一流设施、诚信服务"的经营理念,开拓创新、积极进取,努力把公司打造成集开发经营、工程建设及资产管理为一体的综合性物流投资开发企业。

上海同盛投资集团资产管理有限公司 2004年3月正式成立,原名上海深水港商务广场房地产有限公司,系上海同盛投资(集团)有限公司旗下全资子公司,是洋山保税港区开发公司之一。公司的发展经历了上海国际航运中心建设、洋山深水港开港、洋山保税港区建设等国家重大战略发展期。公司拥有和管理的上海深水港商务广场位于洋山保税区顺通路 5 号,紧邻东海大桥西侧的口岸查验区,占地 10 万余平方米,是一座功能齐全的现代化办公智能大厦。一期工程于 2004 年 8 月 30 日开工,2005 年 11 月 24 日竣工,建筑面积 7 万余平方米(含地下面积 1.5 万余平方米),绿化率 44.1%,一直是洋山保税港区行政管理中心和商务枢纽中心。

深水港商务广场成为综合保税区管委会洋山办、市场监督、税务、海关、海事、边检、口岸办、外汇管理局洋山办等政府行政部门和企业办公集聚中心,银行、酒店、超市、邮政、会议中心、医疗保健中心、公交等配套设施一应俱全,拥有完善的服务配套功能,为广大入驻企业和单位提供了优质便捷的商务办公环境。

上海综合保税区联合发展公司　2010 年,上海综合保税区管委会为加快"三港三区"建设,以资产为纽带,决定对临港保税港公司实施增资扩股,联合临港集团、同盛集团、外高桥集团、益流能源集团和浦东现代产业开发公司等多家企业,共同组建上海综合保税区联合发展公司。该公司以"立足洋山、拓展三区、放眼全局",从更高的层面、更全面的视角把握现代服务业发展的动向,全力推进以有色金属为标的的大宗商品物流贸易产业,以进口汽车/红酒等为主体的贸易展示产业,以亚太集拼、分拨、采购中心等为特色的国际航运物流产业,实现洋山港区产业的集聚式发展,把洋山保税港区打造成全球供应链的亚洲枢纽(该公司经过一年筹建,于 2011 年 12 月 23 日在洋山保税港区正式成立)。

2010 年,入驻洋山保税港区的投资企业累计 179 家,吸引内资企业投资 237.57 亿元,合同外资 1.11 亿美元,实现经营总收入 447.9 亿元,航运物流服务收入 438.3 亿元,进出口总额 35.56 亿美元,集装箱吞吐量 1 010.8 万标箱,缴纳各类税收 250.43 亿元。

建设上海国际航运中心,是中共中央、国务院高瞻远瞩,从国家发展全局出发,做出的一项重大战略决策,对于中国积极参与国际经济竞争,增强国家综合竞争力,具有十分重大的战略意义。洋山保税港作为上海建设国际航运中心的核心功能区,为加快确立东北亚国际航运中心地位,推进中国由航运大国迈向航运强国,奠定了坚实的基础。

三、规划与建设

【洋山保税港区规划】

洋山保税港区规划由岛域和陆域两部分组成。其中岛域部分:依托大、小洋山岛链形成南、北两大港区,采用单通道形式,分四期建设。至 2020 年,北港区(小洋山一侧)形成约 11 公里深水岸线,建成深水泊位 30 多个。大洋山一侧南港区岸线作为 2020 年以后的规划发展预留岸线,最终形成具有超过 20 公里深水岸线、50 多个超巴拿马型集装箱泊位,2 500 万标准箱以上年吞吐能力的"东方大港"。其中陆域部分:2006 年 6 月,上海市城市规划管理局批复同意《洋山保税港区陆域部分的控制性详细规划》。规划总用地面积约 11.4 平方公里。其中,E1 路河以东区域,用地面积约 6.0 平方公里,为保税港区近期重点发展范围;以西区域为远期发展用地。规划功能布局为,以同盛大道、纬 14 路和 B1 路为发展轴,形成"双十字"的发展格局,分为海关查验区、港口辅助作业区、保税仓储物流区、综合管理服务区和出口加工区五大功能区。土地使用规划为,城市建设用地面积约 1 096.2 公顷,以仓储、海港、工业、公共设施用地和绿化为主,并明确了各类用地面积。纬 14 路南侧、经 17 路西侧预留特殊用地,用地面积约 13.5 公顷。

【洋山保税港区基础设施建设】

洋山保税港区由小洋山港口区域、芦潮港陆上区域和连接洋山岛与陆地的东海大桥组成,首期规划面积8.14平方公里。2006年底,小洋山港口区域2.14平方公里全部建成投产。2007年底,芦潮港陆域6平方公里全部纳入封闭管理。2005年5月,东海大桥全线贯通,总长32.5公里,成为世界上最长的跨海大桥。

至2010年,洋山保税港区累计完成固定资产投资228.95亿元。陆域范围内完成"七通一平",区域内全长约30公里的18条市政道路全部建成,给水、雨水、污水、电力、燃气和通信管线等市政配套管线全面落实,可基本满足陆域范围各地块的市政配套需求。区域内建成各类房屋建筑面积92万平方米,其中仓库面积80万平方米,商务楼宇面积12万平方米。通往洋山岛域港区码头的二号卡口正式开通启用。小洋山岛上的港区码头一、二、三期工程建成投产。滚装码头基本建成,怡亚通供应链基地和临港通用堆场等建设项目正按照计划推进。

【洋山保税港区码头建设】

2002年6月,东海大桥打下第一根桩,标志了洋山深水港工程正式开工建设。按照规划,洋山港区码头建设分三期进行,建造7万吨级～15万吨级深水泊位16个。其中,一期工程5个,二期工程4个,三期工程A段4个和三期B段3个。岸线总长5 600米。经过广大港区建设者的团结奋战,港区各项工程建设如期推进。

2005年12月10日,一期工程建成,如期实现洋山深水港开港及保税港区正式启用的目标任务。此后三年中,港区建设者发扬连续作战精神,以每年建成一期的速度,创造了港区码头工程建设的"洋山速度"。至2008年,洋山保税港区分布在5 600米岸线的16个深水泊位全部建成并投入营运,成为具有1 010万标准箱年吞吐能力的现代化新港区。

洋山深水港一期工程　洋山深水港区一期工程由港区、东海大桥、进港航道、芦潮港辅助作业区及相关市政配套等项目组成。港区工程建设5个7万吨级～10万吨级泊位,可停靠全球最新一代超巴拿马型集装箱船舶。码头岸线长1 600米,陆域面积1.53平方公里,年吞吐能力300万标准箱。

2002年6月,一期工程开工建设。2005年11月29日,通过了由海关总署、国家发展和改革委员会(以下简称国家发展改革委)、财政部、国土资源部、交通部、商务部、国家税务总局、工商总局、国家质量监督检验检疫总局、外汇管理局等部门联合组成的验收组的验收。2005年12月10日,开港运行。

洋山深水港二期工程　深水港二期工程位于一期西面,码头岸线总长1 400米,与一期相连,陆域面积88.8万平方米,拥有4个深水泊位,设计年吞吐能力为210万标准箱。洋山港二期16台桥吊中,有13台桥吊是中国自主生产的"双40英尺"桥吊,可以同时吊运4个重达40吨的20英尺集装箱,与一般起重机相比,其装卸效率可以提高60%以上。

二期工程由上海国际港务(集团)股份有限公司、香港和记黄埔集团、穆勒·马士基集团、中远集团和中海集团共同投资经营,注册资本40亿元。2005年底,工程开工建设。2006年11月,基本建成安装调试设备。12月10日,在洋山港一期工程迎来正式运营一周年之际,中共上海市委、市政府举行洋山深水港区二期工程竣工启用仪式。上海市市长韩正、上海市人民代表大会常务委员会主任龚学平、上海市政协主席蒋以任、交通部副部长徐祖远、浙江省副省长王永明、国家口岸办副主任罗文金、中海集团总裁李绍德等和上海各界人士代表,共同见证了二期工程建设成果。

洋山深水港三期工程　2007年初,工程开工建设。2008年6月,基本建成并投入试运行。11月13日,在上海通过国家组织的竣工验收。洋山深水港三期A段工程码头岸线长1350米,建设4个7万至15万吨级集装箱专用泊位,设计年吞吐能力280万标准箱。

2009年9月15日,洋山深水港三期B段工程通过国家组织的竣工验收。交通运输部副部长徐祖远向有关单位颁发国家验收合格证书。码头全长1250米,建设3个7万吨级～15万吨级集装箱专用泊位,设计年吞吐能力220万标准箱。至此,洋山深水港北港区主体工程全部建成,形成具有16个深水泊位、千万标准箱年吞吐能力的现代化新港区。

2010年,洋山深水港国际干线集装箱船进出港7574艘次,内支线集装箱船进出港7744艘次。完成集装箱吞吐量1010.8万标箱,占上海港箱量34.8%,成为助推上海港继续稳居全球第一大集装箱港口的重要因素。其中体现对国内经济腹地辐射服务作用的"水水中转"集装箱量435.3万标箱,占洋山港箱量43.1%。体现对国际市场中转功能的"国际中转"集装箱量83.6万标箱,占洋山港箱量8.3%。洋山深水港凭借独特地理区位优势以及汇集上海港面向欧美主要国际远洋航线的资源优势,着力增强"水水中转""国际中转"等航运枢纽功能,加快推进国际中转枢纽港的建设步伐,促进了港区吞吐量持续攀升。洋山深水港建设三大突破:一是海绵挤水。洋山三期港区开阔的陆地都由吹填海砂土筑成,591万平方米的总面积上吹填土达7549万立方米,要在上面建码头堆场,首先要挤出水分加固地基。工程建设者因地制宜,采用"无填料振冲联合振动碾压法",在厚厚的细砂中插入振动棒,借助振动使空隙中的海水上升,然后抽掉积水用压路机振动碾压,从而使深海填土坚如磐石。在吹填土特别厚的区域,工程建设者把一块块塑料板插到海砂土下20多米,然后在周围堆上重物。由于塑料板上封裹着特殊的排水滤层,水分在重物挤压下漫漫沿塑料板渗出地面。这种"塑料排水板+堆载预压"法加固地基,也取得了很好效果。二是巨柱撑墙。洋山港的码头、堆场建在20多米深的海中岔道,建成后高出水面7米,深厚的高填土需要密密的钢桩支撑。由于码头紧挨着小岩礁岛,码头与小岛连接处岩面起伏,钢桩入土深度不够,无法支撑码头后面厚厚的回填土。建设者采用"大直径斜桩嵌岩"方案,把直径1.9米的钢管桩倾斜打到岩石上,然后将钻头穿进钢管钻入岩石2米,浇注钢筋混凝土使钢管桩斜向嵌入岩石。24根两个成年人合抱粗的斜桩,终于深深扎根岩石,牢牢撑起了码头驳岸。三是岸线优化。洋山三期B段工程岸线所处的东口门水深流急,会给大型集装箱船舶的靠离泊位带来不利影响。为解决这一难题,工程技术人员通过仿真模型试验,优化调整了三期码头岸线的方位角和平面形态布置,确定了小岩礁最合理的水下炸礁量,使码头前沿水流平顺通过,提高了大型集装箱船舶靠离泊位时的操纵舒适性。

【洋山保税港区(陆域)配套工程建设】

卡口建设　根据《洋山保税港区(陆域)控制性详细规划》,港区规划设置4个卡口:1号卡口为S2公路与东海大桥连接端的口岸查验区;2号卡口位于D2路南侧的同顺大道上;3号卡口设在B1立交处,为通勤人员进出的专用卡口;4号卡口位于纬十四路西端,接南芦路。

S2公路与东海大桥连接端的1号卡口及口岸查验区,与东海大桥同时建成启用。2号卡口的建设分为二期进行。2006年6月立项建设的一期工程,包括第一道卡口、海关业务楼、配套变电所等配套项目。2010年10月立项建设的二期工程,主要包括第二道卡口、内广场、增设的海关和国检查验场及其他设施等,并通过优化卡口货运交通组织、提高卡口运营效率等分担1号卡口压力。3、4号卡口的建设处于规划设计阶段。

口岸查验及配套区海关设施　该项工程主要功能是为洋山三期现场口岸查验配套服务,包括口岸查验及配套区 D 标和重箱堆场改造两项工程。口岸查验及配套区 D 标工程占地面积 39 767 平方米，包括道路堆场、四号查验平台及五号罚没库、现场业务楼、三号变电所及消防泵房 4 项单位工程；重箱堆场改造工程占地面积为 33 264 平方米，包括重箱堆场、堆场及道路 3 项单位工程。

110 千伏开关站及降压站　2008 年 9 月 16 日零点 21 分，洋山深水港区三期 110 千瓦开关站及降压站工程第一回 110 千伏线路一次性割接送电成功，设备进入 24 小时空充运行阶段。该开关站由 110 千伏开关站、降压站、消防泵房、调度集控中心综合楼等单体组成，建筑面积 12 600 平方米，工程概算 3.89 亿元。工程共分两回路，第一回路的成功送电，为洋山深水港区三期工程（二阶段）码头装卸设备的整机调试提供电力保障，及时解决洋山能源紧缺问题。9 月底，第二回路 110 千伏开关站及降压站工程全部送电成功，为洋山深水港区三期在年内正式投入运营提供电力能源保障。洋山深水港区三期 110 千伏开关站及降压站工程根据节能减排的要求，运用新型环保材料。

港区陆域主要设施　2008 年 11 月 10 日，洋山深水港区三期工程（二阶段）候工楼、CCTV 系统安装和港区围网工程通过中间交工验收。候工楼工程是三期工程（二阶段）一幢集候工、办公等功能的综合大楼，建筑总面积约 18 463 平方米；CCTV 系统安装工程共包括 4 个港区闭路电视监控子系统，监控范围覆盖整个港区码头、道路、停车场、进出港闸口和候工楼等；港区围网工程完成围网 2 005 米，为海关监管提供重要的硬件保证。

【洋山东港区建设】

洋山东港区位于北港区三期 B 段东南侧，由西门堂、中门堂、沈家湾等岛屿及填海形成陆域构成。该区域由浙江省以大岩礁、小岩礁、大指头、西门堂、中门堂、沈家湾、筲箕岛、薄刀嘴、虎啸蛇岛等九座岛礁评估价值出资入股方式，参与洋山港开发。2006 年 12 月 26 日，随着岛上西门堂围堤贯通，东港区建设正式拉开帷幕。大岩礁、小岩礁、大指头岛作为北港区三期码头的一部分得到开发。西门堂、中门堂、沈家湾等岛连成一片成为东港区重要组成部分。筲箕岛、薄刀嘴、虎啸蛇岛尚未与东港区连成一体。东港区主要建设项目有上海液化气工程项目和洋山申港国际石油项目。

上海液化气工程项目：2006 年 12 月 8 日，国家发展改革委批复，同意上海市在东港区建造 10 万吨液化气码头，工程占地 39.6 公顷。一期工程还包括建造 16.5 万立方米储气 3 个和输往上海的管道及相应配套设施。一期工程规模为 300 万吨/年。投资方为申能集团和中海油气电公司。建成后上海天然气用量的 60% 由其提供。该工程由三航二公司总承包，分包公司有负责水下爆破工程的中国科学院力学研究所及负责开山爆破的中铁十局三公司和香港惠妃公司。

洋山申港国际石油项目：2006 年 6 月 28 日，国家发展改革委批复，同意浙江省在东港区建造油品码头。规划建造 1 万吨～3 万吨油罐 27 个（共 42 万吨）、10 万吨码头 1 个、5 000 吨码头 2 个及相应配套设施。该项目由上海同盛集团、新加坡泰山集团、中石化集团和浙江嵊泗海鑫集团共同开发。工程分 3 个标段进行，分别由三航宁波分公司、上海宝冶特种基础建设公司和浙江恒大集团（发包给三航浦东公司）负责建设。

【东海大桥建设】

2002 年 6 月 26 日，正式开工建设。2005 年底，建成通车。大桥连接上海本土与外岛的洋山港，北起上海浦东新区的芦潮港与沪芦高速公路相连，经过 2.3 公里的陆上段后向南跨越杭州湾北部海域，跨海 25.5 公里达浙江嵊泗县崎岖列岛之大乌龟岛，再经 3.5 公里到达小洋山港区，总长 32.5 公里。桥面宽 31.5 米，双向六车道设计，限制车速每小时 80 公里，预期寿命 100 年，抗 12 级台风和 7 级地震。大桥设有 4 个通航孔,其中,主通航孔净高 40 米,净宽 400 米,可供万吨级船舶通过。东海大桥是中国大陆第一座跨越外海的大桥。

【浦东铁路(一期)工程】

浦东铁路一期工程是洋山深水港的一项重大配套工程,2005 年初开工建设。11 月 28 日竣工,通过初步验收。该工程全长 42.87 公里,从金山阮巷至海港新城平安镇,沿线设有阮巷、漕泾、海湾、平安 4 个站,从东至西贯穿奉贤、金山两个区,东与芦潮港铁路集装箱中心站相通,西接金山铁路并连入国家铁路网络,为洋山深水港区集装箱运输实现陆上配套,年集装箱运量可达 180 万标准箱以上。该工程由上海市和铁路部门合资成立的浦东铁路发展有限公司承建,是上海首条合资铁路,总投资 19.51 亿元。为了减少铁路与公路交叉带来的交通矛盾,近 43 公里的铁路中有 23 公里采取了高架桥梁的通行方式。该工程建成对于完善上海铁路枢纽布局,加快国际航运中心建设,完善"长三角"综合交通体系,提高上海整体运输能力都具有重要意义。

【上海铁路芦潮港集装箱中心站建设】

2007 年 2 月 2 日,上海铁路芦潮港集装箱中心站正式开通,是洋山深水港又一项配套工程,占地总面积 65 万平方米,分两期建设,是中国内地首个实现"海铁联运"的现代化铁路集装箱中心站,全面辐射内地省市的中海集装箱"海铁联运"双向快运专列,大大提升了进出洋山深水港货运的集散速度。站内设有海关,安装了先进电子设备,可自动识别集装箱信息,在第一时间里传输至海关。洋山深水港的吞吐货物,经东海大桥可直接在芦潮港站集散,实现海铁联运"无缝"衔接,年吞吐量可达 180 万标准箱。

【芦潮港车客渡码头建设】

1995 年,位于上海南汇芦潮港镇的芦潮港车客渡码头建成通航,是上海东南海上重要通道。随着临港新城开发进程加快,同时受水域、能级、吨位等客观条件的限制,原有的车客渡码头不能满足发展的需要。2006 年,芦潮港车客渡码头改造工程被列入上海市"十一五"经济和社会发展计划和重点实事工程项目。总投资 2.84 亿元的芦潮港客渡码头改造工程,2007 年 9 月开工改造,2009 年 4 月 25 日竣工通航。

新建成的芦潮港车客渡码头位于老码头东侧 180 米处,可靠泊 5 000 吨级的车、客轮船,设计年车流量 1.6 万辆次,年客运量 150 万人次～200 万人次。新码头的竣工通航大大提高了芦潮港的运行保障能力,有效缓解了上海浦东至浙江嵊泗、舟山等岛屿的交通运输矛盾和压力,加快其与周边港口地区的交流合作。同时,芦潮港车客渡码头也成为上海连接沿海港口的重要交通枢纽和发展海洋旅游业的重要载体。

【洋山深水港声讯服务中心建设】

2006 年 12 月 6 日,洋山深水港声讯服务中心正式开通,是洋山深水港综合信息服务平台的重要组成部分(以下简称服务中心)。服务中心的建设、运行、维护和日常管理由上海亿通公司具体承办,面向社会公众开展声讯服务。服务方式分为系统自助应答和人工服务两大类。其中,系统自助应答的服务主要包括洋山深水港区的气象、海况、东海大桥交通信息等。人工服务主要提供海关、检验检疫、海事、边检、保税港区、口岸办等相关业务的咨询、求助等。港区单位和市民只需拨打电话,即可咨询了解涉及洋山深水港区的上述各项业务的办理情况,还能看到港区各个区域的实时视频。

【洋山保税港区医疗保健中心建设】

上海综合保税区管委会在浦东新区卫生局、仁济医院以及同盛资产公司的大力支持下,在洋山保税港区建设医疗保健中心(以下简称保健中心),占地面积约0.35公顷,总建筑面积约3 500平方米,满足企业单位和职工群众医疗保健需求。保健中心设有临床科室、体检预防保健、医技、康复留观、行政管理及配套辅助等医疗用房设施,提供医疗门诊、医疗急救、健康体检、疾病预防等全方位的医疗卫生服务。为先行解决洋山保税港区职工群众"看病难"问题,综保区管委会在医疗保健中心建设期间,在洋山深水港商务广场设立医疗保健中心临时执业点,开设内科、外科、妇科、五官科、心电图、B超、清创换药、抽血检验、注射补液等临床科室和医保服务场所。保健中心由上海外高桥保税区医疗保健中心进行日常诊疗管理。

【首条免费公交线】

为进一步完善洋山保税港区综合配套,营造良好招商投资环境,上海综合保税区管委会在浦东新区建交委等职能部门和浦东新区南汇公共交通有限公司的支持下,2010年7月1日,新开设的洋山保税港区首条免费公交线路——洋山1号线正式投入运营。

洋山1号线为单向环线,主要服务区域为洋山保税港区陆域部分,沿线设有19个站点,将上海综合保税区管委会洋山办事处、洋山海关、国检、公安、口岸办、工商、税务等行政管理机构,洋山商务广场、同盛公司、国贸大厦、临港公司等重要机构和企事业单位连成一线,终点站设在龙港快线站。该线路运营时间为周一至周五的上午7点半至晚上7点,早晚高峰为12分钟~15分钟一班,平时为20分钟~30分钟一班,单程运时间为24分钟。

【邮政通信】

根据《洋山保税港区(陆域)控制性详细规划》,洋山保税港区规划设立两个邮政支局:一个设于一期开发的商务办公用地(A0703地块);另一个设在二期规划区域内,大致位于纬12路东、经14路南区域内。邮政支局的开办,为向洋山保税港区机关、企事业单位及其员工提供全功能的邮政通信服务创造了必要条件,使函件、包件和速递邮件的收寄投递、报刊订阅和投递、储蓄汇兑、集邮业务及其他代理业务等得以正常开展。邮政支局除了一般邮政网点所具有的服务方式外,适应保税港区等大客户需要,设立了"大客户服务中心",采用园区邮政客户关系管理方式,为园区大客户定制服务,提高大客户政务、商务活动效率,满足大客户商务活动效率,满足园区大客户的特殊需求。

【海上风电场】

该风电场是国家发展改革委批准的海上风电示范项目,位于上海市临港新城至洋山深水港的东海大桥两侧1 000米以外沿线,最北端距离南汇嘴岸线5.9公里,最南端距岸线13公里,全部位于上海市境内。项目装机容量10.2万千瓦,安装34台华锐风电科技有限公司生产的3兆瓦海上风力发电机组,设计年发电利用小时数2 600小时,年上网电量2.67亿千瓦时,可供20多万户居民使用一年。项目由中国大唐集团公司、上海绿色环保能源有限公司、中广核能源开发有限公司和中电国际新能源上海控股有限公司共同出资。工程施工主要分为陆上变电站部分和海上风电场两部分。发电机出口电力经过风电机组自带的升压后由风电场电气接线接入岸上升压站和控制室,电力升压至 110 千伏后就近接入 220 千伏变电站并升压纳入上海市电网。2008 年 5 月,开工建设。2010 年 9 月,基本建成并正式并网发电。东海大桥海上风电场建设,对于开发利用上海丰富的海上风能资源,探索和积累海上风电建设和管理经验,提高中国风电设备制造水平,促进中国风电的规模化发展,更好地满足能源需求,保护环境,实现可持续发展等,都具有重要的示范作用。

【洋山保税港区土地开发利用】

2009 年初,按照国土资源部《开发区土地集约利用评价规程》(试行),洋山保税港区分别对陆域、岛屿组织开展了土地集约利用评价,形成了《洋山保税港区土地集约利用评价》。2009 年 3 月 14 日,陆域部分的土地集约利用评价成果,通过了上海市规划和国土资源管理局(以下简称市规土局)组织的评审验收。5 月 7 日,岛域部分的土地集约利用评价成果通过了浙江省国土资源厅组织的评审验收。6 月 4 日,整合后的洋山保税港区土地集利用评价成果通过了市规土局的评审验收。

根据《洋山保税港区土地集约利用评价》结果,区内土地利用基本状况为:土地开发率 100%,供应率 79.8%,建成率 91.5%;工业用地率 13.7%,综合容积率 0.15,建筑密度 35.1%;工业用地综合容积率 0.71,工业用地建筑密度 49.6%。工业用地固定资产投入强度 2 411.14 万元/公顷。到期项目用地处置率 100%,闲置土地处置率 100%,土地有偿使用率 53.4%,土地招拍挂率 5.8%。按照当时供地速度,洋山保税港区尚可供应土地 0.89 年,尚可供应工矿仓储用地 1.72 年。洋山保税港区节约集约用地情况,总体上符合国家级开发区的要求。

【土地使用权出让招拍挂制度】

2006 年,国务院首次提出工业用地要实行招拍挂。次年,国土资源部、国家监察部和市土地管理部门分别出台工业项目土地使用权出让招标拍卖挂牌试行办法。为贯彻落实相关精神,洋山保税港区管委会根据有关土地管理法规,制订《洋山保税港区工业项目土地使用权出让招标拍卖挂牌实施办法(试行)》,明确洋山保税港区工业用地出让的基本原则、组织机构、工作职责、范围方式,并依据当时全市工业用地招拍挂工作程序制订了区域内工业用地招拍挂操作程序。实施办法明确提出,洋山保税港区管理委员会设立“洋山保税港区土地使用权出让招标拍卖挂牌领导小组”,由洋山保税港区管理委员会领导、各处室及纪检组负责人组成,负责指导、协调、监督保税港区域土地招拍挂的实施,审定保税港区年度土地出让计划、出让地块、出让方案。领导小组下设“洋山保税港土地使用权出让招标拍卖挂牌办公室”,由管委会规划建设、综合计划、经济贸易和纪检部门人员组成,管委会分管领导兼任办公室主任。招拍挂办公室设于规划建设处,负责年度土地使用权出让计划的编制,确定出让地块,进行地价评估、拟定出让方案、制订招拍挂文件、组织招拍挂活动的具体实施等。纪检组通过参与招拍挂办公室的相关活动对招拍挂工作进行监督。

根据 2007 年洋山保税港区管委会与上海市财政局、市规划土地局专题商议,洋山保税港区出让的土地价款进入国库后按市 85%、区 15%的比例分配。

四、招商引资

【国际枢纽港】

2010 年,洋山港国际干线集装箱船进出港 7 574 艘次,内支线集装箱船 7 744 艘次。完成集装箱吞吐量1010.8万标箱,占上海港集装箱总量的34.8%,成为上海港首超新加坡跃居世界第一大港。其中,体现对国内经济腹地辐射服务作用的"水水中转"集装箱量435.3万标箱,占洋山港箱量的43.1%;体现对国际市场中转功能的"国际中转"集装箱量83.6万标箱,占洋山港箱总箱量的8.3%。国际航运综合试验区建设一系列政策落地实施,为洋山国际枢纽港建设创造了有利条件,并取得明显成效。洋山深水港作为自然条件优越的国际集装箱枢纽港,外通五洲四海,内联沿海沿江,汇集了上海港面向欧美的主要航线,凸显了国际枢纽港功能。

2010年,全国各地的投资企业通过洋山外贸口岸完成进出口货值达2051.3亿美元,占上海口岸外贸进出口货物总值22.6%。在洋山口岸外贸进出口货值中:外贸出口货值1467亿美元,外贸进口货值584.3亿美元。洋山港不断丰富远洋航线,不断完善物流功能,口岸外贸进出口额稳中有增。

2010年,洋山保税港区成功举办进口汽车展和进口航空设备展,成为国内唯一获准开展保税汽车展的区域。

【江海联运】

洋山深水港依托独特港航资源优势,创新"江海联运"模式,推进洋山港与长江黄金水道无缝对接,实现"海船进江""江船入海"。2006年5月16日,中远集运武汉——洋山直达快航在武汉阳逻港集装箱码头举行首航仪式,成为长江中上游第一条真正意义上的江海直达航线。承担本次首航任务的"长海东湖"号轮在挂靠武汉杨泗港及阳逻港后,沿途不再挂靠港口,直达上海洋山港。它的开行改变了长江中上游地区货物由下游中转的传统出运方式,实现武汉港始发班轮2天到达上海,大大缩短了航运时间,为外贸进出口企业提供更加便利的货物中转运输服务。

2007年6月20日,从武汉开往上海的"集海之明"号货轮停靠九江港,在装载38只出口欧洲货物的标准集装箱后,直航洋山港。至此,九江港与上海洋山港实现无缝对接,从而使九江港成为直航洋山港的出口欧美出海港。

2009年3月5日,"众诚66"轮经海事部门批准,成为首艘航行于长江至洋山深水港"特定航线"的内河船舶。"特定航线"是国家海事局为促进上海国际航运中心建设,服务和支持长江流域经济社会发展需要而划定的航行于长江至洋山港的特殊航线。

为了满足"特定航线"的需要,改变现有江海联运船舶大多由内河船舶改装的状况,船舶研制单位专门组织力量,在深入分析洋山深水港公路、铁路和水运三位一体的集装箱集疏运体系的基础上,设计制造出适用于江海联运集装箱平底船。这种为洋山集装箱疏运度身定制的江海两用新船型,在海段用海上推轮,在江段用内河推轮,换推轮而不换驳船,从而减少江海转运环节,实现一驳到底,可缩短航运时间15%～20%,减少航运成本17%。

洋山深水港始终以"一流的服务,提升一流的效率",集装箱装卸速度达世界水平,被业内誉为"洋山速度"。

洋山开港之初,沿用外高桥港区"1—2—3"服务承诺,即驳船作业不超过12个小时,干线船舶作业不超过24个小时,外来集卡进堆场提箱时间不超过30分钟。平均每台桥吊每小时装卸25个箱子。随着港区设施日趋完善和管理水平提高,2006年,洋山港将装卸作业逐步升级为"5—2—25"模式,即驳船作业不超过5个小时,干线船舶作业20小时以内完成,进场提箱不超过25分钟。集装箱装卸速度屡屡刷新世界纪录。2008年1月3日,盛东公司以每小时123.16个自然箱的桥吊单机作业效率创新世界纪录。2009年4月3日,盛东公司在对中远集装箱班轮"腾河号"装卸过程中，编号为 827 的桥吊仅用 5.17 小时完成了 663 个自然箱的装船作业，以每小时 128.24 个自然箱的桥吊单机作业效率，刷新由该公司创造的世界纪录。码头二期工程使用振华港机生产的世界上最先进的"双 40 英尺"桥吊，使集装箱装卸作业如虎添翼。"洋山速度"，不但展示了洋山作为东方大港的装卸能力，还大大降低了营运成本。

【提货单电子化】

2006 年 7 月，由上海市口岸办牵头，海关、检验检疫、港务集团、亿通公司等相关单位共同参与，洋山港率先全面实行提货单的电子化，同时也是推进上海口岸通关电子化建设，优化港区通关环境的一项重要工作。提货单在网上"扫一扫"，提货单信息就会通过亿通国际的平台同时发送给相关各方，改变了过去客户分别去海关、国检、理货、陆管、船公司等相关部门盖章，只需将客户在得到放行信息后，便可持提货单到码头直接提货了。这一举措不仅大大加快了物流速度，而且有效降低了企业成本。为确保洋山深水港区进口集装箱提货单电子化正常运行，各口岸查验单位、港务营运单位和上海亿通公司加强协作、优化服务，联手开设 24 小时热线电话，及时解决运行中的问题，确保工作开展。

【洋山北仑两港边检互认】

2007 年 3 月，洋山边检站为适应洋山港在国际航运中的快速发展需要，提高洋山港的国际航运竞争力，主动与北仑港边检站结对联动，洋山港和北仑港两港正式实行边检互认，两港之间的国际远洋货轮享受"两分钟"快捷边检，进一步提高出入境速度。洋山港和北仑港，既是全球大型集装箱船干线港，又是同一海域，同一航线内的姐妹港，每年都有许多同一业务的国际远洋货轮来往于两港之间，仅在码头的靠港费用就能节约 10 多万元，大大提高了运输效率和经济效益。

五、经济规模

2010 年，洋山保税港区完成税收 14.35 亿元。其中企业所得税占主要比重，完成 9.63 亿元，占 67.1%；营业税 2.04 亿元，占 14.2%；个人所得税 1.63 亿元，占 11.4%；印花税 0.48 亿元，占 3.3%；房产税、土地使用税等其他税种合计 0.57 亿元和 1.8 亿元，占 4.0%。其中税收超过 1 000 万元的企业有 13 家，合计税收 13.7 亿元，占洋山税收 95.5%，主要是中央属、市属的码头公司和航运企业，上海港务集团及其下属企业税收达 11.3 亿元，占洋山税收 78.7%；税收超亿元的有 2 家，分别为上海国际港务（集团）股份有限公司和上海盛东国际集装箱码头有限公司。是年，累计 112 家企业减免营业税 17.08 亿元。在营业税减免政策的吸引下，众多航运物流类企业纷纷入驻洋山保税港区，特别是部分大型国企为享受优惠政策也将注册地迁入洋山保税港区，从而推动了洋山保税港区税务部门税收的增长。

2010 年，全国各地的各类外贸企业为通过洋山口岸进出口货物向上海海关缴纳的各类关税和代征税达 345.9 亿元，占上海海关征税总额 13.1%。其中由洋山海关直接征收 236.10 亿元，占 68.3%，其余部分由市区海关（如：浦江海关）直接征收。

2010 年，洋山保税港区新增注册企业 100 家，吸引内资企业注册资本 76.83 亿元，合同外资 2 799 万美元。洋山保税港区企业利润总额主要由大企业创造，全年实现的 44.92 亿元利润总额中，44.16 亿元由 3 家超亿元大企业创造，占洋山企业利润总额的 98.3%。

　　至 2010 年,洋山保税港区累计批准企业(独立法人单位)179 家,吸引内外资企业注册资本237.57 亿元,合同外资 1.11 亿美元。此外,有 51 家各类分支机构(包括银行分理处、企业分公司等)在洋山保港区注册落户。以克莱斯勒汽车公司、丹麦博肯赛特公司等为代表的面向欧美和亚太的跨国公司分拨配送中心,叶水福集团、磐亚班拿物流(上海)有限公司等一批第三方物流公司,荷兰世天威、新加坡 GKE 有色金属保税仓储项目,中国远洋航运集团、神华中海航运有限公司等一批大型航运企业等,落户洋山保税港区。在入驻的 179 家企业中,有 159 家内资企业,占 88.8%,包括同盛集团、临港集团、盛东国际集装箱码头有限公司等国有企业和怡亚通公司等民营企业。外资企业 20 家,占 11.2%。从行业类型看,物类流企业较多,有 147 家,占 82.1%,其余为贸易、资产管理、房地产等企业,占 17.9%。

表 6‑1‑18　2006—2010 年洋山保税港区主要经济指标情况表

指　标	单　位	2006 年	2007 年	2008 年	2009 年	2010 年	累　计
经营收入	亿元	—	—	26.5	228.9	447.9	703.3
航运物流服务收入	亿元	—	—	25.2	221.8	438.3	685.3
商品销售额	亿元	—	—	—	6.1	8.3	14.4
进出口总额	亿美元	—	0.48	8.58	15.58	35.56	60.2
其中:进口额	亿美元	—	0.37	6.83	12.03	23.77	43.0
出口额	亿美元	—	0.11	1.75	3.55	11.79	17.2
税务部门税	亿元	0.19	0.93	0.69	12.91	14.36	29.5
海关部门税	亿元	82.4	121.0	173.4	224.4	236.1	837.3
固定资产	亿元	49.57	15.52	141.68	21.98	0.20	229.0
从业人员	万人	—	—	0.22	0.35	0.51	—
新增企业	家	12	12	9	39	100	179
吸引投资	亿美元	1.27	0.94	0.707	12.67	12.19	37.88
其中:外资	亿美元	0.357	0.254	0.147	0.071	0.28	1.11
内资企业注册资本	亿元	1.71	2.85	2.75	85.48	76.83	237.57

　　资料来源:上海综合保税区管理委员会编《经济发展统计公报》

表 6‑1‑19　2006—2010 年洋山保税港区口岸业务情况表

指　标	单　位	2006 年	2007 年	2008 年	2009 年	2010 年	累　计
集装箱吞吐	万箱	323.6	610.8	822.8	784.9	1 010.8	3 552.9
其中:水水中转	万箱	—	301.1	394.5	385.2	435.3	1 516.1
国际中转	万箱	—	—	—	81.4	83.6	165
口岸外贸进出口货值	亿美元	482.2	800.2	1 178.6	1 396.4	2 051.3	5 908.7
其中:出口	亿美元	338.7	570.2	871.6	942.8	1 467	4 190.3
进口货值	亿美元	143.5	230	307	453.6	584.3	1 718.4
海关口岸税	亿元	130.4	189.2	301.7	325.8	345.9	1 293

（续表）

指　　标	单　位	2006 年	2007 年	2008 年	2009 年	2010 年	累　计
其中：洋山海关征税	亿元	82.4	121	173.4	224.4	236.1	837.3
国际干线集装箱船进出	艘次	2 159	4 410	6 455	6 325	7 574	26 923
国内船舶	艘次	15 583	27 040	27 901	29 491	28 414	393 229
内支线船	艘次	3 203	5 660	6 504	6 630	7 744	29 741
口岸检疫	万批	—	9.23	11.96	10.68	14.23	46.1
检疫处理	万批	—	2.52	3.26	2.57	11.19	19.5
边检船舶出入境	万次	0.21	0.45	0.65	0.68	0.84	2.83
边检船员出入境	万人次	4.9	10.7	15.5	15.7	19.3	66.2
公安接处警	起		1 506	1 440	1 096	1 729	5 771
东海大桥流量	万辆	202.5	321.6	388.5	347.6	440.1	1 700.4
其中：集卡	万辆	136.5	228	287.4	255.9	353.8	1 261.6

资料来源：上海综合保税区管理委员会编《经济发展统计公报》

【进出口贸易】

2010 年，洋山保税港区企业完成进出口总额 35.56 亿美元，占全国保税港区进出口额增量的 29%。洋山保税港区依托口岸功能和政策优势，着力打造进出口特色贸易。在期货保税交割功能和分拨配送功能的推动下，初步形成了以铜为主的有色金属物流集散平台和面向欧美、亚太的电子产品分拨配送中心，同时汽车、食品、游艇等展示贸易功能进一步拓展，有力促进了进出口额的快速增长，在全国同类区域中保持领先发展。

进出口业务企业　2010 年，洋山保税港区共有 30 家投资企业直接开展进出口业务活动。其中进出口额超 1 亿美元的有 9 家，合计完成进出口额 31.59 亿美元，占洋山进出口总额 88.8%。上海中储临港物流有限公司和叶水福临港物流有限公司进出口额双双突破 10 亿美元大关，还涌现了一批进出口额超过 1 亿美元的企业。

进出口业务往来市场　2010 年，洋山保税港区企业共与世界各地的 103 个国家和地区发生进出口业务往来。拉丁美洲、亚洲和欧洲是主要进出口业务往来区域，均实现快速增长。其中与拉丁美洲完成进出口额 14.53 亿美元，占洋山进出口总额 40.9%；与亚洲进出口额完成 10.05 亿美元，占 28.2%；与欧洲的进出口额完成 5.71 亿美元，占 16.1%；与北美洲进出口额完成 2.2 亿美元，占 6.2%。进出口额位居前五位的国家是：智利、美国、巴西、韩国、马来西亚。

进出口额　2010 年，以海运方式完成进出口额 30.3 亿美元，占洋山进出口总额 85.2%；以空运方式完成进出口额 4.87 亿美元，占 13.7%，主要涉及体积小、价值量大的电子产品。2010 年，洋山保税港区完成进出口额 35.56 亿美元，其中完成进口额 23.77 亿美元，占洋山保税港区进出口额的 66.9%；完成出口额 11.79 亿美元，占洋山保税港区进出口额的 33.1%。

随着洋山保税港区招商引资和产业培育的顺利推进，特别是众多航运企业的加快集聚，促使投资企业的业务规模取得快速增长。据统计，2010 年洋山保税港区有 97 家独立法人单位正式开展经营活动（不含上海港务集团、中海集运等部分市属、中央属企业），这些投资企业共完成经营总收入

447.9亿元。其中主要是来自物流业务的营业收入438.3亿元,占97.9%;来自贸易业务的销售收入8.3亿元,占1.8%;来自房产等其他业务的营业收入1.3亿元,占0.3%。

【航运物流业】

2010年,洋山保税港区从事运输业务的企业完成营业收入394.3亿元,其中主要是航运企业完成392.6亿元,占物流业务营业收入的89.6%,收入最大的中远集装箱运输有限公司超过300亿元。

2010年,洋山保税港区两家码头公司完成营业收入29.8亿元,其中上海盛东国际集装箱码头有限公司17.3亿元、上海冠东国际集装箱码头有限公司12.5亿元。

2010年,洋山保税港区从事货代及物流服务的企业完成营业收入8.3亿元,其中达飞物流(中国)有限公司近8亿元,货运代理及物流相关服务也取得良好发展。

2010年,洋山陆域进出区货值达110亿美元,从事仓储物流业务的企业完成营业收入5.9亿元,其中上海深水港国际物流公司超过3亿元,物流功能的拓展推动了仓储物流业务的发展。

【贸易业】

2010年,洋山保税港区从事贸易业务的投资企业完成销售收入8.3亿元,主要是沃尔沃遍达(上海)贸易有限公司完成销售收入6.6亿元。

六、管理模式创新

【期货保税交割】

洋山保税港区的铜、铝等贵金属及其制品是主要进口商品,占洋山进口额的70%以上。综合保税区成立后,把推进以铜、铝为重要标的物的期货保税交割试点列为重点工作,并得到各方支持帮助。2009年7月,上海市成立了由市金融办、财政局、税务局,商务委、证监局、上海海关、外汇管理局上海分局,上海综合保税区管委会、上海期交所等单位组成的期货保税交割领导小组和工作小组,研究制订期货保税交割试点工作方案。

2010年10月20日,海关总署对期货保税交割试点的相关政策正式批复,期货保税交割业务取得政策上的突破。12月6日,财政部和国家税务总局联合发文,明确了上海期交所开展期货保税交割业务有关增值税的政策。12月13日,中国证监会正式批复上海期交所可以开展期货保税交割试点。至此,开展期货保税交割试点的各项政策条件均具备。12月24日,期货保税交割业务启动仪式在上海期货交易所举行,位于洋山保税港区的两家指定期货保税交割仓库同时正式揭牌。洋山保税港区成为全国首个开展期货保税交割业务的试点区。

综合保税区开展期货保税交割试点,主要有四方面作用:有利于打破国内期货市场封闭化运作现状,推动中国期货市场走出迈向国际化的关键性一步;有利于提升中国期货市场的全球价格影响力和大宗商品的国际话语权;有利于促进保税物流和期货金融的有机结合,对上海国际金融中心和航运中心建设起到联动提升的带动作用;有利于进一步提升上海综合保税区对全球大宗商品的资源集散功能,实现物流,信息流、资金流等多种资源的集聚辐射。

【水水中转集拼】

国际中转集拼是指将境外货物经过近洋、远洋国际航线运至上海港,与内地通过沿海、沿江内支线船舶转关至上海港的出口货物,在海关特殊监管区域内拆箱进行分拣和包装,并根据不同目的港或不同客户,与上海货源一起重新装箱后再运送出境,走出了一条(整箱)水水中转业务与传统(陆路/出口)集拼业务相结合后的功能创新之路。

2010年3月,水水中转集拼业务率先在洋山保税港区试验运作。在海关的支持下,突破水水中转箱无法从外地口岸转关至洋山陆上园区并退税的难题,开始功能突破的探索和尝试。至年底,试验取得初步成效,形成洋山保税港与武汉、南京、九江、重庆等长江沿江口岸,厦门、福州等南方沿海口岸,大连、青岛等北方沿海口岸相互合作的运转网络框架。是年,洋山港区完成集装箱吞吐1010.8万标箱,其中水水中转比例达43.1%,国际中转比例上升至8.3%。"三港三区"联动后,临港地区(陆路)出口集拼业务发展迅速,国际采购分拨配送中心、大宗商品货物集散中心向洋山保税港区集聚,为对进一步开展国际中转集拼业务积累了宝贵经验。

第七节　上海浦东机场综合保税区

一、保税区创建

2009年7月3日,国务院批准设立上海浦东机场综合保税区(以下简称机场综保区),是率先实现区港一体化运作的空港型综合保税区。机场综保区紧邻浦东机场西货运区,规划面积3.59平方公里。四至范围为:东至机场三跑道停机坪,南至横10路,西至A30公路东辅道,北至横0路。园区基础建设分两期进行。至2010年一期1.6平方公里的基础建设基本完成,实现封关营运。

机场综保区的主要功能是,发展国际货物中转、国际采购配送、国际转口贸易、国际快件转运、维修检测、融资租赁、仓储物流、出口加工、商品展示交易以及配套的金融保险、代理等业务,并拓展相关功能。机场综保区内的行政事务,由作为市政府派出机构的上海综合保税区管理委员会负责统一管理。区域内日常管理工作,由综合保税区管理委员会下设的浦东机场综合保税区办事处负责。

2010年9月,机场综保区正式启动运行,认真实施《浦东机场综合保税区管理办法》,依托独特的区位优势和政策优势,积极推进区港一体化进程,着力培育和形成具有航空货运特色的产业功能、保税展示交易功能、贸易结算功能和临空服务功能。至2010年,由于尚处于起步阶段,经济总量虽然不大,但初步显示出良好发展态势。

二、管理机制

【上海浦东机场综合保税区管理办法】
2010年5月24日,市政府第76次常务会议通过《上海浦东机场综合保税区管理办法》(以下简称《机场综保区管理办法》)。5月28日,市政府颁布该管理办法,决定自2010年7月1日起施行。《机场综保区管理办法》共计26条,明确机场综保区的区域功能、组织管理、职责任务、规划编制、产业导向、开发建设、行政审批、执法监管等事项。为了体现机场综保区的政策优势,《机场综保区管理办法》在适应航空运输需要、体现"三港三区"联动发展要求的监管便利方面,明确了"分批送货、集中报关""无纸通关""通关诚信管理"等政策。该管理办法是指导和规范机场综保区管理的重要法规。

【上海浦东机场综合保税区海关监管实施方案】

2010年12月6日,上海海关正式颁布实施《上海浦东机场综合保税区海关监管实施方案》。该方案明确区内企业货物按照保税货物的要求办理相关手续,从浦东机场进境的总运单货物直接分拨至区内企业,出境货物由区内企业直接交付地面代理,进一步优化了进出机场综保区货物的监管模式,提高了整体监管效能。该方案确保进境保税、入区退税、区内自由、区港联动等各项政策措施落实到位,在有效监管的前提下,方便企业合法进出,并运用信息化管理手段在机场综保区推出了"区港联动,一次备案,集中报关,联网核销"的监管模式。针对以信息技术产品、航空航材等空运货物"科技含量高、批数件数多、通关时效性强"的特点,进一步提高通关效率和区港联动水平,实现"园区监管信息化、区港联动直通化、口岸通关无纸化、物流监控智能化"。驻区海关积极开展试点,实现进口报关、出口报关、快件报关、转关、保税加工"五点合一"的通关作业新模式,在全国率先开展单机融资租赁业务。该实施方案在支持区域经济发展,支持机场综保区发展临空航运服务业,推动其他空运枢纽增值服务等方面起到重要作用。

【上海浦东现代产业开发有限公司】

2004年6月29日,上海浦东现代产业开发有限公司正式成立。这是一家以浦东空港周边区域开发及运营为核心主业的"功能开发类"企业。公司经营范围包括,储备地块内土地前期委托开发,市政基础设施投资,建设与经营管理,实业投资,房地产开发经营,物业管理,仓储服务(除危险品)及管理,设计、制作、发布各类广告,及其以上相关业务的咨询服务。公司主要股东为上海浦东投资控股有限公司(持股79.30%)、上海浦东发展(集团)公司(持股17.25%)、上海浦东川沙投资经营管理中心(持股1.72%)和上海浦东机场镇投资经营管理中心(持股1.72%)。公司下属上海捷鑫航空物流有限公司、上海捷程投资有限公司、上海达天物流有限公司、上海全日辉商务服务有限公司和上海全行通国际物流有限公司等五家企业。

公司成立初期主要从事浦东川沙功能区域的开发建设,随着机场综保区获批,浦东现代开发公司受市政府、浦东新区政府的委托,承担机场综保区的基础建设,为机场综保区封关营运和管理创造必要条件。同时以全面提升"全产业链"服务能力为目标,紧密联系机场综保区建设管理实际,努力打造具有较大影响力的专业化经营、集团化运作的"临空区域开发运营服务商"。

【浦东机场综合保税区管理服务中心】

机场综保区管理服务中心位于区域行政管理功能区,分为两期建设。2010年4月,一期工程完成竣工验收,建筑面积为93 387平方米,主要用于设置通关服务窗口,设有海关、检验检疫、税务、工商等业务受理大厅9个,服务窗口393个,形成机场综保区职能管理部门"一门式"服务格局,成为上海市4个口岸通关中心之一。机场综保区管理服务中心注重"建筑低碳环保化、楼宇设备便捷智能化、建筑细节人性化"的建设标准,成为集保税商业、办公及SOHO酒店式公寓等多种功能于一体的高标准、多功能配套项目。

【浦东机场综合保税区空运货物服务平台】

机场综保区空运货物服务平台是机综保税区的一项功能性项目,是区港一体化运作的重要环节和功能平台。空运货物服务平台为区内企业提供便捷、高效及多功能的公共服务,有效推动综保区进一步依托上海浦东国际机场丰富的航线资源,充分利用机场综保区的功能政策,建设与国际接轨的自由贸易港区,大力开展国际中转、出口集拼等功能业务,吸引更多国际中转货物,推动浦东国际机场建设亚太复合型枢纽港。

上海浦东国际机场海关、综合保税区管理委员会机场综保区办事处、上海浦东现代产业开发有限公司、上海浦东国际机场货运站有限公司、中国货运远航物流有限公司、上海东方远航物流有限公司、联合包裹物流(上海)有限公司、上海全日辉商务服务有限公司等参与了平台的建设和管理,日常运作由上海全日辉商务服务有限公司具体负责。

【浦东现代物流行业协会空港分会】

2010 年 12 月 21 日,浦东现代物流行业协会正式揭牌成立。浦东现代物流行业协会、空港分会以及顾问单位、会员单位代表出席了会议。物流行业协会空港分会的成立搭建了会员单位之间的合作交流的平台,发挥行业协会桥梁与纽带作用,增进会员单位之间了解沟通,促进会员单位之间合作共赢,推进机场综保区物流服务业的发展。

三、规划与建设

机场综保区紧邻浦东国际机场,是中国东部沿海经济带与长江流域的交汇点。机场综保区开发建设提出了"一个枢纽,五大功能"的功能定位。一个"枢纽":结合把浦东机场建成亚太核心枢纽港的目标,建设与之相配套的保税物流平台,把机场综合保税区建成亚太地区一流的国际空港物流核心枢纽;五大"功能":国际快递中心功能、国际中转中心功能、物流增值服务功能、国际贸易及展示功能和国际商务功能。与区域功能定位相匹配,机场综保区主要划分为三个功能区:第一个是靠近机场停机位(即空港泊位)的"机场作业与国际快递中心区",其主要功能是对下飞机、进入保税仓库前和即将装运上飞机的货物进行理货、分拨;第二个是"增值加工功能区",是实现五大功能的核心区域,主要包括国际快递、国际中转、国际货物分拨、贸易增值服务、国际贸易展示、国际货物采购等多种功能,并根据各功能的实际需求加以分解细化;第三个是"管理服务区",主要以物流配套辅助作业功能为主,为作业区和核心功能区提供各种配套服务,设置园区管理服务机构,海关、检验检疫等管理机构以及提供物流信息平台,汇聚多功能、一体化的综合性物流产业,以及集聚功能性总部、中介、代理等为物流企业、货代公司、航空公司等物流产业提供服务的机构,从而形成现代物流产业的集聚区。

机场综保区依托上海独特的航线资源优势,全面配套了海关分送集报、整报分出、诚信管理、预约加班等优惠政策与检验检疫整体预检验、分批核销放行等便利措施。同时,空运货物服务平台的建立、空运普货及快件进出口便捷通道的开启、跨关区空运转关流程再造以及区港一体化运作模式下保税货物与监管货物同步操作等,为进一步发展空运货物分拨中心、空运保税物流、快件转运等业务,提供了良好的软环境。

至 2010 年,机场综保区累计完成固定资产投资 19.31 亿元,主要用于园区道路、河道、绿化、市政管线、监管设施、信息系统等配套设施建设。9.34 万平方米的一期机场通关服务中心建成,成为上海市 4 个口岸通关中心之一,设有海关、检验检疫、税务、工商等业务受理大厅,形成机场综保区政府职能部门一门式服务格局。机场通关服务中心成为连接关内外的重要枢纽。同时,引进便利店、餐饮店、快递公司等商业服务单位,进一步完善口岸通关服务中心配套服务,不断提升园区的公共服务功能。

【封关验收】

根据国务院批复,机场综保区规划面积 3.59 平方公里。按照"一次规划、分期实施"的原则,园区的开发建设和封关验收先后分两期进行。

一期封关区域面积 1.60 平方公里,2010 年 4 月 2 日,通过了国家十部委联合验收组的正式验收后,9 月 28 日实现正式启动运营,成为中国封关建设周期最短、实际运作最快的空港型综合保税区。自封关运营后,机场综保区快速启动招商引资工作,不断深化功能拓展,并加快推动落实二期工程建设。至 2010 年,机场综保区引进各类企业 40 多家,逐步形成以融资租赁、第三方物流以及亚太分拨中心为功能特色的临空产业集聚区。

机场综保区一期封关,有助于空运物流通关流程再造,推进国际中转、采购配送等功能的培育和发展;有助吸引国际货物增量,进一步发挥区港一体化运作叠加优势,建设亚太复合型航空枢纽;有助于依托浦东国际机场丰富的航线资源,充分发挥机场综保区的功能、政策优势,增强对跨国公司亚太分拨中心的吸引力,促进亚太地区乃至国际空运货物向上海转移,成为浦东新区新的经济增长点和综合配套改革的新亮点,推动上海综合保税区成为上海建设国际航运中心的核心区域、国际贸易中心的重要载体、国际金融中心的重要突破点,在上海"四个中心"建设中发挥前沿阵地和突破口的重要作用。

【一期基础设施建设】

隔离设施　一期封关范围建成了不间断全封闭的金属网状式隔离围墙约 7.55 公里。建有永久性卡口 2 个,分别为主卡口和闻居路卡口。主卡口为复式卡口,共设 26 条通道,其中进区货车通道 16 条,出区货车通道 8 条,进出区客车及人员通道各 1 条。在南北大道处设置闻居路卡口,作为与机场西货运区的直通式货运通道,卡口共设有通道 6 条,进出区货车通道各 3 条。进出园区的卡口分别安装有电子闸门放行系统、电子车牌识别系统、电子单证识别系统、电子地磅系统、视频监控系统、箱号识别系统、可视对讲系统、1C 卡系统。

监管设施　建设供海关和检验检疫部门使用的验货专用场地 43 452 平方米,验货平台 1 626 平方米,查验停车位 65 个,等候停车位 160 个。验货场地配置与 H2000 联网的电子地磅系统和必备的照明设施等。在查验场内建设监管仓库 8 665 平方米、隔离仓库 205 平方米。监管仓库内安装有照明设施和视频监控系统。验货平台与监管仓库相接,并可进行铲车作业。沿隔离围网设有供海关监管、巡逻的专用通道,总长 7.28 公里,横宽大于 4.5 米,沿巡逻通道安装了照明设施,可实现 24 小时无障碍监管。区内设有检验检疫所需的熏蒸消毒场所、实验室以及相关设施,熏蒸室建筑面积 64 平方米,符合安全要求,有警示标志,距离工作区域不少于 50 米。并配有现场办公用房、药品器械库和必要消毒用具及存放物品防疫库。此外,按照海关对特殊区域的监管要求和机场综保区运行模式的管理要求,机场综保区的监管信息系统与机场海关和机场检验检疫局信息系统形成一体,实施保税监管信息系统的互联互通,并满足外汇、税务等部门有关业务管理需要。

通关服务设施　公共服务中心是检验检疫、海关、外汇管理局、工商、税局和综保区管委会等部门集中办公和入驻单位提供政府监管服务的场所,2009 年,上海市指定的 4 个口岸一门式通关服务中心之一。建设完成快件、进口、出口、转关和保税等各类业务受理大厅 7 个,建筑面积 22 315 平方米,可供报关、报检等各类业务整体入驻。公共服务中心为驻区海关和检验检疫部门提供永久性办公用房 6 490 平方米,档案资料库 6 300 平方米。在主卡口和闻居路卡口建有 830 平方米的监管用房,并配备了相关设施。在公共服务中心和查验场分别建有指挥中心和监控中心,可对园区实施有效监控。

保税仓储设施　一期保税仓储总面积近 30 万平方米。保税仓库满足物流、货代、生产加工等各类企业要求。货车通过盘道上下。仓库每层层高 7 米提供 1 600 平方米~4 800 平方米不等的单元,可根据客户的需要进行灵活分隔及组合。仓库单元内办公面积配比约为 10%。预留 10% 的仓储面积,可供客户自行改装为恒温库。仓库配备装卸平台、雨棚、消防喷淋等设施,并预留水、电、气、通信等基础管线。

道路网络建设　2010 年 5 月,机场综保区的 23 条道路的建设任务基本完成。这 23 条道路涉及园区围场河以西、东辅道(含)以东部分,其中区内道路 18 条,区外道路 5 条。区内道路中,北区道路 6 条、中区道路 6 条、南区道路 5 条及南北大道。5 条区外道路中,南北向道路 3 条,分布在贯穿浦东新区与原南汇区的东辅道南北段。2 条东西向道路与施新路基本平行。机场综保区 23 条道路的命名,原则上以中国民用机场名称来命名各条区内道路,具体以浦东国际机场作为中心点,根据中国民用机场群分布范围及地理位置对应机场综保区内相对地理位置,具体三个因素命名路名。机场元素。机场综保区依托浦东国际机场,浦东国际机场货邮量始终处于国内领先水平,并保持良好的上升势头,因此考虑采用与机场元素相关的命名思路;采用国内机场名称集成。浦东国际机场作为上海航运中心建设的重要载体,立足服务长三角,服务全国;浦东机场立足全国战略,与“海纳百川、有容乃大”的博大胸怀相互辉映。6 月 12 日,浦东新区地名办转发上海市地名办《关于批准川汇路等 23 条道路命名的通知》,批准了机场综保区的 23 条道路的命名,并正式投入使用。施新路围场河桥接坡通车、车辆和人员进出园区快速通道设置、道路标志标识、交通信号灯、公交站台等配套项目等正抓紧组织实施。

四、经济规模

2010 年 7 月 29 日,春秋航空公司以租赁方式报关进口的 A – 320 民航客机抵达浦东机场,成为全国首个单机融资租赁项目,标志了真正意义上的单机单船融资租赁业务在机场综保区成功运作。是年,浦东国际机场保障飞机起降超过 30 万架次,完成口岸进出口货值 2 750.8 亿美元,完成货邮吞吐量 322.1 万吨,浦东国际机场基本确立国际货运枢纽港地位。

2010 年,机场综保区企业实现税收部门税收 1 056 万元。主要是企业所得税和营业税,分别为676 万元和 292 万元,分别占税收总额的 64% 和 28%,机场综保区成立当年实现税收零的突破。

2010 年,机场综保区坚持推进基础设施建设与深化招商引资工作并举,9 月 28 日,机场综保区举行了运营启动仪式暨项目签约大会,有 21 个项目在会上举行集中签约仪式。签约企业和项目主要包含基础物流、融资租赁、维修检测等。是年,机场综保区引进融资租赁、分拨中心、第三方物流等 12 家企业,其中融资租赁企业 6 家,物流企业 3 家,贸易等其他类企业 3 家;吸引外商投资额1 500 万美元,其中合同外资 7 050 万美元。交银租赁、招银租赁、近铁物流等一批知名企业落户综合保税区。

2010 年,机场综保区开展经营业务的投资企业完成经营收入 1 亿元,其中主要是上海近铁国际货运有限公司占 90%。进出口业务也取得首次突破,交银金凤凰(上海)租赁有限公司实现进口额4 000 万美元。机场综保区部分企业实现当年落户、当年运营。

第二章 出口加工区

上海出口加工区包括上海松江出口加工区、上海金桥出口加工区(南区)、上海闵行出口加工区、上海漕河泾出口加工区、上海青浦出口加工区和上海嘉定出口加工区。

2000年,上海首个出口加工区松江出口加工区A区成立。2001年1月18日,松江出口加工区A区首期完成建设正式封关运作,封关区域1.98平方公里。9月,海关总署正式批准设立上海金桥出口加工区(南区),国务院批准在金桥出口加工区南区建立海关监管区,规划面积3平方公里。2002年6月20日,金桥出口加工区(南区)一期1.55平方公里通过海关总署、国家计划委员会(以下简称国家计委)、国家经济贸易委员会、财政部、对外贸易经济合作部(以下简称外经贸部)、国家税务总局、工商总局、外汇局等八部委验收,7月1日实施封关运作,享受国家级出口加工区的各项优惠政策。金桥南区分为海关监管区和关外产业区(原王桥工业区区域),总体规划面积7.44平方公里。

2003年3月10日,国务院批准增设上海青浦出口加工区、漕河泾出口加工区、闵行出口加工区。3月14日,松江出口加工区B区经国务院批准设立,规划面积2.98平方公里。11月23日,漕河泾出口加工区、闵行出口加工区通过八部委联合验收组的封关验收。闵行出口加工区除了享有上海市工业综合开发区的各项优惠政策,还享有进口免税、入区退税、进料保税、出口免税等优惠政策。

2004年3月1日,漕河泾出口加工区正式封关运行。7月,漕河泾出口加工区获批扩区后,并入漕河泾浦江高科技园。9月24日,为了规范出口加工区的管理,促进上海市加工贸易和对外出口的发展,市政府颁布《上海市出口加工区管理办法》。

2005年6月3日,国务院批准增设上海嘉定出口加工区,占地596公顷。2007年9月5日,上海嘉定出口加工区通过国务院九部委验收并封关运作。

2009年2月18日,金桥南区保税物流功能正式启动,金桥南区享受保税物流业务政策。3月2日,漕河泾出口加工区管委会向区内企业公布《上海漕河泾出口加工区保税物流等功能拓展工作实施方案》,漕河泾出口加工区在保税加工的基础上叠加了保税物流等功能。

2010年7月,青浦出口加工区由原来的3平方公里扩容为16平方公里。至2010年,闵行出口加工区共引进企业23家,其中外资15家,内资8家;青浦出口加工区引进的规模以上企业113家,现代工业、服务业企业456家,其中世界五百强企业5家、重点落户企业20家、高新企业13家、上市公司3家;上海松江出口加工区共引进外资企业117家,其中世界500强国际知名公司20余家、国际著名跨国公司30余家。

第一节 上海闵行出口加工区

2003年3月10日,海关总署接到《国务院办公厅关于增设出口加工区的复函》,国务院批准增设包括上海闵行出口加工区(以下简称出口加工区)在内的一批出口加工区。4月10日,奉贤区人民政府(以下简称奉贤区政府)发文成立上海奉贤闵行出口加工区领导小组,设立上海奉贤闵行出口加工区管理委员会。4月11日,奉贤区政府召开开发区领导小组和出口加工区领导小组工作会议,要求按照市政府专题会议《关于本市新增出口加工区的筹建工作》纪要的精神,高水平、高质量、高速度地建成出口加工区,边建设边招商,使之早日成为奉贤经济发展的重要增长点。4月23日,上海市城市规划管理局下发《关于上海闵行出口加工区选址范围的复函》,同意出口加工区的选址范围。6月8日,出口加工区工程推进誓师大会召开。至10月,出口加工区基础设施建设基本完成。11月23日,出口加工区通过海关总署、发展与改革委员会、商业部、财政部、工商总局、质量检验总局、国家税务总局、外汇管理总局等八部委联合验收组的封关验收。2004年1月28日,举行落户出口加工区首家企业签约仪式。至2010年,落户出口加工区企业共23家,其中外资15家,内资8家。

一、管理机制

【上海闵行出口加工区领导小组】

2003年4月10日,成立上海奉贤闵行出口加工区领导小组。2004年11月8日,更名为上海闵行出口加工区领导小组。领导小组的机构设置与上海工业综合开发区管委会同一套工作机构,另专设加工区管理部,负责出口加工区的综合行政管理、进出口审批、数据统计、职能部门协调、区内企业服务、卡口进出管理、查验管理及其他相关业务。

【上海闵行出口加工区开发有限公司】

2003年8月22日,上海闵行出口加工区开发有限公司成立,注册资本1亿元。公司投资1亿元,上海市工业综合开发区有限公司占股90%,上海奉浦经济发展实业总公司占股10%。主营业务为土地规划、标准厂房开发建设。

【上海闵行出口加工区投资有限公司】

2003年8月22日,上海闵行出口加工区投资有限公司成立,注册资本1亿元。该公司投资5 000万元,上海奉浦经济发展实业总公司占50%,闵行出口加工区开发有限公司占投资的50%。主营业务为基础设施、配套设施的开发建设。

【派驻机构】

2004年5月,奉贤海关设闵行出口加工区办事处。2005年5月,上海出入境检验检疫局设闵行出口加工区办事处,委托奉贤出入境检验检疫局处理日常事务。

二、基础设施

2003年4月11日,奉贤区政府召开上海市工业综合开发区领导小组和闵行出口加工区领导小组工作会议,就出口加工区建设形成会议纪要。一是要求把握建设进度,即4月底完成规划和海关试点方案,10月下旬完成设施建设,11月底前进行封关验收;二是规范办事程序,在时间紧任务重情况下,要求相关部门密切配合、尽心尽责、全力以赴。主要领导亲自动手、落实专人、提前介入,做到"特事特办、程序规范、手续补办";三是做好动迁工作。5月,基础设施和相关设施建设按照海关总署要求全面开展。6月8日,召开出口加工区工程推进誓师大会;10月,主体工程相继竣工。

道路 2003年4月出口加工区道路建设启动。至2010年,建成道路总长5 450米,形成"一纵四横"道路网络。"一纵":奉闵路,为出口加工区中心主干道,全长2 030米,宽24米。"四横":中央大道,全长870米,宽45米;加二路,全长860米,宽20米;加三路,全长850米,宽20米;加五路,全长840米,宽20米。

隔离网、卡口 2003年6月12日,海关总署下发《关于同意上海闵行出口加工区进行封闭网及卡口建设的批复》,出口加工区项目建设按规划进行。沿出口加工区四周建不间断全封闭永久性隔离围网。距隔离网边缘5米无永久性建筑。隔离围网总长5 900米。沿隔离围网内侧修建巡逻通道,沥青路面,总长4 870米,宽9米。出口加工区大门入口处,建有永久主卡口1个,系物流卡口。沿中央大道方向设置双向八车道,另设专供人员进出使用的辅卡口1个,实行货车与客车、人员出入分流,并设有明显标志。

监管设施 2003年5月,启动各类监管设施建设。至2010年,建成海关监管用房1幢,建筑面积220平方米,用于对出口加工区的24小时监控;建设验货场地1.3万平方米;建造检验检疫管理用房150平方米,熏蒸房50平方米;设电子地磅4台(每台80吨)。建立闭路电视监控系统,安装监控摄像探头23只;设置车辆自动识别系统和电子闸门放行系统等。

基础设施建设 2003年4月开始,自来水、燃气、电力、电信等基础设施建设相继启动。至2005年,敷设自来水供水管道4 755米;敷设天然气燃气供气管道4 000米;供电系统电缆布线采用地下走线方式,总长4 555米;建35千伏变电站1座,其配套电网管线共2 500米;电信设施敷设光缆线2 600米。

随着2003年4月开始的道路建设,排污(水)管道敷设同步启动。为确保加工区环境,专建排污泵站1座,敷设排污管道2 500米,与外界排污总输管相接;排水采用暗管自流方式,工程与道路一并建成,敷设排水管道共9 224米。

2003年10月,建成办公用房总面积8 824平方米,总投资4 335.17万元。其中海关、检验检疫办事处合用一幢办公楼,建设面积4 547平方米;出口加工区管委会及开发有限公司、投资有限公司和开发区管委会及开发区有限公司占用一幢办公楼,建筑面积4 277平方米。

2004年4月,为美化出口加工区环境,对该区域内仅有的李家港和萧南港两条横向河道进行疏浚,并建起护坡石驳岸和河道景观绿化。全长共2 000米,总投资1 600万元,成为出口加工区景观水系。

三、投资政策及服务

【优惠政策】

2003年11月23日始,出口加工区经国务院八部委联合验收正式封关运行。根据出口加工区相关政策规定,企业进驻区内投资享受相应优惠政策,并施行相关配套服务措施。

进口免税:生产所需的机器、设备、模具、维修用零配件;基础设施建设所需的机器、设备、建设用基建物资;自用的办公用品;免征海关关税和进口环节税。入区退税:在中国境内的区外企业货物出口到区内可享受国家有关增值税出口退税的优惠,即从区外入区的国产机器、设备、原材料、零部件、元器件、包装物料、合理数量的建筑材料等,按出口办理退税。进料保税:加工出口产品所需入境的原材料、零部件、元器件、包装物及消耗性材料全额保税。出口免税:加工复出口的产品免税;加工区与加工区之间产品、原辅料、机器设备等进出货物免税;区内货物销往境外不需办理出口收汇核销手续;向境外支付不需办理进口付汇核销手续。货物可以在加工区和其他国家之间自由进出。除国家另有规定外,不需配额和许可证。同时享有上海市工业综合开发区的各项优惠政策。

【快捷通关】

2003 年 11 月 23 日封关运行后,为提高效率采取快捷通关 8 项措施。一次审报、一次审单、一次查验;全封闭、24 小时通关;EDI 报关,企业与海关计算机联网;不实行保证金台账,取消《登记手册》;电子底账管理,计算机滚动核销,半年稽查一次;与境外出入货物采用备案制,与境内区外实行报关制;采用直通式运输,在加工区海关报关并在卡口查验放行;合同变更手续简化,可以直接办理。

【配套服务】

2004 年 1 月,为落户出口加工区项目制订代理配套服务措施 8 项,内容涉及企业生产运营过程的各个方面:加工区的行政服务区内(以下简称区内)设有若干投资公司、货运公司、捷运公司为企业提供报关运输服务;区内设立的检验、检疫办事处,为企业提供检验、检疫服务;区内设有外贸公司代理与区外企业贸易,为有关企业办理出口退税和内销产品通道、纳税服务;加工区物业公司负责区内道路、绿化、给排水、路灯等公共设施的日常管理与维护,负责清运企业生产垃圾、工业废弃物、环境卫生管理和维护;区内公司保税仓库,可为企业提供仓储服务等;对境外出入货物采用备案制服务;采用直通式运输服务,在加工区海关报送并在卡口查验放行;合同变更手续服务,直接可以办理;提供包括金融服务、安保服务、招工服务、员工生活服务等。

四、经济规模

2004 年 1 月 28 日,出口加工区举行了上海维超置业有限公司落户签约仪式,这是落户出口加工区的第一家企业。2005 年,上海代尔塔羊皮制品有限公司落户出口加工区并当年投入生产,至年末,该企业完成进出口额 19 万美元,标志出口加工区运转实质性启动。至 2005 年,共落户企业 7 家。其中外资(含合资)项目 6 个,项目投资总额 4 697.84 万美元,注册资本 3 600.98 万美元,合同外资 3 466 万美元,外资项目来自澳大利亚、美国、日本、芬兰和中国台湾。2010 年,出口加工区实现进出口总额 20.20 亿美元,其中,进口额 7.03 亿美元,出口额 13.17 亿美元。

第二节　上海金桥出口加工区(南区)

金桥出口加工区南区(以下简称金桥南区)位于金桥出口加工区东南的唐镇(原王港乡区域)、川沙新镇(原城镇乡区域)和合庆乡(原蔡路乡区域)内,两区相距约 6.6 公里(申江路、金海路口至华东路、龙桂路口)。

金桥南区前身是 1992 年成立的上海王桥工业区。2000 年,王桥工业区(4.2 平方公里)划归金桥出口加工区,并改称为金桥出口加工区南区(原金桥出口加工区改称北区)。金桥南区四至范围:川杨河北、浦东运河西、龙东大道南、华东路东。

2002 年 6 月 20 日,金桥出口加工区(南区)一期 1.55 平方公里通过海关总署、国家计委、国家经贸委、财政部、外经贸部、国家税务总局、工商总局、外汇局等八部委验收,7月1日实施封关运作,享受国家级出口加工区的各项优惠政策。至此,金桥南区分为海关监管区和关外产业区(原王桥工业区区域),总体规划面积7.44平方公里。

一、关外产业区

金桥南区关外产业区为原上海王桥工业区区域,规划面积4.2平方公里,位于川杨河北、浦东运河西,一期开发面积2平方公里。规划区域内主要涉及城镇乡的王桥村,王港乡的水产队和暮一、暮二村,以及蔡路乡的跃进村的浦东运河西部分。

1992年5月,川沙县政府联合城镇乡政府、中国农业银行上海市分行房地产开发公司、中国建设银行上海市分行房地产开发公司、上海市浦东工程指挥部等五方组成上海王桥联合投资开发公司,从事上海王桥工业区的开发建设和经营管理。年末,上海王桥联合投资开发公司与澳门南光集团有限公司合资组建上海王桥联合发展有限公司,主要从事王桥区域内市政基础设施建设、土地开发经营、房地产开发经营等业务。

1992年下半年起,王桥工业区通过边开发建设、边招商转让土地,实行"滚动式开发"。1997年,一期开发区域的"七通一平"市政基础建设基本完成,建成35千伏变电站1座,2万门程控电话光缆通信局1个;累计建成区内白色路面14.85公里,铺设自来水管线7.2公里、下水道9.22公里、污水管8.81公里、输气管道15.28公里。

1994年1月,上海立邦涂料有限公司建成投产。1995年1月,总投资4.1亿美元的中日合资上海索广映像有限公司,成为浦东开发开放后引进的投资额最大的中外合资项目。9月,生产绿色建材的上海杰科有限公司建成投产。1997年8月,上海索广映像有限公司建成投产。

至2000年,王桥工业区一期2.4平方公里区域内引进中外项目72个,转让土地面积127.91公顷,租赁土地0.25公顷,销售厂房面积1.01万平方米,租赁厂房面积1.5万平方米,投产项目24个;工业总产值44.98亿元,利税总额7.5亿元。主要生产企业有上海索广映像有限公司、上海立邦涂料有限公司、上海原宿电器有限公司、上海杰科有限公司、上海盘锦天龙药业有限公司等。建成川北、跃进、妙龙、王港4个动迁安置房小区,总建筑面积16.78万平方米,基本解决了一期1308户居民的动迁房源。王桥工业区一期开发需安置征地劳动力2212人,至2000年累计安置1667人。

2002年,位于南区北部的海关监管区封关运营后,金桥南区的关外产业区四至范围:东至浦东运河,南至川杨河,西至妙境路,北至余浦桃河。

2005年5月18日,上海证券报印务中心签约进区。2006年6月建成启用,成为新华通讯社上海分社的重要印刷基地。11月22日,瑞士奇华顿食用香精香料(上海)有限公司开业。2009年6月26日,总投资1.8亿元、占地4公顷的浦东固体废处置项目建成运营。

2010年,关外产业区主要知名产品有上海索广映像在限公司生产的彩色电视机、摄像机和上海立邦涂料有限公司生产的立邦品牌涂料等。

二、海关监管区

2001年9月,国务院批准在金桥出口加工区南区建立海关监管区,规划面积3平方公里。

基础设施　金桥出口加工区南区海关监管区一成立,金桥南区管理委员会启动投资实施区域市政配套和通用厂房建设工作。2003年,海关监管区内主干道路网络基本形成。2009年末,区内具备完善的配套设施及服务功能。拥有"七通一平"可转让的工业用地40万平方米,配套齐全的仓库面积11万平方米,总长3 840米的"一纵三横"主干道、5 342米巡关环道、22.8万平方米通用厂房以及数据通信光缆网络。区内河道两岸建成宽度为20米、长度约为1 000米的绿化带,区域北部(临龙东大道)建成宽度为200米生态林带。

配套设施　海关监管区内正副两个卡口采用闭路电视监控系统,24小时对通道、周边围网实施监控。卡口道路设三进三出机动车道及一进一出非机动车道和人行道。公共保税仓库及查验站点基地面积1.35万平方米,建筑面积3 106平方米,设集装箱卡车停车位28个和2个装卸货平台。

服务设施　金桥南区与上海市口岸领导小组、海关、商检等部门合作,采用全新直通快捷通关系统,建设"大通关"平台。运用现代管理、信息化和高科技手段,对单证流、货物流、资金流和信息流进行整合,提高通关效率、降低通关成本,简化企业申报手续。金桥"大通关"模式为:一次申报、一次审单、一次查验,可实现空运直通、全封闭24小时通关服务;可实现无纸申报、分批送货集中报关、电子底账管理、计算机滚动核销、半年稽核一次;与境外出入货物采用备案制,与境内区外实行报关制,不实行保证金台账,取消《登记手册》。

2003年,"金桥出口加工区南区综合信息系统"(大通关系统)的开发及局域网的连通基本完成。集管委会、海关和出入境检验检疫为一体,面向区内企业的网上报批、报关、报检平台开通。是年7月,3 400平方米多功能服务中心主体工程交付使用。中国建设银行在服务中心设立营业点,为区内企业办理各类金融业务。监管区管理部门提供报关、报检、贸易代理、运输(包括监管运输)、出口加工区查验站作业、保税仓储等服务。

2005年,经海关批准区内1家企业开通"大通关"运行,8家企业具备"大通关"条件。2007年11月,区国资委同意上海新金桥国际物流有限公司出资150万元独资组建上海金桥出口加工区南区物流有限公司,为区内外客户提供报关、进出口代理、仓储和运输等综合增值服务。

2002年7月,海关监管区封关运营后,第一批签约入驻的项目有:主营汽车等部件出口的中加合资上海乐嘉刹车系统有限公司、生产气动元件的上海费斯托有限公司等。

2004年7月,在美国硅谷工作20多年的尹志尧博士会同一批早期留学海外的华人技术和管理专家,开展等离子刻蚀机和化学沉积薄膜设备的研制,在张江高科技园区创办国内首家加工亚微米及纳米级大规模集成电路关键设备的公司——中微半导体设备(上海)有限公司,后因产业特殊性和政策局限性从张江搬迁至金桥南区。2005年1月,中微半导体设备(上海)有限公司7 000平方米办公用房及生产用厂房一期工程在金桥南区开工奠基。

2005年4月18日,由上海市经济委员会命名的上海半导体装备产业基地和上海半导体装备产业发展中心在金桥南区挂牌。此后,以中微半导体(上海)有限公司为主的具有自主知识产权的半导体装备企业集群在区内快速发展。

2005年6月,明基集团公司收购西门子移动通信手机业务后,12月在金桥南区注册成立了明基电通(上海浦东)有限公司,建立明基及西门子手机生产配套基地。新厂房建设期间,在金桥北区原西门子公司厂房作为生产场地,形成"关内注册、关外运作"新模式。2007年9月1日,明基品牌与代工制造业务正式分割,明基电通更名为佳世达电通(上海)有限公司,11月15日在南区举行开业典礼,设立的新工厂是佳世达全球五大生产基地之一,主要从事手机生产业务。

2005 年 7 月，由注册在开曼群岛的光达科技公司和上海工业投资公司共同投资的睿励科学仪器（上海）有公司在金桥南区海关监管区组建成立，主要研制聚焦离子束和光学线宽检测设备。2009 年 1 月，睿励科学仪器（上海）有公司迁址至张江高科技园区张江创业园，扩建生产制造中心。

2006 年 4 月 18 日，生产圆珠笔、活动铅笔等一次性文具的比克（上海）文化用品制造有限公司开业；6 月 6 日，生产传感器、温度调节器、计时器等工业用控制电器的欧姆龙（上海）有限公司竣工投产。

2007 年 5 月，费斯托（中国）自动化制造有限公司开业。6 月 26 日，签订土地使用权转让合同，受让海关监管区内 10 万平方米土地予全球最大的半导体封装测试厂商台湾日月光公司设立封装测试工厂——威宇宏欣半导体有限公司，用于半导体出口产品的封装和测试。8 月，罗克韦尔自动化控制集成（上海）有限公司开业。

2008 年 7 月 11 日，主要从事医疗诊断设备零部件生产的莱茵特电子系统（上海）有限公司开业。

2009 年，海关监管区内有 32 家企业获准注册，其中 30 家外商投资企业、2 家中资企业；吸收投资总额 15.94 亿美元，合同外资 5.55 亿美元。主要涉及半导体装备、工业自动化、电子信息、精密仪器等高科技、高附加值、高出口创汇产业。是年，海关监管区工业总产值 13.54 亿元，工业产品销售额 15.96 亿元；进出口总额 2.38 亿美元，其中出口额 1.58 亿美元，进口额 8 000 万美元；历年累计进出口总额 19.14 亿美元。

2009 年 2 月 18 日，金桥南区保税物流功能正式启动，价值 32.41 万美元、品名为注塑机的首批货物由恩格尔机械（上海）有限公司加工贸易手册结转入区，顺利抵达金桥南区保税仓库，再作为减免税设备转入东泰精密模具（苏州）有限公司。保税物流功能的实施，解决了进出口企业、外商投资企业的保税物流需求，有利于拉长产业链、价值链，实现投资回报最大化。

表 6 - 2 - 1   2003—2010 年金桥出口加工区海关监管区经济数据情况表   单位：亿元

分　类	2003 年	2004 年	2005 年	2006 年	2007 年	2008 年	2009 年	2010 年
工业总产值	3.56	5.45	6.39	7.37	18.71	15.51	13.54	13.74
出口交货值	0.28	4.73	5.23	7.07	19.32	15.2	10.81	—

资料来源：2003—2009 年数据由金桥出口加工区提供；2010 年数据摘自《2011 年上海市开发区发展报告》

保税物流业务政策主要有：为关内外企业提供国际采购和分拨业务，境外货物进南区保税，免征进口环节税；境内区外企业一般贸易出口进南区即退税，境内区外企业加工贸易出口进南区即视同口岸出口（手册核销）；加工贸易转内销以成品征税，免征利息税。金桥南区生产加工企业和物流企业可根据生产经营或售后服务需要，将未经实质性加工的货物运至境外或境内区外企业。保税物流业务流程：境外企业把货物发送至金桥南区公共保税仓库，货物处于保税状态；国内企业加工贸易手册中成品出口到金桥南区公共保税仓库，货物实际入库后，海关签发出口报关单手册核销联（手册核销）；国内企业一般贸易出口货物到会桥南区公共保税仓库，货物实际入库后，海关签发出口报关单退税联（出口退税）。

保税物流"半日游"流程：国内企业加工贸易手册中成品出口到金桥南区公共保税仓库，货物实际入库后，海关签发出口报关单手册核销（手册核销）；国内企业一般贸易出口货物到金桥南区公共保税仓库，货物实际入库后，海关签发出口报关单退税联（出口退税）。

第三节　上海漕河泾出口加工区

一、出口加工区创建

漕河泾开发区自 1988 年创立以后,招商引资带来了产业集聚,区内出口加工企业多,技术水平高,出口额增长迅猛。至 1998 年,开发区出口额以每年 50％的速度增长。1998 年,开发区完成出口 6.2 亿美元。上海出口 50 强企业中,漕河径开发区占有 6 家。开发区内出口额 500 万美元以上的企业有 15 家,1 000 万美元以上的企业有 10 家;出口产品额与销售收入比超 50％的企业有 48 家,出口产品额达 5.59 亿美元,占全部出口额的 90％;有 20 多家企业产品 100％出口,出口额 3.56 亿元,占全区出口产品总额的 57％。其中从事大规模集成电路生产销售的上海朗讯科技通信设备有限公司出口总额达 1.4 亿美元。开发区出口产品中高技术产品,如大规模集成电路、光通信设备、计算机软件、新材料和电子元器件等占总出口额的 98％。漕河泾开发区成为上海高新技术产品出口的主要基地之一。

1999 年 7 月 1 日,上海市漕河泾新兴技术开发区发展总公司上报了《关于在漕河泾开发区内设立出口加工区的请示》。8 月 16 日,上海市漕河泾新兴技术开发区发展总公司上报了《关于在上海漕河泾信息技术开发区试行高新技术出口加工区管理办法的情况汇报》,再次阐述了建立高新技术出口加工区的条件和发展前景,开发区内国内高新技术企业和知名高技术跨国公司集中,出口潜力很大,漕河泾开发区出口加工贸易有快速的增长,而且还具备很大的增长潜力,主要依托开发区内一批兴起的高新技术后续项目。如上海朗讯科技通信设备公司和朗讯科技光纤公司等扩建项目(已签合作意向书),投产后出口加工贸易额达 4 亿美元;年产 100 万台笔记本和网络电脑主机板的上海英业达集团(上海)电子技术公司扩建项目,产品全部出口,出口加工贸易额达 15 亿美元;英国欧华公司与开发区西区公司联合建设占地 60 多公顷的高科技园区的项目,建成后区域内高科技产品的出口额,在 5 亿美元以上。以上这些后续项目的总投资达 20 亿美元,总体出口加工贸易形成了 50 亿美元的规模。漕河泾开发区的进出口业务,自建立开发区后,一直由上海经济技术开发区海关进行专门管理,并形成了一套完整的国家级开发区海关监管的制度和方法,这对开发区实行海关区域性封闭式管理打下了良好的基础。

1999 年,漕河泾开发区进出口产品总额达 10.6 亿美元,其中,直接出口遍及世界近 20 个国家和地区,出口总额为 6.9 亿美元。出口额 1 000 万美元以上的企业有 14 家。

2000 年 5 月,漕河泾开发区在内的上海高新技术开发区获科学技术部和外经贸部批准,成为全国首批出口基地。是年,漕河泾开发区进出口产品总额达 14.3 亿美元,其中出口总额为 9.6 亿美元。出口额 1 000 万美元以上的企业有 18 家,出口额 500 万美元以上的企业有 30 家。

2001 年 11 月,国务院委员吴仪视察了漕河泾开发区,充分肯定了漕河泾开发区集约用地、坚持发展高新技术产业的发展特色,提出"漕河泾开发区可以采用'一区一园'的方式,要根据实际需要选好地,做好规划,按程序办,一次落地"。为此,开发区开始了选址工作,最终选定与闵行区人民政府(以下简称闵行区政府)合作,在闵行区浦江镇整合浦江工业区建设浦江高科技园。

2002 年 9 月 23 日,闵行区政府、上海市漕河泾新兴技术开发区发展总公司联合上报上海市计划委员会《关于合作建设漕河泾开发区浦江高科技园的请示》。请示中指出,"近几年来,江苏、广东、北京等地利用外资发展较快,外资项目几乎全部落户在国家级开发区内,国家级开发区的品牌和各项政策,对增强招商引资竞争能力仍有着十分重要的作用。最近,北京、江苏等地考虑到国家级开发区政策的延续性和稳定性,已分别报告国务院请求扩大所属国家级开发区面积。其中,北京经济技术开发区近日已获批准扩地 15.8 平方公里。"闵行和漕河泾开发区"决定联合双方优势资源,共同出资组建有限公司,进一步开发、建设已有的浦江工业区。该园区占地 6.2 平方公里""由漕河泾开发区总公司一并以漕河泾开发区浦江高科技园的名义,上报国务院批准为国家级经济技术开发区区域,享受相同的优惠政策。"

2002 年 11 月 28 日,闵行区政府与漕河泾开发总公司共同召开了加快漕河泾开发区浦江高科技园筹建的专题会议。会议明确漕河泾开发区浦江高科技园区应作为一个整体,统一规划,统一产业发展方向。由漕河泾开发区负责规划控制及管理,规划设计委托国际招标;浦江镇积极协助并提供镇规划及浦江工业园区的有关资料。出口加工区一期规划面积 1.6 平方公里,规划范围为:北临周浦塘,南至浦友路,西起三鲁路,东至万芳路,由漕河泾开发区负责开发、经营和管理。为加快园区的筹建并确保顺利进行,拟成立园区建设协调委员会,由闵行区政府和漕河泾开发区的领导任委员会的负责人,委员会成员由区政府有关部门、浦江镇和漕河泾开发区的有关部门领导组成,委员会下设办公室。园区内企业的税收应落户在闵行区;税收区内留成部分 50% 返还漕河泾开发区发展总公司,专项用于漕河泾开发区浦江高科技园区建设。

2002 年,市政府决定,漕河泾开发区在闵行区浦江镇扩区建设高科技园区,定名为"漕河泾开发区浦江高科技园"。浦江高科技园由出口加工区、高科技园区及综合配套区组成。

2003 年 3 月 10 日,国务院批转海关总署同意在浦江高科技园内设立漕河泾出口加工区,规划面积约 2.9 平方公里。4 月 25 日,上海市发展计划委员会下发《关于青浦、漕河泾、闵行、松江工四个出口加工区项目可行性研究报告的批复》,同意上海市漕河泾新兴技术开发区发展总公司、上海闵行出口加工区开发有限公司作为出口加工区建设主体;漕河泾出口加工区选址在闵行区浦江镇高科技园区北靠中心河,南临陈行路,西起浦星路,东至万芳路的 3 平方公里范围内;漕河泾出口加工区开发一期 0.9 平方公里,总投资为 3.49 亿元。4 月底,开发区完成总体规划和海关试点方案。

2003 年 10 月下旬,出口加工区一期约 0.9 平方公里范围内的市政道路、隔离设施及监管设施海关办公楼、管委会办公楼、隔离围网、进出境卡口、查验场、监管仓库、主要进出通道、海关监控系统及市政配套设施建设全部完成。

2003 年 11 月 23 日,漕河泾出口加工区在海关总署、国家发展改革委、财政局、商务部、国家税务总局等国务院八部委的严格验收中顺利过关。是日下午,海关总署副署长龚正和中共上海市委常委、副市长周禹鹏为"中华人民共和国漕河泾出口加工区"揭牌,并颁发证书。奠定了漕河泾开发区"一区一园"的发展格局。

2004 年 3 月 1 日,漕河泾出口加工区正式封关运行。台湾英业达集团旗下的英顺达公司同步入驻出口加工区,并于年内投产。7 月,漕河泾出口加工区获批扩区后,并入漕河泾浦江高科技园。按照国土资源部公告,漕河泾出口加工区公告面积为 300 公顷。其四至范围为:东至万芳路,南至陈行公路,西至浦星公路,北至中心河。按照国土资源部公告四至界址点围成的图形,漕河泾出口加工区公告图形面积为 269.81 公顷。

二、出口加工区运营

漕河泾出口加工依托漕河泾开发区发展高科技产业的品牌优势,注重提高经济增长的质量和效益,注重土地的集约开发和利用,不断推动技术创新和产业结构优化。

2004—2008 年,漕河泾出口加工区累计出口总额达 343 亿美元,约占全国 60 个出口加工区出口总额的 12%。2004 年 5 月底,英顺达二期工程、英业达科技有限公司、英华达(上海)科技有限公司经市政府批准均进入漕河泾出口加工区,3 个项目投资总额 2.68 亿美元,注册资本 9 150 万美元,用地约 48.4 公顷。2004 年开发区出口总额 55.3 亿美元,其中计算机硬件及软件出口达 48 亿美元,集成电路出口额为 2.9 亿美元,新材料、新能源出口额为 2.1 亿美元。2004 年,漕河泾出口额占全国出口总额的 1%。英业达(上海)有限公司和英顺达科技有限公司主要产品是笔记本电脑、服务器等,主要为惠普、东芝等公司代工,是世界上排前五名的笔记本电脑及服务器的代工厂家,这两家公司出口在上海分别排第四名和第五名,在全国分别排第 27 名和第 28 名。

2005 年,加工区完成固定资产投资 12.35 亿元,其中基础设施建设 8.36 亿元,与 2004 年基本持平,出口加工区完成了 11 万平方米标准厂房的建设。经过近两年不断地投入,区内道路供电、供水、排水、排污、供暖、照明、电信等基础设施得到完善,为招商引资打下了坚实的基础。至 2005 年,出口加工区内共有厂房面积约 53 万平方米,其中管委会自建标准厂房 11 万平方米,为招商提供良好基础条件。引进了音王电子公司、麦迪实信息软件公司、市政设计院等项目。

2005 年,漕河泾出口加工区工业总产值达 357.45 亿元,实现增加值 4.05 亿元。进出口总额达 74.37 亿美元,其中出口额达 45.8 亿美元,进口额达 28.57 亿美元。出口加工区进出口总额占上海市 2005 年进出口总额的 2%,占全国出口加工区近 13%。区内企业共吸纳从业人员 1.7 万人。

2005 年,漕河泾出口加工区的出口总额位列全国出口加工区第三。至 2005 年,出口加工区累计引进重大外资项目 7 个,投资总额 3.61 亿美元,合同外资总额 1.25 亿美元,实际利用外资 1.24 亿美元。其骨干企业英业达集团 1991 年进入漕河泾开发区,生产延伸至加工区,追加投资设立 4 家企业,其中 3 家为“2004 年度上海外贸出口百强金奖企业”;产品涵盖笔记本电脑、服务器、手机、无线个人数字助理机、计算机辞典等产品,构成了加工区高新技术产品出口的主体,麦迪实信息软件和新进电子科技作为英业达配套厂商入驻加工区,主要研发生产计算机软件包、电脑等电子产品的附属产品。安凯精密金属零件工业(上海)有限公司和德耐宝齿科(上海)有限公司也落户出口加工区。

2008 年,园区每公顷实现工业总产值 951 亿元,位居全国出口加工区首位。至 2008 年,漕河泾出口加工区共引进各类高科技企业 17 家,其中外资企业 14 家。园区共计吸引投资总额 6.89 亿美元,单位面积土地投资强度达 7.65 亿美元/平方公里。

2008 年以后,受金融危机等因素影响,世界经济增长放缓,一些发达国家经济出现衰退。上海漕河泾出口加工区与区内企业共同携手面对严峻的世界经济局势,克服重重困难,出口总额不降反升。2008 年 1—11 月,上海漕河泾出口加工区出口总额达 109.21 亿美元,在封关运作的第五年,年出口总额超过 100 亿美元,提前实现中共上海市委、市政府在园区封关之初提出的成为 100 亿美元出口园区的期望。

2009 年 1 月,海关总署下发《关于出口加工区拓展保税物流等功能海关监管有关问题的通知》,允许全国出口加工区全面拓展保税物流能。3 月 2 日,漕河泾出口加工区管委会向区内企业公布《上海漕河泾出口加工区保税物流等功能拓展工作实施方案》,保税物流等功能拓展工作在漕河泾出口加工区全面启动。出口加工区在保税加工的基础上叠加了保税物流等功能,有利于区内企业向产业链两端延伸发展,鼓励生产型现代服务企业入区发展,同时为周边区域提供了一个具有保税物流功能的国家级政策平台。

三、出口加工区发展成果

自 2004 年 3 月 1 日正式封关运作以来，出口加工区先后完成了土地开发、基础设施建设和主导产业布局。出口加工区以台湾英业达集团的 IT 产业作为主导产业，并积极引进上下游企业作为配套辅助产业，以英业达集团为主的高科技电子通信、IT 企业的集聚初具规模，其中英顺达、英业达及英华达三家外资"大户"更是创出了出口超 100 亿美元的业绩。

2009 年，出口加工区完成工业总产值 972.5 亿美元，进出口额稳居全国出口加工区第三。漕河泾出口加工区紧紧依托上海现代化、国际化都市的区位优势，加快产业结构调整和经济建设步伐，以外资带动内资，增强自主创新能力，对上海经济发展起到积极有效的窗口、示范、辐射和带动作用，成为上海经济社会发展新的重要区域之一。

2009 年底，漕河泾出口加工区有偿使用土地面积为 87.55 公顷，占开发区总面积的 35.5%，土地招拍挂实现率为 100%，已出租出让的土地中，90% 以上实现项目开工投产。至 2009 年，漕河泾出口加工区已建成的 87.84 公顷城镇建设用地中，工矿仓储用地为 69.96 公顷，占开发区已建成城镇建设用地面积的 79.64%；交通运输用地为 17.69 公顷，占开发区已建成城镇建设用地面积的 20.1%；公共管理与公共服务用地面积为 0.19 公顷，占开发区已建成城镇建设用地面积的 0.22%。土地资源得到有效利用，土地资源管理效率较高。

2010 年 9 月，闵行区规划和土地管理局、上海漕河泾新兴技术开发区发展总公司、上海漕河泾出口加工区管理委员会、上海市地质调查研究院作出《上海漕河泾出口加工区土地集约利用评价》。评价对土地利用特点进行了总结，漕河泾出口加工区功能定位明确，产业用地主导地位明确；区位特征明显，园区合作共赢，高起点规划、强产业导向、高集约用地、低土地基础投入、高土地产出效益等用地特点反映了高城市化地区产业功能区发展的共同趋势；规划引导性强，用地符合度高；土地管理到位，集约效益显著。

评价指出，漕河泾出口加工区自创建后，始终坚持"以发展工业为主、以利用外资为主、以出口创汇为主，致力于发展高新技术产业"(三为主，一致力)发展方针，按照"统一规划、分期实施"的原则，紧紧依托中心城市，实行"开发一片、建设一片、滚动开发、循序渐进"的做法，贯彻从"项目入手，逐步发展"的指导思想，在科学规划、集约开发，提高经济与社会效益等方面取得了显著业绩，在全国国家级开发区中发挥了"排头兵"作用，成为全国国家级出口加工区中发展速度快、技术含量高、经济效益好的开发区之一。

第四节　上海松江出口加工区

一、出口加工区创建

【出口加工区 A 区】

2000 年 4 月 27 日，松江出口加工区 A 区经国务院批准设立，位于松江工业区中部分区，G15(沈海高速)公路、南乐路、北松公路所围闭的范围，规划面积 2.98 平方公里，实行全封闭管理。加工区 A 区监管设施包括区内卡口、监管仓库、验货场地、隔离设施、检验检疫、数字监控、计算机网络及通信系统等，首期于 2001 年 1 月 18 日完成建设正式封关运作，封关区域 1.98 平方公里。

2002年8月,二期1平方公里完成建设进入封关运作。封关范围以陆家浜、南区路、北松公路、华恒路的围合范围为界,并沿通航河道蟠龙港、俞塘河设内部围网后,划分为4个相对隔离的加工片区,各部分之间以桥梁连通。2009年6月,为缓解加工区运作多年之后区内原有的功能设置与园区业务量的矛盾,上海松江出口加工区管理委员会斥资2.6亿元,对A区进行了全面的规划调整。2010年,作为松江区重点工程项目之一,整个工程仍在建设中。

【出口加工B区】

2003年3月14日,松江出口加工区B区经国务院批准设立,位于松江城区西侧,紧邻松江新城和松江大学城,G60(沪昆高速)公路和G1501(上海绕城高速)公路在此交汇,距上海吴淞港47公里,距上海虹桥国际机场20公里,规划面积2.98平方公里,实行全封闭管理。加工区B区监管设施包括区内卡口、监管仓库、验货场地、隔离设施、检验检疫、数字监控、计算机网络及通信系统等。2003年11月23日,一期1.33平方公里完成建设封关运作。根据出口加工区隔离和有关海关监管设施的特殊要求,加工区B区内沿隔离围墙设12米宽巡逻通道,由南至北形成3条环路,供区内车辆通行和海关监管,内部道路交叉口均为平面交叉口,连接松蒸公路南北两侧的主要道路为上跨道路,以满足海关对出口加工区的封闭隔离要求,B区的物业管理办公用房和海关商检、监管办公用房设于物流卡口内东西两侧地块内。

二、管理机制

【上海松江出口加工区管理部】

2000年7月,经松江区人民政府批准,建立上海松江出口加工区管理委员会。2002年1月,设立出口加工区办公室,负责管理加工区日常事务。2003年3月,加工区B区成立后,A、B区日常事务由办公室统一管理。2004年1月,加工区办公室更名为出口加工区管理部,下设行政科、建设管理科、经贸科,是履行出口加工区管委会对出口加工区日常事务处理和协调、联络相关职能部门关系的综合管理机构。办公地址:上海市松江区北松公路5688号。

加工区管理部依据加工区整体规划和国家对加工区的要求及运作规程,具体负责对加工区区域内的综合管理。协助驻区海关做好区域保税监管工作,协助海关登记、检查出入加工区副卡口的人员和车辆,协助公安部门做好区域内的治安保卫工作,维护区域安全。负责加工区内文书、信息、联络及经济指标的统计工作。负责加工区内企业加工贸易生产能力的审核,负责国内物资、基建材料、施工设备等进出区的审批,负责区内企业加工贸易的审批,负责区内进口设备的审批。联络、协调加工区内企业与海关、商检、外汇、外税及管委会相关部门的关系,负责加工区个相关部门后勤保障工作。督促、检查监管系统的维护管理。负责出口加工综合办公楼、武警营房的日常维护管理。协助做好其他特殊监管区域及国家、市相关单位的来访、调研等接待工作。

【松江海关驻出口加工区办事处】

2001年1月,松江海关驻出口加工区办事处设立,为松江海关在出口加工区的常驻机构,对松江出口加工区A、B两区内的进出口货物及区内相关场所实行24小时全天候监管,并负责办理区内企业注册、设备料件备案、进出境货物申报、审价、税款征收、统计、卡口核放、货物查验、监控、巡查、核销等海关业务。办事处下设有 3 个业务科室：通关备案一科、监控核销一科、通关备案二科。通关备案一科负责 A 区企业注册、备案审批、进出口通关、征税等业务,监控核销一科负责 A 区核销、围网监控、车队管理、卡口核放、查验、区内巡查等监管业务,通关备案二科负责 B 区所有海关业务。

【武警部队】

2001 年,为加强松江海关驻出口加工区办事处的监管力度,武警 8632 部队通信连 25 位官兵进驻松江出口加工区 A 区,主要负责协助海关在卡口和查验平台实行监管、检查等工作。至 2010 年,随着加工区规模的不断扩大,驻区武警部队人数也在不断增加。

三、规划与建设

【出口加工区(A 区)规划】

2000 年 4 月 27 日,国务院批准设立上海松江出口加工区,为全国首批 15 家试点单位之一。2000 年 10 月,由松江区规划管理局规划设计所编制完成《上海松江出口加工区规划》《上海松江出口加工区规划图》。

根据国务院关于"利用开发区原有土地,不搞重复建设"的指示精神,上海松江出口加工区 A 区一期具体选址在松江工业区三期范围内,规划面积 1.98 平方公里,范围东至车新公路、南至三庄路、西起蟠龙塘、北临南区大道。有铁路隧道与工业区三期工程相通。出口加工区二期规划范围 1 平方公里,毗邻一期工程。

用地规划标准厂房用地占 20%,精细化工批租用地占 30%,其他项目批租占地 45%,办公管理用地占 5%。

区内基础设施及隔离监管设施：整个 A 区外围全长 8 公里,全部用绿色浸塑菱形铁板网隔离,规划隔离网内、外 5 米内没有永久性建筑。区内沿隔离网修筑巡逻通道。区域中间规划一条东西走向的主干道,纵向若干条次干道将加工区分隔成网格式。A 区内规划 2 个卡口,在南区大道、车新公路口海关监管处设物流卡口,在南区大道、茸新路口设人流卡口。物流卡口设集装箱及车牌自动识别系统、电子地磅系统、电子闸门房型系统、自动红绿灯系统、通道报警、闭路电视监控系统。在 A 区东北角,规划建海关办公楼、商检办公楼、管委会办公楼,以及查验平台等组成的监管区,规划占地 10 730 平方米。

【出口加工区(B 区)总体规划】

2003 年 3 月 14 日,国务院批准扩大上海松江出口区,建立 B 区。2003 年 4 月,松江建筑设计院有限公司编制完成《上海松江出口加工区(B 区)总体规划》。B 区位于沪杭高速公路以南、同三国道以东、油墩港以西、铁路沪杭线以北,总规划用地面积 2.98 平方公里。

加工区内道路成网格状,规划两纵两横的主干道将整个加工区划分为若干个矩形(20 公顷～23.33 公顷),利于厂区布置。隔离网周边以道路环通,便于巡逻。

根据有关规定,加工区一般应设 2 个卡口,即 1 个物流卡口、1 个人流卡口。鉴于松蒸公路穿过整个加工区,在松蒸公路南侧 12—14 号地块加设 1 个人流卡口。在加工区物流卡口西侧,设海关监管办公楼、商检楼、加工区综合大楼,用地面积 2 000 平方米。物流卡口加大出口流量。规划 4 进

4 出,查验平台不少于 10 个,堆场面积为 1.1 万平方米。物流卡口设集箱及车牌自动识别系统、电子磅秤系统、电子闸门放行系统、自动红绿灯系统、计算机局域网系统等。

在 2.98 平方公里周边建 15 公里不间断浸塑菱形铁板网,总高度 2.9 米。隔离网内、外 5 米不建永久性建筑。

【出口加工区 A 区建设】

园区建设　松江出口加工区以俞塘河为界,分为一期和二期,初期共设置 4 个卡口,建成了五横七纵共 12 条道路,道路总长度 21.1 公里,道路网密度达 5.86 公里/平方公里,道路路幅基本为 7 米,基本能够满足生产和生活的交通需求。1 号主卡口位于车新公路与南乐路东北角,是整个出口加工区的主要货物出入口,设 2 进 2 出共 4 个通关查验车道,并设内部查验广场和外部停车广场。2 号卡口位于茸江路与南乐路交叉口,是主要的人员出入口与区内企业及员工车辆通行口,限制外埠车辆通行。3 号卡口位于南乐路与东泖路交叉口,是供工作的人员出入和限制机动车辆通行。4 号卡口位于 A 区二期范围的华扩路与南乐路路口,主要满足国基电子生活区工作人员以及客车通行,限制货车通行。

随着园区的不断发展,原有的关口设置和内部道路都难以满足园区进一步发展的要求。为此,2006 年,园区斥资 2.6 亿元对 A 区进行全面的规划调整。调整包括对园区主干道的拓宽、架设天桥、新建卡口、查验场地及综合办公楼。整个工程于 2010 年 6 月正式完工并投入使用。规划调整新增及拓宽道路总长度 5 500 米,新增道路面积 8.4 余万平方米。园区主卡口由原来的东北角移至西北角,设 6 进 6 出共 12 个通关查验车道。查验区由原来的只能容纳 80 辆集装箱货运车扩容到能容纳 400 辆集装箱货运车辆。规划调整后原来的 1 号主卡口用于人员及客车通行,限制货车通行。2 号卡口变为厂区人员出入口,主要服务于达丰生活区员工进出园区。3 号卡口和 4 号卡口职能不变。

松江出口加工区 A 区设施建设,仅用 105 天就完成 2.3 万平方米的当时世界最先进的 IT 智能化厂房建设和 5.18 万平方米的标准厂房建。投入资金近 5 亿元,完成了农民动迁、海关监管设施建设和区内“六通一平”配套设施建设。

基础设施建设　松江出口加工区基础建设包括道路桥梁建设、排水系统建设、污水处理系统建设、供气系统建设、供电系统建设和通信系统建设。

道路桥梁:加工区 A 区内规划道路分为城市次干道、城市支路两个层次。2002 年上半年,建成茸腾路、茸华路、茸翔路、加江路、南乐路 31 弄、华德路、茸江路、东泖泾路、西泖泾路等 20 条道路,道路总长度 22 816 米;新建桥梁 3 座(茸华路俞塘河桥、华铁路俞塘河桥、三庄路中心河桥)。2006 年,园区投资 2.6 亿元,对 A 区进行全面规划调整,包括主干道拓宽、架设天桥、新建卡口、查验场地及综合办公楼。

排水系统:俞塘河以北地区为雨水自然区,雨水就近收集自流排入河道。俞塘河以南地区为雨水强排区,在俞塘河南侧、茸新南路以西新建了茸新南路雨水泵站,以解决俞塘河以南、出口加工区二期地区的排水问题。北泖泾以东区域属加工区以南、加委路以西的雨水泵站服务范围;北泖泾以西属南乐路以西、俞塘河以南的雨水泵站服务范围。

污水处理系统:工业区二、三期和出口加工区 A 区产生的污水进入松江东部污水处理系统。截至 2011 年,A 区所有污水收集管网全部建成,管网覆盖率 100%。

供气系统:出口加工区 A 区区域内由松江工业区液化站提供管道石油气,在南乐路敷设

DN150～DN200 石油气管，茸华路下设 DN100 石油气管。

供电系统：2001 年 12 月，茸新 35 千伏变电站建成使用。2008 年 7 月，华恒 110 千伏站投入运营。俞塘 10 千伏开关站也建成并投入使用。

通信系统：由塔汇通信机房提供固定通信号线，茸腾路以北、中心河以西设通信机房 1 座。

【出口加工区 B 区建设】

园区建设　加工区 B 区内地块方正，道路系统成网格状，呈"两纵三环"态势。区内共有 2 条红线宽 26 米的南北向主要道路和 1 条红线宽 12 米的东西向主要道路；其余为次要道路，红线宽度以 12 米为主，有 2 段宽 26 米的东西向道路连接南北向主要道路，用以缓解上跨立交与地面道路连接处的交通压力。根据海关总署关于《出口加工区隔离设施及有关监管设施标准》的规定，加工区 B 区为封闭式管理，沿加工区外围设不间断全封闭永久性围墙，设置 2 个出入关口，在松蒸公路北侧设有 1 个物流卡口和 1 个人流卡口。

鉴于松蒸公路贯穿了整个园区，在松蒸公路南部地块加设 1 个人流卡口；为了方便家住松江城区的员工出入加工区，在古浦塘北侧地块内长兴港西侧加设人流卡口，园区内道路向东延伸，与松江城区内的荣乐路相连接。形成了 1 个物流卡口和 3 个人流卡口，每个卡口都设置相应的监控设备。加工区 B 区靠近物流卡口内侧设出关货物验货专用平台和货物临时存放仓库。

基础设施建设　出口加工区 B 区基础设施建设包括道路桥梁建设、排水系统建设、污水处理系统建设、供水系统建设、供气系统建设、供电系统建设、通信系统建设。

道路桥梁：加工区 B 区地块方正，公路系统成网格状，呈"两纵三环"态势。区内共有两条南北向主要公路和一条东西向主要公路；其余为次要公路。出口加工区 B 区道路建设于 2003 年 12 月完成，共 9 条道路，即民翔路、茸加路、茸康路、巡环南路、巡环北路、巡环东路、巡环西路。

排水系统：保留疏通区域内主要河道古浦塘，使之与外部主要河道连接，形成完整的自然水系排水系统。雨水系统利用地形条件和区域内水系，采用分区分布，利用雨水管道就近排入水体的原则，增建水闸和排涝泵站，充分发挥自排与机排的效率。

污水处理系统：出口加工区 B 区污水纳入松江西部污水处理厂。支管收集的污水首先接入茸加路污水干管，然后通过乐都路污水厂总管进入松江西部污水处理厂。

供水系统：出口加工区 B 区水源取自昆冈水厂，内部供水管网布置给水主干管管径为 500 毫米，给水次干管管径为 300 毫米，配水管管径为 100 毫米以上，主干管呈环状布置确保用水安全可靠。

供气系统：出口加工区 B 区规划天然气气源由大港的高压门站接入，为保证双向进气，还在松蒸公路上接近松江城区内环接入中低压天然气。加工区内共设 2 个中低压燃气调压站，满足燃气服务半径。

供电系统：总用电量分值为 10 万千瓦，2010 年启动新建 1 座民康 35 千伏变电站、民翔 10 千伏变电站。

通信系统：在加工区 B 区内办公用地北侧设置一程控电话局房，装机容量为 1 万门，电信电缆采用管道地埋式敷设。

四、投资环境

电力：区内由华东电网供电，可提供 10 千伏、35 千伏、110 千伏各等级供电，总容量达 100 万千伏安。供水：区内自来水由松江自来水公司直接供应,日供水能力27万立方米,水压为1.6公斤以上。排水：区内道路两侧铺设有雨水排放管道,可直接通过河道排入黄浦江。污水：区内污水接纳到东部污水处理厂和西部污水处理厂集中处理,日处理能力分别为7万吨和10万吨。通信：区内设有电信局房,可提供国际国内直拨电话、电传、传真等各类通信服务。区内企业可申请IS-DN、ADSL、DDN等通信系统。燃气：区内建有石油液化气储配站,热值达2.5万大卡标准立方,日供气能力达30万立方米。

水运：距上海吴淞港47公里;松江境内有3个1 000吨码头。

公路：周边有G60(沪昆高速)公路、G15(沈海高速)公路、松闵公路、沪松公路等高等级公路,构成便捷的公路交通网络。G1501(上海绕城高速)公路与G60(沪昆高速)公路和G15(沈海高速)公路连成一体。上海市区外环线距松江出口加工区18公里。航空：距上海虹桥国际机场20公里;距上海浦东国际机场42公里。铁路：距上海铁路新客站40公里。上海通往南方的高铁干线(沪昆线)贯穿松江出口加工区。松江至上海市区有轻轨交通9号线。

出口加工区A、B区,实行全封闭管理,区内海关、商检、税务、工商银行、外贸、运输、报关一应俱全。落户企业可在区内办理完一切出口手续,货物进出口的通关物流时间只需4小时,达到先进国家水平。

五、产业发展

2000—2010年,出口加工区招商部利用出口加工区投资环境的优势,共引进外资企业117家,其中世界500强国际知名公司20余家、国际著名跨国公司30余家。在落户企业中,以广达电脑为主的电子信息制造产业是A区的主要产业,其主要产品为笔记本电脑。另外,享有国际知名度的台湾积体电路制造股份有限公司也落户在出口加工区B区。松江出口加工区B区重点发展为IC产品产业配套的出口型企业以及其他以出口为主的高新技术企业。

至2010年,松江出口加工区初步形成以富士康集团、广达集团为龙头,区内配套企业共同发展的雁行式发展态势和"一业特强,多业发展"的产业布局。

【经济规模】

工业总产值　松江出口加工区自开建之后,利用自身优越的投资环境,注重招商引资。1992—2010年,项目开发部和出口加工区招商部在出口加工区A、B区域内,共引进三资企业117家,其中产值大户35家,出口创汇大户22家,税收大户20家。2000—2010年,出口加工区三资企业总产值14 409亿元。

出口创汇　2004年1—11月,松江出口创汇首次突破100亿美元,达102.87美元,占上海市出口创汇总额的15.3％。2005年,松江出口创汇达157.83亿美元,占上海市直接出口创汇比重的17.5％,创历史最高水平。2007年12月,松江出口加工区累计完成进出口总额1 126亿美元,占中国出口加工区总额的34％,连续7年领跑中国出口加工区。

税收　2000—2010年,松江出口加工区工商税收入累计29.5亿元。税收主要为增值税,其次为营业税和企业所得税。松江出口加工区税收收入50万元以上重点企业有40家,占落户企业34.2％。2010年,税收超1 000万元的企业有11家,分别为达人(上海)电脑有限公司1 665万元、达丰(上海)电脑有限公司9 837万元、达功(上海)电脑科技有限公司3 159万元、达耐时工业(上海)有限公司1999万元、展远(上海)电子有限公司1556万元、贤富金属制品(上海)有限公司1139万元、国基电子(上海)电子科技有限公司3269万元、上海凯虹科技电子有限公司7284万元、明德(上海)电子科技有限公司1712万元、葵和清密电子(上海)有限公司1595万元、上海正帆半导体设备有限公司1143万元。

【配套业务】

加工贸易 松江出口加工区经过十余年的快速发展,电子信息技术产业链日趋完善。据统计,园区自2001年封关运作至2010年,投产规模以上企业数为67家,企业员工总数达11万人。2005年7月,投产的富士康集团旗下国基电子等企业依托集团雄厚的实力和完整的产品线,将具有高技术含量、高附加值的云端科技引入企业,效益逐年提高。

2010年,松江出口加工区实现进出口总额达480亿美元,完成工业生产总值2534亿元,实现销售收入2417亿元,企业利润总额达26亿元,实现税收7.6亿元,形成以笔记本电脑、集成电路、新型电子器件、GPS定位系统等为主导的电子信息产品加工产业园区。是年,完成工业生产总值达114亿元,利润1.04亿元。园区内的核心龙头企业广达集团旗下达丰(上海)电脑有限公司等企业,2010年笔记本电脑的出货量为5742万台,是全球最大的笔记本电脑OEM制造商,市场占有率约30%。

保税物流 2006年底,松江出口加工区被国务院批准为中国七个保税物流试点出口加工区之一。根据原先的规定,海关对出口加工区实行严格的围网加卡口式管理,未经实质性加工的货物不得出区,客观上造成企业的产业链、供应链乃至整个价值链被隔断。为了改变这一现状,通过拓展保税物流等功能,区内生产企业实现"零库存"模式并实现"体内循环",从而打通"区外—区内—境外"的货物流通环节,加快出口加工区国际物流业的发展。

至2010年,松江出口加工区在拓展保税物流功能方面,引进专业仓储物流企业共17家,物流企业仓储面积达19万平方米,入库货物和出库货物金额合计达242亿美元。同时,生产型企业利用保税物流功能销售未经实质性加工的料件的企业共36家。

开展研发 在松江出口加工区开展保税物流试点工作同时,为更有利于产业链企业的集聚,有效延伸产业链和培育新的产业,引入研发企业。至2011年,经批准开展研发业务试点的企业共8家,专业研发人员超1000人,2011年业务收入为134万美元。企业充分利用试点政策,在较短的时间里,取得了许多研发成果,如研制替代配套厂商的产品以降低生产成本;利用研发成果提高生产效率;开发新产品完善企业产品线,更好地做好市场细分,并且研发成果分批量小规模地投入试生产。

专业检测 在松江出口加工区开展保税物流试点工作同时,为更有利于产业链企业的集聚,有效延伸产业链和培育新的产业,引入专业检测企业。至2011年,共有10家生产高技术含量高附加值产品的企业获得了检测业务试点许可,2011年业务收入超过8亿美元。

第五节 上海青浦出口加工区

青浦出口加工区于2003年3月经国务院批准设立,规划面积为3平方公里,2010年6月扩容为16平方公里。至2010年,吸引了美国、英国、法国、日本、意大利等20个国家和地区的456家企业落户,其中普惠、斯伦贝谢、日立海立、巴斯夫作为世界500强企业,技术含量高,经济效益好,成为青浦出口加工区的支柱企业。经过多年的发展,青浦出口加工区经济总量逐年增加,成为青浦经济的重要增长点,具有水乡特色的宜居、创业、发展的福地及对外展示形象的"窗口"。

一、出口加工区创建

按照中共上海市委、市政府确定的沿 318 国道形成"青浦经济走廊",抓住大工业扩散的机遇,加大招商引资力度,促进产业结构调整,根据市有关部门《关于抓紧编制工业小区详细规划组织论证审批的通知》精神和编制工业小区规划的规范要求,结合青浦生产力布局和县城总体规划,2003年,青浦区政府向市政府请示:在青浦新区同三国道东侧,规划 3 平方公里为"青浦出口加工区"。3 月 10 日,国务院办公厅下发《关于增设出口加工区的复函》,批准设立上海青浦出口加工区。

2010 年 6 月,为了加快工业园区建设,加快上海张江高新技术产业开发区"一区六园"之一的中国纺织国际科技城发展路径的战略性转变,中共青浦区委、区政府决定分设"一园三区"("一园":青浦工业园区;"三区":青浦工业园区、青浦出口加工区、张江高新技术产业发展公司青浦园区),其中,青浦出口加工区由新组建的上海青浦出口加工区开发有限公司运作。调整后的青浦出口加工区由原来的 3 平方公里扩容为 16 平方公里。

二、管理机制

2003 年 5 月,由上海青浦工业园区与上海西部市政工程公司出资,组建上海青浦出口加工区开发有限公司,隶属于青浦工业园区。2010 年,中共青浦区委、区政府根据招商引资工作新情况、新特点,新形势,联系青浦工业园区的实际,决定组建"一园三区",青浦出口加工区开发有限公司独立运作,负责经营管理青浦出口加工区。公司为国有独资管理型企业,以区域规划建设、项目引进、经营管理等为主要职能。

【管理机构与职能】

为加快青浦工业园区的开发建设,更好吸引外资,经青浦区政府同意,2003 年 5 月成立上海青浦出口加工区开发有限公司。公司实行现代企业管理要求的法人治理机构和领导体制,成立公司董事会、监事会,实行董事长决策、总经理负责、监事会监督的领导体制与运行模式。为进一步加强青浦出口加工区建设工作管理,6 月,经青浦区政府同意,成立青浦出口加工区建设工程指挥部。11 月,根据青浦区政府《关于建立青浦出口加工区管理委员会》的通知,成立青浦出口加工区管理委员会,与青浦工业园区管理委员会合署办公。

2010 年 7 月 6 日,"一园三区"揭牌成立仪式举行。青浦出口加工区管理委员会受青浦区政府的委托,对青浦出口加工区开发有限公司的开发、建设及管理活动实施监督;并对辖区内有关规划、建设、建筑、土地开发等方面,行使审批权。青浦出口加工区开发有限公司,负责区内数据统计、职能部门协调、区内企业服务、卡口进出管理、查验管理,提供物流仓库和标准厂房租售,以及其他相关服务。公司成立初期注册资本 1 亿元,2011 年 8 月,增至 2 亿元。公司下设:总经理室、党政办公室、招商部、规划建设部、企业服务部、计划财务部。

【其他服务管理机构】
上海出入境检验检疫局驻出口加工区办事处　2003 年,为支持青浦出口加工区如期建成和正常运行,优化区内投资环境,顺利通过国家验收,上海出入境检验检疫局经研究决定:在区内派驻机构,并根据业务发展情况配备人员,以便为区内企业提供便捷、高效的服务。上海出入境检验检疫局驻出口加工区办事处,是上海检验检疫局浦江分局在青浦出口加工区设立的办事机构,下设4个科室:行政、机电、轻纺、动卫,专门为加工区落户企业提供现场检验检疫服务。

青浦海关驻出口加工区办事处 海关驻青浦出口加工区办事处于2003年设立,负责对进出青浦出口加工区的车辆及其所载货物、物品以及区内企业进出境货物进行查验、放行和区内物流监管;办理企业电子账册报核,对企业生产情况核查、核销。

三、规划与建设

【规划布局】

2003年3月10日,国务院办公厅批转海关总署,下发《关于增设出口加工区的复函》,批准设立上海青浦出口加工区,总规划面积3平方公里,西依同三国道,东傍油墩港,南临北青路,北至秀横路,首期开发面积1.6平方公里,属于海关特殊监管区域(简称功能区)。功能区是国家级综合性开发区,区内企业均有进出口经营权,享受国家有关优惠政策。以信息产业、新型建材、汽车零部件、精密机械等为主导产业,重点吸收高科技、高附加值的企业入驻。

2010年7月,青浦出口加工区实行扩区发展,在原3平方公里规划面积的基础上,向东南扩大13平方公里的非海关特殊监管区(以下简称产业区),东至通波塘,南至318国道,西至油墩港及绕城高速,北至章泾江及沪常高速。产业区是非海关监管区,着重发展战略性新兴产业和生产性服务业。扩区后的青浦出口加工区总体发展目标是:功能完善、布局合理、产业优化、环境优美的城郊战略性新兴产业发展转型的试验区、先行区。

【封关运行】

2003年6月成立上海青浦出口加工区建设工程指挥部,经过近半年的紧张施工,4 500平方米的综合大楼、卡口、查验平台、6 000平方米的验货场地以及5.5公里长的围网等各种配套设施均全面竣工,投入使用。区内8.8公里长的6条道路、桥梁及各种监控设施都安装到位。在出口加工区内,办公区域实施综合布线系统和电子门禁系统。在门检桥区域,建有先进的卡口监管系统。其中,车辆和集装箱识别系统、GPS系统、电子地磅称重系统、电子封关系统等使卡口监管业务高度自动化。青浦出口加工区实行全封闭管理,区内海关、国检、税务、工商、银行、外贸、运输、报关等一应俱全,落户企业在区内可办理一切进出口手续。管委会、海关、出入境检验检疫局等部门还与区内各企业建立网络办公系统。区内企业实行"提前报关、实货放行",一次申报、一次查验、一次放行的4小时快速通关模式,货物进出口的通关物流所需时间,达到国家先进水平。

2003年11月23日,青浦出口加工区一期海关监管隔离设施通过由海关总署、国家发展改革委、财政部、商务部、国家税务总局、工商总局、国家质量监督检验检疫总局和外汇管理局等八部委组成的联合验收小组的验收,正式封关运行。

【基础设施】

2003年6月,上海青浦出口加工区建设工程指挥部成立。按照高标准、高质量、高效率的建设要求,经过近半年的紧张施工,青浦出口加工区全部完成海关监管隔离设施范围内的动拆迁和"九通一平",综合大楼、卡口、查验平台、验货场地以及围网等各种配套设施全面竣工投入使用。区内六条道路、桥梁以及各种监控设施均安装到位。

仓储物流中心用地总面积7.39万平方米,建筑面积7.50万平方米,基底面积3.29万平方米,容积率1.0,建筑密度43.9%,绿化率30%。一次规划,分期实施,2006年全部建成。

能源供应、交通运输、电信网络等,基本满足落户企业需要。自来水日供水能力28万吨,拥有220千伏变电站5座,110千伏和35千伏变电站共10座,可以给企业提供足够电力。日供天然气能力达12万立方米。通讯方面,自动交换机总容量为12万门,汇接局与终端局均为光缆数字传输,开通IDD、DDD、ADSL、FTTB及WiFi无线数据通信。污水厂日处理能力达23万立方米,主管道口径1 200毫米。环卫方面,提供垃圾和工业固体废弃物处理服务。工业用气方面,提供氧、氮、二氧化碳等特种工业气体。园区主干道均与G2京沪高速、G60沪昆高速等高速公路连通。

【环保生态】

青浦出口加工区始终把环境保护、生态营造放在突出位置,致力发展循环经济,推动清洁生产,使"生产、生活、生态"和谐荣荣,经济效益、社会效益和生态效益协调共进。经过七年多的开发建设,各项配套日臻完善,环境承载能力显著增强。

2010年,青浦出口加工区规模以上企业万元产值能耗为6.3%,完成青浦区政府下达的指标。同时,青浦出口加工区与落户企业共同推进中水回用、浓水回用、非常规水资源利用等五大项目,成果显著,被命名为上海市节水型工业园区。5月,上海普惠飞机发动机维修有限公司获"能源与环境设计先锋"(LEED)白金认证,是中国首个、美国以外地区第21个获得美国绿色建筑委员会颁发的"能源与环境设计先锋"白金认证的企业,为青浦出口加工区其他企业树立了创建"三生"企业的标杆。

四、招商引资

青浦出口加工区围绕新能源、先进重大装备及汽车零部件制造、电子信息制造、新材料为重点的先进制造业和以时尚创意、软件及信息服务业为重点的生产性服务业,发挥出口加工区的区位优势、政策优势,多措并举、优化服务、强化管理,积极推进招商引资工作。

【招商机构】

2003年,青浦区政府决定建立上海青浦出口加工区开发有限公司。青浦出口加工区开发有限公司下设招商部、企业服务部,负责招商引资及服务落户企业。下属上海青佳经济发展有限公司、上海群腾企业服务有限公司,主要业务为招商引资。

【招商方式与活动】

招商方式　一是利用土地资源招商。充分利用青浦出口加工区功能区、产业区内土地资源,围绕以"新能源、先进重大装备及零部件制造、电子信息制造、新材料"为重点的先进制造业以及以"时尚创意、软件和信息服务"为重点的生产性服务业,努力推进优质项目特别是大项目的招商。二是利用厂房资源招商。充分发挥这一优势,加大闲置资源再利用力度。对青浦出口加工区内闲置厂房四十多万平方米,进行分析梳理,并根据不同产业特点,采取"无地招商",出租厂房等形式,对接引进合适产业项目。三是发挥政策优势招商。利用青浦出口加工区功能区的海关特殊监管区的政策优势,一方面加强已落户企业的服务,促其进一步投资扩建;另一方面加强对外推介,引进新的外向型企业。重视政策研究,利用加工区在出口退税上的特殊政策,吸引区外出口型企业入驻。重点走访和突破出口退税额高、出口比例大、生产工艺适宜、租赁厂房的环保型项目,减缓地方退税压力。四是利用中介资源招商。借助国际知名中介机构,如仲量联行、戴德梁行、世邦魏理士、高力、第一太平洋戴维斯等的渠道优势,推介青浦出口加工区土地、厂房,获取更多项目信息。并积极跟踪落户企业的增资扩建、产业转型等信息,加大腾地动迁力度,引进更多的优质项目。五是加快产业转型升级,助推招商引资。挖掘资源潜力,坚持政策和市场导向,逐步淘汰落后产能,引进"新能源、先进重大装备、电子信息制造、新材料"为重点的先进制造业、以"电子商务,软件和信息服务"为重点的生产性服务业;积极推进以法诗图地块和元邦地块内的总部集聚区、以元泰、金汇通为代表的生产性服务业集聚区和以锐嘉科为主的通讯产业园等特色产业园区建设,实现产业集聚,整体提升加工区产业能级。

招商活动 青浦出口加工区审时度势,适时举办各类投资说明会、信息发布会,并采取走出去、请进来等方式招商引资。

2004年10月20日,由青浦工业园区领衔,5家配套区共同参与打造"青浦区投资环境信息发布会",来自美国、德国、瑞士、日本等海内外客商120余人参加。12月8日,合晶科技正式签约落户青浦出口加工区,项目总投资5000万美元,一期批租土地4.67万平方米。主要生产4寸~8寸晶圆片。12月9日,意大利家具、物流、建筑、机械行业代表团一行40余位企业家到青浦工业园区考察,期间参观了青浦出口加工区内的意大利企业——上海索菲玛汽车滤清器有限公司。

2006年8月8日,落户青浦出口加工区的日本日立海立汽车部件(上海)有限公司举行100万台产量达成暨表彰仪式。

2007年6月10—24日,由青浦区政府副区长率领、区经委主任等组成的青浦区人民政府代表团赴英国、法国、德国进行招商活动。经过努力,与3家企业签订了投资(增资)协议。6月24日,青浦区政府代表团赴美国、韩国进行招商活动。此行历时12天,与落户青浦出口加工区的希悦尔包装(中国)有限公司等九家公司进行商务洽谈,为青浦引进项目,扩大青浦在美影响等事宜进行了探讨。10月18日,上海普惠飞机发动机维修有限公司破土动工。10月,落户青浦出口加工区的斯伦贝谢公司举行二期完井产品工厂开业。

2008年2月16—28日,青浦工业园区招商代表团赴美进行项目考察和现场办公。代表团成员与美国普惠飞机制造公司高层,在康涅狄格州基地就该公司发动机维修项目在青浦出口加工区功能拓展及加工区保税功能的发挥方面进行了会晤、协调。

2009年4月10日,2009上海青浦工业园区投资说明会在上海环球金融中心举行。落户出口加工区的上海普惠飞机发动机维修有限公司和上海阿姆斯壮建筑制品公司等两家企业代表出席会议。

2010年3月,上海市高新技术企业外商投资说明会召开。会上,青浦出口加工区内企业——斯伦贝谢油田设备(上海)有限公司参加高新技术产业重点外资项目签约仪式。该公司是500强企业之一,签约投资总额为1.2亿美元的增资项目。4月,青浦出口加工区与中国东方航空公司在上海西郊宾馆举行投资签约仪式。继和美国普惠公司在加工区内建立飞机发动机维修项目后,东航再度投资10亿元,设立技术研究应用中心。10月,由上海市商务委员会举办的世博招商外资项目集中签约仪式举行,青浦出口加工区引进的重点项目——吉富新能源项目作为青浦区的唯一企业参加了签约活动。项目一期总投资7000万美元,主要从事新能源关键设备和电池模组的研发、设计和生产。

【招商成果】

2004年,青浦出口加工区以提升落户项目质量为突破口,坚持"四个聚焦"的招商策略,有近70％的项目是汽车零部件、精密机械、IT产业等,招商引资质量有了进一步的提高。投资强度从2003年的每公顷240万美元,提高至每公顷315万美元。

2005年,青浦出口加工区实行区域化组织分工,专业化科学选资,世界500强和行业龙头,如斯伦贝谢、巴斯夫等企业相继落户,主导产业集聚度逐步凸显,投资强度进一步加大。

2007年,青浦出口加工区以抓产业建设为重点,加强功能辐射和拓展,采取有效措施,促进招商引资工作,批准项目数10个,其中外资项目9个、仓储物流项目1个。合同外资1.66亿美元,投资额5000万美元以上的项目1个,美国项目数5个,到位资金1964万美元。至2007年,累计落户外资企业16家,总投资3.58亿美元,注册资金1.46亿美元,累计投产企业8家。工业总产值11.88亿元,工业产品销售额12.73亿元。

2009年,青浦出口加工区批准企业25家,其中外资企业21家。投资总额5.53亿美元,其中外商投资总额5.47亿美元。合同外资额2.17亿美元,实际利用外资1.48亿美元。

2010年,青浦出口加工区加大招商引资力度,特别是新加工区成立后,主动出击,多措并举,收集项目信息70多个,25个项目进入谈判阶段,其中外资项目14个、内资项目11个。2010年累计完成引进外资项目20个,注册资金1.43亿美元,合同外资1.38亿美元。其中新增项目14个,合同外资7405万美元;增资项目6个,合同外资6424万美元。实现税收收入5.16亿元。重大项目取得突破,成功引进了吉富新能源项目。该项目从事薄膜太阳能电池及其生产设备的制造,公司注册资金7000万美元,投资总额2.1亿美元(一期注册2400万美元,总投资7000万美元),预计达产后年产值超过4亿美元。已完成合同外资中,增资项目6个,增资金额占比达46.45％,其中斯伦贝谢项目增资4000万美元,占比28.9％。新项目发展平稳,新增项目14个,完成合同外资7405万美元,占已完成合同外资的53.6％,平均每个项目合同外资528.9万美元。

至2010年,加工区有落户企业456家,其中:外资企业108家(含世界500强企业5家),总投资13.2亿美元,注册资本6.63亿美元;内资企业348家。加工区在中国保税出口区协会59家出口加工区中的排名,由2010年初的第23名,上升至第19名。

五、产业发展

【经济规模】

2010年,青浦出口加工区有落户企业456家,其中外资企业108家(含世界500强企业5家),总投资13.2亿美元,注册资本6.63亿元;内资企业348家。区域内规模以上企业113家,全部从业人员平均人数20 996人,完成工业总产值144亿元。完成税收收入7.48亿元,是全年指导性计划6.11亿元的122.4％;完成区级地方收入1.87亿元,系全年指标1.27亿元的146.8％。青浦出口加工区在中国保税出口区协会59家出口加工区中的排名由年初的第23位,上升至第19位。

【产业结构】

经过多年努力,青浦出口加工区初步形成三大特色产业园及四大主导产业。

三大特色产业园 民用航空维修产业园基地:2008年前后,加工区引进普惠、东航、法航等知名企业,大力发展民用航空产业,在航空维修领域,民用航空产业园的年产值占上海的1/3,成为上海民用航空产业的重要组成部分。"尚之坊"时尚创意产业园:是以时尚品牌与纺织服饰行业上下游产业链为主导的产业集群、品牌集群和创意集群的总部园区,以时尚服饰文化产业为主线,延伸发展服饰研发、设计、打样、发布、展示、电子商务等主体平台。"移动智地"上海移动互联网产业园:秉承开放、创新、融合的指导思想,定位于"移动互联网"为主导产业,重点发展移动终端研发和品牌运营、运营商设备开发与服务、移动互联网应用、开发与运营以及产业相关的半导体开发、软件和信息服务等。

四大主导产业 汽车零部件产业:以日立海立汽车马达、欧菲滤清器为代表的汽车零部件产业。先进重大装备产业:以普惠飞机发动机维修、斯伦贝谢油田设备为代表的航空设备、石油勘探设备、输配电关键设备、自动化控制设备等先进装备产业。电子信息产业:以鼎讯科技、锐嘉科电子、晶盟硅材料为代表的移动通信、集成电路、平板显示、物联网等电子信息产业。新材料产业:以希悦尔包装、威盛亚新材料、阿姆斯壮建筑制品为代表的节能环保新材料、纺织新材料、包装新材料等新材料产业。

【重大科技和项目成果】

2006年4月,青浦出口加工区重点项目、世界五百强企业——斯伦贝谢油田设备公司正式投产,并分别于2006年7月、2007年4月、2010年11月、2010年12月四次增资。整个项目总投资超过1.7亿美元。

2007年落户的上海普惠飞机发动机维修公司,是青浦出口加工区引进的重大项目。该公司由中国东方航空公司与美国联合技术公司旗下的普惠公司合资,于2007年11月6日正式成立,并于2009年9月正式开始生产。合资公司取得中国CAAC维修执照、美国FAA维修执照。合资公司是华东地区唯一一家飞机发动机维修服务中心,主要维修CFM56-5B、CFM56-3、CFM56-7型发动机,并逐步扩展到其他型号发动机。经营范围具体着眼于发动机及其相关零部件的MRO服务的开发与提供,包括发动机的进厂、拆散、技术检查、零部件及维修的外包与采购、组装、大修后的发动机的测试和交付,以及与之相关的所有规范工程、数据管理和行政管理等。

2008年,青浦出口加工区建立功能拓展工作领导小组,将开展保税功能业务作为重点项目,协同区经委、海关等部门,多次召开保税物流政策推介会,引导企业开展保税物流业务。2010年前后,有111家企业在青浦出口加工区开展保税物流业务。青浦出口加工区内物流业务量最大的物流企业有:上海青浦出口加工区物流公司、上海惠德物流公司、上海威泽国际货运代理公司等。在青浦出口加工区拓展物流业务的企业有:美晶纺织品公司、上海欧菲滤清器公司、上海英济电子塑胶公司、英伟达特种纤维公司等。

【重点企业】

2010年底,加工区规模以上企业有113家,其中世界五百强企业5家、重点落户企业20家、高新企业13家、上市公司3家。

世界五百强企业:巴斯夫电子材料(上海)有限公司、上海普惠飞机发动机维修有限公司、日立海立汽车部件(上海)有限公司、谢伦贝谢油田设备(上海)有限公司、希悦尔包装(中国)有限公司。

重点落户企业：上海创立矿山设备有限公司、基胜工业(上海)有限公司、上海安诺其纺织化工股份有限公司、永恩实业(有限公司)、希悦尔包装(中国)有限公司、唯赛勃环保材料制造(上海)有限公司、谢伦贝谢油田设备(上海)有限公司、上海鼎讯电子有限公司、上海普惠飞机发动机维修有限公司、美晶纺织(上海)有限公司、威盛亚(上海)有限公司、上海阿姆斯壮建筑制品有限公司、上海欧菲滤清器有限公司、上海三相电机有限公司、瑞德尔蓬房制造(上海)有限公司、上海道尔奋针织邮箱公司、上海博格工业用布有限公司、上海上联药业有限公司、上海高新铝制工程股份有限公司、上海新型建材矿棉厂。

高新企业：上海华亨电信设备有限公司、上海皮皮狗毛纺织有限公司、唯赛勃环保材料制造(上海)有限公司、上海高新铝制工程股份有限公司上海华通企业集团有限公司、上海创立矿山设备有限公司、上海长悦涂料有限公司、上海科泰电源股份有限公司、上海力申科学仪器有限公司、上海永超真空镀铝有限公司、上海博格工业用布有限公司、久达汽车零部件制造(上海)有限公司以及上海安诺其纺织化工股份有限公司等加工区50强企业。

上市公司：上海科泰电源股份有限公司、上海安诺其纺织化工股份有限公司、上海磊诺安防技术股份有限公司。

第六节　上海嘉定出口加工区

一、出口加工区创建

2005年6月3日,国务院办公厅复函海关总署,同意增设上海嘉定等出口加工区。2007年9月5日,占地596公顷的上海嘉定出口加工区通过国务院九部委验收并封关运作。10月19日,举行嘉定出口加工区揭牌仪式。

嘉定出口加工区位于嘉定工业区旺泾村,东依西辅路,西至盐铁河,南靠宝钱公路,北达张江门泾。园区按功能结构分为出口加工园区、办公生活及仓储配套区、工业发展备用区等三个片区,总面积5.96平方公里。国务院批准的加工区围网面积3平方公里,建设完成一期围网面积0.99平方公里。

二、管理机制

自2008年4月1日起,中国海关实施新的管理办法,增设AA类管理类别。海关AA类企业能够享受海关所能提供的最高级别通关待遇。除享受A类通关便利措施外,海关对AA类企业还实行信任放行,对其进出口的货物一般不予开箱查验,提高了企业的通关效率,降低了物流成本。嘉定工业区针对部分企业强烈的"升级"愿望,先后多次开设海关知识培训班,帮助企业了解新管理办法,建立比较完善的进出口业务相关内部控制制度,通过嘉定工业区的精心辅导以及企业自身的严格管理。至2010年,出口加工区内共有3家企业享有"海关AA类企业"称号：富士通将军(上海)有限公司成为上海地区首批"海关AA类企业";2009年1月,萨帕铝热传输(上海)有限公司获得该称号;2010年6月,上海采埃孚变速器有限公司获得该称号。

2008年11月16日,海关总署发文同意嘉定海关对外启用"嘉定海关驻出口加工区办事处"印章并挂牌。2009年,嘉定出口加工区贯彻落实海关总署"功能整合、政策叠加"思路,积极拓展保税物流、货物贸易、服务贸易等功能,向拥有出口加工、保税仓储、物流、配送、研发、检测、维修等完整产业链的多功能转型升级,推出"一揽子"完成生产、仓储、报关、退税等环节服务,不仅使园区有了"造血"功能,也为企业在金融危机形势下高效率、低成本发展提供了有效平台。功能拓展后,国内企业的产品进入嘉定出口加工区便视同出口,生产所需的机器、设备、模具、维修零部件以及水、电、气等经营支出,能及时享受退税、免税等优惠。

三、产业发展

嘉定出口加工区产业定位为:以汽车零部件和电子信息等产业为主导发展方向,利用出口加工区功能拓展政策,大力发展保税物流、仓储、检测、维修等现代服务产业,打造服务区域内周边企业的多功能综合服务平台。2006年5月,台资企业乔山健身器材(上海)有限公司在嘉定出口加工区开工建设,成为第一个入驻嘉定出口加工区的企业,总投资6 000万元,总用地18.67公顷,2007年正式投产。